FormularBibliothek Zivilprozess

herausgegeben von

Dr. Ludwig Kroiß,
Vorsitzender Richter am Landgericht

FormularBibliothek Zivilprozess

Miete
Wohnungseigentum
Nachbarschaft

Miete
Dr. Patrick Bruns,
Rechtsanwalt und Fachanwalt für Arbeitsrecht, Baden-Baden
Stephan Grüter, Rechtsanwalt, Düsseldorf
Finn Zwißler, Rechtsanwalt, München

Wohnungseigentum
Walter Boeckh, Richter am Amtsgericht

Nachbarschaft
Anja Kesting, Richterin am Landgericht

Die Deutsche Bibliothek – CIP-Einheitsaufnahme

Die Deutsche Bibliothek verzeichnet diese Publikation in
der Deutschen Nationalbibliografie; detaillierte bibliografische
Daten sind im Internet über http://dnb.ddb.de abrufbar.

FormularBibliothek Zivilprozess
ISBN 3-8329-1098-0

Einzelband **Miete | WEG | Nachbarschaft**
ISBN 3-8329-1315-7

Hinweis:
Die Muster der FormularBibliothek Zivilprozess sollen dem Benutzer als
Beispiele und Arbeitshilfen für die Erstellung eigener Schriftsätze dienen.
Sie wurden mit größter Sorgfalt von den Autoren erstellt. Gleichwohl bitten
Autoren und Verlag um Verständnis dafür, dass sie keinerlei Haftung für die
Vollständigkeit und Richtigkeit der Muster übernehmen.

1. Auflage 2005
© Nomos Verlagsgesellschaft, Baden-Baden 2005. Printed in Germany. Alle
Rechte, auch die des Nachdrucks von Auszügen, der fotomechanischen Wiedergabe und der Übersetzung, vorbehalten.

FormularBibliothek Zivilprozess

Teil 1: **Miete** Seite 5
Dr. Patrick Bruns, Rechtsanwalt und Fachanwalt für Arbeitsrecht, Baden-Baden
Stephan Grüter, Rechtsanwalt, Düsseldorf
Finn Zwißler, Rechtsanwalt, München

Teil 2: **Wohnungseigentum** Seite 249
Walter Boeckh, Richter am Amtsgericht

Teil 3: **Nachbarschaft** Seite 463
Anja Kesting, Richterin am Landgericht

Inhalt

Verweise erfolgen auf Randnummern

§ 1 Einführung zu den Grundbegriffen des Mietrechts	1
A. Struktur des Mietrechts	1
B. Mietrecht im Gefüge der Schuldverhältnisse	8
I. Zweiseitiges, gegenseitig verpflichtendes Schuldverhältnis	8
II. Hauptleistungspflichten im Mietverhältnis	9
C. Besondere Mietverhältnisse und mit öffentlichen Mitteln geförderter Wohnraum	10
I. Besondere Mietverhältnisse	10
II. Mit öffentlichen Mitteln geförderter Wohnraum	11
D. Fristen und Verjährung	12
E. Zustandekommen von Mietverhältnissen	13
I. Form	13
II. Personenmehrheit	16
F. Beendigung von Mietverhältnissen	19
I. Ende eines Dauerschuldverhältnisses	19
II. Beendigung befristeter Mietverhältnisse	20
III. Beendigung unbefristeter Mietverhältnisse	23
G. Abwicklung des beendeten Mietverhältnisses	29
I. Rückgabe der Mietsache	29
II. Ansprüche wegen nicht durchgeführter Schönheitsreparaturen	30
III. Kurze Verjährungsfrist bei Rückgabe der Mietsache bzw. Beendigung des Mietverhältnisses	32
IV. Stillschweigende Verlängerung des Mietverhältnisses bei Fortsetzung des Gebrauchs	33
H. Pacht	35
I. Gegenstand des Pachtvertrages	35
II. Analoge Anwendung der Vorschriften des Mietrechts	36
I. Mietrecht in den Verfahrensordnungen	38
§ 2 Typische Fehler in Mietverträgen und ihre Auswirkung auf den Prozess (aktuelle Rechtsprechung)	39
A. Allgemeine Geschäftsbedingungen	40
B. Formularklauseln	42
I. Kündigungsfristen und -regelungen / Altverträge (§ 573 BGB, Art. 229 § 3 X EGBGB)	43
II. Tierhaltung	45
III. Schönheitsreparaturen	46
IV. Endrenovierungspflichten	49
V. Zurückbehaltungsrechte und Aufrechnung	50
VI. Betriebskosten	51
VII. Kaution	52
VIII. Untervermietung	53
§ 3 Streitigkeiten im laufenden Mietverhältnis	54
A. Nebenkostenabrechnung	54
I. Vorprozessuale Situation	54
1. Beratungssituation	54
2. Notwendige Unterlagen	56
3. Grundsätzliches	58
a) Betriebskosten	58
b) Kostentragungspflicht des Mieters	62
aa) Vertragliche Vereinbarung	62
bb) Stillschweigende Betriebskostenvereinbarungen	63
cc) Einwendungen	64
c) Abrechnungs- und Einwendungsfrist	70
d) Fälligkeit der Nachforderung / des Guthabens	74

- e) Inhalt und Form der Abrechnung............ 75
- f) Folgen von Abrechnungsfehlern................. 80
- g) Belegeinsicht........... 82
- II. Prozess...................... 85
  1. Klage auf Abrechnung..... 85
     - a) Prozessuales/Voraussetzungen.............. 85
     - b) *Muster:* Klage des Mieters auf Abrechnung......... 90
  2. Klage auf Herausgabe der zur Abrechnung erforderlichen Unterlagen.......... 91
     - a) Voraussetzungen/Prozessuales............... 91
     - b) *Muster:* Klage auf Herausgabe der Abrechnungsunterlagen................ 93
  3. Klage auf Rückzahlung..... 94
     - a) Prozessuales/Besonderheiten................. 94
     - b) *Muster:* Klage des Mieters auf Rückzahlung geleisteter Betriebskostenvorauszahlungen wegen Nichtabrechnung bei beendetem Mietverhältnis...... 97
  4. Stufenklage auf Abrechnung und Rückzahlung.......... 98
     - a) Prozessuale Besonderheiten................. 98
     - b) *Muster:* Stufenklage auf Abrechnung und Rückzahlung............... 100
- B. **Erhöhung der Betriebskosten, § 560 BGB**..................... 101
  - I. Vorprozessuale Situation........ 101
    1. Anpassung der Betriebskostenvorauszahlung/Betriebskostenpauschale.. 101
       - a) Grundsätzliches......... 101
       - b) Berechnung der Erhöhung/Ermäßigung. 105
       - c) Inhalt des Änderungsverlangens............. 106
       - d) Frist und Zeitpunkt des Erhöhungsverlangens... 107
    2. *Muster:* Erhöhungsverlangen des Vermieters nach § 560 BGB................ 108
    3. *Muster:* Änderungsverlangen des Mieters............ 109
  - II. Prozessuale Durchsetzung der Änderung.................... 110
    1. Klage des Vermieters auf Zahlung der Erhöhung der Betriebskostenvorauszahlungen................. 110
       - a) Strategie/Streitwert..... 110
       - b) Begründung/Beweislast. 112
       - c) *Muster:* Zahlungsklage wegen erhöhter Betriebskosten.................. 114
    2. Klage des Vermieters auf Zahlung der abgerechneten Betriebskosten............. 115
       - a) Prozessuale Besonderheiten................... 115
       - b) *Muster:* Klage auf Zahlung abgerechneter Betriebskosten.......... 116
- C. **Unterlassung des vertragswidrigen Gebrauchs**................. 117
  - I. Vorprozessuale Situation..... 117
    1. Vertragswidrige Nutzung.. 117
       - a) Mietvertragswidrige Nutzung................... 121
       - b) Verstöße gegen die Hausordnung................ 123
       - c) gesetzliche Nutzungseinschränkungen und Obhutspflichten......... 126
    2. Inhaltliche und formale Anforderungen der Abmahnung..................... 127
    3. *Muster:* Abmahnung...... 130
  - II. Prozessuale Durchsetzung (Unterlassungsklage)......... 131
    1. Prozessuales/Strategie 131
    2. *Muster:* Klage des Vermieters auf Unterlassung des vertragswidrigen Gebrauchs 134
- D. **Mängel der Mietsache**.......... 135
  - I. Vorprozessuale Situation..... 135
    1. Voraussetzungen der Mietminderung................ 137

a) Mangelbegriff 138
aa) Fehler 140
bb) Zugesicherte Eigenschaft 142
b) Überlassung der Mietsache 143
c) Ausschluss der Minderung 144
aa) Ausschluss durch Gesetz . 145
d) Dauer der Mietminderung 155
e) Berechnung der Mietminderung 156
f) Für die Minderung anzusetzender Teil der Miete . . 164
g) Hinweispflicht / Kündigung wegen Zahlungsrückstand 165
2. *Muster:* Mängelankündigung / Mietminderung 166
3. Aufrechnungserklärung.... 167
a) Vorprozessuale Situation. 167
b) Inhaltliche und formelle Anforderungen an die Aufrechnungserklärung.. 168
c) *Muster:* Aufrechnungserklärung................ 171
II. Die häufigsten Mängel 172
1. Feuchtigkeit und Schimmel / undichte Fenster und Türen 173
2. Heizleistung 175
3. Lärm / Wohnungsumfeld ... 177
4. Wohnfläche................ 178
III. Prozessuale Geltendmachung der Mängel................. 179
1. Klagearten................. 179
2. Beweislast................. 181
3. Selbstständiges Beweisverfahren 186
a) Das selbstständige Beweisverfahren.......... 186
b) Beweismittel 188
c) Zuständigkeit........... 189
d) Streitwert 191
e) Anträge und Darlegungspflichten 192
f) *Muster:* Selbständiges Beweisverfahren......... 193

4. Klage auf Miete / Einwand der Minderung u. Zurückbehaltungsrecht........... 194
a) Prozessvoraussetzungen . 194
b) *Muster:* Zahlungsklage des Vermieters und negative Zwischenfeststellungsklage............... 197
c) *Muster:* Klageerwiderung des Mieters......... 198
5. Klage auf Mängelbeseitigung..................... 199
a) Prozessuale Besonderheiten 199
b) *Muster:* Mängelbeseitigungsklage.............. 204
E. Zahlungsklage des Vermieters... 205
I. Vorprozessuales 205
1. Erfasste Ansprüche......... 205
2. Obligatorisches Güteverfahren 206
3. Strategie 215
II. Prozessuale Durchsetzung 217
1. Mahnverfahren 217
2. Prozessvoraussetzungen.... 218
3. Begründung der Zahlungsklage..................... 219
4. *Muster:* Zahlungsklage..... 221
5. *Muster:* Klage auf Auffüllung des Kautionskontos.... 222

§ 4 Durchsetzung der Mieterhöhung .. 223
A. Vorprozessuale Situation 223
I. Voraussetzungen der Mieterhöhung 224
B. Einzelne Mieterhöhungen 231
I. Mieterhöhung gem. § 558 BGB 231
1. Form des Mieterhöhungsverlangens 232
2. Inhalt des Erhöhungsverlangens 233
a) Begründung mittels Mietspiegel, §§ 558 II Nr. 1, 558c BGB 235
b) Begründung mittels qualifiziertem Mietspiegel, §§ 558 II Nr. 1, 558d BGB... 236
c) Mietdatenbank, §§ 558 I Nr. 2, 558e BGB.......... 237

d) Sachverständigengutachten, §§ 558 I Nr. 3 BGB.... 238
e) Vergleichswohnungen, §§ 558 I Nr. 4 BGB........ 239
f) Sonstige Begründungsmittel................... 240
3. Fristen.................... 241
4. *Muster:* Mieterhöhung nach § 558 BGB 244
II. Prozessuale Durchsetzung ... 245
 1. Vorüberlegungen zum Klageverfahren 245
  a) Haftungsrisiken für den beratenden Anwalt...... 252
  b) Klageart 253
  c) Kosten, Streitwert....... 254
  d) Zulässigkeit der Klage ... 259
  e) Begründetheit der Klage. 260
  f) Klageantrag............. 262
  g) Klageerwiderung / Strategie................ 263
 2. *Muster:* Klage auf Zustimmung zur Mieterhöhung nach § 558 BGB............ 267
 3. *Muster:* Klageerwiderung . 268
 4. Mieterhöhung im Prozess.. 269
  a) Taktische und prozessrechtliche Vorüberlegungen..................... 269
  b) *Muster:* Prozessuales Erhöhungsverlangen 273
 5. Endurteil und Berufung.... 274
III. Modernisierungs-Mieterhöhung, § 559 BGB 278
 1. Voraussetzungen.......... 278
  a) Modernisierungsmaßnahme.................. 279
  b) Das Ankündigungsschreiben..................... 281
  c) Rechte des Mieters vor der Umbaumaßnahme...... 282
  d) Nach erfolgter Modernisierung 284
  e) Berechnung der Mieterhöhung 288
  f) Abwehrmöglichkeiten des Mieters 289
   aa) Abzug für Reparaturen .. 290
   bb) Modernisierung unwirtschaftlich 291
 2. *Muster:* Duldungsverlangen nach § 559 BGB 292
 3. Prozessuale Durchsetzung . 293
  a) Duldungsklage 293
  b) *Muster:* Duldungsklage des Vermieters 295
  c) Zahlungsklage........... 296
   aa) Zulässigkeit 296
   bb) Streitwert 297
   cc) Strategie 298
   dd) Antrag 299
   ee) Begründung / Beweislast...................... 300
  d) *Muster:* Zahlungsklage nach § 559 BGB 302
  e) Abwehr der Mieterhöhung / Feststellungsklage des Mieters.............. 303
   aa) Rechtsschutzbedürfnis / Feststellungsinteresse... 304
   bb) Kosten / Streitwert....... 305
   cc) Antrag 307
   dd) Beweislast 309
  f) *Muster:* Negative Feststellungsklage........... 310
IV. Staffelmietvereinbarung 311
 1. Vorprozessuale Situation... 311
 2. Klage..................... 313
V. Indexmiete 314
 1. Vorprozessuale Situation... 314
 2. *Muster:* Erhöhungserklärung...................... 317
 3. Klage..................... 318
  a) Zulässigkeit 318
  b) Streitwert 319
  c) Antrag 320
  d) Begründung / Beweislast. 321
  e) *Muster:* Zahlungsklage wegen Indexmiete....... 322

§ 5 Räumungsverfahren 323
A. Materielles Kündigungsrecht 323
 I. Grundlagen einer Kündigung. 323
  1. Kündigungserklärung...... 323
  2. Form der Kündigung 325
  3. Inhalt der Kündigung 326

Inhalt

4. Angabe der Kündigungsgründe 331
5. Kündigungsfristen 332
6. Zugang der Kündigung 338
7. Bevollmächtigung und Vollmacht, Kündigung bei Personenmehrheit 340
8. Hinweis auf Widerspruchsmöglichkeit bei Kündigung durch den Vermieter 344
9. Stillschweigende Verlängerung, § 545 BGB 345

II. Ordentliche Kündigung eines Wohnraummietverhältnisses . 346
1. Ordentliche Kündigung eines Wohnraummietverhältnisses durch den Mieter 346
2. Ordentliche Kündigung eines Wohnraummietverhältnisses durch den Vermieter 347
   a) Kündigungsgründe im Einzelnen 348
   aa) Kündigung bei Pflichtverstößen des Mieters 348
   bb) Kündigung wegen Eigenbedarfs 354
   cc) Kündigung wegen Hinderung angemessener wirtschaftlicher Verwertung . 361
3. Kündigungswiderspruch des Mieters gemäß §§ 574 bis 574 b BGB 366

III. Beendigung befristeter Mietverhältnisse 382

IV. Außerordentliche Kündigung des Mieters, vorzeitige Beendigung eines Mietverhältnisses und Sonderkündigungsrechte 387
1. Grundlagen 387
2. Vertragsauflösung durch Beibringen eines Mietnachfolgers 391
   a) Geeigneter Mietnachfolger 392
   b) Erhebliche Gründe 393
3. Sonderkündigungsrechte... 395
   a) Sonderkündigungsrecht wegen Versagung der Untervermieterlaubnis... 395

b) Sonderkündigungsrecht bei bevorstehender Modernisierung 400
c) Sonderkündigungsrecht bei Mietverhältnissen von mehr als 30 Jahren Dauer 401
d) Sonderkündigungsrecht bei Tod des Mieters 402
e) Sonderkündigungsrecht bei Staffelmietvereinbarung 403
f) Sonderkündigungsrecht bei Mieterhöhungsverlangen 404
g) Außerordentliche Kündigungsrechte 405
h) Außerordentliche Kündigung wegen Nichtgewährung des Gebrauchs 405
i) Außerordentliche Kündigung wegen Gesundheitsgefährdung 406
j) Kündigung wegen schuldhafter Pflichtverletzung des Vermieters 407

V. Außerordentliche Kündigung des Vermieters 408
1. Kündigung bei Zahlungsverzug 408
2. Kündigung wegen Fortsetzung des vertragswidrigen Gebrauchs, erheblichen Pflichtverletzungen oder Störung des Hausfriedens .. 413

VI. Mietaufhebungsvertrag 417

B. Anträge vor Gericht 420

I. Einstweilige Verfügung auf Räumung 420
1. Rechtsgrundlagen 420
2. Prozessvoraussetzungen.... 423
3. *Muster:* Räumungsantrag im Wege des einstweiligen Rechtsschutzes 434

II. Räumungsklage mit Klageerwiderung 435
1. Klageschrift 435
   a) Vorbereitung 435
   b) Prozessuale Gesichtspunkte 446

11

c) *Muster:* Räumungsklage nach fristloser Kündigung eines Wohnraummietverhältnisses 457
2. Klageerwiderung 458
  a) Vorprüfung 458
  b) Prozessuale Gesichtspunkte 462
  c) *Muster:* Klageerwiderung (zu oben Rn. 457) ... 470
III. Antrag auf Urteilsergänzung gem. § 321 I ZPO 471
  1. Vorbemerkungen 471
  2. *Muster:* Urteilsergänzungsantrag 476
IV. Antrag auf einstweilige Einstellung der Zwangsvollstreckung gem. §§ 719, 707 ZPO .. 477
  Muster: Antrag auf einstweilige Einstellung der Zwangsvollstreckung 478
V. Antrag auf Verlängerung der Räumungsfrist gem. § 721 III 1 ZPO 481
  1. Vorbemerkungen 481
  2. *Muster:* Verlängerungsantrag gem. § 721 III 1 ZPO 488
VI. Sofortige Beschwerde gegen einen Beschluss auf Bewilligung, Verlängerung, Verkürzung einer Räumungsfrist oder deren Versagung ... 489
  1. Vorbemerkungen 489
  2. *Muster:* Sofortige Beschwerde gem. §§ 721 VI, 567 I ZPO 496

§ 6 Vollstreckungsverfahren im Mietrecht 497
A. Räumungszwangsvollstreckung . 498
  I. Räumungstitel 498
    Muster: Anwaltsvergleich zur Räumung 502
    Muster: Vollstreckungsunterwerfung 504
  II. Räumungsauftrag gem. §§ 753 I, 885 I ZPO 506
    1. Vorbemerkungen 506

2. *Muster:* Vollstreckungsauftrag wegen Räumung 512
III. Antrag auf Räumungsschutz gem. § 765a ZPO 513
  1. Rechtsgrundlagen 513
  2. *Muster:* Antrag nach § 765a ZPO 522
B. Weitere mietrechtliche Vollstreckungsangelegenheiten 523
  I. Durchsetzung einer vertretbaren Handlung gem. § 887 ZPO 523
    1. Vorbemerkungen 523
    2. *Muster:* Antrag auf Vollstreckung einer vertretbaren Handlung 533
  II. Durchsetzung einer nicht vertretbaren Handlung gem. § 888 I ZPO 534
    1. Vorbemerkungen 534
    2. *Muster:* Antrag nach § 888 ZPO 541
  III. Durchsetzung einer Unterlassungs- oder Duldungsverpflichtung gem. § 890 ZPO ... 542
    1. Vorbemerkungen 542
    2. *Muster:* Ordnungsmittelantrag nach § 890 ZPO 547
  IV. Antrag gem. § 851b ZPO auf Pfändungsschutz für Mietzinsen 548
    1. Vorbemerkungen 548
    2. *Muster:* Antrag auf Pfändungsschutz nach § 851b ZPO 558
  V. Klage auf vorzugsweise Befriedigung gem. § 805 ZPO 559
    1. Rechtsgrundlagen 559
    2. Prozessuale Hinweise 560
    3. *Muster:* Vorzugsklage nach § 805 ZPO 569

§ 7 Einstweilige Verfügung bei Besitzentziehung und Besitzstörung sowie im Gewerbemietrecht 571
A. Vorprozessuale Situation 571
B. Prozess 574
  I. Grundlagen 574
  II. Formulare 583

1. *Muster:* Antrag auf Erlass einer einstweiligen Verfügung auf Wiedereinräumung des Besitzes 583
2. *Muster:* Antrag auf Erlass einer einstweiligen Verfügung wegen Besitzstörung 584
3. *Muster:* Antrag auf Erlass einer einstweiligen Verfügung auf Räumung im Gewerbemietrecht......... 585

§ 8 Rückforderung der Mietsicherheit. . 586
A. Vorprozessuale Situation........ 586
  I. Kautionsrechtliche Fallgruppen 586
  II. Materiellrechtliche Grundlagen 588
    1. Form und Umfang der Mietsicherheit.................. 588
       a) Form 588
       b) Umfang 589
    2. Zwingendes Recht 593
    3. Fälligkeit................... 594
    4. Verzinsung 595
       a) Verzinsungspflicht und Verwendung der Kautionserträge 595
       b) Zurückbehaltungsrecht des Mieters bis zur Anlage der Kaution............. 597
       c) Anlageform 598
       d) Die Kapitalertragsteuer im Zusammenhang mit der Mietsicherheit 600
    5. Die Kaution in der Insolvenz und Einzelzwangsvollstreckung..................... 601
       a) Vorzüge eines Treuhandkontos im Falle des Gläubigerzugriffs............. 601
       b) Insolvenz des Vermieters. 602
       c) Verdecktes Treuhandkonto.................... 603
    6. Schadensersatzpflicht und Untreue bei Verstoß gegen die getrennte Anlagepflicht 604

III. Verwertung der Mietsicherheit, Abrechnung, Rückzahlungsanspruch 605
    1. Verwertung 605
    2. Abrechnungs- und Rückzahlungspflicht............. 606
    3. Fälligkeit des Rückzahlungsanspruches................. 608
B. Prozess...................... 609
  I. Klage auf Rückzahlung der Mietsicherheit............... 609
    1. Zeitpunkt der Klageerhebung, Gefahr der Aufrechnung...................... 609
    2. Klageantrag............... 610
  II. Formulare 613
    1. *Muster:* Klage auf Rückzahlung der Barkaution 613
    2. *Muster:* Klage auf Freigabe eines Kautionssparbuches .. 614
    3. *Muster:* Klageerwiderung zu einer Klage auf Rückzahlung der Kaution 615

§ 9 Klage auf Rückbau............... 616
A. Vorprozessuale Situation 616
B. Prozess...................... 622
C. *Muster:* Klage auf Rückbau 628

§ 10 Deckungsklage 629
A. Vorprozessuale Situation 630
B. Prozess...................... 632
C. *Muster:* Deckungsklage 634

§ 11 Der Mietprozess im Familien- und Erbrecht 635
A. Der mietrechtliche Prozess mit Erbrechtsbezug 635
  I. Vorprozessuale Situation...... 635
    1. Tod des Mieters 635
       a) Grundlagen............. 635
       b) Kündigung bei Tod des Mieters, §§ 580, 564 BGB 638
       c) Eintrittsrecht des überlebenden Ehegatten, Lebensgefährten, Familienangehörigen oder Haushaltsangehörigen, § 563 BGB 643

d) Fortsetzung des Mietverhältnisses durch den Ehegatten, Lebenspartner, Familienangehörigen oder Haushaltsangehörigen, § 563a BGB........ 647
2. Tod des Vermieters 648
3. Zusammentreffen von Erbe und Mietvertragspartei.... 653
II. Prozess ....
Muster: Räumungsklage nach Kündigung im Erbfall 654
B. Zuweisung der Mietwohnung nach BGB, LPartG, GewSchG und HausrVO 655
   I. Grundlagen 655
   II. Wohnungszuweisung nach § 1361b BGB................. 660
    1. Vorprozessuale Situation .. 660
     a) § 1361b Absatz 1 BGB..... 663
     b) § 1361b Absatz 2 BGB.... 665
     c) § 1361b Absatz 3 BGB.... 666
     d) Gesamtabwägung 668
    2. Prozess.................... 670
    3. *Muster:* Antrag auf Zuweisung der Ehewohnung nach 1361b BGB 675
   III. Wohnungszuweisung nach § 1ff. HausrVO 676
    1. Vorprozessuale Situation .. 676
     a) § 2 HausrVO 678
     b) § 5 HausrVO 681
    2. Prozess.................... 687
    3. *Muster:* Antrag auf Zuweisung der Ehewohnung nach HausrVO................... 692
   IV. Wohnungszuweisung nach § 2 Gewaltschutzgesetz.......... 693
    1. Vorprozessuale Situation... 693
     a) Anspruchsvoraussetzungen, § 2 Absatz 1 und 6 GewSchG............... 695
     b) Ausschlusstatbestände, § 2 Absatz 3 GewSchG ... 697
     c) Überlassung der Wohnung................... 698
      aa) Gemeinsame Berechtigung, § 2 Absatz 2 S. 1 GewSchG............... 699
      bb) Alleinberechtigung des Täters, § 2 Absatz 2 S. 2 und S. 3 GewSchG 700
      cc) Alleinberechtigung des Opfers................... 701
      dd) Beeinträchtigungs- und Vereitelungsverbot, § 2 Absatz 4 GewSchG....... 702
      ee) Nutzungsvergütung, § 2 Absatz 5 GewSchG....... 703
     d) Strafbarkeit, § 4 GewSchG 704
    2. Prozess 705
    3. *Muster:* Formular Antrag auf Wohnungszuweisung nach § 2 GewSchG 708

MUSTERVERZEICHNIS

	Rn.
§ 1 Einführung zu den Grundbegriffen des Mietrechts	1
§ 2 Typische Fehler in Mietverträgen und ihre Auswirkung auf den Prozess (aktuelle Rechtsprechung)	39
§ 3 Streitigkeiten im laufenden Mietverhältnis	54
1 Klage des Mieters auf Abrechnung	90
2 Klage auf Herausgabe der Abrechnungsunterlagen	93
3 Klage des Mieters auf Rückzahlung geleisteter Betriebskostenvorauszahlungen wegen Nichtabrechnung bei beendetem Mietverhältnis	97
4 Stufenklage auf Abrechnung und Rückzahlung	100
5 Erhöhungsverlangen des Vermieters nach § 560 BGB	108
6 Änderungsverlangen des Mieters	109
7 Zahlungsklage wegen erhöhter Betriebskosten	114
8 Klage auf Zahlung abgerechneter Betriebskosten	116
9 Abmahnung	130
10 Klage des Vermieters auf Unterlassung des vertragswidrigen Gebrauchs	134
11 Mängelankündigung / Mietminderung	166
12 Aufrechnungserklärung	171
13 Selbständiges Beweisverfahren	193
14 Zahlungsklage des Vermieters und negative Zwischenfeststellungsklage	197
15 Klageerwiderung des Mieters	198
16 Mängelbeseitigungsklage	204
17 Zahlungsklage	221
18 Klage auf Auffüllung des Kautionskontos	222
§ 4 Durchsetzung der Mieterhöhung	223
19 Mieterhöhung nach § 558 BGB	244
20 Klage auf Zustimmung zur Mieterhöhung nach § 558 BGB	267

Musterverzeichnis

21	Klageerwiderung	268
22	Prozessuales Erhöhungsverlangen	273
23	Duldungsverlangen nach § 559 BGB	292
24	Duldungsklage des Vermieters	295
25	Zahlungsklage nach § 559 BGB	302
26	Negative Feststellungsklage	310
27	Erhöhungserklärung	317
28	Zahlungsklage wegen Indexmiete	322

§ 5 Räumungsverfahren 323

29	Räumungsantrag im Wege des einstweiligen Rechtsschutzes	434
30	Räumungsklage nach fristloser Kündigung eines Wohnraummietverhältnisses	457
31	Klageerwiderung (zu oben Rn. 457)	470
32	Urteilsergänzungsantrag	476
33	Antrag auf einstweilige Einstellung der Zwangsvollstreckung	478
34	Verlängerungsantrag gem. § 721 III 1 ZPO	488
35	Sofortige Beschwerde gem. §§ 721 VI, 567 I ZPO	496

§ 6 Vollstreckungsverfahren im Mietrecht 497

36	Anwaltsvergleich zur Räumung	502
37	Vollstreckungsunterwerfung	504
38	Vollstreckungsauftrag wegen Räumung	512
39	Antrag nach § 765a ZPO	522
40	Antrag auf Vollstreckung einer vertretbaren Handlung	533
41	Antrag nach § 888 ZPO	541
42	Ordnungsmittelantrag nach § 890 ZPO	547
43	Antrag auf Pfändungsschutz nach § 851b ZPO	558
44	Vorzugsklage nach § 805 ZPO	569

§ 7 Einstweilige Verfügung bei Besitzentziehung und Besitzstörung sowie im Gewerbemietrecht — 571

45 Antrag auf Erlass einer einstweiligen Verfügung auf Wiedereinräumung des Besitzes — 583

46 Antrag auf Erlass einer einstweiligen Verfügung wegen Besitzstörung — 584

47 Antrag auf Erlass einer einstweiligen Verfügung auf Räumung im Gewerbemietrecht — 585

§ 8 Rückforderung der Mietsicherheit — 586

48 Klage auf Rückzahlung der Barkaution — 613

49 Klage auf Freigabe eines Kautionssparbuches — 614

50 Klageerwiderung zu einer Klage auf Rückzahlung der Kaution — 615

§ 9 Klage auf Rückbau — 616

51 Klage auf Rückbau — 628

§ 10 Deckungsklage — 629

52 Deckungsklage — 634

§ 11 Der Mietprozess im Familien- und Erbrecht — 635

53 Räumungsklage nach Kündigung im Erbfall — 654

54 Antrag auf Zuweisung der Ehewohnung nach 1361 b BGB — 675

55 Antrag auf Zuweisung der Ehewohnung nach HausrVO — 692

56 Antrag auf Wohnungszuweisung nach § 2 GewSchG — 708

Literatur:

Kommentare, Monographien: Bruckmann, Mietmängel von A – Z, 4. Auflage 2001; Bruns/Peters, Zwangsvollstreckung 3. Auflage 1987; Bub/Treier, Handbuch der Geschäfts- und Wohnraummiete, 3. Auflage 1999; Fritz, Gewerbemietrecht, 4. Auflage 2005; Herrlein/Kandelhard, Mietrecht, 2. Auflage 2004; Kinne, Der Wohnraummietvertrag, 4. Auflage 2003; Kossmann, Handbuch des Wohnraumietrechts, ; Kroth/Zwißler, Das mietrechtliche Mandant, 2. Auflage 2001; Langenberg, Betriebskostenrecht der Wohn- und Gewerberaumiete, 3. Auflage 2002; Lützenkirchen, Anwaltshandbuch Mietrecht, 2. Auflage 2003; Meyer/Krois, RVG, 1. Auflage 2005; Münchner Prozessformularbuch, Band I Mietrecht, 2. Auflage 2003; Palandt, BGB, 63. Auflage 2004; Schmidt, Miet- und Mietprozess, 3. Auflage 2002; Schmidt/Futterer, Mietrecht, 8. Auflage 2003; Sternel, Festschrift für Seus 1987, 281; Sternel, Mietrecht aktuell, 3. Auflage 1996; Zöller, ZPO, 25. Auflage 2005

Aufsätze: Borstinghaus, ZMR 2003, 658; Derleder, NZM 2000, 1098; Eisenhardt, NZM 1998, 64; Flatow, NZM 2004, 281; Geimer, DNotZ 1991, 266; Heinrichs, WUM 2005, 155; Helle, NJW 1991, 212; Hinz, NZM 2004, 681; Hüermann, NZM 2004, 326; Hülsmann, NZM 2004, 841; Isenmann, DWW 1995, 361; Jendrik, NZM 1998, 593; Kluth/Grün, NZM 2001, 1013; Kraemer, NZM 2002, 465; Kraemer, NZM 2002, 465; Langenberg, WUM 2033, 670; Lützenkirchen, MDR 1998,136; Lützenkirchen, WUM 2001, 67; Moeser, NZM 2004, 769; Nies, NZM 1998, 221; Rub/Fleischmann, Rechtspfleger 1985, 71; Schmidt, ZMR 2000, 144; Schmidt/Futterer, MDR 1971, 630; Walker/Gruß, NJW 1996, 352

§ 1 Einführung zu den Grundbegriffen des Mietrechts

A. Struktur des Mietrechts

Die Lösung mietrechtlicher Fälle erfordert fundierte dogmatische Rechtskenntnisse. Denn nur in wenigen Rechtsgebieten werden rechtliche Grundprinzipien aus sozialpolitischen Gründen heraus so durchbrochen wie im Mietrecht, und wer die Grundregel nicht kennt, wird die Ausnahmen nicht verstehen. Dies macht das Mietrecht so schwer durchschaubar und unverständlich. Das Mietrecht hat keine eigene Verfahrensordnung. Dennoch weist der **Zivilprozess** im Mietrecht unzählige Besonderheiten auf. Auch gibt es zahlreiche, rein mietrechtliche Verfahrensvorschriften (z. B. §§ 29a, 257, 308a, 708 Nr. 7, 721, 765a Abs. 3, 794a, 851 b, und 940a ZPO, § 23 Nr. 2a GVG, § 41 GKG, §§ 57, 57a, b, c und d ZVG §§ 109, 110, 111und 112 InsO). Die Materie macht eine Spezialisierung unausweislich. Aus diesem Grunde findet der Wohnraummietprozess vor dem **Amtsgericht** als **Mietgericht** (§23 Nr. 2a GVG) statt.

Das Mietrecht regelt die Überlassung einer Sache zum Gebrauch gegen Entgelt und ist normiert in den §§ 535 ff. BGB. Dabei sind die §§ 535 ff. BGB grundsätzlich sowohl für bewegliche als auch unbewegliche Sachen anwendbar. Hinzu kommen die innerhalb der Vermietung von Immobilien zusätzlich notwendigen Unterscheidungen, die nicht nur in der Abgrenzung zwischen Wohnraummietrecht und Gewerbemietrecht bestehen, sondern beispielsweise auch darin, dass bei der Vermietung von Einliegerwohnungen erneut Besonderheiten gelten. Dies führt dazu, dass das Mietrecht besonders unübersichtlich und auch haftungsträchtig ist und zusätzlich einschließlich dem Pachtrecht ein eigenes Rechtsgebiet darstellt, welches längst eines spezialisierten Rechtsanwaltes bedarf. Der nunmehr eingeführte **Fachanwalt für Miet- und Wohnungseigentumsrecht** war daher überfällig und hat auch ohne eigene Verfahrensordnung im Mietrecht zweifelsohne seine Berechtigung.

Die **Mietrechtsreform** vom 1. September 2001 ist in der **Rechtsprechung** der Instanzgerichte längst allgegenwärtig und kein Neuland mehr, während die insgesamt zunehmenden Entscheidungen des **BGH** bisher überwiegend noch zu den Vorschriften des alten Mietrechts ergangen sind,[1] wenngleich diese höchstrichterlichen Entscheidungen weitgehend auch für die Auslegung des neue Mietrecht heran zu ziehen sind.

Aufgrund der besonderen sozialpolitischen Relevanz ist das Mietrecht unter dem Einfluss verschiedener politischer Strömungen und wandelnder gesellschaftlicher Bedürfnisse in der Vergangenheit mehrfach geändert und ergänzt worden. Einzelne Bereiche dieser Ergänzungen und Änderungen sind nicht in das BGB eingefügt worden, sondern wurde verstreut in die verschiedensten Vorschriften, wie z.B. der II. **Berechnungsverordnung**, der **Neubaumietenverordnung** oder der **Heizkostenverordnung**. Diese dadurch verursachte Zusammenhangslosigkeit konnte auch die Mietrechtsreform aus dem Jahr 2001 mit der Übernahme des Mieterhöhungsgesetzes in das BGB nicht entscheidend beseitigen.

---

[1] Vgl. ausführlich hierzu K. Lützenkirchen, Die Entwicklung des Mietrechts in der obergerichtlichen Rechtsprechung des Jahres 2004, WuM 05, 89ff.

Zwißler

§ 1 Einführung zu den Grundbegriffen des Mietrechts

5   In der anwaltlichen Praxis steht das Wohnraummietrecht im Mittelpunkt der anwaltlichen Beratung. Häufig sind auch die gewerbemietrechtlichen Mandate, in denen der spezialisierte Rechtsanwalt aber nicht nur in den mietrechtlichen Vorschriften besonders versiert sein sollte, sondern zumindest vereinzelt auch in den verschiedenen Gebieten des Wirtschaftsrechts. Eng ist in zahlreichen Sachverhalten des täglichen Lebens auch die Verknüpfung des Mietrechts zum Erbrecht bzw. Familienrecht. Die Vermietung beweglicher Sachen hat demgegenüber in der Praxis unter dem Stichwort „Mietrecht" nur geringe Bedeutung.

6   Die Formularbibliothek Zivilprozess bringt im Teil Mietrecht das **Wohnraummietrecht** sowie **Gewerbemietrecht** für den beratenden Anwalt in eine schnell abrufbare Struktur, anhand von in der Praxis häufig wiederkehrenden Einzelfällen im Prozess- und Verfahrensrecht.

7   Anders als in einer reinen Formularsammlung wird auch die Rechtslage materiell und verfahrensrechtlich im **Prozess** umfassend, wenngleich nicht ein Lehrbuch oder die Kommentarliteratur ersetzend, erläutert. Prozessuale Grundkonstellationen, aber auch tiefgehende prozessuale und materielle Probleme für den Prozess werden mit Lösungen aufgezeigt. Mit den wenigen Seiten der Einführung zu den Grundbegriffen des Mietrechts erhält der Leser bereits in etwa 50 % des Stoffes vermittelt, der für die Bearbeitung mietrechtlicher Mandate vor Gericht notwendig ist. Nach den weiteren besonderen Kapiteln sollten 80 % der mietrechtlichen Materie im Verfahren angewandt werden können. Die Letzten 20 % Fachwissen finden sich in Kommentaren, Lehrbüchern, Fachzeitschriften und Urteilen, auf welche in den Fußnoten zahlreich verwiesen ist.

B. Mietrecht im Gefüge der Schuldverhältnisse

I. Zweiseitiges, gegenseitig verpflichtendes Schuldverhältnis

8   Der Mietvertrag stellt ein **gegenseitiges Schuldverhältnis** zwischen Vermieter und Mieter dar, wodurch der Vermieter verpflichtet wird, dem Mieter entgeltlich den Gebrauch einer bestimmten Sache auf Zeit zu gewähren. Dabei kann sich das Mietverhältnis sowohl auf bewegliche Sachen, wie zum Beispiel Fahrzeuge, Maschinen oder Ähnliches, als auch auf unbewegliche Sachen (Grundstücke oder Teile hiervon, Geschäftsräume, Wohnräume), nicht aber auf Rechte beziehen.

II. Hauptleistungspflichten im Mietverhältnis

9   Die **Hauptleistungspflicht** des Vermieters ist die Pflicht, dem Mieter den Gebrauch an der gemieteten Sache zu gewähren, ihm die vermietete Sache in einem zum vertragsgemäßen Gebrauch geeigneten Zustand zu überlassen und sie während der Mietzeit in diesem Zustand zu erhalten, § 535 BGB. Die Hauptleistungspflicht des Mieters ist die Pflicht zur Zahlung des vereinbarten Mietzinses und zur Rückgabe bzw. Räumung der gemieteten Sache, wenn das Mietverhältnis beendet ist. Die Hauptleistungspflicht des Vermieters, die Mietsache in einem zum vertragsgemäßen Gebrauch geeigneten Zustand zu unterhalten, kann abbedungen werden. In der Praxis hat sich insoweit die Überwälzung von Schönheitsreparaturen und Kleinreparaturen an Gegenständen, die dem direkten, häufigen Zugriff des Mieters unterliegen, breit gemacht. Bei Verletzung

der Hauptleistungspflicht des Vermieters hat der Mieter ein Recht auf Erfüllung, Zurückbehaltung des Mietzinses (§ 320 BGB), Mietminderung (§ 536 BGB) und u.U. Schadensersatz wegen Nichterfüllung (§ 536 a BGB) sowie gegebenenfalls ein Kündigungsrecht. Bei Verletzung der Pflicht des Mieters zur rechtzeitigen Mietzahlung steht dem Vermieter neben dem Erfüllungsanspruch je nach den Umständen ein Recht zur ordentlichen bzw. fristlosen Kündigung zu.

C. Besondere Mietverhältnisse und mit öffentlichen Mitteln geförderter Wohnraum

I. Besondere Mietverhältnisse

Die mietrechtlichen Regelungen der §§ 535 ff. BGB sind grundsätzlich auf alle Arten von Mietverhältnissen anwendbar, wobei jedoch eine Vielzahl von Vorschriften bestehen, die nur **Grundstücks- oder Raummiete** betreffen, wie z.B. §§ 554, 554a BGB). Wegen der besonderen Bedeutung für die persönliche Existenz des Bürgers enthalten darüber hinaus sowohl das BGB als auch verschiedene Gesetze außerhalb des BGB Sondervorschriften des sog. **sozialen Mietrechtes** für Wohnraum, die regelmäßig dem Schutz des Mieters dienen und nicht zu dessen Nachteil abdingbar sind. Gesetze außerhalb des BGB mit Sondervorschriften des sozialen Mietrechtes für Wohnraum sind das Wohnungsbindungsgesetz (WoBindG), die Neubaumietenverordnung (NMV) und die II. Berechnungsverordnung (II. BV) sowie die Heizkostenverordnung (HeizkostenV). Zu den speziell mietrechtlichen Vorschriften kommen die allgemeinen, insbesondere schuldrechtlichen Vorschriften des BGB, wie insbesondere die §§ 320 ff. BGB zur Anwendung.

II. Mit öffentlichen Mitteln geförderter Wohnraum

Bei **preisgebundenem Wohnraum** sind umfangreiche Sondervorschriften zu beachten. Es bestehen da die Einschränkungen des Wohnungsbindungsgesetzes, wonach der Vermieter die öffentlich geförderte Wohnung nur an Personen vermieten darf, deren Einkommen in den gesetzlich festgesetzten Grenzen liegt und welche einen Wohnberechtigungsschein vorlegen können. In Gebieten „mit erhöhtem Wohnungsbedarf" können die Landesregierungen nach § 5a WoBindG durch Verordnung bestimmen, dass der Verfügungsberechtigte die Wohnung nur an solche Wohnungssuchende überlassen darf, die von der zuständigen Stelle benannt werden. Der Vermieter kann bei öffentlich geförderten Wohnungsbauten nur die aufgrund einer Wirtschaftlichkeitsberechnung errechnete Kostenmiete verlangen. Diese kann nur bei gesetzlich zugelassenen Kostensteigerungen, dann aber durch einseitige Erklärung und ohne Zustimmung des Mieters erhöht werden, vgl. § 10 WoBindG.

D. Fristen und Verjährung

Das Wohnraummietrecht enthält besonders viele **Fristen**, die es zu beachten gilt. Neben den Kündigungsfristen darf beim Abfassen einer Kündigung § 545 BGB nicht übersehen werden. Danach gilt das Mietverhältnis für auf unbestimmte Zeit verlängert, wenn der Mieter den Gebrauch nach Ende der Vertragszeit fortsetzt und nicht Vermieter oder Mieter binnen zwei Wochen gegenüber dem jeweils anderen seinen

Widerspruch dagegen erklärt. Wichtig sind immer noch die Fristen der alten Sozialklausel, d.h. des § 556a BGB a.F. Nach dieser Vorschrift des alten Mietrechts, die nach wie vor für Verträge gilt, die vor dem 1. September 2001 geschlossen wurden, kann der Vermieter die Fortsetzung des Mietverhältnisses nach der Sozialklausel ablehnen, wenn der Mieter seinen Widerspruch gegen die Kündigung nicht zwei Monate vor der Beendigung des Mietverhältnisses dem Vermieter gegenüber erklärt hat. Wenn andererseits der Vermieter nicht rechtzeitig vor Ablauf der Widerspruchsfrist auf die Widerspruchsmöglichkeit hingewiesen hat, so kann der Mieter den Widerspruch noch im ersten Termin des Räumungsrechtsstreits erklären. Vielfach wird auch die kurze **Verjährungsfrist** des § 548 BGB nicht erkannt oder übersehen. Danach verjähren z.B. Ansprüche des Vermieters wegen Veränderung oder Verschlechterung der Mietsache in sechs Monaten ab Rückgabe der Mietsache. Hierzu gehört auch der in der Praxis wichtige Anspruch des Vermieters auf Schadensersatz wegen unterlassener Schönheitsreparaturen. Die 6-Monats-Frist gilt nicht nur für die in § 548 BGB genannten Ansprüche, sondern für zahlreiche weitere, zum größten Teil wichtige Ansprüche, analog.[2] Viele Fristen sind auch in den Vorschriften für die verschiedenen Mieterhöhungsverlangen enthalten. Stimmt beispielsweise der Mieter dem Mieterhöhungsverlangen des Vermieters nach § 558b BGB nicht bis zum Ablauf des zweiten Kalendermonats zu, der auf den Zugang des Verlangens folgt, so kann bzw. müsste der Vermieter bis zum Ablauf von weiteren drei Monaten auf Erteilung der **Zustimmung klagen**. Auch wird vielfach übersehen, dass der Antrag auf Gewährung einer angemessenen **Räumungsfrist** nach § 721 Abs. 1 ZPO noch vor Schluss der mündlichen Verhandlung gestellt werden muss. Es verjähren Ansprüche des Vermieters auf Zahlung der Miete einschließlich Nebenkosten in drei Jahren nach Fälligkeit, § 195 BGB. Wird der vertragsgemäße Gebrauche der Mietsache durch den Mieter überschritten, steht dem Vermieter ein Unterlassungsanspruch nach § 541 BGB sowie gegebenenfalls ein Recht auf ordentliche oder fristlose Kündigung zu.

E. Zustandekommen von Mietverhältnissen

I. Form

13   Für den Abschluss eines Mietvertrages ist keine gesetzliche Form vorgeschrieben. Mietverträge können also auch mündlich oder durch schlüssiges Verhalten geschlossen werden. Aus Gründen der Rechtsklarheit und Beweissicherung ist aber ein **schriftlicher Mietvertrag** klar zu empfehlen.

14   Mietverträge über Grundstücke und Räume und zwar auch Wohnräume, welche für längere Zeit als ein Jahr geschlossen werden, bedürfen nach § 550 BGB der **Schriftform**. Die Nichtbeachtung der Schriftform führt aber nicht zur Unwirksamkeit des Mietvertrages sondern es gilt der Mietvertrag dann als auf unbestimmte Zeit abgeschlossen und kann frühestens zum Schluss des ersten Mietjahres gekündigt werden.

15   Nach § 126 BGB ist zur Einhaltung der Schriftform die eigenhändige Namensunterschrift beider Vertragsteile auf derselben Urkunde notwendig. Eine von der Rechtspre-

---

2 Palandt-Weidenkaff, § 548 BGB Rn. 5.

chung einst verlangte körperliche Verbindung der Einzelnen Blätter bei mehrseitigen Mietverträgen, denen andere Urkunden als Anlagen beigefügt sind, ist zwischenzeitlich aufgegeben worden, wenn aufgrund fortlaufender **Paginierung**, die fortlaufende **Nummerierung** einzelner Bestimmungen, einheitliche graphische Gestaltung, inhaltlicher Zusammenhang des Textes oder vergleichbare Merkmale Unsicherheiten über Umfang und Reichweite des Vertrages ausgeschlossen sind.[3] Grundsätzlich muss die Vertragsurkunde von sämtlichen Vertragspartnern unterzeichnet werden, wobei Stellvertretung möglich ist. Wenn aber (wie regelmäßig bei Mietverträgen) über den Vertrag mehrere gleich lautende Urkunden aufgenommen werden, reicht es aus, wenn jede Vertragspartei die für die andere Partei bestimmte Urkunde unterzeichnet.

II. Personenmehrheit

Wenn mehrere Personen Vertragspartei werden sollen, müssen diese in der Vertragsurkunde aufgeführt sein. Wenn eine **Personenmehrheit** (z.B. Eheleute, Wohngemeinschaften) Vertragspartei ist, stehen den Personen dieser Personenmehrheit die Rechte aus dem Mietvertrag nur gemeinschaftlich zu, mit der Folge, dass diese bei jeder Rechtsausübung gemeinschaftlich handeln müssen. Folglich muss jede einzelne Rechtsausübung, wie zum Beispiel Mieterhöhungsverlangen, Kündigung o.Ä. von und gegenüber allen Vertragspartnern erklärt werden. Die in formularmäßigen Mietverträgen vielfach zu findenden **Bevollmächtigungsklauseln**, nach denen sich mehrere Mieter gegenseitig zum Empfang oder zur Abgabe von das Mietverhältnis betreffenden Willenserklärungen bevollmächtigen, sind nur eingeschränkt zulässig. Regelmäßig können solche formularmäßigen gegenseitigen Bevollmächtigungen jederzeit widerrufen werden und betreffen nur diejenigen Willenserklärungen, die innerhalb eines Mietverhältnisses normalerweise abgegeben werden, nicht aber Erklärungen, die das Mietverhältnis beendigen.[4] Der BGH lässt aber auch formlose Bevollmächtigungsklauseln zu, durch welche sich mehrere Mitmieter zum Empfang von Kündigungserklärungen ermächtigen.[5]

16

Mehrere Vertragspartner untereinander haben die Stellung von Gesamtgläubigern bzw. Gesamtschuldnern nach §§ 421, 426 BGB. Danach haften z.B. mehrere Mieter für die Miete als **Gesamtschuldner**.

17

Bei einseitigen empfangsbedürftigen Willenserklärungen, die durch einen Vertreter abgegeben werden, muss eine schriftliche **Vollmacht** des Vertretenen im Original beigefügt werden, um zu verhindern, dass der Empfänger die Willenserklärung nach § 174 BGB unverzüglich wegen der fehlenden Vollmacht zurückweist.

18

F. Beendigung von Mietverhältnissen

I. Ende eines Dauerschuldverhältnisses

Mietverhältnisse sind **Dauerschuldverhältnisse** und enden durch Zeitablauf, Eintritt einer auflösenden Bedingung, bzw. ordentliche oder außerordentliche Kündigung.

19

---

3 BGHZ 136, 357 und BGH WuM 99, 595.
4 Vgl. Sternel, Mietrecht, I Rn. 402 ff.
5 BGH NJW 97, 3437.

Zwißler

Dabei bestehen Besonderheiten insbesondere für Wohnraummietverhältnisse. Ferner ist eine Beendigung durch öffentlich-rechtliche Maßnahmen möglich.[6]

II. Beendigung befristeter Mietverhältnisse

20 Wenn für das Mietverhältnis eine bestimmte Laufzeit vereinbart worden ist, wandelt sich das Mietverhältnis zugunsten des Mieters nach Ablauf der **Befristung** in ein unbefristetes Mietverhältnis, ohne, dass es hierfür eine Erklärung des Mieters bedarf.

21 Die unbefristete Verlängerung des Mietverhältnisses nach Ablauf der Befristung steht dem Wohnraummieter nur bei einem Zeitmietvertrag, bei dem der Fortsetzungsanspruch nach § 575 BGB ausgeschlossen ist, nicht zu.

22 Wenn das Mietverhältnis unter einer auflösenden Bedingung steht, so endet es nach § 158 Abs. 2 BGB mit Eintritt dieser Bedingung. Eine solch auflösende Bedingung ist bei Wohnraummietverhältnissen nach §572 Abs. 2 BGB nicht möglich.

III. Beendigung unbefristeter Mietverhältnisse

23 Ein Mietverhältnis, das auf unbestimmte Zeit geschlossen wurde, kann als Dauerschuldverhältnisse durch ordentliche **Kündigung** einer der Vertragsparteien beendet werden. Die Kündigung ist nach dem Gesetz grundsätzlich formlos möglich. Bei Kündigungen über Wohnraum ist jedoch nach § 568 BGB die Schriftform zwingend vorgeschrieben. Für die Kündigung eines Mietverhältnisses ist nach dem Gesetz das Vorliegen von Gründen grundsätzlich nicht erforderlich.

24 Eine wirksame Kündigung von Wohnraum durch den Vermieter setzt aber regelmäßig voraus, dass der Vermieter ein **berechtigtes Interesse** an der Beendigung des Mietverhältnisses hat. Ein berechtigtes Interesse ist grundsätzlich gegeben bei: nicht unerhebliche schuldhafte Verletzung der vertraglichen Verpflichtungen durch den Mieter; bei Eigenbedarf des Vermieters für sich, zu seinem Hausstand gehörende Personen oder seine Familienangehörigen; bei Hinderung an der angemessenen wirtschaftlichen Verwertung des Grundstückes mit erheblichen Nachteilen bei Fortsetzung des Mietverhältnisses. Ein berechtigtes Interesse des Vermieters an der Kündigung muss nicht vorliegen bei Mietverhältnissen, die nach § 564b Abs. 7 BGB vom Kündigungsschutz ausgenommen sind sowie bei Mietverhältnissen in vom Mieter selbst mitbewohnten Zwei- bzw. Dreifamilienhäusern.

25 Die **Kündigungsfristen** richten sich nach § 573c BGB, wenn vertraglich wirksam nicht etwas anderes vereinbart worden ist.

26 Nach § 574 BGB kann der Mieter der Kündigung eines Mietverhältnisses über Wohnraum widersprechen und die Fortsetzung des Mietverhältnisses verlangen, sofern die vertragsgemäße Beendigung des Mietverhältnisses für ihn oder seine Familie eine Härte bedeuten würde, die auch unter Würdigung der berechtigten Interessen des Vermieters nicht zu rechtfertigen wäre (sog. **Sozialklausel**).

---

6 Vgl. Bub/Treier, IV 291.

Wenn ein bestimmter wichtiger Grund vorliegt, kann jedes Mietverhältnis auch außerordentlich fristlos oder befristet gekündigt werden. Gründe, die zu einer außerordentlichen fristlosen Kündigung des Vermieters berechtigen sind z.b. vertragswidriger Gebrauch der Mietsache, Zahlungsverzug oder schuldhafter Pflichtverletzung des Mieters. Gründe einer außerordentlichen fristlosen mieterseitigen Kündigung des Mietverhältnisses ergeben sich aus den §§ 543, 569 BGB. Tatbestände für eine außerordentliche befristete Kündigung finden sich z.b. in den §§ 540, 580.

Das Mietverhältnis kann jederzeit durch formlose vertragliche Vereinbarung beendet werden. Der Vertragsinhalt unterliegt der vollen **Privatautonomie** der Parteien. Im Vertrag sollten alle regelungsbedürftigen Fragen geklärt werden.[7] Notwendig ist die Mitwirkung aller am Vertrage Beteiligten.

G. Abwicklung des beendeten Mietverhältnisses

I. Rückgabe der Mietsache

§ 546 BGB verpflichtet den Mieter nach der Beendigung des Mietverhältnisses zur **Rückgabe** der Mietsache. Der Mieter muss dafür dem Vermieter den unmittelbaren Besitz einräumen. Nach dem Gesetz ist der Mieter verpflichtet, die Mietsache in dem Zustand zurückzugeben, in welchem diese sich bei Übergabe an den Mieter zu Vertragsbeginn befunden hat. Eingebrachte Sachen sind also zu entfernen. Gleiches gilt für Einrichtungen, Ausbauten und Umbauten. Wenn der Mieter die gemietete Sache nach Beendigung des Mietverhältnisses nicht zurückgibt, erwächst dem Vermieter für die Dauer der Vorenthaltung der Mietsache ein Anspruch auf Entschädigung in Höhe des vereinbarten Mietzinses bzw. des Mietzinses, der für vergleichbare Räume ortsüblich ist. Der Vermieter kann darüber hinaus nach § 546 a BGB auch einen weitergehenden Schaden geltend machen.

II. Ansprüche wegen nicht durchgeführter Schönheitsreparaturen

Nach dem Gesetz obliegt dem Vermieter die Verpflichtung zur Durchführung der **Schönheitsreparaturen**. Eine Überwälzung dieser Verpflichtung auf den Mieter ist aber sowohl einzelvertraglich als auch formularmäßig zulässig.[8] Wenn der Mieter nach dem Mietvertrag verpflichtet ist, Schönheitsreparaturen durchzuführen und bei Auszug unterlassen hat, fällige Schönheitsreparaturen auszuführen, steht dem Vermieter insoweit ein Erfüllungsanspruch zu. Dieser wandelt sich nur unter den Voraussetzungen des § 326 BGB, d.h. bei Verzug des Mieters und eine hierauf gestützte Nachfristsetzung mit Ablehnungsandrohung, in einen auf Geldzahlung gerichteten Schadensersatzanspruch um.[9]

Dieser **Schadensersatzanspruch** umfasst auch den Mietausfall, der dem Vermieter infolge des nicht vertragsgemäßen Zustandes der Miettäume entstanden ist.[10]

---

7 Vgl. Kossmann, Handbuch des Wohnraummietrechts, § 83.
8 BGHZ 105, 71.
9 BGH NJW 85, 480.
10 BGH NJW 91, 2416.

III. Kurze Verjährungsfrist bei Rückgabe der Mietsache bzw. Beendigung des Mietverhältnisses

32 Als Haftungsfalle zu beachten ist insbesondere die kurze **Verjährung** der Ersatzansprüche des Vermieters wegen Veränderung oder Verschlechterung der Mietsache sowie des Mieters auf Ersatz von Verwendungen oder auf Gestattung der Wegnahme von Einrichtungen von nur **6 Monaten** gem. § 548 BGB. Die Verjährung der Ersatzansprüche des Vermieters beginnt ab dem Zeitpunkt, an welchem er die Mietsache zurückerhält; die Verjährung der Ansprüche des Mieters beginnt mit der Beendigung des Mietverhältnisses. Entsprechend können Erstattungsansprüche des Vermieters schon verjähren, wenn er die Mietsache bereits vor Beendigung der Mietzeit zurückerhält und Ansprüche des Mieters schon vor Rückgabe der Mietsache verjähren, wenn er die Mietsache nach Beendigung des Mietverhältnisses nicht zurückgibt.[11]

IV. Stillschweigende Verlängerung des Mietverhältnisses bei Fortsetzung des Gebrauchs

33 Gemäß § 545 BGB gilt ein Mietverhältnis als auf unbestimmte Zeit verlängert, wenn der Mieter nach seiner Beendigung den Gebrauch der Sache fortsetzt, wenn nicht eine der Vertragsparteien den entgegenstehenden Willen binnen einer Frist von zwei Wochen dem anderen Teil gegenüber erklärt. § 545 BGB gilt für jede Art der Beendigung des Mietverhältnisses, auch bei außerordentlicher Kündigung. Die **stillschweigende Verlängerung** tritt aber dann nicht ein, wenn die Geltung des § 545 BGB mietvertraglich abbedungen ist. Dies ist auch durch formularmäßigen Ausschluss möglich.[12]

34 Einem Vermieter ist deswegen in jedem Falle zu empfehlen, die Anwendung des § 545 BGB bereits mietvertraglich auszuschließen. Jedenfalls muss bei Kündigungen § 545 BGB nochmals ausdrücklich ausgeschlossen werden.

H. Pacht

I. Gegenstand des Pachtvertrages

35 Die **Pacht** ist ein gegenseitiges Dauerschuldverhältnis, wonach der Verpächter verpflichtet ist, dem Pächter die Nutzungen des Pachtgegenstandes in bestimmtem Umfange zu gewähren. Darüber hinaus berechtigt die Pacht den Pächter zur **Fruchtziehung**. Gegenstand eines Pachtvertrages können nicht nur Sachen, sondern auch Rechte sein. Die Pacht ist der Miete weitgehend angenähert. Bei Überlassung zur Fruchtziehung und zur Nutzung als Wohnung kommt für die Abgrenzung zum Mietrecht grundsätzlich die Schwerpunkttheorie zur Anwendung.[13]

II. Analoge Anwendung der Vorschriften des Mietrechts

36 Nach § 581 Abs. 2 BGB sind für nicht landwirtschaftliche Pachtverhältnisse die meisten Vorschriften des Mietrechtes anzuwenden.

---

11 Vgl. Jendrek, Verjährungsfragen im Mietrecht, NZM 98, 593.
12 OLG Hamm NJW 83, 826.
13 Vgl. MüKo-Voelskow, § 581 BGB Rn. 17 und 18.

Die Landpacht ist in den §§ 585 bis 597 BGB besonders geregelt, die vielfach die Vorschriften des allgemeinen Mietrechts wiederholen, soweit nicht aus der Natur der Sache spezifische pachtrechtliche Sonderregelungen gelten, wie z.B. für das Inventar u. a., mit der Folge, dass im Grundsatz auf die mietrechtlichen Vorschriften verwiesen werden kann und auch die für das Mietrecht aufgeführten Muster verwandt werden können.

I. Mietrecht in den Verfahrensordnungen

§ 23 Nr. 2a GVG regelt die sachliche **Zuständigkeit** des Amtsgerichts für Wohnraummietverhältnisse und § 29a ZPO die ausschließliche örtliche Zuständigkeit bei Miet- oder Pachträumen. Letztere Vorschrift gilt also auch für Gewerbemietverhältnisse. **Berufungsgericht** ist in Wohnraummietsachen stets das Landgericht, § 72 GVG und nur ausnahmsweise nach § 119 Abs. 1 Nr. 1b das Oberlandesgericht.[14] Weiter gibt es mietrechtliche Spezialvorschriften im **Erkenntnisverfahren**, wie die Klage auf zukünftige Räumung nach § 257 ZPO oder die Entscheidung ohne Antrag in Mietsachen nach , 308a ZPO. Rein mietrechtliche Vorschriften der **Zwangsvollstreckung** sind die §§ 708 Nr. 7 ZPO (vorläufige Vollstreckbarkeit ohne Sicherheitsleistung), 721 ZPO (Räumungsfrist), 765a Abs. 3 ZPO (Vollstreckungsschutz), 794a ZPO (Zwangsvollstreckung aus Räumungsvergleich), 851b ZPO (Pfändungsschutz bei Miet- und Pachtzinsen). 940a ZPO schließt eine **einstweilige Verfügung** im Wohnraummietrecht mit Ausnahme der verbotenen Eigenmacht oder bei Gefahr für Leib oder Leben aus. § 41 GKG regelt den Streitwert für die **Gerichts – und Anwaltskosten** in Mietsachen. Die § 57, 57a, b, c und d ZVG sowie §§ 109, 110, 111und 112 InsO bringen den Sozialschutz des Mietrechts in das **Zwangsversteigerungsverfahren** und **Insolvenzverfahren** bzw. schränken diesen auch erheblich ein. Neben diesen nicht abschließend aufgezählten rein mietrechtlichen Verfahrensvorschriften weisen auch die allgemeinen Verfahrensvorschriften erhebliche mietrechtliche Besonderheiten oder Relevanz auf, um als Beispiel nur die Räumungsklage oder die Klage auf Rückzahlung der Kaution zu nennen oder § 15a EGZPO (obligatorisches Schlichtungsverfahren), der in der Praxis bei Klagen auf Nachzahlung von Nebenkosten bzw. Restmietzins mit niedrigem Streitwert (bis EUR 600) regelmäßig übersehen wird.[15] Schließlich enthält das materielle Mietrecht Vorschriften mit unmittelbar prozessualer Wirkung, wie beispielsweise die dreimonatige **Klageausschlussfrist** bei einer Mieterhöhung nach 558b Abs. 2 Satz 2 BGB.

---

[14] BGH WuM 03, 634.
[15] Vgl. hierzu BGH WuM 05, 64.

§ 2 Typische Fehler in Mietverträgen und ihre Auswirkung auf den Prozess (aktuelle Rechtsprechung)

39 Der Anwalt sollte bei Annahme jedes mietrechtlichen Mandates grundsätzlich den zugrunde liegenden **Mietvertrag** studieren. Dies bietet sich aus zweierlei Gründen an. Erstens kann im Hinblick auf die regelmäßig schwache Gebührenstruktur im Mietrecht eine weitere Beauftragung erfolgen und damit das Honorar angehoben werden; zweitens bedeutet ein Rechtsstreit für den Mandanten oftmals ein großes Risiko, weil das Mietverhältnis vergiftet wird. Die Vertragsparteien reagieren nicht selten emotional und fügen sich und der Gegenseite dabei finanziellen Schaden zu. Gerade die in einer Vielzahl von Verträgen vorkommenden unwirksamen Regelungen bieten hier ein weites Feld außergerichtlicher Verhandlungsmöglichkeiten, wodurch unnötige Maßnahmen vermieden werden. Zuletzt verlangt der Mandant unabhängig von der tatsächlichen Beauftragung und damit verbundenen Haftungssituation von dem Anwalt eine umfassende Aufklärung – zumindest über die offensichtlich unwirksamen Klauseln, die sich früher oder später auf das Mietverhältnis auswirken.

A. Allgemeine Geschäftsbedingungen

40 Häufig werden gerade in **Gewerbemietverträgen** dem eigentlichen Vertragstext gesondert gefasste Geschäftsbedingungen überreicht, welche nach den §§ 305 – 310 BGB überprüfbar sind. Nach § 305 BGB sind Allgemeine Geschäftsbedingungen aber alle für eine Vielzahl von Verträgen vorformulierten Vertragsbedingungen, die der anderen Vertragspartei aufgegeben werden. Es ist daher unerheblich, ob diese Bedingungen einen gesonderten Bestandteil des Vertrages bilden oder in den Vertragstext eingearbeitet sind. Lediglich entscheidend ist, dass die Vertragsbedingungen zwischen den Parteien nicht im Einzelnen ausgehandelt sind. Individualvereinbarungen sind nämlich nicht dem Anwendungsbereich der §§ 305 – 310 BGB unterworfen. Dabei werden hohe Anforderungen an das „Aushandeln" i.S.d. § 305 I 3 BGB gestellt. Der Verwender muss den gesetzesfremden Inhalt seiner Vertragsbedingungen tatsächlich zur Disposition stellen.[16]

41 Der Anwalt hat daher die jeweilige mietvertragliche Regelung sorgfältig auf ihre Gesetzeskonformität hin zu untersuchen.

B. Formularklauseln

42 Durch Gesetzesänderungen und Veränderungen der Rechtsprechung sind einzelne Formularklauseln unwirksam geworden bzw. ist die neue Gesetzeslage nicht anwendbar. Die wichtigsten Klauseln seinen hier kurz angesprochen:

I. Kündigungsfristen und -regelungen/Altverträge (§ 573 BGB, Art. 229 § 3 X EGBGB)

43 Ein Formularvertrag kann Regelungen über einen **Kündigungsausschluss** beinhalten, wenn dieser für beide Parteien gilt. Ein einseitiger Kündigungsausschluss zum Nachteil

---

16 Palandt-Heinrichs, § 305 BGB Rn. 21.

des Mieters ist allerdings nur individualvertraglich möglich.[17] In vielen Altverträgen – Vertragsabschluss vor dem 01.09.2001 – wurden Formulierungen verwandt, welche die Kündigungsfristen im Text oder in einer Fußnote die damalige gesetzliche Regelung wörtlich oder sinngemäß wiedergaben:
„Die Kündigungsfrist beträgt für beide Vertragsteile 3 Monate, wenn seit der Überlassung des Wohnraums bis zu 5 Jahre verstrichen sind, 6 Monate, wenn seit der Überlassung des Wohnraums mehr als 5 Jahre verstrichen sind, 9 Monate, wenn seit der Überlassung des Wohnraums mehr als 8 Jahre verstrichen sind, 12 Monate, wenn seit der Überlassung des Wohnraums mehr als 10 Jahre verstrichen sind."

Für diese und ähnlich lautende Klauseln hat der BGH nun entschieden, dass die kurze Kündigungsfrist aus § 573 BGB nicht gilt. Eine Formularklausel, welche die damalige gesetzliche Regelung wörtlich oder sinngemäß wiedergibt ist nach Ansicht des BGH i.S.d. Art. 229 § 3 X EGBGB „durch Vertrag vereinbart" und damit nicht unwirksam gemäß § 573c BGB.[18] Damit gilt die neue, kurze Kündigungsfrist für den Mieter ausdrücklich nicht und die vertragliche Regelung ist maßgeblich.

II. Tierhaltung

Es gibt immer noch Mietverträge, in denen die **Tierhaltung** generell ausgeschlossen ist. Solche Klauseln sind unwirksam.[19] Das Halten von Kleintieren in Einzelexemplaren (Hamster, Meerschweinchen usw.) ist vom vertragsgemäßen Gebrauch der Mietsache umfasst. Grundsätzlich gehört zum vertragsgemäßen Mietgebrauch auch das Halten einzelner Katzen.[20] Hundehaltung ist differenziert zu betrachten. In ländlichen Gegenden muss davon ausgegangen werden, dass die Haltung eines einzelnen, kleinen Hundes noch vom vertragsgemäßen Gebrauch umfasst ist, in städtischen Wohnungen muss der besondere Auslauf des Hundes beachtet werden, so dass bereits die Haltung in einer kleinen Wohnung nicht artgerecht ist. Wirksam kann der Vermieter sowohl die Katzen- als auch die Hundehaltung durch eine Vertragsklausel mit Erlaubnisvorbehalt ausschließen. Dann kann der Vermieter nach freiem Ermessen entscheiden, ob er die Tierhaltung duldet oder nicht.[21]

III. Schönheitsreparaturen

Nach § 535 BGB ist der Vermieter zur Instandhaltung der Mietsache verpflichtet und hat damit auch die turnusmäßigen Schönheitsreparaturen durchzuführen. Daher findet sich in vielen Mietverträgen eine Regelung, wonach die Schönheitsreparaturen dem Mieter aufgebürdet werden:
„Der Mieter hat die Verpflichtung, auf seine Kosten alle Schönheitsreparaturen in den Mieträumen fachmännisch auszuführen, bei Küchen mindestens in einem Abstand von 2 Jahren, bei Dielen und Bädern mindestens von 3 Jahren und bei Schlafräumen mindestens von 6 Jahren."

---

17 BGH Urteil v. 22.12.2003 – VIII ZR 81/03; BGH Urteil v. 30.06.2004 – VIII ZR 379/03; BGH NJW 2004, 1448.
18 BGH Urteil v. 18.06.2003 – VIII ZR 240/02; WM 03, 505; GE 03, 1147; MietRB 03, 32; MDR 03, 1106; NZM 03, 711; ZMR 03, 655; DWW 03, 226; NJW 03, 2739.
19 BGH WuM 1993, 109.
20 AG Hamburg, NJW-RR 1992, 203; AG Aachen WuM 1992, 601.
21 LG Berlin GE 1993, 1337.

47 Teilweise wird diese Regelung ergänzt um Klauseln wie:
„Der Bodenbelag ist bei Auszug in ordnungsgemäßen und einwandfreien Zustand zu versetzen."

48 Unter **Schönheitsreparaturen** versteht man dabei im Allgemeinen das Tapezieren, Anstreichen oder Kalken der Wände und Decken, das Streichen der Fußböden und der Heizkörper einschließlich der Heizrohre, der Innentüren, Fenster sowie der Außentüren von innen.[22] Hierzu hat der BGH mittlerweile geklärt, dass das Vereinbaren starrer und fester Renovierungsfristen unzulässig ist.[23] Zwar ist grundsätzlich eine Abwälzung der Schönheitsreparaturen auf den Mieter möglich, allerdings darf die Klausel gemessen an § 307 BGB den Mieter nicht zu einer Leistung verpflichten, die die eigentliche Pflicht des Vermieters aus § 535 I BGB übersteigt. Eine Klausel, die dem Mieter **Renovierungspflichten** auferlegt, die über den tatsächlichen Renovierungsbedarf hinausgehen, würde dem Mieter eine höhere Instandhaltungsverpflichtung auferlegen, als der Vermieter dem Mieter ohne vertragliche Abwälzung der Schönheitsreparaturen gemäß § 535 Abs. 1 Satz 2 BGB schulden würde. Zudem ist ein Interesse des Vermieters, den Mieter zur Renovierung der Wohnung zu verpflichten, obwohl ein Renovierungsbedarf tatsächlich noch nicht besteht, nicht schützenswert.[24]

IV. Endrenovierungspflichten

49 Teilweise wird der Mieter vertraglich verpflichtet, die Wohnung fachmännisch renoviert zu übergeben, obgleich ihm zuvor die Pflicht zur Übernahme der turnusmäßigen Schönheitsreparaturen aufgebürdet worden ist. Sofern die **Endrenovierungsklausel** dabei nicht die bereits im Rahmen des Fristenplans erfolgten Schönheitsreparaturen anteilsmäßig berücksichtigt, wird dem Mieter ebenfalls ein Mehr an Instandhaltungs- und Renovierungsverpflichtung auferlegt, als es xder Vermieter schulden würde bzw. selbst durchführen würde. Diesbezüglich ist inzwischen geklärt, dass die doppelte Aufbürdung von turnusmäßigen Schönheitsreparaturen und Endrenovierung zur Unwirksamkeit beider Klauseln führt,[25] weil der Mieter unangemessen benachteiligt wird, wenn die erbrachten Schönheitsreparaturen nicht auf die Endrenovierung angerechnet werden.

V. Zurückbehaltungsrechte und Aufrechnung

50 Teilweise beinhalten Mietverträge Formularklauseln, die die Aufrechnung oder ein Zurückbehaltungsrecht des Mieters gänzlich ausschließen. Ein solches **Aufrechnungsverbot** ist unwirksam, soweit es unbestrittene oder rechtskräftig festgestellte Forderungen betrifft. Sind die vorbenannten Forderungen nicht aus der Klausel ausgenommen, so ist die gesamte Klausel (nach § 309 Nr. 3 BGB)unwirksam.[26] Gleiches gilt für den formularmäßigen Ausschluss oder die Beschränkung eines etwaigen Zurückbehaltungsrechtes des Mieters.[27]

---

22 So § 28 IV 5 II. BV, der zwar nur für den sozialen Wohnungsbau gilt, aber mittlerweile analog im freifinanzierten Wohnungsbau angewandt wird.
23 BGH Urteil v. 23.06.2004 – VIII ZR 361/03; GE 04, 1023; NJW 04, 2586.
24 BGH Urteil v. 23.06.2004 – VIII ZR 361/03; DWW 04, 221; GE 04, 1023; NJW 04, 2586.
25 BGH Urteil v. 25.06.2003 – VIII ZR 355/02; BGH NJW 2003, 3192.
26 BGH NJW-RR 1986, 1281.
27 LG Berlin GE 1994, 403.

VI. Betriebskosten

Nach wie vor verweisen viele Mietverträge auf die II. BV, obgleich nunmehr die Betriebskostenverordnung gilt. Die Betriebskostenverordnung trat zum 01.01.2004 in Kraft und löste die II. BV ab. Da § 556 I BGB auch nur noch auf die BetrKV abstellt, muss zumindest für nach dem Inkrafttreten der BetrKV abgeschlossene Verträge davon ausgegangen werden, dass die Umlagevereinbarung nicht mehr durch Bezugnahme auf geltendes Recht erfolgte und somit unwirksam ist. Dann hat der Vermieter allein die Pflicht, die Betriebskosten zu tragen. Hier kommt es allerdings entscheidend auf die Formulierung der Klausel an. Wird auf eine Verordnung nach § 19 Wohnraumförderungsgesetz verwiesen, so muss die Klausel als gültig angesehen werden. Wird nur pauschal auf einzelne Betriebskosten aus der II. BV verwiesen, so bestehen erhebliche Bedenken an der Gültigkeit. Wird jedoch – wie in vielen Mietverträgen inzwischen üblich – die gesamte Palette der in der BetrKV aufgezählten Betriebskosten explizit aufgelistet, so muss die Klausel als wirksam angesehen werden.

VII. Kaution

In nicht wenigen Verträgen ist geregelt, dass die Kaution mit der ersten Miete oder sogar schon vor Übergabe der Mietsache, bei Vertragsunterzeichnung fällig ist. Hierzu hat der BGH entschieden, dass auch bei **Kautionsgestellung** durch Verpfändung eines Sparbuches der Mieter berechtigt ist, darauf den Kautionsbetrag in drei Monatsraten einzuzahlen.[28] Allerdings ist die Kautionsabrede nicht insgesamt, sondern nur hinsichtlich der Fälligkeit der Kaution unwirksam. Der Mieter wird so dadurch geschützt, dass er die Zahlung der Kaution in einem Betrag ablehnen und ggf. auf Überlassung der Wohnung klagen kann.

VIII. Untervermietung

Ein generelles Verbot der **Untervermietung** ist entsprechend § 553 I BGB im Wohnraummietverhältnis unzulässig und die entsprechende Klausel unwirksam. Allerdings sind Klauseln mit Genehmigungsvorbehalt wirksam. Der Mieter muss zudem ein berechtigtes Interesse an der Untervermietung haben. Da nach § 553 BGB die Untervermietung nur dann zulässig ist, wenn der Mieter einen Teil des Wohnraums einem Dritten überlässt, ist die Untervermietung der gesamten Wohnung nicht von § 553 BGB umfasst. Bei der Untervermietung und der Erweiterung der Nutzung der Wohnung muss zudem unterschieden werden. Zwar ergibt sich der zur Nutzung berechtigte Personenkreis aus dem Mietvertrag, doch die Aufnahme von nächsten Familienangehörigen stellt – bis zur Überbelegungsgrenze – noch eine berechtigte Nutzung dar. Überbelegung ist dann gegeben, wenn für jeden Erwachsenen nicht mindestens 8 Quadratmeter zur Verfügung stehen und für jedes Kind bis zu sechs Jahren nicht wenigstens 6 Quadratmeter Wohnfläche vorhanden sind.

---

28 BGH Urteil v. 25.06.2003 – VIII ZR 344/02; BGH NZM 2003, 654.

§ 3 Streitigkeiten im laufenden Mietverhältnis

A. Nebenkostenabrechnung

I. Vorprozessuale Situation

1. Beratungssituation

54 Die Beratungsstatistik der Mietervereine zeigt, dass wenigstens 30 % aller Mietstreitigkeiten im Wohnraummietrecht die Betriebskosten betreffen.[29] Für die **Beratung des Mieters** stellt sich die Situation meist so dar, dass der Mieter entweder eine Nebenkostenabrechnung erhalten hat, die er für nicht rechtmäßig erachtet und deren Nachzahlungsbetrag er nicht begleichen möchte, oder es wurde keine Abrechnung erteilt und daher soll nun eine Abrechnung erzwungen und Nebenkostenvorauszahlungen eingestellt werden. Selten wird auch begehrt, die Nebenkostenpauschale oder die Vorauszahlungsbeträge nach unten anzupassen.

55 Der Beratung suchende **Vermieter** hat entweder selbst eine Nebenkostenabrechnung erstellt, der bereits einige Mieter widersprochen haben oder er wünscht Beratung bei der Erstellung der Nebenkostenabrechnung und Durchsetzung der Nebenkostennachzahlungen. Es kann auch vorkommen, dass nach der Nebenkostenabrechnung eine Erhöhung der monatlichen Vorauszahlungen erforderlich ist, welche im prozessualen Wege verlangt werden muss. Zum Teil muss die Abwehr von Rückzahlungsklagen der Mieter oder Klage auf Rechnungslegung geleistet werden.

2. Notwendige Unterlagen

56 Um die **Betriebskostenabrechnung** überprüfen zu können und über Rückforderung oder Nachzahlung erfolgreich zu prozessieren, benötigt der den Vermieter beratende Anwalt vor allem den
- Mietvertrag
- und sicherheitshalber Kopien der Rechnungen zu allen angefallenen Kosten im Zusammenhang mit dem Unterhalt des Hauses.
- Ist bereits eine Nebenkostenabrechnung erstellt, so wird diese ebenfalls zur Überprüfung benötigt.

57 Bei der Beratung des Mieters ist neben
- Anfordern des Mietvertrags und der
- Nebenkostenabrechnung
- Einsicht in die Abrechnungsunterlagen des Vermieters zu nehmen. Dies kann auch durch Anfordern von Kopien erfolgen.

3. Grundsätzliches

a) Betriebskosten

58 Am 01.01.2004 ist die **Betriebskostenverordnung** (BetrKV) in Kraft getreten und hat damit die bisher verwandte II. Berechnungsverordnung (II. BV) abgelöst. Für alle

---

[29] Mieterverein Köln 2003 (37,6 %); Mieterverein Dresden 2003 (52%); Mieterverein Kiel 2004 (35,1 %).

Betriebskostenabrechnungen seit dem 01.01.2004 ist daher ausschließlich die BetrKV anwendbar.[30] Für Abrechnungen früherer Zeiträume gilt noch die II. BV. Inhaltlich hat sich allerdings keine Änderung bei den umlegbaren Betriebskosten ergeben, da die Regelungen der Anlage 3 zu § 27 Abs. I II. BV in § 2 BetrKV fast alle inhaltsgleich und mit gleicher Nummerierung übernommen wurden. Lediglich die Nrn. 8 und 17 wurden leicht geändert Anlage 3. Nr. 8 II. BV wurde als § 2 Nr. 8 BetrKV um konkrete Bezeichnungen für die Kosten der nichtöffentlichen Maßnahmen für die Müllentsorgung erweitert; § 2 Nr. 17 BetrKV wurde im Vergleich zu Anlage 3 Nr. 17 zu § 27 II. BV um die namentliche Benennung der in der vorangestellten Aufzählung nicht genannten Betriebskosten gekürzt und bleibt damit Auffangtatbestand wie bisher. Damit kann auf die bisherige Rechtsprechung zur Anlage 3 zu § 27 II. BV voll Bezug genommen werden.

Betriebskosten sind nach § 1 I BetrKV Kosten, die durch den bestimmungsgemäßen Gebrauch des Gebäudes und der damit verbundenen Anlagen, Einrichtungen, Nebengebäude oder dem Grundstück entstehen. Eine Aufzählung möglicher Betriebskosten findet sich in § 2 BetrKV, während § 1 II BetrKV Verwaltungs- und Instandhaltungs- und Instandsetzungskosten von den Betriebskosten ausnimmt.

59

Keine Betriebskosten sind nach der Rechtsprechung die Wartung diverser zum Grundstück gehörenden Anlagen, wie Fenstern[31] oder der Gegensprechanlage.[32] Wartungen sind deshalb grundsätzlich ausgenommen, weil sie zur Instandhaltungspflicht des Vermieters gehören.

60

Die Heizkosten sind unter Nr. 4a Anlage 3 zu § 27 II. BV/ § 2 Nr. 4a BetrKV ebenfalls als Betriebskosten aufgeführt. Hierbei ist als Besonderheit zu beachten, dass für die Abrechnungsmodalitäten und dem Verteilungsmaßstab nach § 1 HeizKV die Heizkostenverordnung gilt.

61

b) Kostentragungspflicht des Mieters

aa) Vertragliche Vereinbarung: Nach § 556 BGB ist der Wohnraummieter zur Tragung der Betriebskosten nur verpflichtet, wenn dies vertraglich vereinbart wurde. Dabei kann die Kostentragungspflicht im Rahmen einer **Nebenkostenpauschale** oder als Bruttokaltmiete zzgl. **Nebenkostenvorauszahlungen** vereinbart werden. Zwischen diesen beiden Zahlungsarten sollte genau unterschieden werden, da sich die Vereinbarung der jeweiligen Zahlungsart – nicht zuletzt bei der Betriebskostenerhöhung – auswirkt. Die Nebenkosten müssen konkret angegeben oder zumindest bestimmbar sein.[33] Bereits nach dem schuldrechtlichen Bestimmtheitsbegriff[34] muss erkennbar sein, welche Kosten umgelegt werden. Dies gilt umso mehr, als im Wohnraummietverhältnis durch die Bezugnahme von § 556 I BGB auf § 19 WoFG nur die in der dazu erlassenen Rechtsverordnung aufgezählten Kostenarten überhaupt umgelegt werden dürfen.

62

---

30 Vgl. § 556 I BGB; Die BetrKV wurde als Verordnung i.S.d. § 19 II Wohnraumförderungsgesetz erlassen.
31 AG Hamburg, HmbGE 1996, 255.
32 AG Hamburg, WuM 1988, 308.
33 Lützenkirchen WuM 2001, 67.
34 Vgl. Palandt-Heinrichs, § 398 Rn. 14.

Grüter

Dabei reicht die Formulierung im Mietvertrag: „Neben der Miete sind Betriebskosten nach Maßgabe der Zweiten Berechnungsverordnung, Anlage 3 zu § 27 II. BV, zu zahlen".[35] Eine Bezugnahme auf § 19 II WoFG und die dazu erlassene Rechtsverordnung genügt ebenfalls. In Zukunft ist hier der Verweis auf § 2 BetrKV zu nennen. Unklaren Formulierungen wie: „der Mieter trägt die üblichen Nebenkosten" ohne den eingrenzenden Verweis auf die oben genannten gesetzlichen Aufzählungen ist diese Klausel unwirksam. Eine Kostentragungspflicht besteht dann nicht.[36] Ist zwischen den Parteien vereinbart, dass nur ein Teil der Betriebskosten vom Mieter zu tragen ist, so gelten die diesem Teil nicht unterfallenden Betriebskosten als mit der Miete abgegolten.

63   *bb) Stillschweigende Betriebskostenvereinbarungen:* Eine **Vereinbarung** über den Wegfall zunächst umgelegter Betriebskosten kann auch stillschweigend durch jahrelange Übung zu Stande kommen.[37] Der Mieter muss das Verhalten des Vermieters so verstehen, dass die nicht umgelegten Kosten auch in Zukunft nicht erhoben werden sollen. Rechnet ein Vermieter jahrelang die vertragsgemäß geleisteten Betriebskostenvorauszahlungen gar nicht ab, und beanstandet der Mieter dies nicht, so ergibt sich eine **konkludente Anpassung** des Mietvertrages mit dem Inhalt, dass nunmehr an Stelle von Vorauszahlungen eine Betriebskostenpauschale i.H.d. ursprünglich vereinbarten Vorauszahlung geschuldet ist.[38]

64   Zahlt umgekehrt der Mieter seit Jahren Vorauszahlungen ohne, dass eine Vereinbarung darüber besteht und rechnet der Vermieter darüber ab, kann die Vereinbarung zur Tragung der Nebenkosten auch durch schlüssiges Verhalten zustande kommen.[39] Die Anforderungen an eine konkludente Vereinbarung der Kostentragung durch die Mieter sind sehr hoch.[40] Abgesehen davon, dass auch die Kostentragung des Mieters dann eine auf Vereinbarung seiner Kostentragungspflicht abzielende Willenserklärung sein muss – was regelmäßig zu verneinen sein dürfte – hat der Vermieter die Beweislast dafür, dass es zu einer **konkludenten Vertragsanpassung** gekommen ist; dazu muss der Vermieter beweisen, welche Kosten von dieser Vereinbarung umfasst sind. Ist eine konkrete Vereinbarung dann nicht festzustellen, so ist eine Pflicht zur Tragung der Nebenkosten nicht vereinbart und der Vermieter hat keinen Anspruch auf Umlage der Kosten. Der Mieter kann sodann bereits gezahlte Nebenkosten- und Nachzahlungsbeträge aus § 823 BGB zurückfordern.

cc) Einwendungen

▪ Grundsätzliches

65   Zunächst empfiehlt es sich, die Betriebskostenabrechnung auf **formelle Fehler** zu untersuchen. Sodann sollte inhaltlich geprüft werden. Dabei beginnt man mit den größten Positionen, die Prüfung kann summarisch erfolgen. Die Hauptpositionen sind regelmä-

---

35 OLG Hamm, RE v. 22.08.1997, WuM 1997, 540; OLG Düsseldorf, ZMR 2001, 882.
36 Palandt-Weidenkaff § 556 Rn. 3.
37 AG Gießen, NZM 2005, 217 (8 Jahre lang keine Umlage einzelner Kosten).
38 LG Hamburg, NZM 2005, 216.
39 Lützenkirchen-Lützenkirchen, L Rn. 18; BGH NJW-RR 2000, 1463; BGH NZM 2004, 418.
40 Lützenkirchen a.a.O.

A. Nebenkostenabrechnung

ßig die Kosten für Heizung, Wasser, Abwasser, Fahrstuhl und Hausmeister nebst Hausreinigung und Gartenpflege. Die verbleibenden Kosten sind nach dem Ansatz und der Umlagefähigkeit zu überprüfen. Häufig werden unzulässige oder nicht vereinbarte Kosten umgelegt oder Fehler bei der Kostenverteilung gemacht. Nicht selten werden z.b. keine Leerstandskosten berechnet, bzw. die Gesamtwohnfläche um die Leerstände gekürzt. Sind bereits die Rechenwege nicht nachvollziehbar oder Einzelne Abrechnungspositionen nicht bezeichnen, kann die Abrechnung fehlerhaft sein. Zu den Fehlerquellen gehören auch die erklärungsbedürftigen Differenzen einzelner Kosten zu den Vorjahren. Erhebliche Abweichungen müssen begründet werden. Kann der Vermieter Abweichungen der Betriebskosten nicht begründen, dann sind die betreffenden Positionen entsprechend anteilig aus der Betriebskostenabrechnung herauszurechnen.[41]

■ Zu niedrige Vorauszahlungen

Wenn die Abrechnung über die Nebenkosten eine hohe Nachzahlungssumme ergibt, stellt sich die Frage, ob der Vermieter bei Berechnung der Vorauszahlungsbeträge den Rahmen der „Angemessenheit" nach § 556 II 2 BGB verfehlt hat. Der BGH hat sich dazu auf den Standpunkt gestellt, der Mieter könne nicht davon ausgehen, dass die Nebenkostenvorauszahlung **kostendeckend** sei, weil der Vermieter gesetzlich nicht verpflichtet sei, überhaupt Vorauszahlungsbeträge in den Mietvertrag aufzunehmen, ja sogar gänzlich auf Vorauszahlungen verzichtet werden könne.[42] Der Nachzahlungsbetrag sei nur dann wegen Pflichtverletzung nicht von der Nebenkostentragungspflicht umfasst, wenn der Vermieter pflichtwidrig zu niedrige Nebenkostenvorauzalungen angegeben habe.[43] Kann der Mieter dem Vermieter nachweisen, dass er um die Höhe der voraussichtlichen Betriebskosten gewusst haben muss, und den Mieter vorsätzlich täuschte, dann besteht jedenfalls Argumentationsspielraum, um die Nachzahlung nicht zu bezahlen. Der den Vermieter beratende Anwalt sollte gegen diese Einwendung vorbringen, dass es die ureigenste Pflicht jeder Vertragspartei ist, sich über die allgemeinen Marktverhältnisse zu informieren. Aus der allgemeinen Lebenserfahrung muss der Mieter selbst seine möglichen Betriebskosten abschätzen können.

66

■ Unwirtschaftlichkeit

Ein besonderes Argument ist der **Wirtschaftlichkeitsgrundsatz** nach § 556 II 1 BGB bzw. § 20 I 2 NMV. Die einzelnen Betriebskosten müssen daher daraufhin überprüft werden, ob ein vertretbares Kosten-Nutzen-Verhältnis besteht. Sowohl bei der Vermieter- als auch bei der Mieterberatung ist zu untersuchen, ob die Entstehung der jeweiligen Betriebskostenart sowie die dadurch verursachten Kosten dem Wirtschaftlichkeitsgrundsatz entsprechen.[44] Sofern sich herausstellt, dass einzelne Abrechnungspositionen unwirtschaftlich sind, sind an Hand von Kostenvoranschlägen oder Vergleichsangeboten die angemessenen Kosten zu bestimmen. Der Mehrverbrauch muss vom Mieter nicht getragen werden. Im gerichtlichen Verfahren können sich die Parteien auf die Kostenvoranschläge berufen, damit das Gericht aus eigener Wahrnehmung entscheiden kann. Wahlweise kann auch ein Sachverständigenbeweis geführt werden.

67

---

41 AG Wedding, Urteil v. 25.04.2001 – Az. 3 C 481/2001.
42 BGH NZM 2004, 251.
43 BGH NZM 2004, 251.
44 Lützenkirch-Lützenkirchen, L Rn. 200.

Grüter

■ Umlageschlüssel

68 Weitere Fehlerquellen liegen im angesetzten **Umlageschlüssel**. Hier lohnt sich daher ebenfalls eine Überprüfung. Insbesondere werden häufig die Umlagemaßstäbe für den Ansatz der Verbrauchsabhängigen Kosten nicht beachtet oder nicht die Umlageschlüssel der Heizkostenverordnung angewandt.[45] Ist nach falschen Umlageschlüsseln abgerechnet worden, so ist die Abrechnung insgesamt unwirksam.

■ Zeitpunkt der Einwendungen

69 Wie im Folgenden ausgeführt wird, hat der Mieter seine Einwendungen gegen die Betriebskostenabrechnung innerhalb von 12 Monaten nach Zugang der Abrechnung geltend zu machen. Damit liegt der letzte Tag der **Einwendungsfrist** des Mieters regelmäßig nach dem Ende der Abrechnungsfrist des Vermieters. Durch die gesetzliche Vorgabe wird es dem Mieter ermöglicht, seine Einwendungen zu einem Zeitpunkt geltend zu machen, zu dem die Abrechnungsfrist des Vermieters bereits verstrichen ist. Die unwirksame Nebenkostenabrechnung kann dann nicht mehr wirksam korrigiert werden, so dass der Vermieter einen etwaigen Nachzahlungsanspruch verliert. In der Vermieterberatung ist der Vermieter hierauf gesondert hinzuweisen. Sofern die Abrechnungsfrist für den Vermieter während der Beratung noch läuft, sollte der Ablauf der Frist im Fristenkalender vermerkt werden; der Ablauf der Einwendungsfrist für den Vermieter ist ebenfalls zu vermerken.

c) Abrechnungs- und Einwendungsfrist

70 Nach § 556 III BGB hat der Vermieter jährlich über die Vorauszahlungen für Betriebskosten abzurechnen. Ist eine Betriebskostenpauschale vereinbart, besteht die Abrechnungspflicht nicht. Der Mieter kann dann davon ausgehen, dass die gezahlte Pauschale ausreichend ist. Die **Abrechnungsperiode** darf bei Nebenkostenvorauszahlungen nicht länger als ein Jahr dauern. Wird der Abrechnungszeitraum von 12 Monaten überschritten, so ist die Abrechnung grundsätzlich fehlerhaft.[46] Aber auch eine Verkürzung des Abrechnungszeitraums führt zur Unwirksamkeit.[47]

71 Die Abrechnung muss dem Mieter spätestens innerhalb des 12. Monats nach Ende der Abrechnungsperiode zugehen, ansonsten sind etwaige Nachforderungsansprüche des Vermieters ausgeschlossen. Nach § 556 III 4 BGB kann der Vermieter jedoch geltend machen, dass er die verspätete Abrechnung **nicht zu vertreten** habe. Der Exkulpationsnachweis muss dann den Anforderungen des § 276 BGB genügen. Dies ist beispielsweise der Fall, wenn ein Versorgungsunternehmen nicht rechtzeitig abrechnet oder der Vermieter unerwartet erkrankt und nicht für einen Vertreter sorgen kann. Sofern der Vermieter absehen kann, dass er die Abrechnungsfrist nicht einhalten wird, sollte der Mieter darauf hingewiesen werden, um bereits vorprozessual die Einhaltung der im verkehrsüblichen Sorgfalt zu manifestieren. Ein Anrecht auf Erstellung einer ordnungsgemäßen Abrechnung besteht für den Mieter natürlich auch bei Verstreichenlassen der **Abrechnungsfrist**. Gleichzeitig kann der Mieter nach § 273 BGB ein Zurückbehal-

---

45 Schmid-Schmid, 5 Rn. 7457 ff. m.w.N.
46 Lützenkirchen-Lützenkirchen, L Rn. 29; LG Düsseldorf, ZMR 1998, 167.
47 Lützenkirchen-Lützenkirchen, L Rn. 28.

tungsrecht an den laufenden Betriebskostenzahlungen geltend machen, bis eine ordnungsgemäße Abrechnung erteilt ist. Nach Zugang der Abrechnung hat der Mieter innerhalb weiterer 12 Monate seine Einwendungen vorzubringen. Läuft diese Frist ab, so kann der Mieter seine Einwendungen nicht mehr geltend machen, die Abrechnung gilt als ordnungsgemäß!

Für **preisgebundenen Wohnraum** gelten die o.g. Fristen nach § 20 III NMW ebenfalls. Lediglich für **Gewerberaum** sind die §§ 556 BGB, 20 NMW nicht anwendbar. Hier wird jedoch in der Rechtsprechung die Auffassung vertreten, dass innerhalb einer angemessenen Frist abzurechnen ist.[48] Die angemessene Zeitspanne ist jedoch unklar. Es empfiehlt sich, auch hier die vorgenannten Fristen anzuwenden und bei einer Überschreitung der für Wohnraum geltenden Fristen bei der Vermieterberatung darauf hinzuweisen, dass die gerichtliche Durchsetzung etwaiger Nachforderungen scheitern könnte. Da die gesetzlichen Ausschlussfristen nicht gelten, wird die Abrechnungsfrist im Verfahren nicht von Amtswegen geprüft, so dass bei der Mieterberatung die Abrechnungsfrist zwingend gerügt werden muss. Erfolgt diese Rüge nicht, so geht sie in der Berufungsinstanz verloren.[49]

Es kommt nicht selten vor, dass Mandanten die Betriebskostenabrechnungen dem Anwalt erst kurz vor Ende der Abrechnungsfrist einreichen, so dass eine sorgfältige Prüfung nicht mehr möglich ist. Mieter verfahren bei der Mandantierung zur Geltendmachung von Einwendungen ähnlich. Hier muss der Anwalt den Mandanten auf jeden Fall – am besten schriftlich – darauf hinweisen, dass eine genaue Prüfung nicht mehr möglich ist. Ansonsten sieht er sich **Haftungsansprüchen** ausgesetzt.[50]

d) Fälligkeit der Nachforderung / des Guthabens

Für Mieter und Vermieter stellt sich – insbesondere vor einem Prozess – immer wieder die Frage, wann der Saldo aus der **Nebenkostenabrechnung fällig** ist. Grundsätzlich kann ein Erstattungsanspruch nach § 556 III BGB erst fällig werden, wenn über die Vorauszahlungen und die tatsächlich entstandenen Kosten abgerechnet wurde und diese Abrechnung dem Mieter zugegangen ist. Damit wäre die Nebenkostenabrechnung grundsätzlich mit Zugang fällig; durch die Abrechnung wird der Anspruch auch erst bestimmbar.[51] Allerdings gewährt § 556 III 4 BGB dem Mieter ein 12-monatiges Einwendungsrecht gegen die Abrechnung. Jedoch ist § 556 BGB nicht als Fälligkeitsregel zu verstehen. Es werden nur Fristen gesetzt, die Ansprüche ausschließen. Daher ist nach den allgemeinen Regeln zu verfahren. Nach § 271 BGB ist die Fälligkeit einer bestimmbaren Leistung sofort gegeben, sofern nichts Gesondertes geregelt ist. Damit ist die einzige Voraussetzung für die Fälligkeit, dass die abgerechneten Kosten tatsächlich entstanden, die gezahlten Vorauszahlungen angesetzt und die Nebenkostenabrechnung entsprechend § 2 BetrKV bzw. Anlage 3 zu § 27 II. BV in fälligkeitsbegründender Weise erstellt wurde. Das Erstellen in fälligkeitsbegründender Weise betrifft nur die

---

48 OLG Hamm, NZM 1998, 568.
49 Vgl. §§ 530, 296 ZPO.
50 Hinz, NZM 2004, 681.
51 Vgl. Palandt-Sprau § 782 Rn. 2.

formelle Darstellung der Abrechnung. Inhaltliche Anforderungen an Richtigkeit der Umlage oder den Ansatz von Kosten beeinflussen die Fälligkeit dann nicht, wenn die Abrechnung leicht um die strittigen oder falschen Positionen gekürzt werden kann.[52]

e) Inhalt und Form der Abrechnung

75 Nach § 259 BGB ist der Vermieter verpflichtet, die Abrechnung so zu erstellen, dass die Abrechnung ohne weitere Kenntnisse aus sich heraus verständlich ist. Es ist eine geordnete Zusammenstellung der Einnahmen und Ausgaben erforderlich.

76 Die Betriebskostenabrechnung muss enthalten:[53]
- Richtige Bezeichnung des Mietobjekts, der Mieträume und des Mieters,
- die Angabe der Abrechnungsperiode,
- geordnete Zusammenstellung der Gesamtkosten,
- Angabe und Erläuterung des Verteilungsschlüssels,
- Berechnung des jeweiligen Anteils,
- Abzug der Vorauszahlungen des Mieters.

77 Die inhaltliche Prüfung der Berechnung empfiehlt sich nach folgendem Schema:
- Sind die umgelegten Kosten Betriebskosten i.S.d. BetrKV?
- Ist Vorauszahlung oder Pauschale vereinbart?
- Ist die Umlage vertraglich vereinbart?
- Sind die Verteilungsschlüssel korrekt (vertraglich vereinbart und zulässig)?
- Sind insbesondere die Heizkosten richtig verteilt?
- Sind die zum Abrechnungszeitraum asynchronen Betriebskosten auf den Zeitraum angepasst?
- Wurde beim Mieterwechsel eine korrekte Aufteilung vorgenommen?
- Sind die Rechenschritte einfach und nachvollziehbar?
- Ist die Berechnung rechnerisch richtig?

78 Die o.g. Vorgehensweise empfiehlt sich, weil sie sich an den notwendigen Basics und den häufigsten Fehlern orientiert. Eine besondere Bemerkung sei dabei den **Heizkosten** gewidmet. Die Heizkostenverordnung ist zwingend anzuwenden, sobald mindestens zwei Wohnungen von einer zentralen Heizungsanlage beheizt werden.[54] § 4 IV HeizKV gibt dem Mieter das Recht, die Verbrauchserfassung vom Vermieter entsprechend § 5 HeizKV zu verlangen. Zwar wird die Einhaltung der Heizkostenverordnung nicht staatlich überwacht und die Nichtbeachtung löst auch keine strafrechtlichen Sanktionen aus, gleichwohl gibt die fehlende Verbrauchserfassung dem Mieter die Möglichkeit, die Zahlung der Heizkosten zurückzubehalten. Werden die Verteilungsmaßstäbe des nach Verbrauch abzurechnenden Anteils nicht eingehalten, so kann der Mieter seine Heizkostenanteil nach § 12 HeizKV um 15 % zu kürzen. Die HeizKV gibt also auch den Verteilungsmaßstab für den Vermieter vor. Von der HeizKV abweichende Vereinbarungen im Mietvertrag sind unwirksam und führen zur Kostentragungspflicht des Vermieters. Nach der Heizkostenverordnung hat der Vermieter

---

52 OLG Düsseldorf, GE 2000, 888.
53 BGH NJW 1982, 753, BGH NZM 2003, 196.
54 Vgl. §§ 1, 2 HeizKV.

zunächst nach § 5 HeizKV die Kosten zu erfassen und zu egalisieren, sofern verschiedene Erfassungsverfahren in einer Abrechnungseinheit verwendet werden. Dann werden die Kosten auf die einzelnen Nutzer aufgeteilt. Für die Aufteilung der Kosten schreibt § 7 HeizKV einen Abrechnungsmaßstab von 50%–70% nach dem tatsächlichen Verbrauch vor. Die übrigen Kosten können nach weiteren Mäßstäben, wie etwa der Wohn- und Nutzfläche oder dem umbauten Raum erfolgen. Dabei steht es dem Vermieter nach § 315 BGB frei, für welchen Abrechnungsmaßstab er sich entscheidet. Hat der Vermieter einen Abrechnungsmaßstab gewählt, so ist er daran gebunden. Eine Änderung ist nur mit Zustimmung der Mieter möglich.

Die Kosten der Warmwasserversorgung müssen nach § 8 HeizKV zwingend zu 50% bis 70% nach Verbrauch erfasst und abgerechnet werden. Der verbleibende Teil muss nach der Wohn- und Nutzfläche umgelegt werden.

f) Folgen von Abrechnungsfehlern

Sofern die Abrechnung nicht in nachvollziehbarer Weise erstellt ist oder o.g. Mindestangaben fehlen, ist keine ordnungsgemäße Abrechnung gegeben.[55] Es ist weder möglich, einzelne, vergessene Positionen nachzuschieben, noch Rechenfehler zu korrigieren, die sich nicht unmittelbar aus der Abrechnung aufdecken lassen. Lässt sich aus der Abrechnung nicht erkennen, welches Mietobjekt gemeint ist, an wen die Abrechnung sich richtet oder bei Vertretungsverhältnisses (Anwalt!) wie sich diese gestalten, so ist die Abrechnung ebenfalls unwirksam.[56] Eine Heilung der Mängel nach Fristablauf ist nicht möglich. Werden die erforderlichen Formalien nicht eingehalten – dazu zählt auch das Einhalten der Abrechnungsperiode – ist die Betriebskostenabrechnung unwirksam. Die Frage der richtigen Umlage einzelner Betriebskosten betrifft dabei nur die inhaltliche Richtigkeit der Abrechnung und nicht die formelle Darstellung.[57]

Die Folge der o.g. **Abrechnungsfehler** ist, dass der Vermieter etwaige Nachforderungen nicht mehr geltend machen kann. Sollte sich jedoch ein Guthaben zu Gunsten des Mieters ergeben, so hat der Mieter gleichwohl einen Anspruch auf dessen Auszahlung.

g) Belegeinsicht

Nach § 259 BGB kann der Mieter **Einsicht** in die zugrunde gelegten Belege verlangen. Diese Einsicht ist dem Mieter am Sitz des Vermieters zu gewähren, kann aber auch durch Erteilen von Kopien erfolgen. Ein Anspruch auf Zusendung der Belege im Original besteht allerdings nicht.[58] Der Mieter preisgebundenen, öffentlich geförderten Wohnraums hat einen Anspruch aus § 29 II NMV auf Zusendung von **Ablichtungen** gegen Auslagenerstattung.[59] Inzwischen wird ein Anspruch der Gewerbemieter und Mieter preisfreien Wohnraums auf Übersendung von Kopien in analoger Anwendung des § 29 II NMV bejaht.[60] Auf die Erteilung von Kopien und ggf. deren Versand hat

---

55 Hinz, NZM 2004, 681.
56 Langenberg WuM 2003, 670.
57 OLG Düsseldorf, GE 2000, 888.
58 Langenberg, Betriebskostenrecht, Rn. 16; Langenberg in Schmidt-Futterer, Rn. 494.
59 AG Brühl, WuM 1992, 201.
60 Langenberg in Schmidt-Futterer, Rn. 495 m.w.N.

Grüter

der Mieter einen Anspruch gegen Tragung einer angemessenen Kostenbeteiligung.[61] Teilweise wurde vertreten, der Vermieter könne die Übersendung der Kopien verweigern, wenn die Kosten für die Erstellung der Kopien unverhältnismäßig hoch seien oder der Vermieter am selben Ort seinen Sitz hat.[62] Dem ist allerdings zu widersprechen. Da der Mieter die Kosten für die Kopien zu tragen hat, können diese kein Argument sein, dem Mieter die Belegeinsicht durch Anfordern von Kopien zu verwehren. Die Kosten pro Kopie werden dabei von der Rechtsprechung unterschiedlich angesetzt. Die anerkannten Beträge variieren von 0,20 DM[63] über 0,50 DM[64] bis zu 1,00 DM.[65] Maßgeblich für die Höhe der Einzelnen Kopie ist der Beleg höherer Kosten (etwa im Copy-Shop) oder der enorme Zeitaufwand, mit dem Rechnungen im von DinA4 abweichenden Format kopiert werden müssen.

83 Wenn der Vermieter die Belegeinsicht verweigert, hat der Mieter mindestens das Recht, eine etwaige Nachzahlung nach § 273 BGB **zurückzubehalten**.[66] Allerdings ist der Vermieter mit der Belegvorlage vorleistungspflichtig,[67] so dass die Verweigerung der Belegvorlage im Zweifel auch die Fälligkeit der Nebenkostenabrechnung aufhebt. Prozessual kann der Auskunftsanspruch bzw. die Belegeinsicht mittels der Anordnung der Urkundenvorlegung nach § 142 ZPO durchgesetzt werden.

84 Die **Belegeinsicht** des Mieters ist auch im Verfahren auf Zahlung des abgerechneten Nachzahlungsbetrages zu erforderlich, da ein Bestreiten einzelner umgelegter Kosten durch den Mieter nur dann beachtlich ist, wenn vorher eine Einsicht in die Berechnungsunterlagen vorgenommen wurde.[68]

II. Prozess

1. Klage auf Abrechnung

a) Prozessuales/Voraussetzungen

85 Ist innerhalb der 12-Monatsfrist keine Abrechnung durch den Vermieter vorgenommen worden, so kann der Mieter **auf Abrechnung klagen**. Wie oben erwähnt, besteht die Möglichkeit, dass der Vermieter die Nichtvornahme der Abrechnung nicht zu vertreten hat. In diesem Fall kann es bei der Abrechnungsklage zu einem Nachzahlungsbetrag des Mieters kommen. Auf dieses Risiko sollte der Mieter unbedingt hingewiesen werden.

86 Diese Klage kann zudem bei zu erwartendem Guthaben im Wege der **Stufenklage** nach § 254 ZPO mit einem unbezifferten Rückzahlungsantrag verbunden werden.

---

61 LG Hamburg, WuM 1997, 500.
62 LG Düsseldorf, ZMR 1998, 167; Lützenkirchen MDR 1998, 136.
63 AG Berlin Charlottenburg, MM 1991, 195.
64 AG Langenfeld, WuM 1996, 426; LG Duisburg, WuM 1990, 562; AG Potsdam GE 2002, 403.
65 LG Berlin, GE 1991, 151; AG Brühl, WuM 1992, 201; LG Berlin GE 2002, 860.
66 LG Frankfurt a.M., WuM 1997, 52; AG Langenfeld, WuM 1996, 426.
67 BGH WuM 1984, 7073.
68 OLG Düsseldorf, GE 2000, 888.

Streitwert ist der Wert des Interesses des Klägers daran, dass er die rechnerischen Grundlagen für seinen Leistungsanspruch erlangt.[69] Dieses Interesse bemisst sich grundsätzlich nach dem Gesamtwert aller Betriebskostenvorauszahlungen des Mieters für den abzurechnenden Zeitraum. Der Streitwert wird jedoch grundsätzlich im Verhältnis zur Leistungsklage gekürzt. Je wichtiger der Abrechnungsanspruch für die Weiterverfolgung des Leistungsanspruches ist, umso mehr werden die Streitwerte angeglichen. Bei der Stufenklage wird der Streitwert des gleichzeitig geltend gemachten Auskunftsanspruches mit einem Bruchteil zwischen ¼ und ⅖ des Streitwertes der Leistungsklage bemessen, wobei die Einzelwerte nach § 5 ZPO addiert werden. Ist das Ziel der Stufenklage die Auskehrung eines nach der Abrechnung zu ermittelnden Guthabens des Mieters, dann dürfte es begründbar sein, den Leistungsanspruch für den Mieter günstig nach dem zu erwartenden Guthaben zu bestimmen.[70]

Die **örtliche Zuständigkeit** ist nach § 29a I ZPO bei dem Gericht gegeben, in dessen Bezirk sich die Räume befinden, sofern diese nicht nach §§ 29a II ZPO, § 549 II BGB ausgenommen sind. Bei diesen Räumen (Wohnraum zu vorübergehendem Gebrauch, Wohnheime der Wohlfahrtspflege u.a.) gilt der persönliche Gerichtsstand des Mieters. Die **sachliche Zuständigkeit** ist bei Wohnraum nach § 23 Nr. 2a GVG dem Amtsgericht zugewiesen, bei Gewerberaum entsprechend §§ 23 Nr. 1, 71 GVG dem Streitwert dem Amts- oder Landgericht.

Besonderheiten ergeben sich, wenn der Mieter seine Abrechnungsklage im Wege einer Stufenklage mit dem Rückzahlungsanspruch verbindet. Es kann dann vorkommen, dass die Abrechnung des Vermieters einen Nachzahlungsbetrag zum Nachteil des Mieters ergibt. In diesem Fall sollte der Mieter seinen ursprünglichen Klageantrag ändern und statt des Rückzahlungsanspruches die Feststellung begehren, dass der Vermieter zum Schadensersatz hinsichtlich der Kosten für den ursprünglichen Klageantrag verpflichtet ist.[71]

b) Muster: Klage des Mieters auf Abrechnung

(Stufenklage möglich, vgl. unten Rn. 89)

An das Amtsgericht ■■■

Klage

(volles Rubrum)

wegen Abrechnung von Betriebskosten

Hiermit erhebe ich namens und im Auftrag des Klägers Klage und kündige für den Termin zur mündlichen Verhandlung die folgenden Anträge an:

---

69 Zöller-Herget, § 3 Rn. 16 (Rechnungslegung).
70 Vgl. LG Landau WuM 1990, 86.
71 Vgl. BGH NJW 1994, 2895.

§ 3 Streitigkeiten im laufenden Mietverhältnis

Der Beklagte wird verurteilt, über die für die im Hause ■■■ (Adresse) gelegene ■■■-Zimmer-Wohnung im ■■■ (Stockwerk)in der Zeit von ■■■ bis ■■■ angefallenen Betriebskosten abzurechnen.

Begründung:

Der Kläger mietete mit Mietvertrag vom ■■■ die im Antrag genauer bezeichnete Wohnung zum ■■■ an. Nach § ■■■ des Mietvertrages hat der Kläger für die Betriebskosten insgesamt eine monatliche Vorauszahlung i.H.v. ■■■ € zu leisten; nach § ■■■ des Mietvertrages muss der Beklagte über diese in § ■■■ des Mietvertrages genauer bezeichneten Betriebskosten abrechnen. Die Abrechnung muss spätestens innerhalb von 12 Monaten seit Ende des Abrechnungszeitraumes erteilt werden.

Beweis: Mietvertrag vom ■■■

Die Abrechnungsperiode dauerte vom ■■■ bis zum ■■■. Dies ist zwar im Mietvertrag nicht vorgesehen, dem Kläger ist jedoch bekannt, dass der Beklagte am ■■■ bereits einmal über die Wohnung eine Abrechnung erteilt hat.

Beweis: Zeugnis des ■■■

Der Beklagte hätte damit über die im Antrag Betriebskosten spätestens bis zum ■■■ abrechnen müssen. Trotz der schriftlichen Aufforderung des Klägers vom ■■■ rechnete der Beklagte bislang jedoch nicht über die Betriebskosten ab. Der Kläger hat ein Interesse an der Abrechnung, weil er die Kostenentwicklung während seiner Mietzeit nachvollziehen muss. Die Verpflichtung des Beklagten zur Abrechnung der Betriebskosten ergibt sich zudem aus §§ 556 III, 259 BGB.

Einfache und beglaubigte Abschrift anbei.

■■■

Rechtsanwalt

2. Klage auf Herausgabe der zur Abrechnung erforderlichen Unterlagen

a) Voraussetzungen / Prozessuales

91 Der Mieter hat noch weitere Möglichkeiten, den Vermieter bei **unterlassener Abrechnung** nach Verstreichenlassen der Abrechnungsfrist unter Druck zu setzen. So kann er den Vermieter unter Fristsetzung mit Ablehnungsandrohung nach §§ 280 I, 286 BGB in Verzug setzen und sodann im Wege des Schadensersatzes zur **Herausgabe der Abrechnungsbelege** und Kostentragung für eine Abrechnung durch einen Dritten verklagen. Das Interesse an der Abrechnung bestimmt den Streitwert des Herausgabeantrags und dürfte wie oben beschrieben den Wert der gesamten für den entsprechenden Abrechnungszeitraum gezahlten Betriebskosten des Mieters sein. Sofern ein bezifferter Klageantrag basierend auf Vorleistung der Kosten der „externen" Abrechnung durch den Vermieter gefordert wird, sind beide Streitwerte zu addieren.

A. Nebenkostenabrechnung

Sachlich Zuständig ist nach §§ 23, 71 GVG, 29a ZPO bei Wohnraummietverhältnissen das Amtsgericht, bei Gewerberaum je nach Streitwert das Landgericht. Die **örtliche Zuständigkeit** ist nach § 29a I ZPO bei dem Gericht gegeben, in dessen Bezirk sich die Räume befinden

b) Muster: Klage auf Herausgabe der Abrechnungsunterlagen

An das Amtsgericht

Klage

(volles Rubrum)

wegen Herausgabe von Betriebskostenbelegen und Abrechnung

vorläufiger Gegenstandswert: ■■■ €

Hiermit erhebe ich namens und im Auftrag des Klägers Klage und kündige für den Termin zur mündlichen Verhandlung die folgenden Anträge an:
1. der Beklagte wird verurteilt, an den Kläger sämtliche für die Erstellung der Betriebskostenabrechnung der Mietwohnung (Adresse) erforderlichen Belege für das Kalenderjahr ■■■ an den Mieter herauszugeben.
2. der Beklagte wird verurteilt, an den Kläger einen Vorschuss i.H.v. ■■■ € zur Beauftragung des Rechtsanwalts ■■■ zur Abrechnung der Betriebskosten für den Abrechnungszeitraum vom ■■■ bis ■■■ zu zahlen.

Begründung:

Der Kläger mietete mit Mietvertrag vom ■■■ die im Antrag genauer bezeichnete Wohnung zum ■■■ an. Nach § des Mietvertrages muss der Beklagte über die in § ■■■ des Mietvertrages genauer bezeichneten Betriebskosten abrechnen. Die Abrechnung muss spätestens innerhalb von 12 Monaten seit Ende des Abrechnungszeitraumes erteilt werden.

Beweis: Mietvertrag vom ■■■

Die Abrechnungsperiode dauerte vom ■■■ bis zum ■■■ .

Beweis: ■■■

Der Beklagte hätte damit über die im Antrag bezeichneten Betriebskosten spätestens bis zum ■■■ abrechnen müssen. Trotz der schriftlichen Aufforderung des Klägers vom ■■■ rechnete der Beklagte bislang nicht über die Betriebskosten ab.

Beweis: Mahnung vom ■■■

Der Kläger hat kein Interesse mehr an einer Leistung des Beklagten. Überdies stellt der Kläger mit der Beauftragung des Rechtsanwalts ■■■ sicher, dass die zu erteilende Nebenkostenabrechnung richtig ist und zeitnah erstellt wird.

Für die Erstellung der Betriebskostenabrechnung hat der zu beauftragende Rechtsanwalt ■■■ bereits einen Vorschuss i.H.v. ■■■ € angefordert.

Beweis: Vorschussrechnung vom ■■■

Da der Kläger mit der Beauftragung der Betriebskostenabrechnung ein Geschäft des Beklagten führt, ist der Beklagte zur Zahlung eines Vorschusses verpflichtet.

Beglaubigte und einfache Abschrift anbei.

■■■

Rechtsanwalt

3. Klage auf Rückzahlung

a) Prozessuales/Besonderheiten

94 Insbesondere bei **beendetem Mietverhältnis** bietet sich diese Klage an. Im laufenden Mietverhältnis kann der Mieter seine Rechte durch Zurückbehalten der Nebenkostenvorauszahlungen nach § 273 BGB kostengünstig erwirken. Ergibt sich nach der oben behandelten Klage auf Abrechnung ein Guthaben zu Gunsten des Mieters, so kann er dies im Wege der einfachen Zahlungsklage, ggf. per Mahnbescheid geltend machen.[72] Möglich wäre auch eine nachträgliche Klagehäufung nach § 263 ZPO, wobei zu beachten ist, dass das Gericht sie für sachdienlich erachten oder der Beklagte zustimmen muss. Insbesondere besteht die Gefahr, dass der Vermieter sofort anerkennt.

95 Der **Streitwert** der Rückzahlungsklage bemisst sich nach dem Rückzahlungsbetrag.

96 **Sachlich Zuständig** ist nach §§ 23, 71 GVG, 29a ZPO bei Wohnraummietverhältnissen das Amtsgericht, bei Gewerberaum je nach Streitwert das Landgericht. Die **örtliche Zuständigkeit** bestimmt sich nach § 29a I ZPO und ist bei dem Gericht gegeben, in dessen Bezirk sich die Räume befinden.

97 **b) Muster: Klage des Mieters auf Rückzahlung geleisteter Betriebskostenvorauszahlungen wegen Nichtabrechnung bei beendetem Mietverhältnis**

An das Amtsgericht

Klage

(volles Rubrum)

wegen Rückzahlung von Betriebskostenvorauszahlungen

vorläufiger Gegenstandswert: ■■■ €

Hiermit erhebe ich namens und im Auftrag des Klägers Klage und kündige für den Termin zur mündlichen Verhandlung die folgenden Anträge an:

Der Beklagte wird verurteilt, dem Kläger ■■■ € nebst Zinsen i.H.v. 5 Prozentpunkten über dem Basissatz nach § 288 BGB seit dem ■■■ zu zahlen.

---

72 Vgl. Rn. 205 ff.

A. Nebenkostenabrechnung

Für den Fall, dass das Gericht das schriftliche Vorverfahren anordnet und der Beklagte nicht innerhalb der Frist seine Verteidigungsbereitschaft erklärt oder den Anspruch anerkennt, wird beantragt,

gegen den Beklagten ein Versäumnis- oder Anerkenntnisurteil ohne mündliche Verhandlung zu erlassen.

Begründung:

Der Kläger mietete mit Mietvertrag vom ▪▪▪ die ▪▪▪-Zimmer-Wohnung des Beklagten im Hause ▪▪▪ (Adresse/Stockwerk) zum ▪▪▪ an. Am ▪▪▪ zog der Kläger nach fristgerechter Kündigung zum ▪▪▪ aus der Wohnung aus. Der Kläger zahlte monatlich Miete i.H.v. ▪▪▪ € sowie Nebenkostenvorauszahlungen i.H.v. ▪▪▪ €, mithin insgesamt ▪▪▪ €.

Nach § ▪▪▪ des Mietvertrages i.V.m. § 566 BGB muss der Beklagte über die in § ▪▪▪ des Mietvertrages genauer bezeichneten Betriebskosten abrechnen. Die Abrechnung muss spätestens innerhalb von 12 Monaten seit Ende des Abrechnungszeitraumes erteilt werden.

Beweis: Mietvertrag vom ▪▪▪

Die letzte Abrechnung erteilte der Beklagte für den Abrechnungszeitraum von ▪▪▪ bis ▪▪▪ am ▪▪▪.

Beweis: Abrechnung vom ▪▪▪

Somit hätte der Beklagte bis spätestens zum ▪▪▪ über den Zeitraum vom ▪▪▪ bis zum ▪▪▪ (Ende des Mietverhältnisses) über die geleisteten Betriebskostenvorauszahlungen des Klägers und die angefallenen Betriebskosten abrechnen müssen. Die mit außergerichtlicher Aufforderung, abzurechnen, gesetzte Frist zum ▪▪▪, ließ der Beklagte ungenutzt verstreichen.

Beweis: Aufforderung vom ▪▪▪

In der Zeit vom ▪▪▪ bis zum Auszug hat der Kläger insgesamt ▪▪▪ Monate die Nebenkostenvorauszahlungen, mithin ▪▪▪ € an den Beklagten geleistet.

Beweis im Bestreitensfalle: Vorlage der Kontoauszüge von ▪▪▪ bis ▪▪▪

Da der Beklagte über die geleisteten Vorauszahlungen nicht innerhalb der Ausschlussfrist aus § 556 III BGB abgerechnet hat, stehen im die geleisteten Vorauszahlungen nicht zu und sind insoweit zurückzuzahlen.

Beglaubigte und einfache Abschrift anbei.

▪▪▪

Rechtsanwalt

4. Stufenklage auf Abrechnung und Rückzahlung

a) Prozessuale Besonderheiten

98 Die **Stufenklage** eignet sich besonders dann zur Durchsetzung der Ansprüche des Mieters, wenn damit zu rechnen ist, dass die Betriebskostenabrechnung ein Guthaben zu Gunsten des Mieters ergeben wird.

99 Der **Streitwert** des noch unbezifferten Klageantrags wird nach § 3 ZPO geschätzt. Dem Gericht sind daher für die Schätzung geeignete Anhaltspunkte zu nennen. Sodann werden beide **Gegenstandswerte** aus dem Auskunfts- bzw. Rechnungslegungsantrag[73] und dem unbezifferten Leistungsanspruch nach § 5 ZPO addiert.

100 ### b) Muster: Stufenklage auf Abrechnung und Rückzahlung

An das Amtsgericht ■■■

Klage

(volles Rubrum)

wegen Abrechnung von Betriebskosten

Hiermit erhebe ich namens und im Auftrag des Klägers Klage und kündige für den Termin zur mündlichen Verhandlung die folgenden Anträge an:
1. Der Beklagte wird verurteilt, über die für die im Hause ■■■ (Adresse) gelegene ■■■-Zimmer-Wohnung im ■■■ (Stockwerk) in der Zeit von ■■■ bis ■■■ angefallenen Betriebskosten abzurechnen.
2. Der Beklagte wird verurteilt, das sich aus der Abrechnung zu 1. ergebende Guthaben an den Kläger zu zahlen.

Begründung:

Der Kläger ist seit dem ■■■ Mieter der im Klageantrag genauer bezeichneten Räume. Nach § ■■■ des Mietvertrages i.V.m. § 566 BGB muss der Beklagte über die in § ■■■ des Mietvertrages genauer bezeichneten Betriebskosten abrechnen. Die Abrechnung muss spätestens innerhalb von 12 Monaten seit Ende des Abrechnungszeitraumes erteilt werden.

Beweis: Mietvertrag vom ■■■

Damit hätte der Beklagte bis spätestens zum ■■■ über die in § ■■■ des Mietvertrags bezeichneten Betriebskosten abrechnen müssen. Gleichwohl ist eine Abrechnung – trotz anwaltlichem Aufforderungsschreibens vom ■■■, dem Beklagten zugegangen am ■■■ – nicht erfolgt.

Aus der Abrechnung ist ein Guthaben zu Gunsten des Klägers zu erwarten. Zum ■■■ hat der Beklagte die Hausmülltonnen von ■■■ l Volumen auf ■■■ l reduziert. Dadurch ist eine Senkung der Betriebskosten i.H.v. ■■■ EUR zu erwarten.

Beweis: Abgabenbescheid der Stadt ■■■

---

73 Vgl. Rn. 87; Zöller-Herget, § 5 Rn. 3f.

Außerdem hat der Kläger für den vergangenen Abrechnungszeitraum bereits ein Guthaben i.H.v. ■■■ EUR erhalten. Da die Betriebskostenvorauszahlungen nicht nach unten angepasst wurden, weitere Steigerungen der Betriebskosten nicht angefallen sind und der Kläger zudem seit dem ■■■ seine Stromkosten direkt mit dem Versorgungsunternehmen ■■■ abrechnet, ist mit einem Guthaben zu rechnen.

■■■
Rechtsanwalt

B. Erhöhung der Betriebskosten, § 560 BGB

I. Vorprozessuale Situation

1. Anpassung der Betriebskostenvorauszahlung / Betriebskostenpauschale

a) Grundsätzliches

Nach 560 I, IV BGB kann der Vermieter **Erhöhungen der Betriebskosten** durch Erklärung in Textform anteilig auf den Mieter umlegen. Dies gilt für die vereinbarte Vorauszahlung und für Betriebskostenpauschalen. Dabei ist strikt zu trennen zwischen Betriebskostenvorauszahlungen und Betriebskostenpauschale. Denn nach § 560 I 1 BGB kann die Erhöhung der Betriebskostenpauschale nur durchgesetzt werden, wenn der Mietvertrag eine Erhöhungsklausel beinhaltet. Die Erhöhung der Nebenkostenvorauszahlung kann nur nach Zugang einer Abrechnung vorgenommen werden. Sofern die Erhöhungserklärung durch den Rechtsanwalt vorgenommen wird, ist auch hier unbedingt eine Originalvollmacht beizufügen.[74]

101

Es ergibt sich daher bei der Erhöhung der Betriebskostenzahlungen folgende Vorprüfung:
- Ist die Umlage der Betriebskosten auf Mieter im Mietvertrag geregelt?
- Sieht der Vertrag Pauschale oder Nettomiete zzgl. Vorauszahlungen vor?
- Bei Pauschale: Ist der Vorbehalt der Anpassung im Mietvertrag geregelt?
- Bei Vorauszahlungen: wurde eine Betriebskostenabrechnung erstellt?

102

Der Mieter kann nach § 560 III BGB eine **Ermäßigung der Betriebskostenpauschale** verlangen, sofern sich Betriebskosten ermäßigt haben. Die Vornahme der Ermäßigung ist bei vereinbarter Betriebskostenpauschalen allerdings die vornehmliche Aufgabe des Vermieters. Daher ist der Mieter prozessual auf eine Klage auf Erteilung der Ermäßigung durch den Vermieter zu verweisen.

103

Bei Vereinbarung von Betriebskostenvorauszahlungen kann der Mieter eine Anpassung nach entsprechender Ankündigung vornehmen. Bei nachgewiesener Ermäßigung einzelner Kosten wäre die unangepasste Betriebskostenvorauszahlung auch unangemessen, sofern nicht eine Erhöhung anderer Betriebskosten die jeweilige Ermäßigung ausgleicht.

104

---

74 BGH NJW 1981, 1210.

b) Berechnung der Erhöhung/Ermäßigung

105 Ergibt eine Abrechnung einen Nachzahlungsbetrag zu Gunsten des Vermieters, so kann der Gesamtbetrag der Nachzahlung als Ausgangspunkt für die Berechnung einer etwaigen **Erhöhung/Ermäßigung** der Nebenkostenvorauszahlungen dienen. Der Saldo der Abrechnung ist durch 12 zu dividieren um den Erhöhungs-/Ermäßigungsbetrag für jeden Monat zu erhalten. Der Änderungsbetrag ist danach nicht komplett auf die Vorauszahlungen/Pauscheln des Abrechnungszeitraumes, sondern nur auf die restlichen Vorauszahlungen/Pauschalen vorzunehmen.

c) Inhalt des Änderungsverlangens

106 Nach § 560 I BGB kann eine Erhöhung/Ermäßigung der Betriebskosten nur verlangt werden, wenn dies dem Mieter in Textform erklärt und der **Grund für die Umlage** angegeben und erläutert wird. Auch das Verlangen, eine unangemessene Erhöhung der Betriebskostenvorauszahlungen/-pauschale zu verlangen, ist lediglich hinsichtlich des unangemessenen Mehrbetrages unwirksam.

d) Frist und Zeitpunkt des Erhöhungsverlangens

107 Nach § 560 II BGB schuldet der Mieter bei vereinbarter Betriebskostenvorauszahlung den Erhöhungs-/Ermäßigungsbetrag erst mit Beginn des auf die Erhöhungserklärung folgenden übernächsten Monats. Fraglich ist, ob diese **Frist** auch für § 560 IV BGB gilt. Hier wird vertreten, dass eine Erhöhungserklärung unmittelbar zum nächsten Fälligkeitstermin (und damit zum kommenden Monat) fällig wird.[75] Soweit sich jedoch Betriebskosten rückwirkend erhöht haben, kann der Vermieter dies auch rückwirkend um 1 Jahr als Betriebskostenerhöhung geltend machen.

108 **2. Muster: Erhöhungsverlangen des Vermieters nach § 560 BGB**

per Boten

An alle Mieter

Abs.: alle Vermieter

Mietvertrag vom ■■■ über die Wohnung (Adresse, Stockwerk, links/rechts/usw.)

Erhöhung der Betriebskosten(-vorauszahlungen)

Sehr geehrte/r■■■,

hiermit teile ich mit, dass ich mit der anwaltlichen Interessensvertretung Ihres/r Vermieters ■■■ betraut bin. Ordnungsgemäße Bevollmächtigung wird nachgewiesen an Hand beiliegender Originalvollmacht.

Die monatliche Nettomiete für ihre oben genauer bezeichnete Wohnung beträgt zurzeit ■■■ € zzgl. Betriebskostenvorauszahlung i.H.v. ■■■ €, also insgesamt ■■■ €.

---

75 Palandt-Weidenkaff, § 560, Rn. 70.

B. Erhöhung der Betriebskosten, § 560 BGB

Leider haben sich einzelne Positionen der Betriebskosten verteuert, so dass sich mein Mandant gezwungen sieht, nach der vertraglichen Vereinbarung in § ▬▬▬ des Mietvertrages und § 560 BGB die monatliche Betriebskostenvorauszahlung anzuheben. Die bisherige Betriebskostenvorauszahlung wird monatlich um ▬▬▬ € angehoben, so dass nunmehr insgesamt ▬▬▬ € an monatlicher Gesamtmiete zu zahlen sind. Diese Betriebskostenerhöhung nach den gesetzlichen Vorgaben ab dem ▬▬▬ zu zahlen.

Die Erhöhung der Betriebskostenvorauszahlung begründe ich wie folgt:

1. Kosten der Straßenreinigung und Müllbeseitigung
Wie Sie an Hand des beigefügten Änderungsbescheides der Stadt ▬▬▬ vom ▬▬▬ ersehen können, haben sich die Kosten der Straßenreinigung und Müllbeseitigung von bisher ▬▬▬ €/Quartal – ▬▬▬ € jährlich – auf ▬▬▬ €/Quartal, mithin ▬▬▬ € jährlich erhöht. Nach dem vereinbarten Umlageschlüssel ergibt sich Ihr Anteil an der Erhöhung der jährlichen Kosten nach dem Anteil Ihrer Wohnfläche an der Gesamtwohnfläche des Hauses ▬▬▬ . Es können somit 325/1000 der Erhöhung auf Ihre Wohnung umgelegt werden. Der monatlich zu zahlende Mehrbetrag beträgt daher ▬▬▬ € für Sie.

2. ggf. weitere Kosten ▬▬▬
Damit erhöht sich die monatliche Betriebskostenvorauszahlung insgesamt um ▬▬▬ € auf ▬▬▬ .

Bitte zahlen Sie daher ab dem ▬▬▬ (Datum) den neuen Gesamtbetrag i.H.v. ▬▬▬ € auf das Ihnen bekannte Konto.

Sollten Sie Einwände gegen die Erhöhung haben, so können Sie diese innerhalb einer Frist von ▬▬▬ Tagen, mithin bis zum ▬▬▬ mitteilen.

Mit freundlichen Grüßen

▬▬▬

Rechtsanwalt

3. Muster: Änderungsverlangen des Mieters

per Boten / Einschreiben mit Rückschein / Eilbrief

An alle Vermieter

Abs. alle Mieter bzw. Vertreter

Mietvertrag vom ▬▬▬ über die Wohnung (Adresse, Stockwerk, links/rechts/usw.)

Ermäßigung der Betriebskosten(-vorauszahlungen)

Sehr geehrte/r▬▬▬ ,

hiermit teile ich mit, dass ich mit der anwaltlichen Interessensvertretung Ihres/r Vermieters ▬▬▬ betraut bin. Ordnungsgemäße Bevollmächtigung wird nachgewiesen an Hand beiliegender Originalvollmacht.

Grüter

Die monatliche Nettomiete für ihre oben genauer bezeichnete Wohnung beträgt zurzeit ■■■ € zzgl. Betriebskostenvorauszahlung i.H.v. ■■■ €, also insgesamt ■■■ €.

Wie sich aus der letzten Abrechnung vom ■■■ ergibt, haben sich die Betriebskosten nicht erhöht. Die Betriebskostenabrechnung wies dementsprechend für meinen Mandanten ein Guthaben i.H.v. ■■■ aus. Da zurzeit nicht mit einer Verteuerung der Betriebskostenpositionen zu rechnen ist, macht mein Mandant nach der vertraglichen Vereinbarung in § ■■■ des Mietvertrages und § 560 III BGB von seinem Recht Gebrauch, die Herabsetzung der monatlichen Betriebskostenvorauszahlung zu verlangen.

Ich schlage vor, dass die bisherige Betriebskostenvorauszahlung um monatlich ■■■ € herabgesetzt wird, so dass nunmehr insgesamt ■■■ € an monatlicher Gesamtmiete zu zahlen sind. Die ermäßigte Betriebskostenvorauszahlungen wird mein Mandant mit der nächsten Mietzahlung ab dem ■■■ vornehmen.

Sollten Sie Einwände gegen die Ermäßigung haben, so können Sie diese innerhalb einer Frist von ■■■ Tagen, mithin bis zum ■■■ mitteilen; andernfalls gehe ich davon aus, dass keine Einwände bestehen.

Mit freundlichen Grüßen

■■■

Rechtsanwalt

II. Prozessuale Durchsetzung der Änderung

1. Klage des Vermieters auf Zahlung der Erhöhung der Betriebskostenvorauszahlungen

a) Strategie/Streitwert

110 Sofern die o.g. Voraussetzungen der Betriebskostenerhöhung eingehalten wurden, wird die vom Mieter geschuldete und nicht gezahlte Betriebskostenerhöhung im Wege der Zahlungsklage durchgesetzt. Auch hier ist das **obligatorische Güteverfahren** streitwertabhängig zu beachten.[76] Daher sollte der auf Zahlung des Erhöhungsbetrages klagende Vermieter bedenken, dass die Unterschreitung der „Schwellensumme" zum Klageverfahren die Geltendmachung im Wege des **Mahnbescheidsverfahrens** bedingt. Sofern damit zu rechnen ist, dass der Mieter ohnehin Widerspruch einlegen wird, bringt das Mahnverfahren keinen Zeitgewinn. Es ist sodann mit einer Verfahrensdauer für das Mahnverfahren von ca. 2 Monaten zu rechnen. Es kann also je nach Betrag der monatlichen Erhöhung abgewogen werden, ob ein Zuwarten über die Dauer für ein Mahnverfahren ein solches nicht obsolet werden lässt.

111 Bestehen Bedenken bsp. hinsichtlich der Wirksamkeit der Erhöhungserklärung, so kann über die Beschränkung der Anzahl einzuklagenden monatlichen Betriebskostenerhöhungen das Gebührenrisiko begrenzt werden. Dabei ist jedoch zu beachten, dass für die Berufung eine Beschwer von wenigstens 600 EUR nach § 511 IV Nr. 2 ZPO erforderlich ist. Die Beschwer berechnet sich bei Zahlungsklagen zunächst aus der Höhe der eingeklagten Summe.

---

76 Vgl. Rn. 206.

b) Begründung / Beweislast

In der **Klagebegründung** muss der **Vermieter** die Anspruchsvoraussetzungen der Betriebskostenerhöhung darlegen und ggf. beweisen. Diese sind die ordnungsgemäße Abrechnung über die geleisteten Vorauszahlungen, Vereinbarung der Erhöhungsmöglichkeit bei Betriebskostenpauschale, gestiegene Betriebskosten sowie eine der Form entsprechende Erhöhungserklärung. Die einfachste Form, die Erhöhung nachzuweisen, ist, den Nachzahlungsbetrag aus der Betriebskostenabrechnung durch 12 Monate (des vergangenen Abrechnungszeitraums) zu teilen und dann den monatlichen Differenzbetrag für die zukünftigen Vorauszahlungen anzusetzen.[77] Sollen einzelne Kostensteigerungen geltend gemacht werden, so hat der Vermieter diese darzulegen und an Hand geeigneter Rechnungen zu beweisen. Insbesondere sollte dann eine Verteuerung nicht durch Ermäßigungen anderer Betriebskosten aufgefangen werden.

112

Der **Mieter** muss nach den allgemeinen Regeln die für ihn günstigen Tatsachen darlegen und beweisen. Insbesondere der vom Mieter zu bestreitende Ansatz einzelner Kosten aus der Betriebskostenabrechnung ist nur dann beachtlich, wenn der Mieter nach der Abrechnung die Belege eingesehen hat.[78] Ist die Abrechnung schlüssig, so muss der Mieter die Richtigkeit der Abrechnung substantiiert bestreiten. Dazu ist erforderlich, genau darzulegen, welche Kostenposition angeblich falsch ist und warum.

113

c) Muster: Zahlungsklage wegen erhöhter Betriebskosten

114

An das Amtsgericht ■■■

Klage

(volles Rubrum)

wegen: Betriebskostenvorauszahlungen

Streitwert: ■■■ €

Namens und im Auftrag des Klägers erhebe ich Klage und beantrage zu erkennen:

Der Beklagte wird verurteilt, an den Kläger ■■■ € nebst 5 % Zinsen über dem Basissatz nach § 288 BGB seit dem ■■■ zu zahlen.

Für den Fall, dass das Gericht das schriftliche Vorverfahren anordnet und der Beklagte nicht innerhalb der Frist seine Verteidigungsbereitschaft anzeigt oder den Anspruch anerkennt, wird beantragt,

gegen den Beklagten ein Versäumnis- oder Anerkenntnisurteil ohne mündliche Verhandlung zu erlassen.

Begründung:

Der Beklagte ist seit dem ■■■ Mieter der ■■■-Zimmer-Wohnung des Klägers im Hause ■■■ (Adresse).

---

77 Vgl. Erläuterungen zur Erhöhungserklärung, Rn. 225 ff.
78 OLG Düsseldorf, GE 2000, 888.

Beweis: Mietvertrag vom ▪▪▪

Mit Mietvertrag vom ▪▪▪ verpflichtete sich der Beklagte für die o.g. Wohnung monatlich ▪▪▪ € an Miete, sowie ▪▪▪ € Betriebskostenvorauszahlung, mithin insgesamt ▪▪▪ € zu zahlen.

Beweis: Mietvertrag vom ▪▪▪

Am ▪▪▪ erstellte der Kläger die Betriebskostenabrechnung für den Abrechnungszeitraum vom ▪▪▪ bis zum ▪▪▪.

Beweis: Betriebskostenabrechnung vom▪▪▪.

Mietvertrag vom▪▪▪.

Die Originalbelege werden im Bestreitensfalle im Termin zur mündlichen Verhandlung vorgelegt.

Rein vorsorglich beruft sich der Kläger zum Beweis der Richtigkeit der in der Betriebskostenabrechnung geltend gemachten Kosten ergänzend auf

Sachverständigengutachten

Wie sich aus der Betriebskostenabrechnung ergibt, hatte der Beklagte eine Nachzahlung i.H.v. ▪▪▪ EUR an den Kläger zu leisten.

Beweis: Betriebskostenabrechnung vom ▪▪▪

Dementsprechend hat der Kläger mit Schreiben vom ▪▪▪ den Beklagten aufgefordert, ab dem ▪▪▪ die Betriebskostenvorauszahlungen um ▪▪▪ EUR zu erhöhen. Der Erhöhungsbetrag errechnet sich durch Umlage des Nachzahlungsbetrages auf die abgerechneten Monate, mithin durch Division des Nachzahlungsbetrages durch zwölf. Dies wurde dem Beklagten auch mit dem Erhöhungsverlangen erläutert. Der Beklagte wurde weiter darauf hingewiesen, dass es für den Kläger nicht zumutbar ist, mit einem Betrag von monatlich ▪▪▪ EUR (▪▪▪ EUR/Jahr) in Vorleistung zu gehen. Außerdem dient die monatliche Erhöhung der Bewahrung des Beklagten vor hohen Nachzahlungen, da angesichts der letzten Kostensteigerungen nicht mit einer Reduzierung der Betriebskosten gerechnet werden kann.

Beweis: Schreiben vom ▪▪▪

Eine mit anwaltlichem Aufforderungsschreiben vorgerichtlich gesetzte Frist zur Zahlung des erhöhten Betrages ließ der Beklagte ungenutzt verstreichen. Der Beklagte zahlt weiterhin die im Mietvertrag ausgewiesenen Betriebskostenvorauszahlungen.

Nunmehr macht der Kläger den Erhöhungsbetrag der monatlichen Vorauszahlungen für den Zeitraum vom ▪▪▪ bis zum ▪▪▪ geltend. Der Kläger behält sich vor, die Klageforderung um weitere Monate zu erhöhen.

Der Beklagte ist nach alledem antragsgemäß zu verurteilen.

Beglaubigte und einfache Abschrift anbei.

▪▪▪

Rechtsanwalt

2. Klage des Vermieters auf Zahlung der abgerechneten Betriebskosten

a) Prozessuale Besonderheiten

Zahlt der Mieter einen Nachzahlungsbetrag aus der Betriebskostenabrechnung nicht, so ist dieser mittels Zahlungsklage geltend zu machen. Der **Streitwert** bestimmt sich dabei nach der Klagesumme. Die örtliche und sachliche **Zuständigkeit** liegt nach §§ 23, 71 GVG, 29a ZPO bei Wohnraummietverhältnissen beim Amtsgericht, in dessen Bezirk sich die Räume befinden (§ 29a I ZPO). Bei Gewerberaum hat je nach Streitwert das Landgericht zu entscheiden.

b) Muster: Klage auf Zahlung abgerechneter Betriebskosten

An das Amtsgericht ■■■

Klage

(volles Rubrum)

wegen Zahlung rückständiger Betriebskosten

vorläufiger Gegenstandswert: ■■■ €

Hiermit erhebe ich namens und im Auftrag des Klägers klage und kündige für den Termin zur mündlichen Verhandlung folgende Anträge an:

Der Beklagte wird verurteilt, an den Kläger ■■■ € nebst Zinsen in Höhe von 5 Prozentpunkten über dem Basissatz nach § 288 BGB seit dem ■■■ zu zahlen.

Begründung:

Der Beklagte ist Mieter der im Hause ■■■ (Adresse) im ■■■ Stock (rechts / links / Mitte) gelegenen ■■■-Zimmer-Wohnung. Mit Mietvertrag vom ■■■ verpflichtete sich der Beklagte für die o.g. Wohnung monatlich ■■■ € an Miete, sowie ■■■ € Betriebskostenvorauszahlung, mithin insgesamt ■■■ € zu zahlen.

Beweis: Mietvertrag vom ■■■

Am ■■■ erstellte der Kläger die Betriebskostenabrechnung für den Abrechnungszeitraum vom ■■■ bis zum ■■■. Die Tragung der Betriebskosten ist in § ■■■ des Mietvertrag vom ■■■ vereinbart.

Beweis: Betriebskostenabrechnung vom ■■■.

Mietvertrag vom ■■■.

Die Originalbelege werden im Bestreitensfalle im Termin zur mündlichen Verhandlung vorgelegt.

Rein vorsorglich beruft sich der Kläger zum Beweis der Richtigkeit der in der Betriebskostenabrechnung geltend gemachten Kosten ergänzend auf

Sachverständigengutachten

Der Beklagte hat den in der Betriebskostenabrechnung ausgewiesenen Nachzahlungsbetrag grundlos nicht gezahlt. Daher ist Klage geboten.

Sollte das Gericht weiteren Vortrag für erforderlich halten, so wird höflich um einen Hinweis nach § 139 ZPO gebeten.

Die Gerichtskosten i.H.v. ■■■ € zahle ich per anliegendem Scheck ein.

Beglaubigte und einfache Abschrift anbei.

■■■

Rechtsanwalt

C. Unterlassung des vertragswidrigen Gebrauchs

I. Vorprozessuale Situation

1. Vertragswidrige Nutzung

117 Ein **vertragswidriger Gebrauch** liegt immer dann vor, wenn der Mieter die Mietsache anders nutzt, als nach dem Mietvertrag vorgesehen. Dafür gibt es unzählige Beispiele, von denen nur die wichtigsten erwähnt werden sollen. So benutzen Mieter die Wohnung zu gewerblichen Zwecken, obgleich lediglich Wohnnutzung vereinbart war, stören den Hausfrieden durch häufiges **nächtliches Lärmen** oder sorgen durch Umbauten für erhebliche Gefährdung der baulichen Substanz. Die Eröffnung einer Giftschlangenzucht oder das Halten eines Tigers (oder gefährlichen Warzenschweins!) oder auch das Sparen von Heizkosten, bis zum Einfrieren von Rohrleitungen sind dabei für die beteiligten Berater noch eine Anekdote wert, bei solcher Nutzung oder wenn Mieter die Wohnung enorm überbelegen oder unerlaubt untervermieten, hört für viele Vermieter der Spaß auf. Der Vermieter begehrt nun das endgültige Abstellen der vertragswidrigen Nutzung, bis hin zur fristlosen Kündigung im Widerholungsfalle. Hinzu kommt die Geltendmachung von Schadensersatzansprüchen, etwa eines Gewerbezuschlages oder Rückbau der ungenehmigten Dachterrasse oder Funkantenne.

118 Der Beratung suchende Mieter hat im Regelfall bereits eine Abmahnung erhalten und wünscht sich nun, die Fortsetzung seines durch den Vermieter gerügten Verhaltens oder die Aufrechterhaltung des vom Vermieter als vertragswidrig eingestuften Zustandes.

119 Hier hat der Rechtsanwalt zum einen den Sachverhalt genau zu ermitteln und dem gegenüber das Maß des als vertragsgemäß Vertretbaren herauszuarbeiten. Dabei ist die erste Orientierungshilfe der Mietvertrag. Dazu gibt die Rechtsprechung bereits einen guten Überblick, was grundsätzlich als vertragsgemäße Nutzung angesehen werden kann.[79]

120 Grundsätzlich lassen sich die Möglichkeiten der vertragswidrigen Nutzung durch den Mieter in drei Gruppen sortieren:
- Mietvertragswidrige Nutzung
- Verstöße gegen die Hausordnung
- Nicht ausdrücklich geregeltes Verhalten/gesetzliche Pflichten

---

79 Umfassende Übersicht: Lützenkirchen-Lützenkirchen, I Rn. 251.

C. Unterlassung des vertragswidrigen Gebrauchs

a) Mietvertragswidrige Nutzung

Hierzu gehören alle vertraglich geregelten **Nutzungs- und Verhaltenspflichten**. Da sich die jeweilige Pflicht des Mieters aus dem (Formular-)Mietvertrag ergibt, ist die entsprechende Klausel sorgfältig eine Kontrolle nach den §§ 307ff. BGB zu untersuchen. Hier helfen auch die Rechtsprechungsübersichten der Mietervereine.[80] Die häufigsten Verstöße, die der Vermieter abmahnen sollte, sind

- Überbelegung,[81]
- Untervermietung,[82]
- Tierhaltung,[83]
- gewerbliche Nutzung,[84]
- vertragswidrige Nutzung von überlassenen Einrichtungen.[85]

Stellt sich heraus, dass die Klausel, auf die sich die Abmahnung bezieht, unwirksam ist, dann ist es auch die Abmahnung.

b) Verstöße gegen die Hausordnung

Nicht selten ist entweder die **Hausordnung** in den Mietvertrag einbezogen oder aber durch Bezugnahme für den Mieter gültig. Gerade in den Fällen des Einbeziehens in den Mietvertrag ist besonders zu überprüfen, ob die jeweilige Klausel wirksam ist. Nicht selten finden sich in Hausordnungen Klauseln, die vertragliche Regelungen des Mietvertrags betreffen. Solche Klauseln sind in Hausordnungen überraschend und damit unwirksam. Die in den „ordentlichen" Hausordnungen geregelten Verhaltens- und Nutzungsanweisungen dienen jedoch dem Schutz aller Mitglieder der Hausgemeinschaft. Bei der Vermieterberatung ist es daher häufig angezeigt, bei Verstößen, die Mitmieter belasten, sofort zu handeln. Insbesondere

- Lärm, vor allem zu Ruhezeiten,
- Verunreinigungen und Müll,
- Exzessive Balkonnutzung (Grillen, Wäschetrocknen).

Sind geeignet, das gemeinsame Zusammenleben empfindlich zu stören. Schafft der Vermieter hier nicht sofort Abhilfe, so werden gestörte Mitmieter die Miete mindern und das gemeinschaftliche Gefüge bricht auseinander.

Das Abstellen von Fahrrädern und Kinderwagen im engen Hausflur kann sogar zu Unfällen führen, für die der untätige Vermieter mithaften kann.

c) gesetzliche Nutzungseinschränkungen und Obhutspflichten

Mieter sind nach dem Gesetz verpflichtet, mit der Mietsache pfleglich umzugehen. Dazu gehört auch das Melden von Schäden, das Vermeiden von gravierenden, möglicherweise die Statik beeinflussenden baulichen Veränderungen sowie das ausreichende Lüften und Heizen zur Vermeidung von Schimmel.

---

80 Vgl. www.berliner-mieterverein.de; www.bmgev.de/mietrecht/tipps/mietvertrag/04klauseln.html.
81 Vgl. Kinne, Wohnraummietvertrag, Rn. 266.
82 Vgl. BayObLG, WuM 1995, 379.
83 Vgl. Kinne, Wohnraummietvertrag, Rn. 280.
84 Vgl. Sternel, Mietrecht, 3. Auflage, Rn. 232.
85 Vgl Schmidt, Miete und Mietprozeß, 11 Rn. 3ff.

2. Inhaltliche und formale Anforderungen der Abmahnung

127 Die **Abmahnung** bereitet sowohl die Unterlassungsklage nach § 541 BGB, als auch die fristlose Kündigung gem. §§ 543, 569 BGB, vor. Daher ist es erforderlich, die formalen und inhaltlichen Anforderungen der Abmahnug einzuhalten. Die Abmahnung ist eine einseitige, empfangsbedürftige Willenserklärung. Daher müssen bei der Abmahnung, wie bei der Kündigung und der Mieterhöhung, die Formalien eingehalten werden. Für den abmahnenden Anwalt ist das Beifügen einer Originalvollmacht aller Vermieter erforderlich (§ 174 BGB). Außerdem muss die Abmahnung an alle Mieter gerichtet sein. Die Abmahnung sollte zudem Ihren Absender erkennen lassen. Da in einem späteren Verfahren der **Zugang** nachzuweisen ist, empfiehlt sich die Zustellung per Boten. Da Einschreiben mit Rückschein oft nicht abgeholt werden und Einwurf-Einschreiben keinen Zugangsnachweis erbringen (außer der widerglichen Vermutung), sollte für einen leichten Aufpreis das Verfahren des **Eilbriefs** der Deutschen Post AG verwendet werden. Mittels **Sendungsverfolgung** lässt sich so der Zugang minutengenau beweisen.

128 Der Vermieter muss die Abmahnung unmittelbar nach Kenntnis des vertragswidrigen Gebrauchs aussprechen. In der Rechtsprechung wird eine **Zwei-Wochenfrist** nach Kenntniserlangung als ausreichende Überlegungsfrist bestimmt.[86] Die Abmahnung soll den Mieter warnen und ihm die Möglichkeit geben, das vertragswidrige Verhalten abzustellen. Inhaltlich ist daher erforderlich, dass
- der vertragswidrige Gebrauch genau bezeichnet werden muss,
- für den Fall der erneuten Vertragsverletzung die Kündigung angedroht wird
- und eine Frist zum Abstellen des vertragswidrigen Gebrauchs gesetzt wird.

129 Bei der **Fristsetzung** ist zu beachten, dass die Frist ausreichend sein muss, um das geforderte Verhalten erbringen zu können. Die Frist ist daher nach den Umständen des Einzelfalls angemessen zu bemessen. Das Risiko einer unangemessen kurzen Frist trägt dabei immer derjenige, der die Frist setzt. Insofern ist die Frist auf die erkennbaren persönlichen und wirtschaftlichen Belange des Mieters abzustellen. Eine Frist zur Unzeit bedeutet die Unwirksamkeit der Abmahnung. Da bei Feststellen der Unwirksamkeit aber meistens mehr als zwei Wochen vergangen sind, ist dann für eine erneute Abmahnung kein Raum.

3. Muster: Abmahnung

130

Einschreiben-Rückschein / per Bote

An alle Mieter

Abs.: alle Vermieter

Abmahnung wegen vertragswidrigen Gebrauchs der Wohnung

hier: Schimmelschäden, Untervermietung

---

86 BGH NJW 1985, 1894.

C. Unterlassung des vertragswidrigen Gebrauchs

Sehr geehrte ■■■,

hiermit teile ich mit, dass wir mit der anwaltlichen Interessensvertretung Ihres Vermieters ■■■, ■■■ (Adresse), betraut sind. Ordnungsgemäße Bevollmächtigung wird nachgewiesen mittels beiliegender Originalvollmacht.

1. Meine Mandantschaft teilt mir am ■■■ mit, dass am ■■■ in Ihrer Wohnung eine Wohnungsbegehung bzw. Besichtigung wegen der von Ihnen gemeldeten Schimmelschäden stattgefunden hat. Diese Begehung wurde durchgeführt von dem vereidigten Sachverständigen ■■■, (Adresse). Der Sachverständige stellte fest, dass Ihre Räume nicht ausreichend beheizt und vor allem nicht ausreichend gelüftet worden sind. Dies wurde nachgewiesen, indem die Feuchtigkeit der Wände mit dem geeichten Messsystem ■■■ an verschiedenen Stellen überprüft wurde. Unter anderem wurden im Deckenbereich des Badezimmers Feuchtigkeitswerte von ■■■ bis ■■■ Digits ermittelt. In den anderen Räumen ■■■ (Wohnzimmer, Küche usw.) ergaben die Messungen Werte von ■■■ bis ■■■. Bei der von Ihnen geschilderten Duschfrequenz von 4 Personen, welche täglich duschen und der zudem durch das Waschen Ihrer Wäsche in der Badewanne verursachten Luftfeuchtigkeit, ist nach dem Ergebnis des Sachverständigengutachtens ein häufigeres Belüften und besseres Heizen insbesondere des Badezimmers erforderlich. Gerade die Feststellung, dass bei Raumtemperaturen von 16 °C die genannten Feuchtigkeitswerte ermittelt wurden, weist darauf hin, dass keine baulichen Mängel, beispielsweise durch Kältebrücken, sondern ausschließlich eine nicht ausreichende Lüftung für den Beginn des auftretenden Schimmels verantwortlich sind. In diesem Zusammenhang weise ich darauf hin, dass die Abstellkammer nicht als Aufstellplatz für den Ablufttrockner geeignet ist; vor allem fehlt es hier an der Möglichkeit der ausreichenden Belüftung, da kein Fenster vorhanden ist. Der hier entstandene Schimmel ist seiner Ausbreitung nach ganz offensichtlich durch den Betrieb des Ablufttrockners verursacht. Nach dem Gesetz und Ihrem Mietvertrag haben Mieter und Vermieter gegenseitige Fürsorge- und Obhutspflichten, die auch die pflegliche Behandlung der Mieträumlichkeiten durch den Mieter beinhalten.
Daher fordere ich Sie namens und im Auftrag meiner Mandantschaft auf, Ihren Mietvertrag und die damit verbundenen Nebenpflichten einzuhalten und die Mietwohnung pfleglich zu behandeln, was in einem ausreichenden Lüftungsverhalten – insbesondere des Badezimmers – zu konkretisieren ist. Der Ablufttrockner ist zudem nur an einem geeigneten – d.h. auch ausreichend belüfteten – Platz in Betrieb zu nehmen und daher nicht mehr in der Abstellkammer zu betreiben!
Ferner fordere ich Sie auf, die aufgetretenen Schimmelflecken bis zum ■■■ zu beseitigen und dafür Sorge zu tragen, dass durch ausreichendes Lüften und Heizen der Räume keine neue Schimmelbildung eintritt. Sollten Sie die o.g. Frist ungenutzt verstreichen lassen, so wird Ihr Vermieter die Beseitigung auf Ihre Kosten in Auftrag geben.
Die gemeinsam mit dem Mietvertrag bereits überreichten Lüftungs- und Heizratschläge für Ihre Wohnung füge ich diesem Schreiben nochmals bei.

2. Wie uns Mitmieter berichteten, fallen des Öfteren Gegenstände und Unrat von Ihrem Balkon herab. Müll, Papiere, wie auch Apfelkitschen wurden zudem auf Balkone unterhalb des Ihren geworfen. Eine Liste mit den aufgefundenen Gegenständen habe ich jeweils mit Fundort beigefügt. Bei dem Herabwerfen der aufgeführten Gegenstände wurden Sie bzw. Ihre Kinder beobachtet.
Ich habe Sie eindringlich aufzufordern, dieses Verhalten sofort abzustellen.

§ 3 Streitigkeiten im laufenden Mietverhältnis

3. Im Falle erneuter oder andauernder Zuwiderhandlungen gegen Ihre mietvertraglichen Obhutspflichten insbesondere aus den o.g. Punkten, müssen Sie damit rechnen, dass Ihnen Ihr Mietverhältnis gekündigt werden wird. Die Kosten für die Müllentsorgung geben wir Ihnen gesondert auf. Sollte es hier zu weiteren Verstößen kommen, müssen Sie zudem mit einer Strafanzeige rechnen.

Mit freundlichen Grüßen

■■■

Rechtsanwalt

Anlage

II. Prozessuale Durchsetzung (Unterlassungsklage)

1. Prozessuales / Strategie

131 Soll dem Mieter nicht gekündigt werden, so bietet sich die **Unterlassungsklage** an, das vertragswidrige Verhalten abzustellen. Die **Zuständigkeit** richtet sich nach §§ 23, 71 GVG, 29a ZPO, so dass für Wohnraummiete immer das Amtsgericht, für Geschäftsraummiete streitwertabhängig auch das Landgericht zuständig ist.

132 Der **Streitwert** wird nach § 3 ZPO geschätzt. Danach ist wertbestimmend die Beeinträchtigung, welche von dem beanstandeten Verhalten ausgeht und die mit der jeweils begehrten Maßnahme beseitigt werden soll.[87] Die Rechtsprechung und die einzelnen Schätzungen hierzu sind vielfältig. Anhaltspunkte für die Schätzung können dabei drohende Schäden sein. Bei Unterlassungsklagen in Bezug auf Tierhaltung wurden zum Beispiel nach den durch die Tierhaltung drohenden Schäden und Beeinträchtigungen Werte von 2.000,00 DM angenommen.[88] Hierzu könne aber auch die fiktiven Kosten der durch das Tier verursachten zusätzlichen Abnutzung kommen.[89]

133 Die Bestimmung des Streitwertes ist dabei nicht nur für die Gebühren des Rechtsanwalts von Bedeutung, sondern als Anhaltspunkt für den Wert der der **Beschwer** auch für die **Berufungsinstanz**. Daher ist ein besonderes Augenmerk auf die Darlegung möglicher Folgeschäden auch bei durch den Mieter verursachtem Schimmel oder starken Verschmutzungen der Verkehrsflächen zu richten. Hier kann sich der Beschwerwert auch an den für Mängelbeseitigungsklagen entwickelten Grundsätzen orientieren. Bei von einem Mieter andauernden Vertragsverletzungen kann sich eine Gebrauchsbeeinträchtigung ergeben, die in einem Prozentsatz der Durchschnittsmiete (im Zweifel aller betroffenen Mieter) ausgedrückt werden kann. Dieser Prozentsatz sollte sich an dem **wirtschaftlichen Interesse** des Vermieters an der Wiederherstellung des vertragsgemäßen Zustandes ausrichten.

---

87 Zöller-Herget, § 3 Rn. 16 (Unterlassung).
88 LG Wiesbaden, WuM 1994, 486.
89 LG Kiel, WuM 1999, 586.

2. Muster: Klage des Vermieters auf Unterlassung des vertragswidrigen Gebrauchs

An das Amtsgericht

Klage

(volles Rubrum)

wegen Unterlassung

vorläufiger Streitwert: ▪▪▪ €

Hiermit erhebe ich Namens und um Auftrag des Klägers Klage und kündige für den Termin zur mündlichen Verhandlung die folgenden Anträge an:
1. der Beklagte wird verurteilt, es zu unterlassen, Hausrat, Müll und andere Gegenstände von dem Balkon der von ihm angemieteten Wohnung (Adresse/Stockwerk) oder aus den Fenstern der o.g. Wohnung hinabzuwerfen.
2. dem Beklagten anzudrohen, für jeden Fall der Zuwiderhandlung ein Ordnungsgeld bis ▪▪▪ € bzw. Ordnungshaft für die Dauer von ▪▪▪ Tagen, ersatzweise 1 Tag Ordnungshaft je 250 € Ordnungsgeld, festzusetzen.

Begründung:

Der Beklagte hat mit Mietvertrag vom ▪▪▪ die Wohnung des Klägers im Hause ▪▪▪ angemietet.

Beweis: Mietvertrag vom

Der Beklagte hat in der Zeit vom ▪▪▪ bis zum ▪▪▪ die folgenden Gegenstände aus den Fenstern und vom Balkon seiner im Antrag genauer bezeichneten Wohnung hinabgeworfen. Teilweise sind die Gegenstände in der gemeinschaftlichen Gartenanlage des Hauses liegen geblieben, teilweise wurden Gegenstände auf benachbarte bzw. tiefer liegende Balkone geworfen.

Datum/Uhrzeit	Gegenstand	Fundort	Zeuge
12.12.2004 ▪▪▪	Apfelkitsche ▪▪▪	Garten ▪▪▪	Frau ▪▪▪ ▪▪▪

Das o.g. Verhalten kann durch die benannten Zeugen bestätigt werden. Die ladungsfähigen Anschriften lauten wie folgt:

Frau ▪▪▪, Adresse ▪▪▪

Herr ▪▪▪, Adresse▪▪▪

Mit Abmahnung vom ▪▪▪ wurde der Beklagte aufgefordert, sein vertragswidriges Verhalten zu unterlassen.

Beweis: Abmahnung vom ▪▪▪

Trotzdem hat der Beklagte an den folgenden Tagen erneut Unrat aus den Fenstern und vom Balkon herabgeworfen:

▪▪▪

Grüter

Damit ist Klage geboten.

Einfache und beglaubigte Abschrift anbei; die Gerichtskosten i.H.V. ■■■ zahle ich per anliegendem Scheck.

■■■

Rechtsanwalt

D. Mängel der Mietsache

I. Vorprozessuale Situation

135 Die Mangelentdeckung und Geltendmachung geht regelmäßig vom Mieter aus, der vor allem hinsichtlich seiner Minderungsmöglichkeiten und damit vor allem in Bezug auf die Minderungsquote zu beraten ist. Die Mangelbeseitigung und ein mögliches Zurückbehaltungsrecht an Miete sind ebenfalls Schwerpunkte der **Mieterberatung**. Die Mietervereine weisen hier eine Beratungsquote von ca. 20% aus.[90] Damit kommt der anwaltlichen Beratung hier auch ein großer Schwerpunkt zu. Zudem sind Mängel auch als Argument gegen eine Mieterhöhung bedeutsam.

136 Bei der **Vermieterberatung** überwiegt die Abwehr von Mangelansprüchen der Mieter. Hier kommt es auf schnelle Reaktion an, damit der Mieter nicht weiter mindert oder den Mangel gar selbst behebt und der Vermieter so seine Einwirkungsmöglichkeit auf die Reparaturkosten verliert.

1. Voraussetzungen der Mietminderung

137 Nach § 536 BGB muss die Mietsache einen nicht unerheblichen **Fehler** haben oder eine zugesicherte Eigenschaft fehlen. Dies muss entweder zurzeit der Überlassung an den Mieter gegeben sein oder ein Mangel während des Mietverhältnisses auftreten.

a) Mangelbegriff

138 Man unterscheidet bei den Mängeln zwischen Rechtsmängeln und Sachmängeln. **Rechtsmängel** sind dann gegeben, wenn ein Dritter Rechte an der Mietsache hat und dadurch der Gebrauch der Mietsache ganz oder teilweise unmöglich gemacht wird. Rechtsmängel liegen offensichtlich vor, bei Doppelvermietung, können aber auch durch Versagung einer behördlichen Erlaubnis oder sogar behördliches Nutzungsverbot entstehen.

139 Wesentlich häufiger sind jedoch **Sachmängel** anzutreffen. Diese betreffen die Tauglichkeit des Mietobjektes

140 *aa) Fehler:* Ein **Fehler** liegt vor, wenn der tatsächliche Zustand der Mietsache vom vertraglich vorausgesetzten für den Mieter nachteilig abweicht und dadurch die vertraglich vorausgesetzte Tauglichkeit ganz oder teilweise gemindert wird.[91]

---

90 Mieterverein Köln 2003 (19,64 %); Mieterverein Kiel 2004 (25%).
91 Palandt-Weidenkaff, § 536 BGB Rn. 16.

D. Mängel der Mietsache

Der Fehler muss auch erheblich sein. Die Erheblichkeit eines Mangels muss nach objektiven Maßstäben festgestellt werden. Die Bestimmung der **Unerheblichkeitsgrenze** ist dabei schwierig. Teilweise wurde vertreten, Fehler, die objektiv schnell und mit geringem Kostenaufwand behoben werden können bereits als unerheblich einzustufen. Dies funktioniert auch, solange es sich die Behebung in finanziell geringen Grenzen hält (etwa das Wechseln einer Glühbirne). Da aber auch günstig zu behebende Mängel den Gebrauch der Mietsache erheblich beeinträchtigen, so dass die Erheblichkeit vor allem an Hand der Umstände des Einzelfalles bemessen werden muss. Dabei ist neben dem Inhalt des Mietverhältnisses grundsätzlich Art und Grad sowie die Dauer der vom Mangel ausgehenden Beeinträchtigung abzuwägen. Die Schadensminderungspflicht des Mieters, sowie ein etwaiges Mitverschulden berücksichtigen dabei, ob der Mieter den Schaden schnell und kostengünstig hätte selbst beheben können.

141

bb) Zugesicherte Eigenschaft: Nach § 536 II BGB steht das Fehlen einer **zugesicherten Eigenschaft** einem Fehler gleich. Dabei unerheblich, ob sich das Fehlen der zugesicherten Eigenschaft möglicherweise nur geringfügig auf das Mietverhältnis auswirkt.[92] Eine zugesicherte Eigenschaft ist immer dann gegeben, wenn der Vermieter erkennbar in haftungsbegründender Weise für das Vorliegen einer bestimmten Beschaffenheit oder Brauchbarkeit und alle Folgen ihres Fehlens einstehen will. Häufigster Streitpunkt ist dabei im Wohnmietverhältnis die Angabe von Wohnflächen im Mietvertrag.[93]

142

b) Überlassung der Mietsache

Die Überlassung der Mietsache wird nach dem Beginn des Mietverhältnisses, im Regelfall nach der Regelung im Mietvertrag bestimmt. Die **tatsächliche Überlassung** der Mietsache durch Besitzverschaffung muss jedoch hinzutreten. Die Besitzverschaffung erfolgt durch Übergabe, was durch die Aushändigung der Schlüssel erolgen kann.

143

c) Ausschluss der Minderung

Die **Gewährleistung** kann durch Gesetz und vertragliche Vereinbarungen (teilweise) ausgeschlossen sein. Der gesetzliche Ausschluss besteht bei Kenntnis des Mieters vom Mangel nach § 536b BGB, bei Verletzung der Anzeigepflicht des Mieters nach § 536c BGB und aus Treu und Glauben nach § 242 BGB.

144

aa) Ausschluss durch Gesetz:
- 536b BGB

Nach § 536b BGB ist die Gewährleistung dann **ausgeschlossen**, wenn
- der Mieter den Mangel bei Vertragsschluss oder Überlassung kannte und vorbehaltlos hinnimmt oder
- ihm der Mangel infolge grober Fahrlässigkeit unbekannt ist, es sei denn der Vermieter hat den Mangel arglistig verschwiegen.

145

Dann hat der Mieter keinen Anspruch mehr auf Mietminderung, Kündigung oder Schadensersatz. Der Erfüllungs- und Beseitigungsanspruch aus § 535 BGB bleibt jedoch erhalten.

146

---

92 § 536 II BGB verweist nicht auf § 536 I BGB.
93 Rn. 178.

§ 3 Streitigkeiten im laufenden Mietverhältnis

147 Die **Kenntnis** des Mieters bei Vertragsabschluss oder Überlassung der Mietsache muss sich auf den konkreten Fehler und sein Erscheinungsbild inklusive aller Auswirkungen desselben beziehen. Die Kenntnis ist schon gegeben, wenn der Mieter Umstände kennt, die zwangsläufig in dem eingetretenen Mangel konkretisieren.

148 Grob **fahrlässige Unkenntnis** ist dann gegeben, wenn der Mieter bei Vertragsabschluss die hierbei allgemein übliche Sorgfalt in ungewöhnlich hohem Maße verletzt, weil er ganz nahe liegende und einfachste Überlegungen nicht anstellt, die ein vernünftig denkender Dritter sofort beachtet hätte. Was allerdings nicht so weit geht, dass dem Mieter Prüfungspflichten auferlegt werden, die über die Aufklärungspflicht des Vermieters hinausgehen. Schließlich ist der Vermieter für den vertragsgemäßen Zustand der Mietsache zuständig und zur entsprechenden Aufklärung verpflichtet.

149 Dem entsprechend ist **arglistiges Verschweigen** des Vermieters dann anzunehmen, wenn der Vermieter Umstände kennt und nicht mitteilt, deren Fehlen nach dem Vertragszweck für den Mieter erheblich ist; die Erheblichkeit ist dann gegeben, wenn der Vermieter erwarten muss, dass der Mieter den Vertrag bei Kenntnis der Umstände nicht so oder nur zu anderen Bedingungen abgeschlossen hätte. Sofern der Vermieter aber – auch nur grob fahrlässig – darauf vertrauen durfte, dass der Mangel nicht gegeben ist.

150 Wenn der Mieter die Mietsache trotz Kenntnis des Mangels nach Vertragsschluss vorbehaltlos annimmt, gehen alle seine Rechte aus § 536b BGB verloren.

- 536c BGB

151 Nach § 536c BGB hat der Mieter die Pflicht, einen Mangel der Mietsache unverzüglich beim Vermieter **anzuzeigen**. Die Anzeige kann dabei formlos erfolgen, muss dem Vermieter aber zugehen. Unverzüglich erfolgt die Anzeige, wenn sie ohne schuldhaftes Zögern erfolgt (§ 121 BGB). Hat der Vermieter bereits auf andere Weise von dem Mangel Kenntnis erhalten, so ist eine Anzeige jedoch nicht mehr erforderlich. Tritt derselbe Mangel erneut auf – bzw. ist er vermeintlich behoben, so muss der Mieter den Mangel erneut anzeigen.

152 Das Verletzen der Anzeigepflicht schließt die Gewährleistungsansprüche des Mieters auf Minderung (§ 536 BGB), Schadensersatz (§ 536a BGB) und das Recht zur außerordentlichen fristlosen Kündigung nach Fristbestimmung aus.

- § 242 BGB

153 Nach § 242 BGB sind Gewährleistungsansprüche des Mieters vor allem dann aus Treu und Glauben ausgeschlossen, wenn der Mieter den Mangel **selbst verschuldet** oder verursacht hat. Befindet sich der Mieter mit der Annahme der Abhilfe des Vermieters in Annahmeverzug (Mieter lässt Vermieter nicht in die Wohnung, um Schaden zu beheben), so kann er für die Zwischenzeit auch keine Gewährleistungsrecht geltend machen.

- Vertragliche Gewährleistungsausschlüsse

154 Ein **vertraglicher Ausschluss** des Minderungsrechts ist gemäß § 536 IV BGB im Wohnraummietrecht unzulässig. Es ist jedoch möglich, den Anspruch des Mieters auf Aufrechnung mit Forderungen aus Schadens- oder Aufwendungsersatz zu beschränken oder auszuschließen.

d) Dauer der Mietminderung

Der Mietzins steht dem Vermieter nur so lange in voller Höhe zu, wie die Mietsache mangelfrei ist. Daher braucht der Mieter während des Bestehens eines Mangels nur den geminderten Mietzins zu zahlen. Nach § 556b BGB ist eine Vorleistungspflicht des Mieters normiert. Tritt der Mangel nach Leistung der Miete auf, so wirkt die **Mietminderung** nach Anzeige des Mangels auch für den schon bezahlten Monat entsprechend der Anzahl der noch bestehenden Monatstage. Die Überzahlung für den laufenden Monat kann vom Mieter zurückgefordert werden. Nach § 556b BGB kann der Mieter mit Anzeige des Mangels ankündigen, dass er für den übernächsten Monat mit dem aus der Minderung resultierenden Rückzahlungsanspruch aufrechnet. 155

e) Berechnung der Mietminderung

Ist ein Mangel festgestellt, erfolgt die **Geltendmachung** neben der Aufforderung zur Mangelbehebung durch Minderung der Miete. Die Minderungsquote bietet dabei den größten Unsicherheitsfaktor sowohl auf Vermieterseite, als auch vor allem auf Seiten des Mieters. Täglich erfolgen neue Mitteilungen, die teilweise nur auszugsweise oder in bruchstückhaften Leitsätzen prozentuale Regelungen aus Einzelfallentscheidungen aufgreifen. Zwar bietet die Rechtsprechung über einen großen Fundus an Entscheidungen weit reichenden Argumentationsspielraum, jedoch sollte zunächst nach möglichst objektiven Kriterien eine realistische Minderungsquote bestimmt werden. 156

Ist die Tauglichkeit der Mietsache zu dem vertraglich vorausgesetzten Gebrauch völlig aufgehoben, bzw. gar nicht erst vorhanden, so wird der Mieter von der Zahlung des Mietzinses ganz frei. Nebenkosten sind dann auch nicht zu entrichten. 157

Schwieriger wird die Bestimmung der Minderung bei teilweiser Einschränkung der Gebrauchstauglichkeit. 158

Diese Minderungskriterien sind: 159
- der räumliche, d.h. flächenmäßige und zeitliche Umfang der Beeinträchtigung
- der Grad der Beeinträchtigung an sich

Nach Isenmann[94] ist der auf den einzelnen Raum entfallende Minderungssatz zu berechnen. Dieser Minderungssatz erfolgt in Abhängigkeit der Beeinträchtigung nach 5 Stufen von 0 – 100%, je nach dem, ob eine geringfügige bzw. keine oder eine sehr starke Beeinträchtigung vorliegt. 160

Sehr stark	100%
Stark	75%
Mittel stark	50%
Weniger stark	25%
Geringfügig oder gar nicht	0%

---

94 Isenmann DWW 1995, 361.

§ 3 Streitigkeiten im laufenden Mietverhältnis

161 Nach Ermittlung der **Beeinträchtigungsquote** pro Raum und Wohnfläche lässt sich sodann eine **Minderungsquote** berechnen. Allerdings können auch diese Tabellenwerte nicht davon ablenken, dass es sich bei der Bewertung der Mängel in erster Linie um eine subjektive Einstufung handelt, bei der der Mieter naturgemäß zu höheren Werten tendiert, während Vermieter eine geringere Einstufung für gerechtfertigt halten.

162 Es haben sich in der Rechtsprechung grundsätzlich folgende Richtwerte herausgebildet:

Einzelne Schäden	5 %
geringe Mängel (Feuchtigkeit oder Lärm)	10 %
Stärkere Mängel (Lärm auch nachts Schimmel)	15 %
Starke Beeinträchtigungen (unmittelbarer Lärm, mehrere Räume feucht/Schimmel)	20 %
Unbenutzbarkeit von Bad und Küche	50%
Starke Beeinträchtigungen, Grenze zur Unbenutzbarkeit	über 50%

163 Es empfiehlt sich stets, die **Einzelfallrechtsprechung** zu recherchieren und das so ermittelte Ergebnis dann anhand der o.g. Berechnungsmethode zu verifizieren. Hier sind Minderungstabellen[95] und die Recherche im Internet auf den Seiten der einschlägigen Mieterverbände eine große Hilfe.[96] Es muss dabei jedoch beachtet werden, dass die veröffentlichten Minderungsquoten häufig nicht auf einem einzigen Mangel basieren und so die Vergleichbarkeit nur eingeschränkt gegeben ist.

f) Für die Minderung anzusetzender Teil der Miete

164 Es ist in der Rechtsprechung nicht abschließend geklärt, welche Positionen bei welcher Mietart der Minderung unterliegen. Es ist aber grundsätzlich hilfreich, danach zu unterscheiden, welche Art Miete gezahlt wird. Ist eine **Inklusivmiete** als Bruttokaltmiete vereinbart, so ist deren Betrag bei der Minderung anzusetzen. Ist eine **Nettokaltmiete** zzgl. Betriebskostenvorauszahlung vereinbart, so ist mindestens die Nettokaltmiete anzusetzen. Sobald jedoch die Mängel auch Nebenkostenpositionen betreffen (z.B. Heizung), sind mindestens die darauf entfallenden Nebenkosten entsprechend zu mindern. Teilweise wird auch vertreten, dass sich die Minderungsquote auf die Grundmiete nebst Nebenkostenvorauszahlungen bezieht.[97]

g) Hinweispflicht/Kündigung wegen Zahlungsrückstand

165 Bei der Geltendmachung einer Minderung sollte der beratende Anwalt beachten, dass eine zu hohe Minderung durch den Mieter den Vermieter im Zweifel zur außerordentlichen **Kündigung wegen Zahlungsrückstandes** berechtigen kann. Dies gilt insbesondere, wenn der mindernde Mieter anwaltlich beraten ist. Bei der Mieterberatung sollte daher die Überprüfung der Minderungsquote sorgfältig erfolgen. Bestehen Unsicher-

---

95 Vgl. etwa Bruckmann, Mietmängel von A-Z, 4. Auflage 2001.
96 Bsp.: www.bmvge.de; www.berliner-mieterverein.de.
97 LG Köln, WuM 1997, 45.

heiten, weil sich nicht ausreichend Rechtsprechung findet, so kann die Höhe der Minderungsquote im Wege des **selbstständigen Beweisverfahrens** oder auch mittels **Feststellungsklage** überprüft werden.

2. Muster: Mängelankündigung / Mietminderung

Abs.: alle Mieter

An: alle Vermieter

Sehr geehrter ■■■,

(Vertretungsanzeige / Originalvollmacht)

in der von meinen Mandanten am ■■■ angemieteten Wohnung ■■■ (Adresse / Stockwerk), sind zwischenzeitlich die folgenden Mängel aufgetreten:

(Aufzählung der Mängel unter exakter Bezeichnung der Mangelart und der Lage in der Wohnung)

Im Gäste-WC hat sich seit dem ■■■ um das Fenster Schwarzschimmel gebildet

Die Heizung im Kinderzimmer funktioniert seit dem ■■■ nicht

■■■

Die durch die Mängel eingetretene Mietminderung bewerte ich wie folgt:

Schimmel im Gäste-WC mit ■■■% der Nettomiete

Heizung im Kinderzimmer mit ■■■% der Miete zzgl. Heizkostenvorauszahlung[98]

Damit ermäßigt sich die Miete auf insgesamt ■■■ € zzgl. ■■■ € an Nebenkostenvorauszahlung. Meine Mandanten werden beginnend ab dem nächsten Monat daher nur noch den ermäßigten Betrag bezahlen, bis die vorgenannten Mängel behoben sind.

Für die zurückliegende Zeit seit dem ■■■ rechnen meine Mandanten mit dem ihnen zustehenden Rückerstattungsanspruch wegen zu viel bezahlter Miete auf. Der Rückerstattungsanspruch berechnet sich nach der Differenz zwischen der gezahlten Miete und der oben berechneten geminderten Miete jeweils seit der Zeit der Mangelentstehung.

Gleichzeitig fordere ich Sie auf, die vorgenannten Mängel in einer Frist von 14 Tagen, mithin bis zum ■■■ (Datum) zu beheben. Sollten Sie die Mängel nicht innerhalb dieser Frist beheben, so wird meine Mandantschaft die Beseitigung der Mängel auf Ihre Kosten vornehmen lassen.

Mit freundlichen Grüßen

■■■

Rechtsanwalt

---

98 S. Rn. 164.

§ 3 Streitigkeiten im laufenden Mietverhältnis

3. Aufrechnungserklärung

a) Vorprozessuale Situation

167   Sofern der Vermieter nicht auf die Mängelanzeige reagiert oder eine schnelle Beseitigung des Mangels geboten ist (§ 536 II BGB), kann der Mieter selbst die **Mangelbeseitigung** vornehmen (lassen). Dann muss der Vermieter die für die Behebung des Mangels erforderlichen Kosten tragen. Der Mieter kann diese Kosten im Wege der Zahlungsklage geltend machen – was freilich mit einer weiteren Kostenvorschusspflicht verbunden ist – oder mit seinem **Aufrechnungs- und Zurückbehaltungsrecht** aus § 556 b BGB abgelten. Die Rechte des Mieters aus § 536 b II BGB gelten dabei für Schadens- und Aufwendungsersatzansprüche des Mieters wegen Mängeln, wie auch die sonstigen Aufwendungen nach § 539 BGB. Diese sonstigen Aufwendungen betreffen auch Ansprüche aus ungerechtfertigter Bereicherung wegen überzahlter Miete.

b) Inhaltliche und formelle Anforderungen an die Aufrechnungserklärung

168   Nach § 556 b II BGB ist erforderlich, dass der Mieter sein Aufrechnungsverlangen und das Zurückbehaltungsrecht in **Textform** dem Vermieter anzeigt. Da die Erklärung eine empfangsbedürftige Willenserklärung ist, stellen hier Absender und Adressaten der Erklärung eine große Fehlerquelle dar. Es kann nicht oft genug betont werden, dass sich auch hier alle Mieter an alle Vermieter wenden müssen. Bei der anwaltlichen Vertretung ist zudem die Originalvollmacht beizufügen, um der sofortigen Zurückweisung nach § 174 BGB vorzubeugen.

169   Die Geltendmachung der Aufrechnung muss mit einer **Frist** von mindestens einem Monat vor Mietfälligkeit erfolgen. Die verspätete Anzeige wird dahingehend ausgelegt, dass sie zu dem Zeitpunkt fällig werden soll, der bei Zugang fristgemäß wäre, womit ein verspäteter Zugang nur dann nicht mehr geheilt werden kann, wenn das Mietverhältnis in dem fristgemäßen Monat beendet ist. Bei beendeten Mietverhältnissen ist die Anzeige überflüssig.[99]

170   Klagt der Vermieter auf Zahlung der Miete, trotz Geltendmachung der Aufrechnung, so kann der Mieter der Zahlungsklage des Vermieters die **Aufrechnung** entgegenhalten. Der Mieter hat dann den **Zugang** der Erklärung nachzuweisen, wie auch die das **Zurückbehaltungsrecht** begründenden Umstände. Zu diesen Umständen gehören im Falle des § 536 a II Nr. 1 BGB auch das wirksame **In-Verzug-Setzen des Vermieters** und das Bestehen des Mangels, im Falle des § 536 a II Nr. 2 BGB neben der Darlegung des bestehenden Mangels auch das Erfordernis der umgehenden Beseitigung desselben.

171   #### c) Muster: Aufrechnungserklärung

per Boten/Einschreiben-Rückschein

an alle Vermieter

---

[99] Palandt-Weidenkaff, § 556 b Rn. 10.

D. Mängel der Mietsache

Sehr geehrte ■■■,

hiermit teile ich mit, dass ich mit der anwaltlichen Interessensvertretung Ihres Mieters ■■■, betraut bin. Ordnungsgemäße Bevollmächtigung weise ich nach an Hand beiliegender Vollmacht.

Mit Schreiben vom ■■■, Ihnen zugegangen am ■■■, haben meine Mandanten mitgeteilt, dass die von Ihnen angemieteten Räumlichkeiten im Hause ■■■ (Adresse/Stockwerk) die unten nochmals aufgeführten Mängel aufweisen:

- Im Gäste-WC hat sich seit dem ■■■ um das Fenster Schwarzschimmel gebildet;
- Die Heizung im Kinderzimmer funktioniert seit dem ■■■ nicht mehr.

Nachdem Sie die Ihnen gesetzte Frist zur Mangelbeseitigung zum ■■■ (Datum) haben ungenutzt verstreichen lassen, sahen sich meine Mandanten gezwungen, die erforderliche Mangelbeseitigung selbst durchführen zu lassen. Die dazu erforderlichen Kosten gebe ich Ihnen hiermit auf. Wie Sie aus den beigefügten Rechnungskopien ersehen können, sind die folgenden Kosten entstanden:

- Maler- und Schreinerarbeiten im Gäste-WC, Rechnung vom ■■■, über ■■■ €
- ■■■

Sie schulden meiner Mandantschaft daher den aus der Berechnung ersichtlichen Gesamtbetrag i.H.v. ■■■ €. Namens und im Auftrag meiner Mandanten erkläre ich Ihnen hiermit die Aufrechnung dieses Betrages mit der für den Monat ■■■ geschuldeten Miete zzgl. Betriebskostenvorauszahlung i.H.v. ■■■ €.

Nach erfolgter Aufrechnung erhalten Sie die Originalrechnungen per separater Post.

Mit freundlichen Grüßen

■■■

Rechtsanwalt

Anlage

II. Die häufigsten Mängel

Häufige Mängel sind **Feuchtigkeit** und **Schimmel** in der Wohnung, sowie undichte Fenster und Türen. Auch Gebrauchsbeeinträchtigungen wie unzureichende Heizleistung und zu geringe Raumtemperatur sowie Lärm oder ein mangelhaftes Wohnungsumfeld (Drogen, Prostitution) stellen Fehler dar. Die **abweichende Wohnfläche** stellt einen Fall der nicht vorhandenen zugesicherten Eigenschaft dar. Bei allen folgenden Entscheidungen ist zu beachten, dass es sich um eine exemplarische Auflistungen handelt, die die quotale Einordnung der Minderung erleichtern soll. Da aber auch in gleichgelagerten Fällen die Rechtsprechung (selbst innerhalb des gleichen AG) höchst unterschiedlich ist, darf nicht vergessen werden, dass immer der Einzelfall dargestellt und entschieden werden muss!

§ 3 Streitigkeiten im laufenden Mietverhältnis

1. Feuchtigkeit und Schimmel / undichte Fenster und Türen

173 **Undichte Fenster** sind ein Mangel der Mietsache und berechtigen zu einer Minderung von 10 %.[100] Auch Schimmelbefall in mehreren Räumen berechtigt zum Ansatz dieser Minderungsquote.[101] Bei Schimmelbildung in Bad Küche und Schlafzimmer wurden ebenfalls 10 % zugesprochen.[102]

174 **Schimmel** in zwei Zimmern, Küche und WC berechtigt zu einer Minderung i.H.v. 15 %, wobei Feuchtigkeit in der Wohnung bereits zu einer Minderung i.H.v. 20 % führt.[103] Auch bei erheblicher Schimmelbildung in Bad, Wohnzimmer und Schlafzimmer wurde eine Minderungsquote von 20 % zugesprochen.[104] Ist die Wohnung übermäßig feucht und fußkalt, so kann die Miete um 30 % gemindert werden.[105] Ist die Wohnung unbewohnbar, so sind Minderungsquoten bis zu 100 % möglich. Kann jedoch der Vermieter nachweisen, dass die Schimmelbildung auf falsches Lüftungs- und Heizverhalten der Mieter beruht, so ist eine Minderung ausgeschlossen.[106]

2. Heizleistung

175 Bei **mangelhafter Heizleistung** sollte man sich an der Gradtagszahlentabelle orientieren. Danach wird der durchschnittliche Wärmeverbrauch während der Heizperiode in Promille ausgewiesen:

Monat	Quotient
Oktober	80
November	120
Dezember	160
Januar	170
Februar	150
März	130
April	80

176 Entsprechend der für diese Monate geltenden **Gradtageszahlen** lässt sich bei nur kurzzeitigem Ausfall der Heizung eine Minderungsquote pro Tag bestimmen. Reicht die Heizung nicht aus, um wenigstens 20 °C in den Mieträumlichkeiten, so kann bereits gemindert werden.[107] Dabei werden für die einzelnen Mieträume verschiedenen Temperaturen empfohlen: so reicht es, wenn in der Zeit zwischen 6 und 23 Uhr im Wohnzimmer 21 Grad Celsius , Eß- und Kinderzimmer jeweils 20 Grad Celsius und im Schlafzimmer 18 Grad Celsius erreicht werden. Das Bad sollte allerdings mindestens auf 23 Grad Cel-

---

100 LG Berlin, WuM, 1982, 184.
101 AG Darmstadt, WuM, 1980, 129.
102 LG Hannover, WuM 1982, 183.
103 LG Köln, WuM 1994, 463.
104 LG Osnabrück, WuM 1989, 370.
105 AG Darmstadt, WuM 1963, 186.
106 AG Halle, DWW 1991, 220.
107 Vgl. OVG Berlin NJW 1981, 414.

D. Mängel der Mietsache

sius erwärmbar sein.[108] Ein Ausfall der Heizung für lediglich einen Tag[109] berechtigt allerdings genauso wenig zur Minderung, wie der Ausfall der Heizung während der Sommermonate.[110] Selbst, wenn die empfohlenen Temperaturen nur bei voll aufgedrehten Thermostaten erreicht werden können, berechtigt dies nicht zur Minderung.[111]

3. Lärm / Wohnungsumfeld

Normale **Wohngeräusche** von Mitmietern berechtigen nicht zur Mietminderung[112] häufiges und lautstarkes Feiern der Mitmieter dagegen schon mit einer Quote von 20 %.[113] Eine rauschende und knackende Heizung berechtigt zu einer Minderung i.H.v. 5 %.[114] Ist wegen **Baulärms** eine normale Unterhaltung oder das Öffenen der Fenster nicht möglich, so berechtigt dies zu einer Mietminderung i.H.v. 25 %.[115] Entspricht der Schallschutz einer im gleichen Haus gelegenen Kneipe nicht den Mindestanforderungen und entstehen dadurch Lärmbelästigungen, so wurde bereits eine Quote von 37 % Minderung zugesprochen.[116] Konkrete Beeinträchtigungen durch Prostitution im Hause oder einer Drogenszene im Nachbarhaus berechtigen zu Mietminderungen von bis zu 50 %.[117]

177

4. Wohnfläche

Im Wohnraummietrecht kommt der im Mietvertrag angegebenen Größe der Wohnung dann Bedeutung zu, wenn die (durch einen Architekten ausgemessene) tatsächliche **Wohnfläche** hiervon um mindestens 10% nach unten abweicht.[118] Dann ist immer ein Mangel gegeben, ohne dass es auf eine Gebrauchsbeeinträchtigung ankommt. Dies gilt auch, wenn die Wohnfläche nicht als feste Größe, sondern durch den Zusatz „ca." im Mietvertrag als ungefährer Richtwert festgeschrieben ist. Dies lässt zwar einen gewissen Spielraum zu, größere Toleranz als 10 % wird durch den ca.-Zusatz jedoch nicht ausgelöst. Der Mieter kann nach einer auf der falschen Flächenangabe basierenden Mieterhöhung Rückzahlung der auf Grund der fehlerhaften Berechnung überzahlten Miete verlangen.[119]

178

III. Prozessuale Geltendmachung der Mängel

1. Klagearten

Die prozessuale Geltendmachung der Mängel richtet sich nach der Verfahrenssituation. Sofern Einigkeit darüber besteht, dass ein Mangel vorhanden ist, kann im Wege der **Feststellungsklage** die Minderungsquote ermittelt werden. Ist bereits das Bestehen

179

---

108 Zwißler-Kroth, § 13 Rn. 59.
109 LG Berlin, GE 1994, 707.
110 LG Wiesbaden, WuM 1990, 71.
111 AG Münster, WuM 1987, 271.
112 AG Münster, WuM 1983, 236.
113 LG Dortmund, NJW 1988, 1041.
114 AG Hamburg, WuM 1987, 271.
115 LG Darmstadt, WuM 1984, 245.
116 AG Rheine, WuM 1985, 260.
117 OLG Hamm, NJWE-MietR 1996, 80.
118 BGH, NZM 2004, 456; OLG Dresden, NZM 1998, 184.
119 BGH NZM 2004, 699.

Grüter

des Mangels streitig, so sollte dieser möglicherweise vorab im Wege des **selbstständigen Beweisverfahrens** festgestellt werden. Das selbstständige Beweisverfahren kann auch parallel zu einem Klageverfahren genutzt werden, um eine schnelle Klärung des Mangels zu erhalten, wenn ein gesteigertes Interesse an der schnellen Mangelbehebung gegeben ist.

180 Der Vermieter wird dagegen auf **Mängelbeseitigung** durch den Mieter klagen oder gegen die bereits geminderte Miete im Wege der **Zahlungsklage** vorgehen. Dann ist die Zahlungsklage mit der (Zwischen-) **Feststellungsklage** auf Nichtbestehen eines Minderungsrechtes, zu verbinden. Klagt der Vermieter auf Zahlung der Miete, trotz Geltendmachung der Aufrechnung, so kann der Mieter der Zahlungsklage des Vermieters die **Aufrechnung** entgegenhalten. Der Mieter hat dann den **Zugang** der Erklärung nachzuweisen, wie auch die das Zurückbehaltungsrecht begründenden Umstände. Zu diesen Umständen gehören im Falle des § 536a II Nr. 1 BGB auch das wirksame In-Verzug-Setzen des Vermieters und das Bestehen des Mangels, im Falle des § 536a II Nr. 2 BGB neben der Darlegung des bestehenden Mangels auch das Erfordernis der umgehenden Beseitigung desselben.

2. Beweislast

181 Die **Beweislastverteilung** erfolgt nach den **Verantwortungsbereichen** und den allgemeinen Kriterien. Zwar wurde die Beweislastverteilung nach Verantwortungsbereichen zunächst für Feuchtigkeitsschäden entwickelt, ist aber zweckmäßigerweise auf alle Mängel anzuwenden, bei denen die Ursachen aus dem Bereich beider Parteien herrühren können.

182 Danach muss der Mieter das Vorliegen des Mangels und die Beeinträchtigung der Gebrauchtauglichkeit beweisen. Der Mieter muss nicht das **Maß der Minderung** beweisen, jedoch die zur konkreten Ermittlung desselben notwendigen Tatsachen darlegen. Dies gilt in erhöhtem Maße bei Mängeln, die aus dem Verhalten von Dritten, etwa Lärmemissionen, resultieren. Hier hat der Mieter ein **Protokoll** über die Art und Dauer sowie die Häufigkeit nebst Datum und Uhrzeit der Lärmbelastung zu erstellen.[120] Will der Mieter **Leistungsmängel** nachweisen, wie zu geringe Heizleistung oder zu hohe Temperaturen im Sommer, so hat er hierüber ebenfalls ein detailliertes **Protokoll** zu erstellen, welches dem Gericht die konkrete Nachprüfung ermöglicht. Der Umfang der Gebrauchsbeeinträchtigung und die Minderungsquote können sodann mittels Sachverständigengutachten bewiesen werden.[121]

183 Sofern sich der Mieter auf eine **zugesicherte Eigenschaft** beruft, hat er deren Vorliegen zu beweisen. Ebenso ist der Mieter für seine Aufwendungen und Kosten beweispflichtig, wenn er diese geltend macht. Hinsichtlich der **Mängelanzeige** hat der Mieter zumindest den Zugang beim zuständigen Vermieter zu beweisen.

184 Der **Vermieter** hat zu beweisen, dass der Mangel entweder unerheblich ist oder vom Mieter verursacht wurde. War der Mangel bei Einzug bekannt, so trifft auch für die

---

120 LG Köln WuM 2001, 78.
121 BGH NJW-RR 1991, 779; OLG Düsseldorf NJW-RR 1998, 514.

Kenntnis des Mieters vom Mangel die Beweislast den Vermieter. Hat der Vermieter den Beweis geführt, dass der Mangel nicht seinem, sondern dem Verantwortungsbereich des Mieters entstammt, so trifft den Entlastungsbeweis den Mieter, dass er den Mangel nicht verursacht hat.

Steht nach der Beweisaufnahme fest, dass nicht auf Seiten beider Parteien Ursachen für den konkreten Mangel gesetzt wurden, so wird in entsprechender Anwendung von § 254 BGB eine **quotenmäßige Verteilung** der Schadenstragung vorgenommen.

3. Selbstständiges Beweisverfahren

a) Das selbstständige Beweisverfahren

Das **selbstständige Beweisverfahren** ist in den §§ 485 ff. ZPO geregelt. Da es während und außerhalb eines anderen Verfahrens zulässig ist, ist es immer dann zu empfehlen, wenn eine Beweiserhebung möglichst schnell erfolgen muss. Dies kann zur Ermittlung von Schadensersatzpflichten nach Auszug des Mieters zur schnellen Weitervermietung erfolgen oder auch bei gravierenden Mängeln vor der Renovierung, um die Verantwortung für den Schaden zu klären. Da auch die Beweisführung über die Höhe der Minderungsquote zulässig ist,[122] kann mittels eines selbstständigen Beweisverfahrens auch bereits eine Hauptsacheklage vermieden werden.

Eigentlich gibt es zwei Möglichkeiten des selbstständigen Beweisverfahrens. Das Gesetz unterscheidet nach dem **Eilverfahren**, das auch während eines anhängigen Rechtsstreits zulässig ist und dem **vorprozessualen isolierten Beweisverfahren**. Das Eilverfahren ist immer dann geboten, wenn ein gesondertes Bedürfnis an der zügigen Beweissicherung besteht, weil der Beweis sonst verlustig geht. Der mietrechtliche Regelfall ist allerdings das vorprozessuale Beweisverfahren nach § 485 II ZPO. Die möglichen Beweisthemen sind in § 485 II ZPO abschließend aufgezählt.

b) Beweismittel

Während im Eilverfahren als Beweismittel **Augenschein**, § 371 ZPO, **Zeugenbeweis** nach § 373 ZPO und **Sachverständigengutachten** gem. §§ 402, 411 ZPO zulässig sind, kann im isolierten Beweisverfahren lediglich die schriftliche Begutachtung durch einen **Sachverständigen** beantragt werden. Urkundenbeweis und Parteivernehmung sind bei keiner Variante zulässig.[123]

c) Zuständigkeit

Nach § 486 ZPO ist der Antrag an das **Prozessgericht** zu stellen, sofern bereits ein Verfahren anhängig ist. Ist ein vorprozessuales Beweisverfahren zu führen, so ist das Gericht zuständig, welches in der **Hauptsache** zuständig wäre. Eine weitere Zuständigkeit eröffnet § 486 III ZPO für die Fälle der dringenden Gefahr; dann kann der Antrag auch bei dem **Amtsgericht** gestellt werden, in dessen Bezirk sich die zu vernehmende oder zu begutachtende Person bzw. die in Augenschein zu nehmende oder begutachtende Sache befindet.

---

122 KG Berlin, NJW-RR, 2000, 513.
123 Zöller-Herget, § 485 Rn. 1.

190 Damit gelten für das vorprozessuale Verfahren die üblichen Zuständigkeitsbestimmungen im Mietrecht; nach den §§ 23, 71 GVG, 29a ZPO ist bei Wohnraummiete immer das Amtsgericht, bei Geschäftsraummiete streitwertabhängig auch das Landgericht zuständig.

d) Streitwert

191 Grundsätzlich ist beim selbstständigen Beweisverfahren der Wert der Hauptsache streitwertbestimmend und nach § 3 ZPO zu schätzen. Damit ist bei Mängeln das Interesse des Mieters an der Mängelbeseitigung bzw. der Beseitigungsaufwand entscheidend.

e) Anträge und Darlegungspflichten

192 Nach § 487 ZPO muss der **Antrag** die Bezeichnung des Gegners und der Tatsachen enthalten, über die Beweis erhoben werden soll. Sofern ein Rechtsstreit bereits anhängig ist, sind Zeugen und zulässigen Beweismittel zu benennen und glaubhaft zu machen. Im vorprozessualen Verfahren beschränken sich die Beweismittel ohnehin auf den Sachverständigenbeweis, so dass lediglich die Tatsachen darzulegen sind, über die Beweis erhoben werden soll; alle Tatsachen, die zur Zuständigkeit des angerufenen Gerichts und zur Zulässigkeit des Beweisverfahrens erforderlich sind müssen ebenso angegeben werden. Hinsichtlich der zu untersuchenden Mängel muss der Mangel nach seinem Erscheinungsbild genau beschrieben werden, so dass bereits nach dem Schriftsatz eine örtliche Zuordnung des Mangels erfolgen kann und das Ausmaß des Mangels erkennbar ist. Die pauschale Behauptung, dass sich bsp. Schimmel im Kinderzimmer befände, reicht nicht aus. Da nicht über jeden, sich bildenden Mangel Beweis erhoben werden soll, sondern nur über die dem Verfahren zugrunde liegenden, muss im Beispiel des Schimmels dieser nach Farbe, Größe des Flecks und örtlichen Erscheinung im jeweiligen Raum substantiiert benannt werden.

f) Muster: Selbständiges Beweisverfahren

193 An das Amtsgericht ▪▪▪

Antrag im selbstständigen Beweisverfahren

(volles Rubrum)

Des ▪▪▪

Antragsteller

Verfahrensbevollmächtigter: ▪▪▪

gegen

den ▪▪▪

Antragsgegner

vorläufiger Streitwert: ▪▪▪ €

D. Mängel der Mietsache

Namens und in Vollmacht des Antragstellers beantrage ich,

im Wege der Beweissicherung ohne mündliche Verhandlung ein schriftliches Gutachten eines öffentlich vereidigten Bausachverständigen über folgende Beweisfragen einzuholen:

1. In der Wohnung des Antragstellers im Hause ▪▪▪ (Adresse), ▪▪▪ .Stock (links/rechts/.) befinden sich im Bad am Fenster rund um das Fenster Schimmelflecken. Diese beginnen ab etwa 0,5 m Höhe ab Fußbodennieveau und ziehen sich in einer Breite von 0,90 m bis zum Fenster hoch. Der Abstand zur linken Wand beträgt 1,20 m, der Abstand zur rechten Wand ca. 0,80 m. Um das Fenster herum hat sich ein 0,10 m breiter Schimmelkranz gebildet.
2. Der Schimmel wird verursacht, weil die Außenwand eine mangelhafte Isolierung aufweist und sich so eine sog. Kältebrücke bildet. Die den Schimmel verursachende Kältebrücke ist ein Baumangel.
3. Die Ursache des Schimmels ist nicht auf die in der Wohnung wegen Lüftens und Beheizens zurückzuführende Luftfeuchtigkeit zurückzuführen.
4. Zur Behebung des Schimmelschadens ist ein Kostenaufwand i.H.v. ▪▪▪ € erforderlich.
5. Die Schimmelfelcken beeinträchtigen die Nutzung des Bades und damit der ganzen Wohnung, so dass eine Minderungsquote von ▪▪▪% der Nettomiete gerechtfertigt ist.

Das Gericht wird gebeten, einen geeigneten, von der Handwerkskammer zu benennenden Sachverständigen zu bestellen. (jedoch nicht den Sachverständigen ▪▪▪)

Begründung:

Der Antragsteller ist Mieter in der im Antrag genauer bezeichneten Wohnung. Vermieter ist der Antragsgegner. Der Antragsteller zahlt für seine ▪▪▪ m²-Wohnung monatlich ▪▪▪ € Miete zzgl. Nebenkosten i.H.v. ▪▪▪ €, mithin monatlich insgesamt ▪▪▪ €. Die vorbezeichneten Schimmelflecken traten erstmals nach dem ▪▪▪ auf. Der Antragsteller machte den Antragsgegner mit Schreiben vom ▪▪▪ auf die Schimmelbildung aufmerksam. Der Antragsgegner erklärte, der Antragsteller müsse mehr Lüften und besser Heizen und lehnte eine Beseitigung des Schadens ab. Der Antragsteller versuchte daraufhin in der Folgezeit durch regelmäßiges Lüften und Beheizen des Badezimmers erfolglos der Schimmelbildung entgegenzuwirken. Nach Auskunft des ehemaligen Hausmeisters ist die gesamte Fassade des Wohnhauses (Adresse) wegen bereits bestehender Baumängeln restauriert und neu isoliert worden. Lediglich ein 3 m breiter Streifen entlang des Aufzugs wurde ausgespart, weil sich an dieser Stelle angeblich das Baugerüst nur unter erheblichen Schwierigkeiten aufstellen lies. In genau diesem Bereich befindet sich das streitgegenständliche Badfenster.

Der Antragsteller hat nun die Miete um ▪▪▪ % gemindert. Inzwischen hat der Antragsgegner angedroht, eine fristlose Kündigung wegen Zahlungsverzuges auszusprechen. Der Antragsteller hat also ein rechtliches Interesse daran, dass die Ursache für die Schimmelbildung sowie die Höhe der berechtigten Minderungsquote und der Beseitigungsaufwand festgestellt werden. Der Antragsteller geht auch davon aus, dass eine Klärung der o.g. Beweisfragen einen sonst erforderlichen Rechtsstreit vermeidet.

Zur Glaubhaftmachung des rechtlichen Interesses an der Feststellung überreicht der Antragsteller

1. Mietvertrag vom ▪▪▪
2. Mängelanzeige vom ▪▪▪
3. Mietminderung vom ▪▪▪
4. eidesstattliche Versicherung des Zeugen ▪▪▪
5. ▪▪▪

Grüter

Der Antragsteller behält sich vor, eine spätere Vernehmung des Sachverständigen im Termin zu beantragen.

Sollte das Gericht die Beauftragung eines Sachverständigen von einem Kostenvorschuss abhängig machen, so wird gebeten, den Verfahrensbevollmächtigten des Antragstellers unverzüglich zu informieren und die Höhe des Vorschusses mitzuteilen.

■■■

Rechtsanwalt

4. Klage auf Miete / Einwand der Minderung u. Zurückbehaltungsrecht

a) Prozessvoraussetzungen

194 Mindert der Mieter oder unterliegt im selbstständigen Beweisverfahren, so kann der **Vermieter** auf Zahlung der rückständigen Miete klagen. Diese Zahlungsklage bietet keine Abweichungen zu den unten aufgeführten **Zahlungsklagen**.[124] Hier sollte das obligatorische Güteverfahren zwingend beachtet werden.[125] Macht der Mieter Mängel geltend, so bietet sich an, diese im Wege der negativen **Zwischenfeststellung** ebenfalls anzugreifen. Der Vermieter hat dann sein Rechtschutzbedürfnis an der Feststellung darzulegen.

195 Der **Streitwert** der Zahlungsklage ist der Forderungsbetrag zzgl. des Wertes der Feststellungsklage, der sich entsprechend §§ 3 ZPO, 16 GKG nach dem Jahresbetrag der Minderung bemisst.

196 Besonderheiten ergeben sich aber für den verklagten **Mieter**. Dieser muss die vorhandenen Mängel in den Prozess einführen und sein Recht auf Minderung, Aufrechnung sowie sein Zurückbehaltungsrecht der Zahlungsklage entgegenhalten.

197 b) Muster: Zahlungsklage des Vermieters und negative Zwischenfeststellungsklage

An das Amtsgericht ■■■

Klage

(volles Rubrum)

wegen: Mietzahlung und Zwischenfeststellung

vorläufiger Gegenstandswert: ■■■

Hiermit erhebe ich namens und im Auftrag des Klägers Klage und kündige für die mündliche Verhandlung folgende Anträge an:
1. die Beklagten werden gesamtschuldnerisch verurteilt, an den Kläger ■■■ € nebst Zinsen in Höhe von 5 Prozentpunkten über dem Basissatz seit dem ■■■ sowie ■■■ € nebst Zinsen in Höhe von 5 Prozentpunkten über dem Basissatz seit dem ■■■, zu zahlen.

---

124 Vgl. Rn. 206.
125 Vgl. insoweit zu Zahlungsklagen Rn. 205 ff.

D. Mängel der Mietsache

2. Es wird festgestellt, dass die Beklagten die für die von ihnen angemieteten Räumlichkeiten im Hause ▬▬▬ (Adresse, Lage der Wohnung) nicht wegen der angeblichen Mängel ▬▬▬ (genaue Aufzählung) mindern dürfen.

Begründung:

Der Beklagten haben mit Mietvertrag vom ▬▬▬ die Wohnung des Klägers im Hause ▬▬▬ angemietet. Die Beklagten haben sich ausweislich des Mietvertrages verpflichtet, an den Kläger monatlich im Voraus ▬▬▬ € an Miete sowie ▬▬▬ € an Nebenkostenvorauszahlungen, mithin insgesamt zu zahlen.

Beweis: Mietvertrag vom ▬▬▬

Seit dem ▬▬▬ haben die Beklagten lediglich einen Teil der Miete i.H.v. ▬▬▬ € bezahlt. Für den Monat ▬▬▬ hat der Kläger gar keine Miete mehr erhalten.

Es sind daher die folgenden Beträge offen:

Monat	Miete	Nebenkosten	Gezahlt	Noch offen
▬▬▬	▬▬▬	▬▬▬	▬▬▬	▬▬▬

Mit Schreiben vom ▬▬▬ teilten die Beklagten mit, es bestünde ein Minderungsrecht i.H.v. ▬▬▬ %, weil den im Antrag zu 2. genauer beschriebenen Räumlichkeiten Mängel vorhanden seien. Als angebliche Mängel wurde ausgeführt, dass ▬▬▬ .

Beweis: Schreiben der Beklagten vom ▬▬▬

Tatsächlich sind die Räumlichkeiten jedoch mangelfrei, weil ▬▬▬ . Die angeblichen Mängel sind zudem von den Beklagten zu vertreten. Die Beklagten haben entgegen den ausdrücklichen Anweisungen des Klägers auf eigene Kosten einen Waschmaschinenanschluss im Badezimmer eingebaut; obgleich den Beklagten im Waschkeller des Hauses ein Waschmaschinenanschluss mit Wasser- und Stromzähler zugewiesen wurde. Die nunmehr im Badezimmer der o.g. Räumlichkeiten betriebene Waschmaschine der Beklagten ist mehrfach ausgelaufen und hat so zu einer Durchfeuchtung der Wände und zu Schimmelerscheinungen geführt. Die anderen behaupteten Mängel sind ebenfalls von den Beklagten zu vertreten und berechtigen nicht zu einer Minderung, weil ▬▬▬ .

Beweis: Sachverständigengutachten

Die Beklagten wurden am ▬▬▬ letztmalig zur Zahlung der offenen Beträge aufgefordert. Da die außergerichtlich gesetzte Zahlungsfrist von den Beklagten nicht beachtet wurde, ist Klage geboten.

Da die Beklagten sich nunmehr auf ein angebliches Zurückbehaltungsrecht beziehen, muss der Kläger damit rechnen, dass auch in Zukunft keine Mieten mehr gezahlt werden. Für den Kläger ist die Zwischenfeststellung erforderlich, weil auch die zukünftig zu entrichtenden Mieten von der Feststellung betroffen sind.

Die Gerichtskosten zahle ich per anliegendem Scheck; beglaubigte und einfache Abschrift anbei.

▬▬▬

Rechtsanwalt

198 c) Muster: Klageerwiderung des Mieters

An das Amtsgericht ▬▬▬

In dem Rechtsstreit ▬▬▬ / ▬▬▬

Bestelle ich mich für die Beklagten und beantrage zu erkennen:

die Klage wird abgewiesen.

Begründung:

Eine Zahlungspflicht in der vom Kläger geforderten Höhe besteht nicht. Die Wohnung ist mangelbehaftet. Insofern berufen sich die Kläger auf ihr Minderungsrecht. Die Beklagten rechnen zudem mit den von Ihnen verauslagten Kosten für die Schadensbehebung auf.

Die Wohnung weist die folgenden Mängel auf ▬▬▬.

Beweis: Sachverständigengutachten

▬▬▬ Zeugnis des ▬▬▬

Mit Schreiben vom ▬▬▬, dem Kläger zugegangen am ▬▬▬ haben die Beklagten die o.g. Mängel angezeigt und die Minderungsquote von ▬▬▬ % geltend gemacht.

Beweis: Schreiben vom ▬▬▬

Zeugnis des Boten ▬▬▬

Der Kläger ist dennoch untätig geblieben. Im auf die Mängelanzeige folgenden Monat ▬▬▬ haben die Beklagten erstmals die Miete gemindert. Gleichwohl blieb der Kläger untätig. Die Beklagten haben daher wegen des Mangels ▬▬▬ einen Kostenvoranschlag des Handwerkers ▬▬▬ über eingeholt. Danach war für die Behebung der vorgenannten Mängel ein Betrag i.H.v. ▬▬▬ EUR aufzuwenden.

Beweis: Zeugnis des ▬▬▬

Kostenvoranschlag vom ▬▬▬

Dieser Kostenvoranschlag wurde dem Kläger weitergeleitet mit der Aufforderung, binnen einer Frist bis zum ▬▬▬ die Mangelbehebung durchzuführen, andernfalls die Beklagten sich selbst darum bemühen würden.

Beweis: Schreiben vom ▬▬▬

Die Beklagten haben dann drei weitere Kostenvoranschläge der Handwerker ▬▬▬ eingeholt. Dem günstigstes Angebot wurde sodann der Auftrag zur Schadensbehebung erteilt.

Beweis: (Kostenvoranschläge ▬▬▬)

Die Beklagten haben die Rechnung des Handwerkers ▬▬▬ am ▬▬▬ bezahlt und mit Schreiben vom ▬▬▬ dem Kläger angekündigt, ab dem ▬▬▬ ihre Ansprüche gegen die Miete aufzurechnen.

Beweis: Schreiben vom ▬▬▬

Zwischenzeitlich haben die Beklagten mit den 3 vollen Monatsmieten i.H.v. ■■■ EUR aufgerechnet, so dass noch ein aufzurechnender Restbetrag i.H.v. ■■■ EUR verbleibt. Dieser wird im Monat ■■■ noch aufgerechnet. Wegen des noch bestehenden Mangels ■■■ steht den Beklagten weiterhin ein Minderungsrecht i.H.v. ■■■ % zu.

Beweis: Sachverständigengutachten

Die Klage ist daher abzuweisen.

Beglaubigte und einfache Abschrift anbei.

■■■

Rechtsanwalt

5. Klage auf Mängelbeseitigung

a) Prozessuale Besonderheiten

Wenn sich der Vermieter weigert, die angezeigten Mängel zu beseitigen, kann der Mieter die **Mangelbehebung** neben der Mietminderung und dem Zurückbehaltungsrecht entweder im Wege der Ersatzvornahme selbst durchführen oder den Vermieter auf Mängelbeseitigung in Anspruch nehmen. Zu bedenken ist, aber, dass eine Mängelbeseitigungsklage häufig langwierig ist und im Regelfall der Mangel während der Verfahrensdauer abgestellt werden muss. Besonders eilige Mängel können im Wege der einstweiligen Verfügung geltend gemacht werden.

Nach § 535 BGB ist der Vermieter verpflichtet, die gemieteten Räumlichkeiten zumindest im Wohnraummietrecht im mangelfreien Zustand zu erhalten, sofern der Mangel nicht vom Mieter selbst verschuldet wurde. Bestehen also Mängel, kann der Mieter im Wege der Leistungsklage deren Beseitigung durchsetzen. Dabei muss der **Klageantrag** besonders exakt gefasst werden, damit später die Zwangsvollstreckung aus dem Titel möglich ist. Damit muss der bestehende Mangel nach Ausmaß und Lage in oder an der Wohnung genau bezeichnet und die gewünschte Beseitigung exakt beschrieben sein. Die Bezeichnung muss in beiden Fällen so exakt erfolgen, dass bereits anhand eines Vergleiches des Titels mit dem Ergebnis der Mangelbehebung die ordnungsgemäße Mangelbeseitigung im Wege der Augenscheinnahme festgestellt werden kann. Im Regelfall kann bei der Antragstellung auf das Ergebnis des Beweissicherungsverfahrens zurückgegriffen werden. Sofern es unerheblich ist, auf welche Weise ein Mangel behoben wird, reicht nur die exakte Bezeichnung des zu behebenden Mangels.

Zusätzlich sollte die Mangelbeseitigungsklage mit einem **Feststellungsantrag** über die Höhe der Mietminderung verbunden werden, damit in einem Verfahren zügig alle den Mangel betreffenden rechtlichen Streitpunkte geklärt werden. Diese Klage kommt fast nur im Wohnraummietverhältnis vor, wofür die **Zuständigkeit** des Amtsgerichtes gegeben ist, in dessen Bezirk sich die Räume befinden. Im Gewerbemietverhältnis richtet sich Zuständigkeit nach dem **Streitwert**. Dieser richtet nach dem Interesse der Wiederherstellung des vertragsgemäßen Zustandes. Die Einzelheiten sind jedoch streitig. Ein Ansatzpunkt ist dabei die Minderungsquote. Nach § 9 ZPO ist dann von dem 3,5-

fachen Jahresbetrag der Minderungsquote als Streitwert auszugehen.[126] Nach anderer Ansicht ist der Jahresbetrag der Minderungsquote anzusetzen. Dies wird damit begründet, dass der Streitwert nach §§ 3 ZPO, 16 GKG zu schätzen sei. Der Gesetzgeber habe mit der Einschränkung in § 16 GKG den Streitwert bewusst beschränken wollen, weil der Mieter vor zu hohen Prozesskosten bewahrt werden solle.[127] Damit würde der Streitwert der Mängelbeseitigungsklage des Mieters nach anderen Gesichtspunkte ermittelt, als beispielsweise der Streitwert für die Klage des Vermieters auf Entfernung von Einbauten des Mieters. Die ins Feld geführten sozialen Gesichtspunkte sind daher lediglich im Wohnraummietrecht anzuwenden. Im Gewerberaummietrecht muss es bei der 3,5-fachen Minderungsquote bleiben, da hier soziale Aspekte vernachlässigt werden können.

202 In der **Berufungsinstanz** liegt der Wert der Beschwer für den Vermieter in der Verurteilung zur Mangelbeseitigung. Folgerichtig sollte sich der Beschwerwert daher an den Mangelbeseitigungskosten orientieren. Der Beschwerwert für den Mieter liegt in der fortbestehenden Einbuße an Wohnqualität. Da der Beschwerwert im Zeitpunkt der Berufungseinlegung maßgeblich ist, können hier neben den Beseitigungskosten auch die bislang bestehende Minderungsquote, entsprechend §§ 3, 9 ZPO multipliziert mit dem 3,5-fachen Jahreswert angesetzt werden.

203 Im Mangelrechtsstreit muss der Mieter **beweisen**, dass ein Wohnungsmangel gegeben ist. Aus diesem Grunde sind die Mängel genau zu dokumentieren und Art und Dauer ggf. durch Zeugen festzuhalten. Der Vermieter muss auch hier beweisen, dass entweder der Mieter den Mangel selbst verschuldet hat, oder, dass lediglich eine geringfügige Beeinträchtigung gegeben ist, die den Mieter nicht zur Minderung berechtigt.[128]

204 b) Muster: Mängelbeseitigungsklage

An das Amtsgericht ■■■

Klage

(volles Rubrum)

wegen Mängelbeseitigung

vorläufiger Streitwert: ■■■

Namens und im Auftrag der Klägerin erhebe ich Klage und kündige für die mündliche Verhandlung die folgenden Anträge an:
  I. Der Beklagte wird verurteilt, in der von der Klägerin bei ihm angemieteten Wohnung (Adresse) auf eigene Kosten folgende Instandsetzungen vorzunehmen:
    1. Die verschimmelte Wand im Schlafzimmer ist vollständig zu renovieren und zwar durch restloses Entfernen der verschimmelten Gipskartonplatte und Rauhfasertapete bis zur erforderlichen Höhe von 30 – 50 cm. Da es sich um eine Vorsatzschale

---

126 Vgl. LG Hamburg, WuM 1994, 624; BGH NZM 2000, 713; OLG Düsseldorf NZM 2001, 669.
127 LG Köln, WuM 2001, 291.
128 Vgl. oben Rn. 181 f.

handelt, ist es erforderlich, dass die Gipskartonplatten im Schimmelschadenbereich mit PU-Schaum vorgelegt werden, damit eine Haftung zum Untergrund erreicht wird und der Füllstoff nicht absackt. Nach Vornahme der Ausspritzungen sind dann die Wandflächen erneut zu verputzen; danach sind die Wandflächen zu grundieren und mit Rauhfasertapete neu zu kleben und hiernach mit Acrylfarbe weiß zu streichen.

2. ■■■

II. Es wird festgestellt, dass die Klägerin wegen der vorbezeichneten Mängel berechtigt ist, den Mietzins in Höhe von 15 % des Grundmietzinses (103,35 EUR) monatlich zu mindern.

Für den Fall, dass das Gericht das schriftliche Vorverfahren anordnet und der Beklagte nicht innerhalb der Frist seine Verteidigungsbereitschaft anzeigt oder den Anspruch anerkennt, wird beantragt,

gegen den Beklagten ein Versäumnis- oder Anerkenntnisurteil ohne mündliche Verhandlung zu erlassen.

Begründung:

Die Klägerin ist seit dem ■■■ Mieter der streitgegenständlichen Räumlichkeiten.

Beweis: Mietvertrag vom

Während der Mietzeit haben sich in der Mietwohnung die folgenden Mängeln ergeben:
1. Die Wand zwischen Schlafzimmer und Badezimmer schimmelte auf der Schlafzimmerseite auf Grund eines undichten Abwasserrohres der Dusche vom Fußboden bis zu einer Höhe von 30 – 50 cm.
2. ■■■

Beweis: Zeugnis des Handwerkers ■■■

Sachverständigengutachten

Bereits mit Schreiben vom ■■■ teilte die Klägerin dem Beklagten die o.g. Mängel mit. Dieses Schreiben ging dem Beklagten am ■■■ zu.

Beweis: Schreiben vom ■■■

Sendungsverfolgungsprotokoll vom ■■■

Trotz zweier weiterer Schreiben, und einer anwaltlichen Aufforderung zur Mängelbeseitigung, unternahm der Beklagte keine Instandsetzungsarbeiten. Die mit anwaltlichem Schreiben vom ■■■ gesetzte vorprozessuale Abhilfefrist zum ■■■ ließ der Beklagte ungenutzt verstreichen.

Beweis: Schreiben vom ■■■

Damit war Klage geboten.

Beglaubigte und einfache Abschrift anbei.

■■■

Rechtsanwalt

E. Zahlungsklage des Vermieters

I. Vorprozessuales

1. Erfasste Ansprüche

205 Ansprüche auf rückständigen Mietzins, Kaution sowie Auffüllung von Kaution werden im Wege der **Zahlungsklage** geltend gemacht. Wenn der Mieter die vereinbarte oder erhöhte Miete nicht zahlt, stehen dem Vermieter noch weitere Möglichkeiten zur Verfügung. Zum einen ist daran zu denken, dass der Betrag von zwei vollen Monatsmieten abgewartet werden kann, damit eine außerordentliche **fristlose Kündigung** nach §§ 543, 569 III BGB ausgesprochen werden kann.[129] Es darf jedoch nicht vergessen werden, dass nicht selten Mieter von Zeitmietverträgen versuchen, sich durch eine so provozierte Kündigung des Mietverhältnisses aus demselben zu lösen. Sofern gesichert ist, dass die Mieter zumindest über pfändbares Arbeitseinkommen verfügen, sollte bereits die erste nicht gezahlte Miete gerichtlich geltend gemacht werden.

2. Obligatorisches Güteverfahren

206 Seit dem 01.01.2000 haben die Landesgesetzgeber gemäß § 15a EGZPO die Möglichkeit, im Bereich des Zivilprozesses tätig zu werden. Danach kann durch Landesgesetz bestimmt werden, dass bei

- vermögensrechtlichen Streitigkeiten vor dem Amtsgericht bis zu einem **Streitwert** von 750 €,
- Ansprüchen aus dem Nachbarrecht, sofern es nicht um Einwirkungen eines gewerblichen Betriebes geht,
- Ehrverletzungen außerhalb von Presse oder Rundfunk

vor der Klageerhebung zunächst vor einer Gütestelle ein **Schlichtungsversuch** unternommen werden muss.

207 Die von der Gütestelle auszustellende Bescheinigung über den Schlichtungsversuch ist der Klage beizufügen (§ 15a I 2 EGZPO). Die erforderliche Schlichtung kann nach § 15a III EGZPO auch einvernehmlich von den Parteien unternommen werden. Die erforderlichen Kosten für das Güteverfahren werden zu den Kosten i.S.d. § 91 I, II ZPO hinzugezählt. Nunmehr hat der BGH die Frage geklärt, ob das hiernach obligatorische Streitschlichtungsverfahren eine Prozessvoraussetzung i.S.d. § 253 ZPO darstellt oder nachgeholt werden kann.[130]

208 Sofern Landesrecht ein entsprechendes Güteverfahren vorsieht, muss das Schlichtungsverfahren **vor Klageerhebung** stattgefunden haben. Dies wird im Übrigen von 15a EGZPO gestützt, wonach der Kläger die Bescheinigung der Schlichtungsstelle der Klage beizufügen hat. Das Versäumnis des Streitschlichtungsverfahrens ist zudem nicht nachholbar. Eine ohne vorherige Durchführung des obligatorischen Schlichtungsverfahrens erhobene Klage ist unzulässig. Es kann auch nicht auf die Durchführung verzichtet werden, wenn eine Streitschlichtung offenkundig ergebnislos wäre. Allerdings sind die Regeln des Streitschlichtungsverfahrens nicht auf eine zulässige Klageerweite-

---

129 Dazu genauer in Rn. 408 ff.
130 BGH WuM 2005, 64.

rung nach § 264 ZPO oder Klageänderung nach § 263 ZPO anwendbar, so dass kein Schlichtungsversuch zum laufenden Verfahren hinzukommen muss.

Eine interessante Auslegung hat das LG Aachen beigesteuert,[131] indem es bei Zusammentreffen eines schlichtungsbedürftigen Antrages mit einem nicht schlichtungsbedürftigen Antrag das gesamte Verfahren als nicht schlichtungsbedürftig eingestuft hat.

Nicht erforderlich ist ein Güteverfahren auch nach § 15a II EGZPO neben **Mahnverfahren**, wenn die Parteien nicht in demselben (Bundes-)Land wohnen. Wohnen bedeutet dabei für natürliche Personen Wohnsitz i.S.d. §§ 13f. ZPO und für juristische Personen ihren Sitz.[132] Wobei in vielen Schlichtungsgesetzen der Länder die Anwendbarkeit (bisher) auf Streitigkeiten innerhalb des selben LG-Bezirks begrenzt ist.

Das Schlichtungsverfahren bzw. die Veranlassung der Bekanntgabe des Güteantrages hemmt die Verjährung i.S.d. § 204 I Nr. 4 BGB. Nach § 15a VI EGZPO gelten die vor den Gütestellen geschlossenen Vergleiche als Vergleiche i.S.d. § 794 I Nr. 1 ZPO.

Nach § 15a V EGZPO werden die Landesgesetzgeber ermächtigt, ein **Ordnungsgeld** für die im Gütetermin nicht erschienene Partei vorzusehen. Hiervon haben Bayern und NRW bisher keinen Gebrauch gemacht. Der Landesgesetzgeber kann aber bestimmen, dass die Gütestellen einen Kostenvorschuss verlangen dürfen, was die Kostenforderungen der Rechtanwälte und Notare abdeckt und ein späteres Einfordern reibungsloser gestaltet. Bayern hat dies in Art. 14 BaySchlG normiert. Bedürftige Parteien, die sich eine anwaltliche Vertretung im Güteverfahren nicht leisten können, haben zudem die Möglichkeit, nach § 1 BerHG **Beratungshilfe** zu erhalten. Von diesem Grundsatz kann jedoch abgewichen werden, wenn die Gegenseite auch nicht anwaltlich vertreten ist.

Bisher haben die folgenden Bundesländer Schlichtungsgesetze erlassen:
- Baden-Württemberg, SchlichtungsG,
- Bayern, Bayer.SchlichtungsG,
- Brandenburg, Brandenburg.SchlichtungsG,
- Hessen, Gesetz zur außergerichtlichen Streitbeilegung,
- NRW, Gütestellen- und SchlichtungsG,
- Saarland, LandesschlichtungsG,
- Sachsen-Anhalt, Schiedsstellen- und SchlichtungsG,
- Schleswig-Holstein, LandesschlichtungsG.

Dabei haben die Länder bis auf NRW und das Saarland einen Höchststreitwert i.H.v. 750,00 € vorgesehen, während in den letztgenannten 600,00 € als Schwellenstreitwert gilt.

3. Strategie

Der Anwalt wird seinem Mandanten daher entweder zur **Schlichtung** raten, oder gleich die Beantragung eines Mahnbescheides empfehlen. Sollte der Mieter Widerspruch einlegen, so können die während des Mahnverfahrens aufgelaufenen, auch nicht gezahl-

---

131 LG Aachen NZM 2002, 503.
132 Zöller-Gummer § 15a EGZPO, Rn. 16.

ten Mieten im Wege der Klageerhöhung ins streitige Verfahren eingeführt und sogar eine zwischenzeitlich möglicherweise auszusprechende fristlose Kündigung als Räumungsantrag „nachgeschoben" werden.

216 Das Mahnverfahren bedeutet zudem einen weiteren Vorteil. Gerade säumige oder faule Mieter tendieren dazu, den Widerspruch entweder gar nicht oder verspätet abzuschicken. Zudem muss für das streitige Verfahren lediglich der Kostenbetrag des im Mahnbescheid geltend gemachten Streitwertes vorgeschossen werden. Bei späterer Klageerhöhung besteht keine Vorschusspflicht mehr, so dass sich die anfängliche Kostenbelastung des Vermieters in Grenzen hält und die gesamte Verfahrensdauer Zeit besteht, für den Fall des abweisenden Urteils Beträge anzusparen.

II. Prozessuale Durchsetzung

1. Mahnverfahren

217 Bei Beantragung des **Mahnbescheides** sollte der **Antrag** genau beachtet werden. Der Antrag ist nach den einzelnen säumigen Monaten aufzuschlüsseln. Bei Geltendmachung mehrerer Ansprüche muss erforderlichenfalls ein Beiblatt gefertigt werden. Dies ist für die gesonderte Berechnung der Zinsen ebenso von Vorteil. Es besteht auch die Möglichkeit, in einem **Aufforderungsschreiben** an den Mieter unter genauer Aufschlüsselung der geschuldeten Beträge ein Saldo zu fordern und im Mahnverfahren die Fälligkeit des Saldos nebst Zinsen seit dem Aufforderungsschreiben zu beantragen. Hier sollte das Aufforderungsschreiben dem Mahnbescheid beigefügt werden. Der Zugang des Aufforderungsschreibens ist zudem in beweisbarer Form zu dokumentieren, damit der Antrag im Mahnbescheid nicht unschlüssig ist.[133]

2. Prozessvoraussetzungen

218 Hinsichtlich der örtlichen und sachlichen Zuständigkeit ergeben sich keine Besonderheiten. Es muss jedoch beachtet werden, dass der Gesetzgeber für das Mahnverfahren zentrale Mahngerichte eingeführt hat, deren **Zuständigkeit** sich nach dem Wohnort des Antragstellers bestimmt.

3. Begründung der Zahlungsklage

219 Der **Mietrückstand** sollte wie beim Aufforderungsschreiben – sofern nach dem Mietvertrag vorgesehen – aufgeteilt auf die Nettomiete und Betriebskosten, für jeden Monat dargestellt werden. Die bezahlten Beträge sind dem gegenüberzustellen. Bei längerem Zahlungsverzug des Mieters empfiehlt sich hier die Tabellenform. Dies verhilft der Klage zur Schlüssigkeit. Auch können etwaige Mietminderungen übersichtlich den jeweiligen Monaten zugeordnet werden.

220 Bei der Klage auf Auffüllung des Kautionskontos ist die Vereinbarung der Kaution darzulegen sowie die Umstände, die zu einem berechtigten Zugriff auf die Kaution geführt haben.

---

133 Vgl. § 690 I ZPO.

4. Muster: Zahlungsklage

An das Amtsgericht ▬▬▬

Klage

(volles Rubrum)

wegen Mietzahlung

vorläufiger Gegenstandswert:

Hiermit erhebe ich namens und im Auftrag des Klägers Klage und kündige für die mündliche Verhandlung folgende Anträge an:
1. die Beklagten werden gesamtschuldnerisch verurteilt, an den Kläger ▬▬▬ € nebst Zinsen in Höhe von 5 Prozentpunkten über dem Basissatz seit dem ▬▬▬ sowie ▬▬▬ € nebst Zinsen in Höhe von 5 Prozentpunkten über dem Basissatz seit dem ▬▬▬, zu zahlen.
2. ▬▬▬

Begründung:

Der Beklagten haben mit Mietvertrag vom ▬▬▬ die Wohnung des Klägers im Hause ▬▬▬ angemietet. Die Beklagten haben sich ausweislich des Mietvertrages verpflichtet, an den Kläger monatlich im Voraus ▬▬▬ € an Miete sowie ▬▬▬ € an Nebenkostenvorauszahlungen, mithin insgesamt zu zahlen.

Beweis: Mietvertrag vom ▬▬▬

Seit dem ▬▬▬ haben die Beklagten lediglich einen Teil der Miete i.H.v. ▬▬▬ € bezahlt. Für den Monat ▬▬▬ hat der Kläger gar keine Miete mehr erhalten.

Die Beklagten wurden am ▬▬▬ letztmalig zur Zahlung der offenen Beträge aufgefordert. Da die außergerichtlich gesetzte Zahlungsfrist von den Beklagten nicht beachtet wurde, ist Klage geboten.

Die Gerichtskosten zahle ich per anliegendem Scheck; beglaubigte und einfache Abschrift anbei.

▬▬▬

Rechtsanwalt

5. Muster: Klage auf Auffüllung des Kautionskontos

An das Amtsgericht ▬▬▬

Klage

(volles Rubrum)

wegen Mietkautionsleistung

vorläufiger Streitwert: ▬▬▬ €

§ 3 Streitigkeiten im laufenden Mietverhältnis

Hiermit legitimiere ich mich für die Klägerin und erhebe Klage. Es wird gebeten, einen baldigen Termin zur mündlichen Verhandlung zu bestimmen, in dem ich beantragen werde:
1. die Beklagte wird verurteilt, an die Klägerin die Mietkaution i.H.v. 1012,00 € zu leisten.
2. ■■■

Für den Fall, dass das Gericht das schriftliche Vorverfahren anordnet und die Beklagte nicht innerhalb der Frist ihre Verteidigungsbereitschaft anzeigt oder den Anspruch anerkennt, wird beantragt,

gegen die Beklagte ein Versäumnis- oder Anerkenntnisurteil ohne mündliche Verhandlung zu erlassen.

Begründung:

Die Beklagte bewohnt als Mieterin eine Wohnung der Klägerin unter der Anschrift ■■■ (Adresse). Die Wohnung befindet sich im (2. Stock rechts) und weist eine Wohnfläche von ■■■ m² auf; die Wohnung besteht aus ■■■ Zimmern, 1 Küche, 1 Diele, ■■■ und Kellerraum.

Entsprechend der mietvertraglichen Vereinbarung vom ■■■ hat die Klägerin monatlich eine Nettomiete von ■■■ € zzgl. der Betriebskostenvorauszahlung i.H.v. ■■■ zu entrichten. Die mietvertragliche Vereinbarung sieht vor, dass die Beklagte eine Kaution i.H.v. ■■■ € erbringt.

Beweis: Mietvertrag vom ■■■

Die Kaution hat die Beklagte trotz mehrfacher Mahnungen – zuletzt mit anwaltlichem Aufforderungsschreiben – nicht gestellt.

Bislang wurde die Mietkaution im Rahmen einer Kautionsbürgschaft der Stadt ■■■ erbracht. Diese Bürgschaft erlosch mit Ablauf des ■■■. Bereits im Monat ■■■ – also 4 Monate vor Erlöschen der Bürgschaft – hat die Klägerin die Beklagte eindringlich aufgefordert, die Verlängerung der Kautionsbürgschaft bei der Stadt ■■■ zu beantragen.

Beweis: Schreiben vom ■■■

Nach Auskunft der Mitarbeiter des Sozialamtes der Stadt ■■■ hat die Beklagte bislang den erforderlichen Antrag zur Verlängerung der Kautionsbürgschaft nicht gestellt.

Da die Klägerin einen Anspruch auf Kautionserbringung und damit einhergehend auf Auffüllung des inzwischen leeren Kautionskontos hat, ist die Beklagte antragsgemäß zu verurteilen.

Beglaubigte und einfache Abschrift anbei. Die Gerichtskosten zahlen wir per anliegendem Scheck ein.

■■■

Rechtsanwalt

§ 4 Durchsetzung der Mieterhöhung

A. Vorprozessuale Situation

In der Regel wendet sich der Vermieter bereits vor **Erstellung** der Mieterhöhung an den Anwalt, um die Erhöhung durch diesen erstellen zu lassen. Es kommt aber auch vor, dass bereits eine Mieterhöhung an die Mieter versandt wurde und der Vermieter nun im Prozess anwaltlich vertreten werden will. Die Mieter melden sich naturgemäß erst nach Erhalt einer Mieterhöhung, um sich hinsichtlich der Zustimmung beraten zu lassen oder um die Rechtsverteidigung in Auftrag zu geben. Teilweise wird durch Mieter oder Erwerber einer Immobilie eine Beratung im Hinblick auf zukünftige Möglichkeiten von Mieterhöhungen gewünscht.

I. Voraussetzungen der Mieterhöhung

Vor der **Mietrechtsreform** gab es nach den §§ 2 – 5 MHG fünf Möglichkeiten die Miete zu erhöhen. Bis auf die Mieterhöhungen wegen verschiedener Kapitalkosten (§ 5 MHG) sind diese Mieterhöhungsmöglichkeiten in das BGB übernommen worden. Dabei sind die gesetzlich geregelten Mieterhöhungsmöglichkeiten für den Bereich des preisfreien Wohnraums abschließend:

- § 558 BGB, Mieterhöhung bis zur ortsüblichen Vergleichsmiete
- § 559 BGB, Mieterhöhung bei Modernisierung
- § 557 Abs. 1 BGB, Einvernehmliche Mieterhöhung nach Vereinbarung
- § 557a BGB, Staffelmiete
- § 557b BGB, Indexmiete

Zusätzlich gibt es noch die Möglichkeiten die Veränderung von Betriebskosten im Rahmen einer **Betriebskostenerhöhung**, § 560 Abs. 1 BGB, zu berücksichtigen. Die Erhöhung der Betriebsnebenkosten wird an anderer Stelle behandelt, weil hier nicht die Kaltmiete erhöht wird. Zudem ist die Erhöhung der Betriebsnebenkosten sachdienlich mit der Nebenkostenabrechnung verbunden. Bis auf die schriftlich zu vereinbarende Staffelmiete (§ 557a BGB) sind Mieterhöhungen vom Vermieter gegenüber dem Mieter zu erklären. Dabei werden an die Erklärungen formelle und inhaltliche Anforderungen gestellt. Die Mieterhöhung ist in Textform zu erklären.[134] D.h. die Mieterhöhung kann insbesondere für Massenmieterhöhungen in maschineller Form erstellt werden und per Fax oder E-Mail ergehen. Eine Unterschrift ist nicht mehr erforderlich.

Die **Mieterhöhungserklärung** ist in jedem Fall zu begründen. Die Begründung muss dabei sämtliche für den jeweiligen Erhöhungstatbestand geforderten Merkmale erhalten. Aus der Mieterhöhungserklärung muss weiter hervorgehen, wer der erklärende ist und an wen sich die Erklärung richtet. Besonderes Augenmerk ist dabei auf den Grundsatz „von allen Vermietern an alle Mieter" zu richten. Die Zustimmung zur Mieterhöhung ist keine teilbare Leistung und muss daher von allen Mietern abgegeben werden. Aus diesem Grunde muss das Mieterhöhungsverlangen auch an alle Mieter gerichtet sein, damit es für alle Parteien des Mietvertrages Wirkung entfaltet. Hier

---

134 Vgl. § 558a Abs. 1, § 559b Abs. 1 Satz 1, § 557b Abs. 3 BGB.

§ 4 Durchsetzung der Mieterhöhung

empfiehlt es sich, die Erklärungsempfänger mit den im Mietervertrag ausgewiesenen Vornamen zu benennen.

227 Da die Mieterhöhung als **Willenserklärung** den Mietern zugehen muss, sollte überprüft werden, ob der **Zugang** nachgewiesen werden kann. Es ergeben sich somit die folgenden Grundanforderungen an den Mindestinhalt eines Mieterhöhungsverlangens:
- **Alle** erklärenden Vermieter müssen als Absender genannt und identifizierbar bezeichnet sein. Handelt es sich beim Vermieter um eine Gesellschaft, so ist auch hier eine genaue Bezeichnung von Nöten; bei Erbengemeinschaften oder GbR´s sollten alle Gesellschafter genannt werden.
- Handelt ein Vertreter, insbesondere der Anwalt für den Vermieter, so sollte das Vertretungsverhältnis genau bezeichnet und unter Beifügung einer **Originalvollmacht** belegt werden.[135]
- Alle Erklärungsempfänger müssen identifizierbar bezeichnet sein.
- Das Mieterhöhungsverlangen muss begründet sein.[136]
- Die Mieterhöhung muss nachvollziehbar aufgeschlüsselt und berechnet sein, was die Nennung der bisherigen Miete und der neuen Miete bzw. des Erhöhungsbetrages beinhaltet.
- Die Mieterhöhungserklärung muss nachweislich zugegangen sein.

228 Die Mieterhöhung ist in **Textform** zu erklären.[137] D.h., die Mieterhöhung kann nun per Fax oder E-Mail ergehen. Eine Unterschrift ist nicht mehr erforderlich. Aus der Erklärung muss aber hervorgehen, wer der Erklärende ist und an wen die Erklärung gerichtet wird. Der Grundsatz „Von allen Vermietern an alle Mieter" muss dabei gewahrt werden, da eine Mieterhöhung, die bsp. nur einem Mieter einer Wohngemeinschaft zugeht, für die anderen Mieter keine Wirkung entfaltet.[138] Zur besseren Identifizierung der Erklärungsempfänger empfiehlt es sich, die Mieter mit den im Mietervertrag ausgewiesenen Vornamen zu benennen. Besondere Probleme ergeben sich, wenn der Vermieter (bsp. nach Eigentumserwerb) nicht der im Mietvertrag ausgewiesene Vermieter ist. In diesem Fall hat der Vermieter seine Eigentümerstellung auf entsprechendes Bestreiten des Mieters hin, zu beweisen. Sofern der Vermieter bereits in das Grundbuch eingetragen ist, fällt dieser Nachweis relativ leicht. Ist die Eintragung aber noch nicht vollzogen, oder wurde das Eigentum mehrfach übertragen, so muss der Vermieter die gesamte Reihe der Veräußerungen bis hin zu seiner Eigentümerstellung nachzuweisen.

229 Da die Mieterhöhung als Willenserklärung den Mietern zugehen muss, sollte überprüft werden, ob der Zugang nachgewiesen werden kann. Eine Mieterhöhung muss zudem begründet werden und nachvollziehbar sein.

230 Die Basics lassen sich daher wie folgt zusammenfassen:

---

135 BGH NJW 1981, 1210.
136 Einzelheiten dazu werden ausführlich bei den einzelnen Mieterhöhungsmöglichkeiten behandelt.
137 § 558a I BGB für die Erhöhung auf die ortsübliche Vergleichsmiete, § 559b I 1 BGB für die Modernisierungsmieterhöhung.
138 Nies NZM 1998, 221.

- Erklärung in Textform
- Alle erklärenden Vermieter identifizierbar bezeichnet
- Alle Erklärungsempfänger identifizierbar bezeichnet
- Begründung
- Nachvollziehbar aufgeschlüsselt bzw. berechnet
- Zugang beim Erklärungsempfänger gesichert

B. Einzelne Mieterhöhungen

I. Mieterhöhung gem. § 558 BGB

Nach § 558 bis § 558e BGB kann der Vermieter preisfreien Wohnraums grundsätzlich per einseitiger Erklärung jährlich die **Zustimmung** zu einer Erhöhung der Miete bis zur ortsüblichen Vergleichsmiete verlangen. Sofern der Mieter nicht zustimmt, kann im Wege der Klage die Zustimmung des Mieters durch richterliches Gestaltungsurteil ersetzt werden. Die Miete im Sinne des § 558 BGB ist dabei im Regelfall die Nettomiete.[139] Dabei richtet sich die zunehmende Miete nach der vertraglichen Vereinbarung. Ist die vertraglich vereinbarte Miete eine Bruttomiete so wird entsprechend die Bruttomiete angehoben. Nicht zur Miete nach § 558 BGB gehören Untermietzuschläge nach § 553 Abs. 2 BGB oder Mieterhöhungen nach § 559 BGB. Ebenso wird eine Erhöhung der Nebenkosten nach § 560 BGB nicht berücksichtigt.

1. Form des Mieterhöhungsverlangens

Das Mieterhöhungsverlangen ist entsprechend § 558a BGB in **Textform** zu erklären und zu begründen. Damit sind nun sog. Massenerhöhungsverlangen in maschineller Form, d.h. entsprechend § 126 BGB per Fax oder E-Mail möglich.[140] Aus § 126b BGB ergibt sich ferner, dass die Erklärung den Erklärenden nennen muss. Wird das Mieterhöhungsverlangen von einem Vertreter des Vermieters (Rechtsanwalt) erstellt, ist unbedingt darauf zu achten, dass eine **Vollmacht** im Original beigefügt ist.[141] Ist dies nicht der Fall, kann der Mieter unter Hinweis auf § 174 BGB das Erhöhungsverlangen zurückweisen, sofern die Vollmacht nicht bereits vorher aus anderen Gründen überreicht wurde. Das Mieterhöhungsverlangen ist ansonsten unter Befügung der Originalvollmacht erneut zu stellen und es geht wertvolle Zeit verloren.

2. Inhalt des Erhöhungsverlangens

Das Mieterhöhungsverlangen ist zu begründen. Die **Begründung** muss dabei in nachvollziehbarer Weise alle zur Bestimmung des ortsüblichen Mietzinses erforderlichen Daten in nachvollziehbarer Weise enthalten. Dazu ist die Angabe des bisherigen Mietzinses und des neu verlangten Mietzinses unbedingt erforderlich.[142] Auf die Einhaltung der Kappungsgrenze sollte hingewiesen werden. Ebenso sollte die Einhaltung der **Jahressperrfrist** an Hand des Zeitpunkts der letzten Mieterhöhung mitgeteilt werden. Es

---

139 Palandt-Weidenkaff, § 558 BGB Rn. 4.
140 Palandt-Heinrichs, § 126b Rn. 3.
141 BGH NJW 1981, 1210.
142 Palandt-Weidenkaff, § 558 BGB Rn. 6.

ist – obgleich ratsam – nicht erforderlich, den Zeitpunkt, ab dem die neue Miete wirksam wird, zu bezeichnen.

234 Sofern es einen qualifizierten Mietspiegel gibt, sich der Vermieter aber auf ein anderes Begründungsmittel beruft, ist der qualifizierte Mietspiegel gleichwohl beizufügen, § 558 III BGB.

a) Begründung mittels Mietspiegel, §§ 558 II Nr. 1, 558c BGB

235 Nach § 558 II Nr. 1 kann das Erhöhungsverlangen unter Bezugnahme auf einen einfachen **Mietspiegel** nach § 558c BGB begründet werden. Diese Begründungsmöglichkeit ist oft preisgünstig, aber wegen der unterschiedlichen Ausgestaltungen der Einzelnen Mietspiegel für den Berater oft kompliziert. Insbesondere beruhen einfache Mietspiegel nach der Vorstellung des Gesetzgebers nicht auf empirischen und nach wissenschaftlichen Kriterien erstellten Daten, so dass sie im Prozess als Beweis für die Ortsüblichkeit der verlangten Miete nicht geeignet sind. Da der Regelfall der Mieterhöhungen nach § 558 BGB die Anpassung auf Basis eines Mietspiegels nach den § 558c bis § 558d BGB bzw. einer Mietdatenbank nach § 558e BGB bildet, ist hier besonders zu beachten, dass teilweise in Mietspiegeln Nebenkosten beinhaltet sind. Wenn in der Gemeinde kein Mietspiegel erstellt wurde, kann auch Bezug genommen werden auf einen Mietspiegel einer **Nachbargemeinde**, die allerdings mit der Wohngemeinde vergleichbar sein muss. Die Vergleichbarkeit richtet sich dabei nach Einwohnerzahl und Wohn- bzw. Gewerbestruktur.[143] Fehlt die Vergleichbarkeit offensichtlich, so ist das Mieterhöhungsverlangen nicht zulässig.[144] Um die Vergleichbarkeit der vertraglich vereinbarten Miete mit der im Mietspiegel genannten ortsüblichen Vergleichsmiete zu gewährleisten, muss daher die vertraglich vereinbarte Miete auf den im Begründungsmittel genannten Mietbegriff umgerechnet werden. Die Wohnungen werden im Regelfall nach Quadratmetergröße, Ausstattung und Wohnlage sowie Baujahr des Hauses eingepreist. Dies bietet großen Argumentationsspielraum für Aufschläge auf Seiten des Vermieters, hilft dem Mieter aber auch wesentliche Punkte anzugreifen. Bei diesem Begründungsmittel ist insbesondere zu beachten, dass die verlangte Miete sich innerhalb der Spannen des Mietspiegels bewegt. Der Mietspiegel sollte dafür dem Mieterhöhungsverlangen beigefügt werden und die Einordnung der Wohnung entsprechend Kriterien des Mietspiegels markiert werden.

b) Begründung mittels qualifiziertem Mietspiegel, §§ 558 II Nr. 1, 558d BGB

236 Der **qualifizierte Mietspiegel** (§ 558d BGB) ist nach wissenschaftlichen Grundsätzen erstellt. Daher gilt die gesetzliche Vermutung, dass die angegebenen Werte die ortsübliche Vergleichsmiete widerspiegeln Damit ist der qualifizierte Mietspiegel auch zum Beweis im Prozess geeignet. Sofern es einen qualifizierten Mietspiegel für die Gemeinde gibt, ist dieser zwingend jedem Mieterhöhungsverlangen beizufügen.

---

143 AG Neuss, Urteil v. 04.08.2004, AZ: 78 C 1239/04.
144 OLG Stuttgart RE vom 02.02.1982, NJW 1982, 945.

c) Mietdatenbank, §§ 558 I Nr. 2, 558 e BGB

Die **Mietdatenbank** ist ähnlich dem einfachen Mietspiegel als formelles Begründungsmittel zugelassen. Sie ist eine Sammlung von Mieten, die entweder von der Gemeinde oder den Interessensverbänden erhoben wird. Sie unterscheidet sich dadurch vom Mietspiegel, dass sie tatsächliche Vergleichswerte enthält, während der einfache Mietspiegel im Wesentlichen auf Verhandlungen der Interessensverbände gestützt wird. Auch die Mietdatenbank ist nicht zum Beweis der Ortsüblichkeit der verlangten Miete geeignet.

237

d) Sachverständigengutachten, §§ 558 I Nr. 3 BGB

Ein nach wissenschaftlichen Grundsätzen erstelltes und begründetes **Sachverständigengutachten** kann zur Mietzinserhöhung herangezogen werden. Dieses muss von einem öffentlich bestellten und vereidigten Sachverständigen erstellt worden sein. Die öffentliche Bestellung kann dabei für den Einzelfall erfolgen. Auch ist es nicht erforderlich, einen durch die IHK bestellten Sachverständigen zu wählen, in deren Bezirk sich die Wohnung befindet.[145] Das Sachverständigengutachten muss begründet sein, so dass sich aus der Begründung die Tatsachen ergeben, die zur Ermittlung der jeweiligen Miete geführt haben. Ob der Sachverständige bei Bestehen eines Mietspiegels zu diesem Stellung nehmen muss, ist umstritten.[146] In jedem Fall ist das Gutachten dem Mieterhöhungsverlangen vollständig beizufügen. Falls ein qualifizierter Mietspiegel existiert ist dieser ebenso beizufügen.

238

e) Vergleichswohnungen, §§ 558 I Nr. 4 BGB

Sofern der Vermieter über die erforderlichen Angaben verfügt, können als günstigstes Begründungsmittel mindestens drei **Vergleichswohnungen** zur Begründung der Ortsüblichkeit der verlangten Miete genannt werden. Dabei ist besonderes Augenmerk auf die die Vergleichbarkeit begründenden Merkmale zu legen. Diese Merkmale werden gebildet durch die Größe, Ausstattung und Lage der Vergleichswohnungen. Ähnlich, wie bei der Heranziehung eines Mietspiegels einer vergleichbaren Gemeinde muss hier genau darauf geachtet werden, dass die Vergleichbarkeit hinsichtlich Einwohnerzahl, Verkehrsanbindung und Gesamtgepräge der zu vergleichenden Gemeinden gegeben ist.

239

f) Sonstige Begründungsmittel

Da die Aufzählung in § 558 a BGB nicht abschließend ist (insbesondere), kommen grundsätzlich noch weitere Begründungsmittel in Betracht. Diese weiteren Begründungsmittel müssen jedoch so ausgestaltet sein, dass sich aus ihnen die Ortsüblichkeit der verlangten Miete ebenso ergibt, wie aus den gesetzlich aufgezählten Mitteln.

240

3. Fristen

Zunächst ist die **12-monatige Sperrfrist** zu beachten. Danach darf das Mieterhöhungsverlangen frühestens 12 Monate nach Wirksamkeit der letzten Mieterhöhung bzw. seit Abschluss des Mietvertrages gestellt werden. Ein zu früh gestelltes Mieterhöhungsver-

241

---

145 Palandt-Weidenkaff, § 558a BGB, Rn. 10.
146 Palandt-Weidenkaff, § 558a BGB, Rn. 10.

§ 4 Durchsetzung der Mieterhöhung

langen ist unwirksam! Weil der Ablauf der Überlegungsfrist besondere Sachurteilsvoraussetzung der Klage ist, ist darauf zu achten, dass ein wirksames Erhöhungsverlangen erklärt wurde.[147] Die Miete muss zudem bis zum Zeitpunkt der Fälligkeit der erhöhten Miete 15 Monate unverändert geblieben sein. Bei Einhaltung der Sperrfrist und der Zustimmungsfrist nach § 558b BGB ergibt sich die Einhaltung der Wartefrist automatisch. Die Zustimmungsfrist für den Mieter läuft bis zum Ablauf des zweiten Monats nach Zugang des Mieterhöhungsverlangens. Sofern der Mieter zustimmt, schuldet er dann die erhöhte Miete mit Beginn des dritten Monats nach Zugang des Erhöhungsverlangens. Zu diesem Zeitpunkt beginnt der Lauf der 3-monatigen Klagefrist für den Vermieter, falls der Mieter nicht zustimmt.

242 Der Anwalt sollte sich den Ablauf der **Klagefrist** unbedingt in den Fristenkalender eintragen, weil diese Frist eine absolute Ausschlussfrist ist. Eine verfrüht eingereichte Klage wird allerdings mit Ablauf der Zustimmungsfrist wirksam.

243 Bei der Mieterberatung sollte zudem der Ablauf der **Zustimmungsfrist** notiert und der Mieter rechtzeitig nochmals auf den Ablauf der Frist hingewiesen werden. Einerseits eröffnet der Fristablauf die Klagemöglichkeit für den Vermieter und indiziert das Rechtsschutzbedürfnis, andererseits muss der Mieter innerhalb der Zustimmungsfrist eine mögliche Kündigung erklären. Nach § 561 BGB steht dem Mieter ein Sonderkündigungsrecht zu, welches innerhalb von 2 Monaten nach Zugang der Erhöhungserklärung erklärt werden muss und dann zum Ablauf des übernächsten Monats wirksam ist. Im Falle der Kündigung wird die Mieterhöhung nicht wirksam.

244 ## 4. Muster: Mieterhöhung nach § 558 BGB

Alle Vermieter / bzw. Rechtsanwalt für diese

An alle Mieter

(Ort / Datum)

Mieterhöhung für Ihre Wohnung

Sehr geehrte / r ■■■,

hiermit teile ich mit, dass ich mit der anwaltlichen Interessensvertretung Ihres Vermieters ■■■ (Name, Adresse), betraut bin. Ordnungsgemäße Bevollmächtigung wird nachgewiesen an Hand beiliegender Originalvollmacht.

Der Mietzins für die von Ihnen angemietete Wohnung ist seit mehr als 12 Monaten – abgesehen von Mieterhöhungen wegen baulicher Veränderungen – nicht erhöht worden. Wie Sie wissen, beträgt die derzeitige monatliche Nettomiete für Ihre Wohnung ■■■ € zuzüglich der Nebenkostenvorauszahlungen i.H.v. ■■■€. Für Ihre ■■■m² große Wohnung ergibt sich damit ein Nettomietzins von ■■■ €/m². Zwischenzeitlich hat sich das Mietzinsniveau in ■■■ (Ort) geändert, so dass die die ortsübliche Vergleichsmiete für Ihre Wohnung nunmehr ■■■ €/m² beträgt. Die geltend gemachte Vergleichsmiete begründe ich durch:

---

147 Hinz, NZM 2004, 681.

B. Einzelne Mieterhöhungen

entweder
- den aktuellen (ggf. qualifizierten) Mietspiegel Ihrer Stadt/Gemeinde ▪▪▪ vom ▪▪▪. Ich habe die Wohnung entsprechend der im beigefügten Mietspiegel vorgenommenen Markierungen an Hand der Größe, Ausstattung und Lage sowie Baujahr des Hauses in die Tabellenspannen eingeordnet. Dabei haben folgende Wohnungsmerkmale zu einem Aufschlag geführt: ▪▪▪, während ich die folgenden Merkmale mit einem Abschlag berücksichtigt habe: ▪▪▪. Danach beträgt die Mietspanne von ▪▪▪ bis ▪▪▪ €/m² kalt. Hieraus ergibt sich ein Mittelwert i.H.v. ▪▪▪ €/m² zzgl. Nebenkostenvorauszahlung.

oder
- den Auszug der gültigen Mietdatenbank der Stadt ▪▪▪ vom ▪▪▪. Wie Sie daran sehen können, beträgt die ortsübliche Vergleichsmiete für ähnlich ausgestattete ▪▪▪-Zimmer-Wohnungen ▪▪▪ €/m2 zuzüglich Nebenkostenvorauszahlungen.

oder
- das vollständig in Kopie beigefügte Gutachten des öffentlich bestellten und vereidigten Sachverständigen ▪▪▪ vom ▪▪▪. Wie Sie der Begründung des Gutachtens entnehmen können, beträgt die ortsübliche Vergleichsmiete für ähnlich ausgestattete ▪▪▪-Zimmer-Wohnungen ▪▪▪ €/m2 zuzüglich Nebenkostenvorauszahlungen.

oder
- die beigefügte Liste von drei Vergleichswohnungen. Wie Sie daran sehen können, beträgt die ortsübliche Vergleichsmiete für ähnlich ausgestattete ▪▪▪-Zimmer-Wohnungen ▪▪▪ €/m2 zuzüglich Nebenkostenvorauszahlungen.

Da in Ihrer Gemeinde ein qualifizierter Mietspiegel existiert, habe ich diesen zur Veranschaulichung der Ortsüblichkeit der verlangten Miete beigefügt. Bitte stimmen Sie bis zum ▪▪▪ der Erhöhung Ihrer Nettomiete von ▪▪▪ € (▪▪▪€/m2) auf ▪▪▪ € (▪▪▪€/m2) zu. Sofern Sie der Mieterhöhung zustimmen, ist die neue Miete i.H.v. ▪▪▪ € zzgl. Nebenkostenvorauszahlung i.H.v. ▪▪▪ €, mithin insgesamt ▪▪▪ € monatlich, ab Beginn des 3. auf den Zugang dieser Mieterhöhung folgenden Kalendermonat, also ab dem ▪▪▪ (Datum) fällig.

Nach dem Gesetz kann die Grundmiete – ohne Erhöhung der Betriebskostenvorauszahlung oder Erhöhungen wegen Modernisierung innerhalb von 3 Jahren um bis zu 20% bis zur ortsüblichen Miete erhöht werden. Diese sog. Kappungsgrenze liegt in Ihrem Fall bei ▪▪▪ €/m² und wurde eingehalten.

Namens und im Auftrag meines Mandanten ▪▪▪ fordere ich Sie daher auf, der Mieterhöhung bis spätestens zum ▪▪▪ – zweckmäßigerweise unter Rücksendung der von Ihnen zu unterschreibenden Zustimmungserklärung – zuzustimmen. Sofern Sie Ihre Zustimmung nicht innerhalb der genannten Frist erteilen, werde ich meinem Mandanten raten, innerhalb weiterer 3 Monate Klage auf Zustimmung gegen Sie zu erheben.

Mit freundlichen Grüßen
▪▪▪

Rechtsanwalt

Grüter

§ 4 Durchsetzung der Mieterhöhung

ZUSTIMMUNG ZUR MIETZINSERHÖHUNG

Hiermit erteile/n ich/wir die Zustimmung zur Erhöhung des Mietzinses entsprechend o.g. Mieterhöhungsverlangen.

Ort, Datum, Unterschrift (Alle Mieter) ■■■

II. Prozessuale Durchsetzung

1. Vorüberlegungen zum Klageverfahren

245 Wenn der Mieter der ordnungsgemäßen Mieterhöhung nicht zustimmt, ist die **Klage auf Zustimmung** zur Mieterhöhung einzureichen. Diese Klage ist eine Leistungsklage, gerichtet auf Abgabe einer Willenserklärung bzw. Ersetzen der Erklärung durch richterliches Gestaltungsurteil nach § 894 ZPO.

246 Der Anwalt, der die Mieterhöhung nicht selbst vorgenommen hat, sollte die ihm vorliegende Mieterhöhung dazu zunächst auf ihre Rechtmäßigkeit untersuchen. Immerhin ist das ordnungsgemäße **Mieterhöhungsverlangen** Prozessvoraussetzung. Kommt der Anwalt zu dem Ergebnis, dass bereits das Mieterhöhungsverlangen gravierende Mängel aufweist, so sollte dem Vermieter von der Klage abgeraten und stattdessen ein neues Mieterhöhungsverlangen gefertigt werden. Bei der Beratung des Mieters reicht es, die Klage abzuwarten. Lediglich bei Fehlen der Vollmacht muss das Mieterhöhungsverlangen nach § 174 BGB unverzüglich zurückgewiesen werden. Sofern das Mieterhöhungsverlangen keine Mängel aufweist, muss die ortsübliche Miete ermittelt werden. Darüber – oder über angreifen des Begründungsmittels – kann eine wirksame Verteidigung erreicht werden.

247 Bei begründetem Mieterhöhungsverlangen sollte der Mieter immer über das zu erwartende Kostenrisiko und die Kostenerstattungspflicht im Falle eines verlorenen Prozesses informiert werden. Diese Aufklärung sollte der Anwalt dem Mieter schriftlich zukommen lassen, um der eigenen Haftung vorzubeugen.

248 Der Anwalt sollte die Mieter sodann Alternativen aufzeigen und den Mieter auf sein Kündigungsrecht hinweisen. In diesem Fall wird die Mieterhöhung nicht wirksam.

249 Zur weiteren **Prozessvermeidung** kann mit der Vermieterseite ein vermittelndes Gespräch gesucht werden. Da ein Prozess auch für den Vermieter ein Risiko zumindest hinsichtlich der zu erwartenden Prozesskosten birgt (nicht jeder Mieter kann die Prozesskosten zahlen) ist ein außergerichtlicher Vergleich zumindest nicht aussichtslos. Außerdem belastet ein Rechtsstreit gerade im Wohnraummietverhältnis die Beziehung der Parteien untereinander, so dass im Zuge des Prozesses oder auch danach die Kommunikation der Parteien oft empfindlich gestört ist. Da keine Wohnung absolut mängelfrei ist und kein Mieter sich ausschließlich mustergültig im Rahmen des Mietvertrags und der Hausordnung verhält, kommt es dann immer wieder zu kleineren Reibereien, die für beide Parteien den Spaß an der Mietwohnung gehörig verderben.

Etwaige Mängel der Wohnung leben als Minderungsmöglichkeit wieder auf. Es ist zwar ein altbekanntes Spielchen, dass plötzlich nach Zugang der Mieterhöhungserklärung die vormals wohnliche Wohnung von gravierenden Mängeln befallen wird, bei Bestehen tatsächlicher Mängel sollte dies den Berater nicht davon abhalten, diese zur Minderung der „Mieterhöhung" zu melden. 250

Eine weitere Möglichkeit, die Klage zu vermeiden, stellt die teilweise Zustimmung zur Mieterhöhung dar. Wird bsp. zu 50% der Mieterhöhung zugestimmt, so wächst das Kostenrisiko des Vermieters in Relation zu dem noch erlangbaren Mieterhöhungsanteil. 251

a) Haftungsrisiken für den beratenden Anwalt

Die Versäumung der **Klagefrist** durch verspätete Einreichung der Klage oder verspätete Zahlung der Gerichtskosten stellt hier das größte **Haftungsrisiko** für den Anwalt dar. Rechtzeitig vor Ablauf der Klagefrist sollte der Anwalt sich daher um Beibringung der erforderlichen Unterlagen bemühen und den Mandanten explizit auf den Lauf der Klagefrist hinweisen. Sofern der Anwalt die Gerichtskosten für die Klage nicht vorstrecken will, muss er den entsprechenden Vorschuss rechtzeitig anfordern. Zahlt der Mandant nicht, gibt es immer noch die Möglichkeit, das Gericht den Streitwert und die Gerichtskosten festsetzen zu lassen. In diesem Fall muss der Mandant bereits bei Einreichung der Klage darauf hingewiesen werden, dass unmittelbar nach Anforderung des Gerichtskostenvorschusses derselbe einzuzahlen ist. Gehen die Gerichtskosten später beim Gericht ein als ca. 14 Tage nach Zustellung der Kostenanforderung, gilt die Klage nicht mehr als unmittelbar zur Zustellung gelangt. Ein Überschreiten der Klagefrist führt sodann zwingend zum Verlust der Klage. 252

b) Klageart

Eine reine Zahlungsklage reicht nicht. Diese wäre im Übrigen unbegründet, da keine wirksame Mieterhöhung vorliegt. Teilweise wird vertreten, dass mit Einreichung der **Zustimmungsklage** zur Mieterhöhung auch der Zahlungsanspruch anhängig gemacht werden kann.[148] Hiervon kann nur abgeraten werden. Die Zahlungsklage ist erst dann begründet, wenn der Mieter die Zustimmung zur Mieterhöhung erteilt hat, also bei gerichtlicher Geltendmachung durch Urteil. Es wäre somit denkbar, eine Zahlungsklage auf künftige oder wiederkehrende Leistungen nach §§ 258, 259 ZPO anhängig zu machen. Es besteht aber ein großes Risiko, dass der Mieter nach Verurteilung zur Zustimmung zur Mieterhöhung den Zahlungsanspruch sofort anerkennt. In diesem Fall trifft den Vermieter die Last der Verfahrenskosten der Zahlungsklage. Eine Feststellungsklage ist in jedem Falle wegen des Vorrangs der Leistungsklage unzulässig. 253

c) Kosten, Streitwert

Der **Streitwert** einer Mieterhöhungsklage bemisst sich nach §§ 16 V GKG, 3 ZPO in Höhe des Jahreserhöhungsbetrages. Bei einer monatlichen Mieterhöhung um 25,00 € ergibt sich somit ein Streitwert von 300,00 €. Der Anwalt erhält sodann Gebühren nach folgender Rechnung: 254

---

148 LG Duisburg, NZM 1998, 764.

§ 4 Durchsetzung der Mieterhöhung

1,3 Verfahrensgebühr, Nr. 3100 VV, § 13 RVG	32,50 €
1,2 Terminsgebühr, Nr. 3104 VV, § 13 RVG	30,00 €
Auslagenpauschale, Nr. 7002 VV	12,50 €
Mehrwertsteuer, Nr. 7008 VV (16%)	12,00 €
Gesamtsumme	87,00 €

255 Die **Gerichtskosten** werden in Höhe einer 3,0 Verfahrensgebühr, Nr. 1210 KV GKG auf 75,00 € bemessen. Eine Begünstigung kann bei Klagerücknahme, Anerkenntnis oder Verzicht erfolgen, so dass dann nur noch eine 1,0 Gerichtsgebühr anfällt.

256 Beachtet man, dass eine gerichtliche Einigung zu einer 1,5 Einigungsgebühr nach Nr. 1000 VV, § 13 RVG führt und somit die Anwaltskosten um 37,50 € erhöht, trägt der klagende Vermieter zunächst ein **Kostenrisiko** von 249,00 €, welches sich bei gerichtlichem Vergleich auf 324,00 € erhöhen kann.

257 **Auslagen** des Mandanten für Terminswahrnehmungen, Zeugengelder oder Sachverständigenhonorare sind bei diesem Risiko noch nicht mitgerechnet. Was dem Mandant aber im vorliegenden Beispiel mitgeteilt werden muss ist, dass sich die Mieterhöhung möglicherweise nicht rechnet bzw. im Verlustfalle sogar fast eine Jahresmiete zusätzlich verloren wird. Die Zeit des Rechtsstreits und der dann nicht erhöhten Miete nicht eingerechnet.

258 In Anbetracht der Kosten sollte der Mandant nach einer möglicherweise bestehenden **Rechtsschutzversicherung** befragt werden.

d) Zulässigkeit der Klage

259 Die Klage ist **zulässig,** wenn sie
- beim zuständigen Gericht eingereicht wird. Die örtliche Zuständigkeit bemisst sich dabei nach § 29a ZPO, die sachliche nach § 23 GVG.
- innerhalb der Klagefrist nach § 558b II BGB eingereicht wurde. Zur rechtzeitigen Klageeinreichung ist die gleichzeitige Einzahlung des Gerichtskostenvorschusses der sicherste Weg, weil dann von einer Zustellung „demnächst" i.S.d. § 167 ZPO ausgegangen werden kann. Wenn man den Streitwert durch das Gericht bestimmen lässt und die Gerichtskostenanforderung abwartet, so sollte eine Frist von 14 Tagen zur Nachfrage bei Gericht notiert werden. Bleibt nämlich die Gerichtskostenanforderung aus, so wird die Untätigkeit dem Anwalt zugerechnet. Die Vorschussanforderung muss innerhalb kurzer Frist – maximal binnen 2 Wochen – beglichen werden.[149] Versäumt der Anwalt diese Fristen, so wird die Klage möglicherweise nicht innerhalb der Klagefrist zugestellt und gilt sodann als verspätet. Wiedereinsetzung ist nicht möglich.[150] Der Anwalt haftet dann für die Folgen der nicht mehr durchsetzbaren Mieterhöhung!
- die richtigen Parteien nennen. Werden nicht alle Mieter verklagt, so erfolgt Klageabweisung.

---

149 Zöller-Greger, § 167 ZPO Rn. 15.
150 AG Mölln, WM 1985, 310.

e) Begründetheit der Klage

Die wesentlichen Anforderungen an die Begründetheit der Klage sind:
- die Darlegung des Bestehens des Mietverhältnisses,
- das ordnungsgemäße Mieterhöhungsverlangen nebst Zugangsnachweis,
- die Darlegung der Ortsüblichkeit der Miete,
- die Einhaltung der Kappungsgrenze,
- die Einhaltung der Wartfrist,
- die fehlende Zustimmung des Mieters.

Der Vermieter ist für die o.g. Behauptungen beweispflichtig, so dass jeweils geeignete **Beweismittel** anzugeben sind. Es sollte daher der Mietvertrag und das Mieterhöhungsverlangen der Klage beigefügt werden. Die Darlegung der Ortsüblichkeit der verlangten Miete kann bei Fehlen eines qualifizierten Mietspiegels unter Berufung auf Sachverständigengutachten oder Vergleichsobjekte erfolgen. Einfache Mietspiegel oder Mietdatenbanken haben im Prozess keinen Beweiswert, so dass diese nur zur „Stimmungsmache" eingesetzt werden können.

f) Klageantrag

Der **Klageantrag** lautet auf Erteilung der Zustimmung zur Mieterhöhung von der Ausgangsmiete auf die erhöhte Miete. Hat der Mieter der Erhöhung nur teilweise zugestimmt, so kann nur die Differenz zur verlangten Miete geltend gemacht werden. Bei Mietermehrheit ist darauf zu achten, dass der Antrag nicht darauf lautet, die Mieter als Gesamtschuldner zu verurteilen. Die Zustimmungserklärung ist keine teilbare Leistung i.S.d. § 420 BGB und insofern keiner Gesamtschuldnerstellung nach § 421 BGB zugänglich.[151] Es kann nach § 894 ZPO keine vorläufige Vollstreckbarkeit zur Abgabe der Willenserklärung ausgeurteilt werden,[152] so dass nur eine Beantragung der vorläufigen Vollstreckbarkeit hinsichtlich der Kosten bleibt.

g) Klageerwiderung / Strategie

In der **Klageerwiderung** muss auf alle zur Begründung der Klage notwendigen Punkte eingegangen werden. Sofern die Mieterhöhung nicht schon offensichtlich zu früh oder nicht von allen Vermietern an alle Mieter erklärt wurde, eignet sich in erster Linie die Begründung der Mieterhöhung zum Angriff. Sofern nicht substantiiert vorgetragen werden kann, ist auf die Einholung eines gerichtlichen Sachverständigengutachtens abzustellen, was den Rechtsstreit jedoch enorm verteuert (ca. 700-1.500 €).

- Mietspiegel, Mietdatenbank

Da der **Mietspiegel** sich auf eine statistische Erhebung oder gar nur auf Vereinbarungen zwischen Vermieter- und Mietervereinigungen bezieht, bestehen Angriffsmöglichkeiten durch Bestreiten der ordnungsgemäßen Datenerhebung. Da sich aber keine Partei ernsthaft der märtyrerhaften Aufgabe hingeben sollte, den Mietspiegel tatsächlich

---

151 Palandt-Heinrichs, § 420 BGB Rn. 1; § 421 Rn. 4.
152 Vgl. Zöller-Stöber, § 894, Rn. 4.

§ 4 Durchsetzung der Mieterhöhung

per Sachverständigengutachten überprüfen zu lassen, liegen die vornehmlichen Einwände in der Einordnung der Wohnung in den Mietspiegel. Insbesondere Ausstattungsmerkmale und die Wohnlage bieten hier Angriffspunkte. Ein Mietspiegel berücksichtigt bsp. auch nicht die besondere Lärmbelastung der konkreten Wohnung.

- Sachverständigengutachten

265 **Sachverständigengutachten** sind vor allem nach der Auswertung eines etwa vorhandenen Mietspiegels und der statistischen Datenerhebung angreifbar. Teilweise leiden die Gutachten bereits an schwerwiegenden inhaltlichen Mängeln, die in der Offenlegung der Datenerhebung und bei der Nennung von Vergleichswohnungen in deren genauer Bezeichnung liegen.

- Vergleichswohnungen

266 Auch bei **Vergleichswohnungen** muss die Vergleichbarkeit tatsächlich gegeben sein. Da im Mieterhöhungsverlangen die Vergleichswohnungen so konkret bezeichnet werden müssen, dass der Mieter sie ohne weiteres auffindet, empfiehlt sich hier eine Ortsbesichtigung (im Regelfall durch den Mieter selbst), um die Abweichungen in der Vergleichbarkeit der Wohnungen dazustellen.

267 **2. Muster: Klage auf Zustimmung zur Mieterhöhung nach § 558 BGB**

An das

Amts-/Landgericht

Klage

komplettes Rubrum

wegen Abgabe einer Willenserklärung

vorläufiger Streitwert € ■■■

Namens und im Auftrag des Klägers erhebe ich Klage und kündige für die mündliche Verhandlung die folgenden Anträge an:
1. Die Beklagten werden verurteilt, der Erhöhung der Nettomiete der von Ihnen gemieteten Räumen im Haus, Adresse, Geschoss (links/rechts/Mitte) von bisher ■■■ € monatlich zzgl. Betriebskostenvorauszahlung auf monatlich ■■■ € zzgl. Betriebskostenvorauszahlung ab dem ■■■ zuzustimmen.
2. Die Beklagten tragen die Kosten des Verfahrens.
3. Das Urteil ist hinsichtlich der Kosten vorläufig vollstreckbar.

Begründung:

Mit Mietvertrag vom ■■■ vermietete der Kläger die im Antrag 1. bezeichneten Räume ab dem ■■■ an die Beklagten. Es wurde eine Nettomiete von ■■■ € monatlich vereinbart.

Beweis: Vorlage des Mietvertrags

Mit Mieterhöhung vom ■■■ wurde die Nettomiete zum ■■■ auf ■■■ € angehoben.

B. Einzelne Mieterhöhungen

Beweis: Mieterhöhungserklärung vom ▬▬

Zustimmung zur Mieterhöhung vom ▬▬

Im Bestreitensfalle Kontoauszüge

Mit Schreiben vom ▬▬ forderte der Kläger die Beklagten auf, der Erhöhung der Nettomiete auf ▬▬ € zum ▬▬ zuzustimmen. Dieses Mieterhöhungsverlangen wurde unter Beifügung des gültigen Mietspiegels vom ▬▬ auf drei Vergleichswohnungen gestützt.

Beweis: Vorlage des Mieterhöhungsverlangens vom ▬▬

Den Beklagten wurde das Mieterhöhungsverlangen am ▬▬ durch den Hausmeister ▬▬ mittels Einwurf in den Hausbriefkasten zugestellt.

Beweis: Zeugnis des ▬▬

Wie sich aus der Mieterhöhungserklärung ergibt, wurde sowohl die Wartezeit, als auch die Kappungsgrenze eingehalten.

Die geforderte Miete ist auch ortsüblich, wie sich aus dem beigefügten Mietspiegel ergibt.

Beweis: Mietspiegel der Stadt ▬▬ vom ▬▬

Mietverträge der Vergleichswohnungen

Gerichtlich einzuholendes Sachverständigengutachten

Dafür, dass die Mieter der genannten Vergleichswohnungen die angegebene Miete tatsächlich bezahlen erbringe ich Beweis durch

Beweis: Zeugnis des Vermieters ▬▬

Die Beklagten haben ihre Zustimmung zum Mieterhöhungsverlangen nicht erteilt. Daher war Klage geboten.

Beglaubigte und einfache Abschrift anbei.

Die Gerichtskosten zahlen wir per anliegenden Verrechnungsscheck.

▬▬

Rechtsanwalt

3. Muster: Klageerwiderung

268

An das Amtsgericht ▬▬

21

In dem Rechtsstreit (Kurzrubrum)

Bestellen wir uns für die Beklagten. Namens und in Vollmacht der Beklagten werden wir im Termin zur mündlichen Verhandlung mit folgenden Anträgen zur Sache verhandeln:
1. Die Klage wird abgewiesen
2. Der Kläger trägt die Kosten des Rechtsstreits.

§ 4 Durchsetzung der Mieterhöhung

Begründung:

Dem Kläger steht der geltend gemachte Zustimmungsanspruch nicht zu. Die von den Beklagten gezahlte derzeitige Miete entspricht der ortsüblichen Vergleichsmiete, so dass eine Erhöhung nicht verlangt werden kann.

Das Mieterhöhungsverlangen ist weder in der gesetzlich vorgeschriebenen Form erstellt, zum anderen nicht hinreichend begründet. Bereits der angewandte Mietspiegel der Stadt ▪▪▪ ist nicht verwendbar. Für die Stadt ▪▪▪ wurde kein Mietspiegel erstellt. Für die Nachbargemeinde ▪▪▪ existiert zwar ein Mietspiegel, jedoch sind die Gemeinden nicht vergleichbar. Das Gebiet der Stadt ▪▪▪ ist ländlich strukturiert und hat nicht einmal 50% der Einwohner der Nachbarstadt. Es ist daher eher der Mietspiegel der Stadt ▪▪▪ heranzuziehen. Schon bei Durchfahren der Städte ▪▪▪ und ▪▪▪ sind die vorgenannten Unterschiede auffällig.[153]

Beweis: Sachverständigengutachten

Das angegebene Baujahr des Hauses muss vorsorglich mit Nichtwissen bestritten werden. Aber auch die Einordnung der Wohnung in die Rubrik „gute Wohnlage" ist unzutreffend. Eine gute Wohnlage ist durch aufgelockerte Wohnbebauung, Baumbepflanzungen an den Straßen und in den Gärten gekennzeichnet mit überwiegend nur Anliegerverkehr und mit günstiger Anbindung an den ÖPNV. Die Wohnlage der Beklagten liegt nicht in einem verkehrsberuhigten Bereich. Ab ca. 5.30 Uhr besteht reger Durchfahrts- Lieferverkehr, welcher teilweise auch nachts mit starker Lärmbelästigung verbunden ist.

Beweis: wie vor

Weitere Lärmbelästigungen gehen von dem gegenüber liegenden Supermarkt und der ca. 40 m entfernt liegenden Gaststätte „▪▪▪" aus. In ca. 80 m Luftlinie befindet sich eine Kirche, deren stündliches Glockengeläut ebenfalls für starke Lärmbelastung sorgt. Zusätzlich wirkt sich der die nahe liegende Bundesbahntrasse störend aus.

Von einer aufgelockerten Bebauung kann keine Rede sein. Das Mietobjekt selbst ist 4 Stockwerke hoch und verfügt über 12 Parteien. Im unmittelbaren Umfeld befinden sich Mehrfamilienhäuser mit wenigstens 3 Etagen. Nur wenige Meter entfernt sind darüber hinaus ein Jugendzentrum, ein Kindergarten und eine Schule angesiedelt, die ebenfalls zu einer Lärmbelastung führen.

Beweis: wie vor

Auch die Anbindung an den ÖPNV ist nicht ausreichend. Die nächste Bushaltestelle ist mindestens 10 Fußminuten vom Mietobjekt entfernt und kann daher allenfalls als mittelmäßig bezeichnet werden.

Beweis: wie vor

Auch ist das Mieterhöhungsverlangen im Hinblick auf den Zustand des Hauses und die Mängel der Wohnung nicht gerechtfertigt. Das Gleichgewicht zwischen Leistung und Gegenleistung ist bereits jetzt bei weitem nicht mehr gegeben. So führt die mangelhafte Isolierung des Hauses zu Schimmel- und Feuchtigkeitsschäden in der Wohnung der Beklagten. Der mitvermietete Balkon ist morsch und nicht mehr betretbar.

---

153 Dies ermöglicht die richterliche Beurteilung kraft eigener Wahrnehmung und erspart möglicherweise das Sachverständigengutachten.

Die in der Mieterhöhung und im Mietervertrag abgesetzte Wohnfläche von ▬▬▬ m² weicht von der tatsächlichen Wohnfläche von ▬▬▬ m² um mehr als 10% ab.

Beweis: Sachverständigengutachten

Das Mieterhöhungsverlangen ist somit unwirksam und die Klage abzuweisen.

▬▬▬

Rechtsanwalt

4. Mieterhöhung im Prozess

a) Taktische und prozessrechtliche Vorüberlegungen

Nach § 558b III BGB kann der Vermieter **im Prozess** ein Mieterhöhungsverlangen, dass nicht den Anforderungen des § 558a BGB entspricht, auch im Prozess noch nachholen. Dabei ist vor allem die Möglichkeit der Einführung unter Stellung eines **Eventualantrages** interessant. Hat der Vermieter bei der vorgerichtlichen Mieterhöhung ein Begründungsmittel gewählt, welches unsicher ist, oder ist der Vermieter bereits durch gerichtlichen Hinweis auf die etwaige Unwirksamkeit seines Erhöhungsverlangens hingewiesen worden, so sollte das Mieterhöhungsverlangen nachgebessert werden.

269

Für die **Formalien** gelten dieselben Anforderungen, wie an ein außergerichtliches Mieterhöhungsverlangen, d.h. es ist durch zustellungsbedürftigen Schriftsatz von allen Vermietern an alle Mieter zu erklären. Zwar wird im Prozess die Bevollmächtigung des Anwalts zur Prozessführung vermutet bis diese gerügt wird (§ 88 II ZPO), gleichwohl gilt § 174 BGB (und im Übrigen § 80 ZPO) mit der Folge, dass ein Mieterhöhungsverlangen im Prozess ohne Beifügung einer Originalvollmacht von der Gegenseite unverzüglich zurückgewiesen werden kann.

270

Auch für das Mieterhöhungsverlangen im Prozess gilt die **Zustimmungsfrist** nach § 558b III 2 BGB. Daher sollte mit Überreichen des Mieterhöhungsverlangens beantragt werden, zunächst den Schriftsatz zuzustellen und nach erfolgter Zustellung das Verfahren ruhend zu stellen, bis die Zustimmungsfrist des Mieters abgelaufen ist. Nach § 249 ZPO sind während der Ruhensphase prozessuale Fristen gehemmt und Prozesshandlungen der Partei wirkungslos. Auf materielle Fristen wirkt sich das Ruhen des Verfahrens allerdings nicht aus, so dass die Zustimmungsfrist aus § 558a BGB weiter läuft. Das Ruhen des Verfahrens muss allerdings von den Parteien einstimmig erklärt werden und zweckmäßig sein (§ 251 ZPO). Hierauf wird sich der beklagte Mieter allerdings schwerlich einlassen, weil ein abweisendes Urteil – und die Prozesssituation spricht dafür – ihm weitere Zeit gewährt, in der die Mieterhöhung nicht wirksam ist.

271

Kommt es nicht zur Vertagung des Rechtsstreits oder zum Ruhen, so muss der Anwalt versuchen, auf anderem Wege eine drohende mündliche Verhandlung zu verhindern. Läuft nämlich zum Zeitpunkt der mündlichen Verhandlung die Zustimmungsfrist des Mieters noch, so kann das Gericht die Klage als unbegründet abweisen.

272

§ 4 Durchsetzung der Mieterhöhung

273 b) Muster: Prozessuales Erhöhungsverlangen

An das Amtsgericht ▪▪▪

In dem Rechtsstreit ▪▪▪ (kurzes Rubrum)

nehmen wir den gerichtlichen Hinweis vom ▪▪▪, wonach das Mieterhöhungsverlangen des Klägers vom ▪▪▪ unwirksam sei, zum Anlass, die Mieterhöhungserklärung aus anwaltlicher Vorsorge nachzubessern.

Unter Beifügung der auf mich lautenden Originalvollmacht fordere ich namens und im Auftrag des Klägers die Beklagte auf, bis spätestens zum ▪▪▪ ihre Zustimmung zur Erhöhung des Nettomietzinses von bisher ▪▪▪ € für die von der Beklagten angemieteten Räumlichkeiten (Adresse, genaue Bezeichnung), auf ▪▪▪ € monatlich zzgl. Betriebskostenvorauszahlung beginnend mit dem ▪▪▪, zu erklären. Zur Begründung der Ortsüblichkeit der verlangten Miete wird auf das gerichtlich beauftragte Gutachten des Gutachters ▪▪▪ vom ▪▪▪ Bezug genommen. Das Gutachten wird für die Beklagte im Original beigefügt.

Wie sich aus dem Gutachten ergibt, ist der nunmehr vom Kläger verlangte Mietzins i.H.v. ▪▪▪€/m² für vergleichbar ausgestattete ▪▪▪-Zimmer-Wohnungen in ▪▪▪ ortsüblich. Auch wird durch die Erhöhung die Kappungsgrenze nicht überschritten.

Beweis: Gutachten des Sachverständigen ▪▪▪ vom ▪▪▪

▪▪▪

Rechtsanwalt

5. Endurteil und Berufung

274 Bei der **Berufungseinlegung** ist insbesondere der **Rechtsmittelstreitwert** zu beachten, der nach § 511 ZPO 600 € übersteigen muss. Nach § 41 V GKG wird auch der Rechtsmittelstreitwert nach dem Jahreswert des reinen Mieterhöhungsbetrages[154] errechnet.

275 Sofern der Mieter rechtskräftig verurteilt ist, muss er innerhalb von 2 Monaten nach formeller Rechtskraft des Urteils (§ 705 ZPO) die rückständige Miete zahlen. Sonst läuft er Gefahr wegen Mietrückstandes nach § 543 II Nr. 3 BGB außerordentlich durch den Vermieter **gekündigt** zu werden. Diese Frist nach § 569 III Nr. 3 BGB sollte sowohl für die Vermieter- als auch die Mietervertretung besonders beachtet und im Fristenkalender notiert werden. Der Mandant sollte explizit auf den Fristlauf hingewiesen werden. Bei der Mieterberatung sollte zugleich über die Heilungsmöglichkeit nach § 534 II 2, 3 BGB aufgeklärt werden.

276 Für die Vermieterberatung ist bei Verstreichenlassen der Zahlungsfrist zur **außerordentlichen Kündigung** des Mieters zu raten. Dies erhöht den Zahlungsdruck und nimmt dem Mieter für die Zukunft die weitere Heilungsmöglichkeit. Für die Mieterberatung sind die gesetzlichen Ungenauigkeiten zu würdigen. Zwar ging die Rechtsprechung bisher davon aus, dass die gesetzliche Formulierung „rechtskräftig zur Zahlung ... verurteilt" (§ 569 III Nr. 3 BGB) bereits mit Verurteilung zur Zustimmung zur Miet-

---

154 Vgl. Zöller-Herget, § 3 ZPO. Rn. 16 (Mietstreitigkeiten).

erhöhung erfüllt ist, da aber die Verurteilung zur Zustimmung nicht gleichzusetzen ist mit einer Zahlungsklage, besteht hier durchaus noch Argumentationsspielraum.[155] Sofern die Zustimmungsklage nicht mit einem Urteil endet, sondern bsp. durch Prozessvergleich, gilt die Zweimonatsfrist nicht und eine Kündigung des Mieters nach § 543 BGB ist sofort möglich.

Auch in der **Berufungsinstanz** ist es denkbar, dass ein unwirksames Mieterhöhungsverlangen nachgebessert wird. Allerdings handelt es sich dann nicht mehr um den erstinstanzlichen Streitwert, so dass ein neues Mieterhöhungsverlangen eine Klageänderung nach § 263 ZPO handelt. Im Regelfall muss der Beklagte zu dieser Klageänderung zustimmen, was der Mieter in der Berufungsinstanz nur äußerst selten tun wird. Zumal der Mieter dann eine Instanz verliert.

III. Modernisierungs-Mieterhöhung, § 559 BGB

1. Voraussetzungen

Die **Modernisierungsmieterhöhung** erfolgt in zwei Schritten. Zunächst fordert der Vermieter den Mieter unter Erläuterung der geplanten Maßnahme und deren Kosten zur Duldung der Maßnahme auf. Sodann wird nach Abschluss der Modernisierungs- bzw. Wohnwertverbesserungsmaßnahme der Mietzins entsprechend angehoben.

a) Modernisierungsmaßnahme

Nach §§ 559, 559a, 559b BGB kann der Vermieter die Miete für durchgeführte **Modernisierungsmaßnahmen** um jährlich 11% der auf die jeweilige Wohnung entfallenden Modernisierungskosten erhöhen. Umbaumaßnahmen sind nur dann Modernisierung im Sinne des § 559 BGB, wenn
- der Gebrauchswert der Mietsachen nachhaltig erhöht wird,
- die allgemeinen Wohnverhältnisse verbessert werden, oder
- nachhaltig Energie oder Wasser eingespart wird.

Zu den Modernisierungs- bzw. Wohnwertverbesserungsmaßnahmen gehören die Installation eines Breitbandkabels, die Anbringung einer Gemeinschaftsantenne oder der Anschluss ans Kabelfernsehen, Wärmedämmmaßnahmen an der Fassade oder der Einbau von Isolierglasfenstern, der erstmalige Anbau eines Balkons oder zusätzlicher Einbau einer Dusche oder Badewanne im Bad.[156] Nicht angesetzt werden dürfen Kosten für Instandhaltungen oder Luxusmodernisierungen. Sofern der Vermieter nicht aus Gründen, die er nicht zu vertreten hat – beispielsweise Anpassung der Bausubstanz oder von Installationen an neue gesetzliche Vorgaben – Umbauen muss, sind solche Umbaumaßnahmen keiner Modernisierungs-Mieterhöhung zugänglich, sofern sie nicht unter die o.g. Punkte summiert werden können.

b) Das Ankündigungsschreiben

Damit in einem späteren Verfahren die Modernisierungskosten geltend gemacht werden können, ist es erforderlich, detaillierte Aufstellungen über die einzelne Maßnahme

---

155 Palandt-Weidenkaff, § 569 Rn. 21.
156 Umfassend dazu Kunze / Lützenkirchen-Lützenkirchen E Rn. 161.

und die darauf entfallenden Kosten zu erhalten. Wenn eine der o.g. Modernisierungsmaßnahmen gegeben ist, muss der Mieter entsprechend § 554 BGB die Umbaumaßnahme dulden, sofern der Vermieter nach § 554 Abs. 3 BGB die Maßnahmen spätestens 3 Monate vor deren Beginn, sowie deren Art, den voraussichtlichen **Umfang der Beeinträchtigung** und die Dauer der Maßnahme dem Mieter in **Textform** mitteilt. Diese Mitteilung nach § 554 Abs. 3 BGB ist gleichzeitig Voraussetzung für die Geltendmachung der Modernisierungs-Mieterhöhung im Sinne des § 559 BGB.

c) Rechte des Mieters vor der Umbaumaßnahme

282 Nach einer **Überlegungsfrist** bis zum Ablauf des auf die Modernisierungsankündigung folgenden Monats, hat der Mieter ein Sonderkündigungsrecht nach Maßgabe des § 554 Abs. 3 Satz 2 BGB. Wird in dieser Zeit die Kündigung ausgesprochen, so läuft die Kündigungsfrist bis zum Ablauf des nächsten Monats. Durch diese kurze Sonderkündigungsfrist ist gewährleistet, dass der Vermieter die Modernisierungsmaßnahme in der geplanten Zeit beginnen kann.

283 Daneben ist der Mieter berechtigt, seine besonderen, im Zusammenhang mit der Modernisierungsmaßnahme angefallenen **Aufwendungen** vom Vermieter ersetzt zu verlangen. Sind Aufwendungen vorhersehbar, so kann der Mieter sogar nach § 554 IV BGB einen Vorschuss verlangen.

d) Nach erfolgter Modernisierung

284 Hat der Mieter die Maßnahme geduldet, kann der Vermieter per einseitiger Erklärung die Miete erhöhen. Die **Mieterhöhungserklärung** muss dabei gem. § 559b BGB in Textform erklärt werden. Nach § 559 Abs. 2 BGB schuldet der Mieter die erhöhte Miete sodann mit Beginn des 3 Monats nach Zugang der Erklärung, sofern er eine entsprechende Mietteilung nach § 554 BGB erhalten hat. Ist die notwendige Mitteilung vor Beginn der Maßnahme unterblieben oder weicht die Mieterhöhung von der angekündigten Mieterhöhung um mehr als 10% ab, so schuldet der Miete die erhöhte Miete erst mit Beginn des 9. Monats nach Zugang der Erklärung. Es bedarf aber keiner Zustimmungsklage.

285 Nach Erhalt der Mieterhöhungserklärung hat der Mieter nach § 561 BGB hat ein **Sonderkündigungsrecht**. Dieses Sonderkündigungsrecht muss innerhalb von 2 Monaten nach Zugang der Erhöhungserklärung erklärt werden und ist dann zum Ablauf des übernächsten Monats wirksam. D.h. der Mieter hat grundsätzlich zwei Kündigungsmöglichkeiten im Zusammenhang mit der Modernisierungsmaßnahme und nachfolgenden Mieterhöhung. Im Falle der Kündigung wird die Mieterhöhung nicht wirksam.

286 Wird die Mieterhöhungserklärung vor oder während der Modernisierungsmaßnahme erklärt, ist sie unwirksam.[157]

---

157 LG Berlin ZMR 1990, 422.

Wird die Mieterhöhung nicht zeitnah nach der Umbaumaßnahme erklärt, so muss der Mieter nicht mehr damit rechnen, d.h. die Mieterhöhung ist verwirkt. Verwirkung wurde nach 4[158] bzw. 3 Jahren[159] angenommen.

e) Berechnung der Mieterhöhung

Die Mieterhöhung berechnet sich nach den **Modernisierungskosten**, von denen jährlich 11% auf die Miete aufgeschlagen werden können. Der ermittelte Jahresaufschlag ist sodann mittels Division durch 12 auf die monatliche Mieterhöhung zu berechnen. Dabei sind die Modernisierungskosten entsprechend § 559a BGB um Zuschüsse Aufwendungen für notwendige und durchgeführte Reparaturen zu bereinigen, die der Vermieter von dritter Seite erhalten hat. Sofern die Modernisierungsmaßnahme in mehr als einer Wohnung durchgeführt wurde, sind die Kosten zudem entsprechend der Wohnwerterhöhung auf die einzelnen Wohnungen umzulegen.

f) Abwehrmöglichkeiten des Mieters

Neben dem Sonderkündigungsrecht kann der Mieter die Modernisierungsmieterhöhung dann vereiteln, wenn
- kein Abzug für Reparaturen vorgenommen wurde,
- die Ankündigung nicht in ausreichender Frist vor der Modernisierungsmaßnahme erfolgte,
- die Modernisierung nicht wirtschaftlich ist.

aa) Abzug für Reparaturen: Sind die ohnehin schon kaputten Holzfenster durch neue Isolierglasfenster ersetzt worden, so ist der **fiktive Instandhaltungsaufwand** für die alten Fenster zu ermitteln und abzuziehen.[160] Ähnlich verhält es sich mit dem Einbau einer neuen Heizungsanlage oder anderen Modernisierungsmaßnahmen. Sofern bei der Berechnung der Mieterhöhung diese fiktiven Instandhaltungsmaßnahmen nicht berücksichtigt werden, hat der Mieter das Recht, die Mieterhöhung zurückzuweisen. Der Mieter kann hier bsp. durch Einholung eines Kostenvoranschlages eines Handwerkers vorprozessual schon eine wichtige Beweisfrage klären.

bb) Modernisierung unwirtschaftlich: Eine Modernisierungsmieterhöhung muss **wirtschaftlich sinnvoll** sein. Dies lässt sich am ehesten mit dem Vergleich der Miete nach der Erhöhung mit der ortsüblichen Miete ermitteln. Übersteigt die erhöhte Miete die ortsübliche Vergleichsmiete um mehr als 20%, so ist davon auszugehen, dass die Modernisierungsmaßnahme unwirtschaftlich war.[161] Bei Modernisierungsmaßnahmen zur Energieeinsparung muss nach der Rechtsprechung mindestens eine Einsparung von 10% gegenüber dem bisherigen Zustand gegeben sein. Ansonsten wird eine nachhaltige Einsparung verneint.[162] Eine Modernisierung der Heizungsanlage, die mit einer Mieterhöhung verbunden ist, welche den Einsparungsbetrag um das doppelte über-

---

158 AG Gießen WuM 1981, 11.
159 LG Hamburg WuM 1989, S. 308.
160 AG Bremerhaven WuM 1999, 434.
161 KG Berlin WuM 1992, 140.
162 AG Köln WuM 1986, 344.

steigt ist nach der Rechtsprechung ebenfalls unwirtschaftlich.[163] Ist die Unwirtschaftlichkeit festgestellt, so kann der Vermieter allenfalls die unter Berücksichtigung der Wirtschaftlichkeit ansetzbaren Kosten zur Mieterhöhung berechnen.[164]

2. Muster: Duldungsverlangen nach § 559 BGB

per Einschreiben-Rückschein / Boten

An alle Mieter

Umbaumaßnahme im Objekt ■■■,

Wohnung ■■■, Stockwerk■■■ (links/rechts/Mitte)

Sehr geehrte/r ■■■,

hiermit teile ich mit, dass wir mit der anwaltlichen Interessenvertretung Ihres Vermieters ■■■, wohnhaft ■■■, betraut sind. Ordnungsgemäße Bevollmächtigung wird anhand beigefügter Originalvollmacht nachgewiesen.

Zur genaueren Gebrauchserfassung des Wasserverbrauchs wird mein Mandant Wasseruhren installieren. Des Weiteren ist der Einbau einer neuer Zentralheizungsanlage erforderlich, weil sich die behördlichen Abgasgrenzwerte gesenkt haben. Die Maßnahmen werden im Einzelnen wie folgt durchgeführt:

In der Zeit vom ■■■ bis ■■■ werden in den von Ihnen gemieteten Räumlichkeiten die sich im Bad befindlichen Steigleitungen für die Wasserversorgung mit einem zentralen Zähler versehen. Dazu ist es erforderlich, dass ein Teil der Fliesen zunächst abgenommen wird. Später werden diese Fliesen durch Neue ersetzt. Ebenso ist es unabdingbar, dass für den Einbau der Wasserzähler die zentrale Wasserversorgung unterbrochen wird. Beachten Sie bitte, dass Sie am ■■■ in der Zeit von ■■■ bis ■■■ Uhr das Badezimmer nicht nutzen können. Auch wird die Wasserversorgung für die übrige Wohnung unterbrochen.

Um Ihnen möglichst wenig Unannehmlichkeiten zu bereiten, wird am gleichen Tage die Heizungsanlage ausgetauscht werden. Hierzu ist es erforderlich, dass das Wasser aus der Heizungsanlage abgelassen wird. Nach Neuinstallation der Heizungsanlage wird ein Installateur das zuvor abgelassene Wasser wieder auffüllen und sodann in Ihrer Wohnung die einzelnen Heizkörper entlüften. Bitte sorgen Sie dafür, dass die Wohnung an dem vorgenannten Termin durch uns betreten werden kann.

Die Kosten werden entsprechend den gesetzlichen Vorgaben auf sämtliche Mieter umgelegt. Wie Sie den beigefügten Kostenvoranschlägen der Firma ■■■ vom ■■■ sowie der Firma ■■■ vom ■■■ entnehmen können, wird die Maßnahme einen gesamten Aufwand von voraussichtlich € ■■■ verursachen. Dabei können die Kosten der Installation der Wasseruhren direkt zugeordnet werden und ergeben einen Gesamtbetrag von € ■■■ für die von Ihnen gemietete Wohnung. Die Kosten der Neuinstallation der Heizungsanlage werden auf Basis der Gesamtquadratmeter auf die einzelnen Mieter umgelegt. Dadurch entfallen auf Ihre Einheit voraussichtlich € ■■■.

---

163 OLG Karlsruhe RE WuM 1985, 17; LG Freiburg WuM 1985, 340.
164 LG Aachen WuM 1991, 356; AG Braunschweig ZMR 1994, 24.

Ihre Nettomiete in Höhe von bisher € ▄▄▄ erhöht sich voraussichtlich durch die Modernisierungsmaßnahme auf € ▄▄▄. Über die Mieterhöhung erhalten Sie nach Abschluss der Maßnahme eine gesonderte Mitteilung.

Ich fordere Sie hiermit auf, die vorgenannten Baumaßnahmen zu dulden. Bitte erklären Sie zu unseren Händen Ihr Einverständnis mit der Modernisierungsmaßnahme durch Zurücksenden der durch Sie gegengezeichneten Kopie dieses Schreibens, welche beigefügt ist. Einwendungen gegen die geplante Modernisierungsmaßnahme können Sie innerhalb einer Frist von ▄▄▄, also spätestens bis zum ▄▄▄ mitteilen.

Mit freundlichen Grüßen

▄▄▄

Rechtsanwalt

Anlage: Kostenvoranschläge der Firmen ▄▄▄

Wir / Ich sind / bin mit der o.g. Maßnahme einverstanden.

Ort, Datum, Unterschrift

3. Prozessuale Durchsetzung

a) Duldungsklage

Sofern der Mieter der geplanten Modernisierungsmaßnahme nicht zustimmt, kann der Vermieter nach Maßgabe des § 554 Abs. 1 BGB **Klage auf Duldung** erheben. Zuständig ist nach §§ 23, 71 GVG, § 29a ZPO das Amtsgericht, in dessen Bezirk die Mietwohnung belegen ist.

Den Vermieter trifft dabei die **Beweislast**, dass das Mieterhöhungsankündigungsschreiben dem Mieter zugegangen ist. Der Mieter trägt die Beweislast für die Tatsache, der in § 554 Abs. 2 BGB genannten besonderen Härte.

b) Muster: Duldungsklage des Vermieters

An das

Amts- / Landgericht

Klage

komplettes Rubrum

wegen Duldung von Umbaumaßnahmen

vorläufiger Gegenstandswert ▄▄▄ €

Namens und im Auftrag des Klägers erhebe ich Klage und kündige für die mündliche Verhandlung die folgenden Anträge an:
1. Die Beklagten werden verurteilt, in den von Ihnen gemieteten Räumen im Haus, Adresse, Geschoss (links / rechts / Mitte) in der Zeit vom ▄▄▄ bis ▄▄▄ den Einbau von Wasserzählern am Hauptleitungsstrang im Badezimmer zu dulden.

§ 4 Durchsetzung der Mieterhöhung

2. Die Beklagten werden weiter verurteilt, den Kläger und die von ihm beauftragten Handwerkern in der Zeit vom ▬▬▬ bis ▬▬▬ zwischen ▬▬▬ Uhr und ▬▬▬ Uhr das Betreten der von den Beklagten angemieteten, unter 1. spezifizierten Räume, zu ermöglichen.

Begründung:

Mit Mietvertrag vom ▬▬▬ vermietete der Kläger die im Antrag 1. bezeichneten Räume ab dem ▬▬▬ an die Beklagten.

Beweis: Vorlage des Mietvertrags

In dem im Jahre ▬▬▬ errichteten Wohnhaus waren bislang keine separaten Wasserzähler installiert. Zur besseren Umlage des verbrauchten Wassers, ist der Einbau von Wasserzählern unumgänglich. Die gerechtere Verteilung des Wasserverbrauches kommt auch den Beklagten zu Gute.

Der Kläger hat die geplante Umbaumaßnahme den Beklagten am ▬▬▬ mitgeteilt. Die Maßnahme sollte am ▬▬▬ beginnen. Damit kam die Mitteilung rechtzeitig im Sinne des Gesetzes. Auch wurden bei der Mitteilung Beginn der Umbaumaßnahmen, deren voraussichtliche Dauer und die sich aus den Umbaukosten ergebende Mieterhöhung mitgeteilt.

Beweis: Vorlage der Modernisierungsankündigung

Die Beklagten haben der Maßnahme ohne Begründung Widersprochen. Daher ist Klage geboten.

Beglaubigte und einfache Abschrift anbei.

Die Gerichtskosten zahlen wir per anliegendem Verrechnungsscheck.

▬▬▬

Rechtsanwalt

c) Zahlungsklage

296 *aa) Zulässigkeit:* Zahlt der Mieter die erhöhte Miete nicht, so muss der Vermieter **Zahlungsklage** erheben. Zuständig ist nach §§ 29a ZPO, 23 GVG das Amtsgericht, in dessen Bezirk der Mieter gemeldet ist.

297 *bb) Streitwert:* Der **Streitwert** bemisst sich nach dem Zahlungsantrag. Hier sind die o.g. Regeln über das Güte- und Schlichtungsverfahren zu beachten. In den meisten Bundesländern ist bei Streitwerten unter 600 € bzw. 750 € zunächst ein Mahnverfahren oder ein außergerichtliches Schlichtungsverfahren durchzuführen. Ansonsten ist die Klage unzulässig!

298 *cc) Strategie:* Es ist danach bei Beratung des Vermieters zu überlegen, ob es sich nicht empfiehlt, einige Monate mit außergerichtlichen Mahnungen und anwaltlichen **Aufforderungsschreiben** bis zur Klage verstreichen zu lassen, um die Hürde der Landesschlichtungsgesetze zu überschreiten. Alternativ kann im Regelfall sofort per Mahnbescheid der Mieterhöhungsbetrag der jeweiligen Monate geltend gemacht werden. Eine weitere Überlegung ist an die Berufungssumme i.H.v. 600 € (§ 511 ZPO) geknüpft.

Auch hier kann ein Zuwarten bis zur Klageerhebung helfen, die zweite Instanz zu eröffnen.

dd) Antrag: Der **Antrag** lautet auf Zahlung der monatlichen Erhöhung. Hierbei ist darauf zu achten, dass die Zinsen nach § 288 BGB 5 Prozentpunkte über dem Basiszinssatz und nicht 5% über dem Basiszinssatz beantragt werden müssen. Dazu sollten die Zinsen nach Fälligkeit der jeweiligen monatlichen Mieterhöhungsbeträge exakt beantragt werden.

299

ee) Begründung/Beweislast: Die **Klagebegründung** muss die jeweils geltend gemachten monatlichen Erhöhungsbeträge genau bezeichnen. Die häufig vorkommende Geltendmachung eines bloßen Saldos des bisherigen Gesamtrückstandes entspricht nicht den Konkretisierungserfordernissen nach § 253 II 2 ZPO und birgt daher die Gefahr der Klageabweisung.

300

Grundsätzlich sollte der Vermieter **Beweis** dafür antreten, dass entweder kein Reparaturbedarf an den modernisierten Gegenständen oder Geräten bestand bzw. für die genaue Höhe des Reparaturabzugs den Beweis antreten (können). Teilweise bürdet die Rechtsprechung dem Vermieter die Beweislast für den korrekten Abzug des Instandhaltungsbedarfs und damit auch für die Höhe der fiktiven Reparaturkosten auf.[165] Obgleich es nach den allgemeinen Beweislastregeln der Mieter ist, der für Abzüge bei der Berechnung des Erhöhungsverlangens beweispflichtig sein muss. Immerhin ist ein Abzug für den Mieter von Vorteil. Außerdem kennt der Mieter die Mietsache genauer, da sie sich im Regelfall in seiner Sphäre befindet. Diesen Gedanken tragen auch einige Urteile Rechnung;[166] das Risiko ist vom Berater daher sowohl in der Vermieter- als auch bei der Mietervertretung zu beachten.

301

d) Muster: Zahlungsklage nach § 559 BGB

302

An das Amtsgericht ■■■

Klage

(komplettes Rubrum)

wegen Mietzahlung

vorläufiger Gegenstandswert: ■■■ €

Namens und im Auftrag des Klägers erhebe ich Klage und kündige für die mündliche Verhandlung die folgenden Anträge an:

der Beklagte wird verurteilt, an den Kläger ■■■ € nebst Zinsen i.H.v. 5 Prozentpunkten über dem Basissatz seit dem ■■■ sowie ■■■ € nebst Zinsen i.H.v. 5 Prozentpunkten über dem Basissatz seit dem ■■■, zu zahlen.

---

165 AG Köln ZMR 1995, XI; AG Neunkirchen WuM 1991, 560.
166 AG Köln WuM 1990, 226; AG Gießen WuM 1991, 280.

§ 4 Durchsetzung der Mieterhöhung

Begründung:

Mit Mietvertrag vom ▄▄▄ hat der Beklagte beim Kläger die im Hause ▄▄▄ (Adresse) im ▄▄▄ Geschoss (links / rechts / Mitte) gelegene ▄▄▄Zimmer-Wohnung zum ▄▄▄ (Datum) angemietet. Nach § ▄▄▄ des Mietvertrages beträgt die monatliche Miete ▄▄▄ €.

Beweis: Mietvertrag vom ▄▄▄

In dem im Jahre ▄▄▄ errichteten Wohnhaus waren bislang keine separaten Wasserzähler installiert. Zur besseren Umlage des verbrauchten Wassers, war der Einbau von Wasserzählern unumgänglich. Die gerechtere Verteilung des Wasserverbrauches kommt auch dem Beklagten zu Gute.

Der Kläger hat die geplante Umbaumaßnahme dem Beklagten rechtzeitig am ▄▄▄ mitgeteilt. Die Maßnahme sollte am ▄▄▄ beginnen. Auch wurden bei der Mitteilung Beginn der Umbaumaßnahmen, deren voraussichtliche Dauer und die sich aus den Umbaukosten ergebende Mieterhöhung mitgeteilt.

Beweis: Modernisierungsankündigung vom ▄▄▄

Dem Beklagten ist die Modernisierungsankündigung auch zugegangen, denn sie wurde per Boten am ▄▄▄ morgens in den zur Wohnung gehörenden Briefkasten eingeworfen.

Beweis: Zeugnis des ▄▄▄

Nach Fertigstellung der Modernisierungsmaßnahme erhöhte der Kläger am ▄▄▄ entsprechend § 559 BGB die Miete von bisher monatlich ▄▄▄ € zzgl. Betriebsnebenkosten auf ▄▄▄ € zzgl. Betriebsnebenkosten. Das Mieterhöhungsschreiben nebst Rechnung des Installateurs ▄▄▄ ist dem Beklagten durch Einwurf in den zur Wohnung gehörenden Briefkasten am ▄▄▄ (Datum) morgens zugegangen.

Beweis: Mieterhöhungsschreiben vom ▄▄▄

Zeugnis des ▄▄▄

Der monatliche Erhöhungsbetrag wurde errechnet, durch Ansatz von 11% der Rechnungsendsumme i.H.v. ▄▄▄ € und Division des Ergebnisses durch 12. Wie aus der Rechnung des Installateurs ersichtlich, wurde die Umbaumaßnahme bereits von Seiten der ausführenden Firma auf die jeweilige Wohnung umgelegt. Da auch lediglich das einzubauende Gerät und der benötigte Stundenaufwand berechnet wurden, ist keine weitere Aufschlüsselung der Modernisierungskosten geboten.

Beweis: Vorlage der Rechnung des Installateurs ▄▄▄ vom ▄▄▄

Der Beklagte hat bislang trotz anwaltlichem Aufforderungsschreiben vom ▄▄▄ den monatlichen Erhöhungsbetrag seit dem ▄▄▄ nicht gezahlt. Damit sind noch die folgenden Rückstände offen:

Monat	Miete zzgl NK.	Fälligkeit	Zahlbetrag	Differenz
▄▄▄	▄▄▄ €	▄▄▄	▄▄▄ €	▄▄▄ €
Gesamtsumme				▄▄▄ €

Der Beklagte ist daher zur Zahlung der Gesamtsumme zu verurteilen.

Beglaubigte und einfache Abschrift anbei. Die Gerichtskosten zahlen wir per anliegendem Scheck ein.

■■■

Rechtsanwalt

e) Abwehr der Mieterhöhung / Feststellungsklage des Mieters

Ist das Mieterhöhungsverlangen nicht rechtmäßig, so kann der Mieter grundsätzlich die Zahlungsklage abwarten und sodann seine Einwände in der **Klageerwiderung** zur Zahlungsklage geltend machen. Für den Fall der Untätigkeit des Vermieters im Hinblick auf die gerichtliche Geltendmachung seines vermeintlichen Zahlungsanspruches kann der Mieter selbst tätig werden und negative Feststellungsklage erheben. Diese kann auch als Widerklage der Zahlungsklage entgegengehalten werden.

aa) Rechtsschutzbedürfnis / Feststellungsinteresse: Das **Feststellungsinteresse** ist gegeben, wenn dem Kläger eine Unsicherheit dadurch droht, dass der Beklagte sich eines Rechtes gegen den Kläger berühmt.[167] Hier besteht nach der Mieterhöhungserklärung Unsicherheit des Mieters darüber, ob die Mieterhöhung wirksam ist. Es kann dem Mieter dabei nicht zugemutet werden, die Zahlungsklage abzuwarten und ggf. über mehrere Jahre die möglicherweise zulässige Mieterhöhung anzusparen. Bei der Feststellungsklage als Widerklage muss beachtet werden, dass das Feststellungsinteresse dadurch verloren gehen kann, dass das Gericht mit Bescheidung der Klage über den Inhalt der Widerklage entscheidet.

bb) Kosten / Streitwert: Bei der negativen Feststellungsklage als Widerklage ist der **Streitwert** mindestens so hoch zu bewerten, wie der Anspruch, dessen sich der Gegner berühmt.[168] Damit richtet sich der Streitwert der Widerklage mindestens nach dem Klageantrag der Zahlungsklage des Vermieters.

Auch hier ist es sinnvoll, eine möglicherweise bestehende Rechtsschutzversicherung um Erteilung der Deckungszusage zu ersuchen. Dabei ist zu beachten, dass die Rechtsschutzversicherungen im Regelfall ihre Eintrittspflicht verneinen.

cc) Antrag: Beim **Antrag** ist zweckmäßigerweise danach zu unterscheiden, ob bereits eine Mieterhöhungserklärung nach der Maßnahme zugestellt wurde. Es ist darauf zu achten, dass sowohl das Rechtsverhältnis, als auch der sich daraus ergebende, festzustellende Anspruch genau bezeichnet werden. Wurde bereits eine Mieterhöhung verlangt, so ist die Feststellung zu begehren, dass trotz der Mieterhöhungserklärung die Miete unverändert bleibt. Falls noch keine Erklärung erfolgt ist, so ist auf die genau zu bezeichnende Maßnahme abzustellen und die Feststellung zu beantragen, dass die Maßnahme keine Wohnwertverbesserung darstellt und daher keine Mieterhöhung geschuldet ist.

---

167 Zöller-Greger. § 256 Rn. 7.
168 Zöller-Hergel, § 3 ZPO Rn. 16.

§ 4 Durchsetzung der Mieterhöhung

308 Falls es Unsicherheiten bezüglich der Einordnung der Maßnahme als Instandsetzung oder Modernisierung gibt, so kann in einem Hilfsantrag der angekündigte Mieterhöhungsbetrag begrenzt werden.

309 *dd) Beweislast:* Wenn der Mieter **Feststellung** begehrt, ist er nach den allgemeinen Regeln beweispflichtig, für die für ihn günstigen Tatsachen. Da bei der **Zahlungsklage** des Vermieters dieser beweispflichtig für das Vorliegen der materiellen Voraussetzungen des Erhöhungsverlangens ist, kehrt sich hier die Beweislast um, was für den Mieter nachteilig ist. Oft kann der Mieter hier keine Beweise sichern, da die ausführenden Handwerker der Sphäre des Vermieters zuzuordnen sind und dem Mieter daher selten Auskunft erteilen. Sofern der Mieter vor der Maßnahme beraten wird, ist anzuraten, über die geplante Maßnahme möglicherweise einen eigenen Kostenvoranschlag einzuholen. Der Zustand bei Modernisierung von Fenstern oder Fassade kann auch fotografisch dokumentiert und durch Zeugen belegt werden. Es lohnt sich bei größeren Maßnahmen auch, kleinere Teile z. B. von Fensterrahmen – oder bei Rohrmodernisierungen von Leitungsrohren aufzubewahren.

310 f) Muster: Negative Feststellungsklage

An das Amtsgericht ■■■

Klage

(komplettes Rubrum)

wegen negativer Feststellung

vorläufiger Gegenstandswert: ■■■ €

Namens und im Auftrag des Klägers erhebe ich Klage und kündige für die mündliche Verhandlung die folgenden Anträge an:

Es wird festgestellt, dass der Kläger keine Mieterhöhung an den Beklagten zu entrichten hat, wegen des am ■■■ in der durch den Kläger angemieteten Wohnung (Adresse, Stockwerk) auf Veranlassung des Beklagten erfolgten Einbaus eines Wasserzählers.

Es wird weiter beantragt, möglichst bald den Streitwert hinsichtlich des Feststellungsantrages festzusetzen.

Begründung:

Mit Mietvertrag vom ■■■ hat der Beklagte beim Kläger die im Hause ■■■ (Adresse) im ■■■ Geschoss (links / rechts / Mitte) gelegene ■■■Zimmer-Wohnung zum ■■■ (Datum) angemietet. Nach § ■■■ des Mietvertrages beträgt die monatliche Miete ■■■ €.

Beweis: Mietvertrag vom ■■■

Der Beklagte hat dem Kläger mit Schreiben vom ■■■ angekündigt, dass am ■■■ in der Zeit von ■■■ bis ■■■ Uhr in der Wohnung des Klägers ein Wasserzähler eingebaut werde. Dieser Wasserzähler solle den gesamten Wasserverbrauch in der Wohnung des Klägers erfassen, was zu einer gerechteren Wasserverteilung führe.

Beweis: Schreiben vom ■■■

Die geplante Umbaumaßnahme wurde vom Kläger geduldet und entsprechend den Vorgaben des Ankündigungsschreibens durchgeführt.

Allerdings war der Einbau des separaten Wasserzählers zur gerechten Kostenerfassung nicht erforderlich. In dem Wohnhaus (Adresse), in dem die Wohnung des Klägers liegt, sind bereits mehrere Wasserzähler vorhanden. Lediglich die Wohnung des Klägers und die des Mieters ■■■ waren nicht mit Zählern ausgestattet. Die Wasserversorgung der Wohnung des Mitmieters ist an den Versorgungsstrang angebunden, der den gemeinsamen Waschkeller versorgt. Da hier bereits ein Hauptwasserzähler besteht und die einzelnen Waschmaschinen mit eigenen Zwischenzählern ausgestattet sind, lässt sich der Verbrauch in der Wohnung des Mitmieters ■■■ berechnen. Ebenso verhält es sich mit der Wohnung des Klägers. Diese neben einer weiteren Wohnung an den Hauptversorgungsstrang angebunden, welcher bereits einen eigenen Zähler hat. Die andere noch versorgte Wohnung verfügt bereits über einen Wasserzähler, welchen der Mitmieter ■■■ auf eigene Kosten angebracht hat, um seinen Wasserverbrauch zu überprüfen. Es war somit nicht erforderlich, dass in der Wohnung des Klägers ein weiterer Wasserzähler angebracht wurde.

Beweis: Sachverständigengutachten

Der Umbau erleichtert damit lediglich dem Beklagten die Berechnung des Wasserverbrauchs und hat für den Kläger keinen weiteren Nutzen. Die für den Umbau angefallenen Kosten sind daher nicht einer Mieterhöhung zugänglich.

Der Beklagte hat dem Kläger noch kein Mieterhöhungsverlangen erteilt. Da die Mieterhöhung jedoch bereits mit der Duldungsanforderung angekündigt wurde, muss der Kläger jederzeit damit rechnen, dass der Beklagte eine Mieterhöhung verlangt.

Beweis: Schreiben vom ■■■

Es ist dem Kläger jedoch nicht zuzumuten, diesen Schwebezustand rechtlicher Unsicherheit über längere Zeit hinzunehmen.

Einfache und beglaubigte Abschrift anbei.

■■■

Rechtsanwalt

IV. Staffelmietvereinbarung

1. Vorprozessuale Situation

Nach §§ 557, 557a BGB können die Parteien eine **Staffelmietvereinbarung** treffen. Während der Laufzeit der Staffelmietvereinbarung sind andere Mieterhöhungen nach §§ 558, 559 BGB ausgeschlossen. Lediglich Erhöhungen der Betriebskostenvorauszahlungen bzw. -pauschalen nach § 560 BGB sind möglich. Zur Wirksamkeit der Staffelmietvereinbarung ist es erforderlich, diese schriftlich zu treffen. Zudem müssen die **Zeiträume der Mieterhöhung** fest bestimmt sein und es muss mindestens ein Jahr zwischen den einzelnen Erhöhungen liegen. Wird die Mindestfrist aus § 557a II 1 BGB unterschritten, ist die gesamte Klausel unwirksam.[169]

311

---

[169] LG Berlin GE 2000, 345.

§ 4 Durchsetzung der Mieterhöhung

312 Die Staffelmietvereinbarung weist noch eine Besonderheit auf, weil ein **Kündigungsrecht** des Mieters höchstens für vier Jahre ausgeschlossen werden kann. Auch bei länger laufenden Staffelmietverträgen kann der Mieter nach Ablauf dieser Frist unter Einhaltung der ordentlichen Kündigungsfrist kündigen, während der Vermieter an den Kündigungsausschluss gebunden ist. Für die jeweiligen Staffeln gilt die **Kappungsgrenze** aus § 558 BGB nicht. Allerdings kann die Wirksamkeit der Staffelmietvereinbarung an § 5 WiStG gemessen werden. Übersteigt der nach einer Staffel zu zahlende Mietzins danach das ortsübliche Mietzinsniveau um mehr als 20 % ist die jeweilige Staffel unwirksam.[170] Die anderen Staffeln sind hiervon jedoch nicht berührt und bleiben wirksam. Dies gilt selbst dann, wenn bei Anstieg des ortsüblichen Vergleichsmietzinses bei vorherigem Wegfall einer Staffel die nächste Staffel im Rahmen des § 5 WiStG liegt, aber eine Mietzinssteigerung von über 20 % bedeutet. Sinkt die ortsübliche Vergleichsmiete, so ist zwar entsprechend § 5 WiStG die folgende Staffel möglicherweise unwirksam, die bisherige Miete wird davon jedoch nicht berührt, weil die Prüfung nach § 5 WiStG lediglich auf den Beginn einer Staffel abstellt.

2. Klage

313 Die **Zahlungsklage** bietet keine Besonderheiten. Der Vermieter muss lediglich die ordnungsgemäße Vereinbarung darlegen, der Mieter den Nachweis erbringen, dass zu Beginn der jeweiligen Erhöhung ein Verstoß gegen § 5 WiStG gegeben ist. Prozessvoraussetzungen und Beweispflichten entsprechen denen der o.g. Zahlungsklage.[171]

V. Indexmiete

1. Vorprozessuale Situation

314 Vornehmlich im Gewerbemietverhältnis werden **Indexmietvereinbarungen** getroffen. Diese sind aber auch im Wohnraummietrecht zulässig. Nach § 557b BGB ist die Indexmiete **schriftlich** zu vereinbaren. Zugrunde gelegt werden darf nur der vom Statistischen Bundesamt ermittelte **Preisindex** für die Lebenshaltung aller privaten Haushalte in Deutschland. Dann ist durch eine solche Vereinbarung das Recht des Vermieters auf Mieterhöhungen nach § 558 BGB ausgeschlossen; Mieterhöhungen nach § 559 BGB sind nur in dem eingeschränkten Rahmen möglich, wenn bauliche Maßnahmen aufgrund von Umständen durchgeführt werden mussten, die der Vermieter nicht zu vertreten hat.

315 Die Indexmietvereinbarung führt nicht automatisch zur Erhöhung der Miete. Hierfür ist ein **Mieterhöhungsverlangen** erforderlich. Dieses muss gegenüber dem Mieter in **Textform** erklärt werden. Dabei ist die Änderung des Preisindexes sowie die jeweilige Miete oder der Erhöhungsbetrag in einem Geldbetrag anzugeben. Die geänderte Miete ist sodann mit Beginn des übernächsten auf den Zugang der Mieterhöhungserklärung folgenden Monats zu entrichten. Auch hier kann nicht zu oft betont werden, dass die Erklärung von jedem Vermieter an alle Mieter gerichtet sein muss. Der Rechtsanwalt

---

170 BGH NJW 1984, 722.
171 Vgl. Rn. 205 ff.

sollte immer eine Originalvollmacht beifügen, damit eine Zurückweisung der Erklärung nach § 174 BGB nicht wichtige Zeit kostet. Außerdem hat der Vermieter in einem späteren Verfahren den **Zugang** der Erklärung zu beweisen.

War ursprünglich ein Index vereinbart, der nun nicht mehr vom Statistischen Bundesamt fortgeführt wird, so muss der Wert dieses Indices an den gültige, noch ermittelten Index angepasst werden. Hierfür Stellt das Statistische Bundesamt Berechnungshilfen zur Verfügung, auf die im Bedarfsfalle zurückgegriffen werden sollte.[172]

2. Muster: Erhöhungserklärung

Abs.: alle Vermieter / Rechtsanwalt

An: alle Mieter

Erhöhung des Preisindexes

Mieterhöhung Mietobjekt (Adresse) Mietername Mietvertrag vom ■■■

Sehr geehrte / r ■■■,

hiermit teile ich mit, dass ich mit der anwaltlichen Interessensvertretung Ihres Vermieters ■■■, betraut bin. Ordnungsgemäße Bevollmächtigung wird nachgewiesen an Hand beiliegender Originalvollmacht. Mit Mietvertrag vom ■■■ haben Sie die Wohnung ■■■ (Adresse / Lage) angemietet. In § ■■■ des Mietvertrages ist geregelt, dass sich die Miete entsprechend der Entwicklung des Lebenshaltungskostenindexes aller privaten Haushalte (Basis ■■■) anpassen soll. Dabei wurde ein Schwellenwert von ■■■ % der Änderung des o.g. Lebenshaltungsindexes vereinbart.

Der vom Statistischen Bundesamt ermittelte Verbraucherpreisindex für Deutschland auf der Preisbasis 2000 betrug zum Zeitpunkt Mietvertragsabschlusses im ■■■ (Monat / Jahr) ■■■ %. Nunmehr beträgt der Indexwert ■■■ . Damit hat sich der Index bereits am ■■■ im Vergleich zum Stand seit Abschluss des Mietvertrages um ■■■ Punkte geändert. Damit ist eine Anpassung der Miete nunmehr möglich.

Die bisherige monatliche Nettokaltmiete betrug ■■■ EUR. Entsprechend der Änderung des o.g. Indexes erhöht sich diese Miete um ■■■ % (■■■ EUR) auf ■■■ EUR. Zuzüglich der monatlichen Vorauszahlungen auf Heiz- und Betriebskosten i.H.v. ■■■ EUR haben Sie damit nunmehr eine monatliche Miete i.H.v. insgesamt ■■■ EUR zu zahlen. Nach den gesetzlichen Vorgaben ist die geänderte Miete mit Beginn des übernächsten Monats nach dem Zugang dieser Erklärung, mithin ab dem ■■■, zu zahlen.

Mit freundlichen Grüßen

■■■

Rechtsanwalt

---

172 http://www.destatis.de/basis/d/preis/preis_wert.php.

3. Klage

a) Zulässigkeit

318 Zahlt der Mieter die erhöhte Miete nicht, so muss der Vermieter Zahlungsklage erheben. **Zuständig** ist nach §§ 29a ZPO, 23 GVG das Amtsgericht, in dessen Bezirk der Mieter gemeldet ist. Bei Gewerberaummietverhältnissen je nach Streitwert das Landgericht.

b) Streitwert

319 Der **Streitwert** bemisst sich nach dem Zahlungsantrag. Hier sind die o.g. Regeln über das Güte- und Schlichtungsverfahren zu beachten. In den meisten Bundesländern ist bei Streitwerten unter 600 € bzw. 750 € zunächst ein Mahnverfahren oder ein außergerichtliches Schlichtungsverfahren durchzuführen. Ansonsten ist die Klage unzulässig! Es ist danach bei Beratung des Vermieters zu überlegen, ob es sich nicht empfiehlt, einige Monate mit außergerichtlichen Mahnungen und anwaltlichen Aufforderungsschreiben bis zur Klage verstreichen zu lassen, um die Hürde der Landesschlichtungsgesetze zu überschreiten. Alternativ kann im Regelfall sofort per Mahnbescheid der Mieterhöhungsbetrag der jeweiligen Monate geltend gemacht werden. Eine weitere Überlegung ist an die Berufungssumme i.H.v. 600 € (§ 511 ZPO) geknüpft. Auch hier kann ein Zuwarten bis zur Klageerhebung helfen, die zweite Instanz zu eröffnen.

c) Antrag

320 Der Antrag lautet auf Zahlung der monatlichen Erhöhung. Hierbei ist darauf zu achten, dass die Zinsen nach § 288 BGB 5 Prozentpunkte über dem Basiszinssatz und nicht 5% über dem Basiszinssatz beantragt werden müssen. Dazu sollten die Zinsen nach Fälligkeit der jeweiligen monatlichen Mieterhöhungsbeträge exakt beantragt werden.

d) Begründung / Beweislast

321 Die **Klagebegründung** muss die jeweils geltend gemachten monatlichen Erhöhungsbeträge genau bezeichnen. Die häufig vorkommende Geltendmachung eines bloßen Saldos des bisherigen Gesamtrückstandes entspricht nicht den Konkretisierungserfordernissen nach § 253 II 2 ZPO und birgt daher die Gefahr der Klageabweisung.

e) Muster: Zahlungsklage wegen Indexmiete

322

An das Amtsgericht ▪▪▪

Klage

(komplettes Rubrum)

wegen Mietzahlung

vorläufiger Gegenstandswert: ▪▪▪ €

Namens und im Auftrag des Klägers erhebe ich Klage und kündige für die mündliche Verhandlung die folgenden Anträge an:

B. Einzelne Mieterhöhungen

der Beklagte wird verurteilt, an den Kläger ■■■ € nebst Zinsen i.H.v. 5 Prozentpunkten über dem Basissatz seit dem ■■■ sowie ■■■ € nebst Zinsen i.H.v. 5 Prozentpunkten über dem Basissatz seit dem ■■■, zu zahlen.

Begründung:

Mit Mietvertrag vom ■■■ hat der Beklagte beim Kläger die im Hause ■■■ (Adresse) im ■■■ Geschoss (links/rechts/Mitte) gelegene ■■■Zimmer-Wohnung zum ■■■ (Datum) angemietet. Nach § ■■■ des Mietvertrages beträgt die monatliche Miete ■■■€.

Beweis: Mietvertrag vom ■■■

Nach § ■■■ des Mietvertrages soll sich die monatliche Miete entsprechend dem Lebenshaltungsindex aller privaten Haushalte (Basis 2000) ändern. Dabei wurde ein Schwellenwert von ■■■ % der Änderung des o.g. Lebenshaltungsindexes vereinbart. Der Schwellenwert von 105,8 war erstmals im April 2004 erreicht (der genaue Indexwert betrug 106,0). Die prozentuale Veränderung seit Vertragsbeginn bis zum Monat des erstmaligen Erreichens des Schwellenwertes beträgt 5,2%. Der aktuelle Indexstand vom März 2005 des Verbraucherpreisindex für Deutschland beträgt 107,6. Die prozentuale Veränderung seit Vertragsbeginn bis zum Indexstand in März 2005 beträgt 6,7%.

Mit Schreiben vom ■■■ wurde der Beklagte aufgefordert, nunmehr ab dem ■■■ die erhöhte Miete i.H.v. ■■■ EUR zu zahlen. Dem Beklagten ist die Mieterhöhungserklärung auch zugegangen, denn sie wurde per Boten am ■■■ morgens in den zur Wohnung gehörenden Briefkasten eingeworfen.

Beweis: Schreiben vom ■■■

Zeugnis des ■■■

Der Beklagte hat bislang trotz anwaltlichem Aufforderungsschreiben vom ■■■ den monatlichen Erhöhungsbetrag seit dem ■■■ nicht gezahlt. Damit sind noch die folgenden Rückstände offen:

Monat	Miete zzgl NK.	Fälligkeit	Zahlbetrag	Differenz
■■■	■■■ €	■■■	■■■ €	■■■ €
Gesamtsumme				■■■ €

Der Beklagte ist daher zur Zahlung der Gesamtsumme zu verurteilen.

Beglaubigte und einfache Abschrift anbei. Die Gerichtskosten zahlen wir per anliegendem Scheck ein.

■■■

Rechtsanwalt

§ 5 Räumungsverfahren

A. Materielles Kündigungsrecht

I. Grundlagen einer Kündigung

1. Kündigungserklärung

323 Die **Kündigung** ist eine einseitige empfangsbedürftige **Willenserklärung**, während ein **Aufhebungsvertrag** zwei übereinstimmende Willenserklärungen voraussetzt. Die Kündigung ist also ein einseitiges Rechtsgeschäft, welches lediglich vom Willen einer Partei ausgeht und der anderen Partei kundgetan werden muss.

324 Es muss in der Erklärung unmissverständlich zum Ausdruck kommen, dass das Mietverhältnis beendet werden soll. Eine reine Unmutsäußerung wird nicht als Kündigung auszulegen sein. Auch eine zu höfliche Formulierung kann dazu führen, dass der Empfänger diese nicht als Kündigung verstehen musste, was zu deren Unwirksamkeit führt. Das Auswechseln der Schlösser kann neben den strafrechtlichen Konsequenzen per se nicht den Erklärungswert einer Kündigung haben.

2. Form der Kündigung

325 Die Kündigung von Mietverhältnissen über Wohnraum bedarf gemäß § 568 Abs. 1 BGB der schriftlichen Form. Dies bedeutet, dass der Text der Kündigung niedergeschrieben und der Text abschließend eigenhändig unterschrieben werden muss (§ 126 BGB). Die Kündigung darf nicht nach der Unterschrift, wie beispielsweise in einem post scriptum erfolgen. Telegramm, Telefax, Fernschreiben, e-mail oder Faksimileunterschrift reichen nicht aus. Auch ein Beglaubigungsvermerk reicht grundsätzlich nicht aus, es sei denn, es besteht Personenidentität zwischen dem Unterzeichner des Originals und dem, der es beglaubigt hat.[173] Schließlich ist auch bei einer Erklärung zu **gerichtlichem Protokoll** die **Schriftform** nicht gewahrt.[174] Die Kündigung durch Einschreiben oder zusätzlich noch mit Rückschein zu versenden, ist kein Formerfordernis, welches bei dessen Nichtbeachtung zur Unwirksamkeit der Kündigung führt. Gesetzlich ist eine solche Form ohnehin nicht vorgeschrieben. Bei Wohnraummietverträgen wäre eine solche formularmäßige Klausel wegen Verstoß gegen § 309 Nr. 13 BGB nichtig. Folglich ist diese Formvorschrift nur individualvertraglich wirksam vereinbar. Zur Sicherung des Zugangs (Einschreiben) und zur Beweissicherung (Rückschein) sollte jedoch auf diese Versendungsform nicht verzichtet werden. Zu empfehlen ist auch die Versendungsform des Einwurfeinschreibens, da für dessen Zugang die Anwesenheit des Empfängers nicht erforderlich ist und damit Handlungen zur Zugangsvereitelung erschwert werden. Der Kündigungsempfänger kann sich nicht auf die vertragswidrige Versendungsform berufen, wenn er die Kündigung zugegebenermaßen erhalten hat. Entsprechende Einwendungen der Gegenseite gegen die Kündigung im Prozess sind daher regelmäßig bedeutungslos.

---

173 BGH WPM 86, 1419.
174 LG Berlin MDR 82, 321; AG Münster WuM 87, 273.

3. Inhalt der Kündigung

In dem **Kündigungsschreiben** muss genau angeben werden, was gekündigt wird. Der Gegenstand, d.h. die Wohnung sollte mit all ihren Räumen einschließlich Keller, Balkon und Garage oder sonstigen Nebenräumen sowie Gartenanteilen in der Kündigung aufgeführt werden. Auch sollte man den Vertrag bezeichnen, insbesondere das Abschlussdatum. Es muss der Kündigungsempfänger in der Kündigung mit dessen Namen angesprochen werden. Auch muss der Kündigende namentlich als Erklärender genannt werden. Ebenso ist das Datum anzugeben, wann die Kündigung ausgesprochen wurde und zu welchem Zeitpunkt diese wirken soll. Letzteres erfordert eine Fristenberechnung. Wurde die Angabe des Datums vergessen, an welchem die Kündigung ausgesprochen wurde, so entstehen unter Umständen Beweisschwierigkeiten, ob rechtzeitig gekündigt wurde. Da es aber entscheidend auf den Zugang der Kündigung ankommt, hilft darüber der Rückschein hinweg, falls die Kündigung per Einschreiben/Rückschein versandt wurde oder bei der Versendung durch Einwurfeinschreiben eine Auskunft der Deutschen Post AG, wann das Einschreiben vom Postboten eingeworfen wurde. Wenn die Angabe des Zeitpunktes vergessen wurde, zu welchem die Kündigung wirken soll, so wirkt diese zum nächst möglichen Zeitpunkt. Dies führt jedoch zu einer erheblichen Unsicherheit, vor allem wenn eine Räumungsklage erhoben werden muss. Eine Klage auf zukünftige Räumung ist nur unter engen Voraussetzungen, § 259 ZPO, zulässig.

326

Grundsätzlich ist eine Kündigung als **Gestaltungserklärung** bedingungsfeindlich. Dies bedeutet, dass eine Kündigung, die erst unter einer bestimmten Bedingung wirksam werden soll, grundsätzlich nichtig ist. Davon wird eine Ausnahme gemacht, wenn der Bedingungseintritt allein vom Willen des Kündigungsempfängers abhängt (**Potestativbedingung**).[175] Es tun sich hier jedoch schwierige Abgrenzungsprobleme auf, so dass grundsätzlich davon abzuraten ist, die Kündigung bedingt auszusprechen, etwa dergestalt, dass die Kündigung für den Fall unwirksam ist, dass der Mieter die Mietrückstände binnen zwei Wochen vollständig ausgleicht.

327

Etwas anderes gilt dann, wenn man sich nicht sicher sein kann, dass die ausgesprochene Kündigung auch wirksam ist. In einem solchen Fall empfiehlt sich sowohl außergerichtlich als auch im **Prozess** hilfsweise eine zweite Kündigung auszusprechen, für den Fall, dass die erste aus rechtlichen oder tatsächlichen Gründen unwirksam sein sollte. Beispielsfälle sind z.B. der unbedingte Ausspruch einer fristlosen Kündigung bei gleichzeitigem oder späterem hilfsweisen Ausspruch einer ordentlichen Kündigung.

328

Anders als im ebenfalls von sozialpolitischen Erwägungen stark geprägten Arbeitsrecht ist jedenfalls im Wohnraummietrecht eine **Änderungskündigung**,[176] d.h. das Mietverhältnis wird gekündigt und gleichzeitig wird der Abschluss eines (neuen) Mietvertrages zu geänderten Bedingungen angeboten, unzulässig. Dies beruht darauf, dass in § 573 Abs. 1, 2 BGB die Kündigungsgründe für gewöhnlichen Wohnraum abschließend aufgezählt sind und es gemäß § 573 Abs. 2 Nr. 3 Hs. 2 unzulässig ist, dass ein Mietverhältnis mit dem Zweck gekündigt wird, dieses unter Änderung des Mietzinses neu abzuschließen.

329

---

175 BGH NJW 86, 2245; OLG Hamburg ZMR 01.
176 Vgl. dazu dogmatisch eingehend Schmidt-Futterer MDR 71, 630.

330 Der Ausspruch einer **Teilkündigung** ist bei Wohnraummietverhältnissen mit Ausnahme der in § 573b BGB genannten Fälle generell unzulässig. Dies gilt für Vermieter und Mieter gleichermaßen. So kann beispielsweise nicht das im Mietvertrag mitvermietete Kellerabteil gekündigt und im Übrigen der Mietvertrag aufrecht erhalten werden. Schon gar nicht können einzelne Klauseln des Mietvertrages aufgekündigt werden, wie z.B. die Höhe des Mietzinses oder die Verpflichtung zur Durchführung von Schönheitsreparaturen.[177] Ausnahmsweise kann eine Teilkündigung möglich sein, wenn die den Belangen des Vermieters entsprechende Teilkündigung die Interessen des Mieters nicht oder jedenfalls nicht unzumutbar beeinträchtigt.[178] Eine (Teil-)Kündigung kann aber dann ausgesprochen werden, wenn die Parteien für den zu kündigenden Teil einen gesonderten Vertrag abgeschlossen haben, der aber mit dem Hauptvertrag keine Einheit bilden darf. Denn in solchen Fällen liegt gar keine Teilkündigung eines Mietverhältnisses vor, sondern die Kündigung eines von zwei Mietverhältnissen.

4. Angabe der Kündigungsgründe

331 Bei einigen **Kündigungsarten**, wie der ordentlichen und der außerordentlichen befristeten Kündigung[179] war bereits nach altem Recht eine Begründung zwingend vorgeschrieben. § 573 Abs. 3 n.F. BGB regelt nun klar, dass die Gründe für ein berechtigtes Interesse des Vermieters in dem Kündigungsschreiben anzugeben sind. Andere Gründe werden nur berücksichtigt, soweit sie nachträglich entstanden sind.

5. Kündigungsfristen

332 Eine ordentliche Kündigung kann nur befristet ausgesprochen werden. Die **Kündigungsfristen** sind in § 573c BGB geregelt. Für die Vermietung von (gewöhnlichem) Wohnraum ist § 573c Abs. 1 BGB einschlägig. Von diesen Kündigungsfristen darf zum Nachteil des Mieters nicht abgewichen werden, d.h. die Kündigungsfristen sind insoweit zwingend. Dies bedeutet, dass diese Fristen auch dann zur Anwendung kommen, wenn im Mietvertrag zum Nachteil des Mieters, unabhängig ob formularmäßig oder individualvertraglich, etwas anderes geregelt sein sollte. Nachteilig für den Mieter sind grundsätzlich solche Kündigungsfristen, welche im Ergebnis kürzer sind als die gesetzlichen, aber auch solche, wonach die Kündigung nur für den Schluss bestimmter Kalendermonate zulässig sein soll. Darauf, ob auch für den Mieter im Einzelfall eine kürzere Frist günstiger ist, kommt es aus sozialpolitischen Erwägungen heraus nicht an. Anders herum gesagt, ist eine Klausel, die eine kürzere Kündigungsfrist als die gesetzliche vorsieht auch dann unwirksam, wenn es der Mieter ist, der kündigen will und sich auf die (unwirksam) vertraglich vereinbarte kürzere Frist berufen möchte. Folge ist hier allerdings, dass der Mieter nur die vereinbarte kürzere Kündigungsfrist einzuhalten hat, wohingegen der Vermieter an die gesetzliche Kündigungsfrist gebunden ist.[180] Wenn sich die Formulierungen auch etwas unterscheiden, so sind die gesetzlichen Kündi-

---

177 Vgl. OLG Karlsruhe WuM 83, 166.
178 OLG Köln WuM 97, 654.
179 Vgl. ausführlich Sternel, „Die Pflicht zur Begründung der Kündigung im Mietrecht", in: FS für Seuß, 1987, S. 281.
180 LG Köln WuM 88, 404; LG München I NZM 98, 153.

A. Materielles Kündigungsrecht

gungsfristen in den im Handel erhältlichen Formularmietverträgen regelmäßig eingearbeitet. Ist hinsichtlich der Kündigungsfristen überhaupt nichts vertraglich geregelt, gelten ohnehin die gesetzlichen Kündigungsfristen. Zur Klarstellung sei angemerkt, dass es oft sein kann, dass dem Vertrag (zulässigerweise) längere als die gesetzlichen Kündigungsfristen zugrunde liegen können. Dann müssen diese längeren Fristen von beiden Seiten beachtet werden. Die vertraglich vereinbarten längeren Fristen gehen grundsätzlich vor.

Die Kündigung ist nach den gesetzlichen Vorschriften **spätestens am dritten Werktag eines Kalendermonats für den Ablauf des übernächsten Monats** auszusprechen. Die Kündigungsfrist verlängert sich nach neuem Recht nur noch für den Vermieter nach fünf und acht Jahren seit der Überlassung des Wohnraumes um jeweils drei Monate. Zuvor galt sowohl für Mieter als auch Vermieter folgende **Verlängerungsleiter**: Nach fünf, acht und zehn Jahren seit der Überlassung des Wohnraumes verlängerte sich die Kündigungsfrist um jeweils drei Monate. Nach neuem Mietrecht ist also die dritte Verlängerung nach zehn Jahren generell, d.h. auch für den Vermieter, weggefallen.[181]

333

Hat daher das Mietverhältnis noch keine fünf Jahre Bestand, so beträgt die Kündigungsfrist für Mieter und Vermieter knapp drei Monate. Besteht das Mietverhältnis fünf, aber noch nicht acht Jahre, so beträgt die Kündigungsfrist nur für den Vermieter knapp sechs Monate und ab acht Jahren knapp neun Monate. Die Kündigungsfrist beträgt nur knapp drei Monate, knapp sechs Monate und knapp neun Monate, da die Kündigung jeweils noch bis zum dritten Werktag des ersten Monats der Frist zulässig ist. Zu beachten ist, dass hier Kalendermonate gemeint sind.

334

Die Kündigung ist regelmäßig spätestens bis zum Dritten des Kalendermonats zulässig, oftmals aber auch bis zum Vierten eines Kalendermonats, niemals aber nach dem Sechsten eines Kalendermonats. Dies hängt davon ab, ob der Erste, Zweite oder Dritte des Kalendermonats oder gar alle drei ein Sonn- oder Feiertag sind. Für den Fall, dass der maßgebliche dritte Werktag, an dem die Kündigung zugehen muss, ein Samstag ist, zählt der Samstag nicht als Werktag (§ 193 BGB gilt insoweit). Wenn aber ein Samstag der 1. oder 2. Werktag ist, wird dieser mitgezählt.[182]

335

Hinsichtlich spezieller Fristen sind die Besonderheiten des Einzelnen Kündigungssachverhaltes zu beachten.

336

Ist die Kündigungsfrist nicht eingehalten, beispielsweise weil sie falsch berechnet wurde, ist die Kündigung zu dem genannten Termin nichtig, kann aber über § 140 BGB in eine Kündigung zum nächst zulässigen Zeitpunkt **umgedeutet** werden.

337

---

181 Die vertragliche, und zwar auch formularvertragliche Wiederholung der früheren gesetzlichen Kündigungsfristen im Altmietvertrag ist eine fortgeltende Kündigungsvereinbarung im Sinne der Übergangsvorschriften zum Mietrechtsreformgesetz, vgl. LG Osnabrück WuM 03, 148; BGH WuM 03, 462;.BGH WuM 03, 505; LG Hamburg WuM 05, 63; Vgl. ausführlich Börstinghaus, ZMR 03, 658.
182 Vgl. Palandt-Weidenkaff, § 565 BGB Rn. 13 m.w.N.

Zwißler

6. Zugang der Kündigung

338 Da bei der Kündigung von Wohnraummietverhältnissen Schriftformzwang besteht, muss die schriftliche Kündigung innerhalb der Frist zugehen. Eine mündlich erklärte Kündigung, die nach Ablauf der Frist schriftlich nachgereicht wird, reicht nicht aus. Eine Kündigung per Telefax oder ähnlichen modernen Kommunikationsmitteln entspricht nicht dem Schriftformerfordernis des § 126 BGB. Der **Zugang** der Kündigung ist bereits zu dem Zeitpunkt bewirkt, zu dem die Kündigung in den Briefkasten des Kündigungsempfängers geworfen wird, wenn mit einer regelmäßigen Leerung des Briefkastens zu rechnen ist.

339 Bei einer absichtlichen **Annahmeverweigerung** ohne Grund oder einer sonstigen Zugangsvereitelungshandlung wie z.B. dem Abschrauben des Namensschildes am Briefkasten durch den Empfänger und einen dadurch bewirkten verspäteten Zugang wird der Empfänger so behandelt, als wäre die Kündigung zu dem Zeitpunkt der Annahmeverweigerung bzw. sonstigen Zugangsvereitelungshandlung zugegangen. Dabei ist jedoch zu beachten, dass der Zugang später auch tatsächlich erfolgen muss.[183]

7. Bevollmächtigung und Vollmacht, Kündigung bei Personenmehrheit

340 Ist der Mietvertrag nicht nur mit einem Mieter alleine geschlossen, sondern mit mehreren Mietern, z.B. mit Eheleuten oder einer Wohngemeinschaft, muss allen gegenüber die Kündigung ausgesprochen werden.[184] Dies kann in einem Schriftstück erfolgen. Es kann allerdings sein, dass der Mietvertrag eine Klausel enthält, wonach eine gegenüber einem Beteiligten ausgesprochene Kündigung auch gegenüber den anderen Beteiligten wirkt. Wenn z.B. **Ehegatten** bekanntermaßen nicht mehr zusammen wohnen, muss man dennoch auch gegenüber dem Ehegatten, der bereits ausgezogen ist, die Kündigung erklären, also zwei vollständige Kündigungsschreiben fertigen und an die beiden verschiedenen Adressen den Zugang bewirken. Das gleiche gilt auch entsprechend umgekehrt, d.h. bei der Kündigung der Mieter. Insbesondere der frühere Auszug eines **Mitmieters** macht dessen Kündigung für die Beendigung des Mietvertrages zu einem späteren Zeitpunkt durch den verbliebenen Mieter nicht entbehrlich.

341 Ähnlich ist es bei **Personenmehrheit** auf Vermieterseite, wenn beispielsweise Ehegatten ihre gemeinsame Wohnung vermietet haben. Gleichgültig ist, wem die Wohnung von beiden Ehegatten gehört, ja selbst, wenn keinem der beiden Ehegatten die Wohnung gehört, wenn die Ehegatten z.B. die Wohnung der Schwiegereltern vermietet haben. Aufgrund des **Abstraktionsprinzips** kommt es nicht auf die Eigentumsverhältnisse an. Entscheidend ist, wer im Mietvertrag namentlich genannt ist. Hat der ursprüngliche Vermieter und Eigentümer zum Zeitpunkt der Kündigung nurmehr den Nießbrauch und das Eigentum bereits auf seinen Sohn übertragen, muss dennoch gegenüber dem Vermieter gekündigt werden, hier also dem Vater des jetzigen Eigentümers.

---

[183] Vgl. Palandt-Heinrichs, § 130 Rn. 16f.
[184] LG Gießen MDR 96, 898.

Wurde die Wohnung über eine **Hausverwaltung** vermietet, so tritt oftmals die Hausverwaltung als Vermieter im Mietvertrag in Erscheinung. In diesem Fall kann der Eigentümer nicht kündigen und dem Eigentümer gegenüber auch keine Kündigung erklärt werden. Aber hier ist generell Vorsicht geboten. Die Hausverwaltung ist nur Vermieter, wenn sie im Vertrag als solcher auftritt. Tritt sie im Vertrag überhaupt nicht auf, ist die Hausverwaltung regelmäßig auch nicht zum Ausspruch oder Empfang einer Kündigung berechtigt. Oftmals steht aber auch der Eigentümer als Vermieter im Vertrag, vertreten durch die Hausverwaltung. Dann können sowohl Hausverwaltung als auch Eigentümer die Kündigung aussprechen oder eine solche empfangen.

342

Unabhängig von der umstrittenen Frage, ob eine **Bevollmächtigung** schriftlich erfolgen muss, weil gemäß § 568 BGB auch die Kündigung, für die Vollmacht erteilt wird, schriftlich erfolgen muss, was wegen § 167 Abs. 2 BGB zu verneinen ist, sollte wegen § 174 BGB eine schriftliche Vollmacht bezogen auf die Kündigung gefertigt bzw. das anwaltliche Standard-Vollmachtsformular um die Kündigung ergänzt und diese dann dem Kündigungsschreiben beigefügt werden. In der Kündigung sollte auf die Vollmacht Bezug genommen werden. Das Beifügen der **Vollmacht** ist wichtig, da der Kündigungsempfänger andernfalls mangels Vorlage der Vollmacht die Kündigung zurückweisen kann, wodurch diese unwirksam wird (§ 174 S. 1 BGB). Bis zum Ausspruch einer neuen Kündigung hat man dann wahrscheinlich die Frist versäumt und muss den Lauf der neuen Frist auf sich nehmen.

343

8. Hinweis auf Widerspruchsmöglichkeit bei Kündigung durch den Vermieter

Gemäß § 568 Abs. 2 BGB soll der Vermieter auf die Möglichkeit des **Widerspruchs** wegen Härte nach §§ 574 bis 574b BGB sowie auf die Form und die Frist des Widerspruchs rechtzeitig hinweisen. Wird dieser Hinweis vergessen, kann der Mieter der Kündigung wegen Härte noch im ersten Termin des Räumungsrechtsstreits widersprechen.

344

9. Stillschweigende Verlängerung, § 545 BGB

Eine sowohl für Vermieter als auch Mieter gleichermaßen gefährliche Vorschrift stellt § 545 BGB dar, wonach das Mietverhältnis als auf unbestimmte Zeit verlängert gilt, wenn nach dem Ablauf der Mietzeit der Mieter den Gebrauch der Sache fortsetzt, sofern nicht der Vermieter oder der Mieter seinen entgegenstehenden Willen binnen einer Frist von zwei Wochen erklärt, beginnend für den Mieter mit der **Fortsetzung des Gebrauchs** und für den Vermieter, wenn er von der Fortsetzung Kenntnis erlangt. Dies wird nicht selten übersehen. Es bleibt dann nur noch der Ausspruch einer erneuten Kündigung mit neuem Räumungstermin, bzw. für den Fall, dass Zweifel an den Voraussetzungen des § 545 BGB bestehen, eine zweite hilfsweise Kündigung zum nächstmöglichen Zeitpunkt. § 545 BGB kann aber insoweit ausgeschlossen werden, als der entgegenstehende Wille bereits vor dem Ende des Mietverhältnisses, ja sogar bereits in der Kündigung erklärt werden kann. Die Beweislast ist so verteilt, dass derjenige, der sich auf die Verlängerung beruft, die Gebrauchsfortsetzung beweisen muss. Derjenige, der die Verlängerung trotz Gebrauchsfortsetzung bestreitet, muss den rechtzeitigen Widerspruch beweisen. Den verspäteten Widerspruch wegen Kenntnis des Vermieters muss der Mieter beweisen.[185]

345

---

185 Palandt-Weidenkaff, § 545 BGB Rn. 6.

II. Ordentliche Kündigung eines Wohnraummietverhältnisses

1. Ordentliche Kündigung eines Wohnraummietverhältnisses durch den Mieter

346 Anders als der Vermieter kann der Mieter ein unbefristetes Mietverhältnis jederzeit unter Einhaltung der Kündigungsfrist (§ 573c BGB) kündigen. Die Sozialschutzbedingungen, wonach eine ordentliche Kündigung nur bei Vorliegen eines bestimmten Interesses möglich ist, gelten nur für den Vermieter zu Lasten des Vermieters und zugunsten des Mieters. Der Mieter benötigt also für eine ordentliche Kündigung keinen Kündigungsgrund.

2. Ordentliche Kündigung eines Wohnraummietverhältnisses durch den Vermieter

347 Wohnraummietverhältnisse, mit Ausnahme der in § 573a § 549 Abs. 2 BGB genannten Mietverhältnisse, können nur bei Vorliegen eines **berechtigten Interesses** des Vermieters ordentlich gekündigt werden. Dem kann der Mieter die Sozialklausel nach § 574 BGB entgegensetzen. Hierdurch entsteht erhebliches Konfliktpotential, zumal ein Teil der Instanzgerichte dazu neigt, die Anforderungen an die Darlegungslast für das Vorliegen eines zur Kündigung berechtigenden Grundes zu Lasten des Vermieters zu überspannen.[186] Ausreichend muss sein, dass der Kündigungsgrund durch Angabe von Tatsachen so ausführlich bezeichnet wird, dass er identifiziert und von anderen Lebenssachverhalten unterschieden werden kann. Zu den zum Teil sehr uneinheitlichen Anforderungen der Rechtsprechung an den Umfang des Tatsachenvortrages in den einzelnen Fallgruppen eines berechtigten Interesses zur Kündigung sei auf die umfangreiche Kommentarliteratur zu § 573 BGB verwiesen.[187]

a) Kündigungsgründe im Einzelnen

348 *aa) Kündigung bei Pflichtverstößen des Mieters:* Nach § 573 Abs. 2 Nr. 1 BGB hat der Vermieter ein berechtigtes Interesse, d.h. einen **Kündigungsgrund**, wenn der Mieter seine vertraglichen Pflichten schuldhaft nicht unerheblich verletzt hat.

349 Es gilt Schriftform nach § 568 BGB. Die Gründe für die Kündigung müssen in der Kündigung angegeben werden, § 573 Abs. 3 S. 1 BGB. Gemäß § 573 Abs. 3 S. 2 BGB werden als **berechtigtes Interesse** des Vermieters für die Kündigung, also den Pflichtverstoß, nur die Gründe berücksichtigt, die in dem Kündigungsschreiben angegeben sind, soweit sie nicht nachträglich entstanden sind. Da es sich hier um eine ordentliche Kündigung handelt, müssen die Kündigungsfristen eingehalten werden. Dies sind die gesetzlichen bzw. die vertraglichen, sofern die vertraglichen länger sind.

350 Nach § 573 Abs. 2 Nr. 1 BGB ist „nicht unerheblich" mehr als unerheblich, aber auch weniger als erheblich. Ein unerheblicher **Pflichtverstoß** rechtfertigt keine Kündigung, allenfalls eine Ansammlung solcher für sich betrachtet unerheblicher Verstöße. Ein erheblicher Pflichtverstoß dagegen kann bereits zu einer außerordentlichen fristlosen Kündigung führen. Ein Pflichtverstoß liegt in jeder Verletzung der mietvertraglichen Verpflichtungen. Das Ausmaß der Pflichtwidrigkeit muss eine gewisse Intensität haben

---

[186] BVerfG NJW 92, 1877, 2411.
[187] Palandt-Weidenkaff, § 573 BGB Rn. 12 ff. m.w.N.

(nicht unerheblich). So ist beispielsweise ein gewöhnlicher Ehekrach unerheblich. Wiederholter lautstarker Ehestreit dagegen ist nicht unerheblich; wobei „wiederholt" jedoch eine gewisse Zeitnähe voraussetzt. Ein einmaliger Ehekrach, der sich erst in zehn Monaten erneut ereignet und dann wieder in acht Monaten, ist nicht „wiederholt". „Lautstark" wird subjektiv völlig unterschiedlich empfunden. Es kommt jedoch auf die objektive Empfindung an, wobei hier wiederum die örtlichen Gegebenheiten eine Rolle spielen. In einem Studentenviertel wird eine Kündigung wegen rücksichtslos lärmender Jugendlicher schwieriger durchzusetzen sein, als in einer Vorstadt nahe einem Altersheim. Je intensiver ein Faktor ist, desto weiter kann der andere zurücktreten. War beispielsweise die Lautstärke des Ehekraches unerträglich, so sind an die Frage der Wiederholung nunmehr geringere Anforderungen zu stellen. Streiten die Eheleute dagegen ständig lärmend, so dass der Lärm in der Summe die Schmerzgrenze des Gewöhnlichen übersteigt, so kann auch dies eine Kündigung rechtfertigen. Auch wenn die Kündigungsgründe nach objektiven Maßstäben zu messen sind, wird die persönliche Sphäre des Mieters in die Abwägung mit einbezogen. Wenn der Vermieter besonderen Wert auf Umgangsformen legt, so kann hier leichter eine Kündigung wegen Beleidigung gerechtfertigt sein, als wenn der Vermieter selbst gerne „austeilt". Auch kommt es auf die innere Einstellung des Mieters an. Entschuldigt der Mieter sich beispielsweise nach seinem wiederholten lautstarken Ehekrach und zeigt er dabei, dass er dies in Zukunft nunmehr vermeiden werde, so kann dadurch einer Kündigung der Boden entzogen werden. Mangels Wiederholungsgefahr kann dies generell bei einer günstigen Zukunftsprognose der Fall sein.

In aller Regel rechtfertigt ein einmaliger Verstoß keine Kündigung. Auch wenn dies bei der Kündigung nach § 573 Abs. 2 Nr. 1 BGB gesetzlich nicht vorgeschrieben ist, wird mit Ausnahme der krassen einmaligen Verstöße daher eine Abmahnung erforderlich sein.

Ein zur Kündigung berechtigender Pflichtverstoß des Mieters wurde bejaht bei:
Bedrohung des Vermieters mit Geiselnahme (LG Mannheim ZMR 77, 80), „Götz-Zitat" (LG Berlin WuM 87, 56), Beleidigung des Hausverwalters (LG Berlin a.a.O.), Vorwurf des Betrugs gegenüber Vermieter (LG Wuppertal WuM 70, 60), Vorwurf des Meineids gegenüber Vermieter (AG Schwelm WuM 85, 265), Verleumdung des Vermieters und Behauptung der Zahlungsunfähigkeit des Vermieters (LG Mannheim WuM 85, 264), Vorsätzliche oder leichtfertige Falschanzeige (AG Friedberg WuM 86, 338), Wiederholter lautstarker Ehestreit (AG Köln WuM 76, 233), Beharrliche Weigerung, die vertraglich vereinbarten Schönheitsreparaturen durchzuführen (LG Hamburg WuM 84, 85), Verletzung von vertraglich vereinbarter Instandhaltungs- und Obhutspflicht und dadurch entstandener Schaden (AG Köln WuM 80, 134), Bemalen des mitvermieteten Mobiliars und Weigerung des Mieters, die Bemalung zu entfernen (AG Münster WuM 78, 70), Unpünktliche Mietzahlungen (Vorsicht BGH ZMR 88, 16), Anbringen eines politischen Transparentes am Mietobjekt (LG München I WuM 83, 263), Eintreten der Wohnungstür eines Mitmieters (LG Berlin GE 84, 83), Füttern von Tauben trotz Unterlassungsurteil und Abmahnung (AG Frankfurt WuM 77, 66), Aufnahme eines zweiten Hundes in die Wohnung trotz Verbotes und Abmahnung unter Hinzutreten von Lärmbelästigungen (AG Frankfurt WuM 78, 127), Hundehal-

tung generell erst bei Hinzutreten von Störungen (AG Hannover WuM 79, 167), Rücksichtsloses Lärmen von Jugendlichen (LG Bamberg WuM 74, 197), Trotz Verurteilung beharrliche Weigerung, der Treppenreinigungspflicht nachzukommen (AG Hamburg-Blankenese WuM 98, 286).

353 **Ein zur Kündigung berechtigender Pflichtverstoß des Mieters wurde verneint:**
Normaler Ehestreit, einmaliger oder nicht wiederholter lautstarker Ehestreit (AG Friedberg WuM 78, 30), Gewöhnlicher Kinderlärm (AG Aachen WuM 75, 38), Umzugsbedingter Lärm (LG Offenburg WuM 86, 250), Verzug mit den vertraglich vereinbarten Schönheitsreparaturen (LG Hamburg WuM 84, 90), Wasserschaden in Höhe von 650 DM, den der Mieter fahrlässig verursacht hat (AG Köln WuM 72, 141), Umbaumaßnahmen des Mieters, die wieder beseitigt werden können (LG Düsseldorf WuM 79, 214), Unerlaubtes Abstellen des Pkw des Mieters auf dem Hof (LG Bochum WuM 79, 255), Unerlaubtes Errichten einer Antenne (LG Bochum a.a.O.), Halten von zwei Kampfhunden ohne Zustimmung, aber auch ohne Beanstandungen (LG Offenburg WuM 98, 285), Unterlassen der mietvertraglich übernommenen bzw. durch Hausordnung auferlegten Pflicht zur Treppenreinigung (AG Wiesbaden WuM 00, 190), Unerlaubte Katzenhaltung (LG München I WuM 99, 217).

354 *bb) Kündigung wegen Eigenbedarfs:* Die Kündigung wegen Eigenbedarfs muss begründet und die Gründe müssen in der schriftlichen Kündigung angegeben werden. Wichtig ist dabei, dass nicht jeder Grund, den sich der Vermieter vorstellt, eine Kündigung wegen Eigenbedarfs rechtfertigen kann. Es muss vielmehr das **Erlangungsinteresse** des Vermieters und das **Bestandsinteresse** des Mieters an der Wohnung gegeneinander abgewogen werden. Die Rechtsprechung des BGH und die verhältnismäßig umfangreiche Rechtsprechung des BVerfG zu diesem Problemkreis geht hier etwas auseinander.[188] Für die tägliche Praxis vor den Amtsgerichten kommt es jedoch vor allem auf die Auslegung einfachen Rechts an, so dass insoweit in erster Linie die Rechtsprechung des BGH und der Instanzgerichte hervorzuheben ist.

355 Es reicht für den Eigenbedarf aus, dass der Vermieter **vernünftige Gründe** für seinen Wunsch hat, die Wohnung selbst zu nutzen oder durch eine begünstigte Person nutzen zu lassen[189] und diese Gründe nachvollziehbar sind, wobei es bei einer Kündigung, um die Nutzung der vermieteten Wohnung durch eine begünstigte Person zu ermöglichen, nicht auf das Interesse der begünstigten Person ankommt. Dieses muss aber selbstverständlich auch vorliegen. Entscheidend für das berechtigte Interesse an der Kündigung ist das des Vermieters. Dieser muss ein vernünftiges und nachvollziehbares Interesse daran haben, dass die begünstigte Person seine Wohnung nutzen kann. Denn geschützt werden soll das **Eigentum** des Vermieters und nicht ein Interesse der begünstigten Person. Das Eigentum des Vermieters ist aber nur insoweit schützenswert, als dieser in seinem Eigentum eine begünstigte Person unterbringen möchte, die selbst auch ein Interesse daran hat.

---

188 Vgl. hierzu Sternel, Mietrecht aktuell, Rn. 980ff.
189 BGH NJW 88, 904.

A. Materielles Kündigungsrecht

Es muss daher Wohnbedarf des Vermieters für sich, für eine zu seinem **Hausstand** gehörende Person oder einen **Familienangehörigen**[190] bestehen (§ 573 Abs. 2 Nr. 2 BGB). Zum Hausstand des Vermieters gehörende Personen sind solche, die zum Zeitpunkt des Ausspruchs der Kündigung im Haushalt des Vermieters leben. Der Begriff Familienangehörige ist im familienrechtlichen Sinne zu verstehen.[191] Zusätzlich ist jedoch erforderlich, dass zu diesen Familienangehörigen ein sozialer Kontakt besteht, aus dem sich eine sittliche Verantwortlichkeit des Vermieters ergibt. Dies ist in der Regel unproblematisch bei Kindern, Eltern und Geschwistern.

356

Die Wohnung muss geeignet sein, um den **Bedarf** zu decken. Wenn eine 150 m² große Wohnung für einen Studenten herausverlangt wird, kommen Zweifel auf. Ebenso, wenn mehrere vergleichbare Wohnungen in der Umgebung im Eigentum des Vermieters stehen.

357

Bei Erwerb einer Wohnung, für die nach Überlassung an den Mieter **Wohnungseigentum begründet** wurde, kann sich der Vermieter vor Ablauf von drei Jahren seit dem Erwerb nicht auf Eigenbedarf berufen. Die Frist beginnt allerdings bereits mit der ersten Veräußerung. Ist der Vermieter Zweiterwerber, so wird die Frist des Ersterwerbers angerechnet. Wichtig ist, dass vor Ablauf der Frist nicht einmal eine wirksame Kündigung ausgesprochen werden kann. Es ist also nicht möglich, dass der Vermieter, um Zeit zu gewinnen, die Kündigung vor Ablauf der drei Jahre ausspricht, damit diese zum Zeitpunkt des Ablaufs der drei Jahre wirkt. Auch nicht möglich ist, dass die Kündigung kurz vor Ablauf der drei Jahre ausgesprochen wird und diese erst nach Ablauf der drei Jahre zugeht. Durch Rechtsverordnung der Landesregierungen kann diese Frist auf fünf Jahre verlängert werden, wenn in einer Gemeinde oder in einem Teil einer Gemeinde die ausreichende Versorgung der Bevölkerung mit Mietwohnungen zu angemessenen Bedingungen besonders gefährdet ist. Von dieser Ermächtigung wurde für zahlreiche Gemeinden vornehmlich in Ballungsräumen Gebrauch gemacht. Die Rechtsverordnung darf jedoch jeweils nur auf wiederum fünf Jahre befristet sein.

358

Gerade die Kündigung wegen Eigenbedarfs verleitet zu Unwahrheiten. Falschangaben können jedoch u.a. zu einer Bestrafung wegen **Prozessbetruges** bzw. wegen Aussagedelikten sowie zu **Schadensersatzansprüchen** des Mieters führen.[192]

359

Folgende Sachverhalte können einen Eigenbedarf begründen, wobei die Aufzählung nur beispielhaft ist:
Sohn oder Tochter sind erwachsen und wollen aus dem elterlichen Haus ausziehen. Der Weg zwischen Arbeitsplatz und Wohnung verkürzt sich um einen wesentlichen Zeitraum. Dies kann schon bei 15 Minuten pro Weg der Fall sein. Unter Berücksichtigung der Mieteinnahmen würde der Vermieter in seiner Eigentumswohnung merklich billiger wohnen, als in der Wohnung, die er bisher selbst gemietet hat. Versetzung in

360

---

190 Ein Familienangehöriger, zu dessen Gunsten der Vermieter Eigenbedarf geltend machen kann, muss zumindest in Schwägerschaft oder näherer verwandtschaftlicher Beziehung mit dem Vermieter verbunden sein. Die Verbindung besteht nicht zur Tochter der Schwiegertochter des Vermieters, vgl. LG Weiden i.d. Opf. WuM 03, 210.
191 Vgl. LG Hamburg WuM 97, 177.
192 BVerfG WuM 97, 361; AG Wuppertal WuM 97, 681; LG Stuttgart WuM 98, 30.

Zwißler

eine andere Stadt. Kündigung des eigenen Mietvertrages. Verkauf der bisherigen Wohnung. Auf Grund einer unfallbedingt eingetretenen Gehbehinderung muss die im Erdgeschoss liegende Eigentumswohnung bezogen werden. Aufnahme einer Pflegeperson wegen Pflegebedürftigkeit.

361 *cc) Kündigung wegen Hinderung angemessener wirtschaftlicher Verwertung:* Grundvoraussetzung einer Kündigung wegen Hinderung angemessener wirtschaftlicher Verwertung ist, dass der Vermieter erhebliche **Nachteile** erleiden würde, wenn er das Mietverhältnis fortsetzt. Der Gesetzeswortlaut schließt jedoch bereits zwei nach dieser Definition eigentlich zur Kündigung berechtigende Varianten aus, nämlich den Fall, dass der Vermieter in der Absicht einer Mieterhöhung kündigt, bzw. in der Absicht der Veräußerung einer nach der Überlassung an den Mieter in Wohnungseigentum umgewandelten oder umzuwandelnden Mietwohnung.

362 Die zwei Hauptanwendungsfälle dieses Kündigungsgrundes sind zum einen der Verkauf des Mietobjektes und der oftmals mit einem leerstehenden Mietobjekt höher erzielbare Verkaufserlös sowie zum anderen die Modernisierung des Mietobjektes und der damit verbundene Mehrbedarf an Mieteinnahmen.

363 Im Falle der **Veräußerungsabsicht** genügt für diesen Kündigungsgrund nicht allein die Absicht, einen höheren Veräußerungsgewinn zu erzielen und schon gar nicht die Absicht, ein schlecht vermietetes Objekt zu erwerben, um es schließlich entmietet unter einem Spekulationsgewinn weiter zu veräußern. Denn der Vermieter muss einen erheblichen Nachteil erleiden, was bei einem niedrigeren Veräußerungsgewinn für sich betrachtet nicht gegeben ist, sondern erst, wenn die finanziellen Einbußen erheblich sind.[193] Das Erfordernis eines erheblichen Nachteiles darf nicht soweit ausgedehnt werden, dass für sein Vorliegen verlangt wird, dass der Vermieter zur Veräußerung gezwungen ist[194] oder er andernfalls in Existenznot gerate,[195] beispielsweise, weil er wirtschaftlich notleidend geworden ist oder das Objekt aus Alters- oder Gesundheitsgründen nicht mehr bewirtschaften kann, aber durch den Fortbestand des Mietverhältnisses daran gehindert wäre oder einen unzumutbar niedrigen Erlös erzielen würde. Die Zumutbarkeit richtet sich nach der Differenz zwischen dem im vermieteten Zustand und im Leerzustand zu erzielenden Veräußerungserlös. Dabei kann eine Spanne von 13 % bis 15 % allerdings schon erheblich sein. Ein erheblicher Nachteil liegt aber nicht mehr vor, wenn der im vermieteten Zustand zu erzielende Erlös den Wert übersteigt und über dem tatsächlich gezahlten Kaufpreis liegt.[196]

364 Im Falle der **Modernisierungsabsicht** ist der erhebliche Nachteil insbesondere bei Modernisierungsmaßnahmen zu Spekulationszwecken zu verneinen. Also vor allem wiederum der Erwerb eines Objektes in Kenntnis seiner schlechten Rentabilität, um dieses in Modernisierungsabsicht zu entmieten und sodann teurer weiter zu vermieten. Wird jedoch das Mietobjekt aufgrund seines Alters, insbesondere aber auch wegen sei-

---

[193] BVerfG NJW 92, 2752.
[194] BVerfG NJW 91, 2371.
[195] BVerfG NJW 89, 972.
[196] LG Gießen NJW-RR 95, 331.

ner Ausstattung oder seiner Aufteilungsstruktur unrentabel, wird regelmäßig der Kündigungsgrund der Hinderung einer angemessenen wirtschaftlichen Verwertung gegeben sein. Es muss jedoch sogleich wiederum die Einschränkung gemacht werden, dass ein die Kündigung begründender Nachteil dann nicht gegeben sein wird, wenn die Modernisierungsmaßnahmen entscheidend aus Reparaturen aufgrund eines Reparaturstaues bestehen, der durch langes Vernachlässigen des Gebäudes trotz normaler Mieteinnahmen entstanden ist.

Wichtig ist auch, dass ein erheblicher Nachteil entfällt, wenn die wirtschaftlichen Einbußen anders kompensiert werden oder kompensiert werden können, insbesondere durch eine begründete Mieterhöhung. 365

3. Kündigungswiderspruch des Mieters gemäß §§ 574 bis 574 b BGB

Einer Kündigung des Vermieters kann der Mieter widersprechen, auch wenn diese begründet ist. Dies ist ein Ausfluss der Sozialbindung des Eigentums. Der **Widerspruch** kann auf die so genannte „**Sozialklausel**" gestützt werden. Die Sozialklausel ist geregelt in den §§ 574, 574 a, 574 b, 574 c BGB BGB. 366

Einer unbegründeten Kündigung des Vermieters muss der Mieter grundsätzlich nicht widersprechen. Ein Widerspruch empfiehlt sich oft auch nicht, nämlich unter dem Aspekt, dass der Vermieter bei einem Widerspruch des Mieters gegen die Kündigung u.U. gemäß §259 ZPO eine Klage auf zukünftige Räumung erheben kann. Durch den Widerspruch kann also eine Klage provoziert werden. 367

Gemäß §568 Abs.2 BGB soll der Vermieter auf die Möglichkeit des Widerspruchs wegen Härte nach §§ 574 bis 574 b BGB sowie auf die Form und die Frist des Widerspruchs rechtzeitig hinweisen. 368

Wurde der Hinweis in der Kündigung des Vermieters vergessen, kann der Mieter der Kündigung wegen Härte noch im ersten Termin des Räumungsrechtsstreits widersprechen. Es kann sich daher bei einer wahrscheinlich unbegründeten, aber auch bei einer wahrscheinlich begründeten Kündigung, bei der aber der Hinweis auf die Sozialklausel fehlt, u.U. empfehlen, dass der Widerspruch für den ersten Termin des Räumungsrechtsstreits aufgehoben wird. Im übrigen führt die widerspruchslose Gebrauchsfortsetzung nach § 545 BGB zur Fortsetzung des Mietverhältnisses auf unbestimmte Zeit. Dabei geht es hier um den Widerspruch des Vermieters. Widerspricht aber der Mieter nicht der Kündigung, kann in Einzelfällen der Vermieter seinerseits vergessen, der Gebrauchsfortsetzung i.S.d. § 545 BGB zu widersprechen. 369

Die Erklärung des Mieters, mit der er der Kündigung widerspricht und die Fortsetzung des Mietverhältnisses verlangt, bedarf der **Schriftform**. Auf Verlangen des Vermieters soll der Mieter über die Gründe des Widerspruchs unverzüglich Auskunft erteilen (§ 574b Abs. 1 BGB). Telefax oder telegrafische Übermittlung reichen zur Wahrung der Schriftform nicht aus.[197] 370

---

[197] OLG Karlsruhe NJW 73, 1001.

§ 5 Räumungsverfahren

371 Wenn der Mieter den Widerspruch nicht spätestens zwei Monate vor der Beendigung des Mietverhältnisses erklärt hat, kann der Vermieter die Fortsetzung des Mietverhältnisses ablehnen (§ 574b Abs. 2 BGB). Hat aber der Vermieter nicht rechtzeitig vor Ablauf der Widerspruchsfrist, also vor Ablauf der Zweimonats-Frist und so viele Tage vorher, dass der Mieter noch einige Zeit überlegen, einen Widerspruch abfassen und noch fristgerecht zusenden kann, den Hinweis auf die Widerspruchsmöglichkeit nicht oder nicht richtig erteilt,[198] kann der Mieter den Widerspruch noch im **ersten Termin des Räumungsrechtsstreits** erklären.

372 Voraussetzung für den Widerspruch und das Fortsetzungsverlangen ist, dass die vertragsgemäße Beendigung des Mietverhältnisses für den Mieter oder seine Familie eine **Härte** bedeuten würde, die auch unter Würdigung der berechtigten Interessen des Vermieters nicht zu rechtfertigen ist.

373 Es wird also eine umfassende Abwägung der Interessen des Mieters an der Fortsetzung des Mietverhältnisses mit dem Interesse des Vermieters an dessen Beendigung vorgenommen. Nicht nur das Ob, sondern auch die Art der Fortsetzung des Mietverhältnisses sowie dessen Dauer sind Gegenstand der **Interessenabwägung**. Die Interessen des Vermieters und des Mieters haben auch nach der Lockerung der Anforderungen des BVerfG an eine Eigenbedarfskündigung grundsätzlich gleiches Gewicht. Der Vermieter kann seine Eigentümerstellung (Art.14 GG) hier nicht erneut einbringen.[199] Welches Interesse überwiegt, entscheidet der Einzelfall. Kommt man aber zu dem Ergebnis, dass die Interessen gleichwertig sind, kann der Mieter die Fortsetzung nicht verlangen.[200]

374 Das Gesetz nennt nur einen **Härtefall** namentlich. Eine Härte liegt danach insbesondere vor, wenn angemessener Ersatzwohnraum zu zumutbaren Bedingungen nicht beschafft werden kann (§ 574 Abs. 2 BGB). Hierfür sowie generell bei der Frage nach der Härte kommt es auf den Einzelfall an. Eine greifbare Kasuistik lässt sich für diese Generalklausel wie folgt aufstellen:[201]

375 Alter, Behinderung, Krankheit, lange Wohndauer und Verwurzelung mit der Umgebung, Beruf, Ausbildung und Kinder, Keine Ersatzwohnung zu zumutbaren und angemessenen Bedingungen, noch nicht abgewohnte Investitionen des Mieters und doppelter Umzug innerhalb kurzer Dauer.

376 **Einige Einzelfälle aus der Rechtsprechung:**
Aufgrund seiner körperlichen Behinderung ist der Mieter auf die Hilfe in der Nähe wohnender Angehöriger oder Nachbarn angewiesen (AG Stuttgart WuM 89, 297). Ein alter, gebrechlicher oder kranker Mensch wohnt bereits lange Jahre in der Wohnung und ist mit seiner Umgebung verwurzelt (OLG Karlsruhe NJW 70, 1746; AG Münster WuM 89, 379; LG Oldenburg WuM 91, 346; LG Berlin MM 95, 101). Dem Umzug steht eine Erkrankung entgegen (AG Biberach WuM 80, 54; AG München NJW-RR 90, 911). U.U. bei Schwangerschaft (LG Dortmund NJW 66, 2204). Noch nicht abge-

---

198 Palandt-Weidenkaff, § 574b BGB Rn. 6.
199 LG München I WuM 89, 296.
200 LG Hannover WuM 92, 609.
201 Vgl. auch Sternel, Mietrecht Aktuell, Rn. 1255ff.

wohnte hohe Investitionen des Mieters in die Wohnung, die in Absprache mit dem Vermieter erfolgten (OLG Frankfurt WuM 71, 168; LG Kiel WuM 92, 690). Angemessener Ersatzwohnraum zu zumutbaren Bedingungen (OLG Oldenburg WuM 70, 132; LG Stuttgart WuM 91, 347) in Ballungsräumen (AG Freiburg, WuM 91, 102, 686; AG Stuttgart WuM 91, 103; AG Hannover WuM 91, 553). Ein kurzer Zwischenumzug wird erforderlich, weil das Eigenheim, die neu gewählte Wohnung noch nicht bezogen werden kann (vgl. AG Tübingen ZMR 86, 60).

Die Sozialklausel ist nicht anwendbar auf die Kündigung des Mieters sowie bei einer außerordentlichen Kündigung des Vermieters. In diesen Fällen kann der Mieter eine Fortsetzung des Mietverhältnisses nicht verlangen (§ 574 Abs. 1 BGB). 377

Über die Fortsetzung, deren Dauer sowie über die Bedingungen, nach denen das Mietverhältnis fortgesetzt wird, entscheidet das Gericht durch Urteil. Wenn ungewiss ist, wann voraussichtlich die Umstände wegfallen, aufgrund derer die Beendigung des Mietverhältnisses für den Mieter oder seine Familie eine Härte bedeutet, kann auch bestimmt werden, dass das Mietverhältnis auf unbestimmte Zeit fortgesetzt wird (§ 574a Abs. 2 BGB). 378

Es ist möglich, dass bei der Fortsetzung des Mietverhältnisses die **Vertragsbedingungen** geändert werden können. Es empfiehlt sich, dies im **Prozess** hilfsweise zu beantragen (§ 308a ZPO). Veränderungen sind vom Nutzungsumfang, z.B. Herausgabe des Dachbodens[202] bis zur Miethöhe[203] möglich. Nicht nur das Ob, sondern auch die Art der Fortsetzung des Mietverhältnisses sowie dessen Dauer sind Gegenstand der Interessenabwägung. Bei der Beurteilung der Dauer im Rahmen der Interessenabwägung nach §§ 574 bis 574b BGB darf nicht darauf zurückgegriffen werden, dass dem Mieter ohnehin eine Räumungsfrist i.S.d. § 721 ZPO gewährt werden könnte. Deswegen dürfen die Interessen des Mieters nicht als geringerwertig eingestuft werden.[204] 379

Der Vermieter ist beweispflichtig für den rechtzeitigen Hinweis auf das Widerspruchsrecht. Der Mieter muss den rechtzeitigen Zugang des Widerspruchs nachweisen. Für beide empfiehlt sich daher die Versendung per Einschreiben/Rückschein oder per Boten. Der Härtegrund muss im Prozess **substantiiert** dargelegt werden. Die **Beweislast** für die Interessen des Mieters trägt der Mieter. Für die Interessen des Vermieters ist der Vermieter beweispflichtig.[205] 380

Anders als der Vermieter bei der Kündigung kann der Mieter im **Räumungsprozess** auch Gründe nachschieben, selbst wenn diese nicht erst nach Ausspruch des Widerspruchs entstanden sind. Es besteht dann allerdings die Gefahr von **Kostennachteilen** nach § 93b Abs.2 ZPO. 381

---

202 LG Hamburg WuM 87, 223.
203 LG Heidelberg WuM 94, 682.
204 OLG Stuttgart NJW 69, 240.
205 Palandt-Weidenkaff, § 574a BGB Rn. 7.

§ 5 Räumungsverfahren

III. Beendigung befristeter Mietverhältnisse

382 Befristete Mietverhältnisse enden grundsätzlich mit Zeitablauf und können während der Vertragszeit weder vom Vermieter noch vom Mieter ordentlich gekündigt werden. Möglich ist beiderseits nur eine außerordentliche Kündigung. In Wohnrummietverhältnissen gibt es seit der Mietrechtreform nur noch das befristete Mietverhältnis aufgrund Zeitmietvertrages nach § 575 BGB und den befristeten beiderseitigen Verzicht auf das Recht zur ordentlichen Kündigung, da sich der Gesetzgeber für den Grundsatz des unbefristeten Mietverhältnisses entschieden hat.[206]

383 Ist das Mietverhältnis befristet, d.h. ist es beispielsweise auf nur fünf Jahre eingegangen, so endet es grundsätzlich automatisch mit dem Ablauf der Befristung, also hier nach fünf Jahren.

384 Der Endzeitpunkt muss **kalendermäßig** bestimmt oder bestimmbar sein, da andernfalls keine Befristung vorliegt. Bei unklaren Formulierungen kann dies jedoch auch durch Auslegung ermittelt werden. Gemeint ist damit, dass aus dem Vertrag und dessen Verhandlungen sowie der Verkehrssitte, feststellbar sein muss, an welchem Tag genau das Mietverhältnis nach dem Willen beider Parteien, so wie es bei Vertragsschluss vereinbart war, enden soll.

385 In befristeten Wohnraummietverhältnissen kann der Mieter bei Verträgen, die **vor dem 1. September 2001** abgeschlossen wurden, die Beendigung des Mietverhältnisses nur durch ein schriftliches **Fortsetzungsverlangen**, welches er spätestens zwei Monate vor Beendigung des Mietverhältnisses gegenüber dem Vermieter erklären muss, verhindern. Gemäß § 564c Abs. 1 BGB a.F. kann der Mieter hierbei die Fortsetzung des Mietverhältnisses auf unbestimmte Zeit verlangen, ohne hierfür Gründe angeben zu müssen. Der Vermieter kann diesem Fortsetzungsverlangen nur entgegentreten, indem er berechtigte Interessen geltend macht, die ihn auch zu einer ordentlichen Kündigung des Mietverhältnisses berechtigen würden. Für **ab dem 1. September 2001** geschlossene Verträge ist selbst dieses fristgebundene Fortsetzungsverlangen nicht mehr notwendig, da seit der Mietrechtsreform sich das befristete Mietverhältnis **automatisch** in ein unbefristetes Mietverhältnis umwandelt.

386 Das Recht zur Fortsetzung des Mietverhältnisses bzw. die unbefristete Verlängerung des Mietverhältnisses nach Ablauf der Befristung steht dem Wohnraummieter bei einem **Zeitmietvertrag**, bei dem der Fortsetzungsanspruch nach § 575 BGB ausgeschlossen ist, nicht zu.

IV. Außerordentliche Kündigung des Mieters, vorzeitige Beendigung eines Mietverhältnisses und Sonderkündigungsrechte

1. Grundlagen

387 Ein befristetes Mietverhältnis kann grundsätzlich vom Mieter nicht vorzeitig ordentlich gekündigt werden. Es bestehen jedoch neben der einvernehmlichen vorzeitigen Auflösung des Mietverhältnisses durch Aufhebungsvertrag noch die Möglichkeiten

---

206 Vgl. BGHZ 379,03; BGHZ 2/04; BGHZ 294/03; OLG Brandenburg WuM 04, 597.

einer einseitigen Auflösung aufgrund Treu und Glaubens (§ 242 BGB) sowie zahlreiche Sonderkündigungsrechte (und außerordentliche Kündigungsgründe).

Die jeweiligen **Beendigungsmöglichkeiten** hängen zwingend von einer bestimmten Sachverhaltskonstellation ab. Ein **Aufhebungsvertrag** kommt nur mit Einverständnis des Vermieters zustande. Eine Aufhebung des Vertrages nach § 242 BGB kommt nur bei Treuwidrigkeit in Betracht und ein **Sonderkündigungsrecht** sowie eine außerordentliche Kündigung bedürfen eines bestimmten Grundes. 388

Der Unterschied zwischen außerordentlicher Kündigung und Sonderkündigung liegt darin, dass die **außerordentliche Kündigung** grundsätzlich unbefristet ausgesprochen werden kann, während auch bei einem Sonderkündigungsrecht zwar außerordentlich und nicht ordentlich gekündigt wird, dabei aber die gesetzlichen bzw. besonderen Fristen einzuhalten sind. Da der Mieter aber anders als der Vermieter jederzeit ordentlich unter Einhaltung der gesetzlichen Frist des § 573c BGB kündigen kann, haben sowohl die außerordentlichen Kündigungstatbestände als auch die Sonderkündigungsrechte dann Bedeutung, wenn es sich um einen befristeten Mietvertrag handelt. An außerordentlichen Kündigungsrechten stehen dem Mieter zur Seite die Kündigung wegen Nichtgewährung des Gebrauchs gemäß § 543 Abs. 2 Nr. 1 BGB, wegen Gesundheitsgefährdung, § 569 Abs. 1 BGB und wegen schuldhafter Pflichtverletzung des Vermieters nach § 569 Abs. 2 BGB. 389

An Sonderkündigungsrechten gibt es die Kündigung wegen versagter Untervermieterlaubnis nach § 540 Abs. 1 Satz 2 BGB, bei Mietverträgen über 30 Jahren nach § 544 BGB, bei Tod des Mieters nach § 580 BGB, wegen bevorstehender Modernisierungsmaßnahmen gemäß § 554 BGB, wegen Mieterhöhung, nach § 561 BGB, § 11 Abs. 1 WoBindG, und bei Staffelmiete nach vier Jahren, § 557a Abs. 3 BGB. 390

2. Vertragsauflösung durch Beibringen eines Mietnachfolgers

Der Mieter hat keinen Anspruch darauf, dass dieser nach dem Beibringen von einem oder mehr **Mietnachfolgern aus** dem Mietverhältnis entlassen wird. Es reicht auch nicht aus, dass diese Mietnachfolger bereit sind, das Mietverhältnis zu den bisherigen Bedingungen fortzusetzen. Hinzu kommen muss vielmehr, dass es dem Mieter nach Treu und Glauben ausnahmsweise wegen erheblicher Gründe nicht zuzumuten ist, das Mietverhältnis fortzusetzen. Denn auch im Mietrecht gilt der Grundsatz „pacta sunt servanda". Dieser Grundsatz kann nur ausnahmsweise aufgrund von Treu und Glauben aufgehoben werden,[207] und zwar wenn folgende Voraussetzungen kumulativ erfüllt sind: 391

a) Geeigneter Mietnachfolger

Beibringen von mindestens einem geeigneten und für den Vermieter zumutbaren, u.U. von bis zu drei **Ersatzmietern**, die bereit und vor allem auch in der Lage (insbesondere solvent) sind, das Mietverhältnis zu den bisherigen Bedingungen fortzusetzen. Teilweise wird sogar vertreten, dass der Vermieter die Vertragsbedingungen abändern 392

---

207 OLG Hamburg ZMR 87, 93.

kann, wenn diese bisher für den Vermieter besonders nachteilig waren oder eine Vertragsänderung (Mieterhöhung) ohnehin unmittelbar bevorstünde.[208]

b) Erhebliche Gründe

393 Weiter müssen beim Mieter erhebliche Gründe vorliegen, die dazu führen, dass ihm die Fortsetzung des Vertrages bis zum Ende dessen Befristung nicht mehr zugemutet werden kann. Dazu sollen einzelne Fälle beispielhaft genannt werden:[209]

394 Umzug in ein Altersheim, Versetzung an einen anderen Arbeitsort, Eigenheim wurde wider Erwartens bezugsfertig, Vergrößerung der Familie wegen Heirat oder Nachwuchs, Verkleinerung der Familie wegen Tod oder Auszug, Liquiditätsprobleme wegen Arbeitslosigkeit oder Scheidung, von Ausnahmefällen abgesehen (insbesondere, wenn andere Gründe hinzutreten) reicht der Wunsch nach einer besseren, schöneren, verkehrsgünstigeren und billigeren Wohnung für sich genommen regelmäßig nicht aus.

3. Sonderkündigungsrechte

a) Sonderkündigungsrecht wegen Versagung der Untervermieterlaubnis

395 Nach § 540 Abs. 1 Satz 2 BGB kann der Mieter das Mietverhältnis außerordentlich, aber unter Einhaltung der gesetzlichen Kündigungsfrist kündigen, wenn der Vermieter nicht zustimmt, dass der Mieter die Mietsache einem Dritten überlässt, insbesondere die Mietsache weiter vermietet, es sei denn, dass in der Person des Dritten ein wichtiger Grund für die Verweigerung vorliegt.

396 Das außerordentliche Kündigungsrecht besteht also grundsätzlich nur, wenn der Vermieter seine **Zustimmung** zur **Untervermietung versagt**. Stimmt der Vermieter der Untervermietung zu, bleibt der Mieter im Mietvertrag, wird jedoch wirtschaftlich nicht allzu ungünstig stehen, da er den Mietzins, den er an den Vermieter bezahlt, seinerseits vom Untermieter verlangen kann. Der Mieter bleibt aber nach wie vor in der mietvertraglichen Haftung.

397 Wenn in der Person des Untermieters ein **wichtiger Grund** für die Versagung liegt, besteht weder die Untervermietbefugnis noch das außerordentliche Kündigungsrecht. Für die Bewertung des wichtigen Grundes gelten objektive Kriterien und nicht subjektive des Vermieters. Für den wichtigen Grund trägt der Vermieter die prozessuale Beweislast. Der wichtige Grund darf nur in der Person des Untermieters liegen. Es kommt nicht darauf an, ob der Untermieter ein geeigneter Vertragspartner für den Vermieter wäre, sondern allein, ob es dem Vermieter zumutbar ist, dem Untermieter den Gebrauch zu überlassen.[210] Unzumutbar könnte die Überlassung an mehrere Untermieter sein. Auf die Solvenz des Untermieters kommt es allein nicht an, da für diese der Hauptmieter haftet.[211]

---

208 OLG Hamburg WuM 87, 147.
209 Vgl. auch OLG Karlsruhe WuM 81, 173.
210 BGHZ 92, 213.
211 Palandt-Weidenkaff, § 540 BGB Rn. 12.

Gemeint ist mit Untervermietung die **selbstständige Überlassung** der Mietsache (Zwischenvermietung) mit eigenen mietrechtlichen Ansprüchen gegen den Hauptmieter und nicht nur die bloße Einräumung einer Mitnutzung.[212]

Der Hauptmieter kann also den Vermieter um die Erlaubnis einer **Weitervermietung** an eine vom Hauptmieter zu benennende und zum Abschluss eines Untermietvertrages bereite dritte Person bitten. Lehnt der Vermieter die Untervermietung ab und gelingt es ihm nicht gleichzeitig, einen wichtigen Grund in der Person des Untermieters für seine Versagung der Untervermietung nachzuweisen, hat der Hauptmieter das Recht zur außerordentlichen Kündigung des Mietverhältnisses vor Ablauf der Befristung des Mietverhältnisses, allerdings unter Einhaltung der gesetzlichen Kündigungsfrist (§ 573c BGB).

b) Sonderkündigungsrecht bei bevorstehender Modernisierung

Mit einer Frist von einem Monat zum Ablauf des nächsten Monats kann der Mieter bei Vorliegen der näheren Voraussetzungen des § 554b BGB kündigen, wenn der Vermieter **Modernisierungsmaßnahmen** ankündigt.

c) Sonderkündigungsrecht bei Mietverhältnissen von mehr als 30 Jahren Dauer

Gemäß § 544 BGB kann ein Mietverhältnis, das auf eine längere Dauer als 30 Jahre eingegangen wurde, nach 30 Jahren unter Einhaltung der gesetzlichen Kündigungsfrist gekündigt werden.

d) Sonderkündigungsrecht bei Tod des Mieters

Stirbt der Mieter, besteht für die Familienangehörigen ein Sonderkündigungsrecht (§ 580 BGB).

e) Sonderkündigungsrecht bei Staffelmietvereinbarung

Gemäß § 557a Abs. 3 BGB ist eine Beschränkung des Kündigungsrechts des Mieters unwirksam, soweit sie sich auf einen Zeitraum von mehr als vier Jahren seit Abschluss der Vereinbarung erstreckt. Befristete Mietverträge mit **Staffelmietvereinbarung** können also nach vier Jahren gekündigt werden, vorausgesetzt die Staffelmietvereinbarung erstreckt sich auf einen Zeitraum von mehr als vier Jahren. Die Kündigung des Mieters ist in diesem Fall eine ordentliche Sonderkündigung, bei der vom Mieter die gesetzlichen Kündigungsfristen einzuhalten sind.

f) Sonderkündigungsrecht bei Mieterhöhungsverlangen

Bei einem **Mieterhöhungsverlangen** hat der Mieter unter den Voraussetzungen des § 561 BGB das Recht, eine befristete Sonderkündigung auszusprechen. Die Frist beträgt zwei Monate zum Ablauf des übernächsten Monats.

---

212 Vgl. detailliert BayObLG NJW 98, 1324 m.w.N.

g) Außerordentliche Kündigungsrechte

h) Außerordentliche Kündigung wegen Nichtgewährung des Gebrauchs

405 Nach § 543 Abs. 2 Nr. 1 BGB ist der Mieter bei Nichtgewährung des Gebrauchs zur außerordentlichen Kündigung berechtigt. Eine **Nichtgewährung des Gebrauchs** ist auch dann gegeben, wenn die Mietsache mit erheblichen Mängeln behaftet ist. Der Mieter muss allerdings den Vermieter zuvor nach Setzung einer angemessenen Frist in Verzug gebracht haben. Danach kann die Kündigung fristlos ausgesprochen werden.

i) Außerordentliche Kündigung wegen Gesundheitsgefährdung

406 Gemäß § 569 Abs. 1 BGB kann der Mieter bei erheblicher Gesundheitsgefährdung durch Mängel außerordentlich fristlos kündigen.

j) Kündigung wegen schuldhafter Pflichtverletzung des Vermieters

407 Nach § 569 Abs. 2 BGB kann der Mieter wegen **schuldhafter Pflichtverletzung** des Vermieters außerordentlich und fristlos kündigen. Es muss sich aber um eine schwere und schuldhafte Pflichtverletzung handeln, die es dem Mieter unzumutbar macht, den Mietvertrag fortzusetzen. Dies ist dann der Fall, wenn das Vertrauensverhältnis zwischen Mieter und Vermieter endgültig zerstört ist,[213] nicht aber bereits, wenn sich Mieter und Vermieter vor Gericht streiten, auch nicht unbedingt bei einer Vielzahl von Prozessen.[214]

V. Außerordentliche Kündigung des Vermieters

1. Kündigung bei Zahlungsverzug

408 Nach § 543 Abs. 1 Satz 1 BGB kann jede Vertragspartei das Mietverhältnis aus wichtigem Grund außerordentlich fristlos kündigen. Gemäß § 543 Abs. 2 Nr. 3 BGB liegt ein wichtiger Grund insbesondere vor, wenn der Mieter für zwei aufeinander folgende Termine mit der Entrichtung der Miete oder eines nicht unerheblichen Teils der Miete in **Zahlungsverzug** ist oder in einem Zeitraum, der sich über mehr als zwei Termine erstreckt, mit der Entrichtung der Miete in Höhe eines Betrages in Verzug ist, der die Miete für zwei Monate erreicht.

409 Im Falle des Satzes 1 Nr. 3 ist die Kündigung ausgeschlossen, wenn der Vermieter vorher befriedigt wird. Sie wird unwirksam, wenn sich der Mieter von seiner Schuld durch Aufrechnung befreien konnte und unverzüglich nach der Kündigung die Aufrechnung erklärt. Die Kündigung wird auch dann unwirksam, wenn der Vermieter spätestens bis zum Ablauf von zwei Monaten **nach Eintritt der Rechtshängigkeit des Räumungsanspruches** hinsichtlich der fälligen Miete und der fälligen Entschädigung nach § 546a Abs. 1 BGB befriedigt wird oder sich eine öffentliche Stelle zur Befriedigung verpflichtet (§ 569 Abs. 3 Nr. 2).[215] Dies gilt nicht, wenn der Kündigung vor nicht länger als zwei Jahren bereits eine nach Satz 1 unwirksame Kündigung vorausgegangen ist.

---

213 BGH NJW 69, 1845.
214 OLG Hamm NJW-RR 93, 17.
215 Nach fristloser Kündigung des Wohnungsmietvertrages wegen Zahlungsverzug kann gegen den Räumungsbeklagten vor Ablauf der zweimonatigen Schonfrist Versäumnisurteil im schriftlichen Vorverfahren erlassen werden, wenn die Frist für die Verteidigungsanzeige ohne Reaktion der Beklagtenseite abgelaufen ist, vgl. LG Hamburg WuM 03, 275.

Gemäß § 569 Abs. 3 Nr. 1 BGB gilt für die **Wohnraummiete** in Ergänzung zu § 543 Abs. 2 Satz 1 Nr. 3 BGB im Falle des § 543 Abs. 2 Satz 1 Nr. 3 Buchstabe a, dass der rückständige Teil der Miete nur dann als nicht unerheblich anzusehen ist, wenn er die Miete für einen Monat übersteigt. Dies gilt nicht, wenn der Wohnraum nur zum vorübergehenden Gebrauch vermietet ist. § 569 Abs. 4 BGB regelt weiter, dass der zur Kündigung führende wichtige Grund im Wohnraummietrecht in dem Kündigungsschreiben anzugeben ist.

Unter **Miete** sind nur die laufenden Zahlungen, also der Mietzins und die Nebenkosten, zu verstehen. Nicht darunter fallen insbesondere noch zu leistende Kautionszahlungen, Finanzierungskostenzuschüsse, ein Saldo einer Jahresabrechnung für Nebenkosten, Kosten für Schönheitsreparaturen, Schadensersatz- oder Erstattungsansprüche. Es kommt also nicht auf die Summe an, die der Mieter insgesamt schuldet. Dabei ist regelmäßig auch die Leistungsbestimmung durch den Mieter von Bedeutung.

In den Mietverträgen ist die Leistungszeit stets kalendermäßigbestimmt. **Verzug** tritt danach mit Ablauf des letzten Tages ein, ohne dass es einer Mahnung bedarf. Unterschiedlich ist manchmal der Zeitpunkt der Leistungshandlung bestimmt. Zu achten ist daher darauf, ob es nach dem Mietvertrag auf die rechtzeitige Absendung oder den rechtzeitigen Eingang des Geldes ankommt. Mit Werktagen ist Montag bis Freitag mit Ausnahme der Feiertage gemeint. Ist also der 1. des Monats ein Samstag und der darauf folgende Montag ein Feiertag, so wäre der Mieter erst am Freitag, den 7., im Zahlungsverzug. Für den Fall, dass die Leistungszeit nicht kalendermäßig bestimmt ist, ist eine Mahnung nicht entbehrlich. Grundsätzlich setzt der Verzug zwar auch Verschulden voraus. Dieses wird zum einen aber vermutet und wird zum anderen in aller Regel auch vorliegen. Denn es gilt der allgemeine Rechtsgrundsatz: „Geld hat man zu haben." Bei einer berechtigten Mietminderung liegt kein Verzug vor. In der Praxis problematisch ist jedoch häufig die Frage, ob die Mietminderung berechtigt ist. Bestehen Zweifel an der Rechtmäßigkeit der Mietminderung und stellen sich die Zweifel später als begründet heraus, lag zwar ein Zahlungsverzug vor, der aber entschuldbar ist, wenn die geltend gemachte Mietminderung nicht abwegig ist. Gleiches gilt bei der Mieterhöhung. Bestehen berechtigte Zweifel an dem Mieterhöhungsverlangen, so ist die verzögerte Zahlung entschuldbar.[216]

2. Kündigung wegen Fortsetzung des vertragswidrigen Gebrauchs, erheblichen Pflichtverletzungen oder Störung des Hausfriedens

Die Kündigung **wegen Fortsetzung des vertragswidrigen Gebrauchs** bzw. **erheblicher Pflichtverletzungen** oder Störung des Hausfriedens bzw. die Kündigung wegen Vernachlässigung der Sorgfaltspflicht ist eine außerordentliche Kündigung. Wie jede Kündigung eines gewöhnlichen Wohnraummietverhältnisses muss auch diese nach § 568 Abs. 1 BGB schriftlich erfolgen.

---

216 Zur Kündigung aus Zahlungsverzug wegen Nichtleistung der Kaution trotz mehrfacher Abmahnung im Gewerbemietrecht vgl. OLG München WuM 00, 304.

414 Für die einzelnen Sachverhalte einer Kündigung wegen Pflichtwidrigkeiten gelten die in Rn. 352 f. aufgeführten Beispielsfälle zur ordentlichen Kündigung wegen Pflichtverstößen des Mieters entsprechend. Anders als bei der ordentlichen Kündigung muss für die außerordentliche Kündigung jedoch ein deutlich massiverer Verstoß vorliegen. Es hängt entscheidend vom Grad der Erheblichkeit des **Pflichtverstoßes** ab, ob überhaupt eine begründete Kündigung ausgesprochen werden kann, ob eine ordentliche Kündigung gerechtfertigt ist oder ob der Verstoß bzw. die Verstöße so unzumutbar sind, dass sogar eine außerordentliche fristlose Kündigung gerechtfertigt ist.

415 Nach § 543 Abs. 1 Satz 1 BGB kann der Vermieter das Mietverhältnis aus wichtigem Grund außerordentlich fristlos kündigen. Ein **wichtiger Grund** liegt vor, wenn dem Vermieter unter Berücksichtigung aller Umstände des Einzelfalls, insbesondere eines Verschuldens der Vertragsparteien, und unter Abwägung der beiderseitigen Interessen die Fortsetzung des Mietverhältnisses bis zum Ablauf der Kündigungsfrist oder bis zur sonstigen Beendigung des Mietverhältnisses nicht zugemutet werden kann, § 543 Abs. 1 Satz 2 BGB. Ein wichtiger Grund liegt insbesondere vor, wenn der Mieter die Rechte des Vermieters dadurch in erheblichem Maße verletzt, dass er die Mietsache durch Vernachlässigung der ihm obliegenden Sorgfalt erheblich gefährdet oder sie unbefugt einem Dritten überlässt, § 543 Abs. 2 Nr. 2 BGB.

416 Besteht der wichtige Grund in der Verletzung einer Pflicht aus dem Mietvertrag, so ist die Kündigung erst nach erfolglosem Ablauf einer zur Abhilfe bestimmten **Frist** oder nach erfolgloser **Abmahnung** zulässig. Dies gilt nicht, wenn eine Frist oder Abmahnung offensichtlich keinen Erfolg verspricht, die sofortige Kündigung aus besonderen Gründen unter Abwägung der berechtigten Interessen gerechtfertigt ist oder der Mieter mit der Entrichtung des Mietzinses i.S.d. § 543 Abs. 2 Nr. 3 BGB im Verzug ist, § 543 Abs. 3 BGB.

VI. Mietaufhebungsvertrag

417 Ein **Mietaufhebungsvertrag** setzt das Einverständnis beider Parteien in allen Punkten voraus und unterliegt im Rahmen der §§ 134, 138 BGB der freien Vereinbarung zwischen den Parteien. Es ist den Parteien überlassen, was sie als jeweils regelungsbedürftig ansehen.

418 In der Praxis verbreitet sind die Vereinbarungen von Abfindungsbeträgen unter Verzicht auf Endrenovierung bei vorzeitiger Räumung des Wohnraums. Soweit der Mietaufhebungsvertrag auch den fehlenden Kündigungsgrund des Vermieters ersetzen soll, bleibt der Vermieter auch bei verspätetem Auszug des Mieters zur Zahlung der vereinbarten **Abfindungssumme** verpflichtet.[217]

419 Wenn der Vermieter mehr als zwei Wohnungen längerfristig vermietet hat und der Mietaufhebungsvertrag anlässlich eines Hausbesuches bei dem Mieter geschlossen wird, können die §§ 312, 355 BGB (**Widerrufsrecht bei Haustürgeschäften**) zur Anwendung kommen,[218] mit der Folge, dass der Mieter das Recht hat, seine Willens-

---

217 Vgl. LG Fürth NJW-RR 93, 81.
218 BayObLG WuM 93, 385; LG Heidelberg WuM 93, 397; AG Frankfurt/M. WuM 98, 418.

erklärung zum Mietaufhebungsvertrag binnen einer Woche schriftlich zu widerrufen. Solange der Mietaufhebungsvertrag noch widerrufen werden kann, ist er schwebend unwirksam. Der Lauf der Widerrufsfrist beginnt erst mit der Aushändigung einer ordnungsgemäßen Belehrung des Mieters über das Widerrufsrecht. Wenn der Mieter innerhalb der Widerrufsfrist ordnungsgemäß seine Willenserklärung widerruft, ist der Mietaufhebungsvertrag hinfällig. Wird die Belehrung vergessen, erlischt das Widerrufsrecht einen Monat nach beiderseits vollständig erbrachter Leistungen.

B. Anträge vor Gericht

I. Einstweilige Verfügung auf Räumung

1. Rechtsgrundlagen

Einstweilige Verfügungen sind vorläufige Regelungen. Räumungsverfügungen schaffen vollendete Tatsachen, da eine Räumung kaum rückgängig zu machen ist. Eine Räumungsverfügung kann damit nur unter den engen Voraussetzungen einer Befriedigungsverfügung Erfolg bringen. Die Angelegenheit muss die Durchführung eines Klageverfahrens nicht mehr sinnvoll erscheinen lassen, so dass die Hauptsache sinnvoller Weise bereits im Verfügungsverfahren geklärt werden muss.

420

Regelmäßig wird sich eine Räumungsverfügung nur in den beiden Fällen des § 940 a ZPO begründen lassen, nämlich
- bei verbotener Eigenmacht (§§ 858, 861 BGB),
- bei konkreter Gefahr für Leib und Leben (Muster unten Rn. 434).

421

Die Regelung des § 940 a ZPO ist auf Wohnraumschutz beschränkt, gilt inhaltlich aber auch für Gewerberäume.[219] In beiden Fällen besteht zwischen dem Eigentümer und dem Nutzer kein Besitzmittlungsverhältnis oder es besteht nicht mehr.[220] Regelmäßig erfolglos ist damit der Versuch, eine Räumung im Wege des einstweiligen Rechtsschutzes gegen jemanden durchzusetzen, dessen Mietvertrag wegen Zahlungsverzugs gekündigt wurde und der das Mietobjekt nicht verlassen will. Die bloße Weigerung, den Gegenstand herauszugeben, macht den Besitz zwar unberechtigt, nicht aber fehlerhaft im Sinne des § 858 BGB. Dies gilt auch dann, wenn der Besitzer keine Nutzungsentschädigung gem. § 546 a I BGB leistet und der Gläubiger deshalb seinen Verpflichtungen gegenüber der finanzierenden Bank nicht nachkommen kann.[221] Gleiches gilt, wenn der Gläubiger mangels Rückgabe der Mietsache seine Besitzverschaffungspflicht gegenüber dem Grundstückserwerber nicht erfüllen kann.[222] **Anders** ist die Lage nur dann, wenn die Weiterbenutzung der Sache Gesichtspunkte aufweist, die den Rahmen des Vertragszwecks überschreiten. Das ist z.B. dann der Fall, wenn der Mietvertrag über eine Gaststätte wegen Sprengstoffanschlägen gekündigt wurde,[223] oder wenn der

422

---

219 Schmidt-Futterer, Mietrecht, 8. Aufl., § 543 Rn. 137.
220 Zuletzt OLG Köln NJWE-MietR 97, 227.
221 OLG Düsseldorf NZM 2005, 180, 181; OLG Brandenburg NJOZ 2004, 573, 574; OLG Celle NZM 2001, 194, 195.
222 OLG Düsseldorf NZM 2005, 180, 181 m.N.; a.A. OLG Rostock OLG-NL 2001, 279, 280; OLG Celle NZM 2001, 194, 195; OLG Köln NJW-RR 95, 1088.
223 LG Wiesbaden NJW-RR 93, 1293.

unberechtigte Besitzer die Sache in einer vom Vertrag nicht mehr gedeckten Weise nutzt und der Sachsubstanz aus diesem Grunde konkrete Gefahr droht.[224] Letztlich hat der Rechtsanwalt hier immer den sichersten Weg zu gehen und den Gläubigermandanten auf das erhebliche Verlustrisiko hinzuweisen, wenn er etwa eine Räumungsverfügung gegen einen Mieter beantragt, der versucht hat, sich den rechtswidrigen Besitz „abkaufen" zu lassen.[225]

2. Prozessvoraussetzungen

423 Zur **Entscheidung** berufen ist das Gericht der Hauptsache (§ 937 I, 943 ZPO, hierzu unten Rn. 446), in dringenden Fällen (z. B. am Wochenende) unabhängig davon das Amtsgericht (§ 942 I ZPO). Der Antrag geht nur dann an die Mietabteilung, wenn es sich um einen Vertragsexzess handelt. Dagegen fehlt es im Fall der verbotenen Eigenmacht ebenso an einem Mietverhältnis wie in den Gewaltschutzfällen. Auch der nichteheliche Lebenspartner wird durch Aufnahme in die Mietwohnung nicht Vertragspartner. Es entsteht in der Regel kein Untermietverhältnis. Aufgrund der Aufnahme erhält der Partner nur ein selbstständiges, allerdings sofort kündbares Besitzrecht.[226]

424 Damit die Räumung Erfolg haben kann, muss der Antrag **gegen alle Besitzer** der zu räumenden Fläche gerichtet sein. Sind die Besitzer in zumutbarer Weise nicht zu ermitteln, kann der Antrag selbst auf den Gegenstand bezogen werden, sofern nur die Personengruppe (z. B. Hausbesetzer) zeitlich mindestens vorübergehend feststeht, es sich also um eine bestimmte Anzahl von nicht wechselnden Personen handelt.[227] Der Antrag lässt sich dann z.B. gegen „alle Bewohner des Anwesens Hauptstraße 13 in 76530 Baden-Baden" richten; nicht ausreichend wäre hingegen ein Antrag gegen „7 bis 10 Personen, die sich im Anwesen Hauptstraße 13 in 76530 Baden-Baden aufhalten".[228]

425 Darzulegen ist ein **Verfügungsanspruch**. Dieser ergibt sich bei verbotener Eigenmacht aus den §§ 858, 861 BGB bzw. aus 812 I 2 Alt. 2 BGB.[229] In Gewaltschutzfällen ist der Gewaltvorgang darzulegen, da der Mitbesitzer seinen Besitz nicht aufgrund verbotener Eigenmacht erlangt hat und Mitbesitzer gem. § 866 BGB untereinander keine Besitzschutzansprüche haben, wenn ein Mitbesitzer die Grenze des ihm zustehenden Gebrauchs überschreitet. Sind die Bewohner miteinander verheiratet, ist zu berücksichtigen, dass der Konflikt der Mitnutzung bei anhängigem Scheidungsverfahren gem. § 620 Nr. 7 ZPO vor dem Familiengericht, ansonsten (gem. § 1361b BGB) in einem FGG-Verfahren nach den §§ 11 ff. HausratsVO zu klären ist – die §§ 18a, 13 IV HausratsVO eröffnen die Möglichkeit einstweiliger Anordnungen des Gerichts –, und sich in diesen Fällen daher ein „normales" Verfügungsverfahren verbietet. Diese Verfahren sind auf nichteheliche Lebensgemeinschaften nicht übertragbar. Hinsichtlich der

---

224 OLG Düsseldorf NZM 2005, 180, 181.
225 Zu diesem Fall Kluth/Grün, NZM 2001, 1013, 1017.
226 OLG Hamburg WuM 92, 548; OLG Köln WuM 97, 280, 282.
227 OLG Oldenburg NJW-RR 95, 1164f. m.N.
228 Vgl. OLG Oldenburg NJW-RR 95, 1164f.; Bruns/Peters, Zwangsvollstreckung, 3. Aufl., § 43 IV 5.
229 Helle, NJW 91, 212.

Antragstellung ist zu berücksichtigen, dass in Gewaltschutzfällen der Gerichtsvollzieher genau wissen muss, was zu räumen ist. Stehen die zu räumenden Möbel nicht in einem Raum, müssen sie genau bezeichnet werden. Immer ist darauf zu achten, dass die Räumungsanordnung mit einem Betretungsverbot gekoppelt wird, da das Rechtsschutzziel der Entsetzung allein durch die Entfernung bestimmter Gegenstände oder Räumung einzelner Räume nicht zu verwirklichen ist.

Für den Fall der verbotenen Eigenmacht bedarf es keiner Darlegung der Eilbedürftigkeit des Rechtsschutzbegehrens.[230] In Gewaltschutzfällen hingegen ist der **Verfügungsgrund**, also die Eilbedürftigkeit der Sache, darzulegen. Hierauf ist besondere Sorgfalt zu legen, da Verfügungsanträge meistens deshalb scheitern, weil der Verfügungsgrund nicht glaubhaft gemacht wurde. Besteht Eilbedürftigkeit, wird die Verfügung erlassen, ohne dass dem Räumungsschuldner noch eine Räumungsfrist gem. § 721 ZPO gewährt wird.[231] | 426

Verfügungsanspruch und Verfügungsgrund sind **glaubhaft** zu machen, also durch Vorlage von Urkunden und eidesstattlichen Versicherungen zu belegen. Zeugen lassen sich nur aufbieten, wenn mündlich verhandelt wird und sie zum Termin erscheinen (vgl. § 294 II ZPO). | 427

Nur auf Antrag verkürzt das Gericht die Ladungsfristen (§ 226 I ZPO), ordnet ein Ordnungsgeld an (§ 890 I ZPO) und veranlasst die Weiterleitung des Beschlusses an den Gerichtsvollzieher zur Zustellung im Parteibetrieb (§ 936, 922 II ZPO). Diese Anträge sollten im Interesse der Beschleunigung auch gestellt werden. | 428

Im Übrigen erscheint es ratsam, sofort nach Einreichung des Verfügungsantrags bei Gericht anzurufen, nach dem Aktenzeichen und dem zuständigen Richter zu fragen und mit diesem zweifelhafte Punkte, vor allem zum Streitwert und zur Bestimmtheit des Antrags, zu klären. | 429

Der **Streitwert** richtet sich nicht nach § 41 II 2 GKG, sondern nach § 53 I 1 Nr. 1 GKG in Verbindung mit § 3 ZPO (nicht: § 6 ZPO).[232] Der in den Verfahren des vorläufigen Rechtsschutzes übliche Streitwertabschlag ist für die Räumungsverfügung aufgrund ihrer Befriedigungswirkung nicht angebracht.[233] | 430

Die **Kostenentscheidung** richtet sich nach den §§ 91, 93b ZPO. | 431

Für die **Vergütung des Rechtsanwalts** gilt, dass jede einstweilige Verfügung eine eigene Angelegenheit bildet (§ 17 Nr. 4b RVG). Es entstehen die normalen Gebühren, nämlich eine 1,3 Verfahrensgebühr gem. VV Nr. 3100 RVG, eine zusätzliche 0,3 Verfahrensgebühr gem. VV Nr. 1008 RVG für jeden weiteren Auftraggeber (Obergrenze 2,0), ggf. eine 1,2 Terminsgebühr gem. VV Nr. 3104 RVG und eine 1,0 Einigungsgebühr gem. VV Nr. 1000, 1003 RVG. | 432

---

230 OLG Brandenburg NJOZ 2004, 573, 575; Palandt/Bassenge, BGB, 64. Aufl., § 861 Rn. 18.
231 LG Hamburg NJW-RR 93, 1233.
232 Vgl. KG NJW-RR 2003, 787.
233 OLG Frankfurt am Main AnwBl 83, 89.

433 Hinsichtlich der **Rechtsmittel** (bzw. des Widerspruchs als Rechtsbehelf) gilt: Gegen ein Urteil, das nach mündlicher Verhandlung ergeht, ist nur die **Berufung** möglich (vgl. § 542 II 1 ZPO), sofern sie vom Erstgericht zugelassen ist oder der Wert des Beschwerdegegenstandes 600 € übersteigt (§ 511 II ZPO). Für die Berufung gelten keine verkürzten Fristen. Erfolgt die einstweilige Verfügung im Beschlusswege (vgl. § 937 II ZPO), lässt sich hiergegen nur gem. §§ 936, 924 I ZPO im Wege des **Widerspruchs** vorgehen (vgl. § 574 I 2 ZPO). Wird der Antrag ohne mündliche Verhandlung zurückgewiesen, ist gem. § 567 I Nr. 2 ZPO die **sofortige Beschwerde** statthaft. Gegen alle instanzbeendenden Entscheidungen, gegen die Rechtsmittel oder andere Rechtsbehelfe nicht oder nicht mehr gegeben sind, ist zudem gem. § 321a ZPO die **Gehörsrüge** zulässig, im Verfahren über einstweilige Verfügungen also gegen Berufungsurteile, auf Widerspruch ergangene Urteile und auf Beschwerde ergangene Beschlüsse (vgl. § 572 IV ZPO).

434 **3. Muster: Räumungsantrag im Wege des einstweiligen Rechtsschutzes**

Landgericht ▬▬▬

▬▬▬

▬▬▬, den ▬▬▬

Antrag auf Erlass einer einstweiligen Verfügung

der Carmen Frühling, ▬▬▬

Antragstellerin

Verfahrensbevollmächtigter: Rechtsanwalt ▬▬▬

gegen

Rocco Milde, ▬▬▬

Antragsgegner

wegen Räumung

Streitwert (vorläufig): 5.040,00 EUR.

Namens und kraft beiliegender Originalvollmacht der Antragstellerin beantrage ich, im Beschlusswege, hilfsweise unter Verkürzung der Ladungsfristen auf das gesetzliche Mindestmaß, zu erkennen:
1. Dem Antragsgegner wird aufgegeben, das aus der Anlage ASt 3 ersichtliche Zimmer der Wohnung in ▬▬▬, Wiesenweg 13, 3. OG rechts, geräumt an die Antragstellerin herauszugeben.
2. Dem Antragsgegner wird bei Meidung eines vom Gericht für jeden Fall der Zuwiderhandlung festzusetzenden Ordnungsgeldes bis zu 250.000,00 EUR, ersatzweise Ordnungshaft, oder einer Ordnungshaft bis zu 6 Monaten, untersagt, die in Ziffer 1 genannte Wohnung ohne schriftliche Zustimmung der Antragstellerin zu betreten.
3. Der Antragstellerin wird für das Verfahren und die Vollstreckung Prozesskostenhilfe unter Beiordnung des Unterzeichners gewährt.

B. Anträge vor Gericht   1

Begründung

I. Sachverhalt

Die Antragstellerin bewohnt aufgrund eines mit der A-GmbH geschlossenen Mietvertrags vom 20.09.1998 seit Oktober 1998 die im Antrag zu 1. bezeichnete 3-Zimmer-Wohnung.

Zur Glaubhaftmachung:	1. Mietvertrag vom 20.09.1998 in beglaubigter Kopie Anlage ASt 1
	2. Eidesstattliche Versicherung der Antragstellerin vom 14.03.2005 Anlage ASt 2

Am 13.12.2004 nahm die Antragstellerin den Antragsgegner zur Begründung einer nichtehelichen Lebensgemeinschaft in ihre Wohnung auf. Der Antragsgegner zahlt seither die Hälfte der Nettomiete von 420,00 EUR monatlich und nutzt das in der Anlage ASt 3 schraffiert gekennzeichnete Zimmer („Gästezimmer") allein. Dort stehen auch seine Möbel.

Zur Glaubhaftmachung:	1. Wohnungsgrundriss mit „Gästezimmer" Anlage ASt 3
	2. Eidesstattliche Versicherung der Antragstellerin vom 14.03.2005, als Anlage ASt 2 bereits vorliegend

Anfang Januar 2005 kam es zu ersten Auseinandersetzungen zwischen den Parteien. Diese endeten zunehmend in tätlicher Gewalt des Antragsgegners.

Zur Glaubhaftmachung:	Eidesstattliche Versicherung der Antragstellerin vom 14.03.2005, als Anlage ASt 2 b.v.

Am 10.03.2005 gegen 23.30 Uhr erschien der Antragsgegner in der Wohnung, offensichtlich angetrunken, und begann sofort, auf die Antragstellerin einzuschlagen. Dabei fiel die Antragstellerin zu Boden und brach sich das linke Handgelenk.

Zur Glaubhaftmachung:	1. wie vor,
	2. Ärztliches Attest vom 11.03.2005 in beglaubigter Kopie, Anlage ASt 4

Am nächsten Morgen teilte die Antragstellerin dem Antragsgegner mit, sie wolle nicht länger mit ihm zusammenleben. Er möge seine Sachen packen und die Wohnung verlassen.

Zur Glaubhaftmachung:	Eidesstattliche Versicherung der Antragstellerin vom 14.03.2005, als Anlage ASt 2 b.v.

Der Antragsgegner hält sich nach wie vor in der Wohnung auf.

Zur Glaubhaftmachung: wie vor.

II. Rechtliche Ausführungen

Der Antrag ist zulässig. Das Landgericht ist sachlich zuständig. Eine vorrangige Zuständigkeit des Mietgerichts besteht nicht, da der Antragsgegner das Zimmer ohne Mietvertrag nutzt. Der Streitwert beläuft sich gem. § 53 I 1 Nr. 1 GKG i.V. mit § 3 ZPO auf 5.040,00 EUR. Der Wert für den Räumungsantrag beträgt 2.520,00 EUR, da sich das Interesse der Antragstellerin an der Räumung am Wohnwert orientiert und die Vergleichbarkeit mit der Räumung nach gekündigtem Mietverhältnis eine analoge Heranziehung des § 41 II 2 GKG (Jahresfrist) nahelegt. Da der Antragsgegner die Hälfte der Miete zahlt, ist der Wohnwert auf diesen Betrag zu schätzen. Aufgrund der Befriedigungswirkung der Verfügung ist ein Abschlag auf den Jahreswert nicht vorzunehmen (vgl. OLG Frankfurt am Main AnwBl 83, 89). Gleiches gilt für den Antrag zu 2., da dieser Antrag einem Räumungsantrag in der Wirkung gleichkommt (vgl. OLG Frankfurt am Main MDR 91, 354).

Der Antrag ist auch begründet. Der Antragstellerin steht der Räumungsanspruch aus § 812 I 2 Alt. 2 BGB zu. Mit Aufkündigung der Lebensgemeinschaft, die jederzeit und ohne jede Form möglich ist (Brudermüller, FamRZ 94, 207, 213), ist auch das Besitzrecht an dem in der Anlage ASt 3 bezeichneten Raum entfallen (vgl. Schuschke, NZM 99, 481, 482).

Der mit dem Antrag zu 2. geltend gemachte Anspruch ergibt sich in entsprechender Anwendung der §§ 823, 1004 BGB (vgl. LG Bochum NJW-RR 90, 896; LG Braunschweig NJW-RR 91, 832). Voraussetzung hierfür ist eine Wiederholungsgefahr, die jedoch bereits aufgrund der ersten Verletzungshandlung zu vermuten ist (Palandt-Bassenge, BGB, 64. Aufl., § 1004 Rn. 32). Der Androhungsantrag stützt sich auf § 890 II ZPO.

Nach alledem ist beiden Verfügungsanträgen stattzugeben.

Aus der nur für das Gericht bestimmten Erklärung über die persönlichen und wirtschaftlichen Verhältnisse der Antragstellerin nebst Belegen ergeben sich die wirtschaftlichen Voraussetzungen, unter denen Prozesskostenhilfe zu gewähren ist. Die Erfolgsaussicht der Verfügungsanträge folgt aus der vorstehenden Begründung. Die Beiordnung des Unterzeichners ist geboten, da die Angelegenheit rechtlich aufwändig ist. Prozesskostenhilfe ist nicht nur für das Antragsverfahren, sondern aus Eilgründen bereits jetzt auch für die Vollstreckung zu gewähren (vgl. Fischer, Rpfleger 2004, 190, 195).

Es wird gebeten, die einstweilige Verfügung direkt durch das Gericht zustellen zu lassen.

■■■

Rechtsanwalt

II. Räumungsklage mit Klageerwiderung

1. Klageschrift

a) Vorbereitung

435 Wird der Rechtsanwalt vom Vermieter beauftragt, eine Räumung durchzusetzen, muss er bei Räumlichkeiten zunächst prüfen, ob es sich um Wohn- oder andere Räume handelt. Der Gesetzgeber hat den Schutz des Wohnraummieters wesentlich stärker ausgestaltet als den des Mieters, der etwa Geschäftsräume nutzt. Bei **Mischmietverhältnissen**

ist eine Abgrenzung nicht nach der tatsächlichen Nutzung, sondern nach dem Vertragszweck vorzunehmen. Bei untrennbar vermieteten Räumen sind die Vorschriften anzuwenden, die für den Teil der vermieteten Sache gelten, auf den sich der vorherrschende Vertragszweck bezieht.[234] Besonderes gilt für Wohnräume, die durch einen gewerblichen Zwischenmieter vermietet sind. Der Obermietvertrag ist als Gewerberaummietverhältnis zu werten. Bei dessen Beendigung tritt der Vermieter an die Stelle des Mieters (§ 565 I BGB), so dass er bei der Räumung die Schutzrechte des Wohnungsmieters zu beachten hat.

Zu prüfen ist sodann die Wirksamkeit des Mietvertrags, insbes. eine etwaige Befristungsregelung (dazu aber auch Art. 229 § 3 III EGBGB). Die **Befristung** eines Wohnraummietvertrags ist seit dem 1.9.2001 nur noch unter den in § 575 BGB genannten Voraussetzungen möglich; dies schließt jedoch einen (auch: formularmäßigen) Kündigungsausschluss für bis zu vier Jahren nicht aus.[235] Im Falle einer Kündigung ist zu prüfen, ob sie das Mietverhältnis beendet (hat) oder nicht.

436

Bei **Wohnraummietverhältnissen** ist zu beachten, dass jede Kündigung gem. § 568 I BGB **schriftlich** zu erfolgen hat. Maßgebend ist die gesetzliche Schriftform des § 126 BGB (eigenhändige Unterschrift). Textform i. S. des § 126 b BGB (Fax-Schreiben, E-Mail) genügt nicht. Der Schriftform gleichgestellt ist die elektronische Form i. S. des § 126 a BGB (mit qualifizierter elektronischer Signatur).

437

Die Kündigung muss **von allen an alle** erfolgen. Die Gerichte sind hier sehr streng. Auf Mieterseite ist allerdings eine klauselmäßig erteilte Empfangsvollmacht möglich.[236] Besteht eine Partei des Mietvertrags aus mehreren Personen, kann es sich um einen rechtsfähigen Verbund handeln. Mehrere Mieter oder Vermieter derselben Mietsache bilden nicht ohne weiteres einen solchen Verbund, mögen sie auch jeweils Gesamtschuldner gem. § 431 BGB oder Mitgläubiger gem. § 432 BGB sein. Eine Gesellschaft bürgerlichen Rechts (GbR) ist nur dann rechtsfähig, wenn sie nach außen geschlossen auftritt. Eine derartige **Außen-GbR** muss kein Unternehmen betreiben, nicht auf Dauer angelegt sein und noch nicht einmal über eine besondere Identitätsausstattung mit Name, Sitz etc. verfügen.[237] Deshalb muss die Außen-GbR im Vertrag eindeutig als Vertragspartner ausgewiesen sein. Dies schließt nicht aus, für bestimmte mietrechtliche Gesichtspunkte (z. B. Eigenbedarf, Wohnraumcharakter) auf die Gesellschafter abzustellen.[238] Selbst wenn eine Außen-GbR vorliegen sollte, hindert das die Gesellschafter nicht, den Mietvertrag in eigenem Namen abzuschließen, worauf der Vertragspartner Wert legen kann, wenn er sich nicht einer Gesellschaft mit wechselndem Gesellschafterbestand als Vertragspartner gegenübersehen und sich nicht mit der fünfjährigen Nachhaftung (§ 736 II BGB i. V. mit § 160 I HGB) des ausscheidenden Gesellschafters begnügen will.[239]

438

---

234 BGH v. 16.04.86 – VIII ZR 60/85 – NJW-RR 86, 877, 878.
235 BGH v. 6.04.2005 – VIII ZR 27/04 – in Anlehnung an die Regelung des § 557a III BGB.
236 BGH v. 10.09.97 – VIII ARZ 1/97 – NJW 97, 3437, 3438 ff.
237 Kraemer, NZM 2002, 465, 467.
238 Kraemer, NZM 2002, 465, 467 f.
239 Kraemer, NZM 2002, 465, 470.

439 Im Fall der **ordentlichen** Kündigung eines **Wohnraummietvertrags** ist zu prüfen, ob der Mieter gem. § 574 BGB der Kündigung **widersprechen** darf. Dies ist nicht der Fall, wenn der Vermieter im Kündigungsschreiben auf die Möglichkeit des Widerspruchs sowie auf dessen Form und Frist hingewiesen hat und der Widerspruch nicht bis spätestens **2 Monate vor Vertragsablauf** schriftlich erklärt wurde (§§ 568 II, 574b I, II BGB). Auf der anderen Seite muss der Vermieter von **Wohn- und Geschäftsräumen** darauf achten, dass das Mietverhältnis nicht durch schlichte **Weiterbenutzung nach Vertragsende** verlängert wurde. Hiergegen muss sich der Vermieter innerhalb von **2 Wochen** wenden, nachdem er **von der Fortsetzung Kenntnis** erhalten hat (§ 545 Satz 2 Nr. 2 BGB). Zweckmäßigerweise wird § 545 BGB im Mietvertrag abbedungen. Da dies nur unter bestimmten Voraussetzungen geht,[240] sollte der Rechtsanwalt insoweit den Mietvertrag (in der neuesten Fassung und mit allen Nachträgen) prüfen. Ansonsten sollte der entgegenstehende Wille bereits im Kündigungsschreiben geäußert sein. Allerdings fordert die Rechtsprechung im Hinblick auf die in § 545 BGB genannte 2-Wochen-Frist, dass die Erklärung in einem nicht nur losen zeitlichen Zusammenhang zur Beendigung des Mietvertrages steht,[241] so dass der entgegenstehende Wille bei längeren, z.B. mehr als 3-monatigen Kündigungsfristen, gesondert, nämlich spätestens 2 Wochen nach Beendigung des Mietverhältnisses erklärt werden muss.[242] Die Regelung in § 545 BGB ist für den Vermieter auch deshalb tückisch, weil sie selbst dann gilt, wenn er das Mietverhältnis fristlos gekündigt hat.

440 Ist nur eine außerordentliche Kündigung erklärt, sollte der Rechtsanwalt dafür sorgen, dass hilfsweise eine **ordentliche Kündigung nachgeschoben** wird. Besorgt er dies selbst, muss er die Kündigung unter Beifügung einer Originalvollmacht erklären, damit die Kündigung nicht gem. § 174 Satz 1 BGB zurückgewiesen werden kann.

441 Für die Frage des **Zeitpunkts** der Vertragsbeendigung sind die maßgebliche Kündigungsfrist und der Zugang der Kündigungserklärung zu prüfen. Bei Wohnraummietverhältnissen gelten für die ordentliche Kündigung die Fristen der §§ 573 c, 580a I BGB, für die außerordentliche Kündigung gelten die §§ 573d II, 575a III BGB, bei Mietverhältnissen über Geschäftsräume gilt § 580a II BGB für die ordentliche und nach dessen Absatz 4 auch für die außerordentliche Kündigung mit gesetzlicher Frist (zum Ganzen oben A.). Zu beachten ist, dass die Fristen für die ordentliche Kündigung eines Wohnraummietverhältnisses gem. Art. 229 § 3 X EGBGB von § 573c BGB abweichen können, wenn der Mietvertrag vor dem 1.09.2001 geschlossen wurde und ordentliche Kündigungsfristen bestimmt.[243]

---

240 Vgl. OLG Schleswig ZMR 96, 254, 255 für die Vorgängerfassung des § 545 BGB (568 BGB a.F.).
241 BayObLG NJW 81, 2759, 2760.
242 Großzügig allerdings OLG Köln ZMR 2004, 33: Widerspruch auch bei 12monatiger Kündigungsfrist im Kündigungsschreiben möglich.
243 Das kann auch die bloße Wiedergabe der damals geltenden gesetzlichen Fristen sein, BGH v. 18.06.2003 – VIII ZR 240/02 – BGHZ 155, 178, 182f.; BGH v. 10.03.2004 – VIII ZR 64/03. Diese Übergangsregelung wird nicht mit Wirkung ab 01.01.2003 durch die Übergangsregelung des Art. 229 § 5 Satz 2 EGBG verdrängt, BGH v. 06.04.2005 – VIII RZ 155/04.

Ist die Kündigung bis zum 3. Werktag eines Monats möglich, ist für den **Zugang** der 442
Kündigung zu berücksichtigen, dass sich keine Mietpartei mehr auf die Möglichkeit
verlassen sollte, den Mietvertrag gem. § 193 BGB auch noch am nächsten Werktag zu
kündigen, wenn der 3. Werktag auf einen Samstag fällt, da sich der BGH mit Urteil
vom 17.02.2005 – III ZR 172/04 – gegen eine Anwendung des § 193 BGB auf Kündigungsfristen ausgesprochen hat. Ist das Vertragsende im Kündigungsschreiben falsch
errechnet, bleibt die Kündigung wirksam, löst den Vertrag aber erst zum nächstmöglichen Termin.[244]

Bei **Wohnraummietverhältnissen** ist zu beachten, dass die außerordentliche Kündigung 443
gem. §§ 569 IV, 573d I BGB, die ordentliche Kündigung gem. §§ 573 III, 573a III BGB
im Kündigungsschreiben **zu begründen** sind (Ausnahme: § 564 Satz 2 BGB). Der Vermieter hat mindestens sog. **Kerntatsachen** anzugeben, die den Kündigungsgrund so
beschreiben, dass er individualisiert ist und von anderen Kündigungsgründen unterschieden werden kann. Besonders prozessträchtig sind Begründungen von Eigenbedarfs- und Verwertungskündigungen.[245] Bei der Eigenbedarfskündigung ist auch zu
berücksichtigen, dass der Vermieter dem Mieter eine andere ihm zur Verfügung stehende freie Wohnung im selben Haus anbieten muss, sofern diese weiterhin vermietet
werden soll (sog. **Anbietpflicht**).[246] Bei Zahlungsverzug gelten weniger strenge Anforderungen: Hier reicht es, wenn der Zahlungsverzug als Kündigungsgrund genannt und
der Gesamtbetrag der rückständigen Miete – bei Teilzahlungen nicht als Saldoangabe,
sondern durch zeitliche Gegenüberstellung von Mietschulden und Zahlungen –[247] mitgeteilt wird.[248] Nur die im Kündigungsschreiben genannten Gründe gelten vor Gericht,
wenn nicht Gründe hinzukommen, die zum Kündigungszeitpunkt noch nicht berücksichtigt werden konnten. Zu beachten ist, dass die Begründungspflicht des § 569 IV
BGB auch für Mieterkündigungen gilt.

Die Begründung muss die Kündigung **rechtfertigen**. Bei **Wohnraummietverhältnissen** 444
muss auch die ordentliche Kündigung gerechtfertigt sein (§§ 573, 573 a, 573b BGB).
Für die außerordentliche Kündigung (gleich welchen Mietvertrags) gelten aufgrund des
Abwägungserfordernisses in § 543 I 2 BGB hohe Anforderungen.[249] In vielen Fällen
der Vertragsverletzung erfordert die außerordentliche Kündigung eine vorherige
Abmahnung. Die in § 543 III Nr. 1–3 BGB genannten Ausnahmen enthalten hohes
Konfliktpotenzial. Für die Abmahnung gilt wie für die Kündigung, dass sie **von allen
an alle** zu richten ist, bei Vertretung unter Beifügung einer Originalvollmacht (§ 174
Satz 1 BGB gilt auch hier). Bei Nichtgewährung des vertragsgemäßen Gebrauchs
(§ 543 II Nr. 1 BGB) muss eine **Abhilfefrist** gesetzt sein. In der Abmahnung muss die
fristlose Kündigung angedroht sein. Sofern die Abmahnung kein Unterlassen betrifft,
verbraucht sie allerdings das Fehlverhalten, so dass die Kündigung auf ein neues, aber

---

244 Palandt/Weidenkaff, BGB, 64. Aufl., Rn. 7, 10 zu § 573c.
245 Hierzu Flatow, NZM 2004, 281, 287f.
246 BGH v. 9.07.2003 – VIII ZR 276/02 – NZM 2003, 681, 682.
247 LG Mannheim NZM 2004, 255; LG Dortmund NZM 2004, 189; zur Tilgungsberechnung ausführlich Hinz, NZM
 2004, 681, 691f.
248 BGH v. 22.12.2003 – VIII ZB 94/03; NZM 2004, 187, 188.
249 Instruktiv BGH v. 8.12.2004 – VIII ZR 218/03 – Randalierende Alte.

gleichartiges Verhalten gestützt werden muss. Bei **Heimverträgen** ist die Erfüllung der Pflicht, dem gekündigten Heimbewohner gem. § 8 VII HeimG eine angemessene anderweitige Unterkunft und Betreuung nachzuweisen, materielle Voraussetzung für den Räumungsanspruch.[250] Für einige Kündigungsrechte gelten **Erklärungsfristen** (§§ 563 IV, 563a II, 564 Satz 2, 580 BGB, § 57a ZVG, § 111 InsO). Im Fall einer **Erhöhung der Wohnraummiete** besteht eine **Schonfrist** von 2 Monaten ab Rechtskraft des Urteils auf Zustimmung zur Mieterhöhung, bevor wegen Verzugs mit den (wegen der fehlenden Zustimmung seit längerem aufgelaufenen) Erhöhungsbeträgen gekündigt werden kann (§ 569 III Nr. 3 BGB). Verbreiteter Meinung zufolge ist bei der außerordentlichen Kündigung § **314 III BGB** zu beachten. Hiernach darf der Kündigungsberechtigte nur innerhalb einer angemessenen Frist kündigen, nachdem er vom Kündigungsgrund Kenntnis erlangt hat. Hinsichtlich dieser Fristdauer wird praktisch alles vertreten,[251] so dass die Anwendung von § 314 III BGB nicht mehr aussagt als das allgemeine Verwirkungsargument aus § 242 BGB.

445 Bei **Veräußerung** des Mietgrundstücks kann der Verkäufer den Erwerber ermächtigen, die Kündigung schon vor Vollendung des Eigentumserwerbs (Eintragung im Grundbuch) auszusprechen.[252] Allerdings müssen die Kündigungsgründe in der Person des Vermieters bestehen. Damit scheitert eine Eigenbedarfskündigung gem. § 573 II Nr. 2 BGB; der Käufer ist noch nicht Vermieter und der Veräußerer hat keinen Eigenbedarf, weil er das Grundstück sonst nicht verkauft hätte.[253] Auf der anderen Seite steht im **gestuften Mietverhältnis** das Kündigungsrecht nicht zwingend allein dem Endmieter zu; der gewerbliche Zwischenmieter darf den Obervertrag ebenfalls kündigen, wenn sein Mieter ihm wegen § 544 BGB gekündigt hat.[254] Allgemein zu den Kündigungsgründen s. oben A.

b) Prozessuale Gesichtspunkte

446 **Gerichtsstand:** Örtlich zuständig ist für alle Räumungsklagen das Gericht der belegenen Sache (§ 29a I ZPO). Bei Mietverhältnissen über Wohnraum (einschließlich Werkmietwohnungen) ist immer das Amtsgericht sachlich zuständig (§ 23 Nr. 2a GVG); **Garagen** zählen zum Mietobjekt, wenn nicht ausdrücklich eine gesonderte Behandlung vereinbart wurde. Das Mietgericht ist auch dann zuständig, wenn der Mieter zusammen mit Nichtmietern auf Räumung verklagt wird.[255] Ansonsten richtet sich die sachliche Zuständigkeit nach dem Streitwert. Zur Vermeidung von Verzögerungen und der Kostenfolge des § 281 III 2 ZPO ist eine genaue Behandlung von Mischmietverhältnissen auch aus prozessualen Gründen geboten. Geht es um die Rechtsverhältnisse an einer **Ehewohnung**, ist das Familiengericht zuständig, das auch vorläufige Benutzungsregelungen treffen kann.[256] Haben sich die Eheleute jedoch bereits verständigt und eine

---

250 BGH v. 28.10.2004 – III ZR 205/03 – NZM 2005, 74, 76.
251 Zusammenstellung der Ansichten bei Hinz, NZM 2004, 681, 692f.
252 Wegen §§ 182 III, 111 Satz 2 BGB sollte dies unter Beifügung einer schriftlichen Ermächtigungserklärung des Veräußerers geschehen.
253 Hinz, NZM 2004, 681, 688.
254 BGH v. 17.12.2003 – XII ZR 308/00 – NZM 2004, 222, 223f.
255 OLG Schleswig NJW-RR 93, 274, 275.
256 Der Zuweisungstitel ist allerdings noch kein Räumungstitel; LG Itzehoe FamRZ 87, 176.

endgültige Regelung für die vormals gemeinsame Ehewohnung getroffen, ist für die Räumungsklage das Mietgericht zuständig.²⁵⁷

Die Räumung scheitert, wenn auf **Beklagtenseite** nicht die richtigen, vor allem nicht **alle Personen** benannt sind (vgl. § 750 I 1 ZPO; § 75 Nr. 1b GVGA, Schönfelder Nr. 109). Zu verklagen sind **alle Besitzer**, nicht nur die Mieter. Nicht alle Gerichtsvollzieher sind bereit, vor Räumung zu prüfen, ob Mitbewohner vielleicht freiwillig bereit sind, mit dem Schuldner zusammen auszuziehen. Ist der Mietvertrag mit nur einem der Eheleute geschlossen, muss der andere mitverklagt werden, da dieser gleichberechtigter Mitbesitzer der Ehewohnung ist.²⁵⁸ Problematisch sind die **Kinder**. Kleinere Kinder sollen nur Besitzdiener sein und müssen daher nicht mitverklagt werden.²⁵⁹ Was aber ist „klein" und sind die Kinder dies auch noch, wenn es – ggf. nach Gewährung einer Räumungsfrist – dann tatsächlich zur Räumung kommt? Eine genaue Differenzierung wird regelmäßig schon daran scheitern, dass der Vermieter die Geburtsdaten der Kinder nicht kennt. Das Gebot des sichersten Wegs verlangt die Erstreckung der Klage auf alle Kinder, die von der Volljährigkeit noch weit entfernt sind. Ist die zu räumende Fläche untervermietet, muss die Klage auch gegen den **Untermieter** gerichtet werden.²⁶⁰ Etwas anderes gilt nur in dem Fall, dass das Untermietverhältnis nur deshalb vereinbart wurde, um die Räumungsvollstreckung zu unterlaufen;²⁶¹ andernfalls kann der Vermieter zwar zum Räumungsurteil gegen den Mieter eine Klausel gegen den Untermieter gem. § 727 I i.V. mit § 325 I Alt. 2 ZPO verlangen, muss für den Nachweis des Zeitpunktes der Besitzerlangung aber regelmäßig noch Klage auf Erteilung der Vollstreckungsklausel gem. § 731 ZPO erheben.²⁶²

447

In Gerichtsprozessen für und gegen eine **GbR** ist diese Partei.²⁶³ Einzelne Gesellschafter können Ansprüche der GbR gegen Dritte im Wege der Prozessstandschaft geltend machen, wenn sie durch die vertretungsberechtigten Gesellschafter dazu ermächtigt sind oder diese die Prozessführung gesellschaftswidrig verweigern. Im Übrigen wird die GbR durch ihre Geschäftsführer vertreten. In **Aktivprozessen** genügt für die Bezeichnung der GbR entweder ein unterscheidungskräftiger Name oder die Nennung einiger Gesellschafter. Ferner sind die Geschäftsführer anzugeben, da für den Fall unbefugter Vertretung oder des Fehlens einer Außen-GbR der für sie Handelnde als Kostenschuldner feststehen muss. Alleinvertretungsbefugnis ist nachzuweisen. Einen entsprechenden (einstimmigen) Beschluss können die gesamtvertretungsberechtigten Gesellschafter (§§ 709 I, 714 BGB) auch spontan zum Zweck der Prozessführung fassen. Hierbei ist freilich der Grundsatz der Selbstorganschaft (Geschäftsführer nur aus dem Gesellschafterkreis) zu beachten. Ist die klagende GbR vermutlich nicht in der Lage, für die

448

---

257 OLG Karlsruhe NJW-RR 95, 1473f.
258 BGH v. 25.06.2004 – IX ZB 29/04 – NZM 2004, 701.
259 KG NJW-RR 94, 713, 714; Schuschke, NZM 98, 58, 60; weitergehend OLG Hamburg NJW-RR 91, 909: volljährige Kinder als Besitzdiener.
260 BGH vom 18.07.2003 – IX a ZB 116/03 – NJW-RR 2003, 1450.
261 Weitergehend OLG Hamburg WuM 92, 548: langjähriges Verschweigen des Untermietverhältnisses.
262 Nach BGH v. 9.04.1987 – IX ZR 138/86 – NJW 87, 2863 hat der Gläubiger auch die Möglichkeit, eine neue Räumungsklage zu erheben.
263 BGH v. 29.01.2001 – II ZR 331/00 – BGHZ 146, 341, 344f. – Weißes Ross.

Verfahrenskosten aufzukommen, und ist sie auch nicht zur Stellung einer Sicherheit bereit, sollte der Klageabweisungsantrag mit einer Drittwiderklage gegen die Gesellschafter auf Kostenerstattung verbunden werden. Mangels Anwendbarkeit von § 33 I und § 36 I Nr. 3 ZPO kann es dabei allerdings zu verschiedenen Gerichtsständen und damit zu einer Aufteilung des Verfahrens kommen. Für **Passivprozesse** gilt das Vorgesagte. Es empfiehlt sich, die Gesellschafter mitzuverklagen, da der Gläubiger dann auch in das Privatvermögen der Gesellschafter vollstrecken kann und nicht Gefahr läuft, dass die GbR – etwa durch einen Namenswechsel – die Vollstreckung behindert. Hat der Kläger Zweifel, ob es sich bei der GbR um ein rechtsfähiges Gebilde handelt, wird er zweckmäßigerweise nur alle Gesellschafter verklagen, da er mit einem entsprechenden Titel gem. § 738 ZPO ohnehin in etwaiges Gesellschaftsvermögen vollstrecken kann.[264]

449 Der Räumungsantrag muss so **bestimmt** sein, dass der Gerichtsvollzieher genau weiß, welche Fläche zu räumen ist. Ggf. ist dem Klageantrag ein entsprechender Grundriss beizufügen. Sind – etwa bei einer Grundstücksräumung – nicht nur Räume zu leeren, sondern auch Nebengebäude und Anlagen zu entfernen, muss die Verpflichtung zum Rückbau eigens tituliert werden.[265] Der Gerichtsvollzieher kann aufgrund des Räumungstitels nur bewegliche Sachen an sich nehmen. Die vom Mieter errichteten Anlagen werden trotz fester Verbindung nicht wesentliche Bestandteile des Grundstücks, so dass der Grundstückseigentümer nicht Eigentümer der Aufbauten wird (§§ 94 I 1, 95 I 1, 2 BGB).

450 Bei Mietverträgen über Räume, die anderen als Wohnzwecken dienen, kann der Vermieter gem. § 257 ZPO Klage auf **zukünftige Räumung** erheben. Bei **Wohnungsmietverhältnissen** kann der Vermieter ebenfalls Klage auf zukünftige Räumung erheben (vgl. auch § 721 II ZPO), allerdings nur unter der Voraussetzung des § 259 ZPO, also wenn der Mieter zu erkennen gibt, dass er den Mietgegenstand zu einem schon feststehenden Beendigungszeitpunkt nicht herausgeben wird. Die Klage kann dann bereits vor Ablauf der Widerspruchsfrist des § 574b II BGB erfolgen. Im Räumungsantrag muss durch Angabe des Beendigungszeitpunkts klar zum Ausdruck kommen, ab wann der Mieter nicht mehr zum Besitz berechtigt ist (z. B. „nach dem 15.02.2006 geräumt herauszugeben").

451 Ist dem Vermieter nicht bekannt, wer außer dem Mieter Besitzer der Wohnung ist, muss er eine entsprechende **Auskunftsklage** erheben. Ob es ratsam erscheint, die Räumungsklage mit einer **Zahlungsklage** auf rückständigen Mietzins und Nutzungsausfall für die Zukunft, ggf. auch einem Antrag auf **Feststellung** der Vertragsbeendigung, zu **kombinieren**, ist nicht einheitlich zu beantworten. Mitunter wird davon abgeraten, da sich das Verfahren durch mögliche Häufung von Einwendungen verzögern kann.[266] Sollte das derzeit (Frühjahr 2005) im Gesetzgebungsverfahren befindliche Forderungssicherungsgesetz verabschiedet werden, wird die Angelegenheit einfacher, weil **Teilur-**

---

264 Zum Ganzen Kraemer, NZM 2002, 465, 472f.
265 OLG Düsseldorf MDR 2000, 414f.; OLG Frankfurt am Main InVo 2003, 250f.
266 Schneider, in: Herrlein/Kandelhard, Mietrecht, 2. Aufl., S. 979.

teile nicht mehr in das Belieben der Gerichte gestellt sein werden.²⁶⁷ Ist die Höhe des Zahlungsverzugs streitig, kann ein Räumungsurteil als Teilurteil wegen der Gefahr widersprüchlicher Entscheidungen aber auch dann nicht ergehen.²⁶⁸ Zudem lässt sich die Räumungsklage nicht wie die Zahlungsklage im Urkundenprozess (§§ 592 ff. ZPO) betreiben; eine Verbindung von Räumungsverfahren und Urkundenverfahren ist nicht möglich.²⁶⁹ Wird die Räumungsklage mit einem Antrag auf künftige Leistung einer **Nutzungsausfallentschädigung** verbunden, muss die Voraussetzung des § 259 ZPO, also die Besorgnis der Leistungsverweigerung, dargelegt werden. Hierbei sollte auf die BGH-Entscheidung vom 20.11.2002 – VIII ZB 66/02 – hingewiesen werden, wonach ein über einen längeren Zeitraum bestehender (selbst auf Zahlungsunfähigkeit beruhender) Mietrückstand des Mieters die Vermutung begründet, er werde auch die nach Beendigung des Mietvertrages fällig werdenden Raten der Nutzungsentschädigung nicht bezahlen.²⁷⁰ Im Antrag müssen Beginn und Ende der Leistungsdauer angegeben werden; ein Antrag auf Nutzungsausfallentschädigung „bis zur Herausgabe der Sache" ist aber ausreichend.²⁷¹

Der **Streitwert** der **Räumungsklage** beläuft sich gem. § 41 I, II GKG auf 12 Monatsmieten. **Betriebskosten** sind nicht einzurechnen, es sei denn, sie sind als Pauschale vereinbart und nicht gesondert abzurechnen (§ 41 I 2 GKG). Trägt der Kläger eine kürzere streitige Zeit vor, gilt dieser Zeitraum.²⁷² Dies gilt auch für den Fall, dass die **Unwirksamkeit** des Vertrags festgestellt werden soll. Gleiches gilt ferner, wenn der Räumungsanspruch nicht vertraglich zu begründen ist (§ 41 II 2 GKG). Wird die Klage auf Untermieter oder weitere Besitzer erstreckt, erhöht dies den Streitwert nicht.²⁷³ Ein etwaiges Verlangen nach **Beseitigung** von fest mit dem Boden verbundenen Anlagen ist Teil des mit der Räumungsklage geltend gemachten Rückgabeanspruchs; der für die Beseitigung erforderliche Kostenaufwand erhöht den Streitwert der Räumungsklage daher ebenfalls nicht.²⁷⁴ Besteht **Feststellungsbedarf**, ob das streitige Mietverhältnis über den Zeitpunkt der verlangten Räumung hinaus bestanden hat oder besteht, bildet die Feststellung einen neuen Streitgegenstand, der nach § 8 ZPO zu bemessen ist.²⁷⁵ Für die Bestimmung der **streitigen Zeit** gelten folgende Regeln:²⁷⁶ Wird die Räumungsklage nach vorausgegangener Kündigung zu einem Zeitpunkt erhoben, zu dem die Kündigung nach Behauptung der klagenden Partei bereits wirksam geworden ist, beginnt die streitige Zeit mit Klageerhebung. Bei Verträgen von unbestimmter Dauer wird für das Ende der streitigen Zeit auf den Zeitpunkt abgestellt, auf den derjenige hätte kündigen können, der die längere Bestehenszeit behauptet; beruft sich der Mieter hingegen auf eine Schutzregelung, die das Kündigungsrecht des anderen Teils einschränkt und dem

452

---

267 Vgl. § 301 II 1 ZPO-E, dazu BT-DS 14/9848, S. 26.
268 Vgl. OLG Stuttgart MDR 98, 960.
269 Zöller/Greger, ZPO, 25. Aufl., Rn. 3 vor § 592.
270 BGH v. 20.11.2002 – VIII ZB 66/02; NJW 2003, 1395.
271 BGH v. 14.12.98 – II ZR 330/97 – NJW 99, 954.
272 OLG Stuttgart JurBüro 95, 486.
273 OLG Düsseldorf NZM 2005, 240: identischer Streitgegenstand.
274 BGH v. 8.03.95 – XII ZR 240/94 – NJW-RR 95, 781, 782.
275 BGH v. 8.03.95 – XII ZR 240/94 – NJW-RR 95, 781f.; BGH v. 17.03.2005 – III ZR 342/04.
276 Hierzu eingehend BGH v. 17.03.2005 – III ZR 342/04.

Mieter ein Recht zur Fortsetzung des Mietverhältnisses gibt, dauert die streitige Zeit bis zu dem Zeitpunkt, den der Mieter als den für ihn günstigsten Beendigungszeitpunkt des Vertrags in Anspruch nimmt; allerdings ist hier die Regelung des § 9 ZPO analog anzuwenden und damit höchstens der 3,5-fache Wert des einjährigen Bezugs anzusetzen. Hinsichtlich des Streitwerts für die Klage nach § 259 ZPO auf künftige **Nutzungsentschädigung** sollte auf die BGH-Entscheidung vom 17.03.2004 – XII ZR 192/00 – hingewiesen werden, wonach für den Streitwert auch hier § 9 ZPO Anwendung findet (Mietwert für 42 Monate).[277] Bislang war über § 3 ZPO meistens der Jahreswert angesetzt worden.[278] Diese Werte gelten auch für die Anwaltsgebühren (§ 23 I 1 RVG).

453 Die **Kostenverteilung** richtet sich grundsätzlich nach § 93b ZPO. § 93 ZPO kommt zur Anwendung, wenn dem Mieter nach außerordentlicher Kündigung des Mietvertrages keine Ziehfrist von ein bis zwei Wochen gegeben wird.

454 Die Kosten sind im **Kostenfestsetzungsverfahren** nach § 103 ZPO festzusetzen. Hierzu gehören auch die zur Abwendung der Zwangsvollstreckung aufgewendeten Bürgschaftskosten.[279] Bürgschaftskosten hingegen, die (auf Gläubigerseite) zur Durchführung der Zwangsvollstreckung anfallen, werden nach § 788 II 1 ZPO als Vollstreckungskosten vom Vollstreckungsgericht festgesetzt.

455 Der **Rechtsanwalt verdient** für das gerichtliche Räumungsverfahren die normalen **Gebühren**, nämlich eine 1,3 Verfahrensgebühr gem. VV Nr. 3100 RVG, eine zusätzliche 0,3 Verfahrensgebühr gem. VV Nr. 1008 RVG für jeden weiteren Auftraggeber (Obergrenze 2,0), eine 1,2 Terminsgebühr gem. VV Nr. 3104 RVG und ggf. eine 1,0 Einigungsgebühr gem. VV Nr. 1000, 1003 RVG.

456 Hinsichtlich der **Rechtsmittel** gilt: Gegen jedes erstinstanzliche Urteil ist die **Berufung** möglich, sofern der Wert des Beschwerdegegenstandes 600 € übersteigt (§ 511 II Nr. 1 ZPO). Gegen Urteile der Berufungsgerichte, also auch des Landgerichts, ist die **Revision** möglich, wenn das Berufungsgericht sie nach § 543 I Nr. 1, II 1 ZPO zugelassen hat, oder wenn gegen die Nichtzulassung erfolgreich Beschwerde nach § 544 ZPO geführt worden ist (§ 543 I Nr. 2 ZPO). Die Möglichkeit zur Wertrevision besteht aufgrund der Übergangsregelung in § 26 Nr. 8 EGZPO unter den dort genannten Voraussetzungen nur noch für Nichtzulassungsbeschwerden, die bis zum 31.12.2006 eingelegt werden. Unter den Voraussetzungen des § 566 I ZPO ist (auch gegen Urteile des Amtsgerichts) die Sprungrevision möglich. Das bislang geltende Rechtsentscheidsverfahren besteht nur noch, wenn die Berufung vor dem 1.01.2002 verhandelt wurde. Gegen alle instanzbeendenden Entscheidungen, gegen die ein Rechtsmittel oder andere Rechtsbehelfe (auch: Nichtzulassungsbeschwerde gem. § 544 ZPO)[280] nicht oder nicht mehr gegeben sind, ist zudem gem. § 321a ZPO die **Gehörsrüge** zulässig.

---

277 BGH v. 17.03.2004 – XII ZR 192/00 – JurBüro 2004, 378, 379.
278 Vgl. OLG Bamberg JurBüro 85, 589; Gries, NZM 3, 886, 889 f.
279 OLG München NJW-RR 2000, 517.
280 BGH v. 13.12.2004 – II ZR 249/03 – NJW 2005, 680.

c) Muster: Räumungsklage nach fristloser Kündigung eines Wohnraummietverhältnisses

Amtsgericht ■■■

■■■, den ■■■

30

Klage

des Friedrich Schenk, ■■■

Klägers

Prozessbevollmächtigter: Rechtsanwalt ■■■

gegen

1. Herbert Bäuerle

Beklagten zu 1.

2. Frieda Speck

Beklagte zu 2.

beide wohnhaft Lange Straße 13, ■■■

wegen Zahlung und Räumung

Gegenstandswert: 29.795,00 EUR.

Namens und in Vollmacht des Klägers erhebe ich Klage mit den Anträgen zu erkennen:
1. Die Beklagten werden verurteilt, als Gesamtschuldner die im 3. OG links des Anwesens Lange Straße 13 in ■■■ gelegene Wohnung nebst Kellerraum Nr. 3 an den Kläger geräumt herauszugeben.
2. Die Beklagten werden verurteilt, als Gesamtschuldner an den Kläger 2.525,00 EUR nebst Zinsen in Höhe von 5 Prozentpunkten über dem Basiszinssatz aus jeweils 505,00 EUR seit dem 04.11., 03.12.2004, 05.01., 03.02. und 03.03.2005 sowie 4,00 EUR an vorgerichtlichen Kosten zu zahlen.
3. Die Beklagten werden verurteilt, für die Zeit ab März 2005 als Gesamtschuldner an den Kläger jeweils zum 3. Werktag des jeweiligen Monats bis zur Herausgabe der im Klageantrag zu 1. bezeichneten geräumten Wohnung monatlich 505,00 EUR zu zahlen.

Ich rege die Durchführung eines schriftlichen Vorverfahrens nach § 276 ZPO an und beantrage für den Fall der Säumnis

    den Erlass eines Versäumnisurteils nach § 331 III 2 ZPO.

Bereits jetzt beantrage ich auch,

    dem Kläger eine Kurzausfertigung des Urteils mit Vollstreckungsklausel zu erteilen und den Zeitpunkt der Zustellung des Urteils zu bescheinigen.

<u>Begründung</u>
I.   Sachverhalt

§ 5 Räumungsverfahren

Der Kläger ist Eigentümer des Anwesens Lange Straße 13 in ▬▬▬. Die Beklagten bewohnen aufgrund eines mit dem Kläger geschlossenen Mietvertrages vom 01.10.1998 in nichtehelicher Lebensgemeinschaft seit Oktober 1998 die im Klageantrag zu 1. angegebene Wohnung. Hierfür haben sie gem. § 3 des Mietvertrages spätestens am 3. Werktag eines Monats im Voraus eine Nettomiete von 430,00 EUR sowie eine Nebenkostenvorauszahlung von 75,00 EUR zu entrichten.

Beweis: Mietvertrag vom 01.10.1998
             Anlage K 1

Die Nebenkosten werden jährlich im August abgerechnet.

Seit Oktober 2004 zahlen die Beklagten keine Miete mehr.

Der Kläger hat den Beklagten mit Schreiben vom 15.11., 15.12.2004, 12.01. und 1.02.2005 Aufstellungen zum Zahlungsrückstand übersandt und sie vergeblich zur Zahlung aufgefordert.

Beweis: Mahnschreiben vom 15.11., 15.12.2004, 12.01. und 1.02.2005
             Anlagenkonvolut K 2

Für diese Schreiben fielen jeweils 0,55 EUR an Porto an.

Mit Schreiben vom 10.02.2005, das die Ehefrau des Klägers noch am 10.02.2005 in den Briefkasten der Beklagten warf, hat der Kläger den Beklagten nochmals eine aktuelle Forderungsaufstellung übermittelt und für den Fall der Nichtzahlung bis zum 20.02.2005 die fristlose Kündigung des Mietverhältnisses angedroht.

Beweis: 1. Letztes Mahnschreiben vom 10.02.2005
                 Anlage K 3

             2. Zeugnis der Elvira Schenk, ▬▬▬

Mit Schreiben vom 24.02.2005, das der Kläger durch seine Ehefrau noch am 24.02.2005 den Beklagten persönlich aushändigen ließ, erklärte dieser die fristlose Kündigung des Mietverhältnisses zum Monatsende unter Hinweis auf den Zahlungsrückstand und das letzte Mahnschreiben vom 10.02.2005. Des Weiteren forderte er die Beklagten zur sofortigen Räumung der Wohnung auf und widersprach einer Weiterbenutzung der Wohnung durch die Beklagten.

Beweis: 1. Kündigungsschreiben vom 24.02.2005
                 Anlage K 4

             2. Zeugnis der Elvira Schenk, bereits benannt

Unabhängig davon ist die Regelung des § 568 BGB a.F., die dem heutigen § 545 BGB entspricht, in § 7 des Mietvertrages wirksam abbedungen.

Beweis: Mietvertrag vom 01.10.1998, als Anlage K 1 bereits vorliegend

Mit Schreiben des Unterzeichners vom 18.03.2005, dem eine Originalvollmacht des Klägers beigefügt war, ließ der Kläger das Mietverhältnis unter Bezugnahme auf den Zahlungsrückstand hilfsweise ordentlich kündigen.

Beweis: Schreiben des Unterzeichners vom 18.03.2005
Anlage K 5

Die Beklagten haben bis zum heutigen Tag keine Anstalten getroffen, die Wohnung zu räumen. Daher ist Klage geboten.

II. Rechtliche Würdigung

Die Klage ist zulässig. Das angerufene Gericht ist örtlich gem. § 29a ZPO und sachlich deshalb zuständig, weil es bei der Klage um ein Wohnraummietverhältnis geht (§ 23 Nr. 2a GVG). Der Klageantrag zu 3. ist zulässig, weil eine zukünftige Leistungsverweigerung zu besorgen ist. Insofern ist darauf hinzuweisen, dass nach Auffassung des BGH ein über einen längeren Zeitraum bestehender Zahlungsverzug die Vermutung rechtfertigt, dass Zahlungen auch in Zukunft verweigert werden (BGH NJW 2003, 1395).

Die Klage ist auch begründet. Der mit dem Klageantrag zu 1. verfolgte Räumungsanspruch ergibt sich aus § 546 I BGB sowie aus § 985 BGB. Das Mietverhältnis wurde durch die Kündigungserklärung vom 24.02.2005 mit Wirkung zum 28.02.2005 wirksam beendet, da die Beklagten für mehr als zwei aufeinander folgende Termine mit der Entrichtung der Miete in Verzug sind (§§ 549 I, 543 I, II Nr. 3a BGB). Der Kläger hat die Mietschulden mehrmals angemahnt, die fristlose Kündigung angedroht und die Kündigung auf den Zahlungsverzug gestützt. Schon aufgrund der Regelung in § 112 InsO war der Kläger gehalten, insoweit kurze Fristen zu setzen. Der Wirksamkeit der Kündigung steht es nicht entgegen, dass der Kläger die Kündigung mit einer kurzen Auslauffrist versehen hat (vgl. OLG Düsseldorf ZMR 97, 596, 597).

Hilfsweise ist das Mietverhältnis durch das Anwaltsschreiben vom 18.03.2005 wegen Zahlungsverzugs (§ 573 II Nr. 1 BGB) mangels anderweitiger Regelung im Mietvertrag gem. § 573c I 1 BGB zum Ende Juni 2005 wirksam gekündigt worden. Auch hiernach haben die Beklagten die Wohnung bald zu räumen.

Der mit dem Klageantrag zu 2. verfolgte Zahlungsanspruch ergibt sich aus § 3 des Mietvertrags. Geltend gemacht wird die für die Monate Oktober 2004 bis Februar 2005 angefallene Bruttomiete. Der Zinsanspruch ergibt sich aus Verzug (§ 280 I, 288 I BGB). Der Anspruch auf Ersatz der vorgerichtlichen Kosten ergibt sich ebenfalls aus Verzug (§ 280 I BGB).

Mit dem Klageantrag zu 3. wird eine künftige Nutzungsentschädigung gem. § 546a I BGB, beginnend mit dem Monat März 2005, geltend gemacht. Die Beklagten haben die Wohnung mit Beendigung des Mietverhältnisses Ende Februar 2005 nicht zurückgegeben, obwohl sie im Kündigungsschreiben vom 24.02.2005 dazu aufgefordert wurden. Da der Kläger nach § 546a I BGB als Entschädigung die vereinbarte Miete verlangen kann, gilt auch die für die Mietzahlung geltende Fälligkeitsvorschrift in § 3 des Mietvertrags. Damit ist die Nutzungsausfallentschädigung ebenfalls spätestens am 3. Werktag eines Monats im Voraus zu zahlen.

Der Streitwert für den Klageantrag zu 1. ergibt sich aus § 41 I, II GKG. Der Streitwert für den Klageantrag zu 3. ergibt sich aus § 9 Satz 1 ZPO (vgl. BGH JurBüro 2004, 378, 379).

■■■

Rechtsanwalt

2. Klageerwiderung

a) Vorprüfung

458 Vertritt der Rechtsanwalt einen Mieter, der die Kündigung seines Mietvertrags erhalten hat, ist zunächst zu prüfen, ob die Kündigung gem. § 174 Satz 1 BGB wegen fehlender Originalvollmacht zurückgewiesen werden kann (dann unverzüglich und – wenn dies durch den Rechtsanwalt erfolgt – mit Originalvollmacht!). Erfolgte die Kündigung durch den Hausverwalter unter Beifügung einer Generalvollmacht, ist zu berücksichtigen, dass diese Vollmacht gegen das RBerG verstoßen kann, was dann auch die Kündigung unwirksam macht.[281] Wurde dem Mandanten eine Räumungsklage oder bereits ein entsprechendes Versäumnisurteil – das auf Antrag schon im Vorverfahren und ohne Berücksichtigung der Schonfrist des § 569 III Nr. 2 BGB ergehen kann – zugestellt, ist ebenfalls Eile geboten. Geht es um Zahlungsverzug, ist zu berücksichtigen, dass für die Abwehr regelmäßig keine Prozesskostenhilfe gewährt werden kann, da § 93b ZPO eine Kostenverteilung zu Lasten des Mieters auch dann vorsieht, wenn er sich auf die Sozialklausel beruft oder Räumungsschutz beantragt, so dass es an der in § 114 ZPO geforderten Erfolgsaussicht fehlen wird.[282]

459 Sodann hat auch der Rechtsanwalt des Kündigungsempfängers zu prüfen, ob die Formalien der Kündigung in Ordnung sind, wann die Kündigung zugegangen ist, ob sie rechtmäßig erfolgte und zu welchem Zeitpunkt sie das Mietverhältnis beendet (hat).

460 Hat der Vermieter ein **Wohnraummietverhältnis** ordentlich gekündigt, muss der Mieteranwalt prüfen, ob der Mieter die Fortsetzung des Mietvertrages gem. § 574a III 1 BGB verlangen kann. Voraussetzung ist ein **Widerspruch** (§ 574 I BGB). Der Widerspruch setzt voraus, dass die Beendigung des Mietvertrages für den Mieter eine besondere Härte bedeutet. Der Widerspruch ist, wie die Kündigung, in der Form des § 126 BGB (Faxschreiben reicht nicht) **von allen an alle** spätestens **zwei Monate vor Beendigung** des Mietvertrags zu richten. Sofern der Vermieter nicht rechtzeitig vor Ablauf der Widerspruchsfrist (z. B. im Kündigungsschreiben) auf die Möglichkeit des Widerspruchs sowie auf dessen Form und Frist hingewiesen hat, ist der Widerspruch spätestens im ersten Termin des Räumungsrechtsstreits zu erklären (§ 574b I, II BGB). Diese Widerspruchsmöglichkeit steht dem Mieter allerdings nicht zu, wenn ein Grund vorliegt, der den Vermieter zur außerordentlichen fristlosen Kündigung des Mietvertrags berechtigt (§ 574 I 2 BGB). Für die Vertragsverlängerung muss ein **Fortsetzungsverlangen** gem. § 574a I BGB nicht ausdrücklich hinzutreten. Sind im Räumungsverfahren auf Beklagtenseite die Fortsetzungsvoraussetzungen (besondere Härte, Widerspruch) vorgetragen, wird das Gericht das Mietverhältnis von Amts wegen gem. § 308a ZPO verlängern. Den gleichen Schutz hat der Endmieter, wenn sein Vermieter gewerblicher Zwischenmieter ist und der Obervertrag beendet wurde. § 565 BGB verdrängt insofern die Regelung des § 546 II BGB.

---

281 LG Krefeld NZM 99, 172; LG Saarbrücken WuM 98, 421, 422; LG Kiel WuM 98, 233, 234.
282 Anders für Anträge nach § 765a ZPO aber LG Hannover WuM 90, 397f.

Im Fall der **verzugsbedingten außerordentlichen Kündigung** eines **Wohnraummietvertrages** gem. § 543 II 1 Nr. 3 BGB ist der Mieter berechtigt, die Kündigung unwirksam werden zu lassen, wenn die rückständige Miete bzw. Entschädigung nach § 546a I BGB spätestens **zwei Monate nach Rechtshängigkeit** des Räumungsanspruchs gezahlt wird bzw. eine öffentliche Stelle (regelmäßig das Sozialamt) sich zur Befriedigung verpflichtet (§ 569 III Nr. 2 Satz 1 BGB). Dies gilt allerdings nicht, sofern innerhalb von zwei Jahren vor der Kündigung eine ebensolche Kündigung vorausgegangen ist (§ 569 III Nr. 2 Satz 2 BGB). Hat der Vermieter hilfsweise eine ordentliche Kündigung erklärt, wird diese damit aber nicht ebenfalls hinfällig.[283] Der Mieter muss sich gegen die ordentliche Kündigung dann gesondert verteidigen. Bei **Gewerberaummietverträgen** ist eine gem. § 543 II Satz 1 Nr. 3 BGB auf Verzug gestützte außerordentliche Kündigung nur dann unwirksam, wenn der Mieter **vor Zugang** der Kündigung sämtliche Mietrückstände **ausgeglichen** hat (§ 543 II 2 BGB), und sie wird nur dann unwirksam, wenn der Mieter unverzüglich **nach Zugang** der Kündigung wirksam die Aufrechnung mit einer Gegenforderung erklärt (§ 543 II 3 BGB). Die Aufrechnungslage muss vor Zugang der Kündigung bestanden haben;[284] die Aufrechnung darf vertraglich nicht ausgeschlossen sein.

461

b) Prozessuale Gesichtspunkte

Bei unbefristeten Mietverhältnissen über **Wohnraum** mit Ausnahme der in § 549 II Nr. 3 und § 575 BGB genannten Mietverhältnisse hat der Mieter im Räumungsprozess – auch bei Eigenkündigung und fristloser Kündigung durch den Vermieter – ggf. die Möglichkeit, eine „den Umständen nach angemessene" **Räumungsfrist** zu erlangen (§ 721 I ZPO). Bei Mischmietverhältnissen kann Räumungsschutz gewährt werden, wenn der Wohnteil wegen funktioneller Trennung gesondert herausgegeben werden kann (z. B. die Wirtswohnung).[285] Die Räumungsfrist darf die Dauer von insgesamt **einem Jahr** nicht überschreiten (§ 721 V 1 ZPO; Beginn: § 721 V 2 ZPO). Regelmäßig wird sie zunächst für einen Zeitraum von 3 Monaten gewährt.[286] Ob entgegen der Vorschrift des § 721 I 3 Alt. 1 ZPO eine entsprechende Urteilsergänzung gem. § 321 ZPO auch dann beantragt werden kann, wenn kein Antrag gestellt war, ist umstritten.[287] Es ist daher immer ratsam, einen **Antrag** auf Räumungsfrist gem. § 721 I ZPO vor Schluss der mündlichen Verhandlung zu stellen, auch wenn dies zu einer Streitwerterhöhung führt (siehe unten). Ist der Antrag unzulässig oder unbegründet, hat das Gericht zu prüfen, ob sich der Antrag auf Räumungsfrist in einen Antrag auf Räumungsschutz gem. § 765a ZPO umdeuten lässt. Zweckmäßigerweise sollte dies in der Antragsbegründung angeregt werden. Die Gewährung der Räumungsfrist führt nicht zu einer Verlängerung des Mietvertrags. Der Vermieter ist nicht mehr gem. § 535 BGB zur Gewährung des Gebrauchs verpflichtet, der Mieter hat keine Minderungsrechte und keine Ersatzansprüche gem. §§ 536a II, 539 BGB.

462

---

283 BGH v. 16.02.2005 – VIII ZR 6/04.
284 BGH v. 2.06.59 – VIII ZR 20/59 – NJW 59, 2017.
285 LG Hamburg NJW-RR 93, 662; LG Mannheim ZMR 93, 79, 80.
286 LG Hamburg WuM 99, 365.
287 Überblick zum Meinungsstand bei LG Rostock NZM 2002, 213.

§ 5 Räumungsverfahren

463 Im Gegensatz hierzu kann die **Fortsetzung des Mietverhältnisses über Wohnraum** gem. § 574a I BGB immer, also auch ohne vorherigen Antrag, im Wege der Urteilsergänzung beantragt werden.[288] Eine (befristete) Vertragsfortsetzung ist gem. § 574a I BGB auch dann auszusprechen, wenn die Möglichkeit der Gewährung einer Räumungsfrist besteht.[289] Da auch dieses Begehren gem. § 41 III GKG zwar nicht den Streitwert erhöht, wohl aber zum einem Teilunterliegen führt, sofern es in einen Antrag gefasst wurde, dem das Gericht nicht oder nicht in vollem Umfang stattgegeben hat, ist zu überlegen, ob dieser Antrag überhaupt gestellt werden soll.

464 Immer zu stellen ist ein **Vollstreckungsschutzantrag** gem. § 712 ZPO, da ein unersetzlicher Nachteil i. S. des § 712 I ZPO nicht mehr geltend gemacht werden kann, wenn der Schuldner ihn durch einen Vollstreckungsschutzantrag nach § 712 ZPO in der Vorinstanz hätte verhindern können.[290] Dieser Vollstreckungsschutzantrag ist geboten, weil Räumungsurteile gem. § 708 Nr. 7 ZPO ohne Sicherheitsleistung für vorläufig vollstreckbar zu erklären sind. Gem. § 711 Satz 1 ZPO ist dem Mieter zwar die Abwendung der Vollstreckung durch Sicherheitsleistung zu gestatten. Da dem Vermieter gem. § 711 Satz 1 ZPO aber die Abwendungsbefugnis zusteht, er also nach Erbringung der Sicherheitsleistung trotz Sicherheitsleistung des Mieters – nach Ablauf einer eventuell gewährten Räumungsfrist – die Zwangsräumung betreiben darf, steht ohne Vollstreckungsschutzantrag des Mieters die Gefahr im Raum, dass der Vermieter vollendete Tatsachen schafft. Keinen ausreichenden Schutz gewährt insofern die Möglichkeit, im Berufungsverfahren die **einstweilige Einstellung der Zwangsvollstreckung** nach den §§ 719, 707 ZPO zu beantragen, da § 707 I ZPO eine Kann-Vorschrift bildet und dem Antrag nur stattgegeben wird, wenn das Rechtsmittel bei summarischer Prüfung hinreichende Erfolgsaussicht hat.[291] Dem (rechtzeitig gestellten) Antrag aus § 712 I ZPO wird hingegen trotz des Umstands, dass auch hier das Gläubigerinteresse gem. § 712 II 1 ZPO zu berücksichtigen ist, regelmäßig stattgegeben, weil der Verlust der Wohnung von vornherein als nicht ersetzbarer Nachteil im Sinne des § 712 I 1 ZPO betrachtet wird.[292] Sicherheitshalber sollte der Mieter dies aber gem. § 714 II ZPO auch glaubhaft machen. In der Berufungsinstanz können die Anträge gem. §§ 718, 712 ZPO und gem. §§ 719, 707 ZPO im Verhältnis von Haupt- und Hilfsantrag gestellt werden.[293]

465 Stützt der Vermieter die Kündigung im Räumungsprozess auf einen **neuen Kündigungsgrund**, wird ein neuer Streitgegenstand in das Verfahren eingeführt. Die Entscheidung darüber ist nicht unbedingt sachdienlich, so dass der Mieter die gem. § 263 ZPO erforderliche Einwilligung verweigern sollte.

466 Entstehen **nach Beendigung des Erkenntnisverfahrens** Einwendungen gegen den Räumungsanspruch, muss der Schuldner diese im Wege der Vollstreckungsabwehrklage

---

288 Zöller / Vollkommer, ZPO, 25. Aufl., § 308a Rn. 4.
289 LG Stuttgart WuM 91, 347.
290 Vgl. BGH vom 09.08.2004 – VIII ZR 178 / 04.
291 S. nur Zöller / Herget, ZPO, 25. Aufl., § 707 Rn. 9.
292 Eisenhardt, NZM 98, 64.
293 Eisenhardt, NZM 98, 64.

gem. § 767 ZPO geltend machen. So kommt es mitunter vor, dass Vermieter nach erfolgreichem Räumungsprozess nicht sofort vollstrecken, weil etwa der Mieter seine Schulden beglichen hat. Dauert der Verzicht auf die Vollstreckung längere Zeit an, wird regelmäßig entweder ein konkludenter Neuabschluss des Mietvertrags oder die Verwirkung des Räumungsanspruchs anzunehmen sein.[294] Vollstreckt der Vermieter dennoch, hilft nur eine Vollstreckungsabwehrklage.

Streitwert: Führt der Beklagte Anträge im Wege der Widerklage ein, erhöhen sie den Streitwert der Räumungsklage (§ 45 I 1 GKG). Betreffen sie wirtschaftlich denselben Gegenstand, gilt nur der Wert des höheren Anspruchs (§ 45 I 3 GKG). Hilfsanträge erhöhen den Streitwert, wenn über sie entschieden wird (§ 45 I 2 GKG). Ein Widerklageantrag auf Fortsetzung des Mietvertrages gem. § 574a BGB erhöht den Streitwert nicht (§ 41 III GKG). Dagegen bildet der Antrag auf Räumungsfrist einen eigenen Streitgegenstand. Dessen Wert beläuft sich auf den Netto-Mietbetrag, der auf den für die Räumungsfrist gewünschten Zeitraum entfällt.[295] Diese Werte gelten auch für die Anwaltsgebühren (§ 23 I RVG). 467

Der **Rechtsanwalt** erhält für das Verfahren die normalen **Gebühren** (Verfahrens-, Termins-, ggf. Einigungsgebühr). Der mit dem Verfahren über die Hauptsache verbundene Antrag auf Bewilligung einer Räumungsfrist führt nicht zu einer besonderen Gebühr (VV Nr. 3334 RVG), ebenso wenig der Vollstreckungsschutzantrag nach § 712 ZPO. 468

Hinsichtlich der **Rechtsbehelfe** ist zu berücksichtigen, dass die Entscheidung des erstinstanzlichen Gerichts über die Räumungsfrist mit der **sofortigen Beschwerde** immer gesondert angefochten werden darf (§ 721 VI ZPO). 469

c) Muster: Klageerwiderung (zu oben Rn. 457) 470

Amtsgericht ▪▪▪

▪▪▪, den ▪▪▪

In dem Rechtsstreit

Schenk ./. Bäuerle und Speck

Az. ▪▪▪

zeige ich an, dass ich die Beklagten vertrete, die sich gegen die Klage verteidigen wollen. Insofern werde ich beantragen zu erkennen:

> Die Klage wird abgewiesen.

Hilfsweise wird im Wege der Widerklage beantragt werden zu erkennen:

> Den Beklagten wird für die im Klageantrag zu 1. bezeichnete Wohnung eine in das Ermessen des Gerichts gestellte Räumungsfrist, mindestens bis zum 01.06.2006, gewährt.

---

294 LG Hamburg WuM 89, 32, 33; AG Frankfurt am Main NJW-RR 88, 204.
295 OLG Braunschweig Rpfleger 64, 66 (LS); LG Kempten AnwBl. 68, 58.

Ferner wird beantragt,

> ein eventuelles Räumungsurteil gem. § 712 I 2 ZPO nicht für vorläufig vollstreckbar zu erklären.

<u>Begründung</u>

Richtig ist, dass die Beklagten die Miete seit Oktober 2004 nicht mehr bezahlt haben. Der Grund liegt darin, dass die nicht krankenversicherte Zweitbeklagte Operationskosten in Höhe von 16.328,03 EUR tragen muss, die aufgrund eines Herzleidens anfielen.

<u>Beweis:</u> 1. Rechnung des Klinikums ▬▬▬ vom 03.09.2004

Anlage B 1

2. Zeugnis N.N., Mitarbeiters des Klinikums ▬▬▬, noch zu

benennen

Zur Nachbehandlung bei Dr. Haunzig fallen derzeit monatliche Kosten von etwa 500,00 EUR an.

<u>Beweis:</u> 1. Rechnung des Dr. med. Ralf Haunzig vom 04.02.2005

Anlage B 2

2. Zeugnis des Dr. med. Ralf Haunzig, An der Stadtklinik 3, ▬▬▬

Nach Einschätzung des Dr. Haunzig wird die Behandlung voraussichtlich im August 2005 abgeschlossen sein.

<u>Beweis:</u> Zeugnis des Dr. Haunzig, bereits benannt

Der Erstbeklagte allein kann die Miete nicht aufbringen.

Die fristlose Kündigung ist unwirksam, weil das Sozialamt der Stadt ▬▬▬ mit Schreiben vom 11.04.2005 erklärt hat, für die Mietschulden der Beklagten in voller Höhe aufkommen zu wollen.

<u>Beweis:</u> Schreiben der Stadt ▬▬▬ vom 11.04.2005

Anlage B 3

Dieses Schreiben ist dahin auszulegen, dass es auch etwaige Forderungen des Klägers auf angefallene Nutzungsentschädigung gem. § 546a BGB deckt.

<u>Beweis:</u> Zeugnis N.N., Mitarbeiters der Stadt ▬▬▬, noch zu benennen

Auch die hilfsweise erklärte ordentliche Kündigung beendet das Mietverhältnis nicht. § 573 II Nr. 1 BGB setzt eine nicht unerhebliche schuldhafte Pflichtverletzung des Mieters voraus. Eine solche ist hier nicht gegeben, da sich die Beklagten auf eine unverschuldete Zahlungsunfähigkeit wegen eines unvorhergesehenen wirtschaftlichen Engpasses berufen können (vgl. BGH vom 16.02.2005 – VIII ZR 6/04). In diesem Zusammenhang ist zu berücksichtigen, dass die Beklagten die Miete bis zum Oktober 2004 immer pünktlich bezahlt haben und die nachträgliche Zahlung durch das Sozialamt ein etwaiges Fehlverhalten der Beklagten in einem milderen Licht erscheinen lässt.

Sollte das Gericht das Mietverhältnis dennoch für beendet ansehen, ist vorzutragen, dass der Beklagten zu 2., die sich in einem Genesungsprozess nach der schwierigen Herzoperation befindet, ein gesundheitlicher Rückfall droht, wenn sie nicht bis zur vollständigen Gesundung in etwa einem Jahr in der Wohnung verbleiben kann.

Beweis: 1. Einvernahme des ■■■ als sachverständigen Zeugen, b.b.

2. Einholung eines Sachverständigengutachtens

Zudem ist zu berücksichtigen, dass die Beklagten mit Zustimmung des Klägers im Mai 2002 erhebliche Mittel in den Wohnungsausbau gesteckt haben. So haben Sie die Wohnung mit einer wertvollen Einbauküche versehen und die gesamte Sanitärinstallation erneuern lassen. Insgesamt überschreitet das Investitionsvolumen den Betrag einer Jahresmiete.

Beweis: Rechnungen der bauausführenden Unternehmen,
als Anlagenkonvolut B 4 noch vorzulegen

Ein vertraglicher oder gesetzlicher Erstattungsanspruch gegen den Kläger steht den Beklagten nicht zu. Die genannten Investitionen erfolgten im Jahr 1999 und werden sich nach dem in § 57c II ZVG niedergelegten Rechtsgedanken (4 Jahre pro Betrag einer Jahresmiete) nicht vor Juni 2006 amortisiert haben.

Beweis: Einholung eines Sachverständigengutachtens

Aufgrund ihrer individuellen Ausgestaltung stellt die Wohnung für die Beklagten einen besonderen persönlichen Wert dar, so dass der vorzeitige Verlust der Wohnung für sie einen nicht zu ersetzenden Nachteil bedeuten würde.

Zur Glaubhaftmachung: Eidesstattliche Versicherung der Beklagten zu 2. Anlage B 5

Daher ist der im Wege der Widerklage gestellte Hilfsantrag begründet. Sollten die Voraussetzungen für die Gewährung einer Räumungsfrist nicht vorliegen, ist der Antrag als Antrag auf Räumungsschutz nach § 765a ZPO zu verstehen.

Derzeit sind die Beklagten zur Sicherheitsleistung nicht imstande, da sie über keine finanziellen Reserven verfügen und auch keine unbefristete Bankbürgschaft erhalten würden.

Zur Glaubhaftmachung: 1. wie vor

2. Schreiben der ■■■ vom 11.04.05 in beglaubigter Kopie, Anlage B 6

Daher ist ein eventuelles Räumungsurteil nicht für vorläufig vollstreckbar zu erklären.

Nach alledem ist die Klage abzuweisen; hilfsweise sind die beantragte Räumungsfrist und Vollstreckungsschutz zu gewähren.

■■■

Rechtsanwalt

§ 5 Räumungsverfahren

III. Antrag auf Urteilsergänzung gem. § 321 I ZPO

1. Vorbemerkungen

471 Hat das Amtsgericht ein Räumungsurteil erlassen, ist zu prüfen, ob eine (ausreichende) Räumungsfrist bestimmt und Vollstreckungsschutz gewährt wurde. Ist das nicht der Fall, muss der Rechtsanwalt des Mieters auf eine Urteilsergänzung hinwirken. Der entsprechende Antrag muss innerhalb von **zwei Wochen nach Urteilszustellung** bei Gericht eingehen (§ 321 II ZPO) und führt zur Anberaumung einer mündlichen Verhandlung über das Ergänzungsverlangen (§ 321 III, IV ZPO).

472 Der Ergänzungsantrag erhöht den **Streitwert** nicht.

473 Wird dem Antrag auf Räumungsfrist jetzt nicht in vollem Umfang stattgegeben, führt dies zu einer nachträglichen Kostenmehrbelastung des Beklagten. Das zu ergänzende Urteil wird damit wie ein Teilurteil behandelt. Dem entspricht die Bezeichnung der Entscheidung als Ergänzungsurteil.

474 Bis zur Entscheidung über die Gewährung einer Räumungsfrist kann das Gericht **auf Antrag** die Zwangsvollstreckung wegen des Räumungsanspruchs **einstweilen einstellen** (§ 721 I 3 Hs. 2 ZPO). Die Möglichkeit, dies wie in § 732 II ZPO von einer Sicherheitsleistung abhängig zu machen, sieht das Gesetz nicht vor. Vollstreckungsschutz gem. § 712 ZPO wird das Gericht möglicherweise nur dann im Wege der Urteilsergänzung gewähren, wenn dies vor Schluss der mündlichen Verhandlung beantragt worden ist (s.o. Rn. 464).[296]

475 Der **Rechtsanwalt** erhält für das Verfahren der Urteilsergänzung keine besondere **Gebühr** (§ 19 I 2 Nr. 6 RVG). Bei erstmaliger Bestellung für den Ergänzungsantrag erhält der Rechtsanwalt die normalen Gebühren, bezogen auf den Wert des Ergänzungsgegenstandes.[297]

476 ### 2. Muster: Urteilsergänzungsantrag

Amtsgericht ▪▪▪

▪▪▪, den ▪▪▪

In dem Rechtsstreit

Müller ./. Meier-Ladestreit

Az. ▪▪▪

wird gem. § 721 I 3 Hs. 2 ZPO beantragt,
die Zwangsvollstreckung wegen des Räumungsanspruchs bis zur Entscheidung über die Urteilsergänzung einstweilen einzustellen.

Ferner wird beantragt,

---

296 So LG Rostock NZM 2002, 213.
297 A.A. Zöller/Vollkommer, ZPO, 25. Aufl., § 321 Rn. 12: 0,8 Gebühr nach VV 3403 RVG.

das Urteil des Amtsgerichts ▬▬▬ vom 10.02.2005 – Az. ▬▬▬ – wie folgt zu ergänzen:
1. Dem Beklagten wird für die im Klageantrag zu 1. bezeichnete Wohnung eine in das Ermessen des Gerichts gestellte Räumungsfrist, mindestens bis zum 31.05.2006, gewährt.
2. Das Urteil wird für nicht vollstreckbar erklärt,

hilfsweise:

Dem Beklagten wird gem. § 712 I 1 ZPO gestattet, die vorläufige Vollstreckbarkeit des Urteils ohne Rücksicht auf eine Sicherheitsleistung des Klägers durch eigene Sicherheitsleistung abzuwenden.

Begründung

Das Gericht hat weder den Antrag auf Räumungsfrist noch den Vollstreckungsschutzantrag des Beklagten beschieden. Das Urteil ist daher gem. § 321 I ZPO entsprechend zu ergänzen.

Nicht beschieden hat das Gericht auch den Vollstreckungsschutzantrag gem. § 712 I ZPO. Auch dies ist jetzt nachzuholen.

Da der Kläger mit dem vorliegenden Urteil aufgrund seiner Abwendungsbefugnis gem. § 711 Satz 1 ZPO bis zum Erlass des Ergänzungsurteils die Möglichkeit hat, durch eine Räumung vollendete Tatsachen zu schaffen, ist die Zwangsvollstreckung wegen des Räumungsanspruchs gem. § 721 I 3 Alt. 2 ZPO vorläufig einzustellen.

▬▬▬

Rechtsanwalt

IV. Antrag auf einstweilige Einstellung der Zwangsvollstreckung gem. §§ 719, 707 ZPO

Hat der Räumungsschuldner es versäumt, in I. Instanz einen Vollstreckungsschutzantrag nach § 712 I ZPO zu stellen, und ist auch keine Räumungsfrist gewährt worden, muss er versuchen, **gegen** das **Endurteil** Berufung einzulegen und sie, verbunden mit einem Antrag nach §§ 719 I 1, 707 ZPO, so schnell wie möglich zu begründen, da § 707 I ZPO eine Kann-Vorschrift ist und das Berufungsgericht dem Antrag nur dann stattgeben wird, wenn das Rechtsmittel bei summarischer Prüfung hinreichende Erfolgsaussicht hat. Mit der Berufungsbegründungsschrift, aus der allein die Erfolgsaussicht beurteilt werden kann, ist beim Berufungsgericht die einstweilige Einstellung der Zwangsvollstreckung zu beantragen.

Muster: Antrag auf einstweilige Einstellung der Zwangsvollstreckung

Die Zwangsvollstreckung aus dem Urteil des Amtsgerichts ▬▬▬ vom ▬▬▬ – Az. ▬▬▬ – wird ohne, hilfsweise gegen Sicherheitsleistung einstweilen eingestellt.

Die Einstellung der Zwangsvollstreckung ohne Sicherheitsleistung ist gem. § 707 I 2 ZPO nur zulässig, wenn der Schuldner im Sinne des § 294 ZPO glaubhaft machen kann, dass er zur Sicherheitsleistung nicht in der Lage ist und ihm die Vollstreckung einen nicht zu ersetzenden Nachteil bringen würde. Allerdings ist zu berücksichtigen, dass nach Auffassung vieler Gerichte ein **unersetzlicher Nachteil** nicht mehr geltend gemacht werden kann, wenn der Schuldner ihn durch einen Vollstreckungsschutzantrag nach § 712 ZPO in der Vorinstanz hätte verhindern können.[298] Das Berufungsgericht entscheidet über den Antrag durch nicht anfechtbaren Beschluss (§ 707 II 1, 2 ZPO).

480 Der Antrag auf einstweilige Einstellung der Zwangsvollstreckung kann auch **gegen** ein **Versäumnisurteil** angebracht werden. Die Zwangsvollstreckung darf hier nur gegen **Sicherheitsleistung** eingestellt werden, es sei denn, dass das Versäumnisurteil nicht in gesetzlicher Weise ergangen ist oder die säumige Partei glaubhaft macht, dass ihre Säumnis unverschuldet war (§ 719 I 2 ZPO). Die Voraussetzungen des § 707 I 2 ZPO müssen nach wohl herrschender Auffassung nicht zusätzlich vorliegen.[299] Über den Antrag entscheidet das Ausgangsgericht durch nicht anfechtbaren Beschluss (§ 707 II 1, 2 ZPO).

V. Antrag auf Verlängerung der Räumungsfrist gem. § 721 III 1 ZPO

1. Vorbemerkungen

481 Stellt sich nach Erteilung einer Räumungsfrist heraus, dass diese zu kurz bemessen ist, kann der **Wohnungsmieter** beim Gericht I. Instanz – für die Dauer des Berufungsverfahrens beim Berufungsgericht – eine Verlängerung der Räumungsfrist beantragen (§ 721 III 1, IV 1 ZPO). Der Antrag muss spätestens **2 Wochen vor Ablauf der Räumungsfrist** gestellt sein (§ 721 III 2 ZPO). Diese Frist wird nicht gem. § 193 BGB dadurch verlängert, dass der letzte Tag auf einen Samstag, Sonntag oder Feiertag fällt.[300] Bei Fristversäumung ist Wiedereinsetzung in den Vorigen Stand möglich (§ 721 III 3 i.V. mit §§ 233 ff. ZPO). Auf der anderen Seite kann der Vermieter eine Verkürzung der Räumungsfrist verlangen, wenn die gewährte Räumungsfrist aufgrund neuer Umstände zu lang erscheint (§ 721 III 1, I 1 ZPO). Die Entscheidung ergeht durch Beschluss (§ 721 III 2 ZPO). Das Gericht kann auf Antrag die einstweilige Einstellung der Zwangsvollstreckung anordnen (§ 721 IV 4 i.V. mit § 732 II ZPO).

482 Für den Fall, dass die Räumungspflicht in einem **Räumungsvergleich** gem. § 794a ZPO (nicht: Anwaltsvergleich) niedergelegt ist, ist für die Erteilung einer Räumungsfrist nicht – wie bei § 721 ZPO – das Gericht des Erkenntnisverfahrens, sondern das Amtsgericht zuständig, in dessen Bezirk der Wohnraum belegen ist (§ 794a I 1 ZPO). Dort ist auch der Verlängerungsantrag zu stellen (§ 794a II ZPO). Der Antrag ist **2 Wochen vor** dem im Räumungsvergleich festgelegten **Räumungstermin** (§ 794a I ZPO) oder bereits gewährten Verlängerungstermin (§ 794a II 1 ZPO) zu stellen.

483 Der Verlängerungsantrag kann einmal oder **mehrmals bis zu einem Jahr** ab Rechtskraft (§ 721 V ZPO) bzw. Vergleichsabschluss (§ 794a III ZPO) gestellt werden.

484 Die **Kostenverteilung** für das gesonderte Räumungsschutzverfahren richtet sich nach den §§ 91 ff. ZPO.

---

[298] Vgl. BGH vom 09.08.2004 – VIII ZR 178/04; a.A. OLG Düsseldorf NJW-RR 87, 702.
[299] OLG Celle NJW-RR 2000, 1017; OLG Brandenburg NJW-RR 2002, 285, 286; OLG Stuttgart NJW-RR 2003, 713, 714; a.A. OLG Frankfurt NJW-RR 98, 1450; OLG Köln NJW-RR 2002, 428.
[300] LG Berlin NJW-RR 93, 144; LG Freiburg WuM 89, 443.

Der **Streitwert** bestimmt sich gem. § 3 ZPO nach dem Interesse des Antragstellers. Dieses entspricht dem Mietwert bzw. der Nutzungsentschädigung für den beantragten Zeitraum.[301] Nach diesem Wert richtet sich auch die Berechnung der Anwaltsgebühren (§ 23 I 1 RVG i.V. mit § 48 I 1 GKG).

485

Für das selbstständige Verfahren auf Bewilligung, Verlängerung oder Verkürzung einer Räumungsfrist (§§ 721, 794a ZPO) erhält der **Rechtsanwalt** gem. VV Nr. 3334 RVG eine volle **Gebühr**, wenn das Verfahren mit dem Verfahren über die Hauptsache nicht verbunden ist. Diese Gebühr erhält er für jeden Antrag gesondert. Bei vorzeitiger Beendigung des Auftrags erhält er gem. VV Nr. 3337 RVG eine halbe Gebühr.

486

Die Entscheidung des erstinstanzlichen Gerichts über die Räumungsfrist kann mit der **sofortigen Beschwerde** gesondert angefochten werden (§ 721 VI Nr. 2 ZPO).

487

2. Muster: Verlängerungsantrag gem. § 721 III 1 ZPO

488

Landgericht ■■■

Berufungskammer

34

■■■, den ■■■

In der Berufungssache

Weyandt ./. Stüble

Az. ■■■

wird beantragt zu erkennen:
1. Das Urteil des Amtsgerichts ■■■ vom ■■■ – Az. ■■■ – wird abgeändert und die Klage abgewiesen.
2. Die dem Beklagten gewährte Räumungsfrist wird nach Ermessen des Gerichts, mindestens um 2 Monate, verlängert.
3. Die Zwangsvollstreckung wegen des Räumungsanspruchs wird bis zur Entscheidung über den Antrag zu 2. ohne, hilfsweise gegen Sicherheitsleistung, einstweilen eingestellt.

Begründung
  I. Das Erstgericht hat der Räumungsklage zu Unrecht stattgegeben und den Sachverhalt nicht vollständig und auch rechtlich nicht zutreffend gewertet. Daher war die Klage abzuweisen. ...
  II. Das Erstgericht hat dem Beklagten eine Räumungsfrist bis zum 01.04.2005 gewährt. Hintergrund dessen ist der Umstand, dass der Beklagte eine Eigentumswohnung gekauft hat und diese nach damaliger Voraussicht zum 01.04.2005 bezogen werden konnte.

Inzwischen hat sich herausgestellt, dass sich die Fertigstellung des Neubaus, in dem sich die Eigentumswohnung befindet, um voraussichtlich 2 Monate verzögern wird.

---

301 LG Kempten AnwBl 68, 58; a.A. LG Stuttgart Rpfleger 68, 62: Wert entspricht der Nutzungsentschädigung für 3 Monate.

Beweis:
1. Schreiben der Wulmo-Bauträger GmbH vom 08.03.2005
   Anlage BF 13
2. Zeugnis N.N., Mitarbeiters der Wulmo-Bauträger GmbH, noch zu benennen

Es wäre unbillig, wenn dem Beklagten ein Zwischenumzug für die kurze Zeit von 2 Monaten zugemutet würde.

Da das erstinstanzliche Urteil noch nicht rechtskräftig ist, hält sich der Antrag an die Regelung des § 721 V ZPO.

Da weder das Erstgericht noch die Berufungskammer bisher Vollstreckungsschutz gewährt haben, ist die Zwangsvollstreckung bis zur Entscheidung über den Verlängerungsantrag gem. § 721 IV 4 ZPO einzustellen.

...

Rechtsanwalt

VI. Sofortige Beschwerde gegen einen Beschluss auf Bewilligung, Verlängerung, Verkürzung einer Räumungsfrist oder deren Versagung

1. Vorbemerkungen

489 Jede Entscheidung eines **erstinstanzlichen Gerichts** auf Bewilligung, Verlängerung oder Verkürzung einer Räumungsfrist oder auf deren Versagung – die Räumungsfrist wird auch dann versagt, wenn das Urteil schweigt – ist für den Beschwerten mit der **sofortigen Beschwerde** anfechtbar (§§ 721 VI, 567 I Nr. 1 ZPO). Wird allerdings gegen ein Versäumnisurteil Einspruch eingelegt, ist die sofortige Beschwerde nicht zulässig, weil die Frage der Räumungsfrist dann ohnehin geprüft wird (vgl. § 342 ZPO).[302] Auch bei einem Prozessurteil (z. B. 2. Versäumnisurteil gem. § 345 ZPO) lässt sich eine Räumungsfrist nicht durch sofortige Beschwerde erreichen.[303]

490 Die sofortige Beschwerde muss innerhalb von **zwei Wochen** nach Zustellung der Entscheidung beim Ausgangsgericht oder beim Beschwerdegericht eingelegt werden (§ 569 I 1 ZPO). Das Ausgangsgericht kann der Beschwerde abhelfen. Die Beschwerdeschrift, die nicht das volle Klagerubrum enthält, muss nur die Bezeichnung der angefochtenen Entscheidung und den Umstand der Beschwerde enthalten (§ 569 II 2 ZPO), also nicht einmal eine Begründung (vgl. auch § 571 I ZPO). Gleichwohl wird sich der Rechtsanwalt des Beschwerten um eine Begründung bemühen.

491 Die Beschwerde ist erfolgreich, wenn die Versagung, Gewährung oder Bemessung der Räumungsfrist den Umständen nach nicht angemessen ist.

492 Bei einer Entscheidung im Beschlusswege gelten für die **Kostenentscheidung** die §§ 91 ff. ZPO.[304]

---

302 LG München I NZM 99, 308; vgl. auch LG Landshut NJW 67, 1374, 1376.
303 LG Dortmund MDR 65, 579.
304 LG Konstanz MDR 67, 307.

Der **Streitwert** der Angelegenheit richtet sich nach dem Nutzungswert für die fragliche Zeit. Wird also eine Verlängerung der Räumungsfrist um 3 Monate begehrt, beläuft sich der Streitwert auf 3 Netto-Monatsmieten bzw. (im Ergebnis gleich) auf den Wert der entsprechenden Nutzungsentschädigung. Nach diesem Wert bestimmt sich auch die Vergütung des Rechtsanwalts (§ 23 I 1 RVG, § 48 I 1 GKG).

493

Für die **Vergütung des Rechtsanwalts** gilt: Der Rechtsanwalt erhält eine 0,5 Verfahrensgebühr nach VV Nr. 3500 RVG. Bei mehreren Auftraggebern erhöht sich nach VV Nr. 1008 RVG die Verfahrensgebühr der Nr. 3500 für jede weitere Person um 0,3 bis zur Obergrenze von 2,0. Für eine Terminswahrnahme erhält der Rechtsanwalt eine 0,5 Terminsgebühr nach VV Nr. 3513 RVG, zudem ggf. eine 1,0 Einigungsgebühr nach VV Nr. 1000, 1003 RVG.

494

Gegen die Entscheidung über die sofortige Beschwerde ist als **Rechtsmittel** die **Rechtsbeschwerde** gem. § 574 ZPO gegeben, sofern das Beschwerdegericht sie im Beschluss zugelassen hat (§ 574 I Nr. 2 ZPO). Die Rechtsbeschwerde ist innerhalb eines Monats nach Zustellung des Beschlusses beim Beschwerdegericht einzulegen (§ 575 I 1 ZPO) und innerhalb dieser Frist auch zu begründen (§ 575 II 1 ZPO). Über die Rechtsbeschwerde entscheidet immer der BGH (§ 133 GVG), so dass die Einlegung der Rechtsbeschwerde nur durch einen beim BGH zugelassenen Rechtsanwalt erfolgen kann (§ 78 I 4 ZPO). Gegen die Entscheidung über die Rechtsbeschwerde ist die **Gehörsrüge** nach § 321a ZPO statthaft.

495

2. Muster: Sofortige Beschwerde gem. §§ 721 VI, 567 I ZPO

496

Amtsgericht ■■■

■■■, den ■■■

35

In Sachen

Delbrück ./. Hansen

Az. ■■■

wird gegen den Beschluss des Amtsgerichts ■■■ vom 25.02.2005, zugestellt am 11.03.2005,

sofortige Beschwerde

eingelegt mit den Anträgen zu erkennen:
1. Der Beschluss des Amtsgerichts ■■■ wird aufgehoben.
2. Der Antrag auf Verlängerung der Räumungsfrist wird abgewiesen.

Begründung

Die vom Amtsgericht bewilligte Verlängerung der Räumungsfrist um 2 Monate ist bei gerechter Interessensabwägung nicht vertretbar. Die Beschwerdegegnerin zahlt seit nunmehr 6 Monaten keine Miete. Allein der Umstand, dass sie ihre Vermögensangelegenheiten noch nicht vollständig ordnen konnte und noch keinen Ersatzwohnraum gefunden hat, rechtfertigt nicht den sich immer weiter vergrößernden Schaden. Der Beschwerdeführer muss, wie bereits vorgetragen, Finanzierungskosten aus den Mieteinnahmen erbringen.

§ 5 Räumungsverfahren

Mit diesem Argument hat sich das Ausgangsgericht nicht einmal ansatzweise auseinandergesetzt.

Im Ergebnis ist der sofortigen Beschwerde daher stattzugeben.

■■■

Rechtsanwalt

§ 6 Vollstreckungsverfahren im Mietrecht

Im Vollstreckungsverfahren heißen die Parteien Gläubiger und Schuldner, nur im Rahmen der Vollstreckungsklageverfahren gem. §§ 767, 771 und 805 ZPO Kläger und Beklagter. 497

A. Räumungszwangsvollstreckung

I. Räumungstitel

Jede Maßnahme der Zwangsvollstreckung setzt Titel, Klausel und Zustellung voraus. 498

Die Räumungszwangsvollstreckung kann ohne weiteres aus einem **Urteil** (§ 704 I ZPO), einer **einstweiligen Verfügung** oder einem **gerichtlichen Vergleich** (§ 794 I Nr. 1 ZPO) betrieben werden. 499

Der **Zuschlagsbeschluss** im Zwangsversteigerungsverfahren (§ 93 I 1 ZVG) ist Herausgabetitel gegen den auf dem Grundstück wohnenden Eigentümer, wegen § 93 I 2 ZVG i.V.m. § 57 ZVG, §§ 566, 578 BGB aber nicht gegen auf dem Grundstück wohnende Mieter. Bestehende Mietverhältnisse müssen durch den Ersteher zunächst gekündigt werden (Sonderkündigungsrecht gem. § 57a ZVG mit zeitlicher Erleichterung bei ansonsten uneingeschränktem Mieterschutz). Insoweit ist der Zuschlagsbeschluss kein Räumungstitel. Zudem soll die Räumung aufgrund eines Zuschlagsbeschlusses nicht erfolgen, wenn der Besitzer aufgrund eines Rechts besitzt, das durch den Zuschlag nicht erloschen ist (§ 93 I 2 ZVG). Wird dennoch vollstreckt, hat der Besitzer die Möglichkeit der Drittwiderspruchsklage gem. § 771 ZPO. Räumungsschutz wird hier regelmäßig nicht gewährt;[305] allerdings kann der Besitzer einen Antrag auf einstweilige Einstellung der Zwangsvollstreckung nach § 769 ZPO stellen.[306] Räumungstitel können sodann im Verfahren nach der **HausratsVO** ergangene gerichtliche Beschlüsse sein, sofern über die Zuweisung der Ehewohnung hinaus die Aufforderung an einen Ehegatten ergangen ist, die Wohnung zu räumen.[307] Ein weiterer Beschluss, aus dem die Räumung möglich ist, beruht auf § 19 I 2, 3 **WEG**: Hat die Wohnungseigentümergemeinschaft gegen den in der Wohnung lebenden Wohnungseigentümer ein Urteil auf Veräußerung des Wohnungseigentums gem. § 19 I 1 WEG erstritten, kann der Ersteher in der notariell durchgeführten freiwilligen Versteigerung nach §§ 53ff. WEG i.V. mit dem Versteigerungsprotokoll des Notars die Räumung betreiben.[308] 500

Die Räumungsvollstreckung ist ferner zulässig aus einem **Anwaltsvergleich** (§ 796a ZPO). Allerdings darf auf Grundlage eines Anwaltsvergleichs **nicht in Wohnraum** vollstreckt werden (§796a II ZPO). Der Anwaltsvergleich als solcher ist auch noch kein Vollstreckungstitel, da er durch Gericht oder Notar erst für vollstreckbar erklärt werden muss (§§ 796b I, 796c I 1 ZPO). Hierzu muss der Anwaltsvergleich beim Amtsgericht am Wohnsitz einer der Parteien niedergelegt oder von einem an diesem Ort täti- 501

---

305 Zöller/Stöber, ZPO, 25. Aufl., § 721 Rn. 3.
306 Herrlein, in: Herrlein/Kandelhard, Mietrecht, 2. Aufl., S. 993.
307 OLG Stuttgart InVo 2002, 297.
308 Hierzu Schuschke, DWW 2004, 76.

gen Notar in Verwahrung genommen worden sein (§§ 796a I, 796c I 1 ZPO). Der Anwaltsvergleich wird von Rechtsanwälten im Namen und mit Vollmacht der von ihnen vertretenen Parteien geschlossen (§ 796a I ZPO). Aus Kostengründen empfiehlt es sich, die notwendige **Vollstreckbarerklärung** durch einen Notar vornehmen zu lassen, der hierfür gem. § 148a I 1 KostO eine halbe Notargebühr erhält. Die Zustimmung zur Vollstreckbarerklärung muss noch dann vorliegen, wenn der Vollstreckungsantrag gestellt wird,[309] so dass die Zustimmung schon in der Vergleichsurkunde erteilt sein sollte. Für den Fall des notariellen Vollstreckbarkeitsverfahrens ist zu berücksichtigen, dass eine Kostenfestsetzung nicht möglich ist. Der Vergleich sollte daher eine Kostenregelung enthalten. Der Anwaltsvergleich könnte etwa folgenden Wortlaut haben:

502 Muster: Anwaltsvergleich zur Räumung

Zwischen

1. Vermieter ▪▪▪

und

2. Mieter ▪▪▪

wird Folgendes vereinbart:

§ 1 (Räumungs- und Herausgabeverpflichtung)

Der Mieter verpflichtet sich, die im Erdgeschoss des Anwesens Cappeler Straße 43, ▪▪▪, gelegene Ladenfläche (43 m²) geräumt an den Vermieter herauszugeben.

§ 2 (Vollstreckbarkeitserklärung)

I. Der Mieter unterwirft sich wegen der in § 1 von ihm übernommenen Räumungs- und Herausgabeverpflichtung der sofortigen Zwangsvollstreckung aus dieser Urkunde.
II. Wegen der Unterwerfung des Mieters unter die sofortige Zwangsvollstreckung vereinbaren die Parteien, dass dieser Vergleich vom Notar Dr. ▪▪▪ in ▪▪▪ in Verwahrung genommen und für vollstreckbar erklärt werden soll (§ 796c I ZPO).
III. Der Vermieter wird diesen Vergleich an den in Ziff. II bezeichneten Notar übergeben und ihn mit der Vollstreckbarerklärung beauftragen.
IV. Die Kosten dieser Vereinbarung, insbesondere die Rechtsanwaltskosten, tragen beide Parteien je zur Hälfte.
V. Der in Ziff. II bezeichnete Notar wird hiermit unwiderruflich angewiesen, dem Vermieter sogleich eine vollstreckbare Ausfertigung des Vergleichs zu erteilen.

▪▪▪, den ▪▪▪

▪▪▪ ▪▪▪

Unterschrift Vermieteranwalt   Unterschrift Mieteranwalt

---

309 Geimer, DNotZ 91, 266, 272.

A. Räumungszwangsvollstreckung

Die Räumungsvollstreckung ist auch zulässig aus einer **notariellen Urkunde** (§ 794 I Nr. 5 ZPO). Allerdings darf auf Grundlage einer notariellen Urkunde **nicht in Wohnraum** vollstreckt werden (§ 794 I Nr. 5 ZPO). Notarielle Räumungsurkunden kommen vor, wenn es dem Vermieter gelingt, den Mieter bereits im Mietvertrag zur Räumung zu verpflichten. Regelmäßig wird dieser das nur tun, wenn der Vermieter für den Schaden bürgt, der im Fall einer ungerechtfertigten Räumung entsteht. Im Falle der Untervermietung greift die notarielle Räumungsurkunde nur dann, wenn der Untermieter in der Räumungsregelung einbezogen ist. Beurkundet werden muss nicht der gesamte Mietvertrag, in dem die Räumungsvollstreckung geregelt ist, sondern nur die Vollstreckungsunterwerfung als solche.[310]

503

Muster: Vollstreckungsunterwerfung[311]

504

1. Wir, die Mieter, haben heute mit dem Vermieter einen Mietvertrag geschlossen. Der Mietgegenstand besteht aus ca. 76 m² Gewerberäume im Erdgeschoss des Anwesens Bornheimer Straße 3 in ■■■, die auf dem Lageplan gem. Anlage 1 gekennzeichnet sind. Der auf 10 Jahre laufende Mietvertrag mit einer monatlichen Kaltmiete von 1.200,00 EUR zuzüglich Umsatzsteuer endet am 20.03.2015 und ist fristlos kündbar, wenn der Mieter mit 2 Bruttomieten (ohne Nebenkostenpauschale) in Rückstand ist. Die Miete ist auf das Konto Nr. ■■■ der ■■■ Sparkasse ■■■ (BLZ: ■■■) zu zahlen.
2. Wegen unserer Verpflichtung, den Mietgegenstand nach Beendigung des Mietverhältnisses zu räumen, unterwerfen wir uns der sofortigen Zwangsvollstreckung aus dieser Urkunde. Eine Umkehr der Beweislast ist damit nicht verbunden.
3. Dem Vermieter kann eine vollstreckbare Ausfertigung aus dieser Urkunde erteilt werden, wenn er
   a) dem Notar schlüssig durch Vorlage von Kontoauszügen zu dem in Ziff. 1 genannten Konto darlegt, dass 2 Monatsmieten nicht gezahlt worden sind,
   b) die Zustellung der Kündigung durch öffentliche Urkunde nachweist, und
   c) dem die vollstreckbare Ausfertigung erteilenden Notar zur Sicherung etwaiger Schadensersatzansprüche der Mieter eine selbstschuldnerische Bürgschaft eines in der Europäischen Gemeinschaft zugelassenen Kreditinstitutes in Höhe von 3 Netto-Monatsmieten übergibt mit dem Auftrag, diese Bankbürgschaft dem Vermieter zurückzugeben, wenn die Mieter nicht binnen 2 Wochen nach Zustellung des Räumungstitels Vollstreckungsabwehrklage erheben. Bei Erhebung einer Vollstreckungsabwehrklage ist die Bankbürgschaft den Mietern auszuhändigen, sobald diese dem Notar durch rechtskräftiges Urteil nachweisen, dass die Vollstreckungsabwehrklage ganz oder teilweise zugunsten der Mieter entschieden worden ist. Die Bürgschaft ist dem Vermieter auszuhändigen, wenn dieser dem Notar durch rechtskräftiges Urteil nachweist, dass die Vollstreckungsabwehrklage der Mieter abgewiesen worden ist.

Der **Notar berechnet** hierfür eine volle Gebühr nach § 36 I KostO aus der dreifachen Jahresmiete (bei Mietverträgen mit unbestimmter Dauer) oder aus dem Wert aller Leistungen des Mieters (vgl. § 25 I KostO).

505

---

310 Zöller/Stöber, ZPO, 25. Aufl., § 794 Rn. 29.
311 Nach Moeser, NZM 2004, 769, 771.

II. Räumungsauftrag gem. §§ 753 I, 885 I ZPO

1. Vorbemerkungen

506 Die Durchsetzung der Herausgabepflicht hinsichtlich einer unbeweglichen Sache (Räumung) erfolgt durch den Gerichtsvollzieher (§ 885 I 1 ZPO). Ist der für die Vollstreckungsanschrift zuständige Gerichtsvollzieher nicht bekannt, vermittelt die Geschäftsstelle des für den Vollstreckungsort zuständigen Amtsgerichts den zuständigen Gerichtsvollzieher (§ 753 II 1 ZPO). Der Vollstreckungsauftrag kann mit dem Zustellungsauftrag verbunden werden (§ 750 I ZPO), was regelmäßig geschieht.

507 Geht ein Räumungsauftrag beim Gerichtsvollzieher ein, prüft er das Vorliegen von Titel, Klausel und Zustellung. Insbesondere wird er auch prüfen, ob die Räumungspflicht gegenüber allen Besitzern der Wohnung tituliert ist und eine etwaige Räumungsfrist abgelaufen ist oder das Fristende kurz bevorsteht (§ 181 Nr. 1 GVGA). Liegen die Zwangsvollstreckungsvoraussetzungen vor, fordert der Gerichtsvollzieher den Gläubiger gem. §§ 4 I, 5 I GVKostG zur Vorschusszahlung auf. Der Vorschuss muss so bemessen sein, dass er die Kosten der Räumung und einer ersten Einlagerung des Räumungsgutes deckt. Nach Eingang des Vorschusses setzt der Gerichtsvollzieher den Räumungstermin nach Stunde und Minute fest (werktags zwischen 6 und ca. 18 Uhr, vgl. § 758a IV ZPO) und teilt ihn sowohl dem Gläubiger als auch dem Schuldner mit. Gem. § 180 Nr. 2 II 4 GVGA müssen zwischen dem Tag des Zustellung der **Räumungsmitteilung** an den Schuldner und dem Vollstreckungstermin mindestens **3 Wochen** liegen. Von der bevorstehenden Räumung benachrichtigt der Gerichtsvollzieher auch die zuständige Ordnungsbehörde (§ 181 Nr. 3 GVGA). Diese ist verpflichtet, dem Schuldner bei drohender Obdachlosigkeit Ersatzwohnraum zur Verfügung zu stellen, was auch dadurch geschehen kann, dass die bisherige Wohnung zum Zwecke der Einweisung des Schuldners beschlagnahmt wird. Da der Gerichtsvollzieher die bewegliche Habe des Schuldners wegzuschaffen hat (§ 885 II ZPO), wird er, falls der Schuldner dies nicht selbst besorgt, zur Räumung einen Spediteur hinzuziehen, der die Gegenstände in das Pfandlokal des Gerichtsvollziehers oder an einen anderen vom Gerichtsvollzieher bestimmten Ort verbringt. Bietet der Gläubiger an, Arbeitskräfte und Räumlichkeiten – auch die zu räumende Fläche – für die Einlagerung des Räumungsgutes zur Verfügung zu stellen, kann der Gerichtsvollzieher das Angebot annehmen, wenn die Helfer fachkundig sind, der Gerichtsvollzieher eine eigene Zugangsmöglichkeit zum Räumungsgut erhält und der Gläubiger sich für eventuelle Schäden verbürgt.[312]

508 Die **Räumung** selbst besteht darin, den Schuldner aus dem Besitz der zu räumenden Fläche zu setzen und den Gläubiger in diesen Besitz einzuweisen (§ 885 I 1 ZPO). Bei der Räumung müssen weder Gläubiger noch Schuldner anwesend sein. Ist der Schuldner nicht zugegen, wird der Gerichtsvollzieher verschlossene Wohnungstüren durch einen Schlosser öffnen lassen. Hierzu ist er auch ohne richterliche Durchsuchungsanordnung berechtigt (§ 758a II ZPO). Ist der Schuldner anwesend und leistet Widerstand, kann der Gerichtsvollzieher Gewalt anwenden und Polizeikräfte hinzuziehen (§ 758 III ZPO). Der Gerichtsvollzieher wird Müll und Unrat entsorgen und die ande-

---

312 Hüermann, NZM 2004, 326, 327.

ren beweglichen Gegenstände – auch die wertlosen – für 2 Monate in Verwahrung nehmen (§ 885 IV ZPO). Problematisch sind vorgefundene (lebende) **Haustiere**, die der Schuldner nicht an sich nehmen will. Die Rechtsprechung nimmt mitunter an, dass es sich bei Tieren nicht um bewegliche Sachen i.S.d. § 885 II ZPO handelt.[313] Dem Gerichtsvollzieher bleibt dann nichts übrig, als das Ordnungsamt zu verständigen. Schreitet dieses nicht (zum Zwecke der Gefahrenabwehr) ein, kann der Gerichtsvollzieher die Räumung nicht vollziehen.[314]

Gegen Zahlung der Lagerkosten darf der Schuldner jederzeit seine eingelagerte Habe abfordern. Unpfändbare oder wertlose Sachen sind ihm ohne weiteres herauszugeben (§ 885 III 2 ZPO). Nach Ablauf der 2 Monate verkauft der Gerichtsvollzieher die Sachen ohne Gerichtsbeschluss nach pflichtgemäßem Ermessen und hinterlegt den Erlös bei der Gerichtskasse (§ 885 IV ZPO); nicht verwertbare Sachen werden nun vernichtet.

509

Die (notwendigen) **Kosten** der Herausgabevollstreckung hat als Zwangsvollstreckungskosten der Schuldner zu tragen (§ 788 I ZPO).

510

Als **Vergütung** erhält der Rechtsanwalt des Gläubigers für den Räumungsauftrag eine 0,3 Verfahrensgebühr gem. VV Nr. 3309 RVG. Bei mehreren Auftraggebern erhöht sich die Verfahrensgebühr der Nr. 3309 für jede weitere Person um 0,3 bis zur Obergrenze von 2,0 (VV Nr. 1008 RVG).

511

2. Muster: Vollstreckungsauftrag wegen Räumung

512

Amtsgericht ■■■

Gerichtsvollzieherverteilerstelle

■■■, den ■■■

Namens und in Vollmacht des ■■■ (Gläubigers) bitte ich um Zustellung des Schuldtitels des AG Zweibrücken vom ■■■ – Az. ■■■ – und Zwangsvollstreckung durch Räumung der in Ziff. 1 des Titels bezeichneten Wohnung.

Falls das nicht wegen der Kosten zu pfändende Wohnungsmobiliar einer der in § 885 II ZPO genannten Personen nicht ausgehändigt werden kann, bietet der Gläubiger zur Vermeidung von Lagerkosten an, die Gegenstände im Keller des Hauses zu lagern. Zu diesem Zweck wird ein Vertreter des Gläubigers dem Räumungstermin beiwohnen.

Hinsichtlich Ziff. 2 des vorgenannten Schuldtitels wird um Zwangsvollstreckung wegen folgender Beträge gebeten: ■■■

■■■

Rechtsanwalt

---

313 So etwa OLG Karlsruhe NJW 97, 1789.
314 Hülsmann, NZM 2004, 841, 845.

III. Antrag auf Räumungsschutz gem. § 765a ZPO

1. Rechtsgrundlagen

513 Vollstreckungsschutz nach § 765a ZPO kann unter den dort genannten Voraussetzungen **jeder** Vollstreckungsschuldner, aber nur **gegen einzelne Vollstreckungsmaßnahmen**, nicht gegen die Zwangsvollstreckung allgemein, erlangen.[315] Regelmäßig wird Vollstreckungsschutz nach § 765a ZPO benötigt, wenn der **Wohnungsmieter** im Räumungsverfahren die Antragsfrist nach §§ 721, 794a ZPO versäumt hat, die Höchstfristen nach §§ 721 V, 794a III ZPO ausgeschöpft sind[316] oder ihm über §§ 709, 719 ZPO nicht mehr geholfen werden kann. Der Räumungsschutz nach §§ 721, 794a ZPO ist vorrangig.[317] Dafür ist in gravierenden Ausnahmefällen auch ein vollständiger und auf unbegrenzte Dauer wirkender Ausschluss der Zwangsvollstreckung möglich. Räumungsschutz in Ehewohnungzuteilungsverfahren (§§ 5 I, II, 9 II 1 HausratsVO) ist nach §§ 11 I, 15 HausratsVO aber allein vom AG als Familiengericht zu gewähren.[318]

514 Voraussetzung für den Räumungsschutz nach § 765a ZPO ist, dass die Räumungsvollstreckung zu untragbaren Folgen führen würde. Die drohende Räumungsvollstreckung muss wegen ganz besonderer Umstände eine sittenwidrige, **unangemessene Härte** mit sich bringen. Als Härtegründe kommen in Betracht

- erhebliche Gesundheits- oder Lebensgefahr, z.B. eine Suizidgefahr; der Eintritt muss mit hinreichender Wahrscheinlichkeit anhand objektiv feststellbarer Merkmale nachgewiesen sein;[319] bei Suizidgefahr muss der Mieter aber damit rechnen, dass ihm zur Auflage gemacht wird, sich psychiatrisch behandeln zu lassen;[320]
- drohende Obdachlosigkeit; die bloße Möglichkeit der Wiedereinweisung als polizeiliche Maßnahme rechtfertigt die Ablehnung des Antrags nicht;[321]
- Notwendigkeit eines Umzugs, obwohl Ersatzräume in Kürze zur Verfügung stehen;[322]
- bevorstehende Niederkunft der Schuldnerin oder einer im Hausstand lebenden Familienangehörigen.[323]

515 Räumungsschutz nach § 765a ZPO wird nur auf **Antrag** gewährt. Der Antrag ist spätestens **zwei Wochen vor** dem festgesetzten **Räumungstermin** zu stellen, sofern dies rechtzeitig geschehen kann (§ 765a III ZPO). Ist der Räumungsauftrag noch nicht erteilt, scheitert ein Schutzantrag nach § 765a ZPO am fehlenden Rechtsschutzinteresse. Anträge nach § 765a ZPO sind mehrmals möglich, dann aber auf neue Gründe zu stüt-

---

[315] OLG Köln NJW 94, 1743.
[316] Vgl. OLG Köln FamRZ 95, 535; LG Kempten MDR 69, 1015.
[317] Rupp/Fleischmann, Rpfleger 85, 71; Walker/Gruß, NJW 96, 352.
[318] OLG München NJW 78, 548.
[319] KG NZM 98, 452; LG Mainz NZM 98, 403.
[320] OLG Jena NJW 2000, 839.
[321] LG Hamburg WuM 91, 114; 360; LG Hannover WuM 90, 397.
[322] Für Wohnräume: LG Kempten MDR 69, 1015; LG Köln WuM 69, 103; für Gewerberäume: OLG Hamm NJW 65, 1386; LG Kassel ZMR 70, 122.
[323] OLG Frankfurt am Main JurBüro 80, 1898; AG Schwetzingen DWW 78, 264.

zen.³²⁴ Ein Antrag auf Räumungsfrist gem. § 721 ZPO lässt sich in einen Antrag nach § 765a ZPO umdeuten, wenn die Voraussetzungen des § 721 ZPO nicht vorliegen.

Für den Antrag ist **Prozesskostenhilfe** nicht deshalb zu verweigern, weil die Kostenlast den Vollstreckungsschuldner treffen wird.³²⁵

Der Antrag ist ausschließlich an das Amtsgericht als Vollstreckungsgericht zu richten, in dessen Bezirk sich die zu räumende Fläche befindet (§§ 764 II, 802 ZPO). Die **Entscheidung** erfolgt im Beschlusswege durch den Rechtspfleger (§§ 802, 764 ZPO, § 20 Nr. 17 RPflG). Der Rechtspfleger entscheidet, nachdem er dem Gläubiger rechtliches Gehör gewährt hat (Art. 103 I GG). Erfolgt der Antrag kurz vor dem Räumungstermin, so dass rechtliches Gehör nicht mehr gegeben werden kann, wird der Rechtspfleger den Räumungstermin durch einstweilige Anordnung gem. §§ 765a I 2, 732 II ZPO aufheben. Parallel hierzu kann der **Gerichtsvollzieher** die Vollstreckung eines Räumungsurteils – nicht aber eine Geldvollstreckung – bis zur Entscheidung des Vollstreckungsgerichts, jedoch nicht länger als eine Woche, aufschieben, wenn der Schuldner einen Härtegrund glaubhaft macht und ihm die rechtzeitige Anrufung des Vollstreckungsgerichts nicht möglich war (§ 765a II ZPO). Für die Entscheidung über den Antrag nach § 765a ZPO hat der Rechtspfleger keinen Entscheidungsspielraum. Gewährt er Räumungsschutz, wird er die Räumungsvollstreckung zeitlich begrenzt einstellen. Die anzusetzende Zeit richtet sich nach dem konkreten Fall und kann mehrere Monate betragen.³²⁶ Im Entbindungsfall kann sich der Rechtspfleger nach den Mutterschutzfristen des § 6 I 1 MuSchG richten.³²⁷

Die **Gerichtskosten** für das Verfahren über den Antrag nach § 765a ZPO betragen 15,00 € (KV Nr. 2111 GKG).

Der **Rechtsanwalt verdient** für das Verfahren eine 0,5 Verfahrensgebühr nach VV Nr. 3328 RVG (vgl. § 18 Nr. 8 RVG), eine 0,3 Verfahrensgebühr für jeden weiteren Auftraggeber bis zur Obergrenze von 2,0 (VV Nr. 1008 RVG), ggf. eine Terminsgebühr nach VV Nr. 3332 RVG und eine Einigungsgebühr nach VV Nr. 1000, 1003 RVG. Erlässt der Rechtspfleger eine einstweilige Anordnung, löst dies für den Rechtsanwalt nur dann eine besondere Gebühr aus, wenn eine abgesonderte mündliche Verhandlung hierüber stattfindet (§ 19 I 2 Nr. 11 RVG). Die bloße Gewährung rechtlichen Gehörs ist keine derartige Verhandlung. Der **Gegenstandswert** bestimmt sich gem. § 25 II RVG nach der für die Dauer des beantragten Räumungsschutzes geschuldeten Miete bzw. Nutzungsentschädigung;³²⁸ in Anlehnung an die Vorschrift des § 41 II GKG soll allerdings die Jahresmiete die Obergrenze bilden.³²⁹ Da keine gerichtliche **Wertfestsetzung** erfolgt und folglich keine Bindung nach § 32 I RVG eintritt, muss der Rechtsanwalt gem. § 33 I RVG den Streitwert bei Gericht festsetzen lassen. Gegen die

---

324 Zöller/Stöber, ZPO, 25. Aufl., Rn. 26 zu § 765a.
325 LG Hannover WuM 90, 397f.
326 LG Stuttgart Rpfleger 85, 71; vgl. auch LG Braunschweig WuM 73, 82: 3 Monate.
327 Herrlein, in: Herrlein/Kandelhard, Mietrecht, 2. Aufl., S. 1002.
328 Vgl. OLG Koblenz WuM 2005, 202f.; vgl. auch LG München WuM 96, 235f.
329 OLG Koblenz OLGReport Koblenz 97, 35.

Wertfestsetzung kann er innerhalb von **2 Wochen** nach Zustellung des Streitwertbeschlusses **Beschwerde** einlegen, sofern eine Beschwer von über 200 € erreicht ist (§ 33 III RVG).

520   Für die **Kosten** des Antrags hat der Schuldner aufzukommen (§ 788 I ZPO), wenn nicht der Antrag offensichtlich begründet ist und der Gläubiger sich diesem Begehren widersetzt hat (§ 788 IV ZPO). Bei Erledigung richtet sich die Kostenentscheidung nach § 788 III ZPO (Kostenlast beim Schuldner).[330]

521   Ob gegen eine einstweilige Anordnung vorgegangen werden kann, ist umstritten.[331] Gegen die weiteren Entscheidungen des Rechtspflegers ist als **Rechtsbehelf** die **sofortige Beschwerde** gegeben (§ 11 I RPflG, §§ 793, 567 I Nr. 1, 2 ZPO). Der Rechtspfleger kann der Beschwerde abhelfen (§ 573 I 1 ZPO). Gegen die Entscheidung über die sofortige Beschwerde ist die **Rechtsbeschwerde** statthaft, wenn das Beschwerdegericht sie zugelassen hat (§ 574 I Nr. 2 ZPO). In der Praxis kommen diese Rechtsbehelfe nur selten vor, da Anträge nach § 765a ZPO meistens nur eine kurze Zeit überbrücken und bis zur Entscheidung über die sofortige Beschwerde entweder vollendete Tatsachen geschaffen sind oder sich der Grund für den Räumungsschutz erledigt hat. Gegen die letztinstanzliche Entscheidung ist die **Gehörsrüge** gem. § 321a ZPO zulässig.

522   **2. Muster: Antrag nach § 765a ZPO**

Amtsgericht ▪▪▪

Vollstreckungsgericht

▪▪▪, den ▪▪▪

Vollstreckungsschutzantrag

In Sachen

des ▪▪▪, Neustadt 53, ▪▪▪

Schuldners

gegen

die ▪▪▪ GmbH, vertr. d.d. Geschäftsführer ▪▪▪, ▪▪▪

Gläubiger

beantrage ich namens und in Vollmacht des Schuldners zu erkennen:
1. Die Zwangsvollstreckung aus dem Urteil des Amtsgerichts ▪▪▪ vom ▪▪▪ – Az. ▪▪▪ – wird hinsichtlich des Räumungsanspruchs bis zum ▪▪▪ untersagt.
2. Bis zur Entscheidung über den Vollstreckungsschutzantrag gem. Ziffer 1 wird die Zwangsvollstreckung aus dem in Ziffer 1 genannten Urteil ohne Sicherheitsleistung einstweilen eingestellt.

---

330 OLG Düsseldorf WuM 96, 235.
331 Dafür OLG Köln NJW-RR 92, 632, 633; dagegen OLG Stuttgart Rpfleger 94, 220; OLG Hamm MDR 79, 852.

3. Die Kosten des Verfahrens werden dem Gläubiger auferlegt.

Begründung

Der Schuldner soll die in Ziff. 1 des Urteils genannte Wohnung nach der Festlegung des Gerichtsvollziehers am 01.04.2005 räumen. Die Zwangsräumung zu diesem Zeitpunkt würde auch unter Berücksichtigung der Gläubigerinteressen für den Schuldner eine besondere Härte bedeuten, die mit den guten Sitten nicht vereinbar ist.

Der Schuldner hat am 12.03.2005 eine Ersatzwohnung gefunden, die ihm aber erst ab dem 01.05.2005 zur Verfügung steht.

Beweis: Mietvertrag vom 12.03.2005
Anlage ASt 1

In der Nähe der neuen Wohnung befindet sich ein Kindergarten sowie ein Kinderspielplatz, so dass nach umfangreicher Suche nur diese Wohnung den Ansprüchen genügt, die der Schuldner im Hinblick auf seinen 3-jährigen Sohn Florian an eine kindgerechte Wohnung stellt.

Zur Glaubhaftmachung: Eidesstattliche Versicherung des Schuldners vom 14.03.2005
Anlage ASt 2

Es wäre eine unzumutbare Härte für den Schuldner, innerhalb dieser kurzen Frist zweimal umziehen zu müssen, zumal hiervon auch sein Sohn betroffen ist.

Da der Schuldner seinen Zahlungsverpflichtungen gegenüber dem Gläubiger nachkommt und die Kündigungsgründe nicht so dringend sind, dass sie innerhalb der nächsten Zeit berücksichtigt werden müssten, vermögen sich die Belange des Gläubigers gegenüber dem Schuldnerinteresse nicht durchzusetzen.

Da das Gericht dem Gläubiger zunächst rechtliches Gehör gewähren muss, bevor es entscheidet, steht zu befürchten, dass die Entscheidung in diesem Monat nicht mehr getroffen werden kann und damit vollendete Tatsachen geschaffen werden. Da die Voraussetzungen des § 765a II ZPO nicht vorliegen, könnte auch der Gerichtsvollzieher dies nicht verhindern. Deshalb ist die Zwangsvollstreckung aus dem Urteil gem. §§ 765a I 2, 732 II ZPO einstweilen einzustellen.

Zwar ist gesichert, dass der Schuldner die anfallende Nutzungsentschädigung gem. § 546a BGB zahlt. Allerdings verfügt er aufgrund Kautionszahlung und der zu erwartenden Umzugskosten über keine weiteren finanziellen Mittel.

Zur Glaubhaftmachung: Eidesstattliche Versicherung des Schuldners vom 14.03.2005, als Anlage ASt 2 bereits vorliegend

Daher ist der Antrag, die Zwangsvollstreckung ohne Sicherheitsleistung einstweilen einzustellen, begründet.

Hinsichtlich der Kostenentscheidung ist zu berücksichtigen, dass der Gläubiger sich trotz Darlegung des Grundes einer Verschiebung des Räumungstermins um einen Monat widersetzt hat.

Zur Glaubhaftmachung: wie vor.

Da der Antrag offenbar begründet ist und der Gläubiger dem Verlängerungswunsch des Schuldners grundlos entgegengetreten ist, entspricht es der Billigkeit, wenn der Gläubiger die Verfahrenskosten zu tragen hat (§ 765a IV ZPO).

■■■

Rechtsanwalt

B. Weitere mietrechtliche Vollstreckungsangelegenheiten

I. Durchsetzung einer vertretbaren Handlung gem. § 887 ZPO

1. Vorbemerkungen

523 Erfüllt der Schuldner die Verpflichtung zu einer Handlung nicht, deren Vornahme durch einen Dritten erfolgen kann (sog. vertretbare Handlung), kann der Gläubiger sich vom Prozessgericht des ersten Rechtszugs zur **Ersatzvornahme** auf Kosten des Schuldners ermächtigen lassen (§ 887 I ZPO). Zugleich kann der Gläubiger bei Gericht beantragen, den Schuldner zu einem entsprechenden **Kostenvorschuss** zu verurteilen (§ 887 II ZPO).

524 Vertretbar sind Handlungen, deren Kern eine wirtschaftliche Leistung bildet oder zu deren Vornahme der Schuldner einen Dritten einschalten könnte, im Mietbereich etwa die Verpflichtung zur
- Beheizung von Räumen;[332]
- Beseitigung von Feuchtigkeitsschäden;[333]
- Beseitigung eines Bauwerks von einem zu räumenden oder zwangsgeräumten Grundstück;[334]
- Erstellung einer Betriebskostenabrechnung durch den Vermieter (§ 556 II BGB);[335] unschädlich ist der Umstand, dass sich die Unterlagen im Besitz des Vermieters befinden, da das Gericht die Möglichkeit hat, im Anordnungsbeschluss nach § 887 ZPO einzelne zur Vornahme der erforderlichen Handlungen notwendige Anordnungen zu treffen, z.B. Unterlagen herauszugeben;[336] ist der Anspruch auf Vorlage von Belegen neben dem Anspruch auf Rechnungslegung weder dem Tenor noch der Begründung des Urteils zu entnehmen, bedarf es für die Belegvorlage jedoch eines besonderen Titels;[337]
- Entfernung eines in der Wohnung gehaltenen Haustiers.[338]

---

332 Zöller/Stöber, ZPO, 25. Aufl., § 887 Rn. 3; unklar OLG Köln MDR 95, 95: keine Vollstreckung nach § 890 ZPO.
333 OLG Düsseldorf NZM 2002, 711; OLG Frankfurt am Main DWW 89, 360.
334 OLG Celle NJW 62, 595; OLG Hamm NJW 65, 2207.
335 LG Rostock NJW-RR 2003, 373; LG Wuppertal WuM 2002, 273; LG Münster ZMR 2000, 227; a.A. (§ 888 ZPO) KG NZM 2002, 671; LG Saarbrücken WuM 87, 237; für die Rechnungslegung nach § 28 IV WEG auch BayObLG NZM 2002, 489, 490f., allerdings wegen der zusätzlichen Informationspflicht des Verwalters. Zum Streitwert Langenberg, Handbuch des Betriebskostenrechts der Wohn- und Gewerberaummiete, 3. Aufl., Kap. K Rn. 27.
336 LG Rostock NZM 2003, 40.
337 OLG Zweibrücken NJW-RR 98, 715f.
338 OLG Hamm NJW 66, 2415, LG Hamburg NJW-RR 86, 158; a.A. (§ 888 ZPO) LG Köln MDR 63, 228; Hülsmann, NZM 2004, 841, 845.

525 Gelegentlich hängt die Vornahme der Handlung davon ab, dass ein **Dritter mitwirkt** oder sie freiwillig duldet. Hier verlangt die überwiegende Meinung, dass der Gläubiger die notwendige Zustimmung des Dritten bis zum Erlass des Ermächtigungsbeschlusses beibringt;[339] verweigert der Dritte die Zustimmung, muss der Gläubiger seinen Anspruch über § 888 ZPO weiterverfolgen, was den Schuldner zwingt, die Zustimmung notfalls im Klageweg zu erzwingen;[340] wenn auch dies fehlschlägt, bleibt dem Gläubiger nur eine Schadensersatzklage nach § 893 ZPO (unabhängig von der Schadenshöhe beim Prozessgericht I. Instanz bzw. bei dem Gericht einzulegen, das die Vollstreckungsklausel erteilt hat). Hingegen ist es ohne Belang, ob die Vornahme der Handlung in den Machtbereich des Schuldners eingreift, z B. das Betreten seines Grundstücks oder die Benutzung seiner Betriebsanlagen (z. B. Inbetriebsetzung eines Fahrstuhls) erfordert; der Schuldner hat die Vornahme der Handlung zu dulden, seinen Widerstand beseitigt der Gerichtsvollzieher (§ 892 ZPO). Neben dem gerichtlichen Ersatzvornahmebeschluss ist eine besondere Anordnung nach Art. 13 II GG nicht notwendig,[341] zur Klarstellung aber zweckmäßig.

526 Eine Zwangsvollstreckung gem. § 887 ZPO kommt **nicht** in Betracht, wenn das Urteil auf Vornahme einer Handlung eine **Entschädigungszahlung** für den Fall vorsieht, dass die Handlung nicht binnen einer im Urteil bestimmten Frist vorgenommen ist (§§ 510b, 888a ZPO).

527 Der **Antrag** auf Ersatzvornahme verlangt eine **konkrete Bezeichnung der Handlung**, und zwar auch dann, wenn der Titel den geschuldeten Erfolg, nicht aber die zu dessen Herbeiführung erforderliche Handlung bezeichnet.[342] Anders könnte die mit der Ermächtigung des Gläubigers korrespondierende Duldungspflicht des Schuldners nicht – etwa gem. § 892 ZPO mithilfe des Gerichtsvollziehers – vollstreckt werden. Erforderlich ist ferner, dass der Gläubiger zumindest schlüssig behauptet, der Schuldner habe, obwohl seit Eintritt der Vollstreckbarkeit ausreichend Zeit gewesen sei, die **Erfüllung** ganz oder teilweise **verweigert**.

528 Über die Anträge **entscheidet** das **Prozessgericht** I. Instanz – auch bei mündlicher Verhandlung – im Beschlusswege (§§ 887 I, 891 Satz 1 ZPO) und stellt den Beschluss von Amts wegen zu (§ 329 III ZPO). Wird aus einer notariellen Urkunde vollstreckt, ist entsprechend § 797 III ZPO das Gericht örtlich zuständig, in dessen Bezirk der Notar seinen Sitz hat. Die sachliche Zuständigkeit bestimmt sich dann nach den §§ 23, 71 GVG. Wird aus einem Anwaltsvergleich, einem Schiedsspruch oder Schiedsvergleich oder aus einem ausländischen Urteil vollstreckt, ist das Gericht zuständig, welches die Entscheidung über die Vollstreckbarkeit getroffen hat.[343] Der Beschluss über die Vorschusszahlung ist Vollstreckungstitel für die Geldvollstreckung nach § 794 I Nr. 3 ZPO, der der Vollstreckungsklausel bedarf. Der Gläubiger muss die Höhe der Kosten

---

339 OLG Frankfurt am Main MDR 83, 141; a.A. (Zustimmung entbehrlich) OLG Düsseldorf MDR 91, 260; a.A. auch OLG Düsseldorf NZM 2002, 711: Vollstreckung nach § 887 ZPO grds. nicht möglich.
340 BayObLG NJW-RR 89, 462 f.
341 Bruns / Peters, Zwangsvollstreckung, 3. Aufl., § 44 I 1.
342 OLG Köln NJW-RR 90, 1087.
343 Vgl. OLG Koblenz InVo 98, 259; OLG Köln NJW-RR 90, 1087.

darlegen, der Schuldner erhält hierzu **rechtliches Gehör** (§ 891 Satz 2 ZPO), das er über einen Rechtsanwalt wahrnehmen muss, wenn die Vollstreckbarkeit nicht im Parteiprozess erfolgt ist. Sofern der Schuldner **Erfüllung** einwendet, ist dieser Einwand auch dann im Verfahren nach § 887 ZPO zu berücksichtigen, wenn er weder offenkundig noch mit liquiden Beweismitteln festzustellen ist; aus der eingeschränkten Prüfungskompetenz gem. § 775 Nr. 4 und 5 ZPO lässt sich nichts anderes herleiten.[344] Das Vollstreckungsgericht ist im Verfahren nach § 887 ZPO ohnehin verpflichtet, Beweis zu erheben, z.B. durch Einholung eines Sachverständigengutachtens zur Höhe des notwendigen Kostenvorschusses. Ermächtigt das Gericht zur Ersatzvornahme, ist der Schuldner nicht gehindert, die geschuldete Leistung dennoch auszuführen, solange und soweit der Gläubiger oder von ihm beauftragte Dritte mit der Ersatzvornahme noch nicht begonnen haben.[345]

529 An **Gerichtskosten** fällt eine Gebühr von 15,00 € an; mehrere Verfahren gelten als ein Verfahren, wenn sie innerhalb eines Rechtszuges denselben Anspruch und denselben Gegenstand betreffen (KV 2110 GKG).

530 Der **Rechtsanwalt** erhält als **Vergütung** eine 0,3 Verfahrensgebühr gem. VV Nr. 3309 RVG, eine 0,3 Verfahrensgebühr für jeden weiteren Auftraggeber bis zum Höchstsatz von 2,0 (VV Nr. 1008 RVG), ggf. eine 0,3 Terminsgebühr nach VV Nr. 3310 RVG und eine 1,0 Einigungsgebühr nach VV Nr. 1000, 1003 RVG. Die weitere Vollstreckung aus dem Beschluss nach § 887 II ZPO ist eine besondere Angelegenheit (§ 18 Nr. 14 RVG), für die nochmals die oben genannten Gebühren anfallen. Den **Gegenstandswert** bildet das Interesse des Gläubigers an der Vornahme der Handlung (§ 25 I Nr. 3 RVG), das im Zweifel dem Streitwert des Erkenntnisverfahrens entspricht.[346] Da keine gerichtliche **Wertfestsetzung** erfolgt und folglich keine Bindung nach § 32 I RVG eintritt, muss der Rechtsanwalt gem. § 33 I RVG den Streitwert bei Gericht festsetzen lassen. Gegen die Wertfestsetzung kann er innerhalb von **2 Wochen** nach Zustellung des Streitwertbeschlusses **Beschwerde** einlegen, sofern eine Beschwer von über 200 € erreicht ist (§ 33 III RVG).

531 Die Kosten der Ersatzvornahme hat nach § 887 I ZPO der Schuldner zu tragen, was im Beschluss nach § 887 ZPO auszusprechen ist. Die Kosten des eigentlichen Vollstreckungsverfahrens (auch für den vorgelegten Kostenanschlag oder das vorgelegte Sachverständigengutachten) sind dagegen notwendige Kosten der Zwangsvollstreckung nach § 788 ZPO, die der Gerichtsvollzieher ohne gesonderten Beschluss vollstreckt. Über die **Kostenverteilung** entscheidet das Gericht gem. §§ 91 ff. i.V. mit § 891 Satz 3 ZPO nur dann, wenn der Antrag zurückgewiesen wird oder sich in der Hauptsache erledigt hat.

532 Gegen den Ermächtigungsbeschluss und den Kostenvorschussbeschluss nach § 887 II ZPO ist als **Rechtsmittel** die **sofortige Beschwerde** gem. §§ 793, 567 I Nr. 1 ZPO statthaft, sofern der Beschwerdewert 100 € überschreitet (§ 567 II ZPO). Gegen die Art

---

344 BGH v. 5.11.2004 – IX a ZB 32/04 – NJW 2005, 367, 368.
345 BGH v. 22.06.95 – IX ZR 100/94 – NJW 95, 3189, 3190.
346 OLG Köln JurBüro 82, 351; OLG Karlsruhe MDR 2000, 229.

und Weise der Durchführung der Zwangsvollstreckung durch den Gerichtsvollzieher (z.B. im Rahmen des § 892 ZPO oder der Kostenbeitreibung) ist die **Erinnerung** gem. § 766 ZPO statthaft. Gegen den Beschluss des Beschwerdegerichts ist die **Rechtsbeschwerde** gem. § 574 I Nr. 2 ZPO gegeben, sofern sie vom Beschwerdegericht zugelassen wurde. Gegen die Entscheidung über die Rechtsbeschwerde ist die **Gehörsrüge** nach § 321a ZPO zulässig.

2. Muster: Antrag auf Vollstreckung einer vertretbaren Handlung

Amtsgericht ■■■

■■■, den ■■■

In der Vollstreckungssache

Wiemer ./. Leuthans

Az. ■■■

wird beantragt zu erkennen:
1. Der Gläubiger wird ermächtigt, die nach dem Urteil des Amtsgerichts ■■■ vom ■■■ – Az. ■■■ – dem Schuldner obliegende Entfernung des Pitbulls aus der in Ziffer 1 des Urteils bezeichneten Wohnung durch einen vom Gläubiger zu beauftragenden Tierfänger vornehmen zu lassen.
2. Der Schuldner wird verpflichtet, zu diesem Zweck das Betreten und die Durchsuchung der in Ziffer 1 des Urteils bezeichneten Wohnung durch den beauftragten Tierfänger zu dulden und diesem Zugang zu verschaffen.
Dies gilt zugleich als Durchsuchungsanordnung i.S.d. Art. 13 II GG.
3. Der Schuldner wird verpflichtet, an den Gläubiger einen Kostenvorschuss von 215,00 EUR für die Entfernung des Hundes und seine vorläufige Unterbringung im Tierheim zu zahlen.

Begründung

Der Schuldner ist der Verpflichtung aus Ziff. 1 des Urteils, dessen vollstreckbare zugestellte Ausfertigung ich beifüge, trotz mehrfacher Aufforderung nicht nachgekommen.

Beweis: 1. Aufforderungsschreiben vom 21.02.05
          Anlage 1

          2. Aufforderungsschreiben vom 28.02.05
          Anlage 2

Daher ist Vollstreckung durch Ersatzvornahme geboten.

Die Kosten der Entfernung des Hundes nebst Unterbringung im Tierheim für zunächst eine Woche belaufen sich voraussichtlich auf 215,00 EUR.

Beweis: Kostenanschlag des Tierheims der Stadt ■■■ vom 10.03.05
          Anlage 3

Da nach dem bisherigen Verhalten des Schuldners zu befürchten ist, dass er den Zutritt zu seiner Wohnung verweigert,

Beweis: Schreiben des Schuldners vom 1.03.05
Anlage 4

ist ihm insoweit Duldung aufzugeben.

Um eine vollstreckbare Ausfertigung des Beschlusses wird gebeten.

■■■

Rechtsanwalt

II. Durchsetzung einer nicht vertretbaren Handlung gem. § 888 I ZPO

1. Vorbemerkungen

534   Nicht vertretbare Handlungen werden gem. § 888 I ZPO im Wege des sog. Beugezwangs durch Festsetzung eines Zwangsgeldes, ersatzweise Zwangshaft (z. B. „für je 100 € einen Tag Zwangshaft"), oder direkt durch Festsetzung einer Zwangshaft (z. B. bei Vermögenslosigkeit des Schuldners) vollstreckt. Das Zwangsgeld erfordert einen gesonderten Antrag, wird ohne Gewährung von Stundung oder Ratenzahlung beigetrieben und fällt an den Justizfiskus. Wird der Schuldner (nach Beantragung eines entsprechenden Haftbefehls) in Zwangshaft genommen, muss er nach spätestens 6 Monaten aus der Haft entlassen werden (§§ 888 I 3, 913 ZPO); der Gläubiger kann dann nur noch sein finanzielles Interesse im Wege des § 893 ZPO (unabhängig von der Schadenshöhe beim Prozessgericht I. Instanz bzw. beim Gericht, das die Vollstreckungsklausel erteilt hat) geltend machen.

Nicht vertretbar, also ausschließlich vom Willen des Schuldners abhängig, sind im Mietrecht etwa der Anspruch auf

- Auskunft aus (Dritten nicht zugänglichen) Büchern (Verwalterunterlagen), verbunden mit einer ausdrücklichen Vollständigkeitserklärung;[347] ist die Auskunft durch Vorlage bestimmter Urkunden zu belegen, richtet sich die Vollstreckung insoweit nach § 883 ZPO;[348] steht die Richtigkeit der Auskunft infrage, muss hiergegen wiederum im Erkenntnisverfahren, z.B. durch einen Antrag nach § 259 II BGB, vorgegangen werden;[349]
- Vorlage bzw. Übersendung von einschlägigen Rechnungen und Belegen zu einer bestimmten Betriebskostenabrechnung;[350] bei genau bestimmbaren Belegen erfolgt die Zwangsvollstreckung gem. § 883 ZPO;[351]
- Verhinderung von Geruchsbelästigungen;[352]

---

[347] OLG Köln MDR 2002, 294; OLG Koblenz NJW-RR 97, 1337, 1338; KG NJW 72, 2093; LG Wuppertal WuM 2002, 273. Zum Streitwert s. etwa BayObLG NZM 2002, 489, 491.
[348] OLG Köln NJW-RR 88, 1210; 89, 568, 569.
[349] Vgl. OLG Koblenz NJW-RR 97, 1337, 1338. Dieser Einwand geht über den Erfüllungseinwand hinaus.
[350] OLG Düsseldorf MDR 2001, 772; BayObLG NZM 2000, 302, 303.
[351] OLG Köln NJW-RR 96, 382 mit dem Hinweis, dass bei umfangreichen Unterlagen die Aushändigung verlangt werden kann (wichtiger Grund i.S. des entsprechend anwendbaren § 811 I 2 BGB).
[352] OLG Düsseldorf OLGZ 73, 54; OLG München OLGZ 82,101.

B. Weitere mietrechtliche Vollstreckungsangelegenheiten

- Zutrittsgewährung zu Wohnraum oder einem Anwesen bzw. Garten nebst Aushändigung von Schlüsseln, etwa zur Besichtigung im Rahmen von Verkaufsbemühungen;[353]
- Ergänzung der vorgenannten Pflichten.[354]

Eine unvertretbare Handlung, die der **Mitwirkung eines Dritten** bedarf, kann nach § 888 ZPO vollstreckt werden, wenn nur der Wille des Schuldners zu beugen ist.[355] Ansonsten ist die Handlung aber erst dann **unmöglich**, wenn der Schuldner alles ihm Zumutbare getan hat, um den Dritten zur Mitwirkung zu bewegen; dies schließt seine gerichtliche Inanspruchnahme ein.[356]

Eine Zwangsvollstreckung nach § 888 ZPO kommt **nicht** in Betracht, wenn das Urteil auf Vornahme einer Handlung eine **Entschädigungszahlung** für den Fall vorsieht, dass die Handlung nicht binnen einer im Urteil bestimmten Frist vorgenommen ist (§§ 510 b, 888 a ZPO).

Über die Zwangsmittel wird – auch bei mündlicher Verhandlung – im Beschlusswege (§§ 888 I, 891 Satz 1 ZPO) entschieden; eine vorherige Androhung ist weder erforderlich noch überhaupt zulässig. Der Beschluss wird von Amts wegen zugestellt (§ 329 III ZPO). Zuständig ist das Prozessgericht I. Instanz. Wird aus einer notariellen Urkunde vollstreckt, ist entsprechend § 797 III ZPO das Gericht örtlich zuständig, in dessen Bezirk der Notar seinen Sitz hat. Die sachliche Zuständigkeit bestimmt sich dann nach den §§ 23, 71 GVG. Wird aus einem Anwaltsvergleich, einem Schiedsspruch oder Schiedsvergleich oder aus einem ausländischen Urteil vollstreckt, ist das Gericht zuständig, welches die Entscheidung über die Vollstreckbarkeit getroffen hat.[357] Der Beschluss über die Vorschusszahlung ist Vollstreckungstitel für die Geldvollstreckung nach § 794 I Nr. 3 ZPO, der der Vollstreckungsklausel bedarf. Vor der Entscheidung erhält der Schuldner **rechtliches Gehör** (§ 891 Satz 2 ZPO), das er über einen Rechtsanwalt wahrnehmen muss, wenn die Vollstreckbarkeit nicht im Parteiprozess erfolgt ist. Sofern der Schuldner Erfüllung einwendet, ist dieser Einwand auch dann im Verfahren nach § 888 ZPO zu berücksichtigen, wenn er weder offenkundig noch mit liquiden Beweismitteln festzustellen ist; aus der eingeschränkten Prüfungskompetenz gem. § 775 Nr. 4 und 5 ZPO lässt sich nichts anderes herleiten.[358] Der Einwand muss auch deshalb in diesem Verfahren – und nicht im Wege einer Vollstreckungsabwehrklage gem. § 767 ZPO – geprüft werden, weil die nach § 888 I ZPO festzusetzenden Zwangsmittel keinen repressiven Charakter haben und eine Zuwiderhandlung nicht mehr geahndet werden darf, wenn die Verpflichtung – auch nach Festsetzung eines Zwangsmittels – inzwischen erfüllt worden ist.[359] Auf der anderen Seite findet die in

---

353 OLG Zweibrücken NJOZ 2004, 241, 242; OLG Frankfurt am Main OLG-report 97, 34, 35; OLG Naumburg v. 11.07.2002 – 5 W 29/02; a.A. Bruns/Peters, Zwangsvollstreckung, 3. Aufl., § 45 I: Vollstreckung gem. § 890 ZPO.
354 BayObLG NZM 2002, 489, 491.
355 OLG Düsseldorf NZM 2002, 711.
356 BayObLG NJW-RR 89, 462f.
357 Vgl. OLG Koblenz InVo 98, 259; OLG Köln NJW-RR 90, 1087.
358 Vgl. BGH v. 5.11.2004 – IX a ZB 32/04 – NJW 2005, 367, 368 zum insoweit wertungsgleichen Fall der Vollstreckung nach § 887 ZPO.
359 OLG Köln NJOZ 2001, 719, 720.

Art. 9 II EGStGB geregelte Vollstreckungsverjährung auf Zwangsmittel keine Anwendung.[360] Ist die Vornahme der Handlung objektiv oder subjektiv dauerhaft **unmöglich**, scheidet die Festsetzung von Zwangsmitteln aus; in diesem Fall kann der Gläubiger lediglich sein Interesse im Wege des § 893 ZPO (unabhängig von der Schadenshöhe beim Prozessgericht I. Instanz bzw. beim Gericht, das die Vollstreckungsklausel erteilt hat) geltend machen. Bei vorübergehender Unmöglichkeit (z.b. infolge Krankheit) ist der Antrag als „zur Zeit unzulässig" zurückzuweisen. Wird der Vollstreckungstitel aufgehoben, hat der Schuldner gem. § 812 BGB oder in entsprechende Anwendung des § 776 ZPO Anspruch gegen den Justizfiskus auf Rückgewähr des Zwangsgeldes.[361] Daneben hat der Gläubiger gem. § 717 II ZPO den Vollstreckungsschaden des Schuldners zu ersetzen.

538 An **Gerichtskosten** fällt eine Gebühr von 15,00 € an; mehrere Verfahren gelten als ein Verfahren, wenn sie innerhalb eines Rechtszuges denselben Anspruch und denselben Gegenstand betreffen (KV 2110 GKG).

539 Der **Rechtsanwalt** erhält als **Vergütung** eine 0,3 Verfahrensgebühr gem. VV Nr. 3309 RVG, eine 0,3 Verfahrensgebühr für jeden weiteren Auftraggeber bis zur Grenze von 2,0 (VV Nr. 1008 RVG), ggf. eine 0,3 Terminsgebühr nach VV Nr. 3310 RVG und eine 1,0 Einigungsgebühr nach VV Nr. 1000, 1003 RVG. Von den Gebühren erfasst sind weitere Anträge auf Zwangsmittel und die Beauftragung des Gerichtsvollziehers zur Vollstreckung aus dem Zwangsgeldbeschluss (§ 18 Nr. 15 RVG: „das" Verfahren).[362] Den **Gegenstandswert** bildet das Interesse des Gläubigers an der Vornahme der Handlung (§ 25 I Nr. 3 RVG), das im Zweifel dem Streitwert des Erkenntnisverfahrens entspricht.[363] Da keine gerichtliche **Wertfestsetzung** erfolgt und folglich keine Bindung nach § 32 I RVG eintritt, muss der Rechtsanwalt den Streitwert bei Gericht festsetzen lassen. Gegen die Wertfestsetzung kann er gem. § 33 III RVG innerhalb von **2 Wochen** nach Zustellung des Streitwertbeschlusses **Beschwerde** einlegen, sofern eine Beschwer von über 200 € erreicht ist (§ 33 III RVG).

540 Die Kosten des Vollstreckungsverfahrens sind notwendige Kosten der Zwangsvollstreckung nach § 788 ZPO, die der Gerichtsvollzieher ohne gesonderten Beschluss vollstreckt. Über die **Kostenverteilung** entscheidet das Gericht gem. §§ 91 ff. i.V. mit § 891 Satz 3 ZPO nur dann, wenn der Antrag zurückgewiesen wird oder sich in der Hauptsache erledigt hat. Gegen den Beschluss ist als **Rechtsmittel** die **sofortige Beschwerde** gem. §§ 793, 567 I Nr. 1 ZPO, gegen die Art und Weise der Durchführung der Zwangsvollstreckung durch den Gerichtsvollzieher (z.B. im Rahmen des § 892 ZPO oder der Kostenbeitreibung) die **Erinnerung** gem. § 766 ZPO statthaft. Gegen den Beschluss des Beschwerdegerichts ist die **Rechtsbeschwerde** gem. § 574 I Nr. 2 ZPO gegeben, sofern diese vom Beschwerdegericht zugelassen wurde. Gegen die Entscheidung über die Rechtsbeschwerde ist die **Gehörsrüge** nach § 321a ZPO zulässig.

---

360 BayObLG NZM 2000, 302, 303.
361 OLG Köln JZ 67, 762 m. zust. Anm. Baur.
362 Rohn, in: Mayer/Kroiß, RVG, 2004, § 18 Rn. 96 m.N. auch zur Gegenmeinung.
363 OLG Köln JurBüro 82, 351; OLG Karlsruhe MDR 2000, 229.

B. Weitere mietrechtliche Vollstreckungsangelegenheiten

2. Muster: Antrag nach § 888 ZPO

Amtsgericht ■■■

■■■, den ■■■

In der Vollstreckungssache

Hanslick ./. Maiwald

Az. ■■■

wird beantragt zu erkennen:

Gegen den Schuldner wird wegen Nichtvornahme der in Ziffer 1 des Urteils vom ■■■ – Az. ■■■- bestimmten Verpflichtung zur Vorlage von Belegen zur Betriebskostenabrechnung für das Jahr 2003 ein Zwangsgeld festgesetzt und für den Fall, dass dieses nicht beigetrieben werden kann, Zwangshaft.

Begründung

Trotz Zustellung des Urteils und zusätzlicher Aufforderung, die ich in Kopie beifüge, hat der Schuldner bis heute keinerlei Belege zur Betriebskostenabrechnung für das Jahr 2003 vorgelegt. Eine Zwangsvollstreckung nach § 883 ZPO ist nicht möglich, da die Unterlagen im Einzelnen nicht bekannt sind. Daher ist die Festsetzung eines empfindlichen Zwangsgeldes geboten. Es wird angeregt, als Zwangsgeld einen Betrag von nicht unter 1.000,00 EUR festzusetzen.

■■■

Rechtsanwalt

III. Durchsetzung einer Unterlassungs- oder Duldungsverpflichtung gem. § 890 ZPO

1. Vorbemerkungen

Unterlässt der Schuldner eine Handlung (schuldhaft) nicht oder duldet der Schuldner die Vornahme einer Handlung (schuldhaft) nicht, obwohl er zur Unterlassung oder Duldung verurteilt worden ist, wird die Unterlassung bzw. Duldung dadurch erzwungen, dass das Prozessgericht des ersten Rechtszuges auf Antrag des Gläubigers ein **Ordnungsgeld** zwischen 5 EUR (Art. 6 I 1 EGStGB) und 250.000 EUR (§ 890 I 1, 2 ZPO) für jeden Fall der Zuwiderhandlung festsetzt. Für den Fall, dass das Ordnungsgeld nicht beigetrieben werden kann, setzt das Gericht eine Ordnungshaft von mindestens einem Tag fest (Art. 6 II 1 EGStGB, § 890 I 1 ZPO); insgesamt darf die Ordnungshaft nicht mehr als 2 Jahre betragen (§ 890 I 2 ZPO). In begründeten Ausnahmefällen (z.B. bei Dringlichkeit der Erfüllung, Fluchtgefahr) kann das Gericht auch unmittelbar eine **Ordnungshaft** bis zu 6 Monaten bestimmen (§ 890 I 1 ZPO). Handelt es sich bei dem Vollstreckungstitel um eine Unterlassungsverfügung nach § 1 **Gewaltschutzgesetz**, besteht gem. § 892a ZPO eine abweichende Vollstreckungsmöglichkeit. Hiernach kann der Gläubiger zur Beseitigung einer Zuwiderhandlung den Gerichtsvollzieher hinzuziehen, der gem. § 758 III ZPO unmittelbaren Zwang anwenden kann. Daneben bleiben die Möglichkeiten des § 890 ZPO.

Im Bereich des Mietrechts kann eine **Unterlassungspflicht** etwa darin bestehen,
- Musik nur in Zimmerlautstärke zu empfangen;[364]
- einen PKW nicht vor einer Garage abzustellen; dies auch dann, wenn der Vollstreckungsschuldner Maßnahmen gegen seine Lebensgefährtin oder andere Besucher treffen muss, um seiner Verpflichtung nachzukommen;[365]
- allgemein: vertragswidrigen Gebrauch i. S. des § 541 BGB zu unterlassen.

Duldungspflicht ist etwa die Pflicht aus § 554 I BGB zur Duldung von Modernisierungsmaßnahmen gem. § 554 II BGB. Hierbei ist zu beachten, dass der Gläubiger zur Beseitigung des Widerstandes von vornherein einen Gerichtsvollzieher hinzuziehen darf (§ 892 ZPO). Erfordert die Unterlassung oder Duldung ein untergeordnetes **Tätigwerden** (z.B. die Entfernung eines PKW, um die Nutzung des Stellplatzes zu unterlassen), ist diese Handlung ebenfalls mit den Mitteln des § 890 ZPO zu erzwingen.[366]
Gelegentlich wird die Vollstreckungsmöglichkeit nach § 890 BGB auch für Fälle bejaht, die sonst nicht zum gewünschten Erfolg führen,[367] z.B. bei dauerhaften Handlungsverpflichtungen.[368] Das darf allerdings nicht dazu führen, dass ein nicht vollstreckungsfähiger, weil unbestimmter Titel geheilt wird. Der Titel (bei einer einstweiligen Verfügung kann insoweit auch auf die Antragsschrift zurückgegriffen werden, soweit diese dem Schuldner mitgeteilt wurde) muss sich mit dem Vollstreckungsgegenstand decken. Im weiteren Sinne gilt dies auch für die Prüfung, ob eine Zuwiderhandlung gegen das Duldungs- oder Unterlassungsgebot vorliegt: Nach der sog. **Kerntheorie** sind alle Handlungen verboten, die dem Verbot inhaltlich entsprechen und deshalb als gleichwertig angesehen werden müssen.[369]
Voraussetzung für die Vollstreckung nach § 890 ZPO ist, dass eine **gerichtliche Androhung** der Zwangsmittel vorausgegangen ist (§ 890 II ZPO). Üblicherweise wird die Androhung bereits im Erkenntnisverfahren beantragt – eine Zuwiderhandlung muss nicht erst abgewartet werden – und steht daher schon im Urteil. Ist der Antrag vergessen worden oder der Vollstreckungstitel ein Prozessvergleich, muss der Gläubiger die Androhung nunmehr beim Prozessgericht des ersten Rechtszuges beantragen (§ 890 II ZPO). Für die Androhung des Ordnungsmittels muss die verpflichtete Person noch nicht abschließend bestimmt werden.[370] Das Rechtsschutzbedürfnis für den Androhungsantrag entfällt nicht dadurch, dass die Parteien die Zuwiderhandlung mit einem **Vertragsstrafeversprechen** bewehrt haben.[371] Hat der Gläubiger einen Zwangsgeldantrag gestellt, lässt sich dieser in einen Antrag auf Androhung von Ordnungsmitteln umdeuten.[372]

---

364 LG Hamburg NJWE-MietR 96, 6, 7.
365 BayObLG NZM 99, 769.
366 Zöller/Stöber, ZPO, 25. Aufl., § 890 Rn. 3a.
367 So LG Berlin WuM 94, 552 und Hannemann/Wiegner, Wohnraummietrecht, § 55 Rn. 4, für die Verpflichtung zur Durchführung von Reinigungsarbeiten im Wechsel mit anderen Mietern, aber zweifelhaft.
368 So LG Berlin WuM 94, 552 und Hannemann/Wiegner, Wohnraummietrecht, § 55 Rn. 4, für die Verpflichtung zur Durchführung von Reinigungsarbeiten im Wechsel mit anderen Mietern, aber zweifelhaft.
369 BGH v. 22.02.52 – I ZR 117/51 – BGHZ 5, 189, 193.
370 BGH v. 16.05.91 – I ZR 218/89 – NJW 92, 749, 750.
371 BGH v. 5.02.98 – III ZR 103/97 – NJW 98, 1138, 1139.
372 Vgl. BayObLG NZM 99, 769, 770.

B. Weitere mietrechtliche Vollstreckungsangelegenheiten

Der Ordnungsmittelantrag gem. § 890 I ZPO kann verbunden werden mit einem Antrag zur Bestellung einer **Sicherheit** für den durch fernere Zuwiderhandlungen entstehenden Schaden (§ 890 III ZPO). Grundsätzlich kann jede **einzelne Zuwiderhandlung** vom Gläubiger mit einem Antrag auf Festsetzung eines Ordnungsmittels verfolgt werden. Allerdings kann der Schaden nur für begrenzte Dauer erfasst werden (z.B. für die nächsten 3 Monate). Die Hinterlegung des Ersatzbetrages geschieht durch normale Geldvollstreckung. Das Geld wird nur eben nicht an den Gläubiger abgeführt, sondern hinterlegt. Das Ordnungsmittel wird nicht wie die Beugemittel des § 888 ZPO auf Antrag des Gläubigers, sondern (als echte Verwaltungsstrafe) **von Amts wegen vollstreckt.**

Über die Anträge **entscheidet** das **Prozessgericht I. Instanz** – auch bei mündlicher Verhandlung – im Beschlusswege (§§ 890 I, 891 Satz 1 ZPO) und stellt den Beschluss von Amts wegen zu (§ 329 III ZPO). Wird aus einer notariellen Urkunde vollstreckt, ist entsprechend § 797 III ZPO das Gericht örtlich zuständig, in dessen Bezirk der Notar seinen Sitz hat. Die sachliche Zuständigkeit bestimmt sich dann nach den §§ 23, 71 GVG. Wird aus einem Anwaltsvergleich, aus einem Schiedsspruch oder Schiedsvergleich oder aus einem ausländischen Urteil vollstreckt, ist das Gericht zuständig, welches die Entscheidung über die Vollstreckbarkeit getroffen hat.[373] Der Beschluss über die Vorschusszahlung und der Zwangsgeldbeschluss sind Vollstreckungstitel für die Geldvollstreckung nach § 794 I Nr. 3 ZPO, die der Vollstreckungsklausel bedürfen. Der Beschluss über die Kautionszahlung setzt eine Zuwiderhandlung voraus und ist ebenfalls Vollstreckungstitel für die Geldvollstreckung nach § 794 I Nr. 3 ZPO; der Gläubiger muss die Höhe der Kosten darlegen. Vor der Entscheidung erhält der Schuldner **rechtliches Gehör** (§ 891 Satz 2 ZPO), das er über einen Rechtsanwalt wahrnehmen muss, wenn die Vollstreckbarkeit nicht im Parteiprozess erfolgt ist. Richtet sich die Vollstreckung gegen eine juristische Person, trifft das Ordnungsgeld deren Vermögen, die Ordnungshaft denjenigen, dessen Willen über die Vornahme der geschuldeten Handlung entscheidet,[374] i.d.R. den gesetzlichen Vertreter.[375] Der Androhungsbeschluss muss die Art und mindestens den Höchstsatz der für jeden Einzelfall möglichen Ordnungsmaßnahme nennen. Der Ordnungsmittelbeschluss muss sich im Rahmen der Androhung halten, verhältnismäßig und bestimmt sein. Ist der Vollstreckungstitel nur gegen Sicherheitsleistung vorläufig vollstreckbar, muss die **Sicherheitsleistung erbracht** sein, um eine Zuwiderhandlung annehmen zu können. Dies gilt auch umgekehrt, wenn der Schuldner die Zwangsvollstreckung aus dem Titel durch Sicherheitsleistung abwenden durfte; leistet der Schuldner die Sicherheit, bevor der Gläubiger seinerseits Sicherheit geleistet hat, bleibt eine Zuwiderhandlung in diesem Zeitraum sanktionslos. Sofern der Schuldner **Erfüllung** einwendet, ist dieser Einwand auch dann im Verfahren nach § 890 ZPO zu berücksichtigen, wenn er weder offenkundig noch mit liquiden Beweismitteln festzustellen ist.[376] Da den nach § 890 ZPO festzusetzen-

---

373 Vgl. OLG Koblenz InVo 98, 259; OLG Köln NJW-RR 90, 1087.
374 Bruns/Peters, Zwangsvollstreckungsrecht, 3. Aufl., § 44 III 1.
375 BGH v. 16.05.91 – I ZR 218/89 – NJW 92, 749, 750.
376 Vgl. BGH v. 5.11.2004 – IX a ZB 32/04 – NJW 2005, 367, 368 zum insoweit wertungsgleichen Fall der Vollstreckung nach § 887 ZPO.

den Ordnungsmitteln ein repressiver Charakter innewohnt,[377] wird das Ordnungsgeld gem. § 1 I Nr. 3 JBeitrO von Amts wegen beigetrieben;[378] die Zuständigkeit liegt gem. § 31 III RPflG beim Rechtspfleger, soweit sich der Richter dies nicht selbst vorbehalten hat. Zudem wird eine Zuwiderhandlung auch dann geahndet, wenn der Titel (etwa durch Zeitablauf) seinen Sinn verloren hat.[379] Auf der anderen Seite ist zu berücksichtigen, dass gem. Art. 9 II EGStGB zwei Jahre nach Vollstreckbarkeit des Ordnungsmittels **Verjährung** eintritt.

543 An **Gerichtskosten** fällt eine Gebühr von 15,00 € an; mehrere Verfahren gelten als ein Verfahren, wenn sie innerhalb eines Rechtszuges denselben Anspruch und denselben Gegenstand betreffen (KV 2110 GKG).

544 Der **Rechtsanwalt** erhält als **Vergütung** eine 0,3 Verfahrensgebühr gem. VV Nr. 3309 RVG, eine 0,3 Verfahrensgebühr für jeden weiteren Auftraggeber bis zum Höchstsatz von 2,0 (VV Nr. 1008 RVG), ggf. eine 0,3 Terminsgebühr nach VV Nr. 3310 RVG und eine 1,0 Einigungsgebühr nach VV Nr. 1000, 1003 RVG. Den **Gegenstandswert** bildet das Interesse des Gläubigers an der Vornahme der Handlung (§ 25 I Nr. 3 RVG), das im Zweifel dem Streitwert des Erkenntnisverfahrens entspricht.[380] Die Höhe des angedrohten oder festgesetzten Ordnungsgeldes spielt hierfür keine Rolle. Da keine gerichtliche **Wertfestsetzung** erfolgt und folglich keine Bindung nach § 32 I RVG eintritt, muss der Rechtsanwalt gem. § 33 I RVG den Streitwert bei Gericht festsetzen lassen. Gegen die Wertfestsetzung kann er innerhalb von **2 Wochen** nach Zustellung des Streitwertbeschlusses **Beschwerde** einlegen, sofern eine Beschwer von über 200 € erreicht ist (§ 33 III RVG).

545 Die Kosten des Vollstreckungsverfahrens sind notwendige Kosten der Zwangsvollstreckung nach § 788 ZPO, die der Gerichtsvollzieher ohne gesonderten Beschluss vollstreckt. Über die **Kostenverteilung** entscheidet das Gericht gem. §§ 91 ff. i.V.m. § 891 Satz 3 ZPO nur dann, wenn der Antrag zurückgewiesen wird oder sich in der Hauptsache erledigt hat.

546 Gegen den selbstständigen Androhungs-, Verhängungs- oder Kautionsbeschluss oder gegen die Antragszurückweisung ist als **Rechtsmittel** die **sofortige Beschwerde** gem. §§ 793, 567 I Nr. 1 ZPO, gegen die Art und Weise der Durchführung der Zwangsvollstreckung durch den Gerichtsvollzieher (z.B. im Rahmen des § 892 ZPO oder der Kostenbeitreibung) ist die **Erinnerung** gem. § 766 ZPO statthaft. Werden die Ordnungsmittel in einem Urteil oder einer einstweiligen Verfügung angedroht oder ausgesprochen, können sie nur zusammen mit dem Urteil oder der einstweiligen Verfügung angefochten werden. Gegen den Beschluss des Beschwerdegerichts ist die **Rechtsbeschwerde** gem. § 574 I Nr. 2 ZPO statthaft, sofern sie vom Beschwerdegericht zugelassen wurde. Gegen die Entscheidung über die Rechtsbeschwerde ist die **Gehörsrüge** gem. § 321a ZPO zulässig.

---

377 BGH v. 5.02.98 – III ZR 103/97 – NJW 98, 1138, 1139.
378 BayObLG v. 7.02.2002 – 2Z BR 11/02.
379 OLG Stuttgart NJOZ 2001, 1222, 1223 m.N.; anders bei rückwirkender Beseitigung des Vollstreckungstitels, so OLG Karlsruhe MDR 79, 150, auch bei rechtskräftigem Ordnungsmittelbeschluss.
380 OLG Köln JurBüro 82, 351; OLG Karlsruhe MDR 2000, 229.

2. Muster: Ordnungsmittelantrag nach § 890 ZPO

Amtsgericht ■■■

■■■, den ■■■

In der Vollstreckungssache

Hanslick ./. Maiwald

Az. ■■■

wird beantragt zu erkennen:
1. Gegen den Schuldner wird wegen des Verstoßes gegen das Verbot, Musik nur in Zimmerlautstärke zu empfangen, ein Ordnungsgeld und für den Fall, dass dieses nicht beigetrieben werden kann, Ordnungshaft festgesetzt.
2. Der Schuldner wird verpflichtet, ab Zustellung dieses Beschlusses für die Zeit bis Ende Mai 2005 Sicherheit von 400,00 EUR für den durch fernere Zuwiderhandlungen gegen das in Ziffer 1 genannte Verbot entstehenden Schaden zugunsten des Gläubigers zu leisten.

Begründung

Mit Urteil des Amtsgerichts ■■■ vom 10.01.05 – Az. ■■■ – ist der Schuldner bei Androhung von Ordnungsmitteln verurteilt worden, Musik in der Wohnung nur in Zimmerlautstärke zu empfangen. Dennoch hört er weiterhin regelmäßig abends in der Zeit von 21.00 bis gegen 22.30 Uhr so laut Musik, dass sich 2 Wohnungsnachbarn weiterhin massiv beschweren.

Beweis: 1. Schreiben des Mieters Kania vom 27.02.05
Anlage 1

2. Schreiben der Mieterin Dinslage vom 04.03.05
Anlage 2

Da der Schuldner keine Anstalten trifft, das gerichtliche Verbot einzuhalten, ist die Festsetzung eines empfindlichen Ordnungsgeldes geboten. Es wird angeregt, als Ordnungsgeld einen Betrag von nicht unter 1.000,00 EUR für jeden Fall der Zuwiderhandlung festzusetzen.

Aufgrund der bisherigen Verstöße spricht eine Vermutung dafür, dass ohne ein empfindliches Ordnungsgeld weitere Verstöße zu besorgen sind.

Die beiden vorgenannten Wohnungsnachbarn, die ebenfalls Mieter des Gläubigers sind, haben unter Berufung auf die Lärmbelästigungen durch den Beklagten seit Anfang 2005 monatlich eine um 100,00 EUR geringere Miete gezahlt. Es steht zu erwarten, dass die Miete bei weiterem Fehlverhalten des Schuldners auch in den nächsten Monaten gemindert sein wird.

Beweis: wie vor

Für die Monate April und Mai 2005 wird daher eine Sicherheit für den zu erwartenden Mietsausfall von 400,00 EUR gefordert. Damit ist auch dem Antrag zu 2. stattzugeben.

■■■

Rechtsanwalt

IV. Antrag gem. § 851b ZPO auf Pfändungsschutz für Mietzinsen

1. Vorbemerkungen

548 Ist der Gläubiger im Besitz eines Zahlungstitels, wird er im Regelfall zunächst Guthaben des Schuldners auf Bankkonten oder Gehalt pfänden und sich zur Einziehung überweisen lassen (§§ 829, 835 ZPO). Zuvor wird er einen Antrag auf Vorpfändung gem. § 845 ZPO stellen; eine Vorpfändung kann schon zeitnah nach Verkündung des Urteils erfolgen. Hierbei bestehen keine mietrechtlichen Besonderheiten.

549 Ist der Schuldner Vermieter oder Verpächter (strittig bei Untermiet- oder Unterpachtverhältnissen), kann er den besonderen Pfändungsschutz des § 851b ZPO in Anspruch nehmen, sofern Miet- oder Pachteinnahmen (einschließlich Nebenkosten)[381] gepfändet sind, die er zur **Unterhaltung** des Grundstücks (auch: Wohnungseigentum, Erbbaurecht) bzw. zur **Lastentragung, Instandsetzung** und für den **Schuldendienst** (Zins und Tilgung) im Hinblick auf zurzeit der Pfändung eingetragene[382] Grundstücksbelastungen (vgl. § 10 Nr. 4 ZVG) benötigt. Hierzu zählen auch Beträge, die der Deckung angefallener, aber noch nicht bezahlter Arbeiten dienen.[383] Ob auch Hausverwaltungskosten darunter fallen, ist nicht klar.[384] Pfändet ein nach § 10 ZVG ebenfalls bevorrechtigter Gläubiger, richtet sich die Verteilung nach den §§ 10, 11 II, 155 II ZVG.

550 § 851b I 1 ZPO sieht Pfändungsschutz nur für den Fall vor, dass die benötigten Beträge „unentbehrlich" sind. Der Schuldner muss somit darlegen, dass er über **keinen anderen Mittel verfügt** als die Miet- bzw. Pachteinnahmen.[385] Pfändungsschutz steht nur dem Vermieter bzw. dem Verpächter zu; wird das Grundstück veräußert, ist der Erwerber insofern nicht Rechtsnachfolger.

551 Sind die Vorraussetzungen für den Pfändungsschutz offenkundig (z. B. bei bloßer Kostenmiete), hat die Pfändung von vornherein zu unterbleiben (§ 851b II 2 ZPO). Dieses Vollstreckungshindernis muss der Gerichtsvollzieher bei der Pfändung von Barmitteln berücksichtigen.

552 Ansonsten muss der Schuldner einen **Antrag** auf Pfändungsschutz gem. § 851b ZPO stellen. Dieser Antrag ist als **Erinnerung** i.S.d. § 766 ZPO zu werten. Der Antrag ist beim Vollstreckungsgericht (§ 828 II ZPO) regelmäßig spätestens **2 Wochen** nach Wirksamkeit der Pfändung (§ 829 II ZPO) zu stellen (§§ 851b II 1, 813b II 1 ZPO).

---

381 Schmid, ZMR 2000, 144f.
382 LG Berlin Rpfleger 90, 377.
383 LG Dresden JW 34, 855.
384 Dagegen AG Berlin-Schöneberg JurBüro 2001, 326; a.A. Fritz, Gewerbemietrecht, 4. Aufl., Rn. 611.
385 KG NJW 69, 1860.

Die Voraussetzungen sind glaubhaft zu machen (§§ 851 b II 1, 813 b V 2, 294 ZPO). Es entscheidet der Rechtspfleger (§ 20 Nr. 17 RpflG). Zuvor ist der Gläubiger anzuhören (§§ 851 b II, 813 b V 1 ZPO); Belange des Gläubigers schränken den Schutz aber nicht ein, da § 851 b ZPO auf § 813 b I ZPO nicht Bezug nimmt.

Der Rechtspfleger entscheidet durch **Beschluss** (§ 764 III ZPO) und kann **einstweilige Anordnungen** nach § 732 II ZPO treffen (§ 766 I 2 ZPO). Diese werden mit der Entscheidung über die Erinnerung gegenstandslos. Ferner kann der Rechtspfleger auf Antrag Pfändungsschutz mehrmals gewähren und seine Entscheidungen ändern (§§ 851 b II 1, 813 b III ZPO).

553

Die **Gerichtskosten** für das Verfahren über den Antrag nach § 851 b ZPO betragen 15,00 € (KV Nr. 2112 GKG analog).

554

Der **Rechtsanwalt** bekommt jeden Antrag nach § 851 b ZPO gesondert honoriert (§§ 18 Nr. 8 RVG). Es entsteht eine 0,3 Verfahrensgebühr gem. VV Nr. 3309 RVG, eine 0,3 Verfahrensgebühr für jeden weiteren Auftraggeber bis zum Höchstsatz von 2,0 (VV Nr. 1008 RVG), ggf. eine 0,3 Terminsgebühr nach VV Nr. 3310 RVG und eine 1,0 Einigungsgebühr nach VV Nr. 1000, 1003 RVG. Den **Gegenstandswert** bildet das Interesse des Schuldners an der Verhinderung der Vollstreckung (vgl. § 25 I Nr. 3 RVG), mithin der Pfändungsbetrag. Da keine gerichtliche **Wertfestsetzung** erfolgt und folglich keine Bindung nach § 32 I RVG eintritt, muss der Rechtsanwalt den Streitwert bei Gericht festsetzen lassen. Gegen die Wertfestsetzung kann er gem. § 33 III RVG innerhalb von **2 Wochen** nach Zustellung des Streitwertbeschlusses **Beschwerde** einlegen, sofern eine Beschwer von über 200 € erreicht ist (§ 33 III RVG).

555

Für die **Kosten** des Antrags hat der Schuldner aufzukommen (§ 788 I ZPO), wenn nicht der Gläubiger sich einem offensichtlich begründeten Antrag widersetzt hat (§ 788 IV ZPO). Bei Erledigung richtet sich die Kostenlast nach § 788 III ZPO.[386]

556

Gegen den Beschluss ist als **Rechtsmittel** die **sofortige Beschwerde** gem. §§ 793, 567 I Nr. 1 ZPO statthaft. Diese ist mangels Bezugnahme in § 851 b ZPO nicht wie bei § 813 b V 4 ZPO beschränkt. Gegen den Beschluss des Beschwerdegerichts ist die **Rechtsbeschwerde** gem. § 574 I Nr. 2 ZPO statthaft, sofern sie vom Beschwerdegericht zugelassen wurde. Gegen die Entscheidung über die Rechtsbeschwerde ist die **Gehörsrüge** gem. § 321a ZPO zulässig.

557

2. Muster: Antrag auf Pfändungsschutz nach § 851 b ZPO

558

Amtsgericht ■■■

Vollstreckungsgericht

■■■, den ■■■

Erinnerung

---

[386] Vgl. OLG Düsseldorf WuM 96, 235.

§ 6 Vollstreckungsverfahren im Mietrecht

In der Vollstreckungssache

Richter ./. Junghans

Az. ■■■

beantrage ich namens und in Vollmacht des Schuldners zu erkennen:
1. Der Pfändungsbeschluss des Amtsgerichts ■■■ vom 17.03.05 – Az. ■■■ – wird dahin geändert, dass die Pfändung für einen Betrag von 3.261,00 EUR und für Teilbeträge von monatlich 436,00 EUR ab März 2005 aufgehoben wird und diese Beträge dem Schuldner belassen werden.
2. Die Vollstreckung aus dem in Ziffer 1 genannten Pfändungsbeschluss wird in Höhe von 3.261,00 EUR einstweilen eingestellt.
3. Die Kosten des Verfahrens werden dem Gläubiger auferlegt.

<u>Begründung</u>

Der Schuldner ist Eigentümer und Vermieter des Anwesens Hauptstraße 13 in ■■■. Aus diesem Grundstück erzielt er derzeit monatlich 579,80 EUR an Bruttomieten.

<u>Zur Glaubhaftmachung</u>: Eidesstattliche Versicherung des Schuldners vom 23.03.05
Anlage ASt 1

Der Schuldner zahlt an Lasten und für die Unterhaltung des Grundstücks monatlich 230,00 EUR. An die Sparkasse ■■■ zahlt er monatlich 206,00 EUR (Zins und Tilgung) für ein Grunddarlehen.

<u>Zur Glaubhaftmachung</u>: 1. wie vor

2. Aufstellung der laufenden Grundstückskosten
Anlage ASt 2

Ferner ist noch eine Handwerkerrechnung für die Reparatur des Dachs in Höhe von 3.261,00 EUR offen.

<u>Zur Glaubhaftmachung</u>: 1. Rechnung der Dachprofi-GbR vom 13.01.05
Anlage ASt 3

2. Eidesstattliche Versicherung des Schuldners vom 23.03.05, als Anlage ASt 1 bereits vorliegend

Wegen dieser Beträge ist Pfändungsschutz nach § 851 b ZPO geboten, da der Schuldner über keine liquiden Mittel verfügt.

<u>Zur Glaubhaftmachung</u>: Eidesstattliche Versicherung des Schuldners vom 23.03.05, als
Anlage ASt 1 b.v.

Da die Handwerkerrechnung bereits zweimal gemahnt wurde, zuletzt unter Klageandrohung, ist die Angelegenheit dringend.

<u>Zur Glaubhaftmachung</u>: wie vor

Damit ist die Vollstreckung aus dem Pfändungsbeschluss bis zur Entscheidung in Höhe der Handwerkerkosten einstweilen einzustellen.

Die Kosten des Verfahrens sind gem. § 788 IV ZPO dem Gläubiger aufzuerlegen, da der Schuldner ihm mit Schreiben vom 15.03.05 versichert hat, die Mieteinnahmen zur Deckung von Grundstückskosten zu benötigen und über keine liquiden Mittel zu verfügen.

Zur Glaubhaftmachung: 1. wie vor

2. Schreiben des Schuldners vom 15.03.05
Anlage ASt 4

Der Gläubiger erwiderte darauf, er sehe keine andere Möglichkeit zur Pfändung und werde der Aufforderung zur Freistellung nicht nachkommen.

Zur Glaubhaftmachung: 1. Antwortschreiben des Gläubigers vom 20.03.05
Anlage ASt 5

2. Eidesstattliche Versicherung des Schuldners vom 23.03.05, als Anlage ASt 1 b.v.

■■■
Rechtsanwalt

V. Klage auf vorzugsweise Befriedigung gem. § 805 ZPO

1. Rechtsgrundlagen

Gem. § 805 ZPO steht bei der Pfändung von **beweglichen Sachen** wegen **Geldforderungen** dem Inhaber eines **besitzlosen Pfand- oder Vorzugsrecht** die Klage auf vorzugsweise Befriedigung aus dem Erlös der Pfandverwertung zu. Diese Klageform ist notwendig, da § 809 ZPO mangels Gewahrsam und § 771 ZPO mangels Besitzpfandrecht des Berechtigten nicht eingreifen. Mit der **Vorzugsklage** nach § 805 ZPO, einer prozessualen Gestaltungsklage, wird gewährleistet, dass der Rechtsinhaber aus dem Verwertungserlös der pfandbelasteten Sache dem seiner Forderung und dem Rang seines Rechts entsprechenden Betrag erhält. Die Vorzugsklage gem. § 805 ZPO hat ihre größte Bedeutung im Mietrecht, und zwar für den Vermieter, der aufgrund seines (vorgehenden) **Vermieterpfandrechts** (§ 562 BGB) gegen die Pfändung von Gegenständen in der Wohnung seines Mieters vorgehen will. Das Vermieterpfandrecht besteht an den in die Miträume eingebrachten und gem. § 562 I 2 BGB pfändbaren Sachen des Mieters auch für künftig entstehende Forderungen aus dem Mietverhältnis. Gem. §§ 559 Satz 2, 563 BGB kann der Vermieter das Vermieterpfandrecht einem Pfändungsgläubiger gegenüber allerdings nicht für künftige Entschädigungs- bzw. Mietforderungen für eine spätere Zeit als das folgende Mietjahr geltend machen. Zu berücksichtigen ist ferner, dass Forderungen vom Vermieterpfandrecht nur dann erfasst sind, wenn sie bis zur Geltendmachung des Vermieterpfandrechts nach Grund und Höhe bereits entstanden sind;[387] abgesehen von Mietzinsansprüchen werden künftige Forderungen daher kaum einmal unter das Vermieterpfandrecht fallen. Der Zeitpunkt der Einbringung bestimmt den Rang des Vermieterpfandrechts im Verhältnis zu anderen Pfandrechten (§§ 1257,

559

---

387 OLG Hamm NJW-RR 94, 655, 656.

1209 BGB analog). Das Vermieterpfandrecht erlischt unter den Voraussetzungen des § 562a BGB. Mit der Pfändung von eingebrachten Sachen durch den Gerichtsvollzieher kann der Vermieter sein Pfändungspfandrecht nur noch im Wege der Vorzugsklage nach § 805 ZPO geltend machen.[388] Voraussetzung ist, dass keine anderen eingebrachten Sachen des Mieters in den Räumen verbleiben, die zu seiner Sicherheit offenbar ausreichen (§ 562a Satz 2 BGB).

2. Prozessuale Hinweise

560 Die Klage ist ausschließlich (§ 802 ZPO) beim **Vollstreckungsgericht** (Amtsgericht) oder – wenn der Streitgegenstand nicht zur Zuständigkeit der Amtsgerichte gehört – beim **Landgericht** zu erheben, in dessen Bereich das Vollstreckungsgericht seinen Sitz hat (§ 805 II ZPO), also die Vollstreckungsmaßnahme stattgefunden hat.

561 Für den **Streitwert** der Klage sind die Werte der von den Pfandrechten erfassten Gegenstände – Forderung des Klägers (ohne Zinsen und Kosten) auf der einen, gepfändete Sache auf der anderen Seite – zu vergleichen; der niedrigere Wert bildet den Streitwert (§ 6 Satz 1, 2 ZPO).

562 Das **Rechtsschutzbedürfnis** für die Klage aus § 805 ZPO besteht, sobald die Vollstreckung in den Gegenstand begonnen hat und solange sie noch nicht abgeschlossen ist, also auch noch nach Hinterlegung des Versteigerungserlöses bei einem Treuhänder.[389]

563 Sofern der Schuldner das Vorzugsrecht bestreitet, ist die Klage zweckmäßigerweise auf ihn zu erstrecken. In diesem Fall gelten Gläubiger und Schuldner als Streitgenossen (§§ 805 III, 59 ff. ZPO). Ein besonderer Duldungsantrag gegen den Schuldner ist hierfür nicht nötig.

564 Das Gericht kann gem. § 805 IV 1 ZPO als vorläufige Maßnahme die **Hinterlegung** des Erlöses anordnen, sofern der Anspruch glaubhaft gemacht wird. Die §§ 769, 770 ZPO gelten entsprechend (§ 805 IV 2 ZPO).

565 Für die Klage fallen an **Gerichtskosten** die Regelgebühren an (KV Nr. 1210 ff. GKG).

566 Der **Rechtsanwalt** erhält für das Verfahren die normalen **Gebühren**, nämlich eine 1,3 Verfahrensgebühr gem. VV Nr. 3100 RVG, eine zusätzliche 0,3 Verfahrensgebühr gem. VV Nr. 1008 RVG für jeden weiteren Auftraggeber (Obergrenze 2,0), eine 1,2 Terminsgebühr gem. VV Nr. 3104 und ggf. eine 1,0 Einigungsgebühr gem. VV Nr. 1000, 1003 RVG. Das Verfahren der einstweiligen Anordnung auf Erlöshinterlegung gehört zum Rechtszug (§ 19 I 2 Nr. 11 RVG). Findet hierüber eine abgesonderte mündliche Verhandlung statt, fallen jedoch eine 0,5 Verfahrensgebühr nach VV Nr. 3328 RVG und eine Terminsgebühr nach VV Nr. 3332 RVG, ggf. auch eine Einigungsgebühr nach VV Nr. 1000, 1003 RVG an.

567 Die **Kostenverteilung** richtet sich nach den §§ 91 ff. ZPO.

---

388 BGH v. 6.05.58 – VIII ZR 73/57 – BGHZ 27, 227, 231 f.
389 BGH v. 20.03.86 – IX ZR 42/85 – NJW 86, 2426, 2427.

Hinsichtlich der **Rechtsmittel** gilt: Gegen jedes erstinstanzliche Urteil ist die **Berufung** möglich, sofern der Wert des Beschwerdegegenstandes 600 € übersteigt (§ 511 II Nr. 1 ZPO). Gegen Urteile der Berufungsgerichte, also auch des Landgerichts, ist die **Revision** möglich, wenn das Berufungsgericht sie nach § 543 I Nr. 1, II 1 ZPO zugelassen hat, oder wenn gegen die Nichtzulassung erfolgreich Beschwerde nach § 544 ZPO geführt worden ist (§ 543 I Nr. 2 ZPO). Die Möglichkeit zur Wertrevision besteht aufgrund der Übergangsregelung in § 26 Nr. 8 EGZPO unter den dort genannten Voraussetzungen nur noch für Nichtzulassungsbeschwerden, die bis zum 31.12.2006 eingelegt werden. Unter den Voraussetzungen des § 566 I ZPO ist (auch gegen Urteile des Amtsgerichts) eine Sprungrevision möglich. Gegen alle instanzbeendenden Entscheidungen, gegen die ein Rechtsmittel oder andere Rechtsbehelfe (auch: Nichtzulassungsbeschwerde) nicht oder nicht mehr gegeben sind, ist zudem gem. § 321 a ZPO die **Gehörsrüge** zulässig.

3. Muster: Vorzugsklage nach § 805 ZPO

Amtsgericht ■■■

Vollstreckungsgericht

■■■, den ■■■

Vorzugsklage

des ■■■, ■■■

Klägers

Prozessbevollmächtigter: Rechtsanwalt ■■■

gegen

die ■■■ GmbH, vertreten durch den Geschäftsführer ■■■, ■■■

Beklagte zu 1.

■■■, ■■■

Beklagte zu 2.

wegen Pfändungsvorrangs

Streitwert: 4.825,00 EUR.

Namens und in Vollmacht des Klägers erhebe ich Klage mit den Anträgen zu erkennen:
1. Der Kläger ist aus dem Reinerlös des gepfändeten Gemäldes „Tannenschlucht" von Caspar Weingärtner bis zum Betrag von 4.825,00 EUR nebst Zinsen bis zum Tag der Auszahlung vor der Beklagten zu 1. zu befriedigen.
2. Der Reinerlös der Pfandverwertung des in Ziffer 1 genannten Gemäldes wird bis zum rechtskräftigen Urteil in dieser Sache hinterlegt.

Bruns

§ 6 Vollstreckungsverfahren im Mietrecht

Begründung

Die Beklagte zu 2. ist aufgrund eines mit dem Kläger geschlossenen Mietvertrags vom 26.11.99 Mieterin der Zweiraumwohnung im 2. OG des Anwesens Garnisonenweg 27a in ■■■

Beweis: Mietvertrag vom 26.11.99
Anlage K 1

Im Jahr 2000 berichtete die Beklagte zu 2. der Ehefrau des Klägers, sie habe ein wertvolles Gemälde des Malers Weingärtner für wenig Geld ersteigert.

Beweis: Zeugnis der Helma Simson, ■■■

Die Beklagte zu 1. hat im Jahr ■■■ für die Beklagte zu 2. ein Fahrzeug repariert. Aufgrund des rechtskräftigen Versäumnisurteils des Amtsgerichts ■■■ vom ■■■ – ■■■ – hat die Beklagte zu 1. wegen der Reparaturkosten von 2.432,40 EUR nebst Zinsen und Kosten das in der oben bezeichneten Wohnung befindliche, unstreitig der Beklagten zu 2. gehörende Gemälde „Tannenschlucht" des Malers Caspar Weingärtner pfänden lassen.

Beweis: Zeugnis des Gerichtsvollziehers Thomas Hermann, ■■■

Caspar Weingärtner gehört zu den bekannten neoimpressionistischen Malern in Österreich. Damit kann angenommen werden, dass das Gemälde einen hohen Versteigerungserlös erbringen wird.

Ein Versteigerungstermin hat noch nicht stattgefunden, ist aber für den ■■■ anberaumt.

Beweis: wie vor

Die Beklagte zu 2. zahlt seit ■■■ keine Miete mehr. Dadurch ist bis zum ■■■ ein Mietrückstand einschließlich Zinsen und Kosten in Höhe von 4.825,00 EUR aufgelaufen.

Beweis: 1. Zahlungsaufstellung vom ■■■
Anlage K 2
2. Bankauszüge, als Anlage K 3 noch vorzulegen

Für diese Forderung steht dem Kläger ein Vermieterpfandrecht an dem in die Wohnung eingebrachten Gemälde zu (§ 562 BGB). Die Beklagte zu 1. hat durch die Pfändung ein Pfändungspfandrecht an dem Gemälde erworben (§ 804 I ZPO). Das Pfändungspfandrecht der Beklagten zu 1. steht dem Vermieterpfandrecht des Klägers im Range nach. Gemäß § 804 II und III ZPO bestimmt sich der Rang von gesetzlichen Pfandrechten und Pfändungspfandrechten nach der zeitlichen Reihenfolge ihrer Entstehung. Da die Beklagte zu 2. das Gemälde bereits im Jahr 2000 in die Wohnung eingebracht hat und die Reparatur, auf der der Vollstreckungstitel beruht, erst im Jahr 2004 stattfand, geht das Pfandrecht des Klägers dem Pfändungspfandrecht der Erstbeklagten vor. Damit kann der Kläger gem. § 805 I ZPO vorzugsweise Befriedigung an dem Reinerlös der Versteigerung verlangen.

Der Kläger hat die Beklagte zu 1. mit Schreiben vom 15.03.05 unter Fristsetzung auf den 27.03.05 aufgefordert, der Auszahlung des Erlöses in Höhe des Mietrückstands für die Zeit seit April 2004 zuzustimmen. Mit gleicher Post hat der Kläger die Beklagte zu 2. aufgefordert, sein Vorzugsrecht anzuerkennen.

B. Weitere mietrechtliche Vollstreckungsangelegenheiten

Beweis:
1. Schreiben vom ▬▬▬ an die Beklagte zu 1.
   Anlage K 4
2. Schreiben vom ▬▬▬ an die Beklagte zu 2.
   Anlage K 5

Während die Beklagte zu 1. das Schreiben nicht beantwortete, erklärte die Beklagte zu 2. mit Schreiben vom ▬▬▬, das Gemälde sei unpfändbar, da es zu ihrer Grundausstattung gehöre. Damit bestehe an dem Gemälde kein Vermieterpfandrecht.

Beweis: Schreiben der Beklagten zu 2. vom ▬▬▬
Anlage K 6

Bei dem Gemälde handelt es sich aber um keine Sache, die gem. § 562 I 2 BGB der Pfändung nicht unterliegt. Daher ist Klage gegen beide Beklagten geboten.

Aufgrund des baldigen Versteigerungstermins drohen mit der Auskehrung des Erlöses an die Beklagte zu 1. vollendete Tatsachen geschaffen zu werden. Mit der beigefügten Erklärung des Klägers, in der die Urteilsvoraussetzungen an Eides Statt versichert werden,

Zur Glaubhaftmachung: Eidesstattliche Versicherung des Klägers vom ▬▬▬
Anlage K 7

sind die Voraussetzungen gegeben, unter denen eine einstweilige Anordnung nach §§ 805 IV, 769 ZPO ergehen kann.

Im Ergebnis ist damit beiden Anträgen stattzugeben.

▬▬▬

Rechtsanwalt

§ 7 Einstweilige Verfügung bei Besitzentziehung und Besitzstörung sowie im Gewerbemietrecht

A. Vorprozessuale Situation

570 Wer dem Besitzer ohne dessen Willen den **Besitz entzieht** oder ihn im Besitz stört, handelt, sofern nicht das Gesetz die Entziehung oder die Störung gestattet, widerrechtlich (**verbotene Eigenmacht**), § 858 Abs. 1 BGB. Wird der Besitz durch verbotene Eigenmacht dem Besitzer entzogen, so kann dieser nach § 561 Abs. 1 BGB Wiedereinräumung des Besitzes verlangen.

571 Desgleichen kann er bei einer **Besitzstörung** nach § 862 Abs. 1 BGB Beseitigung der Störung verlangen. Die beiden Anspruchgrundlagen stehen in Anspruchskonkurrenz.

572 Diese besitzrechtlichen Vorschriften haben in der mietrechtlichen Praxis große Bedeutung. Denn nicht selten sind die Fälle, in denen der Vermieter eine Räumungsklage umgehend verboten eigenmächtig das Schloss zur Mietwohnung auswechselt oder den Strom bzw. die Heizung ab stellt, um so eine Räumung oder die Bezahlung der Nebenkosten zu erpressen. Aber auch unter Mitmietern kommt es gerne vor, dass gemeinsam angemietete Räume verboten eigenmächtig in Alleinbesitz genommen werden.

573 Die Einstellung der vom Vermieter an den Mieter weitergeleiteten Wasser-/Energieversorgung durch den Vermieter erfüllt nach allgemeiner Meinung regelmäßig den Tatbestand einer verbotenen Eigenmacht.[390] Insbesondere darf der Vermieter nicht die Versorgung unterbrechen, um eine Forderung aus einer Betriebskostenabrechnung durchzusetzen oder eine Mietminderung abzuwenden.[391] An dieser ständigen Rechtsprechung hat sich auch durch die Mietrechtsreform vom 1. September 2001 nichts geändert.[392] Umstritten ist, ob es auch verbotene Eigenmacht des Versorgers darstellt, wenn dieser die Versorgung sperrt und der Vermieter die Versorgung nicht mehr weiterleiten kann.[393]

B. Prozess

I. Grundlagen

574 Wurde dem Mieter durch verbotene Eigenmacht des Vermieters der Besitz an der Mietsache entzogen (z.B. Schlösser ausgewechselt, Strom abgeklemmt etc.), kann die **Wiedereinräumung des Besitzes** in einem streitigen Hauptsacheverfahren, aber, da regelmäßig eilbedürftig, auch durch **einstweilige Verfügung** herbeigeführt werden. Gleiches gilt bei einer Besitzstörung.

575 Bei der verbotenen Eigenmacht richtet sich der prozessuale Antrag auf Wiedereinräumung des Besitzes und bei der Besitzstörung auf **Unterlassung** oder **Beseitigung** der Störung. Bei der Abfassung des Antrages ist daher genau darauf zu achten und zu dif-

---

390 LG Mannheim, WuM 1963, 167; LG Heilbronn WuM 1965, 46; LG Berlin WuM 2003, 508; Derleder NZM 00, 1098.
391 Vgl. AG Greifswald WuM 2003, 265.
392 LG Göttingen, WuM 2003, 626.
393 LG Cottbus NJW-RR 2001, 777; a.A. LG Frankfurt/Oder NJW-RR 2002, 803.

ferenzieren, ob ein Anspruch auf Wiedereinräumung, Unterlassung oder Beseitigung, d.h. Wiederherstellung eines Zustandes begehrt wird.

Der Antrag muss zur Vermeidung von Problemen bei der späteren Vollstreckung die Sache genau und zweifelsfrei bezeichnen.

Bei verbotener Eigenmacht und Besitzstörung verlangt die Zulässigkeit eines Antrages auf Erlass einer einstweiligen Verfügung in der Regel keine hohen Anforderungen an den **Verfügungsgrund**[394] bzw. dessen Glaubhaftmachung.[395] Dem groben Verstoß gegen die Rechtsordnung ist die Eilbedürftigkeit bereits weitgehend immanent. Die Rechtsordnung darf den Zustand der verbotenen Eigenmacht bzw. der Besitzstörung nicht bis zum Ablauf eines **Hauptsachverfahrens** dulden. Regelmäßig kein Verfügungsgrund ist allerdings gegeben, wenn der Entzieher beispielsweise durch Vermietung dauerhaft mittelbarer Besitzer geworden und der gutgläubige unmittelbare Besitzer nicht herausgabebereit ist.[396]

Der Anspruchsteller trägt die **Beweislast** für seinen unmittelbaren Besitz zum Zeitpunkt der verbotenen Eigenmacht sowie den Besitz des Antragsgegners im letzten Termin zur mündlichen Verhandlung[397] und die Besitzentziehung ohne den Willen des Besitzers.[398] Letzteres wird bei Unkenntnis von der Besitzentziehung vermutet.[399] Der Anspruchsgegner trägt die Beweislast für die Erlaubnis zur Besitzentziehung, nach den allgemeinen Regeln der Beweislast.

Eine einstweilige Verfügung des Vermieters gegen den Mieter auf Räumung von Wohnraum ist nach §940a ZPO unzulässig. Anders als im **Wohnraummietrecht** ist im **Gewerbemietrecht** aber der Antrag auf Erlass einer einstweiligen Verfügung auf Räumung grundsätzlich zulässig.

Die **örtliche Zuständigkeit** richtet sich nach §29a ZPO, d.h. örtlich zuständig ist das Gericht, in dessen Bezirk die Mietsache belegen ist. **Sachlich zuständig** ist bei Wohnraummietverträgen das Amtsgericht und im Gewerbemietrecht streitwertabhängig das Amtsgericht oder das Landgericht.

Für den Antrag auf Räumung von Geschäftsräumen ist darauf zu achten, dass der Antrag das Mietobjekt mit sämtlichen Räumen und Flächen detailliert umfasst. Jeder Raum und jede Fläche sollten im Antrag genau bezeichnet sein. Der Antrag ist auf Räumung und Herausgabe zu richten. Mitvermietete bewegliche Gegenstände des Inventars dürfen nicht vergessen werden. Insoweit lautet der Antrag auf Herausgabe.

Zu beachten ist jedoch, dass durch die einstweilige Verfügung die Hauptsache eigentlich nicht vorweggenommen werden darf. Da mit dem Ausspruch des Räumungstitels im Verfahren auf einstweilige Verfügung stets die Hauptsache vorweggenommen wird,

---

[394] Vgl. hierzu OLG Stuttgart NJW-RR 1996, 1516; KG OLGR 1999, 157.
[395] OLG Köln MDR 00, 152.
[396] KG OLGR 1999, 157.
[397] Palandt-Bassenge § 861 Rn. 19.
[398] BGH LM § 854 Rn. 8.
[399] RG JW 2004, 361.

Zwißler

§ 7 Einstweilige Verfügung

sind an die Eilbedürftigkeit (**Verfügungsgrund**) hohe Anforderungen zu stellen. So wird allein die Gefahr des Mietzinsverlustes nach fristloser Kündigung wegen Zahlungsverzugs, insbesondere sofern sich der Vermieter noch aus der Kaution befriedigen kann, eine einstweilige Verfügung auf Räumung nicht rechtfertigen.

II. Formulare

583 **1. Muster: Antrag auf Erlass einer einstweiligen Verfügung auf Wiedereinräumung des Besitzes**

An das

Amtsgericht ■■■

■■■

Eilsache, bitte sofort vorlegen !

Antrag auf Erlass einer einstweiligen Verfügung

■■■

Antragsteller

gegen

■■■

Antragsgegner

Namens und in Vollmacht des Antragstellers beantrage ich wegen Dringlichkeit ohne mündliche Verhandlung den Erlass folgender einstweiliger Verfügung:
I. Der Antragsgegner wird verpflichtet, die Wohnung in der ■■■ Straße in ■■■, bestehend aus ■■■ Zimmer, einer Kammer, einem Bad mit WC durch Wiedereinräumung des Mitbesitzes mit Ausnahme des Speicherabteils an den Antragsteller heraus zu geben.
II. Der Antragsgegner hat die Kosten des Verfahrens zu tragen.

Begründung:

Die Parteien schlossen am ■■■ einen Mietvertrag über das im Antrag bezeichnete Mietobjekt einschließlich Speicherabteil.

Glaubhaftmachung: Mietvertrag in Kopie als Anlage K 1.

Mit Schreiben vom ■■■ kündigte der Antragsgegner wegen Eigenbedarf. Wie sich kurz darauf heraus stellte, war der Eigenbedarf nur vorgeschoben, da der Antragsgegner in Wahrheit die Wohnung gar nicht selbst nutzen wollte, sondern beabsichtig, das ganze Anwesen von Grund auf zu renovieren, die Wohnungen in Wohnungseigentum aufzuteilen und sodann zu verkaufen. Im Anschluss daran sprach der Antragsgegner eine Teilkündigung für das Speicherabteil aus, da er den Speicher zu einer Wohnung ausbauen will. Da der Antragsteller das Speicherabteil nicht räumte, erhob der Antragsgegner Klage auf Räumung des Speicherabteils. In diesem Verfahren obsiegte der Antragsgegner. Der Antragsteller räumte aber das Speicherabteil dennoch nicht und bat um eine Räumungsfrist. Offensichtlich deswegen, und da der Antragsteller die Miete für Januar ■■■ nicht bezahlte, da er überraschend arbeitslos wurde und einen finanziellen Engpass hatte, ließ sich der Antragsgegner zu einer verbotenen Eigenmacht hinreisen dergestalt, dass er nach einer verbalen und tätlichen Auseinandersetzung unter den Parteien im Treppenhaus am Morgen des ■■■ nicht nur den Speicher eigenmächtig geräumt und dessen Schloss ausgewechselt hat, sondern auch das Schloss zur Wohnungseingangstür der streitgegenständlichen Wohnung austauschen ließ, als der Antragsteller außer Hause war. Trotz Aufforderung hat der Antragsgegner den Besitz nicht wieder eingeräumt. Der Antragsteller ist dadurch ohne Obdach.

Glaubhaftmachung: Eidesstattliche Versicherung vom ■■■ in Kopie als Anlage K 2.

Der Antragsteller kann vom Antragsgegner Wiedereinräumung des Besitzes an der gemieteten Wohnung verlangen, da der Antragsgegner dem Antragsteller den Besitz durch verbotene Eigenmacht entzogen hat, §§ 861 Abs. 1, 858 BGB.

Der Antragsteller ist noch Partei des Mietvertrages. Lediglich bezüglich des Speicherabteils ist das Mietverhältnis rechtskräftig fest gestellt beendet. Der Mietzinsrückstand hätte keine Kündigung gerechtfertigt und erst recht keine verbotene Eigenmacht. Auch die verbale und tätliche Auseinandersetzung rechtfertigt keine verbotene Eigenmacht. Im Übrigen ging der verbale und tätliche Angriff vom Antragsgegner aus, worauf sich der Antragsteller nur verteidigte.

Durch das Austauschen des Schlosses kann der Antragsteller sein Besitzrecht nicht mehr ausüben. Ein Selbsthilferecht oder ein Zurückbehaltungsrecht nach § 273 BGB stand dem Antragsgegner nicht zu.

Die Besitzentziehung war daher im Sinn des von § 858 Abs. 1 BGB widerrechtlich.

Obwohl auch die Besitzentziehung an dem Speicherabteil gleichsam widerrechtlich war, wird dies trotz entschiedener Missbilligung auch dieses Verhaltens nicht herausverlangt, da der Antragsteller insoweit ohnehin zur Räumung verpflichtet wäre.

Der Verfügungsgrund ist bereits in der verbotenen Eigenmacht indiziert. Die Rechtsordnung kann diesen Zustand keinen Augenblick mehr länger dulden. Darüber hinaus verträgt die Beseitigung der Obdachlosigkeit keinen Aufschub.

Zur Vermeidung erheblicher Nachteile ist daher die geschuldete Handlung so kurzfristig zu erbringen, dass die Erwirkung eines Titels im ordentlichen Verfahren nicht möglich ist. Die beantragte einstweilige Verfügung ist daher dringend geboten.

Sollte das Gericht den Sachvortrag des Antragstellers nebst Glaubhaftmachung nicht für ausreichend erachten, wird höflich um einen entsprechenden richterlichen Hinweis gemäß §139 ZPO gebeten.

■■■

Rechtsanwalt

Anlage: ■■■

584 **2. Muster: Antrag auf Erlass einer einstweiligen Verfügung wegen Besitzstörung**

An das

Amtsgericht ■■■

■■■

Eilsache, bitte sofort vorlegen!

Antrag auf Erlass einer einstweiligen Verfügung

■■■

Antragsteller

gegen

■■■

Antragsgegner

Namens und in Vollmacht des Antragstellers beantrage ich wegen Dringlichkeit ohne mündliche Verhandlung den Erlass folgender einstweiliger Verfügung:

I. Die Antragsgegner wird verpflichtet, die Versorgung der Wohnung in der ■■■ Straße in ■■■, im ■■■ Stock mit Heizenergie durch Aufdrehen des Sperrventils des zu der Wohnung gehörigen Heizungszulaufrohres im Heizungskeller des Anwesens wieder herzustellen.

II. Der Antragsgegner hat die Kosten des Verfahrens zu tragen.

Begründung:

Die Parteien schlossen am ■■■ einen Mietvertrag über das im Antrag bezeichnete Mietobjekt.

Glaubhaftmachung: Mietvertrag in Kopie als Anlage K 1.

Offensichtlich weil der Antragsteller die Nebenkostennachzahlungsforderung für das Jahr ■■■ bisher nicht ausgeglichen und die Miete für Februar ■■■ nicht bezahlt hat, ließ sich der Antragsgegner zu einer verbotenen Eigenmacht hinreisen dergestalt, dass er das im Antrag näher bezeichnete Sperrventil des Heizungszulaufrohres im Heizungskeller des Anwesens zur Versorgung der streitgegenständlichen Wohnung zu drehte. Zum Heizungskeller hat ausschließlich der Antragsgegner Zugang. Deswegen gibt es in der Wohnung keinerlei Heizung und es herrschen in der Wohnung derzeit Temperaturen von 4 Grad Celsius in der Nacht bis maximal 8 Grad Celsius am Tag und die Temperaturen sinken weiter.

Glaubhaftmachung: Eidesstattliche Versicherung vom ■■■ in Kopie als Anlage
K 2.

Der Antragsteller kann vom Antragsgegner Beseitigung der Besitzstörung an der gemieteten Wohnung verlangen, da der Antragsgegner den Besitz des Antragstellers durch verbotene Eigenmacht stört, §§ 862 Abs. 1, 858 BGB.

Der Antragsteller ist noch Partei des Mietvertrages. Der Mietzinsrückstand hätte keine verbotene Eigenmacht gerechtfertigt und auch nicht der Rückstand mit dem Ausgleich der Nebenkosten. In den Nebenkosten sind zwar auch Heizkosten enthalten. Ein Selbsthilferecht oder ein Zurückbehaltungsrecht nach § 273 BGB stand dem Antragsgegner aber nicht zu, da für die Nachforderung der Nebenkosten dem Antragsgegner der Klageweg offen steht.

Durch das Absperren der Heizung ist der Antragsteller in seinem Besitzrecht erheblich gestört.

Die Besitzstörung war daher im Sinn von § 858 Abs. 1 BGB widerrechtlich.

Der Verfügungsgrund ist bereits in der verbotenen Eigenmacht indiziert. Die Rechtsordnung kann diesen Zustand keinen Augenblick mehr länger dulden. Darüber hinaus verträgt die Tatsache, im Winter ohne Heizung zu sein, keinen Aufschub.

Zur Vermeidung erheblicher Nachteile ist daher die geschuldete Handlung so kurzfristig zu erbringen, dass die Erwirkung eines Titels im ordentlichen Verfahren nicht möglich ist. Die beantragte einstweilige Verfügung ist daher dringend geboten.

Sollte das Gericht den Sachvortrag des Antragstellers nebst Glaubhaftmachung nicht für ausreichend erachten, wird höflich um einen entsprechenden richterlichen Hinweis gemäß § 139 ZPO gebeten.

■■■

Rechtsanwalt

Anlage: ■■■

3. Muster: Antrag auf Erlass einer einstweiligen Verfügung auf Räumung im Gewerbemietrecht

An das

Landgericht ■■■

■■■

Eilsache, bitte sofort vorlegen!

Antrag auf Erlass einer einstweiligen Verfügung

■■■

Antragsteller

gegen

■■■

Antragsgegnerin

Namens und in Vollmacht des Antragstellers beantrage ich wegen Dringlichkeit ohne mündliche Verhandlung den Erlass folgender einstweiliger Verfügung:
I. Die Antragsgegnerin hat das in der Verfügungsmacht des Antragstellers stehende Mietobjekt in der ■■■ Straße in ■■■, bestehend aus einem Gastraum, Damen- und Herren-WC, Personal-WC, zwei Lagerräumen, einer Küche sowie einem Pkw-Stellplatz zu räumen und an den Antragsteller herauszugeben.

§ 7 Einstweilige Verfügung

II. Die Antragsgegnerin hat die Kosten des Verfahrens zu tragen.

Begründung:

Die Parteien schlossen am ▬▬▬ einen Mietvertrag über das im Antrag bezeichnete Gaststättenobjekt. Danach schuldete die Antragsgegnerin als Mieterin dem Antragsteller als Vermieter eine monatlich im Voraus zu entrichtende Mietzinsrate in Höhe von jeweils ▬▬▬ EUR, zuzüglich Nebenkostenvorauszahlung ▬▬▬ EUR, zuzüglich Pkw-Stellplatz-Gebühr ▬▬▬ EUR, d.h. insgesamt ▬▬▬ EUR zuzüglich jeweils gültiger gesetzlicher MwSt. Der Gesamtbetrag der monatlichen Mietzinsrate belief sich danach auf ▬▬▬ EUR zuzüglich ▬▬▬ % = ▬▬▬ EUR. Aus dem Mietvertrag ergibt sich, dass der Antragsteller bei einem Zahlungsverzug in Höhe von zwei Monatsmieten zur außerordentlichen fristlosen Kündigung berechtigt ist.

Glaubhaftmachung: Mietvertrag vom ▬▬▬ in Kopie als Anlage K 1.

Die Antragsgegnerin bezahlte die Mietzinsraten für September ▬▬▬ und Oktober ▬▬▬ nicht. Für November ▬▬▬ bezahlte die Antragsgegnerin nur ▬▬▬ EUR. Deswegen wurde die Antragsgegnerin mit Einschreiben/Rückschein vom ▬▬▬ unter Fristsetzung bis zum ▬▬▬ zur Bezahlung der Rückstände aufgefordert sowie um zukünftig pünktliche Zahlung ermahnt. Gleichzeitig wurde darin im Falle des Weiteren Vertragsverstoßes die fristlose Kündigung angedroht.

Glaubhaftmachung: Einschreiben/Rückschein vom ▬▬▬ in Kopie als Anlage K 2.

Trotz der Abmahnung mit Kündigungsandrohung vom ▬▬▬ wurde von der Antragsgegnerin der Monatsmietzins für Dezember ▬▬▬ wiederum überhaupt nicht bezahlt, geschweige denn, dass die Rückstände ausgeglichen wurden.

Dies veranlasste den Antragsteller, das Pachtverhältnis durch Einschreiben/Rückschein des Verfahrensbevollmächtigten des Antragstellers vom ▬▬▬ fristlos, unter Einräumung einer Räumungsfrist bis ▬▬▬ Januar ▬▬▬, zu kündigen.

Glaubhaftmachung: Einschreiben/Rückschein des Verfahrensbevollmächtigten des Antragsstellers vom ▬▬▬ in Kopie als Anlage K 3.

Auch die bereits seit ▬▬▬ fällige Monatsmiete/Nutzungsentschädigung für Januar ▬▬▬ wurde nicht bezahlt.

Die Rückstände der Monatsmieten für September ▬▬▬, Oktober ▬▬▬, November ▬▬▬, Dezember ▬▬▬ und Januar ▬▬▬ betragen zusammen ▬▬▬ EUR.

Die von der Antragsgegnerin geleistete Kaution in Höhe von ▬▬▬ EUR ist damit aufgebraucht. Die in den nächsten Tagen fällig werdende Nutzungsentschädigung für Februar ▬▬▬ kann von der Kaution nicht mehr gedeckt werden.

Auch hat die Antragsgegnerin die ihr obliegenden Haftpflichtversicherungen trotz mehrmaliger Mahnungen nicht bezahlt. Die Beiträge für Haftpflicht-, Glas- und Inhaltsversicherung wurden von Anfang an nicht bezahlt. Für das Mietobjekt besteht daher insoweit kein Versicherungsschutz.

Glaubhaftmachung: Schreiben der ▬▬▬ Versicherung vom ▬▬▬ im Original als Anlage K 4.

Darüber hinaus geht vom hinteren Gastzimmer ausstreuend auf die umliegenden Wohnungen erheblicher Parasitenbefall aus. Zwei Nachbarn mussten bereits einen Kammerjäger kommen lassen, der jedoch darauf hinwies, dass es zwecklos sei, die Parasiten in den Wohnungen zu bekämpfen, wenn der Parasitenherd in dem Gastraum nicht vernichtet wird. Sämtliche Versuche, die Antragsgegnerin zur Parasitenbekämpfung aufzufordern schlugen fehl, ebenso wie die Versuche, sich zur Parasitenbekämpfung in Ersatzvornahme Zutritt zu verschaffen.

Glaubhaftmachung: Eidesstattliche Versicherung vom ■■■ im Original als Anlage K5.

Trotz intensiver Bemühungen einer einvernehmlichen Lösung ist es nicht gelungen, dass die Antragsgegnerin die Gaststätte räumt.

Nach Auskunft des Prozessbevollmächtigten der Antragsgegnerin ist diese insolvent. Wie sich die Antragsgegnerin den Weiterbetrieb des Mietobjektes vorstellt, ist diesseits unerklärlich.

Da die Kaution mittlerweile aufgebraucht ist, die vermögenslose Antragsgegnerin sich nach begründeter fristloser Kündigung wegen Zahlungsverzuges zur Räumung weigert und nach wie vor keinen Mietzins bezahlt, vielmehr offen eingesteht, dass sie auch in Zukunft keinen Mietzins bezahlen wird, entsteht dem Antragsteller zwingend monatlich ein Schaden von mindestens ■■■ EUR, den er nicht ersetzt bekommen kann und der den Antragsteller in seiner finanziellen Existenz gefährdet. Deswegen und vor allem aufgrund der Tatsache, dass der Parasitenbefall stark gesundheitsgefährdende Ausmaße angenommen hat, ist eine Eilentscheidung geboten. Wegen dieses Umstandes und aufgrund der nicht bezahlten Versicherungen droht ohnehin in Kürze die öffentlich-rechtliche Schließung.

Zur Vermeidung erheblicher Nachteile ist die geschuldete Handlung so kurzfristig zu erbringen, dass die Erwirkung eines Titels im ordentlichen Verfahren nicht möglich ist. Eine einstweilige Verfügung, gerichtet auf Räumung und Herausgabe, ist daher dringend geboten.

Sollte das Gericht den Sachvortrag des Antragstellers nebst Glaubhaftmachung nicht für ausreichend erachten, wird höflich um einen entsprechenden richterlichen Hinweis gemäß §139 ZPO gebeten.

■■■

Rechtsanwalt

Anlage: ■■■

§ 8 Rückforderung der Mietsicherheit

A. Vorprozessuale Situation

I. Kautionsrechtliche Fallgruppen

586 Regelmäßig vereinbaren Vermieter und Mieter zu Beginn des Mietverhältnisses eine **Mietsicherheit** von zwei oder drei Monatsmieten. Bei Übergabe der Wohnung wird darüber gestritten, ob die Mietsicherheit bereits in voller Höhe bezahlt sein muss, ob die drei Monatsmieten den Mietzins inklusive Nebenkosten umfassen oder in welcher Form die Mietsicherheit zu leisten ist. Diese Problematik bietet eher wenig Raum für **prozessuales Handeln**. Die Frage der Fälligkeit löst sich stets vorprozessual durch Zeitablauf.

587 Nach Fälligkeit kommt eine Zahlungsklage auf den nicht bezahlten Kautionsbetrag in Betracht und die Frage der Form wird durch eine Feststellungsklage zu lösen sein. Prozessual viel bedeutsamer wird die Mietsicherheit, wenn das Mietverhältnis beendet und der Mieter ausgezogen ist. Der Mieter drängt nunmehr rasch auf Abrechnung und Auszahlung der Mietkaution, da er diese womöglich als Mietsicherheit für sein neues Mietverhältnis verwenden will. Der Vermieter steht vor der Situation, dass er sogleich nach Räumung des Mieters noch nicht richtig abschätzen kann, ob noch zu verrechnende Schadensersatzansprüche bestehen und wie hoch eine eventuelle Nachzahlung aus der Nebenkostenabrechnung ausfallen wird, deren Verrechnung gesichert bleiben muss. Vielleicht hat der Vermieter übersehen, die Mietsicherheit verzinslich anzulegen oder diese wurde gar verbraucht bzw. von Gläubigern des Vermieters gepfändet.

II. Materiellrechtliche Grundlagen

1. Form und Umfang der Mietsicherheit

a) Form

588 Was die Form oder die Art der zu erbringenden Kaution anbelangt, hält das Gesetz die relativ vielfältigen Möglichkeiten des § 232 BGB bereit. In der Praxis am relevantesten ist die **Barkaution** oder **Verpfändung eines Sparbuches**. Selten – aber durchaus zulässig- wird auch im Wohnraummietrecht eine **Bankbürgschaft** geleistet.

b) Umfang

589 Es besteht der weit verbreitete Irrtum, dass bei Mietverhältnissen über Wohnraum nur zwei Monatsmieten als Mietsicherheit vereinbart werden könnten, § 551 Abs. 1 Satz 1 BGB. § 551 Abs. 1 Satz 1 BGB gestattet die Vereinbarung des dreifachen des auf einen Monat entfallenden Mietzinses.

590 Vereinbart werden kann aber höchstens das Dreifache des reinen Nettomietzinses. Nebenkosten, über die gesondert abzurechnen ist, d.h. in Form von pauschalierten Nebenkostenvorauszahlungen, müssen bei der Höhe der Kaution unberücksichtigt bleiben, § 551 Abs. 1 Satz 1 BGB.

Es kommt auf die Höhe des Mietzinses zum Zeitpunkt der **Kautionsabrede** an.[400] Eine Nebenkostenpauschale, über die nicht gesondert abgerechnet wird, wurde nach altem Recht dem Mietzins zugeordnet und erhöhte die Mietsicherheit.[401] Nach § 551 Abs. 1 BGB neue Fassung kann die Mietsicherheit höchstens das Dreifache der Monatsmiete ohne die Nebenkostenpauschale betragen.

Wenn kumulativ verschiedene Sicherungsmittel vereinbart sind, wie beispielsweise Verpfändung eines Sparbuches oder Stellung einer Bürgschaft neben einer Barkaution, so dürfen sie zusammen die Höhe von drei Monatsmieten nicht überschreiten.

2. Zwingendes Recht

Nach § 551 Abs. 4 BGB ist eine zum Nachteil des Mieters abweichende Vereinbarung unzulässig.[402] Diese Vorschrift dient allein dem Schutz des Mieters. Die Abrede einer niedrigeren Kaution als drei Monatsmieten ist folglich wirksam. Die **Unabdingbarkeit** hatte Abs. 1 und Abs. 2 des § 550b BGB alte Fassung, d.h. die Zahl und Höhe der Monatsmieten sowie Höhe und Fälligkeit der Kautionsraten, die Wahl der Anlage und die Verwendung der Zinsen erfasst. Dies muss auch für § 551 Abs. 1, 2 und 3 BGB neue Fassung gelten, mit Ausnahme des § 551 Abs. 3 Satz 2 BGB neue Fassung, der erlaubt, dass die Vertragsparteien eine andere Anlageform vereinbaren.[403]

3. Fälligkeit

In § 551 Abs. 2 BGB BGB ist die **Fälligkeit** der Barkaution geregelt. Nach dieser Vorschrift ist der Mieter berechtigt, die Kaution in drei gleich hohen monatlichen Raten zu erbringen, wobei die erste Rate zu Beginn des Mietverhältnisses fällig ist.[404] Im Umkehrschluss kann daraus gefolgert werden, dass bei allen anderen Kautionsarten die Leistung zu Beginn des Mietverhältnisses vollständig zu erbringen ist.

4. Verzinsung

a) Verzinsungspflicht und Verwendung der Kautionserträge

Wenn die Mietsicherheit in Form einer **Barkaution** geleistet wurde, muss der Vermieter den Geldbetrag zwingend getrennt von seinem Vermögen und zinsbringend bei einer öffentlichen Sparkasse oder bei einer Bank zu dem für Spareinlagen mit gesetzlicher Kündigungsfrist üblichen Zinssatz anlegen. Die Zinsen stehen dem Mieter zu und erhöhen die Mietsicherheit, § 551 Abs. 3 Satz 1, 3 und 4 BGB. Nach § 551 Abs. 3 Satz 2 BGB neue Fassung allerdings können die Vertragsparteien eine andere **Anlageform** vereinbaren, wobei aber auch in diesem Fall die Anlage vom Vermögen des Vermieters getrennt erfolgen muss und die Erträge dem Mieter zu stehen, die nicht auszuzahlen sind, sondern die Mietsicherheit erhöhen, § 551 Abs. 3 Satz 3 und 4 BGB neue

---

400 Palandt-Weidenkaff, § 551 BGB Rn. 9.
401 AG Wuppertal MDR 1989, 162 m.w.N.
402 Für eine noch zulässige Klausel vgl. AG Bergisch Gladbach WuM 2003, 30.
403 Palandt-Weidenkaff, § 551 BGB Rn. 4.
404 Zur Frage Rückforderung einer Mietkaution bei unwirksamer Fälligkeitsklausel vgl. BGH WuM 2003, 495; BGH MietRB 2004, 136; BGH WuM 2004, 269; BGH MietRB 2004, 285 und allgemein zur Wirksamkeit von Formularklauseln über die Kaution H. Heinrichs WuM 2005, 155.

Fassung. Wirksam ist auch eine Vereinbarung dergestalt, dass die Erträge beispielsweise monatlich oder jährlich an den Mieter ausgekehrt werden.

596 Wird dem Vermieter vom Mieter vereinbarungsgemäß ein **Sparbrief** als Mietsicherheit übergeben, dann muss der Vermieter keine Zinsen bezahlen.

b) Zurückbehaltungsrecht des Mieters bis zur Anlage der Kaution

597 Der Mieter hat hinsichtlich des laufenden Mietzinses ein Zurückbehaltungsrecht, solange der Vermieter auf Verlangen des Mieters eine Anlage der Kaution entsprechend § 551 BGB nicht nachgewiesen hat.[405] Die Verpflichtung des Vermieters zur Anlage der Mietsicherheit ist vertragliche Nebenpflicht und selbstständig in einer Leistungsklage einklagbar.[406] Das LG Kiel hat jedoch für den Fall einer Zwangsverwaltung entschieden, dass eine Zurückbehaltung des Mietzinses gegenüber dem monatlichen Zahlungsanspruch des Zwangsverwalters nicht damit begründet werden könne, dass der Vermieter vor der Beschlagnahme des Grundstückes die Mietkaution nicht gesetzmäßig angelegt hat.[407] Diese Entscheidung geht fehl, da die gesetzliche Verpflichtung zur Anlage der Mietsicherheit gerade auf einen Schutz des Mieters im Falle der Insolvenz des Mieters abzielt.

c) Anlageform

598 Als **Anlageform** muss nicht zwingend ein Sparbuch dienen. Möglich ist auch die Anlage auf einem normalen **Girokonto, Festgeldkonto** o. ä. Nach dem Wortlaut des Gesetzes kann beispielsweise auch die Anlage in Form von **Aktien** oder **Fonds** etc. erfolgen, wenn dies zuvor zwischen Vermieter und Mieter vereinbart wurde, § 551 Abs. 3 Satz 2 BGB. Höchst fraglich ist jedoch, ob gerade die Anlage in Aktien beispielsweise der Sicherungsfunktion der Mietsicherheit noch gerecht wird, auch wenn bei einem Kursverlust sowohl Vermieter als auch Mieter gleichermaßen das Risiko tragen, indem der Vermieter seine Sicherheit verliert und der Mieter sein Kapital.

599 Nach altem Recht hatte der Mieter hatte nur Anspruch auf die jeweils erzielten **Zinsen**, soweit diese banküblich sind.[408] § 551 Abs. 3 Satz 3 BGB neue Fassung regelt dagegen, dass auch bei einer zwischen Vermieter und Mieter individuell gewählten Anlageform die Erträge dem Mieter zustehen, welche nach § 551 Abs. 3 Satz 4 BGB die Mietsicherheit erhöhen. Danach hat der Mieter uneingeschränkt Anspruch auf alle Erträge.

d) Die Kapitalertragsteuer im Zusammenhang mit der Mietsicherheit

600 Die **Kapitalertragsteuer** gebietet einen **Freistellungsauftrag**. Die Ausschöpfung der **Freibeträge** führt zu der Frage, auf wessen Namen das Sparbuch oder Konto angelegt wird. Sofern das Sparbuch oder Konto auf den Namen des Mieters angelegt und sodann zugunsten des Vermieters verpfändet wird, müsste der Vermieter einen Freistellungsauftrag erteilen. Andererseits muss der Vermieter, wenn das Konto auf seinen Namen läuft, eine **Steuerbescheinigung** erteilen.

---

[405] LG Kiel WuM 1989, 18; LG Mannheim WuM 1990, 293; AG Bremen WuM 1989, 74; str.: a.A. AG Wuppertal MDR 1989, 163.
[406] AllgM, vgl. LG Köln NJW-RR 1991, 80 m.w.N.
[407] LG Kiel WuM 2000, 21.
[408] BGHZ 1984, 345.

5. Die Kaution in der Insolvenz und Einzelzwangsvollstreckung

a) Vorzüge eines Treuhandkontos im Falle des Gläubigerzugriffs

Das Gesetz schreibt zwar ein **Treuhandkonto** nicht vor. Sowohl für den Mieter als auch für den Vermieter ist aber die vor dem Gläubigerzugriff sicherste Anlageform der Kaution auf einem Konto, das als Treuhandkonto geführt wird.

601

b) Insolvenz des Vermieters

Im Falle der **Insolvenz** des Vermieters hat der Mieter bei einer auf einem Treuhandkonto angelegten Kaution ein Recht auf Aussonderung.[409] Bei der **Einzelzwangsvollstreckung** gegen den Vermieter können die Beträge auf dem Treuhandkonto nicht gepfändet werden.[410] Dies gilt aber nur für den Fall, dass aus dem Treuhandkonto zweifelsfrei hervorgeht, dass es sich bei den dort verwalteten Beträgen um Fremdgelder des Mieters handelt. Vor allem, wenn der Vermieter auf dem Treuhandkonto auch eigene Gelder verwaltet, kann dem Mieter der Nachweis seines Aussonderungsrechtes im Insolvenzverfahren bzw. die Beweisführung im Rahmen einer Drittwiderspruchsklage (§ 771 ZPO) schwer fallen.

602

c) Verdecktes Treuhandkonto

Im Falle eines verdeckten Treuhandkonto greift nach Nr. 19 Abs. 2 AGB-Banken das **Vertragspfandrecht** der Bank ein. Die Bank darf deswegen ihre Forderungen aus dem verdeckten Treuhandkonto befriedigen und zwar auch dann, wenn die treuhänderische Bindung später offen gelegt wird. Dies gilt jedoch nicht, wenn der Vermieter hierzu mit seiner Bank eine besondere Vereinbarung getroffen hat.[411] Wenn aber die Bank das Pfandrecht trotz Kenntnis der Treuhandbindung an eingehenden Geldern entstehen lässt, kann dem Mieter ein Schadensersatzanspruch aus § 826 BGB zustehen.[412]

603

6. Schadensersatzpflicht und Untreue bei Verstoß gegen die getrennte Anlagepflicht

Wenn der Vermieter die Mietsicherheit nicht getrennt von seinem Vermögen an legt, kann er sich bei dadurch bedingtem Eintritt eines Vermögensnachteils für den Mieter schadensersatzpflichtig machen,[413] und auch den Tatbestand einer **Untreue** erfüllen, § 266 StGB.

604

III. Verwertung der Mietsicherheit, Abrechnung, Rückzahlungsanspruch

1. Verwertung

Der Vermieter darf seine fälligen Ansprüche, welche vom Mieter nicht erfüllt werden, bereits während des Mietverhältnisses aus der Kaution befriedigen. Ab Beendigung des Mietverhältnisses kann der Vermieter die Kaution verwerten.

605

---

409 OLG Düsseldorf NJW-RR 1988, 782, noch zur KO.
410 Vgl. hierzu auch BayObLG NJW 1988, 1796.
411 Vgl. Sternel, Mietrecht aktuell, Rn. 1345.
412 BGH WuM 1991, 50.
413 OLG Frankfurt WuM 1989, 138.

2. Abrechnungs- und Rückzahlungspflicht

606 Hinsichtlich der Mietsicherheit besteht zwischen Vermieter und Mieter ein **Treuhandverhältnis**. Aus diesem Treuhandverhältnis im Speziellen und aus dem Mietvertrag im Allgemeinen ergibt sich eine Abrechnungs-, Auskunfts- und Rückzahlungspflicht der Kaution.

607 Durch das OLG München[414] wurde entschieden, dass die vorbehaltlose Rückzahlung der Kaution die spätere Geltendmachung von Schadensersatzansprüchen aus dem Mietverhältnis ausschließe, da dadurch der Zustand der Mietsache bei Rückgabe als vertragsgemäß anerkannt und ein konkludenter Verzicht auf Ersatzansprüche wegen erkennbarer Mängel und Schäden erklärt werde.

3. Fälligkeit des Rückzahlungsanspruches

608 Der Anspruch des Mieters auf **Rückzahlung der Kaution** wird nicht sofort mit Beendigung des Mietverhältnisses fällig, sondern erst nach Ablauf einer angemessenen Frist seit dem Ende des Mietverhältnisses. Die Frage der Angemessenheit bestimmt sich dabei nach den Umständen des Einzelfalles. Es kommt auf den Zeitraum an, der dem Vermieter zuzubilligen ist, seine Ansprüche gegen den Mieter zu prüfen, insbesondere wie kompliziert sich die Abrechnung gestaltet, ob das Mietobjekt ordnungsgemäß übergeben wurde und ob die Nebenkosten schon abgerechnet werden konnten. In Letzterem Falle wird aber regelmäßig nur noch ein Sicherungsbedürfnis in Höhe der zu erwartenden Nachzahlung gegeben sein. Der darüber hinausgehende Betrag ist dann bereits früher zur Rückzahlung fällig.[415] Ein Zeitraum von **sechs Monaten** wird dabei aber nicht überschritten werden dürfen, da andernfalls die sechsmonatige Verjährungsfrist des § 548 BGB umgangen werden würde.[416] Denn der Vermieter kann trotz **Verjährung** gegen den Kautionsrückzahlungsanspruch aufrechnen, § 215 BGB. Wenn der Mieter erst nach sechs Monaten seinen Kautionsrückzahlungsanspruch geltend machen dürfte, würde die kurze Verjährungsfrist bis zum Betrag der Kaution leer laufen. Die Rechtsprechung sieht den Eintritt der **Fälligkeit** häufig auch zu einem Zeitpunkt deutlich unter sechs Monaten als gegeben an.[417] Ist kein Sicherungsbedürfnis des Vermieters mehr erkennbar, kann die Fälligkeit auch mit Beendigung des Mietverhältnisses eintreten.

B. Prozess

I. Klage auf Rückzahlung der Mietsicherheit

1. Zeitpunkt der Klageerhebung, Gefahr der Aufrechnung

609 Eine **Klage des Mieters auf Rückzahlung der Mietsicherheit** ist erst nach Eintritt der Fälligkeit zulässig. Wenn das Insolvenzrisiko dem nicht entgegen steht, darf deswegen

---

414 NJW-RR 1990, 20.
415 Vgl. hierzu auch OLG Hamburg NJW-RR 1988, 651.
416 OLG Celle NJW 1985, 1715; vgl. aber auch BGH NJW 1987, 2372: längere Frist als sechs Monate.
417 Fälligkeit nach vier Monaten: LG Köln WuM 1978, 105; Fälligkeit nach drei Monaten: AG Herford WuM 1987, 131; Fälligkeit nach zweieinhalb Monaten: OLG Köln WuM 1998, 154; Fälligkeit nach zwei Monaten: AG Dortmund WuM 1981, 235.

vor Ablauf von **6 Monaten** aufgrund des Prozesskostenrisikos nur in klaren Fällen eine Klage erhoben werden. Aber auch nach dem Ablauf der sechsmonatigen Frist besteht für eine Klage des Mieters bei Aufrechnungslage eine Gefahr des Unterliegens und für den Vermieter die Chance, sich nach wie vor aus der Kaution zu befriedigen und darüber hinaus im Prozess zu obsiegen. Denn auch noch nach dem Ablauf von 6 Monaten kann der Vermieter trotz gegebenenfalls eingetretener Verjährung die Aufrechnung erklären (§ 215 BGB). Die Klage des Mieters auf Rückzahlung der Mietsicherheit wäre dann unbegründet.

2. Klageantrag

Bei der **Barkaution** umfasst der Klageantrag in der Hauptsache den ursprünglich eingezahlten Kautionsbetrag einschließlich Zinsen. Die Verzinsung der Kaution erhöht die Mietsicherheit selbst und stellt deswegen keine Nebenforderung dar. Mit der Fälligkeit des Kautionsrückzahlungsanspruches endet die Verzinsungspflicht. Ab Verzug können höhere Zinsen als Verzugsschaden beansprucht werden. Diese Zinsen sind dann im Klageantrag Gegenstand der Nebenforderung. Die Abfassung des **Klageantrages** ist dennoch häufig problematisch. Der ursprüngliche Kautionsbetrag steht zwar fest, oft wird dem Mieter jedoch die Höhe der Kautionszinsen nicht bekannt sein, weil der Vermieter nicht oder nicht korrekt abgerechnet hat. Zwar kann die Höhe der banküblichen Verzinsung für den entscheidenden Zeitraum bei der eigenen Hausbank erfragt werden. Dem Mieter stehen aber auch die über die bankübliche Verzinsung hinaus erzielten Zinsen zu. Für diese Fallkonstellation dogmatisch allein korrekt, aber leider in der Praxis zu aufwändig ist, den ursprünglich eingezahlten Kautionsbetrag zu beziffern und zusätzlich in Form einer **Klagehäufung** bezüglich der Verzinsung einen **Stufenantrag** mit **Auskunft, Rechnungslegung** und **eidesstattlicher Versicherung** sowie auf **Bezahlung** des sich daraus ergebenden Betrages zu stellen.

Wurde eine **Bankbürgschaft** als Kaution hingegeben, ist auf Herausgabe der original Bürgschaftsurkunde zu klagen. Wenn der Vermieter sich aus der Bürgschaft bereits befriedigt hat, ist wie bei der Barkaution ein Zahlungsantrag zu stellen.

Wenn ein **Sparbuch** verpfändet wurde, ist ein Leistungsantrag auf Freigabe des Sparbuches zu stellen. Gleiches gilt bei **Aktien**. Wird ein Aktiendepot verpfändet, ist auf Freigabe des Depots zu klagen.

§ 8 Rückforderung der Mietsicherheit

II. Formulare

1. Muster: Klage auf Rückzahlung der Barkaution

An das

Amtsgericht ■■■

Mietgericht

■■■

In Sachen
1. ■■■
2. ■■■

Kläger

gegen

■■■

Beklagter

erheben wir unter Einzahlung eines Gerichtskostenvorschusses in Höhe von

■■■ EUR per beigefügten Verrechnungsscheck

Klage

mit folgenden Anträgen:
  I. Der Beklagte wird verurteilt, an die Kläger ■■■ EUR nebst 5 % Zinsen hieraus über Basiszins seit ■■■ zu bezahlen.
  II. Die Kosten des Rechtsstreits trägt der Beklagte.
  III. Das Urteil ist – notfalls gegen Sicherheitsleistung – vorläufig vollstreckbar.

Es wird angeregt, einen frühen ersten Termin zu bestimmen. Sofern das Gericht das schriftliche Vorverfahren anordnet, wird für den Fall der Fristversäumnis oder des Anerkenntnisses beantragt,

den Beklagten durch Versäumnisurteil oder Anerkenntnisurteil ohne mündliche Verhandlung zu verurteilen.

Begründung:

Die Parteien schlossen am ■■■ einen Mietvertrag über Räume im Anwesen ■■■ Straße/Platz in ■■■. Die Kläger als Mieter und der Beklagte als Vermieter.

Beweis: Mietvertrag vom ■■■ in Kopie als Anlage K1.

In § 6 des Mietvertrages wurde die Verpflichtung zur Erbringung einer Mietsicherheit in Höhe von ■■■ EUR vereinbart.

Beweis: wie vor.

Die Mietsicherheit wurde durch Vorlage einer Bankbürgschaft der ■■■ Bank in Höhe von ■■■ EUR zu Beginn des Mietverhältnisses geleistet.

Beweis: Schreiben der ▪▪▪ Bank vom ▪▪▪ in Kopie als Anlage K2.

Vorsorglich wird weiter angeboten zum

Beweis: Zeugnis des Herrn ▪▪▪, zu laden über die ▪▪▪ Bank in ▪▪▪.

Der Beklagte hat sich, vertreten durch die Firma ▪▪▪ Hausverwaltungen, am ▪▪▪ aus der Bankbürgschaft befriedigt.

Der Kautionsbetrag in Höhe von ▪▪▪ EUR wurde von der ▪▪▪ Bank an den Beklagten, vertreten durch die Firma ▪▪▪ Hausverwaltungen, ausbezahlt.

Beweis: wie vor.

Vorlage einer Bankbestätigung im Falle des Bestreitens.

Das Mietverhältnis ist nach Ansicht der Kläger seit ▪▪▪ durch fristlose Kündigung beendet.

Beweis: Kündigung der Prozessbevollmächtigten der Kläger an den

Beklagten, vertreten durch die Hausverwaltung, vom ▪▪▪ in Kopie als Anlage K3.

Die Inanspruchnahme der Bankbürgschaft seitens der Beklagtenpartei war unbegründet.

Die Beklagtenpartei wurde mit Schreiben der Prozessbevollmächtigten der Kläger vom ▪▪▪ mit Fristsetzung zum ▪▪▪ aufgefordert, unter anderem den Kautionsbetrag in Höhe von ▪▪▪ EUR zurückzubezahlen.

Beweis: Schreiben der Prozessbevollmächtigten der Kläger vom ▪▪▪ in Kopie als Anlage K4.

Die geltend gemachten Zinsen stehen den Klägern daher aus Verzug zu.

Die Klage war danach geboten.

Sollte das Gericht in der einen oder anderen Frage weiteren Sachvortrag nebst Beweismittelangeboten für erforderlich erachten, wird höflich um einen richterlichen Hinweis gemäß §139 ZPO gebeten.

▪▪▪

Rechtsanwalt

Anlage: ▪▪▪

2. Muster: Klage auf Freigabe eines Kautionssparbuches

An das

Amtsgericht ▪▪▪

Mietgericht

▪▪▪

1 § 8 Rückforderung der Mietsicherheit

In Sachen
1. ■■■
2. ■■■

Kläger

gegen

■■■

Beklagter

erheben wir unter Einzahlung eines Gerichtskostenvorschusses in Höhe von

■■■ EUR per beigefügten Verrechnungsscheck

Klage

mit folgenden Anträgen:
    I. Der Beklagte wird verurteilt, zugunsten des Klägers das Sparbuch der ■■■ Bank, Sparbuchnummer ■■■, mit Verpfändungserklärung frei zu geben.
    II. Die Kosten des Rechtsstreits trägt der Beklagte.
    III. Das Urteil ist – notfalls gegen Sicherheitsleistung – vorläufig vollstreckbar.

Es wird angeregt, einen frühen ersten Termin zu bestimmen. Sofern das Gericht das schriftliche Vorverfahren anordnet, wird für den Fall der Fristversäumnis oder des Anerkenntnisses beantragt,

den Beklagten durch Versäumnisurteil oder Anerkenntnisurteil ohne mündliche Verhandlung zu verurteilen.

Begründung:

Die Parteien schlossen am ■■■ einen Mietvertrag über Räume im Anwesen ■■■ Straße/ Platz in ■■■. Die Kläger als Mieter und der Beklagte als Vermieter.

Beweis: Mietvertrag vom ■■■ in Kopie als Anlage K1.

In § 6 des Mietvertrages wurde die Verpflichtung zur Erbringung einer Mietsicherheit in Höhe von ■■■ EUR vereinbart.

Beweis: wie vor.

Die Mietsicherheit wurde durch Vorlage eines Sparbuches der ■■■ Bank, Sparbuchnummer ■■■, mit Verpfändungserklärung zugunsten des Vermieters in Höhe von ■■■ EUR zu Beginn des Mietverhältnisses geleistet.

Beweis: Kopie des Sparbuches der ■■■ Bank, Sparbuchnummer ■■■, mit Verpfändungserklärung zugunsten des Vermieters in Kopie als Anlage K2.

Vorsorglich wird weiter angeboten zum

Beweis: Zeugnis des Herrn ■■■, zu laden über die ■■■ Bank in ■■■.

Das Mietverhältnis ist nach Ansicht der Kläger seit ■■■ durch fristlose Kündigung beendet.

Beweis: Kündigung der Prozessbevollmächtigten der Kläger an den

Beklagten, vertreten durch die Hausverwaltung, vom ▪▪▪ als Anlage K3.

Die Beklagtenpartei wurde mit Schreiben der Prozessbevollmächtigten der Kläger vom ▪▪▪ mit Fristsetzung zum ▪▪▪ aufgefordert, das Sparbuch frei zu geben.

Beweis: Schreiben der Prozessbevollmächtigten der Kläger vom

▪▪▪ in Kopie als Anlage K4.

Die geltend gemachten Zinsen stehen den Klägern daher aus Verzug zu.

Die Klage war danach geboten.

Sollte das Gericht in der einen oder anderen Frage weiteren Sachvortrag nebst Beweismittelangeboten für erforderlich erachten, wird höflich um einen richterlichen Hinweis gemäß §139 ZPO gebeten.

▪▪▪

Rechtsanwalt

Anlage: ▪▪▪

3. Muster: Klageerwiderung zu einer Klage auf Rückzahlung der Kaution

An das

Amtsgericht ▪▪▪

Mietgericht ▪▪▪

In Sachen
1. ▪▪▪
2. ▪▪▪

Kläger

gegen

▪▪▪

Beklagter

erwidern wir für den Beklagten auf die Klage mit folgenden Anträgen:
  I. Die Klage wird abgewiesen.
  II. Die Kosten des Rechtsstreits tragen die Kläger.
  III. Das Urteil ist – notfalls gegen Sicherheitsleistung – vorläufig vollstreckbar.

Begründung:

Richtig ist, dass die Parteien den mit der Klageschrift vorgelegten Mietvertrag geschlossen haben.

§ 8 Rückforderung der Mietsicherheit

Auch wurde die Mietsicherheit durch Barzahlung in Höhe von ■■■ EUR zu Beginn des Mietverhältnisses geleistet.

Die Beendigung des Mietverhältnisses liegt jedoch erst vier Wochen zurück und die Mieter haben die Wohnung nicht vertragsgemäß hinterlassen. Namentlich wurden die vertraglich vereinbarten Schönheitsreparaturen nicht erbracht. Ferner ist mit einer erheblichen Nachforderung der Betriebskosten zu rechnen. Der Kautionsrückzahlungsanspruch ist daher noch nicht fällig. Hilfsweise wird bereits an dieser Stelle die Aufrechnung mit Gegenforderungen wegen nicht erbachter Schönheitsreparaturen angekündigt, deren Höhe derzeit aber noch nicht fest steht.

§ 9 des Mietevertrages regelt die Schönheitsreparaturen. Danach wurden die Schönheitsreparaturen wirksam auf den Mieter abgewälzt. Insbesondere enthält die Klausel den von der Rechtsprechung geforderten Fristenplan.

Beweis: Mietvertrag in Kopie als Anlage B1.

Nach unstreitig achtjähriger Mietdauer sind sämtliche Fristen abgelaufen.

Gemäß Kostenvoranschlag der Firma ■■■ betragen die Kosten für die Schönheitsreparaturen, die derzeit durchgeführt werden und noch nicht abgeschlossen sind EUR ■■■.

Beweis: Kostenvoranschlag.

In den letzten drei Jahren gab es jeweils einen Nachforderungsbetrag auf die Betriebskosten in Höhe von EUR ■■■ bis EUR ■■■.

Beweis: Betriebkostenabrechnungen von ■■■ bis ■■■.

Es ist daher auch für das letzte Mietjahr mit einer entsprechenden Nachforderung zu rechnen.

Mangels Fälligkeit ist die Klage daher abweisungsreif.

Sollte das Gericht in der einen oder anderen Frage weiteren Sachvortrag nebst Beweismittelangeboten für erforderlich erachten, wird höflich um einen richterlichen Hinweis gemäß §139 ZPO gebeten.

Rechtsanwalt

Anlage: ■■■

§ 9 Klage auf Rückbau

A. Vorprozessuale Situation

Nach § 546 Abs. 1 BGB ist der Mieter verpflichtet, die gemietete Sache nach der Beendigung des Mietverhältnisses dem Vermieter zurückzugeben. Dafür muss der Mieter grundsätzlich dem Vermieter den unmittelbaren Besitz an der Mietsache verschaffen.[418] Dabei muss der Mieter sämtliches Zubehör einschließlich der Haus- oder Wohnungsschlüssel an den Vermieter zurückzugeben. Die Mietsache muss sich bei **Rückgabe** im ordnungsgemäßen Zustand befinden. Der Mieter hat grundsätzlich die Mietsache in dem Zustand zurückzugeben, in dem diese sich bei Vertragsbeginn befand. Er ist deswegen verpflichtet, von ihm eingebrachte Sachen zu entfernen und von ihm vorgenommene Ein- und Umbauten sowie sämtliche vorgenommenen baulichen Änderungen zu beseitigen[419] und den ursprünglichen Zustand der Mietsache wieder herzustellen.[420] Dies gilt auch in den Fällen, in welchen die Änderungen mit Zustimmung des Vermieters vorgenommen wurden[421] und in dessen Eigentum stehen[422] oder vom Vormieter übernommen wurden.[423] Aus diesen Grundsätzen ergibt sich auch, dass bei der Miete von Grundstücken vom Mieter hierauf errichtete Gebäude und Bauten beseitigt werden müssen, es sei denn vertraglich wurde etwas anderes vereinbart.[424] Diese genannten Verpflichtungen des Mieters zur Beseitigung von Einrichtungen sowie zur Beseitigung baulicher Änderungen sind Ausfluss der sich aus § 546 BGB ergebenden **Rückgabepflicht**.[425]

616

Die **Räumungspflicht** ist grundsätzlich eine Nebenpflicht, so dass bei ihrer Verletzung Schadensersatzansprüche aus Vertragsverletzung entstehen.[426] § 571 BGB schränkt die Schadensersatzverpflichtung bei Wohnraummietverhältnissen zugunsten des Mieters ein. Demgegenüber ist eine Hauptpflicht gegeben, wenn erhebliche Kosten zur **Wiederherstellung** des ursprünglichen Zustandes aufgewendet werden müssen. Wenn die Kosten der Wiederherstellung den Betrag von vier Monatsmieten übersteigen, ist der Kostenaufwand als erheblich anzusehen.[427] Bei Verletzung einer vertraglichen Hauptpflicht kann ein Schadensersatzanspruch wegen Nichterfüllung nur unter den Voraussetzungen des § 326 BGB entstehen.[428]

617

Wenn der Mieter bei Beendigung des Mietverhältnisses geschuldete Arbeiten zum Rückbau von ihm vorgenommener Ein- und Umbauten nicht vorgenommen hat,

618

---

418 BGHZ 1956, 308.
419 BGHZ 1996, 141.
420 BGH ZMR 1988, 291, 293.
421 OLG Düsseldorf ZMR 1990, 218.
422 BGH NJW-RR 1994, 847.
423 OLG Hamburg ZMR 1990, 341.
424 BGH NJW-RR 1994, 847.
425 BGH WuM 1997, 217.
426 Scheuer, in: Bub/Treier, V 13.
427 Vgl. Scheuer, a.a.O.
428 BGH WPM 1989, 1000.

§ 9 Klage auf Rückbau

erwächst dem Vermieter ein Erfüllungsanspruch und u.U. ein Anspruch auf Schadensersatz wegen Nichterfüllung.

619 Die **Schadensersatzansprüche** aus einer nicht ordnungsgemäßen Räumung unterliegen der kurzen Verjährungsfrist des § 548 BGB. Nach § 548 Abs. 2 BGB beginnt die **Verjährungsfrist** in dem Zeitpunkt, in welchem der Vermieter die Sache zurückerhält. Dieser Zeitpunkt ist nicht gleichzusetzen mit dem Ende des Mietverhältnisses. Er kann davor liegen, beispielsweise wenn der Mieter ohne vorher zu kündigen auszieht und dem Vermieter die Schlüssel übersendet oder danach, wenn beispielsweise der Mieter trotz wirksamer Kündigung des Mietverhältnisses den Mietgebrauch fortsetzt oder wenn dem Mieter eine Räumungsfrist gewährt wurde.

620 Wenn die Mietsache nicht ordnungsgemäß geräumt wurde, z.B. Einrichtungen nicht entfernt oder erforderliche **Rückbauten** nicht vorgenommen wurden, liegt darüber hinaus keine wirksame Rückgabe vor, so dass der Vermieter die Ansprüche auf **Nutzungsentschädigung** gemäß § 546a BGB geltend machen kann.[429] Der Vermieter kann also bis zur ordnungsgemäßen Rückgabe eine Nutzungsentschädigung verlangen. Es handelt sich hierbei um einen vertraglichen Erfüllungsanspruch, welcher der Verjährungsfrist des § 195 BGB unterliegt. Die Geltendmachung eines Weitergehenden Schadensersatzanspruches ist nach § 546a Abs. 2 nicht ausgeschlossen.

621 Der **Rückbauverpflichtung** steht mieterseits das **Wegnahmerecht** gegenüber. Nach § 539 Abs. 2 BGB ist der Mieter berechtigt, eine Einrichtung, mit der er die Mietsache versehen hat, wegzunehmen. Unter dem Begriff **Einrichtungen** im Sinne des § 539 Abs. 2 BGB sind Sachen zu verstehen, die mit der Mietsache verbunden und dazu bestimmt sind, dem Zweck der Mietsache zu dienen,[430] wie z.B. Maschinen, Lichtanlagen, Badeinrichtungen, Wandschränke, Waschbecken, umpflanzbare Sträucher und Bäume im Garten.[431] Die Einrichtung kann durch die Verbindung mit der Mietsache wesentlicher Bestandteil im Sinne der §§ 93, 94 bzw. 946, 947 BGB geworden sein.

B. Prozess

622 Der Anspruch wegen Nichterfüllung der **Rückbauverpflichtung** geht in der Praxis regelmäßig auf **Beseitigung einer Einrichtung**. Möglich ist jedoch auch ein Anspruch auf **Wiederherstellung**. Der Klageantrag muss im Hinblick auf die Vollstreckungsfähigkeit ausführlich und bestimmt gefasst sein. Die rückzubauenden Gegenstände müssen wie bei einer Herausgabeklage allein aus dem Antrag individualisierbar sein.

623 Der Sekundäranspruch auf Schadensersatz wird in einer einfachen Leistungsklage verfolgt, der in der Praxis häufig ein selbstständiges Beweisverfahren voraus geht.

624 Der **Titel** gegen den Mieter wirkt nur inter partes und nicht gegen Dritte, also insbesondere nicht gegen den Untermieter oder Ehegatten, der nicht Mitmieter ist.[432]

---

429 BGHZ 104, 285.
430 BGHZ 101, 37.
431 OLG Köln ZMR 1994, 509.
432 BGH WM 2003, 185.

Der Anspruch auf Rückbau wird mit **Beendigung** des Mietverhältnisses **sofort fällig** und ist nach Verzug klagbar. Vor Beendigung des Mietverhältnisses muss der Mieter eine von ihm eingebrachte Einrichtung regelmäßig nicht entfernen, so dass es vor Beendigung des Mietverhältnisses an der Fälligkeit und damit Klagbarkeit grundsätzlich mangelt. Etwas anderes wird nur gelten, wenn von der Einrichtung eine Gefahr für Dritte ausgeht.[433]

625

Gem. § 546 Abs. 2 BGB kann gegenüber dem Räumungsanspruch des Vermieters ein **Zurückbehaltungsrecht** nicht geltend gemacht werden.

626

Die **Beweislast** dafür, dass die Einrichtung vom Mieter stammt, trägt der Vermieter.

627

C. Muster: Klage auf Rückbau

628

An das

Amtsgericht ■■■

■■■

■■■

Kläger

gegen

■■■

Beklagter

Namens und in Vollmacht des Klägers erhebe ich unter Einzahlung eines Gerichtskostenvorschusses in Höhe von ■■■ Klage mit folgenden Anträgen:
  I. Der Beklagte wird verurteilt, in der Wohnung in der ■■■ Straße in ■■■, im ■■■ Stock die Einbauküche, den Einbauschrank im Flur, die beiden Spiegelschränkchen im Bad und in sämtlichen Räumen an den Fenstern die Rollos zu entfernen.
  II. Der Beklagte trägt die Kosten des Rechtsstreits.

Das Urteil ist – notfalls gegen Sicherheitsleistung – vorläufig vollstreckbar.

Für den Fall der Fristversäumnis oder des Anerkenntnisses wird bereits hiermit der Erlass eines Versäumnisurteils bzw. Anerkenntnisurteils beantragt.

Begründung:

Die Parteien schlossen am ■■■ einen Mietvertrag über das im Antrag bezeichnete Mietobjekt.

Beweis: Mietvertrag in Kopie als Anlage K 1.

Die Wohnung wurde am ■■■ zurück gegeben. Bei der Rückgabe musste vom Kläger festgestellt werden, dass die Einbauküche, der Einbauschrank im Flur, die beiden Spiegelschränkchen im Bad und in sämtlichen Räumen an den Fenstern die Rollos nicht entfernt wurden.

---

433 Vgl. aber AG Brandenburg an der Havel, WuM 2003, 321.

Beweis:	Zeugnis des Herrn ▪▪▪ (Hausmeister).

Die Einbauküche, der Einbauschrank im Flur, die beiden Spiegelschränkchen im Bad und in sämtlichen Räumen an den Fenstern die Rollos wurden vom Beklagten in die Wohnung eingebaut, da bei der seinerzeitigen Übergabe der streitbefangenen Wohnung vom Kläger an den Beklagten diese Einbauten noch nicht vorhanden waren.

Beweis:	Zeugnis des Herrn ▪▪▪ (Hausmeister).

Der Kläger hat kein Interesse an der Übernahme dieser Gegenstände, da diese allesamt bereits viele Jahre alt sind. Zudem ist die Einbauküche ein Eigenbau, ebenso wie der Einbauschrank. Die Spiegelschränkchen sind stark beschädigt, da die Spiegel Sprünge aufweisen. Die Rollos sind stark verschmutzt und abgenutzt.

Der Beklagte wurde vom Kläger wiederholt zum Rückbau aufgefordert, zuletzt mit Schreiben vom ▪▪▪ mit Fristsetzung zum ▪▪▪.

Beweis:	Schreiben vom ▪▪▪ in Kopie als Anlage K 2.

Bisher ist nichts geschehen, so dass Klage geboten war.

Sollte das Gericht den Sachvortrag des Klägers nebst Beweismittelangeboten nicht für ausreichend erachten, wird höflich um einen entsprechenden richterlichen Hinweis nach §139 ZPO gebeten.

▪▪▪

Rechtsanwalt

Anlage: ▪▪▪

§ 10 Deckungsklage

Für den Fall, dass der Rechtsschutzversicherer seine Eintrittspflicht verneint und ein Schiedsgutachterverfahren nicht durchgeführt bzw. die Entscheidung eines Schiedsgutachters nicht anerkannt wird, kann der Versicherungsnehmer den Anspruch auf Rechtsschutz gemäß § 19 ARB 2000[434] gerichtlich geltend machen.

A. Vorprozessuale Situation

Für die Erhebung einer **Deckungsklage** müssen zunächst drei Voraussetzungen erfüllt sein:
- Der Versicherungsnehmer muss den Anspruch auf Rechtsschutzdeckung gegenüber dem Versicherer erhoben haben.
- Der Versicherer muss die Rechtsschutzdeckung schriftlich abgelehnt und
- im Rahmen dieser Versagung, auf die sechsmonatige Ausschlussfrist und die Folgen der Versäumnis hingewiesen haben.
- Der Versicherungsnehmer muss im Übrigen darlegen, dass die beabsichtigte Interessenwahrnehmung in den persönlichen, sachlichen, zeitlichen und räumlichen Deckungsbereich seines Versicherungsvertrages fällt.

Drei Fallkonstellationen sind zu unterscheiden:
- Der Versicherungsnehmer begehrt Freistellung von einer noch nicht ausgeglichenen anwaltlichen Kostenrechnung.
- Der Versicherungsnehmer begehrt Erstattung einer bereits von ihm selbst ausgeglichenen anwaltlichen Kostenrechnung.
- Die Versicherung hat ihre Leistungspflicht von vornherein abgelehnt, evtl. sogar eine Klagefrist gesetzt.
- In den ersten beiden Fällen ist eine **Leistungsklage** zu erheben, im Letzteren kommt nur eine **Klage auf Feststellung** in Betracht.

B. Prozess

Es ist die **sechsmonatige Ausschlussfrist** des § 19 ARB 2000 zu beachten.

Die **örtliche Zuständigkeit** für eine Deckungsklage bestimmt sich nach § 20 Absatz 1 ARB 2000. Hierbei ist insbesondere § 20 Absatz 1 S. 2 ARB 2000 zu beachten. der auch eine Zuständigkeit für den Ort begründet, an dem der Versicherungsagent zurzeit der Vermittlung bzw. des Vertragsabschlusses seine Niederlassung (Wohnsitz bei Fehlen einer gewerblichen Niederlassung) hatte.

C. Muster: Deckungsklage

An das

Amtsgericht München

---

434 Entspricht § 19 ARB 94 und § 18 ARB 75.

§ 10 Deckungsklage

Klage

des ■■■

Kläger

Prozessbevollmächtigte: ■■■

gegen

■■■ – Rechtschutzversicherungs AG, ■■■, ■■■ Köln, gesetzlich vertreten durch ihren Vorstand ■■■

Beklagte

Prozessbevollmächtigte: ■■■

wegen Feststellung

Streitwert: ■■■

Namens und in Vollmacht des Klägers erhebe ich hiermit Klage und beantrage zu erkennen:
I. Es wird festgestellt, dass die Beklagte für den Schadenfall vom ■■■, Schadennummer ■■■, Rechtsschutz auf Grund des Rechtsschutzversicherungsvertrages Nr. ■■■ zu gewähren hat.
II. Die Beklagte trägt die Kosten des Rechtsstreits.

Begründung:

Mit der vorliegenden Klage begehrt der Kläger Feststellung, dass die Beklagte für einen Versicherungsfall Rechtsschutz zu gewähren hat.

Der Kläger ist bei der Beklagten seit dem 11. August 2004 rechtsschutzversichert. Sein Versicherungsschutz umfasst Wohnungs- und Grundrechtschutz im Sinne von §§ 2 lit. c), 29 ARB 2000 für die selbst genutzte Wohneinheit am 1. Wohnsitz des Versicherungsnehmers.

Beweis: Versicherungsschein vom ■■■ nebst Versicherungsvorschlag des Vermittlers vom ■■■, jeweils in Kopie, sowie Durchschrift des unterschriebenen Versicherungsantrags vom ■■■

als Anlage K 1

Die Wartefrist des § 4 Absatz 1 S. 3 ARB ist mit 11. November 2004 abgelaufen.

Am 31. Januar 2005 beauftragte der Kläger seinen jetzigen Prozessbevollmächtigten in einer mietrechtlichen Angelegenheit mit der Wahrnehmung seiner Interessen.

Der Kläger hatte mit Mietvertrag vom 26. Juni 2004 mit Wirkung zum 01. Juli 2004 die im ■■■. OG belegene Wohnung im Anwesen ■■■ in ■■■ München, bestehend aus ■■■ angemietet.

Beweis: Mietvertrag vom 26. Juni 2004 in Kopie

als Anlage K 2

Ein halbes Jahr nach Einzug des Klägers entdeckte der Kläger am 07. Januar 2005 erstmals im Schlafzimmer des Mietobjektes Schimmelbefall im unteren Bereich der nach Norden gelegenen Wand an der Rauhfasertapete. Im Laufe von wenigen Wochen zeigten sich auch im Bad und in der Abstellkammer Schimmelflecken, jeweils an der Rauhfasertapete im unteren Wandbereich der Nordseite der Räume. Der Kläger zeigte seinem Vermieter den Mangel noch am 07. Januar 2005 an und setzte ihn auch von dem in der Folge festgestellten Schimmelbefall in Kenntnis. Auf die Mängelanzeigen hin wurde jedoch seitens des Vermieters nichts unternommen. Vielmehr beschuldigte der Vermieter den Kläger in einem Telefonat am 17. Januar 2005, den Schaden selbst durch unzureichendes Lüften und Heizen verursacht zu haben. Das Raumklima verschlechterte sich jedoch trotz regelmäßigen Lüftens und Heizens innerhalb kurzer Zeit derart, dass der Kläger sich Ende Januar gezwungen sah, in ein benachbartes Hotel umzuziehen, da er gesundheitliche Schäden befürchten musste.

Mit Anwaltsschreiben vom 31. Januar 2005 forderte der Unterfertigte den Vermieter unter Fristsetzung auf, umgehend die Beseitigung des Mangels zu veranlassen, dem Kläger die bislang angefallenen Hotelkosten zu erstatten, ihm bis zur Beseitigung des Mangels angemessenen Ersatzwohnraum zur Verfügung zu stellen und die hierfür erforderlichen Umzugskosten zu übernehmen. Gleichzeitig kündigte er eine Mietzinsminderung in Höhe von 80 % an.

Beweis: Schreiben des Unterfertigten vom 31. Januar 2005 an ▄▄▄ in Kopie

als Anlage K 3

Mit Schreiben vom gleichen Tage zeigte der Unterfertigte der Beklagten den Schadenfall verbunden mit einer Deckungsanfrage an.

Beweis: Schreiben des Unterfertigten vom 31. Januar 2005 an die Beklagte in Kopie

als Anlage K 4

Die Beklagte verneinte jedoch mit Schreiben vom 11. Februar 2005 ihre Leistungspflicht und begründete dies damit, dass der Versicherungsfall vor Vertragsbeginn bzw. vor Ablauf der Wartezeit eingetreten sei.

Beweis: Schreiben der Beklagten vom 11. Februar 2005 an den Kläger in Kopie

als Anlage K 5

Mit Schreiben vom 18. Februar 2005 machte der Unterfertigte den Anspruch des Klägers auf Rechtsschutzdeckung gegenüber der Beklagten geltend.

Beweis: Schreiben des Unterfertigten vom 18. Februar 2005 an die Beklagte in Kopie

als Anlage K 6

Die Beklagte lehnte jedoch mit Schreiben vom 04. März 2005 nochmals ihre Eintrittspflicht ab.

Beweis: Schreiben der Beklagten vom 11. Februar 2005 an den Kläger in Kopie

als Anlage K 7

Die Ablehnung erfolgte zu Unrecht.

§ 10 Deckungsklage

Entgegen der Auffassung der Beklagten ist im Hinblick auf Schadensersatzansprüche wegen eines Mangels der Mietsache nicht auf die Übergabe der mangelhaften Mietsache abzustellen, sondern auf das erstmalige Auftreten des Mangels. Nach einer Entscheidung des OLG Düsseldorf (NVersZ 2001, 183 = r + s 2001, 198) in einem vergleichbar gelagerten Fall, ist bei Schadensersatzansprüchen wegen Durchfeuchtung nicht die Übergabe der mangelhaften Mietsache das Schadensereignis, sondern das erstmalige Auftreten von Durchfeuchtung. Dies gilt im Übrigen auch für eine Mietminderung (OLG Düsseldorf, a.a.O.).

Der Kläger hat den Schimmelbefall erstmalig am 07. Januar 2005 festgestellt. Die Wartefrist des § 4 Absatz 1 S. 3 ARB war zu diesem Zeitpunkt bereits seit zwei Monaten abgelaufen. Selbst wenn man unterstellt, dass der Kläger die Schimmelbildung nicht innerhalb der ersten Woche ihres ersten Auftretens bemerkt hat, so kann doch mit Sicherheit ausgeschlossen werden, dass das erste sichtbare Auftreten des Schimmels vom Kläger mehr als 7 Wochen unbemerkt blieb.

Maßgeblich ist das Zutagetreten des beanstandeten Mangels. Unerheblich ist, ob das Mietobjekt bei der Übergabe mit einem verborgenen Mangel behaftet war. (OLG Düsseldorf a.a.O.)

Der Vermieter hat bislang die vom Kläger geltend gemachten Schadensersatzansprüche rigoros abgelehnt und auch eine Beseitigung des Mangels abgelehnt, da er den Kläger für den Schimmelbefall verantwotlich macht. Klage ist deshalb geboten.

Der Streitwert bestimmt sich nach den Kosten der ersten Instanz, d.h. unter Berücksichtigung dreier voller Rechtsanwaltsgebühren und der Gerichtskosten.

Die Erhebung der Deckungsklage erfolgt innerhalb der Ausschlussfrist des § 19 ARB 2000.

Die örtliche Zuständigkeit des Amtsgerichts München ergibt sich aus § 20 Absatz 1 S. 2 ARB 2000. Der Versicherungsagent der Beklagten hatte zurzeit der Vermittlung des Versicherungsvertrages seine gewerbliche Niederlassung in ■■■, ■■■ München.

Beweis: Versicherungsschein vom ■■■ nebst Versicherungsvorschlag des Vermittlers vom ■■■, jeweils in Kopie, sowie Durchschrift des unterschriebenen Versicherungsantrags vom ■■■

als Anlage K 1

Beglaubigte und einfache Abschrift liegen bei.

■■■

Rechtsanwalt

Anlage: ■■■

§ 11 Der Mietprozess im Familien- und Erbrecht

A. Der mietrechtliche Prozess mit Erbrechtsbezug

I. Vorprozessuale Situation

1. Tod des Mieters

a) Grundlagen

Der Vermieter wird in der Regel die Mietsache nur einer bestimmten Person überlassen wollen. Wenn diese Person stirbt, treten aber an deren Stelle gemäß § 1922 BGB die Erben. Dabei kann es sich um eine Person oder Personen handeln, an welche der Vermieter keinesfalls vermietet hätte. Der oder die Erben andererseits haben häufig kein Interesse daran, den Mietvertrag fortzusetzen, sofern eigene mietvertragliche Verpflichtungen bestehen oder ein Eigenheim vorhanden ist. Anders dagegen stellt sich die tatsächliche Situation dar, wenn der Mieter verstirbt und der Ehegatte oder Lebenspartner in der Wohnung verbleiben möchte oder soweit der Überlebende Ehegatte oder Lebenspartner Mitmieter ist und künftig die Kosten nicht alleine tragen kann. 635

Für die besondere Interessenlage zwischen Vermieter und Mieter bei **Tod des Mieters** oder eines Mitmieters hat der Gesetzgeber einen Ausgleich in den §§ 580, 563, 563a, 563b, 564 BGB geschaffen. Es gelten aber zusätzlich die **Sozialschutzvorschriften** zugunsten des Mieters, insbesondere §§ 574 bis 574b BGB. 636

Wenn der Mieter seinen **Erbanteil** gemäß § 2033 BGB veräußert, tritt der Erwerber in die Rechte und Pflichten aus dem Mietverhältnis ein.[435] 637

b) Kündigung bei Tod des Mieters, §§ 580, 564 BGB

Wenn der Mieter verstirbt, ist sowohl der Erbe als auch der Vermieter berechtigt, das Mietverhältnis unter Einhaltung der gesetzlichen Frist **außerordentlich zu kündigen**, § 580, 564 BGB. Diese Vorschrift gilt bei Mietverhältnissen über Wohnraum nicht, soweit § 563 BGB bei Eintritt von Ehegatten, Lebenspartnern, Familienangehörigen oder Haushaltsangehörigen in das Mietverhältnis oder bei gemeinsamem Mietvertrag von dem Verstorbenem mit Ehegatten, Lebenspartnern, Familienangehörigen oder Haushaltsangehörigen § 563a für die **Fortsetzung des Mietverhältnisses** lex specialis ist. 638

Die große praktische Bedeutung dieser Vorschrift liegt darin, dass das Mietverhältnis nicht automatisch mit dem Tode des Mieters endet, sondern vielmehr der Erbe das Mietverhältnis kündigen muss, andernfalls sich das Mietverhältnis fortsetzt. Andererseits kann der Erbe entgegen dem Grundsatz „pacta sunt servanda", welcher auch für die Erben gilt, eine zwischen Vermieter und Erblasser vereinbarte Befristung des Mietverhältnisses auf bestimmte Dauer durchbrechen und unter Einhaltung der gesetzlichen Kündigungsfrist das Mietverhältnis vor Ablauf der **Befristung** kündigen. 639

---

435 Vgl. Sternel, Mietrecht, I Rn. 38.

§ 11 Der Mietprozess im Familien- und Erbrecht

640 Auch der Vermieter kann eine noch mit dem Erblasser vereinbarte Befristung durch Kündigung unter Einhaltung der gesetzlichen Kündigungsfrist beseitigen. Gleichfalls ist eine auf das kürzeste Maß der **gesetzlichen Kündigungsfrist** reduzierte Kündigung möglich, wenn eigentlich aufgrund der langen Dauer des Mietverhältnisses sich die gesetzliche Kündigungsfrist verlängert hatte. Allerdings gilt bei Wohnraummietverhältnissen die Besonderheit, dass § 573 BGB anwendbar ist.[436] Der Vermieter kann ein Mietverhältnis über Wohnraum also nur kündigen, sofern er ein **berechtigtes Interesse** im Sinne des § 573 BGB hat (z.B. Eigenbedarf). Der **Sozialschutz** des § 573 BGB greift sogar dann ein, wenn der Erbe nicht in der Wohnung gewohnt hat.[437] Des Weiteren greifen ein die Sozialschutzklauseln der §§ 564, 574, 574 a, 574 b, 574c BGB.[438] Letztlich helfen dem Vermieter daher §§ 564, 589 BGB bei einem Mietverhältnis über Wohnraum nur über eine mit dem Erblasser vereinbarte Befristung des Mietverhältnisses oder eine aufgrund lange andauerndem Mietverhältnis verlängerte gesetzliche Kündigungsfrist hinweg. Aufgrund der Anwendbarkeit der §§ 573, 574, 574 a, 574b BGB ist für den Vermieter als Erben aber im Übrigen eine Kündigung grundsätzlich ebenso schwierig, wie wenn der Vermieter zu Lebzeiten des verstorbenen Mieters gekündigt hätte.

641 Nach § 564 BGB gilt, dass das Mietverhältnis **innerhalb eines Monats zu kündigen** ist, nachdem vom Tod des Mieters Kenntnis erlangt wurde sowie davon, dass ein Eintritt in das Mietverhältnis oder dessen Fortsetzung nicht erfolgt ist.

642 Eine Kündigung ist bereits vor der Annahme der Erbschaft möglich. Sofern Testamentsvollstreckung angeordnet ist, kann nur der Testamentsvollstrecker kündigen und zwar erst ab Amtsantritt (§ 2202 Abs. 1 BGB).[439]

c) Eintrittsrecht des überlebenden Ehegatten, Lebensgefährten, Familienangehörigen oder Haushaltsangehörigen, § 563 BGB

643 § 563 BGB geht mit seinem Eintrittsrecht dem **Sonderkündigungsrecht** nach §§ 580, 564 BGB vor. Für den überlebenden Ehegatten, Lebensgefährten, Familienangehörigen oder Haushaltsangehörigen ist § 563 BGB nur dann von Bedeutung, wenn der Ehegatte, Lebensgefährte, Familienangehörige oder Haushaltsangehörige nicht bereits Mitmieter gewesen ist. War der Ehegatte, Lebensgefährte, Familienangehörige oder Haushaltsangehörige Mitmieter, tritt er nicht gemäß § 563 BGB ein, sondern setzt nach § 563a BGB das Mietverhältnis fort.

644 Nach § 563 BGB **tritt** der überlebende Ehegatte, Familienangehörige oder Partner in das Mietverhältnis des Verstorbenen **automatisch ein**, und zwar mit Rückwirkung auf den Todeszeitpunkt.

645 Nach § 563 Abs. 3 Satz 1 BGB kann die überlebende Person binnen eines Monats, nachdem sie von dem Tod des Verstorbenen Kenntnis erlangt hat, dem Vermieter

---

436 H.M., OLG Hamburg NJW 1984, 60; BayObLG ZMR 85, 1997; a.A. Honsell, AcP 186, 116.
437 OLG Karlsruhe ZMR 1990, 108; BGH NJW 1997, 1695; BVerfG NJW 1997, 2746.
438 Sonnenschein, ZMR 1992, 417.
439 Emmerich/Sonnenschein, § 564 Rn. 5.

gegenüber erklären, dass sie das Mietverhältnis **nicht fortsetzen** will. Es gilt dann der Eintritt in das Mietverhältnis als nicht erfolgt. Für jeden Eintrittsberechtigten läuft die **Ablehnungsfrist** gesondert. Es handelt sich dabei um eine Ausschlussfrist, welche nur dann gewahrt wird, wenn die Erklärung zur Ablehnung innerhalb der Frist dem Vermieter wirksam im Sinne der §§ 130 ff. BGB zugeht.[440] Erst mit positiver **Kenntnis** vom Tode des Mieters beginnt die Frist zu laufen, welche nach §§ 186 ff. BGB berechnet wird.[441]

Nach § 564 Satz 1 BGB wird das Mietverhältnis nach den allgemeinen Vorschriften mit den Erben des Mieters fortgesetzt, wenn weder der Ehegatte noch andere **privilegierte Personen** eintreten.

d) Fortsetzung des Mietverhältnisses durch den Ehegatten, Lebenspartner, Familienangehörigen oder Haushaltsangehörigen, § 563a BGB

Wenn Verstorbener und privilegierte Person (z.B. Ehegatte) Mitmieter waren, kann die überlebende Person bei einem Wohnraummietverhältnis unabhängig von der Erbenstellung gemäß § 563a BGB das Mietverhältnis allein fortsetzen. Während die überlebende Person das Mietverhältnis unter Wahrung der gesetzlichen Frist kündigen kann, steht dem Vermieter kein außerordentliches Kündigungsrecht zur Verfügung.

2. Tod des Vermieters

Das **Versterben des Vermieters** bringt zwar tatsächliche Veränderungen mit sich, welche allerdings für die vertragsrechtliche Frage des Fortbestandes des Mietverhältnisses weniger relevant werden. Anders als der verfügungsberechtigte Vermieter kann sich der Mieter grundsätzlich nicht darauf berufen, mit einer bestimmten Person als Vermieter einen Vertrag abgeschlossen zu haben, welcher mit den Erben nicht fortgesetzt werden müsste, wenn der Vermieter verstirbt. Die Interessen des Mieters werden beim Versterben des Vermieters auch regelmäßig nicht dahin gehen, das Mietverhältnis zu beenden, sondern sich darauf konzentrieren, ob und wie das Mietverhältnis fortgesetzt wird. Die Erben des Vermieters werden wissen wollen, wie sie das Mietobjekt als Gesamtgläubiger verwalten und wie sie darüber verfügen können.

Mit dem Tod des Vermieters endet das Mietverhältnis grundsätzlich nicht. Im Wege der Gesamtrechtsnachfolge, § 1922 BGB, tritt an die Stelle des Vermieters dessen **Erbe**. Handelt es sich um mehrere Erben, so tritt die Erbengemeinschaft anstelle des Vermieters. Es entsteht eine **Gesamthandsgemeinschaft**, § 2039 BGB.

Die **Verwaltung** des Mietobjektes erfolgt gemeinschaftlich nach § 2038 BGB. Auf Vermieterseite gehören zu den Verwaltungsmaßnahmen i.S.d. § 2038 BGB insbesondere die Einziehung des Mietzinses und die Kündigung des Vertrages.[442]

Nach § 2038 Abs. 1 Satz 2, 2. Halbsatz BGB kann die zur Erhaltung notwendigen Maßnahmen jeder **Miterbe** ohne Mitwirkung der anderen treffen. Die Kündigung

---

440 Emmerich/Sonnenschein, § 563 BGB Rn. 18.
441 Emmerich/Sonnenschein, § 563 BGB Rn. 19.
442 Köln MDR 1972, 520.

Zwißler

durch einen Miterben bedarf jedoch der Mitwirkung der übrigen Miterben.[443] Ebenso ist die **Klage auf Räumung und Herausgabe** der Mietsache eine Verfügung über den Nachlassgegenstand im Sinne von § 2040 BGB mit der Folge, dass eine Entscheidung hierüber nicht der Einzelne Erbe, sondern nur die Erben gemeinschaftlich treffen kann.[444]

652 Wenn einer der Miterben des Vermieters die Mietsache im Wege der **Auseinandersetzung** erwirbt, so liegt ein Erwerbstatbestand im Sinne des § 566 BGB vor mit der Folge, dass dieser Erwerb die Miete nicht bricht. Allerdings ist die Haftung insbesondere im Sinne der §§ 566 ff. BGB im Verhältnis des Eintritts in die Rechte und Pflichten des Vermieters nach Universalsukzession etwas eingeschränkt.

3. Zusammentreffen von Erbe und Mietvertragspartei

653 Das Mietverhältnis endet mit dem Tod einer Vertragspartei, wenn sie von der anderen allein beerbt wird. Dies gilt allerdings dann nicht, wenn die überlebende Partei nur Miterbe wird. Die überlebende Partei hat dann die Stellung als ursprüngliche Vertragspartei einerseits und als Mitglied der Erbengemeinschaft nach der verstorbenen Partei andererseits.[445]

II. Prozess

654 Muster: Räumungsklage nach Kündigung im Erbfall

An das

Amtsgericht ■■■

Mietgericht

■■■

In dem Rechtsstreit

■■■

Kläger

gegen
1. ■■■
2. ■■■

Beklagte

wegen

Räumung

Streitwert: ■■■ EUR

---

443 LG Berlin WuM 1986, 326.
444 LG Köln a.a.O.
445 Vgl. Sternel, Mietrecht, I Rn. 40.

A. Der mietrechtliche Prozess mit Erbrechtsbezug

erheben wir unter Einzahlung eines Gerichtskostenvorschusses in Höhe von ▪▪▪ EUR per beigefügten Verrechnungsscheck

Klage

mit folgenden Anträgen:
  I. Die Beklagte zu 1) und der Beklagte zu 2) werden gesamtverbindlich verurteilt, die Wohnung im Anwesen ▪▪▪ Straße/Platz ▪▪▪ Stock, links/Mitte/rechts in ▪▪▪, bestehend aus ▪▪▪ Zimmer, Küche, Bad mit WC, Flur, Balkon und Kellerraum zu räumen und an den Kläger herauszugeben.
  II. Die Beklagten tragen die Kosten des Rechtsstreits.
  III. Das Urteil ist – notfalls gegen Sicherheitsleistung – vorläufig vollstreckbar.

Für den Fall des schriftlichen Vorverfahrens beantragen wir bei Fristversäumnis oder Anerkenntnis bereits jetzt den Erlass eines Versäumnis- bzw. Anerkenntnisurteils gemäß §§ 331, 307 ZPO.

Begründung:

Der Kläger ist Vermieter. Dessen Mieter der streitgegenständlichen Wohnung war seit Mietvertrag vom ▪▪▪ eine Frau ▪▪▪.

Beweis: Mietvertrag vom ▪▪▪ in Kopie als Anlage K1.

Frau ▪▪▪ ist am ▪▪▪ verstorben. Die Beklagte zu 1) ist als Erbin nach Frau ▪▪▪ deren Rechtsnachfolgerin.

Beweis: Mitteilung des Amtsgericht ▪▪▪ – Nachlassgericht – vom ▪▪▪ in

Kopie als Anlage K2.

Der Beklagte zu 2) bewohnt unstreitig die streitgegenständliche Wohnung. Ebenso unstreitig wird die Wohnung von der Beklagten zu 1) nicht bewohnt und auch nicht benötigt, da diese eine eigene Wohnung hat.

Mit Schreiben vom ▪▪▪ wurde durch den Kläger der Beklagten zu 1) gegenüber das Mietverhältnis gekündigt.

Beweis: Schreiben des Klägers an die Beklagte zu 1) vom ▪▪▪ in Kopie als Anlage K3.

Nach § 569 BGB wird das Mietverhältnis grundsätzlich fortgesetzt. Es ist jedoch der Vermieter berechtigt, das Mietverhältnis unter Einhaltung der gesetzlichen Frist zu kündigen. Die Kündigung kann nur für den ersten Termin erfolgen, für den sie zulässig ist.

Der Kläger hat von dem Tod der Rechtsvorgängerin der Beklagten zu 1) mit Schreiben vom ▪▪▪ erfahren. Aber erst mit Schreiben vom ▪▪▪, zugegangen am ▪▪▪ wurde dem Kläger seitens des Amtsgerichts ▪▪▪ – Nachlassgericht – mitgeteilt, dass die Beklagte zu 1) Erbin ist.

Beweis: Mitteilung des Amtsgerichts ▪▪▪ – Nachlassgericht – vom ▪▪▪ in

Kopie als Anlage K2.

Der zulässige Kündigungstermin im Sinne des § 580 BGB war mithin der dritte Werktag des ▪▪▪. Der Kläger hat folglich mit Schreiben vom ▪▪▪ noch rechtzeitig im Sinne des § 580 BGB gekündigt.

Zwißler

Dass in dem Schreiben des Klägers vom ■■■ versehentlich als Beendigungszeitpunkt der ■■■ genannt wurde, schadet nicht. Dies ist nach §140 BGB in eine Kündigung zum nächst zulässigen Zeitpunkt umzudeuten. Der nächst zulässige Zeitpunkt war der ■■■.

Beweis: Schreiben des Klägers an die Beklagte zu 1) vom ■■■ in Kopie als

Anlage K3.

Zu dem Beklagten zu 2) unterhielt der Kläger zu keinem Zeitpunkt vertragliche Beziehungen. Der Beklagte zu 2) war zu keinem Zeitpunkt Mietvertragspartei. Auch stimmte der Kläger zu keinem Zeitpunkt einer Untervermietung an den Beklagten zu 2) zu. Die Rechtsvorgängerin der Beklagten zu 1) war einige Zeit vor ihrem Ableben im Krankenhaus. Mit einer Rückkunft in die Wohnung war jedoch zu rechnen. Dem Kläger wurde lediglich mitgeteilt, dass der Beklagte zu 2) während der Abwesenheit der Rechtsvorgängerin der Beklagten zu 1) die Wohnung betreut.

Beweis: Zeugnis des Herrn ■■■, gegenbeweislich und unter Verwahrung

gegen die Beweislast.

Mit Schreiben des Klägers vom ■■■ an den Beklagten zu 2) wurde dem Beklagten zu 2) mitgeteilt, dass er nicht in der streitgegenständlichen Wohnung verbleiben kann.

Beweis: Schreiben des Klägers vom ■■■ in Kopie als Anlage K4.

Am ■■■ teilte der Prozessbevollmächtigte des Beklagten mit, dass der Beklagte zu 2) die Wohnung zum ■■■ räume und an den Kläger heraus gebe.

Die Beklagte zu 1) wurde mit Schreiben des Klägers vom ■■■ vorsorglich nochmals aufgefordert, die Wohnung zum ■■■ zu räumen und heraus zu geben.

Beweis: Schreiben des Klägers an die Beklagte zu 1) in Kopie als Anlage

K5.

Eine Räumung und Herausgabe ist bis heute nicht erfolgt.

Die Beklagte zu 1) schuldet die Räumung und Herausgabe aus dem Dauernutzungsvertrag, in welchen sie als Gesamtrechtsnachfolgerin nach Frau ■■■ eingetreten ist. Der Beklagte zu 2) schuldet die Räumung und Herausgabe der Wohnung als nicht berechtigter Besitzer sowie aus § 546 Abs. 2 BGB. Ein Vertragsverhältnis zum Kläger hat zu keinem Zeitpunkt bestanden. Es bestand nicht einmal eine erlaubte Untervermietung. Der Beklagte zu 2) sollte auf die Wohnung nur aufpassen, bis die Rechtsvorgängerin der Klägerin aus der Klinik zurückkommt.

Sollte das Gericht in der einen oder anderen Frage weiteren Sachvortrag nebst Beweismittelangeboten für erforderlich erachten, wird höflich um richterlichen Hinweis gemäß §139 ZPO gebeten.

■■■

Rechtsanwalt

Anlage: ■■■

B. Zuweisung der Mietwohnung nach BGB, LPartG, GewSchG und HausrVO

I. Grundlagen

Ein Anspruch auf Überlassung bzw. Zuweisung der Wohnung kann sich aus § 1361b BGB, aus § 14 LPartG sowie aus § 2 GewSchG ergeben. Diese Vorschriften lassen allerdings nur eine **vorläufige Nutzungsregelung** zu. Insbesondere kann aufgrund dieser Vorschriften vom Gericht **nicht rechtsgestaltend** in ein bestehendes Mietverhältnis eingegriffen werden.

Streiten Ehegatten „anlässlich der Scheidung" darüber, wer von ihnen die Ehewohnung künftig bewohnen soll, so trifft das Gericht auf Antrag eine Regelung der Rechtsverhältnisse an der Ehewohnung nach den Vorschriften der **HausrVO**. Eine Regelung des Streits über die Ehewohnung als Scheidungsfolgesache ist immer auf eine endgültige Wohnungszuweisung gerichtet. Das Gericht kann hier ein **Mietverhältnis mit Drittwirkung**, d.h. auch mit Wirkung **gegenüber** dem **Vermieter, umgestalten**.

§ 1361b BGB und die Vorschriften der HausrVO betreffen lediglich Rechtsverhältnisse an Ehewohnungen. Hier ist zu unterscheiden, ob eine lediglich vorläufige Nutzungs- oder vielmehr eine endgültige Gestaltungsregelung anlässlich der Scheidung getroffen werden soll.

Wohnungen von Lebenspartnerschaften finden in § 14 LPartG Berücksichtigung, solche von nichtehelichen Lebensgemeinschaften sowie von anderen auf Dauer angelegten häuslichen Gemeinschaften in § 2 **Gewaltschutzgesetz**.

Der Geltungsbereich des § 2 Gewaltschutzgesetz umfasst **alle auf Dauer angelegten häuslichen Gemeinschaften**. Mithin gilt § 2 GewSchG auch für Ehegatten und Lebenspartner. Jedoch sind § 1361b BGB bzw. § 14 LPartG gegenüber § 2 GewSchG als leges speciales anzusehen, wenn – wie wohl im Regelfall – zumindest bei einem Ehegatten bzw. Lebenspartner Trennungsabsicht besteht.[446] Nicht getrennt lebende Eheleute, die auch keine Trennungsabsicht hegen, können allerdings im Verhältnis zueinander die Überlassung der Ehewohnung nach § 2 GewSchG verlangen.

II. Wohnungszuweisung nach § 1361b BGB[447]

1. Vorprozessuale Situation

Grundsätzlich hat jeder Ehegatte **unabhängig von der mietvertraglichen Ausgestaltung** gemäß § 1353 Absatz 1 BGB einen Anspruch auf Mitbesitz an der Ehewohnung.[448] Dieser Anspruch auf Mitbesitz bleibt über die Trennung und – je nach Konstellation –

---

446 Palandt-Brudermüller, § 2 GewSchG Rn. 2.
447 Nachdem § 14 LPartG mit § 1361b BGB inhaltlich völlig übereinstimmt – es wurden lediglich die Worte „Ehegatte" und „Ehewohnung" durch „Lebenspartner" und „gemeinsame Wohnung" ersetzt, wird vorliegend auf eine gesonderte Abhandlung zu dieser Vorschrift verzichtet. Es ist jedoch zu beachten, dass § 14 Absatz 4 LPartG redaktionell anders gefasst werden musste, als § 1361b Absatz 4 BGB, da das Getrenntleben der Lebenspartner im Rahmen der Aufhebung der Lebenspartnerschaft irrelevant ist, vgl. BGB Palandt-Brudermüller, § 14 LPartG Rn. 3.
448 Palandt-Brudermüller, § 1353 Rn. 6.

auch über die Scheidung hinaus bestehen und erlischt erst, wenn der Status der Wohnung als Ehewohnung endgültig aufgehoben worden ist.[449]

661 Als Ehewohnung ist diejenige Räumlichkeit anzusehen, die während der Ehe den beiden Ehegatten gemeinsam als Unterkunft gedient hat bzw. die nach den Umständen hierfür bestimmt war. Umfasst sind auch Nebenräume wie insbesondere Keller, Speicher, Garten, Garage, Sport- und Fitnessräume.[450]

662 Streitgegenstand bei einer Wohnungszuweisung nach § 1361b BGB ist die **Regelung des Besitzes bzw. der Nutzung** der Ehewohnung. In Betracht kommt lediglich eine vorläufige Nutzungsregelung. Die materiell-rechtlichen Vorschriften der §§ 1 bis 10 HausrVO sind insoweit nicht anwendbar.

a) § 1361b Absatz 1 BGB

663 Leben die Ehegatten voneinander getrennt[451] oder beabsichtigt einer von ihnen die Trennung, so kann jeder der beiden Ehegatten[452] beanspruchen, dass ihm der jeweils andere zur Vermeidung einer unbilligen Härte die gemeinsame Ehewohnung oder einen Teil derselben zur alleinigen Benutzung überlässt, soweit dies auch unter Berücksichtigung der Belange des anderen Ehegatten notwendig ist, § 1361b Absatz 1 S. 1 BGB.

664 Die Eingriffsschwelle des § 1361b Absatz 1 BGB a.F. – „schwere Härte" – wurde in der Neufassung des § 1361b Absatz 1 BGB durch den Begriff „unbillige Härte" herabgesetzt. Auf eine Katalogisierung des Begriffs wurde bewusst verzichtet.[453] Zweck des Begriffswechsels war hierbei vor allem, durch die Herabsetzung der Eingriffsschwelle ein rasches Einschreiten des Familiengerichts zugunsten des misshandelten Ehegatten bzw. misshandelter im Haushalt lebender Kinder möglich zu machen.[454] Das Gesetz geht in der Neufassung des § 1361b Absatz 1 BGB davon aus, dass „unbillige Härte" auch dann vorliegen kann, „wenn das Wohl von im Haushalt lebenden Kindern beeinträchtigt ist", vgl. § 1361b Absatz 1 S. 2 BGB.

b) § 1361b Absatz 2 BGB

665 Einen noch weitergehenden Schutz gewährt § 1361b Absatz 2 BGB: Im Falle von **Gewalt oder der Androhung von Gewalt** ist regelmäßig die gesamte Ehewohnung dem Opfer zur alleinigen Benutzung zu überlassen, vgl. § 1361b Absatz 2 S. 1 BGB. Dieser Anspruch ist nur dann ausgeschlossen, wenn keine weiteren Verletzungen und widerrechtlichen Drohungen zu besorgen sind, soweit nicht wegen der Schwere der Tat dem verletzten Ehegatten das weitere Zusammenleben mit dem anderen nicht zuzumuten ist.

---

449 Gerhardt-Heintschel-Heinegg-Klein, Handbuch des Fachanwalts Familienrecht, Kapitel 8 Rn. 53.
450 Palandt-Brudermüller, § 1361b Rn. 6.
451 Der Begriff des Getrenntlebens entspricht dem Trennungsbegriff des § 1567 Absatz 1 BGB, vgl. Palandt-Brudermüller, § 1361b Rn. 7.
452 Palandt-Brudermüller, § 1361b Rn. 7: es kann auch derjenige Ehegatte die Wohnungszuweisung an sich beanspruchen, der seinerseits die Trennung nicht betreibt.
453 Gerhardt / Heintschel-Heinegg / Klein, Kapitel 8 Rn. 56 mit Verweis auf BT-Dr. 14/5429 S. 14 f.
454 Palandt / Brudermüller, § 1361b Rn. 8.

c) § 1361 b Absatz 3 BGB

Gemäß § 1361 b Absatz 3 S. 1 BGB hat der weichende Ehegatte alles zu unterlassen, was geeignet ist, dem nutzungsberechtigten Ehegatten die Ausübung seines Nutzungsrechtes zu erschweren oder zu vereiteln. Diese Regelung soll verhindern, dass etwa der überlassungspflichtige Ehegatte und **Alleinmieter** durch Kündigung des Mietverhältnisses die Nutzung der Ehewohnung durch den berechtigten Ehegatten vereitelt. Zu diesem Zweck kann das Gericht nach dem Willen des Gesetzgebers gegenüber dem überlassungspflichtigen Ehegatten und Alleinmieter ein **Kündigungsverbot in Form eines relativen Verfügungsverbotes** im Sinne der §§ 135,136 BGB aussprechen.[455]

Aus Billigkeitserwägungen kann sich ein Anspruch auf **Nutzungsvergütung** des weichenden gegenüber dem nutzungsberechtigten Ehegatten ergeben, vgl. § 1361 b Absatz 3 S. 2 BGB. Zweck dieses Ausgleichsanspruches ist eine Entschädigung für den Verlust des bis zur rechtskräftigen Scheidung aus dem Wesen der Ehe folgenden Besitzrechtes an der Ehewohnung, solange nicht eine abweichende Entscheidung ergangen ist.[456] Zu berücksichtigen ist jedoch, dass § 1361 b Absatz 3 S. 2 BGB keinesfalls als Anspruchsgrundlage – weder in direkter noch in analoger Anwendung – für sonstige Ausgleichs- oder Abstandszahlungen des verbleibenden an den überlassungspflichtigen Ehegatten herangezogen werden darf: Der weichende Ehegatte kann weder die für die Ehewohnung geleistete Kaution noch für die Ausstattung der Ehewohnung eingesetzte Geldmittel geschweige denn gezahlte Maklergebühren, Umzugskosten, etc. ersetzt verlangen.[457]

d) Gesamtabwägung

In die für eine Wohnungszuweisung gebotene Gesamtabwägung sind alle wesentlichen Umstände des Einzelfalles einzubeziehen, die das Verhältnis der in Trennungsabsicht oder getrennt lebenden Ehegatten zueinander, ihre gegenwärtigen Lebensbedingungen und ihre Beziehung zur Ehewohnung betreffen.[458] Da es im Anwendungsbereich des § 1361 b BGB zunächst nur um eine vorläufige befristete Besitzregelung geht, ist hier nicht ohne weiteres den Interessen des Vermieters Vorrang einzuräumen.[459]

---

455 BT-Dr. 14/5429 S. 33 Die diesbezüglich in einer Stellungnahme des Bundesrates (BT-Dr 14/5429 S.38) geäußerten Bedenken, dass die Konstruktion der relativen Unwirksamkeit zahlreiche mietrechtlich kaum zu lösende Fragen aufwerfe, hat die Bundesregierung zurückgewiesen (BT-Dr. 14/5429 S. 42). Die angesprochenen mietrechtlichen „Probleme" seien nicht so schwerwiegend, als dass sie eine so einschneidende Rechtsfolge wie die absolute Unwirksamkeit rechtfertigen könnten und ließen sich im Übrigen interessengerecht lösen: „Kündigt der Täter und Alleinmieter die Wohnung zu einem Zeitpunkt, zu dem das Opfer die Wohnung nach der gerichtlichen Entscheidung nutzen darf, so ist zwar das Mietverhältnis im Verhältnis Mieter und Vermieter beendet, der Mieter kann dem Vermieter die Wohnung aber wegen der berechtigten Nutzung durch das Opfer, die durch die Kündigung im Verhältnis Täter-Mieter und Opfer nicht berührt wird, nicht rechtzeitig zurückgeben. Er hat dem Vermieter dann wegen verspäteter Rückgabe der Mietsache nach § 557 Absatz 1 BGB (§ 546a BGB n. F.) als Entschädigung die ortsübliche Vergleichsmiete zu zahlen. Auch bei einer Räumungsklage des Vermieters ist das Verbleiben des Opfers in der Wohnung bis zum Ablauf der vom Gericht vorgesehenen Nutzungszeit sichergestellt: Nach § 721 ZPO kann das Gericht in den Fällen, in denen auf die Räumung von Wohnraum erkannt wird, auf Antrag oder von Amts wegen eine angemessene Frist zur Räumung gewähren, die nach § 721 Absatz 5 ZPO bis zu einem Jahr betragen kann."
456 Palandt- Brudermüller, § 1361 b Rn. 19.
457 Gerhardt-Heintschel-Heinegg- Klein, Kapitel 8 Rn. 99 m.w.N.
458 Gerhardt-Heintschel-Heinegg- Klein, Kapitel 8 Rn. 74 m.w.N.
459 Gerhardt-Heintschel-Heinegg- Klein, a.a.O. m.w. N.

Zwißler

§ 11 Der Mietprozess im Familien- und Erbrecht

669 Alle für die **Billigkeitsabwägung** relevanten Umstände müssen im **Verfahren substantiiert vorgetragen** werden.[460]

2. Prozess

670 Neben den §§ 621 bis 621f ZPO über das „Verfahren in anderen Familiensachen" sind gemäß § 18a HausrVO auf Entscheidungen nach § 1361a und 1361b BGB die besonderen Verfahrensvorschriften der 11ff. HausrVO anzuwenden. Es handelt sich dabei um eine Angelegenheit der **freiwilligen Gerichtsbarkeit** im Sinne von § 13 HausrVO. Als streitiges Verfahren der freiwilligen Gerichtsbarkeit erfordert es einen Verfahrensantrag zur Verfahrensinitiative.[461] Die Verfahren nach § 1361a und 1361b BGB können als sog. isolierte Familiensache bereits vor Anhängigkeit einer Ehesache rechtshängig gemacht werden. Sie dürfen jedoch nur solange anhängig gemacht werden, wie die Ehe noch besteht.

671 Zuständig ist gemäß § 621 Absatz 1 Ziff. 7 ZPO das Familiengericht. Örtlich zuständig ist gemäß §§ 11 Absatz 2, 18a HausrVO das Familiengericht, in dessen Bezirk sich die Ehewohnung befindet.

672 Der **Vermieter** ist im Verfahren nach § 1361b ZPO **nicht Verfahrensbeteiligter**, da in diesem Verfahren nicht gestaltend in das Rechtsverhältnis zwischen den Ehegatten und dem Vermieter eingegriffen werden darf.

673 Im Hinblick auf einen reibungslosen Vollzug der beantragten Regelung kann es ratsam sein, die Anordnung von Annexentscheidungen nach § 15 HausrVO anzuregen, wie etwa eine **Räumungs- und Herausgabeanordnung**[462] sowie **Verbots- bzw. Gebotsanordnungen**.[463]

674 Da insbesondere in Fällen von Gewaltanwendung eine besondere Dringlichkeit für eine rasche Entscheidung des Gerichts gegeben ist, empfiehlt es sich, gleichzeitig mit dem Hauptsacheverfahren einen Antrag auf Erlass einer einstweiligen Anordnung nach § 620 Ziff. 7 ZPO oder nach § 621g ZPO zu stellen.

675 ### 3. Muster: Antrag auf Zuweisung der Ehewohnung nach 1361b BGB

An das

Amtsgericht ■■■

Familiengericht

---

[460] OLG Düsseldorf FamRZ 88,1058; OLG Hamm FamRZ 89,739; OLG Köln FamRZ 94,632.
[461] Palandt-Brudermüller, Anh zu §§ 1361a, 1361b (HausrVO), § 13 Rn. 2.
[462] In diesem Zusammenhang ist jedoch folgendes zu beachten: Die Herausgabe eines Grundstücks gemäß § 885 Absatz 1 bis 6 ZPO beinhaltet nicht nur die Entfernung der Person, sondern auch der gesamten beweglichen Sachen und damit Entfernung der gesamten Wohnungseinrichtung. Deshalb ist es im Interesse des antragstellenden Ehegatten geboten, bereits im Vollstreckungstitel die Anwendung der bewegliche Sachen betreffenden Vorschriften bei der Durchführung der Herausgabe auszuschließen und die Anwendung des § 885 auf § 885 Absatz 1 ZPO zu beschränken.
[463] Z.B. die Anordnung eines Kündigungsverbotes in Form eines relativen Verfügungsverbotes §§ 135,136 BGB.

B. Zuweisung der Mietwohnung nach BGB, LPartG, GewSchG und HausrVO

Antrag auf Zuweisung der Ehewohnung

nach § 1361b BGB

In dem Rechtstreit

der ▬▬▬

Antragstellerin

Prozessbevollmächtigte: ▬▬▬

gegen

▬▬▬

Antragsgegner

Prozessbevollmächtigte: ▬▬▬

wegen Zuweisung der Ehewohnung

wird unter Vollmachtsvorlage hiermit die Prozessvertretung der Antragstellerin angezeigt.

Namens und in Vollmacht der Antragstellerin wird hiermit gemäß § 1361b BGB die Zuweisung folgender Ehewohnung beantragt:

  I. Die im ▬▬▬ belegene Ehewohnung im Anwesen ▬▬▬ in ▬▬▬, bestehend aus ▬▬▬, wird der Antragstellerin zur alleinigen Nutzung zugewiesen.
  II. Dem Antragsgegner wird aufgegeben, die in Ziffer I bezeichnete Ehewohnung unter Mitnahme seiner persönlichen Sachen und gegen Übergabe sämtlicher Haus- und Wohnungsschlüssel an die Antragstellerin zu räumen und an die Antragstellerin herauszugeben. § 885 Absatz 2 bis 4 ZPO sind bei der Vollstreckung nicht anzuwenden.
  III. Dem Antragsgegner wird verboten, das Mietverhältnis zwischen ihm und dem Vermieter Herrn ▬▬▬ zu kündigen.
  IV. Dem Antragsgegner wird zugleich für jeden Fall der Zuwiderhandlung ein Zwangsgeld in Höhe von EUR ▬▬▬ angedroht.
  V. Der Antragsgegner trägt die Kosten des Verfahrens.

Begründung:

Die Parteien sind Eheleute.

Sie bewohnen mit ihren beide minderjährigen Kindern ▬▬▬, geb. am ▬▬▬ und ▬▬▬, geb. am ▬▬▬ seit ▬▬▬ die im Antrag bezeichnete Wohnung.

Diese hat der Antragsgegner mit Mietvertrag vom ▬▬▬ mit Wirkung zum ▬▬▬ angemietet.

Beweis: Mietvertrag vom ▬▬▬ in Kopie

als Anlage A 1

Die Antragstellerin hat die Absicht, sich vom Antragsgegner zu trennen.

Wegen des im Nachfolgenden beschriebenen Verhaltens des Antragsgegners ist die beantragte Regelung geboten:

Seit ihrer letzten Schwangerschaft mit dem jüngsten Kind ■■■ sieht sich die Antragstellerin immer wieder Gewaltandrohungen sowie zunehmend auch der Anwendung von Gewalt durch den Antragsgegner ausgesetzt.

Im letzten Jahr häuften sich die Maßnahmen physischer und psychischer Gewalt. Immer wieder schlägt der Antragsgegner die Kinder, wenn er sich durch sie gestört fühlt, schreit sie an und lässt seinen Zorn danach an der Antragstellerin aus, indem er auch sie schlägt und sie im Übrigen bedroht. Beschimpfungen sind an der Tagesordnung. Der Antragsgegner ist leicht reizbar und reagiert auf Nichtigkeiten äußerst aggressiv und schreckt nicht davor zurück, sein Aggressionspotential gegenüber der Antragstellerin und den gemeinsamen Kindern auch vor Nachbarn auszuleben.

Beweis: Parteieinvernahme

sowie Eheleute ■■■

als Zeugen

Am frühen Abend des ■■■ ereignete sich ein neuer Vorfall physischer und psychischer Gewalt durch den Antragsgegner gegen die Antragstellerin und die gemeinsamen Kinder: Der Antragsgegner fühlte sich bei einer Sportsendung im Fernsehen durch das fröhlich lärmende Spielen der Kinder ■■■ und ■■■ gestört, sprang von der Wohnzimmercouch auf und schrie die Kinder an, sie sollten bloß Ruhe geben, sonst werde es was setzen. Die Kinder spielten daraufhin in der Küche weiter. Nachdem der Antragsgegner sich erneut über das Spielen der Kinder ärgerte, lief er in die Küche und schlug den Kindern ohne Vorwarnung nacheinander mit der flachen Hand hart auf den Hinterkopf, so dass diese weinend aus der Küche ins Kinderzimmer flüchteten, aus dem sie sich den gesamten Abend nicht mehr heraus wagten. Sie waren so verängstigt, dass sie trotz beruhigenden Zuredens durch die Antragstellerin nicht einmal mehr zum Abendessen in die Küche zurück kommen wollten, weshalb die Antragstellerin ihnen auf einem Tablett etwas zum Essen ins Kinderzimmer bringen wollte. Als der Antragsgegner dies sah, schlug er der Antragstellerin zunächst das Tablett aus der Hand und dann mit der flachen Hand ins Gesicht, so dass die Antragstellerin gegen die Wand im Flur taumelte. Dabei schrie der Antragsgegner, aus den Kindern werde nichts Gescheites werden und wenn er die Antragstellerin noch mal dabei erwische, wie sie die Kinder verziehe, dann werde er ihnen allen das schon ausprügeln und sie werde sich noch wundern, zu was er noch fähig sei. Nachdem der Antragsgegner von ihr abgelassen hatte, lief die Antragstellerin zu einer Nachbarin und alarmierte die Polizei.

Beweis: Parteieinvernahme

Diese sprach gegenüber dem Antragsgegner zunächst einen Platzverweis aus und leitete in der Folge ein Strafverfahren ein.

Beweis: Beiziehung der Verfahrensakte aus dem Ermittlungsverfahren ■■■

Ein Antrag auf Zuweisung der Ehewohnung im Wege der einstweiligen Anordnung wurde bereits gestellt.

Das gemeinsame Zusammenleben mit dem Antragsgegner ist für die Antragstellerin und die gemeinsamen Kinder unerträglich geworden. Nur durch eine Beendigung der häuslichen Gemeinschaft mit dem Antragsgegner kann eine unbillige Härte für die Antragstellerin und die gemeinsamen Kinder vermieden werden. Nachdem es zu widerrechtlichen und vorsätzlichen Gewaltanwendungen durch den Antragsgegner gegenüber der Antragstellerin und den gemeinsamen Kindern gekommen ist, kommt nur eine Überlassung der Wohnung zur alleinigen Benutzung durch die Antragstellerin und die Kinder in Betracht.

Es ist nicht erkennbar, dass der Antragsgegner künftig von seinem gewalttätigen Verhalten gegenüber der Antragstellerin und den gemeinsamen Kindern ablassen wird. Demzufolge ist die Zuweisung der Ehewohnung an die Antragstellerin zur alleinigen Benutzung gemäß § 1361b Absatz 2 BGB geboten.

Daneben ist die Anordnung folgender Annexmaßnahmen im Sinne von § 15 HausrVO nötig:

Zur Durchsetzung der Wohnungsüberlassung ist dem Antragsgegner die Räumung der Ehewohnung aufzugeben.

Zum Schutz der nutzungsberechtigten Antragstellerin und der gemeinsamen Kinder ist gegenüber dem Antragsgegner als Alleinmieter ein Kündigungsverbot in Form eines relativen Verfügungsverbotes im Sinne der §§ 135,136 BGB auszusprechen.

Nachdem damit zu rechnen ist, dass sich der Antragsgegner einzelnen Anordnungen des Gerichts widersetzen wird, ist die Verknüpfung der Anordnungen mit einer Zwangsgeldandrohung erforderlich.

Die örtliche Zuständigkeit des angerufenen Familiengerichts ergibt sich aus § 11 Absatz 2, § 18a HausrVO.

Beglaubigte und einfache Abschrift liegen bei.

■■■

Rechtsanwalt

Anlage: ■■■

III. Wohnungszuweisung nach § 1ff. HausrVO

1. Vorprozessuale Situation

Während die Anspruchsgrundlage des § 1361b BGB nur vorläufige Benutzungsregelungen und damit lediglich die Lösung von Besitzkonflikten erlaubt, kann über die materiell-rechtlichen Vorschriften der §§ 1 bis 10 HausrVO eine **endgültige rechtsgestaltende Zuweisungs- bzw. Umgestaltungsregelung** erreicht werden. 676

Wird zwischen den Ehegatten anlässlich der Scheidung darüber gestritten, wer die von einem oder von beiden angemietete Ehewohnung weiterhin bewohnen darf, so kann das Gericht im Rahmen des § 5 Absatz 1 HausrVO bestimmen, dass mit Rechtskraft der Scheidung ein von beiden Ehegatten eingegangenes Mietverhältnis von einem Ehegatten allein fortgesetzt wird, oder dass ein Ehegatte an Stelle des anderen in ein von diesem eingegangenes Mietverhältnis eintritt. 677

a) § 2 HausrVO

Das Gericht entscheidet hierüber gemäß § 2 HausrVO nach billigem Ermessen unter Berücksichtigung der in § 2 S. 2 HausrVO genannten Gesichtspunkte, d h. unter Wür- 678 digung aller Umstände des Einzelfalls, insbesondere des Wohls der Kinder und der Erfordernisse des Gemeinschaftslebens.

679 Das Wohl der Kinder steht hier – wie bei § 1361b BGB – an erster Stelle. In der Regel wird daher auch die Wohnung demjenigen Ehegatten zugewiesen, bei dem die Kinder ihren gewöhnlichen Aufenthalt haben, bzw. der allein sorgeberechtigt ist.

680 Weitere Entscheidungskriterien[464] sind die Lebensverhältnisse der Eheleute, insbesondere ihr Alter, ihr Gesundheitszustand, ihre Einkommens- und Vermögensverhältnisse, die Nähe der Ehewohnung zum Arbeitsplatz oder die Ausübung einer gewerblichen bzw. selbstständigen Tätigkeit in einem Teil der Ehewohnung. Weiter kommt den Möglichkeiten der Beschaffung angemessenen Ersatzwohnraums erhebliche Bedeutung zu. Daneben spielt eine Rolle, ob einer der Ehegatten die Ehewohnung schon vor der Eheschließung bewohnt hat und ob dieser bereits vor der Eheschließung erhebliche finanzielle Mittel und Eigenleistungen in das Mietobjekt investiert hat; in diesem Zusammenhang ist auch die Dauer der Ehe von maßgeblicher Bedeutung. In Ausnahmefällen ist auch auf die Belange Dritter – etwa pflegebedürftiger Verwandter, die in der Ehewohnung Aufnahme gefunden haben, Rücksicht zu nehmen.

b) § 5 HausrVO

681 Das Gericht darf sich im Rahmen des § 5 Absatz 1 S. 1 HausrVO über die fehlende Zustimmung des Vermieters hinwegsetzen.[465]

682 Grundsätzlich wird der **überlassungspflichtige Ehegatte**, der bislang Mitmieter oder Alleinmieter war, **mit Wirksamkeit der richterlichen Entscheidung**[466] von seinen **vertraglichen Verpflichtungen aus dem Mietverhältnis frei**. Auch das **Vermieterpfandrecht** am Hausrat des ausziehenden Ehegatten **erlischt**.[467]

683 Soweit Veranlassung besteht, hat das Gericht den Ehegatten gegenüber Anordnungen zu treffen, die geeignet sind, die aus dem Mietverhältnis herrührenden **Ansprüche des Vermieters zu sichern**, § 5 Absatz 1 S. 2 HausrVO.

684 Entgegen dem Wortlaut der Vorschrift handelt es sich um keine Kannvorschrift, das Gericht hat insoweit kein Ermessen.[468] Eine **vollständige Entlassung** des überlassungspflichtigen **Mit- bzw. Alleinmieters** aus der Haftung kommt **nur** dann in Betracht, **wenn** die **Zahlungsfähigkeit des zum Verbleib berechtigten Ehegatten** unzweifelhaft feststeht.[469] Ist der verbleibende Ehegatte finanziell nicht in der Lage, seinen Verpflichtungen aus dem Mietvertrag nachzukommen, muss das Gericht unter Berücksichtigung der finanziellen Leistungsfähigkeit des überlassungspflichtigen Ehegatten sichernde Anordnungen treffen.[470] Insbesondere dann, wenn zu befürchten steht, dass

---

464 Gerhardt-Heintschel-Heinegg- Klein, Kapitel 8 Rn. 42 m.w.N.
465 Palandt-Brudermüller, Anh zu §§ 1361a, 1361b (HausrVO), § 5 Rn. 1.
466 Vgl. § 16 HausrVO.
467 Palandt-Brudermüller, Anh zu §§ 1361a, 1361b (HausrVO), § 5 Rn. 1.
468 OLG Karlsruhe FamRZ 99, 301.
469 OLG Karlsruhe FamRZ 95, 45.
470 OLG Karlsruhe FamRZ 99, 301.

der zum Verbleib berechtigte Ehegatte aufgrund seiner schwierigen finanziellen Verhältnisse seine Verpflichtungen aus dem Mietvertrag nicht erfüllen können und der **Vermieter** gerade wegen seiner diesbezüglichen Besorgnis mit der Zuweisung **nicht einverstanden** sein wird, ist zur Sicherung der künftigen Ansprüche des Vermieters die Anordnung einer **Sicherheitsleistung** bzw. gesamtschuldnerischen Mithaftung bzw. Bürgschaft des überlassungspflichtigen zahlungskräftigen Ehegatten geboten.[471]

Eine volle Mithaftung für unbegrenzte Zeit kommt jedoch nicht in Betracht, weil dies zu einer Aushöhlung des Regelungsgehalts des § 5 Absatz 1 S. 2 HausrVO führen würde.[472] Vielmehr ist eine Mithaftung des aus dem Mietverhältnis ausscheidenden Ehegatten immer der Höhe nach und auf einen angemessenen Zeitraum zu begrenzen.[473] **Sichernde Anordnungen** im Sinne von § 5 Absatz 1 S. 2 werden **Teil des ursprünglichen bzw. des neu zu begründenden Mietvertrages**. Sie sind auch dann zulässig, wenn der weichende Ehegatte dem verbleibenden gegenüber nicht unterhaltspflichtig ist. Das Familiengericht ist bei seiner Entscheidung nicht befugt, die Auseinandersetzung zu Lasten des Vermieters zu lösen, der die Ursachen der Auseinandersetzung nicht zu vertreten und folglich auch nicht für die Scheidungsfolgen gerade zu stehen hat. Es liefe einer ausgewogenen Interessenabwägung zuwider, wenn Abreden der Ehegatten untereinander – wie beispielsweise eine Unterhaltsverzicht – das Sicherungsinteresse des Vermieters aushebeln könnte.[474]

Eine bei Vertragsabschluss geleistete **Kaution** bleibt von einer Sicherungsanordnung im Sinne des § 5 Absatz 1 S. 2 HausrVO unberührt: Es besteht nicht etwa ein Anspruch des weichenden Ehegatten auf Auszahlung des hälftigen Kautionsbetrages. Bereits aus der Kautionsvereinbarung ergibt sich, dass der Kautionsbetrag frühestens bei Vertragsende fällig wird. Folglich darf das Gericht hier nicht die Sicherheiten des Vermieters schmälernd eingreifen. Stattdessen kommt ausnahmsweise sogar eine Ausweitung der Sicherheiten dergestalt in Betracht, dass unter bestimmtem Voraussetzungen die Sicherungsübereignung von Hausratsgegenständen des weichenden Ehegatten angeordnet wird, die nach dem Ausscheiden nicht mehr dem Vermieterpfandrecht für künftige Forderungen des Vermieters unterliegen.[475]

2. Prozess

Anwendbare Verfahrensvorschriften sind neben den §§ 621 bis 621f ZPO über das „Verfahren in anderen Familiensachen" und den §§ 623 bis 630 ZPO im Scheidungsverbundverfahren die besonderen Verfahrensvorschriften der §§ 11 ff. Hausr VO. Es handelt sich um eine Angelegenheit der **freiwilligen Gerichtsbarkeit**. Das Verfahren wird auf Antrag eingeleitet. Über den Antrag ist gemäß § 623 Absatz 1 ZPO im Ehescheidungsverbund zu verhandeln und zu entscheiden, wenn der Antrag nach Anhängigkeit eines Ehescheidungsantrags eingereicht und eine Entscheidung für den Fall und für die Zeit nach der Scheidung begehrt wird. Entscheidend für die „Verbundfähig-

---

471 Gerhardt-Heintschel-Heinegg-Klein, Kapitel 8 Rn. 129 m.w.N.
472 OLG Hamm FamRZ 1994, 388; OLG Karlsruhe FamRZ 1999, 301.
473 OLG Hamm FamRZ 1994, 388; OLG Karlsruhe FamRZ 1999, 301.
474 Gerhardt-Heintschel-Heinegg-Klein, Kapitel 8 Rn. 130.
475 Gerhardt-Heintschel-Heinegg-Klein, Kapitel 8 Rn. 131 m.w.N.

Zwißler

keit" des Antrags ist, dass eine Regelung gemäß §§ 1 bis 10 HausrVO für die Zeit nach rechtskräftiger Scheidung der Ehe begehrt wird, d.h. die endgültige Regelung der Rechtsverhältnisse an der Wohnung für die Zeit nach der Scheidung. Der Antrag zur Folgesache Ehewohnung kann frühestens mit dem Ehescheidungsantrag eingereicht werden und spätestens bis zum Schluss der mündlichen Verhandlung in der Scheidungssache.[476] Weitere Voraussetzung für eine Regelung der Rechtsverhältnisse an der Ehewohnung ist, das keine Einigung der Ehegatten vorliegt. Eine vollständige Einigung der Ehegatten steht der Einreichung eines Antrags als Scheidungsfolgesache entgegen. Behauptet einer der Ehegatten eine solche Einigung, muss dies vorab geklärt werden.

688 Zuständig ist gemäß § 621 Absatz 1 Ziff. 7 ZPO das Familiengericht. Örtlich zuständig ist ausschließlich das Familiengericht der Ehescheidung, § 621 Absatz 2 S. 1 HS 1 ZPO.

689 Neben den Ehegatten sind im Hausratsverfahren die nach § 7 HausrVO genannten Personen **Verfahrensbeteiligte**, darunter **auch der Vermieter**. Ihm ist rechtliches Gehör zu gewähren. Dies geschieht zunächst im Wege der Zustellung des Antrags. Ohne Zustellung des Antrags an den Verfahrensbeteiligten bleibt das Verfahren mangels Rechtskraft in der Schwebe.[477] War der Vermieter am Verfahren ordnungsgemäß beteiligt, so kann auch ihm gegenüber die rechtsgestaltende Entscheidung des Familiengerichts Rechtskraft erwachsen. Dem Verfahrensbeteiligten steht gegen eine Entscheidung des Familiengerichts über die Ehewohnung das Rechtsmittel der Beschwerde gemäß § 14 HausrVO in Verbindung mit § 20 FGG zu Gebote.

690 Auch in diesem Verfahren ist es gegebenenfalls ratsam, im Hinblick auf einen reibungslosen Vollzug der beantragten Regelung die Anregung von Annexentscheidungen nach § 15 HausrVO, wie etwa eine Räumungs- und Herausgabeanordnung.

691 In Fällen besonderer Dringlichkeit empfiehlt es sich auch hier, gleichzeitig mit dem Hauptsacheverfahren einen Antrag auf Erlass einer einstweiligen Anordnung nach § 620 Ziff. 7 ZPO oder nach § 621g ZPO zu stellen. Im summarischen Verfahren ist die Beteiligung Dritter schon im Hinblick auf die Eilbedürftigkeit der Sache nicht vorgesehen.[478] Eine Anhörung kann aber auch hier – etwa zur Sachaufklärung – zweckmäßig sein.

692 **3. Muster: Antrag auf Zuweisung der Ehewohnung nach HausrVO**

An das

Amtsgericht ■■■

Antrag auf Zuweisung der Ehewohnung

nach der HausrVO

---

476 Zöller, Zivilprozessordnung, 25. Auflage 2005, § 623 Rn. 28.
477 Gerhardt-Heintschel-Heinegg-Klein, Kapitel 8 Rn. 20.
478 Gerhardt-Heintschel-Heinegg-Klein, Kapitel 8 Rn. 21 m.w.N.

B. Zuweisung der Mietwohnung nach BGB, LPartG, GewSchG und HausrVO

In dem Familienrechtsstreit

der ▬▬▬

Antragstellerin

Prozessbevollmächtigte: ▬▬▬

gegen

▬▬▬

Antragsgegner

Prozessbevollmächtigte: ▬▬▬

wegen Ehescheidung nebst Folgesachen

hier: Zuweisung der Ehewohnung

nehme ich Bezug auf die im Scheidungsverfahren vorgelegte Vollmacht und beantrage für die Antragstellerin im Ehescheidungsverbund die Zuweisung der Ehewohnung und Umgestaltung des Mietverhältnisses:

I. Die im ▬▬▬ belegene Ehewohnung im Anwesen ▬▬▬ in ▬▬▬, bestehend aus ▬▬▬, wird der Antragstellerin zur alleinigen Nutzung zugewiesen.

II. Dem Antragsgegner wird aufgegeben, die in Ziffer I bezeichnete Ehewohnung unter Mitnahme seiner persönlichen Sachen und gegen Übergabe sämtlicher Haus- und Wohnungsschlüssel an die Antragstellerin zu räumen und an die Antragstellerin herauszugeben. § 885 Absatz 2 bis 4 ZPO sind bei der Vollstreckung nicht anzuwenden.

III. Das zwischen den Parteien und dem Vermieter Herrn ▬▬▬ mit schriftlichem Mietvertrag vom ▬▬▬ mit Wirkung zum ▬▬▬ begründete Mietverhältnis über die Wohnung wird ab Rechtskraft der Scheidung allein von der Antragstellerin fortgesetzt. Der Antragsgegner scheidet mit Rechtskraft der Scheidung aus dem Mietverhältnis aus.

IV. Der Antragsgegner haftet dem Vermieter Herrn ▬▬▬ weiterhin für den laufenden Mietzins als Gesamtschuldner, zeitlich begrenzt auf die Dauer von fünf Jahren seit Rechtskraft der Scheidung für einen Mietzinsrückstand von 18 Monaten, der Höhe nach begrenzt auf den derzeitigen Mietzins in Höhe von ▬▬▬.

V. Die hinterlegte Kaution in Höhe von ▬▬▬ verbleibt weiterhin in voller Höhe beim Vermieter.

VI. Die Kostenentscheidung folgt derjenigen der Hauptsache.

Begründung:

Die Parteien sind Eheleute.

Sie bewohnen mit ihren beiden minderjährigen Kindern ▬▬▬, geb. am ▬▬▬ und ▬▬▬, geb. am ▬▬▬ seit ▬▬▬ die im Antrag bezeichnete Wohnung.

Diese haben der Antragsgegner und die Antragstellerin mit Mietvertrag vom ▬▬▬ mit Wirkung zum ▬▬▬ angemietet.

Beweis: Mietvertrag vom ▬▬▬ in Kopie

als Anlage A 1

Die Ehe ist zerrüttet. Die Eheleute leben in der Ehewohnung seit mehr als einem Jahr in einer Trennungsauseinandersetzung.

Das Scheidungsverfahren ist rechtshängig.

Es besteht zwischen den Parteien Streit darüber, wer von ihnen die Ehewohnung dem jeweils anderen zur alleinigen Nutzung zu überlassen hat.

Am Verfahren nach § 7 HausrVO beteiligt ist der Vermieter des streitgegenständlichen Mietobjektes, Herr ■■■, wohnhaft in ■■■, ■■■.

Aus folgenden Gründen ist es gemäß § 2 HausrVO geboten, der Antragstellerin die Ehewohnung zur alleinigen Nutzung zuzuweisen.

Es besteht zwischen den Parteien Einverständnis darüber, dass die gemeinsamen Kinder künftig bei der Antragstellerin leben sollen.

Beweis: Parteieinvernahme

Um für die gemeinsamen Kinder während und nach der Trennungsauseinandersetzung ein Mindestmaß an Stabilität zu gewährleisten, ist es entscheidend, ihnen das vertraute Umfeld zu belassen. Dies gilt sowohl im Hinblick auf die häusliche Umgebung, in der die Kinder aufgewachsen sind, als auch im Hinblick auf den in unmittelbarer Nähe zur Ehewohnung gelegenen Kindergarten und den dort entstandenen Freundeskreis.

Für die Antragstellerin, die über kein eigenes Einkommen geschweige denn über nennenswertes Vermögen verfügt, ist im Übrigen ein Umzug derzeit nicht zu finanzieren.

Dagegen verfügt der Antragsgegner auch unter Berücksichtigung seiner Unterhaltsverpflichtungen noch in ausreichendem Maß über finanzielle Mittel, die es ihm möglich machen, eine seinen Bedürfnissen angemessene Wohnung anzumieten.

Im Hinblick auf das Wohl der gemeinsamen Kinder und unter Berücksichtigung der beiderseitigen finanziellen Verhältnisse, erscheint die beantragte Zuweisung notwendig und angemessen.

Nachdem im letzten Jahr infolge der vom Antragsgegner ausgelösten und von seiner Seite immer lautstark geführten Auseinandersetzungen der Hausfrieden im streitgegenständlichen Anwesen immer wieder massiv beeinträchtigt war, hat der Vermieter jetzt Interesse signalisiert, das Mietverhältnis mit dem Antragsgegner zu beenden und allein mit der Antragstellerin fortzusetzen. Angesichts der finanziellen Situation der Antragstellerin stellt der Vermieter seine Bereitschaft zu einer entsprechenden Umgestaltung des Mietverhältnisses allerdings unter den Vorbehalt, dass ihm die gesamtschuldnerische Mithaftung des Antragsgegners für künftige Ansprüche aus dem Mietvertrag bis auf weiteres sowie die Kaution bis zur Beendigung des Mietverhältnisses erhalten bleibt

Beweis: Einvernahme des Herrn ■■■ als Verfahrensbeteiligten

Demzufolge ist eine den oben dargestellten Interessen genügende Neugestaltung des Mietverhältnisses gemäß § 5 Absatz 1 HausrVO geboten.

Zur Durchsetzung der Wohnungsüberlassung ist dem Antragsgegner die Räumung der Ehewohnung aufzugeben.

B. Zuweisung der Mietwohnung nach BGB, LPartG, GewSchG und HausrVO

Beglaubigte und einfache Abschrift jeweils für den Antragsgegner sowie für den Verfahrensbeteiligten liegen bei.

■■■

Rechtsanwalt

Anlage: ■■■

IV. Wohnungszuweisung nach § 2 Gewaltschutzgesetz

1. Vorprozessuale Situation

§ 2 GewSchG regelt den Anspruch des **Opfers von Gewalt** auf Überlassung einer von ihm und dem Täter gemeinsam genutzten **Wohnung zur alleinigen Benutzung**. Es handelt sich bei dieser Vorschrift um eine echte materiell-rechtliche Anspruchsgrundlage mit deliktsrechtlichem Charakter,[479] in der der Grundsatz „Der Täter geht, das Opfer bleibt" für Gewalttaten in bestimmten häuslichen Gemeinschaften Niederschlag gefunden hat.

Eine solche Anspruchsgrundlage war bislang nur in § 1361b BGB für den Fall der Trennung von Ehegatten bzw. die Trennung beabsichtigenden Ehegatten gegeben. Mit § 2 GewSchG wurde der Gewaltschutz auch auf andere **Formen häuslicher Gemeinschaften** ausgedehnt, was der Intention des Gesetzgebers Rechnung trägt, im Interesse einer Signalwirkung verschiedene Lebensformen, unabhängig von der Exklusivität der Beziehungen, zu integrieren und jeder häuslichen Gemeinschaft im „sozialen Nahbereich" Schutz zu gewähren. Um jedoch einer uferlosen Ausweitung dieser Vorschrift vorzubeugen, ist zu berücksichtigen, dass § 2 GewSchG der Parallelvorschrift des § 1361b BGB nachgebildet ist, die eine Lebensgemeinschaft zwischen in Rechtsbeziehungen zueinander stehender Personen betrifft. § 2 GewSchG setzt daher voraus, dass es sich bei einer häuslichen Gemeinschaft, die keine Rechtsstrukturen aufweist, um eine sog. Verantwortungsgemeinschaft handelt, die auf „inneren Bindungen" beruht.[480]

a) Anspruchsvoraussetzungen, § 2 Absatz 1 und 6 GewSchG

§ 2 GewSchG setzt die Verwirklichung des Tatbestandes einer unerlaubten Handlung im Sinne von § 1 GewSchG voraus und unterscheidet hierbei zwei Fallkonstellationen:
- eine vollendete Gewalttat, die für sich allein ausreicht, um einen Überlassungsanspruch zu begründen, soweit Täter und Opfer einen auf Dauer angelegten gemeinsamen Haushalt führen, § 2 Absatz 1 GewSchG, und
- eine widerrechtliche Drohung mit einer Verletzung im Sinne von § 1 Absatz 2 S. 1 Ziff. 1 GewSchG, d.h. mit einer Verletzung des Lebens, des Körpers, der Gesundheit oder Freiheit, die einen Überlassungsanspruch dann auslöst, wenn die Überlassung zur Vermeidung einer unbilligen Härte erforderlich ist, § 2 Absatz 6 GewSchG.

---

479 Palandt-Brudermüller, § 2 GewSchG Rn. 1.
480 Palandt-Brudermüller, § 2 GewSchG Rn. 2.

§ 11 Der Mietprozess im Familien- und Erbrecht

696 Der Anspruch nach § 2 GewSchG setzt voraus, dass Täter und Opfer im Zeitpunkt der Tat einen auf Dauer angelegten gemeinsamen Haushalt führen. Die Tat im Sinne von § 2 Absatz 1 oder § 2 Absatz 6 GewSchG muss sich jedoch weder im Haushalt zugetragen noch einen Bezug zum Haushalt haben.[481] Der Begriff Führen eines auf Dauer angelegten gemeinsamen Haushalts ist dem Mietrecht entlehnt, nach dessen § 563 Absatz 2 S. 4 BGB diejenigen Personen nach dem Tod des Mieters das Recht zum Eintritt in das Mietverhältnis haben, die mit dem Mieter einen auf Dauer angelegten Haushalt geführt haben. Hiervon erfasst sind in erster Linie die Partner einer nichtehelichen Lebensgemeinschaft sowie nicht eingetragene gleichgeschlechtliche Lebenspartnerschaften. Vom Gesetzgeber beabsichtigt ist aber auch die Einbeziehung von dauerhaft zusammenlebenden alten Menschen, die eine Verantwortungsgemeinschaft bilden, die sich etwa im Austausch gegenseitiger Vollmachten dokumentiert.[482] **Nicht unter § 2 GewSchG fallen** dagegen lose Gemeinschaften von Personen, die primär nur den Wunsch haben ihre Wohnbedürfnisse finanziell günstiger und angenehmer zu gestalten, wie etwa **Wohngemeinschaften**, selbst wenn sie einen gemeinsamen Haushalt führen.[483] Ob die Voraussetzungen des auf Dauer angelegten gemeinsam geführten Haushaltes vorliegen, ist letztlich in jedem Einzelfall anhand der genannten Kriterien zu prüfen.

b) Ausschlusstatbestände, § 2 Absatz 3 GewSchG

697 § 2 Absatz 3 GewSchG sieht unter bestimmten Voraussetzungen verschiedene Ausschlusstatbestände vor:

- mangelnde Wiederholungsgefahr, § 2 Absatz 3 Ziff. 1 GewSchG,
- Fristablauf, soweit die Überlassungsanspruch vom Opfer nicht innerhalb von drei Monaten nach der Tat schriftlich eingefordert wird, § 2 Absatz 3 Ziff. 2 GewSchG, und
- wenn besonders schwerwiegende Belange des Täters der Überlassung entgegenstehen, § 2 Absatz 3 Ziff. 3 GewSchG.

c) Überlassung der Wohnung

698 Ähnlich wie bei § 1361b BGB verbietet sich auch im Falle des § 2 GewSchG der gestaltende Eingriff in bestehende Rechtsverhältnisse.

699 *aa) Gemeinsame Berechtigung, § 2 Absatz 2 S. 1 GewSchG:* Ist das Opfer zusammen mit dem Täter an der Wohnung gemeinsam berechtigt, etwa als Miteigentümer oder als **Mitmieter** oder aufgrund eines sonstigen Rechtsverhältnisses, so ist die Nutzungsdauer gemäß unter Berücksichtigung des Verhältnismäßigkeitsgrundsatzes sowie unter Beachtung präventiver Erfordernisse zu befristen.

700 *bb) Alleinberechtigung des Täters, § 2 Absatz 2 S. 2 und S. 3 GewSchG:* Ist der Täter allein berechtigt, so ist eine Befristung auf höchstens sechs Monate vorzunehmen, wobei in Ausnahmefällen unter bestimmten Voraussetzungen eine Verlängerung um weitere sechs Monate möglich ist.

---

481 Gerhardt-Heintschel-Heinegg-Klein, Kapitel 8 Rn. 347.
482 BT-Dr. 14/5429 S. 43.
483 Palandt-Brudermüller, § 2 GewSchG Rn. 2.

cc) Alleinberechtigung des Opfers: Im Falle der Alleinberechtigung des Opfers ist ein gestaltender Eingriff in obligatorische oder dingliche Rechtsverhältnisse nicht gegeben und damit auch eine unbefristete und endgültige Überlassung an das Opfer möglich.

dd) Beeinträchtigungs- und Vereitelungsverbot, § 2 Absatz 4 GewSchG: Im Hinblick auf das Beeinträchtigungs- und Vereitelungsverbot des § 2 Absatz 4 GewSchG kann weitgehend auf die Ausführungen zu § 1361b Absatz 3 S. 2 BGB verwiesen werden. Es ist jedoch zu berücksichtigen, dass ein etwaiges an den Täter gerichtetes **Kündigungsverbot** im Sinne der §§ 135, 136 BGB zeitlich nicht über die Befristung hinausreichen darf. Im Übrigen darf das Recht des Vermieters zur Kündigung des Mietverhältnisses wegen Zahlungsverzugs durch eine Anordnung des Gerichts nicht beschnitten werden. Zweck des Gewaltschutzgesetzes ist der Schutz vor Gewalttaten, nicht die Verbesserung von Rechtspositionen der Beteiligten.

ee) Nutzungsvergütung, § 2 Absatz 5 GewSchG: Die Regelung des § 2 GewSchG über die Nutzungsvergütung entspricht derjenigen des § 1361b BGB, so dass diesbezüglich auf die Ausführungen zu § 1361b Absatz 3 S. 2 BGB verwiesen wird.

d) Strafbarkeit, § 4 GewSchG

Der Verstoß gegen gerichtliche Schutzanordnungen nach § 1 GewSchG ist gemäß § 4 GewSchG strafbewehrt, um gerichtliche Anordnungen effektiver durchzusetzen. Die Starfbarkeit nach anderen Vorschriften bleibt unberührt.

2. Prozess

Beim Verfahren nach dem Gewaltschutzgesetz ist zu unterscheiden, ob das Familiengericht oder das allgemeine Zivilgericht zuständig ist. Im ersteren Fall richtet sich das Verfahren nach dem **FGG**, im Letzteren nach der **ZPO**. Soweit die Streitigkeit ausweislich eines auf Dauer angelegten gemeinsamen Haushalts im sozialen Nahbereich stattfindet, ist stets das Familiengericht zuständig.[484] Ist die Voraussetzung des Führens eines auf Dauer angelegten gemeinsamen Haushalts bei Antragstellung oder innerhalb von sechs Monaten davor gegeben, sind die Abteilungen für Familiensachen für alle Streitigkeiten nach dem Gewaltschutzgesetz zuständig, § 23b Absatz 1 Ziff. 8a, und zwar unabhängig davon ob die streitgegenständliche Tat innerhalb oder außerhalb des häuslichen Bereichs begangen wurde.[485] Anderenfalls besteht eine streitwertabhängige Zuständigkeit des Amtsgerichts oder des Landgerichts.[486]

Da § 2 GewSchG ohnehin die soziale Nähe zwischen den Beteiligten voraussetzt, ist für dieses Verfahren stets die Zuständigkeit des Familiengerichts gegeben. Es handelt sich um eine Angelegenheit der freiwilligen Gerichtsbarkeit. Das Verfahren bestimmt sich nach §§ 621 Absatz 1 Ziff. 13, 621a Absatz 1 S. 1 ZPO, 64b FGG. Die örtliche Zuständigkeit des angerufenen Familiengerichts ergibt sich aus §§ 621a Absatz 1 S. 1 ZPO, 64b Absatz 1 ZPO. Gemäß § 64b Absatz 2 S. 4 FGG gelten § 13 Absatz 1, Absatz 3, Absatz 4, § 15 sowie § 17 Absatz 1 und Absatz 2 der HausrVO entsprechend.

---

484 Zöller/Gummer, § 23a GVG Rn. 7.
485 Zöller/Gummer, a.a.O.
486 Zöller/Gummer, a.a.O.

§ 11 Der Mietprozess im Familien- und Erbrecht

707 Ist ein Verfahren nach § 2 GewSchG anhängig oder ein Antrag auf Bewilligung von Prozesskostenhilfe für ein solches Verfahren eingereicht, können beim Familiengericht einstweilige Anordnungen nach §§ 64b Absatz 3 FGG, 620a bis 620g ZPO beantragt werden. Anders als bei der einstweiligen Verfügung ist ein isolierter einstweiliger Rechtsschutz ohne obligatorisches Hauptsacheverfahren unzulässig.[487]

708 **3. Muster: Formular Antrag auf Wohnungszuweisung nach § 2 GewSchG**

An das

Amtsgericht ■■■

Antrag auf Erlass einer einstweiligen Anordnung

nach dem Gewaltschutzgesetz

In dem Familienrechtsstreit

der ■■■

Antragstellerin

Prozessbevollmächtigte:

gegen

■■■

Antragsgegner

Prozessbevollmächtigte:

wegen einstweiliger Anordnung in einer Gewaltschutzsache

nehme ich Bezug auf die im Hauptsacheverfahren vorgelegte Vollmacht und beantrage wegen ganz besonderer Dringlichkeit ohne mündliche Verhandlung den Erlass folgender einstweiliger Anordnung:

    I. Die im ■■■ belegene Wohnung im Anwesen ■■■ in ■■■, bestehend aus ■■■, wird der Antragstellerin für die Dauer von sechs Monaten zur alleinigen Nutzung überlassen.

    II. Dem Antragsgegner wird aufgegeben, die in Ziffer I bezeichnete Wohnung unter Mitnahme seiner persönlichen Sachen und gegen Übergabe sämtlicher Haus- und Wohnungsschlüssel an die Antragstellerin zu räumen und an die Antragstellerin herauszugeben. § 885 Absatz 2 bis 4 ZPO sind bei der Vollstreckung nicht anzuwenden.

    III. Dem Antragsgegner wird verboten, die in Ziffer I bezeichnete Wohnung und das Anwesen, in dem sich die Wohnung befindet, für die Dauer von sechs Monaten zu betreten.

    IV. Dem Antragsgegner wird verboten, sich für die Dauer von sechs Monaten der in Ziff. I bezeichneten Wohnung in einem Umkreis von 200 m zu nähern.

    V. Dem Antraggegner wird verboten, sich für die Dauer von sechs Monaten der Antragstellerin und bzw. oder den Kindern in einem Umkreis von 200 m zu nähern.

    VI. Dem Antragsgegner wird verboten, für die Dauer von sechs Monaten Zusammentreffen mit der Antragstellerin und bzw. oder den Kindern herbeizuführen. Sollte es wäh-

---

487 Palandt-Brudermüller, § 2 GewSchG Rn. 19.

B. Zuweisung der Mietwohnung nach BGB, LPartG, GewSchG und HausrVO

rend dieses Zeitraums zu einem zufälligen Zusammentreffen mit den oder einer der genannten Personen kommen, hat der Antragsgegner sofort den gerichtlich festgelegten Abstand von 200 m wieder herzustellen.

VII. Dem Antragsgegner wird für die Dauer von sechs Monaten verboten, das Mietverhältnis zwischen ihm und dem Vermieter Herrn ■■■ zu kündigen.

VIII. Dem Antragsgegner wird zugleich für die Dauer von sechs Monaten für jeden Fall der Zuwiderhandlung ein Zwangsgeld in Höhe von EUR ■■■ angedroht.

IX. Der Antragsgegner trägt die Kosten des Verfahrens.

Begründung:

Die Parteien leben in nichtehelicher Lebensgexmeinschaft zusammen. Sie haben in den letzten sechs Monaten vor Antragstellung einen auf Dauer angelegten gemeinsamen Haushalt geführt.

Sie bewohnen mit ihren beiden gemeinsamen minderjährigen Kindern ■■■, geb. am ■■■ und ■■■, geb. am ■■■ seit ■■■ die im Antrag bezeichnete Wohnung.

Diese hat der Antragsgegner mit Mietvertrag vom ■■■ mit Wirkung zum ■■■ angemietet.

Glaubhaftmachung: Mietvertrag vom ■■■ in Kopie

als Anlage A 1

Wegen des im Nachfolgenden beschriebenen Verhaltens des Antragsgegners ist die beantragte Regelung geboten:

Seit ihrer letzten Schwangerschaft mit dem jüngsten Kind ■■■ sieht sich die Antragstellerin immer wieder Gewaltandrohungen sowie zunehmend auch der Anwendung von Gewalt durch den Antragsgegner ausgesetzt.

Im letzten Jahr häuften sich die Maßnahmen physischer und psychischer Gewalt. Immer wieder schlägt der Antragsgegner die Kinder, wenn er sich durch sie gestört fühlt, schreit sie an und lässt seinen Zorn danach an der Antragstellerin aus, indem er auch sie schlägt und sie im Übrigen bedroht.

Am frühen Abend des ■■■ ereignete sich ein neuer Vorfall physischer und psychischer Gewalt durch den Antragsgegner gegen die Antragstellerin und die gemeinsamen Kinder: Der Antragsgegner fühlte sich bei einer Sportsendung im Fernsehen durch das fröhlich lärmende Spielen der Kinder ■■■ und ■■■ gestört, sprang von der Wohnzimmercouch auf und schrie die Kinder an, sie sollten bloß Ruhe geben, sonst werde es was setzen. Die Kinder spielten daraufhin in der Küche weiter. Nachdem der Antragsgegner sich erneut über das Spielen der Kinder ärgerte, lief er in die Küche und schlug den Kindern ohne Vorwarnung nacheinander mit der flachen Hand hart auf den Hinterkopf, so dass diese weinend aus der Küche ins Kinderzimmer flüchteten, aus dem sie sich den gesamten Abend nicht mehr heraus wagten. Sie waren so verängstigt, dass sie trotz beruhigenden Zuredens durch die Antragstellerin nicht einmal mehr zum Abendessen in die Küche zurück kommen wollten, weshalb die Antragstellerin ihnen auf einem Tablett etwas zum Essen ins Kinderzimmer bringen wollte. Als der Antragsgegner dies sah, schlug er der Antragstellerin zunächst das Tablett aus der Hand und dann mit der flachen Hand ins Gesicht, so dass die Antragstellerin gegen die Wand im Flur taumelte. Dabei schrie der Antragsgegner, aus den Kindern werde nichts Gescheites werden und wenn er die Antragstellerin noch mal dabei erwische, wie sie die Kinder verziehe, dann werde er ihnen allen das schon ausprügeln und sie werde sich noch wundern, zu was er noch fähig sei. Als die Antragstellerin sich bückte, um die herab gefallenen Gegenstände wieder aufzuheben, griff der Antragsgegner ihr von oben mit beiden Händen um die Kehle und würgte sie kurz. Dabei sagte er mit plötzlich leiser und drohender Stimme, dass er Zweifel habe, ob sie das nächste Jahr noch überleben werde.

Glaubhaftmachung: eidesstattliche Versicherung der Antragstellerin vom ■■■

als Anlage A 2

Nachdem der Antragsgegner von ihr abgelassen hatte, lief die Antragstellerin zu einer Nachbarin. Von dort aus alarmierte sie die Polizei. Diese sprach gegenüber dem Antragsgegner zunächst einen Platzverweis aus und leitete in der Folge ein Strafverfahren ein.

Glaubhaftmachung: Beiziehung der Verfahrensakte aus dem Ermittlungsverfahren ■■■

Mit Anwaltsbrief vom ■■■ wurde der Antragsgegner unter dezidiertem Vorhalt seines strafbaren Verhaltens zur konkreten Unterlassung und zum Verlassen der gemeinsam bewohnten Wohnung aufgefordert.

Glaubhaftmachung: Schreiben des Unterfertigten vom ■■■ in anwaltlich beglaubigter Kopie

als Anlage A 3

Das Schreiben blieb jedoch ohne Erfolg. Nach Erhalt des Schreibens drohte der Antragsgegner der Antragstellerin sogar an, dass er sich nur über ihre Leiche aus seiner Wohnung vertreiben lasse. Die Antragstellerin ist daraufhin mit den Kindern vorübergehend zur Nachbarin gezogen und wagt derzeit nicht die gemeinsam bewohnte Wohnung zu betreten.

Glaubhaftmachung: eidesstattliche Versicherung der Antragstellerin vom ■■■

als Anlage A 2

Das gemeinsame Zusammenleben mit dem Antragsgegner ist für die Antragstellerin und die gemeinsamen Kinder unerträglich geworden. Nur durch eine Beendigung der häuslichen Gemeinschaft mit dem Antragsgegner kann eine unbillige Härte für die Antragstellerin und die gemeinsamen Kinder vermieden werden. Nach den Drohungen des Antragsgegners steht zu befürchten, dass der Antragsgegner auch künftig nicht von seinem gewalttätigen Verhalten gegenüber der Antragstellerin und den gemeinsamen Kindern ablassen wird. Demzufolge ist die Überlassung der Wohnung an die Antragstellerin zur alleinigen Benutzung gemäß § 2 Absatz 1 und Absatz 6 GewSchG geboten.

Zum Schutz der Antragstellerin und der Kinder sind zudem die unter Ziff. III bis VI. beantragten Anordnungen nach § 1 Absatz 1 Ziff. 1, 2 und 5 GewSchG angezeigt.

Daneben ist die Anordnung folgender Annexmaßnahmen im Sinne von § 15 HausrVO, der gemäß § 64 b Absatz 2 S. 4 FGG entsprechend gilt, erforderlich:

Zur Durchsetzung der Wohnungsüberlassung ist dem Antragsgegner die Räumung der gemeinsam bewohnten Wohnung aufzugeben.

Zum Schutz der nutzungsberechtigten Antragstellerin und der gemeinsamen Kinder ist gegenüber dem Antragsgegner als Alleinmieter ein auf sechs Monate befristetes Kündi-

B. ZUWEISUNG DER MIETWOHNUNG NACH BGB, LPARTG, GEWSCHG UND HAUSRVO

gungsverbot in Form eines relativen Verfügungsverbotes im Sinne der §§ 135, 136 BGB auszusprechen.

Nachdem damit zu rechnen ist, dass sich der Antragsgegner einzelnen Anordnungen des Gerichts widersetzen wird, ist die Verknüpfung der Anordnungen mit einer Zwangsgeldandrohung erforderlich.

Aufgrund der bisherigen und der neuerlichen Drohungen des Antragsgegners sowie seines äußerst gewalttätigen Verhaltens ist dringend gerichtliche Hilfe geboten.

Ein Antrag auf Überlassung der Wohnung im Hauptsacheverfahren wurde mit Schriftsatz vom ■■■ gestellt.

Die örtliche Zuständigkeit des angerufenen Familiengerichts ergibt sich aus §§ 621a Absatz 1 S. 1 ZPO, 64b Absatz 1 HS 2 ZPO.

Beglaubigte und einfache Abschrift liegen bei.

■■■

Rechtsanwalt

Anlage: ■■■

Zwißler

FormularBibliothek Zivilprozess

Teil 1: **Miete** Seite 5
Dr. Patrick Bruns, Rechtsanwalt und Fachanwalt für Arbeitsrecht, Baden-Baden
Stephan Grüter, Rechtsanwalt, Düsseldorf
Finn Zwißler, Rechtsanwalt, München

Teil 2: **Wohnungseigentum** Seite 249
Walter Boeckh, Richter am Amtsgericht

Teil 3: **Nachbarschaft** Seite 463
Anja Kesting, Richterin am Landgericht

2

INHALT

Verweise erfolgen auf Randnummern

§ 1 Grundzüge des Verfahrens in Wohnungseigentumssachen...........	1
A. Die Zuständigkeit des Gerichts ..	4
B. Schiedsvereinbarung, Vorschaltverfahren und Schlichtungsverfahren.........................	6
C. Die Verfahren nach § 43 WEG....	9
I. § 43 Abs. 1 Nr. 1 WEG..........	9
II. § 43 Abs. 1 Nr. 2 und 3 WEG....	11
III. § 43 Abs. 1 Nr. 4 WEG.........	13
IV. Entscheidung nach „billigem Ermessen", § 43 Abs. 2 WEG...	14
D. Wohnungseigentumssachen als FGG-Verfahren.................	16
E. Amtsermittlung und Gehörsgewährung in Wohnungseigentumssachen...................	18
F. Antrag und Gegenantrag im Verfahren nach dem WEG..........	22
G. Die Antragsberechtigung	25
H. Rechtsschutzinteresse	28
I. Beteiligte.....................	29
I. Grundsätze	29
II. Verfahrensstandschaft	34
J. Streitverkündung und Nebenintervention	35
K. Sonstige Verfahrensgrundsätze – Kostenentscheidung...........	36
I. Mündliche Verhandlung......	36
II. Erledigung der Hauptsache...	39
1. Einseitige Erledigungserklärung.....................	41
2. Übereinstimmende Erledigungserklärung...........	42
III. Antragsänderung	43
IV. Antragsrücknahme..........	44
V. Die Kostenentscheidung gem. § 47 WEG..................	45
VI. Der Geschäftswert im WEG-Verfahren	48
VII. Die Gebühren im WEG-Verfahren, § 48 Abs. 1 WEG	50
§ 2 Streitigkeiten über die Wirksamkeit von Beschlüssen der Eigentümerversammlung.......................	52
A. Antrag auf Ungültigerklärung (Anfechtung) eines Beschlusses der Eigentümerversammlung ...	52
I. Vorprozessuale Situation......	52
1. Einberufung und Durchführung einer Eigentümerversammlung	52
a) Pflichten bei der Einberufung einer Eigentümerversammlung...........	52
aa) Sorgfältige Planung der Eigentümerversammlung....................	53
(1) Einberufung unter Angabe der Beschlussgegenstände............	54
(2) Bezeichnung der Beschlussgegenstände...................	60
(3) Form, sonstiger Inhalt und Zugang der Einberufung .	61
bb) Praktische Erwägungen zur Einberufung einer Eigentümerversammlung......................	64
b) Pflichten bei der Durchführung und Protokollierung der Eigentümerversammlung...............	67
aa) Vorsitz in der Versammlung	68
bb) Anfertigung eines Versammlungsprotokolls	71
(1) *Muster:* Einladung zur Eigentümerversammlung	74
(2) *Muster:* Versammlungsprotokoll................	75
II. Prozess.....................	76
1. Formelle und materielle Anforderungen an die	

Beschlüsse der Eigentümerversammlung 76
a) Formelle Erfordernisse... 77
b) Materielle Erfordernisse . 79
c) Antrag auf Ungültigerklärung 80
2. Sorgfältige Vorbereitung
eines Antrags auf Anfech-
tung eines Beschlusses der
Eigentümerversammlung –
formelle und prozesstaktische Anforderungen 81
a) Ziele und Interessen des
Mandanten 82
b) Konzeptionelle Überle-
gungen zur Verfolgung
der Mandantenziele..... 86
aa) Vermeidung wiederholter
Beschlussanfechtungen . 86
bb) Kenntnis der regionalen
Rechtsprechung......... 87
cc) Einschaltung eines Sachverständigen............ 88
c) Verfahrensbeteiligte 89
aa) Antragsberechtigung und
Verlust................. 89
bb) Antragsgegner.......... 92
cc) Ermittlung der materiell
Beteiligten.............. 94
d) Anfechtungsfrist........ 98
e) Beachtung von Verfah-
renshindernissen und des
Vorliegens eines allgemeinen oder besonderen
Rechtsschutzinteresses.. 99
aa) Pflicht zur Durchführung
eines Vorschaltverfahrens 100
bb) Kein Schlichtungsverfahren nach § 15a EGZPO.... 101
cc) Bestehen einer Schiedsvereinbarung 102
dd) Allgemeines und besonderes Rechtsschutzinter-
esse 103
3. Das Verfahren nach den
§§ 23 Abs. 4 S. 1, 43 Abs. 1
Nr. 4 WEG 105
a) Allgemeine Anforderun-
gen an den Schriftsatz –

echtes Streitverfahren der
Freiwilligen Gerichtsbar-
keit 105
aa) Darlegungslast 107
bb) Angabe von Beweismit-
teln 109
b) Die Möglichkeit einer
einstweiligen Anordung
gem. § 44 Abs. 3 WEG.... 111
c) Die einzelnen Anforde-
rungen an die Schriftsätze... 112
aa) Antragsform 113
bb) Antragsinhalt 114
(1) Formelle Anforderungen . 114
d) *Muster:* Antragsschriftsatz mit Wiedereinset-
zungsantrag............. 123
e) *Muster:* Antragserwiderungsschriftsatz 124
B. Antrag auf Feststellung eines
Nicht- bzw. Scheinbeschlusses
sowie der Nichtigkeit eines
Beschlusses der Eigentümerversammlung 125
I. Nicht- bzw. Scheinbeschlüsse
und nichtige Beschlüsse der
Eigentümerversammlung 125
1. Nicht- bzw. Scheinbe-
schlüsse 125
a) Unbeachtlichkeit 125
b) Hauptfälle............. 126
2. Nichtige Beschlüsse........ 127
a) Unbeachtlichkeit 127
b) Hauptfälle............. 128
3. Geltendmachung im
gerichtlichen Verfahren 131
II. *Muster:* Antrag auf Feststellung der Nichtigkeit eines
Beschlusses der Eigentümerversammlung................ 132

§ 3 Streitigkeiten von Wohnungseigen-
tümern untereinander 133
A. Allgemeines..................... 133
B. Vertretung oder Verfahrensstand-
schaft des Verwalters kraft
Ermächtigung 135

I. Ermächtigung des Verwalters zur Vertretung oder zur aktiven Verfahrensstandschaft 135
1. Vertrag 138
2. Vereinbarung der Wohnungseigentümer oder Teilungserklärung 139
3. Beschluss der Eigentümerversammlung 140
II. Umfang der Ermächtigung zur Verfahrensstandschaft – Bestellung eines Rechtsanwaltes durch den Verwalter 141
1. Umfang der Ermächtigung . 141
2. Bestellung eines Rechtsanwaltes durch den Verwalter – Anwaltsgebühren und Hinweispflicht 145
III. Vor- und Nachteile der Verfahrensstandschaft des Verwalters 151
1. Vorteile 151
2. Nachteile 153
IV. Pflicht der Gemeinschaft und des ermächtigten Verwalters zur Geltendmachung von Ansprüchen durch den Verwalter in Verfahrensstandschaft? 159
C. Antrag auf Zahlung rückständiger Lasten- und Kostenanteile ......
I. Vorprozessuale Situation 162
1. Rechtsgrundlagen 162
a) Wohngeldvorschüsse 162
b) Sonderumlagen 168
c) Die Jahresabrechnung ... 169
d) Verzugszinsen 172
2. Einwendungen des Wohnungseigentümers – Vermeidung eines Prozesses ... 173
a) Einwendungsausschluss in der Gemeinschaftsordnung 174
b) Aufrechnung mit eigenen Forderungen gegen die Gemeinschaft 175
c) Geltendmachung von Zurückbehaltungsrechten 177
d) Einwand fehlender Fälligkeit 179

e) Einrede der Verjährung ... 180
3. Prozesstaktik – Mahnverfahren 182
II. Prozess 183
1. Verfahren nach § 43 Abs. 1 Nr. 1 WEG 183
a) Antragsteller 184
b) Antragsgegner 188
2. Die Beitreibung rückständiger und künftiger Wohngeldforderungen – Antragsinhalt und -begründung 189
a) Antrag auf Zahlung rückständiger Wohngeldbeträge 189
aa) Bezeichnung des Anspruchs 189
bb) Inhalt der Antragsbegründung – beizufügende Anlagen 190
b) Antrag auf Zahlung künftiger Wohngeldbeträge .. 192
3. Muster 199
a) *Muster:* Antrag im Verfahren auf Geltendmachung von Wohngeld und einer Sonderumlage 199
b) *Muster:* Antragserwiderungsschriftsatz 200
D. Anträge auf Beseitigung, Unterlassung und Schadenersatz 201
I. Vorprozessuale Situation 201
1. Typische Konstellationen unter Darstellung der Rechtsgrundlagen 201
a) Abwehransprüche wegen baulicher Veränderungen 203
aa) Bauliche Veränderungen . 204
(1) Gemeinschaftseigentum . 204
(2) Begriff der baulichen Veränderung 208
(3) Ausnahmen vom Einstimmigkeitserfordernis 217
bb) Abwehransprüche bei rechtswidrigen baulichen Veränderungen 225
(1) Beseitigungsansprüche 225

253

- (2) Wiederherstellungsansprüche 229
- (3) Unterlassungsansprüche 230
- (4) Einwendungen des Antragsgegners 231
- b) Ansprüche auf Unterlassung eines unzulässigen Gebrauchs des gemeinschaftlichen Eigentums oder des Sondereigentums 235
- aa) Rechtsgrundlagen 236
- bb) Unzulässiger Gebrauch des gemeinschaftlichen Eigentums 240
- cc) Unzulässiger Gebrauch des Sondereigentums ... 241
- dd) Vereinbarungen und Beschlüsse zur Regelung des Gebrauchs von gemeinschaftlichem und Sondereigentum 242
- (1) Vereinbarung 243
- (2) Mehrheitsbeschluss 246
- c) Ansprüche wegen Überschreitung eines Sondernutzungsrechtes 248
- aa) Die Rechtsgrundlagen für die Entstehung und den Inhalt sog. Sondernutzungsrechte 248
- (1) Begriffsbestimmung 248
- (2) Inhalt und Abgrenzung.. 251
- (3) Begründung und Aufhebung eines Sondernutzungsrechtes 253
- bb) Ansprüche der Wohnungseigentümer bei Überschreitung der mit einer Sondernutzungsvereinbarung verbundenen Befugnisse 258
- d) Ansprüche des Berechtigten bei Eingriffen in sein Sondernutzungsrecht ... 260
- e) Schadensersatzansprüche im Verhältnis der Wohnungseigentümer untereinander 263
- 2. Prozessvermeidung 266
- II. Prozess 268
- 1. Verfahren nach § 43 Abs. 1 Nr. 1 WEG 268
- a) Antragsteller 269
- aa) Taktische Überlegungen . 269
- bb) Beeinträchtigungen am gemeinschaftlichen Eigentum oder am Sondereigentum 272
- cc) Einschaltung des Verwalters 274
- b) Antragsgegner 277
- c) Inhalt der Schriftsätze – Anlagen und Beweismittel 278
- d) Einschaltung eines Sachverständigen 280
- 2. Geschäftswert 281
- 3. Streitverkündung und Nebenintervention......... 282
- a) Rechtsgrundlagen 282
- b) Verfahren 285
- 4. Muster 290
- a) Antrag auf Beseitigung bzw. Rückbau einer baulichen Veränderung 290
- aa) *Muster:* Antragsschriftsatz im Verfahren auf Beseitigung bzw. Rückbau einer baulichen Veränderung 290
- bb) *Muster:* Antragserwiderungsschriftsatz im Verfahren auf Beseitigung bzw. Rückbau einer baulichen Veränderung....... 291
- b) Antrag der übrigen Wohnungseigentümer auf Unterlassung des unzulässigen Gebrauchs des gemeinschaftlichen Eigentums 292
- aa) *Muster:* Antragsschriftsatz im Verfahren der übrigen Wohnungseigentümer auf Unterlassung

des unzulässigen
Gebrauchs des gemein-
schaftlichen Eigentums .. 292
bb) *Muster:* Antragserwiderungsschriftsatz im Ver-
fahren der übrigen Woh-
nungseigentümer auf
Unterlassung des unzu-
lässigen Gebrauchs des
gemeinschaftlichen
Eigentums............... 293
c) Antrag eines Wohnungs-
eigentümers auf Unterlas-
sung des unzulässigen
Gebrauchs des Sonderei-
gentums durch einen
anderen Wohnungseigen-
tümer 294
aa) *Muster:* Antragsschriftsatz im Verfahren auf
Unterlassung des unzu-
lässigen Gebrauchs des
Sondereigentums durch
einen anderen Woh-
nungseigentümer 294
bb) *Muster:* Antragserwiderungsschriftsatz im Ver-
fahren auf Unterlassung
des unzulässigen
Gebrauchs des Sonderei-
gentums durch einen
anderen Wohnungseigen-
tümer 295
d) *Muster:* Antrag auf Wiederherstellung des
ursprünglichen Zustands
nach baulichen Verände-
rungen in Folge unzulässiger Ausübung eines Son-
dernutzungsrechts 296
e) Antrag auf Schadenser-
satz wegen Verletzung
des Sondereigentums
durch Miteigentümer
bzw. deren Mieter 297
aa) *Muster:* Antragsschriftsatz im Verfahren auf
Schadensersatz wegen
Verletzung des Sonderei-

gentums durch Miteigen-
tümer bzw. deren Mieter . 297
bb) *Muster:* Antragserwiderungsschriftsatz im Ver-
fahren auf Schadenser-
satz wegen Verletzung
des Sondereigentums
durch Miteigentümer
bzw. deren Mieter........ 298
cc) *Muster:* Replikschriftsatz
im Verfahren auf Scha-
densersatz wegen Verlet-
zung des Sonder-
eigentums durch
Miteigentümer bzw.
deren Mieter............. 299
E. Antrag auf Entziehung des Wohnungseigentums 300
I. Vorprozessuale Situation...... 300
1. Materielle Voraussetzungen
für die Entziehung des Wohnungseigentums 300
a) Die Generalklausel des
§ 18 Abs. 1 WEG.......... 300
b) Wiederholter Pflichtverstoß und Zahlungsverzug
gem. § 18 Abs. 2 WEG..... 305
aa) § 18 Abs. 2 Nr. 1 WEG...... 306
bb) § 18 Abs. 2 Nr. 2 WEG 307
2. Der Entziehungsbeschluss
nach § 18 Abs. 3 WEG 310
a) Inhalt................... 311
b) Ladung zur Eigentümer-
versammlung und Mehr-
heit..................... 312
c) Anfechtung des Einzie-
hungsbeschlusses........ 315
3. Unabdingbarkeit des
Anspruches, § 18 Abs. 4 WEG 321
II. Prozess...................... 324
1. ZPO-Verfahren nach §§ 43
Abs. 1 Nr. 1, 51, 18 WEG....... 325
2. Antragsteller und Antragsgegner 328
3. Inhalt der Klageschrift und
Anlagen.................. 332
4. Verteidigungsmöglichkeiten des Beklagten 335

5. Streitwert und Kosten des Verfahrens 336
6. Die Wirkungen des Urteils gem. § 19 Abs. 1 WEG 338
7. Die Abwendungsbefugnis bei einem Urteil wegen Zahlungsverzugs (§ 19 Abs. 2 WEG) 342
8. Muster zum Verfahren auf Entziehung des Wohneigentums 343
   a) *Muster:* Antragsschriftsatz im Verfahren auf Entziehung des Wohneigentums 343
   b) *Muster:* Antragserwiderung im Verfahren auf Entziehung des Wohneigentums 344
   c) *Muster:* Replikschriftsatz im Verfahren auf Entziehung des Wohneigentums 345
III. Das Versteigerungsverfahren und der Eigentumsübergang nach § 53 ff. WEG 346
1. Das Verfahren 346
2. Zustandekommen des Kaufvertrages und Eigentumsübergang auf den Erwerber 348

§ 4 Streitigkeiten der Wohnungseigentümer mit dem Verwalter......... 351
A. Vorprozessuale Situation 351
   I. Typische Ansprüche der Wohnungseigentümer gegen den Verwalter unter Darstellung der Rechtsgrundlagen........ 351
   1. Ansprüche der Wohnungseigentümer, die sich aus dem Status des Verwalters ergeben 354
      a) Die Stellung des Verwalters zu den Wohnungseigentümern, § 27 Abs. 1 WEG 354
      b) Ansprüche der Wohnungseigentümer auf Einberufung und Durchführung einer Eigentümerversammlung gem. § 24 WEG 357
         aa) § 24 WEG – Normzweck.. 357
         bb) Die Pflicht zur Einberufung gem. § 24 Abs. 1 WEG 358
         cc) Die Pflicht des Verwalters, in der Eigentümerversammlung den Vorsitz zu führen, § 24 Abs. 5 WEG.. 362
         dd) Die Pflicht zur Einberufung einer Wiederholungsversammlung, § 25 Abs. 4 WEG.............. 363
      c) Ansprüche der Wohnungseigentümer auf Erstellung des Wirtschaftsplans bzw. einer Jahresabrechnung sowie auf Rechnungslegung ... 364
         aa) Die Pflicht zur Erstellung des Wirtschaftsplans 364
         bb) Die Pflicht zur Erstellung einer Jahresabrechnung . 368
         cc) Die Pflicht zur Rechnungslegung bzw. Auskunftserteilung 373
            (1) Rechnungslegung an die Gesamtheit 373
            (2) Auskunftserteilung an den einzelnen Wohnungseigentümer 377
            (3) Vollstreckung der Ansprüche auf Rechnungslegung und Auskunft............. 378
   2. Ansprüche der Wohnungseigentümer gegen den Verwalter aus § 27 Abs. 1 und 4 WEG...................... 379
      a) Der Normzweck des § 27 Abs. 1 WEG 379
      b) Unabdingbarkeit der dem Verwalter zustehenden Aufgaben und Befugnisse 380
      c) Pflichten im Verhältnis zu den Wohnungseigentümern, § 27 Abs. 1 und 4 WEG 381

aa) Ausführung von Beschlüssen und der Hausord-
 nung, § 27 Abs. 1 Nr. 1 WEG 382
 (1) Durchführung von
  Beschlüssen und Verein-
  barungen. 383
 (2) Durchführung der Haus-
  ordnung. 387
 bb) Instandhaltung und
  Instandsetzung, § 27
  Abs. 1 Nr. 2 WEG. 389
 cc) Notmaßnahmen, § 27
  Abs. 1 Nr. 3 WEG. 394
 dd) Verwaltung gemein-
  schaftlicher Gelder, § 27
  Abs. 1 Nr. 4 und Abs. 4
  WEG 396
 3. Schadensersatzansprüche
  gegen den Verwalter 399
  a) Ansprüche wegen Verletzungen des Verwalterver-
   trages 399
  b) Ansprüche wegen uner-
   laubter Handlung. 404
 4. Prozessvermeidung 405
 II. Der Anspruch des Verwalters
  auf Vergütung 406
B. Prozess 410
 I. Verfahren nach § 43 Abs. 1 Nr. 2
  WEG 410
 II. Antragsteller und Antragsgeg-
  ner. 413
 III. Inhalt der Antragsschrift und
  Anlagen. 416
 IV. Verteidigungsmöglichkeiten
  der Antragsgegner, v.a. des Verwalters nach Entlastung bei
  Jahresabrechnung und Rechnungslegung. 418
  1. Verteidigungsmöglichkei-
   ten der Wohnungseigen-
   tümer 418
  2. Verteidigungsmöglichkei-
   ten des Verwalters 419
 V. Gegenstandswert des Verfah-
  rens. 421
 VI. Muster. 422

 1. Antrag auf Umsetzung eines
  Beschlusses der Eigentümerversammlung 422
  a) *Muster:* Antragsschrift-
   satz im Verfahren auf
   Umsetzung eines
   Beschlusses der Eigen-
   tümerversammlung. 422
  b) *Muster:* Antragserwiderungsschriftsatz im Verfahren auf Umsetzung
   eines Beschlusses der
   Eigentümerversammlung 423
 2. Antrag gegen den Verwalter
  auf Rechnungslegung 424
  a) *Muster:* Antragsschriftsatz im Verfahren gegen
   den Verwalter auf Rechnungslegung 424
  b) *Muster:* Antragserwiderungsschriftsatz Im Verfahren gegen den Verwalter auf Rechnungslegung. 425
  c) *Muster:* Replikschriftsatz
   im Verfahren gegen den
   Verwalter auf Rechnungs-
   legung. 426
 3. *Muster:* Antrag auf Schadenersatz gegen den Ver-
  walter. 427
 4. *Muster:* Antrag des Verwal-
  ters auf Vergütung 428
§ 5 Gerichtliche Bestellung und Abberufung des Verwalters 429
 A. Die gerichtliche Bestellung eines
  Notverwalters gem. § 26 Abs. 3
  WEG 429
  I. Vorprozessuale Konstellation –
   Rechtsgrundlagen 429
   1. Das Fehlen eines Verwalters 429
   2. Dringlichkeit als Vorausset-
    zung eines Verfahrens nach
    den §§ 26 Abs. 3, 43 Abs. 1
    Nr. 3 WEG – Prozessvermei-
    dung. 433
  II. Prozess 436

1. Verfahren und Folgen der gerichtlichen Verwalterbestellung 436
2. Antrag, Antragsteller und Antragsgegner 440
   a) Antrag und beizufügende Anlagen 440
   b) Antragsteller............ 442
   c) Antragsgegner.......... 443
3. Geschäftswert und Kostenentscheidung 444
B. Der Antrag auf gerichtliche Abberufung des Verwalters.......... 446
   I. Voraussetzungen für die Abberufung eines Verwalters durch das Gericht 446
   1. Zulässigkeitsprobleme..... 446
   2. „Wichtiger Grund" als sachliche Voraussetzung 448
   II. Anfechtbarkeit des Abberufungs- und des Kündigungsbeschlusses der Eigentümerversammlung................ 449
C. Muster....................... 451
   I. *Muster:* Antrag auf gerichtliche Verwalterbestimmung gem. §§ 26 Abs. 3, 43 Abs. 1 Nr. 3 WEG 451
   II. *Muster:* Antrag auf gerichtliche Abberufung des Verwalters......................... 452

§ 6 Grundsätze des vorläufigen Rechtsschutzes und der Zwangsvollstreckung im WEG-Verfahren 453
A. Einstweilige Anordnungen nach § 44 Abs. 3 WEG................ 453
B. Die Zwangsvollstreckung aus Entscheidungen im Verfahren nach dem WEG (§ 45 Abs. 3 WEG)..... 460
   I. Allgemeine Grundsätze 460
   II. Zuständiges Gericht 462
   III. Rechtsbehelfe 465
   1. Rechtsbehelfe im Klauselverfahren 466
   2. Rechtsbehelfe in der Zwangsvollstreckung 468

§ 7 Rechtsmittel und Rechtsbehelfe im Verfahren nach dem WEG 471
A. Die Anhörungsrüge nach §§ 43 Abs. 1 WEG, 29 a FGG............ 471
   I. Notwendigkeit eines fachgerichtlichen Grundrechtsschutzes 471
   II. Die Rüge der Gehörsverletzung gem. § 29 a FGG 473
   1. Zulässigkeit der Gehörsrüge 474
      a) Statthaftigkeit........... 474
      b) Anforderungen an die Rügeschrift.............. 476
         aa) Form und Frist: 477
         bb) Sonstiger Inhalt und Begründung............. 478
   2. Begründetheit der Gehörsrüge...................... 479
B. Die Beschwerde nach dem WEG.. 481
   I. Gründzüge................... 481
   1. Die Zulässigkeit der Beschwerde 481
      a) Statthaftigkeit.......... 481
      b) Form- und fristgerechte Einlegung 483
         aa) Formgerechte Einlegung . 483
         bb) Fristgerechte Einlegung.. 484
         cc) Wiedereinsetzung in den vorigen Stand 486
      c) Beschwer und Beschwerdewert 488
         aa) Beschwer............. 488
         bb) Beschwerdewert 490
      d) Kein Anwaltszwang...... 492
      e) Zuständiges Beschwerdegericht 493
   2. Das Beschwerdeverfahren.. 494
   3. Die Anschlussbeschwerde.. 496
   4. Die Entscheidung des Gerichts 497
      a) Hauptsache 497
      b) Kosten 498
   II. Anforderungen an den Beschwerdeschriftsatz 499
   III. Muster..................... 504
   1. *Muster:* Beschwerdeschriftsatz 504
   2. *Muster:* Beschwerdeerwiderung..................... 505

C. Die sofortige weitere Beschwerde,
§§ 45 Abs. 1 WEG, 27 ff. FGG 506
   I. Grundzüge 506

II. *Muster:* Sofortige weitere
   Beschwerde 509

MUSTERVERZEICHNIS

	Rn.
§ 1 Grundzüge des Verfahrens in Wohnungseigentumssachen	1
§ 2 Streitigkeiten über die Wirksamkeit von Beschlüssen der Eigentümerversammlung	52
1 Einladung zur Eigentümerversammlung	74
2 Versammlungsprotokoll	75
3 Antragsschriftsatz mit Wiedereinsetzungsantrag	123
4 Antragserwiderungsschriftsatz	124
5 Antrag auf Feststellung der Nichtigkeit eines Beschlusses der Eigentümerversammlung	132
§ 3 Streitigkeiten von Wohnungseigentümern untereinander	133
6 Antrag im Verfahren auf Geltendmachung von Wohngeld und einer Sonderumlage	199
7 Antragserwiderungsschriftsatz	200
8 Antragsschriftsatz im Verfahren auf Beseitigung bzw. Rückbau einer baulichen Veränderung	290
9 Antragserwiderungsschriftsatz im Verfahren auf Beseitigung bzw. Rückbau einer baulichen Veränderung	291
10 Antragsschriftsatz im Verfahren der übrigen Wohnungseigentümer auf Unterlassung des unzulässigen Gebrauchs des gemeinschaftlichen Eigentums	292
11 Antragserwiderungsschriftsatz im Verfahren der übrigen Wohnungseigentümer auf Unterlassung des unzulässigen Gebrauchs des gemeinschaftlichen Eigentums	293
12 Antragsschriftsatz im Verfahren auf Unterlassung des unzulässigen Gebrauchs des Sondereigentums durch einen anderen Wohnungseigentümer	294
13 Antragserwiderungsschriftsatz im Verfahren auf Unterlassung des unzulässigen Gebrauchs des Sondereigentums durch einen anderen Wohnungseigentümer	295
14 Antrag auf Wiederherstellung des ursprünglichen Zustands nach baulichen Veränderungen in Folge unzulässiger Ausübung eines Sondernutzungsrechts	296

2 Musterverzeichnis

15 Antragsschriftsatz im Verfahren auf Schadensersatz wegen Verletzung des Sondereigentums durch Miteigentümer bzw. deren Mieter	297
16 Antragserwiderungsschriftsatz im Verfahren auf Schadensersatz wegen Verletzung des Sondereigentums durch Miteigentümer bzw. deren Mieter	298
17 Replikschriftsatz im Verfahren auf Schadensersatz wegen Verletzung des Sondereigentums durch Miteigentümer bzw. deren Mieter	299
18 Antragsschriftsatz im Verfahren auf Entziehung des Wohneigentums	343
19 Antragserwiderung im Verfahren auf Entziehung des Wohneigentums	344
20 Replikschriftsatz im Verfahren auf Entziehung des Wohneigentums	345

§ 4 Streitigkeiten der Wohnungseigentümer mit dem Verwalter — 351

21 Antragsschriftsatz im Verfahren auf Umsetzung eines Beschlusses der Eigentümerversammlung	422
22 Antragserwiderungsschriftsatz im Verfahren auf Umsetzung eines Beschlusses der Eigentümerversammlung	423
23 Antragsschriftsatz im Verfahren gegen den Verwalter auf Rechnungslegung	424
24 Antragserwiderungsschriftsatz Im Verfahren gegen den Verwalter auf Rechnungslegung	425
25 Replikschriftsatz im Verfahren gegen den Verwalter auf Rechnungslegung	426
26 Antrag auf Schadenersatz gegen den Verwalter	427
27 Antrag des Verwalters auf Vergütung	428

§ 5 Gerichtliche Bestellung und Abberufung des Verwalters — 429

28 Antrag auf gerichtliche Verwalterbestimmung gem. §§ 26 Abs. 3, 43 Abs. 1 Nr. 3 WEG	451
29 Antrag auf gerichtliche Abberufung des Verwalters	452

§ 6 Grundsätze des vorläufigen Rechtsschutzes und der Zwangsvollstreckung im WEG-Verfahren — 453

§ 7 Rechtsmittel und Rechtsbehelfe im Verfahren nach dem WEG — 471

30 Beschwerdeschriftsatz	504
31 Beschwerdeerwiderung	505
32 Sofortige weitere Beschwerde	509

§ 1 Grundzüge des Verfahrens in Wohnungseigentumssachen

Formularbücher, Kommentare und Monografien: *Bärmann/Pick/Merle*, Wohnungseigentumsgesetz – Gesetz über das Wohnungseigentum und das Dauerwohnrecht, Kommentar, 9. Aufl. 2003; *Bärmann/Pick*, Wohnungseigentumsgesetz mit der Wohnungsgrundbuchverfügung, der Heizkostenverordnung, der Heizungsanlagenverordnung sowie den das Wohnungseigentum betreffenden Verordnungen, Kommentar, 15. Aufl. 2001; *Bamberger/Roth/Hügel*, Kommentar zum Bürgerlichen Gesetzbuch, Bd. 2, S. 2245 ff., Gesetz über das Wohnungseigentum und das Dauerwohnrecht, 2002; *Bauer/v. Oefele*, Grundbuchordnung, Kap. Verwalter, Wohnungseigentum und Dauerwohnrecht, Kommentar, 1999; *Becker/Kümmel/Ott*, Wohnungseigentum. Grundlagen, Systematik, Praxis, 2003; *Beck'sches Prozessformularbuch*, hrsg. von *Locher/Mes*, 9. Aufl. 2003; *Deckert/Drasdo*, Mein Wohnungseigentum. Ein allgemeinverständlicher Rechts-Ratgeber rund um die Eigentumswohnung; mit Musterverträgen und Praxishilfen, 2001; *Drabek*, Das Wohnungseigentum. Grundsätze, Probleme und Lösungswege, 2002; *Hügel/Scheel*, Rechtshandbuch Wohnungseigentum, 2003; *Junker*, Die Gesellschaft nach dem Wohnungseigentumsgesetz, 1993; *Keidel/Kuntze/Winkler/Zimmermann*, FG, Teil A, Kommentar, 15. Aufl. 2003; *Kersten/Bühling/Wolfsteiner*, Formularbuch und Praxis der Freiwilligen Gerichtsbarkeit, § 65 Wohnungseigentum und Dauerwohnrecht, 20. Aufl. 2000; *Köhler/Bassenge*, Anwaltshandbuch zum Wohnungseigentumsrecht, 2004; *Merle*, Das Wohnungseigentum im System des bürgerlichen Rechts, 1979; *H. Müller*, Praktische Fragen des Wohnungseigentums, 3. Aufl. 1999; *Münchener Kommentar zum Bürgerlichen Gesetzbuch*, Band 6, Sachenrecht, §§ 854 – 1296 BGB, Wohnungseigentumsgesetz, Erbbaurechtsverordnung, Sachenrechtsbereinigungsgesetz, Schuldrechtsänderungsgesetz – Kommentar, 4. Aufl. 2004; *Niedenführ/Schulze*, WEG – Handbuch und Kommentar zum Wohnungseigentumsgesetz, 6. Aufl. 2002; *Palandt/Bassenge*, Kommentar zum Bürgerlichen Gesetzbuch, Anh. Gesetz über das Wohnungseigentum und das Dauerwohnrecht, 64. Aufl. 2005; *RGRK*, Das Bürgerliche Gesetzbuch mit besonderer Berücksichtigung der Rechtsprechung des Reichsgerichts und des Bundesgerichtshofs, Kommentar, 12. Aufl. 1974 ff.; *Röll/Sauren*, Handbuch für Wohnungseigentümer und Verwalter, 8. Aufl. 2002; *Sauren*, Wohnungseigentumsgesetz, Gesetz über das Wohnungseigentum und das Dauerwohnrecht, Kommentar, 4. Aufl. 2002; *Schöner/Stöber*, Grundbuchrecht, Dritter Teil, Wohnungseigentum und Dauerwohnrecht, 12. Aufl. 2001; *Schönhofer/Böhner*, Haus- und Grundbesitz im Ausland, 1996, Loseblatt; *Soergel/Stürner*, BGB mit Einführungsgesetz und Nebengesetzen, Kommentar, Bd. 6, S. 797 ff., Gesetz über das Wohnungseigentum und das Dauerwohnrecht, 12. Aufl. 1990; *Staudinger/Bub/Kreuzer/Rapp/Spiegelberger/Stuhrmann/Wenzel*, Kommentar zum Bürgerlichen Gesetzbuch mit Einführungsgesetz und Nebengesetzen, Gesetz über das Wohnungseigentum und das Dauerwohnrecht, 12. Aufl. 1997; *Vorwerk*, Das Prozessformularbuch, WEG, 8. Aufl. 2005; *Weitnauer*, Gesetz über das Wohnungseigentum und das Dauerwohnrecht, 8. Aufl. 1995;
Aufsätze in Zeitschriften: *Armbrüster*, Überlegungen zur Reform des Wohnungseigentumsrechts, DNotZ 2003, 493; *Bielefeld/Drasdo/Gottschalg/Keuter*, Entwurf eines

Gesetzes zur Änderung des Wohnungseigentumsgesetzes und anderer Gesetze, NZM 1999, 606; *Böttcher*, Streitfragen im Wohnungseigentumsrecht, ZfIR 1997, 321; *Bub*, Rechtsfähigkeit der Wohnungseigentümergemeinschaft, ZWE 2002, 103; *Coester*, Die „werdende Eigentümergemeinschaft" im Wohnungseigentumsgesetz, NJW 1990, 3184; *Derleder*, Die Rechtsfähigkeit von Wohnungseigentümergemeinschaften für externe Verpflichtungen und Rechte, ZWE 2002, 193 u. 250; *Drasdo*, Literaturübersichten zum Wohnungseigentum, vierteljährliche Veröffentlichungen in der Zeitschrift NZM, zuletzt NZM 2004, 771; *Gottschalg*, Rechtsprechungsübersicht zum Wohnungseigentumsrecht, FGPrax 1995, 89; 2000, 169; 2003, 47; *Häublein*, Gestaltungsprobleme im Zusammenhang mit der abschnittsweisen Errichtung von Wohnungseigentumsanlagen, DNotZ 2000, 442; *Hügel*, Die Gestaltung von Öffnungsklauseln, ZWE 2001, 578; *Jennißen*, Die Entwicklung des Wohnungseigentumsrechts in den Jahren 1998 und 1999, NJW 2000, 2318; *ders.*, Die Entwicklung des Wohnungseigentumsrechts in den Jahren 2000 und 2001, NJW 2002, 3296; *ders.*, Die Entwicklung des Wohnungseigentumsrechts in den Jahren 2002 und 2003, NJW 2004, 3527; *Kreuzer*, Änderung von Teilungserklärung und Gemeinschaftsordnung, ZWE 2002, 285; *Marold*, Zur Rechtsfähigkeit der Wohnungseigentümergemeinschaft, ZWE 2002, 387, 390; *Ott*, Zur Eintragung von Mehrheitsbeschlüssen im Grundbuch bei sogenannter Öffnungsklausel, ZWE 2001, 466; *ders.*, Die Rechtsnatur von Sondernutzungsrechten, ZWE 2001, 12; *Raiser*, Rechtsfähigkeit der Wohnungseigentümergemeinschaft, ZWE 2001, 173; *Rapp*, Verwaltungsvermögen und Rechtsnachfolge im Wohnungseigentum, ZWE 2002, 557; *v. Rechenberg/Riecke*, Aktuelle Entwicklungen im Wohnungseigentumsrecht, MDR 1999, 261, MDR 2000, 241; *Roth*, Die Zuordnung des Verwaltungsvermögens, ZWE 2001, 238; *Rüblicke*, Verfassungsrechtliche Anforderungen an die Ausdehnung von Mehrheitskompetenzen im WEG, ZMR 2002, 713; *Vallender*, Wohnungseigentum in der Insolvenz, NZI 2004, 401; *Wendel*, Der Anspruch auf Zustimmung zur Änderung des Kostenverteilungsschlüssels, ZWE 2001, 408; *Wenzel*, Die neuere Rechtsprechung des BGH zum Wohnungseigentum, ZWE 2000, 550, ZWE 2002, 1.

1   Das Verfahren in Wohnungseigentumssachen gem. §§ 43 ff. WEG betrifft bis auf diejenigen gem. § 43 Abs. 1 Nr. 3 WEG **echte Streitsachen der Freiwilligen Gerichtsbarkeit** und nimmt eine Zwischenstellung zwischen dem Parteiprozess nach der ZPO und den reinen Amtsverfahren der Freiwilligen Gerichtsbarkeit ein.

2   Zweck der das FGG-Verfahren z.T. modifizierenden Verfahrensvorschriften im WEG ist es, unter prinzipieller Geltung des Amtsermittlungsprinzips (§§ 43 Abs. 1 WEG, 12 FGG) für Wohnungseigentumssachen ein Verfahren der freiwilligen Gerichtsbarkeit zur Verfügung zu stellen, das flexibler und schneller und im Hinblick auf die zu erwartende Vielzahl an beteiligten Wohnungseigentümern besser geeignet ist als der Zivilprozess.[1] Zum anderen ist das Verfahren v.a. insoweit dem Zivilprozess angenähert, als es weitgehend ein **dem Dispositionsgrundsatz unterliegendes Antragsverfahren** ist.

---

1 Vgl. BGHZ 59, 58, 61; 71, 314, 317; 78, 57, 65.

B. Schiedsvereinbarung, Vorschaltverfahren und Schlichtungsverfahren

§ 43 WEG bestimmt hierzu zunächst grundsätzlich, dass die Verfahren nach dem WEG nach dem Verfahren der **Freiwilligen Gerichtsbarkeit** entschieden werden und enthält gleichzeitig die Antworten auf die wichtigen Verfahrensfragen, nämlich zur örtlichen und sachlichen Zuständigkeit, zur Antragsberechtigung sowie zum Kreis der Beteiligten.

A. Die Zuständigkeit des Gerichts

Für die Verfahren nach § 43 Abs. 1 Nr. 1 bis 4 WEG ist **örtlich und sachlich** ohne Rücksicht auf den Wert des Streitgegenstandes **ausschließlich das Amtsgericht – Gericht für Wohnungseigentumssachen** – zuständig, in dessen Bezirk das **Grundstück** liegt. Bei der Frage, ob eine Streitigkeit im WEG-Verfahren oder im Zivilprozess auszutragen ist, ist maßgebend auf die Rechtsnatur des verfolgten Anspruchs abzustellen.[2] Der Zuständigkeitsregelung in § 43 Abs. 1 WEG liegt dabei das Bestreben des Gesetzgebers zugrunde, Streitfälle innerhalb einer Wohnungseigentümergemeinschaft in möglichst weitgehendem Umfang dem Verfahren der freiwilligen Gerichtsbarkeit zu unterstellen.[3]

Dementsprechend ist die Zuständigkeitsbestimmung des § 43 Abs. 1 WEG weit auszulegen,[4] und es spricht im Zweifel eine Vermutung für die Zuständigkeit der Wohnungseigentumsgerichte bei allen gemeinschaftsbezogenen Verfahrensgegenständen.[5] Diesem mit § 43 WEG verfolgten Zweck wird nur dann Rechnung getragen, wenn für die Zuständigkeit der Wohnungseigentumsgerichte maßgebend ist, dass das von einem Wohnungseigentümer oder einem Verwalter einer Wohnungseigentumsanlage in Anspruch genommene Recht oder die ihn treffende Pflicht in einem inneren Zusammenhang mit einer Angelegenheit steht, die aus dem Gesamtverhältnis der Wohnungseigentümer oder aus der Verwaltung des gemeinschaftlichen Eigentums erwachsen ist.[6]

B. Schiedsvereinbarung, Vorschaltverfahren und Schlichtungsverfahren

Zu beachten ist, dass eine **Schiedsvereinbarung** (§§ 1025 ff. ZPO) bestehen kann. Die diesbezügliche Rüge eines Beteiligten führt zur Unzulässigkeit eines Verfahrens nach § 43 WEG, sodass schon im Vorfeld einer gerichtlichen Auseinandersetzung nicht nur das Bestehen einer Schiedsvereinbarung **zu prüfen ist,** sondern auch, ob ein anderer Beteiligter, insbesondere der Gegner diese Rüge erheben wird.

Ferner können Teilungserklärung, Gemeinschaftsordnung oder eine sonstige Vereinbarung (ein Mehrheitsbeschluss wäre allerdings nichtig mangels Kompetenz der Eigentü-

---

2 Vgl. BGH, NJW 2002, 3709.
3 Vgl. BGHZ 59, 58, 62; 78, 57, 64, vgl. auch die Begründung des Regierungsentwurfs zu § 43 WEG, BR-Drucks. 75/51, S. 31.
4 Vgl. BGH, NJW-RR 1991, 907, 908; BayObLGZ 1989, 67, 68; 1998, 111, 114; OLG Stuttgart, NJW 1970, 102; Bärman/Pick/Merle, § 43 Rn. 6.
5 Vgl. BayObLGZ 1963, 161, 164; 1968, 233, 237; OLG Hamm, ZMR 1968, 271; Bärmann/Pick/Merle, § 43 Rn. 4; Palandt/Bassenge, § 43 WEG Rn. 1.
6 Vgl. BGHZ 59, 58, 62; 65, 264, 266; 78, 57, 63; 106, 34, 38 ff.; 130, 159, 165; BGH, NJW-RR 1991, 907, 908; BayObLGZ 1989, 67, 68; 1998, 111, 114; KG, NJW-RR 1988, 842, 843; Bärmann/Pick/Merle, § 43 Rn. 6.

merversammlung)⁷ ein sog. **Vorschaltverfahren** (z.B. Anrufung des Verwalters oder der Eigentümerversammlung zur vorherigen Schlichtung) vorsehen, ohne dass dabei ein nachfolgendes gerichtliches Verfahren ausgeschlossen werden könnte. In diesen Fällen ist die fehlende Durchführung dieses Verfahren ein **Prozesshindernis**.⁸

Das **Schlichtungsverfahren** nach § 15a EGZPO ist allerdings auch in einschlägigen Fällen keine Prozessvoraussetzung, weil es sich nur auf Klageverfahren bezieht.⁹

C. Die Verfahren nach § 43 WEG

I. § 43 Abs. 1 Nr. 1 WEG

Diese Regelung bezieht sich auf alle die Streitigkeiten, die sich auf die aus dem **Gemeinschaftsverhältnis** ergebenden Rechte und Pflichten beziehen (vgl. die §§ 10 bis 16 WEG). Darüber hinaus erfasst § 43 Abs. 1 Nr. 1 WEG die auf die **Verwaltung** (vgl. die §§ 20 bis 30 WEG) des gemeinschaftlichen Eigentums bezogenen Streitigkeiten ebenso wie **Schadensersatzansprüche**¹⁰ der Wohnungseigentümer untereinander sowie über einen Antrag auf Entziehung des Wohnungseigentums befindende Beschlüsse nach § 18 Abs. 3 WEG.¹¹ Weil die Verfahrenszuständigkeit von der Rechtsnatur des verfolgten Anspruchs bestimmt wird, besteht eine Zuständigkeit der Wohnungseigentumsgerichte auch bei Ansprüchen gegen den ausgeschiedenen Wohnungseigentümer.¹²

Zu beachten ist, dass Streitigkeiten um das **Eigentum** als solches oder der Streit über die **dingliche Zuordnung**, den **Inhalt** und den **Umfang** des **Sondereigentums** vor den **allgemeinen Zivilgerichten** auszutragen sind, weil sie die sachenrechtlichen Grundlagen des Wohnungseigentums (§§ 2 bis 9 WEG) berühren.¹³

II. § 43 Abs. 1 Nr. 2 und 3 WEG

Zu diesen das **Verhältnis der Wohnungseigentümer zum Verwalter** betreffenden Streitigkeiten zählen v.a.
- die Aufgaben und Befugnisse nach § 27 WEG,
- die Einberufung einer Wohnungseigentümerversammlung nach § 24 Abs. 2 WEG,
- die Aufstellung eines Wirtschaftsplans nach § 28 Abs. 1 WEG,
- die Vorlage der Jahresabrechnung gem. § 28 Abs. 3 WEG,
- die Rechnungslegung gem. § 28 Abs. 4 WEG,
- Anträge auf Berichtigung einer vom Verwalter erstellten Versammlungsniederschrift,
- Ansprüche aus dem Verwaltervertrag,
- Schadensersatzansprüche gegenüber dem Verwalter sowie

---

7 Vgl. BGHZ 145, 158 = NJW 2000, 3500.
8 Vgl. BayObLG, NJW-RR 1996, 910.
9 Vgl. Palandt/Bassenge, § 43 Rn. 1.
10 Zu diesen vgl. näher § 3 Rn. 263 ff.
11 Vgl. hierzu § 3 Rn. 300 ff.
12 Vgl. BGH NJW 2002, 3709.
13 Vgl. BGHZ 73, 302 = NJW 1979, 2391; BGHZ 130, 159 = NJW 1995, 2851.

- der Antrag des Verwalters auf Feststellung der Unwirksamkeit einer Kündigung seines Verwaltervertrages.[14]

Nach § 43 Abs. 1 Nr. 3 WEG wird auf Antrag eines Wohnungseigentümers oder eines Dritten über die Bestellung eines **Notverwalters** (§ 26 Abs. 3 WEG) entschieden.

III. § 43 Abs. 1 Nr. 4 WEG

§ 43 Abs. 1 Nr. 4 WEG bezieht sich auf Anträge zur **Ungültigerklärung** (§ 23 Abs. 4 WEG) als auch auf die Geltendmachung der **Nichtigkeit** von Beschlüssen.[15]

IV. Entscheidung nach „billigem Ermessen", § 43 Abs. 2 WEG

Nach § 43 Abs. 2 WEG ist der Richter für den Inhalt seiner Entscheidung zunächst an die **Vereinbarungen und an Beschlüsse** der Wohnungseigentümer (die das Gesetz wirksam abbedingen können) sowie an das **Gesetz** – das ist die gesamte Rechtsordnung – gebunden.

Nur wenn sich aus diesen Gesichtspunkten für die zu erlassende Entscheidung keine Grundlage ergibt, entscheidet der Richter nach **billigem Ermessen**.[16] Der Richter kann dabei im Rahmen seiner **fürsorglich gestalterischen Tätigkeit** insbesondere abgelehnte Mehrheitsentscheidungen der Wohnungseigentümer ersetzen, wenn dies den Grundsätzen der ordnungsgemäßen Verwaltung (vgl. § 21 Abs. 3 WEG) entspricht.[17] Die gerichtliche Ersetzung ist allerdings ultima ratio und scheidet solange aus, als nicht ergebnislos versucht worden ist, eine dem Gesetz entsprechende Tätigkeit des in erster Linie zuständigen Beschlussorgans, nämlich der Eigentümerversammlung, zu erreichen.[18]

D. Wohnungseigentumssachen als FGG-Verfahren

Gemäß § 43 Abs. 1 WEG handelt es sich bei den WEG-Sachen um **Verfahren der freiwilligen Gerichtsbarkeit**. Dies bedeutet, dass die Bestimmungen des FGG dann anzuwenden sind, soweit das WEG in den §§ 44 bis 50 keine vorrangige Regelung enthält.

Auf Grund der ausdrücklichen gesetzlichen Ausnahmeregelung in § 43 Abs. 1 Nr. 1 WEG unterfallen allerdings die sich aus der Aufhebung der Gemeinschaft (§ 17 WEG) ergebenden Ansprüche und die Klage auf Entziehung des Wohnungseigentums nach §§ 18, 19, 51 WEG der **ZPO**.[19] Der Anspruch nach § 11 Abs. 1 S. 3 WEG auf Aufhebung und die Beschlussfassung zur Entziehung des Eigentums nach § 18 WEG unterliegen aber dem **FGG-Verfahren**.

---

14 Vgl. BGH, NJW 2002, 3240.
15 Zu § 43 Abs. 1 Nr. 4 WEG vgl. ausführlich unten § 2.
16 Vgl. BGH, NJW 1993, 593.
17 Vgl. KG, DWE 1991, 117.
18 Vgl. KG, DWE 1991, 117.
19 Zum Verfahren auf Entziehung des Wohnungseigentums vgl. unten § 3 Rn. 300 ff.

E. Amtsermittlung und Gehörsgewährung in Wohnungseigentumssachen

18 Gemäß § 12 FGG, auf den sich § 43 Abs. 1 WEG natürlich auch bezieht, sind zwar von Amts wegen die zur Feststellung der Tatsachen erforderlichen Ermittlungen zu treffen und die geeignet erscheinenden Beweise zu erheben. Die Ermittlungspflicht ist aber, soweit es sich um **echte Streitverfahren** der Freiwilligen Gerichtsbarkeit handelt, durch die Darlegungs- und Förderungslast der Beteiligten begrenzt. **Amtsermittlungsgrundsätze** gelten daher nur insoweit, als das Vorbringen der Beteiligten Anlass zu Ermittlungen gibt,[20] weil das Gericht davon ausgehen kann, dass sie die ihnen vorteilhafte Umstände von sich aus vorbringen.[21] Das Gericht ist dann auch an Beweisanträge nicht gebunden, bindende Beweisregeln gibt es nicht.

19 Diese Modifizierungen des Amtsermittlungsprinzips bedeuten aber **insbesondere**,[22] dass

- kein Verstoß gegen § 12 FGG vorliegt, wenn das Gericht sich bei seiner Entscheidung auf den glaubhaften Vortrag eines Beteiligten stützt, ohne dass der Gegner diesen bestritten hat,
- die Pflicht zu Ermittlungen dort endet, wo es ein Beteiligter in der Hand hat, durch Abgabe der notwendigen Erklärungen und Vorlage der notwendigen Beweismittel eine seinen Interessen entsprechende Entscheidung herbeizuführen[23] und
- ein Anerkenntnis als Zugeständnis der anspruchsbegründenden Tatsachen eine weitere Sachaufklärung entbehrlich machen kann.[24]

20 Dem WEG-Gericht ist aber umgekehrt nicht etwa die Vornahme einer **eigenen Sachprüfung** freigestellt,[25] insbesondere hat das Gericht vor einer solchen im Prozess auch die sich aus § 139 ZPO ergebenden Hinweispflichten zu beachten.

21 Aus **Art. 103 GG** folgt schließlich die Pflicht des Gerichts, nur die Tatsachen bei seiner Sachentscheidung zu berücksichtigen, zu denen sich die Beteiligten vorher äußern konnten. Anträge und Ausführungen der Beteiligte müssen mithin solange zur Kenntnis genommen und in die Entscheidungsfindung mit einbezogen werden, als die zu treffende Sachentscheidung nicht an die Beteiligten hinausgegeben wurde, mag sie durch die Unterschrift des oder der Richter auch schon existent sein.[26]

F. Antrag und Gegenantrag im Verfahren nach dem WEG

22 Das Gericht wird in den echten Streitverfahren der Freiwilligen Gerichtsbarkeit, mithin auch in den Verfahren nach § 43 Abs. 1 WEG, nur auf **Antrag** tätig. An den Antrag ist das WEG-Gericht im Rahmen der entsprechenden Anwendung des **§ 308 Abs. 1 ZPO**

---

20 Vgl. BayObLG, NJW-RR 2002, 1207; KG, NJW-RR 1999, 92.
21 Vgl. BGHZ 146, 241= NJW 2001, 1212.
22 Nähere Ausführungen zum Amtsermittlungsgrundsatz bei den echten Streitsachen der FG finden sich noch unter § 2 Rn. 108ff.
23 Vgl. BGH, NJW 1988,1839; NJW 1994, 580.
24 Vgl. BayObLG, WE 1989, 209.
25 Vgl. BayObLG, WoM 1996, 661.
26 Vgl. BVerfGE 11, 218; OLG Köln ZMR 2001, 571; BayObLG, NJW-RR 1999, 1685.

gebunden. Der Antrag unterliegt **keiner bestimmten Form**, vgl. § 11 FGG, der den Beteiligten die Antragstellung nur erleichtern will.[27]

Auch wenn Anträge im Verfahren nach dem WEG bei fehlender Eindeutigkeit analog § 133 BGB – wie die Prozesshandlungen allgemein – im weiten Umfang **auszulegen** sind, sollte sich der Rechtsanwalt immer um einen **verfahrensadäquaten Antrag** bemühen, um Verfahrensverzögerungen durch Hinweise des Gerichts analog § 139 ZPO zu vermeiden. Der **Antrag** kann nach den auch unter der ZPO geltenden Grundsätzen als verfahrensgestaltende Erklärung **weder** unter eine **außerprozessuale Bedingung gestellt**[28] **noch angefochten werden.**

Nach allgemeiner Meinung kann auch im Verfahren nach dem WEG bis zum Erlass der Endentscheidung, d.h. nicht mehr nach Antragsrücknahme oder Erledigung der Hauptsache, über den Primärantrag ein **Gegenantrag** analog § 33 Abs. 1 ZPO gestellt werden. Für die weiteren Zulässigkeitsvoraussetzungen gelten die zur **Widerklage** im Bereich der ZPO entwickelten, teilweise umstrittenen Grundsätze.[29]

G. Die Antragsberechtigung

Die Antragsberechtigung, die entsprechend der in §§ 43 Abs. 1 WEG und 20 FGG geregelten Grundnormen eine Zulässigkeitsvoraussetzung darstellt, kann nur vom **Einzelfall** her betrachtet werden.[30]

Maßgebend ist vor allem die Frage,
- ob ein einzelner Antrag stellender Wohnungseigentümer ein eigenes Recht
- oder einen Anspruch geltend macht, der allen Wohnungseigentümern nur gemeinsam zusteht,
- oder ein Wohnungseigentümer oder ein Dritter ein fremdes Recht im eigenen Namen (in sog. Verfahrensstandschaft) geltend machen.

Im **ersten Fall** steht dem Wohnungseigentümer o.w. eine Antragsberechtigung zu, im **zweiten Fall** kann er nach zutreffender Ansicht gem. §§ 432 Abs. 1, 1011 BGB ebenfalls im eigenen Namen Leistung an die Gemeinschaft der Wohnungseigentümer verlangen.[31] Im **letzten Fall** bedarf der Wohnungseigentümer oder der Dritte einer besonderen Ermächtigung (vgl. § 27 Abs. 2 Nr. 5 WEG für den Verwalter) durch Vereinbarung oder wenigstens Beschluss sowie eines schutzwürdigen Interesses für das Auftreten als Verfahrensstandschafter.[32]

---

27 Vgl. BGH, Rpfleger 1957, 345.
28 Echte Hilfsanträge, das sind von der Entscheidung über einen Hauptantrag abhängige Anträge, sind allerdings nach allgemeinen Grundsätzen, die auch im Bereich der Antragsverfahren des FGG gelten, o.w. möglich, z.B. der Antrag, einen Wohnungseigentümer zur Beseitigung einer baulichen Veränderung, hilfsweise insoweit zu Schadensersatz zu verpflichten, vgl. Bärmann/Pick/Merle, § 44 Rn. 30; OLGReport Hamm 2003, 330.
29 Vgl. hierzu Thomas/Putzo/Reichold/Hüßtege, § 33 Rn. 4ff.; Bärmann/Pick/Merle, § 44 Rn. 38.
30 Es muss daher auf die einzelnen Prozesssituationen unten unter §§ 2ff. verwiesen werden, bei denen die Frage, wer als Antragsteller und Antragsgegner in Frage kommt, jeweils angesprochen wird.
31 Vgl. BayObLG, DWE 1993, 126. Nach a.A. bedürfte er allerdings eines entsprechenden ermächtigenden Mehrheitsbeschlusses, vgl. Bärmann/Pick/Merle, § 21 Rn. 21.
32 Zur Verfahrensstandschaft des Verwalters vgl. ausführlich unten § 3 Rn. 135 ff.

H. Rechtsschutzinteresse

28 Die Zulässigkeit des Antrags erfordert ein **Rechtsschutzbedürfnis**. Ein solches ist nach allgemeinen Grundsätzen nicht gegeben, wenn kein berechtigtes Interesse an der Entscheidung besteht, insbesondere weil das Rechtsschutzziel einfacher erreicht werden kann.[33]

I. Beteiligte

1. Grundsätze

29 Am Verfahren beteiligt sind der oder die **Antragsteller**, darüber hinaus die in § 43 Abs. 4 WEG bezeichneten Personen. Zunächst ist zu beachten, dass die **Wohnungseigentümergemeinschaft** nach ganz h.M. **nicht beteiligtenfähig** ist, da sie keine eigene Rechtspersönlichkeit hat. Sie kann daher als solche weder Antragstellerin noch Antragsgegnerin sein.[34] Die **Bezeichnung** „Wohnungseigentümergemeinschaft X-straße, vertreten durch den Verwalter Y" ist aber ausreichend, um die Antragsschrift zuzustellen. Die Beifügung einer vollständigen **Eigentümerliste**, die auch noch später im Laufe des Verfahrens nachgereicht werden kann, ist notwendig, aber ausreichend.[35]

30 Zu den Beteiligten gehören daher zunächst in allen Verfahrensarten gem. § 43 Abs. 4 Nr. 1 bis 3 WEG die sämtlichen oder alle restlichen **Wohnungseigentümer**, die im **Zeitpunkt der Antragstellung** im Grundbuch eingetragen sind und damit der Gemeinschaft angehören.[36] Das Gericht muss aber die formell am Verfahren gem. § 43 Abs. 4 WEG beteiligten Wohnungseigentümer nicht beiziehen, wenn sie offensichtlich kein Interesse am Verfahren haben oder wenn sie vom Gegenstand des Verfahrens überhaupt nicht betroffen werden bzw. ihre Rechte in keiner Weise betroffen sein können.[37]

31 Ausnahmsweise muss auch der **vor** Rechtshängigkeit **ausgeschiedene** Eigentümer beteiligt werden, wenn gegen ihn Ansprüche aus dem Gemeinschaftsverhältnis geltend gemacht werden.[38] Eigentümer, die **nach** Einleitung des Verfahrens aus der Gemeinschaft **ausscheiden**, behalten ihre aktive oder passive Verfahrensführungsbefugnis, so dass insbesondere der Erwerber durch das Gericht nicht formell beteiligt werden muss und ohne Ausscheiden des Veräußerers auch nicht darf.[39]

32 Ferner ist der amtierende **Verwalter** gem. § 43 Abs. 4 Nr. 2 WEG Beteiligter, wenn es um seine Rechte und Pflichten geht. Nach dieser Regelung ist er auch im Beschlussan-

---

33 Vgl. BayObLG NJW-RR 1996, 910; zu möglichen Problemen im Zusammenhang mit dem Rechtsschutzbedürfnis vgl. die Ausführungen zu den einzelnen Prozesssituationen unten unter §§ 2 ff.
34 Vgl. BGH, NJW 1998, 3279; BayObLG, FGPrax 2001, 189 = ZMR 2001, 363; ZMR 2002, 136. Dies gilt insbesondere auch vor dem Hintergrund der Rechtsprechung zur Parteifähigkeit einer Gesellschaft des bürgerlichen Rechts (BGHZ 146, 341 = NJW 2001, 1056), vgl. Drasdo, NJW 2004, 1988 unter Bezugnahme auf BGH, NJW-RR 2004, 874.
35 Vgl. die Ausführungen zu den Verfahren nach § 43 Abs. 1 Nr. 4 WEG unter § 2 Rn. 115.
36 Vgl. BayObLG NJW-RR 1986, 564; ZMR 2001, 364.
37 Dies gilt entgegen dem Wortlaut des § 43 Abs. 4 WEG nach Sinn und Zweck dieser Vorschrift, vgl. BGHZ 115, 253 = NJW 1992, 182; OLG Hamburg, FGPrax 2001, 60.
38 Vgl. BGH NJW 2002, 3709; KG FGPrax 2002, 161.
39 Vgl. BGH, NJW 2001, 3339; BayObLG, ZMR 2001, 990; KG, FGPrax 2000, 95.

fechtungsverfahren weiterer Beteiligter, und zwar auch dann, wenn der Beschluss vor seiner Amtszeit gefasst wurde.[40] Der **ausgeschiedene Verwalter** kann Beteiligter sein, wenn und soweit seine Rechte und Pflichten aus der Zeit vor dem Ausscheiden Gegenstand des Verfahrens sind.

Schließlich gelten für die Änderung, d.h. den **Wechsel oder den Beitritt von Beteiligten** die zur **Antragsänderung**[41] entwickelten Grundsätze, d.h. Voraussetzung ist entweder die Einwilligung sämtlicher alter und neuer Beteiligter oder die vom Gericht erkannte Sachdienlichkeit.[42]

33

II. Verfahrensstandschaft

Der Verwalter oder ein einzelner Wohnungseigentümer können im eigenen Namen die Rechte von anderen Eigentümern geltend machen, wenn sie dazu durch den Verwaltervertrag, die Gemeinschaftsordnung oder durch einen Mehrheitsbeschluss ermächtigt wurden, sog. Verfahrensstandschaft.[43]

34

J. Streitverkündung und Nebenintervention

Streitverkündung und Nebenintervention sind in entsprechender Anwendung der ZPO-Vorschriften zulässig. Die Interventionswirkung der §§ 68, 74 ZPO einer im Zivilprozess ausgebrachten Streitverkündung ist in einem Verfahren nach § 43 Abs. 1 Nr. 1 WEG zu beachten, ohne dass der Amtsermittlungsgrundsatz des § 12 FGG entgegenstünde.[44]

35

K. Sonstige Verfahrensgrundsätze – Kostenentscheidung

I. Mündliche Verhandlung

Nach § 44 Abs. 1 WEG hat in aller Regel in den Tatsacheninstanzen über einen zulässigen Antrag oder eine zulässige erstinstanzliche Beschwerde eine **mündliche Verhandlung** stattzufinden. Zweck einer mündlichen Verhandlung ist wie auch im Zivilprozess die bessere Gewährung rechtlichen Gehörs verbunden mit der Möglichkeit, zu einer besseren Sachaufklärung zu gelangen.[45] Von dem Erfordernis einer mündlichen Verhandlung darf daher nur in **Ausnahmefällen** abgewichen werden, etwa wenn eine gütliche Einigung nicht zu erwarten und das rechtliche Gehör auf andere Weise sichergestellt ist.[46]

36

---

40 Vgl. BGH NJW 1998, 755.
41 Zu dieser vgl. unten Rn. 135 ff.
42 Vgl. insoweit auch die zur Parteiänderung im Zivilprozess entwickelten Grundsätze, z:B. bei Thomas/Putzo/Reichold/Hüßtege, vor § 50 Rn. 11 ff. und BGHZ 65, 264 = NJW 1976, 239 sowie NJW 1987, 1946.
43 Hierzu ausführlich unter § 3 A. mit entsprechenden Mustern unter § 3 B. bis E.
44 Vgl. OLG Hamm, NJW-RR 1996, 335 und ausführlich zur Streitverkündung mit Muster unten § 3 Rn. 282 ff., 297.
45 Vgl. BGHZ 106, 34 = NJW 1989, 714; BGHZ 139, 288 = NJW 1998, 3713; BayObLGZ 1990, 173; OLG Hamm, FGPrax 1998, 137.
46 Vgl. BGHZ 139, 288 = NJW 1998, 3713.

Boeckh

37 Art. 6 Abs. 1 S. 1, 2 EMRK bestimmt, dass die mündliche Verhandlung **öffentlich** stattzufinden hat und die Entscheidung öffentlich zu **verkünden** ist.[47] Davon darf nur in besonderen und zu begründenden Fällen abgesehen werden.

38 § 44 Abs. 1 WEG ordnet schließlich in Anlehnung an § 278 Abs. 1 ZPO an, dass das Gericht auf eine **gütliche Einigung** hinzuwirken habe. Für das **Zustandekommen** eines gerichtlichen **Vergleichs** sind die Grundsätze der ZPO über den Prozessvergleich entsprechend heranzuziehen,[48] vgl. hierzu die §§ 160 Abs. 3 Nr. 1, 162 Abs. 1, 163 und 278 Abs. 6 ZPO. Die Vollstreckung aus dem gerichtlichen Vergleich geschieht gem. § 45 Abs. 3 WEG nach den Regelungen der ZPO,[49] wobei § 33 FGG mangels Verfügung des Gerichts nicht zur Anwendung kommt.[50]

II. Erledigung der Hauptsache

39 Wie im Zivilprozess, aber auch in allen anderen Verfahren der freiwilligen Gerichtsbarkeit **erledigt sich** im WEG-Verfahren die Hauptsache, wenn **nach** Einleitung des Verfahrens ein Ereignis eintritt, das eine Änderung der **Sach- und Rechtslage** herbeiführt, so dass der Verfahrensgegenstand **fortfällt** und die Weiterführung des Verfahrens mit dem Ziel einer Sachentscheidung **keinen Sinn mehr hätte**.[51] Die aufgrund einer Erledigungserklärung oder von Amts wegen zu treffende Feststellung der Erledigung setzt aber im Unterschied zum Zivilprozess **nicht voraus**, dass der Antrag bei Rechtshängigkeit zulässig und begründet war,[52] weswegen auch anders als dort keine der materiellen Rechtskraft fähige Entscheidung über das Bestehen eines Anspruchs ergeht.[53] Der Eintritt materieller Rechtskraft im Falle der Erledigung verträgt sich nämlich nicht mit dem Amtsermittlungsprinzip des § 12 FGG, wonach im Falle des Nichtergehens einer echten Sachentscheidung jederzeit wieder von neuem auf Antrag geprüft werden muss, ob ein Bedürfnis für eine solche besteht.

40 Folge des Amtsermittlungsprinzips im WEG-Verfahren ist daher auch, dass das Gericht, weil es den Eintritt der Erledigung in jeder Lage des Verfahrens **von Amts wegen** zu beachten hat, die Erledigung der Hauptsache auch dann feststellen muss, wenn der Antragsteller das Verfahren **nicht für erledigt erklärt**, obwohl Erledigung eingetreten ist. Hiergegen ist ein Rechtsmittel unter den Voraussetzungen des § 45 WEG wie gegen die Abweisung der Hauptsache zulässig.

1. Einseitige Erledigungserklärung

41 Erklärt der Antragsteller die Hauptsache **einseitig** für erledigt, beschränkt sich sein Interesse darauf, gegenüber dem sich der Erledigung widersetzenden Antragsgegner

---

47 Vgl. BayObLG, NJW-RR 1988, 1151; KG, NJW-RR 1990, 456.
48 Vgl. hierzu etwa Thomas / Putzo / Reichold / Hüßtege, § 794 Rn. 2 ff.
49 BayObLG, WuM 1999, 358.
50 BayObLG, NJW-RR 1990, 594.
51 Vgl. BGH, NJW 1982, 2505; BayObLG, NJW-RR 2002, 373.
52 Vgl. BayObLG, ZMR 1996, 680; ZMR 1998, 506; OLG Hamm, FGPrax 1999, 48; a.A. OLG Stuttgart, OLGZ 1985, 395, wonach das Gericht wie im Zivilprozess im Falle einer einseitigen Erledigung der Hauptsache prüfen muss, ob der Anspruch von Anfang an unbegründet gewesen sei.
53 Vgl. OLG Hamm, FGPrax 1999, 48.

eine ihm günstige Entscheidung über die bisherigen Kosten des Verfahrens herbeizuführen. Das Gericht hat danach die **Feststellung der Erledigung** auszusprechen, wenn nach den o.g. Voraussetzungen Erledigung tatsächlich eingetreten ist. Hiergegen kann der Antragsgegner ohne Rücksicht auf eine materielle Beschwer **sofortige Beschwerde** nach § 45 WEG einlegen. Andererseits ist der Antrag **zurückzuweisen**, wenn tatsächlich keine Erledigung eingetreten ist; auch hiergegen kann unter den Voraussetzungen des § 45 WEG Rechtsmittel eingelegt werden.[54]

2. Übereinstimmende Erledigungserklärung

Die Verfahrensbeteiligten können – wie im Zivilprozess – das Verfahren durch **übereinstimmende Erledigungserklärungen** mit Bindungswirkung gegenüber dem Gericht beenden. Eine übereinstimmende Erledigungserklärung kann sich auch aus den Umständen ergeben, v.a., wenn der Antragsgegner der Erklärung des Antragstellers nicht widersprochen hat.[55] In einem solchen Fall hat das Gericht analog § 91a Abs. 1 S. 1 ZPO nur mehr isoliert nach § 47 WEG über die Kosten zu entscheiden. Diese Kostenentscheidung kann nach §§ 20a, 27 Abs. 2 FGG mit der sofortigen Beschwerde und der sofortigen weiteren Beschwerde[56] angefochten werden.

42

III. Antragsänderung

Eine Änderung des Antrags im Verfahren nach dem WEG ist nach ganz überwiegender Meinung analog §§ 263 ff. ZPO zulässig,[57] d.h. bei konkludenter (§ 267 ZPO analog) oder ausdrücklicher Einwilligung des Antragsgegners, in den Fällen des § 264 ZPO (analog) sowie bei Sachdienlichkeit.

43

IV. Antragsrücknahme

Die **Rücknahme des Antrages** ist wegen der Besonderheiten des Verfahrens der Freiwilligen Gerichtsbarkeit jederzeit ohne die Einschränkung des § 269 Abs. 1 ZPO möglich.[58]

44

V. Die Kostenentscheidung gem. § 47 WEG

Welcher der formell am Erkenntnisverfahren Beteiligten die Gerichtskosten zu tragen und evtl. die Auslagen anderer Beteiligter zu erstatten hat, bestimmt sich nach **§ 47 WEG**. Im Rahmen der nach **billigem Ermessen** erfolgenden Entscheidung über die

45

---

54 Vgl. BayObLG, ZMR 2001, 366; OLG Hamm, FGPrax 1999, 48.
55 Vgl. BayObLG, ZMR 1999, 574. Hierbei ist seit Inkrafttreten des „Ersten Justizmodernisierungsgesetzes" zum 1.9.2004 die Regelung des § 91a Abs. 1 S.2 ZPO zu beachten, wonach dem Antragsgegner vom Gericht eine Notfrist von zwei Wochen zur Erklärung über die Erledigungserklärung gesetzt werden kann, nach deren Ablauf die Zustimmung fingiert wird, wenn auf diese Folge hingewiesen wurde.
56 Zu den Rechtsmitteln im Verfahren nach dem WEG vgl. noch unten § 7.
57 Vgl. BayObLG, WE 1991, 77; OLG Hamm, NJW-RR 1988, 849; Bärmann / Pick / Merle, § 44 Rn. 37.
58 Vgl. OLG Hamm, NJW 1973, 2300, 2301; KG, WE 1988, 62; BayObLGZ 1973, 30, 32; WE 1990, 214, 215; WE 1992, 51; Bärmann / Pick / Merle, § 44 Rn. 91, m.w.N.; zu beachten ist aber, dass diese Auffassung nicht unbestritten ist, vgl. OLG Düsseldorf, NJW 1980, 349; Staudinger / Wenzel, § 43 WEG Rn. 51; Palandt / Bassenge, § 43 WEG Rn. 13, weshalb bei erkennbarer momentaner Aussichtslosigkeit eines Antrages auf Grund Beweisschwierigkeiten dieser möglichst frühzeitig und v.a. vor der Antragstellung des Antragsgegners zurückgenommen werden sollte, um keine rechtskräftige Abweisung des Antrags zu riskieren. Vgl. auch das Muster unter Rn. 426.

Gerichtskosten und außergerichtlichen Auslagen muss das Gericht **begründen**, welche Gesichtspunkte und Erwägungen eine Entscheidung bestimmen.[59] Trotz der „Billigkeitsentscheidung" sind die **allgemeinen kostenrechtlichen Grundsätze**, v.a., dass derjenige die Kosten trägt, der unterliegt, sowie das sog. kostenrechtliche **Veranlassungsprinzip**, zu beachten. Auch darf ein **materieller Kostenerstattungsanspruch**, etwa als Anspruch auf Ersatz des Verzögerungsschadens gem. §§ 280 Abs. 2, 286 BGB, berücksichtigt werden.[60]

46 Grundsätzlich dürfen nur einem **formell** am Verfahren **Beteiligten**[61] und nicht einem **Dritten** die Kosten auferlegt werden. Eine Kostenauferlegung sowie – entsprechend § 89 Abs. 1 S. 3 ZPO – die Überbürdung der der **Gegenseite** entstandenen außergerichtlichen Kosten auf den **Verwalter** kommt allerdings dann in Frage, wenn er wegen eigener Interessen oder aufgrund seines Verschuldens persönlich am Verfahren beteiligt ist oder wenn er den Anfall der Kosten wegen Verletzung seiner Vertragspflichten (§§ 675, 276 BGB) zu vertreten hat.[62] Dies ist etwa dann der Fall, wenn der Verwalter für Dritte auftritt, obwohl ihm keine Vollmacht erteilt oder die erteilte Vollmacht widerrufen worden ist.[63]

47 Der Verfahrensbeteiligte, dem die Kosten durch das Gericht **auferlegt wurden** oder der die **Kostenübernahme** erklärt hat, ist **vorrangiger** Kostenschuldner (§ 3 Nr. 1 und 2 KostO), ansonsten trägt sie der Antragsteller gem. § 2 Nr. 1 KostO. Mehrere Kostenschuldner haften für die **Gerichtskosten** als Gesamtschuldner (§ 5 Abs. 1 S. 1 KostO). Für die **außergerichtlichen Kosten** haften mehrere Erstattungspflichtige als Teilschuldner (§ 420 BGB), mehrere Erstattungsberechtigte sind Teilgläubiger.[64]

VI. Der Geschäftswert im WEG-Verfahren

48 Nach § 18 KostO berechnen sich die Gerichtsgebühren nach dem **Geschäftswert**. Diesen hat der Richter gemäß **§ 48 Abs. 3 S. 1 WEG** nach dem Interesse der Beteiligten an der Entscheidung von Amts wegen festzusetzen. Nach dem Geschäftswert ermittelt sich die Gebührenhöhe (§ 32 KostO). **Maßgebend** für seine Bemessung sind wegen der Rechtskraftwirkung der Entscheidung für und gegen alle Wohnungseigentümer (§ 45 Abs. 2 S. 2 WEG) **die voraussichtlichen Auswirkungen der vom Beschwerdeführer gewollten Änderungen für die anderen Miteigentümer**.[65]

49 Hierbei ist allerdings auch das **Kostenrisiko** für den Rechtssuchenden im Verhältnis zu seinem **Interesse** am Verfahren zu sehen. Insoweit muss der Geschäftswert gemäß **§ 48 Abs. 3 S. 2 WEG**, der den Zugang zu einem gerichtlichen Verfahren nicht durch übermäßige Wertansätze erschweren will,[66] ggf. niedriger festgesetzt werden. Dabei sind

---

59 Vgl. OLG Hamburg ZMR 2000, 483.
60 Vgl. BGH, NJW 1998, 755.
61 Vgl. BayObLGZ 1975, 238.
62 Vgl. BGHZ 111, 148 = NJW 1990, 2386; BayObLGZ 1975, 369.
63 Vgl. BGHZ 121, 397 = NJW 1993, 1865.
64 Vgl. Keidel/Kuntze/Winkler/Zimmermann, § 13a FGG Rn. 13.
65 Vgl. BGHZ 119, 216; BayObLGZ 1981, 292. Näheres vgl. zu den einzelnen Prozesskonstellationen unten unter §§ 2ff.
66 Vgl. BVerfGE 85, 337 = NJW 1992, 1673.

die besonderen Umstände des Einzelfalls zu berücksichtigen. Als Begrenzung nach oben wird zutreffend der **fünffache Wert** des persönlichen wirtschaftlichen Interesses des Antragstellers vorgeschlagen.[67]

VII. Die Gebühren im WEG-Verfahren, § 48 Abs. 1 WEG

Wenn es zu einer gerichtlichen Entscheidung in der **Hauptsache** kommt, die das Verfahren in der Instanz beendet, wird die **dreifache Gebühr** erhoben, vgl. § 48 Abs. 1 S. 2 WEG. Nur eine **halbe Gebühr** fällt hingegen an, wenn der Antrag zurückgenommen wird, bevor es zu einer gerichtlichen Entscheidung oder zu einem Vergleich gekommen ist, vgl. § 48 Abs. 1 S. 3 WEG.

In allen sonstigen Fällen entsteht eine **volle Gebühr**, § 48 Abs. 1 S. 1 WEG. Dies ist etwa der Fall bei der übereinstimmenden **Erledigterklärung**, wenn nur noch isoliert über die Kosten zu entscheiden ist,[68] oder wenn das Verfahren mit einem **Vergleich** endet. War ein Mahnverfahren vorgeschaltet, ist § 48 Abs. 1 S. 4 WEG zu beachten. Bei verschiedenen Gebührensätzen ist **§ 48 Abs. 2 WEG** zu beachten.

---

67 Vgl. OLG Hamm, FGPrax 2000, 185= ZWE 2000, 483.
68 Vgl. BayObLG, WuM 1994, 168.

§ 2 Streitigkeiten über die Wirksamkeit von Beschlüssen der Eigentümerversammlung

A. Antrag auf Ungültigerklärung (Anfechtung) eines Beschlusses der Eigentümerversammlung

I. Vorprozessuale Situation

1. Einberufung und Durchführung einer Eigentümerversammlung

a) Pflichten bei der Einberufung einer Eigentümerversammlung

52 Der **Verwalter** der Wohnungseigentümergemeinschaft bereitet in der Regel die Eigentümerversammlung vor und hält diese ab, vgl. § 24 WEG. Hierbei sind zur Vermeidung von Anträgen auf Anfechtung von Beschlüssen, die in der Eigentümerversammlung getroffen wurden (§§ 23 Abs. 4 S. 1, 43 Abs. 1 Nr. 4 WEG), sowohl die formellen Anforderungen an die Einberufung zu beachten als auch praktische Erwägungen zu den Modalitäten der Durchführung anzustellen.

53 *aa) Sorgfältige Planung der Eigentümerversammlung:* Gem. § 23 Abs. 1 WEG werden die Beschlüsse der Wohnungseigentümergemeinschaft in der **Eigentümerversammlung** getroffen. Ist eine solche überhaupt nicht einberufen worden, stellen die in ihr gefassten Beschlüsse Nicht- bzw. Scheinbeschlüsse dar.[69] Ist die Eigentümerversammlung fehlerhaft einberufen worden, können die in ihr ergangenen Beschlüsse gem. §§ 23 Abs. 4 S. 1, 43 Abs. 4 Nr. 1 WEG angefochten werden. Die nachfolgend dargestellten Anforderungen sind daher genau zu beachten.

54 *(1) Einberufung unter Angabe der Beschlussgegenstände:* Die Einberufung ist gem. § 24 Abs. 1 WEG Sache des **Verwalters**, kann aber durch Vereinbarung oder die Teilungserklärung auf andere Personen, etwa den Vorsitzenden des Verwaltungsbeirates übertragen werden.[70] Die ordentliche Eigentümerversammlung hat mindestens **einmal im Jahr** stattzufinden.[71]

55 Gem. § 23 Abs. 2 WEG ist für die Gültigkeit eines Beschlusses erforderlich, dass der **Gegenstand** in der Einladung bezeichnet ist. Dem ist genüge getan, wenn der Einladung eine **Tagesordnung** beigefügt ist, die Aufschluss über die Beschlussgegenstände der einberufenen Eigentümerversammlung gibt. Gerade bei der Erstellung der Tagesordnung kommt es aber häufig zu leicht zu vermeidenden Unvollständigkeiten, die wegen Verstoßes gegen § 23 Abs. 2 WEG zur Aufhebung von Beschlüssen, deren Gegenstand erst in der Eigentümerversammlung bekannt gegeben wird, führt. Der **Verwalter muss daher wissen,** welche Beschlussgegenstände nach den Grundsätzen der ordnungsgemäßen Verwaltung für jede ordentliche Jahresversammlung in die Tagesordnung aufzunehmen sind, welche in der konkreten Situation der Eigentümerversammlung aus

---

69 Vgl. OLG Hamm, WE 1993, 24 (spontanes Zusammentreffen einiger Wohnungseigentümer).
70 Vgl. BayObLG, NJW-RR 1987, 204.
71 Vgl. Bärmann/Pick/Merle, § 24 Rn. 6.

formellen und sachlichen Gesichtspunkten anstehen und welche auf Antrag einer Minderheit oder eines einzelnen Wohnungseigentümers zur Abstimmung zu bringen sind.

„Pflichtprogramm": In der Tagesordnung jeder turnusmäßig einmal im Jahr durchzuführenden Eigentümerversammlung, in der Beschlüsse zu fassen sind, müssen folgende Punkte aufgenommen werden: 56
- Begrüßung und Feststellung der Anwesenheit und Beschlussfähigkeit
- Genehmigung der Gesamt- und Einzelabrechnungen
- Genehmigung der Gesamt- und Einzelwirtschaftspläne
- Entlastung des Verwalters[72]
- Bestimmung eines Wohnungseigentümers für die Unterzeichnung des Versammlungsprotokolls

Besondere Tagesordnungspunkte bei **konkretem Bedarf** und auf **berechtigtes Verlangen**: Der Verwalter hat nach den Grundsätzen der ordnungsgemäßen Verwaltung **von sich aus** Beschlussgegenstände in die Eigentümerversammlung einzubringen und insoweit auch ein eigenes Antragsrecht.[73] 57

Der Verwalter ist analog § 24 Abs. 2 WEG **verpflichtet**, ohne Prüfung der Zweckmäßigkeit auf schriftlichen und mit einer Begründung zu versehenden Antrag **eines Viertels**[74] der Wohnungseigentümer einen Beschlussgegenstand zur Abstimmung in der Eigentümerversammlung zu stellen.[75] Hierbei kann es sich beispielhaft um Themen aus folgenden Gebieten handeln: 58
- Bauliche Veränderungen
- Instandsetzungs- und Modernisierungsmaßnahmen
- Gebrauchsregelungen (z.B. Änderungen der Hausordnung)
- Sonderumlagen und Erhöhung der Instandhaltungsrücklagen
- Neu- bzw. Abwahl des Verwalters
- Änderungen des Verwaltervertrages, insbesondere der Vergütung
- Ermächtigung des Verwalters zur gerichtlichen oder außergerichtlichen Geltendmachung von Ansprüchen der Wohnungseigentümergemeinschaft, § 27 Abs. 2 Nr. 5 WEG
- Neu- bzw. Abwahl des Verwaltungsbeirates

Auch ein **einzelner oder weniger als ein Viertel** der Wohnungseigentümer kann die Aufnahme eines Tagesordnungspunktes in die Einladung zur Eigentümerversammlung verlangen, wenn dies den Grundsätzen der ordnungsgemäßen Verwaltung entspricht.[76] 59

---

[72] Ein entsprechender Tagesordnungspunkt sollte aufgenommen werden, weil nach BGH, NZM 2003, 764 die Entlastung des Verwalters ordnungsgemäßer Verwaltung entspricht; a.A. BayObLG, NZM 2003, 154.
[73] Neben den Wohnungseigentümern steht nämlich auch dem Verwalter ein eigenes Antragsrecht zu, da er gesetzlich anfechtungsberechtigt gem. § 43 Abs. 1 Nr. 4 WEG ist, vgl. Bärmann/Pick/Merle, § 23 Rn. 23.
[74] Die Berechnung des Quorums erfolgt entsprechend § 25 Abs. 2 S. 1 WEG nach Köpfen; steht ein Wohnungseigentum mehreren gemeinschaftlich zu, so kann das Minderheitsrecht nur einheitlich ausgeübt werden, vgl. Palandt/Bassenge, § 24 WEG Rn. 1.
[75] Vgl. Köhler/Bassenge/Vandenhouten, Teil 5, Rn. 36.
[76] Vgl. BayObLG, ZWE 2001, 539; ZWE 2001, 603. Grund ist, dass in diesen Fällen (auch) die Pflicht des Verwalters zur ordnungsgemäßen Verwaltung die Aufnahme des Tagesordnungspunktes gebietet; dann muss auch eine entsprechende Berechtigung des einzelnen Wohnungseigentümers bestehen.

60 *(2) Bezeichnung der Beschlussgegenstände:* Gem. § 23 Abs. 2 WEG muss der Gegenstand, über den zu beschließen ist, **bei der Einberufung** der Eigentümerversammlung bezeichnet werden. Diese Bestimmung verhindert, dass die Wohnungseigentümer von erst kurzfristig in der Versammlung bekannt gegebenen Abstimmungsinhalten überrascht werden.[77] Ein konkreter Hinweis, dass über die in der Tagesordnung enthaltenen Gegenstände nicht nur beraten wird, sondern auch beschlossen werden kann, ist allerdings nicht erforderlich.[78] Auf die Frage, wie **genau** die einzelnen Beschlussinhalte in der Tagesordnung zu bezeichnen sind, gibt es keine allgemeingültige Antwort. Maßgebend ist das **Informationsbedürfnis** der Wohnungseigentümer, welches umso höher ist, je komplizierter, (v.a. wirtschaftlich) bedeutender und thematisch neuer sich der zur Abstimmung gestellte Sachverhalt darstellt.[79] Ein Verstoß gegen § 23 Abs. 2 WEG führt zur Anfechtbarkeit des jeweiligen Beschlusses.[80]

61 *(3) Form, sonstiger Inhalt und Zugang der Einberufung:* Die Einberufung hat, sofern nicht eine Vereinbarung der Wohnungseigentümer oder die Teilungserklärung etwas anderes bestimmen, gem. § 24 Abs. 4 S. 1 WEG in **Textform** gem. § 126b BGB zu erfolgen.[81] Dies bedeutet, dass die Einladung in dauerhaft lesbarer Form abgegeben wird, der Aussteller der Erklärung (d.h. regelmäßig der Verwalter, § 24 Abs. 1 WEG) genannt wird und der Abschluss der Erklärung durch Nachbildung der Namensunterschrift oder anders (durch Datum, Gruß oder ähnliches) deutlich erkennbar ist. Die **Schriftform** gem. § 126 BGB ersetzt die Textform. Die Mitteilung der Einladung durch **Computer-Fax** oder **E-Mail** genügt den Lesbarkeitsanforderungen des § 126b BGB, wenn der Empfänger den Text auf seinem Bildschirm lesen kann.

62 In diesen Fällen ist aber dem **Zugangserfordernis** des § 130 BGB nur Genüge getan, wenn der Adressat zu erkennen gegeben hat, dass er mit einer Übermittlung in elektronischer Form einverstanden ist.[82] Die Einladung muss **Ort und Zeit** der Eigentümerversammlung genau bezeichnen. Unklarheiten führen insoweit dazu, dass von einer Nichteinladung auszugehen ist und die getroffenen Beschlüsse auf Anfechtung hin der Ungültigerklärung unterliegen.[83]

63 Der Verwalter muss schließlich dafür Sorge tragen, dass die Einberufungsschreiben den Wohnungseigentümern auch **zugehen** (§§ 130 bis 132 BGB) und der Zugang beweisbar ist. Hierfür bietet sich die Einschaltung eines in einem Prozess als Zeugen tauglichen **Boten** an, der die Zustellung nach Zeit und Ort protokolliert.

64 *bb) Praktische Erwägungen zur Einberufung einer Eigentümerversammlung:* Der die Eigentümerversammlung vorbereitende Verwalter hat zur Vermeidung späterer Anträge auf Beschlussanfechtung auch Überlegungen zu den **Modalitäten**, insbesondere der Auswahl von Ort und Zeit der Eigentümerversammlung anzustellen.

---

77 Vgl. BayObLG, NJW-RR 2001, 374; Bärmann/Pick/Merle, § 23 Rn. 68.
78 Vgl. OLG Köln, NZM 2003, 121; Köhler/Bassenge/Vandenhouten, Teil 5, Rn. 43.
79 Vgl. Bärmann/Pick/Merle, § 23 Rn. 69; Köhler/Bassenge/Vandenhouten, Teil 5, Rn. 44ff., mit Beispielen.
80 Vgl. BayObLG, NJW-RR 1990, 784.
81 Vgl. Palandt/Bassenge, § 24 WEG Rn. 9.
82 Vgl. zu dieser Problematik insgesamt Palandt/Bassenge, § 126b Rn. 2 bis 5.
83 Vgl. Palandt/Bassenge, § 24 WEG Rn. 6.

Hierbei ist zunächst die Regelung des § 24 Abs. 4 S. 2 WEG zu beachten, wonach die **Frist** zur Einberufung **mindestens eine Woche** betragen soll. Fristbeginn ist der Zeitpunkt, an dem **regelmäßig** mit einem Zugang gerechnet werden kann, also mindestens zwei Tage nach Versenden des Einberufungsschreibens.[84] Für die Berechnung dieser Frist gelten die §§ **186ff.** BGB, wobei § 193 BGB keine Anwendung findet.[85] Gem. § 24 Abs. 4 S. 2 Hs. 2 WEG kann die Ladungsfrist bei besonderer **Dringlichkeit**, etwa bei sofort notwendigen Sanierungsmaßnahmen, angemessen verkürzt werden, ohne die Miteigentümer an der Ausübung ihres Stimmrechts zu hindern. Ein **Verstoß** gegen § 24 Abs. 4 S. 2 WEG ist nach zutreffender Ansicht folgenlos und die hierauf ergangenen Beschlüsse **nicht anfechtbar**, weil es sich bei der Regelung um eine reine Soll-Vorschrift handelt.[86] Deswegen ist es aber für die Wohnungseigentümer ratsam, eine **bindende Frist** zu vereinbaren, die **mindestens zwei Wochen** betragen sollte, um allen, insbesondere auswärtigen Wohnungseigentümern die Möglichkeit zu geben, ihre Terminplanung auf den Zeitpunkt der Eigentümerversammlung abzustimmen.

65

Zu den Einzelheiten von **Ort und Zeitpunkt** der Eigentümerversammlung enthält das WEG keine näheren Bestimmungen. Ohne diesbezügliche Regelung in der Teilungserklärung, der Gemeinschaftsordnung oder dem Verwaltervertrag liegt es im billigen Ermessen ordnungsgemäßer Verwaltung des Einberufenden, wo und wann die Versammlung stattfindet. Der **Ort** der Eigentümerversammlung muss in erreichbarer Nähe der Wohnungseigentumsanlage gelegen und mit zumutbarem Aufwand zu erreichen sein.[87] Die **konkrete Räumlichkeit** muss die Nichtöffentlichkeit der Versammlung in gesonderten oder abgetrennten Räumen[88] sowie ein von äußeren Einflüssen ungestörtes Versammlungsklima[89] ermöglichen sowie der abzusehenden Versammlungsdauer angemessen[90] sein. Der **Zeitpunkt** der Eigentümerversammlung hat ebenfalls den Grundsätzen ordnungsgemäßer Verwaltung zu entsprechen. Eine Einberufung, die den Zeitpunkt der Eigentümerversammlung ohne gewichtige Gründe **länger als ein halbes Jahr** nach dem Ende des Wirtschaftsjahres hinausschiebt, entspricht aber nicht den Grundsätzen der ordnungsgemäßen Verwaltung, da bis zu diesem Zeitpunkt über den Wirtschaftsplan und die Jahresabrechnung zu beschließen ist.[91] Im übrigen genügt eine Auswahl nach **billigem Ermessen** dergestalt, dass den Wohnungseigentümern die Möglichkeit zur Teilnahme nicht unbillig erschwert wird. Infolgedessen hat auch der Zeitpunkt **verkehrsüblich und zumutbar** zu sein.[92] Ein **Verstoß** gegen diese für Zeit und

66

---

[84] Vgl. Palandt/Bassenge, § 24 WEG Rn. 9.
[85] Vgl. Palandt/Bassenge, § 24 WEG Rn. 9; § 193 Rn. 3.
[86] So zutreffend OLG Hamm, DWE 1987, 54; Weitnauer/Lüke, § 24 Rn. 7; Bärmann/Pick/Merle, § 24 Rn. 24. A.A. allerdings BGH, NJW 2002, 1647, wonach ein solcher formeller Mangel aber nur dann beachtlich ist, wenn die Beschlussfassung auf ihm beruht. Damit scheidet eine Ungültigerklärung dann aus, wenn feststeht, dass der angefochtene Beschluss auch bei ordnungsgemäßer Einberufung ebenso gefasst worden wäre.
[87] Bärmann/Pick/Merle, § 24 Rn. 47.
[88] Vgl. BGH, NJW 1987, 650; NJW 1993, 1329.
[89] Vgl. Bärmann/Pick/Merle, § 24 Rn. 48.
[90] Vgl. Bärmann/Pick/Merle, § 24 Rn. 48.
[91] Vgl. Köhler/Bassenge/Vandenhouten, Teil 5, Rn. 63.
[92] Vgl. Palandt/Bassenge, § 24 WEG Rn. 10. Daher führen Vormittags- oder frühe Nachmittagstermine an Werktagen ebenso zur Anfechtbarkeit etwaiger Beschlüsse wie Vormittagstermine an Sonn- und kirchlichen Feiertagen.

Ort der Eigentümerversammlung einzuhaltenden Auswahlkriterien führt zur Anfechtbarkeit der auf diesem Mangel nicht ausschließbar beruhenden Beschlüsse.[93]

b) Pflichten bei der Durchführung und Protokollierung der Eigentümerversammlung

67 Die Durchführung der Eigentümerversammlung ist in den §§ 23 ff. WEG nur unvollständig geregelt.

68 *aa) Vorsitz in der Versammlung:* Gem. § 24 Abs. 5 WEG führt den Vorsitz grundsätzlich der **Verwalter**, es sei denn, eine Vereinbarung, die Gemeinschaftsordnung oder die Eigentümerversammlung[94] bestimmen eine **andere** teilnahmeberechtigte Person. Für Juristische Personen handeln deren gesetzliche Vertreter, die den Vorsitz durch Rechtsgeschäft auf Angestellte des Unternehmens übertragen können.

69 Zu den Aufgaben des Vorsitzenden ist gem. § 24 Abs. 6 S. 2 WEG nur die Unterschrift unter das Versammlungsprotokoll geregelt. Oftmals werden die Modalitäten der Durchführung einer Eigentümerversammlung allerdings durch Vereinbarung, in der Teilungserklärung oder durch Mehrheitsbeschluss im Wege einer sog. **Geschäftsordnung** geregelt.[95] Ist dem nicht so, bestimmt sich der Ablauf einer Eigentümerversammlung nach **allgemeinen Gesichtspunkten** des Gesellschafts- und Vereinsrechts.

70 Der die Versammlung leitende Vorsitzende hat hierbei als Funktionsgehilfe der Eigentümerversammlung die **sachgemäße Erledigung der Tagesordnung sowie eine störungsfreie Willensbildung** in der Versammlung zu garantieren.[96] Hierbei ist unparteilich unter Beachtung rechtsstaatlicher Prinzipien vorzugehen.[97] Zu den **wesentlichen Aufgaben** des Versammlungsvorsitzenden gehören:
- Eröffnung der Versammlung und Begrüßung
- Bestimmung eines teilnahmeberechtigten Protokollführers mit dessen Einverständnis
- Feststellung der ordnungsgemäßen Einberufung
- Feststellung der Beschlussfähigkeit i.S. des § 25 Abs. 3 WEG an Hand einer Teilnehmerliste, die auch Aufschluss über die von den Teilnehmern vertretenen Miteigentumsanteile gibt
- Moderation der Eigentümerversammlung, insbesondere Aufruf der Tagesordnungspunkte, Worterteilung, Wortentzug, Leitung der Abstimmung sowie Beendigung der Versammlung
- Ausübung des Hausrechts gegenüber (nicht) teilnahmeberechtigten Personen

71 *bb) Anfertigung eines Versammlungsprotokolls:* Gem. **§ 24 Abs. 6 WEG** ist für jede Eigentümerversammlung eine Niederschrift über die in der Versammlung getroffenen Beschlüsse aufzunehmen und jedenfalls von dem Vorsitzenden und einem Wohnungs-

---

93 Vgl. Palandt/Bassenge, § 24 WEG Rn. 11.
94 Vgl. Bärmann/Pick/Merle, § 24 Rn. 50.
95 Vgl. Bärmann/Pick/Merle, § 24 Rn. 94.
96 Vgl. Bärmann/Pick/Merle, § 24 Rn. 73.
97 Hierzu zählen v.a.: Gleichbehandlung aller Wohnungseigentümer in der Eigentümerversammlung, Beachtung deren Anspruchs auf Gehör sowie Unterlassen unverhältnismäßiger oder nicht erforderlicher Maßnahmen, vgl. Bärmann/Pick/Merle, § 24 Rn. 93.

A. Anfechtung eines Beschlusses der Eigentümerversammlung

eigentümer zu unterschreiben. Diese **Mindestanforderungen** können allerdings durch Vereinbarung bzw. in der Teilungserklärung verschärft werden.[98]

Die Anfertigung des Protokolls obliegt dem **Versammlungsvorsitzenden**, wenn nicht durch eine nach der Geschäftsordnung erlaubte Maßnahme des Vorsitzenden oder einen Mehrheitsbeschluss der Eigentümerversammlung ein **Protokollführer bestellt wurde**.[99] Die Niederschrift hat ihrem Wortlaut gemäß **schriftlich** und zur Bestätigung ihrer inhaltlichen Richtigkeit von den oben bezeichneten Personen **unterschrieben** zu sein.

Inhaltlich muss mindestens ein sog. Ergebnisprotokoll vorliegen,[100] das genaue Angaben über Ort und Zeit der Eigentümerversammlung, die Beschlussanträge mit dem jeweiligen Abstimmungsergebnis (Anzahl der Ja- und Nein- Stimmen sowie der Enthaltungen), die Ergebnisverkündung durch den Vorsitzenden sowie die nach § 24 Abs. 6 S. 2 WEG notwendigen Unterschriften enthält.

(1) Muster: Einladung zur Eigentümerversammlung

Fleißig

Wohnungsverwaltungsgesellschaft mbH u. Co. KG

■■■

An alle Wohnungseigentümer

der Wohnanlage ■■■-Straße ■■■

■■■

■■■, den 1. Juni 2005

Einladung zur 35. ordentlichen Wohnungseigentümerversammlung der WEG ■■■-Straße ■■■ in ■■■

Sehr geehrte Eigentümerin, sehr geehrter Eigentümer

Zu der am

Dienstag, 21. Juni 2005 um 19.00 Uhr

in der Karatehalle des ESV 1927 ■■■

■■■-Straße ■■■ in ■■■

stattfindenden 35. Wohnungseigentümerversammlung der Wohnungseigentümergemeinschaft ■■■-Straße ■■■, ■■■, lade ich Sie im Namen der Hausverwalterin recht herzlich ein.

---

[98] Etwa insofern, als zwei von der Eigentümerversammlung durch Mehrheitsbeschluss zu bestimmende Wohnungseigentümer zu unterschreiben haben.
[99] Vgl. Bärmann / Pick / Merle, § 24 Rn. 106.
[100] Vgl. Palandt / Bassenge, § 24 Rn. 22.

§ 2 Streitigkeiten über die Wirksamkeit von Beschlüssen

Um Ihr pünktliches Erscheinen wird gebeten. Sollten Sie verhindert sein, wird anheim gestellt, einer bevollmächtigten Person,[101] z.b. einem anderen Wohnungseigentümer, Ihrem Ehepartner, Lebensgefährten oder der Verwalterin Stimmrechtsvollmacht zu erteilen. Ein Vollmachtsformular ist beigefügt und kann auch als word-datei über die Homepage der Verwalterin unter www.Fleißig-Verwaltungen.de/downloads heruntergeladen werden.

Des weiteren liegen der Einladung bei die Jahresgesamtabrechnung, die Ihre Eigentumswohnung(en) betreffenden Einzelabrechnungen für das Wirtschaftsjahr 2004, der Gesamtwirtschaftsplan, der Ihre Eigentumswohnung(en) betreffende Einzelwirtschaftsplan für das Wirtschaftsjahr 2006, sowie ein Muster der neuen Hausordnung, die bei entsprechender Billigung und Stimmenmehrheit zum 1.7.2005 in Kraft treten soll.

Die Eigentümerversammlung wird wie immer mit einer Begrüßung und der Feststellung der Beschlussfähigkeit beginnen. Die im Anschluss abzuhandelnden Tagesordnungspunkte haben folgende Gegenstände zum Inhalt:

TOP 1 Bestimmung eines Wohnungseigentümers für die Unterzeichnung des Versammlungsprotokolls

TOP 2 Bericht des Verwalters

TOP 3 Bericht des Verwaltungsbeirats

TOP 4 Beschluss über die Jahresabrechnung 2004

TOP 5 Beschluss über den Wirtschaftsplan 2006

TOP 6 Beschluss über die neue Hausordnung

TOP 7 Beschluss über die Anbringung von Fahrradständern vor dem Haupteingang

TOP 8 Beschluss über die Vergabe der Winterdienstarbeiten an die Fa. Streufix GmbH ab 1.10.2005

TOP 9 Verschiedenes

(Falls durch die Teilungserklärung oder eine Vereinbarung eine Eventualversammlung zulässig ist:[102])

---

101 Falls die Möglichkeit der Bevollmächtigung durch Vereinbarung oder in der Teilungserklärung auf einen bestimmten Personenkreis beschränkt wurde, wären solche zur Bevollmächtigung geeignete Personen hier anzugeben, vgl. auch BGHZ 99, 90 = NJW 1987, 650 und Palandt/Bassenge, § 25 WEG Rn. 3.

102 Gem. § 25 Abs. 3 WEG ist die Eigentümerversammlung beschlussunfähig, wenn die erschienenen stimmberechtigten Wohnungseigentümer nicht mehr als die Hälfte der Miteigentumsanteile, berechnet nach der im Grundbuch eingetragenen Größe dieser Anteile, vertreten. In diesem Fall hat der Verwalter gem. § 25 Abs. 4 WEG eine neue Versammlung mit dem gleichen Gegenstand einzuberufen, welche dann ohne Rücksicht auf die Höhe der vertretenen Anteile beschlussfähig ist. Eine sog. Eventualversammlung, die für den Fall fehlender Beschlussfähigkeit als Zweitversammlung mit der selben Tagesordnung am selben Tag kurze Zeit (wenige Minuten oder auch eine Woche) später in der selben Einladung einberufen wird, ist aber unzulässig, da sie dem Wortlaut des § 25 Abs. 4 S. 1 WEG widerspricht (eine erneute Einberufung ist notwendig), vgl. OLG Köln, NJW-RR 1990, 26. In einer solchen Eventualversammlung gefasste Beschlüsse sind anfechtbar. Allerdings kann der Verwalter in der Teilungserklärung oder durch eine Vereinbarung ermächtigt werden, zu solchen Zweitsammlungen in der Einberufung für die Erstversammlung mit einzuladen, falls in letzterer keine Beschlussfähigkeit festgestellt werden kann, vgl. Bärmann/Pick/Merle, § 25 Rn. 88.

Für den Fall fehlender Beschlussfähigkeit der Eigentümerversammlung beginnt um 20.00 Uhr am gleichen Tag und am selben Ort die zweite Versammlung mit denselben Gegenständen der obigen Tagesordnung. Diese ist dann ohne Rücksicht auf die Höhe der in ihr vertretenen Miteigentumsanteile beschlussfähig.

Mit freundlichen Grüßen

■■■

(Geschäftsführer)

(2) Muster: Versammlungsprotokoll 75

Niederschrift über die 34. Ordentliche Wohnungseigentümerversammlung der WEG ■■■-Str. ■■■ in ■■■ am Dienstag, den 21. Juni 2005 in der Karatehalle des Vereinsheims des ESV 1927 ■■■, ■■■-Straße ■■■ in ■■■

Beginn der Versammlung: 19.05 Uhr

Ende der Versammlung: 22.15 Uhr

Teilnehmer: vgl. Teilnehmerliste als Anlage 1 zum Protokoll

Vorsitz: der Geschäftsführer der Verwalterin, Herr Friedel Fleißig

Anträge auf Wahl eines anderen Vorsitzenden wurden nicht gestellt.

Herr Fleißig bestimmte den Angestellten der Verwalterin, Herrn Schnell, zum Protokollführer.

Der Vorsitzende begrüßte die Anwesenden und stellte fest, dass ausweislich vorhandener Zustellungsprotokolle sowie eingegangener Rückscheine alle Wohnungseigentümer durch Schreiben vom 1. Juni 2005 (Anlage 2 zum Protokoll) zur heutigen Eigentümerversammlung geladen wurden.

Der Vorsitzende stellte klar, dass laut Anwesenheitsliste von insgesamt 44 Wohnungseigentümern 32 erschienen sind. Der Vorsitzende gibt bekannt, dass ihm auf die Verwalterin ausgestellte Vollmachten der Wohnungseigentümer Krieger und Gruber vorliegen. Diese Vollmachten werden dem Protokoll als Anlage 3 beigeheftet. Auf die erschienenen bzw. vertretenen Wohnungseigentümer entfallen 780/1000 Miteigentumsanteile, sodass die Versammlung gem. § 25 Abs. 3 WEG[103] beschlussfähig ist. Es können damit insgesamt 34 Stimmen abgegeben werden, da mangels anderweitiger Regelung[104] durch die Wohnungseigentümer nach dem Kopfprinzip (§ 25 Abs. 2 WEG) abzustimmen ist.[105]

---

103 § 25 Abs. 3 WEG ist allerdings dispositiv, sogar dahin, dass ungeachtet der vertretenen Miteigentumsanteile immer Beschlussfähigkeit vorliegt, vgl. Bärmann/Pick/Merle, § 25 Rn. 84; vgl. auch das Muster zu Rn. 123.
104 Bezüglich der Stimmkraft bestimmt § 25 Abs. 2 S. 1 WEG, dass jeder Wohnungseigentümer eine Stimme hat (sog. Kopfprinzip). Danach steht jedem Wohnungseigentümer unabhängig von der Größe und dem Wert seines Miteigentumsanteils oder der Zahl seiner Wohnungseigentumsrechte nur eine Stimme zu, vgl. BayObLG, ZMR 2002, 527; Bärmann/Pick/Merle, § 25 Rn. 27 und 39. Das Kopfprinzip kann allerdings durch Vereinbarung abbedungen werden mit der Maßgabe, dass statt dessen für die Stimmkraft das Objektprinzip (jedes Wohnungseigentumsrecht verleiht unabhängig von seiner Größe eine Stimme) oder das Wertprinzip (hier ist der Wert des Stimmrechts an die Zahl der Miteigentumsanteile gekoppelt, die von den Wohnungseigentümern frei bestimmt werden kann) gilt. Objekt- und Wertprinzip können auch kombiniert werden. Vgl. hierzu ausführlich Bärmann/Pick/Merle, § 25 Rn. 27ff.
105 Für das Stimmrecht in der Eigentümerversammlung ist ferner zu beachten, dass dieses nach §§ 22 Abs. 1 InsO auch einem vorläufigen und nach § 80 Abs. 1 InsO auch einem (endgültigen) Insolvenzverwalter zusteht.

§ 2 Streitigkeiten über die Wirksamkeit von Beschlüssen

Nach der Tagesordnung kam Folgendes zur Sprache und Abstimmung:

TOP 1: Bestimmung eines Wohnungseigentümers für die Unterzeichnung des Versammlungsprotokolls

Entsprechend seines Rechtes nach der Geschäftsordnung für die Durchführung der Eigentümerversammlung bestimmte Herr Fleißig als Vertreter der Verwalterin den Wohnungseigentümer ■■■ für die Unterzeichnung des Versammlungsprotokolls.

TOP 2: Bericht des Verwalters

Herr Fleißig erstattete als Vertreter der Verwalterin den jährlichen Bericht, der dem Protokoll als schriftliche Anlage 4 beigegeben wurde.

Eine Beschlussfassung erfolgte zu diesem TOP nicht.

TOP 3: Bericht des Verwaltungsbeirats

Der Miteigentümer ■■■ erstattete als Vorsitzender des Verwaltungsbeirats den jährlichen Bericht, der dem Protokoll als schriftliche Anlage 5 beigegeben wurde.

Eine Beschlussfassung erfolgte zu diesem TOP nicht.

TOP 4: Beschluss über die Jahresabrechnung 2004

Sodann wurde über den von Herrn Fleißig für die Verwalterin gestellten Antrag[106] abgestimmt, die von dieser erstellte und vom Verwaltungsbeirat geprüfte sowie sachlich und rechnerisch für richtig befundene Jahresabrechnung 2004 (Anlage zum Einladungsschreiben) zu genehmigen sowie etwaige Guthaben bzw. Nachzahlungen aus den jeweiligen Einzelabrechnungen 2004 (Anlage zum Einladungsschreiben) mit den Hausgeldvorauszahlungen für den Monat September 2005 zu verrechnen bzw. nachzuzahlen.

Abstimmungsergebnis:

Ja-Stimmen: 32

Nein-Stimmen: 0

Enthaltungen: 2

Der Beschlussantrag wurde somit angenommen.

TOP 5: Beschluss über den Wirtschaftsplan 2006

Über den von Herrn Fleißig als Vertreter der Verwalterin gestellten Antrag zur Genehmigung des Wirtschaftsplans 2006 (Anlage zum Einladungsschreiben) wurde wie folgt entschieden:

Abstimmungsergebnis:

Ja-Stimmen: 32

---

[106] Neben den Wohnungseigentümern steht auch dem Verwalter ein eigenes Antragsrecht zu, da er gesetzlich anfechtungsberechtigt gem. § 43 Abs. 1 Nr. 4 WEG ist. Dritte haben dann ein Antragsrecht, wenn sie ein vom Wohnungseigentümer abgeleitetes Teilnahmerecht haben, vgl. Bärmann/Pick/Merle, § 23 Rn. 23.

Nein-Stimmen: 2

Enthaltungen: 0

Der Beschlussantrag wurde somit angenommen.

TOP 6: Beschluss über die neue Hausordnung

Über den Antrag des Herrn Fleißig als Vertreter der Verwalterin, entsprechend dem Wunsch vieler Wohnungseigentümer über eine neue Hausordnung (Anlage zum Einladungsschreiben) abzustimmen, wurde wie folgt beschlossen:

Abstimmungsergebnis:

Ja-Stimmen: 34

Nein-Stimmen: 0

Enthaltungen: 0

Der Beschlussantrag wurde somit angenommen.

TOP 7 Beschluss über die Anbringung von Fahrradständern vor dem Haupteingang

Die Entscheidung über den Antrag des Wohnungseigentümers ■■■, vor dem Haupteingang, ■■■-Str. ■■■ Fahrradständer anzubringen, wurde auf Antrag des Wohnungseigentümers ■■■ einstimmig zurückgestellt, da im November 2005 durch die Stadt ■■■ großflächige Aushubarbeiten zur Erneuerung der unterirdischen Gasversorgungsleitungen im Bereich des Haupteingangs durchgeführt werden.

Abstimmungsergebnis:

Ja-Stimmen: 34

Nein-Stimmen: 0

Enthaltungen: 0

Der Beschlussantrag wurde somit angenommen.

TOP 8 Beschluss über die Vergabe der Winterdienstarbeiten an die Fa. Streufix GmbH ab 1.10.2005

Der Antrag des Wohnungseigentümers Prof. Dr. ■■■, wegen Unzuverlässigkeit der Fa. Frost KG die Winterdienstarbeiten ab 1.10.2005 an die Fa. Streufix GmbH zu vergeben, wurde abgelehnt, weil momentan kein außerordentlicher Kündigungsgrund für den bestehenden Vertrag mit der Fa. Frost KG bestehe. Ggf. solle zu dieser Problematik im Winter eine außerordentliche Eigentümerversammlung abgehalten werden, wenn die Verwalterin der Auffassung sei, die Winterdienstarbeiten würden nicht entsprechend den Grundsätzen der ordnungsgemäßen Verwaltung durchgeführt.[107]

---

107 Eine außerordentliche Eigentümerversammlung ist u.a. immer dann vom Verwalter einzuberufen und durchzuführen, wenn dies aus Gründen der ordnungsgemäßen Verwaltung (§ 21 Abs. 4 WEG) erforderlich ist, weil zur Umsetzung dieses Prinzips ein Beschluss der Eigentümerversammlung vonnöten ist, etwa wenn den Wechsel eines Dienstleistungsunternehmens nicht der Verwalter auf Grund seines Verwaltervertrags vornehmen kann, vgl. Bärmann/Pick/Merle, § 24 Rn. 16.

§ 2 Streitigkeiten über die Wirksamkeit von Beschlüssen

Abstimmungsergebnis:

Ja-Stimmen: 3

Nein-Stimmen: 31

Enthaltungen: 0

Der Beschlussantrag wurde somit nicht angenommen.

TOP 9: Verschiedenes

Die Wohnungseigentümerin ■■■ beanstandete, dass die hygienischen Verhältnisse auf dem gemeinschaftseigenen Spielplatz unerträglich seien, da ständig Hunde von Spaziergängern im Bereich der Schaukeln und der Klettergeräte ihre Notdurft verrichteten. Man kam überein, dass es keine geeigneten Maßnahmen zur sicheren Verhinderungen dieser Belästigungen gebe, weil der Spielplatz aus straßen- und baurechtlichen Gründen nicht eingezäunt werden dürfe. Herr Fleißig sicherte aber für die Verwalterin zu, auf eigene Kosten ein geeignetes Verbotsschild aufstellen zu lassen.

Weitere Beschlüsse wurden weder insoweit noch zu anderen Gegenständen beantragt oder getroffen.

■■■   ■■■   ■■■

Versammlungsvorsitzender   Beiratsvorsitzender   Wohnungseigentümer

II. Prozess

1. Formelle und materielle Anforderungen an die Beschlüsse der Eigentümerversammlung

76 Die Verwaltung des gemeinschaftlichen Eigentums obliegt gem. § 20 Abs. 1 WEG den **Wohnungseigentümern**, dem Verwalter und dem Verwaltungsbeirat. Die Wohnungseigentümer fassen dabei Beschlüsse in einer vom Verwalter einzuberufenden **Wohnungseigentümerversammlung**, § 23 Abs. 1 WEG, ausnahmsweise schriftlich gem. § 23 Abs. 3 WEG. Die Beschlüsse der Wohnungseigentümerversammlung müssen hierbei formellen und inhaltlichen Anforderungen genügen.

a) Formelle Erfordernisse

77 Die **formellen** Erfordernisse ergeben sich zunächst aus dem Gesetz, insbesondere den §§ 23 bis 25 WEG. Sie können aber durch Vereinbarungen der Wohnungseigentümer nach § 10 Abs. 1 S. 2 WEG oder in der vertraglichen oder einseitigen Teilungserklärung nach §§ 5 Abs. 4, 8 Abs. 2 WEG modifiziert, d.h. abbedungen oder verschärft werden.

78 Wenn die wesentlichen formellen Voraussetzungen einer Beschlussfassung fehlen, spricht man von sog. **Nicht- bzw. Scheinbeschlüssen.** Hierzu zählen z.B. Fälle des Fehlens einer Eigentümergemeinschaft im Zeitpunkt der Beschlussfassung,[108] der Proto-

---

108 Vgl. Palandt/Bassenge, § 23 WEG Rn. 26.

kollierung eines Beschlusses, ohne dass eine Abstimmung stattgefunden hat,[109] oder der fehlenden Einberufung einer Eigentümerversammlung.[110]

b) Materielle Erfordernisse

Die **materiellen** Anforderungen an die Beschlüsse der Eigentümerversammlung ergeben sich insbesondere aus den Vereinbarungen der Wohnungseigentümer sowie den Grundsätzen der ordnungsgemäßen Verwaltung i.S. des § 21 Abs. 3 und 5 WEG sowie des ordnungsgemäßen Gebrauchs i.S. des § 15 Abs. 2 WEG. Darüber hinaus dürfen die Beschlüsse inhaltlich nicht völlig unbestimmt, in sich widersprüchlich oder sachlich undurchführbar sein noch gegen zwingende Bestimmungen (z.B. §§ 134, 138 BGB; §§ 12 Abs. 2 S. 1, 26 Abs. 1 S. 2 und 4, 27 Abs. 3 WEG) verstoßen. Mehrheitsbeschlüsse können nicht gefasst werden, wenn das WEG Einstimmigkeit oder eine Vereinbarung aller Wohnungseigentümer verlangt. Der beschließenden Eigentümerversammlung darf schließlich nicht die ihr durch das WEG oder eine Vereinbarung zuzuweisende Beschlusskompetenz gefehlt haben. In den letztgenannten Fällen sind die Beschlüsse **nichtig**.[111]

79

c) Antrag auf Ungültigerklärung

Formell oder materiell rechtswidrige Beschlüsse, deren Inhalt unter einem Mangel leidet, der nicht zur Nichtigkeit führt, sind gem. § 23 Abs. 4 WEG binnen Monatsfrist **anzufechten**, sollen sie nicht bestandskräftig[112] werden. Nicht- oder Scheinbeschlüsse sowie nichtige Beschlüsse bedürfen jedoch keiner Ungültigerklärung nach § 23 Abs. 4 WEG.[113] Allerdings kann **beantragt** werden, die Nichtigkeit solcher Beschlüsse festzustellen.[114]

80

2. Sorgfältige Vorbereitung eines Antrags auf Anfechtung eines Beschlusses der Eigentümerversammlung – formelle und prozesstaktische Anforderungen

Leidet ein Beschluss nach Maßgabe der oben dargestellten Grundsätze an einem **Mangel**, der ihn nicht nichtig macht, ist er zur Vermeidung seiner Bestandskraft anzufechten. Nach § 23 Abs. 4 S. 1 WEG ist ein Beschluss der Wohnungseigentümer nämlich nur ungültig, wenn er nach § 43 Abs. 1 Nr. 4 WEG vom Gericht auf Antrag eines Wohnungseigentümers oder des Verwalters für ungültig erklärt ist. Bei einer Beschlussanfechtung gilt es, in relativ kurzer Zeit zum einen die formellen Anforderungen zu erfüllen als auch prozesstaktische Überlegungen anzustellen.

81

a) Ziele und Interessen des Mandanten

Das vorrangige Ziel des beratenden Rechtsanwalts sollte es sein, die Ziele und Interessen seines Mandanten zu ermitteln. Handelt es sich um einen Wohnungseigentümer, der aus einer momentanen Verärgerung im **Einzelfall** einen erkannter Maßen rechts-

82

---

109 Vgl. BayObLGZ 1995, 407.
110 Vgl. Köhler / Bassenge / Vandenhouten, Teil 5, Rn. 2.
111 Vgl. BGHZ 139, 288 = NJW 1998, 3713; BGHZ 145, 158 = NJW 2000, 3500 (Nichtigkeit des Mehrheitsbeschlusses bei Einstimmigkeitserfordernis).
112 Vgl. BayObLGZ 1975, 284.
113 Vgl. Palandt / Bassenge, § 23 WEG Rn. 25 f.
114 Vgl. nachfolgend unter B.

widrigen, seine wirtschaftlichen und sozialen Belange aber nicht oder in nur untergeordneter Weise berührenden Beschluss anfechten will, kann es angezeigt sein, ihm **von einer Anfechtung abzuraten**.

83 Ein **Absehen von der Einleitung** eines Verfahrens nach den §§ 23 Abs. 4 S. 1 WEG kann auch dann angezeigt sein, wenn die gegebenen Verhältnisse und das Nachgeben im Einzelfall günstige Voraussetzungen für eine dauerhafte Lösung eines Problems, über das abgestimmt wurde, im Wege einer Vereinbarung aller Wohnungseigentümer bieten.

84 Dem gegenüber steht der Mandant, der mit der Beschlussanfechtung **strategische Ziele** verfolgt und erkennbare Tendenzen in der Wohnungseigentümergemeinschaft zur mittel- oder langfristigen Veränderung der gemeinschaftlichen Verhältnisse bekämpfen will. In diesen Fällen kann zur Vermeidung vollendeter und nicht mehr veränderbarer Tatsachen die Anfechtung eines jeden die bestimmte Materie betreffenden Beschlusses geboten sein.

85 Letztlich muss aber gerade der **beratende Rechtsanwalt** dem Mandanten klar machen, dass er auch nach der Beschlussanfechtung Mitglied der Eigentumsgemeinschaft bleibt und auf ein **erträgliches Verhältnis** zu den anderen Wohnungseigentümern – zumal als Mitbewohner – angewiesen sein wird. Die Praxis zeigt nämlich, dass die vor Gericht einmal unterlegenen Wohnungseigentümer, die als „Gruppe" kämpfen, geneigt sind, den klagenden Wohnungseigentümer ihrerseits mit gerichtlichen Verfahren zu überziehen. Dies kann bis zur Aufgabe des Wohnungseigentums und zu erheblichen finanziellen Einbußen führen.

b) Konzeptionelle Überlegungen zur Verfolgung der Mandantenziele

86 *aa) Vermeidung wiederholter Beschlussanfechtungen:* Die Praxis des Richters in Wohnungseigentumssachen zeigt, dass die erfolgreiche Anfechtung eines Beschlusses der Eigentümerversammlung **keine Gewähr** dafür bietet, dass gleichlautende rechtswidrige Beschlüsse in Zukunft nicht mehr gefasst werden. Im Gegenteil verfahren die vor Gericht unterlegenen Wohnungseigentümer trotz Kenntnis erfolgreicher Anfechtungsverfahren in späteren Versammlungen zu entsprechenden Beschlussgegenständen identisch mit der Folge, dass der Beschluss **erneut angefochten** wird. Das einzig **wirksame Mittel** zur Vermeidung solcher Verhaltensweisen ist, bei Gericht die Überbürdung auch der außergerichtlichen Kosten des bzw. der Antragsteller auf die unterlegenen Antragsgegner gem. **§ 47 WEG** zu erreichen.

87 *bb) Kenntnis der regionalen Rechtsprechung:* Häufig wird an den erstinstanzlichen Amtsgerichten zu bestimmten Punkten bewusst eine andere Auffassung vertreten als an den jeweils zuständigen Gerichten der weiteren Beschwerde.[115] Diese Rechtsprechung hat der den einzelnen Wohnungseigentümer vor der Beschlussanfechtung beratende Rechtsanwalt aber v.a. dann zu kennen, wenn der Beschwerdewert von 750 € nach § 45 Abs. 1 WEG nicht erreicht ist.

---

115 Hierbei handelt es sich um regionale Besonderheiten, etwa bei der Abgrenzung baulicher Veränderungen gem. § 22 Abs. 1 S. 1 WEG von bloßen Instandhaltungs- oder Instandsetzungsmaßnahmen.

cc) Einschaltung eines Sachverständigen: Zur Vorbereitung und Durchführung des Verfahrens auf Anfechtung eines zu erwartenden Beschlusses der Wohnungseigentümer kann es auch notwendig sein, ein **Sachverständigengutachten** einzuholen. Hier geht es etwa um Fälle, in denen ein Wohnungseigentümer die Sanierungsbedürftigkeit von Gemeinschaftseigentum geltend macht und einen Antrag auf Behebung durch eine Baufirma stellt. Wird der Antrag in der Wohnungseigentümerversammlung abgelehnt, da keine Mängel vorhanden seien, ist gleichzeitig mit der fristgerechten Anfechtung an einen Antrag auf Durchführung eines **selbständigen Beweisverfahrens** zu denken, welches entsprechend §§ 485 bis 494a ZPO auch in den Verfahren nach § 43 Abs. 1 WEG zulässig ist.[116] Die Beantragung eines selbständigen Beweisverfahrens während des bereits rechtshängigen Beschlussanfechtungsverfahrens nach den §§ 23 Abs. 4 S. 1, 43 Abs. 1 Nr. 4 WEG ist v.a. dann ins Auge zu fassen, wenn dort die Beweiserhebung noch nicht angeordnet wurde (nach Anordnung gilt § 485 Abs. 3 ZPO entsprechend) und innerhalb der durch den Sicherungszweck gebotenen Zeit auch nicht zu erwarten ist.[117]

88

c) Verfahrensbeteiligte

aa) Antragsberechtigung und Verlust: Im Verfahren über die Gültigkeit oder Ungültigkeit eines Beschlusses der Eigentümerversammlung gem. § 43 Abs. 1 Nr. 4 WEG sind **antragsberechtigt** jeder Wohnungseigentümer und der Verwalter. Die Antragsberechtigung der Wohnungseigentümer ist dabei **unabhängig** von einer Teilnahme an der jeweiligen Beschlussfassung, einem Stimmrechtsausschluss nach § 25 Abs. 5 WEG oder dem Erwerb des Wohnungseigentums erst nach Wirksamwerden des Beschlusses. Der **frühere** Wohnungseigentümer ist antragsberechtigt, wenn die Entscheidung Auswirkungen auf ihn haben kann. **Mehrere** Wohnungseigentümer können nebeneinander einen Antrag stellen, sind aber keine Streitgenossen i.S. der §§ 59 ff. ZPO.

89

Dem Verwalter steht ein eigenes Anfechtungsrecht nach Maßgabe der §§ 43 Abs. 1 WEG, 20 Abs. 1 FGG zu. Dies bedeutet, dass **die Möglichkeit der Beeinträchtigung eines eigenen Rechts des Verwalters** bestehen muss.[118] Damit steht aber dem **im Amt befindlichen** Verwalter ein Recht zur Anfechtung von Beschlüssen, die seine Rechtsstellung nicht berühren, nicht zu, da er kein eigenes Recht auf Abfassung formell fehlerfreier und inhaltlich den Grundsätzen ordnungsgemäßer Verwaltung entsprechender Beschlüsse hat. Umgekehrt kann auch der **frühere** Verwalter den Abberufungsbeschluss anfechten, der seine eigenen Rechte beeinträchtigt. Unabhängig vom Umfang der Antragsberechtigung des Verwalters ist aber dessen **vorrangige Aufgabe**, Mehr-

90

---

116 Vgl. BayObLG, ZWE 2001, 548; OLG Hamburg, ZMR 2002, 963. Die Möglichkeit der Einleitung eines selbständigen Beweisverfahrens ist im Bereich der Verfahren nach dem WEG aber vor allem außerhalb eines anhängigen Streitverfahrens relevant.
117 Vgl. Zöller/Herget, § 485 Rn. 1.
118 Vgl. BGH, NJW 2002, 3240. Nach a.A. ist der amtierende Verwalter im Rahmen seiner Rechtsmacht als „Funktionär" der Wohnungseigentümergemeinschaft stets befugt, die Ungültigkeit von Beschlüssen der Eigentümerversammlung geltend zu machen, vgl. Reuter, ZWE 2001, 286. Die hierzu vertretene Gegenposition spricht dem amtierenden Verwalter dieses Recht ab, da er lediglich weisungsgebundener Sachwalter fremden Eigentums sei, vgl. Kümmel, ZWE 2001, 516, 520.

heitsbeschlüsse, die nicht nichtig sind, auszuführen und die Anfechtung den Wohnungseigentümern zu überlassen.[119]

91 Das Antragsrecht kann schließlich verloren werden, wenn der materiell Berechtigte auf dieses **verzichtet** hat oder **Verwirkung** eingetreten ist. Von Verwirkung spricht man, wenn die Ausübung eines Rechtes dem bisherigen Verhalten widerspricht und dieses die Nichtausübung erwarten ließ[120] (Umstands- und Zeitmoment).

92 *bb) Antragsgegner:* Bei der Vorbereitung eines Antrages auf Ungültigerklärung eines Beschlusses der Eigentümerversammlung ist weiter sorgfältig darauf zu achten, wer als Antragsgegner bezeichnet wird. § 43 Abs. 4 Nr. 2 WEG bestimmt, dass an dem Verfahren materiell Beteiligte „die Wohnungseigentümer und der Verwalter" sind. Damit sind **sämtliche Wohnungseigentümer** gemeint.[121] Diese sind **als solche** beteiligte Antragsgegner und **nicht** etwa die **nicht rechts- und beteiligtenfähige Wohnungseigentümergemeinschaft**.[122]

93 Der **Verwalter** ist materiell Beteiligter, weil er den angefochtenen Beschluss gem. § 27 Abs. 1 Nr. 1 WEG durchzuführen hat. Der frühere Verwalter ist materiell Beteiligter, wenn die beantragte Ungültigerklärung seine Rechte und Pflichten berühren kann.

94 *cc) Ermittlung der materiell Beteiligten:* In der Praxis bereitet es dem Antragsteller, der nicht Verwalter ist, häufig **Schwierigkeiten**, sämtliche nach § 43 Abs. 4 Nr. 2 WEG materiell Beteiligten und damit formell zu Beteiligenden samt ihrer ladungsfähigen Adressen zu eruieren. Die Person und den **Namen** der materiell beteiligten Wohnungseigentümer kann der Antragsteller über eine Auskunft beim **Verwalter** ermitteln, dem gegenüber er einen durch den Rechtsanwalt als Vertreter realisierbaren **Auskunftsanspruch** aus dem Verwaltervertrag hat.[123] Der Anspruch kann im Wege eines Verfahrens nach § **43 Abs. 1 Nr. 2 WEG** gerichtlich durchgesetzt werden. Diese Auskunft ist aber in der Praxis häufig unrichtig, weil der Verwalter über die Übertragung des Wohnungseigentums auf andere häufig erst nach längerer Zeit, etwa vor der Einberufung einer Eigentümerversammlung erfährt.

95 Daher ist dringend zu raten, vor Einleitung des gerichtlichen Verfahrens **Einsicht in die Abteilung I des Wohnungsgrundbuches** zu nehmen. Der einzelne Wohnungseigentümer sowie sein als Vertreter auftretender Rechtsanwalt hat gem. § **12 Abs. 1 GBO** das Recht, Einsicht in alle Abteilungen der Wohnungsgrundbücher der anderen Woh-

---

119 Vgl. Köhler/Bassenge, Teil 17 Rn. 24 mit dem Hinweis, dass der Verwalter im Falle der Ausführung rechtswidriger, später für ungültig erklärter Beschlüsse keine Regressansprüche befürchten muss, vgl. a. BayObLG, WuM 1990, 366.
120 Dazu zählt aber nicht der Fall der Anfechtung eines Beschlusses nach vorheriger Zustimmung in der Eigentümerversammlung, vgl. unten Rn. 104.
121 Vgl. Bärmann/Pick/Merle, § 43 Rn. 11; BayObLG, ZMR 1976, 88, h.M.
122 So die zutreffende, immer noch h.M., vgl. Drasdo, NJW 2004, 1988 unter Bezugnahme auf BGH, NJW-RR 2004, 874; Armbrüster, DNotZ 2003, 493; Ott, ZMR 2002, 87 und 169; a.A. unter Annahme einer Rechtsfähigkeit in Teilbereichen etwa Raiser, ZWE 2001, 173; Bub, ZWE 2002, 103. Zur Auswirkung auf die Bezeichnung der Verfahrensbeteiligten s. noch unter Rn. 114ff.
123 Vgl. BayObLG, MDR 1984, 850.

nungseigentümer zu nehmen.¹²⁴ Schließlich bleibt aber zu beachten, dass sich der Wechsel im Wohnungseigentum auch außerhalb des Wohnungsgrundbuchs auf Grund Gesamtrechtsnachfolge vollzogen haben kann. In diesen Fällen kann v.a. bei ungewisser Erbfolge eine Berichtigung des Grundbuches u.U. längere Zeit in Anspruch nehmen. In diesen Fällen kann die Person eines Gesamtrechtsnachfolgers aber häufig durch die Einsicht in die Nachlassakte ermittelt werden, an der gem. § 34 FGG der Wohnungseigentümer und der ihn vertretende Rechtsanwalt ein Recht haben.

Auch die **ladungsfähigen Adressen** können vom **Verwalter** verlangt werden, der aus seinem Vertrag mit den Wohnungseigentümern auskunftspflichtig ist. Dieser Anspruch kann in einem Verfahren gem. **§ 43 Abs. 1 Nr. 2 WEG** gerichtlich durchgesetzt werden.¹²⁵ Allerdings gilt es auch hier zu beachten, dass der Verwalter einen Adresswechsel nicht immer sofort zur Kenntnis bekommt. In diesen Fällen kann die aktuelle ladungsfähige Anschrift allerdings durch eine gem. **§ 12 Abs. 1 S. 2 GBO** mögliche Einsicht in die Grundakten, insbesondere das Wohnungsblatt und dort befindliche Urkunden, die einen Rückschluss auf die aktuelle Adresse eines Wohnungseigentümers geben können, ermittelt werden. Scheitert auch dies, führt ggf. eine Einwohnermeldeamtsanfrage zum Ziel, die gem. **§ 21 Abs. 1 MRRG** zu beantworten ist.

96

Kann nach alledem die Adresse nicht ermittelt werden, muss gem. **§§ 16 FGG, 185 ff. ZPO** unter Darlegung der erfolglosen Anschriftenermittlung die **öffentliche Zustellung** beantragt werden, **es sei denn**, der Verwalter kann ohne Entgegenstehen einer Interessenkollision gem. **§ 27 Abs. 2 Nr. 3 WEG** (diese Vorschrift gilt auch in den Verfahren nach § 43 Abs. 1 WEG, falls einzelne Wohnungseigentümer Antragsteller sind)¹²⁶ die Zustellung als Vertreter des nicht zu ermittelnden Wohnungseigentümers entgegennehmen. Im letztgenannten Fall wäre die öffentliche Zustellung gem. § 185 Nr. 1 ZPO unzulässig.

97

d) Anfechtungsfrist

Die Frist zur Anfechtung von Beschlüssen der Wohnungseigentümer beträgt gem. § 23 Abs. 4 S. 2 **einen Monat**. Die Frist ist nicht verlängerbar, wohl aber durch eine Vereinbarung oder die Teilungserklärung verkürzbar.¹²⁷ Der **Ablauf** dieser Frist **heilt** alle verzichtbaren Mängel eines Beschlusses.¹²⁸ Für die **Fristberechnung** gelten wegen §§ 43 Abs. 1 S. 1 WEG, 17 Abs. 1 FGG die §§ 186 ff. BGB. Bei einem am 3.09. nach Verkündung der Antragsannahme oder Antragsablehnung durch den Versammlungsvorsitzenden zustande gekommenen Beschluss ist Fristbeginn mithin gem. § 187 Abs. 1 BGB (Ereignisfrist) der 4.09. und Fristende gem. §§ 188 Abs. 2, 193 BGB (der 3.10. ist ein gesetzlicher Feiertag) der 4.10. (falls ein Werktag). Für den **Beginn** des Fristlaufes ist es irrelevant, ob der einzelne anfechtungsberechtigte Wohnungseigentümer Versammlungsteilnehmer war oder Kenntnis von dem Beschluss innerhalb der Anfechtungsfrist

98

---

124 Vgl. OLG Düsseldorf, NJW 1987, 199.
125 Vgl. BayObLG, MDR 1984, 850.
126 Vgl. BayObLG, NJW-RR 1989, 1169.
127 Vgl. Bärmann/Pick/Merle, § 23 Rn. 193; Köhler/Bassenge, Teil 17 Rn. 49.
128 Vgl. Palandt/Bassenge, § 23 Rn. 16; BGH, NJW 1998, 3648 (materiellrechtliche Ausschlussfrist).

erlangte.[129] Die Frist wird entsprechend § 167 ZPO durch die **Antragstellung bei Gericht** gewahrt, falls die Zustellung an die Antragsgegner demnächst erfolgt.[130] Hierbei wahrt die Anbringung des Antrags bei einem unzuständigen Gericht die materiellrechtliche Ausschlussfrist des § 23 Abs. 4 S. 2 WEG, wenn an das ausschließlich zuständige Gericht verwiesen wird.[131] Gegen die unverschuldete Versäumung der Anfechtungsfrist kann entsprechend § 22 Abs. 2 FGG **Wiedereinsetzung in den vorigen Stand** beantragt werden.[132]

e) Beachtung von Verfahrenshindernissen und des Vorliegens eines allgemeinen oder besonderen Rechtsschutzinteresses

99 Der im Verfahren nach den §§ 23 Abs. 4 S. 1, 43 Abs. 1 Nr. 4 WEG beratende Rechtsanwalt hat auch etwaige der sofortigen gerichtlichen Geltendmachung entgegenstehende Verfahrenshindernisse zu beachten.

100 *aa) Pflicht zur Durchführung eines Vorschaltverfahrens:* Die Wohnungseigentümer können durch **Vereinbarung** oder in der **Teilungserklärung** (nicht durch Mehrheitsbeschluss) bestimmen, dass vor der Durchführung eines Verfahrens nach § 43 Abs. 1 WEG die **Eigentümerversammlung** oder der **Verwaltungsbeirat** anzurufen sind.[133] Ein vor Anrufung dieser Organe rechtshängig gemachtes Verfahren ist **regelmäßig unzulässig**. Hiervon ausgenommen sind aber die Fälle, in denen die Durchführung des Vorschaltverfahrens dem Antragsteller **nicht zugemutet** werden kann. Unzumutbarkeit besteht aber bei **erkennbarer Aussichtslosigkeit** oder v.a. bei sonst **nicht zu verhinderndem Fristablauf** zur Geltendmachung der Ungültigkeit eines Beschlusses gem. § 23 Abs. 4 S. 2 WEG.

101 *bb) Kein Schlichtungsverfahren nach § 15a EGZPO:* Vor Einleitung eines Verfahrens nach § 43 Abs. 1 WEG ist die Durchführung eines Schlichtungsverfahrens nach Maßgabe des § 15a EGZPO oder der entsprechenden Landesschlichtungsgesetze **nicht notwendig**, da die Streitigkeiten nach dem WEG keine Klageverfahren darstellen.

102 *cc) Bestehen einer Schiedsvereinbarung:* Haben die Wohnungseigentümer in der Teilungserklärung oder als selbständige vertragliche Vereinbarung unter Beachtung der Formvorschriften des § 1031 ZPO eine (in echten Streitverfahren der Freiwilligen Gerichtsbarkeit statthafte) **Schiedsabrede** oder eine **Schiedsklausel** statuiert, kann in einem vor Gericht rechtshängig gemachten Verfahren nach § 43 Abs. 1 WEG ein Antragsgegner die **Einrede** der Schiedsvereinbarung gem. § 1032 ZPO erheben mit der Folge, dass der Antrag vom Gericht mangels Rücknahme als unzulässig zurückzuweisen ist. Daher sollte schon vor Antragstellung das Bestehen einer Schiedsvereinbarung berücksichtigt und ermittelt werden, ob mit einer diesbezüglichen Rüge zu rechnen ist.

---

129 Vgl. Palandt/Bassenge, § 23 Rn. 16.
130 Vgl. BGH, NJW 1998, 3648; Bärmann/Pick/Merle, § 23 Rn. 174; a.A. Palandt/Bassenge, § 23 Rn. 16, wonach allein auf den Eingang bei Gericht abzustellen ist.
131 Vgl. Palandt/Bassenge, § 23 Rn. 16; BGH, NJW 1998, 3648.
132 Vgl. hierzu das Muster unten Rn. 113.
133 Vgl. etwa BayObLG, NJW-RR 1991, 849.

dd) Allgemeines und besonderes Rechtsschutzinteresse: Wie jede Prozesshandlung in Streitverfahren bedürfen auch die Anträge in den Verfahren nach § 43 Abs. 1 WEG eines **allgemeinen** oder – sofern Feststellung begehrt wird – analog § 256 Abs. 1 ZPO **besonderen Rechtsschutzinteresses**.[134] Besteht ein solches nicht, wird der Antrag **als unzulässig zurückgewiesen**, entfällt es im Laufe des Verfahrens, ist der Antrag auf **Feststellung der Erledigung der Hauptsache**[135] umzustellen.

103

Der beratende Rechtsanwalt hat insoweit **zu beachten**, dass ein von vornherein unzulässiger und wegen fehlenden Rechtsschutzinteresses zurückgewiesener Antrag regelmäßig zur Folge hat, dass dem Antragsteller die gerichtlichen Kosten sowie die außergerichtlichen Auslagen der Antragsgegner auferlegt werden, vgl. § 47 WEG.[136] Aus diesem Grund sind die nachfolgenden **Fälle möglicherweise fehlenden Rechtsschutzinteresses** besonders genau zu bedenken.

104

- Die **Zustimmung** zum angefochtenen Beschluss lässt das Rechtsschutzinteresse in den Grenzen der Verwirkung[137] **nicht** entfallen.
- Soll die beschlossene und bereits durchgeführte Verwaltungsmaßnahme nach dem Willen des Anfechtenden **gar nicht rückgängig gemacht werden**, besteht nach den Grundsätzen, dass Gerichte nicht völlig sinnlos bemüht werden dürfen, **kein Rechtsschutzinteresse** für die Beschlussanfechtung.[138]
- Hat bereits **ein anderer Wohnungseigentümer** den nämlichen Beschluss angefochten, **entfällt nicht** das Rechtsschutzbedürfnis für das Verfahren eines anderen Wohnungseigentümers, denn der Antrag des ersteren kann unzulässig oder zurückgenommen werden.
- Für die Anfechtung bestätigender oder ersetzender **Zweitbeschlüsse**[139] mit demselben Inhalt wie der eines bereits bestandskräftigen Erstbeschlusses **fehlt grundsätzlich das Rechtsschutzinteresse**, da letzterer entweder unberührt bliebe oder wieder auflebte.[140]
- Schließlich **fehlt** für einen Antrag auf Ungültigerklärung eines Beschlusses der Eigentümerversammlung das Rechtsschutzbedürfnis, wenn der Beschluss **vollzogen** ist und die Vollziehung nicht mehr rückgängig zu machen ist sowie eine Ungültigerklärung auch keine sonstigen Auswirkungen auf die Verhältnisse der Wohnungseigentümer mehr haben kann.[141]

---

134 Vgl. Thomas/Putzo/Reichold, vor § 253 Rn. 15 und 26 ff.
135 Vgl. BayObLG, NZM 2002, 623; zur Erledigung der Hauptsache in den Verfahren nach § 43 Abs. 1 WEG vgl. § 1 Rn. 39 ff. und allgemein Demharter, ZMR 1987, 201 ff.
136 Vgl. Bärmann/Pick/Merle, § 47 Rn. 17.
137 Vgl. zur Verwirkung oben Rn. 91.
138 Vgl. BayObLG, NJW-RR 1992, 1367; NZM 2002, 623. Vgl. allgemein Rosenberg/Schwab/Gottwald, § 89 Rn. 29 ff.
139 Mit einem sog. Zweitbeschluss, der aus Gründen der Privatautonomie möglich ist, vgl. BGH, NJW 2001, 3339, kann ein zuvor gefasster sog. Erstbeschluss aufgehoben, ergänzt, abgeändert oder bestätigt werden, vgl. BGHZ 113, 97 = NJW 1991, 979; Bärmann/Pick/Merle, § 23 Rn. 48. Vgl. a. das Muster zu Rn. 124.
140 Ausnahmsweise ist in diesen Fällen ein Rechtsschutzbedürfnis zu bejahen, wenn die Aufhebung des Erstbeschlusses auch für den Fall der Ungültigerklärung des Zweitbeschlusses gewollt war, vgl. BGHZ 127, 99 = NJW 1994, 3220.
141 Vgl. BayObLG, ZMR 2002, 525.

§ 2 Streitigkeiten über die Wirksamkeit von Beschlüssen

3. Das Verfahren nach den §§ 23 Abs. 4 S. 1, 43 Abs. 1 Nr. 4 WEG

a) Allgemeine Anforderungen an den Schriftsatz – echtes Streitverfahren der Freiwilligen Gerichtsbarkeit

105 Das Verfahren auf Antrag zur Ungültigerklärung eines Beschlusses der Eigentümerversammlung gem. §§ 23 Abs. 4 S. 1, 43 Abs. 1 Nr. 4 WEG ist wie grundsätzlich die Verfahren nach dem WEG ein sog. **echtes Streitverfahren**[142] der Freiwilligen Gerichtsbarkeit und steht damit den zivilprozessualen Streitigkeiten sehr nahe. **Wie im Zivilprozess** haben die Beteiligten die Herrschaft über den Verfahrensbeginn (Antrag) und über das Verfahrensende (Antragsrücknahme, Antrag auf Feststellung der Erledigung der Hauptsache) und wie dort erwächst auch die Entscheidung in materieller Rechtskraft (§ 45 Abs. 2 WEG).

106 Dementsprechend hat auch der **Rechtsanwalt** zu bedenken, dass das Wohnungseigentumsgericht zwar gem. §§ 43 Abs. 1 WEG, 12 FGG von Amts wegen die zur Feststellung der Tatsachen erforderlichen Ermittlungen zu veranstalten und die geeignet erscheinenden Beweise aufzunehmen hat; die Beteiligten im Verfahren haben daher auch **keine Dispositionsbefugnis** über die tatsächlichen Grundlagen der Entscheidung. Indes wird die Amtsermittlungspflicht des Gerichts beeinflusst und begrenzt durch die **Verfahrensförderungs- und Mitwirkungspflichten** der Beteiligten. Diese Pflichten beziehen sich sowohl auf die Darlegung des entscheidungserheblichen Sachverhalts als auch auf die Beweiserhebung.

107 *aa) Darlegungslast:* In den Verfahren nach dem WEG als echte Streitsachen der Freiwilligen Gerichtsbarkeit kommt den Beteiligten als echte Prozessförderungspflicht eine **Darlegungslast** zu. Diese verpflichtet dazu, den gesamten bekannten entscheidungserheblichen Sachverhalt in jeder Hinsicht vorzutragen, damit das Gericht im Rahmen seiner Amtsermittlungspflicht die geeigneten Anhaltspunkte für die Feststellung der Tatsachen hat. Ein Verstoß hiergegen kann zur **Antragszurückweisung** führen, da das WEG-Gericht – anders als die FG-Gerichte in echten Amtsverfahren – nicht verpflichtet ist, jeder denkbaren Fallgestaltung nachzugehen, wenn die Beteiligten ihnen insoweit möglichen Tatsachenvortrag trotz Aufforderung durch das Gericht unterlassen haben. Das Gericht kann ohne weiteres davon ausgehen, dass die Beteiligten die ihnen günstigen Sachverhalte vollständig vorbringen.[143]

108 Das **Geständnis oder Nichtbestreiten** einer Tatsache hat grundsätzlich die selben Wirkungen wie im Zivilprozess. Das Gericht ist nämlich nicht gezwungen, von sich aus zugestandene oder nicht bestrittene Tatsachen zu ermitteln. Eine Ausnahme hierfür gilt nur insoweit, als Anhaltspunkte für die **Unwahrheit** dieser Tatsachen vorliegen, dann ist der wahre Sachverhalt gem. §§ 43 Abs. 1 WEG, 12 FGG von Amts wegen zu ermitteln.

109 *bb) Angabe von Beweismitteln:* Für die Beweiserhebung gelten im Verfahren nach dem WEG zunächst die Grundsätze der Freiwilligen Gerichtsbarkeit. Dies bedeutet,

---

142 Vgl. oben unter § 1 und BayObLGZ 1968, 233, 240.
143 Vgl. BayObLG, NJW-RR 1988, 1170, 1171.

dass dem Gericht zur Ermittlung der entscheidungserheblichen Tatsachen nach billigem Ermessen die Wahl zwischen **Freibeweis** (§ 12 FGG) oder **Strengbeweis** (mit den Beweismitteln des § 15 FGG) offen steht. Eine Pflicht zur Erhebung der Beweise im Strengbeweis ergibt sich nur, wenn durch freibeweisliche Ermittlungen eine sichere Tatsachenaufklärung nicht möglich ist.[144]

Dem Grundsatz der Amtsermittlung entspricht es zwar zunächst, dass den Beteiligten keine **formelle Beweislast** (sog. Beweisführungslast) zukommt. Wie bei der Pflicht zum prozessfördernden Vortrag von Tatsachen müssen die Beteiligten aber auch durch die Angabe von Beweismitteln in jeder ihnen möglichen Weise zur Aufklärung des Sachverhalts beitragen. Die **Pflicht des Rechtsanwalts** ist es daher, wie im Zivilprozess, alle ihm bekannten und relevanten Beweismittel vorzutragen. Ansonsten besteht im Falle einer Nichterweislichkeit der einem Beteiligen ungünstigen Tatsachen das Risiko, dass die auch in den Verfahren nach dem WEG entsprechend der **materiellen Beweislast** ergehende Entscheidung für den Mandanten ungünstig ausfällt.

b) Die Möglichkeit einer einstweiligen Anordnung gem. § 44 Abs. 3 WEG

Im Falle eines **dringenden Bedürfnisses**, das ein Abwarten der endgültigen Entscheidung über die Beschlussanfechtung nicht zulässt, kann der Antragsteller gem. § 44 Abs. 3 WEG einen Antrag auf Erlass einer einstweiligen Anordung stellen.[145] Der **Inhalt dieses Antrages** lautet in Abweichung von § 23 Abs. 4 WEG: „Der Vollzug des Beschlusses durch den Verwalter wird bis zur rechtskräftigen Entscheidung über den Anfechtungsantrag ausgesetzt".[146]

c) Die einzelnen Anforderungen an die Schriftsätze

Über die soeben dargestellten allgemeinen Anforderungen an den Inhalt der Schriftsätze hinaus hat der **Rechtsanwalt** weitere Besonderheiten gegenüber dem Zivilprozess zu beachten, die sich aus den Eigenheiten des WEG-Verfahrens ergeben. Insoweit ist zwischen den formellen Anforderungen, die bei allen WEG-Verfahren zu beachten sind, und den inhaltlichen Anforderungen an Gestaltungsanträge, namentlich den Antrag auf Ungültigerklärung eines Beschlusses der Eigentümerversammlung zu **unterscheiden**.

aa) Antragsform: Die Anträge im Verfahren nach dem WEG können gem. §§ 43 Abs. 1 WEG, 11 FGG auch **zu Protokoll der Geschäftsstelle** des zuständigen Gerichts oder eines jeden sonstigen Amtsgerichts angebracht werden. Von einer **telefonischen** Einlegung zu Protokoll ist abzuraten, da § 11 FGG nach zutreffender Ansicht die körperliche Anwesenheit des Antragstellers voraussetzt.[147] In der anwaltlichen Praxis steht natürlich die **schriftsätzliche** Antragstellung im Vordergrund. Diese kann auch

---

144 Vgl. BayObLG, ZMR 1981, 123, 124; dies ist regelmäßig bei der Ermittlung von Tatsachen der Fall, für die dem Gericht die erforderliche Sachkunde fehlt.
145 Vgl. BayObLGZ 1990, 173 = WE 1991, 287. Zur einstweiligen Anordnung gem. § 44 Abs. 3 WEG allgemein vgl. unten § 6.
146 Vgl. Bärmann/Pick/Merle, § 44 Rn. 69.
147 Vgl. OLG Köln, ZMR 2002, 76 unter Bezugnahme auf die h.M., insbesondere BGH, NJW 1981, 1627; nach a.A. ist die telefonische Einlegung dann ausreichend, wenn über diese nicht nur ein Aktenvermerk erstellt, sondern ein Protokoll über den so übermittelten Antrag aufgenommen wird, vgl. BayObLG, BayObLGReport 1993, 31.

durch **Telegramm, Fernschreiben** oder **Telekopie/Telefax**, auch als **Computerfax** ohne eingescannte Unterschrift[148] vorgenommen werden. Nach § 21 Abs. 2 S. 2 FGG kann entsprechend § 130a ZPO ein Antrag auch als elektronisches Dokument angebracht werden, wenn und soweit die in § 21a Abs. 3 FGG genannten Verordnungen der Landesregierungen ergangen sind. Schließlich kann die Antragstellung auch in **mündlicher Verhandlung** vor dem Richter erfolgen, was in der Praxis v.a. bei Antragsänderungen oder der nachträglichen Stellung weiterer Anträge der Fall ist.

114 *bb) Antragsinhalt: (1) Formelle Anforderungen:* (a) Bezeichnung der Beteiligten: Für den Antragsteller sind zunächst Name, ladungsfähige Anschrift und ggf. gesetzlicher Vertreter **anzugeben**. **Antragsteller** sind entweder die Wohnungseigentümer, die die Ungültigkeit des Beschlusses festgestellt haben wollen, oder der in Verfahrensstandschaft[149] vorgehende Wohnungseigentümer oder Verwalter. **Antragsgegner** sind die übrigen Wohnungseigentümer, die dem Antrag entgegentreten. Wenn dies – wie häufig bei Antragstellung – unklar ist, **empfiehlt es sich nicht**, die anderen Wohnungseigentümer als Antragsgegner zu bezeichnen, diese sind vielmehr schlicht als (weitere) **Beteiligte** nach Namen und ladungsfähiger Anschrift zu bezeichnen.[150]

115 Wenn die weiteren Beteiligten mehrere, etwa alle anderen als der antragstellende Wohnungseigentümer sind, ist es **ausreichend**, statt einer vollzähligen Auflistung in der Antragsschrift dem Schriftsatz eine **Liste** dieser Wohnungseigentümer beizugeben und im Antragsrubrum auf dies Bezug zu nehmen. Allerdings ist es **nicht genügend**, eine **Sammelbezeichnung** für die antragstellenden oder gegnerischen bzw. weiteren Beteiligten zu verwenden.[151]

116 Schließlich ist im Verfahren nach § 43 Abs. 1 Nr. 4 WEG auch der **Verwalter** mit Namen und ladungsfähiger Anschrift zu bezeichnen, da dieser Beteiligter ist.

117 (b) Bezeichnung der **Verfahrens- und Zustellungsbevollmächtigten**: Der Rechtsanwalt der Verfahrensbeteiligten hat seinen Namen und seine ladungsfähige Adresse anzugeben. Da der **Verwalter** mangels entgegenstehender Vereinbarung gem. § 27 Abs. 2 Nr. 3 WEG **Zustellungsvertreter** der Wohnungseigentümer mit gesetzlicher Vertretungsmacht[152] ist, kann er grundsätzlich auch für die weiteren Beteiligten im Verfahren

---

148 Eine eingescannte Unterschrift ist im erstinstanzlichen Verfahren nach dem WEG ebenso wenig Formvoraussetzung wie die eigenhändige Unterschrift unter einen Schriftsatz, sofern der Wille zur Einleitung eines Verfahrens unzweideutig zu erkennen ist, vgl. BGH, MDR 2004, 349; BVerfG, NJW ; 2002, 3534; GemSOGB, NJW 2000, 2340. Zum Unterschriftserfordernis im Zivil-, insbesondere im Anwaltsprozess vgl. BGH, FamRZ 2003, 1175 und ausführlich Zöller/Greger, § 130 Rn. 7ff.
149 Zur Verfahrensstandschaft vgl. noch ausführlich unten § 3 Rn. 135f.
150 Vgl. BayObLG, BayObLGZ 1972, 246, 249; BayObLG, NJW-RR 2002, 445.
151 Etwa als Antragsgegner „die Wohnungseigentümergemeinschaft ▉▉▉str. ▉▉▉, ▉▉▉ mit Ausnahme des Antragstellers". Für vollstreckbare Entscheidungen ergibt sich dies schon daraus, dass eine Zwangsvollstreckung nur betrieben werden kann, wenn die Personen, für und gegen die vollstreckt werden soll, im Titel namentlich bezeichnet sind, vgl. §§ 45 Abs. 3 WEG, 750 Abs. 1 ZPO. Die Benennung der einzelnen Wohnungseigentümer kann aber auch noch nach Ablauf der Frist für die Anfechtung gem. § 23 Abs. 4 S. 2 WEG nachgeholt werden, wenn der insoweit unvollständige Antrag fristgerecht dem gem. § 27 Abs. 2 Nr. 3 WEG zustellungsbevollmächtigten Verwalter zugeht, vgl. BayObLG, NZM 2002, 346.
152 Vgl. BGH, NJW 1981, 282.

nach § 43 Abs. 1 Nr. 4 WEG den Antragsschriftsatz entgegennehmen, wenn das Gericht die Antragsschrift auch für die weiteren Beteiligten ihm zustellt. **Ausgenommen** hiervon sind allerdings die Fälle, in denen eine Kollision zwischen den Interessen des Verwalters und denjenigen der Wohnungseigentümer besteht.[153] Dies zu beurteilen ist allerdings Sache des **Gerichts**. Der Rechtsanwalt sollte daher den Verwalter **nicht** als „Zustellungsvertreter" angeben.[154]

(c) **Kostenvorschuss** und **Anlagen** zu den Schriftsätzen

(aa) Kostenvorschuss: Gem. § 43 Abs. 1 WEG sind die Angelegenheiten in Wohnungseigentumssachen solche der Freiwilligen Gerichtsbarkeit. Für die Gerichtskosten und hierfür zu leistende Vorschüsse gilt daher die **KostO**. Insoweit bestimmt § 8 Abs. 2 KostO, dass das Gericht ein Antragsverfahren nur durchführen soll, wenn der gem. § 8 Abs. 1 S. 1 KostO zu erbringende **Kostenvorschuss** gezahlt oder sichergestellt ist, falls dies nicht **unangebracht** erscheint. Den Kostenvorschuss hat der Kostenschuldner zu leisten. Das ist gem. § 2 Nr. 1 KostO der **Antragsteller** unabhängig davon, wem schließlich durch das Gericht gem. § 47 Abs. WEG die Kosten auferlegt werden. Von der Vorschusspflicht **befreit** ist allerdings der Antragsteller, dem Prozesskostenhilfe bewilligt ist, §§ 8 Abs. 2 S. 2 KostO, 14 FGG, 114ff. ZPO.

118

Ein Kostenvorschuss kann in Höhe der maximal im Verfahren anfallenden drei **Gebühren** (§ 48 Abs. 1 S. 2 WEG) verlangt werden. Der Wert einer Gebühr richtet sich nach dem gem. § 18 KostO zu berechnenden **Geschäftswert**. Dieser ist im Verfahren auf Ungültigerklärung eines Beschlusses der Eigentümerversammlung gem. §§ 43 Abs. 1 Nr. 4, 23 Abs. 4 WEG regelmäßig gem. §§ 48 Abs. 3 WEG, 30 Abs. 1 KostO nach dem **Interesse aller**[155] **Wohnungseigentümer und des Verwalters** zu schätzen und nur mangels konkreter Anhaltspunkte gem. § 30 Abs. 2 KostO auf 3.000.- € zu bestimmen.[156] Für diesen Geschäftswert sollte der Antragsteller daher schon mit Antragseinreichung **drei Gebühren** gem. §§ 32ff. KostO einzahlen.[157]

119

(bb) Prozessvollmacht: In den erstinstanzlichen Verfahren nach dem WEG können sich die Beteiligten durch einen Bevollmächtigten, insbesondere einen **Rechtsanwalt**

120

---

153 Vgl. BayObLG, NJW-RR 2002, 732; Palandt/Bassenge, § 27 Rn. 13.
154 Falls ein Interessenkonflikt nicht besteht, kann und wird das Gericht an den Verwalter als Beteiligten und Zustellungsvertreter zustellen.
155 Demgegenüber ist das Interesse des einzelnen Antragstellers allein nicht maßgebend, vgl. BayOblGZ 1993, 119.
156 Gegen den Kostenansatz (Aufforderung zur Vorschusszahlung) können wegen § 8 Abs. 1 S. 3 KostO gem. § 14 Abs. 2 KostO Erinnerung, gegen die diesbezügliche Entscheidung unter den Voraussetzungen des § 14 Abs. 3 KostO Beschwerde und hiergegen unter den Voraussetzungen des § 14 Abs. 5 KostO weitere Beschwerde eingelegt werden. Gegen die Anordnung gem. § 8 Abs. 2 KostO sowie die Höhe des angeforderten Vorschusses können gem. § 8 Abs. 3 KostO Beschwerde und weitere Beschwerde nach § 14 Abs. 4 bis 7 KostO eingelegt werden.
157 Zur Beschleunigung des Verfahrens sollte nicht abgewartet werden, bis das Gericht den Geschäftswert festgesetzt und einen Kostenvorschuss erhoben hat. Letztere Vorgehensweise ist andererseits für den Antragsteller aber auch nicht gefährlich, weil die Antragsfrist des § 23 Abs. 4 S. 2 WEG zwar nach zutreffender Ansicht des BGH, NJW 1998, 3648, durch die Einreichung des Antrages nur dann gewahrt ist, wenn dieser entsprechend § 167 ZPO alsbald zugestellt wird. Von einer Zustellung „demnächst" ist aber auch dann auszugehen, wenn zuvor erst der Kostenvorschuss angefordert, dann aber alsbald eingezahlt und zugestellt wird.

vertreten lassen, §§ 43 Abs. 1 WEG, 13 Abs. 1 FGG. Die Vorlage einer öffentlich beglaubigten Vollmachtsurkunde ist nur dann erforderlich, wenn das Gericht oder ein Beteiligter es verlangt, § 13 S. 3 FGG. Aus diesem Grund empfiehlt sich aber zur Verfahrensbeschleunigung gerade bei der Beschlussanfechtung die **Vorlage einer unbeglaubigten schriftlichen Vollmacht**, die nach dem Ermessen des Gerichtes ausreicht.[158] Werden die gegnerischen Beteiligten im Verfahren vom hierzu ermächtigten Verwalter vertreten und beauftragt dieser für den Prozess einen Rechtsanwalt,[159] so ist zudem die **Ermächtigung des Verwalters** durch die Wohnungseigentümer nachzuweisen, wobei die Vorlage der Teilungserklärung, einer Vereinbarung oder eines Beschlusses der Wohnungseigentümer bzw. des Verwaltervertrages genügt.

121 *(cc) Sonstige Urkunden:* Allgemein, aber besonders für die Verfahren nach § 43 Abs. 1 Nr. 1 und 4 WEG empfiehlt sich für den Antragsteller, die maßgebende **Teilungserklärung**[160] samt dinglicher Aufteilung, dem Aufteilungsplan und den Vereinbarungen betreffend das Gemeinschaftsverhältnis dem Antragsschriftsatz beizugeben. Im Falle des Antrages auf Ungültigerklärung eines Beschlusses der Eigentümerversammlung müssen das den Beschluss enthaltende **Versammlungsprotokoll**, ggf. das **Einberufungsschreiben** sowie die **weiteren Schriftstücke** vorgelegt werden, die konkreten Bezug zum Inhalt des Beschlusses haben, etwa Verträge mit Dritten, vorgerichtliche Sachverständigengutachten, Wirtschaftspläne, Jahresgesamt- oder Einzelabrechnungen usw.

122 *(dd) Abschriften von Anträgen und Anlagen:* Die Verfahrensbeteiligten haben entsprechend §§ 133 Abs. 1 S. 1, 253 Abs. 4 ZPO die für die Zustellung an die Beteiligten erforderliche **Anzahl an beglaubigten**[161] **Abschriften** ihrer Schriftsätze samt Anlagen beizufügen, soweit nicht der oder die Verfahrensgegner bereits Kenntnis haben, § 133 Abs. 1 S. 2 ZPO. Falls der **Verwalter** bei der Zustellung gem. § 27 Abs. 2 Nr. 3 WEG vertretungsbefugt ist, genügen **zwei Abschriften** der jeweiligen Schriftstücke (eine für den Verwalter selbst als Beteiligten gem. § 43 Abs. 1 Nr. 4, Abs. 4 Nr. 2 WEG und eine für die beteiligten restlichen Wohnungseigentümer).[162]

123 d) Muster: Antragsschriftsatz mit Wiedereinsetzungsantrag

Rechtsanwalt ■■■, den ■■■

■■■

An das Amtsgericht

Wohnungseigentumsgericht

---

158 Vgl. Köhler/Bassenge, Teil 17, Rn. 113.
159 Von der Ermächtigung zur Beauftragung eines Rechtsanwalts kann bei dem zur Vertretung berechtigten Verwalter grundsätzlich ausgegangen werden, vgl. BGH, NJW 1993, 1924.
160 Diese ergibt sich aus den Bestandsverzeichnissen der Wohnungsgrundbücher und der dort enthaltenen Eintragungsbewilligung.
161 Diese können gem. § 169 Abs. 2 S. 2 ZPO ohne vorherige Beglaubigung durch die Geschäftsstelle zugestellt werden.
162 Vgl. BGH, NJW 1981, 292.

A. Anfechtung eines Beschlusses der Eigentümerversammlung

■■■ per Fax vorab!

Antrag

In der Wohnungseigentumssache betreffend die Wohnanlage ■■■-Straße ■■■ in ■■■

Verfahrensbeteiligte:
1. Herr ■■■, ■■■-Straße ■■■, ■■■
   Antragsteller
   Verfahrensbevollmächtigter: Rechtsanwalt ■■■, ■■■, ■■■
2. Die Eigentümer der oben genannten Wohnungseigentumsanlage, nach Namen und Adresse aufgeführt in der anliegenden Liste
   weitere Wohnungseigentümer
3. Fa. Fleißig Wohnungsverwaltungsgesellschaft mbH u. Co. KG, vertreten durch die Fa. Fleißig Betriebs – GmbH als geschäftsführende Gesellschafterin, diese vertreten durch den Geschäftsführer Werner Fleißig, ■■■, ■■■

Verwalterin

wegen Ungültigerklärung eines Beschlusses

Vorläufiger Geschäftswert: ■■■ €

Unter Vorlage von 2 weiteren Abschriften dieses Antrags, einer beglaubigten Vollmacht[163] und Einzahlung eines Kostenvorschusses[164] von ■■■ € beantrage ich namens und für den Antragsteller:
1. Wegen etwaiger Versäumung der Frist zur Anfechtung des Eigentümerbeschlusses vom ■■■ wird dem Antragsteller Wiedereinsetzung in den vorigen Stand gewährt.
2. Der Beschluss der Eigentümerversammlung vom ■■■ zu Tagesordnungspunkt ■■■ wird für ungültig erklärt.
3. Die Antragsgegner tragen die Kosten des Verfahrens einschließlich der außergerichtlichen Kosten des Antragstellers.[165]

Begründung:

Der Antragsteller ist Wohnungseigentümer mit einem 34/1000 Miteigentumsanteil am Gemeinschaftseigentum der im Rubrum genannten Wohnungseigentümergemeinschaft verbunden mit dem Sondereigentum an der Wohnung Nr. 23.

---

163 Auch wenn im Verfahren nach dem FGG der für einen oder mehrere Beteiligte auftretende Rechtsanwalt grundsätzlich ohne weitere Prüfung als vertretungsbefugt angesehen wird (vgl. § 13 S. 2 FGG), sollten die Vollmachtsurkunde sowie das Schriftstück, aus dem sich die Ermächtigung des Verwalters zur Führung von Rechtsstreitigkeiten ergibt, vorgelegt werden, um etwaigen Einwendungen zuvor zu kommen.
164 Zum Kostenvorschuss vgl. §§ 8 KostO, 48 Abs. 1 WEG (drei Gebühren), zum zugrundeliegende Geschäftswert vgl. §§ 48 Abs. 3 WEG, 18 ff. KostO, zur Gebührenhöhe vgl. § 32 KostO. Im übrigen wird auf die Ausführungen zum Kostenvorschuss oben Rn. 119 verwiesen.
165 Über die Tragung der Gerichtskosten sowie eine etwaige Erstattungspflicht für außergerichtliche Kosten entscheidet das Gericht gem. § 47 WEG nach billigem Ermessen. Hierbei tragen die unterlegenen Beteiligten in der Regel die Gerichtskosten; eine Erstattung außergerichtlicher Kosten findet grundsätzlich nicht statt, Palandt/Bassenge, § 47 WEG Rn. 3 und 4.

§ 2 Streitigkeiten über die Wirksamkeit von Beschlüssen

Beweis: Auszüge aus dem Wohnungseigentumsgrundbuch

I. Antrag auf Ungültigerklärung des Beschlusses vom ▄▄▄

1. Protokoll

Das Protokoll vom ▄▄▄ für die Eigentümerversammlung der WEG ▄▄▄-Str.▄▄▄, ▄▄▄ enthält zu Tagesordnungspunkt ▄▄▄ auf den Antrag des Wohnungseigentümers ▄▄▄ folgende Beschlussfassung:

„Das Anbringen und Aufstellen von Parabolantennen im Bereich der Balkone ist untersagt."

Beweis: Protokoll der Eigentümerversammlung vom ▄▄▄ in Kopie.

Die Abstimmung kam wie folgt zustande:

Teilnehmende Wohnungseigentümer 19 von 44.

Vertretene Miteigentumsanteile: 513/1000.

Ja-Stimmen: 12

Nein-Stimmen: 0

Enthaltungen: 7

Der für die Verwalterin handelnde Geschäftsführer Fleißig bezeichnete als Vorsitzender der Eigentümerversammlung, ohne zuvor die Beschlussfähigkeit festgestellt zu haben, den gleichlautenden Antrag durch den Beschluss als angenommen.

Beweis: Protokoll der Eigentümerversammlung vom ▄▄▄ in Kopie.

Das Protokoll der Eigentümerversammlung vom ▄▄▄ wurde ausweislich eines dort vorhandenen Vermerks der Verwalterin erst vorgestern, den ▄▄▄, fertiggestellt und dem Antragsteller erst gestern, den ▄▄▄, durch Boten der Verwalterin zugestellt.

Beweis: Zustellungsnotiz der Fa. Citymail ▄▄▄ vom ▄▄▄ in Kopie.

2. Einladungsschreiben für die Eigentümerversammlung vom ▄▄▄

Mit Schreiben vom ▄▄▄ berief die Verwalterin die Eigentümerversammlung vom ▄▄▄ ein. Der maßgebende Tagesordnungspunkt ▄▄▄, unter dem der angefochtene Beschluss auf Antrag des Wohnungseigentümers ▄▄▄ gefasst wurde, war in der Einladung lediglich mit „Sonstiges" bezeichnet.

Beweis: Einladungsschreiben vom ▄▄▄ und Protokoll der Eigentümerversammlung vom ▄▄▄ in Kopie.

3. Teilungserklärung

a) Abweichend von der gesetzlichen Regelung des § 25 Abs. 3 WEG bestimmt die Teilungserklärung der Wohnungseigentümergemeinschaft, dass die Eigentümerversammlung beschlussfähig ist, wenn mehr als die Hälfte der Wohnungseigentümer erschienen ist.[166]

---

166 Die Regelung des § 25 Abs. 3 WEG ist dispositiv, vgl. Bärmann/Pick/Merle, § 25 Rn. 84 und BayObLG, WuM 1994, 105.

A. Anfechtung eines Beschlusses der Eigentümerversammlung

Beweis: § ▬▬▬ der Teilungserklärung mit Gemeinschaftsordnung in Kopie.

b) Im Übrigen nimmt die Teilungserklärung Bezug auf die Regelung des § 25 Abs. 2 WEG, wonach sich die Stimmenmehrheit bei Beschlüssen der Eigentümerversammlung nach dem Kopfprinzip richtet.

4. Rechtliche Würdigung

a) Der angefochtene Beschluss vom ▬▬▬ ist aus zwei Gründen schon formell rechtswidrig zustande gekommen. Zwar haben die anwesenden Wohnungseigentümer entsprechend der Teilungserklärung und der Regelung des § 25 Abs. 2 WEG nach Köpfen abgestimmt.

Allerdings war aber zum einen die Eigentümerversammlung nicht beschlussfähig, da entgegen der insoweit maßgebenden Teilungserklärung nicht die Hälfte, sondern nur 19 von 44 der stimmberechtigten Wohnungseigentümer anwesend waren. Eine Heilung nach § ▬▬▬ der Teilungserklärung ist nicht eingetreten, da die Verwalterin keine erneute Versammlung nach etwaiger Feststellung der Beschlussunfähigkeit einberufen und durchgeführt hat. Vielmehr hat der für die Verwalterin handelnde Geschäftsführer Fleißig die fehlende Beschlussfähigkeit schlicht übersehen bzw. die Beschlussfähigkeit gar nicht geprüft. Wegen dieses formellen Fehlers ist der angebliche Beschluss eventuell schon gar nicht wirksam zustande gekommen, jedenfalls aber auf Antrag für ungültig zu erklären, weil die Verwalterin das Zustandekommen des Beschlusses festgestellt hat.[167]

Darüber hinaus liegt ein formeller Anfechtungsgrund auch in der fehlenden bzw. völlig unzureichenden Bezeichnung des Abstimmungsgegenstandes. Nach § 23 Abs. 2 WEG ist es zur Gültigkeit eines Beschlusses ausdrücklich erforderlich, dass der Gegenstand bei der Einberufung bezeichnet ist. Die Art und Weise der Bezeichnung richtet sich hierbei nach dem

---

[167] In den Fällen fehlender Beschlussfähigkeit kommt ein Beschluss nach einer Meinung unabhängig von der Feststellung des Zustandekommens durch den Versammlungsvorsitzenden nicht zustande. Es handelt sich um einen sog. „Nichtbeschluss", der zur Geltendmachung der Unwirksamkeit nicht angefochten werden muss, vgl. die überwiegende Rechtsprechung des BayObLG, z.B. ZWE 2001, 267.
Eine weitere Meinung hält die Feststellung des Beschlussergebnisses durch den Verwalter zwar nicht für erforderlich, legt einer gleichwohl getroffenen Feststellung aber (lediglich) inhaltsfixierende Wirkung bei und erachtet diese daher für vorläufig verbindlich, vgl. KG, NJW-RR 1991, 213; Staudinger/Wenzel, § 43 Rn. 36.
Nach zutreffender Auffassung kommt der Feststellung und Bekanntgabe des Beschlussergebnisses durch den Versammlungsleiter indes grundsätzlich konstitutive Bedeutung zu. Es handelt sich im Regelfall um eine Voraussetzung für das rechtswirksame Zustandekommen eines Eigentümerbeschlusses, vgl. hierzu ausführlich BGHZ 148, 335 = NJW 2001, 339, unter Auseinandersetzung mit den anderen Auffassungen und m.w.N.
Daher ist vor dem Hintergrund der letztgenannten Auffassung im Rahmen des Verfahrens nach § 43 Abs. 1 Nr. 4 WEG von einem lediglichen Antrag auf Feststellung, „dass der Beschluss vom ▬▬▬ zum Tagesordnungspunkt ▬▬▬ wegen Beschlussfähigkeit der Eigentümerversammlung nicht zustande gekommen ist", verbunden mit dem Antrag auf Berichtigung des Protokolls insoweit, als die Passage „Der für die Verwalterin handelnde Geschäftsführer (▬▬▬) durch den Beschluss als angenommen" zu streichen ist (vgl. OLG Hamm, Rpfleger 1979, 342), abzuraten. Da § 24 Abs. 6 WEG die Feststellung des Beschlussergebnisses voraussetzt, kann dieser nicht lediglich der Charakter eines Rechtsscheintatbestandes zukommen, der nur aus dem Gesichtspunkt des Vertrauensschutzes eine Anfechtung ermöglicht. Vielmehr findet hierin die gesetzgeberische Wertung Ausdruck, dass sowohl die mit der Feststellung der Zahl gültiger Ja- und Nein-Stimmen abschließende Prüfung der Gültigkeit der abgegebenen Stimmen als auch die rechtliche Beurteilung des Abstimmungsergebnisses nicht bei den Wohnungseigentümern verbleiben soll, sondern dem Versammlungsleiter obliegt und seine Einschätzung aus Gründen der Rechtssicherheit für die Wohnungseigentümer (vorläufig) verbindlich ist. Solche Beschlüsse sind daher innerhalb der Frist des § 23 Abs. 4 S. 2 WEG anzufechten.
Im Beispielsfall war der Antrag auf Ungültigerklärung des Beschlusses im übrigen schon wegen der weiteren nachfolgend dargestellten formellen und materiellen Mängel sinnvoll und erforderlich.

berechtigten Informationsbedürfnis der Wohnungseigentümer. Die Möglichkeit, ohne Einschränkungen am Balkon eine die Informationsmöglichkeiten des einzelnen Miteigentümers wesentlich erweiternde Parabolantenne aufstellen zu können, verbietet es, als Beschlussgegenstand unter der Rubrik „Sonstiges" abgehandelt zu werden.[168]

b) Der Beschluss ist schließlich auch materiell rechtswidrig. Da den Wohnungseigentümern ein Eingriff in den Kernbereich des Wohnungseigentums verwehrt ist, können sie den wesentlichen Inhalt der Nutzung von Wohnungseigentum nicht durch Mehrheitsbeschluss einschränken.[169] Dieser Bereich ist vorliegend betroffen; denn die eigene Wohnung ist typischerweise der Ort, von dem aus die Bewohner die Informationsangebote von Fernsehen und Hörfunk nutzen. Dort stehen diese Medien bequem zur Verfügung und können auf Grund freier Entscheidung ausgewählt und genutzt werden. Dieser Gebrauch des Wohnungseigentums ist nicht nur sozial üblich und Teil der Zweckbestimmung der Wohnanlage, sondern nach allgemeinem Verständnis auch ein wesentliches Element der Nutzung einer Wohnung. In dieser Hinsicht wird der Gebrauch des Wohnungseigentums durch das mit Mehrheit beschlossene ausnahmslose Verbot von Parabolantennen in erheblichem Umfang eingeschränkt, zumal der Antragsteller gerne und oft die mit einer Parabolantenne gebotenen audiovisuellen Unterhaltungsmöglichkeiten nutzen würde.

Insbesondere wird es ausländischen Wohnungseigentümern im allgemeinen unmöglich gemacht, Rundfunksendungen aus ihrer Heimat – abgesehen von wenigen über Kabelanschluss erreichbaren Programmen – zu empfangen. Trotz des vorhandenen Kabelanschlusses ist jedenfalls für sie der wesentliche Inhalt der Nutzung von Wohnungseigentum eingeschränkt.[170] Dies muss aber ungeachtet der Tatsache, dass der Antragsteller Deutscher ist, zur Ungültigkeit des Beschlusses führen, zumal fünf der 44 Wohnungseigentümer ausländische Mitbürger sind (vgl. die anliegende Eigentümerliste).[171]

II. Antrag auf Wiedereinsetzung in den vorigen Stand

Dem Antragsteller ist gegen die Versäumung der evtl. einzuhaltenden Frist des § 23 Abs. 4 S. 2 WEG Wiedereinsetzung in den vorigen Stand zu gewähren. Zwar ist dieses Fristerfordernis jedenfalls nach umstrittener Auffassung des BGH auch auf einen „Beschluss" anzuwenden, der mangels Beschlussfähigkeit gar nicht zustande gekommen ist, falls der Versammlungsleiter – wie hier – das Zustandekommen des Beschlusses festgestellt hat.[172]

Selbst wenn man dieser Auffassung folgen wollte, hat der Antragsteller die Anfechtungsfrist aber schuldlos nicht eingehalten. Der angefochtene Beschluss wurde in der Eigentümerversammlung vom ■■■ gefasst. Das Protokoll wurde allerdings erst vorgestern, mithin zwei Wochen nach Ablauf der einmonatigen Anfechtungsfrist des § 23 Abs. 4 S. 2 WEG, fertiggestellt. Einem Wohnungseigentümer ist aber dann Wiedereinsetzung in den vorigen Stand wegen Versäumung der Anfechtungsfrist des § 23 Abs. 4 WEG zu gewähren, wenn innerhalb der Anfechtungsfrist das Protokoll über die Eigentümerversammlung noch nicht

---

168 Vgl. hierzu auch weitere Beispiele bei Bärmann/Pick/Merle, § 23 Rn. 72.
169 Vgl. hierzu BGH, NJW 2004, 937.
170 Vgl. BGH, NJW 2004, 937.
171 Zur Unbeachtlichkeit dieses Arguments bei der Beschlussanfechtung durch einen deutschsprachigen Wohnungseigentümer vgl. aber unten die Antragserwiderung unter Rn. 124.
172 Vgl. BGHZ 148, 335 = NJW 2001, 3339. Zur sehr umstrittenen Anwendbarkeit des § 23 Abs. 4 S. 2 WEG auf die Geltendmachung des Nichtzustandekommens eines Beschlusses im Verfahren nach § 43 Abs. 1 Nr. 4 WEG vgl. auch Bärmann/Pick/Merle, § 23 Rn. 31ff.

fertiggestellt und dem Wohnungseigentümer eine Einsichtnahme zur Prüfung des Inhalts und Vorbereitung eines Antrages nach § 43 Abs. 1 Nr. 4 WEG binnen laufender Frist daher nicht möglich ist.[173]

Die zweiwöchige Wiedereinsetzungsfrist der §§ 43 Abs. 1 WEG, 22 Abs. 2 FGG ist auch ohne weiteres eingehalten, weil die Zustellung des Protokolls erst gestern erfolgte.

■■■

Rechtsanwalt

e) Muster: Antragserwiderungsschriftsatz

Rechtsanwalt ■■■, den ■■■

■■■

Antragserwiderung

in der Wohnungseigentumssache betreffend die Wohnanlage ■■■-Straße ■■■ in ■■■.

In vorstehend bezeichneter Sache zeige ich die Vertretung der Verwalterin sowie sämtlicher Wohnungseigentümer gemäß mit Antragsschrift bereits vorgelegter Liste mit Ausnahme des Antragstellers an und werde für diese in der anzuberaumenden mündlichen Verhandlung b e a n t r a g e n :

Die Anträge werden zurückgewiesen.

B e g r ü n d u n g :

Die Verwalterin hat dem Unterzeichneten entsprechend ihrer Befugnis aus dem Verwaltervertrag[174] mit Auftrag vom ■■■ im Namen der gegnerischen Wohnungseigentümer Vollmacht[175] erteilt.

Beweis: Verwaltervertrag vom ■■■ sowie Vollmachtsurkunde vom ■■■, jeweils in Kopie.

Der Antrag auf Anfechtung des Beschlusses der Eigentümerversammlung vom ■■■ ist unzulässig, jedenfalls auch unbegründet, sodass es auf den Antrag auf Wiedereinsetzung in den vorigen Stand wegen Versäumung der Anfechtungsfrist gar nicht ankommt.

---

173 Vgl. BayObLGZ 2003, 227.
174 Gem. § 27 Abs. 2 Nr. 5 WEG kann der Verwalter durch Beschluss der Wohnungseigentümer, aber auch durch den Verwaltervertrag, die Teilungserklärung oder eine Vereinbarung berechtigt sein, Ansprüche der Wohnungseigentümer gerichtlich und außergerichtlich geltend zu machen. Für Aktivprozesse nimmt die h.M. an, dass mit einer solchen Ermächtigung auch die Befugnis verbunden sei, für die Wohnungseigentümer einen Rechtsanwalt zu beauftragen, vgl. BGH, MDR 1978, 134; NJW 1993, 1924; BayObLG, NJW-RR 1992, 81; Bärmann/Pick/Merle, § 27 Rn. 150. Für gegen die (übrigen) Wohnungseigentümer gerichtete Passivprozesse Dritter oder eines (bzw. mehrerer) Wohnungseigentümer gilt § 27 Abs. 2 Nr. 5 WEG entsprechend, d.h. der Verwalter kann von den Wohnungseigentümern zur gerichtlichen oder außergerichtlichen Vertretung ermächtigt werden. Allerdings darf der Verwalter in diesen Fällen nur dann einen Rechtsanwalt beauftragen, wenn er hierzu gesondert (durch Beschluss, den Verwaltervertrag, die Teilungserklärung, oder eine Vereinbarung) ermächtigt wurde, vgl. BayObLG-Report 2001, 65.
175 Auch wenn im Verfahren nach dem FGG der für einen oder mehrere Beteiligte auftretende Rechtsanwalt grundsätzlich ohne weitere Prüfung als vertretungsbefugt angesehen wird (vgl. § 13 S. 2 FGG), sollten die Vollmachtsurkunde sowie das Schriftstück, aus dem sich die Ermächtigung des Verwalters zur Führung von Rechtsstreitigkeiten ergibt, vorgelegt werden, um etwaigen Einwendungen zuvor zu kommen.

§ 2 Streitigkeiten über die Wirksamkeit von Beschlüssen

I. Zum Antrag auf Ungültigerklärung

Der Antrag auf Ungültigerklärung des Beschlusses der Eigentümerversammlung vom ▬▬▬ zu Tagesordnungspunkt ▬▬▬ ist schon unzulässig, weil die formelle Rechtswidrigkeit des Beschlusses durch einen mangels fristgerechter Anfechtung bestandskräftigen sog. Zweitbeschluss geheilt wurde, was der Antragsteller leider nicht dargelegt hat.

Darüber hinaus ist der Beschluss auch materiell rechtmäßig, weil dem Informationsbedürfnis des Antragsteller auch ohne Zuhilfenahme einer Parabolantenne genüge getan werden kann.

1. Wirksamer Zweitbeschluss

Die Verwalterin hat nach Durchsicht des Versammlungsprotokolls vom ▬▬▬ erkannt, dass die Eigentümerversammlung vom ▬▬▬ aus den vom Antragsteller zutreffend bereits angeführten Gründen nicht beschlussfähig war, da die nach der Teilungserklärung erforderliche Mehrheit der Wohnungseigentümer nicht anwesend war. Insoweit ist dem Antragsteller auch zuzustimmen, dass die in der Versammlung gefassten Beschlüsse, mithin auch der angefochtene Beschluss formell mangelhaft waren.

Die Verwalterin hat daraufhin aber mit Einladungsschreiben vom ▬▬▬ einen neuen Termin zur Abhaltung der jährlichen Eigentümerversammlung unter Einhaltung einer angemessenen Ladungsfrist auf den ▬▬▬ bestimmt und die Wohnungseigentümer hierzu mit Einladungsschreiben vom ▬▬▬ geladen. Auf den Grund für die erneute Abhaltung einer Eigentümerversammlung war in diesem Schreiben hingewiesen. Die Tagesordnungspunkte waren dieselben wie diejenigen in der Versammlung vom ▬▬▬.

Beweis: Einberufungsschreiben vom ▬▬▬ mit Tagesordnung.

Die Wohnungseigentümer, insbesondere auch der Antragsteller wurden ausweislich der anliegenden Zustellungsnachweise ordnungsgemäß geladen.

Beweis: Kopie der Zustellungsprotokolle der Fa. Citymail ▬▬▬

In der neu einberufenen Eigentümerversammlung vom ▬▬▬ waren 31 von 44 Wohnungseigentümern persönlich anwesend und stimmberechtigt.

Beweis: Protokoll der Eigentümerversammlung vom ▬▬▬ in Kopie.

Zu Tagesordnungspunkt ▬▬▬ enthält das Protokoll folgende Beschlussfassung:

„Das Anbringen und Aufstellen von Parabolantennen im Bereich der Balkone ist untersagt."

Beweis: Protokoll der Eigentümerversammlung vom ▬▬▬ in Kopie.

Die Abstimmung kam wie folgt zustande:

Teilnehmende Wohnungseigentümer 31 von 44.

Vertretene Miteigentumsanteile: 798/1000.

Ja-Stimmen: 24

Nein-Stimmen: 0

Enthaltungen: 7

Der für die Verwalterin handelnde Geschäftsführer Fleißig bezeichnete als Vorsitzender der Eigentümerversammlung, nachdem zuvor die Beschlussfähigkeit festgestellt war, den gleichlautenden Antrag durch den Beschluss als angenommen.

Beweis: Protokoll der Eigentümerversammlung vom ■■■ in Kopie.

Dieser Beschluss wurde innerhalb der bis ■■■ laufenden Frist des § 23 Abs. 4 S. 2 WEG nicht angefochten und ist daher bestandskräftig.

Mit diesem sog. Zweitbeschluss wurde aber der formelle Mangel wegen der Beschlussunfähigkeit der Eigentümerversammlung vom ■■■ geheilt.[176]

Der Antrag auf Ungültigerklärung dieses Beschlusses war damit von Anfang an unzulässig, da die Bestandskraft des Zweitbeschlusses schon vor Zustellung des verfahrensgegenständlichen Antrages eingetreten war. An der Ungültigerklärung des angefochtenen Erstbeschlusses kann der Antragsteller aber kein Interesse mehr haben, weil er auch im Falle der Ungültigerklärung des Erstbeschlusses an den inhaltsgleichen Zweitbeschluss gebunden ist. Diese wird nämlich durch die Ungültigerklärung des Erstbeschlusses nicht berührt.[177]

2. Materielle Rechtmäßigkeit des Erstbeschlusses

Wegen der Bestandskraft des Zweitbeschlusses ist daher nur hilfsweise auszuführen, dass im konkreten Fall dem Informationsbedürfnis der Wohnungseigentümer wegen der Nutzungsmöglichkeit eines Breitbandkabelanschlusses genüge getan ist.

Der Antragsteller ist Deutscher, weswegen nicht zu erörtern ist, ob durch den vorhandenen Kabelanschluss ein hinreichender Zugang zu einer ausreichenden Anzahl ausländischer Fernseh- oder Radiosender besteht.[178] Ein solches Informationsbedürfnis kann der Antragsteller, der seinen eigenen Angaben nach nur Unterhaltungssendungen (vorwiegend Actionfilme) in deutscher Sprache konsumiert, nicht für sich in Anspruch nehmen.

Als deutschsprachiger Wohnungseigentümer kann der Antragsteller aber nach ständiger Rechtsprechung[179] auf die Nutzung eines Breitbandkabelanschlusses verwiesen werden, welcher im Kabelnetz der Stadt ■■■ 36 Fernsehprogramme (darunter drei reine Nachrichtensender und 6 weitere Programme mit regelmäßigen aktuellen Informationssendungen) und 21 Radioprogramme (mit zwei reinen Nachrichtensendern) zugänglich macht.[180]

---

176 Vgl. Bärmann/Pick/Merle, § 23 Rn. 55 und oben Rn. 104.
177 Vgl. BGHZ 106, 113 = NJW 1989, 1087; NJW 2001, 3339; BayObLG, NJW-RR 1987, 9; ZMR 2001, 366.
178 Vgl. hierzu BVerfG, NJW 1995, 1665; BGH, NJW 2004, 937.
179 Vgl. exemplarisch BayObLG-Report 2001, 18.
180 Beachte aber nunmehr BGH, NJW 2004, 937, wonach angesichts der eingetretenen erheblichen technischen Weiterentwicklung, in deren Folge mehrere hundert Hörfunk- und Fernsehprogramme über Satellit in Europa empfangen werden können, möglicherweise auch ein deutscher Wohnungsnutzer nicht länger auf einen vorhandenen Kabelanschluss verwiesen werden kann. Der BGH musste dies aber nicht entscheiden, vgl. hierzu Dörr, WuM 2002, 347.

§ 2 Streitigkeiten über die Wirksamkeit von Beschlüssen

II. Zum Antrag auf Wiedereinsetzung gegen die Versäumung der Anfechtungsfrist für den Erstbeschluss

Der Antrag auf Wiedereinsetzung gegen die Versäumung der Anfechtungsfrist für den Erstbeschluss ist aus den oben genannten Gründen der Heilung durch einen bestandskräftigen Zweitbeschluss hinfällig.

■■■

Rechtsanwalt

B. Antrag auf Feststellung eines Nicht- bzw. Scheinbeschlusses sowie der Nichtigkeit eines Beschlusses der Eigentümerversammlung

I. Nicht- bzw. Scheinbeschlüsse und nichtige Beschlüsse der Eigentümerversammlung

1. Nicht- bzw. Scheinbeschlüsse

a) Unbeachtlichkeit

125 Wenn das Verfahren in der Eigentümerversammlung zur Herbeiführung eines wirksamen Beschlusses an **besonders schwerwiegenden Mängeln** leidet, spricht man von sog. **Nicht- bzw. Scheinbeschlüssen**, die keine Rechtswirkung entfalten, weil es an einem Beschluss überhaupt fehlt.[181] Ein solcher Beschluss ist an sich ohne weiteres **unbeachtlich**, da sich aus ihm keinerlei Rechtswirkungen ergeben können.

b) Hauptfälle

126 Nicht- oder Scheinbeschlüsse liegen etwa vor[182]
- bei fehlender Allstimmigkeit im Falle der Abstimmung ohne Eigentümerversammlung gem. § 23 Abs. 3 WEG,
- bei einer überhaupt nicht einberufenen Eigentümerversammlung, es sei denn, alle Wohnungseigentümer sind anwesend,
- beim Fehlen einer zumindest faktischen Wohnungseigentümergemeinschaft,
- bei einer Beschlussverkündung ohne vorherige Abstimmung,
- bei einer Abstimmung, ohne dass eine Feststellung des Beschlussergebnisses erfolgt ist[183] oder
- beim Fehlen einer vereinbarten Wirksamkeitsvoraussetzung für Beschlüsse der Eigentümerversammlung.[184]

2. Nichtige Beschlüsse

a) Unbeachtlichkeit

127 Sog. **nichtige Beschlüsse**[185] sind gegeben, wenn deren Inhalt ipso iure gegen das geltende Recht verstößt oder völlig unbestimmt oder widersprüchlich ist. Auch sachlich

---

181 Vgl. Bärmann/Pick/Merle, § 23 Rn. 103; Palandt/Bassenge, § 23 WEG Rn. 22 ff.
182 Vgl. Palandt/Bassenge, § 23 WEG Rn. 26.
183 Vgl. BGH, NJW 2001, 3339.
184 Vgl. Bärmann/Pick/Merle, § 23 Rn. 106.
185 Vgl. Palandt/Bassenge, § 23 WEG Rn. 22 bis 24.

nicht durchführbare und ohne Kompetenz der Eigentümerversammlung ergangene Beschlüsse sind nichtig. Ebenso wie die Nicht- bzw. Scheinbeschlüsse sind nichtige Beschlüsse mangels Rechtswirkung **unbeachtlich**.

b) Hauptfälle

Verstöße gegen zwingendes Recht liegen etwa vor: 128
- bei Verletzung entsprechender privatrechtlicher Vorschriften, z.B. der §§ 134, 138 BGB,[186] der §§ 5 Abs. 2, 6, 11 (Ausnahme in Abs. 1 S. 3), 12 Abs. 2 S. 1, 18 Abs. 1 i.V.m. Abs. 4, 20 Abs. 2, 23 Abs. 1 und Abs. 3, 26 Abs. 1 S. 2 und S. 4 sowie 27 Abs. 3 WEG[187] oder
- bei Verletzung entsprechender öffentlichrechtlicher Vorschriften,[188] z.B. § 87 InsO.

Der Eigentümerversammlung fehlt die Kompetenz zur Beschlussfassung bei Gegenständen, die keinen Bezug zur **Verwaltung des Gemeinschaftseigentums** haben, etwa das Sondereigentum eines Wohnungseigentümers betreffen oder einer Verfügung über den Miteigentumsanteil eines Wohnungseigentümers gleichkommen.[189] 129

Inhaltlich **unbestimmt** ist ein Beschluss schließlich dann, wenn kein durchführbarer Regelungsinhalt mehr erkennbar ist, weil der Beschluss in sich völlig widersprüchlich ist.[190] Dies ist etwa der Fall, wenn die Wohnungseigentümer die Kreditaufnahme zur Anschaffung von Fahrradständern und gleichzeitig ein generelles Verbot für das Abstellen von Fahrrädern im Bereich des Gemeinschaftseigentums beschließen. 130

3. Geltendmachung im gerichtlichen Verfahren

Trotz der rechtlichen Unbeachtlichkeit von Nicht- bzw. Scheinbeschlüssen sowie nichtigen Beschlüssen ist die Möglichkeit anerkannt, diese gerichtlich **feststellen** zu lassen. Solche Beschlüsse sind zwar **absolut unwirksam**, sodass eine Heilung – anders als bei nur anfechtbaren Beschlüssen – ausscheiden muss.[191] Die Unwirksamkeit solcher Beschlüsse kann auch von **jedermann** geltend gemacht werden, ohne dass es eines Verfahrens auf Ungültigerklärung gem. §§ 43 Abs. 1 Nr. 4, 23 Abs. 4 WEG bedürfte.[192] Trotzdem besteht zum einen ein **rechtliches Interesse**, ohne Befristung nach § 23 Abs. 4 S. 2 WEG die Nichtigkeit[193] eines Beschlusses geltend zu machen sowie die Feststellung zu beantragen, dass es sich um einen Nicht- bzw. Scheinbeschluss[194] handele. Zum anderen kann auch im Falle eines **Antrags auf Ungültigerklärung** eines solchen Beschlusses gem. §§ 43 Abs. 1 Nr. 4, 23 Abs. 4 WEG **in diesem Verfahren** bei erkannter absoluter Unwirksamkeit des Beschlusses zur Beseitigung eines Rechtsscheins die Feststellung des Vorliegens eines Nicht- oder Scheinbeschlusses bzw. der Nichtigkeit 131

---

186 Vgl. Bärmann / Pick / Merle, § 23 Rn. 110 ff.
187 Vgl. Bärmann / Pick / Merle, § 23 Rn. 115 ff.
188 Vgl. Bärmann / Pick / Merle, § 23 Rn. 119 ff.
189 Vgl. Bärmann / Pick / Merle, § 23 Rn. 123 ff. und Palandt / Bassenge, § 21 WEG Rn. 4, jeweils mit weiteren Beispielen.
190 Vgl. Bärmann / Pick / Merle, § 23 Rn. 128 ff.
191 Vgl. Bärmann / Pick / Merle, § 23 Rn. 130.
192 Vg. BGHZ 107, 268, 271 = NJW 1989, 2059; BayObLG, NJW-RR 1989, 526.
193 Vgl. Palandt / Bassenge, § 23 WEG Rn. 25.
194 Vgl. BayObLG, ZMR 2001, 294.

erfolgen.[195] Allerdings kann die absolute Unwirksamkeit eines Beschlusses **nicht mehr** geltend gemacht werden, wenn ein diesbezüglicher Antrag auf Ungültigerklärung gem. § 43 Abs. 1 Nr. 4 WEG **rechtskräftig abgewiesen** ist.[196]

132 II. Muster: Antrag auf Feststellung der Nichtigkeit eines Beschlusses der Eigentümerversammlung

Rechtsanwalt ▬▬▬, den ▬▬▬

▬▬▬

An das Amtsgericht

Wohnungseigentumsgericht

▬▬▬ per Fax vorab!

Antrag

In der Wohnungseigentumssache betreffend die Wohnanlage ▬▬▬-Straße ▬▬▬ in ▬▬▬

Verfahrensbeteiligte:
1. Herr ▬▬▬, ▬▬▬-Straße ▬▬▬, ▬▬▬

Antragsteller

Verfahrensbevollmächtigter: Rechtsanwalt ▬▬▬
2. Die Eigentümer der oben genannten Wohnungseigentumsanlage, nach Namen und Adresse aufgeführt in der anliegenden Liste

weitere Wohnungseigentümer
3. Fa. Fleißig Wohnungsverwaltungsgesellschaft mbH u. Co. KG, vertreten durch Fa. Fleißig Betriebs- GmbH als geschäftsführende Gesellschafterin, diese vertreten durch den Geschäftsführer Werner Fleißig, ▬▬▬, ▬▬▬

Verwalterin

wegen Ungültigerklärung eines Beschlusses

Vorläufiger Geschäftswert: ▬▬▬ €

Unter Vorlage von 2 weiteren Abschriften dieses Antrags und Einzahlung eines Kostenvorschusses[197] von ▬▬▬ € beantrage ich namens und mit Vollmacht[198] des Antragstellers:
1. Der Beschluss der Eigentümerversammlung vom ▬▬▬ zu Tagesordnungspunkt ▬▬▬ ist nichtig.

---

195 Vgl. BayObLG, ZMR 2001, 294.
196 Vgl. BayObLG, ZfIR 2002, 51.
197 Zum Kostenvorschuss vgl. §§ 8 KostO, 48 Abs. 1 WEG (drei Gebühren), zum zugrundeliegende Geschäftswert vgl. §§ 48 Abs. 3 WEG, 18ff. KostO, zur Gebührenhöhe vgl. § 32 KostO. Im übrigen wird auf die Ausführungen zum Kostenvorschuss oben Rn. 119 verwiesen.
198 Auch wenn im Verfahren nach dem FG der für einen oder mehrere Beteiligte auftretende Rechtsanwalt grundsätzlich ohne weitere Prüfung als vertretungsbefugt angesehen wird (vgl. § 13 S. 2 FGG), sollten die Vollmachtsurkunde sowie das Schriftstück, aus dem sich die Ermächtigung des Verwalters zur Führung von Rechtsstreitigkeiten ergibt, vorgelegt werden, um etwaigen Einwendungen zuvor zu kommen.

2. Die Antragsgegner tragen die Kosten des Verfahrens.

B e g r ü n d u n g :

1. Tatsachengrundlagen

Der Antragsteller ist Wohnungseigentümer mit einem 34/1000 Miteigentumsanteil am Gemeinschaftseigentum der im Rubrum genannten Wohnungseigentümergemeinschaft verbunden mit dem Sondereigentum an der Wohnung Nr. 23.

Beweis: Auszüge aus dem Wohnungseigentumsgrundbuch.

In der jährlich anzuberaumenden Eigentümerversammlung vom ∎∎∎ stand unter Tagesordnungspunkt ∎∎∎ folgender, von der Wohnungseigentümerin und Beteiligten ∎∎∎ zur Abstimmung gestellter Antrag an:

„Im Bereich der Wohnungsanlage ∎∎∎-Str. ∎∎∎, ∎∎∎, d.h. im Bereich der Gemeinschaftsanlagen sowie des Sondereigentums, insbesondere der diesbezüglichen Wohnungen, ist jegliches Musizieren verboten."

Hintergrund dieses Antrages ist eine langjährige Fehde zwischen der Beteiligten ∎∎∎ und dem Antragsteller um dessen nachmittägliches Gitarrenspiel.

Der Antragsteller ist Musiklehrer für klassische Gitarre und hält in der Regel zwei bis vier Unterrichtsstunden am Nachmittag ab 14.00 Uhr in seiner im Sondereigentum stehenden Wohnung ab. Diese Unterrichtseinheiten werden aber stets bei geschlossenem Fenster abgehalten. Die von einer klassischen Gitarre ausgehende Geräuschentwicklung ist äußerst gering und überschreitet nicht den Lärmpegel eines in normaler Tonlage geführten Gesprächs. Eine rechtsrelevante Störung für andere Wohnungseigentümer, insbesondere die Nachbarwohnungen ist hiermit nicht verbunden.

Beweis: Sachverständigengutachten.

Über o.g. Antrag wurde wie folgt abgestimmt:

Teilnehmende Wohnungseigentümer 40 von 44.

Vertretene Miteigentumsanteile: 891/1000.

Ja-Stimmen: 34

Nein-Stimmen: 5

Enthaltungen: 1

Der für die Verwalterin handelnde Geschäftsführer Fleißig bezeichnete als Vorsitzender der Eigentümerversammlung den gleichlautenden Antrag durch den Beschluss als angenommen.

Beweis: Protokoll der Eigentümerversammlung vom ∎∎∎ in Kopie.

2. Rechtliche Würdigung

Der Beschluss der Eigentümerversammlung vom ∎∎∎ ist wegen Verstoßes gegen die guten Sitten nichtig, § 138 BGB.

§ 2 Streitigkeiten über die Wirksamkeit von Beschlüssen

Nach einhelliger Ansicht ist ein generelles Verbot der Musikausübung in einer Wohnung gegen den Willen des Wohnungsinhabers nicht zulässig. Das gilt sowohl für Miet- als auch für Eigentumswohnungen.[199]

Enthält eine Hausordnung ein derartiges Verbot beim Abschluss des Mietvertrages bzw. beim Erwerb der Eigentumswohnung, so kann sich der Wohnungsinteressent von vornherein darauf einstellen; ohne sein vertragliches Einverständnis wird er dem Verbot nicht unterworfen. Das gleiche gilt bei Eigentumswohnungen, wenn das Verbot in der Teilungserklärung oder in einer (sonstigen) Vereinbarung der Wohnungseigentümer enthalten ist.

Nach Abschluss des Mietvertrages bzw. nach Erwerb der Eigentumswohnung kann dem Wohnungsinhaber aber nicht mehr gegen seinen Willen – einseitig durch den Vermieter bzw. durch Mehrheitsbeschluss der Wohnungseigentümer – das Musizieren in der Wohnung völlig untersagt werden. Ein solches Verbot sprengt die Grenzen der gebotenen gegenseitigen Rücksichtnahme aller Hausbewohner. Es kann nicht mehr als angemessener Ausgleich der einander entgegengesetzten Interessen an ungestörter Ruhe einerseits und an der Musikausübung andererseits angesehen werden. Die Ausübung von Hausmusik kann einen wesentlichen Teil des Lebensinhalts bilden und von erheblicher Bedeutung für die Lebensfreude und das Gefühlsleben sein. Das Musizieren in der eigenen Wohnung muss sogar zum Grundrecht auf freie Entfaltung der Persönlichkeit (Art. 2 Abs. 1 GG) gerechnet werden. Deshalb ist eine Regelung, die das Musizieren in der Wohnung vollständig verbietet, als Verstoß gegen das Anstandsgefühl aller billig und gerecht Denkenden anzusehen und nach § 138 Abs. 1 BGB nichtig. Zulässig ist dagegen eine zeitliche Begrenzung der Musikausübung, die auf einer angemessenen Interessenabwägung beruht.

Der Versammlungsbeschluss spricht dem gegenüber aber ein absolutes Musizierverbot aus und ist schon deswegen nichtig und absolut unwirksam.

Auch wenn der Beschluss deswegen keinerlei Rechtswirkungen entfalten kann, hat der Antragsteller ein berechtigtes Interesse an einer deklaratorischen Feststellung der Nichtigkeit, um den bloßen Rechtsschein der Wirksamkeit durch eine gerichtliche Entscheidung entsprechend § 43 Abs. 1 Nr. 4 WEG beseitigen zu können.[200]

Die Frist des § 23 Abs. 4 S. 2 WEG wäre zwar eingehalten, ist bei einem Antrag auf Feststellung der Nichtigkeit eines Beschlusses aber unbeachtlich.[201]

Wegen fehlender Geräuschbeeinträchtigung der Mitbewohner des Antragstellers ist der Beschluss der Eigentümerversammlung vom ▪▪▪ schließlich auch insoweit materiell rechtswidrig, als er den Grundsätzen der ordnungsgemäßen Verwaltung gem. § 21 Abs. 3 WEG widerspricht.

▪▪▪

Rechtsanwalt

---

199 Vgl. OLG Hamm, MDR 1981, 320.
200 Vgl. BayObLG, ZMR 2001, 294.
201 Vgl. Bärmann / Pick / Merle, § 23 Rn. 107.

§ 3 Streitigkeiten von Wohnungseigentümern untereinander

A. Allgemeines

Aus dem Gemeinschaftsverhältnis der Wohnungseigentümer untereinander können vielfältige Ansprüche entstehen. Insoweit ist zu **unterscheiden** zwischen Ansprüchen der Gemeinschaft der restlichen Wohnungseigentümer gegen einen einzelnen oder mehrere Wohnungseigentümer und Ansprüchen von Wohnungseigentümern gegeneinander.[202] Innerhalb der ersten Kategorie kann weiter **unterschieden** werden zwischen Ansprüchen auf Zahlung rückständiger Kosten- und Lastenanteile und sonstigen Ansprüchen, die v.a. auf Beseitigung, Unterlassung oder Schadenersatz gerichtet sein können.

133

Eine für solche Ansprüche charakteristische **Besonderheit** kann weiter darin liegen, dass die Wohnungseigentümer zur gerichtlichen oder außergerichtlichen Geltendmachung solcher Ansprüche eine (einzige) dritte Person, insbesondere den Verwalter ermächtigt haben. Diese Person wird dann für die Wohnungseigentümer entweder in deren Namen als **Vertreter** oder als sog. **Verfahrensstandschafter** tätig, indem sie fremde Rechte im eigenen Namen geltend macht.

134

B. Vertretung oder Verfahrensstandschaft des Verwalters kraft Ermächtigung

I. Ermächtigung des Verwalters zur Vertretung oder zur aktiven Verfahrensstandschaft

Gerade in Aktivprozessen der Wohnungseigentümer gegen Miteigentümer oder Dritte ist es aus Gründen der Verfahrensökonomie dringend geraten, entweder in **Vertretung**[203] der Wohnungseigentümer oder besser gleich im Wege der **Verfahrensstandschaft** den Verwalter auf der Aktivseite des Prozesses tätig werden zu lassen.

135

Damit entfällt zum einen die Notwendigkeit, im **Rubrum** des Antrages sämtliche Wohnungseigentümer anzuführen. Zum anderen kann aber nur bei der gewillkürten **Verfahrensstandschaft** des Verwalters auf die Einreichung einer **Liste** der Wohnungseigentümer **verzichtet** werden, da alleine dieser und nicht wie bei der „schlichten" Vertretung durch den Verwalter die **Wohnungseigentümer** Beteiligte des Verfahrens sind. Dies führt v.a. bei großen Gemeinschaften zu einer erheblichen Verfahrensvereinfachung im Erkenntnis- und Vollstreckungsverfahren. V.a. aus letzterem Gesichtspunkt sollte daher bei Aktivprozessen der Wohnungseigentümer **immer die Möglichkeit gesucht werden**, einen Dritten, insbesondere den Verwalter als Verfahrensstandschafter zu ermächtigen.[204]

136

---

[202] Die Themenstellung in diesem Abschnitt behandelt daher Fallbeispiele für Anträge der Gemeinschaft der Wohnungseigentümer gegen einen einzelnen Wohnungseigentümer als auch für Schriftsätze eines einzelnen oder einzelner Wohnungseigentümer gegen einen anderen Wohnungseigentümer.

[203] Zur „schlichten" Bevollmächtigung des Verwalters zur Vertretung der Wohnungseigentümer vgl. Bärmann/Pick/Merle, § 27 Rn. 131 ff. unter jeweiliger Abgrenzung zur Verfahrensstandschaft und unter Rn. 141 ff.

[204] Vgl. BGHZ 73, 302; BGH, NJW 1987, 2240; BayObLG, ZWE 2001, 418; Palandt/Bassenge, § 27 Rn. 18; Bärmann/Pick/Merle, § 27 Rn. 131 ff. Schon hier ist aber darauf hinzuweisen, dass die Bevollmächtigung eines Rechtsanwaltes durch den Verwalter als Verfahrensstandschafter für ersteren gebührenrechtlich nachteilig ist, vgl. unten Rn. 145 ff.

§ 3 Streitigkeiten von Eigentümern untereinander

137 Die Möglichkeit einer Ermächtigung des Verwalters zur gerichtlichen und außergerichtlichen Geltendmachung von Ansprüchen der Wohnungseigentümer ergibt sich aus § 27 Abs. 2 Nr. 5 WEG. Zur Geltendmachung der Rechte der Gemeinschaft durch den Verwalter **im eigenen Namen** muss allerdings nach den Grundsätzen der gewillkürten Prozessführungsbefugnis ein **rechtliches Interesse** bestehen.[205] Ein solches Interesse liegt aber **regelmäßig** vor, weil der Verwalter selbst verpflichtet ist, seine Aufgaben nach § 27 Abs. 1 WEG zu erfüllen, insbesondere die Rechte der Wohnungseigentümergemeinschaft ordnungsgemäß und reibungslos durchzusetzen und zu erhalten.[206] Die Möglichkeit einer Ermächtigung des Verwalters zur Geltendmachung von Ansprüchen der Wohnungseigentümer im eigenen Namen ist vom **Rechtsanwalt** zur Beschleunigung des Verfahrens daher unbedingt zu beachten. Die Rechtsgrundlagen können sich insoweit aus den folgenden Konstellationen ergeben:

1. Vertrag

138 Nach allgemeiner Auffassung kann der Verwalter im Rahmen seines **Vertrages** mit den Wohnungseigentümern generell zur Geltendmachung von Ansprüchen ermächtigt werden.[207] Darüber hinaus kann aber auch für den Einzelfall, d.h. zur gerichtlichen und außergerichtlichen Durchsetzung einzelner Ansprüche, einmal durch **Mehrheitsbeschluss** ein **Wohnungseigentümer**[208] oder der **Verwaltungsbeirat**[209] bestimmt werden, den Verwalter zur Geltendmachung von Ansprüchen zu ermächtigen. In diesem Fall werden die restlichen Wohnungseigentümer beim Vertragsschluss mit dem Verwalter von dem jeweils handelnden Wohnungseigentümer oder dem Verwaltungsbeirat vertreten. Zum anderen kann eine solche Ermächtigung auch ohne Beschluss in der Eigentümerversammlung durch eine Einigung **aller Wohnungseigentümer** mit dem Verwalter etwa dergestalt erteilt werden, dass dessen Bestellung zur Geltendmachung von Ansprüchen von allen schriftlich zugestimmt wird und die entsprechenden Schreiben dem Verwalter zugehen.[210]

2. Vereinbarung der Wohnungseigentümer oder Teilungserklärung

139 Die Wohnungseigentümer können auch im Rahmen der **Gemeinschaftsordnung** oder der **Teilungserklärung**, die Vereinbarungscharakter haben, den jeweiligen Verwalter zur gerichtlichen und/oder außergerichtlichen Vertretung ermächtigen.[211]

3. Beschluss der Eigentümerversammlung

140 Schließlich kann die Bestellung des Verwalters zur Geltendmachung von Ansprüchen auch durch wirksamen **Beschluss der Mehrheit** in einer Eigentümerversammlung erfolgen,[212] vgl. § 27 Abs. 2 Nr. 5 WEG.

---

205 Vgl. Palandt/Bassenge, § 27 WEG Rn. 18; Thomas/Putzo, § 51 Rn. 31 ff., 34.
206 Vgl. a. BGH, NJW 1988, 1910; BayObLG, NJW-RR 1998, 519.
207 Vgl. BGHZ 104, 197, 199; BayObLG, NJW-RR 1992, 81; Bärmann/Pick/Merle, § 27 Rn. 139 ff.
208 BayObLG, ZMR 1985, 278.
209 Vgl. BayObLGZ 1988, 271, 272.
210 Vgl. Palandt/Bassenge, § 27 WEG Rn. 16.
211 Vgl. Palandt/Bassenge, § 27 WEG Rn. 16.
212 Vgl. Palandt/Bassenge, § 27 WEG Rn. 16.

II. Umfang der Ermächtigung zur Verfahrensstandschaft – Bestellung eines Rechtsanwaltes durch den Verwalter

1. Umfang der Ermächtigung

Bei der Prüfung, ob der Verwalter im konkreten Fall zur **gerichtlichen Geltendmachung** von Ansprüchen der Eigentümerversammlung in **Verfahrensstandschaft**, d.h. im eigenen Namen, ermächtigt ist, muss beachtet werden, dass hierfür die Legitimation zur gerichtlichen und außergerichtlichen **Vertretung** grundsätzlich **nicht** ausreicht. Allerdings kann sich aus der Bestellung des Verwalters zum Vertreter der Wohnungseigentümer im **Einzelfall** auch eine Ermächtigung zur Geltendmachung von Ansprüchen im eigenen Namen ergeben.[213]

141

Abweichend von diesem Grundsatz wird der Erteilung von Vertretungsmacht z.T. **generell** die gleichzeitige (stillschweigende) Einsetzung des Verwalters als Verfahrensstandschafter entnommen, jedenfalls wenn es sich um große Gemeinschaften handelt und der Verwalter über die Regelung des § 27 WEG hinausgehende Befugnisse hat.[214]

142

Trotzdem sollte der **Verwalter** und der ihn beratende **Rechtsanwalt** in diesen Fällen vorsichtig sein und auf eine **ausdrückliche Ermächtigung** zur Verfahrensstandschaft im Einzelfall hinwirken, da nach **zutreffender Gegenmeinung** ohne konkrete Anhaltspunkte im Einzelfall – etwa eine offensichtliche Verwechslung der Begriffe „Vertretung" und „(eigene) Geltendmachung von Ansprüchen (der Wohnungseigentümer)" – die Ermächtigung zum Handeln im fremden Namen nach dem Willen der Wohnungseigentümer eben nicht auch die Ermächtigung zum Handeln im eigenen Namen umfasst.[215]

143

Eine solche Vorgehensweise ist schließlich **auch in den Fällen** sinnvoll, in denen die Wohnungseigentümer den Verwalter lediglich schlicht und unter Bezugnahme auf § 27 Abs. 2 Nr. 5 WEG ermächtigt haben, ihre Ansprüche „gerichtlich und außergerichtlich geltend zu machen", ohne dass klar gestellt wird, ob sich dies auf die Realisierung solcher Ansprüche im eigenen und/oder im fremden Namen bezieht. Auch in dieser Konstellation ist nämlich **streitig**, ob einer entsprechenden Formulierung nur die Befugnis zur Vertretung oder aber eine solche zur Geltendmachung von Ansprüchen im eigenen Namen zu entnehmen ist.[216]

144

2. Bestellung eines Rechtsanwaltes durch den Verwalter – Anwaltsgebühren und Hinweispflicht

Ist der Verwalter „schlicht" zur gerichtlichen **Vertretung** der Wohnungseigentümer im fremden Namen bevollmächtigt, reicht seine Vollmacht aber auch für die **Bestellung eines Rechtsanwalts** zur Vertretung der Wohnungseigentümer im gerichtlichen Verfahren. Dies ist unabhängig davon, ob es sich um einfach oder schwierig gelagerte Fälle handelt.[217]

145

---

213 Vgl. Bärmann/Pick/Merle, § 27 Rn. 145.
214 Vgl. BayObLGZ 1969, 209, 213; BayObLG, NZM 2001, 148; NJW 1971, 760, 761; Palandt/Bassenge, § 27 WEG Rn. 15.
215 Vgl. Bärmann/Pick/Merle, § 27 Rn. 145, m.w.N.
216 Vgl. Bärmann/Pick/Merle, § 27 Rn. 147, m.w.N.
217 Vgl. BayObLG Report 2003, 21.

146 Ist der Verwalter als **Verfahrensstandschafter** ermächtigt, kann er im Innenverhältnis zu den Wohnungseigentümern kraft seiner Befugnis, die ihm sogar das Auftreten als Beteiligter in einem Verfahren nach § 43 WEG ermöglicht, auch einen **Rechtsanwalt** zu seiner Vertretung beauftragen.[218]

147 **Problematisch** sind allerdings die Fälle, in denen der Verwalter ausdrücklich **sowohl** zur „schlichten" Vertretung der Wohnungseigentümer in deren Namen **als auch** zur Geltendmachung entsprechender Ansprüche in Verfahrensstandschaft ermächtigt ist. Bei der Beauftragung eines Rechtsanwalts ist vom Verwalter nämlich zu bedenken, dass je nach dem, ob er als bloßer Vertreter oder als Verfahrensstandschafter tätig wird, **unterschiedlich hohe Anwaltsgebühren** anfallen können.

148 Der **Regelfall** ist, dass der Verwalter oder einer der Miteigentümer den Rechtsanwalt nicht im eigenen Namen, sondern als **Vertreter** aller Wohnungseigentümer beauftragt. Auftraggeber des Rechtsanwalts sind auch in einem solchen Fall die Mitglieder der Wohnungseigentümergemeinschaft, der Rechtsanwalt wird deshalb für mehrere Auftraggeber im Sinne der **Nr. 1008 VV-RVG** tätig. Der im Namen und Auftrag der Wohnungseigentümer handelnde Verwalter ist lediglich deren Vertreter. Berechtigt und verpflichtet wird nicht er, sondern die Gesamtheit der Wohnungseigentümer. Für diese und nicht für den Verwalter wird der Rechtsanwalt – mit möglicherweise entsprechend erhöhtem Haftungsrisiko – tätig. Ihre Interessen nimmt er auch dann wahr, wenn er seine Informationen allein von dem Verwalter erhält und nur ihn über den Verlauf der Sache unterrichtet.[219]

149 Anders verhält sich die Situation, wenn der Verwalter Ansprüche der Wohnungseigentümergemeinschaft als **Prozess- oder Verfahrensstandschafter** im eigenen Namen geltend macht. In diesen Fällen fällt **keine Erhöhungsgebühr nach Nr. 1008 VV-RVG** an. Angesichts der typisierenden und generalisierenden gesetzlichen Regelung kommt es für das Entstehen der Erhöhungsgebühr allein darauf an, ob an der betreffenden Angelegenheit, in der der Rechtsanwalt tätig wird, mehrere rechtsfähige oder doch im Rechtsverkehr so behandelte natürliche oder juristische Personen beteiligt sind. Letzteres ist aber bei dem Antrag (nur) eines Verwalters als Verfahrensstandschafter nicht der Fall.[220]

150 Der den Verwalter beratende **Rechtsanwalt**, der die Wahlmöglichkeit des Verwalters kennt, hat allerdings zu beachten, dass im Rahmen seiner Pflichten aus dem Anwaltsvertrag z.T. eine **Hinweispflicht** auf die Möglichkeit der **kostengünstigeren** Geltendmachung von Ansprüchen der Wohnungseigentümer in Verfahrensstandschaft angenommen wird. Nach dieser Ansicht kann sich der Rechtsanwalt im Umfang der entstandenen

---

218 Vgl. OLG Zweibrücken, MDR 1987, 938.
219 Vgl. zu der für das Entstehen einer Erhöhungsgebühr insoweit inhaltsgleichen Altregelung des § 6 BRAGO: OLG Koblenz, OLG-Report 2000, 543; BGH, NJW 1987, 2240; BGHZ 122, 327, 331f. = MDR 1993, 865; OLG Düsseldorf, JurBüro 1990, 1157; OLG Hamburg, MDR 1978, 767; OLG Frankfurt/M., JurBüro 1979, 199; OLG Koblenz, NJW-RR 1997, 1492; JurBüro 1985, 711; OLG München, JurBüro 1985, 1497.
220 Vgl. zu der für das Entstehen einer Erhöhungsgebühr insoweit inhaltsgleichen Altregelung des § 6 BRAGO: BayObLG, ZWE 2001, 155; BGH, MDR 1987, 912 = NJW 1987, 2240, 2241; JurBüro 1988, 64; OLG Hamm, JurBüro 1983, 381; OLG Stuttgart, JurBüro 1983, 381.

Erhöhungsgebühr nach Nr. 1008 VV-RVG jedenfalls dann schadensersatzpflichtig machen, wenn ein Vorgehen des Verwalters in Verfahrensstandschaft wegen einer insoweit (auch) erteilten Ermächtigung möglich und sinnvoll gewesen wäre und der Rechtsanwalt auf diese Möglichkeit nicht hingewiesen hat.[221] **Keine Hinweispflicht** besteht daher, wenn die Wohnungseigentümer die Ansprüche sofort geltend machen wollen und der Verwalter erst zur Verfahrensstandschaft ermächtigt werden müsste[222] oder wenn ein Auftreten des Verwalters als Beteiligter deswegen nicht sinnvoll ist, weil er der einzige oder ein wichtiger Zeuge wäre.

III. Vor- und Nachteile der Verfahrensstandschaft des Verwalters

1. Vorteile

Wie eben aufgezeigt ist für die Gemeinschaft der Wohnungseigentümer die Ermächtigung des Verwalters zum gerichtlichen Tätigwerden im eigenen Namen **kostengünstiger**, da keine Erhöhungsgebühr nach Nr. 1008 VV-RVG anfällt. Ferner ist der als Verfahrensstandschafter tätige Verwalter auf der Aktivseite einziger Beteiligter des Verfahrens, was dieses **erheblich entlasten** kann. So spart man sich die Beifügung einer ggf. sehr umfangreichen Eigentümerliste. Auch die Durchführung der im WEG-Verfahren gem. § 44 Abs. 1 WEG üblichen mündlichen Verhandlung wird erheblich **vereinfacht**, da nicht mit dem Erscheinen der einzelnen Wohnungseigentümer als Beteiligte gerechnet werden muss.

151

Auch die **Vollstreckung** eines durch den Verwalter als Prozessstandschafter erstrittenen Titels durch diesen selbst gestaltet sich problemlos, da er als Titelinhaber eine etwa nötige Vollstreckungsklausel bekommen und die Durchführung von Zwangsvollstreckungsmaßnahmen beantragen kann,[223] §§ 45 Abs. 3 WEG, 724 ff., 750 ff. ZPO.

152

2. Nachteile

Das Tätigwerden des Verwalters in Verfahrensstandschaft im **Erkenntnisverfahren** kann allerdings auch **Nachteile** haben. Der Verwalter tritt zunächst im Prozess, insbesondere in der mündlichen Verhandlung als Beteiligter auf und kann im Verfahren nach § 43 Abs. 1 Nr. 1 WEG zum einen **kein Zeuge** sein.

153

Bei einem **Verwalterwechsel** während des laufenden Verfahrens können zum anderen Komplikationen auftreten. So kann der ehemalige Verwalter das Verfahren nur zu

154

---

221 Vgl. LG Frankenthal, Rpfleger 1984, 201; OLG Köln, JurBüro 1985, 66; OLG Koblenz, JurBüro 1985, 711; OLG München, JurBüro 1985, 1497. Eine solche Pflicht wird allerdings zutreffend verneint von OLG Koblenz, OLG-Report 2000, 543 mit dem Argument, dass Kehrseite des Nichtentstehens der Erhöhungsgebühr gegenüber den Wohnungseigentümern wäre, dass der Verwalter nunmehr in Verfahrensstandschaft auf eigenes Kostenrisiko das Verfahren betreiben müsste. Der Verwalter ist aber nicht verpflichtet, Verfahren oder Prozesse ohne besondere Vergütung als Verfahrens- oder Prozessstandschafter, d.h. zunächst auf eigenes Kostenrisiko zu führen. Daher kann auch keine Pflicht des Rechtsanwalts angenommen werden, den Verwalter auf die unterschiedlichen Gebührenfolgen bei der schlichten Vertretung einerseits und der Geltendmachung von Ansprüchen der Wohnungseigentümer im eigenen Namen andererseits hinzuweisen werden, vgl. a. Bärmann/Pick/Merle, § 27 Rn. 146.
222 Vgl. Drasdo, WEZ 1988, 151.
223 Vgl. BGH, JurBüro 1985, 1021, 1022.

Ende führen,²²⁴ wenn ihm nicht die Wohnungseigentümer ausdrücklich die Ermächtigung entziehen.²²⁵ In diesem Fall kann aber der gleichzeitig ermächtigte neue Verwalter unter Vornahme eines **gewillkürten Beteiligtenwechsels** entsprechend §§ 263, 267 ZPO den Prozess anstelle des alten Verwalters nur übernehmen, wenn der oder die Antragsgegner einwilligen oder das Gericht die Sachdienlichkeit bejaht.²²⁶

155 Schließlich trägt der Verwalter als Verfahrensstandschafter und Beteiligter das **Kostenrisiko**, weil er sowohl für die Gerichts- als auch für die Anwaltskosten haftet. Aus diesem Grund ist der Verwalter – vorbehaltlich einer Vereinbarung mit den Wohnungseigentümern – auch nicht verpflichtet, Ansprüche der Wohnungseigentümer im eigenen Namen geltend zu machen.²²⁷

156 Ein weiterer **Nachteil** der Verfahrensstandschaft kann dann auftreten, wenn der prozessierende Verwalter nicht aus dem Titel vollstreckt. Soll der Verwalter nach dem Willen der Wohnungseigentümer nicht aus dem Titel vollstrecken oder ist es nach dem Entstehen des Titels zu einem Verwalterwechsel gekommen, stellt sich die **Frage**, ob die Wohnungseigentümer oder ein neuer Verwalter aus dem Titel vollstrecken können.

157 Wollen die Wohnungseigentümer daher auf Grund zwischenzeitlich eingetretener Veränderungen im Verhältnis zum Verwalter nicht (mehr), dass dieser auf Grund seiner formellen Titelposition auch vollstreckt, muss der Titel auf sie **entsprechend § 727 Abs. 1 ZPO umgeschrieben** werden.²²⁸

158 Ist ein **Verwalterwechsel** eingetreten, kann der Titel ebenfalls entsprechend § 727 Abs. 1 ZPO auf die Wohnungseigentümer **umgeschrieben** werden. Eine Umschreibung auf den neuen Verwalter gem. § 727 Abs. 1 ZPO **scheitert** allerdings daran, dass dieser nicht Rechtsnachfolger des ehemaligen Verwalters ist.²²⁹ Die Wohnungseigentümer als materielle Rechtsinhaber können ihre titulierten Ansprüche aber auch an den neuen Verwalter **abtreten** und diesen damit zum **Rechtsnachfolger** machen, auf den der Titel dann gem. § 727 Abs. 1 ZPO umgeschrieben werden kann.

IV. Pflicht der Gemeinschaft und des ermächtigten Verwalters zur Geltendmachung von Ansprüchen durch den Verwalter in Verfahrensstandschaft?

159 Im Zusammenhang mit der Problematik der bei Tätigwerden des Verwalters in Verfahrensstandschaft anfallenden **geringeren Rechtsanwaltsgebühren** wegen des Nichtentstehens einer Erhöhungsgebühr nach Nr. 1008 VV-RVG stellt sich schließlich auch für die **Wohnungseigentümer** selbst die Frage, ob sie zur Geltendmachung ihrer Ansprüche den Weg der Ermächtigung des Verwalters zur Geltendmachung im eigenen Namen wählen müssen. Es fragt sich, ob der **Verwalter**, der sowohl zur schlichten Vertretung

---

224 Vgl. BayObLG, NJW-RR 1993, 1488; KG, NJW-RR 1989, 657; Bärmann / Pick / Merle, § 27 Rn. 173.
225 Vgl. BayObLG, NZM 2000, 291; ZMR 1999, 54.
226 Vgl. BayObLGZ 1986, 128, 130; BayObLG, ZMR 1997, 42; Bärmann / Pick / Merle, § 27 Rn. 173.
227 Vgl. OLG Koblenz, OLG-Report 2000, 543.
228 Vgl. Staudinger / Wenzel, vor §§ 43 ff. WEG Rn. 84.
229 Vgl. Bärmann / Pick / Merle, § 27 Rn. 173.

als auch zur Verfahrensstandschaft ermächtigt ist, den kostengünstigeren Weg gehen muss.

Anders ausgedrückt ist zu prüfen, ob einmal die im Falle des (von den Wohnungseigentümern gewollten und legitimierten) Tätigwerdens des Verwalters als schlichter Vertreter anfallende Erhöhungsgebühr gem. Nr. 1008 VV-RVG vom Antragsgegner **zu erstatten ist** und ob zum anderen sich der Verwalter gegenüber den Wohnungseigentümern **regresspflichtig** macht, wenn er nicht als Verfahrensstandschafter, sondern nur als Vertreter auftritt. Dies kann nur von Fall zu Fall entschieden werden. Sind aber – wie häufig, etwa nach der Teilungserklärung der Gemeinschaft – dem Verwalter **gleichermaßen beide Wege** eröffnet worden, nämlich dass er Ansprüche sowohl im eigenen Namen als auch als Bevollmächtigter der Eigentümergemeinschaft geltend machen kann, liegt es in seinem **pflichtgemäßen, gerichtlich nicht ohne weiteres zu überprüfenden Ermessen**, ob er als Verfahrensvertreter für die Gemeinschaft oder als Verfahrensstandschafter im eigenen Namen auftritt. Das Kosteninteresse muss dabei nicht vorrangig berücksichtigt werden, weil anderenfalls regelmäßig eine Ermessensreduzierung auf die Verfahrensstandschaft anzunehmen wäre. Solange der Verwalter nicht durch Teilungserklärung oder Verwaltervertrag auf dieses Vorgehen eingeschränkt wird, müssen ihm die **Wahlmöglichkeiten** auch mit den kostenrechtlichen Konsequenzen erhalten bleiben. Gegen die eigene Beteiligung des Verwalters am gerichtlichen Verfahren als Verfahrensstandschafter kann nämlich beispielsweise sprechen, dass der Verwalter eine eigene Kostenhaftung vermeiden will oder ohnehin bald aus dem Amt scheidet.[230]

160

Damit ist aber auch die Frage, ob die Wohnungseigentümer-Antragsteller gegenüber dem Antragsgegner zur Realisierung ihrer Ansprüche mit dem Verwalter als Verfahrensstandschafter verpflichtet sind, **zu verneinen**. Gerade § 27 Abs. 2 Nr. 5 WEG hält nämlich den Wohnungseigentümern offen, den Verwalter sowohl zur schlichten Vertretung als auch zur Verfahrensstandschaft zu ermächtigen. Das Wahlrecht der Wohnungseigentümer entspricht dann demjenigen des Verwalters und ist nach pflichtgemäßem Ermessen auszuüben. Die oben gezeigten generellen Nachteile für den Verwalter bei einem Vorgehen als Prozessstandschafter reichen nach zutreffender Ansicht aber schon aus, ein auch von den Wohnungseigentümern zu billigendes Auftreten als schlichter Vertreter zu rechtfertigen mit der Folge, dass die **Antragsgegner** die Erhöhungsgebühr nach Nr. 1008 VV-RVG auch zu **erstatten** haben.

161

C. Antrag auf Zahlung rückständiger Lasten- und Kostenanteile

I. Vorprozessuale Situation

1. Rechtsgrundlagen

a) Wohngeldvorschüsse

Gem. § **16 Abs. 2 WEG** hat jeder Wohnungseigentümer gegenüber dem anderen Ansprüche auf Tragung der Lasten des gemeinschaftlichen Eigentums sowie der Kosten der Instandhaltung, Instandsetzung, der sonstigen Verwaltung und des gemein-

162

---

230 Vgl. KG, ZMR 1993, 334.

schaftlichen Gebrauchs des gemeinschaftlichen Eigentums im Verhältnis der jeweiligen Miteigentumsanteile.

163 Gem. **§ 28 Abs. 2 WEG** sind die Wohnungseigentümer zur Erhaltung der Liquidität der Gemeinschaft verpflichtet, im Rahmen ihrer Beteiligung an der Gemeinschaft nach Abruf durch den Verwalter entsprechend des von diesem vorgelegten und gem. § 28 Abs. 5 WEG mit Mehrheitsbeschluss genehmigten **Wirtschaftsplans Vorschüsse** in Gestalt des sog. **Wohngeldes** zu leisten.

164 Die **Einziehung** der Beiträge ist gem. § 27 Abs. 2 Nr. 1 WEG Aufgabe des **Verwalters**, der im Falle seiner Ermächtigung diese gem. § 27 Abs. 2 Nr. 5 WEG gerichtlich als Vertreter der Wohnungseigentümer oder als Verfahrensstandschafter durchsetzen kann.[231]

165 Der Wirtschaftsplan gilt gem. § 28 Abs. 1 WEG jeweils **für ein Kalenderjahr**. Falls die Wohnungseigentümer nichts anderes beschließen, verliert der alte Wirtschaftsplan nach Ablauf dieses Geltungszeitraums seine Wirksamkeit und die Wohnungseigentümer sind bis zum Inkrafttreten eines neuen **nicht mehr** zu Vorschüssen verpflichtet, vgl. § 28 Abs. 2 WEG. Zu diesem Zweck wird von den Wohnungseigentümern schon bei Abstimmung über den ausgelaufenen Wirtschaftsplan regelmäßig zugleich beschlossen, dass die Vorschussregelungen entsprechend des alten Wirtschaftsplans solange **fortgelten** sollen, bis ein neuer beschlossen wird.[232]

166 Andererseits steht der Pflicht zur Zahlung **rückständiger Vorschüsse** für den Zeitraum eines wirksam beschlossenen Wirtschaftsplans nicht entgegen, dass die Wohnungseigentümer mittlerweile die diesbezügliche **Jahresabrechnung** beschlossen haben. Während der Wirtschaftsplan wie ein Haushaltsplan am voraussichtlichen Finanzbedarf der Gemeinschaft orientiert ist, werden in der Jahresabrechnung die tatsächlichen, im Geschäftsjahr eingegangenen Gesamteinnahmen und geleisteten Gesamtausgaben erfasst und gegenübergestellt. Sie legt bindend fest, welche Ausgaben als Lasten und Kosten der Gemeinschaft zu behandeln sind. Dem gemäß werden diese nach dem jeweils maßgebenden Verteilungsschlüssel auf die einzelnen Wohneinheiten umgelegt. Soweit der fällige Vorschuss zum Zeitpunkt der Beschlussfassung über die Jahresabrechnung nicht gezahlt ist, kommt diesem Beschluss nur eine den Wirtschaftsplan **bestätigende oder rechtsverstärkende Wirkung** zu. Die Wohnungseigentümer bezwecken grundsätzlich keine Schuldumschaffung im Sinne einer Novation, d.h. Aufhebung des Beschlusses über den Wirtschaftsplan und vollständige Ersetzung durch den

---

[231] Vgl. hierzu oben Rn. 135 ff.
[232] Ein solcher Beschluss stellt nicht etwa im Hinblick auf § 28 Abs. 1 WEG einen nach Maßgabe der „Jahrhundertentscheidung" des BGH in BGHZ 145, 158 = NJW 2000, 3500 nichtigen, weil das Gesetz abdingenden Mehrheitsbeschluss dar. Dies würde voraussetzen, dass die Wohnungseigentümer überhaupt nicht durch Beschluss über die Fortgeltung eines Wirtschaftsplanes befinden dürften. Eine derartige Rechtsfolge ist jedoch aus § 28 Abs. 1 WEG nicht abzuleiten. Die Beschlusskompetenz der Wohnungseigentümer ergibt sich aus § 28 Abs. 5 WEG, wonach die Wohnungseigentümer über den Wirtschaftsplan durch Stimmenmehrheit zu beschließen haben. Für die Festlegung monatlicher Beitragsvorschüsse besteht also grundsätzlich eine Beschlusskompetenz der Wohnungseigentümer. Für ein geordnetes Finanz- und Rechnungswesen der Eigentümergemeinschaft ist es auch unerlässlich, für die laufenden Verwaltungsausgaben eine Gemeinschaftskasse anzulegen.

Beschluss über die Jahresabrechnung. Dies **widerspräche** ihrem Interesse an dem Erhalt der etwaigen für die Vorschussforderung bestehenden Sicherungs- und Vorzugsrechte und der wegen Verzugs entstandenen Schadensersatzansprüche.[233]

Zu **beachten** ist, dass in der Regel über die gesetzlichen Regelungen in den §§ 16 und 28 WEG hinaus unter den einzelnen Wohnungseigentümern **Vereinbarungen** darüber bestehen, wann die Vorschüsse fällig sind und wie der Verwalter zur Realisierung der Gelder außergerichtlich und gerichtlich vorzugehen hat.

167

b) Sonderumlagen

Eine **Sonderumlage** kann von den Wohnungseigentümern **im Laufe des Wirtschaftsjahres** beschlossen werden, sofern die Ansätze des Wirtschaftsplanes unrichtig waren, durch neue Tatsachen überholt sind oder der Plan aus anderen Gründen zum Teil undurchführbar geworden ist. Die Erhebung einer Sonderumlage widerspricht daher ordnungsgemäßer Verwaltung nicht, wenn Nachforderungen aus früheren Jahresabrechnungen vorübergehend oder dauernd uneinbringlich sind und dadurch Einnahmeausfälle entstehen, die zur Deckung beschlossener Ausgaben der Gemeinschaft oder zur Tilgung gemeinschaftlicher Verbindlichkeiten ausgeglichen werden müssen. Da die Festsetzung einer Sonderumlage einen Nachtrag zum Jahreswirtschaftsplan der Gemeinschaft bildet und diesen ändert oder ergänzt, muss der Umlagebeschluss entspr. § 28 Abs. 1 S. 2 Nr. 2 WEG die anteilmäßige Beitragsverpflichtung der Wohnungseigentümer bestimmen. Der Beschluss begründet sodann für die Wohnungseigentümer eine **Pflicht zur Vorschusszahlung** (§ 28 Abs. 2 WEG), die zu den planmäßigen Vorschüssen hinzutritt.[234]

168

c) Die Jahresabrechnung

Ein Anspruch gegen den Wohnungseigentümer wegen rückständiger Lasten- bzw. Kostenvorschüsse kann sich auch aus der von der Gemeinschaft wirksam durch Beschluss gem. § 28 Abs. 5 WEG genehmigten **Jahresabrechnung** des Verwalters ergeben, die dieser gem. § 28 Abs. 3 WEG nach Ablauf des Kalenderjahres aufzustellen hat. Hierbei bilanziert der Verwalter die Einnahmen und Ausgaben im abgelaufenen Kalenderjahr unter Berücksichtigung einer etwaigen Instandhaltungsrücklage[235] und erstellt für die einzelnen Wohnungseigentümer **Einzelabrechnungen** nach dem Verhältnis ihrer Sondereigentumsanteile.

169

Bei einem **bestandskräftigen Beschluss** über die Jahres- bzw. Einzelabrechnungen ist dem einzelnen Wohnungseigentümer jegliche Einwendung wegen einer angeblich fehlerhaften Erstellung **abgeschnitten**. Umgekehrt können solche Einwände nur im Beschlussanfechtungsverfahren nach den §§ 43 Abs. 1 Nr. 4, 23 Abs. 4 WEG erhoben werden.

170

---

233 Vgl. BGHZ 131, 228, 231 = NJW 1996, 725, 726.
234 Vgl. KG, NJW-RR 1995, 397.
235 Vgl. Bärmann/Pick/Merle, § 21 Rn. 163.

171 Nur wenn der Abrechnungsbeschluss **nichtig** ist, weil etwa der Eigentümerversammlung die Beschlusszuständigkeit fehlt,[236] ist der einzelne Wohnungseigentümer nicht verpflichtet, Nachzahlungen zu leisten.

d) Verzugszinsen

172 Der Wohnungseigentümer, der Schuldner **rückständiger** Vorschüsse oder Nachzahlungen auf Wohngeld ist, kann nach Maßgabe des § 286 BGB in Verzug geraten. Insoweit ist **vorrangig** eine **Vereinbarung** der Wohnungseigentümer, etwa in der Gemeinschaftsordnung, oder ein entsprechender **Beschluss** zu beachten, aus denen sich für rückständige Zahlungen aller Art häufig ein genauer, oder jedenfalls nach dem Kalender bestimmbarer Zahlungszeitpunkt ergibt, dessen Nichteinhaltung zum Verzug gem. § 286 Abs. 2 Nr. 2 BGB führt.[237] Ansonsten bedarf die Verzugsetzung des schuldenden Wohnungseigentümers grundsätzlich der **Mahnung**, die der Verwalter als gesetzlicher Vertreter gem. §§ 27 Abs. 2 Nr. 1, 28 Abs. 2 WEG veranlassen kann. Die Regelung des § 286 Abs. 3 BGB ist **nicht** anwendbar, da die Beitragsanforderung durch den Verwalter jedenfalls dann schon keine Rechnung oder gleichwertige Zahlungsaufstellung darstellt, wenn die Vorschusszahlungen bereits mit dem Wirtschaftsplan beschlossen wurden, und weil im übrigen das Wohngeld kein Entgelt, sondern einen finanziellen Beitrag zur Aufrechterhaltung der Liquidität in der Wohnungseigentümergemeinschaft darstellt.[238]

2. Einwendungen des Wohnungseigentümers – Vermeidung eines Prozesses

173 Der die Wohnungseigentümer bzw. den als Verfahrensstandschafter tätig werdenden Verwalter bei der Geltendmachung rückständiger Lasten- oder Kostenanteile beratende **Rechtsanwalt** hat allerdings zur Vermeidung eines Prozesses häufig nicht erfolgversprechende **Einwendungen** des Zahlungsverpflichteten **auszuräumen**.

a) Einwendungsausschluss in der Gemeinschaftsordnung

174 Insoweit ist zunächst vorrangig zu prüfen, ob sich nicht aus der **Gemeinschaftsordnung** der Wohnungseigentümer ein genereller oder wenigstens auf die geltend gemachten Einedungen bezogener Ausschluss von Gegenrechten ergibt. Durch Vereinbarung der Wohnungseigentümer können insbesondere Einwendungen wie die Geltendmachung von Zurückbehaltungsrechten[239] oder eine Aufrechnung[240] mit gegen die Gemeinschaft gerichteten Forderungen **teilweise oder ganz ausgeschlossen** werden.

---

236 Vgl. etwa KG, NJW-RR 1992, 1168; OLG Hamm, NJW-RR 1991, 212.
237 Vgl. Palandt / Heinrichs, § 286 Rn. 22 mit Beispielen.
238 Vgl. Palandt / Bassenge, § 16 WEG Rn. 14.
239 Vgl. BayObLG, ZWE 2001, 485; BayObLG Report 1999, 75.
240 Dies gilt auch für ein Aufrechnungsverbot für anerkannte oder rechtskräftig festgestellte Forderungen oder solche aus Notgeschäftsführung, vgl. BayObLG Report 1999, 75; Bärmann / Pick / Merle, § 28 Rn. 132. Nach a.A. ist nach dem Rechtsgedanken des § 309 Nr. 3 BGB auch im Rahmen einer Individualabrede die Berufung auf ein solches Aufrechnungsverbot treuwidrig, wenn es (gerade) die zügige Durchsetzung der Forderung garantieren soll, vgl. Palandt / Heinrichs, § 387 Rn. 17 unter Bezugnahme auf BGH, WM 1975, 616 und WM 1978, 621.

b) Aufrechnung mit eigenen Forderungen gegen die Gemeinschaft

Besteht **kein Einwendungsausschluss** durch Vereinbarung der Wohnungseigentümer, kann die Gemeinschaft bei der Beitreibung rückständiger Lasten- und Kostenvorschüsse ferner dem **Aufrechnungseinwand** des schuldenden Wohnungseigentümers ausgesetzt sein. Die **Aufrechnung** eines Wohnungseigentümers gegen Wohngeldforderungen ist unter dem Gesichtspunkt von Treu und Glauben (§ 242 BGB) nach gefestigter Rechtsprechung[241] **grundsätzlich ausgeschlossen** und nur in Ausnahmefällen zulässig. Da die Wohnungseigentümer auf pünktliche Zahlungen der Beiträge zur Sicherheit ihrer Zahlungsfähigkeit angewiesen sind, darf diese nicht durch eine Auseinandersetzung mit Gegenansprüchen gefährdet werden.

175

Voraussetzung für die ausnahmsweise Aufrechnung gegen eine Wohngeldforderung ist, dass die Forderung, mit der aufgerechnet wird, **anerkannt** oder **rechtskräftig festgestellt** ist.[242] Ohne diese Voraussetzung können nur Forderungen aus **Notgeschäftsführung** gem. § 21 Abs. 2 WEG aufrechnungsweise geltend gemacht werden.[243]

176

c) Geltendmachung von Zurückbehaltungsrechten

Nach allgemeiner Ansicht ist zunächst die Berufung auf ein Zurückbehaltungsrecht dann nicht möglich, wenn der Schuldner seinerseits wegen einer ausdrücklichen oder stillschweigenden vertraglichen Vereinbarung oder nach dem Gesetz **vorleistungspflichtig** ist.[244] Der mit rückständigen Lasten- oder Kostenvorschüssen konfrontierte Wohnungseigentümer kann daher im Hinblick auf eigene, gegenüber der Gemeinschaft bestehende Ansprüche **kein Zurückbehaltungsrecht** geltend machen, weil die Vorschusspflicht zur Zahlung des Wohngeldes nach zutreffender und überwiegender Ansicht eine (in § 28 Abs. 2 WEG gesetzlich geregelte) **Vorleistungspflicht** darstellt. § 28 Abs. 2 WEG will die Liquidität der Wohnungseigentümergemeinschaft sicherstellen und erhalten, womit sich die Möglichkeit, die Vorschüsse wegen Gegenansprüchen gegen die Gemeinschaft zurückzubehalten, nicht verträgt.[245]

177

Selbst wenn man aber § 28 Abs. 2 WEG nicht als gesetzliche Regelung zur Vorleistungspflicht ansieht, ergibt sich eine solche nach dem Sinn und Zweck der Wohngeldvorschüsse, nämlich der Liquiditätserhaltung, aus dem Rechtsgedanken von **Treu und Glauben**.[246]

178

---

241 Vgl. BayObLG, FGPrax 1999, 176, 177, m.w.N. und weiter die Zusammenstellung bei Staudinger/Bub, § 28 WEG Rn. 228.
242 Vgl. BayObLGZ 1977, 67, 71; 1986, 128, 133.
243 Vgl. Bärmann/Pick/Merle, § 21 Rn. 49; BayObLG, ZWE 2002, 129. Ansprüche aus Notgeschäftsführung bestehen aber nur in den seltenen Fällen, in denen dem eingreifenden Eigentümer ein Zuwarten bis zu einem Tätigwerden des Verwalters oder bis zur Zustimmung der anderen Wohnungseigentümer nicht zugemutet werden kann oder vom Gemeinschaftseigentum unmittelbar drohender Schaden abzuwenden ist, vgl. BayObLG, WuM 1997, 398, 399. Umgekehrt bedeutet dies aber, dass außer mit Ansprüchen aus Notgeschäftsführung mit bestrittenen Gegenansprüchen nicht aufgerechnet werden kann, vgl. BayObLG, NZM 1999, 1058.
244 Vgl. Palandt/Heinrichs, § 273 Rn. 13 sowie § 320 Rn. 15 und 16.
245 Vgl. Bärmann/Pick/Merle, § 28 Rn. 133.
246 Vgl. Bärmann/Pick/Merle, § 28 Rn. 133.

d) Einwand fehlender Fälligkeit

179 Schließlich wird der Pflicht zur Zahlung von Wohngeldvorschüssen oder -nachzahlungen auch häufig der Einwand **„fehlender Fälligkeit"** entgegengehalten, weil der Wirtschaftsplan oder die Jahresabrechnung nicht nachvollziehbar, unvollständig oder rechnerisch fehlerhaft seien. Diese Einwände sind allerdings im Stadium der Beitreibung von Vorschüssen oder Nachzahlungen von Wohngeld **unbehelflich**, weil sie zusammen mit einem Antrag auf Ungültigerklärung der Beschlüsse geltend gemacht werden müssen, mit denen der Wirtschaftsplan und die Jahresabrechnung genehmigt wurden.

e) Einrede der Verjährung

180 Zur vorgerichtlichen Vermeidung eines Verfahrens wegen rückständiger Wohngeldvorschüsse oder Wohngeldnachzahlungen muss der **Rechtsanwalt** auch wissen, wie er einen möglichen **Verjährungseinwand** des Wohnungseigentümers ausräumen kann.

181 Die Ansprüche auf rückständige Vorschüsse wie auf Nachzahlungen verjähren gem. §§ 197 Abs. 2, 195 BGB einheitlich in **drei Jahren**. Der **Verjährungsbeginn** tritt gem. § 199 Abs. 1 BGB mit dem Schluss des Jahres ein, in dem der Anspruch entstanden ist und der Gläubiger von den den Anspruch begründenden Umständen und der Person des Schuldners Kenntnis erlangt hat oder ohne grobe Fahrlässigkeit erlangen musste. Damit **beginnt** die Verjährung von Wohngeldansprüchen mit dem Ablauf des Kalenderjahres, in dem der Anspruch auf Voraus- oder Nachzahlung durch die jeweilige bestandskräftige Beschlussfassung entstanden und fällig gestellt worden ist, **es sei denn**, die Wohnungseigentümer als Gläubiger waren in **schuldloser Unkenntnis** über den wirklichen Eigentümer, der im Grundbuch nicht eingetragen ist.[247] Hierbei haben sich die Wohnungseigentümer die Kenntnis oder grob fahrlässige Unkenntnis des **Verwalters** zurechnen zu lassen, §§ 27 Abs. 2 Nr. 1 WEG, 166 Abs. 1 BGB.[248]

3. Prozesstaktik – Mahnverfahren

182 Werden Einwendungen der vorstehend genannten Art nicht erhoben, stellt sich für den die Wohnungseigentümer oder den zur Prozessführung ermächtigten Verwalter vertretenden **Rechtsanwalt** die Frage, auf welche Weise kostengünstig ein vollstreckungsfähiger Titel erwirkt werden kann. Ist damit zu rechnen, dass der Schuldner lediglich **zahlungsunfähig** ist, sollte an die Einleitung eines **Mahnverfahrens** gedacht werden. Gem. **§ 46a WEG** können **Zahlungsansprüche** nach § 23 Abs. 1 S. 1 und S. 2 WEG im **Mahnverfahren** geltend gemacht werden. Zu diesen Ansprüchen zählen solche auf Vorschüsse ebenso wie auf Nachzahlungen. Mit dem zahlungsunfähigen Wohnungseigentümer sollte daher aus Kostengründen **vereinbart** werden, gegen einen Mahnbescheid keinen Widerspruch einzulegen und den daraufhin auf Antrag der Wohnungseigentü-

---

247 Dies kann etwa dann der Fall sein, wenn die Auflassung des Wohnungseigentums nichtig ist. In diesem Fall schuldet die als Wohnungseigentümer eingetragene Person kein Wohngeld, vgl. KG, ZMR 2001, 728.
248 Der Verwalter ist im Rahmen seiner Geschäftsführungsbefugnisse nach § 27 Abs. WEG zur Vornahme der dort geregelten Maßnahmen nicht nur berechtigt, sondern verpflichtet, die Wohnungseigentümer insoweit zu vertreten. § 27 Abs. 2 WEG bewirkt eine gesetzliche Vertretungsmacht des Verwalters, vgl. Bärmann/Pick/Merle, § 27 Rn. 98f.

mer oder des ermächtigten Verwalters ergehenden Vollstreckungsbescheid rechtskräftig werden zu lassen.

II. Prozess

1. Verfahren nach § 43 Abs. 1 Nr. 1 WEG

Zahlt der schuldende Wohnungseigentümer nicht freiwillig, können rückständige Wohngeldvorschüsse oder Nachzahlungsansprüche aus der Jahresabrechnung im Verfahren vor dem Wohnungseigentumsgericht nach § 43 Abs. 1 Nr. 1 WEG geltend gemacht werden.[249] Auch dieser Prozess ist ein **echtes Streitverfahren der freiwilligen Gerichtsbarkeit**.[250]

a) Antragsteller

Die Wohnungseigentümer haben zunächst zu **überlegen**, ob sie (mit Ausnahme der Antragsgegner), vertreten durch den Verwalter gem. § 27 Abs. 2 Nr. 5 WEG, die Wohngeldansprüche selbst geltend machen wollen oder den Verwalter als Verfahrensstandschafter ermächtigen, die Ansprüche im eigenen Namen geltend zu machen.[251]

Jedenfalls muss bei rückständigen Wohngeldbeiträgen und erkennbar fehlender Liquidität der Antragsgegner **rasch** gehandelt werden, d.h. der **Verwalter** sollte möglichst umgehend zur Vertretung oder Verfahrensstandschaft ermächtigt werden, falls dies nicht schon durch den Verwaltervertrag oder eine Vereinbarung der Wohnungseigentümer so geregelt ist. Muss der Verwalter durch Mehrheitsbeschluss ermächtigt werden, ist von diesem schnellstmöglich eine **außerordentliche Eigentümerversammlung** einzuberufen. Der dermaßen als Vertreter oder Verfahrensstandschafter berufene **Verwalter** kann den Prozess dann im fremden oder eigenen Namen ohne Verstoß gegen das Rechtsberatungsgesetz führen[252] und hat in diesem Fall auch Anspruch auf ein angemessenes **Honorar**, welches durch Mehrheitsbeschluss nach Maßgabe des RVG vereinbart werden kann.[253] Anderseits kann der Verwalter aber auch einen **Rechtsanwalt** beauftragen.[254]

Wird der Verwalter als **Vertreter** der Wohnungseigentümer tätig, ist dem Antrag bei Gericht eine vollständige **Eigentümerliste**[255] (mit vollständiger und zutreffender Namens- und Adressnennung der einzelnen Miteigentümer) beizugeben. In diesem Fall genügt im **Rubrum** eine **Kurzbezeichnung** der Wohnungseigentümergemeinschaft, etwa unter dem Straßennamen, unter Angabe von Namen und Adresse des vertretenden **Verwalters**.[256]

---

249 Vgl. Bärmann/Pick/Merle, § 43 Rn. 11.
250 Es unterliegt damit den schon unter § 1 sowie für das Verfahren nach § 43 Abs. 1 Nr. 4 WEG unter § 2 Rn. 105 ff. dargestellten allgemeinen Grundsätzen und konzeptionellen Überlegungen zur Führung eines Rechtsstreits.
251 Vgl. hierzu oben B.
252 Vgl. BGH, NJW 1993, 1924.
253 Vgl. BGH, NJW 1993, 1924.
254 Vgl. oben B.
255 Vgl. hierzu auch die Ausführungen zum Verfahren nach § 43 Abs. 1 Nr. 4 WEG unter § 2 Rn. 112 ff.
256 Vgl. BGH, NJW 1977, 1686; BayObLG, NJW-RR 1986, 564.

187 Wird der Verwalter als **Verfahrensstandschafter** tätig, sind mit dem Antrag das **Protokoll** der Eigentümerversammlung, in der der Verwalter gewählt wurde, sowie eine **Dokumentation** der Ermächtigungsgrundlage zum Handeln im eigenen Namen (z.b. der Verwaltervertrag, die Teilungserklärung, eine Vereinbarung der Wohnungseigentümer oder die Dokumentation einer Beschlussfassung) einzureichen.

b) Antragsgegner

188 Die Antragsgegner, im Regelfall ein oder mehrere zahlungsverpflichtete Wohnungseigentümer, sind nach **Namen und Adresse** vollständig anzugeben, bei juristischen Personen sind die **Vertretungsverhältnisse** darzulegen. Bestehen Zweifel über die Identität des wahren Antragsgegners, sollte zur Vermeidung der Antragserhebung gegen die falsche Person ein **Grundbuchauszug** eingeholt werden.

2. Die Beitreibung rückständiger und künftiger Wohngeldforderungen – Antragsinhalt und -begründung

a) Antrag auf Zahlung rückständiger Wohngeldbeträge

189 *aa) Bezeichnung des Anspruchs:* Der Antrag im Beitreibungsverfahren ist darauf zu richten, den säumigen Wohnungseigentümer zu verpflichten, an die Wohnungseigentümer der näher zu bezeichnenden Eigentümergemeinschaft einen genau zu beziffernden **Betrag**, ggf. zu Händen des Antragstellers (wenn der Verwalter als Verfahrensstandschafter tätig wird), zu bezahlen. Der Anspruchsgrund braucht nicht genannt zu werden.

190 *bb) Inhalt der Antragsbegründung – beizufügende Anlagen:* Für Inhalt und Umfang der Begründung eines Antrages auf rückständige Wohngeldzahlungen gem. § 43 Abs. 1 Nr. 1 WEG gilt zunächst das, was für die WEG-Verfahren als **echte Streitverfahren der Freiwilligen Gerichtsbarkeit** bereits allgemein sowie im Rahmen des Verfahrens nach § 43 Abs. 1 Nr. 4 WEG ausgeführt wurde.[257]

191 Speziell für das Verfahren auf Beitreibung rückständiger Wohngeldbeträge sollte aber folgendes vorgetragen und vorgelegt werden:
- Bei Ansprüchen auf rückständige **Vorschüsse** muss der **Wirtschaftsplan** zusammen mit dem billigenden Beschluss der Wohnungseigentümer vorgelegt werden.
- Soweit nicht eine **Vorschuss**zahlung bereits im Voraus beschlossen wurde, ist ferner als Fälligkeitsnachweis die entsprechende **Zahlungsaufforderung** des Verwalters nach § 28 Abs. 2 WEG (in Kopie) vorzulegen.
- Bei Ansprüchen auf rückständige **Nachzahlungen** müssen die **Jahresgesamtabrechnung** sowie die jeweiligen **Einzelabrechnungen** samt der diese billigenden **Beschlüsse** vorgelegt werden.
- Falls der schuldende Wohnungseigentümer in **Verzug** ist, müssen die den Verzug dokumentierenden **Unterlagen** (z.B. ein Mahnschreiben, eine Vereinbarung oder die Gemeinschaftsordnung, aus der sich die datums- bzw. kalendermäßig bestimmte oder bestimmbare Zahlungspflicht ergibt) beigefügt werden.

---

257 Vgl. hierzu oben § 1 und § 2 Rn. 105 ff.

b) Antrag auf Zahlung künftiger Wohngeldbeträge

In vielen Fällen stehen die Wohnungseigentümer und der sie gem. § 27 Abs. 2 Nr. 1 WEG vertretende Verwalter insoweit vor einem **Dilemma**, als Anlass besteht, zur Vermeidung endgültiger Ausfälle rückständige Wohngeldbeträge gegen die säumigen Wohnungseigentümer sofort gerichtlich titulieren zu lassen, andererseits aber eine solche Vorgehensweise (bei monatlich fälligen Vorschusszahlungen) zu monatlich neuen Anträgen gem. § 43 Abs. 1 Nr. 1 WEG zwänge.

192

Daher treffen die Wohnungseigentümer regelmäßig in dem **Beschluss** über den Wirtschaftsplan eine Bestimmung, nach der die Jahresvorauszahlungen in einem Gesamtbetrag mit Billigung des Wirtschaftsplans fällig werden, den einzelnen Wohnungseigentümern aber nachgelassen wird, diese in zwölf gleichen Monatsraten, zahlbar etwa zu einem jeden Monatsdritten zu erbringen. Hiermit wird die Regelung verbunden, dass im Falle des Verzuges mit nur einer oder auch mehrerer Monatsraten der **gesamte Jahresbetrag** sofort zur Zahlung fällig wird.

193

Dieser Konstruktion und einer hiermit verbundenen Geltendmachung des jährlichen Gesamtbetrages wird allerdings neuerdings entgegengehalten, dass eine solche **generelle Beschlussfassung** über die von Gesetz oder die Teilungserklärung abweichende Fälligkeiten **nichtig** sei.[258] Dieser Auffassung ist vor dem Hintergrund der „Jahrhundertentscheidung" des BGH vom 20.9.2000[259] **zuzustimmen**, wonach sog. gesetzesändernde Beschlüsse nichtig sind. Eine gesetzesändernder Beschluss läge aber insoweit vor, als die Eigentümer bei einer solchen Vorfälligkeitsregelung von § 28 Abs. 2 WEG abweichen, was der **Einstimmigkeit**, etwa in Gestalt einer Vereinbarung der Eigentümer, bedarf. Es ist daher zu erwarten, dass die Gerichte vor diesem Hintergrund den Antrag, der unter Berufung auf einen entsprechenden Mehrheitsbeschluss wegen Verzuges mit einer oder mehrerer Raten den Jahresgesamtbetrag einfordert, **abweisen** werden.

194

Abhilfe kann hier am besten dadurch geschaffen werden, dass die Eigentümer eine entsprechende Regelung zur Gesamtfälligkeit des Jahresbetrages für den Fall des Verzuges mit einer oder mehrerer Vorschussraten in die **Teilungserklärung** aufnehmen oder eine entsprechende, auf Dauer gültige **Vereinbarung** treffen.

195

Darüber hinaus wird einmal auch ein Antrag nach § 43 Abs. 1 Nr. 1 WEG auf künftige Leistung bis zum Ende des Wirtschaftsjahres nach Maßgabe des § 258 ZPO für möglich gehalten.[260] Voraussetzung insoweit ist aber, dass man die Wohngeldvorschüsse als **wiederkehrende Leistungen** i. S. des § 258 ZPO ansieht. Dies sind einseitige Verpflichtungen, die sich in ihrer Gesamtheit als Folge ein und desselben Rechtsverhältnisses ergeben und bei denen die einzelne Leistung nur noch vom Zeitablauf abhängig ist.[261]

196

---

258 Vgl. Briesemeister/Drasdo, Beschlusskompetenz der Wohnungseigentümer, S. 27 unter Bezugnahme auf BGHZ 145, 158 = NJW 2000, 3500.
259 Vgl. BGHZ 145, 158 = NJW 2000, 3500.
260 Vgl. Köhler/Bassenge/Wolicki, Teil 19 Rn. 163 ff.; Bärmann/Pick/Merle, § 44 Rn. 33; BayObLGZ 1982, 203, 210.
261 Vgl. BGH, WM 2004, 193; Rosenberg/Schwab/Gottwald, § 89 Rn. 17. Hierzu rechnen etwa Unterhalts- und Rentenansprüche.

§ 3 Streitigkeiten von Eigentümern untereinander

Die **Wohngeldvorschüsse**, die einer Vorleistungspflicht unterliegen, sind aber an keine Gegenleistung, die Zug um Zug zu erbringen wäre, gebunden und entstehen ohne weiteres nach einem bestimmten, vereinbarten oder beschlossenen Zeitablauf und können daher als **wiederkehrende** Leistungen i. S. des § 258 ZPO angesehen werden.[262]

197 Zum anderen wird auch unter den Voraussetzungen des § **259 ZPO** ein Antrag auf künftige Leistung für möglich und sinnvoll gehalten.[263] Ein solches Vorgehen ist v.a. dann angezeigt, wenn der säumige Wohnungseigentümer offensichtlich **nicht liquide** ist oder im Hinblick auf vermeintliche eigene Ansprüche auf Dauer nicht zur **Vorauszahlung** bereit ist.

198 Wenn man die Wohngeldvorschüsse **nicht** als wiederkehrende Leistungen begreift, weil sie lediglich Ratenzahlungen auf eine als Einmalforderung bereits feststehende Schuld darstellen[264] und im übrigen Beitragscharakter haben, müsste – ggf. auf Hinweis des Gerichts – ein Antrag auf künftige Leistung jedenfalls dann in einen solchen auf **Feststellung** der Verpflichtung zur Zahlung der monatlichen Vorschussraten bis zum Ende des Wirtschaftsjahres umgestellt werden, wenn der Antragsgegner Einwendungen erhoben hat oder mit solchen noch zu rechnen ist.

3. Muster

199 a) Muster: Antrag im Verfahren auf Geltendmachung von Wohngeld und einer Sonderumlage

Rechtsanwalt ■■■, den ■■■

■■■

An das Amtsgericht

Wohnungseigentumsgericht

■■■   per Fax vorab!

Antrag

In der Wohnungseigentumssache betreffend die Wohnanlage ■■■-Straße ■■■ in ■■■

Verfahrensbeteiligte:
1. Fa. Fleißig Wohnungsverwaltungsgesellschaft mbH u. Co. KG, vertreten durch die Fa. Fleißig Betriebs- GmbH als geschäftsführende Gesellschafterin, diese vertreten durch den Geschäftsführer Werner Fleißig, ■■■, ■■■

als Verwalterin der Wohnungseigentümergemeinschaft ■■■-Straße ■■■, ■■■

---

262 Nach Köhler/Bassenge/Wolicki, Teil 19 Rn. 170, n.N. in Fn. 2 sind einige Amtsgerichte bereits dazu übergegangen, bei Wohngeldvorschüssen einen Antrag auf künftige Leistung zuzulassen.
263 Vgl. Niedenführ/Schulze, vor § 43 Rn. 41.
264 Vgl. auch BGH, NJW 2001, 1063.

C. Antrag auf Zahlung rückständiger Lasten- und Kostenanteile

in Verfahrensstandschaft[265]

Antragstellerin

Verfahrensbevollmächtigter: Rechtsanwalt ■■■

2. Die Lebenspartner
a) ■■■ und
b) ■■■

beide wohnhaft ■■■-Straße ■■■, ■■■

Antragsgegner

wegen Wohngeldforderung u.a.

Vorläufiger Geschäftswert: 612,– €

Im Namen und mit Vollmacht[266] des Antragstellers beantrage ich unter Einzahlung eines Kostenvorschusses[267] von ■■■ €
1. Die Antragsgegner haben als Gesamtschuldner an den Antragsteller 612,– € zuzüglich 5 % Zinsen über dem jeweils gültigen Basiszinssatz aus einem Betrag von 212,– € seit ■■■ sowie aus Beträgen von jeweils 100,– € seit 3.5., 3.6., 3.7. und 3.8.■■■ zu bezahlen.
2. Die Antragsgegner tragen als Gesamtschuldner die Kosten des Verfahrens und die außergerichtlichen Kosten des Antragstellers.[268]
3. Es wird angeregt, die Entscheidung im Wege einer einstweiligen Anordnung für vorläufig vollstreckbar zu erklären.

Begründung:

Die Antragsgegner sind eingetragene Lebenspartner und Mitglieder der im Rubrum bezeichneten Wohnungseigentümergemeinschaft.

Sie sind je zur Hälfte Miteigentümer der Wohnung Nr. ■■■, die 37/1000 Miteigentumsanteile verkörpert, sowie der Tiefgaragenstellplätze Nr. ■■■ und ■■■.

Beweis:

Grundbuchauszug in Kopie.

---

265 Würde die Verwalterin nur als durch Beschluss oder Vereinbarung ermächtigte Vertreterin der Wohnungseigentümer auftreten, müsste es insoweit heißen: „1. Die Eigentümer der Eigentumswohnanlage ■■■-Straße ■■■, ■■■, namentlich aufgeführt in der anliegenden Eigentümerliste – Antragsteller – vertreten durch die Verwalterin Fa. Fleißig Wohnungsverwaltungsgesellschaft mbH u. Co. KG, vertreten durch die Fa. Fleißig Betriebs- GmbH als geschäftsführende Gesellschafterin, diese vertreten durch den Geschäftsführer Werner Fleißig, ■■■, ■■■."
266 Auch wenn im Verfahren nach dem FG der für einen oder mehrere Beteiligte auftretende Rechtsanwalt grundsätzlich ohne weitere Prüfung als vertretungsbefugt angesehen wird (vgl. § 13 S. 2 FGG), sollten die Vollmachtsurkunde sowie das Schriftstück, aus dem sich die Ermächtigung des Verwalters zur Führung von Rechtsstreitigkeiten ergibt, vorgelegt werden, um etwaigen Einwendungen zuvor zu kommen.
267 Zum Kostenvorschuss vgl. §§ 8 KostO, 48 Abs. 1 WEG (drei Gebühren), zum zugrundeliegende Geschäftswert vgl. §§ 48 Abs. 3 WEG, 18 ff. KostO, zur Gebührenhöhe vgl. § 32 KostO. Im Übrigen wird auf die Ausführungen zum Kostenvorschuss in § 2 Rn. 119 verwiesen.
268 Über die Tragung der Gerichtskosten sowie eine etwaige Erstattungspflicht für außergerichtliche Kosten entscheidet das Gericht gem. § 47 WEG nach billigem Ermessen. Hierbei tragen die unterlegenen Beteiligten in der Regel die Gerichtskosten; eine Erstattung außergerichtlicher Kosten findet grundsätzlich nicht statt, Palandt / Bassenge, § 47 WEG Rn. 3 und 4.

Die Antragstellerin ist seit dem Beschluss der Eigentümerversammlung vom ▆▆▆ gewählte Verwalterin der genannten Wohnungseigentümergemeinschaft und gemäß § ▆▆▆ der Teilungserklärung vom ▆▆▆ befugt, ausstehende Wohngeldzahlungen, d.h. Vorschüsse, Rückstände aus Jahresabrechnungen sowie beschlossene Sonderumlagen im eigenen Namen gegenüber säumigen Wohnungseigentümern außergerichtlich und gerichtlich geltend zu machen.

Beweis: Protokoll der Eigentümerversammlung vom ▆▆▆, dort Beschluss zum TOP ▆▆▆ § ▆▆▆ der Teilungserklärung vom ▆▆▆ in Kopie.[269]

Die Antragsgegner sind mit folgenden Zahlungen im Rückstand:

a) Jahresgesamtabrechnung

Die Wohnungseigentümer haben in der Eigentümerversammlung vom ▆▆▆ unter TOP ▆▆▆ einstimmig die von der Verwalterin für das Gesamtwirtschaftsjahr ▆▆▆ erstellte Jahresabrechnung sowie die den jeweiligen Wohnungen zugeordneten Einzelabrechnungen beschlossen.

Der Beschluss ist mangels Antrags auf Ungültigerklärung mittlerweile bestandskräftig.

Beweis: Protokoll der Eigentümerversammlung vom ▆▆▆, dort Abstimmung zu TOP ▆▆▆ in Kopie.

Die auf die im Miteigentum der Antragsgegner stehende Wohnung Nr. ▆▆▆ lautende Einzelabrechnung lautet auf einen Saldo vom 176,– €.

Beweis: Einzelabrechnung vom ▆▆▆ in Kopie.

Aus der Teilungserklärung der Wohnungseigentümergemeinschaft vom ▆▆▆ ergibt sich, dass ausstehende Wohngeldzahlungen mit Zugang der jeweiligen Abrechnung fällig sind.

Beweis: § ▆▆▆ der Teilungserklärung vom ▆▆▆ in Kopie.

b) Rückständige Wohngeldvorschüsse

Der von der Verwalterin für das Gesamtwirtschaftsjahr ▆▆▆ (Dauer von ▆▆▆ bis ▆▆▆) vorgelegte Wirtschaftsplan wurde in der Eigentümerversammlung vom ▆▆▆ samt der jeweiligen Einzelwirtschaftspläne für die im Sondereigentum stehenden Wohnungen einstimmig beschlossen.

Der Beschluss ist mangels Antrags auf Ungültigerklärung mittlerweile bestandskräftig.

Beweis: Protokoll der Eigentümerversammlung vom ▆▆▆, dort Abstimmung zu TOP ▆▆▆ in Kopie.

Die auf die Wohnung Nr. ▆▆▆ der Antragsgegner entfallende monatliche Vorschussrate auf den jährlichen Gesamtbetrag beträgt 80,– €.

Beweis: Einzelwirtschaftsplan für die Wohnung Nr. ▆▆▆ in Kopie.

Die Antragsgegner haben ohne Angabe von Gründen gegenüber der Verwalterin für die Monate Mai bis August ▆▆▆ keine Vorschüsse bezahlt. Sie befinden sich daher zum momentanen Zeitpunkt mit einem diesbezüglichen Gesamtbetrag von 400,– € in Rückstand.

---

269 Entsprechendes könnte sich aus dem Verwaltervertrag der Gemeinschaftsordnung oder einem Mehrheitsbeschluss ergeben.

Beweis (unter Verwahrung gegen die Beweislast): ■■■, ■■■, ■■■, tätig in der Buchführungsabteilung der Antragstellerin.

Gemäß Teilungserklärung vom ■■■ sind Wohngeldvorauszahlungen jeweils spätestens bis zum dritten Werktag eines Kalendermonats auf das von der Verwalterin geführte Wohngeldkonto zu überweisen.

Beweis: § ■■■ der Teilungserklärung vom ■■■ in Kopie.

c) Rückständige Zahlung aus der Sonderumlage für die Anbringung von Fahrradständern

In der Eigentümerversammlung vom ■■■ wurde schließlich gegen die Stimme der beiden Antragsgegner beschlossen, an der Eingangsfront des Anwesens ■■■-Str. ■■■ zwei Fahrradständer anzubringen. Gegenstand der Beschlussfassung war darüber hinaus ein verbindliches Kostenangebot der Fa. ■■■ in ■■■, welches Gesamtkosten von 1.000.- enthielt.

Um die Instandhaltungsrücklagen der Wohnungseigentümergemeinschaft nicht zu reduzieren, wurde in derselben Eigentümerversammlung ferner gegen die Stimmen der Antragsgegner beschlossen, die diesbezüglichen Kosten im vollen Umfang mit Fälligkeit ab Rechnungsstellung durch die Verwalterin auf die Wohnungseigentümer umzulegen. Der insoweit auf die Antragsgegner entfallende und von der Verwalterin vor Beschlussfassung ausgewiesene Kostenanteil beträgt 36,– €.

Beweis: Protokoll der Eigentümerversammlung vom ■■■ mit den entsprechenden Beschlussfassungen zu TOP ■■■ und TOP ■■■ in Kopie.

Die Antragsgegner haben die Zahlung bislang verweigert, weil sie der Meinung sind, die Anbringung der Fahrradständer könne gegen ihre Stimmen nicht beschlossen werden.

Beweis: Schreiben vom ■■■ an die Verwalterin in Kopie.

d) Die Antragsgegner befinden sich mit den geltend gemachten Zahlungen in Verzug.

Bezüglich der rückständigen Wohngeldvorschüsse ergibt sich dies aus der Fälligkeitsregelung in der Teilungserklärung, die eine datumsmäßige Leistungszeit enthält, § 286 Abs. 2 Nr. 1 BGB.

Hinsichtlich des Wohngeldrückstandes aus der Einzelabrechnung für das Wirtschaftsjahr ■■■ sowie der ausstehenden Zahlungen auf die Sonderumlage wurden die Antragsgegner mit Schreiben der Verwalterin vom ■■■, welches durch Boten persönlich zugestellt wurde, gemahnt.

Beweis: Mahnschreiben vom ■■■ sowie Zustellungsnotiz der Fa. Citymail Regensburg, jeweils in Kopie.

e) Antrag auf Erlass einer einstweiligen Anordnung[270]

---

[270] Das WEG enthält keine den §§ 708 ff. ZPO entsprechende Regelung zur Bestimmung der vorläufigen Vollstreckbarkeit. § 45 Abs. 3 WEG bestimmt, dass die Zwangsvollstreckung aus rechtskräftigen Entscheidungen nach den Vorschriften der ZPO stattfindet. Allerdings kann nach § 44 Abs. 3 S. 1 WEG eine einstweilige Anordnung zur vorläufigen Vollstreckbarkeit analog den §§ 708 ff. ZPO, also ggf. gegen Sicherheitsleistung entsprechend § 709 ZPO, erlassen werden, wenn ein dringendes Bedürfnis für ein sofortiges Einschreiten besteht, weil die endgültige Regelung zu spät kommen könnte, vgl. Niedenführ/Schulze, § 44 Rn. 20 ff. Ein solch dringendes Bedürfnis wird sich dann bejahen lassen, wenn die Antragsgegner ihr Prozessverhalten danach richten, einen Titel – ggf. durch Einlegung eines von vornherein unbegründeten Rechtsmittels – möglichst lange hinauszuzögern, vgl. auch Bärmann/Pick/Merle, § 44 Rn. 81 und zur einstweiligen Anordnung allgemein § 6.

§ 3 Streitigkeiten von Eigentümern untereinander

Der Antrag auf Erlass einer einstweiligen Anordnung zur vorläufigen Vollstreckbarkeit einer antragsgemäßen Entscheidung rechtfertigt sich aus der Tatsache, dass die Zahlungsunfähigkeit der Antragsgegner droht und diese bereits angekündigt haben, „auf jeden Fall Rechtsmittel einlegen zu wollen."

Gegenüber dem Zeugen ■■■, der Angestellter in der Mahnabteilung der Verwalterin ist, haben die Antragsgegner geäußert, sie seien mit dem von ihnen persönlich betriebenen Spezialitätenrestaurant finanziell am Ende und fast zahlungsunfähig.

Beweis: ■■■, ■■■,■■■.

Deswegen droht der endgültige Ausfall der Antragsteller mit den rückständigen Zahlungen, wenn nicht aus einem erstinstanzlich ergangenem Titel sofort vollstreckt werden könnte.

■■■

Rechtsanwalt

200 b) Muster: Antragserwiderungsschriftsatz

Rechtsanwalt ■■■, den ■■■

■■■

Antragserwiderung

in der Wohnungseigentumssache betreffend die Wohnanlage ■■■-Straße ■■■ in ■■■.

In vorstehend bezeichneter Sache zeige ich unter Vollmachtsvorlage[271] die Vertretung der Antragsgegner an und werde in der anzuberaumenden mündlichen Verhandlung b e a n - t r a g e n :

Die Anträge werden zurückgewiesen.

B e g r ü n d u n g :

Die von der Antragstellerin in Verfahrensstandschaft geltend gemachten Anträge sind unzulässig, im übrigen auch unbegründet.

Zutreffend ist, dass die Antragsgegner eingetragene Lebenspartner und Mitglieder der im Antragsrubrum bezeichneten Wohnungseigentümergemeinschaft sind. Die Angaben zum hälftigen Miteigentum der Antragsgegner an der Wohnung Nr. ■■■ (37/1000 Anteil am Gesamteigentum) sowie an den Tiefgaragenstellplätzen Nr. ■■■ und Nr. ■■■ sind ebenfalls zutreffend.

a) Unzulässigkeit der Verfahrensstandschaft

Die Antragstellerin kann die angeblichen, den Wohnungseigentümern zustehenden Zahlungsansprüche allerdings nicht im eigenen Namen geltend machen.

---

[271] Auch wenn im Verfahren nach dem FG der für einen oder mehrere Beteiligte auftretende Rechtsanwalt grundsätzlich ohne weitere Prüfung als vertretungsbefugt angesehen wird (vgl. § 13 S. 2 FGG), sollten die Vollmachtsurkunde sowie das Schriftstück, aus dem sich die Ermächtigung des Verwalters zur Führung von Rechtsstreitigkeiten ergibt, vorgelegt werden, um etwaigen Einwendungen zuvor zu kommen.

Zwar ist richtig, dass die Teilungserklärung vom ▬▬ eine entsprechende Ermächtigung enthält. Diese Ermächtigung wurde aber durch einen mit Mehrheit gefassten Beschluss der Eigentümerversammlung vom ▬▬ widerrufen. Statt dessen wurde beschlossen, in jedem Einzelfall des Bestehens solcher Ansprüche jeweils gesondert im Umlaufverfahren oder in einer außerordentlichen Eigentümerversammlung über eine Ermächtigung der Verwalterin zur Verfahrensstandschaft zu beschließen.

Der Beschluss ist mangels Antrags auf Ungültigerklärung bestandskräftig.

Beweis: Protokoll der Eigentümerversammlung vom ▬▬ zu TOP ▬▬ in Kopie.

Die Ermächtigung zur Verfahrensstandschaft des Verwalters einer Wohnungseigentümergemeinschaft in der Teilungserklärung kann nach Maßgabe der Rechtsprechung des BGH, NJW 2000, 3500 zwar grundsätzlich nicht durch Mehrheitsbeschluss widerrufen oder abgeändert werden.

Eine Ausnahme besteht aber dann, wenn die Teilungserklärung eine entsprechende Öffnungsklausel enthält.[272] Eine solche ist aber in § ▬▬ der Teilungserklärung ausdrücklich insoweit enthalten, als dort geregelt ist, dass „die Ermächtigung des Verwalters zur Geltendmachung von Zahlungsansprüchen jeder Art, insbesondere Wohngeldansprüchen, im eigenen Namen durch Mehrheitsbeschluss in einer Eigentümerversammlung widerrufen oder abgeändert werden kann."

Beweis: § ▬▬ der Teilungserklärung vom ▬▬.

Damit fehlt es aber schon an einer wirksamen Ermächtigung des Verwalters zur Verfahrensstandschaft, weswegen die Anträge unzulässig sind.

b) Unbegründetheit der Anträge

Die Anträge sind weiter auch unbegründet, da der Antragsgegner zu 1) mit einem eigenen Anspruch gegen die Gemeinschaft der Wohnungseigentümer die Aufrechnung erklärt.

Gegenstand der Aufrechnung sind Kosten des Ordnungsamts der Stadt ▬▬ u.a. für die Beseitigung und Entsorgung von fünf auf dem Grundstück der Wohnungseigentümergemeinschaft abgestellten öldichten Kraftfahrzeugen.

Die insoweit entstandenen finanziellen Aufwendungen beliefen sich auf 2.300,– €, die die Stadt ▬▬ gegenüber der Antragstellerin mit Schreiben vom ▬▬ geltend machte. Eine Zahlung ist durch die Antragstellerin aber nicht erfolgt.

Mit Aufrechnungsschreiben vom ▬▬ erklärte die Kämmerei der Stadt ▬▬ gegenüber dem Antragsgegner zu 1) die Aufrechnung mit der eben genannten Forderung der Stadt ▬▬ gegenüber einem Anspruch des Antragsgegners zu 1) auf Rückerstattung von überzahlter Miete für einen geschäftlich genutzten städtischen Tiefgaragenstellplatz in Höhe von 750,– €.

Beweis: Schreiben der Stadt ▬▬ – Ordnungsamt – vom ▬▬ sowie Schreiben der Stadtkämmerei vom ▬▬, jeweils in Kopie.

Wird – wie hier – ein für eine Verwaltungsschuld gesamtschuldnerisch haftender Wohnungseigentümer durch die Aufrechnung eines Außengläubigers gezwungen, Verwal-

---

272 Vgl. BGH, NJW 2000, 3500.

tungsschulden der Eigentümergemeinschaft zu begleichen, liegt aber ein der Notgeschäftsführung vergleichbarer Tatbestand vor, der den Wohnungseigentümer berechtigt, gegen laufende monatliche Beitragsvorschüsse aufzurechnen. Vorliegend hätte nämlich die Antragstellerin (Verwalterin) die Verwaltungsschuld aus der Gemeinschaftskasse erfüllen müssen.[273]

Die geltend gemachten Zahlungsansprüche sind wegen der erklärten Aufrechnung mit der fälligen und einredefreien Gegenforderung daher in voller Höhe erloschen.[274]

Dieser Einwand kommt gem. § 422 Abs. 1 S. 2 BGB auch dem gesamtschuldnerisch haftenden Antragsgegner zu 2) zu Gute.

■■■

Rechtsanwalt

D. Anträge auf Beseitigung, Unterlassung und Schadenersatz

I. Vorprozessuale Situation

1. Typische Konstellationen unter Darstellung der Rechtsgrundlagen

201   Über die Zahlung von Wohngeld hinaus ergeben sich Rechte und Pflichten der Wohnungseigentümer untereinander i. S. des § 43 Abs. 1 Nr. 1 WEG in erster Linie aus dem sog. **Gemeinschaftsverhältnis**. Dieses ist in der Teilungserklärung, der Gemeinschaftsordnung (Vereinbarung) und ergänzend im WEG geregelt.

202   Insoweit ist für die Verfahrenszuständigkeit des Wohnungseigentumsgerichts nicht maßgebend, ob der Anspruch aus einer Vereinbarung der Wohnungseigentümer oder dem WEG bzw. aus dem BGB herrührt. **Relevant** ist allein, ob es sich um Rechte und Pflichten der Wohnungseigentümer untereinander aus der Gemeinschaft handelt.[275] Die **praktisch wichtigsten** dieser Ansprüche sind solche auf Abwehr baulicher Veränderungen, Unterlassung eines bestimmten Gebrauchs des Gemeinschafts- oder Sondereigentums, Abwehransprüche bei unzulässiger Ausübung oder Beeinträchtigung eines Sondernutzungsrechtes, sowie auf Schadenersatz.

a) Abwehransprüche wegen baulicher Veränderungen

203   Aus dem Gemeinschaftsverhältnis können gem. § 1004 BGB Abwehransprüche der übrigen Wohnungseigentümer gegen einen oder mehrere Wohnungseigentümer wegen **baulicher Veränderungen** am Gemeinschaftseigentum entstehen, vgl. § 22 Abs. 1 WEG. Insoweit ist zunächst der Begriff der „baulichen Veränderung am gemeinschaftlichen Eigentum" näher zu erläutern, bevor auf denkbare Ansprüche in Folge solcher Maßnahmen eingegangen wird.

---

273 Zum hier erhobenen Aufrechnungseinwand wegen Notgeschäftsführung vgl. KG, ZWE 2002, 363.
274 Der Antragsgegner zu 1) hat hier eine Primäraufrechnung erhoben. Es wäre aber auch im Verfahren nach dem WEG möglich, primär den Bestand der geltendgemachten Forderung zu bekämpfen und hilfsweise die Aufrechnung mit einem eigenen Anspruch geltend zu machen, vgl. Bärmann/Pick/Merle, § 48 Rn. 52; OLG Köln, ZWE 2000, 379.
275 Vgl. BayObLG, NJW 1970, 1550; NJW 1972, 1377.

aa) Bauliche Veränderungen: (1) Gemeinschaftseigentum: Gem. § 22 Abs. 1 S. 1 WEG können bauliche Veränderungen und Aufwendungen, die über die ordnungsgemäße Instandhaltung des **gemeinschaftlichen Eigentums** hinausgehen, nicht gem. § 21 Abs. 3 WEG beschlossen oder gem. § 21 Abs. 4 WEG verlangt werden. Hierzu ist vorweg zu fragen, was mit dem Begriff des gemeinschaftlichen Eigentums gemeint ist. § 1 Abs. 5 WEG bestimmt insoweit zum nicht abänderbaren[276] **Mindestinhalt des gemeinschaftlichen Eigentums** das Grundstück sowie die Teile, Anlagen und Einrichtungen des Gebäudes, die nicht im Sondereigentum oder im Eigentum eines Dritten stehen. § 5 Abs. 2 WEG bestimmt, dass Teile des Gebäudes, die für dessen Bestand oder Sicherheit erforderlich sind, sowie Anlagen und Einrichtungen, die dem gemeinschaftlichen Gebrauch der Wohnungseigentümer dienen, nicht Gegenstand des Sondereigentums sein können, selbst wenn sie sich im Bereich der im Sondereigentum stehenden Räume befinden. Hierzu zählen unter dem ersten Gesichtspunkt v.a. tragende Mauern, Fundamente, Fassaden, Dächer und Bedachungen, unter dem zweiten Gesichtspunkt etwa Treppen, Treppenhäuser, Aufzüge, Heiz- oder Antennenanlagen.[277]

204

Negativ ist das gemeinschaftliche Eigentum vom **Sondereigentum** bzw. dem **Teileigentum** abzugrenzen. Im **Sondereigentum** stehen gem. §§ 5 Abs. 1, 3 WEG die durch Vertrag der Miteigentümer bestimmten in sich abgeschlossenen Wohnungen und Garagenstellplätze, deren Flächen durch dauerhafte Markierungen ersichtlich sind sowie die zu diesen Räumen gehörenden Bestandteile des Gebäudes, die verändert, beseitigt oder eingefügt werden können (hierzu zählen etwa die Fenster und Türen als wesentliche Bestandteile des Grundstücks gem. § 94 Abs. 1 BGB), ohne dass dadurch das gemeinschaftliche Eigentum oder anderes Sondereigentum über das nach § 14 WEG zulässige Maß hinaus beeinträchtigt oder die äußere Gestalt des Gebäudes verändert wird.

205

Teileigentum ist gem. § 1 Abs. 3 WEG das Sondereigentum an nicht zu Wohnzwecken dienenden Räumen eines Gebäudes in Verbindung mit dem Miteigentumsanteil an dem gemeinschaftlichen Eigentum, zu dem es gehört. Auch die diesbezüglichen Räume müssen gem. § 3 Abs. 2 WEG in sich abgeschlossen sein. Den **Unterschied** zwischen Wohneigentum und Teileigentum macht daher allein die bauliche Eignung und Zweckbestimmung der im Sondereigentum stehenden Räume aus, nicht die Art ihrer tatsächlichen Nutzung.[278]

206

Damit besteht aber die Vermutung, dass das dem Wohnungseigentum zugeordnete **Grundstück** mangels Abgeschlossenheit immer **gemeinschaftliches Eigentum** ist und alle **Bestandteile eines Gebäudes**, welche nicht durch die Wohnungseigentümer zum Gegenstand des Sondereigentums bestimmt worden oder Eigentum Dritter sind, bis zum Beweis des Gegenteils ebenfalls als **gemeinschaftliches Eigentum** anzusehen sind.[279]

207

(2) Begriff der baulichen Veränderung: Eine **bauliche Veränderung** liegt nicht nur dann vor, wenn durch sie in die Substanz des Gemeinschaftseigentums eingegriffen

208

---
276 Vgl. OLG Köln, NZM 1999, 424.
277 Vgl. Bärmann/Pick/Merle, § 5 Rn. 31 ff.
278 Vgl. Bärmann/Pick/Merle, § 1 Rn. 23.
279 Vgl. Bärmann/Pick/Merle, § 1 Rn. 37.

wird, sondern auch dann, wenn in die äußere Gestaltung des Gemeinschaftseigentums nachhaltig eingewirkt wird.[280] Demgegenüber kann die bloße Art und Weise einer bestimmten Nutzung des gemeinschaftlichen Eigentums nie zu einer baulichen Veränderung führen.[281] Mit anderen Worten bedeutet eine bauliche Veränderung die **Umgestaltung** des **gemeinschaftlichen Eigentums**.

209 Damit ist aber klar, dass bauliche Veränderungen, die sich ausschließlich auf das **Sondereigentum** beziehen, von § 22 Abs. 1 S. 1 WEG nicht erfasst werden, sondern lediglich nach dem für Instandhaltung und Gebrauch des Sondereigentums geltenden Maßstab des § 14 Nr. 1 WEG zu beurteilen sind.[282] Wenn solche baulichen Veränderungen allerdings **nachteilige Wirkungen auf den baulichen Zustand des gemeinschaftlichen Eigentums** nach sich ziehen, handelt es sich um zustimmungspflichtige Veränderungen gem. § 22 Abs. 1 S. 1 WEG. Dies gilt auch dann, wenn mit solchen Veränderungen des Sondereigentums keine Eingriffe in die Substanz des gemeinschaftlichen Eigentums verbunden sind, sondern etwa nur eine optische Beeinträchtigung einhergeht.[283]

210 **Abzugrenzen** ist die zustimmungspflichtige bauliche Veränderung des gemeinschaftlichen Eigentums ferner v.a. von reinen Instandhaltungs- und Instandsetzungsmaßnahmen, von Erstherstellungsmaßnahmen sowie von Maßnahmen im Rahmen der Notgeschäftsführung.

211 *(a) Maßnahmen der Instandhaltung oder Instandsetzung:* § 22 Abs. 1 S. 1 WEG bestimmt, dass Maßnahmen der **Instandhaltung oder Instandsetzung** des gemeinschaftlichen Eigentums keine zustimmungspflichtigen baulichen Veränderungen sind.[284] Vielmehr können solche Maßnahmen mit Stimmenmehrheit der Wohnungseigentümer beschlossen werden, da sie Gegenstand ordnungsgemäßer Verwaltung des gemeinschaftlichen Eigentums sind, vgl. §§ 21 Abs. 3, Abs. 5 Nr. 2 WEG.

212 Die Abgrenzung zur baulichen Veränderung i. S. des § 22 Abs. 1 WEG kann daher nur an Hand der Umstände des **Einzelfalls**[285] getroffen werden.[286] Für die Beurteilung der Frage, wo im Einzelfall die Grenzen ordnungsmäßiger Instandsetzung liegen, können **verschiedene Gesichtspunkte** eine Rolle spielen, **insbesondere** die Funktionsfähigkeit der bisherigen Anlage, das Verhältnis zwischen wirtschaftlichem Aufwand und zu erwartendem Erfolg, die künftigen laufenden Kosten, die langfristige Sicherung des Energiebedarfs, Gesichtspunkte der Umweltverträglichkeit und insbesondere auch, inwieweit sich die geplante Modernisierung bereits bewährt und durchgesetzt hat. Der

---

280 Vgl. OLGReport Köln 2002, 90; Palandt/Bassenge, § 22 WEG Rn. 1; Bärmann/Pick/Merle, § 22 Rn. 6 und 7; a.A. (nur Substanzeingriffe) Niedenführ/Schulze, § 22 Rn. 8c.
281 Vgl. Bärmann/Pick/Merle, § 22 Rn. 28.
282 Vgl. Bärmann/Pick/Merle, § 22 Rn. 7; BayObLGReport 1995, 81.
283 Vgl. Bärmann/Pick/Merle, § 22 Rn. 7; BayObLGReport 1995, 81: Wird etwa das Schaufenster eines Ladengeschäfts von innen im Abstand von 40 cm völlig abgemauert und die bisherige Fensterverglasung durch zwei Glasschiebetüren ersetzt, so handelt es sich im Einzelfall nicht um eine zustimmungsbedürftige bauliche Veränderung, sofern damit keine nachteilige optische Veränderung und keine nachteiligen Auswirkungen auf die Bausubstanz des gemeinschaftlichen Eigentums verbunden sind.
284 Vgl. BGHZ 73, 196, 199 = NJW 1979, 817, 818; Bärmann/Pick/Merle, § 22 Rn.8.
285 Eine Auflistung von Einzelfällen zu § 22 Abs. 1 S. 1 WEG findet sich bei Bärmann/Pick/Merle, § 22 Rn. 33ff.
286 Vgl Bärmann/Pick/Merle, § 22 Rn. 15.

dabei anzulegende Maßstab eines **vernünftigen, wirtschaftlich denkenden und erprobten Neuerungen gegenüber aufgeschlossenen Hauseigentümers** darf nicht zu eng am bestehenden Zustand ausgerichtet werden, wenn die im Wohnungseigentum stehenden Gebäude nicht zum Schaden aller Eigentümer vorzeitig veralten und an Wert verlieren sollen.[287]

Ist eine Maßnahme **wirtschaftlich sinnvoll** und hält sie sich **im Bereich erprobter und bewährter Techniken**, kann eine Instandsetzungsmaßnahme auch dann vorliegen, wenn der ursprüngliche Zustand des Gebäudes verändert wird. Auch muss eine modernisierende oder nur verändernde Maßnahme nicht der allein gebotene oder allgemein übliche Weg zur Behebung des Mangels sein.[288] Hierbei kann in einem gewissen Rahmen eine Instandsetzung auch über die bloße Reproduktion des bisherigen Zustandes **hinausgehen**, wenn sie die technisch bessere und wirtschaftlich sinnvollere Lösung ist.[289]

213

Andererseits stellen Instandhaltungs- und Instandsetzungsmaßnahmen dann eine **bauliche Veränderung** i. S. des § 22 Abs. 1 S. 1 WEG dar, wenn sie im Einzelfall nach billigem Ermessen nicht den Interessen aller Wohnungseigentümer entsprechen und deshalb nicht ordnungsgemäß i. S. der gesetzlichen Regelung sind.

214

(b) Ersthertstellungsmaßnahmen: **Keine bauliche Veränderung** stellen ferner die Maßnahmen zur **erstmaligen** Herstellung[290] des gemeinschaftlichen Eigentums in den ordnungs-, insbesondere vertragsgemäßen Zustand dar,[291] wenn dieser so in der **Teilungserklärung** oder dem Aufteilungsplan vorgesehen ist.[292] Dementsprechend ist auch die **erstmalige Herstellung** des gemeinschaftlichen Eigentums, die **vom gemeinsamen Plan abweicht**, keine bauliche Veränderung, da eine solche begrifflich erst vorliegen kann, wenn durch spätere Maßnahmen vom Ist-Zustand des gemeinschaftlichen Eigentums bei Begründung einer (werdenden) Gemeinschaft abgewichen wird.[293] Schließlich stellen auch Maßnahmen zur erstmaligen Herstellung einer **Fernsprechteilnehmereinrichtung** sowie einer **Rundfunk- und Fernsehempfangsanlage** keine bauliche Veränderung, sondern gem. § 21 Abs. 5 Nr. 6 WEG Maßnahmen der ordnungsgemäßen Verwaltung dar, die mit **Stimmenmehrheit** beschlossen werden können.[294]

215

(c) Maßnahmen im Rahmen der Notgeschäftsführung: Ist zur Abwendung eines dem gemeinschaftlichen Eigentum unmittelbar drohenden Schadens dessen Umgestaltung notwendig, liegt **keine bauliche Veränderung** i. S. des § 22 Abs. 1 S. 1 WEG vor, da

216

---

287 Vgl. BayObLG, MDR 1989, 69.
288 Vgl. BayObLG, MDR 1990, 552.
289 Vgl. KG, OLGZ 1994, 401, 403.
290 D.h., nicht zur Wiederherstellung des schon einmal erstellten ordnungsgemäßen Zustands.
291 Vgl. BayObLG, NJW-RR 1989, 1293; ZMR 2000, 626; KG, NJW-RR 1986, 696; OLG Köln, ZMR 2000, 861; Bärmann/Pick/Merle, § 22 Rn. 19.
292 Vgl. BayObLG, NJW-RR 1988, 587, 588.
293 Vgl. BayObLG, NJW-RR 1986, 954; NJW-RR 1994, 276; OLG Zweibrücken, ZMR 2002, 378; Bärmann/Pick/Merle, § 22 Rn. 21 und 31.
294 Vgl. hierzu BayObLG, NJW-RR 1992, 16.

§ 21 Abs. 2 WEG solche Maßnahmen jedem Wohnungseigentümer in Ausübung ordnungsgemäßer Verwaltung ermöglicht.[295]

(3) Ausnahmen vom Einstimmigkeitserfordernis

217 *(a) § 22 Abs. 1 S. 2 WEG:* Vom Einstimmigkeitsgrundsatz des § 22 Abs. 1 S. 1 WEG **ausgenommen** sind allerdings solche baulichen Veränderungen, die Rechte der Wohnungseigentümer nicht über das in § 14 WEG bezeichnete Maß beeinträchtigen. Bei der grundsätzlich unauflösbaren Wohnungseigentümergemeinschaft (§ 11 WEG) ist der Zwang zur Einstimmigkeit durch diese in § 22 Abs. 1 S. 2 WEG vorgesehene Einschränkung gemildert. Bei dem dort ausgewählten Kreis von Maßnahmen ist zwar am Grundsatz der Einstimmigkeit festgehalten, die Zustimmung derjenigen Teilhaber, die durch die Maßnahme nicht in dem in § 22 Abs. 1 S. 2 WEG bestimmten Maße beeinträchtigt sind, ist aber **nicht erforderlich**.[296] **Alle anderen** Wohnungseigentümer müssen der Maßnahme aber zustimmen.

218 **Gesetzessystematisch** stellt § 22 Abs. 1 S. 2 WEG daher keine Ausnahmevorschrift zu Abs. 1 S. 1 dar, sondern beschränkt lediglich das Einstimmigkeitserfordernis auf einen kleineren Personenkreis bzw. macht die Zustimmung zu einer baulichen Veränderung dann entbehrlich, wenn kein (anderer) Wohnungseigentümer über das in § 14 bezeichnete Maß hinaus beeinträchtigt ist.[297] Die in § 22 Abs. 1 S. 2 WEG vorgenommene Verweisung auf § 14 WEG bezieht sich nur auf das in § 14 Nr. 1 WEG näher bezeichnete **Maß** der Rechtsbeeinträchtigung und nicht auf den gesamten Regelungsgehalt.[298] Hiernach ist jeder Wohnungseigentümer verpflichtet, die in seinem Sondereigentum stehenden Gebäudeteile so instand zu halten und diese sowie das gemeinschaftliche Eigentum so zu gebrauchen, dass dadurch keinem anderen Wohnungseigentümer über das bei einem geordneten Zusammenleben unvermeidliche Maß hinaus ein Nachteil erwächst.

219 *(aa) Nachteil:* Unter einem **Nachteil** i.S.v. § 14 Nr. 1 WEG ist jede nicht ganz unerhebliche Beeinträchtigung zu verstehen.[299] Ein Nachteil i.S. von § 14 Nr. 1 WEG kann aber insbesondere nicht bereits aus dem Umstand hergeleitet werden, dass durch eine Baumaßnahme ein der Teilungserklärung und damit der gesetzlichen Bestimmung des § 3 Abs. 2 WEG widersprechender Zustand geschaffen wird.[300] Ein solcher Zustand kann für die Wohnungseigentümer im Einzelfall nämlich sogar positiv sein.

220 *(bb) Interessenabwägung:* Liegt ein Nachteil i.S. dieser Begriffsbestimmung vor, ist weiter zu fragen, ob das bei einem geordneten Zusammenleben unvermeidliche Maß an Beeinträchtigung nicht überschritten ist. Hierzu sind bezogen auf den Einzelfall die

---

295 Dies ist etwa der Fall, wenn im Bereich des Sondereigentums ein Wasserrohrbruch aufgetreten ist und eine Durchfeuchtung der Außenfassade droht. Der Eingriff in die Substanz des Außenmauerwerks zur Beseitigung des Schadens ist insoweit keine bauliche Veränderung.
296 Vgl. BGHZ 116, 392, 398 = NJW 1992, 978, 980.
297 Vgl. ausführlich und anschaulich Bärmann/Pick/Merle, § 22 Rn. 103 ff.
298 Vgl. Bärmann/Pick/Merle, § 22 Rn. 107.
299 Vgl. BGHZ 116, 392, 396 = MDR 1992, 484; BGHZ 146, 241, 246 = MDR 2001, 497. Beispiele liefert Palandt/Bassenge, § 22 Rn. 17 f.
300 Vgl. BGHZ 146, 241 = MDR 2001, 497, m.w.N.; Bärmann/Pick/Merle, § 22 Rn. 121; a.A. Niedenführ/Schulze, § 22 Rn. 21.

Interessen aller Wohnungseigentümer, d.h. sowohl der änderungswilligen als auch der beeinträchtigten, gegeneinander abzuwägen.[301]

(b) Erschwerungen oder Erleichterungen durch Vereinbarung oder Teilungserklärung: Allerdings können im Rahmen einer Vereinbarung oder der Teilungserklärung die Voraussetzungen für die Rechtmäßigkeit einer baulichen Veränderung abweichend von § 22 Abs. 1 WEG **erschwert oder auch erleichtert** werden. Vor Anträgen auf Beseitigung einer baulichen Veränderung ist daher **in jedem Fall** ein Blick in die Teilungserklärung oder die Gemeinschaftsordnung zu werfen.

221

(aa) Erschwerungen: Die Wohnungseigentümer können zum einen ein völliges **Änderungsverbot** statuieren. Dann müssen ohne Rücksicht auf das Maß der Beeinträchtigung immer alle Wohnungseigentümer einer baulichen Veränderung zustimmen.[302] Als weitere Erschwerung kann etwa die Vereinbarung getroffen werden, die baulichen Veränderungen, die unter der Grenze der §§ 22 Abs. 1 S. 2, 14 Nr. 1 WEG liegen, von der Zustimmung einer **einfachen oder qualifizierten Mehrheit** der Wohnungseigentümer abhängig zu machen.[303]

222

(bb) Erleichterungen: Andererseits kann die Zulässigkeit baulicher Veränderungen, die eigentlich gem. § 22 Abs. 1 S. 1 WEG der einstimmigen Zustimmung aller Wohnungseigentümer bedürften, auch an geringere Voraussetzungen, etwa einen **Beschluss mit einfacher oder qualifizierter Mehrheit** – ggf. gekoppelt nur an bestimmte bauliche Veränderungen – geknüpft sein.[304] Ein solcher Mehrheitsbeschluss kann nur Bestand haben, wenn **sachliche Gründe** für die Beschlussfassung vorliegen und die nicht zustimmenden Wohnungseigentümer **nicht unbillig benachteiligt** werden.[305] Denn im Falle der Eröffnung der Möglichkeit, eine bauliche Veränderung mehrheitlich gegen das Votum einzelner Wohnungseigentümer zu beschließen, müssen die nicht zustimmenden Wohnungseigentümer darauf **vertrauen** können, dass eine ihre Rechte beeinträchtigende Beschlussfassung nicht ohne weiteres nach dem Belieben der Mehrheit vorgenommen werden kann.[306]

223

(cc) Erfordernis der Zustimmung des Verwalters: In manchen Vereinbarungen ist auch geregelt, dass eine bauliche Veränderung von der Zustimmung des Verwalters und/oder des Verwaltungsbeirats abhängig sei. Eine solche **Klausel** wird in der Regel im Kontext so auszulegen sein, dass die Zustimmung des Verwalters zur einstimmigen Billigung der Maßnahme durch die Wohnungseigentümer **hinzutreten muss** und nicht etwa die von der Verwaltungsbefugnis der Wohnungseigentümer gem. § 21 Abs. 4 WEG inspirierte Zustimmung ersetzt.[307] Soll die Zustimmung des Verwalters **einzige** konstitutive Voraussetzung für die Rechtmäßigkeit einer baulichen Veränderung im Verhältnis der Wohnungseigentümer sein, wird man in der Regel eine schon vom Wort-

224

---

301 Vgl. Bärmann/Pick/Merle, § 22 Rn. 111; OLG Köln, NJW 1981, 585.
302 Vgl. BayObLG, ZMR 2001, 640.
303 Vgl. auch BayObLG, ZMR 1998, 503.
304 Vgl. KG, ZMR 2001, 58.
305 Vgl. BayObLG, NJW-RR 1990, 209.
306 Vgl. KG, ZMR 1999, 850.
307 Vgl. KG, ZMR 1998, 657; OLG Düsseldorf, NJW-RR 1997, 1103.

laut her **ausdrückliche Bestimmung** in der Teilungserklärung oder der Gemeinschaftsordnung verlangen müssen.[308]

225 *bb) Abwehransprüche bei rechtswidrigen baulichen Veränderungen*

(1) Beseitigungsansprüche: (aa) § 1004 BGB: Nach allgemeiner Ansicht kommt bei Vornahme rechtswidriger baulicher Veränderungen ein verschuldensunabhängiger Beseitigungsanspruch gem. §§ 1004 Abs. 1 BGB, 22 Abs. 1 WEG in Frage. Wohnungseigentum ist echtes Eigentum i. S.d. § 903 BGB und genießt den Schutz des § 1004 BGB.[309] Der Anspruch steht jedenfalls den **restlichen Wohnungseigentümern** in ihrer Gesamtheit zu, aber auch dem **einzelnen Wohnungseigentümer**, der beeinträchtigt ist und der Maßnahme nicht zugestimmt hat.[310] **Anspruchsgegner** sind als **Handlungsstörer** die Wohnungseigentümer, die die unzulässige bauliche Veränderung vorgenommen haben.[311] Der **vermietende** Wohnungseigentümer ist hierbei mittelbarer Handlungsstörer, wenn er vom Mieter vorgenommene bauliche Veränderungen nicht unterbindet oder beseitigt.[312] Zur Beseitigung ist nur der Handlungsstörer gemäß § 1004 Abs. 1 BGB verpflichtet,[313] nicht aber den **Sondernachfolger** des Handlungsstörers.[314] Dieser ist lediglich als **Zustandsstörer** zur **Duldung** der Beseitigung verpflichtet.

226 *(bb) § 823 Abs. 1 BGB:* Ein Beseitigungsanspruch kann bei **Verschulden** des verändernden Wohnungseigentümers ferner auf § 823 Abs. 1 BGB gestützt werden, da insoweit gem. § 249 Abs. 1 BGB weitergehend sogar Naturalrestitution, d.h. Wiederherstellung des ursprünglichen Zustands verlangt werden kann.[315]

227 *(cc) Beseitigungsverpflichtung durch Beschluss der Mehrheit:* Bei Nichtbestehen eines Beseitigungsanspruches, etwa dann, wenn die bauliche Veränderung nicht das in § 22 Abs. 1 S. 2 WEG bezeichnete Maß übersteigt, ist zu bedenken, ob die Wohnungseigentümer nicht durch **Mehrheitsbeschluss** eine Pflicht des verändernden Wohnungseigentümers zur Beseitigung schaffen können. Dies wird von **einer Ansicht** verneint mit der Begründung, der Eigentümerversammlung fehle es insoweit an einer Beschlusskompetenz. Ein solcher Eigentümerbeschluss mache lediglich den Weg für die gerichtliche Klärung der Gemeinschaftsansprüche frei, die dann in eben diesem möglichen Folgeverfahren zu prüfen sind. Es sei regelmäßig davon auszugehen, dass sich die Eigentümer im Zweifel in den Grenzen ordnungsgemäßer Verwaltung bewegen wollen. Diese erlaube jedoch nicht die Festlegung materieller Sonderpflichten der Mitglieder, sondern allenfalls die Inverzugsetzung und Androhung gerichtlicher Maßnahmen.[316] **Zuzustimmen** ist allerdings der Gegenauffassung, die in einem entsprechenden bestandskräftigen Beschluss der Eigentümerversammlung eine eigenständige Anspruchsgrundlage

---

308 Vgl. KG, ZMR 1998, 657; OLG Düsseldorf, NJW-RR 1997, 1103.
309 Vgl. BGHZ 116, 392 = NJW 1992, 978; BayObLG, ZWE 2000, 216; Bärmann/Pick/Merle, § 22 Rn. 264.
310 Vgl. BGHZ 116, 392 = NJW 1992, 978.
311 Vgl. Bärmann/Pick/Merle, § 22 Rn. 266.
312 Vgl. BayObLG, ZMR 1996, 73.
313 Vgl. BayObLG, ZWE 2002, 317; Bärmann/Pick/Merle, § 22 Rn. 264.
314 Vgl. BayObLG, ZWE 2002, 317; Bärmann/Pick/Merle, § 22 Rn. 266.
315 Vgl. sogleich unter Rn. 229.
316 Vgl. KG, NJW-RR 1997, 1033; Bärmann/Pick/Merle, § 22 Rn. 169; Niedenführ/Schulze, § 22 Rn. 43a.

D. Anträge auf Beseitigung, Unterlassung und Schadenersatz

sieht. Grund hierfür ist, dass die Eigentümerversammlung auch durch Mehrheitsbeschluss die Regelung des § 22 Abs. 1 WEG abbedingen kann. Dies geht soweit, dass auch nach dem Gesetz **nicht zustimmungsbedürftige bauliche Veränderungen zu beseitigen sind**.[317] Auch greift ein solcher Beschluss weder in den Kernbereich unentziehbarer Individualrechte des Antragsgegners aus der Nutzung seines Wohnungseigentums ein, noch verstößt er gegen unverzichtbare Rechtsvorschriften.[318]

Aufgabe des verändernden Wohnungseigentümers, insbesondere dessen **Rechtsanwalts**, ist es daher, einen solchen Beschluss nicht bestandskräftig werden und wegen Verstoßes gegen das Prinzip der ordnungsgemäßen Verwaltung gem. § 43 Abs. 1 Nr. 4 WEG **für ungültig erklären zu lassen**. Umgekehrt können sich die Wohnungseigentümer auf einen solchen bestandskräftigen Beschluss jederzeit stützen, es sei denn, Treu und Glauben (§ 242 BGB) oder das Schikaneverbot (§ 226 BGB) stünden entgegen.[319]

(2) Wiederherstellungsansprüche: Gem. §§ 823 Abs. 1, 249 Abs. 1 BGB kann die Gemeinschaft der übrigen, aber auch jeder einzelne Wohnungseigentümer, der beeinträchtigt ist, die **Wiederherstellung des früheren Zustands** verlangen. Wer eine bauliche Veränderung vornimmt, die der gesetzlichen Regelung des § 22 Abs. 1 WEG, einer Vereinbarung oder der Teilungserklärung widerspricht, verletzt **widerrechtlich** das gemeinschaftliche Eigentum. Die restlichen Wohnungseigentümer haben gegen den verändernden Wohnungseigentümer dann einen Anspruch auf Rückbau, wenn dieser **schuldhaft** gehandelt hat. Schuldhaft handelt aber der Wohnungseigentümer, der ohne Zustimmung aller anderen Miteigentümer oder ohne sich über abweichende Individualregelungen, gegen die er verstößt, zu informieren, die bauliche Veränderung durchführt. Die Berufung auf das Vorliegen einer Ausnahme nach § 22 Abs. S. 2 WEG exkulpiert den Wohnungseigentümer insoweit nicht, als er über das Bestehen einer entsprechenden Ausnahme einen Rechtsrat hätte einholen können.[320]

(3) Unterlassungsansprüche: Gem. § 1004 Abs. 1 S. 2 BGB i.V. mit § 22 WEG kann schon vor der Durchführung baulicher Veränderungen **Unterlassung** verlangt werden, wenn die **begründete Besorgnis** besteht, ein oder mehrere Wohnungseigentümer würden das gemeinschaftliche Eigentum rechtswidrig baulich verändern. Beantragt etwa ein Wohnungseigentümer bei der Baubehörde die Genehmigung von Baumaßnahmen, die andere Wohnungseigentümer beeinträchtigen, so ist in der Regel schon vor Beginn der Bauarbeiten die Besorgnis begründet, der antragstellende Wohnungseigentümer werde rechtswidrig in das gemeinschaftliche Eigentum eingreifen. In diesem Fall besteht ein Unterlassungsanspruch der anderen Wohnungseigentümer.[321]

---

317 Vgl. OLGReport Köln 2003, 284; BayObLG, ZMR 2003, 433; ZMR 1996, 623; ZMR 2001, 211; Palandt/Bassenge, § 22 WEG Rn. 22;
318 Maßnahmen im Zusammenhang mit baulichen Veränderungen am Gemeinschaftseigentum sind daher von der Beschlusskompetenz der Gemeinschaft erfasst, BGH NZM 2000, 1184.
319 Vgl. BayObLG, ZMR 1996, 623.
320 Vgl. Bärmann/Pick/Merle, § 22 Rn. 232. Gleichzeitig ist dann auch ein Anspruch aus den §§ 823 Abs. 2, 1004 Abs. 1, 249 Abs. 1 BGB gegeben, da § 1004 Schutzgesetz i.S. des § 823 Abs. 2 BGB ist.
321 Vgl. BayObLGZ 1993, 26.

231 *(4) Einwendungen des Antragsgegners:* Der Antragsgegner eines Beseitigungs-, Wiederherstellungs- oder Unterlassungsanspruchs kann zunächst ein **Zurückbehaltungsrecht** gem. § 273 BGB geltend machen, wenn es um die Vornahme einer baulichen Veränderung geht, die der Mängelbeseitigung dient und die Wohnungseigentümer diesbezügliche Ansprüche gegen den Bauträger noch nicht vorgebracht haben.[322]

232 Auch ist der Einwand des **Schikaneverbots** gem. § 226 BGB denkbar, wenn es den Wohnungseigentümern bei der Geltendmachung des Beseitigungs-, Wiederherstellungs- oder Unterlassungsanspruchs bei objektiver Betrachtung nur um die Schädigung des verändernden Wohnungseigentümers geht.[323]

233 Schließlich sind noch die Einrede der **Verjährung** und der Einwand der **Verwirkung** denkbar. Die genannten Abwehransprüche verjähren innerhalb der Regelfrist des § 195 BGB von drei Jahren. Die Verjährung beginnt nach Maßgabe des § 199 Abs. 1 BGB, wobei die zehnjährige Höchstfrist des § 199 Abs. 4 und 5 BGB zu beachten ist. Auch der Einwand der **Verwirkung** kann den Ansprüchen, die auf Beseitigung, Wiederherstellung oder Unterlassung einer rechtswidrig ohne Zustimmung der übrigen Eigentümer vorgenommenen baulichen Veränderung im Sinne des § 22 WEG gerichtet sind, entgegengehalten werden. Der Verwirkungseinwand setzt voraus, dass zum Ablauf einer längeren **Zeitspanne** seit der Entstehung des Anspruchs **Umstände** hinzutreten, die darauf schließen lassen, dass die Anspruchsinhaber ihren Anspruch nicht mehr geltend machen werden, wobei diesen Umständen umso stärkere Bedeutung zukommt, je weniger Zeit verstrichen ist.[324] Für das Zeitmoment muss eine längere Zeit verstrichen sein. Insoweit ist auf die Umstände des Einzelfalls, insbesondere die Schwere und Häufigkeit der Verstöße abzustellen. Als ausreichend wird es etwa angesehen, wenn zwischen der Entstehung des Anspruchs und der Geltendmachung mehr als 20 Jahre verstrichen sind. Der zur Beseitigung Verpflichtete kann sich aber auf den Einwand der Verwirkung **nicht berufen,** wenn er durch unredliches oder heimliches Verhalten den oder die Berechtigten von der Geltendmachung seiner Ansprüche abgehalten hat[325] oder diese zu erkennen gegeben haben, dass sie die bauliche Veränderung nicht akzeptieren.[326]

234 Dies zeigt aber, dass dem Einwand der Verwirkung neben der Verjährungseinrede wegen deren relativ kurzer Frist von drei Jahren **keine große Bedeutung** (mehr) zukommt.[327]

b) Ansprüche auf Unterlassung eines unzulässigen Gebrauchs des gemeinschaftlichen Eigentums oder des Sondereigentums

235 *aa) Rechtsgrundlagen:* Die Wohnungseigentümer können Art und Umfang des Gebrauchs des gemeinschaftlichen oder Sondereigentums durch **Vereinbarung** (§ 15

---

322 Vgl. BayObLG, NJW-RR 1991, 1234, 1235.
323 Vgl. Palandt/Heinrichs, § 226 Rn. 3.
324 Vgl. BayObLG, ZWE 2002, 35; OLGReport Hamburg 2002, 345.
325 Vgl. OLGReport Hamburg 2002, 345.
326 Vgl. Palandt/Heinrichs, § 242 Rn. 95.
327 Anders war dies unter Geltung der dreißigjährigen Regelverjährungsfrist des § 195 BGB a.F.

D. Anträge auf Beseitigung, Unterlassung und Schadenersatz

Abs. 1 WEG) oder **Beschluss** (§ 15 Abs. 2 WEG) regeln. Falls sie dies im Einzelfall nicht getan haben, gelten ergänzend die **gesetzlichen Vorschriften** der §§ 13 und 14 Nr. 1 WEG.

Wird gegen die so vorgegebene Art und Weise des Gebrauchs von einem Wohnungseigentümer verstoßen, können **Abwehransprüche** gem. §§ 15 Abs. 3 WEG, 1004 Abs. 1 S. 2 BGB entstehen. Diese Ansprüche sind darauf gerichtet, eine unzulässige Nutzung des gemeinschaftlichen Eigentums oder des Sondereigentums zu beenden oder – bei Wiederholungsgefahr – zu **unterlassen**. 236

Für den Gebrauch des **Sondereigentums** wie des **gemeinschaftlichen Eigentums** bestimmen die §§ 13 Abs. 2, 14 Nr. 1 WEG, dass von diesen **nur in solcher Weise** Gebrauch gemacht werden darf, dass dadurch keinem anderen Wohnungseigentümer über das bei einem geordneten Zusammenleben unvermeidliche Maß hinaus ein Nachteil erwächst. Die Wohnungseigentümer können allerdings insoweit gem. § 15 WEG **individuelle Regelungen** durch Vereinbarung oder mangels einer solchen durch Mehrheitsbeschluss treffen. 237

Für das **Sondereigentum** bestimmt § 13 Abs. 1 WEG ergänzend, dass vorbehaltlich anderweitiger gesetzlicher Regelungen oder entgegenstehender Rechte Dritter mit diesem **nach Belieben verfahren** und dieses insbesondere bewohnt, vermietet, verpachtet oder in sonstiger Weise genutzt werden und ein anderer von der Nutzung ausgeschlossen werden kann. Von § 13 Abs. 1 WEG wird auch das Recht auf Veränderung, Ergänzung oder Beseitigung der im Sondereigentum stehenden Gebäudeteile erfasst. 238

Dem Gebrauch des gemeinschaftlichen Eigentums sowie des Sondereigentums sind aber nach den folgenden Maßgaben Grenzen gesetzt: 239

bb) Unzulässiger Gebrauch des gemeinschaftlichen Eigentums:[328] Der Gebrauch des gemeinschaftlichen Eigentums unterliegt den **Schranken** des § 14 Nr. 1 WEG sowie den Gebrauchsregelungen, die die Wohnungseigentümer vereinbart oder mehrheitlich beschlossen haben, § 15 WEG. Das Gesetz verlangt mit § 14 Nr. 1 WEG, dass vom gemeinschaftlichen Eigentum insbesondere unter dem Gebot der **gegenseitigen Rücksichtnahme** Gebrauch gemacht wird. Den anderen Wohnungseigentümern dürfen keine konkreten, objektiven und nicht ganz unerheblichen, d.h. keine ganz geringfügigen Nachteile entstehen,[329] die nicht unvermeidbar sind. Dabei verbietet sich jede generalisierende Betrachtung, es ist vielmehr auf den **Einzelfall** innerhalb der konkreten Wohnungseigentümergemeinschaft abzustellen. Unter diesen Gesichtspunkten sind etwa **verboten** die Änderung des in der Teilungserklärung bestimmten Nutzungszwecks, Ruhestörungen, die die nach der DIN (v.a. DIN 4109) erlaubten Grenzen überschreiten, oder eine Beeinträchtigung der Statik des gesamten Gebäudes (etwa durch Veränderungen an den im Sondereigentum stehenden Wohnungstrennwänden). 240

---

328 Eine Aufzählung von Präzedenzfällen findet sich bei Bärmann/Pick/Merle, § 13 Rn. 119 ff.
329 Vgl. BGH, NJW 1992, 978, 979.

241 **cc) Unzulässiger Gebrauch des Sondereigentums:**[330] Auch die Nutzung des **Sondereigentums** ist nach den soeben beschriebenen Maßgaben des § 14 Nr. 1 WEG beschränkt. Gerade für die Zulässigkeit der Nutzung des Sondereigentums ist die **Teilungserklärung** – die insoweit nicht als Vereinbarung i.S. des § 15 Abs. 1 WEG anzusehen, sondern notwendige Voraussetzung zur Begründung von Wohnungseigentum ist[331] – mit den in ihr enthaltenen **Zweckbestimmungen** maßgebend. Insoweit gilt der **Grundsatz**, dass als Wohnung ausgewiesene Räume nur zu Wohnzwecken[332] genutzt werden und Teileigentumsräume beliebig, nicht aber zu Wohnzwecken gebraucht werden dürfen. **Zulässig** ist allerdings auch eine **andere Nutzung** insoweit, als sie sich auf Grund der Zweckbestimmung in der Teilungserklärung ergibt, **sofern** sie nicht mehr stört oder beeinträchtigt als eine der Zweckbestimmung entsprechende Nutzung.[333] Ob dies der Fall ist, muss anhand einer **typisierenden Betrachtungsweise** festgestellt werden. Dabei kann sich ein Unterlassungsanspruch insbesondere aus einer intensiveren Nutzung und den damit verbundenen weitergehenden Störungen und Beeinträchtigungen anderer Wohnungseigentümer ergeben.[334]

242 *dd) Vereinbarungen und Beschlüsse zur Regelung des Gebrauchs von gemeinschaftlichem und Sondereigentum:* Nach § 15 Abs. 1 WEG können die Wohnungseigentümer den Gebrauch des Sondereigentums und des gemeinschaftlichen Eigentums durch Vereinbarung regeln. Nach § 15 Abs. 2 WEG kann entsprechendes mangels Vereinbarung auch durch Beschluss der Stimmenmehrheit geschehen.

243 *(1) Vereinbarung:* Die Teilungserklärung bzw. die Gemeinschaftsordnung können **Zweckbestimmungen im engeren** Sinn über die Nutzbarkeit von Räumen beinhalten. Solche Regelungen bestehen oft und in den vielfältigsten Variationen, sodass der **Rechtsanwalt** die konkrete missliebige Nutzung **vorrangig** an der Gemeinschaftsordnung messen muss.

244 Eine Vereinbarung i.S. des § 15 Abs. 1 WEG ist ein Vertrag, der nach den allgemeinen Regeln des bürgerlichen Rechts **auszulegen** ist, vgl. die §§ 133, 157 und 242 BGB.[335] Soweit Vereinbarungen im **Grundbuch** eingetragen sind, gelten die hierzu entwickelten Auslegungsgrundsätze. Hiernach ist bei der Auslegung einer Grundbucheintragung vorrangig auf deren Wortlaut und Sinn, wie er sich für einen unbefangenen Betrachter als nächstliegende Bedeutung des Eingetragenen ergibt, abzustellen. Umstände außerhalb der Eintragung und der in ihr in Bezug genommenen Eintragungsbewilligung dürfen nur insoweit herangezogen werden, als sie nach den besonderen Umständen des Einzelfalles für jedermann ohne weiteres erkennbar sind.[336] Darauf, welche Absichten die Verfasser mit ihren Formulierungen verfolgt haben oder aus welchem Grund z.B. Räume als „nicht zu Wohnzwecken dienend" bezeichnet wurden, kommt es nicht

---

330 Eine Aufzählung von Präzedenzfällen findet sich bei Bärmann/Pick/Merle, § 13 Rn. 49ff.
331 Vgl. KG, ZMR 2002, 72.
332 Vgl. BayObLG, MDR 1983, 671.
333 Vgl. BayObLG, ZWE 2002, 35.
334 Vgl. BayObLG, NJW-RR 1996, 464.
335 Vgl. Palandt/Bassenge, § 10 WEG Rn. 8.
336 Vgl. BGH, NJW 1991, 1613; BGHZ 47, 190, 195; 92, 351, 355 = MDR 1967, 575; 1985,385.

an.³³⁷ **Gegenstand** der Vereinbarungen in der Gemeinschaftsordnung können sog. Zweckbestimmungen **im weiteren Sinn** für die Grenzen der Nutzung einer Teil- oder Wohnungseigentumseinheit sein. Hiermit werden die sog. Zweckbestimmungen **im engeren Sinn**, die in der Teilungserklärung samt Aufteilungsplan für die Widmung des Sondereigentums als Teil- oder Wohnungseigentum enthalten sind, näher erläutert.

Probleme können entstehen, wenn die Widmung in der Teilungserklärung derjenigen in der Gemeinschaftsordnung **widerspricht**. Enthalten die Teilungserklärung und die Gemeinschaftsordnung hinsichtlich der Zweckbestimmung eines Teileigentums widersprüchliche Angaben (etwa: „Laden mit Lager" einerseits, „Nutzung als Gewerbe" andererseits), so geht hierbei grundsätzlich die Regelung in der **Gemeinschaftsordnung** vor.³³⁸ Sind etwa die Räume einer Einheit in der Teilungserklärung als „Teileigentum" aufgeführt und ist im Aufteilungsplan sowohl die Bezeichnung „Gewerbe" wie auch „Laden" angegeben, ist damit die Nutzung des Teileigentums als Restaurant nicht ausgeschlossen.³³⁹

245

(2) Mehrheitsbeschluss: Die Wohnungseigentümer können eine Gebrauchsregelung für das gemeinschaftliche Eigentum wie das Sondereigentum aber auch durch **Beschluss** der Mehrheit treffen, falls keine gleichlautende Vereinbarung entgegensteht, vgl. § 15 Abs. 1 und 2 WEG. Eine solche Regelung wird nach den allgemeinen Grundsätzen mangels form- und fristgerechter Anfechtung³⁴⁰ bestandskräftiger Maßstab für die konkrete Ausübung des Gebrauchs durch die Wohnungseigentümer.

246

Andererseits führt es auf zulässigen Antrag gem. §§ 23 Abs. 4, 43 Abs. 1 Nr. 4 WEG zur Aufhebung des Beschlusses, wenn dieser den nach § 15 Abs. 2 WEG geltenden Regeln des **ordnungsmäßigen Gebrauchs** nicht entspricht. Dies ist am Maßstab des § 14 Nr. 1 WEG, der auf das Interesse der Gesamtheit der Wohnungseigentümer abstellt, zu messen.³⁴¹ Eine Gebrauchsbestimmung liegt aber im Interesse der Gesamtheit der Wohnungseigentümer, wenn sie nach billigem Ermessen und bei objektiv vernünftiger Betrachtungsweise deren konkreten Bedürfnissen unter Beachtung der örtlichen und baulichen Verhältnisse³⁴² entspricht.³⁴³

247

c) Ansprüche wegen Überschreitung eines Sondernutzungsrechtes

aa) Die Rechtsgrundlagen für die Entstehung und den Inhalt sog. Sondernutzungsrechte:
(1) Begriffsbestimmung: Nach § 13 Abs. 2 WEG hat jeder Miteigentümer ein Recht zum **Gebrauch** des gemeinschaftlichen Eigentums. Soweit es sich um einen ordnungsgemäßen Gebrauch handelt, erfolgt gem. § 15 Abs. 2 WEG innerhalb der Gemeinschaft eine Regelung durch Beschluss der Mehrheit. Sofern einem Wohnungseigentümer ein darüber hinausgehendes, **ausschließliches Nutzungsrecht** an Teilen des

248

---

337 Vgl. BayObLG, NZM 1999, 80.
338 Vgl. BayObLG, ZMR 1998, 184. Insbesondere der Aufteilungsplan enthält oft nur unverbindliche Zweckbestimmungen und reine Funktionsbezeichnungen, ohne eine Aussage über die konkrete Nutzbarkeit zu treffen.
339 Vgl. KG, NZM 2000, 387.
340 Vgl. zur Anfechtung von Beschlüssen § 2 Rn. 81 ff.
341 Vgl. BayObLG, WE 1994, 17.
342 Vgl. OLG Köln, MZM 2000, 191.
343 Zu Einzelfällen vgl. Köhler/Bassenge/Kümmel, Teil 11, Rn. 306.

gemeinschaftlichen Eigentums (z.b. Schwimmbad, Pkw-Stellplatz, Garten) eingeräumt wird, bedarf es der Zustimmung aller Wohnungseigentümer, weil dadurch deren Recht zum Mitgebrauch beschränkt wird. Es hat sich für solche Nutzungsrechte der Begriff „Sondernutzungsrecht" eingebürgert. Eine **gesetzliche Begriffsbestimmung** für (im Grundbuch eingetragene) Sondernutzungsrechte am gemeinschaftlichen Eigentum gibt es im **WEG nicht**. Nach **gängiger Definition** ist das Sondernutzungsrecht das einem Wohnungseigentümer durch eine Vereinbarung eingeräumte dauernde, alleinige und ausschließliche Recht zur Nutzung von Gegenständen des gemeinschaftlichen Eigentums.[344]

249 **Gegenstand** von Sondernutzungsrechten können etwa sein:
- Kfz-Stellplätze im Freien und in einer Garage, sofern die Stellplätze nicht gemäß § 3 Abs. 2 S. 2 WEG zu Sondereigentum erklärt wurden,
- Garten- und Hofflächen aller Art,
- Keller- und Bodenräume einschließlich Spitzböden, Schwimmbäder im Freien und im Gebäude oder
- Balkone und ebenerdige Terrassenflächen, sofern diese nicht sondereigentumsfähig sind.

250 **Wirtschaftlich** steht das Sondernutzungsrecht dem Sondereigentum sehr nahe. Auch wenn ein Sondernutzungsrecht im Grundbuch eingetragen ist, bleibt es aber ein schuldrechtliches Gebrauchsrecht. Es ist weder ein dingliches noch ein grundstücksgleiches Recht, hat aber **dingliche Wirkung** insoweit, als es einem bestimmten Sondereigentum im Grundbuch zugeordnet ist.[345]

251 *(2) Inhalt und Abgrenzung:* Wichtig für die inhaltliche Ausgestaltung einer Regelung als Sondernutzungsrecht ist die Abgrenzung gegenüber den **bloßen Benutzungs- oder Gebrauchsregelungen,** zu denen auch die bloße Vermietung entsprechender Gegenstände des gemeinschaftlichen Eigentums gehört. Sondernutzungsrechte können nämlich anders als die bloßen Gebrauchs- oder Benutzungsregelungen i.S. des § 15 Abs. 2 WEG nur durch **Vereinbarung** begründet werden. Die diesbezüglich bis zur Entscheidung des Bundesgerichtshofs vom 20. 9. 2000[346] vertretenen anderen Ansichten sind damit hinfällig, insbesondere ist hiernach ein Beschluss der Eigentümerversammlung über die Begründung eines Sondernutzungsrechtes am gemeinschaftlichen Eigentum mangels Beschlusskompetenz nichtig. Mit einem solchen Beschluss können nur Regelungen zum Gebrauch oder der Benutzung des gemeinschaftlichen Eigentums getroffen werden, die aber kein Recht auf umfängliche Nutzung, insbesondere auch nicht auf Fruchtziehung begründen können.

252 Ob eine Sondernutzungs- oder eine bloße Gebrauchs- oder Benutzungsregelung vorliegt, ist anhand des konkreten Einzelfalls unter **Auslegung** des Wortlautes einer Vereinbarung oder eines Beschlusses der Eigentümerversammlung zu ermitteln (§§ 133, 157 BGB). **Maßgeblich** wird darauf abzustellen sein, ob dem jeweiligen Wohnungsei-

---

344 Vgl. Bärmann/Pick/Merle, § 15 Rn. 17.
345 Vgl. BayObLG, ZWE 2001, 431; BGHZ 73, 145 = BGH, NJW 1979, 548f.
346 Vgl. BGHZ 145, 158 = NJW 2000, 3500.

gentümer ein umfassendes Nutzungsrecht, auch zur Fruchtziehung, eingeräumt ist. Liegt eine wirksame Vereinbarung vor, reicht das **Recht des Sondernutzungsberechtigten** soweit, wie es ihm nach dem Inhalt der Vereinbarung eingeräumt ist. Es kann auch ohne Beschränkung auf eine bestimmte Nutzungsart eingeräumt worden sein.[347]

(3) Begründung und Aufhebung eines Sondernutzungsrechtes: Bei der Begründung von Sondernutzungsrechten handelt es sich um eine grundsätzlich formfrei zu treffende **Vereinbarung** nach den §§ 15, 10 Abs. 1 S. 2 WEG. Sogar eine **stillschweigende** Vereinbarung ist denkbar,[348] ein Mehrheitsbeschluss genügt allerdings wegen fehlender Beschlusskompetenz nicht. Durch einen **unangefochten** gebliebenen Beschluss (sog. vereinbarungsersetzender Beschluss oder Pseudovereinbarung) können Sondernutzungsrechte mangels Beschlusskompetent der Eigentümerversammlung nicht begründet werden.[349]

253

Soweit durch die Einräumung eines Sondernutzungsrechtes in die Rechte **dinglich Berechtigter** (etwa Hypothekengläubiger) eingegriffen wird, bedarf die Einräumung eines Sondernutzungsrechtes auch der **Zustimmung** dieser Personen. Zustimmungspflichtig sind nämlich stets Vereinbarungen, die den Wert des Wohnungseigentums als Haftungsgegenstand mindern.[350]

254

Bei der Begründung ist wegen des **sachenrechtlichen Bestimmtheitsgrundsatzes** der Gegenstand, auf den sich das Sondernutzungsrecht bezieht, zweifelsfrei zu bezeichnen. Es genügt jedoch, dass er bestimmt werden kann. Ist dies nicht der Fall, entsteht kein Sondernutzungsrecht.[351]

255

Eine Pflicht zur ausdrücklichen **Eintragung** eines Sondernutzungsrechts in das Grundbuch besteht nach zutreffender Auffassung nicht, auch wenn diese zweckmäßigerweise mitvermerkt werden.[352] Mit der Eintragung im Grundbuch wirkt die – an sich formlos mögliche – Vereinbarung eines Sondernutzungsrechtes nach § 10 Abs. 2 WEG gegen Sondernachfolger und wird damit „**verdinglicht**", ohne selbst zum dinglichen Recht zu werden.

256

Die **Aufhebung** eines Sondernutzungsrechts stellt ebenso wie dessen Begründung eine Inhaltsänderung aller beteiligten Wohnungseigentumsrechte dar. Es bedarf deshalb hierzu einer **Vereinbarung aller Wohnungseigentümer** und im Hinblick auf § 10 Abs. 2 WEG der **Eintragung** im Grundbuch.[353] Die Vereinbarung ist formfrei möglich. Wegen § 29 GBO ist jedoch – nur – die Löschungsbewilligung des aufgebenden Wohnungseigentümers sowie ggf. der dinglich Berechtigten erforderlich, da der Rechtsverlust deren Rechte beeinträchtigt.

257

---

347 Vgl. BayObLG, DNotZ 1999, 672.
348 Vgl. Bärmann/Pick/Merle, § 10 Rn. 57.
349 Vgl. BGHZ 145, 158 = NJW 2000, 3500.
350 Vgl. BGH, NJW 1984, 2409.
351 Vgl. BayObLG, DNotZ 1998, 386.
352 Vgl. BayObLG, NJW-RR 1998, 947, m.w.N.; eine Eintragungspflicht vertreten Niedenführ/Schulze, § 7 Rn. 36.
353 Vgl. OLG Düsseldorf, RPfleger 1996, 65; Palandt/Bassenge, § 10 WEG Rn. 9.

258 bb) *Ansprüche der Wohnungseigentümer bei Überschreitung der mit einer Sondernutzungsvereinbarung verbundenen Befugnisse:* Für die **Ausübung** des Sondernutzungsrechts gelten die allg. Grundsätze für die Ausübung von Rechten durch Miteigentümer. Diese muss sich innerhalb der gesetzlichen Grenzen sowie des besonderen Gemeinschaftsrechts nach dem WEG und des Bestimmungszwecks halten. Andererseits stehen dem Berechtigten bei Überschreitung der aus dem eingeräumten Sondernutzungsrecht – ggf. nach Auslegung – zu entnehmenden Befugnisse die **Abwehrrechte** des § 15 Abs. 3 WEG sowie entspr. § 1004 BGB und aus § 14 WEG bei Beeinträchtigungen zu.[354]

259 Darüber hinaus kommt auch ein **Bereicherungsanspruch** auf Zahlung eines Nutzungsentgelts für die unerlaubte Ausübung eines Sondernutzungsrechts in Betracht (vgl. § 812 Abs. 1 S. 1, Alt. 2 BGB – Bereicherung „in sonstiger Weise" durch Eingriff in das der Gemeinschaft der Wohnungseigentümer zugewiesene Recht auf Gebrauch des gemeinschaftlichen Eigentums, vgl. § 14 Nr. 1 und 15 Abs. 3 WEG). Dieser Anspruch kann auch von einem **einzelnen** Wohnungseigentümer geltend gemacht werden, wenn er durch einen **Beschluss** der Eigentümerversammlung hierzu legitimiert wurde.[355] Ein solcher Anspruch besteht aber **nur**, wenn der Exzess des Wohnungseigentümers zum rechtswidrigen Gebrauch des gemeinschaftlichen Eigentums führt, für das **kein** Sondernutzungsrecht vereinbart ist. Bei der bloßen Überschreitung der Befugnisse durch die **Art und Weise** der Nutzung eines Gegenstands des gemeinschaftlichen Eigentums, für den an sich ein Sondernutzungsrecht besteht, scheiden Ansprüche auf Nutzungsersatz aus, weil die restlichen Wohnungseigentümer eben wegen der Vereinbarung eines ausschließlichen Nutzungsrechtes selbst von der Nutzung ausgeschlossen sind, mithin der überschreitende Wohnungseigentümer **nichts „auf Kosten"** der anderen erlangt hat i.S. des § 812 Abs. 1 S. 1 BGB.[356]

d) Ansprüche des Berechtigten bei Eingriffen in sein Sondernutzungsrecht

260 Sofern es sich bei Beeinträchtigungen der Ausübung eines Sondernutzungsrechts um **Besitzstörungen** i.S. der Regelungen über die verbotene Eigenmacht handelt, hat der Berechtigte, der als solcher nur Teilbesitzer am gemeinschaftlichen Eigentum ist, über § 865 BGB die Ansprüche gem. § 861 BGB bei **Besitzentziehungen** sowie gem. § 862 BGB bei **Besitzstörungen**. Für diese Ansprüche ist **ohne Belang**, ob Störer ein anderer Wohnungseigentümer oder ein außenstehender Dritter[357] ist.

261 Aus dem **Eigentum** – auf das sich das Sondernutzungsrecht bezieht – resultierende Ansprüche, etwa Schadensersatzansprüche wegen Beschädigung der baulichen Substanz oder Bereicherungsansprüche wegen unbefugter Inbesitznahme des gemeinschaftlichen Eigentums (unter Ausschluss des Sondernutzungsberechtigten), stehen indes **nur der Gemeinschaft der Wohnungseigentümer** zu.

---

354 Insoweit kann auf die Ausführungen oben Rn. 201 ff. Bezug genommen werden. Zu möglichen Schadensersatzansprüchen sogleich unter Rn. 263 ff.
355 Vgl. OLG Hamm, ZMR 1998, 716.
356 Vgl. OLG Hamm, ZMR 1998, 716.
357 In diesem Fall muss der Abwehranspruch allerdings vor den allgemeinen Zivilgerichten verfolgt werden, da kein Fall des § 43 Abs. 1 Nr. 1 WEG vorliegt.

Insoweit **fragt sich** aber, ob der **Sondernutzungsberechtigte** auf Grund seiner Ausschließlichkeitsstellung zu den anderen Wohnungseigentümern und einer vorgenommenen Eintragung des Sondernutzungsrechts zu seinem Sondereigentum in das Grundbuch für die Geltendmachung solcher Ansprüche aus dem Eigentum nicht **allein klagebefugt ist.** Dem steht zunächst die gesetzliche Regelung des § **1011 BGB** entgegen, wonach (nur) jeder **Miteigentümer** die Ansprüche aus dem Eigentum Dritten gegenüber in Ansehung der ganzen Sache und Herausgabeansprüche nach Maßgabe des § 432 BGB geltend machen kann. Die Lösung muss indes dem **Wesen** eines Sondernutzungsrechts entnommen werden. Jedenfalls mit der Eintragung des Sondernutzungsrechts ins **Grundbuch** handelt es sich aber nicht mehr um einen lediglich schuldrechtlichen Anspruch. Der Inhalt der Gebrauchsregelung – also der Anspruch des begünstigten Wohnungseigentümers auf Überlassung eines Gegenstandes zum alleinigen Gebrauch unter Ausschluss der übrigen Wohnungseigentümer von der Nutzung – ist nach §§ 15 Abs. 1, 5 Abs. 4, 10 Abs. 2 WEG durch die Eintragung im Grundbuch **zum Inhalt des Sondereigentums** geworden und erlangt damit – ohne ein selbständiges dingliches Recht zu sein – **dingliche Wirkung.**[358] Damit ist das Sondernutzungsrecht aber dem Anwendungsbereich des § 1011 BGB entzogen und stehen Ansprüche auf Abwehr von Beeinträchtigungen **nur dem Sondernutzungsberechtigten** und nicht auch der Gemeinschaft der (restlichen) Wohnungseigentümer zu.[359]

262

e) Schadensersatzansprüche im Verhältnis der Wohnungseigentümer untereinander

Die rechtswidrige Benutzung des Wohnungseigentums sowie die Überschreitung einer im Rahmen eines Sondernutzungsrechts eingeräumten Befugnis entgegen den Vereinbarungen, bestandskräftigen Beschlüssen oder § 14 Nr. 1 WEG kann auch Schadensersatzansprüche auslösen. Jeder Wohnungseigentümer hat die Pflicht, mit dem gemeinschaftlichen Eigentum so schonend wie möglich und zumutbar umzugehen. Ein Verstoß gegen diese Pflicht führt bei schuldhaftem Handeln zu einem **Schadensersatzanspruch gem.** § **280 Abs. 1 BGB.**[360] Daneben ist auch ein Schadensersatzanspruch nach § 823 Abs. 1 BGB denkbar, wenn die verbotene Nutzung zugleich eine **unerlaubte Handlung** darstellt.[361]

263

Das nach dem Gesetz notwendige **schuldhafte Handeln** kann auch darin liegen, dass ein Wohnungseigentümer das Wohnungseigentum zu Zwecken überlässt, die von den allgemeinen und besonderen Bestimmungen in Teilungserklärung und Gemeinschaftsordnung nicht (mehr) getragen sind, oder dass eine dermaßen bestimmungswidrige Nutzung durch Dritte, insbesondere einen Mieter nicht unterbunden wird. Bei der

264

---

358 Vgl. BGHZ 73, 145 = NJW 1979, 548 f. Der Berechtigte eines eingetragenen Sondernutzungsrechts kann dieses – auch ohne Zustimmung der restlichen Wohnungseigentümer an einen anderen Wohnungseigentümer übertragen, was sich aus § 877 BGB ergibt.
359 A.A. Köhler/Bassenge/Häublein, Teil 12 Rn. 129 ff., wonach es sich auch bei „verdinglichten" Sondernutzungsrechten um Verträge der Eigentümer untereinander handelt, die keine dingliche Wirkung entfalten. Daher bewirkt die Begründung eines Sondernutzungsrechts keinen absoluten Klageschutz zu Gunsten des Berechtigten, sodass auch die anderen Wohnungseigentümer gemeinschaftlich Eingriffe Dritter in das Sondernutzungsrecht in das von dem Sondernutzungsrecht erfasste gemeinschaftliche Eigentum abwehren können.
360 Vgl. BayObLG, NZM 2002, 167.
361 Vgl. BayObLG, NZM 1998, 1010; Palandt/Bassenge, § 14 WEG Rn. 15.

rechtswidrigen Benutzung des Sondereigentums sowie der Überschreitung von Sondernutzungsrechten ist der Mieter als Erfüllungsgehilfe anzusehen, für dessen Verhalten der vermietende Wohnungseigentümer als Inhaber des Sondereigentums bzw. des Sondernutzungsrechts gem. § 278 Abs. 1 BGB einzustehen hat.

265 Der Umfang des Schadensersatzanspruches richtet sich nach dem Prinzip der **Naturalrestitution**, § 249 Abs. 1 BGB;[362] bei der Beschädigung einer Sache kann gem. § 249 Abs. 2 BGB der zur Herstellung erforderliche Geldbetrag verlangt werden.

2. Prozessvermeidung

266 Zur Vermeidung eines Verfahrens nach § 43 Abs. 1 Nr. 1 WEG auf Beseitigung, Unterlassung oder Schadensersatz kann sich zunächst die Einschaltung des zur außergerichtlichen (und gerichtlichen) befugten **Verwalters** empfehlen. Dieser sollte frühzeitig den verändernden oder sonst rechtswidrig nutzenden Wohnungseigentümer unter Androhung entsprechender gerichtlicher Schritte abmahnen.

267 Nutzt dies nichts, sollte vom Verwalter, jedenfalls bei gravierendem Fehlverhalten gegenüber der Gemeinschaft der Wohnungseigentümer, kurzfristig eine **außerordentliche Eigentümerversammlung** einberufen werden, um dem betreffenden Wohnungseigentümer sein rechtswidriges Verhalten nochmals vor Augen zu halten und einen **Beschluss** herbeizuführen, mit dem ein Beseitigungs- Unterlassungs- oder Wiederherstellungsgebot ausgesprochen wird. Dies hat zum einen den Vorteil, dass der Wohnungseigentümer ggf. schon im Hinblick auf den Beschluss dem gebotenen Verhalten nachkommt, zum anderen kann ein solcher Beschluss in vielen Fällen im Falle seiner Bestandskraft eine zusätzliche **Anspruchsgrundlage** in einem nachfolgenden gerichtlichen Verfahren sein.[363]

II. Prozess

1. Verfahren nach § 43 Abs. 1 Nr. 1 WEG

268 Die soeben dargestellten Beseitigungs-, Unterlassungs-, und Schadensersatzansprüche können im Verfahren vor dem Wohnungseigentumsgericht nach § 43 Abs. 1 Nr. 1 WEG geltend gemacht werden.[364] Dies gilt insbesondere auch für die **Abwehransprüche**, die aus der Überschreitung als auch dem Bestand eines **Sondernutzungsrechtes**

---

362 So können etwa die Wohnungseigentümer einen Anspruch auf erneute Anpflanzung von Bäumen haben, die ein anderer Wohnungseigentümer auf dem ihm zur Sondernutzung zugewiesenen Teil des gemeinschaftlichen Grundstücks unberechtigt gefällt hat, vgl. BayObLG, NZM 1998, 1010.
363 Vgl. oben Rn. 227 und BayObLG, ZMR 1996, 623 für den Beschluss auf Beseitigung baulicher Veränderungen.
364 Vgl. Bärmann/Pick/Merle, § 43 Rn. 11. Ausschlaggebend für die Zuständigkeit des Wohnungseigentumsgerichts ist nicht die jeweilige Rechtsgrundlage, aus der die Ansprüche hergeleitet werden, sondern allein der Umstand, ob das von einem Wohnungseigentümer in Anspruch genommene Recht oder die ihn treffende Pflicht in einem inneren Zusammenhang mit einer Angelegenheit steht, die aus dem Gemeinschaftsverhältnis der Wohnungseigentümer erwachsen ist, vgl. BGHZ 59, 58, 61 f. = MDR 1972, 772; BGHZ 106, 34, 38 f. = MDR 1989, 342. Wegen des weiten Normzwecks des § 43 WEG ist die funktionelle Zuständigkeit des Gerichts der freiwilligen Gerichtsbarkeit regelmäßig auch dann gegeben, wenn ein Wohnungseigentümer einen anderen Beteiligten aus unerlaubter Handlung auf Schadensersatz in Anspruch nimmt.

entstehen können.³⁶⁵ Auch diese Prozesse sind **echte Streitverfahren der freiwilligen Gerichtsbarkeit.**³⁶⁶

a) Antragsteller

aa) Taktische Überlegungen: Die Wohnungseigentümer haben zunächst zu **überlegen**, ob sie (mit Ausnahme der Antragsgegner), vertreten durch den Verwalter gem. § 27 Abs. 2 Nr. 5 WEG, die Beseitigungs-, Unterlassungs-, und Schadensersatzansprüche selbst geltend machen wollen oder den Verwalter als Verfahrensstandschafter ermächtigen, die Ansprüche im eigenen Namen geltend zu machen.³⁶⁷

269

Hierbei ist zunächst zu beachten, dass gem. § 43 Abs. 1 Nr. 1 WEG **jeder einzelne Wohnungseigentümer** ein eigenes Antragsrecht hat, eine Entscheidung über die sich aus der Gemeinschaft ergebenden Rechte und Pflichten herbeizuführen. Berührt das rechtswidrige Verhalten eines oder mehrerer Wohnungseigentümer unmittelbar nur die Interessen einzelner oder einiger Wohnungseigentümer (z.B., weil die von einem Wohnungseigentümer vorgenommene Entfernung eines Sichtschutzes nur die unmittelbaren Nachbarn betrifft), kann es sich häufig **empfehlen**, wenn als Antragsteller nur die direkt betroffenen Gemeinschafter auftreten, zumal die restlichen Wohnungseigentümer ohnedies nach § 43 Abs. 4 Nr. 1 WEG vom Gericht formell zu beteiligen sind und Stellungnahmen etc. abgeben können. Hierdurch können **Kampfabstimmungen** in einer zur Geltendmachung der Ansprüche durch alle Wohnungseigentümer einzuberufenden Eigentümerversammlung ebenso vermieden werden wie die Befassung des zur **Neutralität** verpflichteten Verwalters als Verfahrensstandschafter oder Vertreter der Wohnungseigentümer.

270

Handelt es sich um Abwehransprüche von im Grundbuch eingetragenen **Sondernutzungsberechtigten**, sind nach zutreffender Auffassung ohnedies nur **diese** antragsbefugt.³⁶⁸

271

bb) Beeinträchtigungen am gemeinschaftlichen Eigentum oder am Sondereigentum: Bei der Realisierung von Abwehr- und Schadensersatzansprüchen ist ferner zu beachten, dass zwar auch **einzelne Wohnungseigentümer** antragsbefugt sind, wenn deren Sondereigentum oder der ihnen aus den Regelungen für das gemeinschaftliche Eigentum zustehende Gebrauch verletzt bzw. beeinträchtigt wird. Beeinträchtigungen des Sondereigentums können hierbei **nur** von den jeweiligen Sondereigentümern geltend gemacht werden.³⁶⁹

272

---

365 Vgl. BGHZ 109, 396 = NJW 1990, 1112. Der Streit zweier Wohnungseigentümer darüber, wem das Sondernutzungsrecht an einer bestimmten Fläche tatsächlich zusteht, soll nach OLG Saarbrücken, NZM 1998, 632 allerdings vor die allgemeinen Zivilgerichte gehören. Dies ist zweifelhaft, weil auch der Streit um die Person eines Sondernutzungsberechtigten eine Vereinbarung der Wohnungseigentümer betrifft, die i.S. des § 43 Abs. 1 Nr. 1 WEG das Gemeinschaftsverhältnis betrifft, vgl. Köhler/Bassenge/Häublein, Teil 12, Rn. 132. Jedenfalls gehört vor die allgemeinen Zivilgerichte aber der Antrag des sondernutzungsberechtigten Wohnungseigentümers gegen einen außenstehenden Dritten wegen Beeinträchtigung des Sondernutzungsrechts.
366 Es unterliegt damit den für § 43 Abs. 1 Nr. 1 WEG schon unter § 1 und für das Verfahren nach § 43 Abs. 1 Nr. 4 WEG unter § 2 Rn. 105 ff. dargestellten Grundsätzen und konzeptionellen Überlegungen zur Führung eines Rechtsstreits.
367 Vgl. hierzu oben Rn. 135 ff., Rn. 151 ff.
368 Vgl. oben Rn. 262.
369 Vgl. Palandt/Bassenge, § 15 WEG Rn. 22.

273 Schäden wegen Verletzung der Substanz des **gemeinschaftlichen Eigentums** müssen aber von **allen (restlichen) Wohnungseigentümern** geltend gemacht werden, die hierzu einen Beschluss herbeiführen müssen, **wenn nicht** ein Beschluss bzw. eine Vereinbarung oder der Verwaltervertrag den Verwalter von vornherein zur Geltendmachung solcher Ansprüche befugt oder ausnahmsweise einzelne Wohnungseigentümer wirksam in Verfahrensstandschaft zur Geltendmachung von Zahlungsansprüchen auf Zahlung an sich selbst ermächtigt wurden.[370]

274 *cc) Einschaltung des Verwalters:* Der als Vertreter oder Verfahrensstandschafter[371] berufene **Verwalter** kann den Prozess dann selbst ohne Verstoß gegen das Rechtsberatungsgesetz führen[372] und hat in diesem Fall auch Anspruch auf ein angemessenes **Honorar**, welches durch Mehrheitsbeschluss nach Maßgabe des RVG vereinbart werden kann.[373] Andererseits kann der Verwalter aber auch einen **Rechtsanwalt** beauftragen.[374]

275 Wird der Verwalter als **Vertreter** der Wohnungseigentümer tätig, ist dem Antrag bei Gericht eine vollständige **Eigentümerliste**[375] (mit vollständiger und zutreffender Namens- und Adressnennung der einzelnen Miteigentümer) beizugeben. In diesem Fall genügt im **Rubrum** eine **Kurzbezeichnung** der Wohnungseigentümergemeinschaft, etwa unter dem Straßennamen, unter Angabe von Namen und Adresse des vertretenden **Verwalters**.[376]

276 Wird der Verwalter als **Verfahrensstandschafter** tätig, sind mit dem Antrag
- das **Protokoll** der Eigentümerversammlung, in der der Verwalter gewählt wurde, sowie
- eine **Dokumentation** der Ermächtigungsgrundlage zum Handeln im eigenen Namen (z.B. der Verwaltervertrag, die Teilungserklärung, eine Vereinbarung der Wohnungseigentümer oder die Dokumentation einer Beschlussfassung) einzureichen.

b) Antragsgegner

277 Die Antragsgegner, im Regelfall ein oder mehrere Wohnungseigentümer, sind nach **Namen und Adresse** vollständig anzugeben, bei juristischen Personen sind die **Vertretungsverhältnisse** darzulegen. Bestehen Zweifel über die Identität des wahren Antragsgegners, sollte zur Vermeidung der Antragserhebung gegen die falsche Person ein **Grundbuchauszug** eingeholt werden.

c) Inhalt der Schriftsätze – Anlagen und Beweismittel

278 Für Inhalt und Umfang der Begründung eines Antrages auf Beseitigung baulicher Veränderungen, Unterlassung einer Beeinträchtigung sowie auf Schadensersatz gem. § 43

---

370 Vgl. BGH, ZWE 2000, 119.
371 Vgl. hierzu oben Rn. 135 ff.
372 Vgl. BGH, NJW 1993, 1924.
373 Vgl. BGH, NJW 1993, 1924.
374 Vgl. oben Rn. 145.
375 Vgl. hierzu die Ausführungen zum Verfahren nach § 43 Abs. 1 Nr. 4 WEG unter § 1.
376 Vgl. BGH, NJW 1977, 1686; BayObLG, NJW-RR 1986, 564.

Abs. 1 Nr. 1 WEG gilt zunächst das, was für die WEG-Verfahren als **echte Streitverfahren der Freiwilligen Gerichtsbarkeit** bereits allgemein als auch im Rahmen des Verfahrens nach § 43 Abs. 1 Nr. 4 WEG ausgeführt wurde.[377]

Ergänzend sollte berücksichtigt werden, dass sich die konkrete Zulässigkeit des Verhaltens eines „störenden" Wohnungseigentümers oft aus den dem Gesetz vorgehenden **Teilungserklärungen, Gemeinschaftsordnungen** oder aus **Beschlüssen** der Eigentümerversammlung ergeben. Hiernach sollte der Antragsteller immer an folgende **Anlagen** und „**Beweisangebote**" denken:
- Vorlage der **Teilungserklärung mit Aufteilungsplan**
- Vorlage der **Gemeinschaftsordnung** oder einer sonst einschlägigen Vereinbarung
- Vorlage des Protokolls über eine Eigentümerversammlung, in der ein verfahrenswichtiger **Beschluss** getroffen wurde
- Vorlage möglichst großformatiger **Farbbilder**, die das unerlaubte Verhalten der Antragsgegner dokumentieren, zusätzlich hierzu die
- Nennung entsprechender Zeugen (**Achtung**: das können keine – anderen – Wohnungseigentümer sein, da diese gem. § 43 Abs. 4 Nr. 1 WEG formell am Verfahren zu beteiligen sind; diese können nur als Beteiligte – ggf. gem. §§ 15 Abs. 1 FGG, 445 ff. ZPO auch förmlich – angehört werden.)

d) Einschaltung eines Sachverständigen

Zur Vorbereitung und Durchführung des Verfahrens auf Durchsetzung der genannten Ansprüche kann es notwendig sein, ein **Sachverständigengutachten** einzuholen. Hier geht es etwa um Fälle, in denen die Wohnungseigentümer bauliche Veränderungen am Gemeinschaftseigentum durch einen Miteigentümer geltend machen und einen Antrag auf Beseitigung stellen. Wird die Beseitigung abgelehnt, da keine bauliche Veränderung vorliege, ist schon vor oder gleichzeitig mit der Stellung eines Antrags nach § 43 Abs. 1 Nr. 1 WEG an die Durchführung eines **selbständigen Beweisverfahrens** zu denken, welches entsprechend §§ 485 bis 494a ZPO auch in den Verfahren nach § 43 Abs. 1 WEG zulässig ist.[378] Die Beantragung eines selbständigen Beweisverfahrens während des bereits rechtshängigen gerichtlichen Beseitigungsverfahrens nach den §§ 23 Abs. 4 S. 1, 43 Abs. 1 Nr. 1 WEG ist v.a. denn ins Auge zu fassen, wenn dort die Beweiserhebung noch nicht angeordnet wurde (nach Anordnung gilt § 485 Abs. 3 ZPO entsprechend) und innerhalb der zur ordnungsgemäßen Rückgängigmachung einer baulichen Veränderung gebotenen Zeit auch nicht zu erwarten ist.[379]

2. Geschäftswert

Bei **Beseitigungs- und Unterlassungsansprüchen** richtet sich der Geschäftswert gem. § 48 Abs. 3 S. 1 WEG sowohl nach dem Interesse der Antragsteller an der Beseitigung des beanstandeten Verhaltens als auch am Abwehrinteresse des Antragsgegners. Wird

---

377 Vgl. hierzu unter § 1 Rn. 16 ff. und § 2 Rn. 105 ff.
378 Vgl. BayObLG, ZWE 2001, 548; OLG Hamburg, ZMR 2002, 963. Die Möglichkeit der Einleitung eines selbständigen Beweisverfahrens ist im Bereich der Verfahren nach dem WEG aber vor allem außerhalb eines anhängigen Streitverfahrens relevant.
379 Vgl. Zöller/Herget, § 485 Rn. 1.

die Beseitigung eines bestimmten Gegenstandes verlangt, ist dessen Wert maßgebend.[380] Verlangt ein Wohnungseigentümer die Beseitigung einer baulichen Veränderung wegen einer nachteiligen Änderung des **optischer Gesamteindrucks** der Wohnanlage, so ist beim Fehlen konkreter, in Geld messbarer Anhaltspunkte die Bestimmung des Geschäftswerts und der Beschwer Ermessenssache. Soweit – wie etwa bei den Schadensersatzansprüchen – ein **bestimmter Geldanspruch** in Frage kommt, bildet dieser den Geschäftswert, eine Reduzierung nach § 48 Abs. 3 S. 2 ist bei Zahlungsansprüchen grundsätzlich nicht geboten.

3. Streitverkündung und Nebenintervention[381]

a) Rechtsgrundlagen

282 Vor allem bei der Geltendmachung von Zahlungs-, insbesondere Schadensersatzansprüchen im Verhältnis der Wohnungseigentümer untereinander können Situationen entstehen, in denen ein Beteiligter für den Fall des ihm ungünstigen Ausgangs des Verfahrens nach § 43 Abs. 1 WEG einen Anspruch auf **Gewährleistung oder Schadloshaltung gegen einen Dritten** erheben könnte oder den Anspruch eines Dritten zu befürchten hätte. In diesen Fällen kann eine Partei im Zivilprozess gem. § 72 ZPO dem Dritten bis zur rechtskräftigen Entscheidung des Verfahrens den Streit verkünden. Im WEG-Verfahren als echtem Streitverfahren der Freiwilligen Gerichtsbarkeit sind wegen der Nähe zum Parteiprozess nach der ZPO deren §§ 66 ff. über die **Streitverkündung und Nebenintervention** entsprechend anwendbar.[382]

283 **Sinn und Zweck** der Streitverkündung ist die Herbeiführung einer Nebeninterventionswirkung gem. §§ 68, 74 Abs. 3 ZPO. Diese bewirkt, dass in einem späteren Rechtsstreit zwischen dem Streitverkündenden und dem Dritten – ungeachtet der Tatsache, ob dieser im Erstprozess beigetreten ist – der Dritte nicht geltend machen kann, der Erstprozess sei unrichtig entschieden oder vom Streitverkündenden mangelhaft geführt worden, es sei denn, dass er durch die Lage des Rechtsstreits zur Zeit seines Beitritts oder durch Erklärungen und Handlungen der Hauptpartei verhindert worden ist, Angriffs- oder Verteidigungsmittel geltend zu machen, oder dass Angriffs- oder Verteidigungsmittel, die ihm unbekannt waren, von der Hauptpartei absichtlich oder durch grobes Verschulden nicht geltend gemacht sind.

284 Die **Interventionswirkung** der §§ 68, 74 ZPO einer im Zivilprozess vorgenommenen Streitverkündung ist hierbei auch in einem Verfahren nach § 43 Abs. 1 Nr. 1 WEG zu beachten; dem steht der Amtsermittlungsgrundsatz der §§ 43 Abs. 1 WEG, 12 FGG nicht entgegen.[383]

---

380 Vgl. BayObLG, WuM 1998, 688 = JurBüro 1998, 649.
381 Zu den Voraussetzungen und den Wirkungen einer Nebenintervention aus praktischer Sicht vgl. noch ausführlich unten die Muster unter Rn. 290 ff.
382 Vgl. BayObLGZ 1970, 65, 71 f.; BayObLG, NJW-RR 1987, 1423.
383 Vgl. OLG Hamm, NJW-RR 1996, 335.

b) Verfahren

Wie im Zivilprozess hat der Streitverkündende analog § 73 ZPO einen **Schriftsatz** einzureichen. In diesen sind aufzunehmen:

- die unbedingte Erklärung, dass und wem der Streit verkündet wird,
- der Grund der Streitverkündung[384] und
- die Lage des Verfahrens (am besten im Wege der Beigabe der an den Verfahrensgegner gerichteten bisherigen Schriftsätze, auf die Bezug genommen werden kann) unter Angabe, in welchem Stadium es sich befindet (nach bereits durchgeführter Beweisaufnahme auch deren Ergebnisse), welche Entscheidungen schon ergangen sind, ob und welche Rechtsmittel eingelegt sind und welche Termine bevorstehen.[385]

Der Streitverkündungsschriftsatz wird dem Streitverkündeten von Amts wegen zugestellt und dem Verfahrensgegner formlos mitgeteilt, § 73 S. 2 ZPO analog. Erst mit der Zustellung an den Streitverkündeten wird die Streitverkündung **wirksam**, § 73 S. 3 ZPO. Der Streitverkündete kann, muss dem Prozess aber nicht beitreten, vgl. § 74 Abs. 1 und 2 ZPO. Tut er dies, so bestimmt sich sein Verhältnis zu den anderen Beteiligten nach demjenigen der **Nebenintervention** gem. §§ 66 bis 68 ZPO analog.

Für den **Streitverkündeten** gilt es **zu beachten**, dass er für den Fall seines **Beitritts** die Unzulässigkeit der Streitverkündung – etwa wegen Nichtvorliegens eines Grundes gem. § 72 ZPO – analog § 71 ZPO im Wege eines Zwischenstreits geltend machen muss, um die Nebeninterventionswirkung des § 68 ZPO vermeiden zu können.[386]

Wenn er **nicht beigetreten** ist, tritt die Nebeninterventionswirkung analog § 68 ZPO erst unter der Voraussetzung einer entsprechend § 72 ZPO zulässigen Streitverkündung ein, vgl. § 74 Abs. 2 und 3 ZPO.[387]

Die **Kosten** der Streitverkündung – das sind nur die Auslagen des Gerichts für die Übermittlung der Schriftsätze an den Streitverkündeten und Verfahrensgegner, keine zusätzlichen Gebühren für den Anwalt des Streitverkündenden[388] – sind im Erstprozess vom Streitverkündenden zu tragen, können aber im Folgeprozess gegen den Streitverkündeten als **Nebenforderung** geltend gemacht werden.

4. Muster

a) Antrag auf Beseitigung bzw. Rückbau einer baulichen Veränderung

aa) Muster: Antragsschriftsatz im Verfahren auf Beseitigung bzw. Rückbau einer baulichen Veränderung

Rechtsanwalt ■■■, den ■■■

■■■

---

[384] Vgl. hierzu auch Thomas / Putzo / Reichold / Hüßtege, § 72 Rn. 6 bis 8.
[385] Vgl. Thomas / Putzo / Reichold / Hüßtege, § 73 Rn. 4.
[386] Vgl. Thomas / Putzo / Reichold / Hüßtege, § 71 Rn. 1.
[387] Vgl. Thomas / Putzo / Reichold / Hüßtege, § 74 Rn. 2 und BGHZ 65, 127 sowie 70, 187.
[388] Vgl. § 19 RVG und Thomas / Putzo / Reichold / Hüßtege, § 73 Rn. 8.

§ 3 Streitigkeiten von Eigentümern untereinander

An das Amtsgericht

Wohnungseigentumsgericht

■■■   per Fax vorab!

Antrag

In der Wohnungseigentumssache betreffend die Wohnanlage ■■■-Straße ■■■ in ■■■

Verfahrensbeteiligte:
1. Fa. Fleißig Wohnungsverwaltungsgesellschaft mbH u. Co. KG, vertreten durch die Fa. Fleißig Betriebs- GmbH als geschäftsführende Gesellschafterin, diese vertreten durch den Geschäftsführer Werner Fleißig, ■■■, ■■■

als Verwalterin der Wohnungseigentümergemeinschaft ■■■-Straße ■■■, ■■■ in Verfahrensstandschaft[389]

Antragstellerin

Verfahrensbevollmächtigter: Rechtsanwalt ■■■

2. Die Eheleute
a) ■■■ und
b) ■■■

beide wohnhaft ■■■-Straße ■■■, ■■■

Antragsgegner

wegen Beseitigung

Vorläufiger Geschäftswert: ■■■ €.

Im Namen und mit Vollmacht[390] des Antragstellers beantrage ich unter Einzahlung eines Kostenvorschusses[391] von ■■■ €
1. Den Antragsgegnern wird aufgegeben, den am Balkon ihrer Eigentumswohnung, laufende Nr. ■■■ im Aufteilungsplan und der Teilungserklärung vom ■■■, eingetragen im Grundbuch ■■■, in der Balkonnische aufgestellten Schrank zu entfernen.

---

389 Würde die Verwalterin nur als durch Beschluss oder Vereinbarung ermächtigte Vertreterin der Wohnungseigentümer auftreten, müsste es auch hier – vgl. das Muster oben unter C.3. insoweit heißen: „1. Die Eigentümer der Eigentumswohnanlage ■■■-Straße ■■■, ■■■, namentlich aufgeführt in der anliegenden Eigentümerliste – Antragsteller – vertreten durch die Verwalterin Fa. Fleißig Wohnungsverwaltungsgesellschaft mbH u. Co. KG, vertreten durch die Fa. Fleißig Betriebs- GmbH als geschäftsführende Gesellschafterin, diese vertreten durch den Geschäftsführer ■■■,■■■."

390 Auch wenn im Verfahren nach dem FG der für einen oder mehrere Beteiligte auftretende Rechtsanwalt grundsätzlich ohne weitere Prüfung als vertretungsbefugt angesehen wird (vgl. § 13 S. 2 FGG), sollten die Vollmachtsurkunde sowie das Schriftstück, aus dem sich die Ermächtigung des Verwalters zur Führung von Rechtsstreitigkeiten ergibt, vorgelegt werden, um etwaigen Einwendungen zuvor zu kommen.

391 Zum Kostenvorschuss vgl. §§ 8 KostO, 48 Abs. 1 WEG (drei Gebühren), zum zugrundeliegende Geschäftswert vgl. §§ 48 Abs. 3 WEG, 18ff. KostO, zur Gebührenhöhe vgl. § 32 KostO. Im übrigen wird auf die Ausführungen zum Kostenvorschuss zu § 2 Rn. 119 verwiesen.

2. Die Antragsgegner tragen als Gesamtschuldner die Kosten des Verfahrens und die außergerichtlichen Kosten des Antragstellers.[392]

Begründung:

Die Antragsgegner sind Eheleute und Mitglieder der im Rubrum bezeichneten Wohnungseigentümergemeinschaft.

Sie sind je zur Hälfte Miteigentümer der Eigentumswohnung laufende Nr. ■■■ im Aufteilungsplan und der Teilungserklärung vom ■■■, eingetragen im Grundbuch ■■■.

Beweis: Grundbuchauszug, Aufteilungsplan und Teilungserklärung in Kopie.

Die Antragstellerin ist Verwalterin der genannten Wohnungseigentümergemeinschaft und gemäß § ■■■ der Teilungserklärung vom ■■■ befugt, Abwehransprüche aller Art wegen unerlaubter Beeinträchtigung des gemeinschaftlichen Eigentums durch Miteigentümer oder Dritte gerichtlich und außergerichtlich geltend zu machen.

Beweis: § ■■■ der Teilungserklärung vom ■■■ in Kopie.[393]

Die Antragsgegner haben seit ■■■ in der Balkonnische ihrer Eigentumswohnung einen mindestens 1,80 m großen, mit grellgrüner Farbe bemalten Holzschrank ohne Befestigung an der Außenmauer angebracht.

Beweis:

Farbbilder im Format 20 x 28, die den Balkon der Antragsgegner aus mehreren Perspektiven abbilden.

Richterlicher Augenschein, der angeregt wird.

■■■, ■■■, ■■■, als Zeuge.

Der schon von der Straße aus weithin sichtbare Schrank verunstaltet die im gemeinschaftlichen Eigentum stehende Fassade in unzumutbarer Weise.

Beweis: wie vor.

Die Antragsgegner haben die durch das Aufstellen des Schrankes eingetretene bauliche Veränderung zu beseitigen. Die Antragstellerin kann als Verfahrensstandschafterin einen diesbezüglichen Anspruch gem. §§ 15 Abs. 3 WEG, 1004 Abs. 1 BGB geltend machen, weil die durch die bauliche Veränderung eingetretene Beeinträchtigung weit über das in §§ 22 Abs. 1, 14 Nr. 1 WEG bestimmte Maß hinausgehen.

Bauliche Veränderung i.S. der letztgenannten Bestimmung ist jede auf Dauer angelegte gegenständliche Umgestaltung des gemeinschaftlichen Eigentums, die vom Aufteilungsplan oder früheren Zustand des Gebäudes nach Fertigstellung abweicht und nicht mehr im

---

[392] Über die Tragung der Gerichtskosten sowie eine etwaige Erstattungspflicht für außergerichtliche Kosten entscheidet das Gericht gem. § 47 WEG nach billigem Ermessen. Hierbei tragen die unterlegenen Beteiligten in der Regel die Gerichtskosten; eine Erstattung außergerichtlicher Kosten findet grundsätzlich nicht statt, Palandt/Bassenge, § 47 WEG Rn. 3 und 4.

[393] Entsprechendes könnte sich aus dem Verwaltervertrag, der Gemeinschaftsordnung oder einem Mehrheitsbeschluss ergeben.

Rahmen der ordnungsgemäßen Instandhaltung oder Instandsetzung liegt.[394] Hierbei ist es unerheblich, ob die durchzuführende Maßnahme tatsächlich eine bauliche Tätigkeit erfordert. Maßgeblich bleibt vielmehr, ob der bauliche Zustand des Gemeinschaftseigentums verändert wird.[395]

Das ist vorliegend der Fall. Durch die Nutzung der Balkonnische im Wege des Einstellens eines Schrankes wird der optische Gesamteindruck der Fassade spürbar verändert. Dass der Schrank nicht fest mit dem Balkon verbunden, sondern dort lediglich aufgestellt wurde, ändert nichts an dem Charakter einer baulichen Veränderung am Gemeinschaftseigentum. Denn die vollständige Ausnutzung der Wandnische durch Aufstellen eines Schrankes hat dieselbe optische Wirkung wie der Einbau einer Tür unmittelbar vor die Nische. In beiden Fällen wird der architektonisch angestrebte Charakter der aufgelockerten Fassade nachteilig verändert. Dass es sich hier nicht um eine Maßnahme zur Instandhaltung oder -setzung i.S. des § 21 Abs. 5 Nr. 2 WEG handelt, bedarf keiner weiteren Erwähnung. In Anbetracht der nachteiligen optischen Veränderung geht die Beeinträchtigung für jeden Eigentümer schließlich über das in § 14 WEG geregelte Maß hinaus, § 22 Abs. 1 S. 2 WEG. Die danach gem. § 22 Abs. 1 S. 1 WEG erforderliche Zustimmung aller Wohnungseigentümer liegt indes nicht vor.

Die Antragsgegner haften daher als Handlungsstörer und sind gem. §§ 1004 Abs. 1 BGB, 22 Abs. 1 WEG verpflichtet, den Schrank vom Balkon auf ihre Kosten zu entfernen.

■■■

Rechtsanwalt

291

bb) Muster: Antragserwiderungsschriftsatz im Verfahren auf Beseitigung bzw. Rückbau einer baulichen Veränderung

Rechtsanwalt ■■■, den ■■■

■■■

Antragserwiderung

in der Wohnungseigentumssache betreffend die Wohnanlage ■■■-Straße ■■■ in ■■■.

In vorstehend bezeichneter Sache zeige ich unter Vollmachtsvorlage[396] die Vertretung der Antragsgegner an und werde in der anzuberaumenden mündlichen Verhandlung b e a n - t r a g e n :

Die Anträge werden zurückgewiesen.

B e g r ü n d u n g :

Die von der Antragstellerin in Verfahrensstandschaft geltend gemachten Anträge sind unbegründet.[397]

---

394 Vgl. Bärmann/Pick/Merle, § 22 Rn. 6 und 7.
395 Vgl. OLG Frankfurt/M., OLGZ 1980, 78 m.w.N.
396 Auch wenn im Verfahren nach dem FG der für einen oder mehrere Beteiligte auftretende Rechtsanwalt grundsätzlich ohne weitere Prüfung als vertretungsbefugt angesehen wird (vgl. § 13 S. 2 FGG), sollten die Vollmachtsurkunde sowie das Schriftstück, aus dem sich die Ermächtigung des Verwalters zur Führung von Rechtsstreitigkeiten ergibt, vorgelegt werden, um etwaigen Einwendungen zuvor zu kommen.
397 Zum Einwand der Unzulässigkeit einer Verfahrensstandschaft vgl. das Muster unter Rn. 200.

D. Anträge auf Beseitigung, Unterlassung und Schadenersatz

Zutreffend ist, dass die Antragsgegner Eheleute und Mitglieder der im Antragsrubrum bezeichneten Wohnungseigentümergemeinschaft sind. Die Angaben zum hälftigen Miteigentum der Antragsgegner an der Wohnung Nr. ■■■ (41/1000 Anteil am Gesamteigentum) sind ebenfalls zutreffend.

Gegen die Antragsgegner besteht allerdings kein Anspruch auf Entfernung des verfahrensgegenständlichen Schrankes, weil keine Beeinträchtigung mehr vorliegt, die im Sinne der §§ 22 Abs. 1 S. 2, 14 Nr. 1 WEG einen Nachteil für die übrigen Wohnungseigentümer darstellen würde.

Die Antragsgegner haben nämlich nach Zustellung der Antragsschrift am ■■■ den Schrank, der tatsächlich 1,80 m hoch ist, mit einer exakt zur Fassadenfarbe (hellbeige) passenden Lasur gebeizt, sodass nur mehr bei ganz genauem Hinsehen aus nächster Nähe überhaupt zu erkennen ist, dass sich in der ohnedies mauerumfassten Balkonnische eine Schrank befindet.

Beweis:

Farbbilder im Format 20 x 28, die den Balkon der Antragsgegner aus mehreren Perspektiven, auch von den Nachbarwohnungen aus, abbilden.

Richterlicher Augenschein, der angeregt wird.

■■■, ■■■, ■■■, als Zeugin.

Herr Fleißig von der Antragstellerin hat den Antragsgegnern i.ü. mittlerweile bestätigt, dass sich über den Schrank „nun wirklich keiner mehr aufregen könne."

Beweis: ■■■, ■■■, ■■■, als Zeugin.

Damit ist der Beseitigungsantrag aber unbegründet geworden und erledigt.[398] Die Antragsgegner stimmen einer von der Antragstellerin abzugebenden Erledigungserklärung schon jetzt zu,[399] allerdings unter Verwahrung gegen die Kostenlast.

Zu keinem Zeitpunkt haben die Antragstellerin oder die Gemeinschaft der Wohnungseigentümer nämlich die Antragsgegner zur Entfernung des Schrankes vorprozessual aufgefordert. Dass sich das Ehepaar ■■■, die Nachbarn der Antragsgegner, zur linken Balkonseite einmal im Sommer „despektierlich" über den Schrank geäußert haben, steht einer analogen Anwendung der §§ 91a, 93 ZPO auf eine allfällige Kostenentscheidung zu Lasten der Antragstellerin nicht entgegen.[400]

---

[398] Das WEG-Verfahren ist ein echtes Streitverfahren der Freiwilligen Gerichtsbarkeit, in dem die Erledigung der Hauptsache möglich ist, vgl. Bärmann/Pick/Merle, § 44 Rn. 92 und § 1 Rn. 39ff.

[399] Zwar kann der Antragsgegner das Verfahren nicht einseitig für erledigt erklären, eine vorweggenommene Zustimmung zu einer entsprechenden Erklärung des Antragstellers ist aber o.w. möglich, vgl. Thomas/Putzo/Reichold/Hüßtege, § 91a Rn. 14 und 42.

[400] Auf die Kostenentscheidung nach übereinstimmender Erledigungserklärung in einem WEG-Streitverfahren sind im Rahmen des § 47 WEG die zu § 91a ZPO entwickelten Grundsätze entsprechend anzuwenden, vgl. Bärmann/Pick/Merle, § 44 Rn. 96f.; BayObLGReport 2003, 129; OLG Zweibrücken, NJW-RR 1993, 148, 149. Hiernach ist die Kostenentscheidung nach billigem Ermessen unter Berücksichtigung des vermutlichen Ausgangs des Verfahrens, aber auch der allgemeinen kostenrechtlichen Grundsätze (§§ 91ff. ZPO) zu treffen, der Rechtsgedanke des § 93 ZPO ist zu beachten, vgl. Thomas/Putzo/Reichold/Hüßtege, § 91a Rn. 48; OLG Karlsruhe, NJW-RR 1990, 978.

§ 3 Streitigkeiten von Eigentümern untereinander

▬▬▬

Rechtsanwalt

b) Antrag der übrigen Wohnungseigentümer auf Unterlassung des unzulässigen Gebrauchs des gemeinschaftlichen Eigentums

292 aa) *Muster: Antragsschriftsatz im Verfahren der übrigen Wohnungseigentümer auf Unterlassung des unzulässigen Gebrauchs des gemeinschaftlichen Eigentums*

Rechtsanwalt ▬▬▬, den ▬▬▬

▬▬▬

An das Amtsgericht

Wohnungseigentumsgericht

▬▬▬ per Fax vorab!

Antrag

In der Wohnungseigentumssache betreffend die Wohnanlage ▬▬▬-Straße ▬▬▬ in ▬▬▬

Verfahrensbeteiligte:

1. Die Eigentümer der Eigentumswohnanlage ▬▬▬-Straße ▬▬▬, ▬▬▬, namentlich aufgeführt in der anliegenden Eigentümerliste

Antragsteller

vertreten durch die Verwalterin Fa. Fleißig Wohnungsverwaltungsgesellschaft mbH u. Co. KG, vertreten durch die Fa. Fleißig Betriebs- GmbH als geschäftsführende Gesellschafterin, diese vertreten durch den Geschäftsführer Werner Fleißig, ▬▬▬, ▬▬▬.

Verfahrensbevollmächtigter: Rechtsanwalt ▬▬▬

2. ▬▬▬, ▬▬▬-Straße ▬▬▬, ▬▬▬

Antragsgegner

wegen Unterlassung der unzulässigen Benutzung des gemeinschaftlichen Eigentums

Vorläufiger Geschäftswert: ▬▬▬ €.

Im Namen und mit Vollmacht[401] des Antragstellers beantrage ich unter Einzahlung eines Kostenvorschusses[402] von ▬▬▬ €

Dem Antragsgegner wird aufgegeben, drei von ihm auf der im gemeinschaftlichen Eigentum stehenden Grünfläche vor dem Haupteingang der Wohnanlage ▬▬▬-Straße ▬▬▬, ▬▬▬ aufgestellten Gartenzwerge zu entfernen.

---

401 Auch wenn im Verfahren nach dem FG der für einen oder mehrere Beteiligte auftretende Rechtsanwalt grundsätzlich ohne weitere Prüfung als vertretungsbefugt angesehen wird (vgl. § 13 S. 2 FGG), sollten die Vollmachtsurkunde sowie das Schriftstück, aus dem sich die Ermächtigung des Verwalters zur Führung von Rechtsstreitigkeiten ergibt, vorgelegt werden, um etwaigen Einwendungen zuvor zu kommen.

402 Zum Kostenvorschuss vgl. §§ 8 KostO, 48 Abs. 1 WEG (drei Gebühren), zum zugrundeliegende Geschäftswert vgl. §§ 48 Abs. 3 WEG, 18 ff. KostO, zur Gebührenhöhe vgl. § 32 KostO. Im übrigen wird auf die Ausführungen zum Kostenvorschuss bei § 2 Rn. 119 verwiesen.

Der Antragsgegner trägt die Kosten des Verfahrens und die außergerichtlichen Kosten der Antragsteller.[403]

B e g r ü n d u n g :

Die Antragsteller sind Miteigentümer der Eigentumswohnanlage ■■■-Straße ■■■, ■■■ gemäß anliegender Eigentümerliste und Grundbuchauszüge.

Beweis: Eigentümerliste und Grundbuchauszüge in Kopie.

Der Antragsgegner ist Alleineigentümer der in der Eigentumswohnanlage ■■■-Straße ■■■, ■■■ gelegenen Wohnung Nr. ■■■ gemäß Aufteilungsplan und Teilungserklärung vom ■■■.

Beweis: wie vor.

Laut § ■■■ der Teilungserklärung vom ■■■ ist die Verwalterin zur gerichtlichen Vertretung der Gemeinschaft der Wohnungseigentümer in allen Aktiv- und Passivprozessen befugt.[404]

Beweis: Teilungserklärung vom ■■■, dort § ■■■

Der Antragsgegner hat am ■■■ drei zwischen 40 und 50cm große Gartenzwerge auf der zur linken Seite vor dem Haupteingang der Wohnungsanlage angelegten und ausweislich des vorgelegten Grundbuchauszuges mit Aufteilungsplan im gemeinschaftlichen Eigentum stehenden Grünfläche aufgestellt. Die Gartenzwerge sind von allen Seiten weithin sichtbar.

Beweis: 5 Farbbilder im Format 20 x 28 in Anlage zum Antragsschriftsatz

Grundbuchauszug mit Teilungsplan in Kopie

Laut Beschreibung im Teilungsplan und zusätzlicher Vereinbarung in § ■■■ der Gemeinschaftsordnung wird die bezeichnete Fläche, auf der sich die vom Antragsgegner aufgestellten Gartenzwerge befinden, auch lediglich als „Grünfläche" bezeichnet.

Die Wohnungseigentümer haben einen Anspruch auf Beseitigung der Gartenzwerge gem. §§ 1004 BGB, 15 Abs. 3, 14 Nr. 1, Nr. 3 WEG wegen Überschreitung des zulässigen Gebrauchs des gemeinschaftlichen Eigentums.[405]

Hierfür ist maßgebend, dass die Aufstellung von Gartenzwergen – anders als etwa die von ähnlich kleinen Objekten wie Vogeltränken oder einer kleinen Tierplastik – schon allgemein geeignet ist, bei vielen Menschen drastische Ablehnung hervorzurufen. Das Aufstellen der

---

403 Über die Tragung der Gerichtskosten sowie eine etwaige Erstattungspflicht für außergerichtliche Kosten entscheidet das Gericht gem. § 47 WEG nach billigem Ermessen. Hierbei tragen die unterlegenen Beteiligten in der Regel die Gerichtskosten; die Erstattung außergerichtlicher Kosten findet grundsätzlich nicht statt, Palandt/Bassenge, § 47 WEG Rn. 3 und 4.

404 Der Verwalter ist trotz § 27 Abs. 2 Nr. 3 WEG nicht der allgemeine gesetzliche Vertreter der Wohnungseigentümer. Auch bei der bloßen Vertretung der Wohnungseigentümer durch den Verwalter ohne Ermächtigung zur Verfahrensstandschaft bedarf dieser daher einer Legitimation durch Beschluss der Eigentümerversammlung, Vereinbarung oder in der Teilungserklärung, vgl. § 27 Abs. 2 Nr. 5 WEG und BGH, NJW 1981, 282.

405 Den Beseitigungsanspruch könnte im Verfahren nach § 43 Abs. 1 Nr. 1 WEG ohne besondere Ermächtigung auch jeder einzelne beeinträchtigte Wohnungseigentümer geltend machen, da § 15 Abs. 3 WEG ausdrücklich jeden einzelnen Wohnungseigentümer als Anspruchsinhaber bezeichnet, der einen ordnungsgemäßen Gebrauch des gemeinschaftlichen Eigentums einerseits und Unterlassung eines rechts-, vereinbarungs- oder beschlusswidrigen Gebrauchs andererseits verlangen kann.

Gartenzwerge im hier zu entscheidenden Fall ist darüber hinaus ein besonderer Ausdruck von Beschränktheit und das Zeichen schlechten Geschmacks und bedeutet eine nicht nur ganz unerhebliche Beeinträchtigung des optischen Gesamteindrucks der Wohnanlage, die sogar Einfluss auf den einen oder anderen Kaufinteressenten für eine Eigentumswohnung haben kann.

Wie nämlich die Fotos zeigen, fallen die Gartenzwerge trotz ihrer geringen Abmessungen durch ihre leuchtend rote Zipfelmütze im sie umgebenden Grün des Gartens auf und können auch von der an der Grenze verlaufenden Straße her eingesehen werden.[406]

Die Antragsteller haben das Aufstellen daher nicht zu dulden und können die Entfernung der Gartenzwerge verlangen.

■■■

Rechtsanwalt

293 *bb) Muster: Antragserwiderungsschriftsatz im Verfahren der übrigen Wohnungseigentümer auf Unterlassung des unzulässigen Gebrauchs des gemeinschaftlichen Eigentums*

Rechtsanwalt ■■■, den ■■■

■■■

Antragserwiderung

in der Wohnungseigentumssache betreffend die Wohnanlage ■■■-Straße ■■■ in ■■■.

In vorstehend bezeichneter Sache zeige ich unter Vollmachtsvorlage[407] die Vertretung des Antragsgegners an und werde in der anzuberaumenden mündlichen Verhandlung b e a n t r a g e n:

Die Anträge werden zurückgewiesen.

B e g r ü n d u n g :

Der Antrag auf Entfernung der streitgegenständlichen Gartenzwerge ist nicht begründet und daher zurückzuweisen.

Die von den Antragstellern vorgebrachten Verfahrenstatsachen sowie die objektiven Umstände betreffend die Aufstellung der Gartenzwerge treffen zu.

---

406 Entscheidend für die rechtliche Beurteilung in diesem Fall – wie überhaupt bei ästhetischen Beeinträchtigungen – ist, dass die umstrittene Aufstellung der Gartenzwerge bei nicht wenigen Menschen den bezeichneten Anstoß erregt und deshalb letztlich zu einer nicht ganz unerheblichen Beeinträchtigung des optischen Gesamteindrucks der Wohnanlage geeignet ist. Es kann unter diesen Umständen nicht die Rede davon sein, dass die durch die Aufstellung der Gartenzwerge bewirkte Veränderung des optischen Bildes sich in keiner Weise negativ auswirkt (vgl. BayObLG, ZMR 1987, 344, wonach (nur) in einem solchen Fall ein Nachteil gem. § 14 Nr. 1, 3 WEG entfällt).

407 Auch wenn im Verfahren nach dem FGG der für einen oder mehrere Beteiligte auftretende Rechtsanwalt grundsätzlich ohne weitere Prüfung als vertretungsbefugt angesehen wird (vgl. § 13 S. 2 FGG), sollten die Vollmachtsurkunde sowie das Schriftstück, aus dem sich die Ermächtigung des Verwalters zur Führung von Rechtsstreitigkeiten ergibt, vorgelegt werden, um etwaigen Einwendungen zuvor zu kommen.

Es handelt sich hier allerdings weder um einen der Teilungserklärung widersprechenden Gebrauch des gemeinschaftlichen Eigentums noch überhaupt um einen Nachteil i.S. des § 14 Nr.1 und 3 WEG, sodass die Aufstellung von den Antragstellern ohne weiteres zu dulden ist.

Die Kennzeichnung der Fläche in der Teilungserklärung mit Teilungsplan vom ▪▪▪ als „Grünfläche" steht dem Gebrauch durch das Aufstellen der Zwerge nicht entgegen, da diese schon nach dem Sprachgebrauch im „Garten" aufgestellt zu werden pflegen.

Gartenzwerge begegnen als eine in langer Tradition begründete Einrichtung allgemein humorvoller Duldung und können insoweit auch keine Beeinträchtigung oder einen Nachteil i.S. der §§ 14 Nr. 1, Nr. 3 und 15 Abs. 3 WEG darstellen.

Ein Abwehranspruch entsprechend § 1004 BGB auf Entfernung hat daher auszuscheiden.[408]

▪▪▪

Rechtsanwalt

c) Antrag eines Wohnungseigentümers auf Unterlassung des unzulässigen Gebrauchs des Sondereigentums durch einen anderen Wohnungseigentümer

aa) Muster: Antragsschriftsatz im Verfahren auf Unterlassung des unzulässigen Gebrauchs des Sondereigentums durch einen anderen Wohnungseigentümer

Rechtsanwalt ▪▪▪, den ▪▪▪

▪▪▪

An das Amtsgericht

Wohnungseigentumsgericht

▪▪▪　　　　　　　　　　　　　　　　　　　　　　　　　　per Fax vorab!

Antrag

In der Wohnungseigentumssache betreffend die Wohnanlage ▪▪▪-Straße ▪▪▪ in ▪▪▪

Verfahrensbeteiligte:
1. ▪▪▪, ▪▪▪, ▪▪▪

Antragsteller

Verfahrensbevollmächtigter: Rechtsanwalt ▪▪▪
2. Die Eheleute ▪▪▪ und ▪▪▪ ▪▪▪, ▪▪▪-Straße ▪▪▪, ▪▪▪

---

[408] Diese Auffassung lässt sich zwar vertreten, wird aber nur mit geringer Aussicht zum Erfolg in einem Rechtsstreit führen. Zwar ist auch bei ästhetischen Auswirkungen des Gebrauchs am gemeinschaftlichen Eigentum das Vorliegen nicht ganz unerheblicher Nachteile für die übrigen Wohnungseigentümer erforderlich. Indes ist es nicht Aufgabe der Gerichte, in einer vorwiegend ästhetischen Kontroverse ein Urteil zu fällen, vgl. OLG Zweibrücken, ZMR 1987, 435. Maßgebend ist, dass die konkrete ästhetische Veränderung bei nicht wenigen Menschen den Anstoß erregt und deshalb letztlich zu einer nicht ganz unerheblichen Beeinträchtigung des optischen Gesamteindrucks einer Wohnanlage führen kann.

Antragsgegner

wegen Unterlassung des unzulässigen Gebrauchs des Teileigentums

Vorläufiger Geschäftswert: ∎∎∎ €.

Im Namen und mit Vollmacht[409] des Antragstellers beantrage ich unter Einzahlung eines Kostenvorschusses[410] von ∎∎∎ €
1. Den Antragsgegnern wird aufgegeben, es zu unterlassen, ihr Teileigentum Nr. ∎∎∎ gemäß Aufteilungsplan mit Teilungserklärung vom ∎∎∎ als sog. „Pärchentreff" oder „Swingerclub" zu nutzen und dort einen Betrieb zu führen oder führen zu lassen, durch den die Aufnahme sexueller Kontakte beliebiger Personen in den Räumen ermöglicht oder erleichtert wird sowie für einen solchen Geschäftsbetrieb zu werben oder werben zu lassen.
2. Für den Fall einer jeden Zuwiderhandlung wird den Antragsgegnern die Verhängung eines angemessenen Ordnungsgeldes angedroht.[411]
3. Die Antragsgegner tragen als Gesamtschuldner die Kosten des Verfahrens und die außergerichtlichen Kosten des Antragstellers.[412]

B e g r ü n d u n g :

Die Antragsgegner sind Eheleute und Mitglieder der im Rubrum bezeichneten Wohnungseigentümergemeinschaft, die aus 12 Häusern mit insgesamt 511 Wohnungen, 13 Teileigentumseinheiten und einer Tiefgarage besteht.

Der Antragsteller ist Eigentümer des Teileigentums Nr. ∎∎∎, in dem er eine kleine Pizzeria betreibt. Sein Teileigentum befindet sich unmittelbar neben demjenigen der Antragsgegner, welches die Nr. ∎∎∎ trägt.

Beweis: Grundbuchauszüge, Aufteilungsplan und Teilungserklärung in Kopie.

Das Teileigentum des Antragstellers ist im Grundbuch als Restaurant/Imbiss, dasjenige der Antragsgegner als „Sauna" bezeichnet. Wegen des Gegenstands und des Inhalts des Sondereigentums, auch wegen der Benutzungsregelungen, ist dabei auf die Bewilligungen

---

409 Auch wenn im Verfahren nach dem FG der für einen oder mehrere Beteiligte auftretende Rechtsanwalt grundsätzlich ohne weitere Prüfung als vertretungsbefugt angesehen wird (vgl. § 13 S. 2 FGG), sollten die Vollmachtsurkunde sowie die Schriftstück, aus dem sich die Ermächtigung des Verwalters zur Führung von Rechtsstreitigkeiten ergibt, vorgelegt werden, um etwaigen Einwendungen zuvor zu kommen.
410 Zum Kostenvorschuss vgl. §§ 8 KostO, 48 Abs. 1 WEG (drei Gebühren), zum zugrundeliegende Geschäftswert vgl. §§ 48 Abs. 3 WEG, 18 ff. KostO, zur Gebührenhöhe vgl. § 32 KostO. Im übrigen wird auf die Ausführungen zum Kostenvorschuss zu § 2 Rn. 119 verwiesen.
411 Ein Unterlassungsgebot wird über § 45 Abs. 3 WEG nach § 890 ZPO vollstreckt, d.h. durch Ordnungsmittel in Gestalt des Ordnungsgeldes und der Ordnungshaft, die zuvor angedroht werden müssen. Die Androhung kann und sollte zur Verfahrensbeschleunigung gem. § 890 Abs. 2 ZPO schon in dem die Unterlassungsverpflichtung enthaltenden Erkenntnis vorgenommen werden, vgl. Thomas/Putzo/Reichold/Hüßtege, § 890 Rn. 18 ff.
412 Über die Tragung der Gerichtskosten sowie eine etwaige Erstattungspflicht für außergerichtliche Kosten entscheidet das Gericht gem. § 47 WEG nach billigem Ermessen. Hierbei tragen die unterlegenen Beteiligten in der Regel die Gerichtskosten; eine Erstattung außergerichtlicher Kosten findet grundsätzlich nicht statt, Palandt/Bassenge, § 47 WEG Rn. 3 und 4.

D. Anträge auf Beseitigung, Unterlassung und Schadenersatz

vom ▪▪▪ und ▪▪▪ Bezug genommen. Im Nachtrag zur Teilungserklärung vom ▪▪▪ ist das Teileigentum Nr. 525 bezeichnet als[413]

„Miteigentumsanteil zu 2,13/1000 verbunden mit dem Sondereigentum an der im nördlichen Bereich der Tiefgarage gelegenen Sauna mit einer Nutzfläche von ca. 804,80 qm, bestehend aus:

Vorraum, Garderobe, Kassenraum mit Aufenthaltsraum, Warmwasserraum, Kaltwasserraum, 2 Saunakabinen, 1 Massageraum, 1 Ruheraum, 1 Schwimmhalle, 4 WC mit je einem Vorraum, 1 Aufenthaltsraum für Personal im 1.Untergeschoss, 1 Gang, 1 Kontrollraum, 3 Maschinenräumen, 1 Ankleideraum, 1 WC im 2.Untergeschoss, 2 Lagerräumen im Saunabereich, 2 Lagerräumen im Haus 5 im 1.Untergeschoss, 1 Lagerraum im Haus 6 im 1.Untergeschoss, 1 Lagerraum im Haus 8 im 1. Untergeschoss, 1 Lagerraum im Haus 9 im 1.Untergeschoss, 5 Lagerräumen im Haus 10 im 2.Untergeschoss, 2 Lagerräumen im Haus 11 im 1.Untergeschoss."

Beweis: Nachtrag zur Teilungserklärung vom ▪▪▪

Die Gemeinschaftsordnung bestimmt in § 1 Abs. 1:

„Die in der Wohnanlage errichteten Läden und Lagerräume dürfen ohne zusätzliche Genehmigung und ohne Einschränkung irgendwelcher Branchen gewerblich genutzt werden. Dasselbe gilt auch für evtl. verkaufte Teile der Tiefgaragen."

Beweis: Gemeinschaftsordnung als Anlage Nr. ▪▪▪ zur Teilungserklärung vom ▪▪▪.

Die Antragsgegner haben ihr Teileigentum vermietet; der Mieter betreibt darin einen sogenannten „Pärchentreff" oder „Swinger-Club". Er wirbt dafür in Zeitungsanzeigen mit Bezeichnungen wie „Erotischer Treff für Paare und Singles" oder „Toleranter Treff" unter Angabe einer Telefonnummer. Dem Anrufer werden Anschrift, Öffnungszeiten und Eintrittspreise (Herren zwischen 100,- € und 180,- €, Paare 50,- €, Damen frei) bekannt gegeben mit dem Hinweis, es handle sich um einen Treff für tolerante Paare, die dort alles tun könnten, was Spaß macht, bei gegenseitiger Toleranz.

Beweis: Ausgaben der „▪▪▪ Rundschau" Nrn. 40 bis 44 sowie der „▪▪▪ Stadtzeitung" Nrn. 9 und 10, jeweils aus dem Jahr ▪▪▪.

Der Antragsteller hat gegen die Antragsgegner einen Anspruch auf Unterlassung gem. §§ 15 Abs. 3, 14 Nr. 1 WEG, 1004 BGB (entsprechend).

Bei der Bezeichnung des Teileigentums der Antragsgegner in der Teilungserklärung und im Grundbuch als „Sauna" handelt es sich um eine Zweckbestimmung mit Vereinbarungscharakter i.S. von §§ 10 Abs. 1 Satz 2, 15 Abs. 1 WEG. Demnach dürfen die Antragsgegner in den Räumen des Teileigentums gewerbsmäßig eine Sauna betreiben.[414]

Zulässig ist hierbei grundsätzlich auch eine andere Nutzung, sofern sie nicht mehr stört oder beeinträchtigt als eine der Zweckbestimmung entsprechende Nutzung. Wird ein Teileigentum im Sinn dieser Grundsätze zweckbestimmungswidrig genutzt, kann ein anderer Wohnungs- oder Teileigentümer Unterlassung dieser Nutzung gemäß § 1004 Abs. 1

---

[413] Wenn es auf die genaue vereinbarte Zweckbestimmung bzw. deren Auslegung ankommt, sollte die Teilungserklärung insgesamt wörtlich wiedergegeben werden.
[414] Vgl. hierzu BayObLG, NJW-RR 1994, 1036, 1037.

Satz 2 BGB, § 15 Abs. 3 WEG verlangen.[415] Bei Vermietung des Teileigentums richtet sich der Unterlassungsanspruch wegen bestimmungswidriger Nutzung ihres Teileigentums gegen die Antragsgegner als Eigentümer.[416]

Die Nutzung des Teileigentums der Antragsgegner als „Pärchentreff" widerspricht aber den Bestimmungen der Teilungserklärung und der Gemeinschaftsordnung. Zunächst steht diesem Ergebnis nicht § 1 der Gemeinschaftsordnung, wonach die in der Wohnanlage errichteten Läden und Lagerräume sowie evtl. verkaufte Teile der Tiefgaragen ohne jede Genehmigung und ohne Einschränkung irgendwelcher Branchen gewerblich genutzt werden dürfen, entgegen. Die Auslegung ist – wie bei Grundbucherklärungen – nach objektiven Gesichtspunkten vorzunehmen; dabei ist auf den Wortlaut und Sinn abzustellen, wie er sich für einen unbefangenen Betrachter als nächstliegende Bedeutung des Erklärten ergibt.[417]

Hiernach kann zwar offenbleiben, ob die Erweiterung der Nutzungsmöglichkeiten für Läden und Lagerräume auch für das in der Teilungserklärung und im Grundbuch als Sauna bezeichnete Teileigentum der Antragsgegner gilt, das zwar im Bereich der Tiefgarage gelegen ist, aber nicht zu ihr gehört und ein eigenes Teileigentum bildet. Denn die nächstliegende Bedeutung dieser Gebrauchsregelung ist, dass in den Teileigentumseinheiten jedes erlaubte Gewerbe im Rahmen der gesetzlichen Bestimmungen betrieben werden darf.[418]

Die Auslegung kann aber nicht dazu führen, dass auch eine gewerbliche Nutzung zulässig sein soll, die mit einem sozialen Unwerturteil behaftet ist und von breiten Bevölkerungskreisen als anstößig empfunden wird, auch wenn sie gesetzlich nicht verboten ist.[419] Der Betrieb eines „Pärchentreffs" oder „Swinger-Clubs" verstößt aber gegen die in der Rechtsgemeinschaft als maßgebliche Ordnungsvoraussetzungen anerkannten sozialethischen Wertvorstellungen[420] und wird daher von der Gebrauchsregelung des § 1 Abs. 1 der Gemeinschaftsordnung nicht gedeckt.[421]

Der Unterlassungsanspruch bezieht sich auch darauf, für den Pärchentreff zu werben, denn die Werbung gehört zum Betrieb und wirkt sich in gleicher Weise nachteilig auf das Ansehen und den Wert der Wohnanlage aus wie der Betrieb selbst.[422]

Der Unterlassungsanspruch kann auch vom Antragsteller als Miteigentümer allein geltend gemacht werden, ohne dass er hierzu einer Ermächtigung der anderen Wohnungseigentümer bedürfte, vgl. §§ 15 Abs. 3, 43 Abs. 1 Nr. 1 WEG.

■■■

Rechtsanwalt

---

415 Allgemeine Meinung und st.Rspr., z.B. BayObLG, WuM 1993, 490; WE 1998, 398; ZMR 2000, 234. Insbesondere muss nicht die Gemeinschaft der (restlichen) Wohnungseigentümer als Antragsteller auftreten. Dies wäre allerdings auch hier möglich gewesen, ggf. wiederum in Vertretung durch den Verwalter. Auch hätte der Verwalter einen entsprechenden Anspruch – für einen oder für alle restlichen Wohnungseigentümer – in Verfahrensstandschaft geltend machen können.
416 Vgl. BayObLG, NZM 1998, 773, 775.
417 Vgl. BGHZ 113, 374, 378; BayObLG, ZMR 1998, 184, 185 m.w.N.
418 Vgl. BayObLG, MDR 1995, 144.
419 Vgl. KG, NZM 2000, 264, 265f.
420 Vgl. etwa Metzner, Gaststättengesetz, 5.Aufl., § 4 Rn. 32; Michel/Kienzle, Das Gaststättengesetz, 13.Aufl., § 4 Rn. 16 und Fn. 96.
421 Vgl BayObLG, NJW-RR 1994, 1036, 1037; Staudinger/Kreuzer, § 15 WEG Rn. 19 und 56; Bärmann/Pick/Merle, § 13 Rn. 50.
422 Vgl. BayObLG, NJW-RR 1994, 1036, 1037.

bb) Muster: Antragserwiderungsschriftsatz im Verfahren auf Unterlassung des unzulässigen Gebrauchs des Sondereigentums durch einen anderen Wohnungseigentümer

Rechtsanwalt ■■■, den ■■■

■■■

Antragserwiderung

in der Wohnungseigentumssache betreffend die Wohnanlage ■■■-Straße ■■■ in ■■■.

In vorstehend bezeichneter Sache zeige ich unter Vollmachtsvorlage[423] die Vertretung der Antragsgegner an und werde in der anzuberaumenden mündlichen Verhandlung b e a n ‑ t r a g e n:

Die Anträge werden zurückgewiesen.

B e g r ü n d u n g:

Die Anträge auf Unterlassung sind nicht begründet und daher zurückzuweisen.

Die Angaben zu den Eigentumsverhältnissen sowie zur Vermietung des Teileigentums durch die Antragsgegner sind zutreffend.

Zutreffend ist auch, dass der Mieter die Räume des Teileigentums der Antragsgegner gelegentlich gegen eine Eintrittsgebühr für die Abhaltung sog. „Pärchen- oder Swingertreffs" zur Verfügung stellt.

Auf Grund des großen Angebots solcher Einrichtungen finden entsprechende Veranstaltungen in den angemieteten Räumen aber höchstens einmal im Monat statt.

Beweis: ■■■, ■■■, ■■■, Angestellte beim Mieter der Antragsgegner.

Darüber hinaus werden die ab 19.00 Uhr stattfindenden Treffs äußerst diskret abgehalten, ohne dass nach außen hin ein Unterschied zum „normalen" Saunabetrieb festgestellt werden könnte. Insbesondere findet keine Außenwerbung vor Ort statt.

Beweis: ■■■, wie vor.

Ferner ist die Wohnanlage an einer lärmbelasteten Hauptverkehrsstraße gelegen und befinden sich in den Teileigentumseinheiten mehrere verschiedene Läden, die etwa als Restaurant (Teileigentum Nr. 345), Stehimbiss (Teileigentum Nr. 243) oder Spielsalon (Teileigentum Nr. 97) genutzt werden.

Beweis: Teilungserklärung mit Aufteilungsplan, bereits vom Antragsteller vorgelegt

■■■, wie vor.

Schließlich weist das äußere Erscheinungsbild der gesamten Wohnanlage gravierende Mängel – wie etwa eine brüchige Außenfassade und völlig verwahrloste Grünanlagen – auf, so dass die Wohnungs- und Teileigentümer – noch dazu geringfügige – zusätzliche Beein-

---

[423] Auch wenn im Verfahren nach dem FG der für einen oder mehrere Beteiligte auftretende Rechtsanwalt grundsätzlich ohne weitere Prüfung als vertretungsbefugt angesehen wird (vgl. § 13 S. 2 FGG), sollten die Vollmachtsurkunde sowie das Schriftstück, aus dem sich die Ermächtigung des Verwalters zur Führung von Rechtsstreitigkeiten ergibt, vorgelegt werden, um etwaigen Einwendungen zuvor zu kommen.

trächtigungen dulden müssen, die sich aus einer vermeintlich zweckbestimmungswidrigen Nutzung des Teileigentums der Antragsgegner ergeben.

Beweis für den Zustand der Anlage: ▪▪▪, wie vor, sowie Farblichtbilder in Anlage zu diesem Schriftsatz.

Daher ist der Gebrauch des Teileigentums durch die Mieter der Antragsgegner nicht nur nach der Gemeinschaftsordnung nicht unzulässig, sondern den anderen Wohnungseigentümern, also auch dem Antragsteller nach billigem Ermessen zumutbar, vgl. § 15 Abs. 3 WEG.[424]

▪▪▪

Rechtsanwalt

296 d) Muster: Antrag auf Wiederherstellung des ursprünglichen Zustands nach baulichen Veränderungen in Folge unzulässiger Ausübung eines Sondernutzungsrechts

Rechtsanwalt ▪▪▪, den ▪▪▪

▪▪▪

An das Amtsgericht

Wohnungseigentumsgericht

▪▪▪

per Fax vorab!

Antrag

In der Wohnungseigentumssache betreffend die Wohnanlage ▪▪▪-Straße ▪▪▪ in ▪▪▪

Verfahrensbeteiligte:
1. Die Eigentümer der Eigentumswohnanlage ▪▪▪-Straße ▪▪▪, ▪▪▪, namentlich aufgeführt in der anliegenden Eigentümerliste

Antragsteller

---

[424] Die Argumentation der Antragsgegner dürfte vorliegend allerdings kaum zum Erfolg führen. Bei der gebotenen „typisierenden", d.h. verallgemeinernden Betrachtungsweise (vgl. BayObLG, WuM 1993, 697, 699f.; NZM 1999, 80, 81) kommt es nicht darauf an, ob der konkrete Gebrauch des Teileigentums in der Wohnanlage selbst wahrnehmbar ist oder nicht. Art und Lage des Betriebs werden hier mittels Werbung, insbesondere durch Zeitungsinserate, in der Öffentlichkeit bekannt gemacht; dies führt zu einer Herabsetzung des Ansehens der Wohnanlage sowie einer Minderung ihres Wohn- und Mietwerts. Hierüber dürfte auch nicht Beweis zu erheben sein. Es entspricht der Lebenserfahrung, dass die Nutzung eines Wohnungs- oder Teileigentums, die mit einem sozialen Unwerturteil behaftet ist oder als anstößig empfunden wird, nachteilige Auswirkungen auf den Verkehrswert und Mietwert der übrigen Einheiten hat (vgl. BayObLG, MDR 1995, 144; MDR 1995, 1117 = NJW-RR 1995, 1228; OLG Karlsruhe, NZM 2000, 194; OLG Hamm, WE 1995, 34; LG Tübingen, MDR 2000, 387, 388; a.A. zu einem Sonderfall – Großstadt ohne Sperrbezirk – LG Berlin, NJW-RR 2000, 601, 602). Dies stellt einen Nachteil i.S. von § 14 Nr. 1 WEG dar, den die übrigen Wohnungseigentümer nicht hinnehmen müssen. Wenn schließlich das äußere Erscheinungsbild der Anlage Mängel aufweist, wie die Antragsgegner vortragen, hat dies nicht zur Folge, dass die Wohnungs- und Teileigentümer zusätzliche Beeinträchtigungen dulden müssen, die sich aus der zweckbestimmungswidrigen Nutzung eines Teileigentums ergeben.

D. Anträge auf Beseitigung, Unterlassung und Schadenersatz

vertreten durch die Verwalterin Fa. Fleißig Wohnungsverwaltungsgesellschaft mbH u. Co. KG, vertreten durch die Fa. Fleißig Betriebs- GmbH als geschäftsführende Gesellschafterin, diese vertreten durch den Geschäftsführer Werner Fleißig, ■■■,■■■.

Verfahrensbevollmächtigter: Rechtsanwalt ■■■

2. ■■■, ■■■-Straße ■■■, ■■■

Antragsgegner

wegen Unterlassung des unzulässigen Gebrauchs eines Sondernutzungsrechts

Vorläufiger Geschäftswert: ■■■ €.

Im Namen und mit Vollmacht[425] der Antragsteller beantrage ich unter Einzahlung eines Kostenvorschusses[426] von ■■■ €
1. Der Antragsgegner wird verpflichtet, die an der Überdachung der Gartenterrasse vor seiner Wohnung Nr. ■■■ gem. Aufteilungsplan vom ■■■ angebrachte Vertikalmarkise zu entfernen.
2. Der Antragsgegner trägt die Kosten des Verfahrens und die außergerichtlichen Kosten der Antragsteller.[427]

B e g r ü n d u n g :

Der Antragsgegner ist Alleineigentümer der in der Eigentumswohnanlage ■■■-Straße ■■■, ■■■ gelegenen Wohnung Nr. ■■■ gemäß Aufteilungsplan und Teilungserklärung vom ■■■.

Beweis: Teilungserklärung mit Aufteilungsplan vom ■■■.

Laut § ■■■ der Teilungserklärung vom ■■■ ist die Verwalterin zur gerichtlichen Vertretung der Gemeinschaft der Wohnungseigentümer in allen Aktiv- und Passivprozessen befugt.[428]

Beweis: Teilungserklärung vom ■■■ , dort § ■■■

Mit Vereinbarung aller Wohnungseigentümer vom ■■■ wurde zu Gunsten des jeweiligen Eigentümers der im Antragstenor bezeichneten Wohnung ein Sondernutzungsrecht an der im gemeinschaftlichen Eigentum stehenden Terrasse samt Überdachung vor dieser im Erdgeschoss befindlichen Wohneinheit bestellt. Das Sondernutzungsrecht ist im Wohnungsgrundbuch eingetragen.

Beweis: Vereinbarung vom ■■■ mit Grundbuchauszug, jeweils in Kopie.

---

425 Auch wenn im Verfahren nach dem FG der für einen oder mehrere Beteiligte auftretende Rechtsanwalt grundsätzlich ohne weitere Prüfung als vertretungsbefugt angesehen wird (vgl. § 13 S. 2 FGG), sollten die Vollmachtsurkunde sowie das Schriftstück, aus dem sich die Ermächtigung des Verwalters zur Führung von Rechtsstreitigkeiten ergibt, vorgelegt werden, um etwaigen Einwendungen zuvor zu kommen.
426 Zum Kostenvorschuss vgl. §§ 8 KostO, 48 Abs. 1 WEG (drei Gebühren), zum zugrundeliegende Geschäftswert vgl. §§ 48 Abs. 3 WEG, 18 ff. KostO, zur Gebührenhöhe vgl. § 32 KostO. Im übrigen wird auf die Ausführungen zum Kostenvorschuss bei § 1 Rn. 119 verwiesen.
427 Über die Tragung der Gerichtskosten sowie eine etwaige Erstattungspflicht für außergerichtliche Kosten entscheidet das Gericht gem. § 47 WEG nach billigem Ermessen. Hierbei tragen die unterlegenen Beteiligten in der Regel die Gerichtskosten; eine Erstattung außergerichtlicher Kosten findet grundsätzlich nicht statt, Palandt/Bassenge, § 47 WEG Rn. 3 und 4.
428 Der Verwalter ist trotz § 27 Abs. 2 Nr. 3 WEG nicht der allgemeine gesetzliche Vertreter der Wohnungseigentümer. Auch bei der bloßen Vertretung der Wohnungseigentümer durch den Verwalter ohne Ermächtigung zur Verfahrensstandschaft bedarf dieser daher einer Legitimation durch Beschluss der Eigentümerversammlung, Vereinbarung oder in der Teilungserklärung, vgl. § 27 Abs. 2 Nr. 5 WEG und BGH, NJW 1981, 282.

Der Antragsgegner hat am ▬▬▬ an der Terrassenüberdachung eine beigefarbige Vertikalmarkise im Format 4,50 m x 2,50 m angebracht.

Beweis: Farblichtbilder in Anlage zum Schriftsatz sowie Frau ▬▬▬, ▬▬▬-Straße ▬▬▬, ▬▬▬ als Zeugin.

Trotz mehrfacher Anmahnung durch die Verwalterin hat der Antragsgegner die Vertikalmarkise bislang nicht abgenommen.

Beweis: Frau ▬▬▬, Angestellte bei der Verwalterin, zu laden über diese, als Zeugin.

Die Antragsteller haben gegen den Antragsgegner einen Beseitigungsanspruch gem. §§ 15 Abs. 3 WEG, 1004 Abs. 1 BGB, weil dieser sein Sondernutzungsrecht unzulässig überschritten hat, indem er eine bauliche Veränderung vorgenommen hat.

Die Anbringung der Markisen stellt eine bauliche Veränderung i.S.d. § 22 Abs. 1 S. 1 WEG dar. Die hierdurch eingetretene Veränderung des Gemeinschaftseigentums geht nämlich über den bloßen Gebrauch oder eine Instandhaltung hinaus und bedarf daher grundsätzlich der Zustimmung der Wohnungseigentümer. Hierbei ist auch eine Qualifikation der Markisen selbst als Sondereigentum für den Beseitigungsanspruch unerheblich.

Durch die bauliche Veränderung werden die Rechte der Miteigentümer über das in § 14 Nr. 1 WEG bestimmte Maß hinaus beeinträchtigt, weil den anderen Wohnungseigentümern durch die bauliche Maßnahme in vermeidbarer Weise ein Nachteil erwächst.[429]

Unter Nachteil in diesem Sinne ist jede nicht ganz unerhebliche Beeinträchtigung zu verstehen. Dabei gelten nur konkrete und objektive Beeinträchtigungen als ein solcher Nachteil. Entscheidend ist, ob sich nach der Verkehrsanschauung ein Wohnungseigentümer in der entsprechenden Lage verständlicherweise beeinträchtigt fühlen kann.

Angesichts einer mehrere Quadratmeter großen Verdeckung eines Teils der Fassadenfläche kann von einer unwesentlichen Beeinträchtigung gem. des § 14 Nr. 1 WEG und der Rspr. dazu[430] im Rechtssinne nicht gesprochen werden. Nach allgemeiner Auffassung stellen Horizontalmarkisen, aber auch Rollläden und Außenjalousien unzulässige bauliche Veränderungen dar, die grundsätzlich nicht hinzunehmen sind.[431] Das gleiche muss für Vertikalmarkisen gelten, zumal diese bestimmten Arten von Außenjalousien ähnlich sind.

Die von dem Antragsgegner vorprozessual in seinem diesem Schriftsatz als Kopie beigefügten Schreiben vom ▬▬▬ angeführten Einwände, auf die nachfolgend einzugehen ist, entkräften den Beseitigungsanspruch der Antragsteller nicht.[432]

---

429 Vgl. insoweit BGHZ 116, 392 = NJW 1992, 978.
430 Vgl. insbesondere BGHZ 116, 392 = NJW 1992, 978.
431 Vgl. die Nachweise bei Palandt / Bassenge, § 22 WEG Rn. 2 und 3.
432 Auf die Darstellung eines Erwiderungsschriftsatzes soll hier wegen der Vergleichbarkeit mit den vorangegangenen Mustern, die auch Beseitigungs- oder Unterlassungsansprüche zum Gegenstand hatten, verzichtet werden. Wie auch sonst ist es zur Verkürzung des Verfahrens sinnvoll, die vorprozessual erhobenen Einwendungen des Antragsgegners schon im Antragsschriftsatz darzustellen, damit sich der Richter sogleich ein vollständiges Bild vom Sach- und Streitstand machen kann. Der Idealfall wäre es, wenn der Richter keinen Grund hätte, nicht schon mit Eingang des Antragsschriftsatzes unter Setzung einer angemessenen Erwiderungsfrist einen Termin zur mündlichen Verhandlung zu bestimmen. Dies hängt aber wesentlich davon ab, dass schon im Antragsschriftsatz die „Karten vollständig auf den Tisch gelegt" werden.

Unerheblich ist, dass sich die Markisen farblich von der Außenfassade der Wohnung der Antragsgegner nur unwesentlich abheben. Denn zumindest in geöffnetem Zustand können die erheblichen Stoffflächen nicht unbemerkt bleiben. Weiter kann die ohnehin unterschiedliche Gestaltung der Terrassen der Wohnanlage die Anbringung der Markisen nicht rechtfertigen. Denn auch bei unterschiedlich gestalteten Terrassen lässt sich die Bemerkbarkeit der Markisen nicht leugnen. Selbst ein bereits inhomogenes Bild einer Wohnanlage gestattet noch nicht weitere eigenmächtige bauliche Veränderungen.

Ferner kann eine Duldungspflicht der Antragsteller nicht aus der geringen Einsehbarkeit der Markisen sowohl von der Straße als auch von dem Grundstück her aufgrund der Bepflanzung hergeleitet werden, zumal die Hecken und sonstigen Gewächse jahreszeitlich einen unterschiedlichen Sichtschutz bilden und im übrigen auch durch Gartenpflegemaßnahmen verändert werden können. Zugunsten der Antragsteller kann auch nicht gewertet werden, dass die Markisen regelmäßig tagsüber nicht heruntergelassen würden. Für die rechtliche Betrachtung der allgemein angenommenen Unzulässigkeit von Markisen ist nur die Möglichkeit entscheidend, dass diese jederzeit geöffnet werden können und damit die Fassade optisch beeinträchtigen. Gegen die mehr oder weniger häufige Benutzung einer Markise ist auch praktisch keine Handhabe gegeben. Deshalb kann auf den Zustand der Markisen im geschlossenen Zustand rechtlich überhaupt nicht abgestellt werden.

Im Hinblick auf die hartnäckige Weigerung des Antragsgegners zur Beseitigung der Markise und seine bereits im Antragsschriftsatz dargelegten Einwände wird um baldmögliche Anberaumung eines Termins zur mündlichen Verhandlung gebeten.

■■■

Rechtsanwalt

e) Antrag auf Schadensersatz wegen Verletzung des Sondereigentums durch Miteigentümer bzw. deren Mieter

aa) Muster: Antragsschriftsatz im Verfahren auf Schadensersatz wegen Verletzung des Sondereigentums durch Miteigentümer bzw. deren Mieter

Rechtsanwalt   ■■■, den ■■■

■■■

An das Amtsgericht

Wohnungseigentumsgericht

■■■   per Fax vorab!

Antrag

In der Wohnungseigentumssache betreffend die Wohnanlage ■■■-Straße ■■■ in ■■■

Verfahrensbeteiligte:

1. Die Eheleute ■■■ und ■■■ Bau, ■■■-Straße ■■■, ■■■

Antragsteller

Verfahrensbevollmächtigter: Rechtsanwalt ■■■

2. ■■■, ■■■, ■■■

Antragsgegner

wegen Schadensersatz

Vorläufiger Geschäftswert: 1.723,– €.

Im Namen und mit Vollmacht[433] der Antragsteller beantrage ich unter Einzahlung eines Kostenvorschusses[434] von ■■■ €
1. Der Antragsgegner wird als Gesamtschuldner verpflichtet, an die Antragsteller 1.723,– € zuzüglich Zinsen in Höhe von 5 Prozentpunkten über dem jeweils gültigen Basiszins seit ■■■ zu bezahlen.
2. Der Antragsgegner trägt die Kosten des Verfahrens und die außergerichtlichen Kosten der Antragsteller.[435]

B e g r ü n d u n g :

Die Verfahrensbeteiligten sind Wohnungseigentümer der im Rubrum bezeichneten Wohnungseigentumsanlage, zu der auch Wohnungseigentum weiterer Personen gehört. Die Antragsteller sind Eigentümer je einer Wohneigentumseinheit im Obergeschoss, die sie zusammengefasst und an einen Rechtsanwalt für dessen Kanzleibetrieb vermietet haben. Der Antragsgegner ist Eigentümer zweier gewerblich genutzter Teileigentumseinheiten im Erdgeschoss, die in der Teilungserklärung jeweils als „Laden" bezeichnet sind.

Beweis: Grundbuchauszug und Teilungserklärung mit Aufteilungsplan vom ■■■, sowie Mietvertrag mit Rechtsanwalt ■■■ vom ■■■, jeweils in Kopie.

Der Antragsgegner hat das als Laden Nr. 2 des Aufteilungsplans bezeichnete Teileigentum an Gastronomen vermietet, die im April ■■■ einen Bistrobetrieb eröffnet haben. Der Mieter der Antragsteller minderte daraufhin den für Mai und Juni ■■■ zu zahlenden Mietzins um 40 % wegen angeblicher Beeinträchtigungen seiner Rechtsanwaltspraxis durch Geruchsbelästigungen und sonstiger von dem Betriebe des Bistros ausgehender Beeinträchtigungen.

Beweis: Minderungsschreiben des Rechtsanwalts ■■■ vom ■■■.

Das Amtsgericht ■■■ hat in dem Vorprozess der Antragsteller gegen ihren Mieter (AZ:■■■), in dem dem Antragsgegner der Streit verkündet worden ist, durch rechtskräftiges Urteil vom ■■■ die Klage auf rückständigen Mietzins in Höhe von 1.072,42 € wegen berechtigter Minderung des Mietzinses um 20 % seitens des Mieters aufgrund geruchsbedingter Beein-

---

433 Auch wenn im Verfahren nach dem FGG der für einen oder mehrere Beteiligte auftretende Rechtsanwalt grundsätzlich ohne weitere Prüfung als vertretungsbefugt angesehen wird (vgl. § 13 S. 2 FGG), sollten die Vollmachtsurkunde sowie das Schriftstück, aus dem sich die Ermächtigung des Verwalters zur Führung von Rechtsstreitigkeiten ergibt, vorgelegt werden, um etwaigen Einwendungen zuvor zu kommen.

434 Zum Kostenvorschuss vgl. §§ 8 KostO, 48 Abs. 1 WEG (drei Gebühren), zum zugrundeliegende Geschäftswert vgl. §§ 48 Abs. 3 WEG, 18 ff. KostO, zur Gebührenhöhe vgl. § 32 KostO. Im übrigen wird auf die Ausführungen zum Kostenvorschuss bei § 1 Rn. 119 verwiesen.

435 Über die Tragung der Gerichtskosten sowie eine etwaige Erstattungspflicht für außergerichtliche Kosten entscheidet das Gericht gem. § 47 WEG nach billigem Ermessen. Hierbei tragen die unterlegenen Beteiligten in der Regel die Gerichtskosten; eine Erstattung außergerichtlicher Kosten findet grundsätzlich nicht statt, Palandt / Bassenge, § 47 WEG Rn. 3 und 4.

trächtigung der Gebrauchstauglichkeit des Mietobjekts abgewiesen und die Kosten des Rechtsstreits gegeneinander aufgehoben.

Die Antragsteller verlangen nunmehr vom Antragsgegner in diesem Verfahren als Schadensersatz den Mietzinsausfall in Höhe von 1.072,42 € und die ihnen entstandenen Kosten des Vorprozesses in Höhe von 710,87 € nach Maßgabe der diesem Schriftsatz in Anlage gegebenen Kostennote, die dem Antragsgegner zusammen mit dem Schadensersatzbegehren vorprozessual unter Fristsetzung zur Zahlung bis ■■■ übersandt wurde.

Beweis: Kostennote vom ■■■, auf die zur näheren Aufschlüsselung der geltend gemachten Gebühren und Auslagen Bezug genommen wird.

Der Antragsgegner ist zum Schadensersatz verpflichtet, da er den Laden Nr. 2 rechtswidrig zum Betriebe einer Gaststätte vermietet hat, die durch ihre Emissionen die Mietzinsminderung des Mieters der Antragsteller herbeigeführt hat.

Die Mieter des Antragsgegners haben nämlich die diesem nach § 14 Nr. 1 WEG obliegende Pflicht, durch den Gebrauch des Sondereigentums keinem anderen Wohnungseigentümer einen Nachteil zuzufügen, der über das bei einem geordneten Zusammenleben unvermeidliche Maß hinausgeht, schuldhaft verletzt. Diese Pflichtverletzung der Mieter hat der Antragsgegner analog § 278 BGB zu vertreten.

Die Pflichtverletzung der Mieter liegt schon darin, dass durch die Nutzung des Ladens Nr. 2 als Bistro eine nicht unerhebliche Geruchsbelästigung des Mieters der Antragsteller und damit zwangsläufig auch eine nicht ganz unerhebliche Beeinträchtigung des Gebrauchsrechts der Antragsteller selbst eingetreten ist. Die Geruchsbelästigung des Mieters der Antragsteller durch den Betrieb des Bistros und die dadurch bedingte Minderung der Gebrauchstauglichkeit des Mietobjekts der Antragsteller ist durch das Urteil des Amtsgerichts ■■■ vom ■■■ im Vorprozess, Az. ■■■, festgestellt worden. Demgegenüber kann sich der Antragsgegner nicht darauf berufen, der Vorprozess sei unrichtig entschieden worden. Vielmehr ist der Antragsgegner als Streitverkündeter des Vorprozesses nach den §§ 74 Abs. 1, 68 ZPO gegenüber den Antragstellern an das in jenem Rechtsstreit ergangene Urteil mit seinen tatsächlichen und rechtlichen Grundlagen gebunden.

Für die analog § 280 Abs. 1 S. 2 BGB schuldhafte Pflichtverletzung seiner Mieter muss der Antragsgegner nach § 278 BGB einstehen, da zwischen den Wohnungseigentümern ein gesetzliches Schuldverhältnis besteht und der Antragsgegner sich zur Erfüllung seiner Verbindlichkeit aus § 14 Nr. 1 WEG der Mieter bedient hat.

Der Antragsgegner hat den Antragstellern die geltend gemachten Schäden zu ersetzen. Nach § 249 Abs. 1 BGB hat der zum Schadensersatz verpflichtete Wohnungseigentümer den Zustand herzustellen, der bestehen würde, wenn der zum Ersatz verpflichtende Umstand nicht eingetreten wäre. Ist für den Verlust von Einkünften oder für die Belastung mit Ausgaben Schadensersatz zu leisten, besteht die Naturalrestitution in einer Geldzahlung. Folgeschäden sind von der Schadensersatzpflicht mitumfasst, sofern sie mit dem schadensstiftenden Ereignis in einem adäquaten Ursachenzusammenhang stehen und in den Schutzbereich der verletzten Norm fallen.[436]

---

[436] Vgl. Palandt/Heinrichs, § 249 Rn. 36 ff. und vor § 249 Rn. 58 und 62, m.w.N.

Der Betrieb eines Bistros, in dem auch warme Speisen zubereitet werden, lässt aber im allgemeinen das Entstehen von Essensgerüchen erwarten, die generell geeignet sind, die Gebrauchstauglichkeit eines in der Nähe gelegenen Mietobjekts zu beeinträchtigen. Aufgrund des Urteils des Amtsgerichts ■■■ vom ■■■ (Az. ■■■) steht – ohne dass dies in vorliegendem Verfahren noch ermittelt werden müsste – fest, dass die von dem Bistro der Mieter des Antragsgegners ausgehenden Gerüche die Gebrauchstauglichkeit des Wohnungseigentums der Antragsteller in der Weise herabgesetzt haben, dass ihr Mieter zur Minderung des Mietzinses in Höhe von 1.072,42 € berechtigt war. Denn nach den §§ 68, 74 Abs. 1 ZPO kann der Antragsgegner im Verhältnis zu den Antragstellern in hiesigem Verfahren nicht mit der Behauptung gehört werden, der Vorprozess sei insoweit unrichtig entschieden. Dem Antragsgegner ist nämlich von den Antragstellern im Vorprozess der Streit verkündet worden. Verhandlungen und Beweisaufnahmen des Prozessgerichtes haben erst nach der Zustellung der Streitverkündungsschrift am ■■■ stattgefunden.

Beweis: Zustellungsnachweis für die Streitverkündungsschrift im Verfahren vor dem AG ■■■ vom ■■■, sowie Protokoll über die Beweisaufnahme in diesem Verfahren vom ■■■, jeweils in Kopie.

Es bestehen keine Bedenken gegen die Wirkung der in einem Zivilprozess ausgebrachten Streitverkündung auf ein Verfahren nach § 43 Abs. 1 Nr. 1 WEG. Die Zulässigkeit einer Streitverkündung in einem solchen WEG-Verfahren ist anerkannt.[437]

Die den Antragstellern angefallenen Kosten des Vorprozesses gegen ihren Mieter in Höhe von 710,87 € stellen ebenfalls einen vom Antragsgegner zu ersetzenden Schaden dar. Kosten der Rechtsverfolgung können bei einem Schadensersatzanspruch aus positiver Vertragsverletzung verlangt werden, wenn sie Aufwendungen des geschädigten Vertragspartners darstellen, die bei der gegebenen Sachlage zur Schadensabwendung vernünftig und zweckmäßig schienen.[438]

Hier hat aber der Antragsgegner durch die rechtswidrige Vermietung des Ladens Nr. 2 zum Betriebe eines Bistros die Ursache für die von dem Mieter der Antragsteller vorgenommenen Mietminderung gesetzt.

---

437 Vgl. BayObLGZ 1970, 65, 69 ff.; OLG Hamm, NJW-RR 1993, 279 f.; Bärmann/Pick/Merle, § 44 Rn. 10. Zur Begründung der analogen Anwendung der entsprechenden Vorschriften der ZPO wird angeführt, in echten Streitverfahren der freiwilligen Gerichtsbarkeit bestehe ein Bedürfnis dafür, mit dem Mittel der Streitverkündung Urteilskollisionen vorzubeugen und es dem Streitverkünder zu ermöglichen, unter Zugrundelegung seiner Verurteilung im Vorprozess einen Regressprozess zu führen, bei dem der Richter weitgehend an die Gründe der vorausgegangenen Entscheidung gebunden sein soll. Andererseits würden die Interessen des Streitverkündeten dadurch gewahrt, dass er dem Verfahren beitreten und auf diese Weise die Stellung und Befugnisse erhalten könne, die in § 67 ZPO aufgeführt seien. Der Gesetzgeber habe keinesfalls die analoge Anwendung der Bestimmungen der ZPO ausschließen wollen. Er habe vielmehr damit, dass er das vereinfachte Verfahren der freiwilligen Gerichtsbarkeit für die Schlichtung der zwischen den Wohnungseigentümer bestehenden Streitigkeiten zur Verfügung stelle, die Verfolgung und Durchsetzung derartiger Ansprüche erleichtern wollen. Es widerspreche der Aufgabe des Wohnungseigentumsgesetzes, wenn der Gesetzgeber mit der Unterstellung unter das Verfahren der freiwilligen Gerichtsbarkeit gleichzeitig die Rechte der Wohnungseigentümer dahin beschränken wollte, dass diese nicht in der Lage sein sollten, ihre Rechte auch durch die Inanspruchnahme der Interventionswirkung zu sichern. Die Gleichwertigkeit eines echten Streitverfahrens der Freiwilligen Gerichtsbarkeit mit einem Zivilprozess rechtfertige eine Gleichbehandlung hinsichtlich der Rechtskraft und der sonst möglichen Bindungswirkung der Entscheidungen im Interesse der Rechtssicherheit, vgl. BayObLG, a.a.O.
438 Vgl. BGH NJW 1986, 2243, 2244 f.

Der Zinsanspruch ergibt sich aus Verzugsgesichtspunkten dem Grunde nach aus den §§ 286 Abs. 1 S. 1, 288 Abs. 1 S. 1 BGB, der Höhe nach aus § 288 Abs. 1 S. 2 BGB.

■■■

Rechtsanwalt

bb) Muster: Antragserwiderungsschriftsatz im Verfahren auf Schadensersatz wegen Verletzung des Sondereigentums durch Miteigentümer bzw. deren Mieter

Rechtsanwalt ■■■, den ■■■

■■■

Antragserwiderung

in der Wohnungseigentumssache betreffend die Wohnanlage ■■■-Straße ■■■ in ■■■.

In vorstehend bezeichneter Sache zeige ich unter Vollmachtsvorlage[439] die Vertretung der Antragsgegner an und werde in der anzuberaumenden mündlichen Verhandlung b e a n t r a g e n:

Die Anträge werden zurückgewiesen.

B e g r ü n d u n g:

Der Antrag auf Schadensersatz ist nicht begründet und daher zurückzuweisen.

Die Angaben zu den Eigentumsverhältnissen sowie zur Vermietung des Teileigentums durch die jeweiligen Verfahrensbeteiligten sind zutreffend.

Zunächst ist zu bestreiten, dass von dem vermieteten Ladenobjekt Geruchsbelästigungen ausgegangen sind, die zu einer Minderung des Mietzinses des Mieters der Antragsteller berechtigt hätten.

Jedenfalls ist der Antragsgegner nicht für etwaige Geruchsbelästigungen verantwortlich, da er den Laden Nr. 2 zulässigerweise zum Betrieb eines Bistros vermieten durfte und im Mietvertrag mit den Betreibern Klauseln aufgenommen sind, die diese zur Vermeidung von Geruchsbelästigungen verpflichten. An die Einhaltung dieser Pflicht wurden die Mieter vom Antragsgegner immer wieder erinnert.

Beweis: ■■■, ■■■, ■■■, Ehefrau des Antragsgegners

§§ 7 und 8 des Mietvertrages in Kopie

Nicht gefolgt werden kann den Antragstellern darüber hinaus darin, dass eine schuldhafte Pflichtverletzung der Mieter des Antragsgegners vorliege, für die dieser nach § 278 BGB einzustehen habe. Insbesondere ergibt sich hierfür nichts aus dem Urteil des Amtsgerichts ■■■ im Vorprozess der Antragsteller gegen ihren Mieter. Das Urteil beschränkt sich nämlich auf eine Entscheidung über Mietzinsansprüche der Antragsteller gegen deren Mieter und

---

[439] Auch wenn im Verfahren nach dem FG der für einen oder mehrere Beteiligte auftretende Rechtsanwalt grundsätzlich ohne weitere Prüfung als vertretungsbefugt angesehen wird (vgl. § 13 S. 2 FGG), sollten die Vollmachtsurkunde sowie das Schriftstück, aus dem sich die Ermächtigung des Verwalters zur Führung von Rechtsstreitigkeiten ergibt, vorgelegt werden, um etwaigen Einwendungen zuvor zu kommen.

in diesem Zusammenhang auf die Feststellung der tatsächlichen Grundlagen der vom Amtsgericht als berechtigt anerkannten Mietminderung. Die in Betracht zu ziehende Interventionswirkung des § 68 ZPO erstreckt sich aber nur darauf, dass der Antragsgegner nicht geltend machen kann, der Rechtsstreit im Verhältnis zwischen den Antragstellern und deren Mieter sei unrichtig entschieden. Von der Interventionswirkung unberührt bleibt demgegenüber das Verhältnis der Pflichten der Wohnungseigentümer untereinander.

Aus der zur Minderung des Mietzinses berechtigenden Beeinträchtigung der Gebrauchstauglichkeit des Mietobjektes folgt schließlich nicht zwingend auch eine Verletzung der sich aus § 14 Nr. 1 WEG für den Antragsgegner ergebenden Verpflichtung den Antragstellern gegenüber. Die Geruchsbelästigung des Mieters der Antragsteller ist nämlich die ortsübliche Folge einer nach der Teilungserklärung zulässigen Nutzung der Teileigentumseinheit des Antragsgegners, die durch wirtschaftlich zumutbare Maßnahmen nicht zu verhindern ist. Damit liegt aber keine Verletzung des § 14 Nr. 1 WEG vor (vgl. §§ 14 Nr. 3 WEG, 906 Abs. 2 BGB). Die Beeinträchtigung der Gebrauchstauglichkeit des Wohnungseigentums der Antragsteller ist als Folge der Nutzungsregelung der Teilungserklärung anzusehen, für die die Antragsteller allein gegenüber ihrem Mieter einstehen müssen.

Auf keinen Fall ist der Antragsgegner schließlich zum Ersatz der den Antragstellern im Vorprozess entstandenen Kosten in voller Höhe verpflichtet, da diese nur die Hälfte der Mietzinsdifferenz hätten einklagen dürfen.

■■■

Rechtsanwalt

299 *cc) Muster: Replikschriftsatz im Verfahren auf Schadensersatz wegen Verletzung des Sondereigentums durch Miteigentümer bzw. deren Mieter*

Rechtsanwalt ■■■, den ■■■

■■■

An das Amtsgericht

Wohnungseigentumsgericht

■■■ per Fax vorab!

Auf die hier am ■■■ eingegangene Antragserwiderung ist innerhalb der gerichtlich gesetzten Frist wie folgt zu

replizieren:

Die den §§ 14 Nr. 1, 15 Abs. 1 WEG widersprechende Nutzung eines Raumeigentums stellt, wenn sie – wie hier – schuldhaft erfolgt ist, eine zum Schadensersatz verpflichtende Handlung dar.[440]

Die vom Antragsgegner in Abrede gestellten Geruchsbelästigungen bedürfen hier – wie bereits im Antragsschriftsatz ausführlich erläutert – wegen der Interventionswirkung des Urteils im Verfahren vor dem Amtsgericht ■■■ (Az. ■■■) keines Beweises mehr.

---

440   Vgl. BayObLG, WE 1989, 60, 61; OLG Stuttgart, WuM 1993, 424.

Selbst wenn sich die Interventionswirkung dieses Urteils nicht auf die Zurechenbarkeit des Verhaltens der Mieter für den Antragsgegner gem. § 278 BGB beziehen sollte,[441] liegt eine eigene schuldhafte Pflichtverletzung des Antragsgegners vor, die ihn schadensersatzpflichtig macht.

Die insoweit relevante Verletzung der sich aus § 14 Nr. 1 WEG für den Antragsgegner ergebenden Pflicht zum ordnungsgemäßen Gebrauch des Sondereigentums liegt hier nämlich in der nach der Teilungserklärung unzulässigen Vermietung der Teileigentumseinheit zum Betriebe eines Bistros. Unstreitig ist die insoweit erlaubte Nutzung als „Laden" bei der tatsächlichen und vom Antragsgegner durch die Vermietung veranlassten Nutzung als Bistro weit überschritten.

Dies wurde i.Ü. bereits so in einem anderen Verfahren vor dem Amtsgericht ▬▬▬ – WEG-Gericht – unter dem Az. ▬▬▬ entschieden, in dem es um die Unterlassung der Nutzung des Teileigentums durch den Antragsgegner bzw. seine Mieter ging. Das Amtsgericht ▬▬▬ hat in diesem Verfahren einem Anspruch der Gemeinschaft der Wohnungseigentümer auf Feststellung des unzulässigen Gebrauchs durch den Antragsgegner stattgegeben.

Beweis: Rechtskräftiger Beschluss des Amtsgerichts ▬▬▬ im Verfahren Az. ▬▬▬ vom ▬▬▬ in Kopie

An dieser Beurteilung hat sich selbstverständlich auch heute noch nichts geändert.

Die von den Antragstellern verlangten Kosten aus dem Vorprozess sind ebenfalls voll ersatzfähig. Hier hat der Antragsgegner durch die rechtswidrige Vermietung des Ladens Nr. 2 zum Betriebe eines Bistros die Ursache für die von dem Mieter der Antragsteller vorgenommene Mietminderung gesetzt. Dem steht nicht entgegen, dass ein Teil der von den Antragstellern erhobenen Klage im Vorprozess Mietzinsansprüche betraf, die von der vom Amtsgericht getroffenen Entscheidung über ein Minderungsrecht ihres Mieters nicht berührt wurden. Denn der Mieter der Antragsteller hat sein Minderungsbegehren im Vorprozess ausschließlich auf die Beeinträchtigungen durch den Betrieb des Bistros gestützt. Der Antragsgegner, der in dem Vorprozess dem Rechtsstreit auf Seiten der Antragsgegner beigetreten ist, hat dort selbst geltend gemacht, die Minderung des Mieters sei insgesamt ungerechtfertigt. Die Höhe der von dem Amtsgericht in dem Vorprozess anerkannten Minderung hing im Ergebnis allein davon ab, in welchem Umfang sich das Amtsgericht nach dem Ergebnis der Beweisaufnahme von gebrauchsmindernden Beeinträchtigungen durch den Betrieb des Bistros überzeugen konnte. Die von dem Mieter vorgenommene Minderung war auch nicht erkennbar so überhöht, dass die den Antragstellern entstandenen Prozesskosten teilweise dem von ihnen selbst zu tragenden Vermieterrisiko zuzurechnen wären.

▬▬▬

Rechtsanwalt

---

[441] Insoweit hat der Antragsgegner recht, weil sich das Urteil im Vorprozess tatsächlich nur auf eine Entscheidung über Mietzinsansprüche der Antragsteller gegen deren Mieter und in diesem Zusammenhang auf die Feststellung der tatsächlichen Grundlagen der vom Amtsgericht als berechtigt anerkannten Mietminderung beschränkt.

E. Antrag auf Entziehung des Wohnungseigentums

I. Vorprozessuale Situation

1. Materielle Voraussetzungen für die Entziehung des Wohnungseigentums

a) Die Generalklausel des § 18 Abs. 1 WEG

300 Zum Schutz gegen Wohnungseigentümer, die ihren aus dem Gemeinschaftsverhältnis folgenden Verpflichtungen nicht nachkommen, sowie als Ausgleich für die grundsätzliche Unauflöslichkeit der Gemeinschaft gewährt § 18 WEG einen Anspruch auf **Entziehung des Wohnungseigentums**. Die Vorschrift verstößt nicht gegen Art. 14 GG.[442]

301 Voraussetzung für eine Entziehung ist eine **schwere Pflichtverletzung**, aufgrund derer den betroffenen Wohnungseigentümern eine Fortsetzung der Gemeinschaft **nicht mehr zugemutet** werden kann. Die Prüfung hat unter Berücksichtigung aller Umstände des Einzelfalles zu erfolgen. Entscheidend ist, ob der **Gemeinschaftsfrieden** und das **Vertrauensverhältnis** nachhaltig **gestört** sind. Das WEG enthält damit einen allgemeinen für alle Dauerschuldverhältnisse geltenden Gedanken. Besteht Miteigentum, dann genügt es, wenn ein Mitwohnungseigentümer gröblich gegen die ihm obliegenden Pflichten verstößt.[443] Dieses Verhalten braucht zum einen nicht gegenüber allen Wohnungseigentümern vorzuliegen, zum anderen kann auch eine Pflichtverletzung **gegenüber Mietern oder Familienangehörigen** zum Entzug des Wohnungseigentums führen. Ebenso kann der Entziehungsgrund wegen § 14 Nr. 2 WEG auch in der Person eines Mieters oder eines **Familienangehörigen** des **Wohnungseigentümers** vorliegen, wenn der Eigentümer nicht pflichtgemäß hiergegen einschreitet.

302 Die Pflichtverletzung muss nach dem Wortlaut des § 18 Abs. 1 WEG grundsätzlich **schuldhaft** sein. Das Verschulden kann sich auch aus dem konkreten Lebensverhalten, etwa einer Trunk- oder Drogensucht ergeben. Bei **besonders schwerwiegenden** Verstößen kann allerdings auch eine **unverschuldete** Störung den Entziehungsanspruch begründen. Verletzt der Wohnungseigentümer seine Pflichten demnach **nicht schuldhaft**, müssen mangels persönlicher Vorwerfbarkeit bzw. Zurechenbarkeit des Handelns **besondere Gründe** vorliegen, wenn allein aufgrund begangener Verletzungen eine Verpflichtung zur Veräußerung erfolgen soll. In Betracht kommt hierfür eine besonders schwere Pflichtverletzung oder die Gefahr weiterer Pflichtverletzungen, die bei einer **abwägenden Betrachtung** das Interesse des störenden Wohnungseigentümers am Erhalt seines Eigentums überwiegt.

303 Diese Verstöße beziehen sich v.a. auf die in § 14 WEG (vgl. auch § 18 Abs. 2 Nr. 1 WEG) bezeichneten **Instandhaltungs- und Obhutspflichten**.

304 Dergestalt unzumutbare und ggf. schuldhafte Pflichtverletzungen können daher u.a. liegen in
- Beschmutzungen und Sachbeschädigungen,

---

442 Vgl. BVerfG, NJW 1994, 241.
443 Vgl. LG Köln, ZMR 2002, 227.

- erheblichen Geruchsbelästigungen,[444]
- der Benutzung der Räume in einer dem Wesen der Wohnungseigentumsanlage widersprechenden Weise (z.b. als Bordell),
- einer Beleidigung oder Belästigung anderer Wohnungseigentümer, deren Angehöriger oder Mieter, z.b. durch ständiges Lärmen (nicht Kinderlärm) oder in
- Tätlichkeiten gegenüber anderen Wohnungseigentümern, Hausbewohnern oder dem Verwalter.

b) **Wiederholter Pflichtverstoß und Zahlungsverzug gem. § 18 Abs. 2 WEG**

§ 18 Abs. 2 WEG zählt nicht abschließend zwei besonders wichtige Möglichkeiten der Entziehung auf, bei denen davon ausgegangen werden kann, dass eine Fortführung **unzumutbar** ist. Bei Vorliegen der Voraussetzungen ist eine allgemeine Zumutbarkeitsprüfung nicht mehr erforderlich. 305

aa) § 18 Abs. 2 Nr. 1 WEG: Nach § 18 Abs. 2 Nr. 1 WEG liegen die Voraussetzungen für den Entzug des Wohnungseigentums vor, wenn ein Wohnungseigentümer wiederholt gegen die ihm **nach § 14 WEG obliegenden Pflichten** verstößt. Der Verstoß muss nach schriftlicher oder mündlicher **Abmahnung**, sei es durch Mehrheitsbeschluss, durch den Verwalter oder einen Miteigentümer, vorgefallen sein, d.h. nach der Abmahnung müssen mindestens zwei weitere gröbliche Verstöße stattgefunden haben (notwendig sind demnach **mindestens drei gravierende Pflichtverstöße**: einer vor und zwei nach der Abmahnung). Weniger Verstöße können unter Umständen eine Entziehung nach § 18 Abs. 1 WEG begründen. Das Gesetz erfordert keine besondere Form der Abmahnung, die daher sogar mündlich erfolgen kann, in der Regel aber – schon aus **Beweisgründen** – **schriftlich vorgenommen und zugestellt** (Zustellungsnachweis!) werden sollte. Erfolgt die **Abmahnung** durch **Mehrheitsbeschluss** oder aufgrund eines Mehrheitsbeschlusses, so kann dieser zwar **angefochten** werden. In einem Verfahren nach den §§ 23 Abs. 4, 43 Abs. 1 WEG kann aber **nur überprüft** werden, ob der Beschluss formell ordnungsgemäß ist. Die Prüfung der sachlichen Berechtigung der Abmahnung obliegt dem **Prozessgericht** im Verfahren nach § 51 WEG.[445] 306

bb) § 18 Abs. 2 Nr. 2 WEG: Als zweite Möglichkeit für die Entziehung des Wohnungseigentums nennt § 18 Abs. 2 Nr. 2 WEG den **Verzug** des Wohnungseigentümers bei der Erfüllung seiner Verpflichtung zu Lasten- und Kostentragung nach § 16 Abs. 2 WEG mit mehr als drei Monaten und einer Höhe von mehr als 3% des Einheitswerts des Wohnungseigentums. 307

Zu beachten ist, dass gem. § 19 Abs. 2 WEG der schuldende Wohnungseigentümer bis zur Erteilung des Zuschlags (§ 57 WEG) die Entziehung dadurch **abwenden** kann, dass er die Verpflichtungen, wegen deren Nichterfüllung er zur Veräußerung verurteilt ist, einschließlich der Verpflichtung zum Ersatz der durch den Rechtsstreit und das Versteigerungsverfahren entstandenen Kosten, sowie die fälligen weiteren Verpflichtungen zur Lasten- und Kostentragung **erfüllt**.[446] 308

---

444 Vgl. a. die Muster unten 8.
445 Vgl. hierzu Rn. 325 ff.
446 Vgl. auch unten unter Rn. 342.

§ 3 Streitigkeiten von Eigentümern untereinander

309 Das Vorliegen von Verzug (vgl. §§ 284 bis 286 BGB) bereits in einer Höhe von mehr als 3% des **Einheitswerts** des Wohnungseigentums (§§ 93, 121a BewG) kann allerdings aus Verhältnismäßigkeitsgründen nicht zum Entzug des Wohnungseigentums führen, weil der Einheitswert als Bezugsgröße **realitätsfremd** geworden ist.[447] Vielmehr ist unter Berücksichtigung aller Belange des betroffenen Wohnungseigentümers am Erhalt seiner Wohnung sowie derjenigen der restlichen Miteigentümer an der Erhaltung der Liquidität der Eigentümergemeinschaft ein Betrag zu finden, der den Intentionen des § 18 Abs. 1 WEG gerecht wird. Regelmäßig werden hierfür nur **betragsmäßig bedeutende Rückstände** – etwa weil eine kurzfristige deutliche Erhöhung der Lasten- und Kostenbeiträge zur Durchführung dringender Instandsetzungsarbeiten beschlossen wurde oder der schuldende Wohnungseigentümer über ein ganzes Jahr nicht zahlt – in Betracht kommen.

2. Der Entziehungsbeschluss nach § 18 Abs. 3 WEG

310 Nach ordnungsgemäßer Abmahnung kann das Entziehungsverfahren im engeren Sinn mit dem **Entziehungsbeschluss** nach § 18 Abs. 3 WEG eingeleitet werden. Auf einen Einziehungsbeschluss kann in einer **Zweiergemeinschaft** von Wohnungseigentümern allerdings verzichtet werden, d.h., es kann **sofort die Klage** nach den §§ 51, 19 WEG[448] erhoben werden.

a) Inhalt

311 **Gegenstand** der Beschlussfassung zu § 18 Abs. 3 WEG ist eine Abstimmung der Wohnungseigentümer darüber, ob sie einen Miteigentümer durch Prozess zur Veräußerung seines Wohnungseigentums zwingen wollen. Der Beschluss sollte **sinnvoller Weise** mit einer **Ermächtigung** des Verwalters (oder eines Wohnungseigentümers – entweder als Vertreter oder als Verfahrensstandschafter) zur Umsetzung der Entziehung im Klagewege (§§ 43 Abs. 1 Nr. 1 a.E., 51 WEG) **gekoppelt werden**, verbunden mit der ausdrücklichen Befugnis, einen Rechtsanwalt zu beauftragen.

b) Ladung zur Eigentümerversammlung und Mehrheit

312 Da ein Mehrheitsbeschluss nach § 18 Abs. 3 WEG Prozessvoraussetzung für ein sich anschließendes Klageverfahren auf Entziehung des Wohnungseigentums ist, gebietet es die **ordnungsgemäße Verwaltung**, dass der Verwalter auf **Antrag** auch nur eines Wohnungseigentümers einen entsprechenden **Tagesordnungspunkt** in die Ladung zur nächsten Versammlung der Wohnungseigentümer aufnimmt.[449] Dieser Tagesordnungspunkt muss aus der Einladung **klar hervorgehen und für jeden Wohnungseigentümer erkennbar** sein.[450]

313 Zur **Wirksamkeit** des Beschlusses ist gem. § 18 Abs. 3 WEG die Zustimmung der **Mehrheit** nicht nur der anwesenden, sondern der **stimmberechtigten** Wohnungseigentümer notwendig, wobei der störende Miteigentümer nicht stimmberechtigt ist, vgl.

---

447 Vgl. Schmidt, ZWE 2002, 113.
448 Zu dieser vgl. unten Rn. 343.
449 Vgl. OLG Köln, WoM 1997, 454 = ZMR 1998, 48.
450 OLG Düsseldorf, ZMR 1998, 244.

§ 25 Abs. 5 WEG,[451] weil sich der Beschluss auf die Einleitung eines Rechtsstreits gegen ihn bezieht. Nach der gesetzlichen Regelung ist für die Ermittlung der Stimmenmehrheit das **Kopfprinzip** des § 25 Abs. 2 S. 1 WEG maßgebend, vgl. § 18 Abs. 3 S. 3 WEG, der die Regelung des § 25 Abs. 3 und Abs. 4 WEG ausschließt. Für die Beschlussfassung bedarf es nach § 18 Abs. 3 S. 2 WEG daher nicht der Mehrheit der Erschienenen, sondern einer **qualifizierten Mehrheit**, nämlich der absoluten Mehrheit aller stimmberechtigten Wohnungseigentümer, gerechnet nach Köpfen (50% +1 Stimme).

Allerdings kann eine **Vereinbarung** der Wohnungseigentümer – in der Regel in der Gemeinschaftsordnung – vom Kopfprinzip zu Gunsten des sog. **Wert-** oder des **Objektprinzips**[452] abweichen.[453] Ist die Versammlung **nicht beschlussfähig**, bedarf der Entziehungsbeschluss auch in einer Wiederholungsversammlung der in § 18 Abs. 3 S. 3 WEG vorgeschriebenen Mehrheit, weil § 25 Abs. 3 nicht anwendbar ist.

c) Anfechtung des Einziehungsbeschlusses

In Wohnungseigentumssachen ist generell zu **beachten**, dass entsprechend der gesetzgeberischen Grundentscheidung nur in den nicht existentiellen und den Bestand des Wohnungseigentums nicht betreffenden internen Angelegenheiten der prozessökonomischere und kostengünstigere Weg über das **FGG-Gericht** zur Verfügung steht (vgl. die in § 43 WEG genannten Angelegenheiten), wohingegen die Fragen, die den Bestand und den sachenrechtlichen Umfang des Wohnungseigentums betreffen, vor dem **Prozessgericht** nach Parteigrundsätzen unter Geltung (nur) der ZPO zu entscheiden sind.

Konsequenter Weise ist daher zum einen die **endgültige Entscheidung** über die Verpflichtung eines Wohnungseigentümers, sein Eigentum zu veräußern, dem **ZPO-Prozessgericht** vorbehalten, §§ 43 Abs. 1 Nr. 1 a.E., 51 WEG.

Zum anderen kann der **Eigentümerbeschluss**, mit den von einem Wohnungseigentümer die Veräußerung seines Wohnungseigentums verlangt oder der hierauf gerichtete Antrag abgelehnt wird, im Beschlussanfechtungsverfahren nach §§ 23 Abs. 4, 43 Abs. 1WEG grundsätzlich **nur darauf** überprüft werden,
- ob formelle Mängel beim Zustandekommen des Beschlusses vorliegen, z.B. Ladungsmängel (§ 23 Abs. 2 WEG), Mängel bei der Einberufung und Durchführung der Versammlung (§ 24 WEG) oder Mängel bei der Feststellung des Erreichens der erforderlichen Mehrheit (§§ 18 Abs. 3 i.V. m. 25 Abs. 2 und 5 WEG),
- und ob der Beschluss seinem Inhalt nach dahin ausgelegt werden kann, dass mit ihm die Veräußerung des Wohnungseigentums verlangt wird.[454] Dies ist notwendig, weil der Beschluss Prozessvoraussetzung für die Klage auf Entziehung des Wohnungseigentums ist.[455]

---

451 Vgl. BGHZ 59, 104 = NJW 1972, 1667.
452 Vgl. hierzu Bärmann / Pick / Merle, § 25 Rn. 29 f.
453 Dies ist allerdings höchstrichterlich noch nicht abschließend geklärt, vgl. BayObLG, NJW-RR 2000, 17 und unten Rn. 323 zu § 18 Abs. 4 WEG.
454 Vgl. BayObLGZ 1999, 66 = NJW-RR 1999, 887; OLG Hamm, OLGZ 1990, 57 = MDR 1990, 343.
455 Vgl. BayObLGZ 1999, 66 = NJW-RR 1999, 887; OLG Hamm, OLGZ 1990, 57 = MDR 1990, 343.

318 Die Wohnungseigentümer haben aus der Sicht des Gesetzgebers nämlich einen **weiten Spielraum**, ob sie einen anderen durch Anstrengung eines Verfahrens gem. §§ 43 Abs. 1 Nr. 1 a.E., 51 WEG zur Veräußerung seines Wohnungseigentums zwingen wollen.

319 Einer gerichtlichen Überprüfung im **Anfechtungsverfahren** unterliegt mithin nur, ob die Wohnungseigentümer bei der Fassung oder auch der Ablehnung eines Einziehungsbeschlusses diesen Ermessensspielraum überschritten und damit gegen das vom WEG vorgegebene Prinzip der ordnungsgemäßen Verwaltung verstoßen haben.[456] Insbesondere bei Ablehnung eines Antrages auf Durchführung des Entziehungsverfahrens durch die Eigentümerversammlung kann das Gericht nur unter der Voraussetzung die fehlende Mehrheitsentscheidung der Wohnungseigentümer ersetzen, dass eine treuwidrige Zurückweisung des Entziehungsverlangens und damit ein Ermessensmissbrauch gegeben ist. Ob das Veräußerungsverlangen materiell gerechtfertigt ist, d.h. die Voraussetzungen des § 18 Abs. 1 oder Abs. 2 WEG vorliegen, bleibt daher einer Überprüfung durch das **Zivilgericht** vorbehalten.[457]

320 Für den **Geschäftswert** des Anfechtungsverfahrens ist das Interesse des störenden Wohnungseigentümers am Behalten seines Sondereigentums gegen dasjenige der restlichen Wohnungseigentümer an seinem Ausscheiden abzuwägen. Da es noch nicht um eine endgültige Entscheidung geht, wird man in der Regel von 20% des Wertes des Sondereigentums auszugehen haben.[458]

3. Unabdingbarkeit des Anspruches, § 18 Abs. 4 WEG

321 Gemäß § 18 Abs. 4 WEG kann der in § 18 Abs. 1 WEG bestimmte Anspruch, unter den dort gegebenen Voraussetzungen von dem störenden Miteigentümer die Veräußerung des Wohnungseigentums verlangen zu können, **durch Vereinbarung der Wohnungseigentümer nicht eingeschränkt oder ausgeschlossen werden**. Dies gilt etwa für

- eine **abschließende** Aufzählung von Entziehungsgründen
- die Festlegung bestimmter Tatsachen als nicht ausreichend (z.B. Verstöße gegen die Hausordnung) oder
- das Abhängigmachen eines Einziehungsbeschlusses oder der Klage nach den §§ 43 Abs. 1 Nr. 1 a.E., 51 WEG von einer **Ausschlussfrist**.

322 Die eingeschränkte Möglichkeit zur Abänderung bezieht sich **auch auf § 18 Abs. 2 WEG**, weil diese Bestimmung nur eine Ausgestaltung und Erläuterung des § 18 Abs. 1 WEG darstellt.[459]

---

456 Vgl. KG, FGPrax 1996, 94. Z.B. verstieße ein Einziehungsbeschluss gegen die Prinzipien der ordnungsgemäßen Verwaltung und wäre wegen Willkürlichkeit auf Anfechtung hin für ungültig zu erklären, wenn Grund für die Einleitung eines Entziehungsverfahrens etwa ein wiederholter leichter Verstoß gegen die Hausordnung der Gestalt wäre, dass der störende Wohnungseigentümer entgegen einem entsprechenden Verbot, aber folgenlos seinen Kinderwagen im Hausgang abgestellt hat.

457 Vgl. BayObLGZ 1999, 66 = NJW-RR 1999, 887; OLG Düsseldorf, ZMR 1991, 314; OLG Hamm, MDR 1990, 343; KG, NJW-RR 1994, 855; OLG Köln, ZMR 1998, 376.

458 Vgl. BayObLG, WuM 1991, 633; OLG Köln, WuM 1998, 307 = ZMR 1998, 376; a.A. LG Bremen, WuM 1999, 598, das – unzutreffend – von 20% des Einheitswertes ausgeht.

459 Vgl. Palandt/Bassenge, § 18 WEG Rn. 8.

E. Antrag auf Entziehung des Wohnungseigentums

Umstritten ist, ob sich § 18 Abs. 4 WEG auch auf **§ 18 Abs. 3 WEG** bezieht.[460] Die Frage ist zu **verneinen**, da § 18 WEG strikt zwischen den materiellen Ablehnungsgründen in § 18 Abs. 1 WEG, die vor dem Prozessgericht im Verfahren nach den §§ 43 Abs. 1 Nr. 1 a.E., 18, 51 WEG zu prüfen sind, und den formellen Voraussetzungen eines Einziehungsbeschlusses, zu denen eben auch § 18 Abs. 3 WEG gehört und die vom FGG-Gericht im Verfahren nach den §§ 43 Abs. 1 Nr. 4, 23 Abs. 4 WEG geprüft werden, **unterscheidet**. Der Anspruch auf Entziehung gem. § 18 Abs. 1 und 2 WEG sollte dabei nicht durch überhöhte Anforderungen an das Verfahren eingeschränkt werden.[461] Die Abänderung, etwa die Ersetzung des Stimmrechts nach Köpfen durch ein solches nach Miteigentumsanteilen, muss aber andererseits wegen der existierenden gesetzlichen Regelung in § 18 Abs. 3 WEG und gerade weil es sich bei der Entziehung um den schwersten Eingriff in das Eigentum handelt,[462] auf einer auf diesen Beschlussgegenstand bezogenen **ausdrücklichen Vereinbarung** beruhen.[463] Die Regelung des § 18 Abs. 3 WEG ist hierbei jedenfalls insoweit dispositiv, als durch die Gemeinschaftsordnung eine **Erleichterung** des Mehrheitserfordernisses für den Entziehungsbeschluss vorgesehen werden kann.[464] § 18 Abs. 4 WEG will aber andererseits eine **Ausdehnung** der Einziehungsgründe in der Teilungserklärung oder der Gemeinschaftsordnung **nicht** ausschließen.[465]

II. Prozess

Der bejahende **Beschluss** nach § 18 Abs. 3 WEG zur Frage, ob von einem Wohnungseigentümer die Veräußerung des Wohnungseigentums verlangt werden soll, beinhaltet noch nicht dessen Verpflichtung zu der Veräußerung, sondern ist nur eine **Prozessvoraussetzung** für das Klageverfahren.[466] Um die Entziehung mit den Mitteln der Zwangsvollstreckung durchsetzen zu können, muss der Wohnungseigentümer vom **Zivilgericht** zur Veräußerung **verurteilt** werden. Kommt er dem Urteil nicht freiwillig nach, kann die Eigentumswohnung sodann nach den §§ 53ff. WEG **versteigert** werden. Die Wirkungen des die Entziehung aussprechenden Urteils regelt § 19 WEG.

1. ZPO-Verfahren nach §§ 43 Abs. 1 Nr. 1, 51, 18 WEG

Das WEG bestimmt zum einen, dass der die materiellen Voraussetzungen der Entziehung betreffende Rechtsstreit gem. § 43 Abs. 1 Nr. 1 a.E. WEG („mit Ausnahme") nicht dem FGG-Verfahren, sondern der **ZPO** unterliegt.

Zum anderen regelt § 51 WEG für das Klageverfahren auf Entziehung des Wohnungseigentums die sachliche und örtliche Zuständigkeit, indem die Zuständigkeit des **Amts-**

---

460 Dafür sprechen sich aus OLG Celle NJW 1955, 953 = DNotZ 1955, 320 m. Anm. Weitnauer (der Fall betrifft eine Erhöhung der Anforderungen durch fj-Mehrheit); Bärmann/Pick/Merle, § 18 Rn. 51.
461 Vgl. Staudinger/Kreuzer, § 18 WEG Rn. 34; MünchKomm/Engelhardt, § 18 WEG Rn. 9.
462 Vgl. BVerfG, NJW 1994, 241 = ZMR 1993, 503.
463 Vgl. BayObLG NJW-RR 2000, 17 = FGPrax 1999, 216, das aber offen gelassen hat, ob die Gemeinschaftsordnung für die Beschlussfassung über die Entziehung des Wohnungseigentums eine von § 25 Abs. 2 abweichende Regelung treffen kann.
464 Vgl. OLG Hamm, NJW-RR 2004, 1380.
465 Vgl. Palandt/Bassenge, § 18 WEG Rn. 8.
466 Vgl. BayObLG, WuM 1990, 95; Bärmann/Pick/Merle, § 18 Rn. 37.

gerichts, in dessen Bezirk das Grundstück liegt, angeordnet wird. Dieses ist ohne Rücksicht auf die Höhe des Streitwerts zuständig. Die Zuständigkeit nach § 51 WEG ist allerdings nach allgemeiner Meinung **keine ausschließliche**.[467] Möglich ist daher, die Zuständigkeit eines örtlich oder sachlich anderen Gerichtes, aber auch diejenige eines Schiedsgerichts zu **vereinbaren**. Maßgebender Beurteilungszeitpunkt für die materiellen Entziehungsvoraussetzungen ist der **Schluss der mündlichen Verhandlung**, d.h. bis zu diesem Zeitpunkt können unter Berücksichtigung möglicher Präklusion nach § 296 ZPO weitere Entziehungstatsachen nachgeschoben werden, vgl. § 296a ZPO.

327 Auch die **Beweislast** richtet sich nach den allgemeinen Regeln, d.h. der oder die Kläger müssen die materiellen Entziehungsvoraussetzungen nach § 18 Abs. 1 und 2 WEG darlegen und beweisen.

2. Antragsteller und Antragsgegner

328 **Aktivlegitimiert** sind nach dem eindeutigen Wortlaut des § 18 Abs. 1 WEG die „anderen", d.h. die **Gesamtheit der nichtstörenden Wohnungseigentümer**. Der Antrag richtet sich **gegen** den **störenden Wohnungseigentümer**.

329 Der – als Prozessvoraussetzung notwendige – **Einziehungsbeschluss** enthält für sich gesehen aber noch **keine Ermächtigung** an einen oder mehrere Wohnungseigentümer bzw. an den Verwalter, den Beschluss klageweise umzusetzen. Daher muss die **Gemeinschaft** aller Wohnungseigentümer, will sie klagen, zuvor einen entsprechenden Beschluss fassen.

330 Nach zutreffender Auffassung hat aber auch die **Mehrheit**, welche den Entziehungsbeschluss gefasst hat und auch **jeder einzelne Wohnungseigentümer** die Klagebefugnis. Dies ergibt sich aus dem Rechtsgedanken der §§ 432, 1011 BGB, wonach im Falle eines Anspruchs auf eine unteilbare Leistung bei einer Gläubigermehrheit jeder – zumal der einzeln befugte Miteigentümer – die Leistung an alle fordern kann.[468] Wegen der somit bestehenden **Einzelklagebefugnis** sind daher auch mehrere klagende Wohnungseigentümer **keine notwendigen Streitgenossen** i.S. der §§ 59, 62 ZPO.[469]

331 Wie bereits ausgeführt, erscheint es aber am **sinnvollsten**, mit dem Einziehungsbeschluss die **Ermächtigung** des Verwalters (oder eines Wohnungseigentümers – entweder als Vertreter oder als Verfahrensstandschafter) zur Umsetzung der Entziehung im Klagewege (§§ 43 Abs. 1 Nr. 1 a.E., 51 WEG) **zu koppeln**, verbunden mit der ausdrücklichen Befugnis, einen **Rechtsanwalt** mit der Vertretung zu beauftragen.

---

467 Vgl. BGHZ 59, 104, 107.
468 H.M., vgl. Palandt/Bassenge, § 18 WEG Rn. 7, m.w.N.; a.A. Bärmann/Pick/Merle, § 18 Rn. 45, wonach der einzelne Wohnungseigentümer gegen die anderen Wohnungseigentümer gem. § 21 Abs. 4 WEG einen Anspruch auf Umsetzung der Entziehung hat und eine diesbezügliche Beschlussfassung in der Eigentümerversammlung beantragen kann. Wird die gerichtliche Umsetzung des Einziehungsbeschlusses abgelehnt, muss der einzelne Wohnungseigentümer im Verfahren nach § 43 Abs. 1 Nr. 1 WEG die gerichtliche Beauftragung des Verwalters mit der Umsetzung im Klagewege zu erreichen suchen – ein umständlicher Weg. Nur im Wege der Notverwaltung (§ 21 Abs. 2 WEG) wäre nach dieser Auffassung der einzelne Wohnungseigentümer ohne vorherige Entscheidung über die Klageerhebung aktivlegitimiert.
469 Vgl. BGHZ 92, 351 = NJW 1985, 385; a.A. Bärmann/Pick/Merle, § 18 Rn. 44 und die h.M., vgl. Thomas/Putzo/Reichold/Hüßtege, § 62 Rn. 8.

3. Inhalt der Klageschrift und Anlagen

Der **Inhalt des Klageantrages** ist dem Anspruch des § 18 Abs. 1 WEG gemäß dahin zu fassen, dass der störende Wohnungseigentümer der Veräußerung seines Wohnungseigentums im Rahmen der Versteigerung nach den §§ 53 ff. WEG **zustimmen** und im Falle der Eigennutzung der Wohnung diese **räumen** muss.

332

Weiter ist es **sinnvoll**, hiermit einen Antrag auf Zustimmung zur Eintragung einer **Vormerkung** für den Anspruch auf Übertragung des Eigentums nach dem notariellen Zuschlag gem. § 57 WEG zu verbinden, um eine Sicherung des Erwerbers für die Zeit nach dem Zuschlag herbeizuführen.[470] Der Zuschlag führt nämlich mangels Eintragung des Dritten noch nicht zum Eigentumsübergang auf den Ersteigerer.

333

Der Klage sollten **beigefügt** werden

334

- das Protokoll der Eigentümerversammlung, in der der Entziehungsbeschluss gefasst wurde,
- die Teilungserklärung,
- die Vereinbarungen (Gemeinschaftsordnung), die zu erlaubten Modifizierungen der Entziehungsvoraussetzungen führen,
- ein Grundbuchauszug über das Wohnungseigentum des Beklagten,
- Beschlüsse der Wohnungseigentümer samt Anlagen, die die materiellen Entziehungsvoraussetzungen, v.a. diejenigen nach § 18 Abs. 2 Nr. 2 WEG (Einzelabrechnung bezüglich des Wohnungseigentums des Beklagten, Jahresabrechnung, Wirtschaftsplan) betreffen und
- der Nachweis über die Vertretungs- oder Verfahrensstandschaftsermächtigung.

4. Verteidigungsmöglichkeiten des Beklagten

Die **Verteidigungsmöglichkeiten** des Beklagten leiten sich zunächst von den materiellen Entziehungsgründen des § 18 WEG ab. Der Beklagte kann daher

335

- das Vorliegen einer schweren Pflichtverletzung oder die fehlende Zumutbarkeit gem. § 18 Abs. 1 WEG,
- einen wiederholten Verstoß oder das Vorliegen einer Abmahnung gem. § 18 Abs. 2 Nr. 1 WEG sowie
- den Verzugseintritt i.S. des § 18 Abs. 2 Nr. 2 WEG überhaupt bzw. in der in dieser Vorschrift bezeichneten Höhe **bestreiten**.
- Außerdem ist vor der Erhebung einer Klage auf Verpflichtung zur Veräußerung des Wohnungseigentums **zu beachten**, dass der Beklagte die **formelle Unwirksamkeit** eines Entziehungsbeschlusses auch im Klageverfahren durch die Hintertür ins Spiel bringen kann, wenn er innerhalb der Frist des § 23 Abs. 4 WEG den diesbezüglichen Beschluss angefochten hat und hierüber von den FGG-Gerichten noch nicht rechtskräftig entschieden ist. In diesem Fall wird nämlich das **Prozessgericht** – da ein Einziehungsbeschluss Prozessvoraussetzung für das Klageverfahren ist – gem.

---

[470] Vgl. Köhler/Bassenge/Kreuzer, Teil 13 Rn. 45. Für die Zeit zwischen Urteil und Rechtskraft ist die vormerkungsfingierende Regelung des § 895 S. 1 ZPO zu beachten.

§ 148 ZPO wegen Präjudizialität des FGG-Verfahrens, welches sich über drei Instanzen ziehen kann, die **Aussetzung** des Verfahrens beschließen.[471]

5. Streitwert und Kosten des Verfahrens

336 Wird **ausschließlich** wegen Wohngeldrückständen eine Entziehung des Wohnungseigentums begehrt, bemisst sich der Streitwert nach der **Höhe der Rückstände**, da diese das Interesse der Wohnungseigentümer an der „Entfernung" des säumigen Miteigentümers verkörpern.

337 Werden auch oder nur **Pflichtverletzungen** zum Anlass für die Entziehungsklage genommen, orientiert sich der Streitwert am **Verkehrswert des Sondereigentums**.[472]

6. Die Wirkungen des Urteils gem. § 19 Abs. 1 WEG

338 Durch § 18 WEG wird die Verpflichtung des Wohnungseigentümers zur Veräußerung begründet, nicht jedoch die Wirkung der Entziehung selbst erzeugt. Hierzu muss der Eigentümer nach § 19 WEG verurteilt und anschließend die Wohnung nach §§ 53 ff. WEG versteigert werden. § 19 WEG bestimmt, welche **Wirkung das Urteil** im Rahmen des Versteigerungsverfahrens hat.

339 Das **Entziehungsurteil** ersetzt nach § 19 Abs. 1 WEG die Erklärungen, die für die freiwillige Versteigerung und die Übertragung des Wohnungseigentums auf den Ersteher notwendig sind. Das Urteil selbst entzieht nicht das Eigentum, sondern **ermöglicht nur die Versteigerung** durch den Notar, dessen zum Abschluss des Kaufvertrages in der Zwangsversteigerung erforderliche Vollmacht durch das Urteil ebenso ersetzt wird (vgl. § 53 WEG)[473] wie die für die Übertragung des Wohnungseigentums auf den Ersteher erforderliche Auflassungserklärung.[474] § 19 Abs. 1 WEG ist **unabdingbar**, weil es sich um eine **verfahrensrechtliche** Vorschrift handelt, die nicht zur Disposition der Beteiligten stehen.

340 Das Urteil ersetzt aber **nicht sonstige Genehmigungen**[475] (etwa durch das Vormundschaftsgericht oder die Zustimmung nach § 12 WEG) sowie die Erklärungen des Erstehers.

341 Mit dem Urteil als Vollstreckungstitel (§ 19 Abs. 1 S. 2 WEG) kann der Ersteher die **Räumung und Herausgabe** betreiben. Das Urteil wirkt **nur gegen den verurteilten Wohnungseigentümer**, nicht jedoch gegen dritte Personen (z.B. Mieter).[476] Ein bestehendes Mietverhältnis bindet wegen **§ 566 BGB** den Ersteher.[477]

---

471 Vgl. hierzu Musielak/Stadler, ZPO, 2. Aufl., § 148 Rn. 5.
472 Vgl. LG Köln, ZMR 2002, 230.
473 RGRK/Augustin, § 19 WEG Rn. 4; Niedenführ/Schulze, § 19 Rn. 3; a.A. etwa Staudinger/Kreuzer, § 19 WEG Rn. 4, der den Notar nicht als Vertreter des verurteilten Wohnungseigentümers ansieht, sondern als auf Grund einer gesetzlichen Ermächtigung handelnden Amtsträger.
474 Vgl. Münchkomm/Engelhardt, § 19 WEG Rn. 2.
475 Vgl. Palandt/Bassenge, § 19 WEG Rn. 1.
476 Vgl. Weitnauer/Lüke, § 19 Rn. 6; a.A. Heil, MittRhNotK 1999, 74.
477 Vgl. Staudinger/Kreuzer, § 19 WEG Rn. 10.

7. Die Abwendungsbefugnis bei einem Urteil wegen Zahlungsverzugs (§ 19 Abs. 2 WEG)

Vor der vollstreckungsmäßigen Umsetzung eines Entziehungsurteils, das auf den Entziehungsgrund des § 18 Abs. 2 Nr. 2 WEG – **Verzug mit den Wohngeldzahlungen** – gestützt ist, ist als letzte Hürde zu beachten, dass der säumige Wohnungseigentümer gemäß § 19 Abs. 2 WEG bis zur Erteilung des Zuschlags (§ 57 WEG) die Wirkung des § 19 Abs. 1 WEG dadurch **abwenden** kann, dass er die Verpflichtungen, wegen deren Nichterfüllung er verurteilt ist, einschließlich der Verpflichtung zum Ersatz der durch den Rechtsstreit und das Versteigerungsverfahren entstandenen Kosten, sowie die fälligen weiteren Verpflichtungen zur Lasten- und Kostentragung erfüllt.

8. Muster zum Verfahren auf Entziehung des Wohneigentums

a) Muster: Antragsschriftsatz im Verfahren auf Entziehung des Wohneigentums

Rechtsanwalt ■■■, den ■■■

■■■

An das Amtsgericht

Zivilabteilung[478]

■■■ per Fax vorab!

Klage

In dem Rechtsstreit

Fa. Fleißig Wohnungsverwaltungsgesellschaft mbH u. Co. KG, vertreten durch die Fa. Fleißig Betriebs- GmbH als geschäftsführende Gesellschafterin, diese vertreten durch den Geschäftsführer Werner Fleißig, ■■■, ■■■

Verwalterin der Wohnungseigentümergemeinschaft ■■■-Straße ■■■, ■■■ in Verfahrensstandschaft[479]

Klägerin

Prozessbevollmächtigter: Rechtsanwalt ■■■

gegen

■■■, ■■■-Straße ■■■, ■■■

---

[478] Nach der Geschäftsverteilung des Amtsgerichtes kann auch das Wohnungseigentumsgericht zuständig sein, es handelt sich aber wegen § 43 Abs. 1 Nr. 1 WEG um ein ZPO-Streitverfahren.

[479] Würde die Verwalterin nur als durch Beschluss oder Vereinbarung ermächtigte Vertreterin der Wohnungseigentümer auftreten, müsste es insoweit heißen: „Die Eigentümer der Eigentumswohnanlage ■■■-Straße ■■■, ■■■, namentlich aufgeführt in der anliegenden Eigentümerliste – Kläger – vertreten durch die Verwalterin Fa. Fleißig Wohnungsverwaltungsgesellschaft mbH u. Co. KG, vertreten durch die Fa. Fleißig Betriebs-GmbH als geschäftsführende Gesellschafterin, diese vertreten durch den Geschäftsführer Werner Fleißig, ■■■,■■■."

Beklagter

wegen Entziehung des Wohnungseigentums

Namens und im Auftrag der Klägerin erhebe ich hiermit Klage zum Amtsgericht ■■■ mit dem

Antrag:
1. Der Beklagte wird verurteilt, der Veräußerung seines Wohnungseigentums in der Wohnungseigentumsanlage ■■■-Straße ■■■, ■■■, das ist ein Miteigentumsanteil zu 45/1000 verbunden mit dem Sondereigentum an der Wohnung Nr.■■■, eingetragen im Grundbuch, Band ■■■, Blatt ■■■ zuzustimmen und die Wohnung zu räumen.
2. Der Beklagte wird verurteilt, der Eintragung einer Vormerkung zur Sicherung des Anspruchs auf Übertragung des vorstehend bezeichneten Wohnungseigentums auf einen im Versteigerungsverfahren gem. §§ 53 ff. WEG festzustellenden Erwerber zuzustimmen.[480]
3. Der Beklagte trägt die Kosten des Verfahrens.
4. Das Urteil ist – ggf. gegen Sicherheitsleistung – vorläufig vollstreckbar.

Für den Fall des schriftlichen Vorverfahrens wird vorsorglich für den Fall der nicht rechtzeitigen Anzeige der Verteidigungsbereitschaft der Erlass eines Versäumnisurteils gegen den Beklagten beantragt (§§ 276 Abs. 1 S. 1, 331 Abs. 3 ZPO).

B e g r ü n d u n g :

Der Antragsgegner ist Miteigentümer zu 45/1000 des im Klagerubrum bezeichneten Wohnungseigentumsobjekts.

Beweis: Grundbuchauszug und Teilungserklärung in Kopie.

Die Gemeinschaft der Wohnungseigentümer hat in der außerordentlichen Eigentümerversammlung vom ■■■ unter dem Tagesordnungspunkt „Entziehung des Wohnungseigentums ■■■" mit 799/1000 zu 201/1000 Miteigentumsanteilen beschlossen, von dem Beklagten die Veräußerung seines Wohnungseigentums zu verlangen. Der Beklagte war anwesend, aber von der Abstimmung ausgeschlossen. Die nach § 18 Abs. 3 WEG erforderliche Stimmenmehrheit wurde erreicht. Für die Berechnung der Stimmenmehrheit ist abweichend von § 25 Abs. 2 WEG nicht das Kopfprinzip, sondern laut Teilungserklärung vom ■■■ die Mehrheit der in einer Eigentümerversammlung vertretenen Eigentumsanteile maßgebend.

Beweis: Protokoll der Eigentümerversammlung vom ■■■ und § ■■■ der Teilungserklärung vom ■■■ in Kopie.

Im übrigen war ausweislich des Protokolls der Eigentümerversammlung vom ■■■ auch eine Stimmenmehrheit nach Kopfteilen gegeben, da für die Entziehung des Wohnungseigentums 41 von nach der Teilungserklärung stimmberechtigten 69 Wohnungseigentümern für die Entziehung stimmten.

---

480 In Eilfällen kann die Eintragung eine Vormerkung auch im Wege einer einstweiligen Verfügung erwirkt werden, §§ 885 BGB, 935, 940 ZPO.

Beweis: Protokoll der Eigentümerversammlung vom ▬▬▬ und § ▬▬▬ der Teilungserklärung vom ▬▬▬ in Kopie.

Unter dem weiteren Tagesordnungspunkt „Klage gem. §§ 19, 51 WEG durch die Verwalterin auf Verpflichtung des Wohnungseigentümers ▬▬▬ zur Veräußerung seines Wohnungseigentums" wurde zugleich und mit der nämlichen Stimmenmehrheit beschlossen, dass im Falle einer bis ▬▬▬ nicht durchgeführten Veräußerung seines Wohnungseigentums durch den Beklagten die Verwalterin ermächtigt wird, die Entziehungsklage im eigenen Namen als Verfahrensstandschafterin zu erheben.

Beweis: Protokoll der Eigentümerversammlung vom ▬▬▬

Beide Beschlüsse sind mangels Anfechtung bestandskräftig. Eine Veräußerung des Wohnungseigentums durch den Beklagten hat binnen der ihm gesetzten achtmonatigen und daher angemessenen Frist nicht stattgefunden.

Der Beklagte weigert sich vielmehr, dem Entziehungsbeschluss vom ▬▬▬ nachzukommen.

Beweis: Schreiben des Beklagten an die Verwalterin vom ▬▬▬

Grund für die Einleitung eines Entziehungsverfahrens sind seit mehr als zwei Jahren andauernde erheblichste Belästigungen durch Fäkalgerüche aus der Wohnung des Beklagten. Dieser leidet bedauerlicher Weise seit mehreren Jahren an eine Psychose aus dem schizophrenen Formenkreis, die mit einem sog. „Vermüllungssyndrom" einhergeht.

Beweis: Akte des Vormundschaftsgerichts ▬▬▬, Az. ▬▬▬, deren Beiziehung beantragt wird.

Der Beklagte steht unter dem vorstehend genannten Verfahren seit ▬▬▬ unter Betreuung mit den Wirkungskreisen „Vermögensfürsorge, gesundheitliche und medizinische Belange sowie Aufenthaltsbestimmung".

Beweis: Akte des Vormundschaftsgerichts ▬▬▬, Az. ▬▬▬

Ein wegen der Verlängerung der Betreuung zum ▬▬▬ eingeholtes Sachverständigengutachten kommt zum Ergebnis, dass der Beklagte zur eingehenden Behandlung seiner psychischen Grunderkrankung eines längeren stationären Krankenhausaufenthaltes bedürfte, was er aber in Abstimmung mit seinem Betreuer bislang abgelehnt hat.

Beweis: Akte des Vormundschaftsgerichts ▬▬▬, Az. ▬▬▬, dort das Schreiben des Betreuers ▬▬▬ vom ▬▬▬

Mit einer Besserung des Krankheitszustandes des Beklagte war und ist daher nicht zu rechnen. Folge des „Vermüllungssyndroms" des Beklagten ist aber, dass dieser sich weigert, Essensabfälle und sonstigen Hausmüll ordnungsgemäß zu entsorgen. Vielmehr lagert der Beklagte diese Rückstände in seiner Wohnung und auf seinem Balkon.

Beweis: Frau ▬▬▬, zu laden über die Klägerin, die bei einem – noch dazu angemeldeten – Besuch beim Beklagten selbiges feststellen konnte.

Ortsaugenschein

Dies hat zur Folge, dass insbesondere in der Sommerzeit eine unerträgliche Geruchsbelästigung für die auf dem selben Stockwerk befindlichen Nachbarwohnungen Nr. ▬▬▬, ▬▬▬

und ■■■ (Eigentümer:■■■) besteht. Darüber hinaus sind die Gerüche auch im Hausgang in den Stockwerken über und unter der Wohnung des Beklagten deutlichst feststellbar.

Beweis: Frau ■■■, zu laden über die Klägerin

Ortsaugenschein

Der Beklagte und sein Betreuer wurden in Abständen von drei Monaten zum ■■■, ■■■ und ■■■ auf diese Missstände hingewiesen unter Androhung des Verfahrens nach den §§ 18, 19, 51 WEG.

Beweis: Schreiben vom ■■■, ■■■ und ■■■ in Kopie, jeweils mit Zustellungsnachweis der Fa. Citymail ■■■.

Im Entziehungsverfahren ist es vorliegend nicht von Relevanz, ob das Verhalten des Beklagten von einem Verschulden im Sinne einer persönlichen Vorwerfbarkeit bzw. Zurechenbarkeit getragen ist. Dies scheint zwar zunächst dem Wortlaut des § 18 WEG zu widersprechen, der allerdings von „schuldig gemacht" spricht, weswegen ein beachtlicher Teil des Schrifttums fordert, dass die Pflichtverletzung des § 18 WEG grundsätzlich auf einem schuldhaften Handeln beruhen müsse.[481] Zu folgen ist indes der überwiegend vertretenen Auffassung, wonach bei besonders schwerwiegenden Verstößen auch eine unverschuldete Störung den Entziehungsanspruch begründen kann.[482]

Sinn und Zweck des § 18 WEG gebieten es, auch bei besonders erheblichen Störungen, die von einem schuldunfähig handelnden Miteigentümer ausgehen, einen Entziehungsanspruch zu begründen. Denn es liegt auf der Hand, dass die von einem psychisch Kranken ausgehenden Störungen in ihrer Stärke genauso gemeinschaftszerstörend wirken können, wie ähnliche, von einem gesunden Miteigentümer vorgenommene Handlungen. Diese Überlegung lässt sich auch auf die Entstehungsgeschichte der Vorschrift stützen, die eben deswegen geschaffen wurde, um in Extremfällen einen Ausgleich zur grundsätzlichen Unauflösbarkeit der Wohnungseigentümergemeinschaft zu schaffen, woran es beim früheren Stockwerkseigentum mangelte.[483] Der Eigentümergemeinschaft muss insoweit – freilich nur unter den engen Voraussetzungen der Vorschrift des § 18 WEG – das Recht zukommen, einen Miteigentümer auszuschließen, um unzumutbare Zustände zu beenden, wenn eine andere Abhilfe nicht möglich ist. Hinzu kommt, dass nach einer verbreiteten Auffassung in Rechtsprechung und Lehre auch im ähnlich gelagerten Fall von wiederholten, nachhaltigen Störungen des Hausfriedens durch einen geisteskranken Mieter eine fristlose Beendigung des Mietverhältnisses durch Kündigung der Vermieterseite in Betracht kommen kann.[484]

Da der Beklagte, dem insoweit auch die Mithilfe seines Betreuers zur Verfügung gestanden hätte, nicht für Abhilfe sorgte und auch künftig mangels Behandlungsbereitschaft nicht zu erwarten war und ist, dass sich an der Situation etwas ändert, wurde von den Wohnungseigentümern das Einziehungsverfahren eingeleitet, welches nunmehr leider klageweise fortzusetzen ist.

---

481 Vgl. die durch das BVerfG, NJW 1994, 241 zitierten Literaturstellen.
482 Vgl. Niedenführ/Schulze, § 18 Rn. 7; MünchKomm/Engelhardt, § 18 WEG Rn. 5; Bärmann/Pick/Merle, § 18 Rn. 3.
483 Vgl. die bei Bärmann/Pick/Merle, WEG, 6. Aufl. (1987), unter § 18 Rn. 1 zitierte Begründung des Gesetzgebers.
484 AG Münster, WuM 1988, 19 – gerade für den Fall von Fäkalgerüchen; LG Hamburg, WuM 1988, 18; a.A. wohl AG Hamburg, WuM 1988, 20.

Da der Beklagte keinen Betreuer mit dem Wirkungskreis der gerichtlichen Vertretung hat, wird beantragt, die Verfahrensakte dem Vormundschaftsgericht zuzuleiten, damit der Wirkungskreis des Betreuers entsprechend erweitert oder ein zusätzlicher Betreuer für den genannten Wirkungskreis bestellt werden kann.

■■■

Rechtsanwalt

b) Muster: Antragserwiderung im Verfahren auf Entziehung des Wohneigentums 344

■■■   ■■■, den ■■■

Berufsbetreuer

19

■■■

An das

Amtsgericht

Zivilabteilung

■■■

In Sachen Fa. Fleißig Wohnungsverwaltungsgesellschaft mbH u. Co. KG, Verwalterin der Wohnungseigentümergemeinschaft ■■■-Straße ■■■, ■■■ in Verfahrensstandschaft (Prozessbevollmächtigter RA ■■■) ./. ■■■

wegen Entziehung des Wohnungseigentums

Az. ■■■

zeige ich an, dass ich mit Beschluss des Amtsgerichts ■■■ – Vormundschaftsgericht – vom ■■■ im Betreuungsverfahren über den Beklagten als Betroffenen (Az. ■■■) unter gleichzeitiger Entpflichtung des ehemaligen Betreuers ■■■ zum Betreuer des Beklagten bestellt wurde.

Die Betreuung umfasst nunmehr insbesondere die Wirkungskreise „Vertretung des Betroffenen in gerichtlichen Angelegenheiten" sowie „Veräußerung der Wohnung Nr. ■■■, eingetragen im Grundbuch von ■■■, Band ■■■, Blatt ■■■."

Beweis: Beschluss des Amtsgerichts ■■■ – Vormundschaftsgericht – vom ■■■ im Betreuungsverfahren über den Beklagten als Betroffenen (Az. ■■■) in beglaubigter Abschrift.

Zusammen mit dem Beklagten und dem ihn nunmehr im Bezirksklinikum ■■■ behandelnden Psychiater wurde kurzfristig entschieden, dass das streitgegenständliche Wohnungseigentum des Beklagten veräußert wird. Als Käuferin wurde die Sparkasse ■■■, zu deren Gunsten ohnedies zwei Hypotheken für das Wohnungseigentum des Beklagten eingetragen sind, gewonnen.

Beweis: Notariell beurkundeter Kaufvertrag vom ■■■ in Kopie.

Der Notar wurde angewiesen, nach Eingang des vereinbarten Kaufpreises auf seinem Anderkonto für den Beklagten die erforderlichen Grundbucherklärungen zum Vollzug der Eigentumsübertragung abzugeben.

Beweis: Notariell beurkundeter Kaufvertrag, dort § ■■■, vom ■■■ in Kopie.

Damit wird sich der Rechtsstreit erledigen.[485] Es wird angeregt, nach Vollzug des Eigentumsübergangs die Klage zurückzunehmen oder die Hauptsache für erledigt zu erklären. Letzterem wird bereits jetzt zugestimmt.

■■■

Berufsbetreuer

345 c) Muster: Replikschriftsatz im Verfahren auf Entziehung des Wohneigentums

Rechtsanwalt ■■■, den ■■■

■■■

An das

Amtsgericht

Zivilabteilung

■■■

In Sachen Fa. Fleißig Wohnungsverwaltungsgesellschaft mbH u. Co. KG, Verwalterin der Wohnungseigentümergemeinschaft ■■■-Straße ■■■, ■■■ in Verfahrensstandschaft (Prozessbevollmächtigter RA ■■■) ./. ■■■

wegen Entziehung des Wohnungseigentums

Az. ■■■

nehme ich die Klage auftragsgemäß

zurück.

Der Betreuer des Beklagten hat mittlerweile einen beglaubigten Grundbuchauszug für die streitgegenständliche Wohnungseinheit vorgelegt, wonach die Sparkasse ■■■ als neue Eigentümerin eingetragen ist.

Der Beklagte ist mittlerweile ausgezogen, die Wohnung ist renoviert.

Da die Gegenseite eine Bankbürgschaft für die Kostenerstattung gestellt hat, wird die Klage zurückgenommen.

Nicht verbrauchte Gerichtskostenvorschüsse bitte ich, auf mein Konto ■■■ zu überweisen.

■■■

Rechtsanwalt

---

[485] Die Veräußerung des Wohnungseigentums nach Rechtshängigkeit stellt nicht etwa einen Fall des § 265 Abs. 2 S. 1 ZPO dar, weil die Passivlegitimation des Beklagten nicht von seinen rechtlichen Beziehungen als Eigentümer der Wohnung abhängt, sondern von der Verletzung seiner Pflichten aus § 14 Nr. 1 WEG. Vielmehr stellt die Veräußerung der Wohnung einen Fall der Erledigung der Hauptsache dar, vgl. Thomas/Putzo/Reichold/Hüßtege, § 91a Rn. 4 und 5.

III. Das Versteigerungsverfahren und der Eigentumsübergang nach § 53 ff. WEG

1. Das Verfahren

Das Verfahren über die Versteigerung des Wohnungseigentums richtet sich nach den §§ 54 bis 58 WEG. Die formalrechtliche Umsetzung erfolgt nach dem **BeurkG** (§ 53 Abs. 2 WEG). Der Notar wird als Urkunds- und Amtsperson tätig; er kann die erforderliche Beurkundung selbst vornehmen.[486]

346

Der Antrag auf Versteigerung ist zu richten an einen insoweit **ausschließlich zuständigen Notar**, in dessen Amtsbezirk, dies ist der OLG-Bezirk nach § 11 Abs. 1 BNotO, das Grundstück liegt (§ 53 Abs. 1 WEG). Die Belegenheit des zu versteigernden Grundstücks ergibt sich aus seiner grundbuchlichen Zuordnung zu einem Amtsgerichtsbezirk. Engere, sonstige standesrechtliche Ortsvorschriften berühren die Zuständigkeit in diesem Verfahren nicht, insbesondere ist nicht ausschlaggebend der Amtssitz i.S. des § 10a Abs. 1 BNotO.[487] **Zu beachten** ist, dass das Landesrecht eine abweichende Zuständigkeit anordnen kann, die in der Regel in der Zusammenfassung von zwei oder mehreren Amtsgerichtsbezirken besteht.

347

2. Zustandekommen des Kaufvertrages und Eigentumsübergang auf den Erwerber

Die **Versteigerung** erfolgt nach näherer Maßgabe des § 54 WEG auf Antrag eines jeden der Wohnungseigentümer, die das Urteil gemäß § 19 Abs. 1 WEG erwirkt haben. Nach Anhörung des verurteilten Wohnungseigentümers und des Antragstellers setzt der Notar die **Versteigerungsbedingungen** gem. § 54 Abs. 3 WEG in Ausübung billigen Ermessens nach dem Maßstab eines für den konkreten Sachverhalt üblichen Kaufvertrages fest.[488]

348

Das in dem nach § 55 WEG vom Notar festzusetzenden Versteigerungstermin, in dem sich der Erwerber vertreten lassen kann, abgegebene Gebot ist der **Antrag auf Abschluss** eines Kaufvertrages entsprechend dem Inhalt der Versteigerungsbedingungen. Der **Kaufvertrag** kommt dann mit dem **Zuschlag** (§ 57 WEG) zustande. Im Versteigerungstermin selbst sind wegen § 53 Abs. 2 S. 2 WEG die Beurkundungsvorschriften einzuhalten, wodurch auch der Formvorschrift des § **311b BGB** genügt wird.

349

Der **Eigentumsübergang** erfolgt dann durch Auflassung und Eintragung in das Grundbuch, wobei eine eventuelle Veräußerungsbeschränkung nach § 12 WEG zu beachten ist. Auf dem Wohnungseigentum ruhende dingliche Rechte erlöschen durch den Zuschlag nicht.[489]

350

---

486 Vgl. Soergel/Stürner, § 53 WEG Rn. 6.
487 Vgl. Bärmann/Pick/Merle, § 53 WEG Rn. 3; Staudinger/Kreuzer, § 53 WEG Rn. 3.
488 Vgl. Staudinger/Kreuzer, § 54 WEG Rn. 2.
489 Vgl. OLG Hamm, WE 1994, 84.

§ 4 Streitigkeiten der Wohnungseigentümer mit dem Verwalter

A. Vorprozessuale Situation

I. Typische Ansprüche der Wohnungseigentümer gegen den Verwalter unter Darstellung der Rechtsgrundlagen

351 Die **Rechte und Pflichten** des Verwalters ergeben sich in erster Linie aus dem Verwaltervertrag mit den Wohnungseigentümern und erst dann aus dem Gesetz, insbesondere den §§ 24, 25 Abs. 4, 27 und 28 WEG. Sie lassen sich **unterteilen** in solche, die aus dem Status des Verwalters zu den Wohnungseigentümern selbst entspringen und solchen, die sich auf die Tätigkeit des Verwalters in Ausübung seines Amtes beziehen.

352 In die **erste Fallgruppe** lassen sich v.a. Ansprüche der Wohnungseigentümer auf pflichtgemäße Einberufung und Durchführung der Eigentümerversammlung (§ 24 WEG), auf die Erstellung des Wirtschaftsplans und einer Jahresabrechnung (§ 28 Abs. 1 und 3 WEG), auf Rechnungslegung (§ 28 Abs. 4 WEG) und Schadensersatz (Verletzung des Verwaltervertrages) sowie solche des Verwalters auf vertragsgemäße oder angemessene Vergütung einordnen.

353 Zur **zweiten Fallgruppe** gehören v.a. die Pflichten des Verwalters nach § 27 Abs. 1 WEG, insbesondere zur Umsetzung eines Beschlusses der Eigentümerversammlung und zur ordnungsgemäßen Instandhaltung und Instandsetzung des gemeinschaftlichen Eigentums.

1. Ansprüche der Wohnungseigentümer, die sich aus dem Status des Verwalters ergeben

a) Die Stellung des Verwalters zu den Wohnungseigentümern, § 27 Abs. 1 WEG

354 Die dem Verwalter zustehenden Befugnisse sind ohne Einfluss auf die Entscheidungsmacht oder die Rechtszuständigkeit der Wohnungseigentümer. Daher ist der Verwalter zwar unabdingbares **Organ** der Wohnungseigentümergemeinschaft, besitzt aber keine Organstellung i.S. des § 31 BGB. Eine „beherrschende Funktion" hat der Verwalter nicht, **er nimmt treuhänderisch die Rechte und Pflichten der Eigentümer wahr** und handelt daher immer weisungsabhängig.[490] Man bezeichnet ihn auch als ein **notwendiges Vollzugsorgan** fremden Willens.[491]

355 Der Verwalter besitzt im Bereich des § 27 Abs. 1 WEG **keine allgemeine Vertretungsmacht** für die dortigen Rechte und Pflichten, da diese Vorschrift nur das Innenverhältnis zwischen den Wohnungseigentümern und dem Verwalter betrifft.[492] Vielmehr ist je

---

[490] Vgl. OLG Frankfurt/M., NJW-RR 1988, 1169; Palandt/Bassenge, § 27 WEG Rn. 1.
[491] Vgl. BGHZ 106, 222 = BGH, NJW 1989, 1091; Bärmann/Pick/Merle, § 27 WEG Rn. 4.
[492] So die h.M., vgl. BGH, NJW 1977, 44; Niedenführ/Schulze, § 27 Rn. 5. Nach a.A. besitzt der Verwalter gesetzliche Vertretungsmacht, soweit ihm nach § 27 Abs. 1 und 2 WEG Aufgaben und Befugnisse zugewiesen sind, vgl. MünchKomm/Röll, 2. Aufl., § 27 WEG Rn. 2, m.w.N.

nach Aufgabe zu **differenzieren**, ob von einer gesetzlichen Vertretungsmacht ausgegangen werden kann.[493]

Der Verwalter kann aber bereits in der Gemeinschaftsordnung, durch eine gesonderte Vereinbarung mit den Wohnungseigentümern oder durch Beschluss[494] der Wohnungseigentümer im Innenverhältnis eine (**weitergehende**) **Vertretungsmacht** (Vollmacht) erhalten. Sowohl als rechtsgeschäftlicher als auch als gesetzlicher Vertreter gilt für den Verwalter aber das **Verbot des Selbstkontrahierens** (§ 181 BGB), soweit ihm keine Befreiung erteilt ist.[495]

b) Ansprüche der Wohnungseigentümer auf Einberufung und Durchführung einer Eigentümerversammlung gem. § 24 WEG

aa) § 24 WEG – Normzweck: § 24 WEG enthält Bestimmungen über die **Einberufung** und **Durchführung** einer Eigentümerversammlung sowie die Protokollierung der in ihr gefassten Beschlüsse. Die Bestimmungen sind durch Vereinbarung **abdingbar**,[496] jedoch darf das Recht des Verwalters auf Mitwirkung an der Verwaltung nicht wesentlich eingeschränkt oder gar ausgeschlossen werden.[497]

bb) Die Pflicht zur Einberufung gem. § 24 Abs. 1 WEG: Der **Verwalter** hat die Wohnungseigentümerversammlung nach § 24 Abs. 1 WEG **mindestens einmal jährlich** einzuberufen. Ist er noch nicht bestandskräftig gewählt worden, so stellt die von ihm erfolgte Einberufung keinen Mangel dar.[498] Wird seine Bestellung später für unwirksam erklärt, **bleiben** die auf der von ihm einberufenen Versammlung gefassten Beschlüsse der Wohnungseigentümer daher **wirksam**.[499]

Die (erneute) Einberufung muss darüber hinaus gem. § **24 Abs. 2 WEG** in den durch **Vereinbarung** der Wohnungseigentümer bestimmten Fällen oder dann erfolgen, wenn **mehr als ein Viertel** der Wohnungseigentümer (unter Zugrundelegung des sog. Kopfprinzips, vgl. § 25 Abs. 2 WEG – d.h. jeder Wohnungseigentümer hat eine Stimme, auch wenn er mehrere Wohnungen besitzt)[500] unter Angabe des Zwecks und der Gründe schriftlich eine Versammlung verlangen. Dieses **Minderheitenrecht** auf Einberufung einer Eigentümerversammlung kann **nicht**, auch nicht durch Vereinbarung, **eingeschränkt** werden.[501]

---

493 Vgl. OLG Koblenz, ZMR 1999, 583; Staudinger/Bub, § 27 WEG Rn. 66; Palandt/Bassenge, § 27 WEG Rn. 4; Bärmann/Pick/Merle, § 27 Rn. 12. Eine solchermaßen differenzierende Betrachtungsweise lässt sich nach a.A. aber nicht mit der gebotenen Sicherheit im Rechtsverkehr in Einklang bringen. Vertretungsverhältnisse müssten klar überschaubar sein und könnten nicht erst im Rahmen einer konkreten Aufgabenbewältigung ermittelt werden, vgl. Müller, Praktische Fragen, Rn. 183.
494 Soweit etwa die Durchführung eines Beschlusses den Abschluss von Rechtsgeschäften erfordert, enthält der Beschluss konkludent die erforderliche Bevollmächtigung, vgl. MünchKomm/Engelhardt, § 27 WEG Rn. 3; RGRK/Augustin, § 27 WEG Rn. 10.
495 Vgl. OLG Hamm, OLGZ 1992, 302.
496 Vgl. Soergel/Stürner, § 27 WEG Rn. 2.
497 Vgl. Staudinger/Bub, § 27 WEG Rn. 6.
498 Vgl. OLG Hamburg, ZMR 2000, 478.
499 Vgl. OLG Zweibrücken, FGPrax 2003, 62.
500 Vgl. OLG Hamm, NJW 1973, 2300 und das Muster für ein Versammlungsprotokoll unter § 2 Rn. 74.
501 Vgl. BayObLG, NJW 1973, 151.

§ 4 Streitigkeiten Eigentümer mit dem Verwalter

360 Eine Einberufung durch den Verwalter hat auch zu erfolgen, wenn eine Versammlung **beschlussunfähig** gewesen ist (§ 25 Abs. 4 WEG). Neben diesen Verpflichtungen ist der Verwalter zur Einberufung **jederzeit berechtigt**.

361 Fehlt ein Verwalter oder **weigert er sich pflichtwidrig** – einem formell wirksamen Einberufungsverlangen gegenüber hat der Verwalter nämlich kein materielles Prüfungsrecht[502] – die Versammlung einzuberufen, so gilt:
- Der **Verwaltungsbeiratsvorsitzende** oder dessen Stellvertreter können einberufen (§ 24 Abs. 3 WEG).
- Besteht kein Verwaltungsbeirat, kann die Einberufung durch **alle Eigentümer** erfolgen.[503]
- Ein **einzelner Wohnungseigentümer** kann nur einberufen, wenn ihn das Gericht hierzu gemäß § 44 Abs. 4 WEG rechtskräftig ermächtigt hat.[504] Für den Antrag an das Gericht fehlt es allerdings an einem Rechtsschutzbedürfnis, solange die Einberufung durch den Verwalter oder Vorsitzenden des Verwaltungsbeirats möglich ist und diese hierzu bereit sind.
- Das pflichtwidrige Nichteinberufen einer außerordentlichen Eigentümerversammlung kann die **Abberufung** des Verwalters **aus wichtigem Grund** rechtfertigen.[505]

362 *cc) Die Pflicht des Verwalters, in der Eigentümerversammlung den Vorsitz zu führen, § 24 Abs. 5 WEG:* Soweit die Versammlung nicht eine andere Person wählt, hat der Verwalter in der Eigentümerversammlung den Vorsitz zu führen. Hierbei darf er aber eine oder mehrere **Hilfspersonen** hinzuziehen.[506] Ist Verwalterin eine **juristische Person**, so kann die Wahrnehmung des Vorsitzes nicht nur durch eine kraft Gesetzes vertretungsberechtigte Person (z.B. Geschäftsführer einer GmbH), sondern auch durch einen von der Verwalterin wirksam rechtsgeschäftlich bestellten Vertreter erfolgen.[507] **Zu beachten** ist, dass die Art und Weise der Durchführung der Eigentümerversammlung trotz des Vorsitzes des Verwalters im Endeffekt von den **Wohnungseigentümern** bestimmt werden kann, da diese auch **Geschäftsordnungsfragen** (z.B. Rauchverbot, Redezeit, Ende der Debatte oder die Ablehnung eines Beistands in der Versammlung) durch einen wirksamen **Beschluss** regeln können. Ein solcher Beschluss muss – logischer Weise – seinem Gegenstand nach nicht nach § 23 Abs. 2 WEG vor der Eigentümerver-

---

502 Vgl. OLG Hamm, WuM 2001, 461.
503 Vgl. OLG Celle, MDR 2000, 1428 ; OLG Köln, ZMR 2003, 380; Palandt / Bassenge, § 24 WEG Rn. 4.
504 .Vgl. Hamm, OLGZ 1973, 423; BayObLG 1971, 84.
505 OLG Hamm, WuM 2001, 461.
506 Vgl. BayObLG, ZWE 2001, 538. Bei festgestelltem Missbrauch der Befugnisse als Versammlungsleiter und Wiederholungsgefahr kann in einem besonderen Hauptsacheverfahren und dann auch im Wege einstweiliger Anordnung das zeitlich begrenzte Verbot für einen Verwalter ausgesprochen werden, Eigentümerversammlungen in einem bestimmten Zeitraum, etwa für die Dauer eines Jahres, zu leiten,vgl. KGReport 2003, 117 = FGPrax 2003, 113.
507 OLG Schleswig, MDR 1997, 821.

sammlung bezeichnet werden und wird mit dem Ende der Versammlung gegenstandslos. Er unterliegt daher auch grundsätzlich nicht der Anfechtung.[508]

dd) Die Pflicht zur Einberufung einer Wiederholungsversammlung, § 25 Abs. 4 WEG: Ist die erste Versammlung nach Maßgabe des § 25 Abs. 3 WEG **beschlussunfähig**,[509] so muss der Verwalter eine neue Versammlung mit dem gleichen Gegenstand einberufen, § 25 Abs. 4 WEG. 363

c) Ansprüche der Wohnungseigentümer auf Erstellung des Wirtschaftsplans bzw. einer Jahresabrechnung sowie auf Rechnungslegung

aa) Die Pflicht zur Erstellung des Wirtschaftsplans: Der Verwalter hat nach § 28 Abs. 1 S. 1 WEG auch ohne besondere Aufforderung durch die Wohnungseigentümer und auch ohne eine entsprechende Verpflichtung im Verwaltervertrag den **Wirtschaftsplan** zu erstellen. Diese Pflicht endet zum Jahreswechsel, da dann sowohl die Gesamt- als auch Einzelabrechnungen möglich sind.[510] 364

Hierbei ist **jeder Wohnungseigentümer** auch ohne Ermächtigung durch die Gemeinschaft befugt, zu Beginn des laufenden Wirtschaftsjahres in einem Verfahren gem. § 43 Abs. 1 Nr. 2 WEG den säumigen Verwalter zur Erstellung durch das Gericht verpflichten zu lassen.[511] Die Vollstreckung einer entsprechenden Verpflichtung erfolgt gem. §§ 45 Abs. 3 WEG, 887 ZPO (vertretbare Handlung – Ersatzvornahme durch den oder die Titelgläubiger auf Kosten des Verwalters). 365

Die Pflicht zur Aufstellung des Wirtschaftsplans umfasst sowohl den sog. **Gesamtwirtschaftsplan** (§ 28 Abs. 1 Nr. 1, 3 WEG), der die Gesamtbeträge ausweist, als auch den sog. **Einzelwirtschaftsplan** (§ 28 Abs. 1 Nr. 2 WEG), der die von den einzelnen Eigentümern anteilsmäßig zu entrichtenden Zahlungen enthält. 366

Der Wirtschaftsplan muss als Haushaltsplan der Wohnungseigentümergemeinschaft für ein Kalenderjahr gem. § 28 Abs. 1 S. 2 WEG mindestens enthalten: 367
- Eine **Gegenüberstellung** der voraussichtlichen Einnahmen (z.B. Kosten- und Lastendeckungsbeiträge der Eigentümer, Erträge aus Gemeinschaftsvermögen) und Ausgaben (alle Kosten, die auf die Gemeinschaft zukommen werden),
- eine **geordnete Zusammenstellung** der einzelnen Posten, die für jeden Eigentümer in zumutbarer Weise verständlich und nachprüfbar ist[512] sowie

---

508 Vgl. BayObLG, FGPrax 2002, 169. Allerdings können materielle Fehler bei der Entscheidung einer Geschäftsordnungsfrage – z.B. eine unverhältnismäßige Redezeitbeschränkung – zur Ungültigerklärung der daraufhin ergangenen Sachbeschlüsse führen, wenn nicht ausgeschlossen werden kann, dass diese auch ohne den gerügten Mangel zu Stande gekommen wären, vgl. BayObLG, NZM 2001, 766.
509 Zur Beschlussfähigkeit vgl. das Muster zu § 2 Rn. 123.
510 OLG Schleswig, FGPrax 2001, 184.
511 Vgl. BayObLG, NJW-RR 1991, 659.
512 Eine bestimmte Aufgliederung ist hierbei nicht vorgeschrieben, es kann sogar eine großzügige Schätzung der zu erwartenden Einnahmen und Ausgaben vorgenommen werden, vgl. KG NJW-RR 1995, 397. Völlig außergewöhnliche und nach den bisherigen Erfahrungen nicht zu erwartende Posten dürfen in den Wirtschaftsplan allerdings nicht eingestellt werden, vgl. OLG Hamm, OLGZ 1971, 96. Anstelle der grundsätzlich erforderlichen betragsmäßigen Festlegung bei den Einzelplänen für die jeweiligen Wohnungseigentumseinheiten kann es im Einzelfall genügen, den Verteilungsschlüssel anzugeben, nach dem der Gesamtbetrag durch einfachen Rechenvorgang umgelegt wird, z.B. Miteigentumsanteil, Anzahl der Wohnungen (bei in etwa gleicher Größe) oder verbindlich feststehende Wohnfläche.

§ 4 Streitigkeiten Eigentümer mit dem Verwalter

- den **Gesamtbetrag** der gem. § 21 Abs. 5 Nr. 4 WEG zu zahlenden **Instandhaltungsrücklage**.

368 *bb) Die Pflicht zur Erstellung einer Jahresabrechnung:* Die Wohnungseigentümer haben gegen den Verwalter ferner gem. **§ 28 Abs. 3 WEG** nach Ablauf des Kalenderjahres einen Anspruch auf Erstellung einer Abrechnung. Dem hat der Verwalter **in angemessen kurzer Zeit** nach Ablauf des Wirtschaftsjahres – wiederum auch ohne besondere Aufforderung durch die Wohnungseigentümer oder Verpflichtung im Verwaltervertrag – nachzukommen.

369 Wie bei dem Anspruch auf Erstellung eines Wirtschaftsplans ist **jeder Wohnungseigentümer** auch ohne Ermächtigung durch die Gemeinschaft befugt, zu Beginn des laufenden Wirtschaftsjahres in einem Verfahren gem. § 43 Abs. 1 Nr. 2 WEG den säumigen Verwalter zur Erstellung durch das Gericht verpflichten zu lassen.[513] Die **Vollstreckung** einer entsprechenden Verpflichtung erfolgt gem. §§ 45 Abs. 3 WEG, 887 ZPO[514] (vertretbare Handlung – Ersatzvornahme durch den oder die Titelgläubiger auf Kosten des Verwalters).

370 Die Jahresabrechnung ist als **geordnete Einnahmen- und Ausgabenrechnung** darzustellen.[515] Die Anforderungen an die Abrechnung ergeben sich mangels besonderer gesetzlicher Regelungen im WEG aus § 259 Abs. 1 BGB.[516] Sie muss daher
- **vollständig**,
- **übersichtlich** und
- **nachvollziehbar**, d.h. für jeden Wohnungseigentümer in zumutbarer Weise und ohne Sachverständigenhilfe verständlich und nachprüfbar sein.[517]

371 Insoweit ist zu berücksichtigen, dass den Wohnungseigentümern auch **gemeinschaftlich** ein **Auskunftsrecht** gegen den Verwalter zusteht[518] und der **einzelne** Wohnungseigentümer ein **Recht auf Einsicht** in sämtliche Verwaltungsunterlagen durchsetzen kann,[519] welchem datenschutzrechtliche Belange nicht entgegenstehen.[520] Auf Grund dieser ergänzenden Rechte der Wohnungseigentümer dürfen allerdings an die **Aufgliederung** der Gesamtjahresabrechnung **keine überzogenen Anforderungen** gestellt werden.

---

513 Vgl. BayObLG, NJW-RR 1991, 659.
514 Vgl. BayObLG, WE 1989, 220; Niedenführ/Schulze, § 28 Rn. 42; a.A. OLG Köln, WuM 1998, 375; RGRK/Augustin, § 28 WEG Rn. 15 – unvertretbare Handlung (§ 888 ZPO – Zwangsmittel gegen den Verwalter).
515 Vgl. Palandt/Bassenge, § 28 WEG Rn. 7 und 9. Die Jahresabrechnung ist hierbei keine Bilanz und daher auch nicht als Gewinn- und Verlustrechnung darzustellen, vgl. OLG Hamm ZMR 1997, 251; BayObLGZ 1993, 185. Der Abrechnung sind ihrem Wesen gemäß keine Soll-, sondern die Istbeträge, d.h. grundsätzlich ohne Rechnungsabgrenzungsposten, zu Grunde zu legen, vgl. BayObLGZ 1992, 210 und BayObLG ZWE 2000, 407, sowie zu Ausnahmen für die Heizkostenabrechnung OLG Hamm, ZWE 2001, 446 und Palandt/Bassenge, § 28 WEG Rn. 11. In der Jahresabrechnung ist zudem der Vermögensstatus der Gemeinschaft, d.h. insbesondere der Bestand der für die Gemeinschaft geführten Konten (z.B. Instandhaltungsrücklage, Verwaltungskonto) anzugeben, vgl. Palandt/Bassenge, § 28 WEG Rn. 13.
516 Vgl. Bärmann/Pick/Merle, § 28 Rn. 51.
517 Vgl. OLG Hamm, ZWE 2001, 446; Niedenführ/Schulze, § 28 Rn. 45; Palandt/Bassenge, § 28 WEG Rn. 9; Palandt/Heinrichs, §§ 259–261 Rn. 22f.
518 Vgl. Staudinger/Bub, § 28 WEG Rn. 581ff.
519 Vgl. Staudinger/Bub, § 28 WEG Rn. 607ff. sowie Palandt/Bassenge, § 28 WEG Rn. 10.
520 Vgl. Staudinger/Bub, § 28 WEG Rn. 615; Bärmann/Pick/Merle, § 28 Rn. 85.

Wie beim Wirtschaftsplan hat die Jahresabrechnung eine **Gesamtabrechnung** aller Einnahmen und Ausgaben des Wirtschaftsjahres unabhängig von ihrer Berechtigung[521] zu enthalten. Mit dieser sind die jeweiligen **Einzelabrechnungen** zu erstellen, die die Einnahmen und Ausgaben unter Angabe des angewendeten **Kostenverteilungsschlüssels** auf die einzelnen Wohnungseigentumseinheiten verteilen. Das Ergebnis der Einzelabrechnung ist die Differenz (**Saldo**) zwischen dem aufgrund der Jahresabrechnung geschuldeten Betrag und den geleisteten Vorauszahlungen in Form eines Solls oder eines Guthabens.[522] Die Rückstände aus den **Vorjahresabrechnungen** sind **nicht** aufzunehmen.[523] Gezahlte Vorschüsse und Ausgaben, die **nur einzelne** Wohnungseigentümer betreffen, sind nur in die Einzelabrechnung dieses Wohnungseigentümers aufzunehmen, nicht aber in die Gesamtabrechnung.[524]

372

cc) Die Pflicht zur Rechnungslegung bzw. Auskunftserteilung: (1) Rechnungslegung an die Gesamtheit: Die „jederzeitige"[525] Pflicht des **Verwalters** zur Rechnungslegung gegenüber der Gesamtheit der Wohnungseigentümer aufgrund Mehrheitsbeschlusses besteht gem. **§ 28 Abs. 4 WEG**. Sie stellt eine außerordentliche Maßnahme dar, die zu einem **beliebigen Stichtag** stattfinden kann, und hat den **Zweck**, die ordnungsgemäße Verwaltung während der laufenden Wirtschaftsperiode zu überwachen.[526]

373

Die Rechnungslegungspflicht besteht grundsätzlich **nur** aufgrund eines **Beschlusses** der Wohnungseigentümer und auch nur gegenüber der **Gesamtheit** der Wohnungseigentümer, nicht gegenüber einem einzelnen Miteigentümer.[527]

374

Umfang und **Form** entsprechen den Anforderungen bei der Jahresabrechnung mit Ausnahme der Einzelabrechnung.[528] Die Rechnungslegung erfordert daher

375

- die Vorlage einer geordneten **Aufstellung der Einnahmen und Ausgaben** wegen aller Vorgänge des von ihr betroffenen Zeitraums unter
- **Beifügung** der Belege sowie der Kontenbestände bei den Banken.

---

521 Denn die Jahresabrechnung ist eine Gegenüberstellung der tatsächlichen Einnahmen und Ausgaben, so dass in die Jahresabrechnung auch solche Ausgaben einzustellen sind, die der Verwalter unberechtigterweise aus Mitteln der Gemeinschaft getätigt hat, solange die Beträge nur tatsächlich vom Gemeinschaftskonto gezahlt wurden, vgl., BGH, NJW 1997, 2106, 2108; BayObLG, NJW-RR 2001, 1231; Bärmann/Pick/Merle, § 28 Rn. 72.
522 Vgl. Palandt/Bassenge, § 28 WEG Rn. 12.
523 Vgl. Palandt/Bassenge, § 28 WEG Rn. 12.
524 Vgl. Palandt/Bassenge, § 28 WEG Rn. 12.
525 Einschränkungen ergeben sich nur aus den Gesichtspunkten von Treu und Glauben (§ 242 BGB, vgl. Palandt/Bassenge, § 28 WEG Rn. 14) sowie dem Schikaneverbot (§ 226 BGB). Rechtsmissbrauch läge daher etwa vor, wenn nach Ablauf des Geschäftsjahres und kurz vor der in angemessenem Zeitabstand bereits bestimmten Eigentümerversammlung, die über die dann fertig gestellte Jahresabrechnung befinden soll, vom Verwalter Rechnungslegung verlangt wird.
526 Vgl. BayObLG, WE 1989, 145.
527 Vgl. BayObLG, NJW-RR 2000, 603.
528 Vgl. KG, OLGZ 1981, 304.

376 Die Pflicht zur Rechnungslegung bleibt auch **nach Beendigung** des Verwalteramtes bestehen,[529] jedoch begrenzt auf den Zeitpunkt des **Ausscheidens**.[530] Die Rechnungslegungspflicht endet mit dem genehmigten Beschluss der Wohnungseigentümer zur Jahresabrechnung,[531] spätestens aber mit der Entlastung des Verwalters.[532]

377 *(2) Auskunftserteilung an den einzelnen Wohnungseigentümer:* Zunächst besteht die Möglichkeit, im Rahmen des **Verwaltervertrages** zu vereinbaren, dass Rechnungslegung, ggf. auch nur im Falle einer Beendigung der Verwaltertätigkeit, abweichend von § 28 Abs. 4 WEG von **jedem Wohnungseigentümer** verlangt werden kann.[533] Für den Fall, dass eine solche Regelung im Verwaltervertrag nicht besteht und die Gemeinschaft von ihrem Anspruch nach § 28 Abs. 4 WEG keinen Gebrauch macht,[534] besteht für **jeden einzelnen Wohnungseigentümer** gegen den Verwalter, der für die Wohnungseigentümer i.S. von § 675 BGB Geschäfte besorgt, eine **allgemeine Auskunfts-, Benachrichtigungs- und Rechenschaftspflicht** entsprechend §§ 666, 259 BGB, 28 Abs. 3 WEG.[535] Danach hat **jeder Wohnungseigentümer** gegenüber dem Verwalter einen Anspruch auf Auskunft in Fragen, die ihn allein oder die Gemeinschaft betreffen. Dieses Auskunftsrecht umfasst grundsätzlich auch die **Einsichtnahme** in Belege und Abrechnungsgrundlagen.[536]

378 *(3) Vollstreckung der Ansprüche auf Rechnungslegung und Auskunft:* Die rechtskräftige Verpflichtung des abberufenen Verwalters, Rechnung zu legen, ist als **nicht vertretbare Handlung** nach §§ 45 Abs. 3 WEG, 888 ZPO zu vollstrecken. Maßgeblich dafür ist, dass – anders als bei den Ansprüchen auf Erstellung eines Wirtschaftsplans oder der Jahresabrechnung – die Rechnungslegung das Innenverhältnis zwischen dem Verwalter und den Wohnungseigentümern betrifft, welches als Geschäftsbesorgungsvertrag (§ 675 BGB) unmittelbar eine Rechnungslegungspflicht auch nach § 666 BGB mit sich bringt. Deren Inhalt bestimmt sich nach § 259 BGB[537] und beschränkt sich nicht nur auf eine auch durch Dritte erbringbare Abrechnung in Form der Vorlage einer geordneten Aufstellung der Einnahmen und Ausgaben. Vielmehr umfasst die Verpflichtung auch, den Auftraggeber über die Einzelheiten der Auftragsausführung in verkehrsüblicher Form zu informieren und ihm die notwendige Übersicht über das Besorgte zu verschaffen; das gilt selbst dann, wenn eine Pflicht zur Herausgabe nach § 667 BGB nicht

---

529 Vgl. BayObLG, WE 1994, 280.
530 Vgl. KG, WE 1988, 17.
531 Vgl. KG, NJW-RR 1987, 462; BayObLGZ 1994, 98; Palandt/Bassenge, § 28 WEG Rn. 14.
532 Vgl. BayObLG, WE 1989, 145.
533 Vgl. unten das Muster unter Rn. 424.
534 Vgl. KG, NJW-RR 1987, 462; OLG Hamm, NJW-RR 1988, 597; BayObLG, WE 1991, 253; BGH, NJW 1996, 656; Palandt/Bassenge, § 28 WEG Rn. 14.
535 Vgl. BGHZ 59, 61; Palandt/Bassenge, § 28 WEG Rn. 10. Einschränkungen ergeben sich auch hier aus den Gesichtspunkten von Treu und Glauben (§ 242 BGB) sowie dem Schikaneverbot (§ 226 BGB).
536 Vgl. schon oben bei der Jahresabrechnung und BayObLG, ZWE 2002, 577; Staudinger/Bub, § 28 WEG Rn. 607ff. sowie Palandt/Bassenge, § 28 WEG Rn. 10.
537 Vgl. Palandt/Sprau, § 666 Rn. 4.

besteht.[538] Demnach erfordert die Erfüllung der Rechnungslegungspflicht im Allgemeinen Kenntnisse, die nur der Verwalter selbst, nicht auch ein Dritter haben kann.[539]

2. Ansprüche der Wohnungseigentümer gegen den Verwalter aus § 27 Abs. 1 und 4 WEG

a) Der Normzweck des § 27 Abs. 1 WEG

Sinn und Zweck der Institutionalisierung eines Verwalters ist es, der als solcher nicht rechtsfähigen[540] Gemeinschaft der Wohnungseigentümer ein **Vollzugsorgan**[541] zur Verfügung zu stellen, um ihr so ein Mindestmaß an **Handlungsfähigkeit** zu verschaffen. § 27 WEG bestimmt insoweit unabdingbare Mindestbefugnisse des Verwalters, um die laufenden Geschäfte der Verwaltung ohne die sonst notwendige Mitwirkung aller Wohnungseigentümer besorgen zu können.[542]

379

b) Unabdingbarkeit der dem Verwalter zustehenden Aufgaben und Befugnisse

Die dem Verwalter nach § 27 Abs. 1 und 2 WEG zustehenden Aufgaben und Befugnisse können **nicht**, auch nicht durch Vereinbarungen der Wohnungseigentümer, **abbedungen werden**,[543] § 27 Abs. 3 WEG.

380

c) Pflichten im Verhältnis zu den Wohnungseigentümern, § 27 Abs. 1 und 4 WEG

Ansprüche der Wohnungseigentümer gegen den Verwalter können sich aus § 27 Abs. 1 und 4 WEG ergeben.[544] Über diese Pflichten des Verwalters wird auf Antrag eines oder mehrerer Wohnungseigentümer in einem Verfahren nach **§ 43 Abs. 1 Nr. 2 WEG**[545] verhandelt.

381

aa) Ausführung von Beschlüssen und der Hausordnung, § 27 Abs. 1 Nr. 1 WEG: Der Verwalter ist gem. § 27 Abs. 1 Nr. 1 WEG zur **Durchführung der Mehrheitsbeschlüsse und der Hausordnung** (§ 21 WEG) verpflichtet. Dies bedeutet u.a., dass der Verwalter

382

---

538 Vgl. BGHZ 109, 260, 266 = NJW 1990, 510.
539 Vgl. Niedenführ/Schulze, § 28 Rn. 74; Nieß, NZM 1999, 832f.; OLG Köln, WuM 1998, 375, 377. Nach a.A. wird die Rechnungslegungspflicht aus § 28 Abs. 4 WEG wie die Pflicht zur Erstellung der Jahresabrechnung als vertretbare Handlung beurteilt, deren Vollstreckung nach § 45 Abs. 3 WEG i.V.m. § 887 ZPO vorzunehmen ist, vgl. OLG Düsseldorf, NZM 1999, 842; OLG Hamm, OLGZ 1975, 157, 160; Bärmann/Pick/Merle, § 28 Rn. 56, 118, 123f.; Staudinger/Bub, § 28 WEG Rn. 472; Palandt/Bassenge, § 28 WEG Rn. 14.
540 Vgl. BGH, NJW 1998, 3279; BayObLG, ZMR 2002, 136.
541 Vgl. schon oben Rn. 354ff. zur Stellung des Verwalters zu den Wohnungseigentümern und BGHZ 106, 222 = NJW 1989,1091.
542 Vgl. Bärmann/Pick/Merle, § 27 Rn. 2.
543 Jedwede Einschränkung durch Vereinbarung oder Mehrheitsbeschluss ist wegen Verstoßes gegen ein gesetzliches Verbot nichtig (§ 134 BGB), vgl. Bärmann/Pick/Merle, § 28 Rn. 183 und 185.
544 § 27 Abs. 1 WEG verleiht – schon im Gegensatz zum Wortlaut des § 27 Abs. 2 WEG – dem Verwalter im Verhältnis zu den Wohnungseigentümern (nicht entzieh-, aber erweiterbare) Pflichten und Rechte. Hiermit geht aber nicht die Befugnis des Verwalters einher, gegenüber Dritten im Namen und mit Wirkung für und gegen die Wohnungseigentümer tätig zu werden, vgl. BGHZ 67, 232 = NJW 1977, 44; BayObLGZ 1978, 117 = Rpfleger 1978, 299. Bei Verträgen mit Dritten darf er daher nur im eigenen Namen handeln, sofern er nicht von der Gemeinschaft – etwa im Rahmen eines Beschlusses, den er gem. § 27 Abs. 1 Nr. 1 WEG durchzuführen hat – bevollmächtigt wird. Seine Aufwendungen kann er bei berechtigtem Handeln im Innenverhältnis aber in jedem Fall dem Gemeinschaftskonto bzw. der Instandhaltungsrücklage entnehmen, vgl. BGH, a.a.O.
545 Vgl. hierzu § 1 Rn. 11.

die den Wohnungseigentümern gem. § 14 WEG zukommenden Pflichten zu überwachen hat.[546] Er ist insoweit ausführendes Organ der Eigentümerversammlung.

383 *(1) Durchführung von Beschlüssen und Vereinbarungen:* (a) Vereinbarungen: Aus § 27 Abs. 1 Nr. 1 WEG ergibt sich im „Erst-Recht-Schluss" die Verpflichtung des Verwalters, nicht nur die Beschlüsse, sondern auch die Vereinbarungen der Wohnungseigentümer durchzuführen.[547]

384 (aa) Fehlerhafte Beschlüsse: Die Pflicht des Verwalters, die Beschlüsse der Eigentümerversammlung durchzuführen, ist **unabhängig** von der Rechtswidrigkeit und daher Anfechtbarkeit des jeweiligen Beschlusses, solange dieser nicht für ungültig erklärt ist.[548] Ein anhängiges Verfahren auf Ungültigerklärung eines Beschlusses gem. §§ 43 Abs. 1 Nr. 4, 23 Abs. 4 WEG hat für die Pflicht des Verwalters zur Exekution **keine aufschiebende Wirkung**.[549]

385 (bb) Nichtige Beschlüsse oder Nicht- bzw. Scheinbeschlüsse: Zur Durchführung nichtiger Beschlüsse oder von Nichtbeschlüssen[550] ist der Verwalter allerdings **weder verpflichtet noch berechtigt**. Der Verwalter muss daher – ggf. unter Hinzuziehung eines **Rechtsanwalts** – die Frage der Nichtigkeit selbst beurteilen, zumal er bei der Durchführung eines solchen Beschlusses mit Schadenersatzansprüchen der Wohnungseigentümer rechnen muss.[551]

386 (cc) Handeln im Namen der Wohnungseigentümer: Soweit die Durchführung eines Beschlusses den Abschluss von Rechtsgeschäften erfordert, enthält der **Beschluss** i.d.R. konkludent die erforderliche **Bevollmächtigung**.[552]

387 *(2) Durchführung der Hausordnung:* Zur Durchführung der Hausordnung hat der Verwalter v.a. Maßnahmen **tatsächlicher Art** zu treffen.[553] Der Verwalter kann insoweit aber auch zu Maßnahmen **rechtsgeschäftlicher oder geschäftsähnlicher** Art gezwungen sein, etwa, um einen Wohnungseigentümer, der wiederholt gegen die sich aus der Hausordnung ergebenden Pflichten verstößt, durch eine Mahnung in Verzug zu setzen, vgl. § 286 Abs. 1 S. 1 BGB. Der Verwalter kann die Wohnungseigentümer insoweit auch **ohne weiteres vertreten**, da die diesbezügliche Regelung in der Hausord-

---

546 Vgl. Bärmann/Pick/Merle, § 27 Rn. 38.
547 Vgl. Bärmann/Pick/Merle, § 27 Rn. 15.
548 Vgl. BayObLG, WuM 1990, 366; Bärmann/Pick/Merle, § 27 Rn. 26; Palandt/Bassenge, § 27 WEG Rn. 5.
549 Vgl. Bärmann/Pick/Merle, § 27 Rn. 26, m.w.N.
550 Zur Nichtigkeit eines Beschlusses sowie zu sog. Nichtbeschlüssen der Eigentümerversammlung vgl. ausführlich § 2 Rn. 125 ff.
551 Zu diesen vgl. unten Rn. 399 ff.
552 Vgl. OLGReport Hamm, 1997, 143; Palandt/Bassenge, § 27 WEG Rn. 5; Gruber, NZM 2000, 263. Nach Bärmann/Pick/Merle, § 27 Rn. 20 handelt der Verwalter bei der Durchführung von Beschlüssen der Wohnungseigentümer als gesetzlicher Vertreter gem. § 10 Abs. 4 WEG.
553 Vgl. Bärmann/Pick/Merle, § 27 Rn. 38, mit zahlreichen Beispielen. Der Verwalter hat insoweit zur Umsetzung der Hausordnung – etwa der Mittagsruhe, der Räum- und Streupflicht oder von Benutzungsregelungen für das gemeinschaftliche Eigentum – Hinweise und Aufforderungen durch Aushänge, Rundschreiben oder persönliche Anschreiben an die Wohnungseigentümer etc. zu erstellen.

nung, die eine Vereinbarung der Wohnungseigentümer darstellt, konkludent die Bevollmächtigung zu ihrer rechtsgeschäftlichen Umsetzung enthält.[554]

Exkurs: Nach zutreffender h.M. hat der Verwalter sogar das Recht, gegen einen die Hausordnung missachtenden Wohnungseigentümer im eigenen Namen im Verfahren nach § 43 Abs. 1 Nr. 2 WEG den Antrag auf Feststellung der Pflichten zu stellen, die sich für den jeweiligen Wohnungseigentümer aus der Hausordnung ergeben. Sogar der Antrag des Verwalters, den jeweiligen Wohnungseigentümer zur Einhaltung der Hausordnung bzw. Unterlassen bestimmter hiernach verbotener Handlungen zu verpflichten, ist zulässig. Wenn nämlich § 27 Abs. 1 Nr. 1 WEG den Verwalter zur Durchführung der Hausordnung berechtigt und verpflichtet, muss sich diese Befugnis – auch wenn es sich um die Realisierung der nur den Wohnungseigentümern zustehenden Rechte handelt – auch auf die gerichtliche Umsetzung im eigenen Namen, d.h. als **gesetzlicher Prozessstandschafter** der Wohnungseigentümer erstrecken.[555] In der **Praxis** sollte es der Verwalter aber nicht auf die Entscheidung dieser Frage ankommen, sondern sich gleich durch einen Beschluss der Eigentümerversammlung zum Vertreter gem. § 27 Abs. 2 Nr. 5 WEG bzw. als gewillkürter Verfahrensstandschafter bestimmen lassen.

388

bb) Instandhaltung und Instandsetzung, § 27 Abs. 1 Nr. 2 WEG: Nach § 21 Abs. 3 und Abs. 5 Nr. 2 WEG bestimmen die **Wohnungseigentümer**, ob und wie eine Instandhaltungs- oder Instandsetzungsmaßnahme des gemeinschaftlichen Eigentums durchgeführt werden soll. Diese Entscheidungen können daher grundsätzlich nicht auf den Verwalter delegiert werden.[556] Der **Verwalter** hat nach § 27 Abs. 1 Nr. 2 WEG die beschlossenen oder vereinbarten Maßnahmen als eigene Aufgabe (und nicht als Erfüllungsgehilfe i.S. des § 278 BGB)[557] lediglich **umzusetzen**.

389

Handelt der Verwalter ohne entsprechende Ermächtigung der Wohnungseigentümer, liegt eine unberechtigte Geschäftsführung ohne Auftrag vor, die einerseits zu Aufwendungsersatzansprüchen[558] gegen die Wohnungseigentümer gem. §§ 684, 812ff. (bei Genehmigung), 683 S. 1, 670 BGB, andererseits zu Schadensersatzansprüchen gegen den Verwalter[559] wegen Pflichtverletzung (§§ 241 Abs. 2, 280ff. BGB) führen kann.

390

Im **Vorfeld** bzw. für eine sinnvolle Ermöglichung der o.g. Beschlüsse und Vereinbarungen der Wohnungseigentümer zur Instandhaltung bzw. Instandsetzung des gemeinschaftlichen Eigentums muss der Verwalter aber in Erfüllung seiner vertraglichen Pflichten gegenüber den Wohnungseigentümern das gemeinschaftliche Eigentum

391

---

554 Wenn nämlich schon einem durch den Verwalter gem. § 27 Abs. 1 Nr. 1 WEG umzusetzenden Mehrheitsbeschluss i.d.R. die stillschweigende Bevollmächtigung zur Vertretung der Wohnungseigentümer in Umsetzung dieses Beschlusses zu entnehmen ist (OLGReport Hamm, 1997, 143; Palandt/Bassenge, § 27 WEG Rn. 5; Gruber, NZM 2000, 263), muss dies erst recht für die gem. § 27 Abs. 1 Nr. 1 WEG umzusetzende Hausordnung als Vereinbarung der Wohnungseigentümer gelten. Nach Bärmann/Pick/Merle, § 27 Rn. 40 handelt der Verwalter auch hier als gesetzlicher Vertreter gem. § 10 Abs. 4 WEG.
555 Vgl. zutreffend Bärmann/Pick/Merle, § 27 Rn. 43.
556 Vgl. OLG Düsseldorf, NJW-RR 1998, 13.
557 Vgl. OLG Düsseldorf, NJW-RR 1995, 587.
558 Vgl. Bärmann/Pick/Merle, § 27 Rn. 44.
559 Zu diesen vgl. unten Rn. 399ff.

- regelmäßig nach Baumängeln überprüfen bzw. überprüfen lassen,[560]
- die Wohnungseigentümer hierüber und über den drohenden Ablauf von Gewährleistungsfristen unterrichten und
- eine Entscheidung der Wohnungseigentümer über die ggf. einzuleitenden Schritte veranlassen.[561]

392 Die hierauf ergangenen Beschlüsse oder Vereinbarungen der Wohnungseigentümer hat der Verwalter dann gem. § 27 Abs. 1 Nr. 2 WEG umzusetzen.

393 **Exkurs:** Bei der Umsetzung der genannten Maßnahmen wird der Verwalter regelmäßig **rechtsgeschäftlich** tätig werden und etwa zur Reparatur eines undichten Daches der Wohnanlage einen Dachdecker beauftragen.[562] Insoweit kann § 27 Abs. 1 Nr. 2 WEG – anders als § 27 Abs. 1 Nr. 1 WEG – dem Verwalter eine **gesetzliche Vertretungsmacht** verleihen. Hierfür ist aber nach zutreffender h.M. zu **differenzieren**, ob es sich um außergewöhnliche und nicht dringliche Maßnahmen größeren Umfangs handelt, für die der Verwalter eines Beschlusses der Eigentümerversammlung bedarf, oder ob es sich um außerordentliche, aber dringliche bzw. um bloße einfache (Reparatur-)Maßnahmen ohne großen Aufwand handelt. Für letztere verleiht § 27 Abs. 1 Nr. 2 WEG dem Verwalter eine gesetzliche Vertretungsmacht.[563]

394 *cc) Notmaßnahmen, § 27 Abs. 1 Nr. 3 WEG:* Der Verwalter ist – korrespondierend mit dem entsprechenden Recht des einzelnen Miteigentümers gem. § 21 Abs. 2 WEG – auch ohne vorherigen Beschluss der Wohnungseigentümer zum Handeln in eigener Verantwortung **berechtigt** und **verpflichtet**, wenn die Dringlichkeit der Maßnahme keine Einberufung einer Eigentümerversammlung zulässt.[564] Anders als bei § 27 Abs. 1 Nr. 2 WEG muss es sich nicht um bloße Instandhaltungs- oder Instandsetzungs-

---

560 Vgl. BayObLG, ZMR 1999, 654.
561 Vgl. BayObLG NJW-RR 2001, 1020.
562 Vgl. Bärmann/Pick/Merle, § 27 Rn. 52.
563 Vgl. ausführlich Bärmann/Pick/Merle, § 27 Rn. 52 ff. und BGHZ 67, 232 = NJW 1977, 44: Diese Differenzierung ist Ergebnis einer Abwägung der berechtigten Interessen des allgemeinen Rechtsverkehrs (Lieferanten und Handwerker) mit den Interessen der Wohnungseigentümer und dem Interesse des Verwalters, die ihm obliegenden Verwaltungsaufgaben in zumutbarer Weise ordnungsgemäß erfüllen zu können. Dem erheblichen und berechtigten Interesse der Wohnungseigentümer, die Vertretungsmacht des Verwalters in möglichst engen Grenzen zu halten, stehen keine gleichwertigen Interessen der Allgemeinheit oder des Verwalters an dessen möglichst weitreichenden Vertretungsmacht gegenüber. Soweit es sich um Aufträge der laufenden Verwaltung (Lieferung/Reparaturen) oder für außergewöhnliche Instandsetzungen geringeren Umfangs handelt, ist der Verwalter allerdings kraft seines Rechts aus § 27 Abs. 1 S. 2 WEG, die für die ordnungsgemäße Instandhaltung und Instandsetzung des gemeinschaftlichen Eigentums erforderlichen Maßnahmen zu treffen, befugt, diese zu erteilen. Anders ist es hingegen bei einer außerordentlichen Bestellung oder Instandsetzungsmaßnahme größeren Umfangs, die nicht außergewöhnlich dringend ist, sondern soviel Zeitaufschub erlaubt, wie zur Einholung eines Beschlusses der Wohnungseigentümer erforderlich ist. Derartige Aufträge kann ein Verwalter nicht ohne vorherigen Beschluss der Wohnungseigentümer vergeben. Dabei ist insbesondere das Interesse der einzelnen Wohnungseigentümer zu sehen, nicht als Gesamtschuldner für Verwaltungsschulden haften zu müssen, die erheblich über ihre nur anteilmäßige Kostenbelastung nach § 16 Abs. 2 WEG hinausgehen. Vgl. a. KG, ZWE 2001, 278.
564 Vgl. OLG Hamm, NJW-RR 1989, 331. Solche dringenden Fälle entstehen durch höhere Gewalt oder Zufall und sind etwa bei dem Ausfall der Heizungsanlage oder einem Wasserrohrbruch an einer Versorgungsleitung für die gesamte Wohnanlage gegeben, vgl. Bärmann/Pick/Merle, § 27 Rn. 70.

maßnahmen handeln.⁵⁶⁵ Der Verwalter handelt insoweit sowohl bezüglich des „Ob" als auch des „Wie" der einzelnen Maßnahme unter Berücksichtigung ihrer Dringlichkeit in Ausübung eines **pflichtgemäßen**, d.h. gerichtlich auch nur insoweit überprüfbaren **Ermessens**.

Exkurs: Soweit der Verwalter in einem dringenden Fall im Sinne des § 27 Abs. 1 Nr. 3 WEG Aufträge vergibt und bezahlt, die zur Erhaltung des gemeinschaftlichen Eigentums erforderlich sind, kann er die Wohnungseigentümer ohne vorherige Beschlussfassung verpflichten.⁵⁶⁶ Für die Annahme einer sich aus der entsprechenden Anwendung des § 27 Abs. 2 Nr. 4 WEG ergebenden **gesetzlichen Vertretungsmacht** des Verwalters in diesen Fällen spricht insbesondere die Erwägung, dass sich der Verwalter schadensersatzpflichtig machen würde, wenn er in dringenden Fällen im Sinne des § 27 Abs. 1 S. 3 WEG gleichwohl untätig bliebe.⁵⁶⁷

395

dd) Verwaltung gemeinschaftlicher Gelder, § 27 Abs. 1 Nr. 4 und Abs. 4 WEG: Der Verwalter ist gem. § 27 Abs. 1 Nr. 4 und Abs. 4 WEG berechtigt und verpflichtet, die gemeinschaftlichen Gelder der Eigentümergemeinschaft zu verwalten und nicht mit seinem Privatvermögen zu vermengen. **Gemeinschaftliche Gelder** sind **zum einen** solche, welche die Wohnungseigentümer für die gemeinschaftliche Verwaltung leisten. Hierunter zählen v.a. die Wohngeldbeiträge gem. § 28 Abs. 2 WEG sowie die Leistungen zur Bildung und Aufrechterhaltung einer Instandhaltungsrücklage gem. § 21 Abs. 5 Nr. 4 WEG, einschließlich Sonderumlagen und Ausgleichszahlungen für Fehlbeträge aus der Jahresgesamtabrechnung.⁵⁶⁸ **Zum anderen** stellen auch Einnahmen gemeinschaftliche Gelder dar, etwa aus Vermietung und Verpachtung des gemeinschaftlichen Eigentums.⁵⁶⁹

396

Der Begriff der **Verwaltung** meint nach zutreffender h.M. die Befugnis des Verwalters, über die gemeinschaftlichen Gelder zur Erfüllung seiner sich aus § 27 Abs. 1 Nr. 1 bis 4 WEG ergebenden Aufgaben zu verfügen.⁵⁷⁰ Die Pflicht zur ordnungsgemäßen Verwaltung begründet nach h.M. einen Anspruch der Wohnungseigentümer gegen den Verwalter, für die genannten Gelder ein **Konto** einzurichten und nicht zeitnah zu verwendende Gelder zinsbringend anzulegen.⁵⁷¹

397

Zur Umsetzung der sich für den Verwalter aus § 27 Abs. 4 WEG ergebenden Pflicht, die gemeinschaftlichen Gelder der Wohnungseigentümer getrennt von seinem Vermögen zu

398

---

565 Insoweit fällt unter § 27 Abs. 1 Nr. 3 WEG etwa der Abbruch einer Wand bei Einsturz- oder Brandgefahr, vgl. Bärmann/Pick/Merle, § 27 Rn. 71, m.w.N.
566 Vgl. Palandt/Bassenge, § 27 WEG Rn. 7.
567 Vgl. OLGReport Hamm, 1997, 141 = ZMR 1997, 377.
568 Vgl. Bärmann/Pick/Merle, § 27 Rn. 76.
569 Vgl. Bärmann/Pick/Merle, § 27 Rn. 76.
570 Vgl. Bärmann/Pick/Merle, § 27 Rn. 79, m.w.N.
571 Vgl. Bärmann/Pick/Merle, § 27 Rn. 80, m.w.N.

halten, kann entweder ein **Fremdkonto**[572] oder ein **Treuhandkonto**[573] eingerichtet werden. Nach § 27 Abs. 4 S. 2 WEG kann die Verfügung über die Gelder auch von der **Zustimmung eines Dritten**, z.B. des Beiratsvorsitzenden, abhängig gemacht werden.

3. Schadensersatzansprüche gegen den Verwalter

a) Ansprüche wegen Verletzungen des Verwaltervertrages

399 Wenn der Verwalter **schuldhaft** gegen seine Pflichten aus dem Vertrag mit den Wohnungseigentümern verstößt, indem er sie **nicht oder schlecht erfüllt**, kann ein Ersatzanspruch gegen den Verwalter gem. §§ 280ff., 241 Abs. 2 BGB entstehen, falls die Wohnungseigentümer hierdurch einen Schaden erleiden (§§ 249ff. BGB).

400 Solche Verletzungen kommen v.a. gelegentlich der Erfüllung oder Nichterfüllung der sich **aus § 27 Abs. 1 und 2 WEG ergebenden Pflichten** vor, z.B.
- bei der Durchführung eines Eigentümerbeschlusses (Abs. 1 Nr. 1),[574]
- im Zusammenhang mit der ordnungsgemäßen Instandhaltung und Instandsetzung des gemeinschaftlichen Eigentums (Abs. 1 Nr. 2),[575]
- im Zusammenhang mit der Nichtdurchführung einer dringenden Maßnahme (Abs. 1 Nr. 3),
- im Zusammenhang mit der Verwaltung der gemeinschaftlichen Gelder (Abs. 1 Nr. 4),
- bei der Hinnahme einer mangelhaften Leistung eines Werkunternehmers, ohne Mängelrügen zu erheben oder ein Zurückbehaltungsrecht geltend zu machen (Abs. 2 Nr. 2)[576] oder auch
- durch Verstoß gegen eine Verkehrssicherungspflicht.[577]

401 Für den **Verschuldensmaßstab** gilt § 276 BGB, wobei der Verwalter für das Verschulden von ihm eingesetzter **Erfüllungsgehilfen** gem. § 278 BGB einzustehen hat.[578]

---

572 Dieses lautet auf den Namen der Wohnungseigentümer mit dem Verwalter als Bevollmächtigten, vgl. Palandt/Bassenge, § 27 WEG Rn. 22; OLG München, NJW-RR 2000, 1682; BayObLGZ 1972, 246 = Rpfleger 1972, 411; OLG Frankfurt/M., NJW 1972, 1376.
573 Dieses lautet auf den Namen des Verwalters mit einer Kontobezeichnung, die auf den Treuhandcharakter hinweist, vgl. Palandt/Bassenge, § 27 WEG Rn. 22; BGH, NJW 1996, 65. Nach Palandt/Bassenge, a.a.O., ist von der Errichtung eines Treuhandkontos abzuraten, weil der Verwalter im Verhältnis zum Kreditinstitut Vollrechtsinhaber ist, wenn auch die Wohnungseigentümer als wirtschaftliche Inhaber der jeweiligen Kontokorrentforderung gegenüber den Gläubigern des Verwalters nach §§ 771 ZPO und § 47 InsO geschützt seien. Dies trifft zu, da die Errichtung eines Fremdkontos nicht nur den Zugriff solcher Gläubiger von vornherein unterbindet, sondern auch eine „Sperrung" des Kontos durch einfachen Widerruf der Vollmacht des Verwalters gegenüber der Bank ermöglicht.
574 Vgl. BayObLG, ZMR 1997, 431.
575 Vgl. BayObLG, FGPrax 1996, 20; NJW-RR 1999, 305; KG, OLGZ 1994, 35; OLG Düsseldorf, OLGZ 1993, 107; OLG Köln, WuM 1997, 68.
576 Vgl. OLG Düsseldorf, ZMR 1997, 380.
577 Vgl. OLG Frankfurt/M., OLGZ 1993, 188.
578 Allerdings ist ein Hausmeister kein Erfüllungsgehilfe des Verwalters i.S. von § 278 BGB, da ersterer zur Eigentümergemeinschaft und nicht zu letzterem in einem Dienstverhältnis steht. Gleiches gilt für den vom Verwalter mit der Ermittlung einer Schadensursache beauftragten Architekten. Die Ermittlung einer Schadensursache gehört nämlich nicht zum (normalen) Pflichtenkreis des Verwalters, hierzu gehört ggf. nur die Beauftragung eines Architekten, vgl. OLG Düsseldorf, ZMR 1998, 654.

Die **schuldhafte Schlechterfüllung** der Verwalterpflichten löst einen auf der Rechtsfolgenseite nach den §§ 249 ff. BGB zu bemessenden **Schadensersatzanspruch** der Wohnungseigentümer aus. Der vertragliche Vergütungsanspruch des Verwalters bleibt hiervon zwar unberührt, jedoch können die Wohnungseigentümer mit ihren Schadensersatzansprüchen ggf. gegen den Vergütungsanspruch des Verwalters **aufrechnen**.[579]

402

Im Falle der **Nichterfüllung** hängt das Schicksal des Vergütungsanspruches vom Grund der Nichterfüllung sowie vom Vorgehen der Wohnungseigentümer ab. Je nach fallbezogener Maßgabe der insoweit anwendbaren §§ 320 ff. und 615, 616 BGB bleibt der Vergütungsanspruch bestehen, ist nur Zug um Zug gegen Erbringung der vom Verwalter geschuldeten Tätigkeit durchsetzbar oder erlischt.

403

b) Ansprüche wegen unerlaubter Handlung

Über die eben genannten vertraglichen Schadensersatzansprüche hinaus können auch solche aus **unerlaubter Handlung** bestehen. Im Zusammenhang mit den gesetzlich oder vertraglich bestimmten Pflichten des Verwalters werden dies gem. § 823 Abs. 1 oder 2 BGB

404

- überwiegend Eigentumsverletzungen des Verwalters, die sich auf das gemeinschaftliche Eigentum der Wohnungseigentümer beziehen, aber auch
- Gesundheitsverletzungen zum Nachteil einzelner oder mehrerer Wohnungseigentümer und schließlich
- Straftaten des Verwalters sein, die eine Schadensersatzpflicht wegen Verstoß gegen ein strafrechtliches Schutzgesetz auslösen.

4. Prozessvermeidung

Die gerichtliche Umsetzung der vorstehend genannten Ansprüche der Wohnungseigentümer gegen den Verwalter lässt sich oft dadurch vermeiden, dass dem Verwalter in einer außerordentlich einzuberufenden **Eigentümerversammlung** sein Fehlverhalten vor Augen geführt wird. Die Einberufung einer solchen Eigentümerversammlung kann auch von mehr als einem Viertel der Wohnungseigentümer (§ 24 Abs. 2 WEG) und bei pflichtwidriger Weigerung vom Verwaltungsbeirat (§ 24 Abs. 3 WEG) oder nach gerichtlicher Ermächtigung analog § 37 Abs. 2 BGB[580] auch von einem Wohnungseigentümer, der das Begehren nach § 24 Abs. 2 WEG gestellt hat, verlangt werden. Gelingt es in der Eigentümerversammlung nicht, mit dem Verwalter eine Einigung herbeizuführen, sollte dieser förmlich im Wege eines Beschlusses **abgemahnt** und die **fristlose Kündigung**[581] des Verwaltervertrages aus wichtigem Grund bei Wiederholung oder Fortsetzung des Fehlverhaltens in Aussicht gestellt werden, falls nicht sogleich ein **Abberufungsbeschluss**[582] gefasst werden soll. Bei nicht zu beseitigenden Differenzen ist die **einvernehmliche vorzeitige Auflösung** des Verwaltervertrages sicherlich die sinnvollste Lösung.

405

---

579 Vgl. BayObLG, FGPrax 1997, 136.
580 Vgl. BayObLGZ 1970, 1, 4; OLG Hamm, NJW 1973, 2300.
581 Vgl. Bärmann/Pick/Merle, § 26 Rn. 145 ff.
582 Die vorherige Abmahnung des Verwalters bedarf es jedenfalls dann nicht, wenn das Vertrauensverhältnis zum Verwalter zerrüttet ist, vgl. Bärmann/Pick/Merle, § 26 Rn. 152, m.w.N.

II. Der Anspruch des Verwalters auf Vergütung

406 Der Anspruch des Verwalters auf **Vergütung**[583] ergibt sich nicht schon aus seiner rechtlichen Stellung im Gesetz, sondern allein aus dem **Verwaltervertrag**.[584] Der Verwaltervertrag ist rechtlich regelmäßig als **Geschäftsbesorgungsvertrag** mit überwiegend dienstvertraglichem Charakter (§§ 662, 675 BGB) zu qualifizieren.[585] Sofern eine Vergütung nicht ausdrücklich ausgeschlossen ist, ist ein Entgelt entsprechend §§ 612, 632, 662 BGB **auch bei fehlender Regelung** geschuldet.[586] Fehlt ein Verwaltervertrag, weil etwa der Verwalter zwar bereits in der Teilungserklärung bestellt, der Abschluss eines Verwaltervertrages aber verweigert wird oder weil umgekehrt die vertragliche Bindung nach bestandskräftiger Anfechtung (§§ 23 Abs. 4, 43 Abs. 1 Nr. 4 WEG) des Bestellungsbeschlusses entfallen ist, hat dieser als Geschäftsführer ohne Auftrag einen Anspruch auf die **übliche** Vergütung gem. §§ 677 ff., 683 S. 1 BGB[587]

407 Die **Höhe** des Entgelts bestimmt sich im übrigen nach freier Vereinbarung mit den Wohnungseigentümern.[588] Ein Anspruch auf sog. **Sondervergütungen** über das vertraglich vereinbarte regelmäßige Entgelt hinaus bedarf der Vereinbarung mit dem Verwalter. Andererseits kann die **Auslegung** (§§ 133, 157, 242 BGB) der Vergütungsregelungen im bestehenden Verwaltervertrag ergeben, dass die regelmäßige Vergütung auch nicht ausdrücklich im Gesetz oder im Vertrag bezeichnete Tätigkeiten des Verwalters abgelten sollen.[589]

408 Der Entgeltanspruch des Verwalters richtet sich grundsätzlich gegen **alle Wohnungseigentümer**, die insoweit **gesamtschuldnerisch** haften.[590] Eine **zusätzliche** Verwaltervergütung kann gegen **einzelne** Wohnungseigentümer geltend gemacht werden, wenn diese den zusätzlichen Verwaltungsaufwand verursacht haben **und** in Verzug waren **oder** eine sonstige schuldhafte Pflichtverletzung begangen haben.[591]

409 Für die **Fälligkeit** der Vergütung des Wohnungseigentumsverwalters gilt, sofern vertraglich nichts anderes vereinbart ist, § 614 S. 1 BGB. Die Vergütung ist also erst nach Erbringung der Dienstleistung (insbesondere nach Vorlage der Jahresabrechnung) zu entrichten.[592]

---

583 Vgl. zur Vergütung des Verwalters allgemein Gottschalg, NZM 2000, 473.
584 Vgl. BayObLG, WuM 1996, 650.
585 Vgl. BGH, NJW-RR 1993, 1227.
586 Vgl. BayObLG, FGPrax 1997, 136.
587 Vgl. BGH, NJW-RR 1989, 970 und BGH, NJW 1997, 2106. Nach OLG Hamm, NJW-RR 1993, 845 soll für die Vergütung § 612 BGB entsprechend heranzuziehen sein. Vgl. zu dieser Problematik das Muster unter Rn. 428.
588 Die Wohnungseigentümer können mit dem Verwalter insbesondere auch eine Gleitklausel (vgl. Palandt/Heinrichs, § 245 Rn. 28 ff.) beschließen, nach der sich die Vergütung für den Verwalter „linear zu dem Lohn/Gehalt für Arbeitnehmer im öffentlichen Dienst erhöht". Eine solche Klausel muss allerdings gem. § 2 PaPkG (abgedruckt bei Palandt/Heinrichs, § 245 Rn. 24) vom Bundesministerium der Wirtschaft genehmigt werden.
589 Vgl. BayObLG, DWE 1985, 124.
590 Vgl. BGH, NJW 1980, 2466.
591 Vgl. BayObLG, WuM 1999, 179.
592 Vgl. OLG Hamm, NJW-RR 1993, 845.

B. Prozess

I. Verfahren nach § 43 Abs. 1 Nr. 2 WEG

Für die Zuständigkeit des Wohnungseigentumsgerichts als Gericht der Freiwilligen Gerichtsbarkeit ist zunächst allein **maßgebend,** ob die den Verwalter treffende Pflicht oder das von ihm in Anspruch genommene Recht in einem **inneren Zusammenhang** mit der ihm übertragenen Verwaltung des **gemeinschaftlichen** Eigentums steht.[593]

410

Die soeben dargestellten Ansprüche der Wohnungseigentümer gegen den Verwalter und umgekehrt sind hiernach im Verfahren vor dem Wohnungseigentumsgericht nach § 43 Abs. 1 Nr. 2 WEG geltend zu machen.[594] Auch diese Prozesse sind **echte Streitverfahren der freiwilligen Gerichtsbarkeit.**[595]

411

V.a. fallen unter § 43 Abs. 1 Nr. 2 WEG auch die Streitigkeiten aus dem **Anstellungsvertrag** bezüglich des Vergütungsanspruchs[596] des Verwalters sowie wegen **Schadensersatzansprüchen** gegen den Verwalter, wenn diese mit der Begründung erhoben werden, er habe seine Pflichten bei der Verwaltung des **gemeinschaftlichen Eigentums** verletzt.[597]

412

II. Antragsteller und Antragsgegner

Antragsberechtigt ist grundsätzlich **jeder Wohnungseigentümer**[598] und der **Verwalter.**[599] Allerdings ist der Antrag des einzelnen oder nur einzelner Wohnungseigentümer gegen den Verwalter auch im Verfahren nach § 43 Abs. 1 Nr. 2 WEG **bereits unzulässig,** mit dem ein der Gemeinschaft der Wohnungseigentümer zustehender Anspruch ohne einen dahingehenden **Beschluss der Gemeinschaft** geltend gemacht wird.[600]

413

Das **Rechtsschutzbedürfnis** entfällt, wenn der Verwalter dem Begehren nachkommt.[601] Ist dies während des bereits rechtshängigen Verfahrens der Fall, liegt ein **Erledigungs-**

414

---

593 Vgl. BGHZ 59, 58, 62 = NJW 1972, 1318, 1319; BGHZ 65, 264, 266 = NJW 1980, 2466, 2467.
594 Vgl. Bärmann/Pick/Merle, § 43 Rn. 11. Ausschlaggebend für die Zuständigkeit des Wohnungseigentumsgerichts ist nicht die jeweilige Rechtsgrundlage, aus der die Ansprüche hergeleitet werden, sondern allein der Umstand, ob das von einem Wohnungseigentümer in Anspruch genommene Recht oder die ihn treffende Pflicht in einem inneren Zusammenhang mit einer Angelegenheit steht, die aus dem Gemeinschaftsverhältnis der Wohnungseigentümer erwachsen ist, vgl. BGHZ 59, 58, 61 f. = MDR 1972, 772; BGHZ 106, 34, 38 ff = MDR 1989, 342. Wegen des weiten Normzwecks des § 43 WEG ist die funktionelle Zuständigkeit des Gerichts der Freiwilligen Gerichtsbarkeit regelmäßig auch dann gegeben, wenn ein Wohnungseigentümer einen anderen Beteiligten aus unerlaubter Handlung auf Schadensersatz in Anspruch nimmt.
595 Es unterliegt damit den für § 43 Abs. 1 Nr. 2 WEG schon unter § 1 und für das Verfahren nach § 43 Abs. 1 Nr. 4 WEG unter § 2 Rn. 105 ff. dargestellten Grundsätzen.
596 Vgl. OLG Hamm, 1974, 229.
597 Vgl. BGHZ 59, 58, 62 = NJW 1972, 1318, 1319.
598 Vgl. OLG Karlsruhe, NJW 1969, 1968; vgl. a. KG, MDR 1992, 51. Anders liegt es beim Anspruch auf Rechnungslegung gem. § 28 Abs. 4 WEG, der von einem Mehrheitsbeschluss abhängt. Hier hat der einzelne Wohnungseigentümer den Anspruch nur, wenn die anderen Wohnungseigentümer von der Möglichkeit des § 28 Abs. 4 WEG keinen Gebrauch machen, vgl. oben Rn. 373 ff. und Palandt/Bassenge, § 28 WEG Rn. 14.
599 Vgl. OLG Hamm, Rpfleger 1970, 135.
600 Vgl. BGHZ 106, 222 = NJW 1989, 1091.
601 Vgl. BayObLG, Rpfleger 1977, 126; vgl. auch BayObLG, Rpfleger 1972, 411.

fall vor, sodass der oder die Antrag stellenden Wohnungseigentümer ihren Antrag auf Feststellung zu ändern haben, das Verfahren sei in der Hauptsache erledigt.[602]

415 **Antragsgegner** sind jeweils entweder der Verwalter oder die Gesamtheit der Wohnungseigentümer.

III. Inhalt der Antragsschrift und Anlagen

416 Für Inhalt und Umfang der Begründung eines Antrages im Verfahren nach § 43 Abs. 1 Nr. 2 WEG gilt zunächst das, was für den WEG-Prozess als **echtes Streitverfahren der Freiwilligen Gerichtsbarkeit** bereits allgemein als auch im Rahmen des Verfahrens nach § 43 Abs. 1 Nr. 4 WEG ausgeführt wurde.[603] Ergänzend ist zu berücksichtigen, dass sich die konkrete Pflichtwidrigkeit des Verhaltens eines Verwalters als auch dessen Ansprüche gegenüber der Gemeinschaft der Wohnungseigentümer in erster Linie aus dem **Verwaltervertrag** ergeben werden.

417 Der **Antragsschrift** sind daher beizufügen:
- der **Verwaltervertrag** in Kopie sowie
- eine Kopie des in der Eigentümerversammlung protokollierten **Beschlusses zur Bestellung** (bzw. – falls geschehen – der Abberufung) des **Verwalters** sowie, falls gegeben,
- die Kopie einer schriftlichen **Zusatzvereinbarung** mit dem Verwalter und – falls nur eine mündliche Vereinbarung vorliegt oder eine Vereinbarung auszulegen ist –
- die Angabe von **Zeugen**, die Vorhandensein oder Inhalt einer (Zusatz-)Vereinbarung bestätigen können sowie schließlich
- die Kopie des **Protokolls der Eigentümerversammlung**, in der ein Beschluss gefasst wurde, den der Verwalter nicht durchgeführt hat.

IV. Verteidigungsmöglichkeiten der Antragsgegner, v.a. des Verwalters nach Entlastung bei Jahresabrechnung und Rechnungslegung

1. Verteidigungsmöglichkeiten der Wohnungseigentümer

418 Die vom Verwalter auf Vergütung in Anspruch genommenen **Wohnungseigentümer** können sich gegen dessen Zahlungsansprüche mit den „normalen" nach dem BGB zur Verfügung stehenden Einwendungen rechtshindernder, rechtsvernichtender oder rechtshemmender Art verteidigen. Sie können **insbesondere** eigene Zahlungsansprüche, etwa aus Schadenersatzgesichtspunkten gem. §§ 387ff. BGB aufrechnen oder der Gemeinschaft zustehende sonstige Ansprüche, z.B. auf Erstellung der Jahresabrechnung oder Rechnungslegung, mit der Einrede nach § 320 BGB geltend machen.

2. Verteidigungsmöglichkeiten des Verwalters

419 Der **Verwalter** kann über solche Einwendungen hinaus im Hinblick auf Ansprüche der Wohnungseigentümer, die sich aus der **Jahresabrechnung** ergeben, noch geltend machen, die Wohnungseigentümer hätten ihn **entlastet** und seien aus diesem Gesichts-

---

602 Zur Erledigung der Hauptsache vgl. § 1 Rn. 39ff.
603 Vgl. hierzu unter § 1 und § 2 Rn. 105ff.

punkt nicht mehr anspruchsberechtigt. Die „**Entlastung**" ist die im WEG nicht normierte und durch Mehrheitsbeschluss erfolgende Willenserklärung der Eigentümer, dass ihnen, gleich auf welcher Rechtsgrundlage, gegen den Verwalter **keine Ansprüche mehr** wegen der in der Abrechnung dargestellten Vorgänge zustehen.[604] Als Maßnahme ordnungsgemäßer Verwaltung gem. § 21 Abs. 3 WEG steht die Entlastung grundsätzlich im Ermessen der Wohnungseigentümer ohne dass ein Anspruch des Verwalters auf Entlastung bestünde.[605] Soweit die für die Entlastung maßgebenden Umstände für alle Wohnungseigentümer bekannt oder bei Anwendung der erforderlichen Sorgfalt erkennbar sind,[606] hat sie die Wirkung eines **negativen Schuldanerkenntnisses**.[607] Der Zustimmung zur Jahresabrechnung kann regelmäßig die Entlastung entnommen werden.[608]

Dasselbe gilt für den Anspruch der Wohnungseigentümer auf **Rechnungslegung** gem. § 28 Abs. 4 WEG. Ein solcher besteht dann **nicht mehr**, wenn dem Verwalter mit Mehrheitsbeschluss für den maßgebenden Zeitraum bereits die Entlastung erteilt wurde.[609]

V. Gegenstandswert des Verfahrens

Soweit es sich um **bezifferte Zahlungsanträge** handelt, sind diese für den Gegenstandswert[610] maßgebend. Soweit es sich um **sonstige Ansprüche**, etwa auf Erstellung des Wirtschaftsplans oder auf Rechnungslegung handelt, ist regelmäßig gem. § 30 Abs. 1 KostO das Interesse **aller**[611] Wohnungseigentümer und des Verwalters an der Erbringung bzw. Nichterbringung der Leistungen zu schätzen und nur mangels konkreter Anhaltspunkte gem. § 30 Abs. 2 KostO auf 3.000,– € zu bestimmen.

VI. Muster

1. Antrag auf Umsetzung eines Beschlusses der Eigentümerversammlung

a) Muster: Antragsschriftsatz im Verfahren auf Umsetzung eines Beschlusses der Eigentümerversammlung

Rechtsanwalt ■■■, den ■■■

■■■

An das Amtsgericht

Wohnungseigentumsgericht

---

604 Vgl. Bärmann/Pick/Merle, § 28 Rn. 109.
605 Vgl. BayObLG, FGPrax 2000, 61; OLG Düsseldorf, FGPrax 1996, 219.
606 Vgl. OLG Düsseldorf WE 1999, 69; BayObLG, NZM 2001, 388.
607 Vgl. BGH, NJW 1997, 2106; Staudinger/Bub, § 27 WEG Rn. 438.
608 Vgl. OLG Düsseldorf ZWE 2001, 270.
609 Vgl. Palandt/Bassenge, § 28 WEG Rn. 14.
610 Zur Vorschusspflicht vgl. oben § 2 Rn. 119.
611 Demgegenüber ist das Interesse des einzelnen Antragstellers allein nicht maßgebend, vgl. BayObLGZ 1993, 119.

§ 4 Streitigkeiten Eigentümer mit dem Verwalter

■■■ per Fax vorab!

Antrag

In der Wohnungseigentumssache betreffend die Wohnanlage ■■■-Straße ■■■ in ■■■

Verfahrensbeteiligte:
1. ■■■

wohnhaft ■■■-Straße ■■■, ■■■

Antragstellerin

Verfahrensbevollmächtigter: Rechtsanwalt ■■■, ■■■, ■■■
2. Fa. Fleißig Wohnungsverwaltungsgesellschaft mbH u. Co. KG, vertreten durch die Fa. Fleißig Betriebs-GmbH als geschäftsführende Gesellschafterin, diese vertreten durch den Geschäftsführer Werner Fleißig, ■■■, ■■■

Antragsgegnerin

wegen Durchführung eines Beschlusses der Wohnungseigentümer

Vorläufiger Geschäftswert:[612] ■■■,– €.

Im Namen und mit Vollmacht[613] des Antragstellers beantrage ich unter Einzahlung eines Kostenvorschusses[614] von ■■■ €
1. Die Antragsgegnerin wird verpflichtet, die in der Eigentümerversammlung vom ■■■ beschlossene Fällung der drei vor dem Haupteingang der Wohnanlage ■■■-Straße ■■■, ■■■ stehenden Eichen durch Vergabe der Fällarbeiten an die Fa.■■■, ■■■, ■■■ durchzuführen.
2. Die Antragsgegnerin trägt die Kosten des Verfahrens und die außergerichtlichen Kosten der Antragstellerin.[615]

B e g r ü n d u n g :

Die Antragstellerin ist Alleineigentümerin der in der Eigentumswohnanlage ■■■-Straße ■■■, ■■■ gelegenen Wohnung Nr. ■■■ gemäß Aufteilungsplan und Teilungserklärung vom ■■■.

Beweis: Grundbuchauszug, Aufteilungsplan und Teilungserklärung in Kopie.

---

612 Dieser wäre gem. §§ 48 Abs. 3 WEG, 30 Abs. 1 KostO zu schätzen.
613 Auch wenn im Verfahren nach dem FG der für einen oder mehrere Beteiligte auftretende Rechtsanwalt grundsätzlich ohne weitere Prüfung als vertretungsbefugt angesehen wird (vgl. § 13 S. 2 FGG), sollten die Vollmachtsurkunde sowie das Schriftstück, aus dem sich die Ermächtigung des Verwalters zur Führung von Rechtsstreitigkeiten ergibt, vorgelegt werden, um etwaigen Einwendungen zuvor zu kommen.
614 Zum Kostenvorschuss vgl. §§ 8 KostO, 48 Abs. 1 WEG (drei Gebühren), zum zugrundeliegenden Geschäftswert vgl. §§ 48 Abs. 3 WEG, 18 ff. KostO, zur Gebührenhöhe vgl. § 32 KostO. Im übrigen wird auf die Ausführungen zum Kostenvorschuss zu § 2 Rn. 119 verwiesen.
615 Über die Tragung der Gerichtskosten sowie eine etwaige Erstattungspflicht für außergerichtliche Kosten entscheidet das Gericht gem. § 47 WEG nach billigem Ermessen. Hierbei tragen die unterlegenen Beteiligten in der Regel die Gerichtskosten; eine Erstattung außergerichtlicher Kosten findet grundsätzlich nicht statt, Palandt/Bassenge, § 47 Rn. 3 und 4.

Die Antragsgegnerin wurde mit Beschluss der Eigentümerversammlung vom ■■■ zur Verwalterin der o.g. Eigentumswohnanlage bestimmt.

Beweis: Protokoll der Eigentümerversammlung zum Tagesordnungspunkt ■■■ vom ■■■ in Kopie.

Zusammen mit diesem Beschluss wurde der Verwalterin in der nämlichen Eigentümerversammlung das schriftliche Angebot auf Abschluss eines Verwaltervertrages gemacht, das diese sofort angenommen hat.

Beweis: Protokoll der Eigentümerversammlung zum Tagesordnungspunkt ■■■ vom ■■■ sowie Verwaltervertrag, jeweils in Kopie.

Inhalt dieses Vertrages ist u.a. unter § ■■■ die (deklaratorische) Bezugnahme auf die in § 27 Abs. 1 Nr. 1 WEG normierte Verwalterpflicht zur Durchführung der Beschlüsse der Eigentümerversammlung.

Beweis: Verwaltervertrag in Kopie, dort § ■■■.

In der Eigentümerversammlung vom ■■■ wurde der unter Tagesordnungspunkt ■■■ angeführte Antrag der Antragstellerin zur Fällung der drei vor dem Haupteingang der o.g. Wohnanlage stehenden Eichen unter Vergabe der Fällarbeiten an die Fa.■■■, ■■■, ■■■ einstimmig angenommen.

Beweis: Protokoll der Eigentümerversammlung zum Tagesordnungspunkt ■■■ vom ■■■ in Kopie.

Dieser Beschluss ist mangels rechtzeitiger Anfechtung und Ungültigerklärung in einem Verfahren gem. §§ 23 Abs. 4, 43 Abs. 1 Nr. 4 WEG bestandskräftig.

Die Antragsgegnerin bzw. ihr als Versammlungsleiter anwesender Vertreter hat schon in der Eigentümerversammlung vom ■■■ angekündigt, diesen Beschluss der Wohnungseigentümer aus „ökologischen Gründen" nicht durchführen zu wollen.

Die Antragstellerin hat wie eine Reihe anderer Wohnungseigentümer wegen des erheblichen Schattenwurfes der Bäume auf den Balkon ihrer Wohnung ein erhebliches Interesse an deren Beseitigung. Nachdem die Antragsgegnerin zwei Anfragen der Antragstellerin zur Durchführung des Beschlusses einfach ignoriert hat, hat sie auf eine weitere Anfrage des Vorsitzenden des Verwaltungsbeirates[616] mit Schreiben vom ■■■ die Vergabe von Fällarbeiten endgültig abgelehnt, weil die Fällung gegen eine Baumschutzverordnung der Stadt ■■■ verstoße.

Beweis: Schreiben der Antragsgegnerin an den Vorsitzenden des Verwaltungsbeirates vom ■■■.

Die Wohnungseigentümer haben gem. § 27 Abs. 1 Nr. 1 WEG gegen die Antragsgegnerin einen Anspruch auf Durchführung ihrer Beschlüsse. Diesen Anspruch kann die Antragstellerin im Verfahren gem. § 43 Abs. 1 Nr. 2 WEG auch ohne vorherige Ermächtigung durch die Wohnungseigentümer geltend machen. Eine etwaige Fehlerhaftigkeit des Beschlusses

---

616 Zum Verwaltungsbeirat vgl. die §§ 20 Abs. 1, 29 WEG.

ändert an der Durchführungspflicht der Antragsgegnerin auch nichts, solange der Beschluss nicht wirksam aufgehoben ist.⁶¹⁷

■■■

Rechtsanwalt

423 b) Muster: Antragserwiderungsschriftsatz im Verfahren auf Umsetzung eines Beschlusses der Eigentümerversammlung

Rechtsanwalt   ■■■, den ■■■

■■■

Antragserwiderung

in der Wohnungseigentumssache betreffend die Wohnanlage ■■■-Straße ■■■ in ■■■. In vorstehend bezeichneter Sache zeige ich unter Vollmachtsvorlage⁶¹⁸ die Vertretung der Antragsgegner an und werde in der anzuberaumenden mündlichen Verhandlung b e a n ‑ t r a g e n :

Die Anträge werden zurückgewiesen.

B e g r ü n d u n g :

Die von der Antragstellerin vorgetragenen allgemeinen Tatsachen zu ihrem Wohnungseigentum, der Bestellung der Antragsgegnerin zur Verwalterin sowie zu dem Beschluss vom ■■■ betreffend die Baumfällarbeiten sind zutreffend.

Die Antragsgegnerin trifft allerdings keine Pflicht zur Umsetzung des Beschlusses, da dieser nach allgemein anerkannten Kriterien nichtig ist.

Nichtig ist ein Beschluss hiernach insbesondere, wenn er i.S. der Regelung des § 23 Abs. 4 S. 2 WEG gegen zwingende Vorschriften verstößt.⁶¹⁹ Hierzu gehören nicht nur Regelungen im WEG oder im Privatrecht, sondern auch solche auf dem Gebiet des öffentlichen Rechts.⁶²⁰ Die Stadt ■■■ hat aber mit Wirkung zum 1.1. ■■■ eine auf den Art. 12 Abs. 2, 45 Abs. 1 Nr. 5 BayNatSchG beruhende Baumschutzverordnung erlassen, die das Fällen von Laubbäumen mit einem Stammdurchmesser vom mehr als 30 cm bußgeldbewehrt untersagt. Das Fällungsverbot steht zwar unter einem Erlaubnisvorbehalt, der aber nur dann eingreift, wenn von den zu fällenden Bäumen eine konkrete Gefahr für die Verkehrssicherheit ausgeht.

Beweis: § ■■■ der Baumschutzverordnung der Stadt ■■■ vom ■■■ in Kopie.

Eine Genehmigungsfähigkeit der Fällung im streitgegenständlichen Fall ist daher nicht ersichtlich, der Beschluss der Eigentümerversammlung vom ■■■ aber deswegen nichtig, § 23 Abs. 4 S. 2 WEG.

---

617 Vgl. hierzu bereits oben, Rn. 384 und Bärmann/Pick/Merle, § 23 Rn. 202. Dies gilt allerdings nur bei fehlerhaften, nicht bei nichtigen Beschlüssen, vgl. die Antragserwiderung unter Rn. 423.

618 Auch wenn im Verfahren nach dem FG der für einen oder mehrere Beteiligte auftretende Rechtsanwalt grundsätzlich ohne weitere Prüfung als vertretungsbefugt angesehen wird (vgl. § 13 S. 2 FGG), sollten die Vollmachtsurkunde sowie das Schriftstück, aus dem sich die Ermächtigung des Verwalters zur Führung von Rechtsstreitigkeiten ergibt, vorgelegt werden, um etwaigen Einwendungen zuvor zu kommen.

619 Vgl. Palandt/Bassenge, § 23 WEG Rn. 22.

620 Vgl. Palandt/Bassenge, § 23 WEG Rn. 22.

Die Antragsgegnerin, die insoweit als Verwalterin ein eigenes Prüfungsrecht hat[621], darf aber – schon um kein Bußgeld zu riskieren oder sich ggf. gegenüber den Wohnungseigentümern schadenersatzpflichtig zu machen – einen nichtigen Beschluss nicht durchführen.[622]

Der Antrag ist daher unbegründet und zurückzuweisen.

■■■

Rechtsanwalt

2. Antrag gegen den Verwalter auf Rechnungslegung

a) Muster: Antragsschriftsatz im Verfahren gegen den Verwalter auf Rechnungslegung

Rechtsanwalt ■■■, den ■■■

■■■

An das Amtsgericht

Wohnungseigentumsgericht

■■■ per Fax vorab!

Antrag

In der Wohnungseigentumssache betreffend die Wohnanlage ■■■-Straße ■■■ in ■■■

Verfahrensbeteiligte:
1. ■■■, ■■■-Straße ■■■ in ■■■

Antragsteller

Verwalterin: Fa. Hurtig, Inhaber ■■■, ■■■, ■■■

Verfahrensbevollmächtigter: Rechtsanwalt ■■■, ■■■, ■■■
2. Fa. Fleißig Wohnungsverwaltungsgesellschaft mbH u. Co. KG, vertreten durch die Fa. Fleißig Betriebs-GmbH als geschäftsführende Gesellschafterin, diese vertreten durch den Geschäftsführer Werner Fleißig, ■■■, ■■■

Antragsgegnerin

wegen Rechnungslegung und Herausgabe von Verwalterunterlagen

Vorläufiger Geschäftswert:[623] ■■■,– €.

---

621 Vgl. BGHZ 148, 335 = NJW 2001, 3339.
622 Allg. Meinung, vgl. Palandt / Bassenge, § 27 WEG Rn. 5; Bärmann / Pick / Merle, § 27 Rn. 22.
623 Dieser wäre auf die voraussichtliche Abrechnungssumme gem. §§ 48 Abs. 3 WEG, 30 Abs. 1 KostO zu schätzen, vgl. auch § 1 Rn. 48 f.

§ 4 Streitigkeiten Eigentümer mit dem Verwalter

Im Namen und mit Vollmacht[624] des Antragstellers beantrage ich unter Einzahlung eines Kostenvorschusses[625] von ■■■ €

1. Die Antragsgegnerin wird verpflichtet, über die Einnahmen und Ausgaben der Wohnungseigentümergemeinschaft ■■■-Straße ■■■, ■■■ im Zeitraum 1.1. ■■■ bis 30.6. ■■■ Rechnung zu legen und insoweit eine Schlussrechnung zu erstellen.
2. Die Antragsgegnerin wird verpflichtet, an die Verwalterin Fa. Hurtig, Inhaber ■■■, ■■■, ■■■ sämtliche betreffend die Wohnanlage ■■■-Straße ■■■ in ■■■ auf den Abrechnungszeitraum bezogenen
   a) Rechnungen, Überweisungsträger und sonstigen Belege,
   b) Kontoauszüge und andere Unterlagen oder Belege für das bei der ■■■ – Bank geführte Konto, Nr.:■■■, der Wohnungseigentümergemeinschaft,
   c) die Versammlungsniederschrift mit Eigentümerbeschlüssen und Einberufungsschreiben für die Eigentümerversammlung vom ■■■ sowie
   d) alle sonstigen aus der Verwaltung der Wohnanlage stammenden Unterlagen und Belege
   herauszugeben.
3. Die Antragsgegnerin trägt die Kosten des Verfahrens und die außergerichtlichen Kosten des Antragstellers.[626]

B e g r ü n d u n g :

Der Antragsteller ist Alleineigentümer der in der Eigentumswohnanlage ■■■-Straße ■■■, ■■■ gelegenen Wohnung Nr. ■■■ gemäß Aufteilungsplan und Teilungserklärung vom ■■■.

Beweis: Grundbuchauszug, Aufteilungsplan und Teilungserklärung in Kopie.

Die Antragsgegnerin wurde mit Beschluss der Eigentümerversammlung vom ■■■ zur Verwalterin der o.g. Eigentumswohnanlage bestimmt.

Beweis: Protokoll der Eigentümerversammlung zum Tagesordnungspunkt ■■■ vom ■■■ in Kopie.

In der nämlichen Eigentümerversammlung wurde mit der Antragsgegnerin ein Verwaltervertrag geschlossen.

Beweis: Protokoll der Eigentümerversammlung zum Tagesordnungspunkt ■■■ vom ■■■ sowie Verwaltervertrag, jeweils in Kopie.

Mit unangefochtenem und daher bestandskräftigem Beschluss der Eigentümerversammlung vom ■■■ wurde die Antragsgegnerin zum 30.6.■■■ einstimmig als Verwalterin unter

---

[624] Auch wenn im Verfahren nach dem FG der für einen oder mehrere Beteiligte auftretende Rechtsanwalt grundsätzlich ohne weitere Prüfung als vertretungsbefugt angesehen wird (vgl. § 13 S. 2 FGG), sollten die Vollmachtsurkunde sowie das Schriftstück, aus dem sich die Ermächtigung des Verwalters zur Führung von Rechtsstreitigkeiten ergibt, vorgelegt werden, um etwaigen Einwendungen zuvor zu kommen.

[625] Zum Kostenvorschuss vgl. §§ 8 KostO, 48 Abs. 1 WEG (drei Gebühren), zum zugrundeliegenden Geschäftswert vgl. §§ 48 Abs. 3 WEG, 18ff. KostO, zur Gebührenhöhe vgl. § 32 KostO. Im übrigen wird auf die Ausführungen zum Kostenvorschuss zu § 2 Rn. 119 verwiesen.

[626] Über die Tragung der Gerichtskosten sowie eine etwaige Erstattungspflicht für außergerichtliche Kosten entscheidet das Gericht gem. § 47 WEG nach billigem Ermessen. Hierbei tragen die unterlegenen Beteiligten in der Regel die Gerichtskosten; eine Erstattung außergerichtlicher Kosten findet grundsätzlich nicht statt, Palandt/Bassenge, § 47 WEG Rn. 3 und 4.

gleichzeitiger einvernehmlicher und vorzeitiger Auflösung des Verwaltervertrages abberufen.

Beweis: Protokoll der Eigentümerversammlung zum Tagesordnungspunkt ▬▬ vom ▬▬ in Kopie.

In derselben Eigentümerversammlung wurde die Fa. Hurtig, Inhaber ▬▬, ▬▬, ▬▬ einstimmig zur neuen Verwalterin bestimmt.

Beweis: Protokoll der Eigentümerversammlung zum Tagesordnungspunkt ▬▬ vom ▬▬ in Kopie.

Die Antragsgegnerin hat trotz zweifacher Aufforderung durch die jetzige Verwalterin im Namen des Antragstellers und aller restlichen Wohnungseigentümer, zuletzt unter Fristsetzung bis ▬▬, für den Zeitraum von 1.1. ▬▬ bis 30.6. ▬▬ weder eine Schlussrechnung erstellt noch die im Antragstenor bezeichneten und für die Fortführung der Verwaltung notwendigen diesbezüglichen Unterlagen herausgegeben. Dies hat sie vielmehr trotz Androhung gerichtlicher Schritte im Schreiben der Verwalterin vom ▬▬ mit eigenem Schreiben vom ▬▬ ohne Angabe von Gründen abgelehnt.

Beweis: Schreiben der Verwalterin an die Antragsgegnerin vom ▬▬ und vom ▬▬, sowie Antwortschreiben der Antragsgegnerin vom ▬▬.

Der Antragsteller kann vorliegend aus zwei Gründen alleine gegen die Antragsgegnerin mit dem Ziel der Rechnungslegung und Herausgabe der im Antragstenor bezeichneten Unterlagen vorgehen:

Zum einen ergibt sich ein eigener Anspruch des Antragstellers schon aus dem Verwaltervertrag der Wohnungseigentümer mit der Antragsgegnerin. Nach § ▬▬ dieses Vertrages hat sich die Antragsgegnerin nämlich verpflichtet, im Falle ihrer Abberufung Rechnung auf Anforderung eines jeden Wohnungseigentümers zu Händen des neuen Verwalters unter Herausgabe aller relevanten Unterlagen zu legen.[627]

Beweis: Verwaltervertrag in Kopie, dort § ▬▬.

Zum anderen hat der Antragsteller über die Verwalterin zunächst versucht, eine außerordentliche Eigentümerversammlung einberufen zu lassen, um über die gerichtliche Geltendmachung eines Rechnungslegungsanspruches gem. § 28 Abs. 4 WEG zu entscheiden.

Die Einberufung einer außerordentlichen Eigentümerversammlung ist allerdings gescheitert, da die einzelnen Wohnungseigentümer über das gesamte Bundesgebiet verstreut ihren Wohnsitz haben und sämtlich nicht bereit waren, über die jährlich immer am ersten Samstag im Monat Mai stattfindende Jahres-Eigentümerversammlung an einer außerordentlichen Zusammenkunft teilzunehmen.

Beweis: Rückantworten der Wohnungseigentümer in Kopie sowie diesbezügliche Bestätigung der Fa. Hurtig als Verwalterin.

---

[627] Eine solche Passage sollte sinnvoller Weise dann in einen Verwaltervertrag aufgenommen werden, wenn bei der schnellen Herbeiführung eines Mehrheitsbeschlusses gem. § 28 Abs. 4 WEG Schwierigkeiten zu befürchten sind.

§ 4 Streitigkeiten Eigentümer mit dem Verwalter

Der gesetzliche Anspruch auf Rechnungslegung steht darüber hinaus zwar gem. § 28 Abs. 4 WEG der Gemeinschaft der Wohnungseigentümer zu, die über die Geltendmachung durch Mehrheitsbeschluss entscheiden.

Insoweit hat aber für den Fall, dass die Gemeinschaft von ihrem Anspruch nach § 28 Abs. 4 WEG keinen Gebrauch macht,[628] jeder einzelne Wohnungseigentümer gegen den Verwalter, der für die Wohnungseigentümer i.S. v. § 675 BGB Geschäfte besorgt, einen allgemeinen Auskunfts-, Benachrichtigungs- und Rechenschaftsanspruch entsprechend §§ 666, 259 BGB, 28 Abs. 3 WEG.[629] Danach hat auch der Antragsteller gegenüber der Antragsgegnerin als ausgeschiedener Verwalterin einen Anspruch auf Auskunft in Fragen, die die Gemeinschaft, insbesondere die Fortsetzung der Verwaltung, betreffen.

Auch der den Wohnungseigentümern zustehende Anspruch auf Herausgabe von Verwaltungsunterlagen gem. §§ 667, 675 BGB kann nach diesen Maßgaben von einem einzelnen Wohnungseigentümer, mithin auch vom Antragsteller gegen den ausgeschiedenen Verwalter, geltend gemacht werden.

Schließlich sind schutzwürdige Belange der Antragsgegnerin, dem Antragsteller die Auskunft vorzuenthalten, nicht erkennbar. Der Inhalt der geschuldeten Auskunft sowie der für deren Erteilung erforderliche Aufwand sind identisch, gleichgültig, ob die Auskunft an den Antragsteller allein oder an alle Miteigentümer erteilt wird. Deshalb kann sich die Antragsgegnerin nach Treu und Glauben der einmaligen Aufstellung der Rechnung – möglicherweise mit mehrfacher Ausfertigung und Vorlegung der Belege an die einzelnen Miteigentümer – nicht entziehen.[630]

■■■

Rechtsanwalt

425

b) Muster: Antragserwiderungsschriftsatz Im Verfahren gegen den Verwalter auf Rechnungslegung

Rechtsanwalt ■■■, den ■■■

■■■

Antragserwiderung

in der Wohnungseigentumssache betreffend die Wohnanlage ■■■-Straße ■■■ in ■■■.

In vorstehend bezeichneter Sache zeige ich unter Vollmachtsvorlage [631]die Vertretung der Antragsgegner an und werde in der anzuberaumenden mündlichen Verhandlung b e a n t r a g e n :

---

628 Vgl. KG, NJW-RR 1987, 462; OLG Hamm, OLGZ 1988, 37; BayObLG, WE 1991, 253; BGH, NJW 1996, 656; Palandt/Bassenge, § 28 WEG Rn. 14.
629 Vgl. BGHZ 59, 61; Palandt/Bassenge, § 28 WEG Rn. 10. Einschränkungen ergeben sich auch hier aus den Gesichtspunkten von Treu und Glauben (§ 242 BGB) sowie dem Schikaneverbot (§ 226 BGB).
630 Vgl. auch BGH, NJW 1996, 656 für den Fall eines von einem Miteigentümer geltend gemachten Auskunftsanspruchs.
631 Auch wenn im Verfahren nach dem FGG der für einen oder mehrere Beteiligte auftretende Rechtsanwalt grundsätzlich ohne weitere Prüfung als vertretungsbefugt angesehen wird (vgl. § 13 S. 2 FGG), sollten die Vollmachtsurkunde sowie das Schriftstück, aus dem sich die Ermächtigung des Verwalters zur Führung von Rechtsstreitigkeiten ergibt, vorgelegt werden, um etwaigen Einwendungen zuvor zu kommen.

Die Anträge werden zurückgewiesen.

Begründung:

Die Anträge auf Rechnungslegung sowie Herausgabe waren von Anfang an unbegründet, da die Antragsgegnerin bereits am ■■■ an die jetzige Verwalterin eine vollständige Schlussrechnung samt aller relevanter und noch in ihrem Besitz befindlicher Unterlagen und Belege übersandte.

Beweis: Zustellungsnotiz der Fa. Citymail ■■■ vom ■■■.

Damit hatte die Antragsgegnerin ihre Verpflichtungen aber schon vor Einreichung des verfahrensgegenständlichen Antragsschriftsatzes erfüllt.

Insoweit wird einer Antragsrücknahme entgegen gesehen und in diesem Falle beantragt, dem Antragsteller in Ausübung billigen Ermessens gem. § 47 WEG die Kosten des Verfahrens sowie die Auslagen der Antragsgegnerin aufzuerlegen.

■■■

Rechtsanwalt

c) Muster: Repliksschriftsatz im Verfahren gegen den Verwalter auf Rechnungslegung   426

Rechtsanwalt ■■■, den ■■■

■■■

An das Amtsgericht

Wohnungseigentumsgericht

■■■

In der Wohnungseigentumssache betreffend die Wohnanlage ■■■-Straße ■■■ in ■■■ nehme ich die mit Schriftsatz vom ■■■ gestellten Anträge namens und im Auftrag des Antragstellers

zurück.[632]

Es entspricht den Tatsachen, dass die Antragsgegnerin bereits am ■■■ und damit einen Tag vor der Einreichung des Antragsschriftsatzes eine vollständige Schlussrechnung samt aller relevanter und noch in ihrem Besitz befindlicher Unterlagen und Belege an die jetzige Verwalterin übersandte. Diese machte dem Antragsteller, der erst durch die Antragserwiderung von diesem Umstand erfuhr, allerdings keine Mitteilung.

Die Kosten des Verfahrens sind ebenso wie die Auslagen des Antragstellers der Antragsgegnerin aufzuerlegen. Im Rahmen seines billigen Ermessens gem. § 47 S. 1 WEG hat das

---

[632] Für eine Erledigungserklärung ist hier kein Raum. Erledigung tritt im Wohnungseigentumsverfahren dann ein, wenn der Antrag des Antragstellers nach der Verfahrenseinleitung durch ein tatsächliches Ereignis gegenstandslos wird und die Fortführung des Verfahrens keinen Sinn mehr hat, d.h. wenn der Verfahrensgegenstand durch ein Ereignis, das eine Änderung der Sach- und Rechtslage herbeiführt, entfällt. Dies ist im vorliegenden Fall allerdings nicht der Fall, weil bereits vor Einleitung des Verfahrens, d.h. der Einreichung bzw. Zustellung des Antragsschriftsatzes Erfüllung eingetreten war. In diesem Fall bleibt nur die Antragsrücknahme.

Gericht nämlich einen materiell-rechtlichen Kostenerstattungsanspruch des Antragstellers zu berücksichtigen.⁶³³ Ein solcher ergibt sich gegen die Antragsgegnerin betreffend die Verfahrenskosten aus Verzugsgesichtspunkten gem. §§ 280 Abs. 1, Abs. 2, 286 Abs. 1 S. 1 BGB. Die Antragsgegnerin war nämlich im Hinblick auf die auch namens des Antragstellers ausgesprochenen Mahnungen seit ▪▪▪ mit der Erfüllung der gegenständlich gewesenen Ansprüche im Verzug.

Dasselbe muss für die Erstattungspflicht der dem Antragsteller entstandenen Auslagen gelten, § 47 S. 2 WEG. Diese sind ausnahmsweise – auch bei Antragsrücknahme – vom Antragsgegner dann zu ersetzen, wenn der Antragsteller, der sich kein Mitverschulden an der Einleitung eines Verfahrens zurechnen lassen muss, einen materiell-rechtlichen Anspruch auf Auslagenerstattung, hier ebenfalls aus Verzugsgesichtspunkten gem. §§ 280 Abs. 1, Abs. 2, 286 Abs. 1 S. 1 BGB, hat und der Antragsgegner mit der Einleitung eines Verfahrens – wie hier – rechnen musste.⁶³⁴

▪▪▪

Rechtsanwalt

3. Muster: Antrag auf Schadenersatz gegen den Verwalter⁶³⁵

Rechtsanwalt ▪▪▪, den ▪▪▪

▪▪▪

An das Amtsgericht

Wohnungseigentumsgericht

▪▪▪ per Fax vorab!

Antrag

In der Wohnungseigentumssache betreffend die Wohnanlage ▪▪▪-Straße ▪▪▪ in ▪▪▪

Verfahrensbeteiligte:
1. Die Eigentümer der Eigentumswohnanlage ▪▪▪-Straße ▪▪▪, ▪▪▪, namentlich aufgeführt in der anliegenden Eigentümerliste

Antragsteller

Verwalterin: Fa. Hurtig, Inhaber ▪▪▪, ▪▪▪, ▪▪▪

Verfahrensbevollmächtigter: Rechtsanwalt ▪▪▪, ▪▪▪, ▪▪▪

2. Fa. Fleißig Wohnungsverwaltungsgesellschaft mbH u. Co. KG, vertreten durch die Fa. Fleißig Betriebs- GmbH als geschäftsführende Gesellschafterin, diese vertreten durch den Geschäftsführer Werner Fleißig, ▪▪▪, ▪▪▪

---

633 Vgl. BayObLGZ 1975, 369, 371; BGHZ 111, 148 = NJW 1990, 2386, m.w.N.
634 Vgl. zur Problematik der Erstattung außergerichtlicher Kosten Bärmann/Pick/Merle, § 47 Rn. 31 ff.
635 Auf die Darstellung eines Antragserwiderungsschriftsatzes wird hier verzichtet, da die zu erwartenden bzw. vorprozessual erhobenen Einwendungen der Antragsgegnerin bereits im Antragsschriftsatz vorweggenommen und dort rechtlich gewürdigt werden.

Antragsgegnerin

wegen Schadenersatz

Vorläufiger Geschäftswert:[636] 16.000,– €.

Im Namen und mit Vollmacht[637] des Antragstellers beantrage ich unter Einzahlung eines Kostenvorschusses[638] von ▄▄▄

1. Die Antragsgegnerin wird verpflichtet, an die Antragsteller 16.000,– € zuzüglich Zinsen in Höhe von 5 Prozentpunkten über dem jeweils gültigen Basiszins zu zahlen.
2. Die Antragsgegnerin trägt die Kosten des Verfahrens und die außergerichtlichen Kosten der Antragsteller.[639]

B e g r ü n d u n g :

I.

Die Antragsteller sind Miteigentümer der Eigentumswohnanlage ▄▄▄-Straße ▄▄▄, ▄▄▄ gemäß anliegender Eigentümerliste und Grundbuchauszüge.

Beweis: Eigentümerliste und Grundbuchauszüge in Kopie.

Die Antragsgegnerin wurde mit Beschluss der Eigentümerversammlung vom ▄▄▄ zur Verwalterin der o.g. Eigentumswohnanlage bestimmt.

Beweis: Protokoll der Eigentümerversammlung zum Tagesordnungspunkt ▄▄▄ vom ▄▄▄ in Kopie.

Zusammen mit diesem Beschluss wurde der Verwalterin in der nämlichen Eigentümerversammlung das schriftliche Angebot auf Abschluss eines Verwaltervertrages gemacht, welches diese sofort angenommen hat.

Beweis: Protokoll der Eigentümerversammlung zum Tagesordnungspunkt ▄▄▄ vom ▄▄▄ sowie Verwaltervertrag, jeweils in Kopie.

Mit Wirkung zum ▄▄▄ ist die Antragsgegnerin durch Beschluss der Eigentümerversammlung vom ▄▄▄ als Verwalterin unter gleichzeitiger Neuwahl der jetzigen Verwalterin abberufen worden. Der Verwaltervertrag mit der Antragsgegnerin wurde an diesem Tag einvernehmlich aufgelöst.

---

636 Dieser wäre auf die voraussichtliche Abrechnungssumme gem. §§ 48 Abs. 3 WEG, 30 Abs. 1 KostO zu schätzen, vgl. auch § 1 Rn. 118 ff.
637 Auch wenn im Verfahren nach dem FGG der für einen oder mehrere Beteiligte auftretende Rechtsanwalt grundsätzlich ohne weitere Prüfung als vertretungsbefugt angesehen wird (vgl. § 13 S. 2 FGG), sollten die Vollmachtsurkunde sowie das Schriftstück, aus dem sich die Ermächtigung des Verwalters zur Führung von Rechtsstreitigkeiten ergibt, vorgelegt werden, um etwaigen Einwendungen zuvor zu kommen.
638 Zum Kostenvorschuss vgl. §§ 8 KostO, 48 Abs. 1 WEG (drei Gebühren), zum zugrundeliegende Geschäftswert vgl. §§ 48 Abs. 3 WEG, 18 ff. KostO, zur Gebührenhöhe vgl. § 32 KostO. Im übrigen wird auf die Ausführungen zum Kostenvorschuss zu § 2 Rn. 119 verwiesen.
639 Über die Tragung der Gerichtskosten sowie eine etwaige Erstattungspflicht für außergerichtliche Kosten entscheidet das Gericht gem. § 47 WEG nach billigem Ermessen. Hierbei tragen die unterlegenen Beteiligten in der Regel die Gerichtskosten; eine Erstattung außergerichtlicher Kosten findet grundsätzlich nicht statt, Palandt / Bassenge, § 47 WEG Rn. 3 und 4.

Beweis: Protokoll der Eigentümerversammlung zu den Tagesordnungspunkten ▬▬▬ vom ▬▬▬ in Kopie.

Die Wohnanlage wurde von der Bauträgerin ▬▬▬-AG im Jahre ▬▬▬ errichtet. Das Gemeinschaftseigentum wurde am ▬▬▬ abgenommen.

Beweis: Abnahmeprotokoll vom ▬▬▬.

In der Eigentümerversammlung vom ▬▬▬ berichtete die Wohnungseigentümerin ▬▬▬, dass bei starken Regenfällen Feuchtigkeit in die Tiefgarage eindringe.

Beweis: Protokoll der Eigentümerversammlung zum Tagesordnungspunkt ▬▬▬ vom ▬▬▬ in Kopie.

Die Antragsgegnerin ließ in der Folgezeit die Feuchtigkeitsstellen von der Firma ▬▬▬-GmbH untersuchen. Diese teilte in den Jahren ▬▬▬ und ▬▬▬ mit, den Grund für den Feuchtigkeitseintritt könne sie nicht feststellen.

Beweis: Schreiben der Fa. ▬▬▬-GmbH vom ▬▬▬ und vom ▬▬▬.

In späteren Jahren führte die Firma ▬▬▬-GmbH am ▬▬▬ sowie am ▬▬▬ Abdichtungsmaßnahmen durch. Der Baumangel wurde dadurch aber nicht beseitigt. Vielmehr bestehen im Bereich der auf dem Tiefgaragendach aufgebrachten Stellplätze Nr. 2 und 3 großflächige Undichtigkeiten im Bereich des Abschlusses zum angrenzenden Gehweg.

Beweis: Privatgutachten des Sachverständigen ▬▬▬ vom ▬▬▬ samt dort befindlicher Skizze in Kopie.

Sachverständigengutachten nach Wahl des Gerichts.

Nach den Ausführungen des Sachverständigen ▬▬▬ beträgt der jetzt erforderliche Sanierungsaufwand 20.000,– €.

Beweis: wie vor.

Etwaige Gewährleistungsansprüche wegen der Baumängel gegen die Fa. ▬▬▬-AG als Bauträgerin und Verkäuferin der Wohnungen sowie gegen die Bauhandwerker sind gem. § 638 BGB (a.F.) mittlerweile verjährt.

Die Antragsteller haben der Antragsgegnerin ihre Ansprüche mit Schreiben vom ▬▬▬ erläutert und in selbem Schreiben eine Zahlungsfrist bis ▬▬▬ gesetzt.

II.

1. Die Antragsteller haben hiernach gegen die Antragsgegnerin einen Schadensersatzanspruch wegen Verletzung der Pflichten aus ihrem Verwaltervertrag, §§ 280, 241 BGB (positive Forderungsverletzung). Ein Verwalter ist nämlich verpflichtet, die für die ordnungsgemäße Instandhaltung und Instandsetzung des gemeinschaftlichen Eigentums erforderlichen Maßnahmen zu treffen (§ 27 Abs. 1 Nr. 2 WEG). Zur Instandsetzung gehört auch die Behebung von Baumängeln. Zwar ist es in erster Linie Sache der Wohnungseigentümer selbst, für die Behebung der Baumängel zu sorgen (§ 21 Abs. 1 und 5 Nr. 2 WEG). Deshalb beschränkt sich die Verpflichtung des Verwalters grundsätzlich darauf, Baumängel festzustellen, die Wohnungseigentümer darüber zu unterrichten und eine Entscheidung der Wohnungseigentümerversammlung über das weitere Vorgehen herbeizuführen. Ver-

letzt der Verwalter aber diese Verpflichtung schuldhaft und hat dies zur Folge, dass Gewährleistungsansprüche der Wohnungseigentümer nicht mehr durchgesetzt werden können, haftet er für den dadurch den Wohnungseigentümern entstandenen Schaden wegen der Verletzung einer Pflicht aus dem Verwaltervertrag.[640]

2. Die Voraussetzungen einer solchen Haftung sind hier erfüllt. Die Antragsgegnerin hätte nämlich die Mängel rechtzeitig vor Ablauf der Gewährleistungsfrist erkennen können und müssen. Die Abnahme des Gemeinschaftseigentums erfolgte am ■■■. Der Feuchtigkeitseintritt in die Tiefgarage wurde in der Eigentümerversammlung vom ■■■ angezeigt. Die Gewährleistungsfrist betrug nach § 638 BGB (a.F.) fünf Jahre. Die Antragsgegnerin wäre nach den oben dargestellten Grundsätzen verpflichtet gewesen, die Antragsteller auf den drohenden Ablauf der Gewährleistungsfrist hinzuweisen und eine Entscheidung der Wohnungseigentümerversammlung über das weitere Vorgehen herbeizuführen.[641]

3. Die von der Antragsgegnerin vorprozessual erhobenen Einwendungen greifen nicht durch:

a) An dem Bestehen der Hinweispflicht ändert sich zum einen nicht deshalb etwas, weil in der Wohnungseigentümerversammlung vom ■■■ neben der Antragsgegnerin auch den dort anwesenden Wohnungseigentümern die Undichtigkeit der Tiefgarage zur Kenntnis gebracht wurde.[642] Die Verwalterin wird nämlich von ihrer Verpflichtung, auf den drohenden Ablauf der Gewährleistungsfrist hinzuweisen, nicht dadurch frei, dass einzelne Wohnungseigentümer aufgrund besonderer Umstände den gleichen Kenntnisstand über die Sach- und Rechtslage wie die Verwalterin haben.[643] Jedenfalls kann nach der Lebenserfahrung nicht davon ausgegangen werden, dass, worauf es alleine ankommt, sämtliche Wohnungseigentümer einen solchen Kenntnisstand hatten.

Einzelnen Wohnungseigentümern ist es auch praktisch kaum möglich, ihrerseits darauf hinzuwirken, dass eine Entscheidung der Wohnungseigentümerversammlung über das weitere Vorgehen hinsichtlich der Baumängel getroffen wird. Ist ein Verwalter vorhanden, ist es aus praktischen Gründen nicht primäre Sache eines einzelnen Wohnungseigentümers, eine Entscheidung der Wohnungseigentümerversammlung über das weitere Vorgehen herbeizuführen.

b) Die Haftung der Antragsgegnerin entfällt entgegen ihrer Ansicht auch nicht deshalb, weil sie im Anschluss an die Eigentümerversammlung vom ■■■ die Firma ■■■-GmbH beauftragt hat, der Rüge über den Eintritt von Feuchtigkeit in die Tiefgarage nachzugehen. Eine Rechtsgrundlage für eine solche Beauftragung fehlte. Die Berechtigung und Verpflichtung des Verwalters zum selbstständigen Handeln bei Baumängeln kommt nämlich nur in Betracht, wenn ein Eingreifen des Verwalters unaufschiebbar ist. Dies war hier eindeutig nicht der Fall. Abgesehen davon wäre die Antragsgegnerin jedenfalls nach der Mitteilung der Firma ■■■-GmbH, sie könne die Ursache für den Feuchtigkeitseintritt nicht feststellen, verpflichtet gewesen, eine Entscheidung der Wohnungseigentümer herbeizuführen, ob und welche Maßnahmen im Hinblick auf den drohenden Ablauf der Gewährleistungsfrist zu ergreifen sind.

---

[640] Vgl. BayObLG, WE 1991, 22.
[641] Vgl. BayObLG, WE 1991, 22.
[642] Insoweit wird zur Beschleunigung des Verfahrens eine zu erwartende oder vorprozessual erhobene Einwendung der Antragsgegnerin im Antragsschriftsatz bereits vorweggenommen und gewürdigt.
[643] Vgl. BayObLG, WE 1991, 22.

c) Die Haftung der Antragsgegnerin scheitert entgegen ihrer Meinung schließlich auch nicht deshalb, weil ihr in der Eigentümerversammlung des Jahres ■■■ und in den Eigentümerversammlungen der folgenden Jahre jeweils im Anschluss an die Erläuterung der Jahresabrechnung Entlastung erteilt worden ist. Wird dem Verwalter im Zusammenhang mit der Erläuterung und Genehmigung der Abrechnung Entlastung erteilt, so beschränkt sich diese auf das Verwalterhandeln, das in der Abrechnung seinen Niederschlag gefunden hat.[644] Abgesehen davon könnte die Entlastung, auch wenn sie unbeschränkt erteilt worden sein sollte, nur solche Vorgänge erfassen, die bei der Beschlussfassung über die Entlastung bekannt oder bei zumutbarer Sorgfalt erkennbar waren, wobei auf den Kenntnisstand aller Wohnungseigentümer abzustellen ist .[645] Wie oben ausgeführt, kann hier aber nicht davon ausgegangen werden, dass alle Wohnungseigentümer hinsichtlich des Laufs der Gewährleistungsfrist den erforderlichen Kenntnisstand hatten oder sich bei zumutbarer Sorgfalt hätten verschaffen können. Insbesondere ist ein Wohnungseigentümer nicht gehalten, sich von einem Rechtsanwalt über den Lauf der Gewährleistungsfrist hinsichtlich des Gemeinschaftseigentums beraten zu lassen.

III.

Die Antragsteller haben bei ihrem Schadensersatzbegehren bereits eine eigene Mithaftung,[646] die sie sich quotenmäßig zu 1/5 anrechnen lassen, berücksichtigt. Eine höhere Quote erscheint in Anbetracht aller vorstehender Ausführungen zum weit überwiegenden Verschulden der Antragsgegnerin nicht angezeigt.

IV.

Der Zinsanspruch gegen die Antragsgegnerin, die gemäß Schreiben der Antragsteller vom ■■■ seit ■■■ in Verzug ist, ergibt sich dem Grunde und der Höhe nach aus den §§ 286 Abs. 1 S. 1, 288 Abs. 1 BGB.

■■■

Rechtsanwalt

4. Muster: Antrag des Verwalters auf Vergütung[647]

Rechtsanwalt ■■■, den ■■■

An das Amtsgericht

Wohnungseigentumsgericht

---

644 Vgl. Staudinger/Bub, § 28 WEG Rn. 438.
645 Vgl. BayObLG, WE 1991, 22f.
646 Bei Schäden am gemeinschaftlichen Eigentum, die in einer Eigentümerversammlung bekannt werden, erscheint es gerechtfertigt, auch eine Pflicht der Wohnungseigentümer selbst zur Schadensabwendung anzunehmen, wenn auch hier das sich aus der Verletzung der Instandhaltungspflicht ergebende Verschulden der Antragsgegnerin weit überwiegt, vgl. hierzu auch Deckert, ETW, Gruppe 7, S. 130.
647 Auf die Darstellung eines Antragserwiderungsschriftsatzes wird hier ebenfalls verzichtet, da die zu erwartenden bzw. vorprozessual erhobenen Einwendungen der Antragsgegnerin bereits im Antragsschriftsatz vorweggenommen und dort rechtlich gewürdigt werden.

███   per Fax vorab!

Antrag

in der Wohnungseigentumssache betreffend die Wohnanlage ███-Straße ███ in ███

Verfahrensbeteiligte:
1. Fa. Hurtig, Inhaber ███, ███, ███, Verwalterin der o.g. Wohnanlage

Antragstellerin

Verfahrensbevollmächtigter: Rechtsanwalt ███, ███, ███

2. Die Eigentümer der Eigentumswohnanlage ███-Straße ███, ███, namentlich aufgeführt in der anliegenden Eigentümerliste

Antragsgegner

Verwalterin: Fa. Fleißig Wohnungsverwaltungsgesellschaft mbH u. Co. KG, vertreten durch die Fa. Fleißig Betriebs-GmbH als geschäftsführende Gesellschafterin, diese vertreten durch den Geschäftsführer Werner Fleißig, ███, ███

wegen Verwaltervergütung

Vorläufiger Geschäftswert: 2.400- €.

Im Namen und mit Vollmacht[648] des Antragstellers beantrage ich unter Einzahlung eines Kostenvorschusses[649] von ███ €
1. Die Antragsgegner werden als Gesamtschuldner verpflichtet, an die Antragstellerin 2.400,- € zuzüglich 5 % Zinsen hieraus seit ███ zu bezahlen.
2. Die Antragsgegner tragen als Gesamtschuldner die Kosten des Verfahrens und die außergerichtlichen Kosten des Antragstellers.[650]
3. Es wird angeregt, die Entscheidung im Wege einer einstweiligen Anordnung für vorläufig vollstreckbar zu erklären.

Begründung:

I.

Die Antragstellerin ist die ehemalige Verwalterin der im Antragsrubrum genannten Wohnanlage. Sie wurde hierzu mit Beschluss der Eigentümerversammlung vom ███ bestimmt.

Beweis: Protokoll der Eigentümerversammlung zum Tagesordnungspunkt ███ vom ███ in Kopie.

---

648 Auch wenn im Verfahren nach dem FGG der für einen oder mehrere Beteiligte auftretende Rechtsanwalt grundsätzlich ohne weitere Prüfung als vertretungsbefugt angesehen wird (vgl. § 13 S. 2 FGG), sollten die Vollmachtsurkunde sowie das Schriftstück, aus dem sich die Ermächtigung des Verwalters zur Führung von Rechtsstreitigkeiten ergibt, vorgelegt werden, um etwaigen Einwendungen zuvor zu kommen.
649 Zum Kostenvorschuss vgl. §§ 8 KostO, 48 Abs. 1 WEG (drei Gebühren), zum zugrundeliegende Geschäftswert vgl. §§ 48 Abs. 3 WEG, 18ff. KostO, zur Gebührenhöhe vgl. § 32 KostO. Im übrigen wird auf die Ausführungen zum Kostenvorschuss bei § 1 Rn. 119 verwiesen.
650 Über die Tragung der Gerichtskosten sowie eine etwaige Erstattungspflicht für außergerichtliche Kosten entscheidet das Gericht gem. § 47 WEG nach billigem Ermessen. Hierbei tragen die unterlegenen Beteiligten in der Regel die Gerichtskosten; eine Erstattung außergerichtlicher Kosten findet grundsätzlich nicht statt, Palandt / Bassenge, § 47 WEG Rn. 3 und 4.

Zusammen mit diesem Beschluss wurde der Antragstellerin in der nämlichen Eigentümerversammlung das schriftliche Angebot auf Abschluss eines Verwaltervertrages gemacht, welches diese sofort angenommen hat. Die Verwaltertätigkeit sollte zum ■■■ beginnen.

Beweis: Protokoll der Eigentümerversammlung zum Tagesordnungspunkt ■■■ vom ■■■ sowie Verwaltervertrag, jeweils in Kopie.

Die Antragsgegner sind Miteigentümer der Eigentumswohnanlage ■■■-Straße ■■■, ■■■ gemäß anliegender Eigentümerliste und Grundbuchauszüge.

Beweis: Eigentümerliste und Grundbuchauszüge in Kopie.

Der vorstehend bezeichnete Bestellungsbeschluss vom ■■■ wurde vom Miteigentümer ■■■ angefochten und mit rechtskräftiger Entscheidung des Amtsgerichts ■■■ vom ■■■ für ungültig erklärt, weil bei der Abstimmung die nach der Teilungserklärung erforderliche einfache Mehrheit der Eigentumsanteile in der Eigentümerversammlung nicht vertreten war.

Beweis: Beschluss des Amtsgerichts ■■■ vom ■■■, Az. ■■■ mit Rechtskraftvermerk in Kopie.

In der Eigentümerversammlung vom ■■■ wurde mittlerweile die Fa. Fleißig Wohnungsverwaltungsgesellschaft mbH u. Co. KG zur Verwalterin bestimmt.

Beweis: Protokoll der Eigentümerversammlung vom ■■■ zum Tagesordnungspunkt ■■■ sowie Verwaltervertrag, jeweils in Kopie.

Im o.g. Verwaltervertrag mit der Antragstellerin war unter § 14 geregelt, dass die Antragstellerin beginnend mit ihrer Verwaltertätigkeit ab ■■■ eine monatliche Vergütungspauschale von 600,– € für die in den §§ 9 bis 13 des Vertrages bezeichneten Tätigkeiten zu bekommen hatte.

Beweis: Verwaltervertrag in Kopie, dort § 14.

Die Antragsgegner haben sich zunächst wegen des laufenden Beschlussanfechtungsverfahrens geweigert, der Antragstellerin eine Vergütung auszuzahlen und dies nach der o.g. rechtskräftigen Entscheidung des Amtsgerichts ■■■ über die zur gerichtlichen und außergerichtlichen Vertretung ermächtigte neue Verwalterin endgültig abgelehnt.

Beweis: Schreiben der jetzigen Verwalterin vom ■■■ samt Vertrag mit der neuen Verwalterin, jeweils in Kopie.

II.

Die Antragstellerin hat von den Antragsgegnern für die Zeit ab Entstehen der Vergütungspflicht, d.h. ab dem vereinbarten Beginn der Verwaltertätigkeit zum ■■■, bis zum Zeitpunkt der rechtskräftigen Ungültigerklärung des Bestellungsbeschlusses mit Entscheidung des Amtsgerichts ■■■ vom ■■■ einen vertraglichen Vergütungsanspruch auf Zahlung von vier Monatspauschalen à 600,– € zuzüglich der gesetzlichen Verzugszinsen.

1. Wird eine Person zum Verwalter einer Wohnanlage gewählt, so ist zunächst zwischen dem Bestellungsbeschluss und dem Abschluss des Verwaltervertrages, der als ein auf Geschäftsbesorgung gerichteter Dienstvertrag zu qualifizieren ist,[651] zu unterscheiden.

---

651 Vgl. BGH, NJW-RR 1993, 1227, 1228.

Die rückwirkende Aufhebung des Bestellungsbeschlusses hat nämlich gerade nicht zur Folge, dass deshalb auch der Abschluss des Verwaltervertrags rückwirkend unwirksam wird. Dies stünde im Widerspruch zur Interessenlage. Da der Antrag auf Ungültigerklärung der Bestellung keine aufschiebende Wirkung hat, der angefochtene Beschluss vielmehr bis zur gerichtlichen Ungültigerklärung für die Wohnungseigentümer und den (zustimmenden) Verwalter bindend ist, muss der Verwalter während der "Schwebezeit" zumindest die in den §§ 27, 28 WEG niedergelegten gesetzlichen Aufgaben und Befugnisse wahrnehmen, will er nicht Gefahr laufen, sich – falls der Antrag auf Ungültigerklärung der Wahl ohne Erfolg bleibt – wegen Verletzung seiner Verwalterpflichten schadensersatzpflichtig[652] zu machen.

Dem Verwalter kann dabei billigerweise nicht zugemutet werden, seine Verwalterpflichten ohne gesicherte vertragliche Grundlage, insbesondere ohne gesicherten Anspruch auf Zahlung der vereinbarten oder der üblichen (§ 612 Abs. 2 BGB) Vergütung zu erfüllen. Es ist daher davon auszugehen, dass nach dem Willen der Vertragschließenden der auf der Grundlage einer noch nicht bestandskräftigen Verwalterbestellung abgeschlossene Verwaltervertrag unabhängig vom Ausgang des gerichtlichen Verfahrens über die Gültigkeit der Bestellung für die Zwischenzeit rechtswirksam sein soll, die gerichtliche Ungültigerklärung also nur – im Wege der stillschweigend vereinbarten auflösenden Bedingung – die vertragliche Bindung für die Zukunft entfallen lässt. Wegen der späteren Ungültigerklärung des Bestellungsbeschlusses ist ein mit den genannten Maßgaben zustande gekommener Verwaltervertrag auch nicht als vollmachtlos geschlossen anzusehen, was sich zumindest aus dem Rechtsgedanken des § 32 FGG ergibt.[653]

2. Die Antragsgegner sind mit der Bezahlung der gegenständlichen Vergütungsforderung seit ■■■ in Verzug und zur Zahlung der gesetzlichen Zinsen verpflichtet, da sie, wirksam vertreten durch die neue Verwalterin mit Schreiben vom ■■■ die Erfüllung ernstlich und endgültig verweigert haben, §§ 286 Abs. 2 Nr. 3, 288 Abs. 1 BGB.

■■■

Rechtsanwalt

---

652 Vgl. hierzu oben Rn. 399 ff. und das Muster unter 3 Rn. 127 ff.
653 Vgl. KG, NJW-RR 1990, 153; OLG Hamm, WE 1996, 33, 35. Wird dagegen eine mit ihrer Zustimmung zum Verwalter bestellte Person als solcher tätig, ohne dass ein Verwaltervertrag abgeschlossen worden ist, oder aufgrund eines geschlossenen Vertrags, der an einem eigenen Nichtigkeits- oder Unwirksamkeitsgrund leidet, so kommt eine Anwendung der Vorschriften über die Geschäftsführung ohne Auftrag in Betracht, vgl. BGH, NJW-RR 1989, 970.

§ 5 Gerichtliche Bestellung und Abberufung des Verwalters

A. Die gerichtliche Bestellung eines Notverwalters gem. § 26 Abs. 3 WEG

I. Vorprozessuale Konstellation – Rechtsgrundlagen

1. Das Fehlen eines Verwalters

429 Fehlt ein Verwalter, so kann in dringenden Fällen auf Antrag eines Wohnungseigentümers oder eines Dritten, der ein berechtigtes Interesse hat (z.B. Hypothekengläubiger oder Mieter), für die Zeit bis zur Behebung des Mangels ein **Notverwalter** durch das Gericht im Verfahren nach den §§ 26 Abs. 3, 43 Abs. 1 Nr. 3 WEG bestellt werden. Der Antrag auf Bestellung eines Verwalters durch das Gericht kann auch im Verfahren nach den §§ 21 Abs. 4, 43 Abs. 1 Nr. 1 WEG gestellt werden, weil das Fehlen eines Verwalters nicht der ordnungsgemäßen Verwaltung entspricht, auf die jeder Wohnungseigentümer einen Anspruch hat.[654]

430 Zum besseren Verständnis der Problematik einer „verwalterlosen" Wohnungseigentümergemeinschaft ist zunächst klarzustellen, dass der **Bestellungsakt** vom Abschluss des **Verwaltervertrages grundsätzlich zu trennen** ist.[655] Der Bestellungsakt[656] ist nämlich gem. § 26 Abs. 1 WEG einem Beschluss der Eigentümerversammlung vorbehalten und bestimmt als „körperschaftlicher Akt" unabhängig vom Verwaltervertrag, **wer** Verwalter wird.[657]

431 Trotzdem wird diese von der h.M. in Rechtsprechung und Literatur vertretene sog. „Trennungstheorie" insoweit nicht konsequent verfolgt, als nach ebenfalls h.M. der **Abschluss eines Verwaltervertrages** als **konstitutiv** für die Rechtsstellung des Verwalters angesehen wird.[658] Allerdings wird in einem wirksam zustande gekommenen Bestellungsbeschluss in der Regel zugleich das **konkludente Angebot** auf Abschluss eines Verwaltervertrages bzw. die **stillschweigende Annahme** eines vorangegangenen Angebots des Verwalters liegen.[659] Nur dann, wenn bei dem Bestellungsbeschluss der Abschluss des Verwaltervertrages ausdrücklich zurückgestellt wird – etwa wegen noch auszuhandelnder Einzelheiten oder weil der Verwaltungsbeirat mit dem Vertragsschluss beauftragt wird – hat der bestellte Verwalter noch keine Organstellung zu den Wohnungseigentümern erlangt.

---

654 So die h.M., vgl. BayObLG, NZM 1999, 713; NJW-RR 1989, 461; OLG Frankfurt/M., NJW-RR 1993, 845; KG, FGPrax 2003, 156; Gottschalg, WE 1998, 242, 247, m.w.N.
655 Vgl. BGH, NJW 2002, 3240; 1997, 2106; Bärmann/Pick/Merle, § 26 Rn. 21.
656 Die Bestellung des Verwalters geschieht entweder gem. § 26 Abs. 1 S. 1 WEG durch Beschluss der Eigentümerversammlung mit einfacher Stimmenmehrheit. Daneben kann der (erste) Verwalter auch bereits in der Gemeinschaftsordnung bestellt werden. Zulässig – und bei Aufteilung durch Bauträger auch sehr häufig – ist die Bestellung durch den teilenden Eigentümer aufgrund eines Vorbehalts in der Teilungserklärung, vgl. BayObLG, MDR 1994, 798.
657 Beschränkende Vereinbarungen, etwa dahin, der Verwalter dürfe keine juristische Person sein, sind nach § 26 Abs. 1 S. 4 WEG nicht möglich, vgl. etwa BayObLG, NJW-RR 1995, 270.
658 Diese nennt man dann „Vertragstheorie", vgl. Bärmann/Pick/Merle, § 26 Rn. 22ff., 25; Palandt/Bassenge, § 26 WEG Rn. 6.
659 Vgl. Bärmann/Pick/Merle, § 26 Rn. 25; OLG Hamburg, ZWE 2002, 483.

Das **Fehlen eines Verwalters** kann daher darauf beruhen, dass

- von vornherein kein Verwalter bestellt wurde,
- die Wohnungseigentümer den Verwalter abberufen, ohne einen neuen zu bestellen,
- auf Anfechtung des Bestellungsbeschlusses dieser vom Gericht für ungültig erklärt wurde,[660]
- die Zeit, für die ein Verwalter bestellt war, abgelaufen ist,[661] ohne dass ein neuer Verwalter bestellt wurde,
- ein Verwalter zwar bestellt, aber kein Verwaltervertrag mit ihm abgeschlossen wurde,
- der Verwalter (mit einer einhergehenden – ggf. fristlosen – Kündigung des Verwaltervertrages) sein Amt niedergelegt hat[662] oder
- der bisherige Verwalter vom Gericht auf Antrag eines Wohnungseigentümers abberufen wurde.[663]

2. Dringlichkeit als Voraussetzung eines Verfahrens nach den §§ 26 Abs. 3, 43 Abs. 1 Nr. 3 WEG – Prozessvermeidung

Die gerichtliche Bestellung eines Notverwalters setzt einen „dringenden Fall" voraus. Ein solcher ist anzunehmen, wenn ein **dringendes sachliches Bedürfnis** für das gerichtliche Tätigwerden besteht.[664] Ein solches liegt vor, wenn durch die gerichtliche Bestellung ein Wohnungseigentümer oder ein Dritter vor Schaden bewahrt werden kann.[665]

Vor Einleitung eines Verfahrens zur gerichtlichen Bestellung eines Notverwalters gem. §§ 26 Abs. 3, 43 Abs. 1 Nr. 3 WEG sollte der die Wohnungseigentümer beratende **Rechtsanwalt** darüber hinaus wissen, dass dem Antrag solange das **Rechtsschutzbedürfnis fehlt**, als nicht **tatsächliche** oder **rechtliche Hindernisse** für die Wohnungseigentümer bestehen, mit der nach der Teilungserklärung erforderlichen Mehrheit einen Verwalter zu bestellen.[666] Mit anderen Worten müssen die Wohnungseigentümer alles unternehmen, eine Verwalterbestellung in einer dafür gem. § 26 Abs. 1 S. 1 WEG vorgesehenen Eigentümerversammlung herbeizuführen, da **Dringlichkeit** i.S. des § 26

---

660   Vgl. das Muster bei § 4 Rn. 428.
661   Ein Verwalter kann auf eine Zeit von höchstens 5 Jahren bestellt werden (§ 26 Abs. 1 S. 2 WEG). Eine Bestellung ohne Befristung oder für einen längeren Zeitraum ist nicht insgesamt nichtig, sondern endet 5 Jahre nach Beginn der Amtszeit, vgl. KG, ZMR 1987, 277 und Palandt / Bassenge, § 26 WEG Rn. 2. Diese beginnt grundsätzlich mit dem Bestellungsakt (OLG Hamm, WE 1996, 33), bei Bestellung in der Teilungserklärung mangels anderweitiger Regelung mit der Anlegung der Wohnungsgrundbücher und Entstehung der Gemeinschaft, KG, DWE 1987, 97. Eine wiederholte Bestellung ist zulässig, bedarf jedoch eines erneuten Beschlusses, der frühestens im Jahr vor Ablauf der Bestellungszeit gefasst werden kann (§ 26 Abs. 2 WEG). Eine vor Fristablauf vorgenommene Wiederbestellung ist nichtig, es sei denn, die erneute Bestellung erfolgt mit sofortiger Wirkung, vgl. BGH, NJW-RR 1995, 780. Verlängerungsklauseln ohne neuen Beschluss sind nur möglich, wenn die Bestellungszeit insgesamt 5 Jahre nicht übersteigt, vgl. BayObLG, WE 1996, 314.
662   Vgl. Bärmann / Pick / Merle, § 26 Rn. 206 ff.; Staudinger / Bub, § 26 WEG Rn. 477 ff.; Palandt / Bassenge, § 26 WEG Rn. 13, m.w.N.
663   Hierzu noch näher unten Rn. 446 ff. sowie OLG Düsseldorf, ZMR 1997, 96.
664   Bärmann / Pick / Merle, § 26 Rn. 221.
665   Vgl. BayObLG, DWE 1984, 59.
666   So OLG Köln, ZMR 2002, 380, wonach hieran auch erhebliche Spannungen innerhalb der Gemeinschaft nichts ändern.

Abs. 3 WEG voraussetzt, dass die Eigentümergemeinschaft nicht selbst durch Bestellung eines Verwalters Abhilfe schaffen kann oder will.[667]

435 Es ist also **zu prüfen**, wer in der konkreten verwalterlosen Situation eine Eigentümerversammlung einberufen kann und ob in einer solchen ein wirksamer oder wenigstens nicht nichtiger Beschluss zur Bestellung eines Verwalters getroffen werden kann. Hierzu sollten folgende Punkte geprüft werden:

- Steht ein **Verwalter** überhaupt zur Verfügung, der – möglichst schnell – mit der erforderlichen Mehrheit gewählt werden kann?[668]
- **Falls ja**, gibt es eine **Vereinbarung** der Wohnungseigentümer (die auch in der Gemeinschaftsordnung oder der Teilungserklärung enthalten sein kann, vgl. i.ü. § 10 Abs. 1 S. 2 WEG), dass im Falle einer verwalterlosen Situation der Verwaltungsbeirat oder ein bzw. eine bestimmte Anzahl von Wohnungseigentümern eine Eigentümerversammlung zur Wahl eines neuen Verwalters einberufen können?[669]
- **Falls nein**, hat die konkrete Wohnungseigentümergemeinschaft einen **Verwaltungsbeirat**, dessen Vorsitzender oder Vertreter gem. § 24 Abs. 3 WEG eine Eigentümerversammlung zur Wahl eines neuen Verwalters einberufen kann?
- **Falls nein**, kann die Einberufung einer Eigentümerversammlung zur Wahl eines neuen Verwalters **durch alle Eigentümer** der Wohnungseigentümergemeinschaft vorgenommen werden?[670]
- **Falls nein**, ist ein Wohnungseigentümer bereit, sich analog § 37 Abs. 2 BGB durch das Wohnungseigentumsgericht zur Einberufung einer Eigentümerversammlung zur Wahl eines neuen Verwalters **ermächtigen** zu lassen?[671]
- **Falls nein**, sollte gerade in eiligen Fällen noch vor Anrufung des Gerichtes zur Bestellung eines Notverwalters erwogen werden, **ohne formwirksame Einberufung** durch ein hierzu berufenes Organ oder eine hierzu berufene Person eine Eigentümerversammlung abzuhalten.[672] Die Einberufung der Wohnungseigentümerversammlung durch einen Wohnungseigentümer ohne gerichtliche Ermächtigung und

---

667 Vgl. Gottschalg, WE 1998, 242, 243.
668 Auch in dieser „Notsituation" sollte nicht „irgendein" Verwalter, sondern ein solcher, der vermutlich das Vertrauen der Wohnungseigentümer bekommen wird, in Zweifelsfällen daher ein „Berufsverwalter" ins Auge gefasst werden.
669 Vgl. hierzu BayObLG, ZWE 2001, 593; MDR 1982, 323.
670 Vgl. Palandt/Bassenge, § 24 WEG Rn. 24; OLG Köln, ZMR 2003, 380; OLGReport Celle 2000, 252. Diese Ausnahme hat ihren Grund darin, dass die Eigentümergemeinschaft vorrangig dazu berufen ist, ihre Angelegenheiten selbst zu regeln, und deswegen auch befugt ist, eine Eigentümerversammlung einzuberufen. Dies ist in der verwalterlosen Situation v.a. bei kleineren Wohnungseigentümergemeinschaften ein probater Weg zur Abhaltung einer formgerecht einberufenen Eigentümerversammlung und kann etwa dadurch bewerkstelligt werden, dass die Wohnungseigentümer ein vorbereitetes Einberufungsschreiben von allen unterschreiben lässt.
671 Vgl. hierzu OLG Köln, ZMR 2002, 380; KG, NJW 1987, 386; BayObLGZ 1970, 1; Bärmann/Pick/Merle, § 24 Rn. 24 mit anderer Begründung, aber gleichem Ergebnis.
672 Dies kann geschehen, indem etwa ein Wohnungseigentümer Einladungen zu einer kurzfristig anberaumten Eigentümerversammlung verschickt, in dieser den Vorsitz führt und dort mit Stimmenmehrheit einen neuen Verwalter wählen lässt. Allerdings wird man nicht soweit gehen können, die Ausschöpfung auch dieser Möglichkeit zur Voraussetzung für das Rechtsschutzbedürfnis zu einem Antrag auf gerichtliche Verwalterbestellung nach den §§ 26 Abs. 3, 43 Abs. 1 Nr. 3 WEG zu erheben.

die etwaige Beschlussunfähigkeit[673] der einberufenen Eigentümerversammlung führen nämlich **nicht zur Nichtigkeit** eines Eigentümerbeschlusses, sondern lediglich zu dessen **Anfechtbarkeit**.[674] Der neue Verwalter ist mithin auch durch einen anfechtbaren Beschluss zunächst wirksam bestellt und so lange nach den §§ 27, 28 WEG handlungsfähig, als der Beschluss nicht in einem Verfahren nach den §§ 23 Abs. 4, 43 Abs. 1 Nr. 4 WEG für ungültig erklärt wurde.[675] Wird der Beschluss andererseits angefochten, kann in diesem Verfahren immer noch ein Antrag auf gerichtliche Bestellung eines Notverwalters (§§ 26 Abs. 3, 43 Abs. 1 Nr. 3 WEG) – ggf. durch **einstweilige Anordnung** gem. § 44 Abs. 3 WEG[676] – für den Fall gestellt werden, dass das Gericht den Bestellungsbeschluss für ungültig erklärt.[677]

II. Prozess

1. Verfahren und Folgen der gerichtlichen Verwalterbestellung

Auch die Verfahren auf gerichtliche Verwalterbestellung nach den §§ 26 Abs. 3, 43 Abs. 1 Nr. 3 WEG bzw. §§ 21 Abs. 4, 43 Abs. 1 Nr. 1 WEG werden grundsätzlich nach den Prinzipien der **echten Streitverfahren der freiwilligen Gerichtsbarkeit** geführt.[678] Die Bestellung wird, sofern das Gericht nicht im Wege der **einstweiligen Anordnung**[679] gem. § 44 Abs. 3 WEG eine sofort wirksame Entscheidung getroffen hat, erst mit **Rechtskraft** wirksam.[680] Die sofortige Beschwerde hat keine aufschiebende Wirkung (§ 24 FGG).

436

Ein **Anspruch** auf Ernennung einer bestimmten Person zum Verwalter besteht **nicht**. Vielmehr steht dem Gericht ein **Auswahlermessen** zu, in dessen Ausübung das Gericht verschiedene Angebote einholen und aus diesen unter Berücksichtigung von Eignungs- und Kostengesichtspunkten den Verwalter bestimmen sollte.[681]

437

Mit der Bestellung durch das Gericht und der Annahme seines Amtes erhält der Notverwalter die nämlichen **Befugnisse** und **Ansprüche** wie ein von den Wohnungseigentümern bestellter Verwalter,[682] insbesondere diejenigen **aus** § 27 WEG und den

438

---

673 Beschlussfähigkeit wäre allerdings gegeben, wenn alle Wohnungseigentümer an der Eigentümerversammlung teilnehmen und auf den Einberufungsmangel verzichten würden.
674 Vgl. BayObLG, ZWE 2001, 593; MDR 1982, 323; vgl. a. BGHZ 145, 158 = ZWE 2000, 29.
675 Die anfechtenden Wohnungseigentümer tragen hierbei aber die Feststellungslast, dass der entsprechende Beschluss bei ordnungsgemäßer Einberufung anders ausgefallen wäre, vgl. etwa Bärmann/Pick/Merle, § 24 Rn. 28; OLGReport Karlsruhe 1998, 197; OLG Hamm, NJW-RR 1997, 523, 524; BayObLG, NJW-RR 1991, 531, 533.
676 Zu dieser vgl. unten § 6 Rn. 453 ff. und das Muster bei § 3 Rn. 199.
677 Wie allgemein in Verfahren der Freiwilligen Gerichtsbarkeit können auch in Verfahren nach dem WEG Eventualanträge gestellt werden, die von einer innerprozessualen Bedingung, hier dem Erfolg des Antrags auf Ungültigerklärung des Bestellungsbeschlusses, abhängig sind, vgl. BayObLG, FamRZ 1990, 1123; Bärmann/Pick/Merle, § 44 Rn. 30 und oben § 1 Rn. 23.
678 Auch dieses Verfahren ist ein Antragsverfahren, führt zu einer materiell rechtskräftigen Entscheidung und unterliegt der Disposition der Antragsteller. Allerdings steht die Rechtshängigkeit des Antrages eines Wohnungseigentümers auf gerichtliche Verwalterbestellung dem späteren Antrag eines anderen Wohnungseigentümers nicht entgegen, vgl. BayObLG, WE 1989, 182.
679 Zu dieser vgl. noch unten § 6 Rn. 453.
680 Vgl. BayObLG, ZMR 1997, 93.
681 Vgl. OLG Düsseldorf, NJW-RR 2000, 1465.
682 Vgl. BGH, NJW 1993, 1924.

Anspruch auf eine **ordnungsgemäße Vergütung**, selbst wenn in der Teilungserklärung die unentgeltliche Tätigkeit des Verwalters geschrieben steht. Das Gericht hat mit dem Notverwalter eine **Vereinbarung** über die Höhe seiner Vergütung zu treffen.[683] Ansonsten hat er Anspruch auf die dem **bisherigen** Verwalter vertraglich zugesagte Vergütung.[684]

439 Das Gericht **beschränkt** allerdings in der Regel die Bestellung zeitlich bis zur Behebung des Mangels, indem es dem Verwalter den **Auftrag** zur Einberufung einer Versammlung nach § 24 Abs. 2 WEG erteilt, um über die Bestellung eines Verwalters zu beschließen. Die andere Möglichkeit des Gerichts besteht darin, den Verwalter für eine **bestimmte Zeitdauer**[685] zu bestellen. In beiden Fällen endet das Amt des richterlich bestellten Verwalters ohne ausdrückliche Abberufung.

2. Antrag, Antragsteller und Antragsgegner

a) Antrag und beizufügende Anlagen

440 Das Verfahren auf gerichtliche Verwalterbestellung ist ein Antrags- und kein Amtsverfahren. Der Antrag muss sich **nicht** auf die Bestellung eines **bestimmten** Verwalters richten, weil das Gericht hieran ohnehin nicht gebunden wäre. Inhaltlich ist genau darauf zu achten, die tatbestandlichen Erfordernisse für einen „dringenden Fall" darzulegen,[686] insbesondere, dass die Bestellung eines Verwalters in einer Eigentümerversammlung aus tatsächlichen oder rechtlichen Gründen scheiterte. Hierfür sind auch geeignete Beweismittel zu benennen

441 Dem Antrag sollten als **Anlagen**
- die Teilungserklärung sowie
- als Beweismittel die Unterlagen, aus denen sich der „dringende Fall" ergeben soll (z.B. Protokoll der Eigentümerversammlung, in der der alte Verwalter abberufen wurde und die Wahl eines neuen gescheitert ist; der Schriftsatz des alten Verwalters, mit dem er sein Amt niederlegt) beigefügt werden.

b) Antragsteller

442 Das **Antragsrecht** haben jeder Wohnungseigentümer als materiell Beteiligter[687] und jeder Dritte, der ein berechtigtes Interesse an der Verwaltung hat (daher auch Mieter

---

683 Vgl. BGH, NJW 1980, 2466; OLG Frankfurt/M., NJW-RR 1993, 845.
684 Vgl. KG, NJW 1994, 137.
685 Vgl. etwa KG, NJW-RR 2003, 1311. Wenn etwa der verwalterlose Zustand schon länger dauert und die Einsetzung eines Notverwalters nur für längere Zeit sinnvoll ist, bietet sich eine längere Dauer an. Dasselbe gilt bei einer hohen Konfliktbereitschaft einzelner Wohnungseigentümergruppen. Demgemäß kann aus Rechtsgründen auch für die gerichtliche Notverwalterbestellung lediglich die absolute Grenze von 5 Jahren (§ 26 Abs. 1 Satz 2 WEG) gelten, die freilich in den meisten Fällen nicht erforderlich sein wird. Mit der Bestimmung einer bestimmten Zeitdauer ist eine ausdrückliche Sperre für Neuwahlen durch die Gemeinschaft verbunden. Dementsprechend kann auch ein für die Dauer eines gerichtlichen Verfahrens im Wege einstweiliger Anordnung gemäß § 44 Abs. 3 WEG bestellter Notverwalter nicht durch einen Mehrheitsbeschluss der Wohnungseigentümer abberufen werden, vgl. OLG Düsseldorf, ZWE 2002, 373.
686 Hierzu vgl. soeben unter Rn. 435.
687 Vgl. Bärmann/Pick/Merle, § 26 Rn. 212.

oder Pächter, auch Gläubiger der Gemeinschaft oder Behörden zur Durchführung öffentlicher Maßnahmen).[688]

c) Antragsgegner

„Antragsgegner" sind alle die Wohnungseigentümer, die den Antrag nicht selbst gestellt haben. Sie sind gem. § 43 Abs. 4 Nr. 3 WEG materiell Beteiligte und als solche auch formell am Verfahren zu beteiligen.[689]

3. Geschäftswert und Kostenentscheidung

Gem. § 48 Abs. 3 WEG bemisst sich der **Geschäftswert** zutreffend nach dem Interesse der Wohnungseigentümer, (wieder) einen durch sie bestellten Verwalter zu bekommen (wozu das Verfahren auf gerichtliche Verwalterbestellung beitragen kann und soll), mithin aber nach der Vergütung eines ehemaligen Verwalters, überschlägig berechnet für die Zeit, bis voraussichtlich von den Wohnungseigentümern wieder ein Verwalter bestellt werden wird, in der Regel aber mindestens für ein Jahr.[690]

Die **Kostenentscheidung** sollte sich nach billigem Ermessen gem. § 47 WEG an dem in der Gemeinschaft der Wohnungseigentümer bestimmten Verteilungsmaßstab für die Kosten und Lasten des gemeinschaftlichen Eigentums ausrichten und nicht die Kosten gleichmäßig allen Beteiligten als Gesamtschuldnern auferlegen, da der bzw. die Antrag stellenden Wohnungseigentümer eine Aufgabe der Gemeinschaft wahrnehmen.[691]

B. Der Antrag auf gerichtliche Abberufung des Verwalters

I. Voraussetzungen für die Abberufung eines Verwalters durch das Gericht

1. Zulässigkeitsprobleme

Jeder Wohnungseigentümer oder auch **Dritte** können unter bestimmten Voraussetzungen nach § 21 Abs. 4 WEG die **gerichtliche Abberufung** des Verwalters verlangen und in einem Verfahren nach § 43 Abs. 1 Nr. 1 WEG auch durchsetzen.[692] Zu beachten ist aber, dass über die Abberufung eines Verwalters aus **wichtigem Grund** grundsätzlich zunächst die **Eigentümerversammlung** durch Mehrheitsbeschluss – sofern Teilungserklärung oder Gemeinschaftsordnung nichts anderes vorsehen – entscheidet. **Ohne vorherige Befassung der Eigentümerversammlung** besteht für einen Antrag auf gerichtliche Abberufung des Verwalters **nur dann ein Rechtsschutzbedürfnis,**
- wenn ohne weitere Aufklärung feststeht, dass der Versuch des Wohnungseigentümers, einen Mehrheitsbeschluss über die Abberufung herbeizuführen, gescheitert ist,
- wenn ihm die vorherige Anrufung der Versammlung nicht zugemutet werden kann, zum Beispiel, weil in Anbetracht der Mehrheitsverhältnisse ein Mehrheitsbeschluss nicht zu erwarten ist,

---

688 Vgl. Bärmann/Pick/Merle, § 26 Rn. 213f.
689 Vgl. das Muster unten C. I.
690 Vgl. OLG Stuttgart, ZMR 2003, 782.
691 Vgl. hierzu noch das Muster unten Rn. 452.
692 Vgl. BayObLG, NJW-RR 1986, 445; OLG Düsseldorf, FGPrax 2002, 161.

- wenn der antragstellende Eigentümer ohnehin keine Mehrheit in der Eigentümerversammlung finden wird,[693] oder
- wenn die Abberufung zwar Gegenstand einer Versammlung gewesen ist, ohne dass es aber zu einer Abstimmung über den Abberufungsantrag gekommen ist.[694]

447 Das Verfahren auf gerichtliche Abberufung des Verwalters **wird unzulässig**, wenn der Verwalter zwischenzeitlich nach Ablauf seiner Amtszeit durch unangefochtenen Beschluss erneut in sein Amt berufen wurde.[695]

2. „Wichtiger Grund" als sachliche Voraussetzung

448 Ein **wichtiger Grund** zur vorzeitigen Abberufung liegt in der Sache vor, wenn den Wohnungseigentümern unter Berücksichtigung aller, nicht notwendig vom Verwalter verschuldeter, Umstände nach Treu und Glauben eine Fortsetzung der Zusammenarbeit mit diesem nicht mehr zugemutet werden kann und deshalb das erforderliche Vertrauensverhältnis zerstört ist.[696]

II. Anfechtbarkeit des Abberufungs- und des Kündigungsbeschlusses der Eigentümerversammlung

449 Der Mehrheitsbeschluss der Wohnungseigentümer über die Abwahl des Verwalters kann im Verfahren nach §§ 23 Abs. 4, 43 Abs. 1 Nr. 4 WEG sowohl auf Antrag des **Verwalters**[697] als auch eines **Wohnungseigentümers** für ungültig erklärt werden. Einem Wohnungseigentümer fehlt aber das Rechtschutzinteresse hieran, wenn die Zeit, für die der Verwalter bestellt war, abgelaufen ist. Ist dies während eines gerichtlichen Verfahrens eingetreten, **erledigt sich** das Verfahren in der Hauptsache.[698] Der abberufene **Verwalter** hat nur dann ein **Rechtsschutzinteresse** an der Anfechtung des Abberufungsbeschlusses, wenn die von den Wohnungseigentümern bei Bestellung des Verwalters vorgesehene Amtszeit noch nicht abgelaufen ist oder wenn er zur Wahrung etwaiger Vergütungsansprüche die Ungültigerklärung des Abberufungsbeschlusses erstrebt.[699]

450 Von der Anfechtung des Abberufungsbeschlusses ist es allerdings zu **unterscheiden**, wenn Mängel bei der Beschlussfassung zur **Kündigung** des Verwaltervertrages gerügt werden. Für die Überprüfung der formalen Voraussetzungen eines Beschlusses der Eigentümerversammlung ist das Anfechtungsverfahren nach den §§ 23 Abs. 4, 43 Abs. 1 Nr. 4 WEG gegeben. Wird hingegen die **materielle, d.h. inhaltliche Rechtswidrigkeit** der Kündigung aus den Gesichtspunkten der §§ 620 ff. BGB geltend gemacht, ist für den gekündigten Verwalter das **Feststellungsverfahren** nach § 43 Abs. 1 Nr. 2 i.V.m. § 256 ZPO eröffnet.[700] Das **Feststellungsinteresse** fehlt nur dann, wenn der Verwalter-

---

693 Vgl. OLG Düsseldorf, ZMR 1994, 520; NJW-RR 1999, 163.
694 Vgl. BayObLG, NJW-RR 1997, 1443.
695 Vgl. OLG Köln, NZM 1998, 959.
696 Vgl. BayObLG, WE 1992, 236; Bärmann/Pick/Merle, § 26 Rn. 152 mit Beispielen unter Rn. 156 ff. und das Muster unten C. II.
697 Vgl. BGHZ 106, 113, 122 ff. = NJW-RR 1989, 1087, 1088 bestätigt in BGHZ 151, 164 = NJW 2002, 3240.
698 Vgl. OLG Hamm, ZMR 1999, 280.
699 Vgl. BayObLG, NJW-RR 1997, 715; KG, ZMR 1997, 610; OLG Hamm, ZMR 1999, 280.
700 Vgl. BGHZ 151, 164 = NJW 2002, 3240.

vertrag für die Dauer der Bestellung abgeschlossen und die Abberufung wirksam ist.[701] Der Verwalter ist nicht gehindert, sich **nur gegen die Kündigung** des Vertrages, nicht aber gegen die Abbestellung gerichtlich zu wenden.[702] Andererseits können die Anträge auf Ungültigerklärung des Bestellungsbeschlusses sowie auf Feststellung der Unwirksamkeit einer Kündigung auch in einem Verfahren miteinander verbunden werden.[703]

C. Muster

I. Muster: Antrag auf gerichtliche Verwalterbestimmung gem. §§ 26 Abs. 3, 43 Abs. 1 Nr. 3 WEG

Rechtsanwalt ■■■, den ■■■

■■■

An das Amtsgericht

Wohnungseigentumsgericht

■■■ per Fax vorab!

Antrag

In der Wohnungseigentumssache betreffend die Wohnanlage ■■■-Straße ■■■ in ■■■

Verfahrensbeteiligte:
1. Herr ■■■, ■■■-Straße ■■■, ■■■

Antragsteller

Verfahrensbevollmächtigter: Rechtsanwalt ■■■, ■■■, ■■■
2. Die Eigentümer der oben genannten Wohnungseigentumsanlage, nach Namen und Adresse aufgeführt in der anliegenden Liste

weitere Verfahrensbeteiligte

wegen gerichtlicher Verwalterbestellung

Vorläufiger Geschäftswert:[704] ■■■,– €.

Unter Vorlage von 2 weiteren Abschriften dieses Antrags, einer beglaubigten Vollmacht[705] und Einzahlung eines Kostenvorschusses[706] von ■■■,– € beantrage ich namens und für den Antragsteller:

---

701 Vgl. BGHZ 151, 164 = NJW 2002, 3240.
702 Vgl. OLG Köln, NJW-RR 2001, 159.
703 Vgl. BGHZ 151, 164 = NJW 2002, 3240.
704 Dieser wäre gem. §§ 48 Abs. 3 WEG, 30 Abs. 1 KostO zu schätzen, vgl. Rn. 444.
705 Auch wenn im Verfahren nach dem FGG der für einen oder mehrere Beteiligte auftretende Rechtsanwalt grundsätzlich ohne weitere Prüfung als vertretungsbefugt angesehen wird (vgl. § 13 S. 2 FGG), sollten die Vollmachtsurkunde sowie das Schriftstück, aus dem sich die Ermächtigung des Verwalters zur Führung von Rechtsstreitigkeiten ergibt, vorgelegt werden, um etwaigen Einwendungen zuvor zu kommen.
706 Zum Kostenvorschuss vgl. §§ 8 KostO, 48 Abs. 1 WEG (drei Gebühren), zum zugrundeliegende Geschäftswert vgl. §§ 48 Abs. 3 WEG, 18 ff. KostO, zur Gebührenhöhe vgl. § 32 KostO. Im übrigen wird auf die Ausführungen zum Kostenvorschuss in § 2 Rn. 119 verwiesen.

§ 5 Gerichtliche Bestellung / Abberufung des Verwalters

1. Als Verwalter für die Wohnanlage ▄▄▄-Straße ▄▄▄ in ▄▄▄ wird eine vom Gericht auszuwählende natürliche oder juristische Person bestellt.[707]
2. Der vom Gericht bestimmte Verwalter wird verpflichtet, unverzüglich eine Eigentümerversammlung zur Wahl eines „ordentlichen" Verwalters, ggf. auch zum Abschluss eines Verwaltervertrages, einzuberufen.
3. Die Verfahrenskosten tragen die Wohnungseigentümer der Wohnanlage ▄▄▄-Straße ▄▄▄ in ▄▄▄ als Gesamtschuldner.

Ferner wird beantragt, im Wege einer einstweiligen Anordnung gem. § 44 Abs. 3 WEG die auszuwählende Person für die Dauer dieses Gerichtsverfahrens[708] zur vorläufigen Verwalterin zu bestellen.[709]

B e g r ü n d u n g :

Die Antragsteller sind Miteigentümer der Eigentumswohnanlage ▄▄▄-Straße ▄▄▄, ▄▄▄ gemäß anliegender Eigentümerliste und Grundbuchauszüge.

Beweis: Eigentümerliste und Grundbuchauszüge in Kopie.

Mit einstimmigem Beschluss der Eigentümerversammlung vom ▄▄▄ wurde zur Verwalterin der o.g. Eigentumswohnanlage die Fa. Hurtig, Inhaber ▄▄▄, ▄▄▄, ▄▄▄ bestimmt.

Beweis: Protokoll der Eigentümerversammlung zum Tagesordnungspunkt ▄▄▄ vom ▄▄▄ in Kopie.

Zusammen mit diesem Beschluss wurde der Verwalterin in der nämlichen Eigentümerversammlung ebenfalls nach einstimmigem Beschluss der Wohnungseigentümer das schriftliche Angebot auf Abschluss eines Verwaltervertrages gemacht, das diese sofort angenommen hat.

Beweis: Protokoll der Eigentümerversammlung zum Tagesordnungspunkt ▄▄▄ vom ▄▄▄ sowie Verwaltervertrag, jeweils in Kopie.

Auf Antrag des Wohnungseigentümers ▄▄▄ wurden die genannten Beschlüsse der Eigentümerversammlung zur Bestellung und vertraglichen Bindung der Verwalterin mit bestandskräftigem Beschluss des Amtsgerichts ▄▄▄, Wohnungseigentumsgericht, vom ▄▄▄, Az. ▄▄▄ für ungültig erklärt.

Beweis: Beschluss des Amtsgerichts ▄▄▄, Wohnungseigentumsgericht, vom ▄▄▄, Az. ▄▄▄.

---

707 Selbstverständlich können und sollten die Wohnungseigentümer eine geeignete und zur Übernahme der Verwaltung langfristig bereite natürliche oder juristische Person vorschlagen, zumal, wenn diese vermutlich keinen Vorbehalten der Wohnungseigentümer ausgesetzt ist, vgl. auch das Muster unter Rn. 452.
708 Vgl. OLG Düsseldorf, ZMR 2002, 612.
709 Eine andere Möglichkeit wäre es, einen hierzu bereiten Wohnungseigentümer im Wege der einstweiligen Anordnung zu ermächtigen, eine außerordentliche Eigentümerversammlung mit den Themen „Bestellung eines neuen Verwalters sowie Abschluss eines Verwaltervertrages mit diesem" einzuberufen und dieser vorzustehen. Dies hätte einerseits den Vorteil, dass die Wohnungseigentümer in einer solchen Eigentümerversammlung endgültig einen neuen Verwalter bestellen und vertraglich an sich binden könnten (womit das Verfahren nach den §§ 26 Abs. 3, 43 Abs. 3 Nr. 3 WEG erledigt wäre). Andererseits ist dieser Weg dann nicht zu empfehlen, wenn ganz dringende Verwaltungsmaßnahmen anstehen und nicht sicher ist, dass sich die Wohnungseigentümer gleich auf einen neuen Verwalter einigen können, ohne dass der Bestellungsbeschluss – ggf. auch verbunden mit einem Antrag auf einstweilige Anordnung durch das Gericht – angefochten wird.

Die Wohnungseigentümergemeinschaft ist seitdem ohne Verwalter. Das Wohnungseigentumsgericht möge daher im Verfahren auf gerichtliche Verwalterbestellung – wegen Dringlichkeit durch einstweilige Anordnung gem. § 44 Abs. 3 WEG – einen Notverwalter bestellen. Die Voraussetzungen liegen hierfür sowohl in formeller wie in materieller Hinsicht vor:

1. Zulässigkeit des Antrages

Der Antrag ist zulässig, insbesondere besteht ein Rechtsschutzbedürfnis. Es steht zunächst aus dem Kreise der Wohnungseigentümer niemand zur Verfügung, der sich zur Übernahme des Verwalteramtes bereit erklären würde. Eine Eigentümerversammlung zur Abhaltung der Wahl eines neuen Verwalters verspricht daher momentan keinen Erfolg.

Beweis: Kopie des durch den Hausmeister als Boten an alle Wohnungseigentümer zugestellten Anschreibens des Unterfertigten vom ■■■ im Namen des Antragstellers zur Frage der Bereitschaft für die Übernahme der Verwalterstellung, welches von keinem Wohnungseigentümer beantwortet wurde.

Ungeachtet dessen könnte eine Eigentümerversammlung auch gar nicht wirksam einberufen werden. Zum einen gibt es nämlich keine Vereinbarung der Wohnungseigentümer (auch nicht in der Gemeinschaftsordnung oder der Teilungserklärung), dass im Falle einer verwalterlosen Situation ein Wohnungseigentümer bzw. eine bestimmte Anzahl von Wohnungseigentümern eine Eigentümerversammlung zur Wahl eines neuen Verwalters einberufen könnten.

Die Wohnungseigentümergemeinschaft hat auch keinen Verwaltungsbeirat, dessen Vorsitzender oder Vertreter gem. § 24 Abs. 3 WEG eine Eigentümerversammlung zur Wahl eines neuen Verwalters einberufen könnte.

Es war dem Unterfertigten auch unmöglich, die Einberufung einer Eigentümerversammlung zur Wahl eines neuen Verwalters durch Zustimmung aller Eigentümer der Wohnungseigentümergemeinschaft herbeizuführen, da eine entsprechendes gesondertes mit einer Rückantwortkarte versehenes und durch den Hausmeister als Boten an alle Wohnungseigentümer zugestelltes Schreiben von den Wohnungseigentümern ■■■, ■■■ und ■■■ nicht beantwortet, d.h. eine entsprechende Zustimmung nicht abgegeben wurde.

Beweis: Kopie des Anschreibens des Unterfertigten vom ■■■ im Namen des Antragstellers an alle Wohnungseigentümer zur Frage der Zustimmung einer am ■■■ in ■■■ um ■■■ abzuhaltenden Eigentümerversammlung.

Schließlich war auf Nachfrage des Unterfertigten in einem weiteren durch den Hausmeister als Boten an alle Wohnungseigentümer zugestellten Schreiben kein Wohnungseigentümer, auch nicht der Antragsteller, bereit, sich analog § 37 Abs. 2 BGB durch das Wohnungseigentumsgericht zur Einberufung einer Eigentümerversammlung für die Wahl eines neuen Verwalters ermächtigen zu lassen.

Beweis: Kopie des Anschreibens des Unterfertigten vom ■■■ im Namen des Antragstellers an alle Wohnungseigentümer zur Frage der Bereitschaft, sich analog § 37 Abs. 2 BGB durch das Wohnungseigentumsgericht zur Einberufung einer Eigentümerversammlung zur Wahl eines neuen Verwalters ermächtigen zu lassen.

§ 5 Gerichtliche Bestellung / Abberufung des Verwalters

2. Begründetheit des Antrages

Der Antrag ist auch begründet, weil ein dringendes sachliches Bedürfnis für das gerichtliche Tätigwerden besteht.[710] Insbesondere können nämlich nur durch die rasche gerichtliche Bestellung eines Verwalters die Wohnungseigentümer vor Schaden bewahrt werden. Die Heizungsanlage des Wohnungseigentumsobjekts ist nämlich nicht nur völlig veraltet, sondern nach der schriftlichen Stellungnahme der Heizungsfirma ■■■,■■■, ■■■ aus immissionsschutzrechtlichen Gründen ab dem Jahreswechsel nicht mehr zugelassen und muss ohne weitere Übergangszeit, die bereits abgelaufen ist, außer Betrieb genommen werden.

Beweis: Befundbericht der Fa. ■■■ vom ■■■ sowie Schreiben des Bezirkskaminkehrermeisters ■■■ vom ■■■, jeweils in Kopie.

Die Gemeinschaft der Wohnungseigentümer bedarf daher dringend eines Verwalters, um in den verbleibenden drei Monaten bis zum Jahreswechsel in Ausführung eines insoweit schnellstens zu fassenden Beschlusses die Installation einer neuen Heizungsanlage in Auftrag zu geben. Zur Durchführung dieser Maßnahme im Wege der Notgeschäftsführung hat sich wegen der damit verbundenen Risiken kein Wohnungseigentümer, auch nicht der Antragsteller, bereit erklärt.[711]

Beweis: Kopie des durch den Hausmeister als Boten an alle Wohnungseigentümer zugestellten Anschreibens des Unterfertigten vom ■■■ im Namen des Antragstellers zur Frage der Bereitschaft zur Übernahme einer Notverwaltungsmaßnahme, welches von keinem Wohnungseigentümer beantwortet wurde.

■■■

Rechtsanwalt

II. Muster: Antrag auf gerichtliche Abberufung des Verwalters

Rechtsanwalt   ■■■, den ■■■

■■■

An das Amtsgericht

Wohnungseigentumsgericht

■■■   per Fax vorab!

Antrag

In der Wohnungseigentumssache betreffend die Wohnanlage ■■■-Straße ■■■ in ■■■

Verfahrensbeteiligte:
1. ■■■

wohnhaft ■■■-Straße ■■■, ■■■

Antragstellerin

Verfahrensbevollmächtigter: Rechtsanwalt ■■■, ■■■, ■■■

---

710 Vgl. Bärmann/Pick/Merle, § 26 Rn. 221.
711 Dies ist allerdings keine Voraussetzung für die „Dringlichkeit" i.S. des § 26 Abs. 3 WEG.

2. Fa. Fleißig Wohnungsverwaltungsgesellschaft mbH u. Co. KG, vertreten durch die Fa. Fleißig Betriebs- GmbH als geschäftsführende Gesellschafterin, diese vertreten durch den Geschäftsführer Werner Fleißig, ■■■, ■■■

Antragsgegnerin

wegen Abberufung der Verwalterin

Vorläufiger Geschäftswert:[712] ■■■,– €.

Im Namen und mit Vollmacht[713] des Antragstellers beantrage ich unter Einzahlung eines Kostenvorschusses[714] von ■■■ €
1. Die Antragsgegnerin wird als Verwalterin der Wohnanlage ■■■-Straße ■■■ in ■■■ abberufen.
2. Als neue Verwalterin wird die Fa. Hurtig, Inhaber ■■■, ■■■, ■■■, hilfsweise eine andere vom Gericht auszuwählende natürliche oder juristische Person bestellt.
3. Der vom Gericht bestimmte Verwalter wird verpflichtet, unverzüglich eine Eigentümerversammlung zur Wahl eines „ordentlichen" Verwalters, ggf. auch zum Abschluss eines Verwaltervertrages einzuberufen.
4. Die Antragsgegnerin trägt die Kosten des Verfahrens und die außergerichtlichen Kosten des Antragstellers.[715]

Ferner wird beantragt, die Verwalterin für die Dauer dieses Gerichtsverfahrens[716] im Wege einer einstweiligen Anordnung gem. § 44 Abs. 3 WEG abzuberufen und die auszuwählende Person zur vorläufigen Verwalterin zu bestellen.[717]

B e g r ü n d u n g :

I.

Die Antragstellerin ist Alleineigentümerin der in der Eigentumswohnanlage ■■■-Straße ■■■, ■■■ gelegenen Wohnung Nr. ■■■ gemäß Aufteilungsplan und Teilungserklärung vom ■■■.

---

712 Dieser wäre gem. §§ 48 Abs. 3 WEG, 30 Abs. 1 KostO zu schätzen, vgl. Rn. 444.
713 Auch wenn im Verfahren nach dem FGG der für einen oder mehrere Beteiligte auftretende Rechtsanwalt grundsätzlich ohne weitere Prüfung als vertretungsbefugt angesehen wird (vgl. § 13 S. 2 FGG), sollten die Vollmachtsurkunde sowie das Schriftstück, aus dem sich die Ermächtigung des Verwalters zur Führung von Rechtsstreitigkeiten ergibt, vorgelegt werden, um etwaigen Einwendungen zuvor zu kommen.
714 Zum Kostenvorschuss vgl. §§ 8 KostO, 48 Abs. 1 WEG (drei Gebühren), zum zugrundeliegende Geschäftswert vgl. § 18 KostO, zur Gebührenhöhe vgl. § 32 KostO. Im übrigen wird auf die Ausführungen zum Kostenvorschuss zu § 2 Rn. 119 verwiesen.
715 Über die Tragung der Gerichtskosten sowie eine etwaige Erstattungspflicht für außergerichtliche Kosten entscheidet das Gericht gem. § 47 WEG nach billigem Ermessen. Hierbei tragen die unterlegenen Beteiligten in der Regel die Gerichtskosten; eine Erstattung außergerichtlicher Kosten findet grundsätzlich nicht statt, Palandt / Bassenge, § 47 WEG Rn. 3 und 4.
716 Vgl. OLG Düsseldorf, ZMR 2002, 612.
717 Eine andere Möglichkeit wäre es, einen hierzu bereiten Wohnungseigentümer im Wege der einstweiligen Anordnung zu ermächtigen, eine außerordentliche Eigentümerversammlung mit den Themen „Bestellung eines neuen Verwalters sowie Abschluss eines Verwaltervertrages mit diesem" einzuberufen und dieser vorzustehen. Dies hätte einerseits den Vorteil, dass die Wohnungseigentümer in einer solchen Eigentümerversammlung endgültig einen neuen Verwalter bestellen und vertraglich an sich binden könnten (womit das Verfahren nach den §§ 26 Abs. 3, 43 Abs. 3 Nr. 3 WEG erledigt wäre). Andererseits ist dieser Weg dann nicht zu empfehlen, wenn ganz dringende Verwaltungsmaßnahmen anstehen und nicht sicher ist, dass sich die Wohnungseigentümer gleich auf einen neuen Verwalter einigen können, ohne dass der Bestellungsbeschluss – ggf. auch verbunden mit einem Antrag auf einstweilige Anordnung durch das Gericht – angefochten wird.

Beweis: Grundbuchauszug, Aufteilungsplan und Teilungserklärung in Kopie.

Die Antragsgegnerin wurde mit Beschluss der Eigentümerversammlung vom ■■■ zur Verwalterin der o.g. Eigentumswohnanlage bestimmt.

Beweis: Protokoll der Eigentümerversammlung zum Tagesordnungspunkt ■■■ vom ■■■ in Kopie.

In der nämlichen Eigentümerversammlung wurde mit der Antragsgegnerin ein Verwaltervertrag geschlossen.

Beweis: Protokoll der Eigentümerversammlung zum Tagesordnungspunkt ■■■ vom ■■■ sowie Verwaltervertrag, jeweils in Kopie.

Die Wohnungseigentümer ■■■ (folgt Aufzählung) haben mit Schreiben vom ■■■ bei der Antragsgegnerin beantragt, zum Thema „Erneuerung des Flachdaches Nordseite" eine Eigentümerversammlung abzuhalten. Begründet wurde dieses Einberufungsverlangen mit selbem Schreiben damit, dass die Geschossdecken der im 6. Stock wohnenden Miteigentümer ■■■ (folgt Aufzählung) großflächige Durchfeuchtungen aufweisen, die laut schriftlicher Stellungnahme des vom Wohnungseigentümer ■■■ zugezogenen Bausachverständigen ■■■ auf eine brüchige Außenisolierung des Daches zu den Umfassungswänden hin zurückzuführen ist.

Beweis: Schreiben der Wohnungseigentümer ■■■ (folgt Aufzählung) vom ■■■ sowie Stellungnahme des Bausachverständigen ■■■, jeweils in Kopie.

Folge der Durchfeuchtungen sind zum einen großflächige Schimmelbildungen in den nicht über Fenster belüftbaren Bädern der Wohnungseigentümer ■■■ (folgt Aufzählung), insbesondere der Antragstellerin, zum anderen großflächige Putzablösungen an den Wohnungsinnenseiten der Außenmauern in den Wohnungen der Wohnungseigentümer ■■■ (folgt Aufzählung). Diese Folgeerscheinungen wurden der Antragsgegnerin auch mit o.g. Schreiben vom ■■■ unter Beifügung von Farbbildern mitgeteilt.

Beweis: Farblichtbilder im Format 25x20 (zugeordnet den einzelnen Wohnungen auf der Bildrückseite) sowie Schreiben der Wohnungseigentümer ■■■ (folgt Aufzählung) vom ■■■ in Kopie.

Die die Einberufung einer Eigentümerversammlung zu dem genannten Thema verlangenden Wohnungseigentümer repräsentieren ausweislich anliegender Eigentümerliste mit Grundbuchauszügen und Teilungserklärung sowohl mehr als ein Viertel aller Wohnungseigentümer als auch mehr als ein Viertel der Miteigentumsanteile.

Beweis: Eigentümerliste mit Grundbuchauszügen und Teilungserklärung, jeweils in Kopie.

Obwohl die Antragsgegnerin gem. § 24 Abs. 2 WEG zur Einberufung einer Eigentümerversammlung verpflichtet wäre, hat sie dies nach nochmaliger Aufforderung und Fristsetzung durch die genannten Wohnungseigentümer mit weiterem Schreiben vom ■■■ mit eigenem Schreiben vom ■■■ abgelehnt, weil angesichts der für das nächste Geschäftsjahr anstehenden Gesamtsanierung der Wohnanlage für eine kurzfristige „Notreparatur" kein Bedürfnis bestehe.

Beweis: Schreiben der Wohnungseigentümer ■■■ (folgt Aufzählung) vom ■■■ sowie der Antragsgegnerin vom ■■■, jeweils in Kopie.

Daraufhin haben eben dieselben Wohnungseigentümer mit weiterem Schreiben vom ▄▄▄ bei der Antragsgegnerin die Einberufung einer außerordentlichen Eigentümerversammlung zum Thema „Abberufung der Verwalterin" mit der Begründung beantragt, dass die Antragsgegnerin nicht nach den Grundsätzen ordnungsgemäßer Verwaltung handle und – auch wegen der Dringlichkeit einer Dachsanierung – ein wichtiger Grund zur Abberufung gegeben sei.

Beweis: Schreiben der Wohnungseigentümer ▄▄▄ (folgt Aufzählung) vom ▄▄▄ in Kopie.

Die Antragsgegnerin hat die Einberufung einer außerordentlichen Eigentümerversammlung auch zu diesem Thema mit Schreiben vom ▄▄▄ abgelehnt. Hierzu hat sie Rückantworten der Wohnungseigentümer ▄▄▄ (folgt Aufzählung) vorgelegt, die von der Antragsgegnerin schriftlich zur Beantwortung der Frage „Halten Sie eine vorzeitige Reparatur des Flachdaches an der Nordseite für erforderlich?" aufgefordert worden waren. Die von der Antragsgegnerin vorgelegten Rückantworten haben die gestellte Frage sämtlich verneint.

Beweis: Schreiben der Antragsgegnerin vom ▄▄▄ in Kopie.

Die eine Dachreparatur ablehnenden Wohnungseigentümer repräsentieren genau 65 % aller Miteigentumsanteile, sodass in einer allfälligen Eigentümerversammlung keine Mehrheitsbeschlüsse zu den genannten Themen, also weder zu einer Dachreparatur noch zur vorzeitigen Abberufung der Antragsgegnerin zu erwarten sind.

Beweis: Rückantworten der Wohnungseigentümer ▄▄▄ (folgt Aufzählung) sowie Grundbuchauszüge und Teilungserklärung, jeweils in Kopie.

Als Grund für die Ablehnung der Einberufung einer Eigentümerversammlung zum Thema ihrer eigenen Abberufung gab die Antragsgegnerin an, dass sie aus Sicht der Mehrheit der Wohnungseigentümer offensichtlich nach den Grundsätzen ordnungsgemäßer Verwaltung handele, indem sie die Dachreparatur einer im nächsten Geschäftsjahr erfolgenden Gesamtsanierung der Wohnanlage vorbehalte.

Beweis: Schreiben der Antragsgegnerin vom ▄▄▄ in Kopie.

II.

Der auf sofortige Abberufung der Antragsgegnerin durch das Gericht aus wichtigem Grund gerichtete Antrag ist gem. §§ 21 IV, 43 I Nr. 1 und 2 WEG zulässig und begründet.

Die Antragstellerin hat ein Rechtsschutzbedürfnis für eine gerichtliche Abberufung der Verwalterin. Das Gericht braucht die übrigen Wohnungseigentümer zum einen nicht erst zur Mitwirkung bei einem in einer Eigentümerversammlung zu fassenden Abberufungsbeschluss zu verpflichten, sondern kann die Abberufung auf Grund seiner Regelungskompetenz gem. § 43 II WEG unmittelbar anordnen.[718] In der Sache besteht insoweit auch kein Unterschied, weil jedenfalls das Gericht darüber zu befinden hat, ob eine Abberufung aus wichtigem Grund gerechtfertigt ist oder nicht.

Zum anderen ist die Abberufung eines Verwalters durch das Gericht möglich, wenn dem antragstellenden Wohnungseigentümer entweder die vorherige Anrufung der Wohnungseigentümerversammlung nicht zugemutet werden kann oder wenn dessen Versuch, einen

---

718 Vgl. Bärmann/Pick/Merle, § 26 Rn. 189.

Mehrheitsbeschluss herbeizuführen, gescheitert ist.[719] Nur in diesen Fällen besteht daher auch ein Rechtsschutzbedürfnis für eine gerichtliche Entscheidung.

Ein solches ist vorliegend aber ohne weiteres gegeben, weil es den oben genannten Wohnungseigentümern, darunter auch der Antragstellerin selbst, nicht gelungen ist, einen Mehrheitsbeschluss über die Abberufung der Verwalterin herbeizuführen.

Der Antrag ist auch begründet. Ein gerichtlicher Abberufungsbeschluss ist gerechtfertigt, wenn die Nichtabberufung eines Verwalters der ordnungsgemäßen Verwaltung i.S. von § 21 IV WEG widerspricht, weil ein wichtiger Abberufungsgrund vorliegt. Nach allgemeiner Ansicht ist ein wichtiger Grund für eine vorzeitige Abberufung des Verwalters und damit auch für eine fristlose Kündigung des Verwaltervertrags gegeben, wenn das erforderliche Vertrauensverhältnis zwischen dem Verwalter und den Wohnungseigentümern derart schwer gestört ist, dass unter Beachtung aller Umstände einschließlich der Interessen des Verwalters den Wohnungseigentümern eine Fortsetzung des Verwalterverhältnisses bis zum Ende der vereinbarten Amtszeit nicht zugemutet werden kann.[720] Dabei können die Voraussetzungen eines wichtigen Grundes im Einzelfall auch in der nachhaltigen Störung des Vertrauensverhältnisses nicht nur zur Gesamtheit der Wohnungseigentümer, sondern auch zu einzelnen Wohnungseigentümern oder einer Gruppe von ihnen gegeben sein.[721]

Verfehlungen, die eine vorzeitige Abberufung der Antragsgegnerin rechtfertigen, sind vorliegend ohne weiteres festzustellen.

Der Antragsgegner hat sich zunächst bislang geweigert, einem berechtigten Einberufungsverlangen eines relevanten Teils der Wohnungseigentümer nach § 24 Abs. 2 WEG Folge zu leisten. Die Pflicht aus § 24 Abs. 2 WEG gehört zu den wesentlichen Aufgaben eines Verwalters.[722] Deren Erfüllung ist die Antragsgegnerin jedoch in vorwerfbarer Weise nicht nachgekommen. Die Ablehnung eines den formellen Anforderungen des § 24 Abs. 2 WEG entsprechenden Antrages kann vom Verwalter nicht damit begründet werden, in der Eigentümerversammlung seien keine Mehrheiten für die beantragten Beschlussfassungen zu erwarten. Vielmehr soll es § 24 Abs. 2 WEG der Minderheit ermöglichen, unabhängig hiervon ihren Standpunkt im Rahmen einer Eigentümerversammlung darzutun.[723]

Ferner ist die Ablehnung der Einberufung einer Eigentümerversammlung zur Beschlussfassung über eine kurzfristige Dachreparatur auch insoweit geeignet, das Vertrauensverhältnis zwischen der Antragsgegnerin und den o.g. Wohnungseigentümern schwer zu stören, als diesen – wie der Antragsgegnerin auch mitgeteilt wurde – durch die Durchfeuchtungen nicht nur erhebliche materielle Schäden entstehen, sondern auch gesundheitliche drohen, was bei Schimmelbefall in der Wohnung als gerichtsbekannt vorausgesetzt werden kann. Die Ablehnung nicht nur der Einberufung einer Eigentümerversammlung, sondern auch der kurzfristigen Reparatur als solcher widerspricht mithin im hohen Maße den Grundsätzen ordnungsgemäßer Verwaltung.

---

719 Vgl. etwa OLGReport Düsseldorf 1998, 197.
720 Vgl. BayObIG, WE 1992, 236; Bärmann/Pick/Merle, § 26 Rn. 152 m.w.N.
721 Vgl. BayObLG, NZM 1999, 283 = WuM 1999, 354; NZM 2000, 510 = WuM 2000, 268.
722 Vgl. auch Staudinger/Bub, § 26 WEG Rn. 442.
723 Vgl. BayObLGZ 1972, 314, 319; Bärmann/Pick/Merle, § 24 Rn. 9.

III.

Einhergehend mit einer vorläufigen Abberufung der Antragsgegnerin als Verwalterin möge das Gericht auch gem. §§ 43 Abs. 1 Nr. 3, 26 Abs. 3, 44 Abs. 3 WEG im Wege einer einstweiligen Anordnung eine Notverwalterin bestellen.

Hierzu wird ausgeführt: (■■■).[724]

■■■

Rechtsanwalt

---

[724] Vgl. zur gerichtlichen Bestellung eines Notverwalters etc. das vorhergehende Muster unter Rn. 451.

§ 6 Grundsätze des vorläufigen Rechtsschutzes und der Zwangsvollstreckung im WEG-Verfahren

A. Einstweilige Anordnungen nach § 44 Abs. 3 WEG[725]

453 Im WEG-Verfahren als Verfahren der freiwilligen Gerichtsbarkeit gibt es **weder einen Arrest** (§§ 916 ff. ZPO) **noch eine einstweilige Verfügung** (§§ 935 ff. ZPO).[726] An deren Stelle tritt die nach pflichtgemäßem Ermessen, d.h. ohne Antragserfordernis,[727] ergehende **einstweilige Anordnung** nach § 44 Abs. 3 WEG,[728] die auch durch das Beschwerdegericht erlassen werden kann.[729]

454 Die einstweilige Anordnung setzt zunächst ein **Hauptverfahren** voraus.[730] Darüber hinaus muss für die vorläufige Entscheidung ein **dringendes Bedürfnis**, das ein Abwarten der endgültigen Entscheidung nicht zulässt, gegeben sein.[731] Bei besonderer Dringlichkeit kann eine einstweilige Anordnung auch ohne die Gewährung rechtlichen Gehörs, welches jedoch nachzuholen ist, ergehen.[732] **Inhaltlich** ist zunächst das **Verbot einer Vorwegnahme der Hauptsache** zu beachten, d.h. die einstweilige Anordnung darf wie die einstweilige Verfügung im Zivilprozess einer endgültigen Regelung nicht vorgreifen[733] oder gar über eine solche hinausgehen.[734] Im übrigen können in der Sache Anordnungen zur Sicherung von Rechten oder der Regelung von Rechtsverhältnissen (vgl. die §§ 935 und 940 ZPO) wie bei einer **einstweiligen Verfügung** getroffen werden.[735] Darüber hinaus können auch durch eine einstweilige Anordnung Wirkungen erreicht werden, die einem **Arrest** vergleichbar sind, z.B. wenn das Gericht im Wege der einstweiligen Anordnung einen Arrestbefehl und einen Arrestpfändungsbeschluss erlassen (und bestätigt) hat.[736]

455 Schließlich sind einstweilige Anordnungen auch auf dem Gebiet der **Zwangsvollstreckung** aus Entscheidungen im WEG-Verfahren möglich. Zum einen kann gem. § 44 Abs. 3 WEG die **vorläufige Vollstreckbarkeit** einer Entscheidung angeordnet werden.[737] Im Verfahren über einen Vollstreckungsabwehrantrag kann andererseits durch eine Anordnung nach § 44 Abs. 3 WEG die **Zwangsvollstreckung auch einstweilen**

---

725 Vgl. schon oben Rn. 111 und das Muster Rn. 451.
726 Vgl. BayObLGZ 1975, 53 = Rpfleger 1975, 245.
727 Vgl. Bärmann/Pick/Merle, § 44 Rn. 73.
728 Vgl. Niederführ/Schulze, § 44 Rn. 19.
729 Vgl. BayObLGZ 1987, 39; KG DWE 1987, 27.
730 Vgl. BayObLG, MDR 1993, 534.
731 Vgl. BayObLGZ 1990, 173 = WE 1991, 287.
732 Vgl. Bärmann/Pick/Merle, § 44 Rn. 74.
733 Vgl. BayObLGZ 1977, 44, 48; BayObLG, WuM 1987, 39.
734 Vgl. zur einstweiligen Verfügung etwa Thomas/Putzo/Reichold/Hüßtege, § 938 Rn. 4.
735 Vgl. Bärmann/Pick/Merle, § 44 Rn. 75.
736 Vgl. OLG Hamburg NZM 2000, 98 = ZMR 2001, 57.
737 Vgl. das Muster unter § 3 Rn. 199 a) zum Antrag auf Erlass einer einstweiligen Anordnung der vorläufigen Vollstreckbarkeit eines Zahlungstitels.

eingestellt werden,[738] weshalb auch eine entsprechende Anwendung der §§ 769 Abs. 1, 793 ZPO nicht in Betracht kommt.[739]

Um das Hauptverfahren nicht zu verzögern, kann eine einstweilige Anordnung, aber auch ihre Ablehnung,[740] **nicht selbständig angefochten** werden, § 44 Abs. 3 S. 2 WEG. **Ausnahmen** von diesem Grundsatz bestehen aber, 456
- wenn der Erlass der einstweiligen Anordnung gegen **Verfahrensgrundrechte** verstößt, also v.a. gegen das Gebot des rechtlichen Gehörs (Art. 103 Abs. 1 GG), des gesetzlichen Richters (Art. 101 Abs. 1 GG) oder das Verbot, willkürliche Entscheidungen zu erlassen (Art. 3 Abs. 1 GG i.V. mit dem Rechtsstaatsprinzip) – in diesen Fällen ist die betreffende Rechtsverletzung mit dem durch das **Anhörungsrügengesetz** vom 5.11.2004 eingeführten fachgerichtlichen **Rechtsbehelf des § 29a FGG**, der nicht nur bei Gehörsverstößen anzuwenden sein wird, geltend zu machen –,[741]
- für die **Ablehnung** eines Antrags, die Vollziehung einer einstweiligen Anordnung auszusetzen[742] – hier ist ausnahmsweise die **sofortige Beschwerde** statthaft – ferner,
- wenn die einstweilige Anordnung nicht in einem **Hauptsacheverfahren** nach § 43 WEG ergangen ist[743] – auch hier ist ausnahmsweise die **sofortige Beschwerde** statthaft – sowie,
- wenn durch die einstweilige Anordnung eine **einem Arrest vergleichbare Wirkung** erreicht wird[744] – hier ist schließlich ebenfalls ausnahmsweise die **sofortige Beschwerde** statthaft.

Das Gericht, das die Anordnung erlassen hat, kann aber seine Entscheidung analog § 927 ZPO bzw. gem. § 18 FGG bei veränderten Umständen **ändern** oder **aufheben**, weswegen für einen **Vollstreckungsabwehrantrag kein Rechtsschutzinteresse** besteht, weil das Verfahren nach § 18 FGG der einfachere und speziellere Rechtsbehelf ist.[745] 457

Mit der Rechtskraft der Entscheidung in der Hauptsache oder wenn eine solche nicht mehr ergehen kann, wird die einstweilige Anordnung ohne förmliche Aufhebung **gegenstandslos**,[746] unabhängig davon, ob das Hauptsacheverfahren durch eine rechtskräftige Entscheidung, durch Rücknahme des Antrags oder auf sonstige Weise seine Erledigung findet.[747] 458

---

738 Vgl. Bärmann/Pick/Merle, § 44 Rn. 70.
739 Vgl. BayObLG, NJW-RR 1990, 26.
740 Vgl. BayObLG, MDR 1993, 534.
741 Die früher bei sog. „greifbarer Gesetzeswidrigkeit" einer mit Rechtsmitteln nicht mehr angreifbaren Entscheidung eröffnete „außerordentliche Beschwerde" – vgl. etwa OLG Hamm, OLGZ 1978, 16; LG Berlin, DWE 1986, 92; OLG Hamburg, WuM 1999, 598 – dürfte sich mit der Einführung fachgerichtlicher Rechtsbehelfe zur Geltendmachung von Gehörsverletzungen auch für den Bereich sonstiger Verfahrensgrundrechtsverletzungen erledigt haben, vgl. zu § 29a FGG unten § 7 Rn. 471.
742 Vgl. BayObLG, ZMR 1977, 347.
743 Vgl. BayObLG, ZMR 1977, 347.
744 Vgl. OLG Hamburg, NZM 2000, 98 = ZMR 2001, 57.
745 Vgl. KG, WoM 1989, 46 und etwa Thomas/Putzo/Reichhold/Hüßtege, § 924 Rn. 7 für das Verhältnis von § 927 ZPO zu § 767 ZPO (auch im Bereich der einstweiligen Verfügung erkennt die h.M. für einen Vollstreckungsabwehrantrag kein Rechtsschutzbedürfnis an, weil das Abänderungsverfahren nach § 927 ZPO der einfachere und kostengünstigere Weg ist).
746 Vgl. Palandt/Bassenge, § 44 WEG Rn. 5.
747 Vgl. OLG Düsseldorf, ZMR 1989, 315.

459 Wegen der Vollstreckung aus einer von Anfang an ungerechtfertigten einstweiligen Anordnung können Dritte in entsprechender Anwendung des § 945 ZPO (vgl. auch § 45 Abs. 3 WEG) **Schadensersatzansprüche** haben.[748]

B. Die Zwangsvollstreckung aus Entscheidungen im Verfahren nach dem WEG (§ 45 Abs. 3 WEG)[749]

I. Allgemeine Grundsätze

460 Gem. § 45 Abs. 3 WEG findet aus rechtskräftigen Entscheidungen, Vergleichen und einstweiligen Anordnungen die Zwangsvollstreckung nach den **Vorschriften der ZPO** statt. Gem. § 750 ZPO müssen die Personen, für und gegen die vollstreckt werden soll, in der zu vollstreckenden Entscheidung **bezeichnet** sein, wobei die **schuldenden** Wohnungseigentümer immer namentlich angegeben sein müssen, die Bezugnahme auf eine Eigentümerliste aber genügt.[750] Wenn die Wohnungseigentümer auf der **Gläubigerseite** stehen und durch den Verwalter vertreten werden, genügt es hingegen auch für die Vollstreckung grundsätzlich, dass die Gläubiger im Titel mit einer individualisierenden Sammelbezeichnung angegeben sind.[751] Vor Beginn der Zwangsvollstreckung sind die Entscheidungen, Vergleiche und einstweiligen Anordnungen zuzustellen und mit der **Vollstreckungsklausel** zu versehen, § 750 ZPO i.V.m. §§ 724, 726 ff. ZPO.

461 Die Verweisung in § 45 Abs. 3 WEG auf die Vorschriften der ZPO betrifft darüber hinaus alle **Modalitäten der Vollstreckung**, d.h. es ist zu fragen, **weswegen** (Geldforderungen oder sonstige Ansprüche) und **worin** (bei Geldforderungen in das bewegliche oder unbewegliche Vermögen) vollstreckt wird.[752] Wegen der Verweisung in § 45 Abs. 3 WEG auf die ZPO gilt darüber hinaus nicht § 44 Abs. 1 WEG, weshalb nicht mündlich verhandelt werden muss.[753] Auch für die **Kostenentscheidung**, die **Wertfestsetzung** und die **Rechtsmittel** gelten an Stelle der Regelungen des WEG die Vorschriften der ZPO und nicht die des WEG.[754] Die Kostenentscheidung richtet sich daher nach den §§ 91 ff. ZPO, die Wertfestsetzung nach § 3 ZPO (i.V. mit den Vorschriften des GKG). Auch die Zwangsvollstreckung aus einem vor dem Wohnungseigentumsgericht geschlossenen **Vergleich** richtet sich ausschließlich nach den Vorschriften der ZPO.[755]

II. Zuständiges Gericht

462 Das im ersten Rechtszug tätig gewordene **WEG-Gericht** ist zuständig für
- die Verfahren der Klauselerteilung und Titelumschreibung nach §§ 724 ff. ZPO[756] und

---

748 Vgl. BGHZ 120, 261 = NJW 1993, 593; Palandt/Bassenge, § 44 WEG Rn. 5.
749 Zur Zwangsvollstreckung vgl. auch die Darstellung wichtiger oder streitiger Probleme bei den einzelnen unter §§ 2 bis 5 dargestellten Anspruchskonstellationen.
750 Vgl. BayObLGReport 2001, 65.
751 Vgl. BayObLG, WE 1986, 142; offengelassen von BayObLGReport 2001, 65.
752 Vgl. OLG Jena, InVo 2002, 147. Von einer näheren Darstellung der einzelnen Vollstreckungsarten wird daher abgesehen, da es sich hierbei um keine Spezifika des WEG-Verfahrens handelt.
753 Vgl. BayObLG, NJW-RR 1996, 780.
754 Vgl. BayObLG, NJW-RR 1996, 780.
755 Vgl. BayObLG, WoM 1999, 358 = InVo 1999, 122.
756 Vgl. BayObLG, NJW-RR 1986, 564; NZM 2001, 299 = WoM 2000, 569; KG, OLGZ 1991, 64.

- die Fälle, in denen die ZPO für das Vollstreckungsverfahren die Zuständigkeit des Prozessgerichts bestimmt (vgl. § 767, §§ 887ff.).[757]

Zur Entscheidung über eine **Drittwiderspruchsklage** gemäß § 771 ZPO ist hingegen nicht das WEG-Gericht, sondern das nach dieser Vorschrift[758] sowie nach den §§ 23 Nr. 1, 71 Abs. 1 ZPO örtlich und sachlich zuständige **Streitgericht** berufen, weil es sich in diesem Fall um ein Verfahren mit einem außenstehenden Dritten handelt.

463

Das **Vollstreckungsgericht** gem. § 764 ZPO und nicht das WEG-Gericht ist zuständig in den Fällen, in denen die ZPO für das Vollstreckungsverfahren die Zuständigkeit des Vollstreckungsgerichts bestimmt (z.B. in den §§ 765a, 766 ZPO).[759]

464

III. Rechtsbehelfe

Über § 45 Abs. 3 WEG wird schließlich auch auf die (**vollstreckungsrechtlichen**) **Rechtsbehelfe** der ZPO einschließlich ihrer Zulässigkeitsvoraussetzungen verwiesen.[760]

465

1. Rechtsbehelfe im Klauselverfahren

Nach § 45 Abs. 3 WEG gelten auch für das Klauselverfahren die Rechtsbehelfe der ZPO. Gegen die **Ablehnung** einer einfachen Klausel nach § 724 ZPO durch den Urkundsbeamten sind daher die **sofortige Erinnerung**[761] nach § 573 ZPO und gegen die Ablehnung einer qualifizierten Klausel nach den §§ 726ff. ZPO durch den Rechtspfleger die **sofortige Beschwerde**[762] gem. §§ 11 Abs. 1 RPflG, 567 Abs. 1 Nr. 2 ZPO oder die **Klauselerteilungsklage** gem. § 731 ZPO statthaft.

466

Gegen die **Erteilung** einer einfachen wie qualifizierten Klausel hat der Vollstreckungsschuldner die **Klauselerinnerung** gem. § 732 ZPO[763] sowie die **Klauselgegenklage** gem. § 768 ZPO.[764]

467

2. Rechtsbehelfe in der Zwangsvollstreckung

Einwendungen gegen die Art und Weise der Zwangsvollstreckung sind mit der **Vollstreckungserinnerung** gem. §§ 45 Abs. 3 WEG, 766 ZPO geltend zu machen.

468

Gegen die Entscheidungen des Gerichts, die ohne mündliche Verhandlung ergehen können, ist gem. §§ 793, 567 Abs. 1 Nr. 1 ZPO die **sofortige Beschwerde** statthaft. Eine **Rechtsbeschwerde** gegen die Beschwerdeentscheidung findet nur bei Zulassung

469

---

757 Vgl. OLG Düsseldorf, NJW-RR 1997, 1235.
758 § 771 ZPO regelt nur die örtliche Zuständigkeit, vgl. Thomas/Putzo/Reichold/Hüßtege, § 771 Rn. 8.
759 Vgl. Palandt/Bassenge, § 45 WEG Rn. 8.
760 Vgl. OLG Jena, InVo 2002, 147. Allgemein zur Zwangsvollstreckung und den zulässigen Rechtsmitteln vgl. OLG Köln, NJW 1976, 1322.
761 Nachfolgend sind gem. § 573 Abs. 2 ZPO die sofortige Beschwerde und bei Zulassung gem. §§ 574ff. ZPO die Rechtsbeschwerde statthaft.
762 Nachfolgend ist bei Zulassung gem. §§ 574ff. ZPO die Rechtsbeschwerde statthaft.
763 Hiergegen die sofortige Beschwerde gem. § 567 Abs. 1 Nr. 2 ZPO und bei Zulassung gem. §§ 574ff. ZPO die Rechtsbeschwerde.
764 Hiergegen Berufung oder Revision.

statt (§ 574 ZPO).⁷⁶⁵ Die Zulässigkeit des Rechtsmittels hängt nicht von dem Erreichen einer Mindestbeschwer ab.

470 Schließlich gelten über § 45 Abs. 3 WEG insbesondere die für die vollstreckungsrechtlichen Gestaltungsklagen der §§ 767 (**Vollstreckungsabwehrklage**), 771 (**Drittwiderspruchsklage**) und 805 (**Klage auf vorzugsweise Befriedigung**) ZPO entwickelten Voraussetzungen entsprechend. Diese Verfahren sind **Erkenntnisverfahren**, für die die allgemeinen Verfahrensgrundsätze und Rechtsmittel maßgebend sind.⁷⁶⁶

---

765 Vgl. OLG Köln, NJW-RR 2002, 1384; Demharter, NZM 2002, 233.
766 Vgl. für § 767 ZPO BayObLG, ZMR 1999, 183 = NZM 1999, 422; OLG Düsseldorf, NJW-RR 1997, 1235 = FGPrax 1997, 177.

§ 7 Rechtsmittel und Rechtsbehelfe im Verfahren nach dem WEG

A. Die Anhörungsrüge nach §§ 43 Abs. 1 WEG, 29 a FGG

I. Notwendigkeit eines fachgerichtlichen Grundrechtsschutzes

Mit seiner Plenarentscheidung vom 30.4.2003[767] hat das BVerfG klargestellt, dass gegen den aus dem Rechtsstaatsprinzip (Art. 20 Abs. 3 GG) in Verbindung mit den Grundrechten folgenden **Justizgewährungsanspruch**, der auch bei der erstmaligen Verletzung von Verfahrensgrundrechten durch ein Gericht eingreife, verstoßen werde, wenn gegen (mutmaßliche) Verletzungen des Art. 103 Abs. 1 GG durch ein Gericht **kein fachgerichtlicher Rechtsschutz** eröffnet sei. Dies ist v.a. nach Erschöpfung des fachgerichtlichen Instanzenzuges sowie dann der Fall, wenn Entscheidungen kraft Gesetzes als unanfechtbar bezeichnet werden.[768]

471

Aus dem gem. § 90 Abs. 2 BVerfGG folgenden **Gebot der Ausschöpfung des Rechtswegs** ergebe sich ein allgemeines Subsidiaritätsprinzip, das gerade auch das Verhältnis von fachgerichtlichem zu verfassungsgerichtlichem Rechtsschutz betreffe. Das Grundgesetz messe insoweit der fachgerichtlichen Rechtsprechung auch für die Einhaltung verfassungsrechtlicher Grundentscheidungen eine zentrale Bedeutung zu.[769] Andererseits würden die von der Rechtsprechung insoweit entwickelten **außerordentlichen Rechtsbehelfe** zur Geltendmachung von Grundrechtsverletzungen,[770] v.a. in Gestalt der „außerordentlichen Beschwerde wegen greifbarer Gesetzeswidrigkeit"[771] den ebenfalls vom Verfassungsrecht (v.a. dem Rechtsstaatsprinzip) beeinflussten Grundsätzen der **Rechtsmittelklarheit nicht gerecht**. In Ausfluss dieser Prinzipien hat das BVerfG dem Gesetzgeber daher aufgegeben, bis 1.1.2005 in den fachgerichtlichen Vefahrensordnungen einen Rechtsbehelf zur Geltendmachung von Gehörsverstößen für den Fall einer mit „normalen" Rechtsbehelfen oder Rechtsmitteln nicht (mehr) anfechtbaren Entscheidung zu eröffnen. Dem ist der Bundesgesetzgeber mit dem zum 1.1.2005 in Kraft getretenen sog. Anhörungsrügengesetz vom 5.11.2004[772] nachgekommen.

472

II. Die Rüge der Gehörsverletzung gem. § 29 a FGG

Für den Bereich der Verfahren in der Freiwilligen Gerichtsbarkeit, also auch für das WEG-Verfahren, wurde die Verpflichtung zur Schaffung einer fachgerichtlichen Gehörsrüge in § 29 a FGG umgesetzt. Die Ausgestaltung des Rechtsbehelfs folgt einem

473

---

767 Vgl. BVerfGE 107, 395 = NJW 2003, 1924.
768 Vgl. etwa § 44 Abs. 3 WEG.
769 Vgl. zu dieser Argumentation insgesamt BVerfGE 107, 395 = NJW 2003, 1924.
770 V.a. bei Verstößen gegen sog. Verfahrensgrundrechte wie gegen die Gebote des rechtlichen Gehörs (Art. 103 Abs. 1 GG) sowie des gesetzlichen Richters (Art. 101 Abs. 1 GG) oder das Verbot, willkürliche Entscheidungen zu erlassen (Art. 3 Abs. 1 GG i.V. mit dem Rechtsstaatsprinzip).
771 Für den Bereich der Freiwilligen Gerichtsbarkeit vgl. etwa OLG Hamm, OLGZ 1978, 16; LG Berlin, DWE 1986, 92; OLG Hamburg, WuM 1999, 598.
772 BGBl. I 2004, S. 3220 vgl. auch den Gesetzesbeschluss des Deutschen Bundestags unter BR-Drs. 848/04 und Treber, NJW 2005, 97 ff.

schon für § 321a ZPO i.d.F. des ZPO-RG (2002) verwendeten Musters zur Zulässigkeit und Begründetheit.[773]

1. Zulässigkeit der Gehörsrüge

a) Statthaftigkeit

474 Der Rechtsbehelf ist gem. § 29a Abs. 1 FGG **statthaft** gegen Entscheidungen, die mit Rechtsmitteln oder anderen Rechtsbehelfen nicht angegriffen werden können und bei denen auch keine sonstige Abänderungsmöglichkeit (vgl. v.a. § 18 FGG) besteht. Dies ist **insbesondere der Fall,**

- wenn die Rechtsmittel der sofortigen und der sofortigen weiteren Beschwerde wegen Nichterreichens der Beschwerdesumme[774] von 750,- € (vgl. § 45 Abs. 1 WEG) bzw. 100,- € (bei Kostenbeschwerden, vgl. § 20a Abs. 2 FGG) nicht gegeben sind,
- wenn es sich um eine selbständig nicht anfechtbare einstweilige Anordnung handelt, oder
- wenn das Gericht der weiteren Beschwerde entschieden hat.

475 Die Gehörsrüge ist gem. § 29a Abs. 1 S. 2 FGG **nicht statthaft** gegen Entscheidungen, die der Endentscheidung vorausgehen, also etwa gegen einen Beschluss, der auf die sofortige Beschwerde nach Ablehnung eines erkennenden Richters erging (vgl. § 46 Abs. 2 ZPO – für das Ablehnungsverfahren im FGG-Prozess gelten die §§ 42ff. ZPO analog).[775]

b) Anforderungen an die Rügeschrift

476 § 29a Abs. 2 FGG bestimmt, welchen Anforderungen eine Gehörsrüge in **formeller Hinsicht** genügen muss. Die Vorschrift lehnt sich hierbei eng an die bereits zu § 321a ZPO i.d.F. des ZPO-RG (2002) bekannten Formulierungen an.[776] Die Erfordernisse sind im Einzelnen:

477 *aa) Form und Frist:* Die Rüge ist **schriftlich oder zu Protokoll der Geschäftsstelle** zu erheben, § 29a Abs. 2 S. 4 FGG. **Adressat** ist alleine das Gericht erster Instanz, welches die Gehörsverletzung begangen haben soll und zur Entscheidung über den Antrag in der Sache berufen ist. Die Rügeschrift muss **nur dann von einem Rechtsanwalt unterschrieben sein,** wenn die Entscheidung eines Oberlandesgerichts angegriffen wird, vgl. die §§ 29a Abs. 2 S. 5, 29 Abs. 1 S. 2 (beachte aber S. 3) FGG. Der Rechtsbehelf ist befristet und muss **binnen zwei Wochen ab Kenntnis** von der Verletzung des rechtlichen Gehörs angebracht werden, wobei der Zeitpunkt der Kenntniserlangung

---

773 Die zu § 321a ZPO (der nur die Fälle von Gehörsverletzungen bei Entscheidungen, gegen die die Berufung nicht statthaft war, betraf, nunmehr aber durch das Anhörungsrügengesetz vom 5.11.2004 auch „umfassend" ausgestaltet wurde) bereits entwickelten Grundsätze lassen sich daher weitgehend auch auf § 29a FGG übertragen.
774 Zur Beschwerdesumme vgl. unten Rn. 490ff.
775 Vgl. BayObLG, WE 1987, 89, 90.
776 Vgl. auch Fn. 7 zu Rn. 774.

glaubhaft zu machen ist und nach Ablauf **eines Jahres** seit der Bekanntgabe[777] der angegriffenen Entscheidung an den Beteiligten die Rüge nicht mehr erhoben werden kann, § 29a Abs. 2 S. 1 und 2 FGG. Gegen die Versäumung der Frist ist analog § 22 Abs. 2 WEG ein Antrag auf **Wiedereinsetzung in den vorigen Stand** zuzulassen.[778]

bb) Sonstiger Inhalt und Begründung: Gem. § 29a Abs. 2 S. 6 i.V.m. Abs. 1 S. 1 Nr. 2 FGG muss der Rechtsbehelfsführer desweiteren

- die angegriffene Entscheidung nach **Gericht, Beteiligten, Bekanntgabedatum und Aktenzeichen**[779] bezeichnen und außerdem
- darlegen, **wodurch** das Gericht den Anspruch auf rechtliches Gehör verletzt und **inwiefern** sich dieser Verstoß auf das Ergebnis der Entscheidung ausgewirkt hat.

2. Begründetheit der Gehörsrüge

Die Gehörsrüge, die vom Gericht nicht schon wegen Unzulässigkeit verworfen wird, führt in dem Fall, dass eine Gehörsverletzung[780] tatsächlich festgestellt werden kann, zur **Abhilfe und Fortführung des Verfahrens**, soweit dies auf Grund der Rüge geboten ist, § 29a Abs. 5 FGG.

Exkurs: In diesem Zusammenhang ist darauf hinzuweisen, dass sich der Rechtsbehelf des § 29a FGG zwar ausdrücklich und entsprechend dem Gesetzgebungsauftrag durch das BVerfG[781] nur auf die Geltendmachung von Gehörsverletzungen bezieht, aber analog für die Geltendmachung der Verletzung **sonstiger Verfahrensgrundrechte** – das sind v.a. Verstöße gegen das Prinzip des gesetzlichen Richters (Art. 101 Abs. 1 GG) oder das Verbot, willkürliche Entscheidungen zu erlassen (Art. 3 Abs. 1 GG i.V.m. dem Rechtsstaatsprinzip) – anzuwenden sein wird. Denn auch für solche Grundrechtsverletzungen muss die vom BVerfG ausdrücklich betonte Subsidiarität der Verfassungsbeschwerde gegenüber dem vorrangigen fachgerichtlichen Rechtsschutz gelten.[782]

---

777 Formlos mitgeteilte Entscheidungen gelten gem. § 29a Abs. 2 S. 3 FGG als mit dem dritten Tage nach Aufgabe zur Post bekannt gegeben.
778 Insoweit kann für § 29a FGG, der eine Wiedereinsetzungsmöglichkeit weder ausdrücklich noch durch einen Verweis auf § 22 Abs. 2 WEG anspricht, nichts anderes gelten als für § 321a ZPO, wo die Frist zur Anbringung der Gehörsrüge ausdrücklich als „Notfrist" (vgl. zur Wiedereinsetzung § 233 ZPO) bezeichnet ist.
779 Vgl. etwa zu § 321a ZPO Thomas/Putzo/Reichold/Hüßtege, § 321a Rn. 5.
780 Zu entsprechenden Fallgruppen von Gehörsverletzungen vgl. Rosenberg/Schwab/Gottwald, § 61 Rn. 39ff.
781 Vgl. BVerfGE 107, 395 = NJW 2003, 1924.
782 Vgl. BVerfGE 107, 395 = NJW 2003, 1924. Dementsprechend wurde von der h.M. etwa § 321a ZPO schon vor Inkrafttreten des Anhörungsrügengesetzes für die Geltendmachung sonstiger Verletzungen von Verfahrensgrundrechten über die Gehörsrüge hinaus im Wege einer sog. „fristgebundenen Gegenvorstellung" analog angewandt, vgl. Thomas/Putzo/Reichold/Hüßtege, § 321a Rn. 18; Rosenberg/Schwab/Gottwald, 61 Rn. 44 und § 145 Rn. 30; BGHZ 150, 122 = NJW 2002, 1577.

B. Die Beschwerde nach dem WEG

I. Gründzüge

1. Die Zulässigkeit der Beschwerde

a) Statthaftigkeit

481 Die Statthaftigkeit der Beschwerde gegen eine Entscheidung im Verfahren nach dem WEG ergibt sich aus § 45 Abs. 1 WEG. Hiernach ist gegen die **Entscheidung des Amtsgerichts** die sofortige Beschwerde zulässig. Darunter fallen
- Endentscheidungen[783] in der Hauptsache i.S. des § 19 FGG
- der Entscheidung in der Hauptsache gleichgelagerte Zwischenentscheidungen[784]
- der Abgabebeschluss des Amtsgerichts analog § 46 WEG, durch den eine Sache aus dem Wohnungseigentumsverfahren in das Prozessverfahren abgegeben worden ist[785]
- selbständige Kostenentscheidungen i.S. des § 20a Abs. 2 FGG[786]
- bei Kostenmischentscheidungen[787] der Teil der Kostenentscheidung, der sich auf den nicht streitig, d.h. nicht in der Hauptsache entschiedenen Teil des Verfahrensgegenstandes bezieht.[788]

482 **Nicht anfechtbar** sind hingegen
- reine **Zwischenverfügungen** in Gestalt verfahrensleitender Anordnungen, wie etwa Beweisanordnungen oder Auflagenbeschlüsse,[789] sofern mit diesen nicht ein erheblicher Eingriff in die Rechte des Antragstellers einhergeht[790] sowie
- einstweilige Anordnungen des Amtsgerichts, vgl. § 44 Abs. 3 S. 2 WEG.

---

783 Das sind auch bloße Entscheidungen zum Grund des Anspruchs oder Teilentscheidungen.
784 Vgl. OLG Celle NJW-RR 1989, 143. Hierunter fallen v.a. Entscheidungen in Zwischenverfahren analog der ZPO, etwa zur Zulässigkeit des verfahrenseinleitenden Antrags (vgl. § 280 Abs. 2 S. 1 ZPO) oder im Prozesskostenhilfeverfahren (§§ 14 FGG, 127 Abs. 2 S. 2 ZPO). Die Statthaftigkeit richtet sich nach den entsprechenden Vorschriften der ZPO, sodass etwa die Anordnung einer Beweissicherung in entsprechender Anwendung des § 490 Abs. 2 S. 2 ZPO unanfechtbar ist, vgl. BayObLG, ZMR 2001, 641.
785 Vgl. BayObLG, NJW-RR 1996, 334. In diesem Zusammenhang sind bei negativen Kompetenzkonflikten zwischen dem Prozessgericht und dem Wohnungseigentumsgericht sowohl die Abgabentscheidung als auch der Rückgabebeschluss mit der Beschwerde anfechtbar, vgl. BayObLG NJW-RR 1994, 856.
786 Selbständige oder isolierte Kostenentscheidungen sind demnach solche, die nicht im Zusammenhang mit einer Endentscheidung in der Hauptsache ergehen. Das sind v.a. Kostenentscheidungen nach Antragsrücknahme, übereinstimmender Erledigungserklärung oder nach einem Vergleich, bei dem die Kostenentscheidung analog § 91a ZPO dem billigen Ermessen des Gerichts überlassen wurde. Umgekehrt sind mit der Entscheidung in der Hauptsache ergehende Kostenentscheidungen gem. § 20a Abs. 1 FGG nur anfechtbar, wenn auch gegen das Erkenntnis in der Hauptsache Beschwerde eingelegt wird.
787 Z.B. bei der teilweisen übereinstimmenden Erledigungserklärung, vgl. hierzu etwa Thomas/Putzo/Reichold/Hüßtege, § 91 Rn. 44.
788 Vgl. BayObLG, ZMR 2002, 366.
789 So etwa die Anordnung einer Beweisaufnahme, die die Pflicht zur ärztlichen Untersuchung eines Verfahrensbeteiligten beinhaltet, vgl. etwa BayObLG, NZM 2001, 1144; NJW-RR 2002, 13.
790 Vgl. etwa BayObLG, ZWE 2001, 71 = ZMR 2000, 852.

B. Die Beschwerde nach dem WEG

b) Form- und fristgerechte Einlegung

aa) Formgerechte Einlegung: Die Beschwerde zweiter Instanz kann gem. §§ 43 Abs. 1 WEG, 21 FGG **wahlweise** beim Amtsgericht, dessen Entscheidung angefochten wird, oder beim Beschwerdegericht **schriftlich**[791] **oder zu Protokoll der Geschäftsstelle**[792] eingelegt werden.

bb) Fristgerechte Einlegung: Die sofortige Beschwerde kann gem. §§ 43 Abs. 1 WEG, 22 FGG nur innerhalb einer Frist von **zwei Wochen** eingelegt werden. Die Frist **beginnt** mit dem Zeitpunkt, in dem die Entscheidung dem Beschwerdeführer bekannt gemacht worden ist, §§ 43 Abs. 1 WEG, 22 Abs. 1 S. 2 FGG. **Bekanntmachung** bedeutet einmal gem. §§ 43 Abs. 1 WEG, 16 Abs. 2 S. 1 FGG die Zustellung von Amts wegen nach den für die ZPO geltenden Vorschriften der §§ 166 bis 190 ZPO.[793] Zum anderen kann die Entscheidung einem Anwesenden gem. §§ 43 Abs. 1 WEG, 16 Abs. 3 FGG auch mit der Wirkung des Fristbeginns zu Protokoll bekannt gemacht werden. Für die Berechnung der **Fristdauer** gelten gem. §§ 43 Abs. 1 WEG, 17 Abs. 1 FGG die §§ 187 Abs. 1, 188 Abs. 2 BGB, 17 Abs. 2 FGG (Feiertagsregelung). Die Vorschrift des § 517 ZPO, wonach spätestens mit dem Ablauf von fünf Monaten nach der Verkündung eines Urteils die Berufungsfrist beginnt, ist **nicht** entsprechend anwendbar.[794]

Zur **Fristwahrung** ist die Rechtsmittelschrift bei Gericht einzureichen. Dies ist der Fall, wenn der Gewahrsam des Gerichts begründet wird und ein weiterer Zugriff des Absenders oder Beförderers auf das Schriftstück ausgeschlossen ist. Es ist daher sicher zu stellen, dass der einzureichende Beschwerdeschriftsatz mit dem gerichtlichen **Eingangsstempel** versehen wird.[795]

cc) Wiedereinsetzung in den vorigen Stand: Wiedereinsetzung in den vorigen Stand ist unter den Voraussetzungen der §§ 43 Abs. 1 WEG, 22 Abs. 2 FGG **zulässig**. Hierzu bedarf es

---

791 Das Schriftlichkeitserfordernis bedingt aber – anders als im Zivilprozess, vgl. Thomas/Putzo/Reichold/Hüßtege, § 129 Rn. 6 ff. – keine Unterschrift der Beschwerdeschrift, vgl. BayObLG, WuM 1991, 313; Bärmann/Pick/Merle, § 21 Rn. 12. Zum Schriftlichkeitserfordernis im Zusammenhang mit Telefax etc. vgl. i.ü. Thomas/Putzo/Reichold/Hüßtege, § 129 Rn. 11 ff.

792 Die telefonische Einlegung genügt nach zutreffender Auffassung dann, wenn über diese eine Niederschrift durch die Geschäftsstelle angefertigt wird, vgl. Bumiller/Winkler, FGG, 7.Aufl., § 21 Rn. 12; BayObLGReport 1993, 31. Nach anderer Ausfassung kann eine derartige Erklärung nicht als eine solche zu Protokoll der Geschäftsstelle i.S.d. § 21 Abs. 2 FGG bzw. gleichlautender Vorschriften in anderen Verfahrensordnungen angesehen werden, da diese Alternative eine körperliche Anwesenheit des Erklärenden voraussetzt, vgl. BverwG, NJW 1964, 831; BFH, NJW 1965, 174; BGH MDR 1981, 596 = NJW 1981, 1627; OLG Frankfurt/M., BtPrax 2001, 82 = FGPrax 2001, 46 = Rpfleger 2001, 82 mit näherer Begründung und Darstellung des Meinungsstandes.

793 Die Frage nach den Folgen einer mangelhaften Zustellung beantwortet sich daher nach den Vorschriften der ZPO sowie nach den Grundsätzen, die insoweit für den Zivilprozess entwickelt wurden. Insbesondere sind die §§ 172 und 189 ZPO zu beachten, wonach an den für den Rechtszug bestellten Prozessbevollmächtigten zugestellt werden muss (ein Verstoß führt mangels Heilung zur Unwirksamkeit der Zustellung, vgl. Thomas/Putzo/Reichold/Hüßtege, § 172 Rn. 13) bzw. auch bei fehlender Nachweisbarkeit einer formgerechten Zustellung deren Wirksamkeit fingiert wird, wenn das Schriftstück der Person, für die es bestimmt ist oder sein müsste, tatsächlich zugegangen ist (vgl. Thomas/Putzo/Reichold/Hüßtege, § 189 Rn. 9).

794 Vgl. BayObLG, NJW-RR 1999, 957 zum gleichlautenden § 516 ZPO (a.F.).

795 Vgl. a. BayObLG, ZMR 1998, 181.

- eines (nur) beim Beschwerdegericht einzureichenden Antrages auf Wiedereinsetzung vor Ablauf eines Jahres von dem Ende der versäumten Frist an gerechnet, § 22 Abs. 2 S. 1 und 4 FGG,
- der gleichzeitigen Nachholung der Beschwerdeeinlegung, § 22 Abs. 3 S. 1 WEG,
- der Einhaltung der Wiedereinsetzungsfrist von zwei Wochen gem. § 22 Abs. 2 S. 1 FGG [796] sowie
- der Vorlage von Glaubhaftmachungsmittel für die die Wiedereinsetzung begründenden Tatsachen.

487 Der Wiedereinsetzungsantrag ist **begründet**, wenn eine unverschuldete Fristversäumung glaubhaft ist, wobei gem. § 22 Abs. 2 S. 2 FGG das Verschulden eines gesetzlichen oder rechtsgeschäftlichen Vetreters, also insbesondere des Rechtsanwalts, dem Beschwerdeführer zugerechnet wird. **Rechtsirrtum** führt nur dann zur Wiedereinsetzung, wenn er unverschuldet ist. Eine **fehlende Rechtsmittelbelehrung**[797] begründet daher eine Wiedereinsetzung nur dann, wenn der Belehrungsmangel im Einzelfall für das Versäumen der Rechtsmittelfrist ursächlich geworden ist. An dieser Ursächlichkeit fehlt es in den Fällen, in denen ein Beteiligter wegen ohnehin vorhandener Kenntnis der Frist der Unterstützung durch eine Rechtsmittelbelehrung nicht bedarf.[798]

c) Beschwer und Beschwerdewert

488 *aa) Beschwer:* Die Beschwerde im Verfahren nach dem WEG setzt wie jedes Rechtsmittel grundsätzlich eine **Beschwer** voraus. Der Begriff der Rechtsmittelbeschwer richtet sich in einem Verfahren der Freiwilligen Gerichtsbarkeit nach § **20 FGG**, mithin auch bei der WEG-Beschwerde.[799] Beschwerdeberechtigt ist danach nur derjenige, dessen Recht durch die angefochtene Entscheidung beeinträchtigt wird. Die Beschwerdebefugnis ergibt sich daher allein aus einer **materiellen Beschwer**.[800]

---

796 Achtung: auch gegen die Versäumung dieser Frist (nicht aber der Jahresfrist gem. § 22 Abs. 2 S. 4 FGG) kann Wiedereinsetzung beantragt werden, vgl. BVerfG, NJW 1967, 1267.

797 Eine Rechtsmittelbelehrung ist im Verfahren nach dem WEG weder von Verfassungs wegen geboten noch in der Praxis üblich.

798 Vgl. BGH, NJW 2002, 2171: „Ist der Belehrungsmangel im Einzelfall für das Versäumen der Rechtsmittelfrist ursächlich geworden, so ist bei Prüfung der Wiedereinsetzung in den vorigen Stand fehlendes Verschulden des Rechtsmittelführers – entsprechend dem Rechtsgedanken aus § 44 Satz 2 StPO – unwiderlegbar zu vermuten.".

799 Vgl. BGHZ 120, 396 = NJW 1993, 662; NJW 2003, 3124; Palandt/Bassenge, § 45 WEG Rn 3. Das ist allerdings nicht unbestritten. Verschiedentlich wird in der Rechtsprechung die Meinung vertreten, die Beschwerdeberechtigung ergebe sich jedenfalls im Beschlussanfechtungsverfahren nach dem Wohnungseigentumsgesetz unabhängig von den Voraussetzungen des § 20 FGG allein aus der durch § 43 WEG begründeten Beteiligtenstellung (KG, OLGZ 1976, 56, 57; 1978, 142, 143; OLG Düsseldorf, DWE 1980, 131; OLG Frankfurt/M., OLGZ 1982, 420; vgl. ferner BayObLGZ 1965, 283, 285; BayObLG, WE 1991, 291; OLG Karlsruhe, WuM 1988, 327). Diese Auffassung ist allerdings nach der zutreffenden Begründung des BGH, a.a.O. nicht zutreffend. § 43 Abs. 4 WEG regelt die Frage der an einem Wohnungseigentumsverfahren materiell Beteiligten. Aus einer solchen Stellung wird sich in der Regel auch die rechtliche Beeinträchtigung im Sinne des § 20 Abs. 1 FGG ergeben. Gleichwohl ist dies nicht die zwingende Folge allein aus der Beteiligtenstellung. Die in § 20 Abs. 1 FGG geforderte rechtliche Beeinträchtigung eines Beteiligten ist die zusätzliche Voraussetzung für seine Beschwerdeberechtigung.

800 Vgl. Palandt/Bassenge, § 45 WEG Rn. 3. Eine materielle Beschwer ist daher bei bloßen Verfahrensverstößen so lange zu verneinen, als die materielle Rechtsstellung des Beschwerdeführers vom Ergebnis der Entscheidung nicht betroffen wird, vgl. Bärmann/Pick/Merle, § 45 Rn. 16.

Bei Antragszurückweisung bedarf es darüber hinaus einer **formellen Beschwer**, § 20 Abs. 2 FGG. Trotzdem ist nach zutreffender Ansicht **nicht nur** der Antragsteller formell beschwert, soweit seinem Antrag nicht stattgegeben worden ist, **sondern auch** der Wohnungseigentümer, der den Anfechtungsantrag nicht gestellt hat, wenn er nur den Antrag im Zeitpunkt der Rechtsmitteleinlegung noch wirksam stellen könnte.[801]

489

bb) Beschwerdewert: Die Beschwerde ist nur zulässig, wenn der **Beschwerdewert** 750,- €, bei der Beschwerde gegen eine isolierte Kostenentscheidung einen solchen von 100,- € übersteigt. Der Beschwerdewert bemisst sich nur nach der Beschwer des **Beschwerdeführers** und seinem **individuellen** vermögenswerten Interesse an der Änderung der angefochtenen Entscheidung und ist **nicht gleichzusetzen** mit dem Geschäftswert der Beschwerdeentscheidung (vgl. § 48 Abs. 3 WEG), der sich danach richtet, welche Bedeutung der Verfahrensgegenstand für die Eigentümergemeinschaft insgesamt hat.[802] Daher sind Erwägungen über die allgemeine oder gemeinschaftsspezifische Bedeutung einer Rechtsfrage für die Höhe des Beschwerdewertes ohne Auswirkung, weil es nur darauf ankommt, was dem einzelnen Beschwerdeführer durch die angefochtene Entscheidung versagt wird.[803]

490

Fechten allerdings mehrere Wohnungseigentümer eine Entscheidung mit dem gleichen Ziel an, so sind analog § 5 ZPO die Rechtsmittel zulässig, wenn die jeweilige Beschwer **aller Rechtsmittelführer** zusammengerechnet die Beschwerdesumme von 750,- € übersteigt.[804] Die Beschwerdesumme kann – wie im Zivilprozess – **nicht** durch **Erweiterung** des erstinstanzlichen Antrags im Beschwerdeverfahren erreicht werden.[805] Bei der **Anfechtung von Eigentümerbeschlüssen**, durch die **Zahlungspflichten** begründet werden, wird die Beschwer grundsätzlich von der anteiligen Verpflichtung zur Kostentragung, die sich aus dem Eigentümerbeschluss für den Beschwerdeführer ergibt, bestimmt.[806]

491

d) Kein Anwaltszwang

Der Beschwerdeführer muss sich **nicht** von einem Rechtsanwalt vertreten lassen.[807] Gem. §§ 43 Abs. 1 WEG, 13 S. 2 FGG kann er das Rechtsmittel selbst einlegen oder sich durch einen Bevollmächtigten, der kein Rechtsanwalt zu sein braucht, vertreten lassen.

492

e) Zuständiges Beschwerdegericht

Zuständig für die sofortige Beschwerde zweiter Instanz gegen Entscheidungen des Amtsgerichts ist gem. § 19 Abs. 2 FGG das **übergeordnete Landgericht**. Nach der Geschäftsverteilung ist eine **Zivilkammer** zuständig, die das Verfahren durch unan-

493

---

801 Vgl. BGHZ 120, 396 = NJW 1993, 662; NJW 2003, 3124. Für einen Antrag auf Beschlussanfechtung gem. §§ 23 Abs. 4, 43 Abs. 1 Nr. 4 WEG bedeutet dies aber, dass die Monatsfrist des § 23 Abs. 4 S. 2 WEG im Zeitpunkt der Beschwerdeeinlegung noch nicht abgelaufen sein darf, vgl. BGH. a.a.O.
802 Mittlerweile allg. Meinung, vgl. BGHZ 119, 216 = NJW 1992, 3305; BayObLGReport, 2000, 58.
803 BayObLG, ZMR 2001, 814.
804 Vgl. BayObLG, ZMR 1994, 34; KG, WE 1993, 139.
805 Vgl. BayObLG, ZMR 2001, 126.
806 Vgl. BayObLG, ZMR 2001, 49. Zu weiteren Einzelheiten vgl. Bärmann/Pick/Merle, § 45 Rn. 27 ff.
807 Vgl. BayObLG, ZWE 2001, 603.

fechtbaren Beschluss einem ihrer Mitglieder übertragen kann, vgl. § 30 Abs. 1 S. 1 und 3 FGG i.V.m. § 526 Abs. 1 Nr. 2 und 3 ZPO. In Handelssachen ist gem. § 30 Abs. 1 S. 2 FGG die **Kammer für Handelssachen** zuständig.

2. Das Beschwerdeverfahren

494 Das Verfahren über die Beschwerde richtet sich zunächst nach den **§§ 23 bis 26 FGG**. Darüber hinaus sind die **Vorschriften der ZPO** für Berufung und Beschwerde analog sowie diejenigen für das Verfahren nach dem WEG/FGG **erster Instanz** auch für die Beschwerdeinstanz direkt[808] anwendbar.

495 Demnach gelten auch im Beschwerdeverfahren nach dem WEG
- der Amtsermittlungsgrundsatz des § 12 FGG mit der Möglichkeit einer eigenen Beweiserhebung durch das Beschwerdegericht nach seinem Ermessen (allerdings gelten die selben Einschränkungen wie in erster Instanz wegen des Charakters des Verfahrens nach dem WEG als echtes Streitverfahren der Freiwilligen Gerichtsbarkeit)[809]
- der Grundsatz des rechtlichen Gehörs[810]
- der Grundsatz der mündlichen Verhandlung[811]
- die Möglichkeit der Antragsänderung,[812] auch der nachträglichen objektiven Antragshäufung[813] analog §§ 264, 525, 533 Nr. 1 ZPO
- die Möglichkeit der Auswechslung oder des Beitritts von Beteiligten, für die grundsätzlich dieselben Voraussetzungen gelten wie in erster Instanz[814]
- die Möglichkeit bei Eintritt der Erledigung in der Beschwerdeinstanz die Hauptsache – auch teilweise – einseitig oder übereinstimmend für erledigt zu erklären[815]
- die Möglichkeit der Antragsrücknahme[816] mit der Folge der Wirkungslosigkeit der erstinstanzlichen Entscheidung
- die Möglichkeit, analog § 533 Nr. 1 ZPO einen Gegenantrag[817] zu stellen

---

808 Da das Beschwerdegericht im Rahmen des Beschwerdegegenstandes vollständig an die Stelle des Ausgangsgerichts tritt.
809 Vgl. hierzu § 1 Rn. 18 ff.
810 Vgl. hierzu § 1 Rn. 18 ff.
811 Vgl. hierzu § 1 Rn. 36 ff.
812 Vgl. hierzu § 1 Rn. 43.
813 Das Rechtsmittel wäre allerdings unzulässig, wenn der Beschwerdeführer mit ihm nur einen neuen Verfahrensgegenstand geltend macht, der nicht bereits den Gegenstand des Verfahrens im ersten Rechtszug bildete, vgl. Bärmann/Pick/Merle, § 45 Rn. 57; Zöller/Gummer, ZPO, 23.Aufl., vor § 511 Rn. 8a, er also die Abweisung des vorinstanzlich der Gegenseite zugebilligten Anspruchs nicht mehr weiterverfolgte, vgl. auch BGH, NJW 2001, 226; Thomas/Putzo/Reichold/Hüßtege, vor § 511 Rn. 21, 30.
814 Vgl. hierzu § 1 Rn. 33, BGHZ 65, 264 = NJW 1976, 239 sowie NJW 1987, 1946.
815 Vgl. hierzu § 1 Rn. 39 ff.
816 Vgl. hierzu § 1 Rn. 44. Zu beachten ist, dass derjenige, der die Beschwerde zurücknimmt, grundsätzlich die Gerichtskosten und auch die Auslagen des Beschwerdegegners zu tragen hat, vgl. BayObLG, ZWE 2001, 155; WuM 2003, 115. Eine praktisch wichtige Ausnahme wird allerdings von einigen Gerichten dann gemacht, wenn die Beschwerde ausdrücklich nur zur Fristwahrung eingelegt und zurückgenommen wird, ohne dem Beschwerdegericht durch das Betreiben des Beschwerdeverfahren weiteren Aufwand verursacht zu haben, vgl. BayObLG, WuM 2003, 115; FGPrax 2003, 25 und das Muster zum Beschwerdeschriftsatz unter Rn. 504.
817 Vgl. hierzu § 1 Rn. 24.

- die Möglichkeit der Streitverkündung und Nebenintervention[818]
- die Möglichkeit des Erlasses einstweiliger Anordnungen gem. § 44 Abs. 3 WEG[819]
- die Möglichkeit der (auch teilweisen) Beschwerderücknahme[820] durch form- und zustimmungsfreie Erklärung bis zum Erlass der Beschwerdeentscheidung, vgl. auch § 516 Abs. 1 ZPO.

3. Die Anschlussbeschwerde

Legt ein Beteiligter Beschwerde ein, kann sich ein anderer Beteiligter diese **anschließen**. Für die zivilprozessuale Beschwerde ist dies in § 567 Abs. 3 ZPO geregelt. Wie dort muss der Anschlussbeschwerdeführer **selbst nicht beschwert sein**[821] **und ist weder an die Beschwerdefrist noch an die Beschwerdesumme gebunden.**[822] Die Anschlussbeschwerde kann auch auf die Kostenentscheidung beschränkt werden. Analog § 567 Abs. 3 ZPO **verliert sie ihre Wirkung**, wenn die Hauptbeschwerde zurückgenommen oder als unzulässig verworfen wurde. Entsprechend des klaren Wortlauts des analog heranzuziehenden § 567 Abs. 3 ZPO ist die Anschlussbeschwerde **unselbständig** und kann in diesem Fall auch dann, wenn alle Zulässigkeitsvoraussetzungen (Beschwer, Beschwerdefrist, Beschwerdesumme) für ein Hauptrechtsmittel gegeben wären, nicht als selbständige Hauptbeschwerde fortgeführt werden.[823] Bei **Zweifeln**, ob das Hauptrechtsmittel des Gegners zulässig ist oder möglicherweise zurückgenommen wird, sollte daher zur Sicherheit ebenfalls **Beschwerde** eingelegt werden, um nicht die Wirkungslosigkeit eines bloßen Anschlusses zu riskieren.

496

4. Die Entscheidung des Gerichts

a) Hauptsache

- Die unzulässige Beschwerde wird **verworfen**, die unbegründete Beschwerde wird **zurückgewiesen**. Liegt nicht auch ein Haupt- oder Anschlussrechtsmittel des Beschwerdegegners vor, darf die Entscheidung in der Hauptsache[824] aber nicht zu Ungunsten des Beschwerdeführers abgeändert werden (sog. **Verbot der reformatio in peius**,[825] vgl. § 528 S. 2 ZPO).

497

Bei der zulässigen und begründeten Beschwerde kann das Beschwerdegericht
- unter **Abänderung** bzw. **Aufhebung** der angefochtenen Entscheidung **selbst in der Sache** (vgl. für die Berufung in Zivilsachen die §§ 528 und 538 Abs. 1 ZPO) und über die Kosten beider Rechtszüge gem. § 47 WEG nach billigem Ermessen **entscheiden** oder

---

818 Vgl. hierzu § 1 Rn. 35 und § 3 Rn. 287 ff.
819 Vgl. hierzu § 6 Rn. 453 ff.
820 Zu beachten ist, dass bei einem dann verbleibenden Beschwerdegegenstand von bis zu 750,– € die „verbleibende Beschwerde" unzulässig wird.
821 Vgl. BayObLG WE 1990, 31.
822 Vgl. BGHZ 95, 118 = NJW 1985, 2717.
823 Vgl. Zöller/Gummer, § 567 Rn. 60; a.A. Heiderhoff, NJW 2002, 1402.
824 Schon aber die als Nebenentscheidung ergangene Kostenentscheidung, die sich auch im Beschwerdeverfahren nach § 47 WEG richtet vgl. BayObLG, MZM 1999, 34.
825 Vgl. BayObLG, NJW-RR 1994, 1036.

- ausnahmsweise, namentlich bei gravierenden Verfahrensmängeln,[826] die Ausgangsentscheidung **aufheben** und die Sache zur erneuten Verhandlung und Entscheidung an das Erstgericht **zurückverweisen** (vgl. auch § 538 Abs. 2 Nr. 1 ZPO).

b) Kosten

498 Auch im Beschwerdeverfahren richtet sich die Kostenentscheidung gem. § 47 WEG nach **billigem Ermessen**. Hiernach sind die **Gerichtskosten** (beider Rechtszüge) regelmäßig den unterliegenden Beteiligten aufzuerlegen.[827] Die Anordnung der Erstattung **außergerichtlicher Kosten** kommt auch im Unterliegensfall nur bei mutwilligen oder von vornherein offensichtlich aussichtslosen Rechtsmitteln[828] in Betracht.

II. Anforderungen an den Beschwerdeschriftsatz

499 Zur **Zulässigkeit** der Beschwerde ist zwar weder die Stellung eines bestimmten Antrags noch eine Begründung erforderlich.[829] Erkennbar muss lediglich der Wille des Beschwerdeführers sein, die Überprüfung einer bestimmten Entscheidung durch das Beschwerdegericht herbeizuführen.[830]

500 Das Beschwerdegericht kann und wird allerdings eine **Begründung** unter Fristsetzung anfordern und nach Fristablauf in der Sache entscheiden. Zur Erreichung des Verfahrensziels einer Abänderung der Entscheidung des Ausgangsgerichts ist eine **Begründung daher unbedingt ratsam**, zumal – jedenfalls im Bereich der ZPO-Beschwerde – einige Beschwerdegerichte der Auffassung sind, dass der Rechtsmittelführer, wolle er sein Rechtsmittel ordnungsgemäß durchführen, gehalten sei, seine Beschwer und sein Ziel in der höheren Instanz nachprüfbar darzulegen;[831] nur dann könne er erwarten, dass das Beschwerdegericht in eine Sachprüfung eintrete.

501 Soll der Verfahrensgegenstand in der Beschwerdeinstanz (zulässig) **erweitert** werden, bestimmen sich die Anforderungen an den Beschwerdeschriftsatz insoweit nach denjenigen für die erstinstanziellen Anträge.

502 Die eigentliche **Beschwerdebegründung** sollte einer sauberen und nachvollziehbaren Darstellung folgen und regelmäßig wie folgt aufgebaut werden:
- kurze Darstellung des erstinstanzlichen Streitstandes, insbesondere der dortigen Anträge mit einer kurzen Begründung, wobei im Detail und bezüglich der angebotenen Beweise auf die erstinstanzlichen Schriftsätze Bezug genommen werden kann,

---

826 Insbesondere bei ganz ungenügender Sachaufklärung oder Versagung des rechtlichen Gehörs mit der Folge, dass eine Sachentscheidung des Beschwerdegerichts dem Verlust einer Tatsacheninstanz gleich käme, vgl. Bärmann/Pick/Merle, § 25 Rn. 7.
827 Vgl. Bärmann/Pick/Merle, § 47 Rn. 17.
828 Vgl. Bärmann/Pick/Merle, § 47 Rn. 38.
829 Vgl. Bärmann/Pick/Merle, § 45 Rn. 34, 36; BayObLG, ZMR 2002, 945.
830 Vgl. BayObLG, ZMR 2002, 945.
831 Auch bestimmt etwa § 569 Abs. 2 S. 2 ZPO bereits für die ordnungsgemäße Einlegung des Rechtsmittels, dass die Beschwerdeschrift die Erklärung enthalten müsse, es werde Beschwerde gegen die bezeichnete Entscheidung eingelegt; vgl. Zöller/Gummer, § 571 Rn. 2 und mit ausführlicher Begründung zum alten Recht RGZ 152, 316ff.

- knappe Darstellung der Verfahrensgeschichte, insbesondere der wesentlichen Begründung des erstinstanzlichen Beschlusses zu den angegriffenen Punkten,
- präzise, und bei Rechtsfragen fundierte Ausführungen, die den Angriffen der Beschwerde zum Erfolg verhelfen sollen.

Die **Beschwerdeerwiderung** sollte sich dagegen allein auf die tatsächlichen oder rechtlichen Gesichtspunkte konzentrieren, die das Rechtsmittel aus der Sicht des Beschwerdegegners unzulässig und/oder unbegründet machen.

III. Muster

1. Muster: Beschwerdeschriftsatz

Rechtsanwalt ▪▪▪, den ▪▪▪

▪▪▪

An das Amtsgericht[832]

Wohnungseigentumsgericht

▪▪▪ per Fax vorab!

In der Wohnungseigentumssache betreffend die Wohnanlage ▪▪▪-Straße ▪▪▪ in ▪▪▪

Verfahrensbeteiligte:

1. Herr ▪▪▪, ▪▪▪-Straße ▪▪▪, ▪▪▪

Antragsteller und Beschwerdeführer

Verfahrensbevollmächtigter: Rechtsanwalt ▪▪▪, ▪▪▪, ▪▪▪

2. Die Eigentümer der unter 1. genannten Wohnungseigentumsanlage, nach Namen und Adresse aufgeführt in der anliegenden Liste

weitere Wohnungseigentümer und Antragsgegner

3. Fa. Fleißig Wohnungsverwaltungsgesellschaft mbH u. Co. KG, vertreten durch die Fa. Fleißig Betriebs – GmbH als geschäftsführende Gesellschafterin, diese vertreten durch den Geschäftsführer Werner Fleißig, ▪▪▪, ▪▪▪

Verwalterin

---

832 Gem. § 21 Abs. 1 FGG könnte die sofortige Beschwerde auch beim Landgericht – Beschwerdekammer eingelegt werden.

lege ich namens und mit Vollmacht[833] des Antragstellers [834] – ggf. vorsorglich zur Fristwahrung[835] –

sofortige Beschwerde

gegen den Beschluss des Amtsgerichts ▬▬▬ vom ▬▬▬, Az.▬▬▬ ein.

Beschwerdewert:[836] ▬▬▬ ,– €.

Ich beantrage zu erkennen:
1. Der Beschluss des Amtsgerichts ▬▬▬ vom ▬▬▬, Az. ▬▬▬ wird aufgehoben.
2. Der Beschluss der Eigentümerversammlung vom ▬▬▬ zu Tagesordnungspunkt ▬▬▬ wird für ungültig erklärt.[837]
3. Die Antragsgegner tragen in beiden Rechtszügen die Kosten des Verfahrens einschließlich der außergerichtlichen Kosten des Antragstellers.[838]

B e g r ü n d u n g :

I.

Der Antragsteller und die Antragsgegner sind die Wohnungseigentümer der Wohnanlage ▬▬▬-Straße ▬▬▬ in ▬▬▬, die von der Fa. Fleißig Wohnungsverwaltungsgesellschaft mbH u. Co. KG, verwaltet wird. Hierzu darf Bezug genommen werden auf die Ausführungen im Antragsschriftsatz vom ▬▬▬ sowie die dort vorgelegten Auszüge aus dem Wohnungsgrundbuch.

Am ▬▬▬ beschlossen die Wohnungseigentümer unter Tagesordnungspunkt ▬▬▬ eine Haus-, Garagen- und Gartenordnung (künftig: Hausordnung).

Beweis: Protokoll der Eigentümerversammlung vom ▬▬▬ in Kopie, bereits erstinstanzlich vorgelegt.

Nr. 15 der Hausordnung lautet wie folgt:

---

833 Auch wenn im Verfahren nach dem FG – auch im Beschwerdeverfahren – der für einen oder mehrere Beteiligte auftretende Rechtsanwalt grundsätzlich ohne weitere Prüfung als vertretungsbefugt angesehen wird (vgl. § 13 S. 2 FGG), sollten die Vollmachtsurkunde sowie das Schriftstück, aus dem sich die Ermächtigung des Verwalters zur Führung von Rechtsstreitigkeiten ergibt, vorgelegt werden, um etwaigen Einwendungen zuvor zu kommen.
834 Oder je nachdem „namens des Antragsgegners bzw. eines sonst beschwerdeberechtigten Beteiligten.".
835 Wegen der nur kurzen Beschwerdefrist von zwei Wochen, die nur wenig Zeit für die eingehende Prüfung der Ausgangsentscheidung auf Fehler lässt, empfiehlt sich dann die „vorsorgliche Einlegung zur Fristwahrung", wenn noch Zweifel bestehen, ob eine Beschwerdeentscheidung überhaupt herbeigeführt werden soll, oder mit dem Mandanten noch detailliert Rücksprache gehalten werden muss. Durch diese Floskel kann nämlich bei einer späteren Rücknahme des Rechtsmittels ohne weiteres Betreiben die Anordnung der Auslagenerstattung abgewendet werden, vgl. oben Rn. 498 mit Fn. 829 und BayObLGReport 2003, 188.
836 Vgl. oben Rn. 490f.
837 Bei einer Beschwerde des Antragsgegners würde es lauten: „Der Antrag/die Anträge vom ▬▬▬ wird/werden zurückgewiesen" (bzw. verworfen, falls schon unzulässig).
838 Über die Tragung der Gerichtskosten sowie eine etwaige Erstattungspflicht für außergerichtliche Kosten entscheidet für beide Rechtszüge das Beschwerdegericht gem. § 47 WEG nach billigem Ermessen. Hierbei tragen die unterlegenen Beteiligten in der Regel die Gerichtskosten; eine Erstattung außergerichtlicher Kosten findet grundsätzlich nicht statt, vgl. oben Rn. 498 und Palandt/Bassenge, § 47 WEG Rn. 3 und 4.

„Der Verwalter ist verpflichtet, die ordnungsgemäße Durchführung der Hausordnung und die damit verbundenen Arbeiten zu überwachen sowie grobe Verstöße gerichtlich zu ahnden."

Nr. 16 der Hausordnung lautet wie folgt:

„Vor der gerichtlichen Ahndung von Verstößen gegen die Hausordnung soll durch den Verwalter oder den Verwaltungsbeirat vermittelt werden."

Nr. 17 der Hausordnung lautet wie folgt:

„Allgemeines: Für Schäden, die aus Nichteinhaltung der Hausordnung entstehen bzw. von sonstigen Gründen herrühren, haftet im vollen Umfange der Verursacher."

Beweis: Kopie der Hausordnung, dort Nr. 15 und 16 in Kopie, bereits erstinstanzlich vorgelegt.

Der Antragsteller hat erstinstanzlich beantragt, den Eigentümerbeschluss zu Nr. 15 der Hausordnung für ungültig und zu Nr. 16 für nichtig zu erklären. Zur Begründung des Antrages wird vollumfänglich auf den Antragsschriftsatz vom ■■■ Bezug genommen. Die Antragsgegner sind dem Antrag entgegengetreten. Zur Begründung darf auf den Antragserwiderungsschriftsatz vom ■■■ verwiesen werden.

II.

Das Amtsgericht ■■■ hat den Antrag mit Beschluss vom ■■■ zurückgewiesen. Es hat insoweit im Wesentlichen ausgeführt: Die Regelung in Nr. 15 der Hausordnung sei in Zusammenhang mit der Regelung in Nr. 16 zu sehen. Nach Nr. 16 solle vor einer gerichtlichen Ahndung von Verstößen gegen die Hausordnung durch den Verwalter oder den Verwaltungsbeirat vermittelt werden. Es entscheide also nicht der Verwalter allein, ob Verstöße gerichtlich geahndet würden.

Die Bestimmung in Nr. 17 der Hausordnung sei nicht unsinnig. Soweit dort auf "sonstige Gründe" abgestellt werde, seien nur solche gemeint, die zu Schadensersatzansprüchen kraft Gesetzes führten.

III.

Der Beschluss des Amtsgerichts ■■■ ist unter Ungültig- bzw. Nichtigerklärung des Eigentümerbeschlusses vom ■■■ zu den oben unter Nr. 15 und 17 der Hausordnung genannten Regelungen aufzuheben.
1. Die Regelung in Nr. 15 der Hausordnung ist gemäß § 23 Abs. 4 WEG für ungültig zu erklären, weil es ihr an der erforderlichen Bestimmtheit und Klarheit fehlt. Der Kern der Regelung in Nr. 15 besteht in der Verpflichtung des Verwalters, grobe Verstöße gegen die Hausordnung gerichtlich zu ahnden. Die Regelung lässt nicht mit der erforderlichen Bestimmtheit erkennen, wann ein grober Verstoß vorliegt und was unter einer gerichtlichen Ahndung im Einzelnen zu verstehen ist.[839]
b) Die in Nr. 17 der Hausordnung getroffene Regelung ist nichtig. Sie sieht eine Haftung für Schäden durch den „Verursacher" vor. Damit wird das gesetzliche Leitbild, das grundsätzlich nur eine Haftung für Verschulden vorsieht (§ 276 Abs. 1 S. 1 BGB),[840] abgeändert.

---

839 Vgl. BGHZ 139, 288, 291 = NJW 1998, 955, 957.
840 Vgl. Palandt / Heinrichs, § 276 Rn. 3.

Das Verschuldensprinzip gilt auch für eine Haftung der Wohnungseigentümer untereinander.⁸⁴¹ Eine Änderung ist nicht durch Mehrheitsbeschluss, sondern nur durch eine Vereinbarung der Wohnungseigentümer gemäß § 10 Abs. 1 S. 2 WEG möglich, weil den Wohnungseigentümern die Beschlusskompetenz für Abänderungen des Gesetzes fehlt.⁸⁴²

■■■

Rechtsanwalt

2. Muster: Beschwerdeerwiderung

Rechtsanwalt ■■■, den ■■■

■■■

Beschwerdeerwiderung

in der Wohnungseigentumssache betreffend die Wohnanlage ■■■-Straße ■■■ in ■■■.

In vorstehend bezeichneter Sache vertrete⁸⁴³ ich die Verwalterin sowie sämtliche Wohnungseigentümer gemäß mit Antragsschrift bereits vorgelegter Liste mit Ausnahme des Antragstellers auch im Beschwerderechtszug und beantrage:

Die sofortige Beschwerde wird verworfen, hilfsweise zurückgewiesen.

B e g r ü n d u n g :

Die Beschwerde ist schon unzulässig, jedenfalls aber unbegründet.

I.

Die Beschwerde ist nicht zulässig.

(■■■)

II.

Jedenfalls ist die Entscheidung des Amtsgerichts ■■■ vom ■■■ aber in der Sache zutreffend.

(■■■)

■■■

Rechtsanwalt

---

841 Vgl. Bärmann/Pick/Merle, § 10 Rn. 30.
842 Vgl. BGHZ 145, 158, 168 = NJW 2000, 3500.
843 Auch wenn im Verfahren nach dem FGG – auch im Beschwerdeverfahren – der für einen oder mehrere Beteiligte auftretende Rechtsanwalt grundsätzlich ohne weitere Prüfung als vertretungsbefugt angesehen wird (vgl. § 13 S. 2 FGG), sollten die Vollmachtsurkunde sowie das Schriftstück, aus dem sich die Ermächtigung des Verwalters zur Führung von Rechtsstreitigkeiten ergibt, vorgelegt werden, um etwaigen Einwendungen zuvor zu kommen.

C. Die sofortige weitere Beschwerde, §§ 45 Abs. 1 WEG, 27 ff. FGG

I. Grundzüge

Die sofortige weitere Beschwerde ist **statthaft** gegen Beschwerdeentscheidungen des Landgerichts in der Erstbeschwerde. Sie kann sich gegen sachliche Endentscheidungen, aber auch gegen Zwischen- und Teilentscheidungen richten (§ 27 FGG). **Zuständig** ist das dem Landgericht übergeordnete Oberlandesgericht, in Rheinland-Pfalz das OLG Zweibrücken. Gem. §§ 43 Abs. 1 WEG, 29 Abs. 4 FGG gelten die zur **Erstbeschwerde** bereits dargestellten **Grundsätze**, insbesondere zur Beschwer, zum Beschwerdewert sowie zu Beschwerdefrist und Beschwer entsprechend, soweit nicht die Sonderregelungen in den §§ 27 ff. FGG eingreifen. Insoweit ist v.a. zu beachten, dass die weitere Beschwerde gem. §§ 43 Abs. 1, 29 Abs. 1 S. 2 FGG von einem **Rechtsanwalt unterzeichnet** sein muss, für das weitere Verfahren aber **kein Anwaltszwang** besteht.[844]

506

Der Beschwerdeführer in zweiter Instanz hat für den Fall der Verwerfung oder Zurückweisung der Erstbeschwerde **stets ein Beschwerderecht** ohne Rücksicht auf die Zulässigkeit seiner Erstbeschwerde.[845]

507

Beim Oberlandesgericht werden **nur noch Rechtsfragen** geprüft (§ 27 Abs. 1 FGG). Es erfolgt daher keine Nachprüfung der der angegriffenen Beschwerdeentscheidung zugrundeliegenden tatsächlichen Verhältnisse.[846] Die Tatsachen- und Beweiswürdigung ist vom Rechtsbeschwerdegericht nur beschränkt, nämlich auf das Vorliegen von Rechtsfehlern (z.B. Lückenhaftigkeit, Widersprüche, Verstoß gegen Denk- und Erfahrungssätze) nachprüfbar.[847]

508

II. Muster: Sofortige weitere Beschwerde

509

Rechtsanwalt ███, den ███

███

32

An das

Landgericht ███[848]   per Fax vorab!

In der Wohnungseigentumssache betreffend die Wohnanlage ███-Straße ███ in ███

Verfahrensbeteiligte:
1. Herr ███, ███-Straße ███, ███

Antragsteller und Beschwerdeführer

Verfahrensbevollmächtigter: Rechtsanwalt ███, ███, ███

---

844 Vgl. BayObLGZ 2002, 304.
845 Vgl. BGH, NJW 1992, 3305; BayObLG, ZWE 2001, 612; Palandt / Bassenge, § 45 WEG Rn. 4.
846 Vgl. BayObLG, WuM 1999, 657.
847 Vgl. BayObLG, WE 1997, 236, 238.
848 Gem. § 29 Abs. 1 FGG könnte die sofortige Beschwerde auch beim erstinstanzlichen Amtsgericht – Wohnungseigentumsgericht (Amtsgericht) oder beim Oberlandesgericht (Gericht der weiteren Beschwerde) eingelegt werden.

2. Die Eigentümer der unter 1. genannten Wohnungseigentumsanlage, nach Namen und Adresse aufgeführt in der anliegenden Liste

weitere Wohnungseigentümer und Antragsgegner
3. Fa. Fleißig Wohnungsverwaltungsgesellschaft mbH u. Co. KG, vertreten durch die Fa. Fleißig Betriebs-GmbH als geschäftsführende Gesellschafterin, diese vertreten durch den Geschäftsführer Werner Fleißig, ■■■, ■■■

Verwalterin

lege ich namens des Antragstellers[849] – ggf. vorsorglich zur Fristwahrung[850]

sofortige weitere Beschwerde

gegen den Beschluss des Landgerichts ■■■ vom ■■■, Az.■■■ ein.

Beschwerdewert:[851] ■■■ ,– €.

Ich beantrage zu erkennen:
1. Der Beschluss des Landgerichts ■■■ vom ■■■, Az.■■■ wird aufgehoben.
2. Der Beschluss der Eigentümerversammlung vom ■■■ zu Tagesordnungspunkt ■■■ wird für ungültig erklärt.[852]
3. Die Antragsgegner tragen in allen Rechtszügen die Kosten des Verfahrens einschließlich der außergerichtlichen Kosten des Antragstellers.[853]

B e g r ü n d u n g :[854]

(■■■)

---

849 Oder je nachdem „namens des Antragsgegners bzw. eines sonst beschwerdeberechtigten Beteiligten".
850 Wegen der nur kurzen Beschwerdefrist von zwei Wochen, die nur wenig Zeit für die eingehende Prüfung der Ausgangsentscheidung auf Fehler lässt, empfiehlt sich dann die „vorsorgliche Einlegung zur Fristwahrung", wenn noch Zweifel bestehen, ob eine Beschwerdeentscheidung überhaupt herbeigeführt werden soll, oder mit dem Mandanten noch detailliert Rücksprache gehalten werden muss. Durch diese Floskel kann nämlich bei einer späteren Rücknahme des Rechtsmittels ohne weiteres Betreiben die Anordnung der Auslagenerstattung abgewendet werden, vgl. oben Rn. 498 mit Fn. 829 und BayObLGReport 2003, 188.
851 Vgl. oben Rn. 490f.
852 Bei einer Beschwerde des Antragsgegners würde es lauten: „Der Antrag/die Anträge vom ■■■ wird/werden zurückgewiesen" (bzw. verworfen, falls schon unzulässig).
853 Über die Tragung der Gerichtskosten sowie eine etwaige Erstattungspflicht für außergerichtliche Kosten entscheidet für sämtliche Rechtszüge das Rechtsbeschwerdegericht gem. § 47 WEG nach billigem Ermessen. Hierbei tragen die am Ende unterlegenen Beteiligten in der Regel die Gerichtskosten; eine Erstattung außergerichtlicher Kosten findet grundsätzlich nicht statt, vgl. oben Rn. 498 und Palandt/Bassenge, § 47 WEG Rn. 3 und 4.
854 Zu Inhalt und Aufbau der Beschwerdebegründung können die Ausführungen in Rn. 502 entsprechend herangezogen werden.

FormularBibliothek Zivilprozess

Teil 1: **Miete** Seite 5
Dr. Patrick Bruns, Rechtsanwalt und Fachanwalt für Arbeitsrecht, Baden-Baden
Stephan Grüter, Rechtsanwalt, Düsseldorf
Finn Zwißler, Rechtsanwalt, München

Teil 2: **Wohnungseigentum** Seite 249
Walter Boeckh, Richter am Amtsgericht

Teil 3: **Nachbarschaft** Seite 463
Anja Kesting, Richterin am Landgericht

Inhalt

Verweise erfolgen auf Randnummern

§ 1 Grundsätzliche Problemstellungen im Nachbarrecht 1
  A. Vorbemerkung 1
    I. Das Private Nachbarrecht..... 2
    II. Nachbarrechtliche Bestimmungen im Landesrecht...... 4
    III. Nachbarrechtliche Bestimmungen im Öffentlichen Recht 5
  B. Allgemeine Problemstellungen im Nachbarrecht 6
    I. Typischer Lebenssachverhalt, typische Probleme........... 6
    II. Außergerichtliche Streitschlichtung 7
    III. Prozessrisiko 9
    IV. Beweissicherung im vorprozessualen Stadium 10
      1. Einschaltung eines Sachverständigen................. 11
      2. Der Urkundenbeweis....... 14
      3. Der Augenschein........... 15
      4. Der Zeugenbeweis 17
  C. Generelle prozessuale Problemstellungen im Nachbarrecht..... 18
    I. Rechtsweg 18
      1. Abgrenzung Zivil-/Verwaltungsrechtsweg 18
      2. Beispiele................... 19
      3. Zweispurigkeit der Rechtswege 21
      4. Bindungswirkung von Entscheidungen des Öffentlichen Rechts................ 23
      5. Wahl des Rechtswegs 25
    II. Schlichtungsverfahren im Nachbarrecht 29
      1. Voraussetzungen des § 15a Abs. 1 Nr. 2 EGZPO 29
      2. § 15a Abs. 1 Nr. 2 EGZPO als besondere Zulässigkeitsvoraussetzung der Klage........ 30
      3. Rechtsanwaltsgebühren im Schlichtungsverfahren 31
    III. Streitwertbestimmung 32
    IV. Allgemeine Prozesssituation .. 33

§ 2 Der allgemeine Abwehranspruch im Nachbarrecht 36
  A. Der Anspruch nach § 1004 Abs. 1 BGB 36
    I. Anspruchsvoraussetzungen... 38
      1. Regelungsinhalt............ 38
        a) Beeinträchtigungen, die einen Anspruch gewähren 39
        b) Negative Beeinträchtigungen 40
        c) Ästhetische Beeinträchtigungen 41
        d) Naturereignisse.......... 42
      2. Anspruchsberechtigung und Anspruchsverpflichtung 43
        a) Eigentümer und sonstige dinglich Berechtigte...... 43
        b) Besitzer................. 44
        c) Passivlegitimation 45
      3. Duldungspflichten 49
      4. Verjährung und Verwirkung 50
        a) Verjährung.............. 50
        b) Verwirkung 52
    II. Mandatsverhältnis und anwaltliche Beratungssituation 53
      1. Der Anspruch auf Beseitigung...................... 53
        a) Abgrenzung zwischen Beseitigungs- und Schadensersatzanspruch...... 53
        b) Grenzen der Beseitigungspflicht 54
      2. Der Anspruch auf Unterlassung 55
        a) Wiederholungsgefahr.... 55
        b) Vorbeugender Unterlassungsanspruch 56
      3. Quasinegatorischer Abwehranspruch 57

B. Prozessuale Besonderheiten 58
  I. Besonderheiten der Klage 58
    1. Klageinhalt................. 58
      a) Antrag................... 58
      b) Beispiele für Klageanträge 63
        aa) *Muster:* Allgemein formulierter Klageantrag 63
        bb) *Muster:* Antrag mit konkreter Maßnahme....... 65
      c) Aufbau der Klageschrift . 66
    2. Beweislast 67
    3. Sachliche Zuständigkeit ... 68
    4. Örtliche Zuständigkeit..... 69
    5. Besonderheiten der Unterlassungsklage 70
    6. Rechtsnachfolge im Prozess 71
      a) Rechtsnachfolge auf Klägerseite................. 71
      b) Rechtsnachfolge auf Beklagtenseite.......... 72
    7. Klageverbindung nach § 260 ZPO..................... 72
    8. Muster.................... 73
      a) *Muster:* Klage wegen Geruchsbelästigung..... 73
      b) *Muster:* Klage wegen Geräuschbelästigung.... 74
      c) *Muster:* Klage wegen drohender Beeinträchtigung 75
      d) Muster für Unterlassungsklage nach § 1004 BGB wegen Befahrens eines Grundstücks 76
      e) *Muster:* Klageerwiderung 77
  II. Vorläufiger Rechtsschutz..... 78
    1. Prozessuale Besonderheiten beim vorläufigen Rechtsschutz.................... 78
      a) Allgemeines 78
      b) Sachantrag 79
      c) Die Glaubhaftmachung . 80
        Muster: Eidesstattliche Versicherung............ 81
      d) Rechtsschutzmöglichkeiten der anderen Partei... 82
      e) Verfahren nach Widerspruch 83
      f) Fristsetzung zur Klageerhebung 84

    2. Mandatsverhältnis und anwaltliche Beratungssituation 85
  III. Zwangsvollstreckung......... 86
    1. Besonderheiten beim Anspruch auf Beseitigung.. 86
    2. Besonderheiten beim Anspruch auf Unterlassung 87
      a) Allgemeines............. 87
      b) Voraussetzungen für die Verhängung eines Ordnungsmittels............ 88
      c) Vollstreckung der Einstweiligen Verfügung...... 89
      d) Rechtsschutzmöglichkeiten des Gegners......... 90
    3. Muster 91
      a) *Muster:* Bestrafungsantrag nach § 890 ZPO..... 91
      b) *Muster:* Antrag nach § 887 ZPO 92
      c) *Muster:* Erwiderung des Schuldners beim Antrag nach § 887 ZPO.......... 93

§ 3 Ansprüche im Zusammenhang mit § 906 Abs. 1 BGB 94
A. Vorprozessuale Situation 94
  I. Allgemeines 94
    1. Regelungsinhalt 95
      a) Immissionen 96
      b) Beispiele aus der neueren Rechtsprechung 97
      c) Wesentliche Beeinträchtigung................. 97
      d) Ortsüblichkeit........... 100
    2. Duldungspflicht bei Beeinträchtigungen 103
      a) Duldungspflicht gemäß § 906 Abs. 2 S. 1 BGB 103
      b) Andere Duldungspflichten..................... 104
    3. Anspruchsberechtigung und Anspruchsverpflichtung.... 105
    4. Verjährung 106
  II. Mandatsverhältnis und anwaltliche Beratungssituation......................... 107

B. Prozess 108
  I. Allgemeines 108
  II. Beweislast für Abwehransprüche 109
  III. Beweislast für deliktische Ansprüche 110

§ 4 Abwehranspruch gemäss § 907 Abs. 1 BGB. 111
A. Vorprozessuale Situation 111
  I. Allgemeines 111
    1. Regelungsinhalt 111
      a) Anlagenbegriff 112
      b) Einwirkung 113
      c) Voraussehbarkeit 114
    2. Anspruchsberechtigung und Anspruchsverpflichtung 115
    3. Verjährung 116
  II. Mandatsverhältnis und anwaltliche Beratungssituation 117
B. Prozess 118
  I. Klage 118
    1. Klageantrag 118
    2. Beweislast 119
  II. Einstweiliger Rechtsschutz . . . 120
  III. Zwangsvollstreckung 121
    1. Vollstreckungsbesonderheiten 121
    2. Personenverschiedenheit von Eigentümer und Benutzer der Anlage 122
    3. Vollstreckungsabwehrklage nach § 767 ZPO 123

§ 5 Abwehranspruch gemäss § 909 BGB 124
A. Vorprozessuale Situation 124
  I. Allgemeines 124
    1. Regelungsinhalt 124
      a) Vertiefung 125
      b) Stützverlust für das Nachbargrundstück 126
      c) Anderweitige Befestigung 127
    2. Anspruchsberechtigung und Anspruchsverpflichtung 128
    3. Verjährung 129
  II. Mandatsverhältnis und anwaltliche Beratungssituation 130

B. Prozess 131
  I. Klage 131
    1. Der Anspruch auf Unterlassung 131
      a) Allgemeines 131
      b) Klageantrag 132
      c) Beweislast 133
    2. Der Anspruch auf Beseitigung 134
      a) Allgemeines 134
      b) Klageantrag 135
      c) Beweislast 136
    3. Der Anspruch auf Schadensersatz 137
      a) Allgemeines 137
      b) Verschulden 138
      c) Schadensumfang 139
      d) Beweislast 140
      e) Verjährung 141
    4. Der Anspruch auf Ausgleich gemäß § 906 Abs. 2 S. 2 BGB 142
  II. Einstweiliger Rechtsschutz . . . 143
  III. Zwangsvollstreckung 144

§ 6 Selbsthilferecht gemäss § 910 BGB 145
A. Vorprozessuale Situation 145
  I. Allgemeines 145
    1. Regelungsinhalt 145
      a) Wurzeln 146
      b) Zweige 147
      c) Andere Pflanzen 148
    2. Einschränkungen des Selbsthilferechts durch andere Vorschriften 149
    3. Anspruchsberechtigung und Anspruchsverpflichtung 150
    4. Verjährung 151
  II. Mandatsverhältnis und anwaltliche Beratungssituation 152
B. Prozess 153
  I. Klage 153
    1. Allgemeines 153
    2. Anspruch auf Beseitigung . . 154
      a) Allgemeines 154
      b) Klageantrag 155
      c) *Muster:* Klageantrag zum Beseitigungsanspruch 156
      d) Beweislast 157

3. Anspruch auf Kostenerstattung bei Durchführung der
Selbsthilfe.................. 158
   a) Allgemeines 158
   b) Klageantrag............. 159
   c) Beweislast 160
   d) *Muster:* Klage auf Kostenerstattung für die Beseitigung von Baumwurzeln . 161
4. Anspruch auf Schadens-
ersatz..................... 162
   a) Ansprüche des Eigentümers des Nachbargrund-
   stücks................... 162
   b) Ansprüche des Eigentümers der Pflanzen....... 163
   c) Verjährung.............. 164
5. Herausgabeanspruch des
Eigentümers der Pflanzen. . 165
6. Ausgleichsanspruch nach
§ 906 Abs. 2 S. 2 BGB....... 166
II. Vorläufiger Rechtsschutz..... 167
III. Zwangsvollstreckung 168

**§ 7 Der Abwehranspruch nach § 912
BGB in Verbindung mit § 1004**..... 169
A. Vorprozessuale Siutuation...... 169
  I. Allgemeines 169
    1. Regelungsinhalt........... 169
      a) Gebäude................ 170
      b) Eigentümer des überbau-
      enden Grundstücks 171
      c) Grenzüberschreitung.... 172
      d) Verschulden............. 173
      e) Widerspruch............ 174
    2. Rechtsfolgen des Überbaus 175
      a) Allgemeines 175
      b) Überbaurente........... 176
      c) Anspruchsberechtigung
      und Anspruchsverpflich-
      tung.................... 177
    3. Verjährung................ 178
  II. Mandatsverhältnis und
  anwaltliche Beratungssitua-
  tion 179
B. Prozess........................ 180
  I. Besonderheiten der Klagen... 180
    1. Der Anspruch auf Beseiti-
    gung..................... 180

      a) Allgemeines............. 180
      b) Beweislast 181
    2. Der Anspruch auf Ausgleich
    gemäß § 906 Abs. 2 S. 2 BGB 182
  II. Einstweiliger Rechtsschutz ... 183
  III. Zwangsvollstreckung......... 184

§ 8 Notwegerecht nach § 917 BGB...... 185
A. Vorprozessuale Situation 185
  I. Allgemeines 185
    1. Regelungsinhalt 185
    2. Rechtsfolgen.............. 187
    3. Entsprechende Anwend-
    barkeit 188
    4. Ausschluss des Anspruchs.. 189
    5. Ansprüche nach Grund-
    stücksteilung.............. 190
    6. Anspruchsberechtigung und
    Anspruchsverpflichtung.... 191
    7. Verjährung 192
  II. Mandatsverhältnis und
  anwaltliche Beratungssitua-
  tion.......................... 193
B. Prozess 194
  I. Klage 194
    1. Rechtsweg................. 194
    2. Klageantrag 195
      a) Allgemeines............. 195
      b) *Muster:* Klageantrag auf
      Einräumung eines Not-
      wegs.................... 196
    3. Sachliche Zuständigkeit.... 197
    4. Örtliche Zuständigkeit 198
    5. Streitgenossenschaft 199
    6. Streitwert 200
    7. *Muster:* Klage auf Einräu-
    mung eines Notwegs
    (§ 917 BGB)................ 201
  II. Einstweiliger Rechtsschutz
  und Zwangsvollstreckung 202

**§ 9 Sonstige nachbarrechtliche
Ansprüche**........................ 203
A. Grenzeinrichtungen............. 203
  I. Allgemeines 203
    1. Regelungsinhalt 203
    2. Beispiele.................. 204
    3. Anspruchsberechtigung und
    Anspruchsverpflichtung.... 205

4. Verjährung 206
II. Mandatsverhältnis und anwaltliche Beratungssituation 207
III. Prozessuale Besonderheiten .. 208
B. Grundstückseinfriedungen 209
   I. Allgemeines 209
     1. Regelungsinhalt 209
     2. Anspruchsberechtigung und Anspruchsverpflichtung 210
   II. Mandatsverhältnis 211
   C. Sonstige Vorschriften 212

§ 10 Entschädigungsansprüche gemäss § 906 Abs. 2 S. 2 BGB 214
   A. Ausgleichsklage gemäss § 906 Abs. 2 S. 2 BGB 214
     I. Anspruchsvoraussetzungen .. 214
       1. Regelungsinhalt des § 906 Abs. 2 S. 2 BGB 215
         a) Duldungspflicht 215
         b) Rechtsfolge der Duldungspflicht 216
         c) Höhe des Ausgleichsanspruchs 217
       2. Anspruchsberechtigung und Anspruchsverpflichtung 218
       3. Verjährung 219
     II. Mandatsverhältnis und anwaltliche Beratungssituation 220
   B. Klage auf Ausgleich nach § 906 Abs. 2 S. 2 BGB analog 221
     I. Allgemeines 221
       1. Regelungsinhalt 221
       2. Anspruchsberechtigung und Anspruchsverpflichtung 222
       3. Verjährung 223
       4. Ausschluss der Haftung 224
     II. Mandatsverhältnis und anwaltliche Beratungssituation 225
   C. Gemeinsame prozessuale und zwangsvollstreckungsrechtliche Besonderheiten 226
     I. Prozessuale Besonderheiten .. 226
       1. Klage 226
         a) Allgemeines 226
         b) Klagebegründung 227
         c) *Muster:* Beispiele für Klageanträge 228
       2. Sachliche Zuständigkeit 229
       3. Örtliche Zuständigkeit 230
       4. Beweislast 232
       5. Muster zu § 906 BGB 233
         a) *Muster:* Klage auf Ausgleich gemäß § 906 Abs. 2 S. 2 BGB analog 233
         b) *Muster:* Klage auf Zahlung einer jährlichen Rente gemäß § 906 Abs. 2 S. 2 BGB analog 234
     II. Gemeinsame Besonderheiten für die Zwangsvollstreckung .. 235

§ 11 Schadensersatzansprüche 236
   A. Anspruchsvoraussetzungen 236
     I. Allgemeines 236
       1. Eingeschränkte Anwendbarkeit des § 823 Abs. 1 BGB 237
       2. Verkehrssicherungspflichten im Nachbarrecht 238
       3. Verschulden 239
       4. Schadensumfang 240
         a) Sachschäden 240
         b) Personenschäden 241
         c) Anspruch auf Schmerzensgeld 243
       5. Ansprüche aus § 823 Abs. 2 BGB 244
       6. Ansprüche nach landesrechtlichen Bestimmungen 245
       7. Anspruchsberechtigung und Anspruchsverpflichtung 246
       8. Verjährung 247
     II. Mandatsverhältnis und anwaltliche Beratungssituation 248
   B. Prozessuale Besonderheiten 250
       1. Örtliche Zuständigkeit 250
       2. Beweislast 251
     I. Zwangsvollstreckung 252

§ 12 Grunddienstbarkeiten 253
   A. Anspruchsvoraussetzungen 253
     I. Allgemeines 253
       1. Regelungsinhalt 254

a) Nutzungsrecht, § 1018 1. Alt. BGB.................. 257
b) Unterlassung bestimmter Handlungen, § 1018 2. Alt. BGB..................... 259
c) Ausschluss der Rechtsausübung, § 1018 3. Alt. 262
2. Ausübung der Grunddienstbarkeit 263
3. Pflicht zur Unterhaltung... 265
4. Verlegung der Grunddienstbarkeit 266
5. Konkurrenz der Nutzungsrechte..................... 267
6. Teilung des Grundstücks... 268
7. Entstehung und Verlust der Grunddienstbarkeit........ 269
8. Erlöschen der Grunddienstbarkeit 270
9. Schuldrechtliches Grundgeschäft..................... 271
10. Übertragung der Grunddienstbarkeit 272
11. Anspruchsberechtigung und Anspruchsverpflichtung ... 273
12. Verjährung................ 274
13. Veränderungen und Einwand der unzulässigen Rechtsausübung 275
14. Berichtigung des Grundbuchs 276
II. Mandatsverhältnis und anwaltliche Beratungssituation 277
1. Abgrenzungsprobleme in der Beratungssituation 277
a) Nießbrauch 279
b) Beschränkte persönliche Dienstbarkeit 280
c) Baulasten............... 281
2. Notarielle Beurkundung der Einigung 282
B. Prozessuale Besonderheiten 283
I. Klage......................... 283
1. Allgemeines................ 283
2. Klageantrag................ 286
3. Klagebefugnis.............. 288
4. Sachliche Zuständigkeit ... 289
5. Örtliche Zuständigkeit..... 291
6. *Muster:* Klage auf Unterlassung der Beeinträchtigung einer Grunddienstbarkeit gemäß § 1004 BGB......... 292
II. Zwangsvollstreckung......... 293

§ 13 Grenzstreitigkeiten 294
A. Abmarkungsklage 295
I. Anspruchsvoraussetzungen .. 295
1. Regelungsinhalt 295
2. Abmarkungsverfahren 296
3. Anspruchsberechtigung und Anspruchsverpflichtung.... 297
4. Verjährung 298
II. Mandatsverhältnis und anwaltliche Beratungssituation......................... 299
1. Mandatsverhältnis......... 299
2. Anwaltliche Beratungssituation 300
III. Prozessuale Besonderheiten.. 302
1. Besonderheiten der Klage.. 302
a) Klageantrag............. 302
b) *Muster:* Beispiele für Klageanträge bei Grenzstreitigkeiten 304
2. Sachliche Zuständigkeit.... 305
3. Örtliche Zuständigkeit 306
4. Anspruchshäufung 307
5. Wirkung des Urteils........ 308
6. *Muster:* Abmarkungsklage. 309
IV. Zwangsvollstreckung 310
B. Grenzscheidungsklage 311
I. Anspruchsvoraussetzungen .. 311
1. Regelungsinhalt 311
2. Anspruchsberechtigung und Anspruchsverpflichtung.... 312
3. Verjährung 313
II. Mandatsverhältnis und anwaltliche Beratungssituation......................... 314
III. Prozessuale Besonderheiten.. 315
1. Klage..................... 315
a) Klageantrag............. 315
b) *Muster:* Beispiel für einen Klageantrag bei Grenzscheidungsklage......... 316
2. Sachliche Zuständigkeit.... 317
3. Örtliche Zuständigkeit 318

4. Beweislast **319**
5. Wirkung des Urteils **320**
6. Klagehäufung, § 260 ZPO .. **321**
7. *Muster:* Grenzscheidungsklage **322**
IV. Zwangsvollstreckung **323**

Musterverzeichnis

		Rn.
§ 1	Grundsätzliche Problemstellungen im Nachbarrecht	1
§ 2	Der allgemeine Abwehranspruch im Nachbarrecht	36
	1 Allgemein formulierter Klageantrag	63
	2 Antrag mit konkreter Maßnahme	65
	3 Klage wegen Geruchsbelästigung	73
	4 Klage wegen Geräuschbelästigung	74
	5 Klage wegen drohender Beeinträchtigung	75
	6 Unterlassungsklage nach § 1004 BGB wegen Befahrens eines Grundstücks	76
	7 Klageerwiderung	77
	8 Eidesstattliche Versicherung	81
	9 Bestrafungsantrag nach § 890 ZPO	91
	10 Antrag nach § 887 ZPO	92
	11 Erwiderung des Schuldners beim Antrag nach § 887 ZPO	93
§ 3	Ansprüche im Zusammenhang mit § 906 Abs. 1 BGB	94
§ 4	Abwehranspruch gemäss § 907 Abs. 1 BGB	111
§ 5	Abwehranspruch gemäss § 909 BGB	124
§ 6	Selbsthilferecht gemäss § 910 BGB	145
	12 Klageantrag zum Beseitigungsanspruch	156
	13 Klage auf Kostenerstattung für die Beseitigung von Baumwurzeln	161
§ 7	Der Abwehranspruch nach § 912 BGB in Verbindung mit § 1004	169
§ 8	Notwegerecht nach § 917 BGB	185
	14 Klageantrag auf Einräumung eines Notwegs	196
	15 Klage auf Einräumung eines Notwegs (§ 917 BGB)	201

§ 9	Sonstige nachbarrechtliche Ansprüche	203
§ 10	Entschädigungsansprüche gemäss § 906 Abs. 2 S. 2 BGB	214
	16 Beispiele für Klageanträge	228
	17 Klage auf Ausgleich gemäß § 906 Abs. 2 S. 2 BGB analog	233
	18 Klage auf Zahlung einer jährlichen Rente gemäß § 906 Abs. 2 S. 2 BGB analog	234
§ 11	Schadensersatzansprüche	236
§ 12	Grunddienstbarkeiten	253
	19 Klage auf Unterlassung der Beeinträchtigung einer Grunddienstbarkeit gemäß § 1004 BGB	292
§ 13	Grenzstreitigkeiten	294
	20 Beispiele für Klageanträge bei Grenzstreitigkeiten	304
	21 Abmarkungsklage	309
	22 Beispiel für einen Klageantrag bei Grenzscheidungsklage	316
	23 Grenzscheidungsklage	322

2

Literatur

Kommentare: Erman, BGB, 11. A. 2004 Band II; Kopp/Schenke, VwGO, 13. A. 2003; Mayer/Kroiß, RVG, Handkommentar, 2004; Münchner Kommentar, Band 6, 4. A. 2004, Sachenrecht; Band 5, 4. A. 2004, Schuldrecht Besonderer Teil III; Palandt, Bürgerliches Gesetzbuch, 63. A. 2004; Staudinger, Kommentar zum BGB, 2. Buch, 13. A. 1999; Stein/Jonas, Kommentar zur ZPO, Band 1, 22. A. 2003; Thomas/Putzo, ZPO, 26. A. 2004; Westermann, SachenR, 7. A. 1998; Zöller, ZPO, 24. A. 2004; **Monographien:** Alheit, Nachbarrecht von A-Z, 10. A. 2004; Dehner, Nachbarrecht 7. A. (Loseblattsammlung/Stand 1998); Seidel, Öffentlich-rechtlicher Nachbarschutz, 2000; **Aufsätze:** Dolderer, DVBl 1998, 19, Das Verhältnis des öffentlichen zum privaten Nachbarrecht; Künzl NJW 1984, 774 ff., Zur Abwehr ideeller Immissionen; Schmidt NJW 1988, 29, Unkraut als Rechtsproblem; Gursky JZ 1990, 921 ff., Anmerkung zu BGH JZ 1990, 919 ff.; Anders/Gehle, Handbuch des Streitwerts, 3. A. 1998;

§ 1 Grundsätzliche Problemstellungen im Nachbarrecht

A. Vorbemerkung

Das Private Nachbarrecht ist ein kein abgegrenztes Rechtsgebiet, sondern eine **Querschnittsmaterie**, die sich sich aus einer Vielzahl von Gesetzen zusammen setzt, die sich teilweise auch mit öffentlich-rechtlichen Regelungen überschneiden. Trotz der Unübersichtlichkeit der einschlägigen Normen gibt es wenig Literatur, die sich mit diesem Themenkreis auch im Hinblick auf die Prozesssituation beschäftigt. Insbesondere der Anwalt bedarf daher einer Anleitung, die sich im vorliegenden praxisnahen Werk am Bedürfnis der Beratungs- und Prozesssituation orientieren soll.

I. Das Private Nachbarrecht

Der Kernbereich des Nachbarrechts ist im BGB geregelt. Es finden sich verschiedene Vorschriften (§§ 903, 906, 910, 912, 1004 etc. BGB), die durch das sog. **nachbarrechtliche Gemeinschaftsverhältnis**, eine besondere Ausprägung des Grundsatzes von Treu und Glauben (§ 242 BGB), ergänzt werden. Diesem kommt jedoch in heutiger Zeit durch die verschiedenen gesetzlichen Kodifizierungen insbesondere im öffentlichen Nachbarrecht keine besondere Bedeutung mehr zu. Ein Rückgriff auf dieses Gebot, das der besonderen Situation von Grundstücksnachbarn und der sich daraus ergebenden gegenseitigen Rücksichtnahmeverpflichtung entspricht, ist daher nur in zwingenden Ausnahmefällen zulässig.[1]

§ 903 BGB garantiert, dass der Eigentümer einer beweglichen oder unbeweglichen Sache mit dieser grundsätzlich nach Belieben durch Übereignung, Eigentumsaufgabe, Belastung mit beschränkt dinglichen Rechten oder Regelung der Benutzung verfahren kann. Gleichzeitig kann er die Einwirkung Fremder auf die Sache ausschließen. Dieses Recht des Eigentümers gewinnt im Nachbarrecht eine erhebliche Bedeutung, denn bei benachbarten Grundstücken, und zwar auch dann, wenn sie nicht unmittelbaren Grenzbezug haben, kann das umfassende Nutzungsrecht des einen Nachbarn für den anderen Eigentümer eine Belastung darstellen. Deshalb wird das Eigentumsrecht im Nachbarrecht durch ein **Rücksichtnahmegebot** inhaltlich begrenzt.[2] Die §§ 903 ff. BGB gehen davon aus, dass bei einer mit Grenzüberschreitung verbundenen Benutzung des eigenen Grundstücks das Benutzungsrecht gegenüber dem Ausschließungsrecht zurücktritt, so dass dem Eigentümer des betroffenen Nachbargrundstücks das Abwehrrecht aus § 1004 BGB zusteht, wenn nicht ein besonderer Erlaubnistatbestand gegeben ist.

II. Nachbarrechtliche Bestimmungen im Landesrecht

Die Vorschriften der §§ 906 ff. BGB werden ergänzt durch landesrechtliche Regelungen zum Nachbarrecht. Art. 124 EGBGB bietet für die einzelnen Bundesländer die Möglichkeit, eigene nachbarrechtliche Regelungen zu schaffen, was in den meisten

---

1 BGH NJW-RR 2001, 232.
2 Palandt-Bassenge, § 903 Rn. 7.

Ländern auch geschehen ist. Diese landesgesetzlichen Normen enthalten unterschiedliche Bestimmungen, zum Teil besondere Duldungspflichten im Sinne von § 1004 BGB, die die Ansprüche nach dem BGB beschränken. Es handelt sich z.B. um Hammerschlags- und Leiterrechte,[3] Aufschichtungen[4] und Bodenerhöhungen,[5] Grenzabstände für Pflanzen,[6] Fenster- und Lichtrechte[7] etc.[8] Teilweise finden sich auch detaillierte Ge- und Verbotsnormen, z.B. über einzuhaltende Grenzabstände von Gebäuden,[9] Bepflanzungen,[10] Einfriedungen[11] usw. Daneben gibt es noch zahlreiche andere Regelungen, z.B. die Dachtraufen-Regelungen,[12] Schutz vor wild abfließendem Wasser[13] oder auch den Schutz vor der Änderung des Grundwasserspiegels.[14] Allerdings ändern die wenigen normierten Anspruchsgrundlagen des Landesrechts nicht die Normen des BGB, weil diese nicht durch das private Landesrecht verdrängt werden.[15] Da sich häufig keine eigene Anspruchsgrundlage für ein Abwehrbegehren unter diesen landesrechtlichen Bestimmungen findet, ist die entsprechende Norm in Verbindung mit § 1004 BGB die heranzuziehende Anspruchsnorm.[16] Wichtig ist, dass in den Nachbarrechtsgesetzen der Länder auch **Ausschlussfristen** normiert sind, innerhalb derer Abwehransprüche entweder schriftlich geltend gemacht[17] oder sogar eingeklagt sein müssen.[18] Diese sollten vom beratenden Anwalt natürlich beachtet werden. Auch Vergütungs-,[19] Kostenersatz-,[20] Entschädigungs-[21] und in der Regel verschuldensunabhängige Schadensersatzansprüche[22] sehen die landesrechtlichen Regelungen gelegentlich vor. Teilweise unterliegen diese auch speziellen landesrechtlichen **Verjährungsregelungen**.[23]

---

3 Baden-Württemberg, Berlin, Brandenburg, Hessen, Niedersachsen, NRW, Rheinland-Pfalz, Saarland, Sachsen, Sachsen-Anhalt, Schleswig-Holstein, Thüringen.
4 Baden-Württemberg, NRW, Sachsen.
5 Baden-Württemberg, Berlin, Brandenburg, Niedersachsen, NRW, Rheinland-Pfalz, Saarland, Sachsen, Sachsen-Anhalt, Schleswig-Holstein, Thüringen.
6 Baden-Württemberg, Bayern, Berlin, Brandenburg, Hessen, Niedersachsen, NRW, Rheinland-Pfalz, Saarland, Sachsen, Sachsen-Anhalt, Schleswig-Holstein, Thüringen.
7 Baden-Württemberg, Bayern, Brandenburg, Hessen, Niedersachsen, NRW, Rheinland-Pfalz, Saarland, Sachsen, Sachsen-Anhalt, Schleswig-Holstein.
8 Weitere Nachweise bei Palandt-Bassenge, Art. 124 EGBGB.
9 §§ 1 ff. NachbG NW.
10 Vgl. §§ 44 ff. NachbG Rh-Pf; § 40 ff. NachbG NW; § 36 ff. BgbNRG; §§ 12 ff. NRG BW; § 9 ff SächsNRG; Art. 47 ff. BayAGBGB.
11 § 42 NachbG Rh-Pf; § 36 Abs. 2 NachbG NW; § 7 SächsNRG; § 11 NRG BW.
12 § 37 NachbG Rh-Pf; § 27 NachbG NW; § 25 SächsNRG; § 52 BbgNRG; ähnlich auch § 1 NRG BW.
13 Z.B. §§ 55 ff. BbgNRG; teilweise auch Gegenstand der Landeswassergesetze, z.B. 82 LWG Rh-Pf; § 115 WasserG NW.
14 § 60 BbgNRG.
15 BGHZ 66, 354.
16 BGH NJW 1992, 2569.
17 §§ 3, 6 NachbG NW.
18 §§ 36, 51 NachbG Rh-Pf; § 47 NachbG NW; §§ 22, 40 BbgNRG; §§ 8, 15, 30 SächsNRG.
19 §§ 7, 14 Abs. 2 NachbG Rh-Pf; §§ 12 Abs. 2 und 3, 20 Abs. 2 und 3, 37 Abs. 2 und 3, 38 Abs. 2 NachbG NW.
20 §§ 9, 12 Abs. 3 NachbG Rh-Pf; §§ 13 Abs. 1, 21 Abs. 4 NachG NW.
21 §§ 20, 25, 32 NachbG Rh-Pf; § 25 NachbG NW; § 50 BbgNRG; § 29 SächsNRG.
22 §§ 19, 23, 28, 31 Abs. 2 NachbG Rh-Pf; §§ 3 Abs. 2, 17, 21 Abs. 2, 22 Abs. 4, 26 Abs. 3, 28 Abs. 2 NachbG NW; §§ 15, 46, 57 BbgNRG; § 28 SächsNRG; §§ 15 Abs. 2, 22 Abs. 3 und 4 in Verbindung mit § 17 NachbG NW.
23 § 53 NachbG Rh-Pf; § 51 NachbG NW; § 31 SächsNRG.

III. Nachbarrechtliche Bestimmungen im Öffentlichen Recht

Auch öffentlich-rechtliche Bestimmungen enthalten nachbarrechtliche Ansprüche. Hier stellt sich häufig die **Frage des Rechtswegs**, wenn der Staat oder Kommunen an einer nachbarrechtlichen Streitigkeit beteiligt sind. Regelungen finden sich im Bauordnungs- und Bauplanungsrecht, Immissionsschutzrecht und im Planfeststellungsrecht. Insoweit entstehen Abgrenzungsschwierigkeiten, die der beratende Anwalt möglichst frühzeitig klären sollte, damit er keine Fristen versäumt. Es sei darauf hingewiesen, dass die leicht verständliche Scheu des zivilrechtlich orientierten Anwalts vor öffentlich-rechtlichen Fragestellungen häufig dazu führt, dass die nächstgelegene Lösung des Problems übersehen wird. Der im Privaten Nachbarrecht tätige Anwalt sollte diesen Fragen aber nicht ausweichen, weil die Kenntnis öffentlich-rechtlicher Zusammenhänge häufig sogar einen Rechtsstreit vermeiden kann, auch wenn Abwehransprüche aufgrund des Zivilrechts gegeben sind. Die Anzeige eines bestimmten nachbarlichen Verhaltens, z.B. der Betrieb einer Schreinerei, in der auch von der erteilten gewerblichen Genehmigung nicht gedeckte Lackierarbeiten verrichtet werden, bei der zuständigen Behörde kann bewirken, dass diese hoheitlich einschreitet und nach kurzer Zeit eine Untersagungsverfügung erlässt. Dann erledigt sich das zivilrechtliche Begehren des Mandanten auf einfache und Kosten sparende Art und Weise.

5

B. Allgemeine Problemstellungen im Nachbarrecht

I. Typischer Lebenssachverhalt, typische Probleme

Die typische zivilrechtliche nachbarrechtliche Konfliktsituation konfrontiert den Anwalt häufig damit, dass zwischen den Parteien oft jahrelange zermürbende Streitigkeiten vorausgegangen sind. Hier geht es um Menschen, die eigentlich friedlich miteinander leben sollten, dies aber aus den verschiedensten Gründen nicht können oder wollen. Der eine Mandant sieht sich mit Ansprüchen des Nachbarn auf sein Eigentum konfrontiert, der andere will selbst Ansprüche gegenüber dem Nachbarn geltend machen. Häufig gilt es, das eigene Territorium gegenüber dem des Nachbarn zu verteidigen. Oft sind die vom Mandanten vermeintlich rechtlich begründbaren Ansprüche nur Stellvertreter für bereits bestehende Auseinandersetzungen mit ganz anders gelagerten Ursachen. Zuweilen kann es sich auch um Streitigkeiten über Grenzverläufe handeln, die jedoch eher in Ausnahmefällen vorkommen. In der Beratungssituation sollte der Anwalt auch die Hintergründe dieser Streitigkeit aufklären. Je besser er die Zusammenhänge kennt, umso mehr kann erreichen. Dieses erfordert leider viel Zeit und Ermittlungsarbeit, die nicht immer im Verhältnis zur wirtschaftlichen Bedeutung des Falles steht, so dass bereits frühzeitig an eine **Honorarvereinbarung** gedacht werden sollte.

6

II. Außergerichtliche Streitschlichtung

Grundsätzlich sollte natürlich jeder Prozess vermieden werden und eine gütliche Einigung das Ziel sein. Für den Anwalt ist dabei attraktiv, dass das neue Rechtsanwaltsvergütungsgesetz (RVG) eine außergerichtliche Einigung auch gebührenrechtlich honoriert. Eine Einigung ist jedoch in der nachbarrechtlichen Praxis oftmals nur schwer umzusetzen. Wer ein gutes nachbarschaftliches Verhältnis anstrebt, wird in der Regel

7

Kesting

§ 1 Grundsätzliche Problemstellungen im Nachbarrecht

das Gespräch mit dem Nachbarn suchen und eine solche Regelung selbst herbeiführen wollen. Erst dann, wenn die Probleme scheinbar nicht mehr lösbar sind, wird der Anwalt eingeschaltet. Auch wenn der Klageweg unvermeidbar scheint, sollte der erfahrene Anwalt sich um eine außergerichtliche Lösung bemühen. Gerade im Nachbarrecht ist eine einvernehmliche Lösung trotz scheinbarer Widrigkeiten auch für den Anwalt im Interesse des Mandanten das anzustrebende Ziel. Zufriedenheit erreicht man aber nur dann, wenn eine **dauerhafte Befriedung** glückt.

8   Die Durchführung des Rechtsstreits beinhaltet insbesondere im Nachbarrecht folgende Gefahren: gewinnt man die Klage, sucht der Unterlegene Genugtuung, und der Grenzkrieg verlagert sich auf ein anderes Schlachtfeld. Gegenseitiges Nachgeben und eine Gesamtlösung sollte selbstverständlich Nah- und nicht Fernziel sein. Auf der anderen Seite ist es nicht unbedingt Aufgabe des Anwalts, die Parteien zu befrieden, oft wird das vom Mandanten auch gar nicht gewollt. Zeichnet sich von Anfang an ab, dass eine einvernehmliche Lösung nicht herbeigeführt werden kann, ist das Problem zu lösen, der Fall zu erledigen und die Rechnung zu stellen.

III. Prozessrisiko

9   Der eigene Mandant ist häufig der größte Feind des Anwalts. Er neigt dazu, den Sachverhalt für sich günstig darzustellen und die Informationen für ein eventuell berechtigtes Begehren des Nachbarn zu unterschlagen. Der Anwalt sollte daher möglichst frühzeitig sämtliche Erkenntnisquellen ausschöpfen, insbesondere auch – soweit vorhanden – verwaltungsrechtliche Akten beiziehen und das Grundstück besichtigen, gegebenenfalls auch mit einem Voreigentümer Kontakt aufnehmen. Ein Prozessrisiko liegt häufig bei in der Vergangenheit abgeschlossenen Tatbeständen vor, bei denen keine Beweissicherung erfolgte. Mag das Anliegen des Mandanten noch so berechtigt sein, hier ergeben sich die Probleme bei der Beweislast. Es sollte noch auf folgendes aufmerksam gemacht werden: entschließt sich der beratende Anwalt gemeinsam mit dem Mandanten, den Klageweg zu beschreiten, sollte er dies nur tun, wenn ihm ein Erfolg gewiss ist. Dies erfordert eine umfassende Ermittlung der tatsächlichen Grundlagen und eine vollumfängliche Aufklärung der auftauchenden Rechtsfragen sowie eine Abwägung des dem Klageweg innewohnenden Risikos. Vernachlässigt er eine Komponente und verliert den Prozess, gewinnt der Beklagte nicht nur, sondern er sieht sich auch noch in seiner Meinung bestätigt. Das Prozessrisiko besteht also nicht nur darin, eine Klage zu verlieren, sondern das nachbarrechtliche Verhältnis insgesamt zu vergiften und so den eigenen Mandanten in eine Lage zu bringen, die er gerade nicht anstrebt und die letztlich in einer unerträglichen Atmosphäre und oft einem Verkauf des eigenen Grundstücks endet. Sind allerdings die Erfolgsaussichten reell, sollte der Anwalt auch den Klageweg nicht scheuen.

IV. Beweissicherung im vorprozessualen Stadium

10   Bereits im vorprozessualen Stadium sollte insbesondere im Nachbarrecht an die Beweissicherung gedacht werden, denn häufig gilt es Beweise zu sichern, die nicht mehr beschafft werden können, wenn der störende Nachbar vermutet oder weiß, dass der eigene Mandant gegen ihn vorgehen will.

1. Einschaltung eines Sachverständigen

Schon im vorprozessualen Stadium kann die Einschaltung eines Sachverständigen geboten sein. Zum einen natürlich bei denjenigen Fragen, die sich im Hinblick auf eine außergerichtliche Einigung ergeben, zum anderen aber auch, um die Beweislage zu sichern. Manche Tatsachen lassen sich nur unter Heranziehung eines Sachverständigen klären, z.b. ob vom benachbarten Grundstück tatsächlich Immissionen ausgehen oder nicht. Grundsätzlich wird es zwar dem Gericht überlassen, ein Sachverständigengutachten einzuholen. Es ist aber geradezu geboten, ein Gutachten schon vorprozessual einzuholen, wenn nur schwer nachweisbare Immissionen die Beeinträchtigung bilden, denn sonst ist ein Prozessausgang ungewiss und das eigene Haftungsrisiko hoch.

Allerdings ist dabei zu beachten, dass ein solches Privatgutachten im Prozess gegen den Willen des Gegners nicht verwertbar ist und auch nicht den Sachverständigenbeweis ersetzt, sondern nur Parteivortrag ist, der durch eine Urkunde (das Privatgutachten) nachgewiesen werden kann. Bei Immissionen bringt oft nur eine längerfristige Beobachtung durch einen Sachverständigen das erhoffte Beweisergebnis und deshalb entstehen Kosten in erheblichem Ausmaß bei der Einholung eines solchen Privatgutachtens. Hier sollte der Anwalt im Vorfeld mit einer eventuell bestehenden Rechtsschutzversicherung des Mandanten Kontakt aufnehmen und sich eine **Deckungszusage** auch für dieses Privatgutachten einholen.

Man kann sich mit der anderen Partei auch schon vorprozessual auf einen **unabhängigen Gutachter** einigen, der von beiden Parteien beauftragt wird. Dann besteht allerdings das Risiko, dass diejenige Partei, die das ungünstige Ergebnis erzielt, dieses im Nachhinein nicht mehr anerkennen will. Hat der Mandant keine Rechtsschutzversicherung, können diese Kosten selbst dann, wenn durch das Gericht ein weiteres Gutachten eingeholt wird, nach obergerichtlicher Rechtsprechung[24] im Kostenfestsetzungsverfahren festgesetzt werden. Voraussetzung dafür ist, dass das Gutachten vorprozessual eingeholt und in den Prozess eingeführt wurde,[25] der Prozess selbst muss durch die Vorlage nicht notwendig gefördert oder die Entscheidung erkennbar davon beeinflusst worden sein. Das wird bei der Abwehr von sonst nicht nachweisbaren Immissionen in der Regel der Fall sein. Der Anwalt muss allerdings das Gutachten selbst dem Gericht vorlegen, also seinem Schriftsatz beifügen und darf nicht nur in der Klage bzw. Klageerwiderung darauf Bezug nehmen. Grundsätzlich bietet zwar das **Selbständige Beweisverfahren** die Möglichkeit der Einschaltung eines Sachverständigen, dies ist aber dann taktisch unklug, wenn die gegnerische Partei noch keine Ahnung davon hat, dass sich der Nachbar Beweise sichern will oder eventuell sogar einen Prozess anstrebt.

2. Der Urkundenbeweis

Eines der besseren Beweismittel ist natürlich die Urkunde, diese kann im Nachbarschaftsprozess den Nachweis des Eigentums am Grundstück durch Vorlage eines

---

24 OLG München, AnwBl. 1989, 232 m.w.N., NJW-RR 1995, 1470, OLG Düsseldorf, Rpfleger 1995, 39, Th/P-Putzo, § 91 Rn. 49, a.A. OLG Saarbrücken JurBüro 1990, 623.
25 A.a.O.

Grundbuchauszugs oder für das Bestehen einer Grunddienstbarkeit liefern. Insoweit gelten dann die gesetzliche Vermutung des § 891 BGB und der öffentliche Glaube des Grundbuchs, § 892 BGB. Auch können vertragliche Vereinbarungen zwischen den Parteien bestehen, die durch Urkunden nachgewiesen werden können.

3. Der Augenschein

Der Augenschein ist insbesondere im Nachbarrecht ein sehr gutes Beweismittel. Vorprozessual ist er für den Anwalt geradezu verpflichtend, weil nur er einen Eindruck über die Verhältnisse auf dem Grundstück vermitteln kann. Im Rahmen der Beweissicherung im vorprozessualen Stadium kann gelegentlich auch die **Installation einer Videokamera** (natürlich nur mit Blickrichtung auf das eigene Grundstück) durch den beeinträchtigten Nachbarn geboten sein, um zum Beispiel Handlungen, die sich über einen längeren Zeitraum erstrecken, zu dokumentieren. Der unmittelbare Augenschein und auch der Zeugenbeweis können durch Fotos ersetzt werden, wenn die Fotos unstreitig das richtige Augenscheinsobjekt abbilden, so dass hier bereits im vorprozessualen Stadium für das Vorhandensein solchen Materials Vorsorge zu treffen ist.

Auch im Prozess kann der Augenschein allen Prozessbeteiligten einen unmittelbaren Eindruck vor Ort verschaffen. Sollte die Beeinträchtigung durch den Nachbarn bereits beseitigt worden sein, kann der Augenschein trotzdem geboten sein, weil sich auch das Gericht die Situation besser vorstellen kann. Man sollte daher auch vor Gericht unbedingt darauf hinwirken, natürlich nur dann, wenn es für die eigene Partei günstig ist. Diese Beurteilung ist aber nur dann möglich, wenn der Anwalt zuvor eine eigene Besichtigung durchgeführt hat, weil dem Mandanten oft der Blick für das Wesentliche fehlt.

4. Der Zeugenbeweis

Zeugen spielen im vorprozessualen Stadium in der Regel keine Rolle. Deshalb birgt dieses Beweismittel auch das größte Risiko. Der Zeugenbeweis ist meistens unsicher. Zeugen aus der Familie des Mandanten sind nicht immer geeignet, den Nachweis zu führen, da sie vom Gericht – ob zutreffend oder nicht – oftmals dem entsprechenden Lager zugeordnet werden. Unabhängige Zeugen hat man nur selten und auch deren Beobachtungen sind häufig von eingeschränktem Wert. Hier sollte der Mandant möglichst frühzeitig über das bestehende **Risiko eines Zeugenbeweises** aufgeklärt und gemeinsam überlegt werden, ob man diesen nicht durch bessere Beweismittel ersetzen kann. Es ist allerdings für den Anwalt unabdingbar, sich zu versichern, was der Zeuge tatsächlich weiß.

C. Generelle prozessuale Problemstellungen im Nachbarrecht

I. Rechtsweg

1. Abgrenzung Zivil-/Verwaltungsrechtsweg

Für viele Klagen im Nachbarrecht kann sowohl der Verwaltungsrechtsweg als auch der Zivilrechtsweg gegeben sein. Die Abgrenzung erfolgt nach § 40 VwGO und richtet sich danach, ob die Eigentumsstörung von einer Privatperson ausgeht, oder ob diese auf einem öffentlich-rechtlichen Verwaltungsakt beruht. Dabei ist zu beachten, dass der Verwaltungsakt selbst natürlich nur auf dem Verwaltungsrechtsweg angegriffen werden kann,[26] da die Zivilgerichte nur darüber entscheiden können, ob bei einer Störung durch eine Privatperson, die auf einem Verwaltungsakt beruht, der zugrunde liegende Verwaltungsakt nichtig ist. Beruht die Störung auf nicht hoheitlicher Tätigkeit des Staates, ist der Zivilrechtsweg gegeben. Dabei wird häufig darauf abgestellt, ob z.b. eine Anlage privat betrieben wird, wie z.b. ein privat betriebener Tennisplatz (Zivilrechtsweg) oder öffentlich-rechtlich, wie z.b. eine Feuersirene (Verwaltungsrechtsweg). Von beiden Anlagen gehen Geräuschimmissionen aus, die einen Privatmann beeinträchtigen und trotzdem ist jeweils ein anderer Rechtsweg zu beschreiten. Die Abgrenzung ist zum Teil recht schwierig und richtet sich danach, ob das rein private Rechtsverhältnis zwischen zwei benachbarten Grundstücken berührt ist oder ob öffentlich-rechtliche Normen ebenfalls einen quasi-privaten Nachbarschutz als sog. **drittschützende Normen** begründen. Außerdem kann im öffentlichen Recht ein weiterer Anspruchsgegner in Betracht kommen, nämlich dann, wenn der Privatmann einen Anspruch auf ein Einschreiten einer Überwachungsbehörde hat. Muss die Aufsichtsbehörde im öffentlich-rechtlichen Genehmigungsverfahren die Einhaltung nachbarschützender Vorschriften überwachen und verletzt sie diese Pflicht, kann der beeinträchtigte Nachbar auch gegen die Aufsichtsbehörde bzw. deren Rechtsträger einen Anspruch auf Einschreiten geltend machen. Für diese Ansprüche ist dann der Verwaltungsrechtsweg gegeben.

2. Beispiele[27]

Die Errichtung einer Kläranlage ist, trotz der Auswirkung auf das dabei verletzte Eigentum eines Dritten, ein nach öffentlichem Recht zu beurteilender Vorgang. Wird ein nach städtischem Bebauungsplan dem Schulsport gewidmeter Sportplatz von der Stadt nachmittags den ortsansässigen Sportvereinen zur Verfügung gestellt, so fehlt es dafür an einer öffentlich-rechtlichen Rechtsgrundlage, so dass die Stadt als Eigentümerin privatrechtlich handelt und daher auf dem Zivilrechtsweg zu klagen ist.[28]

Wird ein Tennisplatz privat betrieben, hat aber der private Tennisplatzbetreiber von der Bauaufsichtsbehörde eine Baugenehmigung erhalten, so kann dem gestörten Nachbarn ein mit Widerspruch und Anfechtungsklage zu verfolgender Abwehranspruch gegenüber der Behörde zustehen, wenn diese Genehmigung gegen eine öffentlich-rechtliche nachbarschützende Vorschrift verstößt.

3. Zweispurigkeit der Rechtswege

Bieten sowohl zivilrechtliche Anspruchsnormen als auch öffentlich-rechtliche Rechtsnormen eine Anspruchsgrundlage für den beeinträchtigten Nachbarn, stellt sich für den Anwalt die Frage, welcher Rechtsweg zu wählen ist. Für den Fall, dass hoheitlich verursachte Immissionen vorliegen und der beeinträchtigte Nachbar diese abwehren will, ist der Zivilrechtsweg ausgeschlossen. Für die darauf beruhenden Entschädi-

---

26 BGH NJW 1978, 1860, BVerwG NJW 1974, 817.
27 Beispiele bei Kopp/Schenke, VwGO, § 40 Rn. 7 und 14a.
28 LG Aachen NJW 1988, 1098.

gungsansprüche gilt wiederum gemäß § 40 Abs. 2 VwGO der Zivilrechtsweg. Ist sowohl der Zivilrechts- als auch der Verwaltungsrechtsweg gegeben, besteht kein Vorrang des einen oder anderen Rechtswegs. Auch wenn hier früher unterschiedliche Auffassungen vertreten wurden, hat sich die Ansicht durchgesetzt, dass öffentlich-rechtlicher und privater Nachbarschutz grundsätzlich gleichrangig nebeneinander bestehen.[29] Das heißt der beratende Anwalt wird sich der Möglichkeit bewusst sein müssen, dass er sowohl privatrechtlich gegen den Störer auf dem Zivilrechtsweg vorgehen, als auch gegenüber der Behörde Abwehransprüche gegen die erteilte Genehmigung über Widerspruch und Anfechtungsklage bzw. Schutzansprüche auf ordnungsbehördliches Einschreiten geltend machen oder sogar beide Rechtswege nebeneinander beschreiten kann. Wird z.B. eine Baugenehmigung erteilt, erfolgt dies grundsätzlich unbeschadet und unter dem Vorbehalt der Rechte Dritter. Der beeinträchtigte Nachbar kann damit seine Ansprüche sowohl dadurch verfolgen, dass er mit Widerspruch und Nachbarklage gegen die erteilte Baugenehmigung vorgeht als auch auf dem Zivilrechtsweg Ansprüche aus dem BGB geltend macht.[30]

22 Die grundsätzlich strikte Trennung zwischen Privatem und Öffentlichem Recht lässt sich im Bereich des Nachbarrechts in der Rechtsanwendung und Auslegung häufig nicht einhalten. Die Rechtsprechung geht tendenziell dahin, manche Begriffe sowohl im Öffentlichen als auch im Privaten Recht identisch auszulegen, z.B. den Wesentlichkeitsbegriff im Sinne des § 906 Abs. 1 S. 1 BGB oder den Begriff der Erheblichkeit im Sinne von § 3 Abs. 1 BImSchG. Auch bei der Beantwortung der Frage, ob eine Duldungspflicht im Sinne von § 1004 Abs. 2 BGB vorliegt, stellen sich solche Auslegungsfragen.[31] Problematisch ist ferner, wenn das private Nachbarrecht dem beeinträchtigtem Nachbarn einen Abwehranspruch zugesteht, die in Betracht kommende Abwehrmaßnahme dem Störer aber nicht möglich ist, weil öffentlich-rechtliche Normen, z.B. nach dem BNatSchG entgegenstehen oder dem begehrten Abriss der Garage auf dem Nachbargrundstück die Erteilung einer Genehmigung dafür entgegensteht.[32]

4. Bindungswirkung von Entscheidungen des Öffentlichen Rechts

23 Im Anschluss an die Frage der Rechtswegsbeschreitung stellt sich die Frage, ob Entscheidungen im Verwaltungsverfahren die Zivilgerichte binden. Für Urteile gilt der sich aus Art. 96 Abs. 1 GG ableitbare Grundsatz, dass Zivilgerichte an vorausgegangene verwaltungsgerichtliche Urteile gebunden sind, wenn das Urteil rechtskräftig ist und sich dieselben Parteien oder die, auf die sich die Rechtskraft erstreckt, gegenüberstehen (§ 325 ff. ZPO). Hier scheitert eine Bindung aber häufig daran, dass sich im Verwaltungsprozess nicht dieselben Parteien gegenüberstehen, weil auf der einen Seite eine hoheitlich-tätige Behörde beteiligt ist. Hier können aber über die **Beiladung im Verwaltungsprozess** (§§ 65, 121 Nr. 1 VwGO) die subjektiven Grenzen der Rechtskraft auf

---

29 Seidel, NJW-Schriften 13, Rn. 14 ff.
30 BGH DVBl. 1971, 744.
31 BVerwG NVwZ-RR 1997, 271.
32 BGH NJW 1993, 925.

den im zivilrechtlichen Zweitprozess zu verklagenden Nachbarn ausgedehnt werden.[33] Außerdem ist im Hinblick auf die Rechtskraft zu beachten, dass für sie die objektive Grenze des Streitgegenstands besteht, denn bei der zivilrechtlichen Nachbarklage ist alleiniger Streitgegenstand die Frage, ob der Betroffene gegenüber dem Störer die Beseitigung, Unterlassung oder Entschädigung bzw. Schadensersatz verlangen kann, während im öffentlichen Recht Streitgegenstand ist, ob eine dem störenden Nachbarn erteilte Genehmigung Rechte des Klägers verletzt und ein Anspruch auf Einschreiten der Ordnungsbehörde besteht bzw. ob ihm ein Anspruch auf ordnungsbehördliches Einschreiten zu Lasten störender Nachbarn zusteht.

Grundsätzlich hat daher auch die Entscheidung im Verwaltungsverfahren **keine präjudizielle Wirkung** auf die Entscheidung im Zivilprozess. Eine Ausnahme besteht allerdings dann, wenn Normen berührt sind, denen begrenzende oder ausschließende Wirkungen für einen zivilrechtlichen Nachbarschutz zukommen, wie z.B. §§ 11 WHG, 14 BImSchG, 75 Abs. 2 VwVfG, § 7 Abs. 4 AtG, § 11 LuftVG. Insoweit ist die Durchsetzung des zivilrechtlichen Anspruchs von der rechtzeitigen Anfechtung der behördlichen Verfügung abhängig. Wird die verwaltungsgerichtliche Anfechtungsklage rechtskräftig abgewiesen oder hat der beeinträchtigte Nachbar die Genehmigung bestandskräftig werden lassen,[34] hat das zur Folge, dass die Existenz und der Inhalt dieses Verwaltungsaktes, der nicht nichtig ist, von den ordentlichen Gerichten zu beachten ist.[35] Die Tatsache, dass eine Prüfung im Amtshaftungs- und Entschädigungsprozess vor den Zivilgerichten stattfindet, steht dem nicht entgegen, weil es hier gerade um die Rechtmäßigkeit des Handelns der jeweiligen Behörde geht.

5. Wahl des Rechtswegs

Ist der Rechtsweg entweder dem Öffentlichen Recht oder dem Privaten Recht eindeutig zuzuordnen und schließen sich beide aus, ist für den beratenden Anwalt nur diese Frage richtig zu entscheiden. Steht die Beschreitung beider Rechtswege offen, können sich mehrere Fragen stellen. Die Entscheidung kann von den Erfolgsaussichten der jeweiligen Rechtsschutzmöglichkeit abhängig sein. Steht eine Ermessensentscheidung einer Behörde im Raum, ist zu beachten, dass eine bestimmte, vom Mandanten vielleicht beabsichtigte Maßnahme damit gerade nicht erreicht werden kann, weil in der Regel nur ein **Bescheidungsurteil** nach § 113 Abs. 5 S. 2 VwGO ergehen wird. Damit ist nicht gesichert, dass die Behörde tatsächlich gegen den Störer vorgeht. Außerdem ist der Erfolgsumfang einer zivilrechtlichen Nachbarklage ungleich größer, weil ein erfolgreiches Unterlassungs- bzw. Beseitigungsurteil direkt gegenüber dem störenden Nachbarn vollstreckt werden kann.

Wenn einer behördlichen Genehmigung oder Planfeststellungsentscheidung privatrechtsgestaltende Wirkung zukommt, wie z.B. bei § 14 BImSchG oder § 75 Abs. 2 VwVfG oder sie zivilrechtliche Abwehransprüche einschränkt, wie z.B. § 11 WHG, ist

---

33 BGH VersR 1984, 280, in dem allerdings die Bindungswirkung an der Verschiedenheit der Streitgegenstände scheiterte.
34 Seidel, NJW-Schriften 13, Rn. 38.
35 BGHZ 73, 114; 103, 30, 34; 112, 363; 122, 1 BVerwG NVwZ 1987, 496.

es ratsam, zunächst die Genehmigung anzufechten, um den Eintritt der Bestandskraft der behördlichen Entscheidung zu verhindern. Zu beachten ist, dass der öffentlichrechtliche Nachbarschutz eher präventiv ausgerichtet ist, weil der Abwehranspruch bereits nach Erteilung der Genehmigung durch die Behörde eingreift und damit zeitlich weit vor der Umsetzung des Vorhabens durch den Nachbarn. Die Frage des Kostenrisikos kann für den zu beratenden Mandanten eine große Rolle spielen, wenn er nicht rechtschutzversichert ist, weil im Öffentlichen und Privaten Recht unterschiedliche Streitwertregelungen gelten. Im Öffentlichen Recht ist der Streitwert primär am Betrag der Wertminderung des klägerischen Grundstücks ausgerichtet, während bei der Beseitigungsklage gemäß § 1004 BGB nach § 3 ZPO der erhebliche höhere Wert der für die Beseitigung anfallenden Kosten zugrunde gelegt wird. In der Regel ist daher der Streitwert im Zivilprozess[36] höher. Ein geringeres Kostenrisiko besteht im Bereich des vorläufigen Rechtsschutzes. Im Zivilprozess ist der Antragsteller dem Risiko eines möglichen Schadensersatzanspruchs nach § 924 ZPO ausgesetzt, während nach der Rechtsprechung diese Gefahr weder beim einstweiligen Rechtsschutz gemäß §§ 80, 80a VwGO noch im einstweiligen Rechtsschutz nach § 123 VwGO besteht.

27 Auch die **Beweissituation** kann die Wahl des Rechtswegs beeinflussen. Während im Verwaltungsverfahren und Verwaltungsprozess der Untersuchungsgrundsatz gilt, also die Anforderungen an den Vortrag geringer sind, trägt der Mandant im Zivilprozess das Risiko der Beweislast. Allerdings kann im Verwaltungsprozess in diesem Fall eine Feststellungslast für den Anspruchsinhaber entstehen, wenn das Gericht nach Erschöpfung aller Beweismittel zu keiner Entscheidung gelangen kann.

28 Ausnahmsweise kann der Zivilprozess für den Mandanten günstiger sein, z.B. wenn der Kläger im Wege der verwaltungsrechtlichen Verpflichtungsklage von der Behörde gegen den störenden Nachbarn eine Anordnung gemäß § 24 BImSchG verlangt. Hier trägt der Kläger im Verwaltungsprozess die Feststellungslast, dass die nicht genehmigungsbedürftige Anlage auf dem Nachbargrundstück nachbarschützende Vorschriften verletzt und eine Ermessensreduzierung wegen der besonderen Umstände des Einzelfalls erfordert. Im Zivilprozess muss der Kläger zur Begründung des Anspruchs aus § 1004 BGB nur darlegen und beweisen, dass er als Grundeigentümer in seinem Grundeigentum durch den Betrieb der Anlage oder von ihr ausgehende Immissionen und damit durch den Störer beeinträchtigt ist, während es die Sache des beklagten Störers ist, die tatsächlichen Umstände eines Rechtfertigungsgrundes und damit eine Duldungspflicht nach § 1004 Abs. 2 BGB vorzutragen und im Bestreitensfalle zu beweisen. Allerdings ist grundsätzlich die für § 906 BGB erforderliche differenzierte Beweislastverteilung zu beachten.

II. Schlichtungsverfahren im Nachbarrecht

1. Voraussetzungen des § 15a Abs. 1 Nr. 2 EGZPO

29 Generell ist bei Nachbarschaftsstreitigkeiten der durch Gesetz vom 15.12.1999 eingeführte § 15a EGZPO zu beachten. Nach § 15a Abs. 1 Nr. 2 EGZPO ist zunächst ein

---

36 Dolderer, DVBl 1998, 19.

Einigungsversuch vor einer Gütestelle vorzunehmen, soweit dies durch Ländergesetz bestimmt ist. Voraussetzung ist, dass es sich um Streitigkeiten über Ansprüche aus dem Nachbarrecht nach den §§ 910, 911, 921, 923 des BGB handelt oder nach § 906 des BGB sowie nach den landesgesetzlichen Vorschriften im Sinne des Art. 124 EGBGB, und dass im Fall des § 906 BGB die Einwirkung nicht von einem gewerblichen Betrieb ausgeht. Unter § 15a EGZPO fallen auch vermögensrechtliche Streitigkeiten, soweit sie mit nachbarrechtlichen Streitigkeiten in Zusammenhang stehen.[37] Das Bayerische Schlichtungsgesetz übernimmt den Katalog des § 15a EGZPO in vollem Umfang, beschränkt den Anwendungsbereich aber auf amtsgerichtliche Verfahren; eine entsprechende Bestimmung gibt es in Baden-Württemberg. Die Schlichtungsgesetze von Nordrhein-Westfalen und des Saarlands sehen bei Nachbarschaftsstreitigkeiten keine Beschränkung auf Amtsgerichtsprozesse vor. § 15a Abs. 2 EGZPO beschränkt den Anwendungsbereich generell, wenn die Parteien nicht im selben Bundesland wohnen, dort nicht ihren Sitz oder ihre Niederlassung haben bzw. für bestimmte aufgezählte Klagen.

2. § 15a Abs. 1 Nr. 2 EGZPO als besondere Zulässigkeitsvoraussetzung der Klage

Die Voraussetzungen des § 15a ZPO müssen in jeder Lage des Verfahrens gegeben sein und sind daher durch das Gericht von Amts wegen zu prüfen. Die Bescheinigung über den gescheiterten Einigungsversuch sollte daher gleich mit der Klage vorgelegt werden. Für die nach Landesrecht eingerichteten und anerkannten Gütestellen enthalten die landesrechtlichen Bestimmungen nähere Vorgaben. Ist die Voraussetzung des § 15a Abs. 1 Nr. 2 ZPO nicht erfüllt, ist die Klage unzulässig und durch Prozessurteil abzuweisen. Die Klage kann aber erneut erhoben werden, wenn das erforderliche Schlichtungsverfahren durchgeführt wurde. Zu empfehlen ist im Falle einer voreiligen Klageerhebung das Ruhen des Verfahrens nach § 251 ZPO zu beantragen, da sonst ohne weiteres vom Vorliegen eines wichtigen Grundes ausgegangen werden kann.[38]

30

3. Rechtsanwaltsgebühren im Schlichtungsverfahren

Die Gebühr, die für die Durchführung des Schlichtungsverfahrens fällig wird, ergibt sich aus den Landesgesetzen. Wird der Streit im Schlichtungsverfahren beigelegt, regelt die Kostenverteilung der Vergleich. Gemäß § 15a Abs. 4 EGZPO zählen die Kosten der Gütestelle zu den Kosten des Rechtsstreits im Sinne von § 91 Abs. 1, Abs. 2 ZPO. Sie sind im Fall eines anschließend durchgeführten gerichtlichen Verfahrens von der unterlegenen Partei zu erstatten. Nach § 17 RVG handelt es sich beim Vorausgegangenen Güteverfahren nach § 15a EGZPO und dem gerichtlichen Verfahren um verschiedene Angelegenheiten, so dass in jedem dieser Verfahren Gebühren entstehen. Es erhält der Rechtsanwalt eine Geschäftsgebühr von 1,5 für das Güteverfahren;[39] darauf ist eine bereits zuvor wegen desselben Gegenstandes entstandene Geschäftsgebühr nach Nr. 2400 VV-RVG zur Hälfte anzurechnen, höchstens jedoch 0,75. Folgt wegen desselben Gegenstandes ein Rechtsstreit, ist die Gebühr Nr. 2403 wiederum zur Hälfte,

31

---

37 Zöller-Gummer, § 15a EGZPO Rn. 5.
38 Zöller-Gummer, § 15a EGZPO Rn. 25.
39 Mayer/Kroiß-Rohn § 17 Rn. 52.

höchstens jedoch mit 0,75 auf die Verfahrensgebühr anzurechnen. Bei einer Einigung vor der Schlichtungsstelle kommt eine Einigungsgebühr von 1,5 hinzu, da es sich um eine außergerichtliche Einigung handelt.

III. Streitwertbestimmung

32 Sofern nicht Schadensersatzansprüche im Wege der Feststellungsklage oder Leistungsklage auf Zahlung einer bestimmten Geldsumme geltend gemacht werden, gilt für diese der sich aus dem Antrag ergebende Wert als Streitwert. Besonderheiten ergeben sich für die **Grunddienstbarkeit** aus § 7 ZPO und für die **Notwegrente** aus § 9 2. Alt. ZPO, weil es sich bei Letzterer um eine wiederkehrende Leistung handelt. Wie hoch der Streitwert gemäß § 3 ZPO zu bemessen ist, kann nicht grundsätzlich bestimmt werden. Während sich die Rechtsprechung früher bei der Streitwertfestsetzung nur am Interesse des Klägers orientierte,[40] wird nunmehr vom BGH[41] verlangt, dass auch das Beklagteninteresse eine Rolle spielen muss. Die Rechtsprechung der Untergerichte ist uneinheitlich.[42] Denkbar wäre es z.B. auch, auf den verwaltungsgerichtlichen Regelstreitwert zurückzugreifen. Diese Tendenz ist in der Praxis von den Zivilgerichten bisher nicht erkennbar; man könnte sich bei der Festsetzung des Streitwerts aber auch an den tatsächlich entstehenden Kosten, z.B. den Beseitigungskosten für den Fall einer Eigentumsstörung, orientieren.[43] Im **Beweissicherungsverfahren**, das im Nachbarrecht häufig ist, besteht keine Einigkeit darüber, ob der Wert der Hauptsachestreitigkeit zugrunde zu legen ist oder nur ein Teil desselben.[44]

IV. Allgemeine Prozesssituation

33 Meistens sind gerade in Nachbarschaftsstreitigkeiten dem eigentlichen Prozess monate-, manchmal sogar jahrelange Auseinandersetzungen vorausgegangen. Ob der Anwalt sofort mit einer **vorprozessualen Korrespondenz** beginnt, hängt davon ab, ob es noch Beweismittel zu sichern gilt. Im Hinblick auf das Risiko, dass der Prozessgegner im Prozess sofort anerkennt und dem eigenen Mandanten damit die Kosten verbleiben, wird eine solche geboten sein, wenn diese Gefahr besteht. Lässt sich keine Einigung mehr erzielen, bleibt ebenfalls nur der Klageweg.

34 Für die Einleitung von gerichtlichen Verfahren zur Durchsetzung von Ansprüchen des Mandanten stehen grundsätzlich **drei Möglichkeiten** offen:
- Einreichung der Klage
- Einreichung eines Antrags auf Prozesskostenhilfe
- Durchführung eines Mahnverfahrens

---

[40] BGH NJW-RR 1986, 737.
[41] BGH NJW-RR 1994, 1145, BGH NJW 1994, 735.
[42] OLG Koblenz, JurBüro 1995, 27, NVwZ 1993, 301, OLG Köln, JurBüro 1990, 246, OLG Düsseldorf NJW-RR 2001, 160.
[43] OLG Düsseldorf, MDR 1991, 353,.
[44] Nachweise für die jeweiligen Ansichten bei Zöller-Gummer, § 3 Stichwort „selbstständiges Beweisverfahren".

Ein Antrag auf **Prozesskostenhilfe** wird im Hinblick auf § 115 Abs. 2 ZPO nur in wenigen Fällen in Betracht kommen, da im Nachbarrecht oft nur der Eigentümer aktivlegitimiert ist und der Beklagte meistens ebenfalls Eigentümer eines Grundstücks sein dürfte. Auch das Mahnverfahren wird im Nachbarrecht eher selten, insbesondere nur bei Ausgleichs- oder Schadensersatzansprüchen in Anspruch zu nehmen sein. Allerdings kann man auch hier in der Regel mit einem Widerspruch rechnen. Im Normalfall wird daher im Nachbarrecht gleich Klage zu erheben sein, wobei jedoch § 15a EGZPO auch im Mahnverfahren zu beachten ist, weil sich nach Widerspruch ein normales Klageverfahren anschließt, in dem § 15a EGZPO als Zulässigkeitsvoraussetzung vom Gericht von Amts wegen geprüft wird.

§ 2 Der allgemeine Abwehranspruch im Nachbarrecht

A. Der Anspruch nach § 1004 Abs. 1 BGB

36 Dieser Anspruch ist ein wichtiges Instrument im Nachbarrecht; er wird vom Eigentümer zur Durchsetzung seiner Ansprüche auf Beseitigung oder Unterlassung gegenüber dem Nachbarn erhoben. Die Normen der §§ 906 ff. BGB stellen zum Teil eigene Anspruchsgrundlagen dar, wie z.b. die §§ 906 Abs. 2, 907, 908, 909, 913 Abs. BGB, andere Vorschriften enthalten lediglich eine Inhaltsbestimmung des Eigentums und konkretisieren den Anspruch aus § 1004 Abs. 1 BGB. Um der Bedeutung des Beseitigungs- und Unterlassungsanspruchs des § 1004 Abs. 1 BGB im Nachbarrecht gerecht zu werden, sind die allgemeinen Voraussetzungen dieses Anspruchs zunächst im Zusammenhang dargestellt. Die Besonderheiten der nachbarrechtlichen Vorschriften der §§ 906 ff. BGB, die nur in Verbindung mit § 1004 BGB geltend gemacht werden können, werden in eigenen Kapiteln abgehandelt, weil diese Normen als Inhaltsbestimmungen des Eigentums nicht nur Abwehransprüche aus § 1004 BGB, sondern Renten-, Ausgleichs- und Entschädigungsansprüche sowie Schadensersatzansprüche nach sich ziehen können.

37 Strikt zu trennen ist die Herausgabeklage nach § 985 BGB vom Anspruch aus § 1004 BGB. Mit der **Herausgabeklage** verlangt der Eigentümer vom unrechtmäßigen Besitzer seine Sache zurück, die ihm entzogen oder vorenthalten wird, mit der **Eigentumsfreiheitsklage** nach § 1004 BGB soll die Beeinträchtigung und nicht der Entzug des Eigentums verhindert werden. § 1004 und § 985 BGB schließen sich deshalb nicht gegenseitig aus, sondern ergänzen sich, um einen **umfassenden Eigentumsschutz** zu gewährleisten. So werden z.B. bei einem Überbau nicht nur der Besitz des eigenen Grundstücks teilweise entzogen (985 BGB), sondern das Eigentum am Grundstück insgesamt beeinträchtigt (§ 1004 BGB). Aus den Vorschriften der §§ 985 und 1004 BGB können sich daher unter Umständen parallel Ansprüche ergeben.[45] Ergänzend ist noch darauf hinzuweisen, dass § 1004 BGB keine Anspruchsgrundlage für einen Schadensersatzanspruch bildet, aber ein Schutzgesetz im Sinne des § 823 Abs. 2 BGB darstellt.[46]

I. Anspruchsvoraussetzungen

1. Regelungsinhalt

38 Inhalt des § 1004 BGB ist ein Abwehranspruch gegen denjenigen Störer, gegen den der Eigentümer die Beseitigung einer fortwirkenden gegenwärtigen (**Beseitigungsanspruch**) oder die Unterlassung einer drohenden künftigen Beeinträchtigung (**Unterlassungsanspruch**) verlangen kann, zu deren Duldung er nicht verpflichtet ist. Voraussetzung für die Anwendung der Norm im Nachbarschaftsrecht ist, dass eine Beeinträchtigung eines Grundstücks vorliegt.

---

45 Erman-Hefermehl, § 1004 Rn. 1.
46 BGH NJW 1993, 925.

a) Beeinträchtigungen, die einen Anspruch gewähren

Eine solche Beeinträchtigung liegt dann vor, wenn eine Person (**Handlungsstörer**) oder eine Sache (**Zustandsstörer**) auf ein fremdes Grundstück gegen den Willen des Eigentümers einwirkt oder dem Eigentümer eines Grundstücks der Zugang zu diesem verwehrt wird. In Betracht kommt jede Beeinträchtigung des Eigentums. Eine Beeinträchtigung liegt nicht nur dann vor, wenn jemand ein fremdes Grundstück betritt, Abfälle darauf lagert oder dem Eigentümer den Zugang zum Grundstück versperrt, sondern auch, wenn der Nachbar übermäßige Immissionen (§ 906 BGB)[47] vornimmt, gefahrdrohende Anlagen auf seinem Grundstück herstellt oder unterhält (§ 907 BGB),[48] durch Vertiefung seines Grundstücks dem Nachbargrundstück die erforderliche Stütze entzieht (§ 909 BGB)[49] oder über die Grenze baut (§ 912 BGB).[50] Da nach dem Wortlaut negative oder ästhetische Immissionen von § 906 BGB nicht erfasst werden, können diese – falls sie überhaupt abwehrfähig sind – mit der Beseitigungs- bzw. Unterlassungsklage des § 1004 BGB abgewehrt werden. Die Beeinträchtigung darf nicht in der Vergangenheit abgeschlossen sein, sondern muss für die Zukunft andauern.

b) Negative Beeinträchtigungen

Keine Beeinträchtigungen im Sinne des § 1004 BGB sind negative Beeinträchtigungen. Diese liegen dann vor, wenn der Nachbar auf seinem Grundstück Veränderungen vornimmt, die auf das beeinträchtigte Grundstück nur mittelbare Auswirkungen haben, z.B. durch Licht und Aussicht entziehende Bauten oder durch Anlegung eines Brunnens, der Grundwasser entzieht.[51] Es handelt sich insoweit um die Entziehung eines bisher bestehenden Vorteils. Der Entzug eines solchen Vorteils stellt keine Beeinträchtigung im Sinne des § 1004 BGB dar und muss geduldet werden.[52] Ausnahmsweise kann im Einzelfall über § 242 BGB ein Ausgleich geschaffen werden, weil aus dem nachbarrechtlichen Gemeinschaftsverhältnis die **Pflicht zur gegenseitigen Rücksichtnahme** besteht.[53]

c) Ästhetische Beeinträchtigungen

Hierbei handelt es sich um Beeinträchtigungen, die lediglich auf das ästhetische Empfinden des Nachbarn einwirken, z.B. die Blendung durch einen Anstrich des Nachbargebäudes,[54] Aufstellen von Gartenzwergen etc. Die Rechtsprechung und die herrschende Lehre sind sich bei der Beantwortung der Frage, ob darin auch Beeinträchtigungen im Sinne von § 1004 BGB zu sehen sind, nicht einig. Während der BGH und die überwiegende Rechtsprechung einen Anspruch aus § 1004 BGB ablehnen,[55] bejahen einige andere einen solchen Anspruch.[56]

---

47 Vgl. insoweit § 3.
48 Vgl. insoweit § 4.
49 Vgl. insoweit § 6.
50 Vgl. insoweit § 8.
51 Erman-Hefermehl, § 1004 Rn. 12.
52 BGH NJW 1992, 2569.
53 BGH NJW 1991, 1671.
54 OLG Düsseldorf, OLGZ 1991, 1006.
55 Erman-Hefermehl, § 1004 Rn. 13 m.w.N., MünchKomBGB-Medicus, § 1004 Rn. 30.
56 AG Münster, NJW 1983, 2886.; Künzl, NJW 1984, 774ff.

Kesting

d) Naturereignisse

42 Auch die ausschließlich auf ein Naturereignis zurückgehenden Beeinträchtigungen, z.B. abbröckelndes Gestein, Unkrautsamenflug,[57] Erdrutsch, abgeschwemmtes Erdreich, schließen einen Unterlassungsanspruch nach § 1004 BGB aus.[58] Sie sind allenfalls dann dem Eigentümer als Störer zuzurechnen, wenn er sie durch eigene Handlungen ermöglicht oder sie durch sein pflichtwidriges Unterlassen hervorgerufen hat und dieser Zustand für das benachbarte Grundstück eine Gefahrenquelle bildet.[59]

2. Anspruchsberechtigung und Anspruchsverpflichtung

a) Eigentümer und sonstige dinglich Berechtigte

43 Selbstverständlich ist jeder Eigentümer und jeder Miteigentümer aktivlegitimiert. Daneben aber auch der Erbbauberechtigte, § 1 ErbbauRVO, § 1017 Abs. 2 BGB, der Grunddienstbarkeitsberechtigte, § 1027 BGB, der Nießbraucher, § 1065 BGB, der Dienstbarkeitsberechtigte, § 1090 Abs. 2 BGB, der Pfandgläubiger, § 1227 BGB, der Dauerwohnberechtigte, § 34 Abs. 2 WEG, der Insolvenzverwalter gemäß §§ 80, 85, 86 InsO, der Testamentsvollstrecker, §§ 2212, 2213 BGB, und der Zwangsverwalter, § 152 ZVG.

b) Besitzer

44 Diese haben grundsätzlich nur Ansprüche aus § 862 BGB. Allerdings kann ihnen auch ein Anspruch gemäß 1004 BGB zustehen, wenn es sich um Sachen wie beispielsweise eine Grenzbepflanzung handelt, die in ihrem Eigentum stehen.[60] Eine Abtretung des Anspruchs aus § 1004 BGB kann nicht selbstständig erfolgen, es ist aber zulässig, einen Dritten gemäß § 185 BGB analog zu ermächtigen, die Forderung im eigenen Namen geltend zu machen.[61]

c) Passivlegitimation

45 Passivlegitimiert ist grundsätzlich der **Störer**. Dazu findet sich keine gesetzliche Definition. Ein Störer kann, muss aber nicht der Eigentümer des „störenden" Grundstücks sein. Das Eigentum muss nicht notwendig durch eine Handlung, sondern kann auch infolge eines Zustandes einer Sache beeinträchtigt werden. Es ist daher zwischen Handlungs- und Zustandsstörer zu differenzieren.

46 **Handlungsstörer** ist derjenige, der durch seine Handlung, die in einem positiven Tun oder pflichtwidrigem Unterlassen bestehen kann, die Beeinträchtigung fremden Eigentums verursacht hat.[62] Es muss nicht unbedingt der tatsächlich die Beeinträchtigung Verursachende, z.B. ein Handwerker, stören, sondern es kann auch derjenige sein, der die Störung durch seinen Auftrag oder seine Anordnung veranlasst hat.[63]

---

57 Schmidt NJW 1988, 29 ff..
58 Palandt-Bassenge § 1004 Rn. 6.
59 BGH NJW 1993, 1855; 1993, 925.
60 BGH NJW 1955, 19.
61 OLG Zweibrücken NJW 1981, 129.
62 Erman-Hefermehl, § 1004 Rn. 14.
63 Beispiele: BGH NJW 1982, 440; NJW 1983, 751; 1962, 1242; BGH LM Nr. 51.

Als **Zustandsstörer** bezeichnet man denjenigen, der auf einem ihm gehörigen oder von ihm genutzten Grundstück einen Zustand unterhält, durch den das Eigentum an einem anderen Grundstück in rechtswidriger Weise beeinträchtigt wird.[64] Hier ist allerdings zu berücksichtigen, dass der Zustandsstörer nur solange Störer im Sinne des Abwehranspruchs nach § 1004 BGB sein kann, als er noch Besitzer oder Eigentümer des Nachbargrundstücks ist. Allerdings berührt die Einstellung eines Betriebs auf dem störenden Grundstück die Störereigenschaft auch dann nicht, wenn der Betrieb ganz eingestellt wurde.[65]

Sind demgegenüber mehrere Personen an einer Beeinträchtigung beteiligt, besteht ein Anspruch gegen jeden Störer unabhängig von dessen Tatbeitrag und ohne bei der Inanspruchnahme eine bestimmte Reihenfolge einzuhalten. Der Eigentümer des beeinträchtigten Grundstücks muss sich deshalb nicht an einen anderen Störer verweisen lassen. Er kann denjenigen in Anspruch nehmen, der ihm zur Beseitigung der Störung als geeignet erscheint. Der Anspruchsinhalt richtet sich in diesen Fällen nach dem konkreten Tatbeitrag.[66] Beispielsweise kann ein Betriebsinhaber für das Verhalten von anfahrenden Lkw-Fahrern verantwortlich sein, wenn die Beeinträchtigung durch seinen Betrieb verursacht wird und er in der Lage ist, diese Störungen zu verhindern.[67] Der Abwehranspruch kann sich auch gegen den mittelbaren Verursacher richten, sofern die Beeinträchtigung auf seinem maßgebenden Willen beruht.[68] Außerdem kann sowohl der störende Pächter als auch der Verpächter in Anspruch genommen werden, wenn dieser die Eigentumsbeeinträchtigung ausdrücklich oder konkludent gestattet hat, vorausgesetzt, er ist auch zur Beseitigung in der Lage. Gegebenenfalls können Eigentümer und Mieter/Pächter auch als Gesamtschuldner in Anspruch genommen werden.[69]

3. Duldungspflichten

Der Anspruch aus § 1004 Abs. 1 BGB ist ausgeschlossen, soweit der Eigentümer verpflichtet ist, die Beeinträchtigung zu dulden, § 1004 Abs. 2 BGB. Bei § 1004 Abs. 2 BGB handelt es sich um eine **Einwendung**, die Beweislast dafür trifft also den Störer.[70] Fällt die Duldungspflicht im Nachhinein weg, ist der Störer zur Beseitigung der Beeinträchtigung verpflichtet.[71] Folgende Duldungspflichten können sich ergeben:
- **aus Vertrag**, z.B. aufgrund einer Grunddienstbarkeit, schuldrechtlichem Vertrag zwischen Eigentümer und Störer; hier ist zu beachten, dass ohne dingliche Absicherung der Rechtsnachfolger nicht gebunden ist und daher Beseitigung verlangen kann.[72]

---

64 Palandt-Bassenge, § 1004 Rn. 19.
65 BGH NJW 1996, 845.
66 BGH NJW 1976, 799.
67 Erman-Hefermehl, § 1004 Rn. 15.
68 Fn. 14.
69 Erman-Hefermehl, § 1004 Rn. 17.
70 Palandt-Bassenge, § 1004 Rn. 35.
71 BGH NJW 1990, 2058.
72 BGH NJW 1976, 416; OLG Hamburg NJW-RR 1991, 403.

- **durch Einwilligung des Beeinträchtigten,** wobei eine längere Duldung noch keine Zustimmung beinhaltet, eine Unterschrift unter den Bauantrag für ein störendes Bauwerk reicht aber in der Regel.[73]
- **aus anderen Rechtsnormen des Privatrechts,** z.B. §§ 904, 906ff., 910 Abs. 2, 917 Abs. 1, 227, 229, 242 BGB, 193 StGB, Art. 5 GG.
- **aus Öffentlichem Recht,** z.B. AbwasserR; BauordnungsR, wobei die Baugenehmigung nicht reicht,[74] DenkmalschutzR, VermessungsR; NaturSchR, StraßenR etc. Hier ist zu beachten, dass falls vom behördlichen Duldungsgebot eine Ausnahme erteilt werden kann und diese noch nicht bestandskräftig abgelehnt wurde, das Zivilgericht diese Voraussetzungen prüfen muss.[75]
- **aus dem Recht über Telekommunikationsanlagen,** § 57 TKG.[76]
- **aus dem Recht über Energieversorgungsanlagen,** z.B. § 41 I S. 23 BauGB.[77]
- **aus Gewohnheitsrecht,** z.B. Handelsbrauch.[78]
- **aufgrund von Hoheitsakten,** d.h. einstweilige Verfügung oder Urteile.

4. Verjährung und Verwirkung

a) Verjährung

50 Die Verjährung des Beseitigungsanspruchs richtet sich nach §§ 195, 199 Abs. 1, Abs. 4, Abs. 5 BGB[79] und beträgt daher nach neuerem Recht **drei Jahre,** während nach § 195 a.F. BGB die Frist 30 Jahre betrug. Die Verjährungsfrist beginnt mit der letzten Einwirkung; der früheste Zeitpunkt für den Beginn ist allerdings derjenige, zu dem die Störung als solche erkennbar ist, § 199 Abs. 2 BGB. Mit jeder weiteren Einwirkung entsteht ein neuer selbstständiger Anspruch. Dies ist jedoch anders, wenn eine Handlung fortdauert und mehrere Störungen veranlasst.[80]

51 **Beispiel:** Bei Beeinträchtigung infolge einer Verletzung von Grenzabstandsvorschriften bei Pflanzung beginnt die Verjährung grundsätzlich mit der Anpflanzung.[81] Dies gilt allerdings nicht, wenn nach der Anpflanzung die Störung durch herüberragende Grundstückszweige veranlasst wird, dann entsteht der Beseitigungsanspruch des § 1004 BGB erst zu diesem Zeitpunkt mit der Folge, dass auch erst jetzt die Verjährung beginnt.[82] Zu beachten ist auch, dass mit dem Eigentumswechsel nicht etwa eine neue Verjährungsfrist beginnt, sondern sich diese nach dem Entstehungszeitpunkt der Störung richtet.[83]

---

73 OLG Karlsruhe, NZM 1998, 268; KG NZM 98, 771; a.A. BayObLGZ 2000, 55.
74 BGH LM Nr. 44, BayObLG ZMR 1990, 418.
75 BGH NJW 1993, 925.
76 BVerfG NJW 2000,798; 2001, 2960; BGH 2000, 3206; 2002, 678; OLG Hamm NJW-RR 2002, 769.
77 Vgl. Nachweise bei Palandt-Bassenge, § 1004 Rn. 41.
78 BGH LM Nr. 27.
79 Palandt-Bassenge, § 1004, Rn. 45; BGHZ 125, 56; a.A. LG Tübingen NJW-RR 1990, 338.
80 BGH NJW 1990, 2555.
81 BGH 60, 235; OLG Köln ZMR 94, 115.
82 BGH NJW 1973, 703.
83 BGH 125, 56, OLG Köln ZMR 94, 115.

b) Verwirkung

Die Verwirkung ist möglich bei länger andauernder Beeinträchtigung, die gemäß § 242 BGB ein Vertrauen in die Einwilligung begründet.[84] Eine solche Verwirkung wirkt auch gegenüber dem Gesamtrechtsnachfolger.[85]

II. Mandatsverhältnis und anwaltliche Beratungssituation

1. Der Anspruch auf Beseitigung

a) Abgrenzung zwischen Beseitigungs- und Schadensersatzanspruch

Problematisch kann die Abgrenzung zwischen Beseitigungsanspruch und Schadensersatzanspruch sein. Hier ist noch keine griffige Formel gefunden worden[86] und auch die Rechtsprechung ist nicht einheitlich.[87] Während die Beseitigung eher auf die Ursache der Störung abzielt, richtet sich der Schadensersatzanspruch meist auf die Folgen der Störung. Außerdem kann der Ausgleich eines Vermögensschadens nur mit einem Schadensersatz- bzw. Ausgleichsanspruch verlangt werden und nicht mit der Beseitigungsklage. Probleme entstehen daher häufig im Zusammenhang mit Störungen, wo die bereits eingetretenen Folgen weitere Beeinträchtigungen nach sich ziehen.

b) Grenzen der Beseitigungspflicht

Grenze des Beseitigungsanspruchs ist der Umfang der Störung. Über diese hinaus geht der Anspruch nach § 1004 BGB nicht. Bestehen mehrere Möglichkeiten für die Beseitigung, hat nicht der Gestörte, sondern der Störer die Wahl. Ein Beseitigungsanspruch kann auch deshalb ausgeschlossen sein, weil die Kosten für die Beseitigung **unzumutbar** für den Störer sind.[88] Auch aus § 906 Abs. 1 BGB ergibt sich eine Beschränkung des Beseitigungsanspruchs. Grundsätzlich fallen die Kosten für die Beseitigung dem Störer zur Last. Falls der Gläubiger die Beeinträchtigung selbst beseitigt hat, kann er vom Störer die Kosten verlangen, und zwar selbst dann, wenn der Grundstückseigentümer Rechtsnachfolger des ursprünglichen Störers ist. Anspruchsgrundlage für die Beseitigungskosten sind entweder die §§ 812 ff.[89] oder § 677 ff.[90] BGB.

2. Der Anspruch auf Unterlassung

a) Wiederholungsgefahr

Dabei handelt es sich um eine Anspruchsvoraussetzung,[91] die nur für den Unterlassungsanspruch und nicht für den Beseitigungsanspruch gilt. Der Unterlassungsanspruch ist auf die Abwehr einer künftigen Störung gerichtet, während die Beseitigung die Abwehr einer bereits bestehenden Störung beabsichtigt. Die Wiederholungsgefahr

---

84 OLG Köln NJW 1995, 3319.
85 OLG Köln NJW-RR 1998, 1625, OLG Stuttgart WE 99, 191.
86 MünchKommBGB-Säcker, § 1004 Rn. 71 ff.
87 BGH VersR 2000, 311.
88 BGHZ 143, 1.
89 BGHZ 97, 231; 106, 142.
90 BGHZ 110, 313; Gursky JZ 1990, 921 ff.
91 BayObLG ZWE 2001, 422;

beinhaltet eine auf Tatsachen gegründete objektiv **ernsthafte Besorgnis**, dass künftig weitere Störungen auftreten. Maßgeblicher Zeitpunkt für das Vorliegen der Wiederholungsgefahr ist die letzte mündliche Tatsachenverhandlung. Die Wiederholungsgefahr kann nur durch sorgfältige Argumentation widerlegt werden.[92] Die Behauptung des Beklagten, dass es sich bei der Beeinträchtigung nur um einen einmaligen Vorfall handelt, reicht dazu nicht aus.[93]

b) Vorbeugender Unterlassungsanspruch

56 Allerdings kann die Unterlassungsgefahr bereits dann vorliegen, wenn die Gefahr einer erstmaligen Beeinträchtigung nur bevorsteht. Dies wird entgegen dem Wortlaut des § 1004 BGB von der Rechtsprechung als zulässig erachtet[94] (sog. **vorbeugender Unterlassungsanspruch**). Ein im Rechtsstreit abgegebenes Versprechen, die Störung künftig zu unterlassen, reicht nur dann, wenn es uneingeschränkt abgegeben wurde, ggf. durch eine Vertragsstrafe abgesichert ist und nach Überzeugung des Gerichts nicht bloß unter dem Druck des Prozesses abgegeben wurde.[95] Es besteht aber kein vorbeugender Unterlassungsanspruch, wenn keine wissenschaftlichen Erkenntnisse über tatsächlich von einer Anlage ausgehende Gesundheitsgefahren bestehen.[96]

3. Quasinegatorischer Abwehranspruch

57 Wie bereits angesprochen, ist der beeinträchtigte Nachbar bei der Verletzung einer nachbarschützenden Norm des öffentlichen Rechts nicht unbedingt darauf beschränkt, diese Verletzung gegenüber der Behörde geltend zu machen. Stellen diese Normen auch Schutzgesetze im Sinne des § 823 Abs. 2 BGB dar, was sie häufig tun, steht dem Nachbarn nach ganz h.M.[97] auch der sog. **quasinegatorische Abwehranspruch** des § 1004 analog in Verbindung mit § 823 Abs. 2 BGB zu, weil es widersinnig wäre, einen zivilrechtlichen Abwehranspruch zu verneinen und den beeinträchtigten Nachbarn in die Situation zu bringen, den Schadenseintritt abzuwarten, um dann seinen Anspruch nach § 823 Abs. 2 in Verbindung mit dem jeweiligen Schutzgesetz geltend zu machen. Insoweit kann der beeinträchtigte Nachbar insbesondere in Bezug auf drittschützende öffentlich-rechtliche Normen, z.B. Verletzung des bauordnungsrechtlichen Abstandsflächenrechts,[98] im Falle der bereits eingetretenen oder drohenden Verletzung Unterlassung bzw. Beseitigung des rechtswidrigen Zustands verlangen.[99] Über die Schadensersatznorm des § 823 Abs. 2 BGB wird so eine Verbindung zwischen dem öffentlichen und privaten Nachbarrecht hergestellt und die **Theorie von der Zweigleisigkeit des Rechtswegs** wird insoweit modifiziert.

---

[92] BGHZ 140, 1.
[93] BayObLGZ 1995, 174.
[94] BGH LM Nr. 27; OLG Zweibrücken NJW 1992, 1242; OLG Frankfurt OLGR 1996, 2.
[95] Palandt-Bassenge, § 1004 Rn. 32.
[96] OLG Düsseldorf MDR 2002, 755 OLG Karlsruhe NJW 2003, 759.
[97] BGHZ 122, 1; BGH NJW 1997, 55; OLG Hamm; JZ 1981, 277; OLG Karlsruhe NJW-RR 1993, 665; OLG München BauR 1993, 620.
[98] BGH NJW 1993, 1580; NJW 1997 55.
[99] BGHZ 66, 354; OLG München BauR 1993, 620; OLG Karlsruhe NJW-RR 1993, 665.

B. Prozessuale Besonderheiten

I. Besonderheiten der Klage

1. Klageinhalt

a) Antrag

Der Beseitigungsanspruch ist im Nachbarrecht grundsätzlich nur auf die Beseitigung bestimmter Störungen, wie Geräusche, Staubniederlassungen, Gerüche etc. gerichtet. In Ausnahmefällen kann aber auch die Unterlassung, z.b. Einstellung des ganzen Betriebs, begehrt werden, wenn nur diese bestimmte Maßnahme die Beseitigung der Störung gewährleistet.[100] Im Fall des § 14 BImSchG besteht kein Anspruch auf Einstellung, sondern nur auf schützende Maßnahmen. Bei Einstellung eines Betriebs muss der Klageantrag nicht auf Einstellung für eine bestimmte Zeit oder zu einem bestimmten Zweck – etwa Umgestaltung des Betriebs – lauten. Es genügt, wenn sich aus den Entscheidungsgründen des Urteils eine Beschränkung dahin ergibt, dass beim derzeitigen Zustand der Betrieb eingestellt wird.[101] Die gänzliche Beseitigung oder die völlige Untersagung des Betriebs kann – von § 907 BGB abgesehen – nur dann verlangt werden, wenn ohne dies die unzulässige Einwirkung nicht zu beheben oder nur durch eine umfassende Umgestaltung des Betriebs zu erreichen ist. Ausnahmsweise auch dann, wenn die beschränkte Fortführung für den Störer nicht sinnvoll ist.[102]

Problematisch ist oft die **Formulierung des Klageantrags**. Falls mehrere Maßnahmen zur Beseitigung der Störung in Betracht kommen, hat nicht der Gestörte, sondern der Störer die Wahl der Maßnahme.[103] Wegen dieser Wahlfreiheit ist der Klageantrag entgegen dem Bestimmtheitsgrundsatz des § 253 ZPO im Hinblick auf die bestimmte Maßnahme, die zur Beseitigung der Störung geeignet erscheint, möglichst allgemein zu formulieren.[104] Manchmal will die klagende Partei aber eine bestimmte Maßnahme und dann besteht aber das Risiko, dass gerade diese nicht zum Erfolg führt. Hier besteht dann allerdings das Risiko, dass gerade diese Maßnahme nicht geeignet ist, die Störung zu beseitigen und die Klage dann teilweise abgewiesen werden müsste. Schließlich ist die Verurteilung zu einer bestimmten Leistung nur dann möglich, wenn diese die hervorgerufene Störung tatsächlich beseitigt.[105]

Der Klageantrag bei der Abwehr von Immissionen im Sinne von § 906 Abs. 1 BGB kann nur die Beseitigung von wesentlichen Beeinträchtigungen verlangen. Der Klageantrag ist dann so zu formulieren, dass die Beeinträchtigung auf ein nach § 1004 Abs. 2 in Verbindung mit § 906 BGB zu duldendes Mindestmaß vermindert wird.[106] Ist dieses Mindestmaß durch verbindliche Grenz- und Richtwerte bestimmbar, sollte nicht nur die vorzunehmende Maßnahme zur Beseitigung der Störung genau bezeich-

---

100 BGH NJW 1977, 146.
101 BGH NJW 1993, 925.
102 Erman-Hagen/Lorenz § 906 Rn. 38.
103 BGH NJW 1977, 146; OLG Köln NJW 1998, 763.
104 BGH NJW 1995, 714.
105 BGH NJW 1993, 925.
106 BGH NJW 1977, 146; NJW 1993, 1656.

Kesting

net werden, sondern auch die Beeinträchtigung – wenn möglich – technisch definiert werden, bei Lärmbelästigung z.b. durch Angabe der Dezibel. Ist es nicht bestimmbar, kann hier der Klageantrag allgemein auf die Verurteilung zur Beseitigung oder Unterlassung wesentlicher Immissionen ausgerichtet werden. Die Maßnahme wird dann erst durch den Vollstreckungsrichter festgelegt.[107]

61 Besondere Probleme ergeben sich im Zusammenhang mit **Abgrabungen und Vertiefungen des Grundstücks.** Hat ein Grundstückseigentümer sein Grundstück so abgegraben, dass der Boden des Nachbargrundstücks die erforderliche Stütze verliert, muss nach der Rechtsprechung[108] mit der Klage die Herstellung einer genügenden anderweitigen Befestigung verlangt werden, wobei die vor der Abgrabung vorhandene gewesene Festigkeit des beeinträchtigten Grundstücks anzugeben ist. Dies muss deshalb in den Klageantrag aufgenommen werden.

62 Besonderheiten gelten auch, wenn eine Maßnahme einer **behördlichen Genehmigung** bedarf, z.b. ist in vielen Gemeinden das Fällen bestimmter Baumarten erst durch die Kommune zu genehmigen. Dann ist natürlich in den Klageantrag ein bestimmter Vorbehalt aufzunehmen. Das Vorliegen der Genehmigung wird anschließend im Zwangsvollstreckungsverfahren geprüft. Auch hier können aber weitere Probleme auftreten, wenn der Beklagte die Genehmigung nicht einholt oder die Stadt die Genehmigung verweigert. Bei Weigerung des Beklagten muss ein neues Verfahren durchgeführt werden, in dem er entsprechend zu verurteilen wäre.[109] Allerdings schließt die öffentlich- rechtliche Genehmigungsbedürftigkeit von zu treffenden Schutzvorkehrungen die Geltendmachung des Abwehranspruchs für den Kläger im Zivilrechtsweg nicht aus.[110]

b) Beispiele für Klageanträge

63 *aa) Muster: Allgemein formulierter Klageantrag*

1 Die Beklagten werden verurteilt, durch geeignete Maßnahmen zu verhindern, dass durch (genaue Bezeichnung der Störung) das Grundstück, eingetragen im Grundbuch von ▄▄▄ Band ▄▄▄, Blatt ▄▄▄, Flurnummer ▄▄▄, mehr als unwesentlich beeinträchtigt wird.

64 Obwohl dieser Klageantrag noch dem Bestimmtheitsgebot des § 253 II Nr. 2 ZPO entspricht, sollte er so gefasst sein, dass sich der Streit nicht im Zwangsvollstreckungsverfahren fortsetzt.[111] Deshalb verlangt der BGH grundsätzlich, dass Inhalt und Umfang eines Unterlassungsgebotes eindeutig feststehen[112] und macht eine Ausnahme nur in den oben dargelegten Fällen.[113]

---

107 BGH NJW 1977, 146; NJW 1993, 1656; NJW 1999, 356.
108 BGH NJW 1978, 1584.
109 Palandt-Bassenge § 1004, Rn. 26.
110 BGH NJW 1995, 714.
111 BGH NJW 1999, 954.
112 BGH NJW 1991, 1114; NJW 1999, 3638; NJW 2000, 2195.
113 BGH 140, 1.

bb) Muster: Antrag mit konkreter Maßnahme 65

■■■ der Beklagte wird verurteilt, seinen Biergartenbetrieb abends ab 20.00 Uhr so zu betreiben, dass Einzelschallpegel von 78 dB nicht überschritten werden.

c) Aufbau der Klageschrift

In der Einleitung wird der Klagegegenstand in Kürze beschrieben. Anschließend werden die beteiligten Grundstücke nach Lage und Flurbezeichnungen dargestellt. Die Beschreibung der Störungshandlung, bei Unterlassungen auch die Handlungspflicht und Handlungsmöglichkeit, sowie ggf. die Tatsachen für die Wiederholungsgefahr folgen. Keineswegs sind die Auswirkungen der Störung (Lärm, Einschattung, Bodenverunreinigung etc.) und die notwendigen Ausführungen zur fehlenden Duldungspflicht entbehrlich. Es sollte nicht pauschal behauptet werden, der Beklage habe das Eigentum des Klägers beeinträchtigt. Die konkreten Handlungen bzw. Unterlassungen und die Tatsachen, aus denen sich eine Wiederholungsgefahr ergibt, müssen vollständig ausgeführt werden. Außerdem sind die störenden Auswirkungen auf das betreffende Grundstück zu schildern. Sind auch **öffentlich-rechtliche Belange betroffen**, z.B. die Ortsüblichkeit, sind auch diese darzulegen. Handelt es sich um eine öffentlich-rechtliche Entscheidung im Verwaltungsverfahren oder um eine verwaltungsgerichtliche Entscheidung sollte gegebenenfalls auch dargelegt werden, dass die Zivilgerichte an diese Entscheidung nicht gebunden sind. 66

2. Beweislast

Die Beweislast für sein Eigentum und die erfolgte bzw. bevorstehende Beeinträchtigung trägt nach den allgemeinen Regeln der Kläger. Allerdings beinhaltet die Eintragung im Grundbuch die Vermutung für das Eigentum des Klägers (§ 891 I BGB). Der Beklagte ist für die Voraussetzungen der Duldungspflicht nach § 1004 Abs. 2 BGB beweispflichtig. Der Beklagte kann auch in Form eines **Gegenbeweises** geltend machen, dass die Beeinträchtigung unwesentlich, unvermeidbar oder ortsüblich ist. Falls im Einzelfall **Grenzwerte** einer technischen Anleitung oder einer vergleichbaren Verordnung überschritten werden, hat dies nur Indizwirkung und führt nicht dazu, dass das Gericht im Einzelfall prüfen muss, ob eine nicht hinzunehmende Störung vorliegt.[114] 67

3. Sachliche Zuständigkeit

Diese richtet sich nach den allgemeinen Regeln, also nach der Höhe des Streitwerts (§ 23 GVG). Maßgeblich für die Bestimmung des Zuständigkeitsstreitwerts gemäß § 3 ZPO ist das Interesse des Eigentümers an der Beseitigung oder Verhinderung der Einwirkung.[115] 68

4. Örtliche Zuständigkeit

Hier gibt § 24 ZPO eine **ausschließliche örtliche Zuständigkeitsregelung** des oder der belegenen Grundstücke. Eine Gerichtsstandsvereinbarung ist wegen § 40 Abs. 2 ZPO 69

---

114 BGHZ 69, 105.
115 Putzo in Thomas/Putzo, § 3 Rn. 152.

nicht möglich. Bei Grundstücken, die in verschiedenen Gerichtsbezirken liegen, bestimmt gemäß § 36 Nr. 4 ZPO das nächsthöhere Gericht die örtliche Zuständigkeit.

5. Besonderheiten der Unterlassungsklage

70 Nach ganz h.M.[116] handelt es sich um einen mit der Leistungsklage verfolgbaren materiellen Anspruch, für den die Voraussetzungen der Klage gemäß § 259 ZPO nicht gelten.

6. Rechtsnachfolge im Prozess

71 **Rechtsnachfolge auf Klägerseite:** Wechselt das beeinträchtigte Grundstück während des Prozesses den Besitzer, ist § 265 ZPO zu beachten, d.h. der ursprüngliche Besitzer kann zwar den Prozess weiterführen, gemäß § 266 ZPO ist der Erwerber aber berechtigt und auf Antrag des Gegners auch verpflichtet, den Rechtsstreit in der Lage, in der er sich befindet, als Hauptpartei zu übernehmen. Dies ist deshalb problematisch, weil das Grundstück nicht im eigentlichen Sinne die streitbefangene Sache gemäß § 265 ZPO ist,[117] so dass die Vorschriften entsprechend anzuwenden sind. Erfolgt die Klageerhebung erst nach Veräußerung, kann natürlich nur der Erwerber klagen.[118] **Rechtsnachfolge auf Beklagtenseite:** Bei einer Rechtsnachfolge auf Störerseite besteht der Anspruch gegen den Rechtsvorgänger nur noch insoweit, als ihm eine Einwirkungsmöglichkeit auf die Störung möglich ist. Sonst ist der Rechtsnachfolger verantwortlich, der sich nicht damit exkulpieren kann, dass die Störung von seinem Rechtsvorgänger verursacht wurde. Durch Dereliktion kann sich der Eigentümer einer Sache nach überwiegender Auffassung nicht von seiner Haftung befreien.[119]

7. Klageverbindung nach § 260 ZPO

72 Beseitigungs- und Unterlassungsklage können gemäß § 260 ZPO zusammen erhoben werden. Dies wird häufig bei Bestehen von Wiederholungsgefahr der Fall sein, weil diese Gefahr in der Regel durch die vergangene Störung begründet sein wird.[120] Eine Verbindung der Klagen ist mit einem Anspruch gemäß § 906 Abs. 2 S. 2 direkt oder in analoger Anwendung oder mit einer Schadensersatzklage nach § 823 Abs. 1 BGB möglich.

---

116 Palandt-Bassenge, § 1004 Rn. 31.
117 BGH NJW 1955, 1719.
118 MünchKommBGB-Medicus, § 1004 Rn. 104.
119 Erman-Hefermehl, § 1004 Rn. 19 m.w.N.
120 Palandt-Bassenge, § 1004 Rn. 30.

8. Muster

a) Muster: Klage wegen Geruchsbelästigung

Landgericht ■■■[121]

Klage

des ■■■

Kläger

Prozessbevollmächtigte: Rae■■■

gegen

den ■■■

Beklagter

wegen Stilllegung einer Abfalldeponie

Vorläufiger Streitwert: ■■■

Namens und in Vollmacht des Klägers erhebe ich Klage und werde beantragen:
1. Der Beklagte wird verurteilt, den Betrieb auf dem Grundstück, eingetragen im Grundbuch von ■■■, Band ■■■, Blatt ■■■, Flurnummer ■■■ einzustellen.
2. Der Beklagte trägt die Kosten des Rechtsstreits.
3. Das Urteil ist notfalls gegen Sicherheitsleistung vorläufig vollstreckbar.

Für den Fall der Anordnung eines schriftlichen Vorverfahrens wird vorsorglich der Erlass eines Versäumnisurteils bzw. Anerkenntnisurteils gegen den Beklagten beantragt.

Begründung:

Der Kläger ist Alleineigentümer des Grundstücks, eingetragen im Grundbuch von ■■■, Band ■■■, Blatt ■■■, Flurnummer ■■■. Das Grundstück wurde im Jahr 2000 mit einem zweigeschossigen Einfamilienhaus bebaut. Der Beklagte ist Eigentümer des nördlich an das klägerische Grundstück anschließenden Grundstücks.

Beweis: Auszüge aus dem Grundbuch als Anlage 1

Die Grundstücke der Parteien liegen im Bereich des Bebauungsplans der Gemeinde ■■■ und sind als reine Wohngebiete ausgewiesen.

Beweis: Auszug aus dem Bebauungsplan der Gemeinde ..... als Anlage 2

Am 20.01.2002 erwarb der Beklagte das Nachbargrundstück und deponierte dort bereits kurz nach seinem Einzug Alteisen, alte Maschinen und Metallmüll jeder Art. Insbesondere an der Grundstücksgrenze zum klägerischen Grundstück lagert der Beklagte diese Materi-

---

[121] Da in Bayern das Schlichtungsverfahren gemäß § 15a EGZPO auf die Zuständigkeit der Amtsgerichte beschränkt ist und hier wegen der Höhe des Streitwerts das Landgericht zuständig ist, entfällt die Durchführung und damit auch der Nachweis eines Schlichtungsversuchs.

alien ab. Da er nicht dafür Sorge trägt, dass die Öle, Fette, Hydraulikflüssigkeiten o.ä. fachgerecht entsorgt werden, können diese ungehindert auf das Grundstück des Klägers gelangen. Zudem verbreiten sie einen unerträglichen Geruch.

Beweis: Einnahme eines Augenscheins

Außerdem betreibt der Beklagte einen schwunghaften Handel mit diesen Materialien, so dass auf seinem Grundstück ständig Käufer und Interessenten ein- und ausgehen.

Beweis: Zeuge

Durch die Ablagerung dieses Metallschrotts durch den Beklagten wird der Boden des klägerischen Grundstücks verunreinigt. Eine Hecke aus Tannen ist schon völlig eingegangen.

Beweis: Lichtbilder als Anlage 3

Darüber hinaus kann die Familie des Klägers die Terrasse nicht mehr nutzen. Da es wegen der eingegangenen Hecke an einem Sichtschutz fehlt, werden sie durch den auf dem Grundstück des Beklagten herrschenden Betrieb nicht nur unwesentlich beeinträchtigt. Auch die Geruchsbelästigung ist so unerträglich, dass ein Aufenthalt auf der Terrasse nicht mehr möglich ist.

Beweis: Augenschein

Zeuge

Der klägerische Anspruch aus § 1004 Abs. 1 BGB wird durch keine gesetzliche bzw. vertragliche Duldungspflicht eingeschränkt. Der Beklagte ist insbesondere wegen der Ausweisung des Gebiets als reines Wohngebiet auch öffentlich-rechtlich verpflichtet, den Betrieb des Schrottplatzes sofort einzustellen.

Der Kläger hat den Beklagten bereits mehrmals erfolglos mündlich abgemahnt. Letztmalig wurde er durch Anwaltsschriftsatz vom ▬▬▬ ergebnislos zur Beseitigung der Mülldeponie aufgefordert.

Beweis: anliegende Fotokopie des Schreibens vom ▬▬▬ als Anlage 4

Rechtsanwalt

b) Muster: Klage wegen Geräuschbelästigung

An das

Amtsgericht ▬▬▬

Klage

▬▬▬

Kläger

Prozessbevollmächtigter: RAe ▬▬▬

gegen

▰▰▰

Beklagter

wegen Unterlassung

Vorläufiger Streitwert: ▰▰▰

Namens und in Vollmacht des Klägers erhebe ich Klage und werde beantragen:
1. Der Beklagte wird verurteilt, den Betrieb seines Biergartens „Kastaniengarten" werktags nach 22.00 Uhr und vor Sonn- und Feiertagen nach 23.00 Uhr zu unterlassen.
2. Der Beklagte trägt die Kosten des Rechtsstreits.
3. Das Urteil ist vorläufig vollstreckbar.

Im Fall der Anordnung des schriftlichen Vorverfahrens wird vorsorglich bei nicht rechtzeitiger Verteidigungsanzeige der Erlass eines Versäumnisurteils gegen den Beklagten beantragt.

Begründung:

Der Kläger ist Alleineigentümer des Grundstücks, eingetragen im Grundbuch von ▰▰▰, Band ▰▰▰, Blatt ▰▰▰, Flurnummer ▰▰▰. Das Grundstück wurde im Jahre ▰▰▰ mit einem zweigeschossigen Einfamilienhaus bebaut. Der Beklagte ist Eigentümer des süd-westlich an das klägerische Grundstück anschließenden Grundstücks, eingetragen im Grundbuch von ▰▰▰ Band ▰▰▰, Blatt ▰▰▰, Flurnummer ▰▰▰.

Beweis: Grundbuchauszüge als Anlage 1

Die gemeinsame Grenze ist mit einer derzeit ca. 2 m hohen Thujenhecke bepflanzt.

Beweis: Augenschein

Lichtbilder als Anlage 2

Die Grundstücke der Parteien liegen im Bereich des Bebauungsplans ▰▰▰. Es handelt sich um ein Mischgebiet.

Beweis: Auszug aus dem Bebauungsplan als Anlage 3

Der Beklagte erwarb den Biergarten „Kastaniengarten" von dem Voreigentümer im Winter dieses Jahres. Der Vorgänger betrieb auf diesem Grundstück eine Gastwirtschaft, im Sommer mit Biergartenbetrieb. Der Vorgänger stellte den Ausschank im Biergarten an Wochentagen um ca. 22.00 Uhr und vor arbeitsfreien Tagen um ca. 23.00 Uhr ein. Der Beklagte hielt sich nach der Übernahme der Gaststätte nicht an diese Zeiten, sondern ließ den Biergarten an Wochentagen bis ca. 24.00 Uhr und am Wochenende sogar bis zur Sperrstunde geöffnet.

Lärmschallpegelmessungen am ▰▰▰, ▰▰▰, ▰▰▰ und ▰▰▰ ergaben folgende Werte:

▰▰▰ um 23.00 Uhr

▰▰▰ um 24.00 Uhr

▰▰▰ um 0.50 Uhr

Beweis: Lärmmessungsprotokoll in Kopie als Anlage 2

Gutachten des Sachverständigen in Kopie als Anlage 3

Die gemessenen Werte liegen eindeutig über den Grenzwerten der TA-Lärm. Durch die Überschreitung dieser Grenzwerte werden der Kläger und seine Familie nicht nur unerheblich beeinträchtigt. Wegen der Nähe des klägerischen Hauses zum benachbarten Biergarten ist die Nachtruhe nicht gewährleistet. Die Familie, zu der auch zwei kleinere Kinder gehören, kann erst dann schlafen, wenn der Betrieb im Biergarten eingestellt ist.

Beweis: Zeugen

Eine Duldungspflicht des Klägers besteht damit zumindest über die im Klageantrag zu Ziffer 1 genannten Zeiträume nicht. Es besteht ein Anspruch des Klägers aus § 1004 BGB auf Unterlassung.

Vor Klageerhebung wurde ein Schlichtungsversuch gemäß § 15a I Nr. 2 EGZPO unternommen.[122]

Beweis: Bescheinigung der Schlichtungsstelle als Anlage 4

Hier konnte jedoch keine Einigung zwischen den Parteien erzielt werden.

Rechtsanwalt

75 c) Muster: Klage wegen drohender Beeinträchtigung

An das

Amtsgericht ▪▪▪

Klage

in Sachen
1. ▪▪▪
2. ▪▪▪

Kläger

Prozessbevollmächtigte: Rae ▪▪▪

gegen
1. ▪▪▪
2. ▪▪▪

Beklagte

Prozessbevollmächtigte: Rae ▪▪▪

---

[122] Diese Zulässigkeitsvoraussetzung ist vom Gericht v.A.w. zu prüfen, so dass ein Beweisangebot nicht unbedingt erforderlich ist. Die Bescheinigung, die von der Schlichtungsstelle ausgestellt wird, sollte aber auf jeden Fall beigefügt werden.

wegen künftiger Unterlassung

Vorläufiger Streitwert: ▪▪▪

Namens und im Auftrag der Kläger erhebe ich hiermit Klage zum Amtsgericht ▪▪▪ mit den Anträgen:
1. Die Beklagten werden verurteilt, die Anlage eines Komposthaufens auf der Grundstücksgrenze zwischen dem Grundstück, eingetragen im Grundbuch von ▪▪▪, Band ▪▪▪, Blatt ▪▪▪, Flurnummer ▪▪▪ und dem Grundstück, eingetragen im Grundbuch von ▪▪▪, Band ▪▪▪, Blatt ▪▪▪, Flurnummer ▪▪▪, zu unterlassen.
2. Die Beklagten tragen die Kosten des Rechtsstreits.
3. Das Urteil ist vorläufig vollstreckbar.

Im Fall der Anordnung des schriftlichen Vorverfahrens wird vorsorglich bei nicht rechtzeitiger Anzeige der Verteidigungsbereitschaft ein Versäumnisurteil gegen die Beklagten beantragt.

Begründung:

Die Kläger sind Eigentümer des Grundstücks ▪▪▪. Das Grundstück wurde im Jahr ▪▪▪ mit einem eingeschossigen Einfamilienhaus bebaut. Die Beklagten sind Eigentümer des nördlich an das klägerische Grundstück anschließenden Grundstücks.

Beweis: Grundbuchauszüge als Anlage 1

Auf der gemeinsamen Grundstücksgrenze befindet sich ein ca. 1,5 m hoher Stacheldrahtzaun. Der Beklagte hat auf seinem Grundstück einen sog. Biogarten angelegt. Er beabsichtigt, einen Komposthaufen direkt an dem Stacheldrahtzaun zu errichten. Dieser würde dann direkt an die Terrasse der Kläger angrenzen.

Beweis: Augenschein

Die Kläger haben einen Anspruch auf Unterlassung gemäß § 1004 BGB. Sie würden durch die Errichtung dieses Komposthaufens in nicht unerheblicher Weise beeinträchtigt. Die Beeinträchtigung besteht in der erheblichen Geruchsbelästigung, insbesondere bei Sonneneinstrahlung, die regelmäßig von einem Komposthaufen ausgeht und durch das vermehrte Auftreten von Insekten, z.B. von Schmeißfliegen. Der Kläger könnte seine Terrasse dann nicht mehr nutzen.

Beweis: Augenschein

Außerdem ist das Verhalten des Beklagten reine Schikane. Er könnte diesen Komposthaufen unproblematisch an der anderen Grundstücksseite errichten, da sich hier keine bebauten Grundstücke befinden.

Vor Klageerhebung wurde ein Schlichtungsversuch gemäß § 15a I Nr. 2 EGZPO unternommen.[123]

Beweis: Bescheinigung der Schlichtungsstelle als Anlage 2

---

[123] Diese Zulässigkeitsvoraussetzung ist vom Gericht v.A.w. zu prüfen, so dass ein Beweisangebot nicht unbedingt erforderlich ist. Die Bescheinigung, die von der Schlichtungsstelle ausgestellt wird, sollte aber auf jeden Fall beigefügt werden.

§ 2 Der allgemeine Abwehranspruch im Nachbarrecht

Hier konnte jedoch keine Einigung zwischen den Parteien erzielt werden.

Rechtsanwalt

76 d) Muster für Unterlassungsklage nach § 1004 BGB wegen Befahrens eines Grundstücks

An das Amtsgericht ■■■

Klage

■■■

Kläger

Prozessbevollmächtigter: Rechtsanwalt ■■■

gegen

■■■

Beklagter

wegen

Unterlassung

Vorläufiger Streitwert: ■■■

Namens und in Vollmacht des Klägers erhebe ich Klage und werde beantragen:
1. Der Beklagte wird verurteilt, das Befahren des Grundstücks, eingetragen im Grundbuch von ■■■, Band ■■■, Blatt ■■■, Flurnummer ■■■ mit einem Kraftfahrzeug sowie das Betreten des o.g. Grundstücks zu unterlassen.
2. Der Beklagte trägt die Kosten des Rechtsstreits.
3. Das Urteil ist vorläufig vollstreckbar.

Begründung:

Der Kläger ist Eigentümer des Grundstücks, eingetragen im Grundbuch, Band ■■■, Blatt ■■■, Flurnummer ■■■. Der Beklagte ist Eigentümer des danebenliegenden Grundstücks, eingetragen im Grundbuch von ■■■, Band ■■■, Blatt ■■■, Flurnummer ■■■.

Beweis: Grundbuchauszüge als Anlage 1

Der Beklagte hat das Grundstück vom Kläger am 04.07.2004 erworben und das auf diesem Grundstück befindliche Einfamilienhaus am 01.08.2004 bezogen. Seit diesem Tag fährt der Beklagte mit seinem Pkw, amtliches Kennzeichen ■■■, täglich über einen auf dem Grundstück des Klägers liegenden Schotterweg, um seinen Pkw hinter dem Einfamilienhaus zu parken.

Beweis: Zeuge
Lichtbilder als Anlage 2

Der Kläger hat den Beklagten mit Schreiben vom 01.09.2004, 01.10.2004 und 15.10.2004 aufgefordert, sein Grundstück weder zu befahren noch zu betreten.

Beweis: Schreiben vom 01.09.2004, 01.10.2004 und 15.10.2004 in Kopie als Anlage 3 bis 5

Der Beklagte hat seine Fahrten über das klägerische Grundstück jedoch fortgesetzt.

Beweis: Zeuge

Dem Beklagten steht kein Recht zum Betreten des klägerischen Grundstücks zu. Der Kläger hat daher einen Anspruch aus § 1004 BGB.

Vor Klageerhebung wurde ein Schlichtungsversuch gemäß § 15a I Nr. 2 EGZPO unternommen.[124]

Beweis: Bescheinigung der Schlichtungsstelle als Anlage 6

Hier konnte jedoch keine Einigung zwischen den Parteien erzielt werden.

Rechtsanwalt

e) Muster: Klageerwiderung

An das Amtsgericht ▪▪▪

In Sachen

▪▪▪

zeige ich an, dass ich den Beklagten vertrete.

Ich werde beantragen:
1. Die Klage wird abgewiesen.
2. Die Kosten des Rechtsstreits trägt die Klägerin.
3. Das Urteil ist vorläufig vollstreckbar.

Begründung:

Richtig ist, dass der Beklagte am 04.07.2004 vom Kläger das Grundstück, eingetragen im Grundbuch von ▪▪▪ gekauft und dieses am 01.08.2004 bezogen hat. Es trifft ebenfalls zu, dass der Beklagte täglich über den auf dem Grundstück des Klägers befindlichen Schotterweg fährt, um zu seiner hinter dem Haus liegenden Garage zu gelangen. Der Kläger hat das Haus gebaut und bis zum 01.06.2004 selbst bewohnt. Auf dem daneben liegenden zunächst unbebauten Nachbargrundstück, das zunächst auch dem Kläger gehörte, hat der Kläger diesen Schotterweg angelegt, um zu der Garage zu gelangen, die er nachträglich hinter dem Einfamilienhaus des Beklagten gebaut hat.

Bei den Verkaufverhandlungen hat der Kläger dem Beklagten mündlich gestattet, diesen Weg zu benutzen. Diese Gestattung der Durchfahrt war für den Kaufentschluss des Beklagten entscheidend.

Beweis: Zeugen

Der Beklagte hat daher diesen Weg benutzt, weil es die einzige Möglichkeit ist, um mit seinem Fahrzeug in die Garage zu gelangen. Auch der Kläger hat diesen von ihm angelegten

---

124 Diese Zulässigkeitsvoraussetzung ist vom Gericht v.A.w. zu prüfen, so dass ein Beweisangebot nicht unbedingt erforderlich ist. Die Bescheinigung, die von der Schlichtungsstelle ausgestellt wird, sollte aber auf jeden Fall beigefügt werden.

Weg benutzt, um sein Fahrzeug in der von ihm nachträglich angebauten Garage unterzustellen. Eine andere Möglichkeit, um in die Garage zu gelangen, gibt es nicht. Es gibt auch keine Abstellmöglichkeiten für das Fahrzeug des Beklagten auf der angrenzenden öffentlichen Straße und in der näheren Umgebung, weil diese durch Halte- und Parkverbotsschilder ausgeschlossen sind.

Beweis: Augenschein

Der Kläger hat die Straße auf dem Nachbargrundstück extra angelegt, um eine Garagenzufahrt zu ermöglichen. Es handelt sich um eine ausgebaute Privatstraße. Er wird auch nicht durch das Befahren des Grundstücks belästigt, weil er die Zufahrt zum Nachbargrundstück durch eine 2 m hohe Hecke abgegrenzt hat.

Beweis: Augenschein

Dem Kläger steht damit kein Anspruch aus § 1004 BGB zu. Zum einen hat der Beklagte einen Anspruch aus § 1004 i.V.m. §§ 917, 918 Abs. 2 S. 1 und 2 BGB, der dem klägerischen Anspruch entgegensteht. Zum anderen steht dem Kläger auch deshalb kein Recht auf Beseitigung zu, weil er sich in Widerspruch zu seinem eigenem Verhalten setzen würde, nachdem er dem Beklagten gestattet hatte, den angelegten Privatweg zu benutzen. Der Beklagte kann sich auf § 242 BGB berufen.

Der Beklagte ist nicht bereit, den Kläger durch eine Rente gemäß § 917 II BGB für die Durchfahrt zu entschädigen. Ein Nachteil besteht für den Kläger nicht, weil der Beklagte nur deshalb das klägerische Grundstück gekauft hat, weil er diesen Weg zur Garage benutzen kann. Ansonsten wäre der gezahlte Kaufpreis auch nicht gerechtfertigt.

Rechtsanwalt

II. Vorläufiger Rechtsschutz

1. Prozessuale Besonderheiten beim vorläufigen Rechtsschutz

a) Allgemeines

78 Vorläufiger Rechtsschutz kommt im Nachbarschaftsrecht insbesondere bei Unterlassungsansprüchen in Betracht. Störende Immissionen können beispielsweise mit einem Antrag auf Erlass einer einstweiligen Verfügung (§§ 935, 940) abgewehrt werden. Auch für Grenzüberschreitungen durch Neubauten bietet sich der vorläufige Rechtsschutz an, ebenso im Fall der verbotenen Eigenmacht im Sinne des § 858 BGB. Im Rahmen des einstweiligen Verfügungsverfahrens sind dessen Besonderheiten zu berücksichtigen. Es darf also keinesfalls das Ergebnis des Hauptsacheprozesses vorweggenommen werden. Bereits in der Beratungssituation ist zu prüfen, welche vorläufige Maßnahme den Störungszustand beseitigen könnte. Kommt nur eine endgültige Beseitigung in Betracht, gebührt dem Klageweg der Vorzug. Kommt nur eine ganz bestimmte Maßnahme zur Störungsbeseitigung in Betracht, sollte diese in den Antrag aufgenommen werden, ansonsten gehört ein Vorschlag dazu nicht in den Antrag, sondern in die Begründung. Zu beachten ist, dass bei der Immissionsabwehr im Wege der einstweiligen Verfügung häufig konkrete Maßnahmen angeordnet werden, während das Urteil im Hauptsacheprozess nur generell die Beseitigung der Beeinträchtigung anordnen darf, weil dem Störer Gelegenheit gegeben werden soll, die Störung selbst zu

beseitigen. Das Gericht darf daher im Hauptsacheprozess nur solche Maßnahmen treffen, mit denen der Störer selbst einverstanden ist, wenn er zur Beseitigung verurteilt wird oder falls dem Beklagten eine Wahl in Wirklichkeit gar nicht möglich ist. Sämtliche Maßnahmen sollten im einstweiligen Verfügungsverfahren aber nur **vorläufigen Regelungscharakter** haben. Bei der Prüfung der Frage, ob einstweiliger Rechtsschutz in Betracht kommt, ist natürlich auch daran zu denken, dass § 123 VwGO für das Öffentliche Recht eine entsprechende Norm bereithält.

b) Sachantrag

Hier ergeben sich gegenüber dem Klageverfahren keine Besonderheiten. Allerdings sollte bei Unterlassungsverfügungen gleichzeitig der Antrag auf Androhung von Ordnungsgeld bzw. Ordnungshaft gestellt werden, weil anderenfalls ein gesondertes Verfahren auf Androhung des Ordnungsmittels durchgeführt werden müsste.

c) Die Glaubhaftmachung

Verfügungsanspruch und Verfügungsgrund sind gemäß §§ 936, 920 ZPO grundsätzlich glaubhaft zu machen, wobei sich der Antragsteller gemäß § 294 ZPO aller Beweismittel bedienen kann und ihm zudem die **eidesstattliche Versicherung** zur Verfügung steht. Diese und der Urkundenbeweis sind die wichtigsten Beweismittel, weil alle anderen eine förmliche Beweisaufnahme erfordern. Bei der Beschaffung der von Zeugen abzugebenden eidesstattlichen Versicherungen ergeben sich häufig Schwierigkeiten, wenn der Anwalt dem Mandanten die Beschaffung überlässt. Dann besteht die Gefahr, dass das Beweisthema nicht klar zum Ausdruck kommt und die eidesstattliche Versicherung neu formuliert werden muss, was unter Umständen wertvolle Zeit kostet. Auch der Antragsteller selbst kann eine eidesstattliche Versicherung abgeben, wenn Zeugen nicht zur Verfügung stehen, § 294 Abs. 2 ZPO. Diese sollte möglichst sorgfältig formuliert werden und möglichst durch Urkunden, Kopien, Notizen in ihrem Beweiswert ergänzt werden. Nimmt der Anwalt die einstweilige Verfügung selbst auf, sollte er darauf achten, dass der Zeuge nicht nur auf die Bedeutung des § 156 StGB hingewiesen wird, sondern diesen Hinweis auch in den Belehrungstext der eidesstattlichen Versicherung aufnehmen.

Muster: Eidesstattliche Versicherung

Ich, der Unterzeichnete ■■■ (Name und Adresse des Zeugen einfügen), erkläre hiermit in Kenntnis der Bedeutung einer eidesstattlichen Versicherung und in Kenntnis der Strafbarkeit einer falschen eidesstattlichen Versicherung zur Vorlage beim Amtsgericht in ■■■ Folgendes an Eides statt:

■■■

d) Rechtsschutzmöglichkeiten der anderen Partei

Die andere Partei kann gegen den die einstweilige Verfügung erlassenden Beschluss **Widerspruch** einlegen, §§ 924, 935, 936 ZPO. In diesem Zusammenhang ist daran zu denken, dass gleichzeitig oder unmittelbar nachfolgend die **einstweilige Einstellung der**

Zwangsvollstreckung gemäß § 924 in Verbindung mit § 707 Abs. 1 S. 1 ZPO beantragt werden sollte, denn die Einlegung des Widerspruchs hemmt die Vollziehung nicht, führt also nicht dazu, dass die Zwangsvollstreckung gehindert würde.

e) Verfahren nach Widerspruch

83 Wird Widerspruch eingelegt, kommt es zu einer mündlichen Verhandlung (§ 924 Abs. 1 S. 2 ZPO) und es wird durch Endurteil im Verfahren des einstweiligen Rechtsschutzes entschieden, also grundsätzlich keine endgültige und damit bereinigende Klärung der Sache durchgeführt. Das Gericht kann die Aufhebung oder Abänderung der einstweiligen Verfügung anordnen, diese aber auch bestätigen oder die Bestätigung, Abänderung oder Aufhebung von einer Sicherheitsleistung abhängig machen, § 925 Abs. 2 ZPO. Es ist dabei nicht an die Anträge der Parteien gebunden. Gegen das Endurteil finden die normalen Rechtsmittel bzw. im Fall des Erlasses eines Versäumnisurteils der Einspruch gegen dieses statt. Falls eine Berufung eingelegt wird, sollte auch hier bedacht werden, dass die Einstellung der Vollziehung des Urteils gemäß §§ 707, 719 ZPO beantragt werden kann.

f) Fristsetzung zur Klageerhebung

84 Im Rahmen des §§ 936, 926 ZPO besteht die Möglichkeit, dass der Verfügungsbeklagte binnen einer vom Gericht zu bestimmenden Frist Klage erheben kann. Für diesen Antrag fehlt allerdings das Rechtsschutzbedürfnis, wenn die zeitlich begrenzte Dauer der einstweiligen Verfügung abgelaufen ist,[125] die Hauptsacheklage bereits anhängig oder das Verfahren über sie bereits abgeschlossen ist. Hier ist auch zu beachten, dass die Wiederholungsgefahr weggefallen sein könnte oder der Anspruch bereits erfüllt ist. Dann fehlt natürlich ebenfalls das Rechtsschutzbedürfnis.[126] Zuständig für diese Entscheidung ist der Rechtspfleger, so dass für den Gläubiger die **sofortige Erinnerung** gemäß § 11 Abs. 2 S. 1 RPflG und für den Schuldner bei Ablehnung des Antrags oder zu langer Frist die **sofortige Beschwerde** gemäß §§ 11 Abs. 1 RPflG, § 567 Abs. 1 Nr. 2 ZPO der richtige Rechtsbehelf/Rechtsmittel ist.[127] Falls binnen der durch das Gericht gesetzten Frist keine Klage erhoben wurde, ist auf Antrag die einstweilige Verfügung durch Endurteil aufzuheben. Auch hier sind die allgemeinen Rechtsmittel möglich.

2. Mandatsverhältnis und anwaltliche Beratungssituation

85 In den meisten Fällen wird der Rechtsanwalt kurzfristig mit der Notwendigkeit des Erlasses einer einstweiligen Verfügung konfrontiert, sei es, weil der Mandant ihn relativ spät informiert, sei es, dass dieser erst durch die Beratung die Eilbedürftigkeit der Maßnahme erkennt. Der Gegner sollte möglichst mit der Eilmaßnahme überrascht werden, um zu verhindern, dass er noch vor Erlass der Maßnahme vollendete Tatsachen schafft und damit einen Erfolg der Eilmaßnahme verhindert. Deshalb sollte der Eilantrag möglichst überzeugend und sorgfältig begründet werden, damit das Gericht

---

125 OLG Hamm MDR 1986, 418.
126 Reichold in Thomas/Putzo, § 926 Rn. 3.
127 Reichold in Thomas/Putzo, § 926 Rn. 6.

die einstweilige Verfügung auch ohne begründete Zweifel erlassen kann. Außerdem sollte der Anwalt den Mandanten über das **höhere Kostenrisiko**, das mit dem Eilantrag verbunden ist, aufklären.

III. Zwangsvollstreckung

1. Besonderheiten beim Anspruch auf Beseitigung

Für die Vollstreckungsart sind nicht der materiellrechtliche Anspruch und der Urteilstenor maßgebend, sondern ein in der Sache ausgesprochenes Handlungs- oder ein Unterlassungsgebot. Denn eine Verurteilung zu einer bereits eingetretenen Beeinträchtigung etwa durch eine vom Störer eingerichtete Anlage enthält in der Sache das Handlungsgebot, durch geeignete Maßnahmen dafür Sorge zu tragen, dass diese Störung aufhört. Im Urteil heißt es häufig „... der Beklagte habe geeignete Maßnahmen zur Beseitigung der Störung zu ergreifen." Dies beinhaltet in der Regel ein Handlungsgebot[128] – wurde ein solches ausgesprochen, richtet sich die Zwangsvollstreckung nach den §§ 887, 888 ZPO, so dass zwischen vertretbaren und unvertretbaren Handlungen zu unterscheiden ist. Vertretbare Handlungen sind solche, die vom Schuldner nicht selbst vorgenommen werden müssen, so dass auch ein Dritter die Störung beseitigen kann. Unvertretbare Handlungen können nur vom Schuldner selbst vorgenommen werden, so dass die Vollstreckung nur durch die Festsetzung von Zwangsgeld oder Zwangshaft betrieben werden kann.

86

2. Besonderheiten beim Anspruch auf Unterlassung

a) Allgemeines

Die Vollstreckung eines Unterlassungsgebotes erfolgt regelmäßig nach § 890 ZPO, so dass der Schuldner bei schuldhafter Zuwiderhandlung gegen dieses Urteil nach vorheriger Androhung durch Ordnungsgeld bzw. Ordnungshaft zu der Unterlassung angehalten werden soll. Schwierig ist hier häufig die Beweisführung für den Gläubiger. Außerdem ist die Abgrenzung zwischen § 888 ZPO und § 890 ZPO nicht immer eindeutig. Streitig ist beispielsweise, ob die Verurteilung zu einer immissionsfreien Tierhaltung nach § 888 ZPO[129] oder § 890 ZPO[130] zu vollstrecken ist. Die Verurteilung, eine Sache nicht in bestimmter Weise zu nutzen oder durch Dritte nutzen zu lassen, ist in der Sache ein Unterlassungsgebot, auch wenn Maßnahmen gegen Dritte notwendig werden.[131]

87

b) Voraussetzungen für die Verhängung eines Ordnungsmittels

Voraussetzung für die Verhängung eines Ordnungsmittels ist das Vorliegen der **allgemeinen Vollstreckungsvoraussetzungen** (Titel, Klausel, Zustellung), außerdem muss das Ordnungsmittel vorher angedroht worden sein (§ 890 Abs. 2 ZPO); es empfiehlt sich daher, schon mit dem Antrag auf Unterlassung bereits den Antrag auf Androhung des Zwangsmittels gemäß § 890 Abs. 2 ZPO zu stellen. Weitere Voraussetzung ist,

88

---

128 OLG Düsseldorf, NJW-RR 1998, 1768; OLG Saarbrücken NJW-RR 2001, 163.
129 OLG München, OLGZ 1982, 191.
130 OLG München MDR 1990, 442; OLG Köln OLGZ 1994, 313.
131 BayObLG NJW-RR 1995, 1040.

dass der Vollstreckungsschuldner seinen in dem Titel genau bezeichneten Verpflichtungen zur Duldung oder Unterlassung einer bestimmten Handlung schuldhaft zuwider gehandelt hat (§ 890 Abs. 1 ZPO). Die objektive Zuwiderhandlung des Schuldners muss durch den Gläubiger bewiesen werden, eine Glaubhaftmachung reicht hier nicht aus. Außerdem ist der Vollstreckungsschuldner vor Erlass des Beschlusses (§ 891 ZPO) anzuhören.

c) Vollstreckung der Einstweiligen Verfügung

89 Die Vollstreckung aus der einstweiligen Verfügung ist nach § 929 Abs. 2 ZPO **fristgebunden**; sie ist unzulässig, wenn nach Verkündung oder der Zustellung des Beschlusses ein Monat verstrichen ist. Werden Vollstreckungsmaßnahmen nach Fristablauf eingeleitet, sind diese unwirksam und ihre Aufhebung kann nach § 766 ZPO beantragt werden.

d) Rechtsschutzmöglichkeiten des Gegners

90 Gegen den ein Ordnungsmittel festsetzenden Beschluss bzw. gegen die Zurückweisung des Antrag des Vollstreckungsgläubigers auf Festsetzung ist die **sofortige Beschwerde** nach § 793 ZPO gegeben, die binnen einer Notfrist von 2 Wochen gemäß § 569 Abs. 1 S. 1 ZPO bei dem Gericht, dessen Entscheidung angefochten wird, oder beim Beschwerdegericht einzulegen ist. Die **Rechtsbeschwerde** ist nur unter den Voraussetzungen des § 574 Abs. 1 Nr. 1, Abs. 2 ZPO zulässig, also nur dann, wenn sie wegen grundsätzlicher Bedeutung der Sache, wegen der Fortbildung des Rechts oder der Sicherung einer einheitlichen Rechtsprechung vom Beschwerdegericht zugelassen wird.

3. Muster

91 a) Muster: Bestrafungsantrag nach § 890 ZPO

In der Vollstreckungssache

Namens und in Vollmacht des Gläubigers beantrage ich zu beschließen:
1. Gegen den Schuldner wird wegen fortgesetzten Verstoßes gegen das Verbot, die an der Grenze zum Grundstück des Gläubigers befindlichen Heckenpflanzen mit Pflanzenvernichtungsmittel jeder Art zu behandeln, ein Ordnungsgeld, ersatzweise für den Fall, dass dieses nicht beigetrieben werden kann, Ordnungshaft festgesetzt.
2. Der Schuldner ist verpflichtet, ab Zustellung dieses Beschlusses bis zum Ablauf des ... eine Sicherheit von ... € zugunsten des Gläubigers, für dessen durch künftige Zuwiderhandlung entstehenden Schaden zu leisten.

Begründung:

Das Amtsgericht ■■■ hat durch Urteil vom 01.02.2004, rechtskräftig seit 10.03.2004, entschieden, dass dem Schuldner unter Androhung eines für jeden Fall der Zuwiderhandlung festzusetzenden Ordnungsgeldes von bis zu 250.000,-- €, ersatzweise von Ordnungshaft bis zu 6 Monaten, verboten ist, die an der Grenze zum Grundstück des Gläubigers befindliche Thujenhecke mit einem Pflanzenvernichtungsmittel zu behandeln.

Beweis: Urteil des Amtsgerichts Starnberg vom 01.02.2004 in Kopie als Anlage 1

Diesem Urteil hat der Schuldner mehrmals zuwidergehandelt.

Am 20.04.2004 gegen 14.45 Uhr besprühte der Schuldner die im Grenzbereich der beiden Grundstücke gepflanzten Thujen mit einem Pflanzenvernichtungsmittel.

Beweis: Zeuge
Sachverständigengutachten

Die Pflanzen bekamen daraufhin braune fleckige Stellen und verkümmerten teilweise.

Einen Monat später, gegen 11.30 Uhr, besprühte der Schuldner wiederum mit dem unbekannten Vernichtungsmittel die bis dato noch nicht eingegangenen Pflanzen, die daraufhin vollständig verkümmerten.

Beweis: Augenscheinnahme des anliegenden Videobandes, das das Besprühen durch den Schuldner und den Zustand der Hecke zeigt.

Zeugen: wie vor
Sachverständigengutachten

Der Schuldner ist wegen dieses zweifachen Verstoßes durch ein empfindliches Ordnungsgeld zur weiteren Unterlassung anzuhalten.

Da der Schuldner trotz des rechtskräftigen Urteils wiederholt und beharrlich gegen dieses verstößt, sind weitere Verstöße zu erwarten.

Dem Gläubiger ist ein erheblicher Schaden entstanden. Die Thujenhecke, die er erst im Sommer 2003 angepflanzt hatte, ist größtenteils eingegangen.

Beweis: Augenschein
Sachverständigengutachten

Dem Gläubiger ist ein Schaden in Höhe von ▬▬▬ € entstanden. Dieser setzt sich zusammen aus Kosten für die Anschaffung der Heckenpflanzen im Sommer 2003 und den entstehenden Kosten für die Neubepflanzung.

Rechtsanwalt

b) Muster: Antrag nach § 887 ZPO

In der Zwangsvollstreckungssache ▬▬▬./.▬▬▬

An das

Amtsgericht ▬▬▬

Der Gläubiger wird ermächtigt, die nach dem vollstreckbaren Urteil des Amtsgerichts ▬▬▬ vom 27.09.2004 – Az: ▬▬▬ dem Schuldner obliegende Beseitigung der auf seinem Grundstück befindlichen Mulde durch ein vom Gläubiger zu beauftragendes Unternehmen vornehmen zu lassen.

Der Schuldner ist verpflichtet, zu diesem Zweck das Betreten und Befahren seines Grundstücks durch den beauftragten Unternehmer zu dulden und diesem Zugang zu gewähren.

§ 2 Der allgemeine Abwehranspruch im Nachbarrecht

Der Schuldner ist verpflichtet, die für die Ersatzvornahme entstehenden voraussichtlichen Kosten zu tragen.

Begründung:

Der Schuldner ist in dem Urteil des Amtsgerichts ■■■ vom 27.07.2004 – Az. ■■■ verpflichtet worden, die Müllhalde auf seinem Grundstück zu beseitigen. Diese Beseitigung hat er bis heute nicht vorgenommen. Daher ist die Vollstreckung durch Ersatzvornahme geboten. Der Schuldner hat die dafür entstehenden Kosten zu tragen.

93 c) Muster: Erwiderung des Schuldners beim Antrag nach § 887 ZPO

An das Amtsgericht ■■■

11 Die Verpflichtung aus dem Urteil des Amtsgerichts Traunstein konnte mein Mandant bisher noch nicht erfüllen, weil er kein geeignetes Unternehmen gefunden hat, das die Beseitigung bis zum 20.10. vornimmt. Da mein Mandant schwer gehbehindert ist, kann er diese Verpflichtung selbst nicht erfüllen. Der Unternehmer, den mein Mandant nunmehr beauftragt hat, wird am 10.11.2004 die Müllhalde beseitigen.

■■■

§ 3 Ansprüche im Zusammenhang mit § 906 Abs. 1 BGB

A. Vorprozessuale Situation

I. Allgemeines

§ 906 BGB regelt unmittelbar nur die Frage des **nachbarlichen Interessenausgleichs** bei nicht hoheitlichen Immissionen, ist also eine Norm des privaten Nachbarrechts. Die Vorschrift setzt den Abwehrrechten des Eigentümers aus §§ 903, 1004 BGB Grenzen nur gegenüber Einwirkungen, die von einem anderen Grundstück ausgehen. Die Benutzung des eigenen Grundstücks innerhalb dessen Grenzen, bedarf grundsätzlich keiner besonderen Rechtfertigung gegenüber dem Nachbarn.[132] Nur dann, wenn die Einwirkungen die Grenze zum Nachbargrundstück überschreiten, bedarf es daher eines Abwehranspruchs gegenüber dem anderen Nachbarn. § 906 Abs. 1 BGB selbst ist keine Abwehrnorm, sondern stellt eine Inhaltsbestimmung des Eigentums dar. Die Vorschrift führt – falls die Voraussetzungen des § 906 Abs. 1 BGB gegeben sind – zum Ausschluss der Abwehransprüche aus §§ 907, 1004 BGB. Der Grundgedanke dieser Bestimmung ist, dass aus dem sozialen Gebilde des nachbarrechtlichen Zusammenlebens heraus bestimmte Störungen hinzunehmen und notfalls durch Geldausgleich zu entschädigen sind.[133] Im Hinblick auf die steten Veränderungen der Lebensverhältnisse in unserer Zeit, insbesondere der stärker werdenden Bedeutung des Immissionsschutzes und des Umweltschutzes, muss die Vorschrift des § 906 BGB diesen Anforderungen Rechnung tragen[134] und ist daher steter Wandlung unterworfen.

94

1. Regelungsinhalt

Voraussetzung für den Anwendungsbereich des § 906 Abs. 1 BGB im Zusammenhang mit einem Abwehranspruch gemäß § 1004 Abs. 1 BGB ist, ob eine wesentliche Eigentumsbeeinträchtigung durch Immissionen oder durch eine ähnliche Einwirkung vorliegt und ob diese vom Eigentümer geduldet werden muss. Unwesentliche Einwirkungen sind nach § 906 Abs. 1 BGB zu dulden, wesentliche Einschränkungen können dagegen gemäß § 1004 Abs. 1 BGB abgewehrt werden.

95

a) Immissionen

Immissionen sind grenzüberschreitende Einwirkungen, die in ihrer Ausbreitung weitgehend unkontrollierbar und unbeherrschbar sind,[135] in ihrer Intensität schwanken und damit andere Grundstücke überhaupt nicht, nur unwesentlich oder wesentlich beeinträchtigen. Aus dem Gesetzeswortlaut ergibt sich, dass es sich auch bei den ähnlichen Einwirkungen im Sinne von § 906 Abs. 1 BGB um Grenzüberschreitungen mit gesundheits- oder eigentumsschädlichen Wirkungen handeln muss.[136] Allerdings fallen unter § 906 Abs. 1 BGB keine ästhetischen oder negativen Immissionen. Das Wesen der Einwirkung im Sinne von § 906 Abs. 1 BGB besteht daher darin, dass diese von einem

96

---

132 BGH NJW 1984, 729.
133 Erman-Hagen/Lorenz, § 906 Rn. 1.
134 RG 154, 161; BGH 48, 31.
135 BGHZ 117, 110.
136 BGHZ 51, 396.

§ 3 Ansprüche im Zusammenhang mit § 906 Abs. 1 BGB

Nachbargrundstück – nicht unbedingt dem unmittelbaren Nachbarn – ausgeht und dem betroffenen Grundstück zugeführt wird (sog. **grenzüberschreitende Immission**).

b) Beispiele aus der neueren Rechtsprechung

- Gase, Dämpfe, Gerüche:,[137] Fluor, Kläranlage, Komposthaufen, Müllbehälter, Nerzfarm, Schweinemast, Katzen, Naturdung, Bäckerei.
- Rauch, Ruß und auch Staub:[138] Zementwerk, Straßenbau
- Geräusche:[139] unzulässiges Halten mit laufendem Motor, Bushaltestelle, Straßenbahn, Parkplatz, Hausmusik, Volksfest, Gaststätte, Sportplatz, Kinderspielplatz, Kindergarten, Spielstraße, Hühnergackern, Hundegebell, Froschquaken, Zeitläuten von Kirchenglocken, Militärflugplatz, Schießstand
- Erschütterungen:[140] Gebäudebau, Sprengung
- Ähnliche Einwirkungen:[141] Laub, Nadel, Blütenbefall, Samenflug, Bienen, Wollläuse, Gebäudeaußenbeleuchtung, elektromagnetische Wellen, Rückstände von Unkrautvernichtungsmitteln.

nicht: feste Körper, wie Hunde, Katzen-, Hühner- und Kaninchenhaltung als solche

c) Wesentliche Beeinträchtigung

97 Der Eigentümer kann die Zuführung von Immissionen und ähnlichen Einwirkungen nur insoweit verbieten, als die Grundstücksbenutzung wesentlich beeinträchtigt ist. Ob eine Beeinträchtigung wesentlich ist oder nicht, ist negativ abzugrenzen. Unwesentlich ist die Beeinträchtigung, wenn die nach den Vorschriften des § 906 Abs. 1 S. 2 und S. 3 BGB ermittelten und bewerteten Einwirkungen die dort genannten Werte nicht übersteigen. Trotz Einhaltung der Werte nach § 906 Abs. 1 S. 2 u. 3 BGB kann eine wesentliche Beeinträchtigung aber dann vorliegen, wenn immissionsbedingte Schäden auftreten.[142] Im Grenzbereich sind Mittelwerte zu Grunde zu legen.[143] **Private Umweltstandards** (DIN-, VDI-, VDE-Normen) begründen keine Regelfälle der Beeinträchtigung, die Einhaltung hat aber Indizwirkung.[144] Maßstab ist das Empfinden eines verständigen Menschen,[145] nicht jedoch das subjektive Empfinden des Belästigten. Eine einmalige Beeinträchtigung spricht für Unwesentlichkeit.[146]

---

137 BGHZ 70, 102; 91, 20; 140, 1; OLG Köln DB 1963, 199; OLG Koblenz MDR 1980, 578; OLG München NJW-RR 1991, 17; OLG Karlsruhe NJW-RR 2001, 1236; LG-München I NJW-RR 1988, 205.
138 BGHZ 62, 186; BGH LM Nr. 27, 40.
139 BGHZ 111, 63; 120, 239;129, 124; BGH NJW 1982, 440; BGH NJW 1984, 1242; BGH LM Nr. 17, 37; OLG Stuttgart NVwZ 1985, 784; OLG Karlsruhe, NJW-RR 1989, 1179; OLG Düsseldorf NJW-RR 1995, 542; 1996, 211; OLG Celle MDR 1997, 1023; OLG München ZMR 1998, 553; LG München I NJW-RR 1988 205; LG Kempten NJW 1995, 970; LG Düsseldorf, NZM 1999, 1024; LG Aschaffenburg NZM 2000, 733; BVerwG NJW 1992, 2779; VGH Mannheim NvwZ 1990, 988.
140 BGHZ 85, 375; BGH NJW 1999, 1029.
141 BGHZ 90, 255; 117, 110; BGH NJW 1995 2633; OLG Stuttgart NJW-RR 1988, 204; OLG Frankfurt NJW 1991, 1364; OLG Düsseldorf; NJWE-MietR 1996, 2; OLG Düsseldorf, NJW-RR 1995, 1231; OLG Naumburg MDR 1999, 1193; LG Wiesbaden NZM 2002, 86; BVerfG NJW 1997, 2509.
142 BGH NJW 1999, 1029.
143 BGH NJW 2001, 3119.
144 OLG Düsseldorf NJW-RR 1997, 272; LG München II NJW–RR 1997, 465.
145 Z.B. derjenige, der das veränderte Umweltbewusstsein oder das Allgemeininteresse an einer jugendfreundlichen Umgebung oder die berechtigten Belange Behinderter berücksichtigt.
146 VG Frankfurt NJW 1999, 1986.

Bei **Geräuschen** entscheidet die Lästigkeit. Dabei ist die Lautstärke nur eine Komponente unter vielen anderen (Häufigkeit,[147] Zeitpunkt,[148] Eigenarten des Geräuschs).[149] Die Überschreitung dieser Werte gibt zwar einen deutlichen Hinweis für eine Beeinträchtigung, sie ist jedoch nicht die Regel.[150]

98

Das Fehlen einer notwendigen Genehmigung des öffentlichen Rechts spricht ebenfalls für eine wesentliche Beeinträchtigung, zumindest solange nicht feststeht, dass die störende Benutzung uneingeschränkt genehmigungsfähig ist.[151] Im Interesse einer Vereinheitlichung zivilrechtlicher und öffentlich-rechtlicher Beurteilungsmaßstäbe kann eine Abstimmung zwischen öffentlichem und zivilrechtlichem Nachbarschutz insoweit vorgenommen werden, als § 22 Abs. 1 BImSchG zur Beurteilung, ob eine wesentliche Geräuschbelästigung vorliegt, herangezogen werden kann.[152]

99

d) Ortsüblichkeit

§ 906 Abs. 2 S. 1 BGB schließt einen Anspruch ebenfalls dann aus, wenn eine wesentliche Beeinträchtigung durch eine ortsübliche Benutzung des anderen Grundstücks herbeigeführt wird und die Beeinträchtigung nicht durch Maßnahmen verhindert werden kann, die Benutzern dieser Art wirtschaftlich zumutbar sind. Zur Konkretisierung dieses Begriffs wurde vom BGH[153] die sog „**Geprägetheorie**" entwickelt. Danach ist eine vergleichende Betrachtung von dem störenden zum beeinträchtigten Grundstück vorzunehmen. Ein wesentliches Kriterium ist dabei die Art der baulichen Nutzung auf der Grundlage der Baunutzungsverordnung im Zusammenhang mit den maßgeblichen Raumordnungs- und Bauleitplänen. Eine im Bebauungsplan zunächst nur vorgesehene Nutzung hat noch keinen maßgeblichen Einfluss auf die Ortsüblichkeit.[154] Im maßgebenden Vergleichsbezirk muss eine Mehrheit von Grundstücken mit nach Art und Umfang annähernd gleich beeinträchtigender Wirkung auf andere Grundstücke benutzt werden[155] und diese Nutzung muss wiederholt erfolgen.[156] Trotzdem kann auch nur die Art der Benutzung eines Grundstücks den Gebietscharakter prägen, z.B. ein Flughafen,[157] eine Mülldeponie[158] oder ein Baudenkmal.[159] Es kommt aber nicht allein auf die abstrakte Nutzung der Vergleichsgrundstücke an, sondern auch der jeweilige Beeinträchtigungsgrad, z.B. aufgrund unterschiedlicher Lage[160] oder

100

---

147 BGH NJW 2001, 3119.
148 Fn. 16.
149 BGH LM Nr. 32; BGHZ 79, 45; 120, 239; BGH NJW 83, 751.
150 BGH DVBl 1990, 771; OLG Oldenburg NJW-RR 1991, 635.
151 BGHZ 140, 1.
152 Ermann-Hagen/Lorenz, § 906 Rn. 15: allerdings betrifft die Gleichstellung nur die Intensität der Einwirkung, nicht auch die Bedeutung ihrer Ortsüblichkeit, vgl. insoweit BGHZ 111, 63.
153 BGH NJW 1976, 1204.
154 Fn. 22.
155 BGHZ 120, 239.
156 BGH LM Nr. 49.
157 BGHZ 59, 378; 69, 105.
158 BGH NJW 1980, 770.
159 BGH LM Nr. 49.
160 BGH LM Nr. 11.

3 **§ 3 Ansprüche im Zusammenhang mit § 906 Abs. 1 BGB**

Stärke der Lärmquelle, Art der landwirtschaftlichen Nutzung,[161] der unterschiedlichen Nutzungszeiten[162] oder unterschiedlichen Lärmschutzmaßnahmen[163] kann entscheidend sein. Außerdem müssen die Einwirkungen vergleichbar sein; Lärm ist z.B. nicht mit Geruch vergleichbar. Allerdings ist nicht nur die vorgesehene Zweckbestimmung allein entscheidend, sondern die tatsächliche Nutzung zum Zeitpunkt der letzten Tatsachenverhandlung.[164] Als Vergleichsbezirk ist vom gesamten Gemeindegebiet auszugehen, bei gebietsprägender Nutzung von weiteren Räumen.[165] Die Raumordnungs- und Bauleitpläne geben wichtige Anhaltspunkte für das Gepräge eines Gebiets. In diesem Zusammenhang ist aber zu beachten, dass auch eine Begrenzung der Vergleichbarkeit auf ein kleineres Gebiet als das Gemeindegebiet geboten sein kann, wenn dieses ein eigentümliches Gepräge aufweist, z.B. ein Villenviertel oder ein Industriegebiet. Bei Verkehrsanlagen sind die Verhältnisse in dem gesamten Gebiet, durch das die Anlage führt, heranzuziehen.[166]

101 Ortsüblich sind z.B.:[167]
- Schnellstraßen[168]
- Baustellenlärm, soweit der Bauunternehmer technisch mögliche Lärmschutzmaßnahmen ergreift
- Fluglärm zwischen 6 und 22 Uhr,[169] wobei eine gesteigerte Nutzung ortsüblich bleibt
- Gaststättenlärm bis 22 Uhr, auch dann, wenn sich die Gaststätte in einem reinen Wohngebiet befindet
- Gartenfeste bis 22 Uhr, vor arbeitsfreien Tagen bis 23 Uhr, wobei vorausgesetzt wird, dass die Feste nicht regelmäßig stattfinden und die Nachbarn generell aufeinander Rücksicht nehmen
- Tierlärm[170]
- Tiergeruch und Geruch landwirtschaftlicher Betriebe
- kirchliches Glockengeläut ab 6 Uhr im Sommer bzw. 7 Uhr im Winter
- lärmende Kinder
- Schulsportlärm
- Verkehrslärm
- das Befallen des Nachbargrundstücks mit Laub, Blättern, Zapfen und Blüten

102 Im Mietshaus wird die Ortsüblichkeit durch die Hausordnung bestimmt. Die Beurteilung der Ortsüblichkeit obliegt dem Tatrichter.[171] Maßgeblich für die Beurteilung ist die letzte mündliche Verhandlung.[172]

---

161 BGHZ 117, 110.
162 OLG Köln NVwZ 1989, 290.
163 BGHZ 38, 61.
164 BGH ZMR 1965, 301.
165 BGHZ 30, 273.
166 BGHZ 54, 483; LM Nr. 25.
167 Beispiele nach Alheit, Nachbarrecht von A-Z, S. 260f.
168 BGH LM Nr. 29.
169 BGHZ 59, 378; 69, 105; BGH NJW 1973, 326.
170 OLG Hamm MDR 1990, 442.
171 Palandt-Bassenge, § 906 Rn. 24.
172 BGH NJW 2001, 3119.

2. Duldungspflicht bei Beeinträchtigungen

a) Duldungspflicht gemäß § 906 Abs. 2 S. 1 BGB

Ist eine Beeinträchtigung durch **zumutbare Maßnahmen** zu verhindern, muss sie nicht hingenommen werden, § 906 Abs. 2 S. 1 BGB. Ob eine zumutbare Beeinträchtigung vorliegt, ist unter Berücksichtigung des nachbarlichen Verhältnisses, der Vor- und Nachteile, technischer und organisatorischer Möglichkeiten und der Leistungsfähigkeit eines durchschnittlichen Benutzers des emittierenden Grundstücks festzustellen. Dabei sind die in den §§ 251 Abs. 2, 635 Abs. 3 BGB enthaltenen Rechtsgedanken zu berücksichtigen. Maßgeblich ist die Verhältnismäßigkeit iSd § 17 Abs. 2 BImSchG. Nach § 906 Abs. 2 S. 2 BGB hat der Eigentümer einen Ausgleichsanspruch, soweit er die Beeinträchtigung seines Grundstücks hinnehmen muss. Voraussetzung ist die Beeinträchtigung der ortsüblichen Benutzung des Grundstücks oder seines Ertrages über das zumutbare Maß hinaus.[173]

103

b) Andere Duldungspflichten

Der Abwehranspruch des Eigentümers kann gemäß § 1004 Abs. 2 BGB aus verschiedenen rechtlichen Gesichtspunkten ausgeschlossen sein.

104

3. Anspruchsberechtigung und Anspruchsverpflichtung

Anspruchsgegner ist nicht der unmittelbare Handlungsstörer, sondern der wirtschaftlich verantwortliche „Halter" des Grundstücks, in der Regel, aber nicht unbedingt, dessen Eigentümer.[174] Schuldner des Ausgleichsanspruchs ist derjenige, der die Nutzungsart des „störenden" Grundstücks bestimmt, also nicht ohne weiteres der Begünstigte. Überlässt der Eigentümer einem anderen sein Grundstück zur beeinträchtigenden Nutzung, so sind er und der andere Gesamtschuldner des Ausgleichsanspruchs. Gläubiger des Anspruchs ist der in der erlaubten Grundstücksnutzung Beeinträchtigte, also der Eigentümer oder der sonst zur Nutzung Berechtigte und auch der Pächter,[175] denn die Rechtsprechung wendet § 906 BGB entsprechend auf obligatorisch zur Nutzung berechtigte Besitzer an.[176]

105

4. Verjährung

Die Frage der Verjährung der verschiedenen Ansprüche wird unterschiedlich beurteilt. Der Abwehranspruch des § 906 Abs. 1 in Verbindung mit § 1004 BGB unterliegt der normalen Verjährung der §§ 195, 199 Abs. 1, Abs. 4, Abs. 5 BGB[177] und beträgt daher nach neuerem Recht **3 Jahre**, während nach § 195 a.F. BGB die Frist 30 Jahre betrug.

106

---

173 Erman-Hagen/Lorenz, § 906 Rn. 32,.
174 BGH NJW 166, 42.
175 BGH WM 1976, 1116.
176 BGHZ 15, 146; 30, 273; 70, 212; NJW 1995, 132.
177 Palandt-Bassenge, § 1004, Rn. 45, BGHZ 125, 56; a.A. LG Tübingen NJW-RR 1990, 338.

II. Mandatsverhältnis und anwaltliche Beratungssituation

107 Der Anwalt, der von einem Mandanten mit der Anwendung des § 906 Abs. 1 BGB konfrontiert wird, muss bemüht sein, den Mandanten bei der Beweisführung und Beweissicherung zu beraten. Hier wird in zahlreichen Fällen die **Einschaltung eines Sachverständigen zur Immissionsfeststellung** geboten sein. Auch der Mandant selbst kann bei der Beschaffung der Beweismittel insoweit behilflich sein, als er Protokolle über eine Lärmbelästigung, die nur zu bestimmten Zeiten auftritt, führt. Der Einzelfall kann aber auch eine sofortige Beweissicherung erfordern. Hier können z.b. Lichtbilder angefertigt oder im Bedarfsfall unverzüglich ein Sachverständiger hinzugezogen werden. Entstehen dafür Kosten, sind diese – wenn das Privatgutachten in den Prozess eingeführt wird – auch erstattungsfähig. Vorermittlungen können auch im Hinblick auf öffentlich-rechtliche Normen – wie Satzungen, Bebauungspläne – erforderlich werden.

B. Prozess

I. Allgemeines

108 § 906 Abs. 1 BGB ist als Inhaltsbestimmung des Eigentums immer im Zusammenhang mit § 1004 BGB geltend zu machen, soweit es um die Abwehr von Immissionen geht. Daneben sind Ansprüche gemäß § 906 Abs. 2 S. 2 BGB in direkter Anwendung denkbar und Schadensersatzansprüche nach § 823 Abs. 1 BGB.

II. Beweislast für Abwehransprüche

109 Die Beweislast für die Zulässigkeit der Einwirkung obliegt dem Störer, also muss er die Unwesentlichkeit, die Ortsüblichkeit sowie die Tatsache, dass die Einwirkungen nicht durch mögliche und wirtschaftlich zumutbare Maßnahmen verhindert werden konnten, beweisen.[178] Es ist auch die Bedeutung von immissionsschutzrechtlichen Richtwerten zu beachten. Der Störer muss die Einhaltung der öffentlich-rechtlichen **Grenzwerte** darlegen und beweisen, der Abwehrende muss nachweisen, dass trotz der Einhaltung der Werte eine wesentliche Beeinträchtigung vorliegt.[179] Planerische Zulässigkeit und Einhaltung öffentlich-rechtlicher Grenzwerte sind nur Anhaltspunkte für Ortsüblichkeit, sind aber nicht nach Anscheinsbeweisgrundsätzen zu beurteilen.[180]

III. Beweislast für deliktische Ansprüche

110 Für deliktische Schadensersatzansprüche des geschädigten Grundstückseigentümers aufgrund von Immissionen des § 906 Abs. 1 BGB findet die Beweislastregelung im Rahmen der Rechtswidrigkeitsprüfung Anwendung.

---

[178] BGHZ 48, 90; 72, 289; 85, 375; BGH WM 1984, 1065, KG GrundE 1988, 1159; OLG Hamm BAuR 1991, 633.
[179] Münchner Kommentar-Säcker, § 906 Rn. 143.
[180] Palandt-Bassenge, § 906 Rn. 30.

§ 4 Abwehranspruch gemäss § 907 Abs. 1 BGB

A. Vorprozessuale Situation

I. Allgemeines

1. Regelungsinhalt

Der Anspruch aus § 907 Abs. 1 BGB ist ein eigener **Abwehranspruch dinglicher Natur**. Er richtet sich auf Unterlassung der Herstellung einer Anlage oder, wenn sie bereits errichtet worden ist, auf ihre Beseitigung. § 907 BGB stellt wiederum einen Ausnahmetatbestand zu § 903 BGB dar, der die Rechte des Eigentümers einer Gefahrenquelle zugunsten eines potenziell beeinträchtigten Grundstücksnachbarn einschränkt. Während § 906 Abs. 1 BGB von dem Gedanken der gegenseitigen Rücksichtnahme zwischen Nachbarn beherrscht wird, ist im Rahmen des § 907 BGB eine grundsätzliche Pflicht zur Duldung von Beeinträchtigungen nicht vorgesehen. § 907 BGB bietet daher dem beeinträchtigten Grundstückseigentümer die Möglichkeit, die potenziell beeinträchtigende Einwirkung mittels einer Unterlassungsklage abzuwehren. Zu beachten ist, dass § 907 BGB einen vorbeugenden Anspruch insoweit gibt, als die Beeinträchtigung durch die errichtete Anlage noch nicht eingetreten sein muss, sie muss nur voraussehbar sein. Nach § 907 Abs. 1 S. 2 BGB besteht ein Anspruch auf Beseitigung einer Anlage, die den jeweiligen landesgesetzlichen Vorschriften (Art. 124 EGBGB) entspricht, aber nur dann, wenn sich die Störung tatsächlich realisiert.[181] Soweit bundesgesetzliche Vorschriften über Grenzabstände oder besondere Schutzmaßregeln bestehen, ist § 906 Abs. 1 S. 2 BGB daher analog anzuwenden.[182] Das Gesetz regelt hier im Übrigen ausdrücklich nur den Beseitigungsanspruch bei schon errichteten Anlagen. Für eine unterschiedliche Behandlung der vorbeugenden Unterlassungsklage besteht jedoch kein Bedürfnis, so dass auch insoweit eine entsprechende Anwendung der Vorschriften geboten ist.[183]

111

a) Anlagenbegriff

Um eine Anlage handelt es sich bei einem künstlich geschaffenen Werk von einer gewissen Selbständigkeit und Dauer,[184] wie z.B. ein Bauwerk oder ein Teich, ein Graben, eine Erdaufschüttung, ein Taubenschlag, angepflockte Bienenkörbe etc.[185] Keine Anlagen sind natürliche Geländebeschaffenheiten (Felshang), Bodenerhöhungen, einzelne bewegliche Sachen, Bäume und Sträucher.[186]

112

b) Einwirkung

Der Begriff der unzulässigen Einwirkung entspricht dem in § 906 BGB. Eine unzulässige Einwirkung liegt deshalb darin, wenn sinnlich wahrnehmbare Stoffe die Grund-

113

---

181 Palandt-Bassenge, § 907 Rn. 2.
182 MünchKommBGB-Säcker, § 907 Rn. 15.
183 Fn. 3.
184 BGH BB 1965, 1125.
185 Beispiele bei Palandt-Bassenge, § 906 Rn. 1.
186 Fn. 6.

§ 4 Abwehranspruch gemäss § 907 Abs. 1 BGB

stücksgrenze überschreiten, deren Beseitigung der Nachbar nach § 1004 BGB verlangen könnte, weil keine privatrechtliche oder öffentlich-rechtliche Duldungspflicht besteht.[187] Die Einwirkung muss sich aus der normalen Benutzung oder dem Stand der Anlage ergeben.[188] Handelt es sich um eine Besonderheit, besteht ein Abwehranspruch direkt aus § 1004 Abs. 1 BGB.

c) Voraussehbarkeit

114 Die befürchtete Einwirkung muss sicher vorhersehbar sein. Sichere Voraussicht ist höchster Grad der Wahrscheinlichkeit, wobei keine Gewissheit erforderlich ist, sondern die Möglichkeit des Eintritts ausreicht.[189] Allerdings muss die Möglichkeit objektiv bestehen, die subjektive Vorstellung des Nachbarn reicht nicht aus. Nicht sicher vorhersehbar sind daher Einwirkungen durch ordnungsgemäß verlegte Rohrleitungen[190] oder durch ordnungsgemäß gelagertes Baumaterial.[191]

2. Anspruchsberechtigung und Anspruchsverpflichtung

115 Berechtigt sind Eigentümer und Miteigentümer (§ 1001 BGB), Nießbraucher, Erbbauberechtigte und Dienstbarkeitsberechtigte, nicht aber der Besitzer, wobei dieser jedoch zur Ausübung ermächtigt werden kann. Verpflichtet ist der Störer, wobei sich die Störereigenschaft nach § 1004 BGB richtet.

3. Verjährung

116 Der Anspruch aus § 907 BGB verjährt wegen § 924 BGB nicht.

II. Mandatsverhältnis und anwaltliche Beratungssituation

117 Besonderheiten ergeben sich hier bei der **Abgrenzung zu den anderen Rechtsnormen**. Der Unterschied zu § 1004 BGB ergibt sich auf der Rechtsfolgenseite: Besteht die Anlage bereits, geht er inhaltlich auf deren Beseitigung, bei konkret geplanten Anlagen auf die Unterlassung ihrer Einrichtung. Liegen allerdings die Voraussetzungen des § 907 BGB nicht vor, ist ein Anspruch aus § 1004 BGB gegeben. Neben den Abwehransprüchen bestehen Ausgleichsansprüche nach § 906 Abs. 2 S. 2 BGB sowie Schadensersatzansprüche gemäß § 823 Abs. 1 BGB. Außerdem ist § 907 BGB Schutzgesetz im Sinne von § 823 Abs. 2 BGB.[192]
Zudem hat der Anwalt bereits vor Erhebung der Klage die landesgesetzlichen oder bundesgesetzlichen Vorschriften im Sinne des § 907 Abs. 1 S. 2 BGB zu überprüfen. Hierbei handelt es sich z.B. um Vorschriften des Zwischenraumrechts[193] (z.B. bau- und feuerpolizeilich) oder aus dem Bundesrecht (§ 26 GewO). Hier reicht es nicht aus, dass schädliche Einwirkungen zu befürchten sind, sondern sie müssen tatsächlich eintreten.

---

[187] BGH NJW 1991, 1671; NJW-RR 2000, 537.
[188] BGHZ 51, 396.
[189] Palandt-Bassenge, § 907 Rn. 2.
[190] OLG Oldenburg NJW 1958, 1096.
[191] BGHZ 51, 396.
[192] Palandt-Bassenge, § 907 Rn. 4, MünchKommBGB-Säcker, § 907 Rn. 20.
[193] Erman-Hagen/Lorenz, § 907 Rn. 6.

B. Prozess

I. Klage

1. Klageantrag

Der Klageantrag umfasst den Antrag aus § 1004 BGB, da der Anspruch aus § 907 BGB weitergehend ist als dieser.[194] Er ist auf Beseitigung der Anlage gerichtet. Ist die Anlage noch in der Planung, richtet sich der Klageantrag auf Unterlassung.

2. Beweislast

Der Berechtigte trägt die Beweislast dafür, dass mit Sicherheit Einwirkungen zu erwarten und dass diese unzulässig sind.[195] Bei der Unterlassungsklage hat der Gestörte ebenfalls zu beweisen, dass die Anlage den jeweiligen gesetzlichen Bestimmungen nicht genügt.

II. Einstweiliger Rechtsschutz

Der Anspruch kann auch durch eine **einstweilige Verfügung** gesichert werden. Diese kann beim Unterlassungsanspruch auch auf vorläufige Erfüllung gerichtet sein, d.h. auf Nichterrichtung der Anlage oder auf Einstellung der Bauarbeiten. Allerdings kann der Beseitigungsanspruch in der Regel nicht im Wege einer einstweiligen Verfügung geltend gemacht werden, weil dies über deren Sicherungszweck hinausginge. Insoweit reicht das Verbot der Inbetriebnahme der Anlage normalerweise aus. Zu beachten ist, dass an die Glaubhaftmachung nach §§ 936, 920 Abs. 2 ZPO strenge Anforderungen zu stellen sind, da die für § 907 BGB erforderliche Sicherheit des Eintritts unzulässiger Einwirkungen in einem summarischen Verfahren nur schwer beurteilt werden kann.

III. Zwangsvollstreckung

1. Vollstreckungsbesonderheiten

Der Unterlassungsanspruch wird nach § 890 ZPO, der Beseitigungsanspruch nach § 887 ZPO vollstreckt. Insoweit gelten die Ausführungen zu § 1004 BGB.

2. Personenverschiedenheit von Eigentümer und Benutzer der Anlage

Bei Personenverschiedenheit von Eigentümer und Benutzer der Anlage ist es in der Regel erforderlich, gegen beide einen Titel zu erwirken.

3. Vollstreckungsabwehrklage nach § 767 ZPO

Ist die Anlage im Zeitpunkt der letzten mündlichen Verhandlung der Tatsacheninstanz unzulässig, so ist auch dann ohne Vorbehalt auf Unterlassung zu erkennen, wenn der Verpflichtete diejenigen Umstände tatsächlich beseitigen könnte, welche die Unzulässigkeit ergeben. Der Störer ist in diesem Fall auf die Erhebung der Vollstreckungsabwehrklage gemäß § 767 ZPO beschränkt.

---

[194] MünchKommBGB-Säcker, § 907 Rn. 21.
[195] H.M. Palandt-Bassenge, § 907 Rn. 2, Erman-Hagen/Lorenz, § 907 Rn. 5, Münchner-Kommentar-Säcker, § 907 Rn. 21; a.A. Staudinger-Roth § 907 Rn. 45.

§ 5 Abwehranspruch gemäss § 909 BGB

A. Vorprozessuale Situation

I. Allgemeines

1. Regelungsinhalt

124 Der Anspruch aus § 909 BGB ist ein eigener, von § 1004 unabhängiger **selbstständiger Unterlassungs- und Beseitigungsanspruch**.[196] Daneben besteht ein inhaltsgleicher Anspruch aus § 1004 BGB.[197] § 909 BGB will die Festigkeit des Bodens eines in fremdem Eigentum stehenden Nachbargrundstücks schützen. Der Eigentümer eines Grundstücks kann zwar innerhalb des eigenen Grundstücks im Rahmen seines Eigentumsrechts nach § 903 BGB Vertiefungen vornehmen, aber nur insoweit, als die Standfestigkeit des anderen Grundstücks nicht beeinträchtigt wird. Die Vorschrift gilt nur für Vertiefungen, eine entsprechende Anwendung z.B. auf Abbruch eines Gebäudes[198] oder Erhöhungen[199] findet nicht statt.

a) Vertiefung

125 Vertiefung ist jede Senkung der Oberfläche, egal, ob die Oberfläche künstlich oder natürlich entstanden ist. Eine bestimmte Größe der Vertiefung ist nicht erforderlich, auch die Vertiefung einer Vertiefung reicht aus. Es ist nicht notwendig, dass der Boden ausgehoben wird, es reicht z.B. aus, den Hang abzugraben, einen Keller abzubrechen oder eine Oberflächensenkung infolge Drucks durch Bebauung oder Auflagerung herbeizuführen. Eine Vertiefung, die durch die Wirkung von Naturkräften herbeigeführt wird, fällt allerdings nicht in den Anwendungsbereich der Norm.

b) Stützverlust für das Nachbargrundstück

126 Es ist nicht erforderlich, dass das Nachbargrundstück unmittelbar an das Grundstück, auf dem sich die Vertiefung befindet, angrenzt. In den Schutzbereich der Norm fallen auch die auf Bodenfestigkeit angewiesenen Grundstücksbestandteile und auch im Dritteigentum stehenden Scheinbestandteile.[200] Allerdings sind widerrechtliche Aufschüttungen auf dem beeinträchtigten Grundstück nicht geschützt. Geschützt wird zum einen die Festigkeit, die das Nachbargrundstück in seinen unteren Bodenschichten findet, dadurch sein Einstürzen verhindert und verloren geht, wenn der Untergrund absinkt oder in Bewegung gerät.[201] Auf der anderen Seite wird auch die Stabilität geschützt, die sich die Nachbargrundstücke gegenseitig durch das Erdreich gewähren und die seitliches Abstürzen verhindert. Es genügt, dass die Gefahr droht, dass das Grundstück einstürzt. Außerdem muss die Vertiefung adäquat kausal für den Stützverlust sein. Nicht erfasst werden von § 909 BGB Schäden am Grundstück oder seinen

---

196 Palandt-Bassenge, § 907 Rn. 9,.
197 BGH LM Nr. 8; OLG Karlsruhe NJW-RR 02, 951.
198 BGH VersR 62, 572.
199 BGH NJW 1976, 1840.
200 LG Köln VersR 70, 644.
201 BGHZ 101, 106; LG Freiburg, NJW-RR 1987, 141.

Bestandteilen, die zwar auf Vertiefung eines anderen Grundstücks, nicht aber auf Beeinträchtigung seiner eigenen Festigkeit beruhen.[202]

c) Anderweitige Befestigung

Der Grundstückseigentümer, der auf seinem eigenen Grundstück eine Vertiefung herbeiführen will, kann dies dann tun, wenn er für eine anderweitige Befestigung sorgt. Diese Maßnahme richtet sich nach den örtlichen Verhältnissen und dem zu erhaltenden Festigkeitsgrad. Die vorzunehmende Befestigung muss schon zurzeit der Vertiefung bzw. bereits zuvor auf dem vertieften Grundstück vorgenommen werden.[203]

2. Anspruchsberechtigung und Anspruchsverpflichtung

Berechtigt sind Eigentümer und Miteigentümer (§ 1001 BGB), einschließlich des Anwartschaftsberechtigten, Nießbrauchers, Erbbauberechtigten und des Dienstbarkeitsberechtigten, der aber nach § 1004 Abs. 2 BGB ausgeschlossen sein kann, wenn er zur Duldung verpflichtet ist. Nach h.M. ist auch der Besitzer anspruchsberechtigt.[204] Der Unterlassungsanspruch richtet sich gegen den Eigentümer, Besitzer und Vertiefenden. Allerdings soll gegen Architekten, Bauunternehmer, Statiker und bauleitende Ingenieure[205] in der Regel kein Anspruch bestehen, weil diese keine Verfügungsmacht über das Grundstück haben.[206] Der Beseitigungsanspruch nach erfolgter Vertiefung richtet sich gegen Eigentümer und Besitzer, auch dann, wenn der Rechtsvorgänger die Vertiefung vorgenommen hat.

3. Verjährung

Der Anspruch aus § 909 BGB verjährt wegen § 924 BGB nicht.

II. Mandatsverhältnis und anwaltliche Beratungssituation

Neben den Abwehransprüchen bestehen verschuldensunabhängige Ausgleichsansprüche nach § 906 Abs. 2 S. 2 BGB sowie Schadensersatzansprüche gemäß § 823 Abs. 1 BGB.[207] Außerdem ist § 909 BGB Schutzgesetz im Sinne von § 823 Abs. 2 BGB.[208] Die Ansprüche aus § 823 Abs. 1 und Abs. 2 BGB setzen allerdings Verschulden voraus. Ist bei der vorprozessualen Prüfung der Anspruch aus § 823 BGB wegen der Frage des Verschuldens mit einem Beweisrisiko behaftet, können die Ansprüche nach § 906 Abs. 2 S. 2 und § 823 BGB auch im Wege **alternativer Klagehäufung** geltend gemacht werden.[209]

---

202 BGHZ 12, 75.
203 BGH NJW 199, 2595.
204 BGH NJW 2001, 1865; a.A. Palandt-Bassenge, § 909, Rn. 9, der der Auffassung ist, dass dieser dann nach § 862 geschützt ist oder vom Eigentümer zur Ausübung ermächtigt werden kann.
205 Allerdings schließt die Versagung des Anspruchs nach § 909 BGB andere negatorische Ansprüche gegen diese Personengruppe nicht aus.
206 BGH NJW-RR 1996, 852.
207 BGH VersR 65, 1204.
208 BGHZ 101, 290.
209 BGH NJW-RR 1997, 1374.

B. Prozess

I. Klage

1. Der Anspruch auf Unterlassung

a) Allgemeines

131 Gegen die bevorstehende Vertiefung kann der Nachbar mit der Unterlassungsklage gegen den Anspruchsverpflichteten vorgehen. Der Beklagte muss allerdings nicht notwendig von den Vertiefungsarbeiten vollständig Abstand nehmen, sondern kann sie nach genügender anderweitiger Befestigung fortsetzen. Eine **Wiederholungsgefahr** muss anders als beim vorbeugenden Unterlassungsanspruch nach § 1004 BGB nicht vorliegen, weil § 909 BGB nicht an die Erfordernisse des Vorliegens einer Beeinträchtigung oder an die Besorgnis weiterer Beeinträchtigungen anknüpft.[210] Allerdings muss die Gefahr einer unzulässigen Vertiefung tatsächlich bestehen.[211]

b) Klageantrag

132 Der Anspruch geht auf Unterlassung im Sinne von § 909 BGB, wobei die zu erhaltende Festigkeit in den Klageantrag aufzunehmen ist.[212]

c) Beweislast

133 Der Kläger hat die Anspruchsvoraussetzungen, d.h. die unzulässige Vertiefung und den kausal darauf beruhenden Stützverlust des Nachbargrundstücks, zu beweisen. Er muss also ein bestimmtes, die Festigkeit des eigenen Grundstücks gefährdendes Verhalten des Nachbarn als materiell-rechtliche Voraussetzung des Anspruchs vortragen. Darüber hinaus hat er darzulegen und zu beweisen, dass für keine genügende anderweitige Befestigung des Grundstücks gesorgt wurde.[213]

2. Der Anspruch auf Beseitigung

a) Allgemeines

134 Ist die unzulässige Vertiefung bereits vorgenommen, kann die Beseitigung dieser Beeinträchtigung verlangt werden. Hier ist zu beachten, dass die Klage nicht darauf gerichtet werden kann, die Vertiefung zu beseitigen, weil der Verpflichtete ein **Wahlrecht** hat, ob er den früheren Zustand wieder herstellen oder ob er für eine genügende anderweitige Befestigung sorgen will. Geschuldet ist allein die Beseitigung der Beeinträchtigung.

b) Klageantrag

135 Der Kläger muss in seinem Klageantrag keine bestimmte, zur Erfüllung geeignete Maßnahme vorschlagen, damit die Klage den Bestimmtheitserfordernissen des § 253 Abs. 2 Nr. 2 ZPO genügt.[214] Allerdings muss die Klage den konkret geschuldeten Erfolg bezeichnen; den Anforderungen des § 253 Abs. 2 Nr. 2 ZPO wird daher nur eine Klage

---

210 MünchKommBGB-Säcker, § 909 BGB Rn. 18.
211 Fn. 13.
212 BGH NJW 1978, 1584.
213 Palandt-Bassenge, § 909 Rn. 2.
214 MünchKommBGB, § 909 Rn. 20; a.A. OLG Zweibrücken OLGZ 1974, 317.

gerecht, die die frühere Festigkeit des beeinträchtigten Grundstücks genau angibt. Darüber hinaus steht es dem Beklagten frei, die notwendigen Vorkehrungen so zu wählen, dass das Nachbargrundstück wieder so belastet werden kann, wie es vor der Störung der Fall war.

c) Beweislast

Auch hier muss der Kläger die Anspruchsvoraussetzungen wie bei 1 c) darlegen und beweisen. Die Anforderungen an die Tatsache, dass eine genügende anderweitige Stütze bestand, müsste in diesem Fall aber wohl der Beklagte darlegen und beweisen, da – falls der Boden des klägerischen Grundstücks die Stütze bereits verloren hat – der Anschein dafür spricht, dass keine ausreichenden Stützmaßnahmen ergriffen wurden.

3. Der Anspruch auf Schadensersatz

a) Allgemeines

Ein Schadensersatzanspruch entsteht unter den Voraussetzungen der §§ 823 ff., setzt also Verschulden voraus. Da § 909 BGB Schutzgesetz im Sinne von § 823 Abs. 2 BGB ist, geht dieser Anspruch § 823 Abs. 1 BGB vor. § 823 Abs. 1 BGB bleibt damit für einen unmittelbaren Eingriff in das Nachbargrundstück anwendbar.[215] Haftbar sind sowohl der Eigentümer, der die Vertiefung herbeigeführt hat, als auch sein Rechtsnachfolger.

b) Verschulden

Schuldhaft handelt, wer vorausgesehen hat oder bei gehöriger Sorgfalt hätte voraussehen können, dass der Boden des Nachbargrundstücks die erforderliche Stütze verliert und trotzdem die Vertiefungsarbeiten ohne genügende Sicherungsvorkehrungen durchführt.[216] Ausreichend ist hier die **fahrlässige Unkenntnis** der nachteiligen Folgen für das Nachbargrundstück.[217] Derjenige, der die Vertiefung vornimmt, muss dafür Sorge tragen, dass die Bodenbeschaffenheit des Nachbargrundstücks sowie der Bau- und Unterhaltungszustand der Bestandteile dieses Grundstücks geprüft werden. Ein Ausschluss des Schadensersatzanspruchs oder auch ein Mitverschulden des Klägers wird auch bei einer schon vorhandenen Schadensanlage auf dem Nachbargrundstück von der Rechtsprechung nur in Ausnahmefällen zuerkannt.[218] Bei Ausführung der Arbeiten auf dem Grundstück durch Fachleute kann sich der Beklagte damit exkulpieren, wenn er vorträgt, dass er diese sorgfältig ausgewählt, sich informiert und sich auch von der Beachtung des § 909 vergewissert hat.[219] Insoweit stellt die Rechtsprechung aber hohe Anforderungen. Für Dritte haftet der Beklagte im Rahmen des § 831 BGB,[220] nicht aber nach § 278 BGB.

---

215 BGH NJW 1970, 608.
216 BGH NJW 1996, 3205.
217 BGH NJW 1977, 763.
218 BGH WM 1979, 950; NJW 1981, 50; 1983, 872.
219 BGH NJW 2001, 1865.
220 Architekten, Bauunternehmer, bauleitende Ingenieure und Statiker sind in der Regel keine Verrichtungsgehilfen.

c) Schadensumfang

139 Der Umfang der Ersatzpflicht beinhaltet den gesamten Schaden, der durch die unzulässige Vertiefung verursacht wurde, also insbesondere die **Wiederaufbau- und Aufräumungskosten** sowie einen **Minderwert des Nachbargrundstücks**. Bestand bereits ein Vorschaden, ist dieser zu berücksichtigen, ersatzfähig ist dann nur der durch die Vertiefung zusätzlich herbeigeführte Schaden.[221]

d) Beweislast

140 Der Kläger hat die Voraussetzungen seines Anspruchs zu beweisen. Beim Anspruch gemäß § 823 Abs. 2 in Verbindung mit § 909 BGB besteht hinsichtlich des Verschuldens eine umgekehrte Beweislast. Hier muss der Kläger beweisen, dass gegen § 909 BGB verstoßen wurde; gelingt dieser Beweis, muss der Beklagte die Umstände beweisen, die geeignet sind, ihn von dem Vorwurf des Verschuldens zu entlasten.[222] Die **Verletzung von DIN-Normen** bei Aushebung einer Baugrube begründet die widerlegbare Vermutung für einen Ursachenzusammenhang mit Schäden auf dem Nachbargrundstück.[223]

e) Verjährung

141 Die Ansprüche gemäß § 823 ff. BGB verjähren gemäß § 195 BGB in drei Jahren.[224]

4. Der Anspruch auf Ausgleich gemäß § 906 Abs. 2 S. 2 BGB

142 Neben dem Anspruch auf Schadensersatz besteht auch der verschuldensunabhängige Anspruch auf Entschädigung nach § 906 Abs. 2 S. 2 BGB analog.

II. Einstweiliger Rechtsschutz

143 Der Anspruch kann auch durch eine einstweilige Verfügung gesichert werden. Allerdings kann der Beseitigungsanspruch in der Regel nicht im Wege einer einstweiligen Verfügung geltend gemacht werden, weil dies über deren Sicherungszweck hinausginge.

III. Zwangsvollstreckung

144 Der Unterlassungsanspruch wird nach § 890 ZPO, der Beseitigungsanspruch nach § 887 ZPO vollstreckt. Insoweit gelten die Ausführungen zu § 1004 BGB.

---

221 BGH NJW 1966, 42.
222 BGH NJW 1973, 2207.
223 BGHZ 114, 273.
224 Palandt-Bassenge, § 909 Rn. 10.

§ 6 Selbsthilferecht gemäss § 910 BGB

A. Vorprozessuale Situation

I. Allgemeines

1. Regelungsinhalt

§ 910 BGB beinhaltet ein Selbsthilferecht des Grundstückseigentümers bei Beeinträchtigungen, die sich aus dem **Überschreiten der Grundstücksgrenze durch Zweige und Wurzeln** ergeben. Hier soll dem Nachbarn ein schneller und möglichst unkomplizierter Weg zur Verfügung stehen, ohne es auf einen Rechtsstreit ankommen zu lassen, und auch ohne den negatorischen Rechtsschutz einzuschränken. § 910 BGB gibt ein Recht auf Abtrennung und Aneignung der überragenden Wurzeln und Zweige durch den Eigentümer des Nachbargrundstücks. Ein Recht zum Betreten des Grundstücks gewährt § 910 BGB allerdings nicht.[225] Das Risiko, dass die Pflanze durch die Abtrennung geschädigt wird, trägt der Eigentümer. Lässt der abtrennende Nachbar jede Sorgfalt außer Acht, kann sich aus dem Gebot der nachbarlichen Rücksichtnahme nach § 242 BGB ein Schadensersatzanspruch begründen lassen. Mit der Abtrennung erwirbt der Eigentümer des Nachbargrundstücks Eigentum an allen abgetrennten Baum – oder Strauchteilen. Der dinglich bzw. obligatorisch Berechtigte erwirbt Eigentum nach den Vorschriften der §§ 954, 956 in Verbindung mit § 910 BGB. Voraussetzung für die Geltendmachung des Selbsthilferechts ist eine objektive Beeinträchtigung durch überhängende Zweige und Wurzeln. Eine solche Beeinträchtigung liegt dann vor, wenn die wirtschaftliche Nutzung des Grundstücks gerade durch die überhängenden Zweige und Wurzeln erschwert oder verhindert wird.[226] Die Beeinträchtigung kann sich auch daraus ergeben, dass der Eigentümer des Nachbargrundstücks dessen Nutzungsart ändert.[227] Unerheblich ist, ob die Nutzungsart ortsüblich oder zweckmäßig ist. Liegen die Voraussetzungen des § 910 BGB vor, hat der Eigentümer ein Selbsthilferecht.

a) Wurzeln

Sie müssen über die Grundstücksgrenze hinaus in das Grundstück des Nachbareigentümers eindringen. Das gilt auch im Falle eines Eindringens der Wurzeln in Kanalanschlüsse des Nachbargrundstücks.[228] Das Selbsthilferecht ist an keine weiteren Voraussetzungen, insbesondere nicht an eine Fristsetzung des Nachbarn gebunden, u.U. kann sich aber ein Bedürfnis nach einer Fristsetzung aus § 242 BGB ergeben, z.B. damit der Baumeigentümer Vorsorge für die Erhaltung des Baumes treffen kann.[229]

---

225 MünchKommBGB-Säcker, § 910 Rn. 10.
226 OLG Köln, NJW-RR 1989, 1177; 1997, 656; OLG Oldenburg NJW-RR 1991, 1367; OLG Hamm MDR 1999, 930; a.A. AG Königstein NJW-RR 2000, 1256; AG Würzburg NJW-RR 2001, 953, Staudinger-Roth, § 910 Rn. 18.
227 BGH NJW 1973, 703; 1997, 2234.
228 Palandt-Bassenge, Rn. 3, a.A. BayObLGZ 1968, 76; OLG Hamm VersR 1975, 1154.
229 Palandt-Bassenge, § 910 Rn. 2.

§ 6 Selbsthilferecht gemäss § 910 BGB

b) Zweige

147 Die Geltendmachung des Selbsthilferechts ist hier an eine **angemessene Fristsetzung** vor der Beseitigung gebunden. Erklärungsgegner ist derjenige, der die tatsächliche Verfügungsbefugnis über den Grundstücksteil hat, aus dem das Gewächs an die Oberfläche tritt. Die Frist hat sich an gärtnerisch-botanischen Belangen zu orientieren, so dass das Verlangen nach Beseitigung während der Wachstumsperiode oder zurzeit des Fruchtstandes regelmäßig zur Unzeit erfolgt.[230] Wird eine unangemessen kurze Frist bestimmt, wird dadurch eine angemessene Frist in Lauf gesetzt, nach deren Ablauf dem Nachbarn das Abtrennungs- und Selbsthilferecht zusteht. Nimmt der beeinträchtigte Nachbar das Selbsthilferecht vor Ablauf einer angemessenen Frist wahr, ist die Maßnahme rechtswidrig und damit schadensersatzpflichtig.

c) Andere Pflanzen

148 Für Ranken, Schlinggewächse und Hecken gilt § 910 BGB sinngemäß,[231] sofern die Pflanzen in den Luftraum hineinragen. Ebenso fallen Unkraut und andere als gärtnerisch schädlich anzusehende Pflanzen in den Anwendungsbereich. Allerdings begründet § 910 BGB kein Recht, einen herüberragenden Stamm abzuschneiden. Insoweit ist der Beeinträchtigte auf seinen Anspruch nach § 1004 BGB beschränkt.[232]

2. Einschränkungen des Selbsthilferechts durch andere Vorschriften

149 Eine Einschränkung des Selbsthilferechts kann sich aus landesgesetzlichen Vorschriften (vgl. Art 122 EGBGB für Obstbäume und Art. 183 EGBGB für Waldbäume) bzw. aus natur- und landschaftsschutzrechtlichen Regelungen (Baumschutzsatzungen) ergeben. Diese Vorschriften haben Vorrang gegenüber § 910 BGB. Darüber hinaus hat der Landesgesetzgeber in Ausübung seiner nach Art. 124 S. 2 EGBGB bestehenden Regelungskompetenz Vorschriften erlassen, die für Pflanzungen einen bestimmten Mindestabstand vorschreiben.[233] In Bayern und Baden-Württemberg finden sich sogar Regelungen, die das Selbsthilferecht nach § 910 BGB in Ausführung der nach Art. 122 EGBGB bestehenden Regelungskompetenz an besondere Voraussetzungen knüpfen.[234] Einschränkungen können sich auch aus den Straßen- und Wegegesetzen der Länder ergeben.[235]

3. Anspruchsberechtigung und Anspruchsverpflichtung

150 Nicht nur der Eigentümer, sondern auch der dinglich[236] und obligatorisch Berechtigte des Grundstücks, auf das die Pflanzenteile herüberragen, ist zur Beseitigung berech-

---

230 Palandt-Bassenge, § 910 Rn. 4.
231 MünchKommBGB-Säcker, § 910 Rn. 5.
232 Fn. 7.
233 Vgl. für BW, §§ 11 bis 22; 33 NRG; Bayern: Art 47 bis 52 AGBGB; Berlin: §§ 27- 35 NRG; Brandenburg: §§ 36 bis 43 NRG; Hessen: §§ 38 bis 44 NRG; Niedersachsen: §§ 50 bis 60 NRG; NRW: §§ 40 bis 48 NRG; Rheinland-Pfalz: §§ 44 bis 52 NRG; Saarland: §§ 58 bis 56 NRG; Sachsen: §§ 9 bis 16 NRG; Sachsen-Anhalt: §§ 34 bis 42 NRG; Schleswig-Holstein: §§ 37 bis 41 NRG; Thüringen: §§ 44 bis 52 NRG.
234 Baden-Württemberg; § 34 NRG; Bayern: Art. 50, 51 AGBGB.
235 BGH WM 1979, 1219.
236 BGH NJW 1992, 1101; str. a.A. wohl Staudinger-Roth, § 910 Rn. 6.

tigt.²³⁷ Im Fall der Erhebung einer Beseitigungsklage nach § 1004 BGB sind die in § 2 aufgeführten die Anspruchsgegner.

4. Verjährung

Auch wenn § 910 BGB nicht in § 924 BGB genannt ist, unterliegt das Selbsthilferecht nicht der Verjährung. Es beinhaltet nämlich kein Recht, von einem anderen ein Tun oder Unterlassen zu fordern (§ 194 Abs. 1 BGB).

151

II. Mandatsverhältnis und anwaltliche Beratungssituation

Der Anspruch aus § 910 in Verbindung mit § 1004 BGB ist in der Praxis besonders bedeutsam für das **Eindringen von Wurzeln in Abwasserleitungen**. Hier besteht ein Anspruch auf Beseitigung der Störung und Kostenerstattung der Ersatzvornahme.²³⁸ Landesrechtliche Regelungen sind möglich. In der Praxis besonders relevant sind Art. 122 EGBGB für Obstbäume und Art. 183 EGBGB für Waldgrundstücke.

152

B. Prozess

I. Klage

1. Allgemeines

§ 910 BGB ist selbst **keine Anspruchsgrundlage**, sondern postuliert nur ein Recht des beeinträchtigten Grundstückseigentümers, im Wege der Selbsthilfe einen Zustand zu beenden, der seinem Grundstück nachteilig ist. Daraus ergeben sich jedoch verschiedene Möglichkeiten, sowohl für den Berechtigten des beeinträchtigten Grundstücks, als auch für denjenigen, auf dessen Grundstück sich die Pflanzen befinden, Rechte geltend zu machen. Diese Möglichkeiten werden nachfolgend dargestellt. Verfahrensrechtlich ist immer § 15 a EGZPO zu beachten.

153

2. Anspruch auf Beseitigung

a) Allgemeines

Der gestörte Grundstückseigentümer ist sowohl befugt, sein Selbsthilferecht wahrzunehmen, als auch vom Grundstückseigentümer die Beseitigung des Überhangs nach § 1004 BGB zu verlangen.²³⁹ Daneben besteht auch ein Anspruch aus § 1004 BGB auf Schutzmaßnahmen gegen künftigen Überwuchs.

154

b) Klageantrag

Der Beseitigungsanspruch kann sowohl durch ein Verpflichtungsgebot als auch in Form einer Feststellungsklage,²⁴⁰ wobei hier der Vorrang der Leistungsklage zu beachten ist, geltend gemacht werden. Der Kläger muss in seinem Klageantrag keine bestimmte, zur Erfüllung geeignete Maßnahme vorschlagen, damit die Klage den

155

---

237 MünchKommBGB-Säcker, § 910 Rn. 9; a.A. Palandt-Bassenge, § 910 Rn. 1; der für die Ausübung des Selbsthilferechts durch den Mieter/Pächter eine rechtsgeschäftliche Übertragung verlangt.
238 BGHZ 97, 321; 106, 142.
239 BGHZ 60, 235, 97, 231; BGH NJW 1992, 1101, a.A. OLG Köln NJW 1997, 565.
240 OLG Celle, Urteil vom 21.10.2004 – Az: 4 U 78/04.

Bestimmtheitserfordernissen des § 253 Abs. 2 Nr. 2 ZPO genügt.[241] Allerdings muss die Klage den konkret geschuldeten Erfolg bezeichnen; wie er die Beseitigung vornimmt, hat der Beklagte selbst zu entscheiden. Wichtig ist aber, dass die Lage der zu entfernenden Pflanzenteile genau bezeichnet wird.

156 c) Muster: Klageantrag zum Beseitigungsanspruch

Der Beklagte wird verurteilt, Zweige und Äste der auf dem Grundstück des Beklagten östlich der Straße ▪▪▪ in der Gemarkung ▪▪▪ entlang der Grenze zum Flurstück ▪▪▪ der Flurnummer ▪▪▪ des Klägers befindlichen Laubbäume und Büsche an der Grenze bis zur Höhe von ▪▪▪ abzuschneiden und zu entsorgen.[242]

d) Beweislast

157 Der Kläger muss die Anspruchsvoraussetzungen nach den allgemeinen Grundsätzen darlegen und beweisen. Die **Einrede fehlender Beeinträchtigung** hat der Eigentümer des störenden Baumes oder Strauches zu beweisen.

3. Anspruch auf Kostenerstattung bei Durchführung der Selbsthilfe

a) Allgemeines

158 Es besteht auch ein Anspruch des Grundstückseigentümers, die Kosten für eine von ihm gemäß seinem Recht nach § 910 BGB durchgeführte Selbsthilfemaßnahme zu verlangen. Anspruchsgrundlage dafür sind die §§ 812 Abs. 1 S. 1 2. Alt., 818 BGB.[243] Falls im Einzelfall die Voraussetzungen der §§ 677 ff. BGB vorliegen, kann sich auch hieraus der Anspruch ergeben.[244] Zu den erstattungsfähigen Kosten gehören die Kosten, die mit der durchgeführten Beseitigung unmittelbar zusammenhängen, also auch diejenigen für die Freilegung der Schadensursache, ebenso die für fehlgeschlagene Reinigungsversuche und für die Untersuchung der Ursache.[245]

b) Klageantrag

159 Der Anspruch wird mit der normalen Leistungsklage geltend gemacht. Insoweit bestehen keine Besonderheiten.

c) Beweislast

160 Der Kläger, der den Ersatz der Kosten für die Selbsthilfemaßnahme verlangt, muss die Anspruchsvoraussetzungen darlegen und beweisen, dass die Voraussetzungen des § 910 BGB vorgelegen haben, er daher zur Selbsthilfe berechtigt war und Kosten durch die Vornahme der Handlung in der beanspruchten Höhe adäquat kausal entstanden sind.

---

241 MünchKommBGB, § 909 Rn. 20, a.A. OLG Zweibrücken OLGZ 1974, 317.
242 Fn. 15.
243 BGHZ 60, 235; 97, 231; 106, 142; 114, 273; 135, 235.
244 Fn. 17.
245 BGH NJW 1986, 2640.

d) Muster: Klage auf Kostenerstattung für die Beseitigung von Baumwurzeln

161

Amtsgericht ▪▪▪

Klage

▪▪▪

Kläger

Prozessbevollmächtigte: RAe ▪▪▪

gegen

▪▪▪

Beklagter

wegen Kostenerstattung für die Beseitigung von Baumwurzeln

Vorläufiger Streitwert: ▪▪▪

Namens und in Vollmacht des Klägers erhebe ich Klage und werde beantragen:
1. Der Beklagte wird verurteilt, 1.179,37 Euro nebst 5 % Zinsen über dem Basiszinssatz seit dem ▪▪▪ zu zahlen.
2. Der Beklagte trägt die Kosten des Rechtsstreits.
3. Das Urteil ist notfalls gegen Sicherheitsleistung vorläufig vollstreckbar.

Für den Fall der Anordnung eines schriftlichen Vorverfahrens wird vorsorglich der Erlass eines Versäumnisurteils bzw. Anerkenntnisurteils gegen den Beklagten beantragt.

Begründung:

Der Kläger ist Alleineigentümer des Grundstücks, eingetragen im Grundbuch von ▪▪▪ Band ▪▪▪, Blatt ▪▪▪, Flurnummer ▪▪▪. Der Beklagte ist Eigentümer des nördlich an das klägerische Grundstück anschließenden Grundstücks, eingetragen im Grundbuch von ▪▪▪, Band ▪▪▪, Blatt ▪▪▪, Flurnummer ▪▪▪.

Beweis: Grundbuchauszüge des Grundbuchamts ▪▪▪ als Anlage 1

Auf dem Grundstück des Beklagten befindet sich ungefähr 1 m von der Grundstücksgrenze entfernt ein Kirschbaum, dessen unterirdische und teils auch oberirdisch sichtbare Wurzeln in den Boden des Grundstücks des Klägers hineinwachsen.

Beweis: Augenschein
Sachverständigengutachten

Auf dem Grundstück des Klägers befindet sich an dieser Stelle ein Weg, bestehend aus drei großen Betonplatten, der von der Straße zum Eingang des Wohnhauses führt. Seit drei Jahren wird dieser Weg durch die sich ausbreitenden Wurzeln des Kirschbaumes um 25 bis 30 mm angehoben.

Beweis: Augenschein

Der Kläger forderte den Beklagten mehrfach auf, den Baum zu fällen und die Wurzeln zu beseitigen. Diesem Verlangen kam der Beklagte nicht nach.

Kesting

Beweis: Schreiben des Klägers vom ▪▪▪ als Anlage 2
Ablehnungsschreiben des Beklagten vom ▪▪▪ als Anlage 3

Der Kläger ließ deshalb im Jahr 2001 diesen Weg aufbrechen, die Wurzeln entfernen und die Platten, die sich angehoben hatten, neu verlegen. Hierfür zahlte er 1.179,37 €.[246]

Beweis: Anliegende Rechnung des Gartenbauunternehmens ▪▪▪ als Anlage 4

Der Kläger hat Anspruch auf Erstattung seiner Aufwendungen im Rahmen des § 812 Abs. 1 2. Alt. BGB, jedenfalls aber nach den Grundsätzen der Geschäftsführung ohne Auftrag gemäß §§ 677ff. BGB. Der Kläger hat hier zu Recht seine Rechte aus § 910 BGB zur Beseitigung der Baumwurzeln wahrgenommen, weil durch die herüberragenden Wurzeln die Nutzung seines Grundstücks beeinträchtigt wurde. Dieses Selbsthilferecht schließt aber nicht aus, dass der Kläger die Kosten, die notwendig waren, um die Selbsthilfe auszuüben, vom Beklagten verlangen kann (h.M. in der Rechtsprechung: BGH NJW 2004, 603 m.w.N.). Die entstandenen Kosten sind auch notwendige Kosten, denn der Beklagte schuldet nicht nur die isolierte Beseitigung der störenden Baumwurzeln, sondern auch die anschließende Wiederherstellung des Weges, weil die Beseitigungspflicht auch diejenigen Eigentumsbeeinträchtigungen erfasst, die zwangsläufig durch das Beseitigen der Störung eintreten (BGHZ 135, 235).

Ein Schlichtungsverfahren gem. § 15a Abs. 1 Nr. 2 EGZPO wurde ergebnislos durchgeführt.

Beweis: Bescheinigung der Schlichtungsstelle als Anlage 5.[247]

Rechtsanwalt

4. Anspruch auf Schadensersatz

a) Ansprüche des Eigentümers des Nachbargrundstücks

162 Schadensersatzansprüche gem. § 823 Abs. 1 BGB können sich daraus ergeben, dass durch den Überwuchs Schäden auf dem Nachbargrundstück entstanden sind. Hierfür bilden § 823 Abs. 1 in Verbindung mit § 1004 Abs. 1 BGB die Anspruchsgrundlage, nicht § 823 Abs. 2 BGB, da § 910 BGB kein Schutzgesetz im Sinne dieser Vorschrift ist.[248]

b) Ansprüche des Eigentümers der Pflanzen

163 Bei unsachgemäßem Abschneiden des Überhangs oder falls die Voraussetzungen nicht vorliegen, hat der Eigentümer der Pflanzen einen Anspruch gemäß § 823 Abs. 1 BGB.

c) Verjährung

164 Die Ansprüche gem. §§ 823ff. BGB verjähren gem. § 195 BGB in **drei Jahren**.[249]

---

246 BGH NJW 2004, 603: hier ist zu berücksichtigen, dass nur die Kosten verschuldensunabhängig über § 812 BGB zu ersetzen sind, die notwendig waren um von seinem Selbsthilferecht Gebrauch zu machen. Darüber hinausgehende Schäden können nur im Rahmen des § 823 I BGB geltend gemacht werden.
247 Diese Zulässigkeitsvoraussetzung ist vom Gericht v.a.w. zu prüfen, so dass ein Beweisangebot nicht unbedingt erforderlich ist. Die Bescheinigung, die von der Schlichtungsstelle ausgestellt wird, sollte aber auf jeden Fall beigefügt werden.
248 MünchKommBGB-Säcker, § 910 Rn. 13.
249 Palandt-Bassenge, § 909 Rn. 10.

5. Herausgabeanspruch des Eigentümers der Pflanzen

Herausgabe der Pflanzen kann nach §§ 861, 985 bzw. 867, 1005 BGB verlangt werden, wenn der Abschneidende kein Eigentum erworben hat, weil das Abschneiden nicht durch § 910 BGB gedeckt war.

6. Ausgleichsanspruch nach § 906 Abs. 2 S. 2 BGB

Auch ein Ausgleichsanspruch nach § 906 Abs. 2 S. 2 BGB kommt bei dem grenzüberschreitenden Eindringen von Baumwurzeln in ein Grundstück in Betracht.[250] Aber wegen seiner **Subsidiarität** gleicht er nur solche Beeinträchtigungen aus, für die der betroffene Grundstückseigentümer keinen anderweitigen Ersatz verlangen kann. Nur wenn durch das Überwachsen der Baumwurzeln darüber hinausgehende Kosten entstanden sind, kann der Anspruch in Betracht gezogen werden.

II. Vorläufiger Rechtsschutz

Insoweit gelten die Ausführungen zum Anspruch aus § 1004 BGB entsprechend.

III. Zwangsvollstreckung

Der Beseitigungsanspruch wird nach § 887 ZPO vollstreckt. Insoweit gelten die Ausführungen zu § 1004 BGB.

---

250 BGH WM 2003, 1969 m.w.N.

§ 7 Der Abwehranspruch nach § 912 BGB in Verbindung mit § 1004

A. Vorprozessuale Siutuation

I. Allgemeines

1. Regelungsinhalt

169 § 912 BGB bildet keine Anspruchsgrundlage für einen Abwehranspruch und kann daher nur im Zusammenhang mit § 1004 BGB geltend gemacht werden. Die §§ 912 bis 916 BGB regeln den **unrechtmäßigen Überbau**, d.h. die unbefugte Grenzüberschreitung mit einem Bauwerk durch den unmittelbaren Nachbarn. § 912 BGB selbst beinhaltet nur eine **Duldungspflicht des Nachbarn** in dem Fall, in dem ein anderer die Grenze mit einem Gebäude überbaut hat, ohne dass dieser schuldhaft gehandelt hat und der Beeinträchtigte nicht schon vor der Grenzüberschreitung oder unmittelbar danach Widerspruch erhoben hat. Einen Abwehranspruch nach § 1004 in Verbindung mit § 912 BGB hat also derjenige, bei dem keine Pflicht zur Duldung des Überbaus besteht.

a) Gebäude

170 Ein Gebäude im Sinne des § 912 BGB ist ein Bauwerk, das durch räumliche Umfriedung gegen äußere Einflüsse Schutz gewährt und den Eintritt von Menschen gestattet.[251] Keine Gebäude sind daher selbstständige Backöfen, Zäune und Mauern, Gruben und ein seitenoffener Carport,[252] sowie eine betonierte Fahrbahn.[253]

b) Eigentümer des überbauenden Grundstücks

171 Der Eigentümer des überbauenden Grundstücks muss das Gebäude errichten, d.h. es muss in seinem Namen und wirtschaftlichen Interesse gebaut worden sein.[254] Eine Errichtung des Gebäudes durch Dritte genügt nur dann, wenn der Eigentümer dem Überbau entsprechend §§ 183-185 BGB zustimmt.[255] Baut ein **Erbbauberechtigter** über die Grenze ein Gebäude, so sind die Vorschriften der §§ 912-916 BGB analog anwendbar, da das Erbbaurecht an die Stelle des überbauenden Grundstücks und der Erbbauberechtigte an die Stelle des Eigentümers tritt.[256]

c) Grenzüberschreitung

172 Der Überbau muss aus einem **einheitlichen Gebäude** bestehen,[257] wobei es ausreicht, dass Gebäudeteile über die Grenze ragen, die mit dem anderen auf dem Nachbargrundstück stehenden Gebäudeteil fest verbunden sind und von diesem nicht getrennt werden können, ohne dass einer der Teile zerstört oder in seinem Wesen verändert wird. Dabei kann die Grenzüberschreitung sowohl unter als auch über der Erde beste-

---

251 MünchKommBGB-Säcker, § 906 Rn. 4.
252 OLG Karlsruhe NJW-RR 1993, 665.
253 OLG Koblenz, OLGR 2002, 217.
254 Palandt-Bassenge, § 912 Rn. 5.
255 BGHZ 15, 216; a.A. MünchKommBGB-Säcker, § 912 Rn. 11.
256 Palandt-Bassenge, § 912 Rn. 3.
257 BGH NJW-RR 1989, 1030.

hen. Ein Überbau ist z.b. ein Erker oder ein Dachvorsprung, nicht aber eine Doppelhaushälfte.²⁵⁸ Auf den Umfang der Überschreitung kommt es dagegen nicht an, das Nachbargrundstück kann auch ganz überbaut sein oder das Gebäude kann überwiegend auf dem Nachbargrundstück stehen.²⁵⁹ Erforderlich ist, dass der Überbau zum Zeitpunkt der Errichtung des Gebäudes entsteht. Ein nachträglicher Anbau eines Erkers oder eines Balkons fällt nicht in den Anwendungsbereich der Norm. Wird jedoch ein selbstständiges neues Gebäude, wie z.b. eine Garage oder eine Veranda errichtet und überschreitet dieses die Grenze, ist § 912 BGB wiederum anwendbar. In diesem Fall darf der Überbau aber wiederum nicht vollständig auf dem Nachbargrundstück stehen.

d) Verschulden

Zum Zeitpunkt des Überbaus darf **allenfalls leichte Fahrlässigkeit vorliegen**.²⁶⁰ Vorsatz und grobe Fahrlässigkeit schließen die Duldungspflicht aus § 912 BGB auch dann aus, wenn kein Widerspruch des Nachbarn erhoben wurde.²⁶¹ Ein Verschulden ist anzunehmen, wenn der Überbauer die örtliche Lage nicht genau angibt, den Ausführenden freie Hand lässt oder sich auf einen bestehenden Zaunverlauf verlässt. **Verschulden des Architekten** ist dem Bauherrn gemäß § 166 BGB zuzurechnen, nicht aber ein Verschulden des Bauunternehmers und seines Personals, und zwar weder nach §§ 166, 278 oder 831 BGB.²⁶²

e) Widerspruch

Der Widerspruch muss vor oder nach objektiv erkennbarer Grenzüberschreitung so rechtzeitig erhoben werden, dass die Beseitigung ohne erhebliche Zerstörung möglich ist. Das Unterlassen des Widerspruchs ist nicht anfechtbar. Die Erhebung des Widerspruchs ist **formfrei** und bedarf keiner Begründung. Eine falsche Begründung ist daher unschädlich. Adressat ist der Überbauer, bei mehreren Berechtigten genügt der Widerspruch von einem, bei mehreren Überbauenden kann auch nur einem gegenüber die Erklärung abgegeben werden.

2. Rechtsfolgen des Überbaus

a) Allgemeines

Liegen die Voraussetzungen des § 912 BGB vor, ist der Eigentümer des überbauten Grundstücks zur **Duldung des Überbaus** verpflichtet. Der Eigentümer des überbauenden Grundstücks hat in diesem Fall ein Duldungsrecht, verbunden mit einem Recht zum Besitz am überbauten Grundstücksteil. Wird der Überbau beseitigt – ohne dass es auf die Ursache ankommt –, besteht ein Anspruch des Überbauenden auf Wiederaufbau ausnahmsweise dann, wenn die Reste noch von wirtschaftlicher Bedeutung sind.²⁶³ Hat jedoch der Duldungspflichtige den Überbau beseitigt, hat der Überbauer

---

258 OLG Karlsruhe BWNotZ 1988, 91.
259 BGH WM 1990, 718.
260 BGH WM 1979, 644.
261 KG WuM 1999, 714.
262 BGH NJW 77, 375.
263 BGH LM Nr. 8.

einen **Anspruch auf Wiederherstellung** gemäß §§ 823, 249 BGB. Die Duldungspflicht ergibt sich aus dem Gesetz, sie kann nicht ins Grundbuch eingetragen werden. Die Eintragung einer Grunddienstbarkeit in das Grundbuch wäre aber möglich. Es kann auch eine schuldrechtliche Vereinbarung über eine Duldungspflicht oder eine Beseitigungspflicht zwischen zwei Grundstückseigentümern getroffen werden. Hier ist jedoch zu beachten, dass diese nur zwischen den vertragsschließenden Parteien wirkt. Der Überbauende ist der Eigentümer des ganzen Gebäudes einschließlich des Überbaus.[264]

b) Überbaurente

176 Muss ein Grundstückseigentümer den Überbau nach § 912 BGB dulden, hat er Anspruch auf eine Überbaurente gemäß §§ 913, 914 BGB. Diese Rentenpflicht beginnt mit der Grundstücksüberschreitung unabhängig von ihrer Entdeckung,[265] und ist im Voraus zu zahlen. Der Rentenanspruch ist kein Schadensersatzanspruch, sondern ein **Wertausgleich** für die Einschränkung des eigenen Eigentums. Grundlage ist der Verkehrswert der überbauten Fläche zum vom Gläubiger zu beweisenden Zeitpunkt der Grenzüberschreitung. Veränderungen des Grundstückswerts, die erst nach dem Überbau eintreten, sollen außer Betracht bleiben, um fortgesetzte nachbarliche Streitigkeiten über den jeweiligen Wert der überbauten Fläche von vornherein auszuschließen.[266] Ist ein Verkehrswert nicht bestimmbar, z.b. bei Straßen, wird auf das übliche Nutzungsentgelt abgestellt. Die Rentenpflicht schließt bei zu duldendem Überbau einen Schadensersatzanspruch gemäß § 823ff. BGB aus.[267] Schadensersatzansprüche gegen Dritte und auch gegen den Überbauenden selbst bestehen jedoch, soweit nicht der Schaden durch den Rentenanspruch kompensiert wird.

c) Anspruchsberechtigung und Anspruchsverpflichtung

177 Gläubiger der Rente ist der Grundstückseigentümer des überbauten Grundstücks. Schuldner der Rente ist der Grundstückseigentümer des überbauenden Grundstücks, er haftet sowohl dinglich (§§ 914 Abs. 3, 1107 BGB) und persönlich (§§ 914 Abs. 3, 1108 BGB).

3. Verjährung

178 Der einzelne Rentenanspruch verjährt nach § 195 BGB in **drei Jahren**. Das Recht auf die Rente selbst verjährt wegen § 924 BGB nicht, da es Bestandteil des Eigentums ist.

II. Mandatsverhältnis und anwaltliche Beratungssituation

179 Ein Verzicht auf die Überbaurente bedarf als Aufhebung einer gesetzlichen Belastung im Sinne des § 875 BGB der Eintragung ins Grundbuch, wenn er über die obligatorische Wirkung zwischen den Vertragsschließenden hinaus gegenüber Dritten Bedeutung haben soll.[268] Wollen sich zwei Parteien einvernehmlich auf die Grenzüberschreitung einigen, können sie auch einen zeitlich befristeten Mietvertrag über eine Teilfläche des

---

264 Palandt-Bassenge, § 906 Rn. 11; str. ist, ob dies aus § 95 Abs. 2 oder §§ 93, 94ff. BGB folgt.
265 Palandt-Bassenge, § 912 Rn. 3.
266 MünchKommBGB-Säcker, § 912 Rn. 30.
267 MünchKommBGB-Säcker, § 912 Rn. 29.
268 BGH NJW 1983, 1112.

zu überbauenden Grundstücks schließen. In diesen schuldrechtlichen Vertrag können dann höhere Mietzahlungen als die aufgenommen werden, die sich aus § 914 BGB ergeben. Insoweit wäre dann auch eine vertraglich vorzusehende Anpassung der Leistungspflicht möglich, die nach § 914 BGB ausgeschlossen ist. Allerdings ist hier zu bedenken, dass auch für den Fall des Ablaufs des Mietvertrages eine vertragliche Regelung über die Herausgabe des überbauten Gebäudeteils getroffen werden sollte. Die für den entschuldigten Überbau angeordnete Eigentumsregelung gilt auch für den vom Nachbarn gestatteten rechtmäßigen Überbau.[269] Wie eine Übertragung des Eigentums am Überbau auf den Eigentümer des überbauten Grundstücks rechtlich zu vollziehen ist, hat der Bundesgerichtshof bisher noch nicht entschieden.[270] In Betracht kommt die Belastung des Stammgrundstücks (überbauenden Grundstücks) mit einer Grunddienstbarkeit, die die Ausführung des Überbaurechts ausschließt oder ein der Begründung des Eigentums am Überbau gegenläufiges Geschäft mit dem Inhalt einer Einigung über die Beendigung des Überbaurechts und der Beseitigung der Gebäudeeinheit, die den Überbau zum Bestandteil des Stammgrundstücks macht. Dies kann durch eine bauliche Abtrennung des Überbaus von dem übrigen Gebäude erfolgen. Eine Eintragung dieses Rechtsgeschäfts im Grundbuch ist aber nicht möglich, weil der Überbau als Grundstücksbelastung nicht eintragungsfähig ist.[271]

B. Prozess

I. Besonderheiten der Klagen

1. Der Anspruch auf Beseitigung

a) Allgemeines

Sind die Voraussetzungen des § 912 BGB nicht erfüllt und hat der benachbarte Grundstückseigentümer dem Überbau nicht zugestimmt, besteht ein Anspruch auf Beseitigung gemäß § 1004 BGB auf Kosten des Überbauers. Daneben besteht auch ein Anspruch gemäß § 985 BGB auf Herausgabe des überbauten Grundstücksteils. Beide Ansprüche sind **verwirkbar**.[272] Es gelten die in § 2 dargestellten Grundsätze für die Beseitigungsklage.

180

b) Beweislast

Die Anspruchsvoraussetzungen hat der Kläger zu beweisen. Beweislast für die Erklärung des Widerspruchs hat ebenfalls der Widerspruchsberechtigte.

181

2. Der Anspruch auf Ausgleich gemäß § 906 Abs. 2 S. 2 BGB

Der Ausgleichsanspruch ist wegen der zu zahlenden Entschädigung nach § 912 Abs. 2 BGB ausgeschlossen,[273] wenn die Voraussetzungen des § 912 Abs. 1 BGB vorliegen. Ist der Überbau aus anderen Gründen als den in Abs. 1 genannten zu dulden, also aus tat-

182

---

269 Erman-Hagen/Lorenz, § 912 Rn. 10.
270 BGH NJW 2004, 1237.
271 Fn. 18.
272 Palandt-Bassenge, § 912 Rn. 16.
273 Palandt-Bassenge, § 912 Rn. 13.

sächlichen oder rechtlichen Gründen, besteht ein Anspruch auf Ausgleich gemäß § 906 Abs. 2 S. 2 BGB analog. Das gleiche gilt für den verschuldensabhängigen Schadensersatzanspruch nach §§ 823 ff. BGB.

II. Einstweiliger Rechtsschutz

183 Der Beseitigungsanspruch kann in der Regel nicht im Wege einer einstweiligen Verfügung geltend gemacht werden, weil dies über deren Sicherungszweck hinausginge.

III. Zwangsvollstreckung

184 Der Beseitigungsanspruch wird nach § 887 ZPO vollstreckt. Insoweit gelten die Ausführungen zu § 1004 BGB.

§ 8 Notwegerecht nach § 917 BGB

A. Vorprozessuale Situation

I. Allgemeines

1. Regelungsinhalt

Fehlt einem Grundstück die zur ordnungsgemäßen Benutzung notwendige Verbindung mit einem öffentlichen Weg, so kann der Eigentümer gemäß § 917 BGB von den Nachbarn verlangen, dass sie bis zur Behebung des Mangels die Benutzung ihrer Grundstücke zur Herstellung der erforderlichen Verbindung dulden (§ 917 I BGB). § 917 BGB stellt somit eine Einschränkung des Eigentums dar. Die damit verbundenen Störungen und Auswirkungen auf den wirtschaftlichen Wert des zu benutzenden Grundstücks sind unter den gesetzlichen Voraussetzungen vom jeweiligen Eigentümer hinzunehmen. 185

Voraussetzung des Notwegerechts ist die fehlende Verbindung eines Grundstücks zu einem öffentlichen Weg. Allerdings kommt es nicht allein darauf an, dass das Grundstück gänzlich von einem Zugang abgeschlossen ist, sondern § 917 BGB gibt auch dann ein Recht gegenüber dem Eigentümer des Nachbargrundstücks, wenn nur ein Teil eines Grundstücks einen Anschluss hat, für die restliche Fläche aber eine Verbindung fehlt und ein zweiter Weg zur ordnungsgemäßen Benutzung notwendig ist.[274] Letzteres wird aber nur bei großen Grundstücken in Betracht kommen. Rein persönliche Bedürfnisse des Eigentümers oder Nutzungsberechtigten oder vorübergehende außergewöhnliche Bedürfnisse[275] sind nicht maßgeblich. Außerdem muss die Benutzung des Verbindungsgrundstücks für die ordnungsgemäße Nutzung des anderen Grundstücks notwendig sein. Hier ist ein **strenger Maßstab** anzulegen.[276] Dies ist auch dann notwendig, wenn eine vorhandene Verbindung nicht ausreicht.[277] Zu verneinen ist das Recht aber, wenn ein anderer ausreichender, wenn auch unbequemerer oder teurer Zugang möglich ist.[278] Gleichzeitig müssen auch Art und Ausmaß der angestrebten Benutzung erforderlich sein. Sie ist dann ausgeschlossen, wenn die Nutzung öffentlich-rechtlich überhaupt nicht zulässig ist.[279] Eine Zufahrt für Kraftfahrzeuge auf Wohngrundstücke ist dann nicht notwendig, wenn in der Nähe eine Parkmöglichkeit auf öffentlicher Straße besteht.[280] Bei ungenügender und fehlender Parkmöglichkeit kann ein solcher Anspruch aber gegeben sein,[281] so auch dann, wenn der Notweg über eine ausgebaute Privatstraße führt.[282] Erforderlich ist, dass die Benutzung des verbindenden Grundstücks dem Anschluss an 186

---

274 BGH NJW 1964, 1321.
275 BGH WM 1966, 145.
276 BGH NJW 1964, 1321;. a.A. OLG Schleswig, MDR. 2004, 25 f.
277 BGH LM Nr. 1; 12/13.
278 OLG Hamburg ZMR 1996, 509.
279 BVerwG, NJW 1976, 1989.
280 BGH LM Nr. 11; BGHZ 75, 315; OLG Karlsruhe, NJW-RR 1995, 1042;
281 OLG Frankfurt, ZflR 2000, 124.
282 OLG Frankfurt, MDR 1981, 932.

eine öffentliche Straße, ggf. noch über ein weiteres Grundstück, dient und dass ein anderer Zugang nicht möglich ist. Bei mehreren Verbindungsmöglichkeiten des Grundstücks muss die Benutzung gerade dieser Verbindung notwendig sein. Dies erfordert eine konkrete Abwägung zwischen der geringsten Belastung durch den Notweg für das dienende Grundstück und der größten Effektivität des Notwegs für den Berechtigten. Ein Wahlrecht steht dem Berechtigten nicht zu. Den Notweg hat der Berechtigte zu erstellen und zu unterhalten.[283] Allerdings können bei gemeinsamer Nutzung mit dem Eigentümer die Kosten im Einzelfall auch zu teilen sein.

2. Rechtsfolgen

187   Ist der Notweg zu dulden, besteht ein **Anspruch auf eine Notwegerente**. Maßgebend für deren Höhe ist der Umfang der zu duldenden Beeinträchtigung zum Entstehungszeitpunkt, wobei zwei Berechnungsmöglichkeiten bestehen: entweder die Errechnung auf der Grundlage des Nutzungswerts als anteiliger Mietertrag abzüglich der Unkosten[284] oder die Errechnung auf Grundlage des Verkehrswerts auf Verlangen des Rentenberechtigten.[285] Mangels Nachteils für das verbindende Grundstück kann der Anspruch jedoch auch entfallen.[286]

3. Entsprechende Anwendbarkeit

188   Eine entsprechende Anwendung der §§ 917, 918 BGB kommt in Betracht, wenn einem Grundstück die Verbindung zu einem öffentlichen Kanal- oder Versorgungsleitungsnetz fehlt.[287]

4. Ausschluss des Anspruchs

189   Der Anspruch aus § 917 BGB ist ausgeschlossen, wenn der Eigentümer oder andere Notwegeberechtigte des abgeschlossenen Grundstücks den Verbindungsverlust durch eine willkürliche Handlung herbeigeführt haben. Willkürliche Handlungen sind z.B. die Bebauung oder das Verschütten des Zugangs, die Aufgabe eines Wegerechts, der Verzicht auf ein Notwegerecht über ein anderes Grundstück oder die Zustimmung zur Verlegung eines öffentlichen Wegs, die sonst nicht erfolgt wäre. **Willkür** i.S.d. Vorschrift liegt vor, wenn die Grundsätze ordnungsgemäßer Wirtschaft und die Rücksichtnahme auf nachbarliche Belange außer Acht gelassen werden.[288]

5. Ansprüche nach Grundstücksteilung

190   Nach § 918 Abs. 2 BGB hat ein Grundstückseigentümer dann einen Anspruch auf einen Notweg, wenn ein Teil eines Grundstücks veräußert wird und der Verbindungsverlust zum öffentlichen Weg auf dieser Teilung beruht. Durch diese Vorschrift wird der Anspruch auf das Notwegerecht auf das bisherige Grundstück konkretisiert und gegenüber anderen Nachbargrundstücken ausgeschlossen. Nach § 918 Abs. 2 S. 2 steht der Veräußerung eines Teils eines Grundstücks die Veräußerung eines von mehre-

---

283   BGH WM 1995, 1195.
284   Alheit, Nachbarrecht von A-Z, S. 257.
285   BGHZ 113, 32; LG Köln, MDR 1960, 50.
286   OLG Frankfurt, ZflR 200, 124.
287   BGH NJW 1981, 1036.
288   Alheit, a.a.O, S. 259, OLG München, NJW-RR 1993, 474, OLG Brandenburg DtZ 1996, 389.

ren demselben Eigentümer gehörenden Grundstücken gleich. § 918 Abs. 2 BGB bindet auch den Rechtsnachfolger. Durch die Zubilligung des Notwegerechts entsteht kein neues dingliches Recht, so dass auch eine Eintragung im Grundbuch nicht zulässig ist.[289]

6. Anspruchsberechtigung und Anspruchsverpflichtung

Aktivlegitimiert sind die Eigentümer des verbindungslosen Grundstücks, bei Miteigentum wegen der Gewährung der Notwegerente nur alle gemeinschaftlich.[290] Auch Inhaber eines grundstücksgleichen Rechts, insbesondere der Erbbauberechtigte, sowie Verfügungsbefugte (Insolvenzverwalter, Testamentsvollstrecker, Zwangsverwalter) dürfen das Notwegerecht des Berechtigten gerichtlich und außergerichtlich geltend machen. **Nutzungsberechtigte**, d.h. Besitzer, Mieter, Pächter, Nießbraucher sind nicht aktivlegitimiert. Sie sind zwar zur Nutzung des Notwegs berechtigt, ihnen steht aber kein klagbarer Anspruch zu.[291] Schuldner der Notwegerente ist der Eigentümer des berechtigten Grundstücks, nicht der Nutzungsberechtigte.[292] Duldungspflichtig und damit passivlegitimiert sind alle Eigentümer, Erbbauberechtigte und Dienstbarkeitsberechtigte des Verbindungsgrundstücks. Das einmal entstandene Notwegerecht wirkt auch gegenüber dem Nutzungsberechtigten. Der Duldungspflichtige ist auch Gläubiger der Notwegerente, § 917 Abs. 2 S. 2 i.V.m. § 913 Abs. 1 BGB.[293] Die Ausübung des Notwegerechts und die Pflicht zur Rentenzahlung beruhen auf demselben rechtlichen Verhältnis im Sinne von § 273 BGB, so dass Zahlung bzw. Duldung bei Vorenthaltung der Leistung verweigert werden können.[294]

7. Verjährung

Die Ansprüche aus §§ 917 Abs.1, 918 Abs. 2 BGB **verjähren nicht**, § 924 BGB. Wird ein Weg seit Jahrzehnten genutzt, so steht dem Verlangen des Eigentümers nach Unterlassung der **Einwand der unzulässigen Rechtsausübung** entgegen, vorausgesetzt, der Umfang der Nutzung hat sich nicht verändert.[295]

II. Mandatsverhältnis und anwaltliche Beratungssituation

Wenn das Grundstück, über das der Notweg führen soll, öffentlich-rechtlich gewidmet ist und der Notweg diese Widmung tangiert, ist der **Verwaltungsrechtsweg** gegeben.[296] Zu bedenken ist auch, dass bei einer zeitlich begrenzten Zugangsverhinderung zur öffentlichen Straße die Verpflichtung zur Duldung des Notwegs endet, sobald der Zugang wieder gewährleistet ist. Außerdem ist der duldungspflichtige Nachbar berechtigt, gemäß § 273 BGB die Duldung des Notwegs in der Regel bis zur Zahlung der Rente zu verweigern.[297]

---

289 Alheit, Nachbarrecht von A-Z, S. 255.
290 Palandt-Bassenge, § 917 Rn. 8 m.w.N.; a.A. MünchKommBGB-Säcker, § 917 Rn. 16.
291 Palandt-Bassenge, § 917 Rn. 8.
292 BGH LM Nr. 6.
293 Einzelheiten bei Palandt-Bassenge, § 913 Rn. 1 und 2.
294 BGH MDR 1976, 917.
295 OLG Celle, MDR 2000, 81/82.
296 BGH MDR 1969, 650.
297 BGH MDR 1976, 917.

§ 8 Notwegerecht nach § 917 BGB

B. Prozess

I. Klage

1. Rechtsweg

194 Grundsätzlich ist der **Privatrechtsweg** gegeben, ausnahmsweise kommt auch der Verwaltungsrechtsweg in Betracht, wenn das Verbindungsgrundstück hoheitlichen Zwecken dient.[298]

2. Klageantrag

a) Allgemeines

195 Bei der Klage auf Einräumung eines Notwegs gemäß § 917 BGB ist zu beachten, dass es sich um einen **normalen Leistungsantrag** handelt, der den notwendigen vollstreckbaren Inhalt haben sollte. Es ist daher erforderlich, das zu benutzende Grundstück genau zu bezeichnen, und zwar nach Lage, Grundbucheintragung und Flurnummer. Die benutzbare Fläche sollte trotz § 917 Abs. 1 S. 2 BGB, der dies nur für das Urteil verlangt, bezeichnet und gegenüber den anderen nicht beeinträchtigten Grundstücksteilen abgegrenzt werden. Außerdem müssen die Handlungen, d.h. Befahren, Begehen etc., bzw. der Zugang und die Zufahrt angegeben werden, die der Eigentümer des verbindungslosen Grundstücks auf dem verbindenden Grundstück vornehmen darf.
Da der Anspruch auf die Notwegerente mit dem Notwegerecht selbst entsteht und das Verlangen des Berechtigten auf Einräumung eines Notwegs daher von der Zahlungspflicht abhängig ist, sollte der Kläger, um einer teilweisen Klageabweisung zu entgehen, die Verurteilung Zug um Zug beantragen.

196 ##### b) Muster: Klageantrag auf Einräumung eines Notwegs

14

Der Beklagte wird verurteilt, dem Kläger den Zugang und die Zufahrt mit dem Personenkraftwagen von der ■■■straße über einen 2,5 m breiten Grundstücksstreifen – von der westlichen Grenze des Grundstücks des Beklagten, eingetragen im Grundbuch von ■■■, Band ■■■, Blatt ■■■, Flurnummer ■■■ im linken Winkel gemessen – zum Grundstück des Klägers, eingetragen im Grundbuch von ■■■ Band ■■■, Blatt ■■■, Flurnummer ■■■ Zug um Zug gegen Zahlung einer Notwegerente in Höhe von ■■■ € zu gestatten.

3. Sachliche Zuständigkeit

197 Die sachliche Zuständigkeit richtet sich nach dem Streitwert, der in entsprechender Anwendung des § 7 ZPO zu ermitteln ist. Der Wert des Notwegerechts für das berechtigte Grundstück ist zu schätzen.

4. Örtliche Zuständigkeit

198 Örtlich zuständig ist ausschließlich das Gericht, in dessen Bezirk die Grundstücke liegen, § 24 I ZPO.

---

298 BGH MDR 1969, 650; OLG Koblenz, MDR 1981, 671.

5. Streitgenossenschaft

Der Berechtigte muss gegen alle Miteigentümer des benachbarten Grundstücks klagen, da diese **notwendige Streitgenossen** gemäß § 62 2. Fall ZPO sind. Eine nur gegen einen Miteigentümer gerichtete Klage ist unzulässig.[299]

6. Streitwert

Der Streitwert einer Klage auf Einräumung eines Notwegerechts bemisst sich analog den §§ 7, 9 ZPO nach dem gemäß § 3 ZPO zu schätzenden Interesse des Klägers an der Einräumung des Rechts. Dieses Interesse kann der Wertsteigerung des herrschenden Grundstücks entsprechen[300] oder gleich der Summe der Herstellungs- und Unterhaltungskosten des Notweges sowie der 3 ½-fachen jährlichen Notwegerente sein. Wird nur die Notwegerente eingeklagt, ist gemäß § 9 ZPO höchstens der 3 ½ fache Betrag der Rente zugrunde zu legen.

7. Muster: Klage auf Einräumung eines Notwegs (§ 917 BGB)

An das

Landgericht ■■■

Klage

In Sachen

■■■

Kläger

Prozessbevollmächtigte: RAe ■■■

gegen

■■■

Beklagen zu 1)

Prozessbevollmächtigte: RAe ■■■

wegen Einräumung eines Notwegs

Vorläufiger Streitwert: 7.000,-- €

Namens und in Vollmacht des Klägers erhebe ich Klage und werde beantragen:

Die Beklagten werden verurteilt,

dem Kläger den Zugang und die Zufahrt mit dem Kraftfahrzeug von der ■■■ Straße über einen 2 m breiten Grundstücksstreifen – von der nördlichen Grenze des Grundstücks der Beklagten im rechten Winkel gemessen – des Grundstücks, eingetragen im Grundbuch von ■■■ Band ■■■, Blatt ■■■, Flurnummer ■■■, der Beklagten zum Grundstück des Klägers, ein-

---

299 BGH NJW 1985, 2210.
300 OLG Jena, JurBüro 1999, 196.

getragen im Grundbuch von ■■■, Band ■■■, Blatt ■■■, Flurnummer ■■■, Zug um Zug gegen Zahlung einer Notwegerente in Höhe von ■■■ € jährlich zu gewähren.

Begründung

Der Kläger ist Eigentümer des Hausgrundstücks, eingetragen im Grundbuch von ■■■ Band ■■■, Blatt ■■■, Flurnummer ■■■. Die Beklagten sind Eigentümer des benachbarten Grundstücks, eingetragen im Grundbuch von ■■■, Band ■■■, Blatt ■■■, Flurnummer ■■■. Das Grundstück des Klägers hat keinen eigenen Zugang zur öffentlichen Straße.

Beweis: Einnahme eines Augenscheins

Der Kläger hat seit dem Jahr 1990 das Grundstück des Beklagten auf einem bereits bestehenden Weg befahren und begangen, um zu seinem Grundstück, auf dem sich ein Ferienhaus befindet, zu gelangen. Bis zum Jahr 2001 herrschte darüber Einvernehmen zwischen den Beteiligten.

Beweis: Zeugnis des ■■■, ■■■

Nachdem es an Sylvester 2000/2001 zu einem heftigen Streit zwischen den bisher befreundeten Parteien gekommen war, verwehrt der Beklagte dem Kläger sowohl den Zugang als auch die Zufahrt zu seinem Grundstück. Er hat ein Tor vor die Zufahrt zu dem auf seinem Grundstück befindlichen Weg angebracht und hält dieses Tag und Nacht versperrt.

Beweis:

Zeugnis des ■■■, ■■■

Augenschein

Auch zu Fuß können der Kläger und seine Familie nicht auf ihr Grundstück gelangen, da sie vom Beklagten sowohl tätlich bedroht werden als auch Strafanträge wegen Hausfriedensbruchs befürchten müssen.

Beweis: Zeugnis des ■■■, ■■■ b.b.

Der Kläger hat zurzeit keine Möglichkeit, von seinem Grundstück auf eine öffentliche Straße zu gelangen. Der im Antrag vorgeschlagene Zugang bietet den kürzesten Weg vom klägerischen Grundstück über das Grundstück des Beklagten zur öffentlichen Straße und belastet diesen daher nur unerheblich.

Beweis: Augenschein

Der Kläger hat den Beklagten mehrfach mündlich und zweimal schriftlich aufgefordert, ihm den Zugang zu seinem Grundstück zu gestatten. Dies wurde vom Beklagten mit Schreiben vom ■■■, vom ■■■ und vom ■■■ eindeutig abgelehnt.

Beweis:
1. Schreiben des Klägers vom ■■■, vom ■■■, vom ■■■, als Anlage 1-3
2. Schreiben des Beklagten vom ■■■ als Anlage 4

Der Kläger hat einen Anspruch auf Einräumung eines Notwegerechts gemäß § 917 BGB gegen den Beklagten. Seinem Grundstück fehlt die Verbindung zur öffentlichen Straße. Es besteht nur diese Möglichkeit für den Kläger, zur öffentlichen Straße zu gelangen. Er muss daher über das klägerische Grundstück gehen und fahren. Der Beklagte ist daher zur Duldung eines Notwegs verpflichtet. Darüber hinaus besteht auch ein Anspruch auf Duldung des Befahrens und Begehens des Grundstücks aus § 242 BGB. Das Grundstück des Beklagten ist seit jeher genutzt worden, um zum klägerischen Grundstück zu gelangen. Erst der Streit zwischen den Parteien hat dazu geführt, dass der Beklagte den Zugang versperrt hat.

■■■

Rechtsanwalt

II. Einstweiliger Rechtsschutz und Zwangsvollstreckung

Insoweit gelten keine Besonderheiten, da es sich um einen normalen Leistungsantrag handelt.

§ 9 Sonstige nachbarrechtliche Ansprüche

A. Grenzeinrichtungen

I. Allgemeines

1. Regelungsinhalt

203 Häufig befindet sich auf der Grenze zwischen zwei Grundstücken eine Einrichtung, die von beiden Grundstückseigentümern zum eigenen Vorteil genutzt wird. Die rechtliche Zuordnung dieser Grenzeinrichtung ist vielfach schwierig zu klären. § 921 BGB beinhaltet daher eine widerlegbare Vermutung dahingehend, dass beide Grundstücksnachbarn zur Benutzung berechtigt sind. Für das Vorliegen einer Grenzeinrichtung spricht, dass sie beiden Grundstücken nutzt und auf der Grenze beider Grundstücke, jedoch nicht notwendig auf der Mitte der Grenze steht.[301] Sie muss aber nicht zwingend eine Grenzscheidungsfunktion haben.[302] Außerdem muss die Grenzeinrichtung im gegenseitigen Einvernehmen[303] der jeweiligen Grundstückseigentümer errichtet worden sein.[304] Die Nachbarn sind nicht zur Errichtung einer gemeinsamen Grenzeinrichtung verpflichtet, die dafür entstehenden Kosten trägt der Erbauer allein.[305] Die Grenzeinrichtungen dürfen von den Grundstückseigentümern gemeinsam genutzt, müssen aber auch gemeinsam unterhalten werden. Zu beachten ist, dass es keine gesetzliche Vermutung für das Eigentum der Grenzeinrichtung gibt, was dazu führen kann, dass das Eigentum nicht aufklärbar ist. Dann gehört der auf dem jeweiligen Grundstück stehende Teil der Grenzeinrichtung dem Grundstückseigentümer.[306]

2. Beispiele

204 Beispiele für Grenzeinrichtungen sind z.B. Zäune, Mauern, Gräben, Hecken etc. Keine Grenzeinrichtungen sind auf die Grenze gebaute Gebäude.[307] Häufig steht auf der Grenze des Grundstücks die sog. **Nachbarwand** oder Kommunmauer, die im jeweiligen Landesrecht geregelt ist.[308] Bei Reihenhäusern bzw. Doppelhaushälften wird diesem Problem dadurch Rechnung getragen, dass eine Giebelmauer verstärkten Umfangs verwendet wird, die dann in der Regel halbscheidig auf den benachbarten Grundstücken steht. Davon zu unterscheiden ist die **Grenzwand**. Dabei handelt es sich um eine ganz auf dem eigenen Grundstück befindliche an der Grenze stehende Wand.[309] Auch hier ist zu beachten, dass das Recht der Grenzwand im Landesnachbarrecht teils ausführlich, teils nur in Einzelfragen und teils gar nicht geregelt ist und § 921 BGB im Fall einer vorhandenen Regelung nur ergänzend heranzuziehen ist.[310] Vor dem Anbau des

---

301 BGH NZM 2001, 817.
302 BGH NJW 2003, 1731; OLG Düsseldorf, MDR 68, 322.
303 BGH, NZM 2000, 106; NJW-RR 2001, 1528.
304 BGH 41, 177; 91, 282.
305 Palandt-Bassenge, § 921 Rn. 2.
306 Palandt-Bassenge, § 921 Rn. 4.
307 MünchKomm-Säcker, § 921 Rn. 2.
308 § 124 EGBGB Rn. 2.
309 Palandt-Bassenge, § 921, Rn. 13.
310 Palandt-Bassenge, § 921 Rn. 13.

anderen Grundstückseigentümers steht die Grenzwand im Eigentum des Grundstückseigentümers und ist keine Grenzeinrichtung.[311] Der Nachbar hat nur ein Anbaurecht, wenn der Grenzwandeigentümer zustimmt.[312] Auch durch den Anbau wird die Grenzwand weder Miteigentum noch Grenzeinrichtung.[313] Der Eigentümer hat daher auch keinen Vergütungsanspruch gemäß §§ 951, 812, 818 II BGB. Der Eigentümer der Wand darf sogar die Grenzwand abreißen, wenn nicht § 242 BGB aus dem nachbarrechtlichen Gemeinschaftsverhältnis entgegensteht.[314] Handelt es sich bei den Grenzeinrichtungen um eine Nachbarwand oder eine Grenzwand, müssen die jeweiligen landesrechtlichen Vorschriften konsultiert werden. Eine Darstellung der Vorschriften findet sich in Art. 224 Rn. 2 EGBGB.

3. Anspruchsberechtigung und Anspruchsverpflichtung

Aktiv- und passivlegitimiert sind nur die Eigentümer der betroffenen Grundstücke. 205

4. Verjährung

Eine Verjährung kommt wegen der Natur des Anspruchs nicht in Betracht. §§ 922, 923 BGB werden zwar in § 924 BGB nicht erwähnt, § 921 und § 922 BGB sind jedoch Rechte, die der Verjährung nicht unterliegen. 206

II. Mandatsverhältnis und anwaltliche Beratungssituation

Problematisch ist oft die **gemeinschaftliche Verwaltung der Grenzeinrichtung** durch die Eigentümer, denn diese steht beiden Nachbarn zu. Häufig entsteht über die Kosten zur Unterhaltung Streit. Bei diesen Kosten handelt es sich um Aufwendungen, die erforderlich sind, um die Grenzeinrichtung in ihrer zweckentsprechenden Beschaffenheit zu erhalten, z.B. Abmähen des Grenzrains, Nachpflanzen eingegangener Grenzbäume, Streichen eines Grenzzauns. Es gilt zu berücksichtigen, dass jeder Eigentümer die zur Erhaltung des Eigentums notwendigen Maßnahmen einleiten kann, ohne dass der jeweils andere zustimmen muss. Die Kosten für die notwendigen Instandsetzungen sind allerdings auch dann hälftig zu tragen. 207

Bei der Beratung eines Mandanten kann auch die Frage aufkommen, ob eine anderweitige Regelung für diese Unterhaltungskosten zwischen den Parteien getroffen werden kann. Dies ist insbesondere dann der Fall, wenn die Grenzeinrichtung tatsächlich nur von einer Partei genutzt wird. In diesem Zusammenhang könnte zwar derjenige Nachbar gemäß § 242 BGB verpflichtet sein, auch die dafür entstehenden Kosten zu tragen, eine eindeutige vertragliche Regelung, die abweichend von §§ 921, 922 möglich ist,[315] würde aber die Kostentragung endgültig und einvernehmlich klären. Eine solche Regelung gilt gemäß § 746 BGB auch gegenüber dem Rechtsnachfolger. Nicht anwendbar sind dagegen die Vorschriften der §§ 747 S. 1 und 749ff. BGB.[316] Wollen die Nach-

---

311 BGH 41, 177.
312 Palandt-Bassenge, § 921 Rn. 15.
313 BGH NZM 2001, 817.
314 BGH NJW 1977, 1447.
315 MünchKommBGB-Säcker, § 922 Rn. 6.
316 A.a.O.

barn über die Benutzung der Grenzeinrichtung eine dingliche Vereinbarung treffen, müssen sie eine Grunddienstbarkeit vereinbaren.[317]
Zwar genießt die Grenzeinrichtung nach § 922 S. 3 BGB einen gewissen Bestandsschutz, auch hier ist bei der Beratung zu beachten, dass die Nachbarn die Einrichtung einvernehmlich jederzeit ändern oder beseitigen können.

Aus den Vorschriften ergibt sich allerdings keine Verpflichtung, bei einer Errichtung neuer Grenzanlagen mitzuwirken, auch nicht hinsichtlich einer Kostenbeteiligung.[318]

III. Prozessuale Besonderheiten

208   Bei Beeinträchtigung seines Mitbenutzungsrechts nach § 921 BGB hat der Nachbar einen Anspruch auf Unterlassung der Beeinträchtigung nach § 1004 BGB. Ansprüche aus §§ 858, 859 BGB bestehen nur bei völligem Entzug der Mitbenutzung.[319]

B. Grundstückseinfriedungen

I. Allgemeines

1. Regelungsinhalt

209   Dabei handelt es sich um Grenzeinrichtungen, die an der Grenze, aber noch auf dem Grundstück des jeweiligen Grundstückseigentümers stehen. Jeder Eigentümer kann diese Einfriedungen gemäß § 903 BGB nach Belieben errichten bzw. sie entfernen. Auch dieses Recht wird jedoch durch landesrechtliche Vorschriften, die diese Eigentumsfreiheit ausschließen bzw. beschränken, sowie durch das nachbarrechtliche Rücksichtnahmegebot eingeschränkt. Die **Nachbargesetze der Länder** schreiben grundsätzlich eine Einfriedungspflicht bestimmter Grundstücke vor. Dabei fallen die Kosten demjenigen Eigentümer zur Last, der einzäunungspflichtig ist.[320]

2. Anspruchsberechtigung und Anspruchsverpflichtung

210   Die Durchsetzung der Ansprüche, die sich aus dem öffentlichen Nachbarrecht ergeben, obliegt grundsätzlich den Verwaltungsbehörden.[321]
Auch ein Dritter kann sich auf die Einhaltung dieser Vorschriften berufen, soweit diese drittschützenden Charakter haben,[322] oder ausdrücken, dass auch seine Rechte im Einzelfall zu berücksichtigen sind (sog. **Rücksichtnahmegebot**).[323] Vielfach sind diese Vorschriften im Baurecht der Länder, im Gaststättengesetz, in der Gewerbeordnung, in den Vorschriften des Sonn- und Feiertagsschutzes, im Immissionsschutzrecht und den verwandten Vorschriften sowie im Wasserrecht zu finden, um hier nur einige zu nennen.

---

317 BGH WM 1976, 128.
318 MünchKommBGB-Säcker, § 922 Rn. 8.
319 BGH 29, 372.
320 Dehner, Nachbarrecht B § 9 III 3 Seite 8 m.w.N.
321 Palandt-Bassenge, § 903 Rn. 14.
322 A.a.O.
323 BVerwG NVwZ 1999, 879.

II. Mandatsverhältnis

Die Geltendmachung eines Anspruchs auf Einfriedung ist eher die große Ausnahme, viel häufiger streiten sich die Nachbarn etwa über die Frage, welche Höhe unmittelbar an der Grenze gepflanzte Tannen erreichen dürfen, d.h. welche Maßnahmen überhaupt oder noch zulässig sind. Diese Ansprüche werden in der Regel mit der Eigentumsfreiheitsklage nach § 1004 BGB verfolgt. Weil es sich dabei auch um Ansprüche aus dem Eigentum handelt und sich prozessual deshalb keine Besonderheiten ergeben, wird auf die Ausführungen zu § 2 verwiesen.

Bei der außergerichtlichen Beratung sollte daran gedacht werden, dass auch solche Rechte dinglich durch eine Grunddienstbarkeit abgesichert werden können.

C. Sonstige Vorschriften

§§ 911 und 923 Abs. 1 BGB regeln nachbarliche Selbsthilfe- und Fruchtziehungsrechte bei Gewächsen im Grundstücksbereich, deren Inhalt sich aber im Wesentlichen aus dem Gesetz erschließt. Gegebenenfalls können Schadensersatzansprüche in Betracht kommen, wenn die Voraussetzungen der Vorschriften vorliegen. § 923 Abs. 2 S. 1 BGB bietet wiederum eine eigene Anspruchsgrundlage für die Beseitigung eines auf der Grenze stehenden Baumes oder Strauches (923 Abs. 3 BGB), während § 923 Abs. 2 S. 2 und 3 BGB Kostenregelungen für die Durchführung der Beseitigung enthält.

§ 908 BGB enthält noch einen vorbeugenden Abwehranspruch für den nicht sehr häufigen Fall, dass ein **Gebäudeeinsturz** droht.[324] In Verbindung mit § 823 Abs. 2 BGB kann sich daraus ein verschuldensabhängiger Schadensersatzanspruch oder gemäß § 906 Abs. 2 S. 2 BGB ein nachbarrechtlicher verschuldensunabhängiger Ausgleichsanspruch ergeben.[325]

---

324 Palandt-Bassenge, § 908 Rn. 1.
325 Palandt-Bassenge, § 906 Rn. 4.

§ 10 Entschädigungsansprüche gemäss § 906 Abs. 2 S. 2 BGB

A. Ausgleichsklage gemäss § 906 Abs. 2 S. 2 BGB

I. Anspruchsvoraussetzungen

214 Ist der Eigentümer eines Grundstücks durch ortsunübliche und unzumutbare Immissionen im Sinne von § 906 Abs. 1 BGB beeinträchtigt, kann er für die Zukunft Unterlassung gemäß § 1004 BGB und für die Vergangenheit Schadensersatz nach § 823 Abs. 1 BGB verlangen. Muss er diese jedoch dulden, kann er gemäß § 906 Abs. 2 S. 2 BGB einen **angemessenen Ausgleich in Geld** verlangen, wenn die Einwirkung die ortsübliche Nutzung seines Grundstücks über das zumutbare Maß hinaus beeinträchtigt hat. § 906 Abs. 2 S. 2 BGB gewährt einen gegenüber Schadensersatzansprüchen nachrangigen nachbarrechtlichen Ausgleichsanspruch. In unmittelbarer Anwendung gleicht er allerdings nur Nachteile für Immissionen der in § 906 Abs. 1 BGB genannten Arten aus, und auch nur insoweit, als § 906 Abs. 2 S. 1 BGB im Interesse einer sinnvollen Nutzung der Grundstücke im nachbarlichen Raum einem Grundstückseigentümer die Pflicht zur Duldung wesentlicher Beeinträchtigungen auferlegt. Der nachbarrechtliche Ausgleichsanspruch tritt an die Stelle des primären Abwehranspruchs nach § 1004 Abs. 1 BGB, der auf Beseitigung oder Unterlassung der Beeinträchtigung gerichtet ist. Daneben kommt nach gefestigter Rechtsprechung ein solcher Anspruch gemäß § 906 Abs. 2 S. 2 BGB auch für Beeinträchtigungen in Betracht, die sich nicht aus § 906 Abs. 1 BGB ergeben und durch die der betroffene Grundstückseigentümer Nachteile erleidet, die das zumutbare Maß einer entschädigungslos hinzunehmenden Beeinträchtigung übersteigen.[326] Der Ausgleichsanspruch ist dann allerdings gegenüber den Beseitigungs- bzw. Unterlassungsansprüchen gemäß §§ 1004 Abs. 1 bzw. 862 Abs. 1 BGB subsidiär, weil nur im Falle der Nichtdurchsetzbarkeit dieser Ansprüche ein vergleichbares Schutzbedürfnis wie in den Fällen des § 906 BGB besteht. Ein **faktischer Duldungszwang** kann sich z.B. daraus ergeben, dass der Betroffene die abzuwehrende Gefahr nicht rechtzeitig erkannt hat und auch nicht erkennen konnte.[327] Der Ausgleichsanspruch § 906 Abs. 2 S. 2 BGB in direkter und in analoger Anwendung ist ein **verschuldensunabhängiger Anspruch**[328] und bildet eine eigene Anspruchsgrundlage für den Gestörten.

1. Regelungsinhalt des § 906 Abs. 2 S. 2 BGB

a) Duldungspflicht

215 Der Ausgleichsanspruch setzt voraus, dass die Beeinträchtigung der Benutzung oder des Ertrages des Grundstücks durch Immissionen erfolgt, die mit dem betroffenen Grundstück in Zusammenhang stehen und diese vom Eigentümer gemäß § 906 Abs. 2 S. 2 BGB zu dulden sind. Dabei sollen auch **Folgeschäden** vom Ausgleichsanspruch erfasst werden, falls und soweit sie sich aus der Beeinträchtigung der Substanz oder

---

326 BGHZ 62, 361; 70, 212; 72, 289; 85, 375; 90, 255; BGH NJW 1990, 978; NJW 1990, 1910.
327 BGHZ 85, 375.
328 BGH NJW 1990, 3195; NJW 2001, 1865.

Nutzung des betroffenen Grundstücks selbst entwickeln.³²⁹ Schäden an beweglichen Sachen, die nicht über das Grundstück herbeigeführt werden, können nicht gemäß § 906 Abs. 2 S. 2 BGB ersetzt werden.³³⁰ Voraussetzung des Anspruchs ist die Beeinträchtigung der ortsüblichen Benutzung des Grundstücks oder seines Ertrages über das zumutbare Maß hinaus.³³¹ Welche Benutzung ortsüblich ist, und ob die Beeinträchtigungen über das nach der Verkehrsanschauung zu beurteilende zumutbare Maß hinausgehen, richtet sich nach den unter dargelegten Grundsätzen.

b) Rechtsfolge der Duldungspflicht

Nach § 906 Abs. 2 S. 2 BGB hat der Eigentümer einen Ausgleichsanspruch, soweit er die Beeinträchtigung seines Grundstücks hinnehmen muss. Der Ausgleich wird in Anlehnung an die Grundsätze zur Enteignungsentschädigung gewährt.³³²

216

c) Höhe des Ausgleichsanspruchs

§ 906 Abs. 2 S. 2 BGB gewährt einen angemessenen Ausgleich in Geld. Nach der Rechtsprechung handelt es sich um einen Wertausgleich für den rechtmäßigen Entzug sonst gewährter Eigentümerbefugnisse³³³ und nicht um einen auf vollen Ausgleich gerichteten Anspruch auf Schadensersatz gemäß § 823 I i.V.m. §§ 249 ff. BGB. Maßstab für die Höhe des Anspruchs ist eine „**differenziert-objektive**" Betrachtungsweise, die auf die Verhältnisse eines durchschnittlichen Benutzers des beeinträchtigten Grundstücks abstellt. Entscheidend sind danach nicht die individualisierten Verhältnisse des betroffenen Grundstückseigentümers, sondern die tatsächliche Beschaffenheit und Nutzung des Grundstücks vor Eintritt der zu duldenden Immissionen. Auszugleichen ist auch die mit konkreter Gebrauchsbeeinträchtigung verbundene zeitweilige Störung der Nutzung. Bei vorübergehender Beeinträchtigung gewerblicher Nutzung ist der Ertragsverlust zu Grunde zulegen. Die Form der Entschädigung (Kapitalabfindung oder Rente) kann den Erfordernissen des Einzelfalls angepasst werden.

217

2. Anspruchsberechtigung und Anspruchsverpflichtung

Gläubiger des Anspruchs ist der in der erlaubten Grundstücksnutzung Beeinträchtigte, also der Eigentümer oder der sonst zur Nutzung Berechtigte, sowie der **Pächter**,³³⁴ denn die Rechtsprechung wendet § 906 entsprechend auf den obligatorisch zur Nutzung berechtigte Besitzer an.³³⁵ Anspruchsgegner ist nicht nur der unmittelbare Handlungsstörer, sondern der wirtschaftlich verantwortliche „Halter" des Grundstücks, in der Regel, aber nicht unbedingt, dessen Eigentümer.³³⁶ Überlässt der Eigentümer einem anderen sein Grundstück zur beeinträchtigenden Nutzung, so sind er und der andere Gesamtschuldner des Ausgleichsanspruchs.

218

---

329 MünchKommBGB-Säcker, § 906 Rn. 139.
330 BGH JZ 1984, 1106.
331 Erman-Hagen/Lorenz, § 906 Rn. 32.
332 BGHZ 49, 148; 62, 361; 85, 375; 90, 255.
333 BGHZ 49, 148.
334 BGH WM 1976, 1116.
335 BGHZ 15, 146; 30, 273; 70, 212; BGH NJW 1995, 132.
336 BGH NJW 1966, 42.

§ 10 Entschädigungsansprüche gem. § 906 Abs. 2 S. 2 BGB

3. Verjährung

219 Der Anspruch verjährt in **drei Jahren**, § 195 BGB.[337]

II. Mandatsverhältnis und anwaltliche Beratungssituation

220 Da Voraussetzung des Anspruchs die Feststellung ist, ob zu duldende Einwirkungen auf ein Grundstück bestehen, könnte auch hier bereits schon die **Einschaltung eines Sachverständigen** in Betracht kommen.[338] Die Verwendung eines solchen Gutachtens in einem späteren Prozess ist allerdings problematisch, da es sich um ein Privatgutachten handelt. Auch insoweit könnte natürlich versucht werden, zwischen den Parteien eine Einigung über die Erstellung des Gutachtens, die Person des Sachverständigen und die Kostentragung zu erzielen. Wenn dies nicht gelingt, besteht ein Kostenerstattungsanspruch, falls das Privatgutachten in den Prozess eingeführt wurde.

B. Klage auf Ausgleich nach § 906 Abs. 2 S. 2 BGB analog

I. Allgemeines

1. Regelungsinhalt

221 Ein nachbarrechtlicher Ausgleichsanspruch besteht in entsprechender Anwendung des § 906 Abs. 2 S. 2 BGB nach gefestigter Rechtsprechung[339] dann, wenn von einem Grundstück auf ein benachbartes Grundstück einwirkende Beeinträchtigungen zwar rechtswidrig sind und daher nicht wie im gesetzlich geregelten Fall des § 906 Abs. 1 BGB geduldet werden müssten, der betroffene Eigentümer jedoch aus besonderen Gründen gehindert ist, solche Störungen gemäß § 1004 Abs. 1 BGB zu unterbinden. Dieser Anspruch wird nach allgemeiner Meinung aus dem Rechtsgedanken der §§ 904 S. 2, 906 Abs. 2 BGB, § 14 S. 2 BImSchG abgeleitet. Er setzt voraus, dass der Betroffene Nachteile erleidet, die das zumutbare Maß einer entschädigungslos hinzunehmenden Enteignung übersteigen. Unter diesen Voraussetzungen gewährt die Rechtsprechung über die Immissionsfälle des § 906 BGB hinaus, außer bei Vertiefungen nach § 909 BGB,[340] sonstigen nachbarrechtlichen Beeinträchtigungen und bei Grobimmissionen,[341] einen Ausgleichsanspruch in Geld. Das Gleiche gilt bei Besitzstörungen, weil der Ausgleichsanspruch als Kompensation für den Ausschluss primärer Abwehransprüche dient, die auch dem Besitzer zustehen (§ 862 Abs. 1 BGB) und ihm einen den Rechten des Eigentümers aus § 1004 BGB ähnlichen Schutz gegen Störungen bieten. Der Anspruch ist jedoch gegenüber den Primäransprüchen der §§ 1004 Abs. 1, 865 Abs. 2 BGB subsidiär und setzt voraus, dass der Eigentümer oder Besitzer aus besonderen Gründen gehindert ist, die Einwirkungen rechtzeitig zu unterbinden. In diesem Zusammenhang genügt ein faktischer Duldungszwang, der sich daraus ergeben kann, dass der Beeinträchtigte die abzuwehrende Gefahr nicht rechtzeitig erkannt hat und

---

337 BGH NJW 1995, 714; Palandt-Bassenge, § 906 Rn. 31; MünchKommBGB-Säcker, § 906 Rn. 142.
338 Vgl. Ausführungen dazu I.
339 BGHZ 9, 209; BGH NJW 2003, 2377, Palandt-Bassenge, § 906 Rn. 42; Staudinger-Roth, § 906 Rn. 232 m.w.N.
340 BGHZ 72, 289; 85, 375; 90, 255, 147, 45.
341 BGHZ 72, 289; 85, 375; 89, 255; 111, 158; BGH WM 1985, 1041.

auch nicht erkennen konnte.³⁴² Der Abwehranspruch ist auch nicht gegeben, wenn er grundsätzlich nicht abgewehrt werden kann³⁴³ oder abschließende gesetzliche Regelungen wie z.b. in § 22 WHG bestehen³⁴⁴ oder eine andere gesetzliche Bestimmung³⁴⁵ den konkreten Fall abschließend regelt. Es bleibt auch außer Betracht, ob der Geschädigte den Schaden durch frühere Geltendmachung von Abwehransprüchen nach § 1004 BGB hätte verhindern können.³⁴⁶ Vertraut der Nachbar auf eine Abhilfemaßnahme, so ist er aus besonderen Gründen an der Geltendmachung des Abwehranspruchs gehindert.³⁴⁷ Selbst die Genehmigungsbedürftigkeit einer Anlage schließt vom Eigentümer zu ergreifende Abwehrmaßnahmen und damit einen Ausgleichsanspruch nicht aus, so dass auch hier eine analoge Anwendung in Betracht kommt.

2. Anspruchsberechtigung und Anspruchsverpflichtung

Anspruchsberechtigt ist der Eigentümer, der Erbbauberechtigte und der Besitzer,³⁴⁸ nicht aber der bloße Nutzer. Verpflichtet zum Ausgleich ist der Nutzer des emittierenden Grundstücks, nicht der von ihm beauftragte Unternehmer oder Architekt oder der Begünstigte. Eine sachgerechte Begrenzung des Kreises der Anspruchsberechtigten kann hier nur in Anlehnung an die Vorschriften des BImSchG vorgenommen werden.³⁴⁹ Anspruchsverpflichtet ist nicht nur der Eigentümer des Nachbargrundstücks, von welchem die Störungen ausgehen, sondern kann auch der Nutzer sein, wenn gerade er die Nutzungsart dieses Grundstücks bestimmt.³⁵⁰ Denn Störer kann auch derjenige sein, der die Anlage hält, von der die Einwirkung ausgeht.³⁵¹ Allerdings ist § 906 Abs. 2 S. 2 BGB auch nicht entsprechend auf den Fall anwendbar, in dem es sich um die Beeinträchtigung durch Immissionen von Nutzern desselben Grundstücks handelt, die von dem einen Nutzungsbereich auf den anderen einwirken (z.B. Mieter verschiedener Bereiche auf demselben Grundstück).³⁵² Eine vergleichbare Lage besteht nämlich nur dort, wo die Beeinträchtigung von außen kommt, d.h. wenn sie von einem Grundstück auf ein anderes einwirkt und die verschuldensunabhängige Haftung im nachbarlichen Gemeinschaftsverhältnis fußt. Besonderheiten bestehen, wenn mehrere Emittenten für einen Schaden Ursachen gesetzt haben. Wenn jeder Verursacher unabhängig vom Beitrag der anderen die Grenze ausgleichsloser Duldungspflichten überschreitet, besteht ein Ausgleichsanspruch gegen jeden Einzelnen in Höhe seines gegebenenfalls zu schätzenden Anteils nach § 287 ZPO.³⁵³

---

342 BGHZ 111, 158.
343 BGHZ 120, 239.
344 BGH NJW 1999, 3633.
345 BGHZ 72, 289; 120, 239; 142, 227, 148, 39.
346 BGH NJW 1990, 1910.
347 BGH NJW 1995, 714.
348 BGHZ 79, 212; 147, 45; BGH NJW 2001, 1865; NJW 2003, 2377.
349 MünchKommBGB-Säcker, § 906 Rn. 141.
350 BGHZ 113, 384; BGH NJW 1999, 1029; NJW 2003. 2377; Erman-Hagen / Lorenz, § 906 Rn. 35.
351 BGH NJW 2003, 2377.
352 BGH NJW 2004, 775; a.A. noch BGH VersR 1954, 288.
353 MünchKommBGB-Säcker, § 906 Rn. 140.

3. Verjährung

223 Der Anspruch verjährt ebenfalls in **drei Jahren**, § 195 BGB.[354]

4. Ausschluss der Haftung

224 Der Anspruch ist nicht durch eine etwa bestehende gesetzliche Anlagenhaftung gemäß § 2 Abs. 1 S. 1 HaftpflG ausgeschlossen,[355] weil der Ausgleichsanspruch in entsprechender Anwendung des § 906 Abs. 2 S. 2 BGB nur bestimmten Personen zusteht, während eine Ersatzpflicht aus § 2 HaftPflG dem Schutz der Öffentlichkeit dient und damit zugunsten jedes Geschädigten eingreift.

II. Mandatsverhältnis und anwaltliche Beratungssituation

225 Zunächst sollte immer geprüft werden, ob nicht vorrangig eine Klage auf Schadensersatz gemäß § 823 Abs. 1 oder § 823 Abs. 2 BGB zu erheben ist. Der Schadensersatzanspruch des § 823 Abs. 1 BGB ist weitergehend als der Ausgleichsanspruch, da nach § 249 S. 1 BGB der Zustand hergestellt werden soll, der bestehen würde, wenn die Störung nicht eingetreten wäre. Nach § 906 Abs. 2 S. 2 BGB wird der Schaden nach enteignungsgleichen Grundsätzen berechnet. Er beschränkt sich daher auf die Beseitigung der durch die Störung eingetretenen Vermögenseinbuße, deren Abgrenzung vom Schaden sich allerdings nicht allein durch die Ausschaltung hypothetischer Kausalverläufe herstellen lässt, sondern darüber hinaus einer wertenden Entscheidung bedarf.[356]

C. Gemeinsame prozessuale und zwangsvollstreckungsrechtliche Besonderheiten

I. Prozessuale Besonderheiten

1. Klage

a) Allgemeines

226 Der Ausgleichsanspruch wird mit der **Leistungsklage** geltend gemacht, wobei die Durchsetzung des nachbarrechtlichen Ausgleichsanspruchs voraussetzt, dass der Anspruch nach § 1004 BGB auf Beseitigung oder Unterlassung aus rechtlichen oder tatsächlichen Gründen nicht mehr geltend gemacht werden kann.[357] Der Kläger kann zunächst nur ein Grundurteil für die Entschädigung von Immissionen erwirken und es dem Betragsverfahren überlassen, inwieweit dem beispielsweise durch Lärm beeinträchtigten Eigentümer Abwehrmaßnahmen zumutbar sind.[358]

b) Klagebegründung

227 In der Klagebegründung müssen als erstes die vom Nachbargrundstück ausgehenden Immissionen dargelegt werden. Dann hat der Kläger die Tatsachen dafür vorzutragen, dass es sich um keine unwesentliche Beeinträchtigung nach § 906 Abs. 1 BGB und um keine ortsübliche Benutzung des Grundstücks durch den Beklagten im Sinne des § 906 Abs. 2 S. 1 BGB handelt. Die Darlegung eines Verschuldens ist nicht erforderlich.

---

354 Fn. 12.
355 BGH NJW 2003, 229.
356 BGH NJW 2001, 1865.
357 BGH NJW 2003, 1732.
358 BGHZ 79, 45.

c) Muster: Beispiele für Klageanträge

Der Beklagte wird verurteilt, an den Kläger (Betrag) nebst Zinsen in Höhe von ▬▬▬ zu zahlen.

oder

Der Beklagte wird verurteilt, an den Kläger monatlich (jährlich)[359] jeweils zum 31.12. des Jahres fällig werdende ▬▬▬ zu zahlen.

228

16

2. Sachliche Zuständigkeit

Die sachliche Zuständigkeit ergibt sich aus §§ 23 I, 71 GVG und richtet sich nach dem Zuständigkeitsstreitwert gemäß § 3 ZPO.

229

3. Örtliche Zuständigkeit

Wird der Ausgleichsanspruch selbstständig, d.h. ohne Verbindung mit einer Beseitigungs- und Unterlassungsklage nach § 1004 BGB geltend gemacht, richtet sich die Zuständigkeit nicht nach § 24 ZPO. Der Ausgleichsanspruch ist ein auf Geld gerichteter Schadensersatzanspruch. Streitgegenstand ist deshalb nicht das Grundstück selbst, damit ist auch kein ausschließlich dinglicher Gerichtsstand gegeben. Sind die Grundstückseigentümer aktiv und passiv beteiligt, kann sich eine örtliche Zuständigkeit aus § 26 ZPO ergeben, wonach diese Klage am dinglichen Gerichtsstand im Sinne des § 24 ZPO erhoben werden kann. Hierbei handelt es sich aber um einen besonderen und nicht um einen ausschließlichen Gerichtsstand.

230

Ist eine der Parteien nicht Eigentümer der beteiligten Grundstücke (vgl. A I 2/B I 2), richtet sich die Zuständigkeit nach den allgemeinen Vorschriften der §§ 12, 13 ZPO. Allerdings könnte sich wohl auch eine Zuständigkeit aus § 32 ZPO ergeben, da der Begriff der unerlaubten Handlung weit auszulegen ist und jeden Eingriff in fremde Rechtssphären erfasst.[360] Diese Unterscheidung dürfte sich in der Praxis jedoch kaum auswirken, weil die Beeinträchtigungen, die von einem der Grundstücke ausgehen, jeweils auch dort auftreten werden.

231

4. Beweislast

Die Beweislast für die tatsächlichen Voraussetzungen des Ausgleichsanspruchs gemäß § 906 Abs. 2 S. 2 BGB, also für die Immission und der dadurch bedingten Beeinträchtigung der ortsüblichen Benutzung seines Grundstücks, trifft den Grundstückseigentümer.[361] Die Darlegungs- und Beweislast dafür, dass die Beeinträchtigung unwesentlich und zumutbar ist, obliegt demgegenüber dem Beklagten.[362] Probleme können beim Nachweis der haftungsbegründenden Kausalität bezüglich bestimmter chemischer Immissionen entstehen, da diese in der Regel nur durch ein Sachverständigengutachten zu beweisen sind. Nach der Rspr. des BGH wird eine schädliche Umwelteinwirkung

232

---

359 Hier Betrag im Falle einer Rentenzahlung einsetzen.
360 Zöller-Vollkommer, ZPO, § 32 Rn. 4.
361 BGH NJW 1992, 1389.
362 BGHZ 120, 239; BGH NJW 2004, 1037.

meistens dann vorliegen, wenn die zulässigen **Grenzwerte** der Richtlinien der TA Luft, TA Lärm etc. überschritten sind.[363] Beim Überschreiten dieser Richtwerte wird auch für den nachbarrechtlichen Ausgleichsanspruch für die Frage der haftungsbegründenden Kausalität eine Beweislastumkehr gefordert.[364] Die Rechtsprechung hat sich dieser Auffassung aber bisher noch nicht angeschlossen.

5. Muster zu § 906 BGB

233 a) Muster: Klage auf Ausgleich gemäß § 906 Abs. 2 S. 2 BGB analog[365]

Rechtsanwälte ■■■

An das
Landgericht München ■■■

Klage

■■■

Kläger

Prozessbevollmächtigte: RA ■■■

gegen

■■■

Beklagter

wegen nachbarrechtlichem Ausgleichsanspruch gemäß § 906 Abs. 2 S. 2 BGB analog

Vorläufiger Streitwert: ■■■

Namens und in Vollmacht des Klägers erheben wir Klage und werden beantragen:
1. Der Beklagte wird verurteilt, an den Kläger ■■■ €[366] zu zahlen.
2. Der Beklagte trägt die Kosten des Rechtsstreits.
3. Das Urteil ist vorläufig vollstreckbar.

Begründung:

Die Klägerin ist Mieterin einer Produktionshalle, die an einem Hang entlang der Grenze zum darunter liegenden Grundstück des Beklagten[367] steht. Sie unterhält dort einen Betrieb für Mittel- und Niederspannungsanlagen. Am 23. November 2000 traf der Beklagte

---

363 BGH NJW 1978, 419.
364 MünchKommBGB-Säcker, § 906 Rn. 144, mit Rücksicht auf die vergleichbare Rechtslage wie beim Verstoß gegen Unfallverhütungsvorschriften.
365 Für eine Klage nach § 906 Abs. 2 S. 2 in direkter Anwendung ergibt sich ein Unterschied nur insoweit, als rechtliche Ausführungen zur analogen Anwendung der Vorschrift entbehrlich sind. Im übrigen müssen natürlich auch die Voraussetzungen des § 906 Abs. 1 S. 2 BGB dargelegt werden.
366 Da in Bayern das Schlichtungsverfahren gemäß § 15a EGZPO auf die Zuständigkeit der Amtsgerichte beschränkt ist und hier wegen der Höhe des Streitwerts das Landgericht zuständig ist, entfällt die Durchführung und damit auch der Nachweis eines Schlichtungsversuchs.
367 Passivlegitimiert ist hier der Beklagte als Eigentümer des Grundstücks und nicht der eigentliche Verursacher, ob daneben noch eine Haftung der Tankstellenpächterin in Betracht kommt, ist hier unerheblich, da der Beklagte auch in diesem Fall zum Ausgleich verpflichtet bliebe.

mit der ▬▬▬ AG eine Vereinbarung über die Errichtung und anschließende Verpachtung eines Tankstellenbetriebs. In der Folgezeit vergab die ▬▬▬ AG – als bevollmächtigte Vertreterin des Beklagten – die Architektenleistungen einschließlich Genehmigungsplanung, Bauleitung und Bauüberwachung an den Beklagten zu 2). Dieser beauftragte u.a. die G.B.GmbH mit der Bauausführung.

Beweis: Zeuge

Nach Erteilung der Baugenehmigung zur Errichtung der Tankstelle ging am 13. Juli 2003 beim Bauordnungsamt ein Nachtragsantrag ein, der u.a. die Anlegung von vier Stellplätzen an der südöstlichen Grenze zum benachbarten Hallengrundstück vorsah. Die geplanten Parkplätze sollten von der G.B.GmbH errichtet werden und bis auf etwa 1 m an die gemeinsame Grundstücksgrenze heranreichen.

Beweis: Zeuge

Am 5. September 2003 nahmen Mitarbeiter der G.B.GmbH im Bereich dieser Grenze Ausschachtungsarbeiten vor. Dabei legten sie die Fundamente der von der Klägerin genutzten Produktionshalle in voller Länge bis zur Unterkante der Streifenfundamente und teilweise noch weiter frei.

Beweis: schriftliches Gutachten des Sachverständigen als Anlage 1
Lichtbilder als Anlage 2
Zeuge

Dadurch kam es noch am selben Tag zu einem Grundbruch an dem nordöstlichen Teil der Halle, der zum Einsturz der Außenwände und der Zwischendecke auf einer Länge von ca. 20 m führte.

Beweis: Zeuge
Lichtbilder als Anlage 3

Das Bauordnungsamt untersagt daraufhin wegen Einsturzgefahr am 6. September 2003 die weitere Nutzung des Gebäudekomplexes.

Beweis: Anliegende Kopie der Bescheids des Bauordnungsamts

Drei Tage später stürzte auch das Hallendach ein.

Beweis: Zeuge

Die Klägerin hatte keine Möglichkeit, den Einsturz des Gebäudes zu verhindern.

Beweis: schriftliches Gutachten des Sachverständigen als Anlage 1

Die Klägerin musste ihre Produktion daraufhin in eine auf dem Grundstück befindliche Ausweichhalle verlagern. Diese war jedoch nicht bezugsfertig, sondern musste erst noch renoviert werden.

Beweis: Zeuge

Nach Wiederaufbau der Produktionshalle hat die Klägerin ihren gesamten Betrieb wieder in die ursprüngliche Produktionshalle zurückverlegt.

Beweis: Zeuge

Kesting

3 § 10 Entschädigungsansprüche gem. § 906 Abs. 2 S. 2 BGB

Der Beklagte hätte als Auftraggeber jederzeit auf die Art und den Umfang dieser Baumaßnahmen Einfluss nehmen können. Dabei kann dahingestellt bleiben, ob gerade er die Durchführung der Vertiefungsarbeiten in Auftrag gegeben hat, denn die Beeinträchtigung der Standfestigkeit des klägerischen Grundstücks stellt eine adäquate Folge der von ihm als Bauherrn veranlassten Errichtung der Tankstellenanlage dar.

Durch den Einsturz des Gebäudes und den anschließenden Wiederaufbau der Halle entstand der Klägerin ein Gesamtschaden von ■■■ € Dieser setzt sich wie folgt zusammen:[368]

entgangener Gewinn:[369] ■■■ €

Kosten für die Verlagerung des Betriebs: ■■■ €

Aufwendungen wegen Unbrauchbarkeit des ursprünglichen Inventars: ■■■ €

Umbaukosten: ■■■ €

Kosten für anfängliche Betriebsanlaufschwierigkeiten:■■■ €

Beweis: anliegende Rechnungen in Kopie als Anlage 4-8
Zeuge
ggf. Sachverständigengutachten eines geprüften und vereidigten Wirtschaftsprüfers

Der Klägerin steht Ersatz ihres Schadens gemäß § 906 Abs. 2 Satz 2 BGB in entsprechender Anwendung[370] als verschuldensunabhängiger nachbarrechtlicher Ausgleichsanspruch zu. Eine direkte Anwendung des § 906 Abs. 2 Satz 2 BGB kommt hier nicht in Betracht, weil es sich bei der auf dem Grundstück des Beklagten vorgenommenen Vertiefung nach § 909 BGB nicht um eine Zuführung unwägbarer Stoffe im Sinne des § 906 Abs. 1 BGB handelt. Es entspricht jedoch gefestigter Rechtsprechung § 906 Abs. 2 Satz 2 BGB analog anzuwenden (BGH NJW 2001, 1865 m.w.N.), wenn von einem Grundstück im Rahmen seiner privatwirtschaftlichen Nutzung Einwirkungen auf ein anderes Grundstück ausgehen, die das zumutbare Maß einer entschädigungslos hinzunehmenden Beeinträchtigung übersteigen. Bei einer Entziehung des stützenden Erdreichs im Sinne des § 906 BGB handelt es sich um eine solche abwehrfähige Immission, die von dem Grundstück des Beklagten rechtswidrig ausging. Der Klägerin steht, obwohl sie nicht Eigentümerin des Grundstücks, sondern nur Pächterin ist, ein solcher Ausgleichsanspruch zu.[371] Der Anspruch ist auch nicht wegen Ablaufs der Ausschlussfrist des § 864 BGB erloschen. Zwar wurde die Klage erst im Jahr 2004, also erst nach Ablauf eines Jahres nach der Verübung der verbotenen Eigenmacht,

---

[368] Vermögenswerte Betriebsnachteile werden nach den Grundsätzen der Enteignungsentschädigung ausgeglichen; der Ausgleich beschränkt sich daher auf den Ersatz von Kosten und Gewinneinbußen und Aufwendungen, die erforderlich waren, um eine ungestörte Fortführung des Gewerbebetriebs zu gewährleisten; nicht dazu gehören in der Regel die Kosten der Miete/Pacht, da dem Mieter/Pächter gegenüber dem Eigentümer ein Minderungsanspruch (§§ 537, 581 Abs. 2 BGB) zusteht.

[369] Bei vorübergehenden Eingriffen in den Gewerbebetrieb kann der Ausgleichsbemessung unmittelbar der während der Dauer der Beeinträchtigung eingetretene Ertragsverlust bzw. der ausgebliebene Gewinn zugrunde gelegt werden. Eine Zuwachsrate für künftige Gewinnerwartungen hat dabei aber außer Betracht zu bleiben, da die Entschädigung anders als ein Schadensersatzanspruch nicht an einer hypothetischen Vermögensentwicklung auszurichten ist, vgl. BGHZ 57, 359, 370, NJW 1972, 1574; NJW 1977, 1817.

[370] Ein Schadensersatzanspruch gemäß § 823 Abs. 2 in Verbindung mit § 902 BGB ist hier mangels schuldhafter Pflichtverletzung des Beklagten ebenso ausgeschlossen wie ein Anspruch gemäß § 823 Abs. 1, 823 Abs. 2 in Verbindung mit § 858 Abs. 1 BGB.

[371] H.M. in Literatur und Rspr., vgl. BGH NJW 2001, 1865 m.w.N.

erhoben. Der Ausgleich der Besitzstörung in Geld liegt aber außerhalb des mit der Befristung des Abwehranspruchs verbundenen Zwecks, weil dieser nur die Abwehr der Beeinträchtigung, nicht aber deren Kompensation bezweckt.

Rechtsanwalt

b) Muster: Klage auf Zahlung einer jährlichen Rente gemäß § 906 Abs. 2 S. 2 BGB analog

An das
Amtsgericht ▪▪▪

Klage

des

▪▪▪

Kläger

Prozessbevollmächtigte: RA ▪▪▪

gegen

den

▪▪▪

Beklagter

wegen nachbarrechtlichem Ausgleichsanspruch gemäß § 906 Abs. 2 S. 2 BGB analog

Namens und in Vollmacht des Klägers erheben wir Klage und werden beantragen:
1. Der Beklagte wird verurteilt, an den Kläger jährlich ▪▪▪ € zu zahlen.
2. Der Beklagte trägt die Kosten des Rechtsstreits
3. Das Urteil ist vorläufig vollstreckbar.

Begründung:

Der Kläger ist Eigentümer des Grundstücks, eingetragen im Grundbuch von ▪▪▪, Band ▪▪▪, Blatt ▪▪▪, Flurnummer ▪▪▪, der Beklagte ist Eigentümer des Nachbargrundstücks, ebenfalls eingetragen im Grundbuch von ▪▪▪, Band ▪▪▪, Blatt ▪▪▪, Flurnummer ▪▪▪. Die Grundstücke haben eine gemeinsame Grenze auf der Westseite, an der auf dem Grundstück des Beklagten zwei Kiefern stehen, die ca. 14 m hoch sind.

Beweis: Augenschein

Von einem der dort stehenden Bäume ragen Zweige in einer Höhe von ca. 9 m ungefähr 2,3 m, von einem anderen Baum ragen Zweige in einer Höhe von ca. 5 m ungefähr 0,4 m auf das Grundstück des Klägers. Während des Jahres, hauptsächlich aber im Herbst und Winter, fallen Kiefernnadeln und auch -zapfen in erheblicher Menge auf das Grundstück des Klägers. Insbesondere die Dachrinne des ca. 5 m von der Grundstücksgrenze stehenden Hauses des Klägers wird in erheblicher Weise verunreinigt.

Beweis: Zeuge

3 § 10 Entschädigungsansprüche gem. § 906 Abs. 2 S. 2 BGB

Lichtbilder als Anlage 1

Die Dachrinne muss vierteljährlich gereinigt werden. Da der Kläger dies aufgrund seines hohen Alters nicht mehr selbst vornehmen kann, hat er dafür ein Reinigungsunternehmen beauftragen müssen. Dafür sind Kosten in Höhe von ■■■ € entstanden.[372]

Beweis: Rechnung des Reinigungsunternehmens in Kopie als Anlage 2

Im Jahr 2002 hat der Kläger gegen den Beklagten Klage erhoben mit dem Ziel, die Bäume zu beseitigen bzw. sie zu kürzen. Das Amtsgericht ■■■ hat die Klage jedoch abgewiesen. Das Urteil ist rechtskräftig.

Beweis: Urteil des Amtsgerichts ■■■ in Kopie als Anlage 3

Dem Kläger steht ein Anspruch auf eine jährliche Rentenzahlung durch den Beklagten gemäß § 906 Abs. 2 S. 2 BGB analog zu. Eine direkte Anwendung der Norm kommt hier nicht in Betracht, weil es sich bei den vom Grundstück des Beklagten ausgehenden Immissionen nicht um solche im Sinne des § 906 Abs. 1 BGB handelt. Nach ständiger Rechtsprechung des Bundesgerichtshofs (BGH NJW 2004, 1037 m.w.N.) findet die Vorschrift aber eine entsprechende Anwendung, wenn es sich um vergleichbare Einwirkungen handelt. Dazu gehören jedenfalls solche Störungen, die in ihrer Ausbreitung unkontrollierbar und unbeherrschbar sind, in ihrer Intensität schwanken und auf das klägerische Grundstück beeinträchtigend wirken. Der Beklagte ist auch für den Einfall der Kiefernadeln auf das klägerische Grundstück verantwortlich, weil er es unterlassen hat, die Bäume auf eine Höhe zurück zu schneiden, in der sie das klägerische Grundstück nicht durch den Nadelbefall beeinträchtigen.[373] Der Kläger kann den ursprünglichen Anspruch aus § 1004 BGB auf Beseitigung der Bäume nicht mehr geltend machen, weil er durch das rechtskräftige Urteil des Amtsgerichts München, also aus Rechtsgründen, daran gehindert ist.

Vor Klageerhebung wurde ein Schlichtungsversuch gemäß § 15a I Nr. 2 EGZPO unternommen.

Beweis: Bescheinigung der Schlichtungsstelle als Anlage 4

Hier konnte jedoch keine Einigung zwischen den Parteien erzielt werden.

Rechtsanwalt

II. Gemeinsame Besonderheiten für die Zwangsvollstreckung

235   Da es sich um einen normalen Zahlungsanspruch handelt, ergeben sich für die Zwangsvollstreckung keine Besonderheiten. Die Vollstreckung erfolgt nach §§ 803ff. ZPO. Hinsichtlich des Ausgleichsanspruchs unterliegt das Urteil den normalen Zwangsvollstreckungsgrundsätzen für Zahlungsansprüche.

---

372 Der Ausgleich beschränkt sich hier auf die Beseitigung der durch die Störung eingetretenen Vermögenseinbuße nach den o.g. Grundsätzen, die für die Bemessung der Enteignungsentschädigung gelten Deshalb kann der Kläger hier höchstens den Betrag erhalten, den er für die Reinigung durch ein Unternehmen aufwenden müsste.
373 Die Beweislast für die Unwesentlichkeit der Beeinträchtigung trägt der Beklagte.

§ 11 Schadensersatzansprüche

A. Anspruchsvoraussetzungen

I. Allgemeines

Im Nachbarrecht spielen Schadensersatzansprüche zwar keine untergeordnete Rolle, wichtiger sind aber die Ansprüche, die auf Beseitigung und/oder Wiederherstellung des ursprünglichen Zustandes gerichtet sind. §§ 823 Abs. 1 und 2 BGB ergänzen die Vorschriften der §§ 903 ff. BGB, wenn nicht alle Beeinträchtigungen durch die gesetzlichen Tatbestände erfasst werden oder Abwehransprüche nicht durchgesetzt werden können, weil die Beeinträchtigung nicht mehr besteht, aber bestanden hat. Über § 823 Abs. 2 BGB können **nachbarschützende Vorschriften des Öffentlichen Rechts** ebenfalls einen Schadensersatzanspruch herbeiführen. Soweit sich für die einzelnen nachbarrechtlichen Ansprüche Besonderheiten ergeben, werden die Ansprüche auf Schadensersatz bei diesen Normen mit abgehandelt.

1. Eingeschränkte Anwendbarkeit des § 823 Abs. 1 BGB

Schadensersatzansprüche aus § 823 Abs. 1 BGB weisen im nachbarrechtlichen Anwendungsbereich grundsätzlich keine Besonderheiten auf. Es gibt nur einige Gesichtspunkte, die einer Erwähnung bedürfen. Besonderheiten bestehen dann, wenn ein Anspruch möglicherweise dadurch ausgeschlossen ist, dass dem Nachbarn erteilte öffentlich-rechtliche Genehmigungen die Rechtswidrigkeit der schädigenden Handlung ausschließen oder Gesichtspunkte des nachbarlichen Gemeinschaftsverhältnisses der Durchsetzung solcher Ansprüche entgegenstehen. Außerdem ist § 823 BGB auch dann nicht anwendbar, wenn der entsprechende Sachverhalt durch bundes- oder landesrechtliche Regelungen speziell geregelt ist und infolgedessen Ansprüche aus § 823 Abs. 1 BGB ausgeschlossen sind. Dies gilt z.B. für landesrechtlich geregelte Notleistungsrechte, die als besondere Anspruchsgrundlagen einen Schadensersatzanspruch bieten, so dass für die Anwendung des § 823 Abs. 1 BGB darüber hinaus kein Raum mehr ist. Wichtig ist, dass das nachbarrechtliche Gemeinschaftsverhältnis nicht als selbstständiges Schuldverhältnis einen Anspruch bietet, sondern lediglich Grenzen für einen Schadensersatzanspruch setzt.[374]

2. Verkehrssicherungspflichten im Nachbarrecht

Im Rahmen der Beachtung von Verkehrssicherungspflichten sind die Pflichten des Grundstückseigentümers für die Sicherheit seines Grundstücks bzw. eines auf dem Grundstück stehenden Gebäudes zu beurteilen. Ein typischer Fall sind hier die Schädigungen durch herabfallende Äste,[375] Bauteile von Gebäuden und ähnlichem. Hier gilt jedoch, dass sich die jeweiligen Verkehrssicherungspflichten grundsätzlich auch an den örtlichen Verhältnissen zu orientieren haben, zumindest soweit es um die Notwendigkeit von Schneefanggittern gegen Dachlawinen geht und insoweit keine polizeiliche

---

374 BGH WM 1988, 200.
375 OLG Schleswig MDR 1995, 148.

Anordnung besteht.[376] Allerdings besteht keine Haftung für Schädigungen, die auf ein Naturereignis zurückzuführen sind.[377] Ein weiter Bereich für nachbarschaftliche Schadensersatzansprüche entsteht auch im Zusammenhang mit unzureichend gesicherten Baumaßnahmen auf dem Nachbargrundstück, wobei hier § 831 Abs. 1 S. 2 BGB zu berücksichtigen ist.

3. Verschulden

238 Voraussetzung für einen Schadensersatzanspruch nach § 823 BGB ist Vorsatz oder Fahrlässigkeit, wobei sich auch hier keine Besonderheiten ergeben.[378] Im Rahmen der Haftung für Verrichtungsgehilfen des § 831 BGB haftet der Nachbar jedoch nur dann, wenn ihn bei der Auswahl des Unternehmers, der auf seinem Grundstück Arbeiten ausführt, ein Auswahlverschulden trifft (§ 831 Abs. 1 S. 2 BGB). Der Bauherr haftet in der Regel nicht, wenn er zuverlässige Architekten oder Unternehmer beauftragt hat, wobei die Anforderungen an die Auswahl hoch sind.

4. Schadensumfang

a) Sachschäden

239 Der Schadensersatz besteht entweder in der Naturalrestitution (§ 249 Abs. 1 BGB), d.h. in der Wiederherstellung des ursprünglichen Zustandes,[379] oder in Geldersatz gem. § 250 S. 2 BGB (nach Fristbestimmung zur Naturalrestitution und Ablehnungsandrohung) oder § 251 Abs. 1 BGB (falls die Wiederherstellung nicht möglich oder nicht ausreichend ist) und § 251 Abs. 2 BGB (falls die Wiederherstellung nur mit unverhältnismäßigen Aufwendungen möglich ist).

b) Personenschäden

240 Hier sind die Vorschriften des § 249 Abs. 2 und § 253 Abs. 2 BGB zu beachten. Nach § 249 Abs. 2 BGB kann derjenige, der einen Anspruch wegen Verletzung einer Person oder Sache geltend macht, statt der Wiederherstellung den dazu erforderlichen Geldbetrag verlangen. § 253 Abs. 2 BGB ist die Grundlage für Schmerzensgeldansprüche, die immer dann denkbar sind, wenn es durch Immissionen zu Gesundheitsbeeinträchtigungen kommt.[380]

241 Besteht der Schadensersatz in Geldersatz, muss unter Umständen ein **Sachverständiger** eingeschaltet werden. Der Schadensersatz umfasst auch **Folgeschäden** wie beispielsweise Mietausfälle. Probleme bei der Schadensberechnung ergeben sich, wenn Schäden durch dauerhafte, nicht zu duldende Immissionen verursacht werden. Hier müssen die Grundstückswertunterschiede zwischen der unbelasteten und der belasteten Situation ermittelt werden, die in der Regel nur durch die Einschaltung von Verkehrswertsachverständigen festgestellt werden können.

---

376 OLG Stuttgart, VersR 73, 356; OLG Saarbrücken VersR 1985, 299; OLG Hamm NJW-RR 1987, 412.
377 BGH NJW 1985, 1773 (Felssturz).
378 OLG Düsseldorf NJW-RR 1995, 1482.
379 Z.B. im Fall eines abgetragenen Bodens oder eines beschädigten Zaunes.
380 BGH NJW 1997, 2748.

c) Anspruch auf Schmerzensgeld

Über den Ersatz von Sachschäden hinaus kann sich auch ein Anspruch auf ein Schmerzensgeld gem. § 253 Abs. 2 BGB ergeben. 242

5. Ansprüche aus § 823 Abs. 2 BGB

Hier findet eine **Überschneidung zwischen Öffentlichem und Privatem Recht** statt, weil drittschützende Normen des Öffentlichen Rechts Schutzgesetze im Sinne von § 823 Abs. 2 BGB darstellen. Allerdings ist hier die Tatbestandswirkung einer öffentlich-rechtlich erteilten unanfechtbaren Baugenehmigung zu beachten, so dass häufig die Rechtswege parallel beschritten werden müssen. Daneben können aber auch die Vorschriften des Nachbarrechts selbst Schutzgesetze sein, z.B. §§ 907, 909 BGB. 243

6. Ansprüche nach landesrechtlichen Bestimmungen

Die Schadensersatzansprüche im Bereich des landesrechtlichen Nachbarrechts können jeweils auch eine verschuldensunabhängige Haftung vorsehen. Hier finden sich Regelungen für Schäden, die durch das Erhöhen einer Nachbarwand entstehen.[381] In den Bundesländern, in denen eine solche Regelung fehlt, können Schadensersatzansprüche nur unter den Voraussetzungen der §§ 823 Abs. 1 und 2 BGB bestehen. Ebenso können bundes- oder landesrechtliche Vorschriften Schutzgesetze im Sinne von § 823 Abs. 2 BGB darstellen,[382] wenn sie nachbarschützenden Charakter haben. 244

7. Anspruchsberechtigung und Anspruchsverpflichtung

Anspruchsberechtigt sind Eigentümer und Miteigentümer des Nachbargrundstücks sowie die sonstigen dinglich Berechtigten, aber auch Besitzer, also Mieter oder Pächter. Der Schadensersatzanspruch richtet sich gegen den Verursacher des Schadens, der als **Handlungs- oder Zustandsstörer** zu bezeichnen ist. Probleme können sich dann ergeben, wenn die Schäden nicht vom Zustandsstörer, sondern durch Dritte oder durch natürliche Einflüsse verursacht wurden. Dabei muss sich der Störer ein pflichtwidriges Unterlassen notwendiger Abhilfemaßnahmen tatsächlicher oder rechtlicher Art (z.B. das Unterlassen der Kündigung eines belästigenden Mieters) zurechnen lassen. 245

8. Verjährung

Für alle Schadensersatzansprüche gilt die Regelverjährung gem. §§ 195, 199 BGB von **drei Jahren.** Bei Herausgabeansprüchen aufgrund einer unerlaubten Handlung ist die Vorschrift des § 852 BGB zu beachten. 246

II. Mandatsverhältnis und anwaltliche Beratungssituation

Hier ergeben sich – wie bei den Ausgleichsansprüchen nach § 906 Abs. 2 S. 2 BGB – oftmals Problemstellungen im Hinblick auf die **Beweissicherung.** Beweise können entweder durch Lichtbilder vom Mandanten selbst oder durch einen unter Umständen sofort hinzuzuziehenden Sachverständigen gesichert werden. Das setzt allerdings meist voraus, dass sich der Mandant unverzüglich mit seinem Problem an den Anwalt wen- 247

---

381 Z.B. in Berlin (§ 13 NachabG, Brandenburg (§§ 14,15 NRG); Nordrhein-Westfalen (§ 17 NachbGNW); Saarland (§ 14 NachG; Schleswig Holstein (10 Abs. 2 NachbG); Thüringen (§ 19 NachbG).
382 Palandt/Thomas, § 823 Rn. 145ff.

det. Aus der Sicht des Geschädigten ist es im Rahmen der Umwelthaftung problematisch, den Kausalzusammenhang zwischen dem emittierenden Verhalten und der erlittenen Rechtsgutverletzung beweisen zu müssen. Hier spielen die in den Verwaltungsvorschriften oder Genehmigungsbescheiden festgesetzten **Grenzwerte** eine wichtige Rolle, weil bei ihrer Überschreitung Beweiserleichterungen bis hin zur Beweislastumkehr in Betracht kommen.[383]

248 Bei der Beratung eines Mandanten sind auch die öffentlich-rechtlichen Vorschriften im Rahmen der Umwelthaftung zu berücksichtigen, die zum Teil eine Gefährdungshaftung vorsehen, aber auch Schutzgesetze im Sinne des § 823 Abs. 2 BGB darstellen können. Für die Beeinträchtigung durch **Elektrosmog** existieren in Deutschland zwei öffentlich-rechtliche Regelwerke, die Anforderungen an die elektromagnetische Verträglichkeit von elektrischen Anlagen stellen: das ist zum einen die 26. BImschV über elektromagnetische Felder und das Gesetz über elektromagnetische Verträglichkeit.[384] Werden Oberflächenwasser oder das Grundwasser durch Schadstoffe kontaminiert, ist § 22 WHG die maßgebliche Norm, die nicht nur den Betrieb von Anlagen, sondern auch wassergefährdende Handlungen mit einer Gefährdungshaftung belegt. Eine deliktische Haftung ergibt sich dann über § 823 Abs. 2 BGB, weil das WHG und die Landeswassergesetze zahlreiche Bestimmungen enthalten, die als Schutzgesetze mit drittschützendem Charakter anzusehen sind.[385] Darüber hinaus greifen auch §§ 1 ff. UmweltHG im Bereich der Abfallhaftung ein. Ebenso ist § 10 Abs. 4 S. 2 Nr. 1 bis 4 KrW/AbfG als Schutzgesetz im Sinne von § 823 Abs. 2 BGB anzusehen.

B. Prozessuale Besonderheiten

1. Örtliche Zuständigkeit

249 Die örtliche Zuständigkeit kann sich aus § 26 oder § 32 ZPO ergeben. Hierbei handelt es sich um **besondere Gerichtsstände**, die aber in der Regel zum selben Ergebnis führen. Maßgebend ist im Fall des § 26 ZPO die Lage des geschädigten Grundstücks.

2. Beweislast

250 Grundsätzlich hat der Verletzte die Handlung des Schädigers, Verschulden, Schaden und Ursächlichkeit zu beweisen. Der **Anscheinsbeweis** gilt auch beim mehrgliedrigen Geschehensablauf, wenn Kausalverbindung zwischen der ersten Ursache und dem Erfolg durch einheitlichen Erfahrungssatz gedeckt ist. Dies gilt insbesondere bei Emissionen/Immissionen. Danach hat der Emittent die Ortsüblichkeit und außerdem zu beweisen, dass er zumutbare Vorkehrungen zur Verhinderung einer Schädigung Dritter durch Immissionen getroffen hat.[386] Beweiserleichterungen bis hin zu einer Beweislastumkehr für die Kausalitätsfrage kommen beispielsweise dann in Betracht, wenn die durch Verwaltungsvorschriften oder Auflagen im Rahmen einer Betriebsgenehmigung festgelegten Emissions-/Immissionswerte überschritten werden.[387] Bei Ver-

---

383 BGH NJW 1978, 419; NJW 1985, 47, OLG Düsseldorf NJW-RR 2002, 26.
384 MünchKommBGB, § 823 Rn. 630.
385 BGH NJW 1977, 673; 1770; 84, 975.
386 BGHZ 92, 143.
387 BGH NJW 1997, 2748.

letzung einer Verkehrssicherungspflicht ist daran zu denken, dass – falls der objektive Pflichtverstoß und damit die Verletzung der äußeren Sorgfaltspflicht fest steht – die Verletzung der inneren Sorgfalt indiziert oder die Grundsätze des Anscheinsbeweises anzuwenden sind.[388]

I. Zwangsvollstreckung

Bei der Zwangsvollstreckung ergeben sich keine Besonderheiten, da hier in den meisten Fällen Geldansprüche zu vollstrecken sind. Geht der Schadensersatz auf Naturalrestitution, hängt die Zwangsvollstreckung davon ab, welche Leistung geschuldet wird. Diese Ansprüche werden dann nach den §§ 887, 888 ZPO vollstreckt.

251

---

[388] Palandt/Thomas. § 823 Rn. 61.

§ 12 Grunddienstbarkeiten

A. Anspruchsvoraussetzungen

I. Allgemeines

252 Grunddienstbarkeiten haben im Nachbarrecht **große praktische Bedeutung**. Sie tragen dem Bedürfnis nach einem dinglich gesicherten Recht auf dauerhafte Nutzung eines (dienenden) Grundstücks für ein anderes (herrschendes) Grundstück durch den Berechtigen und den Verpflichteten des dienenden Grundstücks Rechnung.[389] Die Grunddienstbarkeit ist als dingliches Recht von dem jeweiligen zugrunde liegenden schuldrechtlichen Rechtsgeschäft unabhängig. Im Nachbarschaftsrecht bietet sie für den Berechtigten den Vorteil, dass sie gerade wegen der dinglichen Wirkung nicht nur gegenüber demjenigen wirkt, der sich schuldrechtlich verpflichtet, sondern auch gegenüber jedem Rechtsnachfolger. Aus dem zugrunde liegenden Schuldverhältnis können sich neben der dinglichen Verpflichtung aus der Grunddienstbarkeit außerdem Rechte und Pflichten für die jeweiligen Eigentümer ergeben.[390] Die Parteien müssen den Inhalt des Rechts genau festlegen und sollten bestimmen, in welcher Beziehung die Benutzung des dienenden Grundstücks erfolgen darf, welche Handlungen zu unterlassen sind und inwieweit die Ausübung eines Rechts ausgeschlossen bleibt. Auch das Bestehen von „Altrechtlichen Dienstbarkeiten" im Sinne der §§ 184 ff. EGBGB sollte bedacht werden. Der Fortbestand dieser alten, zum Zeitpunkt des Inkrafttretens des BGB bereits bestehenden Grunddienstbarkeiten[391] ist nicht von ihrer Eintragung im Grundbuch abhängig und ihr Entstehen und der Inhalt richtet sich nach dem alten Recht.

1. Regelungsinhalt

253 Der Inhalt der Grunddienstbarkeit bestimmt sich anhand von § 1018 BGB. Es gibt daher **drei Belastungsarten**: zum einen die Belastung des Grundstücks durch seine Benutzung in einzelnen Beziehungen, § 1018 1. Alt. BGB, dann das Verbot der Vornahme gewisser Handlungen auf dem Grundstück, § 1018 2. Alt. BGB und der Ausschluss des Eigentumsrechts, § 1018 3. Alt. BGB. Andere Inhalte führen zur Unzulässigkeit der Eintragung gemäß § 53 I GBO. Hier sei daher nochmals darauf hingewiesen, dass der Wortlaut so konkret wie möglich den Inhalt der Dienstbarkeit beschreiben sollte. Liegt keine konkrete inhaltliche Vereinbarung vor, richtet sich der Inhalt nach dem jeweiligen Bedürfnis des herrschenden Grundstücks, so dass sich mit diesem auch der Umfang der dinglichen Belastung selbst ändern kann.[392] Bei genauer Inhaltsvereinbarung gilt dies jedoch nicht.[393]

254 Eine Gegenleistung kann nicht zum dinglichen Rechtsinhalt, wohl aber zum schuldrechtlichen Rechtsinhalt gemacht werden. Eine solche schuldrechtliche Gegenleistung kann dann zu einer aufschiebenden oder auflösenden Bedingung für die

---

[389] MünchKommBGB-Falckenberg, § 1018 Rn. 1.
[390] BGH NJW 1994, 2757.
[391] Palandt-Bassenge, Art. 184 EGBGB, Rn. 2.
[392] BGH NJW-RR 1995, 15.
[393] Palandt-Bassenge, § 1018 Rn. 10.

Rechtsausübung werden.³⁹⁴ Der konkrete Inhalt einer bereits eingetragenen Grunddienstbarkeit ist ggf. durch Auslegung zu ermitteln. Dabei ist zunächst auf den Wortlaut und Sinn der Grundbucheintragung abzustellen, wie er sich aus dem Grundbuch selbst und der in Bezug genommenen Eintragungsbewilligung ergibt. Umstände, die außerhalb dieser Urkunde liegen, dürfen zur Ermittlung von Inhalt und Umfang des dinglichen Rechts nur dann berücksichtigt werden, wenn sie nach den besonderen Verhältnissen des Einzelfalls für jedermann ohne weiteres zu erkennen sind.³⁹⁵ Die Baubeschränkung auf eine bestimmte Geschosshöhe beinhaltet z.b. nicht die Freihaltung eines bestimmten Ausblicks.³⁹⁶ Weitere Einzelheiten dazu finden sich in der umfangreichen Rechtsprechung.³⁹⁷ Zu beachten ist, dass die Ausübung einer Grunddienstbarkeit außerhalb des eingetragenen Inhalts vom Verpflichteten auch dann nicht zu dulden ist, wenn dieser bei inhaltsgemäßer Ausübung genauso belastet wäre.³⁹⁸ Eine über den Inhalt hinausgehende Ausübung bewirkt weder eine dingliche noch eine schuldrechtliche Rechtsänderung. Allerdings kann sich der Inhalt durch Zeitablauf ändern. Wurde z.B. ein zeitlich nicht beschränktes Wegerecht für Pferdefuhrwerke bestellt, ist das Befahren mit Pkws wohl auch zulässig.

Eine weitere Beschränkung des zulässigen Inhaltes bildet § 1019 S. 1 BGB. Eine Grunddienstbarkeit kann nur dann wirksam bestellt werden, wenn die Benutzung des Grundstücks dem Berechtigten einen privaten oder wirtschaftlichen, rechtlich erlaubten Vorteil bietet. Dabei ist zu beachten, dass die Nachbarschaft der Grundstücke zwar nicht notwendige Voraussetzung für einen solchen Vorteil ist, eine zu weite Entfernung einen solchen Vorteil aber regelmäßig ausschließt.³⁹⁹ § 1019 ist zwingend und nicht abdingbar; ein anfängliches Fehlen eines Vorteils macht die Bestellung nichtig und im Falle des nachträglichen Wegfalls des Vorteils erlischt die Grunddienstbarkeit.⁴⁰⁰

a) Nutzungsrecht, § 1018 1. Alt. BGB

Nutzung ist jeder fortgesetzte oder wiederholte, nicht aber der einmalige Gebrauch des dienenden Grundstücks.⁴⁰¹ Der Eigentümer des dienenden Grundstücks muss immer mehr als eine nur unwesentliche Möglichkeit der eigenen Nutzung haben.⁴⁰²

Beispiele: Wegerechte, wobei die Ausübung durch Gehen, Fahren, Pflugwenden, Viehweiden, Befahren eines Gewässers, Halten einer Stauanlage in einem Fluss, Ausbeuten von Bodenbestandteilen (Kiesgrube, Fischerei, Wasserentnahme), Viehtränken, Halten eines Bauwerks, Wohnen, Verlegen von Rohrleitungen, Gleisanlagen, Drahtseilbahnen, Betreten und Aufstellung von Leitern und Gerüsten zu Reparaturzwecken oder

---

394 Str. Nachweise Palandt-Bassenge, § 10818, Rn. 12.
395 Ganz h.M., MünchKommBGB-Falckenberg, § 1018 Rn. 17 m.w.N.
396 BGH NJW 2002, 1797.
397 MünchKommBGB-Falckenberg, § 1018 Rn. 26 ff. m.w.N.
398 Palandt-Bassenge, § 1018 Rn. 8.
399 KG Berlin NJW 1975, 697.
400 Palandt-Bassenge, § 1019, Rn. 1.
401 BGHZ 41, 209.
402 Str. Nachweise bei Palandt-Bassenge, § 1018 Rn. 15.

§ 12 Grunddienstbarkeiten

Heckenschneiden, Benutzung der Grenznachbarwand als eigene Wand, Duldung einer Nachbarwand, Betrieb einer Gaststätte oder eines anderen Betriebs, etc. erfolgen kann.

b) Unterlassung bestimmter Handlungen, § 1018 2. Alt. BGB

258 Der Eigentümer des dienenden Grundstücks hat solche Handlungen zu unterlassen, die er sonst kraft seines Eigentums vornehmen dürfte, allerdings muss dem Eigentümer mindestens eine Verwertungsmöglichkeit verbleiben.[403] Es kommen nur tatsächliche, nicht aber rechtliche Beschränkungen in Betracht. Außerdem müssen die Handlungen, die sichergestellt werden sollen, rechtlich überhaupt möglich sein und die Unterlassungspflicht darf sich nicht bereits aus dem Gesetz ergeben.

259 Beispiele für zulässige Nutzungsunterlassung: Bebauungsbeschränkung,[404] Gestaltungs-/ und Farbgebungsbeschränkung,[405] Wohnungsbesetzungsbeschränkung,[406] Fensteröffnungsverbot,[407] etc. Unzulässige Nutzungsbeschränkungen sind: Verbot rechtsgeschäftlicher Verfügungen über das Grundstück,[408] Veräußerung nur zusammen mit anderen Grundstücken oder nur der Zustimmung Dritter,[409] Nutzungsüberlassung nur durch Vermietung,[410] etc.

260 **Wettbewerbsbeschränkungen** haben dabei besondere praktische Relevanz.[411] Dabei handelt es sich um Dienstbarkeiten, die dem Eigentümer z.B. den Betrieb eines bestimmten Gewerbes auf dem Grundstück untersagen. Auch ist zu beachten, dass eine Betriebsbeschränkung zugunsten eines bestimmten Erzeugers nicht Gegenstand einer Dienstbarkeit sein kann, weil der Eigentümer hier in seiner wirtschaftlichen Entscheidungsfreiheit eingeschränkt wird, nicht aber im tatsächlichen Gebrauch des Grundstücks.[412] Will man eine Bindung an eine bestimmte Erzeugerfirma erreichen, kann man eine Dienstbarkeit mit dem Inhalt eintragen, dass der Eigentümer des dienenden Grundstücks bestimmte Waren nicht ohne Zustimmung des Eigentümers des herrschenden Grundstücks verkaufen darf und der Eigentümer des herrschenden Grundstücks erteilt seine Zustimmung nur für bestimmte Warenmarken seiner Firma.[413] In diesem Zusammenhang muss aber § 138 BGB insbesondere im Hinblick auf die grundsätzlich zeitlich unbegrenzte Bestellung einer Dienstbarkeit beachtet werden.[414]

c) Ausschluss der Rechtsausübung, § 1018 3. Alt.

261 Darunter versteht man den Ausschluss der sich aus § 903 ff. BGB eigentlich erlaubten Einwirkungen auf das herrschende Grundstück bzw. die Duldung von nach diesen Vor-

---

403 BayObLG, 1980, 232.
404 BGH NJW 2002, 1797.
405 BGH NJW 1983, 391.
406 BayObLG FGPrax 2000, 134.
407 BGHZ 107, 289.
408 BayObLG 1953, 84.
409 OLG Frankfurt Rpfleger 1978, 306; OLG Schleswig FGPrax 1997, 168.
410 OLG Düsseldorf NJW 1961, 176.
411 Palandt-Bassenge, § 1018 Rn. 23 m.w.N.
412 BGH NJW 1985, 2474.
413 BGH NJW 1979, 2149; 81, 343; BayObLG Rpfleger 1983, 391.
414 BGH NJW 1992, 2145.

schriften grundsätzlich nicht zu duldenden Einwirkungen vom herrschenden Grundstück,[415] nicht aber den Ausschluss rechtsgeschäftlicher Befugnisse[416] oder rein schuldrechtliche Ansprüche.[417] Diese Anwendungsalternative hat gegenüber den anderen beiden Alternativen eigentlich keine selbstständige Bedeutung, weil der bloße Ausschluss der Eigentumsrechte regelmäßig die Kehrseite des Benutzungs- bzw. Verbotsinhalts ist.[418]

2. Ausübung der Grunddienstbarkeit

Die gesetzlichen Regelungen zur Ausübung der Grunddienstbarkeit sind in den §§ 1020 ff. BGB enthalten. Der Eigentümer des belasteten Grundstücks soll gemäß § 1020 S. 1 BGB in der Ausübung seiner Eigentumsrechte nur insoweit eingeschränkt werden, als es zur sachgemäßen Ausübung der Rechte des Berechtigten notwendig ist. Der Berechtigte muss unwesentliche Einschränkungen seiner Rechte dulden, z.b. die Einschränkung, dass er sein Wegerecht nur am Tag und nicht zur Nachtzeit ausüben darf.[419]

262

Besteht der Inhalt der Dienstbarkeit darin, dass der Berechtigte eine Anlage auf dem dienenden Grundstück unterhält, muss der Berechtigte sie gemäß § 1020 S. 2 BGB in einem ordnungsgemäßen Zustand erhalten. **Anlage** im Sinne dieser Vorschrift ist die vom Grundstück zu unterscheidende[420] von Menschen auf ihm geschaffene Einrichtung, die der Grundstücksbenutzung dient,[421] z.B. ein befestigter Weg.[422] Diese Bestimmung erweitert S. 1 und soll nur Beeinträchtigungen des Eigentümers des belasteten Grundstücks durch den Zustand der Anlage verhindern, nicht aber ihre Benutzbarkeit sichern, denn dieses ist Sache des Berechtigten. Deshalb ist S. 2 BGB nicht die maßgebliche Vorschrift, soweit es sich um die Erhaltung der Gebrauchsfähigkeit einer von beiden Nachbarn benutzten Anlage handelt.[423]

263

3. Pflicht zur Unterhaltung

Für die Unterhaltungspflicht kommt es nicht auf die Eigentumsverhältnisse an der Anlage an, sondern diese besteht für den Berechtigten kraft Gesetzes. Eine anderweitige Lösung kann aber gemäß § 1021 Abs. 1 BGB gewählt worden sein, so dass der Eigentümer des mit der Anlage belasteten Grundstücks zur Unterhaltung verpflichtet ist. Eine solche Bestimmung kann jederzeit und damit auch nach der Bestellung der Grunddienstbarkeit getroffen werden. Die Unterhaltungspflicht nach § 1021 BGB kann durch Einigung und Eintragung auch zum dinglichen Rechtsinhalt werden, d.h. sie wirkt dann auch für und gegen die Rechtsnachfolger. Bei nur schuldrechtlicher Verpflichtung besteht nur eine Bindung zwischen den Vertragsparteien. Dies ist bei der

264

---

415 BayObLG DNotZ 1991, 253.
416 OLG Frankfurt Rpfleger 1978, 306.
417 LG Traunstein, Mitt BayNot 1981, 241.
418 MünchKommBGB-Falckenberg, § 1018 Rn. 36.
419 OLG Frankfurt NJW-RR 1985, 763.
420 Palandt-Bassenge, § 1020 Rn. 3.
421 BGH NJW 2002, 678.
422 OLG Delle MDR 2000, 81; OLG Dresden, OLG-NL 2000, 153.
423 KG OLGZ 1970, 372.

Beratung von Mandanten immer zu berücksichtigen. Ist die Unterhaltungspflicht gemäß § 1021 I S. 1 BGB auf den Eigentümer abgewälzt, ist die Anlage so zu unterhalten, dass der Berechtigte die Grunddienstbarkeit ausüben kann.

4. Verlegung der Grunddienstbarkeit

265 § 1023 BGB ermöglicht die Verlegung der Grunddienstbarkeit, wenn sich diese nur auf einen Teil des belasteten Grundstücks beschränkt. Der Eigentümer des dienenden Grundstücks kann dann die Verlegung auf eine andere ebenso geeignete Stelle des Grundstücks verlangen, wenn die Ausübung an der bisherigen Stelle für ihn besonders ungünstig ist. Er ist dann aber nach § 1023 S. 1 2. HS BGB verpflichtet, die dafür erforderlichen Kosten zu tragen und diese unter Umständen sogar vorzuschießen.[424]

5. Konkurrenz der Nutzungsrechte

266 § 1024 BGB regelt den Fall, dass mehrere konkurrierende Nutzungsrechte (Grunddienstbarkeit, Nießbrauch, beschränkte persönliche Dienstbarkeit, Erbbaurecht, nicht aber Eigentum, Reallast, Grundpfandrechte, schuldrechtliche Nutzungsrechte) an gleicher Rangstelle (bei verschiedenem Rang geht besserrangige Dienstbarkeit vor) zusammentreffen. Dann kann jeder Berechtigte eine Regelung der Ausübung nach billigem Ermessen verlangen.

6. Teilung des Grundstücks

267 §§ 1025 und 1026 BGB regeln die Fälle der Teilung des herrschenden bzw. dienenden Grundstücks. Im Fall der Teilung des herrschenden Grundstücks bleibt die Grunddienstbarkeit für die einzelnen Teile in der Weise bestehen, dass sie für den Eigentümer des belasteten Grundstücks nicht beschwerlicher werden darf. Falls die Dienstbarkeit nur für einen abgrenzbaren Teil des Grundstücks bestehen bleibt, erlischt sie kraft Gesetzes für die übrigen Teile (§ 1025 S. 2 BGB). Wird das belastete Grundstück geteilt, so werden, falls die Ausübung der Dienstbarkeit auf einen bestimmten Teil begrenzt ist, die Teile außerhalb des Bereichs der Ausübung von der Dienstbarkeit frei.

7. Entstehung und Verlust der Grunddienstbarkeit

268 Grunddienstbarkeiten als dingliche Rechte entstehen gemäß § 873 BGB durch Einigung und Eintragung im Grundbuch des belasteten Grundstücks. Oft ist jedoch auch die Eintragung im Grundbuch des dienenden Grundstücks zweckmäßig.[425] Dies ist auch gemäß § 9 GBO zulässig. Die Eintragung muss den Berechtigten und den Rechtsinhalt so genau bezeichnen, dass er im Streitfall durch Auslegung feststellbar ist. Zu beachten ist, dass Bezugnahmen auf andere Rechtsvorschriften nicht genügen.[426]

8. Erlöschen der Grunddienstbarkeit

269 Für das Erlöschen einer Grunddienstbarkeit bestehen mehrere Möglichkeiten. Zum einen kann das Recht durch Erklärung aufgegeben und Löschung im Grundbuch (§§ 875, 876 BGB) beantragt werden, zum anderen kann eine Zuschreibung des belas-

---

424 MünchKommBGB, § 1023 Rn. 10.
425 Palandt-Bassenge, § 1028 Rn. 28.
426 OLG Düsseldorf, Rpfleger 1979, 305, LG Ravensburg, BWNotZ 1992, 99.

teten Grundstücks zum berechtigten Grundstück und umgekehrt (§ 890 BGB) erfolgen. Auch durch den Wegfall des Vorteils sowie durch objektive oder dauernde Unmöglichkeit, den Vorteil der Grunddienstbarkeit zu nutzen, erlischt sie. Ebenso bewirkt der Zuschlag in der Zwangsversteigerung bei Nichtaufnahme in das geringste Gebot (§§ 52, 91 ZVG ein Erlöschen der Grunddienstbarkeit. Grundsätzlich besteht kein Anspruch auf Aufhebung der Grunddienstbarkeit.[427]

9. Schuldrechtliches Grundgeschäft

Liegt der eingetragenen Grunddienstbarkeit kein schuldrechtliches Grundgeschäft zugrunde, ist diese zwar als dingliches Recht wirksam, aber gemäß § 812 BGB kondizierbar.

270

10. Übertragung der Grunddienstbarkeit

Diese ist nur zusammen mit dem herrschenden Grundstück, dessen Bestandteil sie nach § 96 BGB ist, möglich. Eine Abtretung ist wegen § 1019 BGB nicht möglich, wohl aber die schuldrechtliche Überlassung der Ausübung. Eine selbstständige Belastung der Grunddienstbarkeit ist mangels rechtlicher Selbstständigkeit nicht möglich.[428]

271

11. Anspruchsberechtigung und Anspruchsverpflichtung

Zur Geltendmachung der Rechte aus § 1004 BGB oder § 823 BGB ist der Eigentümer, jeder Miteigentümer (§ 1011 BGB), der Erbbauberechtigte (§ 1017 BGB, § 11 ErbbauVO), der Nießbraucher (§ 1065 BGB) des herrschenden Grundstücks berechtigt. Berechtigter einer Grunddienstbarkeit ist immer nur der jeweilige Eigentümer des herrschenden Grundstücks, eines Wohnungseigentumsrechts oder grundstücksgleichen Rechts. Der Miteigentumsanteil als solcher scheidet demgegenüber als Berechtigung im Hinblick auf § 1019 BGB aus,[429] Miteigentümer können nur als Gesamtberechtigte Inhaber einer Grunddienstbarkeit sein. Für die Eigentümer mehrerer Grundstücke können selbstständige inhalts- und ranggleiche Grunddienstbarkeiten bestellt werden. Diese können sowohl als Gesamtberechtigte im Sinne von § 428 BGB, sowie bei unteilbaren Leistungsgegenständen als Mitberechtigte im Sinne von § 432 BGB und bei teilbaren Leistungsgegenständen als Bruchteilberechtigte im Sinne von § 420 BGB verbunden sein.[430] Verpflichteter ist derjenige des dienenden Grundstücks, wobei der Berechtigte zugleich Eigentümer des belasteten Grundstücks sein kann.[431] Es können aber auch mehrere Grundstücke wechselseitig herrschend und dienend sein.[432]

272

12. Verjährung

Gemäß § 902 BGB unterliegt auch die Grunddienstbarkeit als eingetragenes Recht nicht der Verjährung. § 1028 BGB sieht als Ausnahmevorschrift für den Fall, dass auf dem belasteten Grundstück eine Anlage errichtet ist, durch die die Grunddienstbarkeit beeinträchtigt wird, die Verjährung der §§ 195, 199 I, IV, V BGB vor, d.h. der

273

---

427 BGH LM § 1004 Nr. 79.
428 Palandt-Bassenge, § 1018 Rn. 34.
429 MünchKommBGB-Falckenberg, § 1018 Rn. 22.
430 BayObLG MittBayNot 2002, 289 m. Anm. Mayer.
431 BGH NJW 1988, 2362.
432 Palandt-Bassenge, § 1018 Rn. 3.

Anspruch verjährt regelmäßig in **10 Jahren** ab Entstehung des Anspruchs bzw. im Fall des Unterlassens der Zuwiderhandlung. Mit der Verjährung dieses Beseitigungsanspruchs nach § 1028 BGB erlischt die Grunddienstbarkeit kraft Gesetzes.[433] Der Eigentümer des dienenden Grundstücks hat dann einen Anspruch auf Grundbuchberichtigung nach §§ 894 BGB, 22 GBO. Zu beachten ist aber, dass § 1028 BGB im Fall des § 1027 BGB nicht gilt.[434] § 1028 S. 2 BGB ordnet noch zusätzlich an, dass für den Erwerber, der in Unkenntnis der laufenden Verjährungsfrist oder des Erlöschens der Grunddienstbarkeit das herrschende Grundstück erwirbt, kein Gutglaubensschutz gemäß § 892 BGB besteht. Der Anspruch auf Verlegung ist **unverjährbar**.[435]

13. Veränderungen und Einwand der unzulässigen Rechtsausübung

274 Der Einwand unzulässiger Rechtsausübung gemäß § 242 BGB kann der Ausübung der Dienstbarkeit nur in Ausnahmefällen entgegengehalten werden. Ein solcher Ausnahmefall liegt z.b. dann vor, wenn die Ausübung der Dienstbarkeit aufgrund der veränderten Umstände für den Berechtigten nur noch geringfügigen Nutzen bietet und sich auf der anderen Seite die Nachteile für das dienende Grundstück so erheblich vermehrt haben, dass der Vorteil außer Verhältnis zum Schaden steht.[436] In diesem Zusammenhang sei auch auf die sog. „altrechtlichen Grunddienstbarkeiten" hingewiesen. Gemäß Art. 184 S. 1 EGBGB richtet sich der Inhalt einer bei Inkrafttreten des BGB bestehenden Grunddienstbarkeit nach altem Recht, ihre Ausübung ist dagegen nach den §§ 1020 bis 1028 BGB zu beurteilen (Art. 184 S. 2 EGBGB).

14. Berichtigung des Grundbuchs

275 Der Eigentümer des herrschenden oder des dienenden Grundstücks kann gemäß § 22 GBO die Berichtigung des Grundbuchs beantragen, wenn die Unrichtigkeit des Grundbuchs in Form des § 29 GBO nachgewiesen werden kann. Falls das herrschende Grundstück infolge eines Irrtums fehlerhaft bezeichnet ist, kann der Eigentümer des dienenden Grundstücks gegen den Eigentümer des falsch bezeichneten Grundstücks im Wege der Klage nach § 894 BGB vorgehen, nicht aber der Eigentümer des tatsächlich gemeinten Grundstücks.[437]

II. Mandatsverhältnis und anwaltliche Beratungssituation

1. Abgrenzungsprobleme in der Beratungssituation

276 Da die Anforderungen an die inhaltliche Bestimmtheit in der Rechtsprechung unterschiedlich beurteilt werden, hat der beratende Anwalt größte Sorgfalt auf die entsprechende Formulierung zu legen, wenn eine Grunddienstbarkeit zu bestellen ist. Der Bundesgerichtshof hat in mehreren Entscheidungen betont, dass sich die erforderliche Bestimmtheit nicht unbedingt aus dem Wortlaut selbst ergeben muss, sondern auch im Wege der Auslegung ermittelt werden kann. Dabei kommt es auf den Wortlaut und

---

433 Palandt-Bassenge, § 1028 Rn. 2.
434 Fn. 42.
435 MünchKommBGB-Falckenberg, § 1023 Rn. 9.
436 Im Anschluss an RGZ 1969, 180, BGH NJW 1960, 673; NJW 1967, 1609; WM 1974, 429.
437 OLG Zweibrücken, OLGZ 1990, 489.

Sinn der eingetragenen Dienstbarkeit an, wie er sich für einen unbefangenen Betrachter als nächstliegende Bedeutung ergibt.[438]

Wichtig ist auch, sich darüber klar zu werden, ob eine Grunddienstbarkeit die richtige Form für die vom Mandanten gewünschte Verpflichtung beinhaltet. Deshalb ist eine Abgrenzung zum Nießbrauch, zur beschränkt persönlichen Dienstbarkeit und zur Baulast vorzunehmen.

a) Nießbrauch

Der Nießbrauch gewährt nur einzelnen Personen das Recht, grundsätzlich sämtliche Nutzungen eines belasteten Grundstücks zu ziehen. Berechtigt kann nur eine bestimmte Person sein. Das Recht ist weder übertragbar noch vererblich.[439]

b) Beschränkte persönliche Dienstbarkeit

Diese hat den gleichen Inhalt wie die Grunddienstbarkeit. Sie gewährt ebenfalls nur bestimmten Personen das Recht, das belastete Grundstück in einzelnen Beziehungen zu nutzen. Sie ist daher weder übertragbar noch vererblich.[440]

c) Baulasten

Sie sind im Gegensatz zu Dienstbarkeit und Nießbrauch öffentlich-rechtlicher Art. Sie enthalten in der Regel die Verpflichtung des jeweiligen Grundstückseigentümers gegenüber der Behörde, bestimmte Maßnahmen zu dulden, z.B. die Duldung der Verlegung einer Abwasserleitung.

2. Notarielle Beurkundung der Einigung

Bei außergerichtlichen Regelungen ist zu beachten, dass die Einigung und Eintragung ins Grundbuch der notariellen Beurkundung bedarf. Bei einer vergleichsweisen Regelung vor Gericht sollte im Hinblick auf anfallende Kosten nicht vergessen werden, dass im Fall der Protokollierung eines gerichtlichen Vergleichs dieser die Einigung und damit auch die notarielle Beurkundung ersetzt. Darauf wäre als Anwalt im Prozess dann auch hinzuwirken. Es muss allerdings sorgfältig auf die für die Eintragung erforderlichen Formulierungen geachtet werden, insoweit sollte sich der Anwalt vorher mit dem zuständigen Grundbuchbeamten ins Benehmen setzen.

B. Prozessuale Besonderheiten

I. Klage

1. Allgemeines

Streitigkeiten im Zusammenhang mit Grunddienstbarkeiten sind vor allen Dingen dann gegeben, wenn die Ausübung beeinträchtigt wird. Eine Beeinträchtigung der Grunddienstbarkeit ist jede Behinderung der zu duldenden Benutzung des belasteten Grundstücks insbesondere durch einen nachrangig Berechtigten oder die Vornahme

---

438 BGHZ 92, 351; 145, 16; NJW 2001, 1797; NJW-RR 2003, 1235 m.w.N.; BayObLGZ 2004, 103 m.w.N.
439 Palandt-Bassenge, vor § 1018 Rn. 1.
440 Palandt-Bassenge, vor § 1018 Rn. 1.

einer zu unterlassenden Handlung durch den Grunddienstbarkeitsberechtigten. Ein Verschulden ist nicht erforderlich. § 1027 BGB stellt klar, dass die allgemeine Vorschrift des § 1004 BGB auch für Beeinträchtigungen der Grunddienstbarkeiten gilt.

283 Neben dem Anspruch auf Beseitigung/Unterlassung der Beeinträchtigung gemäß §§ 858 ff. BGB kann ein Anspruch auf Schadensersatz nach § 823 Abs. 1 und Abs. 2 BGB bzw. Entschädigung nach Enteignungsgrundsätzen in Betracht kommen. § 1027 BGB ist Schutzgesetz im Sinne des § 823 Abs. 2 BGB. Während für den Unterlassungs- bzw. Beseitigungsanspruch gemäß § 1004 BGB ein Verschulden nicht erforderlich ist, erfordert der Schadensersatzanspruch nach § 823 Abs. 1 BGB ein Verschulden nach den allgemeinen Regeln. Daneben ist aber auch an eventuelle vertragliche Schadensersatzansprüche zu denken.

284 Der Anspruch auf Verlegung der Grunddienstbarkeit gemäß § 1023 BGB kann im Wege der Feststellungsklage gemäß § 256 ZPO erhoben werden. Es fehlt aber am Feststellungsinteresse, wenn die Verlegung eine Inhaltsänderung der Grunddienstbarkeit mitumfasst. Dann ist eine Leistungsklage auf Zustimmung zur Inhaltsänderung (§§ 873, 877 BGB), auf die der Eigentümer Anspruch hat, zu erheben. Das Urteil ersetzt dann die Zustimmungserklärung nach § 894 ZPO. Gleichzeitig kann der Verpflichtete den Berechtigten daneben auch gemäß §§ 1023, 1004 BGB auf Unterlassung der bisherigen Ausübung in Anspruch nehmen. Nicht zweckmäßig ist die Erhebung einer isolierten Unterlassungsklage, weil diese keine Inhaltsänderung herbeiführt und selbst im Falle einer bloßen Veränderung der bisherigen Ausübung der Grunddienstbarkeit nicht das vorgreifliche Rechtsverhältnis in Rechtskraft erwachsen lässt.

2. Klageantrag

285 Klagemöglichkeiten bestehen insoweit, als der Eigentümer des dienenden Grundstücks eine schonende Ausübung gemäß § 1020 BGB geltend machen kann oder die Unterhaltungspflichten für bestehende Anlagen im Streit stehen. Insoweit gelten die Ausführungen zur Eigentumsfreiheitsklage entsprechend, da § 1027 BGB auf § 1004 BGB verweist. Der Klageantrag ist hier im Hinblick auf § 308 ZPO auch möglichst genau zu fassen.

286 Gemäß § 256 ZPO kann über das Bestehen, Nichtbestehen oder den Umfang der Grunddienstbarkeit eine Feststellungsklage gemäß § 256 ZPO erhoben werden.[441] Die Möglichkeit der auf § 894 BGB gestützten Grundbuchberichtigungsklage lässt dabei das Feststellungsinteresse deshalb nicht entfallen, weil die Rechtskraft des Leistungsurteils auf Erteilung der entsprechenden Bewilligung nicht das vorgreifliche Rechtsverhältnis umfasst.[442] Der Feststellungsantrag und der Antrag auf Erteilung der Bewilligung können deshalb auch im Wege der **Klagehäufung** gemäß § 260 ZPO miteinander verbunden werden.

---

441 BGH NJW-RR 1999, 166; auch BGH WM 1962, 627; 1976, 274.
442 H.M. Nachweise bei Reichold in Thomas/Putzo, § 322 ZPO, Rn. 28.

3. Klagebefugnis

Pächter und Mieter sind nicht klagebefugt, es steht ihnen aber nach § 1029 BGB Besitzschutz zu. Steht das herrschende Grundstück im gemeinschaftlichen Eigentum, so kann jeder Miteigentümer allein klagen.[443] Steht auch das dienende Grundstück im Miteigentum, so sind die Miteigentümer als notwendige Streitgenossen im Sinne des § 62 ZPO gemeinsam zu verklagen. Jedoch ist die Klage gegen einen Streitgenossen dann möglich, wenn sich die anderen Miteigentümer bereits außergerichtlich zu der verlangten Leistung verpflichtet haben.[444]

4. Sachliche Zuständigkeit

Es gelten die allgemeinen Grundsätze, so dass gemäß § 23 GVG der Zuständigkeitsstreitwert maßgeblich ist. Die Bestimmung des Zuständigkeitsstreitwerts richtet sich grundsätzlich nach § 7 ZPO. Maßgeblich ist der Wert der Grunddienstbarkeit für das herrschende Grundstück oder der Betrag, um den sich der Wert des dienenden Grundstücks durch die Dienstbarkeit mindert. Insoweit kommt es auf den jeweils höheren Wert an. Da nicht auf das Interesse des Klägers abzustellen ist, ist unerheblich, wer klagt.[445] Geht es bei einer Abwehrklage gemäß § 1004 BGB darum, ob der Beklagte durch eine Grunddienstbarkeit zum Überbau oder einer anderen störenden Maßnahme berechtigt ist, richtet sich der Streitwert nach § 7 ZPO. Hier genügt, wenn der Beklagte die Berechtigung aus der Grunddienstbarkeit einwendet.[446] Allerdings richtet sich die Streitwertbestimmung bei der Abwehrklage gemäß § 1004 BGB nach § 3 ZPO, wenn der Beklagte kein Recht im Sinne des § 7 ZPO für sich in Anspruch nimmt. Nicht § 7, sondern § 3 ZPO ist anwendbar, wenn es sich um rein schuldrechtliche Verpflichtungen handelt, z.B. die Duldung der Durchlegung von Wasserleitungsröhren, die Unterlassung von Bauten, eine beschränkte persönliche Dienstbarkeit oder eine Reallast. Wichtig für die Abgrenzung von § 7 zu § 3 ZPO ist die Frage, ob die Grunddienstbarkeit den Streitgegenstand bildet. § 7 ZPO wird entsprechend angewendet, wenn ein ähnliches Verhältnis von herrschendem und dienendem Grundstück wie bei einer Grunddienstbarkeit besteht, d.h. eine Wertverschiebung von einem Grundstück zu einem anderen erfolgt, z.B. bei einem Notweg, § 917 BGB.[447]

Bei der Einlegung eines Rechtsmittels orientiert sich die Beschwer ebenfalls am Interesse des Rechtsmittelführers an der Beseitigung oder Verhinderung der Beeinträchtigung. Hier ist im Fall des Erfolgs der Klage zu beachten, dass sich die Beschwer für den Beklagten häufig nach den Kosten einer Ersatzvornahme bestimmt (§ 3 ZPO). In diesem Fall kann der Wert des Beschwerdegegenstandes den Wert des Streitgegenstandes übersteigen.[448]

---

443 BGHZ 92, 351 f.
444 BGH WM 1991, 239.
445 Anders/Gehle, S. 131 Rn. 1.
446 Zöller-Vollkommer, ZPO, § 3 Stichwort „Überbau".
447 Anders/Gehle, S. 131 Rn. 6.
448 BGH NJW 1994, 735, anders noch in BGH NJW-RR 1986, 737.

5. Örtliche Zuständigkeit

290 Diese richtet sich nach § 24 Abs. 2 ZPO. Es ist ausschließlich das Gericht zuständig, in dessen Bezirk das dienende Grundstück liegt.[449]

291 **6. Muster: Klage auf Unterlassung der Beeinträchtigung einer Grunddienstbarkeit gemäß § 1004 BGB**

Landgericht ■■■

Klage

■■■

Kläger

Prozessbevollmächtigte: RAe ■■■

gegen

■■■

Beklagter

Prozessbevollmächtigte: RAe ■■■

Namens und in Vollmacht des Klägers erhebe ich Klage und werde beantragen:
1. Der Beklagte wird verurteilt, das auf dem Grundstück, eingetragen im Grundbuch von ■■■, Band ■■■, Blatt ■■■, Flurnummer ■■■ errichtete Gebäude soweit abzutragen, bis dieses einer eineinhalbgeschossigen Bauweise entspricht, nämlich im Obergeschoss auf mehr als einem Drittel der Geschossfläche hinter einer Höhe von 3,20 m (gerechnet von der fertigen Fußbodenoberkante bis zur fertigen Dachaußenhaut) zurückbleibt.
2. Der Beklagte trägt die Kosten des Rechtsstreits.
3. Das Urteil ist gegen Sicherheitsleistung vorläufig vollstreckbar.

Für den Fall der Anordnung des schriftlichen Vorverfahrens wird vorsorglich der Erlass eines Versäumnisurteils bzw. Anerkenntnisurteils gegen den Beklagten beantragt.

Begründung:

Der Kläger ist Eigentümer eines Grundstücks an der Straße ■■■ in ■■■. Das klägerische Grundstück liegt am Hang. Unmittelbar an dieses Grundstück grenzt das darunter befindliche Hausgrundstück Nr. ■■■ des Beklagten. Im Grundbuch des Grundstücks des Beklagten ist zugunsten des klägerischen Grundstücks seit dem 26. Mai 1959 eine Bebauungs- und Bepflanzungsbeschränkung eingetragen. Die Eintragung nimmt auf die im Kaufvertrag vom 27. Juli 1969 von den Voreigentümern erteilte Bewilligung folgenden Wortlauts Bezug:

„Die Käufer verpflichten sich hiermit mit Wirkung gegen sich und ihre Rechtsnachfolger im Eigentum der heutigen Vertragsfläche zugunsten des jeweiligen Eigentümers der Restfläche der (damaligen) Flurnummer ■■■ den Bewuchs auf der Vertragsfläche so zu halten und zu gestatten, dass er nicht höher als 3 m wird und außerdem nur mit Bauwerken zu bebauen, die eineinhalbgeschossig sind."

---

449 Zöller, § 24 Rn. 8, 10; BayObLGZ 96, 15 (auch unter Nachbarn).

Beweis: Grundbuchauszug als Anlage 1

Im Jahr 1992 erwarben die Beklagten das o.g. Grundstück. Im Jahr 2003 bauten die Beklagten das eineinhalbgeschossige Bauwerk um. Das Haus wurde auf eine zweigeschossige Bauweise, d.h. auf ein zweites Vollgeschoss, aufgestockt.

Beweis: Augenschein
Sachverständigengutachten

Durch diese Aufstockung kann der Kläger von seinem Wohnzimmer im Erdgeschoss die Alpen nicht mehr sehen und der freie Blick in die Landschaft ist ebenfalls beeinträchtigt.

Beweis: Augenschein
Sachverständigengutachten

Die im Grundbuch eingetragene Baubeschränkung ist zulässiger Inhalt einer Grunddienstbarkeit im Sinne der Vorschriften der §§ 1018, 1029 BGB. Zur Ermittlung des Inhalts ist auf den Wortlaut und Sinn der Grundbucheintragung und der in Bezug genommenen Eintragungsbewilligung abzustellen. Der Begriff der eineinhalbgeschossigen Bauweise ist inhaltlich genügend bestimmt. Für einen unbefangenen Betrachter ergibt sich daraus, dass kein zweites Vollgeschoss errichtet werden darf. Die Beklagten sind wegen des Inhalts der Grunddienstbarkeit daher zur Wiederherstellung des ursprünglichen Zustands gemäß § 1004 BGB verpflichtet. Der klägerische Anspruch wird auch nicht durch eine gesetzliche bzw. vertragliche Duldungspflicht eingeschränkt.

Der Kläger hat die Beklagten bereits in der Bauphase mehrfach erfolglos mündlich darauf hingewiesen, dass der Umbau wegen der eingetragenen Grunddienstbarkeit nicht zulässig ist. Auch schriftlich hat der Kläger die Beklagten mehrfach zur Wiederherstellung des ursprünglichen Zustands aufgefordert, zuletzt mit Schreiben vom ■■■.

Beweis: Anliegende Kopie des Schreibens vom ■■■ als Anlage 2

Bis zum heutigen Tag sind die Beklagten dieser Aufforderung nicht nachgekommen.

Rechtsanwalt

II. Zwangsvollstreckung

Die Zwangsvollstreckungsvoraussetzungen bei Unterlassungs- und Beseitigungsansprüchen im Fall der Beeinträchtigung einer Grunddienstbarkeit unterscheiden sich nicht von denjenigen beim Anspruch nach § 1004 BGB. Wird bei Verlegung einer Grunddienstbarkeit die Leistungsklage auf Zustimmung zur Inhaltsänderung (§§ 873, 877 BGB) erhoben, ersetzt das Urteil die Zustimmungserklärung nach § 894 ZPO mit Rechtskraft, so dass es einer Zwangsvollstreckung nicht mehr bedarf.

292

§ 13 Grenzstreitigkeiten

293 Streitobjekt zwischen den benachbarten Grundstückseigentümern ist gelegentlich auch der Verlauf der gemeinsamen Grundstücksgrenze. Im BGB finden sich Regelungen darüber in den Vorschriften der **§§ 919 und 920 BGB**. Diese Vorschriften sind häufig gar nicht bekannt, da sie in der Praxis selten bemüht werden. Dementsprechend ist auch das Echo in Literatur und Rechtsprechung. Selbst die Großkommentare befassen sich mit dieser Problematik nur am Rande.

A. Abmarkungsklage

I. Anspruchsvoraussetzungen

1. Regelungsinhalt

294 In § 919 Abs. 1 BGB findet sich eine Regelung über die Abmarkung der Grundstücke. Entsteht zwischen den Grundstückseigentümern Streit über den gemeinsamen Grenzverlauf, weil die Grenze aufgrund fehlender Grenzzeichen nicht erkennbar ist, kann ein Eigentümer vom Nachbarn verlangen, dass dieser bei der gemeinschaftlich vorzunehmenden Errichtung fester Grenzzeichen mitwirkt. Voraussetzung ist allerdings, dass sich die Nachbarn über die Grundstücksgrenze selbst einig sind, da die Abmarkung gerade die beiderseitige Anerkennung der Grenze sichtbar machen soll.[450] Diese Regelung dient also der Sicherung eines unstreitigen Grenzverlaufs zwischen den Nachbarn, berührt aber die Eigentumsverhältnisse der jeweiligen Grundeigentümer nicht. Die von den beteiligten Grundstückseigentümern anerkannte Vermarkung beinhaltet allerdings die Vermutung der Richtigkeit in sich und widerlegt § 891 BGB, wenn die erneuerte Grenze mit der eingetragenen nicht übereinstimmt. Gemäß § 892 I 1 BGB hindert die Kenntnis der abgemarkten Grenze den gutgläubigen Erwerb. Eine unrichtige Abmarkung ändert demgegenüber am Grenzverlauf nichts.

2. Abmarkungsverfahren

295 Das Verfahren und die Art der Abmarkung bestimmen sich nach den jeweiligen Abmarkungs-, Vermessungs- und Katastergesetzen der Länder.[451] In der Regel ist eine aktive Mitwirkung des Nachbarn bei der Abmarkung nicht erforderlich. Die Kosten werden nach § 919 III BGB von den beteiligten Grundstückseigentümern gemeinsam getragen, soweit sie nichts anderes vereinbart haben.

3. Anspruchsberechtigung und Anspruchsverpflichtung

296 Anspruchsberechtigt ist der Eigentümer, und zwar jeder Miteigentümer allein (§ 1011 BGB), auch der Erbbauberechtigte sowie die in Art. 68 EGBGB genannten Nutzungsberechtigten,[452] nicht jedoch die Inhaber sonstiger Rechte am Grundstück, da es sich um einen untrennbar mit dem Eigentum verbundenen Anspruch handelt. Anspruchs-

---

450 MünchKommBGB-Säcker, § 919 Rn. 2.
451 Palandt-Bassenge, § 919 Rn. 3.
452 MünchKommBGB-Säcker, § 919 Rn. 4.

verpflichtet sind nur die gesamten Miteigentümer ebenso der Erbbauberechtigte sowie die in Art. 68 EGBGB genannten Nutzungsberechtigten.

4. Verjährung

Der Anspruch ist **unverjährbar**. Dies gilt allerdings nicht für den Kostenerstattungsanspruch nach § 919 Abs. 3 BGB.[453]

II. Mandatsverhältnis und anwaltliche Beratungssituation

1. Mandatsverhältnis

Zur Vertretung der Erklärung der Auflassung im Zivilprozess im Rahmen eines prozessualen Vergleichs, also der Willenserklärung zur Eigentumsübertragung, bedarf es einer speziellen Vollmacht, die den Anwalt auch zu dieser Erklärung ermächtigt. Denn die Vollmacht zur Vertretung bei der Abmarkung einer Teilfläche erstreckt sich nicht ohne weiteres auf die Auflassung dieser Teilfläche.[454]

2. Anwaltliche Beratungssituation

Häufiger Streitpunkt zwischen benachbarten Grundstücken ist der **Grenzverlauf**. Dieser Streit kann unter Umständen schon dadurch beigelegt werden, dass sich die Eigentümer der betroffenen Grundstücke – falls feste Grenzzeichen fehlen – auf einen Grenzverlauf einigen und diesen gemeinsam anerkennen.

Sind die Beteiligten einverstanden, kann die Abmarkung im Wege der freiwilligen Gerichtsbarkeit nach Maßgabe des durch Landesrecht geregelten Verfahrens erfolgen.[455]

III. Prozessuale Besonderheiten

1. Besonderheiten der Klage

a) Klageantrag

Im Fall der Weigerung des Beklagten an der Abmarkung mitzuwirken, muss das Abmarkungsverfahren mit der zivilprozessualen Klage durchgeführt werden. Der Klageantrag ist auf Mitwirkung bzw. auf Zustimmung nach dem jeweiligen Landesrecht maßgeblichen Abmarkungsverfahren gerichtet.

Letzteres ist der Fall, wenn die Abmarkung landesgesetzlich oder ortsüblich nicht von den jeweiligen Grundstückseigentümern selbst, sondern von einem Katasterbeamten vorzunehmen ist.[456]

b) Muster: Beispiele für Klageanträge bei Grenzstreitigkeiten

■■■ den Beklagten zu verurteilen, die Abmarkung der Grenze zwischen dem Grundstück ■■■ (genaue Flurbezeichnung des Grundstücks) und dem Grundstück (s.o.) zu dulden.

---

453 Palandt-Bassenge, § 924 Rn. 1.
454 BayObLG, DNotZ 1988, 586.
455 MünchKommBGB-Säcker, § 919 Rn. 7.
456 Zu den Rechtsfolgen fehlerhafter Abmarkung, vgl. Häde, BayVBL. 194, 417ff.

oder

■■■ den Beklagten zu verurteilen, der Abmarkung der Grenze zwischen dem Grundstück ■■■ (s.o.) und dem Grundstück (s.o.) nach dem Abmarkungsverfahren des ■■■ (jeweiligen Landesrechts) zuzustimmen (oder mitzuwirken).

2. Sachliche Zuständigkeit

304 Die sachliche Zuständigkeit bestimmt sich nach den allgemeinen Vorschriften der §§ 23 I, 71 GVG. Es handelt sich auch hierbei um eine vermögensrechtliche Streitigkeit, so dass sich die Zuständigkeit nach dem Streitwert gemäß § 3 ZPO richtet.

3. Örtliche Zuständigkeit

305 Örtlich zuständig ist das Gericht der belegenen Sache, § 24 Abs. 1 ZPO. Liegen die benachbarten Grundstücke in verschiedenen Gerichtsbezirken, richtet sich die Zuständigkeit nach § 36 Nr. 4 ZPO.

4. Anspruchshäufung

306 Die Klage auf Mitwirkung bei der Abmarkung kann mit der Grenzscheidungsklage nach § 920 BGB verbunden werden. Auch mit der Klage auf Feststellung des Eigentums bei streitigem Grenzverlauf kann diese Klage verbunden werden.

5. Wirkung des Urteils

307 Das Urteil hat **keine konstitutive Wirkung** hinsichtlich der Grundstücksgrenze.[457] Der ordnungsgemäßen Abmarkung kann aber im Streit über den Verlauf der Grenze ein ausschlaggebender Beweiswert zukommen,[458] insbesondere bei gemeinschaftlich vorgenommener Abmarkung. Auch hier ist jedoch der Beweis des Gegenteils möglich.

308 ### 6. Muster: Abmarkungsklage

Rechtsanwälte ■■■

An das

Landgericht ■■■

Klage

des ■■■

Kläger

Prozessbevollmächtigte: RA ■■■

gegen

den ■■■

Beklagter

wegen Abmarkung des Grenzverlaufs

---

457 MünchKommBGB-Säcker § 919 Rn. 9.
458 OLG Nürnberg, BayJMBl. 1965, 79ff.

Vorläufiger Streitwert: ■■■

Namens und in Vollmacht des Klägers erhebe ich Klage und werde beantragen:
1. Der Beklagte wird verurteilt, an dem landesgesetzlichen Verfahren zur Abmarkung der Grenze zwischen dem Grundstück, eingetragen im Grundbuch von ■■■, Band ■■■ Blatt ■■■, Flurnummer ■■■ und dem Grundstück, eingetragen im Grundbuch von ■■■, Band ■■■ Blatt ■■■, Flurnummer ■■■ mitzuwirken.[459]
2. Die Kosten des Verfahrens trägt der Beklagte.
3. Das Urteil ist vorläufig vollstreckbar.

Begründung:

Der Kläger ist Eigentümer des Grundstücks, eingetragen im Grundbuch von ■■■ Band ■■■ Blatt ■■■, Flurnummer ■■■. Der Beklagte ist Eigentümer des Nachbargrundstücks, eingetragen im Grundbuch von ■■■ Band ■■■ Blatt ■■■, Flurnummer ■■■. Am ■■■ hat der Beklagte seinen Garten durch ein Gartenbauunternehmen vollständig umgestalten lassen. Dabei wurde festgestellt, dass die ursprünglich vorhandenen Marksteine, die die Grenze zwischen den beiden Grundstücken markierten, nicht mehr vorhanden sind.

Beweis: Augenschein

Unstreitig zwischen dem Kläger und dem Beklagten ist der Grenzverlauf zwischen den beiden Grundstücken an der östlichen Seite des klägerischen Grundstücks und der westlichen Seite des Grundstücks des Beklagten. Der Kläger möchte, dass die Grenze neu abgemarkt wird und hat den Beklagten mehrmals mündlich und schriftlich aufgefordert, sich an der Abmarkung der Grenze zu beteiligen.

Beweis: Kopie des letzten Schreibens des Klägers vom ■■■ als Anlage 1

Der Beklagte weigert sich, an dem gesetzlich vorgesehenen Abmarkungsverfahren mitzuwirken, weil er seinen Anteil an den Kosten für die Abmarkung nicht tragen will.

Beweis: Kopie des Schreibens des Beklagten vom ■■■ als Anlage 2

Der Beklagte ist verpflichtet, an der Abmarkung der beiden Grundstücke gemäß § 919 BGB mitzuwirken. Die Grenzeinrichtungen fehlen. Diese sind jedoch unabdingbar, um die Grenze zwischen den beiden Grundstücken zu bezeichnen.

Rechtsanwalt

IV. Zwangsvollstreckung

Die Vollstreckung richtet sich im Fall der Zustimmung nach § 894 ZPO, so dass das Urteil keiner gesonderten Vollstreckung mehr bedarf. Im Fall der Verurteilung zur Mitwirkung des Beklagten richtet sich die Vollstreckung nach § 887 ff. ZPO.

---

[459] Hier wäre auch eine andere Formulierung möglich, vgl. III 1.

B. Grenzscheidungsklage

I. Anspruchsvoraussetzungen

1. Regelungsinhalt

310 In § 920 BGB ist die Grenzscheidung geregelt. Die Grenzscheidungsklage bietet für den Fall eine Klagemöglichkeit, dass die richtige Grenze zwischen zwei Grundstücken nicht zu ermitteln ist (**Grenzverwirrung**). Sie soll Unsicherheiten über den Grenzverlauf beseitigen. In der Regel kann bei Streitigkeiten zwischen den Nachbarn über den Grenzverlauf jeder Grundstückseigentümer die Rechte aus dem Eigentum der von ihm in Anspruch genommen Fläche gemäß §§ 985 BGB geltend machen oder auf Feststellung gemäß 256 ZPO klagen, wenn er glaubt, sein Eigentum beweisen zu können. Die Grenzscheidungsklage ist dann die richtige Klageart, wenn die Vermutung des § 891 BGB nicht eingreift, etwa bei Eintragungen derselben Parzelle auf mehreren Grundbuchblättern. Wenn keiner der Beteiligten sein Eigentum nachweisen kann oder Unklarheiten über den Grenzverlauf an sich bestehen, kann die richtige Grenze durch diese Klage festgestellt werden. Voraussetzung für diese Klage ist daher, dass zwischen zwei aneinander stoßenden Grundstücken die den wahren Eigentumsverhältnissen entsprechende Grenze nicht feststellbar ist, § 920 BGB.

2. Anspruchsberechtigung und Anspruchsverpflichtung

311 Aktiv- und passivlegitimiert sind nur die Eigentümer der betroffenen Grundstücke. Gemäß § 1011 BGB besteht zwar die Möglichkeit, dass der Einzelne Miteigentümer Klage erhebt, auf Beklagtenseite müssen jedoch sämtliche Miteigentümer in Anspruch genommen werden. Die dinglich Berechtigten sind weder aktiv- noch passivlegitimiert.[460] Allerdings können sie nach § 256 ZPO Feststellungsklage wegen des gegenständlichen Umfangs ihres Rechts gegenüber demjenigen erheben, der sie in dieser Hinsicht beeinträchtigt. Dabei sind die für § 920 entwickelten Grundsätze anzuwenden.[461]

3. Verjährung

312 Der Anspruch ist unverjährbar, § 924 BGB.

II. Mandatsverhältnis und anwaltliche Beratungssituation

313 Die Parteien können sich im Fall einer Grenzverwirrung auch vertraglich einigen. Wird die Grenze durch Vertrag festgelegt, handelt es sich um einen sog. **Grenzfeststellungsvertrag**. Eine vertragliche Einigung kann auch konkludent durch die Anerkennung eines Abmarkungsprotokolls erfolgen.[462] Dieser Vertrag hat wie ein Urteil konstitutive Wirkung, wenn beide Parteien eindeutig ihren Willen zum Ausdruck gebracht haben, die Grenze endgültig festlegen zu wollen. Soll mit dem Grenzfeststellungsvertrag gleichzeitig die Übertragung des Eigentums verbunden werden, bedarf dieser der Form des § 311b I 1 BGB.[463]

---

[460] MünchKommBGB-Säcker, § 920 Rn. 2; a.A. Westermann/Westermann § 65 III 2.
[461] MünchKommBGB-Säcker, § 920 Rn. 2.
[462] OLG Nürnberg DNotZ 1966, 33.
[463] Nachweise bei Palandt-Bassenge § 920 Rn. 4; offen gelassen in BGH, MDR 1979, 743-744.

III. Prozessuale Besonderheiten

1. Klage

a) Klageantrag

Der Klageantrag der Grenzscheidungsklage ist auf die richterliche Abgrenzung der Grundstücke gerichtet. Es kann auch eine bestimmte Grenzlinie beantragt werden. In diesem Fall besteht zwar die Möglichkeit im Urteil eine andere Grenze festzulegen, dabei darf aber die vom Kläger beanspruchte Fläche nicht überschritten werden.[464] Im Hinblick auf § 308 ZPO sollte daher im Klageantrag nur ausnahmsweise ein bestimmter Grenzverlauf aufgenommen werden.

b) Muster: Beispiel für einen Klageantrag bei Grenzscheidungsklage

■■■ die Abgrenzung zwischen den Grundstücken ■■■ (genaue Bezeichnung des Flurstücks) und ■■■ (genaue Bezeichnung des Flurstücks) vorzunehmen.

2. Sachliche Zuständigkeit

Die sachliche Zuständigkeit richtet sich nach dem Streitwert, §§ 23 Nr. 1, 71 GVG. Grenzklagen sind vermögensrechtlicher Art. Maßgeblich ist deshalb das wirtschaftliche Interesse des Klägers, wobei im Einzelfall dieses auch erst durch die Einwendungen des Beklagten konkretisiert werden kann.[465]

3. Örtliche Zuständigkeit

Es gilt § 24 Abs. 1 ZPO. Dabei handelt es sich bei der Bestimmung der Zuständigkeit wegen der Ortsnähe auch um eine Grenzscheidungsklage, wenn der Klageantrag nur auf Zahlung der Abmarkungskosten (§ 919 Abs. 3) zielt.[466]

4. Beweislast

Die allgemeinen Regelungen der Beweislast im Zivilprozess gelten hier nicht, da eine nicht bestimmbare Grenze keiner der Parteien zur Last fallen darf. Gegebenenfalls muss das Gericht die Grenze nach billigem Ermessen festsetzen, § 920 Abs. 2 BGB. Maßgebend für die Abgrenzung der beiden Grundstücke ist der Besitzstand, § 920 Abs. 1 S. 1 BGB. Es wird vermutet, dass derjenige, der Besitz hat, auch Eigentümer des betreffenden Teils des jeweiligen Grundstücks ist. Besitzt eine Partei nur fehlerhaft, so ist der frühere Zustand maßgebend.[467] Kann der Besitz nicht mehr festgestellt werden, erfolgt eine Aufteilung der streitigen Fläche zur Hälfte, § 920 Abs. 1 S. 2 BGB.[468]

5. Wirkung des Urteils

Das Urteil hat **konstitutive Wirkung** und wirkt daher auch für und gegen den Einzelrechtsnachfolger, Realberechtigten und auch gegenüber dem Vermessungsamt, sofern

---

464 BGH LM Nr. 1.
465 Stein/Jonas, § 3 Rn. 47 Stichwort „Grenzklagen".
466 OLG Karlsruhe, Beschluss vom 15. März 1995, AZ: 11 AR 6/95.
467 OLG Koblenz, OLGZ 1975, 217.
468 BGH MDR 1969, 469.

es zwischen den richtigen Parteien ergangen ist.[469] Durch dieses Gestaltungsurteil wird selbst die Grenzziehung vorgenommen, es weist damit mit Wirkung gegenüber jedermann Eigentum zu. Auf Grund eines solchen Urteils kann sowohl die Abmarkung (dies ist der Regelfall) als auch die Grundbuchberichtigung gemäß § 22 GBO ohne Zustimmung des/der Realberechtigten verlangt werden. Die Grenzverwirrung kann auch durch einen entsprechenden Prozessvergleich geregelt werden, der die gleiche Wirkung wie das Urteil hat.

6. Klagehäufung, § 260 ZPO

320 Die Grenzscheidungsklage kann mit der Abmarkungsklage verbunden werden. Es besteht dann allerdings das Prozessrisiko der teilweisen Abweisung der Klage und der daraus folgenden Kostenlast für den Kläger, insoweit als die verlangte Grenze die zugesprochene überschreitet.[470]

321 ### 7. Muster: Grenzscheidungsklage

Rechtsanwalt

An das

Landgericht ■■■

Klage

der ■■■

Klägerin

Prozessbevollmächtigte: RA ■■■

gegen

den ■■■

Beklagter

wegen Grenzscheidung

Vorläufiger Streitwert: ■■■

Namens und in Vollmacht der Klägerin erheben wir Klage mit den Anträgen:
1. Die Abgrenzung zwischen den Grundstücken, eingetragen im Grundbuch von ■■■, Band ■■■, Blatt ■■■, Flurnummer ■■■ und ■■■ dem Grundstück, eingetragen im Grundbuch von ■■■, Band ■■■, Blatt ■■■, Flurnummer ■■■ vorzunehmen.
2. Die Kosten des Verfahrens den Parteien je zur Hälfte aufzuerlegen.

Begründung:

Die Klägerin ist Eigentümerin des Grundstücks, eingetragen im Grundbuch von ■■■ Band ■■■ Blatt ■■■. Dieses besteht aus drei Parzellen Flurnummer ■■■, ■■■ und ■■■. Der

---

469 MünchKommBGB-Säcker, § 920 Rn. 5.
470 Erman-Hagen/Lorenz, § 920, Rn. 1.

Beklagte ist Eigentümer des Nachbargrundstücks, eingetragen im Grundbuch von ▬▬▬ Band ▬▬▬ Blatt ▬▬▬, bestehend aus den Parzellen Flurnummer ▬▬▬ (vgl. insoweit den anliegenden Lageplan der Grundstücke).

Beweis:[471] anliegende Grundbuchauszüge der beiden Grundstücke in Kopie

Das Gelände, auf dem sich beide Grundstücke befinden, ist Erdrutschgebiet. Außerdem lagert hier noch Abraum von Steinbrucharbeiten. Der richtige Grenzverlauf ist deshalb in der Natur teilweise unklar. Bei einer Untersuchung im Jahr 2002, ob die Grenze mit dem Nachweis der Katasterkarte und den für die Herstellung der katastermäßigen Grenzen maßgeblichen Messungsunterlagen übereinstimmt, ergaben sich fast überall ganz unzulässige Unterschiede, die auf die starken Erdverschiebungen zurückzuführen sind und in diesem Gelände besonders in ost-westlicher Richtung auftreten.

Beweis: Augenschein
Anliegendes Vermessungsprotokoll des Landvermessers
ggf. Gutachten eines Sachverständigen[472]

Die Grenze ist deshalb nicht mehr festzustellen. Da die Parteien sich bisher nicht auf einen Grenzverlauf durch einen Grenzfeststellungsvertrag einigen konnten, ist die gerichtliche Abgrenzung durch Urteil geboten.

Rechtsanwalt

IV. Zwangsvollstreckung

Eine Zwangsvollstreckung kommt wegen der konstitutiven Wirkung des Urteils[473] nur wegen der Kosten in Betracht, so dass sich deshalb keine speziellen Erfordernisse für die Zwangsvollstreckung ergeben.

322

---

471 Es gibt zwar keine Beweislastverteilung in diesem Verfahren, trotzdem sollte die erforderlichen Unterlagen beigefügt werden.
472 Ist der Grenzverlauf schwierig festzustellen, kann die Einschaltung eines Sachverständigen geboten sein.
473 MünchKommBGB-Säcker, § 921 Rn. 5.

Stichwortverzeichnis

Verweise erfolgen auf Teile (fett) und Randnummern (mager)

Abfindungssumme **1** 418
Abgrabungen **3** 61
Abhilfefrist **1** 444
Abhilfemaßnahme **3** 221
Ablichtungen **1** 82
Abmahnung **1** 127, 416, 444
– Muster **1** 130
Abmarkung/Vermarkung **3** 295, 299, 301 f.
– Klage, **3** 295 ff, 321
– Kosten **3** 318
– Mitwirkung **3** 301
– Protokoll **3** 314
– Zustimmung **3** 301
– Abmarkungsklage (Muster) **3** 309
Abmarkungsverfahren **3** 296
Abrechnung
– Belege **1** 91
– Fehler **1** 81
– Frist **1** 71
– Klage **1** 85, 115
– Periode **1** 70
– Streitwert **1** 87
– Stufenklage **1** 98
Abrechnungsklage **1** 88
– Stufenklage **1** 89
– Zuständigkeit **1** 88
Abrechnungsperiode **1** 70
Abrechnungsunterlagen
– Zuständigkeit **1** 92
Abstraktionsprinzip **1** 341
Abwehr **3**
– -anspruch **3** 3, 28, 169, 236, 289, 36 ff. 94
– -maßnahme **3** 22, 226
– quasinegatorische -ansprüche **3** 57
Abwendungsbefugnis **1** 464
Änderungsverlangen des Mieters (Muster) **1** 109
Äste **3** 156, 238
AGB **1** 40
Aktien **1** 598
Aktivlegitimation **3** 43, 191
Aktivprozess **1** 448
Alleinmieter **1** 666, 684

Amtsermittlung **2** 18 ff.
Amtsgericht **1**
– Mietgericht **1** 1
Amtshaftung **3** 24
Anbietpflicht **1** 443
Änderungskündigung **1** 329
Anfechtungsklage **3** 21
Anhörungsrüge gem. § 29a FGG **2** 471 ff.
Anlagefonds **1** 595, 598
Anlagen **3** 18, 111 ff., 117 ff., 221 f., 249, 264, 274, 286
Annahmeverweigerung **1** 339
Anordnung
– einstweilige **2** 111; 428; 451 f. 453 ff.
– sichernde **1** 685
Anschlussbeschwerde **2** 490
Ansprüche Wohnungseigentümer untereinander **2** 201 ff.
– bauliche Veränderungen **2** 203 ff.; 225 ff.
– Schadenersatzansprüche **2** 263 ff.
– Überschreitung Sondernutzungsrechte **2** 248 ff.
– unzulässiger Gebrauch des Eigentums **2** 235 ff.
Anspruchsberechtigung-/verpflichtung **3** 43 ff., 105, 115, 128, 150, 177, 191, 205, 218, 222, 246, 273, 297, 312
– Aktivlegitimatin **3** 43, 191
– Handlungsstörer **3** 39, 46, 218, 246
– Passivlegitimation **3** , 45 ff.
– Zustandsstörer **3** 39, 47, 246
Antrag
– nach § 765a ZPO (Muster) **1** 522
– nach § 887 ZPO (Muster) **3** 92
– nach § 888 ZPO (Muster) **1** 541
Antragsberechtigung **2** 25 ff.
Antragserwiderungsschriftsatz (Muster) **2** 124, 200
Antragsrücknahme **2** 44; 426.
Anwaltsvergleich **1** 501
– zur Räumung (Muster) **1** 502
Anwaltsvergütung **1** 530, 544, 566
Anzeigepflicht **1** 151

Stichwortverzeichnis

Aufhebungsvertrag **1** 323, 388
Aufrechnung **1** 461
- Erklärung **1** 167
- Erklärung (Muster) **1** 171
- Verbot **1** 50
Augenschein **3** 15
Auseinandersetzung **1** 652
Ausgleichsklage **3** 214 ff.
Auskunft **1** 610
Auslegung **3** 21, 255, 269, 277
Ausschlussfristen **3** 4

Bankbürgschaft **1** 588, 611
Bar-Kaution **1** 595
Baulärm **1** 177
Baulast **3** 281
Bauleitplan **3** 100
Bauliche Veränderung **2** 204 ff.
- Abgrenzung zur Erstherstellung **2** 215
- Abgrenzung zur Instandhaltung **2** 211 ff.
- Abwehransprüche und Einwendungen **2** 225 ff.
- Ausnahmen vom Einstimmigkeitserfordernis **2** 217 ff.
- Maßnahmen der Notgeschäftsführung **2** 216
Baum **3**, 145 f., 156 f., 166, 211, 212
Bebauungsplan **3** 100, 107
Bedarf **1** 357
Bedingung **3**
- auflösende **3** 255
- aufschiebende **3** 255
Beeinträchtigung **3** 231
- Gebrauchs- **3** 217
- Regelfälle **3** 97
- unwesentliche **3** 67, 97, 227, 232
- wesentliche **3** 66, 94, 97, 109, 214
- zumutbare **3** 103
Beeinträchtigungsquote **1** 161
Beendigung des Mietverhältnisses **1** 616, 625
- Möglichkeiten **1** 388
Belegeinsicht **1** 82
Berechnungsverordnung **1** 4
Berufung **1** 433, 456, 477; **3** 83
Berufungsgericht **1** 38
Beschwerde **1** 456, 530, 539
- -gegenstand **3** 290
- gem. §§ 72 VI, 567 I ZPO (Muster) **1** 496

- Rechts- **3** 90
- sofortige **1** 433, 469, 487, 521; **2** 481 ff.; **3** 84, 90
- sofortige weitere **2** 506 ff.
Beschwerdeerwiderung (Muster) **2** 505
Beschwerdeschriftsatz (Muster) **2** 504
Beschwerwert **1** 133
Beseitigung **1** 452
- -sklage **3** 39, 73, 150, 180, 231
- Einrichtung **1** 622
- Störung **1** 575
Beseitigungsanspruch **3** 38, 53 ff., 58, 111, 117, 120 f., 124, 128, 134, 143 f., 147, 155, 168, 180, 226, 236, 274, 284, 289, 293, 183 f. 214
Beseitigungsurteil **3** 25
Besitz **1** 571
- Regelung **1** 662
- Wiedereinräumung **1** 574
Besitzer **1** 447
Besitzmittlungsverhältnis **1** 422
Besitzstörung **1** 571; **3** 221
Bestandsinteresse **1** 355
Bestimmungen, öffentlich-rechtliche **3** 5, 19, 22, 49, 57, 244
- Abmarkungsverfahren **3** 296
- Abwehranspruch **3** 20
- Anfechtungsklage **3** 21
- Bauleitplan **3** 100
- Baurecht **3** 210
- Bebauungsplan **3** 100, 107
- Bestandskraft **3** 24
- Feststellungslast **3** 27
- Feststellungsklage, negative (Muster) **1** 310
- Gaststättengesetz **3** 210
- Genehmigung **3** 18, 24, 26, 62, 99, 237, 244, 246, 251
- Gewerbeordnung **3** 210
- Grenzwerte **3** 109, 248
- Immissionsschutzrecht **3** 210
- Kanal-/Wasserversorgung **3** 188
- Nachbarschutz **3** 21, 100
- Nutzung **3** 186
- Parteien **3** 23
- Planfeststellung **3** 26
- Präjudizielle Entscheidung **3** 24
- Raumordnungsplan **3** 100
- Rechtsgrundlage **3** 19

- Rechtsweg **3** 25
- Satzung **3** 107
- Sonn- und Feiertagsschutz **3** 210
- Straße **3** 186
- Straßen- und Wegegesetze **3** 149
- Verpflichtungsklage **3** 28
- Verwaltungsbehörden **3** 210
- Verwaltungsprozess **3** 23
- Verwaltungsvorschrift **3** 248, 251
- Wasserrecht **3** 210
- Widerspruch **3** 21

Bestrafungsantrag nach § 890 ZPO (Muster) **3** 91

Betriebskosten **1** 51, 56, 59, 75, 452
- Abrechnung **1** 524
- Vereinbarung **1** 62
- Verordnung **1** 58
- Klage **1** 116

Betriebskostenerhöhung **1** 101, 225
- Frist **1** 107
- Nachzahlung **1** 66

Betriebskostenpauschale
- Ermäßigung **1** 103

Bevollmächtigung **1** 343
- Klausel **1** 16

Beweis **3** 130
- Abwehransprüche **3** 108
- Anscheinsbeweis **3** 109, 251
- -aufnahme **3** 80
- deliktische Ansprüche **3** 109
- -ergebnis **3** 12
- -führung **3** 87, 107
- Gegenbeweis **3** 67
- -lage **3** 11
- -last **1** 578; **3** 9, 27, 49, 67, 109 f., 119, 133, 136, 140, 157, 160, 181, 232, 251, 319
- -mittel **3** 14 ff., 27
- -sicherung **3** 9 ff., 107, 248
- -situation **3** 27
- -thema **3** 80
- -umkehr **3** 139, 232, 248, 251
- -verfahren, selbständiges **1** 186; **2** 88; **3** 13
- -verteilung **3** 28
- -wert **3** 80, 308

Beweisverfahren, sebstständiges **1** 186; **2** 88; **3** 13
- Antrag **1** 192

- Muster **1** 193
- Streitwert **1** 191

Bezahlung **1** 610
Billigkeitsabwägung **1** 669
Bodenbeschaffenheit **3** 138
Bürgschaftskosten **1** 454
Büsche **3** 156

Dauerschuldverhältnis **1** 19
Deckungsklage **1** 630
- Muster **1** 634

Dienstbarkeit, beschränkt-persönliche **3** 280, 289

Drittwiderspruchsklage **1** 500
Duldungsklage **1** 293
- des Vermieters (Muster) **1** 295

Duldungspflicht **3** 5, 22, 28, 49, 66 f., 103 f., 113, 169, 173, 175, 191, 193, 215 f. 222
- Duldungszwang **3** 214, 221

Duldungsverlangen **1** 292
- nach § 559 BGB (Muster) **1** 292

Durchsuchungsanordnung **1** 508

Ehewohnung **1** 446
- Zuteilungsverfahren **1** 513

Eidesstattliche Versicherung (Muster) **3** 81
Eigenbedarf **1** 360, 443
Eigenmacht **1**
- verbotene **1** 421

Eigenschaften, zugesicherte **1** 142
Eigentum **1** 355
Eigentümerversammlung **2** 52 ff.
- Anspruch auf Einberufung **2** 357 ff.
- Beschlussanfechtung **2** 52 ff.; **81** ff.
- Beschlüsse **2** 76 ff.
- Beschlussfähigkeit **2** 123
- Durchführung **2** 67 ff.
- Einberufung **2** 52 ff.; 63 ff.
- Einladung (Muster) **2** 74
- Protokollierung **2** 71 ff.
- Tagesordnung **2** 55 ff.
- Zweitbeschlüsse **2** 104; 124

Eilbedürftigkeit **1** 426
- Glaubhaftmachung **1** 427

Einigungsgebühr **3** 31
Einrichtungen **1** 621
Einstweilige Einstellung der Zwangsvollstreckung, Antrag (Muster) **1** 478
Einwendungsfrist **1** 69

589

Stichwortverzeichnis

Einwirkung **3** 50, 68
- ähnliche **3** 95 f.
- -smöglichkeit **3** 72
- unwesentliche **3** 95
- unzulässige **3** 113, 120
- Voraussehbarkeit **3** 114
- Wesentlichkeit **3** 22

Einzelzwangsvollstreckung **1** 602
Emissionen **3** 251
Empfangsvollmacht **1** 438
Endrenovierungspflichten **1** 49
Enteignung **3** 216, 221, 253
- Enteignungsgleiche Grundsätze **3** 225

Entschädigung **1** 526, 536
Entschädigungsanspruch/Ausgleichsanspruch **3** 4, 24, 35, 36, 105, 130, 142, 166, 182, 213 f. 214 ff., 225, 235, 284
Entscheidung, richterliche **1** 682
Entziehung des Wohnungseigentums **2** 300 ff.
- Beschluss der Eigentümerversammlung und Anfechtung **2** 310 ff.
- Klageverfahren **2** 324 ff.
- Versteigerungsverfahren und Eigentumsübergang **2** 346 ff.

Erbanteil **1** 637
Ergänzungsurteil **1** 473
Erhöhungserklärung (Muster) **1** 317
Erhöhungsverlangen
- des Vermieters nach § 560 BGB (Muster) **1** 108
- Erhöhungsverlangen, prozessuales (Muster) **1** 273

Erinnerung **1** 552
- sofortige **3** 84

Erkenntnisverfahren **1** 38
Erklärungsfrist **1** 444
Erlangungsinteresse **1** 354
Erledigung der Hauptsache **2** 39 ff.
Erlass einer einstweiligen Verfügung
- auf Räumung im Gewerbemietrecht, Antrag (Muster) **1** 585
- auf Wiedereinräumung des Besitzes, Antrag (Muster) **1** 583
- wegen Besitzstörung, Antrag (Muster) **1** 584

Ersatzmieter **1** 392
Ersatzvornahme **1** 523
- -beschluss **1** 525

Ersatzwohnraum **1** 507
Erstherstellungsmaßnahmen **2** 215
Erwerb
- gutgläubiger **3** 295
Erwiderung des Schuldners beim Antrag nach § 887 ZPO (Muster) **3** 93

Fachanwalt für Miet- und Wohnungseigentumsrecht **1** 2
Fälligkeit **1** 594, 608
Fahrlässigkeit **3** 173, 239
Familienangehörige **1** 356
Fehler **1** 137, 140
- in Betriebskostenabrechnung **1** 65
Fenster, undichte **1** 173
Festgeldkonto **1** 598
Feststellung der Nichtigkeit eines Beschlusses der Eigentümerversammlung, Antrag (Muster) **2** 132
Feststellungsinteresse **1** 304
Feststellungsklage **1** 179, 303, 451, 631; **3** 32, 155, 285, 287, 307, 311
- Antrag **1** 307
- Beweislast **1** 309
- Streitwert **1** 305

Feuchtigkeit **1** 172
Folgeschäden **3** 215, 242
Fonds **1** 598
Formen häuslicher Gemeinschaft **1** 694
Formularklauseln **1** 42
Fortsetzung
- des Gebrauchs **1** 345
- des Mietverhältnisses **1** 638
- des vertragswidrigen Gebrauchs **1** 413
Fortsetzungsverlangen **1** 385, 460
Freistellungsauftrag **1** 600
Freiwillige Gerichtsbarkeit **1** 687
- Anforderungen an Schriftsätze **2** 105 ff.
- echte Streitsachen der **2** 1 ff., 16 ff.
Fristen **1** 12
Fristung **1** 436
Fruchtziehung **1** 35

Garage **1** 446
Gaststättengesetz **3** 210
GbR **1** 438, 448
Gebäude **3** 124, 169 f., 175, 179, 238
Gebrauch Nichtgewährung **1** 405
Gegenstandswert **1** 519, 530, 539, 555

Gehörsgewährung **2** 18 ff.
Gehörsrüge **1** 433, 495 f., 546, 568
Gemeinschaft, häusliche **1** 659
Gemeinschaftseigentum **2** 204 ff.
- unzulässiger Gebrauch **2** 235 ff.
Genehmigung **3** 18, 24, 26, 62, 99, 237, 244, 246, 251
Gerichtskosten **1** 38, 518, 529, 538, 543, 554, 565
Gerichtsbezirk **3** 306
gerichtliche Abberufung des Verwalters, Antrag (Muster) **2** 452
gerichtliche Verwalterbestimmung gem. §§ 26 Abs. 3, 43 Abs. (Muster) **2** Nr. 3 WEG, Antrag (Muster) **1** 451
Geräusche **3** 18, 98
Gerichtsstand **1** 446; **3** 69, 231, 250
Gerichtsvollzieher **1** 507, 517
Geruch **3** 100
Gesamthandsgemeinschaft **1** 649
Gesamtschuldner **1** 17; **3** 18, 48, 105, 218
Geschäftsgebühr **3** 31
Geschäftswert im WEG-Verfahren **2** 48 ff.
Gestaltungserklärung **1** 327
Gewährleistung **1** 144
- Ausschluss **1** 145
Gewalt **1** 665
- Androhung **1** 665
GewaltschutzG **1** 423, 658
Gewerbemietrecht **1** 6, 579
Gewerberaummietvertrag **1** 461
- Kündigung, Zugang **1** 461
Gewohnheitsrecht **3** 49
Giebelmauer **3** 204
Girokonto **1** 598
Glaubhaftmachung **3** 80, 88, 120
- eidestattliche Versicherung **3** 81
Gradtagszahlen **1** 176
Grenze
- Abstände **3** 4, 51, 111
- Anbau **3** 204
- Aufhebung **3** 270
- Bepflanzung **3** 44
- Einfriedung **3** 209 ff.
- Einrichtung **3** 203 ff.
- Feststellungsvertrag **3** 314
- Kosten **3** 207, 213
- Linie **3** 315
- Nutzung **3** 203, 208

- Scheidungsfunktion **3** 203
- Scehidungsklage **3** 307, 311 ff., 321
- Streitigkeit **3** 294 ff., 302
- Überschreitung **3** 3, 96, 169, 172, 174, 176, 179
- Unterhaltungskosten **3** 207
- Vergütungsanspruch **3** 205
- Verlauf **3** 5, 295
- Verwaltung **3** 207
- Verwirrung **3** 311, 320
- Wand **3** 204
- Werte **3** 60, 67, 109, 232, 249
- Zeichen **3** 295, 300
Grenzscheidungsklage, Antrag (Muster) **3** 316
Grenzwerte **3** 109, 248
Grundbuch
- Auflassung **3** 299
- -auszug **3** 14
- Berichtigung **3** 274, 276, 287, 320
- Einigung **3** 265, 269, 282
- Eintragung **3** 87, 175, 179, 190, 195, 253 ff. 265, 269 f., 282
- Eintragungsbewilligung **3** 255
- Löschung **3** 270
- öffentlicher Glaube **3** 14
- Zustimmung **3** 285, 293
Grunddienstbarkeit **3** 49, 175, 179, 207, 211, 253 ff.
- altrechtliche **3** 253, 275
- Ausschluss der Rechtsausübung **3** 262
- Ausübung **3** 255, 263
- dienendes Grundstück **3** 267, 273, 276, 288
- herrschendes Grundstück **3** 254, 267, 272 f., 276, 288
- Konkurrenz von Nutzungsrechten **3** 267
- Nutzungsrecht **3** 257 f.
- Nutzungsunterlassung **3** 259 f.
- Rechtsänderung **3** 255
- Regelungsinhalt **3** 254, 269
- schuldrechtliches Grundgeschäft **3** 271
- selbständige Belastung **3** 272
- Unterhaltungspflicht **3** 265
- Verlegung **3** 266
- Vorteil **3** 256
- Wettbewerbsbeschränkungen **3** 261
Güteverfahren, **3** 31
- obligatorisches **1** 110, 206

Gutglaubensschutz **3** 274

Haftung **3** 26, 72
- Anlagen- **3** 224
- Baumaßnahmen **3** 238
- Gefährdungs- **3** 248 f.
- Naturereignis **3** 238
- Umwelt- **3** 248 f.
- Verrichtungsgehilfe **3** 239
- verschuldsunabhängige **3** 222, 245

Härtefall **1** 372 374
Handlungsstörer **3** 39, 46, 218, 246
Hauptleistungspflicht **1** 9
Hauptpartei **3** 71
Hauptsacheverfahren **1** 577; **3** 78
Hausordnung **1** 123
Hausstand **1** 356
Haustiere **1** 508
Haustürgeschäfte, Widerruf **1** 419
Hausverwaltung **1** 342
Hecken **3** 148
Heimvertrag **1** 444
Heizkosten **1** 78
Heizkostenverordnung **1** 4, 78
Heizleistung **1** 175
Herausgabe **1** 91
Herausgabeanspruch **3** 165, 180, 247
Herausgabeklage **1** 651; **3** 37
Herausgabevollstreckung, Kosten **1** 510
Honorarvereinbarung **3** 6
Immissionen **3** 11, 39, 95 ff., 107 f., 110, 214 ff., 221 ff., 226 f., 232, 241 f., 251
- Anlagen **3** 39
- ästhetische **3** 39, 41, 96
- Beispiele **3** 97
- chemische **3** 232
- Geräusche **3** 18, 98
- Geruch **3** 100
- grenzüberschreitende **3** 97
- Grob- **3** 221
- hoheitliche **3** 94
- nachweisbare **3** 11, 13
- Naturereignisse **3** 42, 78
- negative **3** 39, 40, 96
- Richtwerte/-linien **3** 109, 232, 349
- störende **3** 78

Indexmietvereinbarung **1** 314
Inklusivmiete **1** 164

Insolvenz **1** 602
Insolvenzverfahren **1** 38
Instandhaltungs-/Instandsetzungsmaßnahmen **2** 211 ff.
Interesse, berechtiges **1** 24, 347, 349, 640
Interessenabwägung **1** 373
Interessenausgleich, nachbarlicher **3** 94

Jahresabrechnung **2** 169 f.; 364 ff.
Jahressperrfrist **1** 233

Kanal-/Wasserversorgung **3** 188
Kapitalertrag **1** 600
Kappungsgrenze **1** 312
Kaution **1** 686
- Abrede **1** 591
- -gestellung **1** 52
Kinder **1** 447
Klage **3** 8, 13, 18, 34 f., 134 f., 231, 276, 283
- - inhalt **3** 58 ff.
- Abmarkungs- **3** 295 ff., 321
- -antrag **1** 610; **3** 58, 59, 60, 118, 132, 135, 155 f., 159, 195 f., 228, 286, 301, 315 f.
- -antrag allgemein (Muster) **3** 36, 228
- -antrag konkret (Muster) **3** 65
- auf Auffüllung des Kautionskontos (Muster) **1** 222
- auf Ausgleich gemäß § 906 Abs. 2 S. 2 BGB analog (Muster) **3** 233
- auf Einräumung eines Notwegs (§ 917 BGB) (Muster) **3** 201
- auf Freigabe eines Kautionssparbuches (Muster) **1** 614
- auf Herausgabe der Abrechnungsunterlagen (Muster) **1** 93
- auf Kostenerstattung für die Beseitigung von Baumwurzeln (Muster) **3** 161
- auf Rückbau (Muster) **1** 628
- auf Rückzahlung der Barkaution (Muster) **1** 613
- auf Unterlassung der Beeinträchtigung einer Grunddienstbarkeit gemäß § 1004 BGB (Muster) **3** 292
- auf Zahlung abgerechneter Betriebskosten (Muster) **1** 116
- auf Zahlung einer jährlichen Rente gemäß § 906 Abs. 2 S. 2 BGB analog (Muster) **3** 234

- auf Zustimmung zur Mieterhöhung nach § 558 BGB (Muster) **1** 267
- Ausgleichs- **3** 214 ff.
- -ausschlussfrist **1** 338
- -befugnis **3** 288
- -begründung **3** 227
- bei Grenzstreitigkeiten (Muster) **3** 304
- Beseitigungs- **3** 39, 73, 150, 180, 231
- Bestimmtheitsgebot **3** 59, 155
- des Mieters auf Abrechnung (Muster) **1** 90
- des Mieters auf Rückzahlung geleisteter Betriebskostenvorauszahlungen wegen Nichtabrechnung bei beendetem Mietverhältnis (Muster) **1** 97
- des Vermieters auf Unterlassung des vertragswidrigen Gebrauchs (Muster) **1** 134
- -erhebung **3** 30, 84, 117
- -erwiderung **3** 13
- Feststellungs- **1** 631; **3** 32, 155, 285, 287, 307, 311
- Feststellungsinteresse **3** 285, 287
- Grenzscheidungs- **3** 307, 311 ff., 321
- -häufung **1** 610
- -häufung **3** 130, 287, 307, 321
- Herausgabe- **1** 651
- Herausgabe- **3** 37
- Leistungs- **3** 32, 70, 155, 159, 226, 285, 293
- Räumungs- **1** 651
- -schrift **3** 66, 227
- Streitgegenstand **3** , 23, 71, 289 f.
- Streitgenossenschaft **3** 199, 288
- Streitwert **3** 32, 200
- Unterlassung- **3** 39, 70, 111, 131, 231, 285
- -verbindung **3** 73
- Vollstreckungsabwehrklage **3** 123
- vorprozessual **3** 10
- -weg **3** 7, 9, 33, 78
- wegen drohender Beeinträchtigung (Muster) **3** 75
- wegen Geräuschbelästigung (Muster) **3** 74
- wegen Geruchsbelästigung (Muster) **3** 73
- Zulässigkeit **3** 30
- Zustimmungs- **1** 245

Klageantrag
- auf Einräumung eines Notwegs (Muster) **3** 196
- zum Beseitigungsanspruch (Muster) **3** 156
- Klageerwiderung (Muster) **1** 198, 268, 470; **3** 77
- zu Klage auf Rückzahlung der Kaution (Muster) **1** 615

Kommunmauer **3** 204
Kopien **1** 82
Kosten **3** 11, 85
- -entscheidung **1** 431, 492, 520
- -ersatzansprüche **3** 4
- -erstattung **3** 54, 158, 220, 266
- -festsetzungsverfahren **1** 454; **3** 13
- -tragung **3** 220
- tragung **3** 296, 321
- -verteilung **1** 453, 540, 545
- -vorschuss **1** 523; **2** 119
- WEG-Verfahren **2** 45 ff.

Kündigung **1** 23, 323, 439
- Anbietpflicht **1** 443
- außerordentliche **1** 389, 441
- ordentliche **1** 441
- Teilzahlung **1** 443
- Widerspruch **1** 439
- Wohnraummietvertrag **1** 461
- Zahlungsverzug **1** 443
- Zugang **1** 441

Kündigungsausschluss **1** 43
Kündigungsfrist **1** 25
Kündigungsgrund **1** 348, 443, 465
- Eigenbedarf **1** 443
- Kerntatsachen **1** 443
Kündigungsschreiben **1** 326
Kündigungsverbot **1** 666

Ladungsfrist **1** 428
Lagerkosten **1** 509
Landpacht **1** 37
Lärmbelästigung **3** 60
Leistungsklage **1** 631; **3** 32, 70, 155, 159, 226, 285, 293

Mahnbescheid **1** 110
- Antrag **1** 217
Mahnverfahren **1** 210, 217; **2** 182; **3** 35
Mängel **1** 135

Stichwortverzeichnis

- Anzeigepflicht **1** 151
- arglistiges Verschweigen **1** 149
- Begriff **1** 138
- -behebung **1** 199
- fahrlässige Unkenntnis **1** 148
- Kenntnis **1** 147
- vorbehaltlose Annahme **1** 150

Mängelankündigung/Mietminderung (Muster) **1** 166

Mängelbeseitigung
- Berufungsinstanz **1** 202
- Beschwer **1** 202
- Beweislast **1** 181
- Feststellungsantrag **1** 201
- Klage **1** 180
- Klage (Muster) **1** 204
- Klageantrag **1** 200
- Streitwert **1** 201

Mietdatenbank **1** 237

Miete **1** 411

Mieterhöhung **1** 223
- Begründung **1** 233
- Berechnung **1** 288
- Erklärung **1** 226
- Klageantrag **1** 261
- Klagefrist **1** 242
- nach § 558 BGB (Muster) **1** 244
- Sonderkündigungsrecht **1** 285
- Streitwert **1** 254
- Textform **1** 228
- Vergleichswohnung **1** 266
- Verlangen **1** 246, 269, 404
- Zugang **1** 227
- Zulässigkeit **1** 259
- Zustimmung **1** 231
- Zustimmungsfrist **1** 243

Mietgrundstück **1** 445
- Veräußerung **1** 445

Mietminderung **1** 155
- Berechnung **1** 156
- Dauer **1** 155

Mietnachfolger **1** 391

Mietrecht, soziales **1** 10

Mietrechtsreform **1** 3

Mietrückstand **1** 219, 461

Mietsicherheit **1** 587

Mietspiegel **1** 235
- Qualifizierter **1** 236

Mietverhältnis **1**

- Fortsetzung **1** 463
- Rückwirkung **1** 656
- befristetes **1** 20, 382

Mietvertrag **1** 39; **3** 179

Minderung
- Inklusivmiete **1** 164
- Kriterien **1** 159
- Nettokaltmiete **1** 164
- Quote **1** 161

Minderungssätze **1** 160

Mischmietverhältnis **1** 435, 462

Mitbesitzer **1** 425

Miterbe **1** 651

Mitmieter **1** 684

Modernisierung **1** 279
- Absicht **1** 364
- Ankündigung **1** 281
- Kosten **1** 288
- Maßnahme **1** 279, 400
- Überlegungsfrist **1** 282
- Wirtschaftlichkeit **1** 291

Modernisierungsmieterhöhung **1** 278
- Erklärung **1** 284

Mündliche Verhandlung **2** 36 ff.

Nachbargemeinde **1** 235

Nachbarliches Gemeinschaftsverhältnis: **3** 1, 204, 222, 237

Nachbarschutz **3** 21, 100

Nachbarwand **3** 204, 258

Nachteil, unersetzlicher **1** 479
- Vollstreckungsschutzantrag **1** 479

Nachzahlung **1** 66
- Berechnung **1** 105
- Fälligkeit **1** 74

nächtlicher Lärm **1** 117

Naturereignisse **3** 42, 78

Nebenintervention **2** 35; 282 ff.; 297

Nebenkostenpauschale **1** 62

Nebenkostenvorauszahlung **1** 62

Nettokaltmiete **1** 164

Neubaumietenverordnung **1** 4

Nichtzulassungsbeschwerde **1** 568

Nießbrauch **3** 279

Notweg **3** 32, 185 ff., 289
- -anspruchsausschluss **3** 189
- -rente **3** 187, 191, 193, 195
- Verbindungsverlust **3** 190
- Willkür **3** 189

Nutzung, Regelung **1** 662
– vorläufige **1** 655
Nutzungsart **3** 145, 222
Nutzungsausfallentschädigung **1** 451
Nutzungsentgelt **1** 667; **3** 176
Nutzungsentschädigung **1** 620

Obdachlosigkeit, drohende **1** 507
Obhutspflichten **1** 126
Ordnungsgeld **1** 428; **3** 79, 87
Ordnungsmittelantrag nach § 890 ZPO (Muster) **1** 547
Originalvollmacht **1** 458
örtliche Zuständigkeit **1** 580, 633
Ortsüblichkeit **3** 66, 100 ff., 109, 145, 214 f., 227, 232, 251

Pacht **1** 35
Paginierung **1** 15
Parkkaution **1** 588
Partei **1** 448
Passivlegitimation **3** , 45 ff.
Passivprozess **1** 448
Personenmehrheit **1** 16, 341
Pfändung **1** 559
Pfändungsschutz **1** 549
– nach § 851b ZPO, Antrag (Muster) **1** 558
Pflanzen/Gewächse **3** 4, 145, 148, 153, 163, 165, 212
– Äste **3** 156, 238
– Baum **3** , 145 f., 156 f., 166, 211, 212
– Büsche **3** 156
– Hecken **3** 148
– Mindestabstand **3** 149
– Ranken **3** 148
– Schlinggewächse **3** 148
– Strauch **3** 145, 157, 212
– -teile **3** 155
– Überhang **3** 154, 163
– Überwuchs **3** 154, 162, 166
– Wurzeln **3** 145 f., 151, 166
– Zweige **3** 145, 147, 156
Pflichtverletzung,
– erhebliche **1** 413
– schuldhafte **1** 407
Pflichtverstoß **1** 350, 352, 353, 414
Preisindex **1** 314
Privatautonomie **1** 28
Privatgutachten **3** 12, 107, 220

Protestativbedingung **1** 327
Prozess **3** 9, 321
Prozessbetrug **1** 359
Prozesskostenhilfe **1** 458, 516; **3** 35
Prozessvollmacht **2** 120
Ranken **3** 148
Raumordnungsplan **3** 100
Räumung **1** 435, 508
– Wohnungsmietverhältnis **1** 450
– zukünftige **1** 450
Räumungs- und Herausgabeanordnung **1** 673
Räumungsanspruch **1** 434
– Einwendungen **1** 466
– Rechtshängigkeit **1** 409
Räumungsantrag im Wege des einstweiligen Rechtsschutzes (Muster) **1** 434
Räumungsauftrag **1** 507
Räumungsfrist **1** 12, 462, 481
– Beschwerde, sofortige **1** 489
– Bewilligung **1** 489
– Verkürzung **1** 481
– Verlängerung **1** 481
Räumungsgut **1** 507
Räumungsklage **1** 452, 651
– nach fristloser Kündigung eines Wohnraummietverhältnisses (Muster) **1** 457
– nach Kündigung im Erbfall (Muster) **1** 654
– Streitwert **1** 452
Räumungsmitteilung **1** 507
Räumungspflicht **1** 617
Räumungsprozess **1** 383
Räumungsschutz **1** 458, 500, 515, 517
– Härtegründe **1** 514
Räumungstermin **1** 482
– Räumungsschutzverfahren, Kostenverteilung **1** 484
– Streitwert **1** 485
Räumungsurteil **1** 464
Räumungsverfügung **1** 420
Räumungsvergleich **1** 482
Räumungsvollstreckung **1** 503, 517
– Urkunde, notarielle **1** 503
Reallast **3** 289
Rechnungslegung **1** 610
Rechtsanwaltsvergütung **1** 432, 468, 486, 519
Rechtsanwaltsvergütungsgesetz **3** 7

Stichwortverzeichnis

- außergerichtliche Einigung **3** 7
- Einigungsgebühr **3** 31
- Geschäftsgebühr **3** 31
- Güteverfahren **3** 31
- Schlichtungsverfahren **3** 31
- Verfahrensgebühr **3** 31

Rechtsausübung **3** 255, 262
- unzulässige **3** 193, 275

Rechtsbehelfe **2** 481 ff.; **3** 84
- Anschlussbeschwerde **2** 490
- Rechtsbeschwerde **1** 521, 546
- sofortige Beschwerde **2** 481 ff.
- sofortige weitere Beschwerde **2** 506 ff.

Rechtsberatungsgesetz **1** 458
Rechtsbeschwerde **1** 495, 521, 546
Rechtschutzversicherung **3** 12, 26
- Privatgutachten **3** 12

Rechtsentscheidsverfahren **1** 456
Rechtsmängel **1** 138
Rechtsmittel **1** 433, 456, 495, 532, 540, 546; **3** 84, 290
- Berufung **1** 456, 477
- -führer **3** 290
- Gehörsrüge **1** 456
- Rechtsbeschwerde **1** 495
- Rechtsentscheidsverfahren **1** 456
- Revision **1** 456
- Sprungrevision **1** 456

Rechtsnachfolge **3** 49, 54, 137, 190, 207, 253, 265, 320
- Beklagtenseite **3** 72
- Gesamt- **3** 52
- Klägerseite **3** 71

Rechtsschutz
- -bedürfnis **3** 84
- -möglichkeit **3** 25
- negatorischer **3** 145

Rechtsschutzbedürfniss **1** 562
Renovierungspflichten **1** 48
Renten **3**
- -anspruch **3** 36
- -zahlung **3** 217

Reparaturabzug **1** 290
Revision **1** 456
Risiko **3** , 33, 58 f.
- Beweis- **3** 130
- Haftung- **3** 26
- Kosten- **3** 11, 85
- Prozess- **3** 9, 321

Rückbau **1** 620
- Verpflichtung **1** 449, 621 f.

Rückgabe **1** 29, 616
- -pflicht **1** 616

Rücksichtnahmegebot **3** 3, 111, 145, 189, 209, 210

Rückzahlung
- Kaution **1** 608
- Klage auf **1** 94
- Mietsicherheit **1** 609

Rückzahlungsklage
- Streitwert **1** 95
- Zuständigkeit **1** 96
- Zuständigkeit, sachliche **1** 580

Sachmängel **1** 139
Sachverständiger **3** 11 ff., 107, 220, 242, 248
- Gutachten **1** 237, 238, **3** 11, 232
- Privatgutachten **3** 12, 107, 220

Schaden
- Berechnung **3** 242
- Ersatzanspruch **3** 4, 23, 26, 32, 35 f., 37, 53, 73, 107, 110, 117, 130, 137 ff., 145, 162, 175 f., 182, 212 f., 214, 217, 225, 231, 236 ff., 284
- Ersatzpflichtig **3** 147
- haftungsbegründende Kausalität **3** 232
- Höhe **3** 217
- Umfang **3** 139, 240 ff.
- Ursache **3** 158, 222
- Verkehrssicherungspflicht **3** 238, 251

Schadenersatzanspruch **1** 31, 359, 619
- gegen den Verwalter **2** 399 ff.; 427
- gegen den Verwalter, Antrag (Muster) **2** 427
- unter Wohnungseigentümern **2** 263 ff.; 297

Schiedsvereinbarung **2** 6 ff.; 102
Schimmel **1** 172, 174
Schlichtungsverfahren **2** 6 ff.; 101; **3** 29 ff.
- Bescheinigung **3** 30
- Gebühr **3** 31
- landesgesetzliche Bestimmungen **3** 29
- Unzulässigkeit der Klage **3** 30

Schlichtungsversuch **1** 207
Schlinggewächse **3** 148
Schmerzensgeldanspruch **3** 241, 243
Schonfrist **1** 444, 458
Schönheitsreparaturen **1** 30, 46, 48

Schriftform **1** 14, 325, 370
- gesetzliche **1** 437
- Mietvertrag **1** 13
Schriftsätze **2** 105 ff.; 112 ff.
Schuldverhältnis, gegenseitiges **1** 8
Schutzantrag **1** 515
Selbsthilfe **3** 145 ff., 149, 151 ff., 158, 160
Sicherheitsleistung **1** 464, 480, 684
sofortige Beschwerde **2** 481 ff.
sofortige weitere Beschwerde **2** 506 ff.
- Replikschriftsatz (Muster) **2** 509
Sondereigentum **2** 205
- Unzulässiger Gebrauch und Abwehransprüche **2** 235 ff.
Sonderkündigungsrecht **1** 388, 643
Sondernutzungsrecht **2** 248 ff.
- Ansprüche bei Überschreitung **2** 258 ff.
Sonderumlagen **2** 168
Sonn- und Feiertagsschutz **3** 210
Sozialklausel **1** 26, 366, 458
Sozialschutz **1** 640
- Vorschriften **1** 636
Sparbuch **1** 596, 612
Sperrfrist **1** 241
Sprungrevision **1** 456
Staffelmietvereinbarung **1** 312, 403
Steuerbescheinigung **1** 600
Strauch **3** 145, 157, 212
Streitgegenstand **1** 465
Streitgenossenschaft **3** 199, 288
Streitverkündung **2** 35; 282 ff.; 297
Streitwert **1** 452, 467, 472, 485, 561; **3** 32, 200
- Abschlag **1** 430
- Erhöhung **1** 462
Stufenantrag **1** 610
Stufenklage **1** 86, 98
- auf Abrechnung und Rückzahlung (Muster) **1** 100
- Streitwert **1** 99
Stützverlust **3** 126, 133

Teileigentum **2** 206
Teilkündigung **1** 330
Tierhaltung **1** 45
Titel **1** 624
Tod, Mieter **1** 636
Treuhandkonto **1** 601
Treuhandverhältnis **1** 606

Überbau **3** 37, 169 ff., 289
- -rente **3** 176
Überhang **3** 154, 163
Überlassung, selbständige **1** 398
Überlassungspflichtiger **1** 682
Umgestaltungsregelung, endgültige rechtsgestaltende **1** 677
Umlagenschlüssel **1** 68
Umweltstandards **3**
- private **3** 97
Überwuchs **3** 154, 162, 166
Unabdingbarkeit **1** 593
Unterlassung **1** 575
Unterlassungsanspruch **3** 38, 55, 78, 117, 118, 120 f., 124, 128, 131 f., 208, 214, 226, 284, 293
- vorbeugender **3** 56, 111, 131, 144, 213
Unterlassungsgebot **3** 87, 121
Unterlassungsklage **1** 131; **3** 39, 70, 111, 131, 231, 285
- nach § 1004 BGB wegen Befahrens eines Grundstücks (Muster) **3** 76
- Streitwert **1** 132
Unterlassungsurteil **3** 25
Untermieter **1** 447
Untersagungsverfügung **3** 5
Untervermietung **1** 53
Urkunden **3** 14
Urteilsergänzung **1** 462, 475
- Antrag (Muster) **1** 476

Veräußerungsabsicht **1** 363
verbotene Eigenmacht **1** 571
Verbots- bzw. Gebotsanordnung **1** 673
Vereinbarung **3**
- dingliche **3** 207, 253
- schuldrechtliche **3** 14, 175, 179, 253, 255, 289
Verfahren auf Beseitigung bzw. Rückbau einer baulichen Veränderung
- Antragserwiderungsschriftsatz (Muster) **2** 291
- Antragsschriftsatz (Muster) **2** 290
Verfahren auf Entziehung des Wohneigentums
- Antragserwiderung (Muster) **2** 344
- Antragsschriftsatz (Muster) **2** 343
- Replikschriftsatz (Muster) **2** 345

Stichwortverzeichnis

Verfahren auf Geltendmachung von Wohngeld und Sonderumlage, Antrag (Muster) **2** 199
Verfahren auf Schadensersatz wegen Verletzung des Sondereigentums durch Miteigentümer bzw. deren Mieter
- Antragserwiderungsschriftsatz (Muster) **2** 298
- Antragsschriftsatz (Muster) **2** 297
- Replikschriftsatz (Muster) **2** 299

Verfahren auf Umsetzung eines Beschlusses der Eigentümerversammlung,
- Antragserwiderungsschriftsatz (Muster) **2** 423
- Antragsschriftsatz (Muster) **2** 422

Verfahren auf Unterlassung des unzulässigen Gebrauchs des Sondereigentums durch einen anderen Wohnungseigentümer
- Antragserwiderungsschriftsatz (Muster) **2** 295
- Antragsschriftsatz (Muster) **2** 294

Verfahren der übrigen Wohnungseigentümer auf Unterlassung des unzulässigen Gebrauchs des gemeinschaftlichen Eigentums
- Antragserwiderungsschriftsatz (Muster) **2** 293
- Antragsschriftsatz (Muster) **2** 292

Verfahren gegen den Verwalter auf Rechnungslegung (Muster) **2** 426
- Antragserwiderungsschriftsatz (Muster) **2** 425
- Antragsschriftsatz (Muster) **2** 424

Verfahrensbeteiligte **1** 672, 689
- Verwalter **2** 32
- Wohnungseigentümer **2** 30

Verfahrensstandschaft **2** 135 ff.
- Anwaltsbestellung durch Verfahrensstandschafter **2** 145 ff.
- Anwaltsgebühren/Hinweispflicht **2** 145 ff.
- Nachteile **2** 153 ff.
- Vorteile **2** 151 ff.

Verfahrensgebühr **3** 31
Verfristung **1** 639
Verfügung, einstweilige **1** 38, 574; **3** 78, 83, 120, 143, 183
Verfügungsanspruch **1** 425; **3** 80

Verfügungsgrund **1** 425, 577, 582; **3** 80
- Glaubhaftmachung **1** 427

Vergleich **3** 31, 282, 299, 320
Vergleichswohnung **1** 239, 266
Vergütung, Antrag des Verwalters (Muster) **2** 428
Vergütungsanspruch **1** 455, 539; **3** 4
Verhaltenspflicht **1** 121
Verjährung **1** 32, 608; **3** 4, 50 ff., 106, 116, 129, 141, 151, 164, 178, 192, 206, 210, 219, 223, 247, 274, 298, 313
Verjährungsfrist **1** 619
Verkehrssicherungspflicht **3** 238, 251
Verlängerung,
- stillschweigende **1** 33
- Antrag gem. § 72 III ZPO (Muster) **1** 488

Vermarkung s. Abmarkung
Vermieterpfandrecht **1** 559
Verpfändung (Sparbuch) **1** 588
Versammlungsprotokoll (Muster) **2** 75
Verschulden **3** 130, 137, 140, 173, 227, 239, 251, 283
- Fahrlässigkeit **3** 173, 239
- Mit- **3** 138
- Vorsatz **3** 173, 239

Versicherung, eidesstattliche **1** 610
Vertiefung **3** 39, 61, 124 ff., 131 ff., 137, 221
- Aufschüttung **3** 126
- Befestigung **3** 127

Vertragsanpassung, konkludente **1** 63
Vertragsbedingungen **1** 379
Vertragsbeendigung, Zeitpunkt **1** 441
Vertragsparteien **3** 265
Vertragsstrafe **3** 56
Vertragswidriger Gebrauch **1** 117
- nächtlicher Lärm **1** 117

Verwalter **2**
- Ansprüche gegen **2** 357 ff., 399 ff.
- Eigentümerversammlung **2** 52 ff.
- gemeinschaftliche Gelder **2** 396 ff.
- Gerichtliche Bestellung/Abberufung **2** 429 ff.; 446 ff.
- Instandhaltung/Instandsetzung **2** 389 ff.
- Jahresabrechnung/Wirtschaftsplan **2** 364 ff.
- Rechungslegung/Auskunftserteilung **2** 373 ff.
- Stellung **2** 354 ff.

- Streitigkeiten **2** 351 ff.
- Verfahrensbeteiligung **2** 32
- Verfahrensstandschaft **2** 135 ff.
- Vergütung **2** 406 ff.; 428
- Vertrag **2** 428; 429 ff.
- Vertreter der Wohnungseigentümer **2** 292; 296
- Vorsitz **2** 68 ff., 362

Verwaltung **1** 650
Verwaltungsrechtsweg **3** 18, 193, 194
Verwaltungsakt **3** 18
Verwirkung **1** 444; **3** 52, 180
Verzug **1** 412
Vollmacht **1** 18; **3** 299
Vollstreckbarerklärung **1** 501
Vollstreckung einer vertretbaren Handlung, Antrag (Muster) **1** 533
Vollstreckungsabwehrklage **1** 466; **3** 123
Vollstreckungsauftrag wegen Räumung (Muster) **1** 512
Vollstreckungsmaßnahmen **1** 513
Vollstreckungsschutz **1** , 474, 513
- -antrag **1** 464, 479
Vollstreckungsunterwerfung **1** 503
- Muster **1** 504
Vollstreckungsverjährung **1** 536
Vollstreckungsverzicht **1** 466
vorläufiger/einstweiliger Rechtschutz **3** 26, 78, 83, 120, 143, 167, 183, 202
- Eilbedürftigkeit **3** 85
- Widerspruch **3** 82, 83
Vorsatz **3** 173, 239
Vorschaltverfahren **2** 6 ff. 100
Vorschriften
- bundesgesetzliche **3** 117, 237, 245
- drittschützende **3** 18, 57, 210, 244, 249
- landesgesetzliche **3** 4, 111, 117, 149, 204, 209, 237, 245, 300
- nachbarschützende **3** 18, 20, 28, 57, 236, 245
Vorzugsklage nach § 805 ZPO (Muster) **1** 569

Warmwasserversorgung **1** 79
Wasserrecht **3** 210
Wegnahmerecht **1** 621
WEG-Verfahren
- Gebühren **2** 50 f.
- Geschäftswert **2** 48 ff.

- Grundzüge **2** 1 ff., 16 ff.
- Kosten **2** 45 f.
- Zwangsvollstreckung **2** 460 ff.

Weiterbenutzung **1** 439
Weitervermietung **1** 399
wichtiger Grund **1** 415
Wiedereinsetzungsantrag (Muster) **2** 123
Wiederherstellung **1** 617
Widerklage **1** 467
Widerspruch **1** 344, 366, 433, 460; **3** 174, 181
- Frist **1** 450
Widerstand **1** 508
Wiedereinsetzung i.d. vorigen Stand **2** 98; 123; 486 f.
Wiederherstellung **1** 622
- des ursprünglichen Zustands nach baulichen Veränderungen in Folge unzulässiger Ausübung eines Sondernutzungsrechts, Antrag (Muster) **2** 296
Wiederholungsgefahr **3** 55, 66, 73, 84, 131
Willenserklärung **1** 323
Wirtschaftlichkeit **1** 67
- Grundsatz **1** 67
Wirtschaftsplan **2** 169 f. 364 ff.
Wohnfläche **1** 178
Wohnfläche, abweichende **1** 172
Wohngeld/Vorschüsse **2** 162 ff.
- gerichtliche Beitreibung **2** 189 ff.
Wohngeräusche **1** 177
Wohnraum, preisgebundener **1** 11
Wohnraummiete **1** 410
Wohnraummiete, Erhöhung **1** 444
- Schonfrist **1** 444
Wohnraummietrecht **1** 6, 579
Wohnraummietverhältnis **1** 439, 460, 461
- Kündigung **1** 461
Wohnung, alleinige Nutzung **1** 693
Wohnungseigentum **1** 358; **2** 4 f.
- Entziehung **2** 300 ff.
Wohnungszuweisung nach § 2 GewSchG, Antrag (Muster) **1** 708
Wohnwertverbesserung **1** 280
Wurzeln **3** 145 f., 151, 166

Zahlungsklage **1** 114, 194, 205, 221, 451
- des Vermieters und negative Zwischenfeststellungsklage (Muster) **1** 197
- Erhöhungsbetrag **1** 296

Stichwortverzeichnis

- nach § 559 BGB (Muster) **1** 302
- Streitwert **1** 195
- wegen erhöhter Betriebskosten (Muster) **1** 114
- wegen Indexmiete (Muster) **1** 322

Zahlungsrückstand **1** 165, 408, 458
- Kündigung **1** 165

Zahlungsverzug **1** 443
Zeitmietvertrag **1** 386
Zeugen **3** 15, 16, 80
Zinsen **1** 599
Zivilgericht **3** 66
- Beseitigungsurteil **3** 25
- Unterlassungsurteil **3** 25

Zivilprozess **1** 1; **3** 299
Zivilrechts-/Privatrechtsweg **3** 18, 19, 20 ff., 194
- Gerichte **3** 23
- Nachbarschutz **3** 21
- Zweitprozess **3** 23

Zugang **1** 338
Zurückbehaltungsrecht **1** 167, 626
Zuschlagsbeschluss **1** 500
Zuständigkeit **1** 38, 580; **3** 231
- Abrechnungsklage **1** 88
- Gerichtsbezirk **3** 306
- Gerichtsstand **3** 69, 231, 250
- örtliche **3** 69, 197, 231, 250, 291, 305, 318
- sachliche **3** 68, 197, 230, 289, 305, 317
- Streitwert **3** 26, 32, 68, 230, 289, 305, 317
- Wohnungseigentumsgericht **2** 4 f.

Zustandsstörer **3** 39, 47, 246
Zustimmung **1** 12
- Untervermietung **1** 396

Zustimmungsklage **1** 245
- Frist **1** 252

Zuteilungsverfahren Ehewohnung **1** 513
Zuweisungsregelung, endgültige rechtsgestaltende **1** 676
Zuweisung der Ehewohnung
- nach 1361b BGB, Antrag (Muster) **1** 675
- nach HausrVO, Antrag (Muster) **1** 692

Zwangsgeld **1** 534; **3** 86
Zwangshaft **1** 534; **3** 86
Zwangsversteigerung **3** 270
- Verfahren **1** 38, 500
- Zuschlag **3** 270

Zwangsvollsteckung **1** 38; **3** 82, 121, 144, 168, 184, 202, 235, 252, 293, 310, 323
- Ausschluss **1** 513
- Einstellung **1** 474, 479
- einstweilige Einstellung **1** 464, 481; **3** 82
- einstweilige Verfügung **3** 89
- Erfolgsaussicht **1** 464
- Ordnungsgeld **3** 79, 87
- Ordnungsmittel **3** 87
- Personenverschiedenheit **3** 122
- Unterlassungsgebot **3** 87, 121
- unvertretbare Handlung **3** 86
- vertretbare Handlung **3** 86
- Vollstreckungsabwehrklage **3** 123
- Vollstreckungsschuldner **3** 88
- Zwangsgeld **3** 86
- Zwangshaft **3** 86

Zwangsvollstreckung WEG-Verfahren **2** 460 ff.
- Allgemeines **2** 460 f.
- Rechtsbehelfe **2** 465 ff.
- zuständiges Gericht **2** 462 ff.

Zweige **3** 145, 147, 156
Zwischenmieter, gewerblicher **1** 435, 445, 460